Fjodor M. Dostojewski
Gesammelte Briefe 1833–1881

SERIE PIPER
Band 461

Zu diesem Buch

Die vorliegende Ausgabe der gesammelten Briefe Dostojewskis, der die 1914 von A. Eliasberg edierte Auswahl zugrunde gelegen hat, stützt sich auf die von A. S. Dolinin besorgte historisch-kritische Edition, die in vier Bänden zwischen 1928 und 1959 erschienen ist und alle bisher aufgefundenen Briefe des Autors enthält. Von 153 vorgelegten Briefen erscheint ein größerer Teil zum erstenmal in deutscher Sprache. Die Briefe sind chronologisch in fünf Gruppen zusammengefaßt; sie entsprechen den wichtigsten Phasen und Ereignissen in Dostojewskis Leben.

Dostojewski war kein Briefschreiber aus Passion. Er schrieb meist aus alltäglichem Anlaß, und was ihn dazu antrieb, war sehr oft die finanzielle Not, der der professionelle Schriftsteller zeit seines Lebens ausgeliefert war. Aus den Dokumenten werden der Mensch Dostojewski und die vielschichtige Persönlichkeit des Schriftstellers deutlich. Wir erfahren, wie sehr der Autor an den gesellschaftlichen Verhältnissen seiner Zeit gelitten, wie er in bestimmten Phasen seines Lebens gegen ebendiese Zustände Partei ergriffen und sich gegen die eigene Not aufgelehnt hat. Die Briefe zeigen die literarische und philosophische Entwicklung des Schriftstellers, sein Verhältnis zur Religion, die oft widerspruchsvollen politischen Anschauungen, seine spontanen Reaktionen auf die Umwelt und auf Zeitgenossen und vermitteln darüber hinaus ein authentisches Bild der russischen Zeitgeschichte in der zweiten Hälfte des 19. Jahrhunderts.

Der Anhang enthält neben einem ausführlichen Nachwort des Herausgebers, in dem er über die Prinzipien seiner Auswahl Auskunft gibt und ein Porträt des Autors auf dem Hintergrund der Zeit entwirft, zahlreiche Anmerkungen, Kommentare, Erläuterungen zum Text, eine Zeittafel und Kurzbiographien zum Kreis der Personen, die im Leben des Schriftstellers eine Rolle spielten.

Friedrich Hitzer, geboren 1935 in Ulm, lebt in Wolfratshausen bei München. Studierte Philologie, Slawistik, Germanistik und Geschichte an der University of Oklahoma, der Ludwig-Maximilians-Universität München und der Lomonossow-Universität Moskau. Schrieb Essays, Erzählungen, Reportagen, auch als Übersetzer tätig.

Fjodor M. Dostojewski
Gesammelte Briefe
1833–1881

Übersetzt, herausgegeben und kommentiert
von Friedrich Hitzer
unter Benutzung der Übertragung
von Alexander Eliasberg

Piper
München Zürich

ISBN 3-492-00761-9
Neuausgabe 1986
2. Auflage, 6.–11. Tausend März 1986
(1. Auflage, 1.–6. Tausend dieser Ausgabe)
© R. Piper GmbH & Co. KG, München 1966, 1986
Umschlag: Federico Luci,
unter Verwendung einer Zeichnung von Horst Janssen
(© Horst Janssen / Arkana-Verlag, Göttingen 1981)
Satz: Buchdruckerei Eugen Göbel, Tübingen
Druck und Bindung: Clausen & Bosse, Leck
Printed in Germany

INHALT

DIE DRITTE PETERSBURGER PERIODE
1871–1881
*Der Nationalist und Redakteur des ›Staatsbürgers‹. ›Tagebuch
eines Schriftstellers‹ und ›Die Brüder Karamasow‹.
Das ›Gewissen der Nation‹ und die Puschkinrede*
407

ANHANG

BRIEFE

BIS ZUR VERBANNUNG
1849

Kindheit und Jugend. Studium an der Petersburger Ingenieurschule. Belinskij, die Petraschewzen und der ›neue Gogol‹

An M. F. Dostojewskaja

Moskau, 23. August 1833

Liebstes Mamachen! Wir sind bei Papa, liebstes Mamachen, schon in guter Gesundheit angelangt. Papa und Nikolinka fühlen sich ebenfalls bei guter Gesundheit. Gebe Gott, daß auch Sie gesund sind. Kommen Sie zu uns, liebstes Mamachen, es wird doch wohl nicht mehr lange dauern, bis das restliche Getreide geerntet ist, und vom Buchweizen werden Sie wohl nur ein wenig einbringen. Leben Sie wohl, liebstes Mamachen, mit Verehrung küsse ich Ihre Hände und verbleibe Ihr gehorsamer Sohn

Fjodor Dostojewskij

An M. F. Dostojewskaja

Moskau, 16. Mai 1835

Liebstes Mamachen! Wir freuen uns herzlich, mit Ihnen, wenn auch nur in wenigen Zeilen, zu sprechen. Wir verbringen diese Tage bei Papachen; wir besuchten die Patentante, wo es für uns recht lustig war. Warinka hat uns gebeten, an ihrer Stelle Ihnen im Brief die Händchen zu küssen. Bei uns ist bald Prüfung, und wir bereiten uns darauf vor; worauf wir uns vielleicht bald sehen werden, o! wie angenehm wird jene Minute sein, wenn wir Sie an unser Herz drücken. Leben Sie wohl, liebstes Mamachen; nachdem wir Ihnen das Beste in der Welt gewünscht haben, haben wir die Ehre, gehorsame Kinder zu sein.

Michail, Fjodor, Andrej Dostojewskij

Küssen Sie für uns Werotschka und Nikolinka.

An M. F. Dostojewskaja

Moskau, 26. Mai 1835

Liebstes Mamachen! Ich freue mich sehr, daß Sie sich nach der allgütigen Vorsehung des Schöpfers bei guter Gesundheit befinden. Diese letzten beiden Tage, das heißt an Pfingsten und am Tag der Ausgießung des Heiligen Geistes, verbrachten wir zu Hause bei Papachen. Das Wetter ist bei uns wohl dasselbe wie bei Euch, es war in diesen Tagen immerzu veränderlich, aber am Samstag und heute war es doch schön, wenn es auch in der Nacht einen starken Regen gegeben hat, aber die Luft wurde danach frisch und ganz herrlich, aber ich glaube nicht, daß dieser Regen bei Euch war, denn es war kein anhaltender Regen. Unsere Prüfung wird wie die letztjährige Ende Juni stattfinden, und deshalb haben wir die Hoffnung aufgegeben, Euch bald zu sehen. Sie schreiben, daß den Kindern lustig zumute und daß Nikolja sogar dick geworden sei, jetzt ist auch das Wetter das allerbeste, und folglich kann er es an der frischen Luft genießen; küssen Sie die Kinder für mich und sagen Sie ihnen, sie wären besonders kluge Kinder, und wir würden bald kommen. Leben Sie wohl, liebstes Mamachen, ich werde nicht mehr schreiben und verbleibe Ihr gehorsamer Sohn

Fjodor Dostojewskij und Andrej Dostojewskij

An M. M. Dostojewskij

St. Petersburg, den 9. August 1838

Mein Bruder! Dein Brief verwunderte mich sehr, liebster Bruder: hast Du von mir wirklich nicht mal eine halbe Zeile erhalten; seit Deiner Abreise habe ich Dir doch 3 Briefe geschickt: den 1. kurz nach Deiner Abreise; auf den 2. habe ich deshalb nicht geantwortet, weil ich keine einzige Kopeke mehr hatte (ich wollte die Merkurows nicht mehr anpumpen). Das ging so weiter bis zum 20. Juli, an dem ich von Papachen 40 Rubel bekam. Und den 3. schließlich schickte ich Dir erst kürzlich. Folglich kannst Du Dich nicht rühmen, daß Du mich nicht vergessen und öfter geschrieben hast. Also bleibe auch ich meinem Wort immer treu. Es ist wahr, ich bin faul, sehr faul. Was soll ich aber tun, wenn das ewige Faulenzen meine einzige Bestimmung im Leben ist? Ich weiß nicht, ob meine trüben Gedanken mich je verlassen werden. Dem Menschen ist ja nur dieser einzige Seelenzustand beschieden: die Atmosphäre seiner Seele besteht aus einer Vermengung des Himmlischen mit dem Irdischen: welch ein unnatürliches Kind ist also der Mensch; denn das Gesetz der geistigen Natur ist in ihm verletzt... Unsere Erde erscheint mir als ein Fegefeuer für himmlische Geister, die von sündigen Gedanken getrübt worden sind. Mir scheint, daß unsere Welt eine negative Größe geworden ist und daß alles Erhabene, Schöne und Geistige sich in eine Satire verwandelt hat. Wenn nun in dieses Bild eine Person gerät, die weder in der Idee noch im Effekt mit dem Ganzen übereinstimmt, mit einem Worte eine ganz unbeteiligte Person, was kann da aus dem Bilde werden? Das Bild ist verdorben und kann nicht weiter bestehen! Wie schrecklich ist es aber, nur die rauhe Hülle zu sehen, unter der

das Weltall verschmachtet! Zu wissen, daß eine einzige Anspannung des Willens genügt, um diese Hülle zu sprengen, um mit der
Ewigkeit eins zu werden; dies alles zu wissen und dabei wie die
letzte der Kreaturen zu leben... Wie schrecklich! Wie kleinmütig
ist der Mensch! Hamlet! Hamlet! Wenn ich an seine aufrührerische
wilde Rede denke, in der das Stöhnen der ganzen erstarrten Welt
widerklingt, so entringt sich meiner Brust kein einziger Vorwurf,
kein einziger Seufzer... Die Seele ist dann so sehr von Gram bedrückt, daß sie sich scheut, diesen Gram ganz zu erfassen, um sich
selbst nicht zu zerfleischen. Pascal[1] hat einmal gesagt: Wer gegen
die Philosophie protestiert, der ist selbst Philosoph. Eine armselige
Philosophie! Ich habe mich aber verplaudert. Von Deinen Briefen
habe ich außer dem allerletzten nur zwei bekommen. Nun, Bruder,
Du klagst über Deine Armut. Auch ich bin nicht reich. Du wirst
mir wohl gar nicht glauben wollen, daß ich beim Auszug aus dem
Lager nicht eine Kopeke hatte; unterwegs habe ich mich erkältet
(es regnete den ganzen Tag, und wir waren ohne Obdach), wurde
vor Hunger krank und hatte dabei kein Geld, um mir die Kehle
mit einem Schluck Tee anzufeuchten. Ich habe mich später erholt,
litt aber im Lager die bitterste Not, bis endlich das Geld von Papa
kam. Ich bezahlte meine Schulden und verbrauchte den Rest. Aber
die Beschreibung Deines Zustandes übertrifft alles. Wie ist es nur
möglich, nicht mal 5 Kopeken zu besitzen, sich weiß Gott wovon
zu *ernähren* und gierigen Blickes die ganze Süße anmutiger Beeren
zu empfinden, denen Du gerne nachjagst! Wie leid Du mir tust! Du
willst wissen, was von Deinem und Merkurows Geld übriggeblieben ist? Nun, nach Deiner Abreise bin ich noch einige Male bei
ihnen gewesen. Dann konnte ich nicht mehr hingehen, weil ich
meine Zeit abzusitzen hatte. Im äußersten Notfall ließ ich zu ihnen
schicken, aber sie ließen mir dann so wenig zukommen, daß ich
mich zu bitten schämte. Da erhielt ich Deinen Brief, den Du
ihnen geschickt hattest. Ich hatte überhaupt nichts mehr und wollte
sie nun darum bitten, meinen Brief für Dich dem ihrigen bei-
zulegen. Offensichtlich hast Du ihn nicht erhalten. Anscheinend
haben sie Dir nicht geschrieben. Vor dem Lager (ich hatte vorher
kein Geld, den schon längst fertigen Brief an Papa abzuschicken),
wandte ich mich mit der Bitte an sie, mir wenigstens etwas zu
schicken; sie schickten mir alle unsere Sachen, aber keine Kopeke
Geld und nicht mal eine Antwort; ich saß wie der Krebs auf dem
Sande! Aus all dem konnte ich schließen, daß sie sich von unseren

lästigen Forderungen befreien wollten. Ich wollte mich mit ihnen brieflich aussprechen, aber nach dem Lager sitze ich nun wieder fest, und sie sind aus ihrer früheren Wohnung ausgezogen. Ich kenne das Haus, in dem sie wohnen, aber ich weiß die Adresse nicht. Ich werde sie Dir später *mitteilen*.

Es ist aber Zeit, von etwas anderem zu sprechen. Du rühmst Dich, daß Du so viele Bücher gelesen hast... Bilde Dir aber bitte nicht ein, daß ich Dich darum beneide. Ich habe in Peterhof mindestens ebensoviel gelesen wie du. Den ganzen Hoffmann russisch und deutsch (das heißt den noch nicht übersetzten ›Kater Murr‹) und fast den ganzen Balzac. (Balzac ist groß! Seine Charaktere sind Schöpfungen eines weltumfassenden Geistes! Nicht der Zeitgeist, sondern ganze Jahrtausende haben in ihrem Ringen in der Seele des Menschen eine solche Entwicklung und Lösung gezeitigt!) Ferner Goethes ›Faust‹, seine kleineren Gedichte, Polewojs Geschichte, ›Ugolino‹[2] und ›Undine‹[3] (über ›Ugolino‹ will ich Dir ein anderes Mal ausführlicher schreiben); schließlich Victor Hugo (außer Cromwell und Hernani). Lebe wohl. Schreibe mir bitte möglichst oft, denn Deine Briefe sind mir eine Freude und ein Trost. Beantworte diesen Brief sofort. Ich erwarte Deine Antwort in zwölf Tagen. Spätestens. Schreibe mir, damit ich nicht verschmachte.

Dein Bruder F. Dostojewskij

Ich habe ein neues Projekt: verrückt zu werden. Mögen sich nur die Leute wie wild gebärden, mögen sie mich kurieren, mögen sie versuchen, mich vernünftig zu machen! Wenn Du den ganzen Hoffmann gelesen hast, so kannst Du Dich gewiß an Alban erinnern. Wie gefällt er Dir? Es ist schrecklich, einen Menschen zu sehen, der das Unfaßbare in seiner Macht hat, der nicht weiß, was damit anzufangen ist, und mit einem Spielzeug spielt, das Gott heißt! Schreibst Du den Kumanins oft? Schreib mir mal, ob Dir Kudrjawzew nicht etwas von Tschermak mitgeteilt hat. Um Gottes willen, schreib mir darüber; ich möchte wissen, wie es Andrjuscha geht. Aber hör mal, Bruder. Wenn unser Briefwechsel so weitergeht, wäre es besser, gar nicht zu schreiben. Laß uns doch abmachen, nach Verlauf einer Woche jeden Samstag einander zu schreiben, das wäre besser. Ich erhielt noch einen Brief von Schrenk und habe ihm schon 3 Monate nicht geantwortet. Schrecklich! Da siehst Du, was es heißt, kein Geld zu haben!

An M. M. Dostojewskij

Wie lange habe ich Dir nicht geschrieben, mein lieber Bruder...
Das böse Examen! Es hinderte mich, Dir und Papa zu schreiben
und Iwan Nikolajewitsch[1] aufzusuchen. Und was kam dabei
heraus? Ich bin doch nicht versetzt worden. O Grauen! Noch ein
Jahr, ein ganzes überflüssiges Jahr! Ich hätte nicht so sehr gewütet, wenn ich nicht wüßte, daß ich einer Gemeinheit, einer puren
Gemeinheit unterlegen bin! Der Mißerfolg hätte mich nicht so
sehr betrübt, wenn nicht die Tränen des armen Vaters in meiner
Seele brennten. Ich habe bisher nicht gewußt, was beleidigter Ehrgeiz bedeutet. Wenn sich dieses Gefühl meiner bemächtigt hätte,
müßte ich wohl erröten... Doch weißt Du: nun habe ich wirklich
Lust, die ganze Welt auf einmal zu zermalmen... Ich habe so viel
Zeit vor dem Examen verloren, bin dabei krank und elend geworden, habe das Examen im wahren und vollen Sinne des Wortes bestanden und bin doch sitzengeblieben... So wollte es ein
Lehrer (der Algebra), dem ich einmal im Laufe des Lehrjahres
einige Grobheiten gesagt habe und der jetzt so gemein war, es mir
zu vergelten, indem er damit meine Nichtversetzung begründete...
Bei 10 ganzen Punkten hatte ich im Mittel 9½ und bin trotzdem
sitzengeblieben... der Teufel soll's holen! Wenn ich leiden muß,
so werde ich eben leiden... Ich will für diese Erörterungen kein
Papier verschwenden, denn ich habe auch so selten Gelegenheit,
mit Dir zu sprechen.

Mein Freund! Du philosophierst wie ein Dichter. – Ebenso wie
die Seele nicht gleichmäßig im Zustande der Begeisterung bleiben
kann, so ist auch Deine Philosophie nicht richtig und nicht gleichmäßig. Um mehr zu *wissen,* muß man weniger *fühlen,* und umgekehrt; Dein Urteil ist voreilig, es ist ein Delirium des Herzens.
Was willst du mit dem Wort *wissen* sagen? Natur, Seele, Liebe
und Gott erkennt man mit dem Herzen und nicht mit dem Verstand. – Wären wir Geister, so wohnten wir in der Sphäre jener
Idee, über der unsere Seele schwebt, wenn sie sie erraten will. –
Wir sind aber erdgeborene Menschen und müssen die Idee erraten, können sie jedoch nicht von allen Seiten zugleich erfassen.
Der Leiter des Gedankens durch die vergängliche Hülle ins Innere
der Seele heißt *Verstand.* Der Verstand ist eine materielle Fähigkeit; doch die Seele oder der Geist leben von den Gedanken, die

ihnen das Herz zuflüstert. Der Gedanke wird in der Seele geboren. – Der Verstand ist ein Werkzeug, eine Maschine, die vom seelischen Feuer angetrieben wird. Wenn der Verstand des Menschen (das ist wieder ein Kapitel für sich) in das Gebiet des Wissens eindringt, so wirkt er unabhängig vom *Gefühl* und folglich auch vom *Herzen*. Wenn aber das Ziel der Erkenntnis die Liebe oder die Natur ist, so beginnt hier das ureigenste Gebiet des *Herzens*... Ich will nicht mit Dir streiten, will aber bemerken, daß ich Deine Ansichten über Poesie und Philosophie nicht teile... Die Philosophie darf nicht als eine gewöhnliche mathematische Gleichung betrachtet werden, in der die Natur die Unbekannte ist. Merke Dir, daß der Dichter im Augenblick der Begeisterung Gott erfaßt, folglich die Aufgabe eines Philosophen erfüllt... Folglich ist die poetische Begeisterung nichts anderes als philosophische Begeisterung. Folglich ist die Philosophie nichts anderes als Poesie, als eine höhere Stufe von Poesie!... Es ist sonderbar, daß Du im Sinne der heutigen Philosophie urteilst. Wie viele sinnlose philosophische Systeme sind letztens in den gescheitesten und feurigsten Köpfen geboren worden! – Um aus diesem bunten Haufen ein richtiges Resultat zu gewinnen, muß man alles einer mathematischen Formel unterordnen. – Das sind eben die Gesetze der heutigen Philosophie... Ich habe mich aber verplaudert. Wenn ich auch Deine schwache Philosophie für unmöglich halte, halte ich es doch für möglich, daß meine Einwendungen nicht minder schwach sind; ich will Dich also damit nicht weiter plagen.

Bruder, es ist so traurig, ohne Hoffnung zu leben... Wenn ich vorwärts schaue, so graut mir vor der Zukunft... Ich schwebe in einer kalten arktischen Atmosphäre, in die kein einziger Sonnenstrahl dringt... Ich habe seit langer Zeit keinen einzigen Ausbruch von Begeisterung erlebt... Dafür befinde ich mich im gleichen Zustand wie, erinnerst Du Dich, der Gefangene von Chillon nach dem Tode seiner Brüder... Der Paradiesvogel der Poesie wird mich wohl nie wieder besuchen, wird nie wieder meine erfrorene Seele erwärmen... Du sagst, ich sei verschlossen; alle meine früheren Träume haben mich aber schon längst verlassen, und von jenen herrlichen Arabesken, die ich einst geschaffen, ist die ganze Vergoldung abgefallen. Die Gedanken, die früher mit ihrem Strahl meine Seele und mein Herz entzündeten, haben nun ihr Feuer und ihre Wärme eingebüßt, oder mein Herz ist erstarrt, oder... Es graut mir, diesen Satz fortzusetzen. Ich will nicht gestehen, daß alles Vergangene nur ein Traum, ein goldener bunter Traum gewesen ist...

Bruder, ich habe Dein Gedicht gelesen... Es hat einige Tränen aus meiner Seele gepreßt und sie eine Zeitlang mit dem freundlichen Geflüster der Erinnerungen in den Schlaf gewiegt. Du sagst, daß Du eine Idee für ein Drama hast... Ich freue mich... Schreibe es doch. Wenn Du nicht diese letzten Krumen vom paradiesischen Mahle hättest, was bliebe Dir dann noch vom Leben übrig?... Es tut mir leid, daß ich in der vorigen Woche Iwan Nikolajewitsch nicht aufsuchen konnte; ich war krank! – Hör mal! Mir scheint, daß die Begeisterung des Dichters auch vom Ruhm begünstigt wird. Byron[2] war ein Egoist; sein Streben nach Ruhm war kleinlich... Doch der bloße Gedanke, daß Deiner Begeisterung dereinst irgendeine schöne, erhabene Menschenseele aus dem Staube zur Himmelshöhe folgen wird; der Gedanke, daß jene Zeilen, über denen Du geweint hast, von Deiner Begeisterung wie von einem himmlischen Sakrament geheiligt sind und daß über den gleichen Zeilen auch die Nachkommen weinen werden, dieser Gedanke ist – davon bin ich überzeugt – manchem Dichter sicher auch in Augenblicken höchster schöpferischer Begeisterung gekommen. Das Geschrei des Pöbels ist aber hohl und nichtig. Ach! Mir fallen gerade die Verse Puschkins ein, in denen er den Pöbel und den Dichter beschreibt:

> So laß das blöde Volk, dein Werk verlästernd, schrein,
> Und den Altar, darauf dein Feuer loht, bespein,
> Und kindischen Übermuts den Dreifuß dir erschüttern...[3]

Wundervoll, nicht wahr? Lebe wohl.

Dein Freund und Bruder F. Dostojewskij

Ja! Teile mir bitte mit, worin die Hauptidee des Werkes von Chateaubriand ›Génie du Christianisme‹[4] besteht. Ich las neulich im ›Sohn des Vaterlands‹ einen Aufsatz des Kritikers Nisard[5] über Victor Hugo. Wie wenig halten doch von ihm die Franzosen! Wie niedrig schätzt Nisard seine Dramen und Romane ein! Sie sind ungerecht gegen ihn, und Nisard (wenn er auch sonst gescheit ist) redet Unsinn. Teile mir auch noch den Hauptgedanken Deines Dramas mit: ich bin überzeugt, daß er herrlich ist; obgleich zur Verarbeitung dramatischer Charaktere 10 Jahre noch zu wenig sind. Das ist wenigstens meine Meinung. Ach, Bruder, wie leid tust Du mir, daß Du so arm an Geld bist. Mir kommen die Tränen, wenn ich daran denke. Wann ist es uns jemals so schlecht ergangen? Ja, nebenbei bemerkt: Ich gratuliere Dir, mein Lieber, noch nachträglich zu Deinem Namenstag und Geburtstag.[6] In Deinem Gedicht[7] verstehe ich nicht die Vision der Mutter. In welch merkwürdigen Umriß hast Du die Seele der Verstorbenen eingehüllt. Dieser Grabescharakter ist nicht ausgeführt. Die Verse sind dennoch gut, wenn es auch an einer Stelle daneben geht. Sei mir wegen der Kritik nicht böse. Schreibe mir häufiger, und ich werde akkurater sein.

Ach, sehr bald werde ich die neuen Gedichte von Iwan Nikolajewitsch[8] nochmals lesen. Welche Poesie! Wieviel geniale Ideen! Ja, ich vergaß noch zu sagen: Ich glaube, Du weißt, daß Smirdin mit einem Buch ein Pantheon unserer Literatur vorbereitet: Porträts von 100 Literaten, zusammen mit einem für das Werk eines jeden Schriftstellers exemplarischen Stück.[9] Und stell Dir vor, Sotow (!?) und Orlow (Alexander Anfimowitsch) sollen dazu gehören. Das ist zum Totlachen! Hör mal, schicke mir noch ein Gedicht. Dies hier ist sehr fein! Die Merkurows wollen bald nach Pensa fahren oder sind anscheinend schon weg. Der arme Vater tut mir leid! Er hat einen so merkwürdigen Charakter! Wieviel Kummer hat er schon erlebt! Es ist so bitter, daß man ihn mit nichts trösten kann! Weißt Du übrigens: Papa steht der Welt ganz fremd gegenüber. Er hat schon 50 Jahre in der Welt gelebt und dabei die gleiche Meinung über die Menschen bewahrt, die er vor 30 Jahren hatte. Diese selige Unwissenheit! Doch die Welt hat ihn enttäuscht, und ich glaube, daß das unser aller Schicksal ist. Nochmals: Lebe wohl. Dein...

An M. A. Dostojewskij

St. Petersburg, 10. Mai 1839

Seltsam: diese dummen Umstände meines jetzigen Lebens nehmen mir viel weg. Für 5 Tage mußte ich meine Briefsendungen zurückhalten. Die Parade wurde auf den 10. Mai verschoben. Ich hatte Ihnen davon Mitteilung machen wollen, aber glauben Sie mir, liebster Papa, es ist mir wegen des Frontunterrichts (mit dem wir gequält werden) und der Examina einfach nicht gelungen. Ich schreibe Ihnen jetzt mit der Post.

Mein lieber, guter Vater! Können Sie denn wirklich denken, daß Ihr Sohn zu viel verlangt, wenn er Sie um eine Unterstützung angeht? Gott sei mein Zeuge, daß ich Sie weder aus Eigennutz noch aus wirklicher äußerster Not irgendwie schädigen will. Wie bitter ist es für mich, wenn ich meine Blutsverwandten um eine Gefälligkeit bitten muß, die sie so schwer bedrückt! Ich habe meinen eigenen Kopf und eigene Hände. Wäre ich frei und selbständig, so hätte ich von Ihnen auch nicht eine Kopeke verlangt; ich hätte mich selbst an die bitterste Not gewöhnt. Ich würde mich schämen, auch nur ein Sterbenswörtchen von einer Unterstützung zu schreiben. Jetzt kann ich Sie nur mit Versprechungen für die Zukunft vertrösten; doch diese Zukunft ist nicht mehr fern, und Sie werden sich mit der Zeit selbst davon überzeugen.

Jetzt bitte ich Sie, lieber Papa, zu berücksichtigen, daß ich im wahren Sinne des Wortes *diene*. Ich muß mich, ob ich will oder nicht, nach den Gepflogenheiten meiner jetzigen Umgebung richten. Warum sollte ich auch eine Ausnahme bilden? Solche Ausnahmestellungen sind oft mit den größten Unannehmlichkeiten verbunden. Das werden Sie auch selbst verstehen, lieber Papa. Sie haben ja genug unter Menschen gelebt. Beachten Sie also bitte folgendes: das Lagerleben eines jeden Zöglings der Militärlehranstalten erfordert mindestens vierzig Rubel. (Ich schreibe dies, weil ich zu meinem Vater spreche.) In dieser Summe sind solche Bedürfnisse wie Tee, Zucker usw., nicht inbegriffen. Denn dies alles muß ich auch ohnehin haben, und zwar nicht nur des Anstandes wegen, sondern aus wirklicher Not. Wenn man bei feuchter Witterung und Regen in einem leinenen Zelte liegen muß oder bei solchem Wetter müde und durchfroren von einer Übung heimkommt, so kann man ohne Tee leicht krank werden, wie ich es schon im vorigen Jahre beim Manöver erlebt habe. Ich will aber Ihre Notlage berücksichtigen und gänzlich auf Tee verzichten; ich will Sie daher nur um das Allernotwendigste bitten: um 16 Rubel für 2 Paar einfacher Stiefel. Ferner: ich muß ja meine Sachen, wie Bücher, Schuhwerk, Schreibzeug und Papier usw. usw., irgendwo verwahren. Ich brauche für diesen Zweck einen Koffer, denn im Lager gibt es keine anderen Bauten als Zelte. Unsere Betten sind mit Leintüchern bedeckte Strohbündel. Nun frage ich Sie, wie ich ohne Koffer alle meine Sachen verwahren soll? Sie müssen wissen, daß der Fiskus sich gar nicht darum kümmert, ob ich einen Koffer habe oder nicht. Denn die Examina sind bald zu Ende, und dann brauche ich ja keine Bücher; der Fiskus kleidet mich, folglich brauche ich auch keine Stiefel usw. Wie soll ich mir aber ohne Bücher die Zeit vertreiben? Die Stiefel, mit denen uns der Fiskus versorgt, sind so schlecht, daß 3 Paar davon in der Stadt für kaum ein halbes Jahr reichen. Ich bekomme nicht einmal einen Platz angewiesen für meinen Koffer, der mir doch unentbehrlich ist! Dafür muß man einer Wache Geld bezahlen. Im gemeinsamen Zelt würde ich die Kameraden belästigen, also anderen Unannehmlichkeiten bereiten, ja, man würde mir einfach nicht erlauben, einen Koffer im Zelt zu halten, weil niemand im Zelt einen Koffer hat; folglich muß ich mir für mein Hab und Gut noch einen Platz suchen. Den kann ich mir (so machen es alle) durch Übereinkunft mit einem unserer Soldaten verschaffen, der meinen Koffer irgendwo unterbringt. Dafür muß ich aber zahlen. Ich brauche also zum Ankauf eines Koffers mindestens einen Rubel,

für das Hin- und Herschaffen des Koffers	5 Rubel
für den Platz des Koffers	2 Rubel
für das Putzen der Stiefel	5 Rubel

Das ist die festgesetzte Taxe für den Burschen. In der Stadt ist das anders, im Lager muß jedoch jeder Schritt bezahlt werden. Die Vorgesetzten kümmern sich nicht darum. Also:

16

3,75

5

7 (2 Rubel)

5
____

36 oder gegen 40 Rubel (Porto, Federn, Papier usw.)

Von Ihrer letzten Sendung habe ich mir 15 Rubel zurückgelegt. Sie sehen also selbst, lieber Papa, daß ich unbedingt noch 25 Rubel brauche. Anfang Juni beziehen wir das Lager. Wenn Sie also Ihrem Sohne in seiner bitteren Not beistehen wollen, so schicken Sie ihm dieses Geld zum 1. Juni.[1] Ich wage nicht, auf meiner Bitte zu bestehen; ich verlange nicht zu viel, doch mein Dank wird grenzenlos sein. Den Brief schicken Sie wieder an die Adresse Schidlowskijs. Leben Sie wohl, lieber Papa.

Ganz, ganz der Ihrige F. Dostojewskij

An M. M. Dostojewskij

St. Petersburg, 16. August 1839

Ja, mein lieber Bruder, so pflegt es doch mit uns immer zu sein: Wir versprechen etwas, ohne zu wissen, ob wir imstande sind, es zu erfüllen. Es ist gut, daß ich niemals etwas ohne Überlegung verspreche. Zum Beispiel: Wie würdest Du nun mein Schweigen beurteilen? Würdest Du sagen, ich sei faul... ich vergesse Dich usw. usw. Nein! Es handelt sich nur darum, daß ich keinen Groschen Geldes habe: nun habe ich welches, und ich freue mich unaussprechlich über den schon lange nicht mehr dagewesenen Gast.

Nun hier ist auch endlich mein Brief für Dich!

Laß uns ein wenig reden und plaudern!

Lieber Bruder! Ich habe viele Tränen über den Tod unsres Vaters vergossen, aber jetzt ist unsre Lage noch viel schrecklicher; ich spreche nicht von mir, sondern von unsrer Familie. Meinen Brief will ich Dir nach Reval schicken, ohne zu wissen, ob er Dich erreicht... Ich nehme mit Sicherheit an, daß er Dich hier nicht erreichen wird... Gott gebe, daß Du in Moskau bist; dann wäre ich um unsre Familie beruhigter; doch sag mir bitte, ob es in der Welt etwas Unglücklicheres geben kann als unsre Brüder und Schwestern? Der Gedanke tötet mich, daß sie von fremden Leuten erzogen werden. Deshalb ist Deine Idee, nach Erhalt des Offiziersrangs aufs Land zu ziehen und dort zu leben, meiner Ansicht nach ausgezeichnet. Du könntest Dich dort, lieber Bruder, mit ihrer Bildung beschäftigen, und diese Erziehung wäre für sie das Glück. Eine harmonische Organisation der Seele in der eigenen Familie, die Entwicklung aller Bestrebungen aus christlichem Geist, der Stolz auf die Tugenden der Familie und die Furcht vor Laster und Schmach wären die Folgen einer solchen Erziehung. Die Gebeine unsrer Eltern werden dann beruhigt in feuchter Erde ruhen; doch, lieber Freund, viel müßtest Du ertragen. Entweder müßtest Du Dich mit der Verwandtschaft endgültig verzanken oder auf ewig versöhnen. Verzanken wäre verhängnisvoll: die Schwestern würden zugrunde gehen. Versöhnen hieße, daß Du ihnen den Hof machen müßtest. Deine Geringschätzung des Dienstes würden sie als Faulheit bezeichnen. Aber, lieber Bruder, Du mußt das erdulden! Spucke auf diese nichtigen kleinen Seelen und sei den Brüdern ein Wohltäter. Nur Du allein wirst sie retten... Ich weiß, Du hast dulden gelernt; nun führe Deine Absicht aus. Sie ist beispiellos. Gott gebe Dir dafür Kraft! Ich erkläre hiermit, daß ich zukünftig in allem mit Dir einverstanden bin.

Was machst Du zur Zeit? Zu Iwan Nikolajewitsch[1] bist du aufrichtiger als zu mir; Du hattest ihm gesagt, Du seist von Arbeit zugedeckt und hättest keine Zeit; ja, Dein Dienst ist teuflisch, aber was tun? Befreie Dich von ihm so rasch wie möglich.

Was soll ich Dir von mir erzählen... Lang ist es her, daß ich mit Dir aufrichtig gesprochen habe. Ich weiß nicht, ob ich jetzt in der Verfassung bin, mit Dir darüber zu sprechen. Ich weiß es nicht, ich betrachte nun meine Umgebung weitaus häufiger mit völliger Gefühllosigkeit. Dafür wirken Erregungen um so stärker auf mich. Mein einziges Ziel ist, frei zu sein. Dafür werde ich alles opfern. Doch oft, oft muß ich daran denken, was mir wohl die Freiheit verschaffen könnte... Werde ich denn allein in unbekannter Menge sein? Von all dem werde ich mich befreien können, doch zugegeben, man braucht einen starken Glauben an die Zukunft, ein unerschütterliches Selbstbewußtsein, um mit Hoffnungen zu leben, wie ich sie jetzt hege. Aber was wird geschehen? Es ist ganz egal, ob sie sich erfüllen oder nicht erfüllen, ich will das meinige dazu tun. Ich segne die Minuten, in denen ich mich mit der Gegenwart versöhne (diese Minuten suchen mich nun des öfteren auf). Dann erkenne ich meine Lage deutlicher, und ich bin überzeugt, daß sich diese heiligen Hoffnungen erfüllen werden.

...ch [Anfang unleserlich. – Anm. d. Hrsg.] ist unruhig; aber in diesem Kampf des Geistes reifen gewöhnlich starke Charaktere heran; der getrübte Blick hellt sich auf, und der Glaube ans Leben wird eine klarere und erhabenere Quelle erhalten. Meine Seele ist den einstigen stürmischen Ausbrüchen unerreichbar geworden. Alles ist still in ihr, wie im Herzen eines Menschen, der ein tiefes Geheimnis verborgen hält. Lernen, »was zugleich Mensch und Leben bedeutet«, gelingt mir recht gut. Ich kann mir die Charaktere der Schriftsteller aneignen, mit denen ich den besten Teil meines Lebens frei und froh verbringe. Mehr will ich von mir nicht sagen. Ich bin überzeugt von mir. Der Mensch ist ein Geheimnis. Man muß es enträtseln, und wenn Du es ein ganzes Leben lang enträtseln wirst, so sage nicht, Du hättest die Zeit verloren. Ich beschäftige mich mit diesem Geheimnis, denn ich will ein Mensch sein. Leb wohl. Dein Freund und Bruder

F. Dostojewskij

[Die folgenden vier Absätze sind an den Briefrand geschrieben. Unleserliche Stellen werden durch Punkte in eckigen Klammern bezeichnet.]
[...] mit den geliebten Ideen eine jede Minute [...] in Träumen und Gedanken ist das Leben unbemerkter. Noch eines [...]. Ich kann lieben und zugleich Freund sein. [...]

Wieviel Heiliges und Großes, Reines [...] in dieser Welt. Moses und Shakespeare, alle [...] nur zur Hälfte. Liebe! Liebe. Du schreibst, Du würdest ihre Blumen abpflücken. Mir scheint, es gibt keine größere Selbstaufopferung, als Dichter zu sein. Wie kann man nur seine Begeisterung mit dem Papier teilen. Die Seele birgt immer mehr in sich, wieviel man auch in Worten, Farben oder Tönen ausdrücken mag. Deshalb ist es auch so schwer, die Idee eines Werkes auszuführen.

Wenn die Liebe zwei Herzen verbindet [...]

[Die folgenden Sätze sind völlig verstümmelt, die Seite ist hier abgerissen.]

Wenn ich von Dir binnen einer Woche, einschließlich des heutigen Datums, keine Antwort habe, schließe ich daraus, daß Du in Moskau bist, und schreibe Dir auf den Namen der Kumanins. Schreibe mir ausführlich, Bruder, wie Du diese ganze Angelegenheit erledigt hast und wie es die anderen machten. Ungeduldig warte ich auf Deine Antwort. Nun wird es bei unserem Briefwechsel keinen Stillstand mehr geben. Das Bücherverzeichnis schicke ich Dir bald. Schreibe. Jetzt fehlt die Zeit.

An M.M.Dostojewskij

St.Petersburg, 1.Januar 1840

Ich danke Dir von Herzen, mein guter Bruder, für Deinen lieben Brief. Nein! Ich bin doch ein anderer Mensch als Du; Du kannst Dir gar nicht vorstellen, wie angenehm mir das Herz bebt, wenn man mir einen Brief von Dir bringt; ich habe mir eine neue Art von Genuß erfunden: ich spanne mich auf die Folter. Ich nehme Deinen Brief in die Hand, wende ihn einige Minuten lang hin und her, betaste ihn, ob er umfangreich ist, und nachdem ich mich am versiegelten Briefumschlag satt gesehen habe, stecke ich ihn in die Tasche... Du kannst Dir gar nicht vorstellen, welch einen angenehmen Zustand von Herz, Seele und Gefühlen ich mir damit verschaffe. Ich warte oft eine Viertelstunde; schließlich falle ich gierig über das Paket her, entsiegele es und verschlinge Deine Zeilen, Deine lieben Zeilen. Zahllose Gefühle werden in meinem Herzen wach, während ich Deinen Brief lese! So viele zärtliche und unangenehme, süße und bittere Empfindungen drängen sich in meiner Seele; ja, lieber Bruder, es sind auch bittere und unangenehme darunter; Du kannst Dir gar nicht vorstellen, wie bitter es für mich ist, wenn man mich nicht begreift, wenn man das, was ich sagen wollte, mißversteht und in ein schiefes Licht stellt... Nachdem ich Deinen letzten Brief gelesen, war ich ganz *enragé*, weil ich Dich nicht in meiner Nähe hatte: ich sah meine besten Herzensträume und meine heiligsten Grundsätze, die ich aus schweren Erfahrungen gewonnen habe, gänzlich verdreht, verstümmelt und verzerrt. Du schreibst mir ja selbst: »Schreibe mir doch, widersprich mir, streite mit mir!« Du erwartest davon irgendeinen Nutzen. Lieber Bruder, das bringt keinen Gewinn, absolut keinen! Das einzige, was Du damit erreichst, ist, daß Du Dir mit Deinem Egoismus (der Egoismus ist übrigens uns allen eigen) eine solche Meinung von mir, meinen Ansichten, Ideen und Eigenschaften bildest, wie sie Dir gerade paßt. Das ist doch höchst beleidigend, Bruder! Nein! Polemik in freundschaftlichen Briefen ist ein süßes Gift. Wie wird es nun sein, wenn wir uns einmal wiedersehen? Ich glaube, dies wird den Stoff zu ewigen Streitigkeiten liefern. Doch genug davon. Vielleicht komme ich auf der letzten Seite noch einmal darauf zu sprechen.

Die Militärakademie – *c'est du sublime!* Weißt Du, daß dies das großartigste Projekt ist (?!). Ich denke viel über Dein Schicksal nach, um es mit unseren Verhältnissen in Einklang zu bringen, und bin dabei selbst auf die Militärakademie gekommen, aber Du bist mir zuvorgekommen, also auch Dir gefällt die Idee... Aber bedenke, man muß doch wenigstens ein Jahr dienen, bevor man in die Militärakademie eintreten kann; bleibe Du für dieses Jahr am Zeichentisch.

Aber was schreibst Du da von *Kolleghefchen*, wenn ich nicht einmal Dein Programm kenne; was soll ich Dir schicken? Übrigens den Artillerielehrgang und den Lehrgang für die Führerklassen (den Du allem Anschein nach auch brauchst) schicke ich Dir unbedingt, ebenso die Aufzeichnungen aus den Vorlesungen des Generalmajors Djadin, der Dich selbst in einer besonderen Weise prüfen wird. Aber ich kann Dir diese Hefte nicht länger als einen Monat überlassen. Sie gehören nicht mir. Ich habe sie selbst nur mit Mühe auftreiben können. Keinen Tag länger als einen Monat. Schreibe sie ab oder lasse sie abschreiben. (Djadin ist ein grillenhafter Mensch, man muß für ihn ochsen oder, mit seinen eigenen Worten, wie nach dem Buch reden.) Die Feldbefestigung ist ein solcher Unsinn, daß man sie sich in 3 Tagen einpauken kann. Übrigens werde ich Dir auch darüber die Aufzeichnungen schicken, und zwar im Mai. Die andere Sache ist langfristig, ich will mich darum bemühen. Aus der Analytik haben wir lithographierte Hefte; aber das ist Wort für Wort von Braschmann abgeschrieben, selbstverständlich in verkürzter Form. So behandelt man bei uns Braschmann, den mußt Du durchbüffeln. Kauf ihn Dir.

Kennst Du Dich in Geodäsie aus? Unser Lehrgang richtet sich nach Bolotow. Die Physik nach Osemow. Um die lithographierten Differentialen will ich mich kümmern. Geschichte wird nach einem vollgestopften und äußerst umfangreichen Lehrgang (lithographiert) unterrichtet – ich kann ihn Dir nicht beschaffen. Russische Sprache und Literatur geht nach Plaksin, er lehrt hier selbst. Ich möchte Dir sagen, Euer Examen zum Feldingenieur ist kinderleicht. Man drückt beide Augen zu, und alle handeln nach dem Grundsatz: Bring deinen Bruder Ingenieur nicht in Verlegenheit. Dafür habe ich genug Beispiele vor Augen.

An die Kumanins habe ich einen höchst wohlanständigen Brief geschrieben. Mach Dir keine Sorgen. Ich erwarte gute Folgen. An den Vormund habe ich noch nicht geschrieben; weiß Gott, woher ich die Zeit nehmen soll.

Ich gratuliere Dir zum Neuen Jahr, mein Lieber. Was wird es uns wohl bringen? Was Du auch sagen willst, die letzten fünf Jahre waren für unsre Familie schrecklich. Ich las Deine Neujahrsepistel vom vorigen Jahr. Der Gedanke ist gut; in Stimmung und Sprache merkt man den Einfluß Barbiers. Im übrigen mußt Du seine Worte über Napoleon noch frisch im Gedächtnis haben.

Nun von Deinen Versen: höre einmal, lieber Bruder! Ich glaube: im Menschenleben gibt es unendlich viel Leid und unendlich viel Freude. Im Leben des Dichters gibt es Dornen und Rosen. Die Lyrik ist der ständige Begleiter des Dichters, denn er ist ein sprachbegabtes Geschöpf. Deine lyrischen Gedichte sind reizend: ›Der Spaziergang‹, ›Der Morgen‹, ›Die Vision der Mutter‹, ›Der Tau‹ (mir scheint, so war die Überschrift), ›Die Rosse des Phoebus‹ und viele andere sind wunderschön. Alle diese Gedichte sind ein lebender Bericht von Dir, mein Lieber! Und dieser Bericht geht mir so nahe. Ich konnte Dich damals so gut verstehen, denn jene Monate haben sich tief in mein Gedächtnis eingeprägt. Wie viele seltsame und wunderbare Dinge habe ich damals erlebt! Es ist eine lange Geschichte, und ich werde sie niemand erzählen. Schidlowskij zeigte mir damals Deine Gedichte... O, wie ungerecht bist Du gegenüber Schidlowskij. Ich will nicht das verteidigen, was nur jener nicht sieht, der ihn nicht kennt und der in den Ansichten über dessen Kenntnisse und Grundsätze nicht sehr wetterwendisch ist. Aber hättest Du ihn erst letztes Jahr gesehen. Er lebte das ganze Jahr ohne Arbeit und Anstellung in Petersburg. Weiß Gott, weshalb er hier lebte; er war keineswegs so reich, als daß er zu seinem Vergnügen in Petersburg hätte leben können. Doch es war offenkundig, daß er gerade deshalb nach Petersburg gekommen war, um sich irgendwohin zu flüchten. Man muß ihn nur anschauen: er ist ein Märtyrer. Er ist ausgemergelt; die Wangen sind eingefallen; seine früher feuchten Augen waren trocken und funkelten; die geistige Schönheit seines Gesichts steigerte sich mit dem physischen Zerfall. Er hat gelitten! Schwer gelitten! Mein Gott, wie sehr liebt er ein junges Mädchen (sie heißt anscheinend Marie). Sie heiratete einen andern. Ohne diese Liebe wäre er nicht der reine, erhabene, uneigennützige Priester der Poesie. An Winterabenden begab ich mich manchmal zu ihm in seine ärmliche Wohnung (zum Beispiel genau vor einem Jahr) und dachte unwillkürlich an den düsteren Winter Onegins in Petersburg (8. Kapitel).[1] Nur stand vor mir kein kaltes Geschöpf, kein leidenschaftlicher Träumer wider Willen, sondern ein schönes, erhabenes Wesen, das getreue Abbild eines Menschen, wie ihn uns Shakespeare und Schiller dargestellt hätten; aber er war damals schon bereit, der finsteren Manie Byronscher Helden zu verfallen. Wir saßen ganze Abende beieinander und redeten weiß Gott wovon. O, was für eine offene, reine Seele! Mir quellen schon die Tränen hervor, wenn ich an die Vergangenheit denke! Nichts hat er vor mir verborgen, doch was bin ich für ihn gewesen? Er hätte sich jemandem gegenüber aussprechen sollen; ach, wärst Du nur bei uns gewesen. Wie gerne hätte er Dich gesehen! Dich persönlich Freund zu nennen, wäre eine Bezeichnung gewesen, die ihn stolz gemacht hätte. Ich erinnere mich daran, wie ihm bei der Lektüre Deiner Verse die Tränen kamen; er kannte sie auswendig! Und Du hast von ihm sagen können, er habe über Dich gelacht! O, was für eine armselige, bedauerliche Kreatur war er. Eine reine, engelsgleiche Seele! Und sogar in dem schweren Winter vergaß er seine Liebe nicht. Sie entbrannte immer heftiger. Es kam der Frühling, und sie belebte ihn. Seine Einbildungskraft ließ ihn Dramen schaffen, und was für Dramen, mein Bruder! Du hättest Deine Meinung über ihn geändert, hättest Du die umgearbeitete ›Maria Simjonowa‹ gelesen. Den ganzen Winter arbeitete er daran, die alte Form bezeichnete er selbst als häßlich. Und seine lyrischen Gedichte! O, wenn Du nur jene Gedichte kennen würdest, die er im vergangenen Frühling schrieb. Beispielsweise das Gedicht, worin er über den Ruhm spricht. Wenn Du es nur lesen würdest, Bruder! Ich kam vom Lager zurück, und wir waren wenig zusammen. Bei meiner letzten Begegnung mit ihm sind wir in Jekaterinhof spazierengegangen. Wie wunderbar haben wir doch diesen Abend verbracht! Wir gedachten des vergangenen Winters, als wir soviel von Homer, Shakespeare, Schiller und Hoffmann gesprochen haben; besonders von Hoffmann. Wir sprachen auch von uns selbst, von der Zukunft und von Dir, mein Lieber. Nun ist er längst fort, und ich habe keine Nachrichten von ihm. Ob er überhaupt noch am Leben ist? Mit seiner Gesundheit stand es sehr schlecht; schreibe ihm doch!

Im vergangenen Winter war ich ununterbrochen in einer seltsam gehobenen Stimmung. Der Verkehr mit Schidlowskij hat mir viele Stunden eines besseren Lebens verschafft; doch dies war nicht die einzige Ursache meiner begeisterten Stimmung. Du hast mir vielleicht übelgenommen und nimmst es mir noch jetzt übel, daß ich Dir damals nicht geschrieben habe. Dumme Dienstangelegenheiten waren schuld daran. Ich muß Dir gestehen, mein Lieber, daß ich Dich immer geliebt habe; ich liebte Dich um Deiner Gedichte, der Poesie Deines Lebens und Deiner Leiden willen; das war alles; es war aber keine Bruderliebe, keine Freundesliebe. Ich hatte damals an meiner Seite einen Freund, einen Menschen, den ich so liebte.[2] Du schreibst mir, Bruder, ich hätte Schiller nicht gelesen. Du irrst. Ich habe ihn auswendig gelernt, habe in seiner Sprache gesprochen und in seinen Bildern geträumt; ich glaube, es war wohl ein besonders gütiges Geschick, das mir die Bekanntschaft mit diesem großen Dichter gerade zu jenem Zeitpunkt meines Lebens verschaffte; nie hätte ich Schiller besser kennenlernen können als gerade in jenen Tagen. Während ich mit *ihm* Schiller las, sah ich *in ihm* den edlen und feurigen Don Carlos, den Marquis Posa und Mortimer. Diese Freundschaft hat mir viel genützt und viel Leid verschafft. Doch ich will davon ewig schweigen; der Name Schiller ist mir ein liebes vertrautes Zauberwort, das in mir zahllose Erinnerungen und Träume weckt. Diese Erinnerungen sind bitter, und aus diesem Grunde vermied ich es immer, mit Dir über Schiller und über die Eindrücke, die ich ihm verdanke, zu sprechen! Schon wenn ich den Namen Schiller höre, tut mir das Herz weh.

Ich wollte noch verschiedenes gegen Deine Vorwürfe einwenden und Dir zeigen, daß Du mich mißverstanden hast. Auch von anderen Dingen wollte ich mit Dir sprechen; doch während ich diesen Brief schreibe, überkommen mich so viele süße Erinnerungen und Träume, daß ich von nichts anderem sprechen kann. Nur einen Vorwurf will ich zurückweisen: nämlich, daß ich die großen Dichter, die ich angeblich gar nicht kenne, sortiert hätte. Ich habe nie Parallelen gezogen, wie etwa zwischen Puschkin und Schiller... Ich weiß gar nicht, wie Du zu dieser Behauptung kommst; zitiere mir bitte die betreffende Stelle aus meinem Brief; an eine solche Sortierung habe ich nie gedacht; es ist ja möglich, daß ich irgendwie zufällig die Namen Puschkin und Schiller nebeneinander erwähnt habe, doch ich glaube, daß zwischen diesen Worten ein Komma steht. Sie haben beide nicht die geringste Ähnlichkeit miteinander. Bei Puschkin und Byron kann man ja noch von einer Ähnlichkeit sprechen. Was aber Homer und Victor Hugo betrifft, so glaube ich, daß Du mich absichtlich mißverstanden hast. Ich meinte es so: Homer (ein sagenhafter Mensch, der uns vielleicht wie Christus von Gott gesandt war) kann nur neben Christus und keineswegs neben Goethe gestellt werden. Versuche doch, Bruder, in seine ›Ilias‹ einzudringen, lies sie aufmerksam (gestehe doch, daß Du sie nicht gelesen hast). Homer hat ja mit seiner ›Ilias‹ der Welt der Antike die gleiche Organisation des geistigen und irdischen Lebens gegeben, wie sie die moderne Welt Christus zu verdanken hat. Verstehst Du mich nun? Victor Hugo ist ein Lyriker, lauter wie ein Engel, und seine Poesie ist durch und durch keusch und christlich; niemand ist ihm in dieser Beziehung gleich; weder Schiller (wenn Schiller auch ein durchaus christlicher Dichter ist), noch Shakespeare, noch Byron, noch Puschkin. Ich habe seine Sonette französisch gelesen. Homer allein hat den gleichen unerschütterlichen Glauben an seinen Dichterberuf und an den Gott der Poesie, dem er dient; nur in dieser Beziehung gleicht seine Poesie der von Victor Hugo; doch nicht in der ihm von der Natur eingegebenen und von ihm ausgedrückten Idee; ich habe ja gar nicht die Idee gemeint. Mir scheint sogar Derschawin als Lyriker höher zu stehen als diese beiden. Lebe wohl, mein Lieber!

Dein Freund und Bruder F. Dostojewskij

Der vorliegende Brief ließ mich in Erinnerung an die Vergangenheit einige Tränen vergießen.
Das Sujet Deines Dramas ist vortrefflich, eine wahre Idee wird

sichtbar, und besonders gefällt es mir, daß Dein Held, wie Faust, das Unendliche und Unermeßliche sucht, daß er in dem Augenblick verrückt wird, als er das Unendliche und Unermeßliche gefunden hat – als er geliebt wird. Das ist herrlich. Ich bin froh, daß Dir Shakespeare etwas beigebracht hat.

Du ärgerst Dich, daß ich nicht alle Deine Fragen beantworte. Ich täte es gern, aber es geht nicht! Weder das Papier noch die Zeit würde ausreichen. Wenn ich auf alles antworten wollte, zum Beispiel auf Fragen wie: »Trägst Du einen Schnurrbart?«, dann käme ich gar nicht dazu, von wichtigeren Dingen zu reden. Lebe wohl, mein lieber, guter Bruder. Nochmals lebe wohl! Schreibe mir bald.

Ich muß Dir noch eine Rüge erteilen: Wenn Du von der Form in der Dichtung sprichst, scheinst Du mir ganz verrückt; in allem Ernst; ich habe schon längst bemerkt, daß Du in dieser Beziehung nicht ganz normal bist. Neulich hast Du auch über Puschkin eine ähnliche Bemerkung fallenlassen. Ich bin absichtlich darauf nicht eingegangen. Von Deinen Formen will ich im nächsten Brief ausführlicher sprechen. Jetzt fehlt mir der Platz und die Zeit. Sage mir aber bitte, wie konntest Du, als Du von den Formen sprachst, die Behauptung aufstellen: »Wir können weder an Racine noch an Corneille (??) Gefallen finden, denn ihre Form ist schlecht.«? Du Unglücksmensch! Und dabei sagst Du noch mit solcher Überlegenheit: »Glaubst Du denn, die beiden hätten keine Poesie?« Ob Racine keine Poesie hätte? Ob Racine, der feurige, leidenschaftliche, in seine Ideale verliebte Racine kein Dichter war? Das wagst Du zu fragen? Hast Du seine ›Andromaque‹ gelesen? Was? Bruder! Hast Du die ›Iphigénie‹ gelesen? Wirst Du vielleicht behaupten, daß sie nicht herrlich ist? Ist denn Racines Achilles dem des Homer nicht ebenbürtig? Racine hat ja allerdings Homer bestohlen, doch wie! Wie wundervoll sind seine Frauengestalten! Begreife es doch! Du sagst: »Racine war kein Genie; konnte er denn überhaupt (?) ein Drama schaffen? Er konnte nur Corneille nachahmen.« Und ›Phèdre‹? Bruder! Wenn Du mir nicht beistimmen wirst, daß dies die höchste und reinste Poesie ist, so weiß ich gar nicht, was ich von Dir noch halten soll. Es steckt ja die Kraft eines Shakespeare darin, wenn das Bildwerk auch aus Gips und nicht aus Marmor ist.

Nun von Corneille. Höre einmal, Bruder! Ich weiß gar nicht, wie ich mit Dir sprechen soll; vielleicht muß ich vorher wie Iwan Nikiforowitsch[3] »eine tüchtige Portion Erbsen fressen«. Ich kann es

nicht glauben, Bruder, daß Du ihn überhaupt gelesen hast; daher redest Du auch solchen Unsinn. Weißt Du denn überhaupt, daß Corneille mit seinen riesenhaften Gestalten und seinem romantischen Geist beinahe an Shakespeare heranreicht? Du Armer! Auf alles hast Du nur eine Entgegnung: »die klassische Form«. Weißt Du denn, daß Corneille erst fünfzig Jahre nach dem talentlosen elenden Jodelle, dem Autor der ekelhaften ›Kleopatra‹, und nach dem an unseren Tredjakowskij gemahnenden Ronsard aufgetreten ist; daß er beinahe ein Zeitgenosse des gefühllosen Dichterlings Malherbe war? Wie kannst Du von ihm Formen verlangen? Es ist noch gut, daß er die Form von Seneca entlehnt hat. Hast Du seinen ›Cinna‹ gelesen? Was sind vor der göttlichen Gestalt des Octavius – Karl Moor, Fiesko, Tell und Don Carlos! Dieses Werk würde selbst Shakespeare zur Ehre gereichen. Du Armer! Wenn Du es noch nicht gelesen hast, so lies doch wenigstens den Dialog zwischen August und Cinna, wo er ihm den Verrat vergibt (doch wie!). Du wirst sehen, daß nur gekränkte Engel so sprechen können. Besonders die Stelle, wo August sagt: »*Soyons amis, Cinna.*« Hast Du seinen ›Horace‹ gelesen? Höchstens noch bei Homer kannst Du solche Gestalten finden! Der alte Horace ist ein Diomedes. Der junge Horace ist ein Ajax, Sohn des Telamon, doch mit dem Geiste eines Achilles; Curias ist Patrocles und Achilles in einer Person, er ist der Inbegriff der Liebessehnsucht und der Pflicht. Wie erhaben ist doch dies alles! Hast Du ›Le Cid‹ gelesen? Lies ihn, Du Unglücksmensch, und falle in den Staub vor Corneille. Du hast ihn gelästert. Lies ihn unbedingt. Was ist überhaupt noch Romantik, wenn ihre höchsten Ideen nicht schon im ›Cid‹ entwickelt sind? Wie wunderbar sind die Gestalten des Don Rodrigo, seines Sohnes und dessen Geliebter! Und erst der Schluß!
Nimm mir bitte meine verletzenden Äußerungen nicht übel, grolle mir nicht wie Iwan Iwanowitsch Pererepenko.[4]

An den Chef der Offiziersabteilung der Ersten Ingenieurhochschule Herrn Hauptmann Gartong
vom Ingenieur und Leutnant Dostojewskij

Rapport
Weil ich an einem Stechen in meiner Brust und fortgesetztem Glie-
derreißen leide, habe ich den ärztlichen Rat des Herrn Staatsrats
Walkenau in Anspruch genommen, der mir erklärte, das Baden
im Meer würde mir einen unzweifelhaften Nutzen bringen. Aber
weil das Wasser in Kronstadt, wo der Höheren Offiziersklasse
praktische Übungen bevorstehen, nach dem Urteil des Herrn Doktor Walkenau äußerst schwach ist, könne man ein dortiges Baden
keineswegs als ein heilsames Mittel ansehen. Aus diesem Grunde
bitte ich gehorsamst Ew. Hochwohlgeboren, durch ein Gesuch bei
Seiner Exzellenz dem Herrn Direktor der Hochschule einen acht-
undzwanzigtägigen Urlaub in Reval zu erwirken, zur Benützung
der dortigen Bäder in der diesem Zweck wohlförderlichen Jahreszeit, das heißt in der Mitte des Sommers, wenn das Wasser noch
nicht abgekühlt ist. – Ich rechne es zu meiner Verpflichtung, hinzuzufügen, daß ich, im Falle einer Erlaubnis von seiten der Direktion,
in Reval den in Kronstadt entsprechenden und bevorstehenden
Arbeiten und Beschäftigungen nachzugehen mir alle Mühe geben
werde, um mit Eifer und Fleiß seine Nachsicht zu rechtfertigen.[1]
Ingenieur Leutnant Dostojewskij

Im Jahr 1843. Am 8. Tage des Juni

An M. M. Dostojewskij

Petersburg, Sommer 1844
Lieber Bruder! Der Zeitraum zwischen Deinem letzten Brief und
meiner Antwort war voll verschiedener Ereignisse. Nicht alle
kann man als erfolgreich bezeichnen, doch einige waren recht angenehm.
Kaum hatte ich Deine ›Räuber‹ erhalten, machte ich mich gleich an
die Lektüre: nun höre, was ich von der Übersetzung halte: Die
Lieder sind beispiellos gut übersetzt, nur Lieder bringen Geld. Die
Prosa ist, was Ausdruckskraft und Genauigkeit betrifft, hervorragend übertragen. Du machst Schiller wegen seiner Sprache Vorwürfe: Merke Dir doch, mein Freund, diese Sprache konnte gar

keine andere sein. Ich habe aber festgestellt, daß Du Dich viel zu sehr von der Umgangssprache hast hinreißen lassen und oft, sehr oft, im Interesse der Natürlichkeit die Richtigkeit des russischen Wortes geopfert hast. Außerdem hüpfen hie und da einige unrussische Wörter umher (doch nicht ›schtudirowat‹, ›nesuvenirtschiki‹; der Gebrauch dieser Wörter steht über Kunst und Findigkeit). Schließlich ist mancher Satz sehr nachlässig übersetzt. Doch im allgemeinen ist die Übersetzung im vollen Sinne des Wortes bewundernswert. Ich habe einiges ausgebessert und mich dann sogleich der Sache angenommen. Ich bin zu Pesozkij und Meschewitsch gegangen. Die Kanaillen knausern. An die Veröffentlichung des ganzen Schiller in ihrer Zeitschrift möchten sie nicht einmal denken. Sie begreifen die gute Idee nicht, sie spekulieren. Die ›Räuber‹ allein wollen sie nicht nehmen, sie haben Angst vor der Zensur. In der Tat kann und will Nikitenko die Verantwortung nicht übernehmen, ohne ein ganzes Drittel zu streichen. Im übrigen habe ich ihm das Manuskript zur Zensur übergeben, die Unebenheiten kann man dann später stopfen. Was hätte ich sonst tun können? Nachdem ich den Entschluß von Pesozkij und Meschewitsch vernommen hatte, wollte ich sie an den ›Räubern‹ nicht mal riechen lassen. Aber dann habe ich folgendes beschlossen: man müßte in ihrer Zeitschrift ›Don Carlos‹ veröffentlichen. Das wird das Publikum interessieren; es wird sehen, daß die Übersetzung gut ist. In demselben Heft müßte man die Ausgabe des ganzen Schiller ankündigen. Für ›Don Carlos‹ wird man uns Geld geben, und ich will darauf bestehen, daß man uns gut bezahlt. Beende ihn, um Gottes willen, so rasch als möglich. Im Herbst wollen wir auf einmal ›Die Räuber‹, ›Fiesko‹, ›Don Carlos‹ und ›Maria Stuart‹ veröffentlichen (Um Gottes willen auch die ›Maria Stuart‹. Man braucht unbedingt Verse, wenn man Erfolg wünscht). Geld für den Druck wird vorhanden sein. Dazu sind etwas über 1000 notwendig. Folglich brauchen wir 700 in bar, denn ein Drittel können wir immer als Darlehen aufnehmen. So machen es alle, und 700 Rubel werde ich immer beschaffen können. Haben wir für die Ausgabe den entsprechenden Preis bestimmt, so werden 100 verkaufte Exemplare nicht nur unsere Kosten decken, sondern auch einen kleinen Gewinn einbringen, und 100 Stück sind eine Kleinigkeit; also die Absicht ist gut, und das Geschäft völlig sicher. Schreibe, mein Freund, übersetze. Für den Erfolg garantiere ich mit meinem Kopf, und ich werde Dich nicht ohne Geld lassen. Warte ab, sie werden uns wie Fliegenschwärme überfallen, wenn sie diese Übersetzungen sehen. Es wird nicht nur ein Angebot von Buchhändlern und Verlegern geben. Diese Hunde – ich habe sie schon ein wenig kennengelernt.

Also spute Dich mit ›Don Carlos‹; Du mußt Dich unbedingt beeilen. Das wird uns Geld bringen und unsere Ausgabe in Gang bringen. Das Geld erhalten wir sofort. Ich nehme an, daß Du nicht faul warst und die ganze Zeit übersetzt hast. Hättest Du gleich von Anfang an viel Geld haben wollen, hättest Du gleich mit ›Don Carlos‹ beginnen müssen und nicht der Reihe nach. Aber mach es recht gut, und die Sache wird gut.

Meschewitsch bittet ergebenst um rasche Zusendung aller Prosawerke Schillers über das Drama und die dramatische Kunst, soweit sie übersetzt sind. Besonders über das ›Naive und Sentimentale‹. Ich rate Dir dazu, das gibt Geld, übersetze es so rasch wie möglich. (Sei beruhigt, ohne Honorar werde ich nichts aus der Hand geben.) Nimm Dir also jetzt ›Don Carlos‹ und die Prosa vor. Später ›Fiesko‹ und ›Maria Stuart‹. Ich verlasse mich auf Dich, Bruder; laß vor allem den Kopf nicht hängen. Erinnerst Du Dich an ›Semela‹ und ›Hermann und Dorothea‹? Man hatte ›Semela‹ an einer Stelle abgelehnt, und Du ließest die Übersetzung liegen. Erst kürzlich erschien ›Semela‹ in den ›Vaterländischen Annalen‹ in der abscheulichsten Übersetzung. Dasselbe geschah mit ›Hermann und Dorothea‹, und beide hatten Erfolg. Und wieso? Weil Du vorzeitig den Kopf hattest hängenlassen, mein Allerliebster. Um Gottes willen, spute Dich und arbeite. Die Beute wird reichlich sein. Den ›Fiesko‹ und die ›Maria‹ kannst Du nach und nach machen. Und wir wollen nur das veröffentlichen, was Geld einbringt. Und es muß Geld geben. Für diesen Fall kann man auf die Moskauer Druck ausüben.

Nun, alle Teufel mögen Dir zur Seite stehen, und Du wirst nicht erraten, lieber Bruder, wen ich in Petersburg aufgetan habe. Die *Merkurows*!! Ich bin ihnen zufällig begegnet und habe natürlich die Bekanntschaft erneuert. Ich werde Dir alles erzählen. Erstens sind das gute Menschen, Bruder. Maria Kreskentjewna ist eine bewundernswerte Frau. Ich bewundere sie von ganzer Seele. Merkurow ist *un peu picardo*, aber doch ein Prachtkerl. Sie sind reich geworden und haben siebentausend Rubel Jahreseinkommen. Sie leben prachtvoll. Der alte Merkurow ist offenbar gestorben, und sie haben sich getrennt. Du hattest umsonst vermutet, daß er bei den Gendarmen diene. Bei den Gendarmen diente er nur ein halbes Jahr. Dann trat er in das Olwiopolsker Husarenregiment ein (im Süden). Später wurde er zum *Musterregiment* nach Petersburg abkommandiert. Das war damals, als Du zum Offizier befördert wurdest (und wir davon nichts erfuhren). Schließlich diente er wieder und ist jetzt Stabsoffizier der Reserve und lebt in Petersburg. Sie haben mich vorzüglich aufgenommen. Sie sind genau dieselben wie früher. Bei der 1., 2., 3. und 4. Begegnung wurde über das Geld kein Wort gesprochen; ich sagte auch nichts und hatte ein schlechtes Gewissen. Schließlich ist mir etwas Unangenehmes *zugestoßen*. Ich hatte kein Geld. Doch die Übersetzung des Romans von George Sand (›La dernière Albini‹) ging ihrem Ende zu. Stell Dir meinen Schrecken vor, der Roman war schon 1837 übersetzt worden. Der Teufel mochte das gewußt haben, doch ich raste. Ich schrieb nach Moskau, aber vorläufig darbte ich in Petersburg. Die Not zwang mich, bei den Merkurows um *Geld zu bitten* (verstehst Du??). Statt einer Antwort erhalte ich eine Einladung zum Tee. Ich komme hin, und er eröffnet mir, er sei wegen meines Briefes errötet. Er wisse nicht, weshalb ich von ihm Geld borgen wollte, da ich doch das Recht hätte, Geld zu fordern. Er hätte bisher geschwiegen, weil er kein Geld gehabt hätte. (Sie hatten wirklich kein Geld, denn ich hatte selbst gesehen, wie er 2000 für Käufe ausgab), er würde in Kürze Geld erwarten und dann seine Charakterstärke beweisen, indem er das Geld ohne unsre Bitte zurückerstatte. Jetzt aber müsse er erröten, weil ich ihn daran erinnert hätte. Statt des fehlenden Geldes bat er mich, 50 Rubel in Scheinen anzunehmen. Ich habe es angenommen. (Bruder, Du weißt nicht, in welcher Not ich war. Sie trugen mir auf, Dir Grüße zu bestellen. Schreibe ihnen, Bruder, sie interessieren sich sehr für Dich. Sie wundern sich, daß Du verheiratet bist.) Wie gut! Jetzt ist das Geld sicher. Früher hatte er es nicht zurückbezahlen wollen, aber nachdem er mich nun gesehen hatte, wird er beim 1. Wiedersehen bezahlen wollen, er hat ohnehin die Mittel dazu. Bitte schreibe ihm so freundlich als möglich, mit dem Geld dränge aber nicht allzu sehr. Es wird in jedem Fall in allerkürzester Zeit eintreffen. Aber Du kannst ihn so nebenbei daran erinnern und die Summe der *ganzen Schuld* nennen, er hat nämlich vergessen, *wieviel* es ist, und ich selbst weiß es auch nicht mehr. Lebe wohl, mein Geliebter, ich gratuliere Dir zu dem unerwarteten Batzen Geldes. Gib ihm Deine Adresse in Reval, und gib mir

Nachricht, wenn er Dir alles geschickt hat. Ich werde es nicht erhalten, denn es ist ja nicht mein Geld. Er wohnt in meiner Nähe: Bei der Wladimir-Kirche, Wladimir-Straße, im Hause von Haschtschokin (S. H.).

Lebe wohl. Grüße mir Deine liebe Frau, küsse die Kinder, sei fleißig und glücklich.

Dein Dostojewskij

Ich teile Dir mit, daß Obodowskij den ›Don Carlos‹ übersetzt hat. Spitze die Ohren, Bruder, und spute Dich, denn Obodowskij hat ihn noch nicht veröffentlicht, ja, er hat auch nicht die Absicht, ihn drucken zu lassen.

Für ›Don Carlos‹ kann ich etwa 500 Rubel garantieren.

Eine Übersetzung in Folgen nach dem 1. Heft kann man nicht veröffentlichen; das Publikum hat die Goethe-Folgen noch in Erinnerung. Das ist unmöglich.

An M. M. Dostojewskij

Petersburg, 30. September 1844

Mein lieber Bruder! Ich habe den ›Don Carlos‹ erhalten und beeile mich nun, Dir möglichst rasch zu antworten. (Ich habe sehr wenig Zeit.) Die Übersetzung ist sehr gut, stellenweise erstaunlich gut, einzelne Zeilen sind freilich schlecht; aber das kommt daher, daß Du in großer Eile übersetzt hast. Doch im ganzen habe ich kaum fünf oder sechs mißlungene Zeilen gefunden. Ich habe mich erkühnt, einiges zu verbessern, auch hier und da einen Vers klangvoller zu gestalten. Am ärgerlichsten ist es, daß Du an manchen Stellen Fremdwörter verwendet hast, zum Beispiel *Komplott*. Das sollte nicht vorkommen. Ebenso (übrigens weiß ich nicht, wie es im Original heißt) gebrauchst Du das Wort Sire. Soweit mir bekannt ist, hat es dieses Wort in Spanien nicht gegeben, es war in Westeuropa nur in den von Normannen gegründeten Reichen gebräuchlich. Doch das sind alles Kleinigkeiten. Die Übersetzung ist erstaunlich gut, eigentlich besser, als ich erwartet hatte. Ich will sie zu diesen Dummköpfen ins ›Repertoire‹ tragen. Mögen sie mal die Mäuler aufsperren. Sollten sie aber (was ich befürchte) bereits eine Übersetzung von Obodowskij haben, so bringe ich sie zu den ›Vaterländischen Annalen‹. Ich werde sie nicht für ein Linsengericht verkaufen, da kannst Du beruhigt sein. Sobald ich sie verkauft habe, schicke ich Dir das Geld. Was die Ausgabe von Schillers Werken betrifft, so bin ich natürlich mit Dir einverstanden; ich wollte Dir sogar selber vorschlagen, sie in drei Lieferungen erscheinen zu lassen. Erst wollen wir ›Die Räuber‹, ›Fiesko‹, ›Don Carlos‹, ›Kabale‹, ›Briefe über naive und sentimentalische Dichtung‹ herausbringen. Das wird sich sehr gut machen. Einen Verleger könnten wir schon finden. Aber es wäre viel besser, das Geschäft selbst zu machen; sonst bringt es keinen Gewinn ein. Übersetze Du nur, und mache Dir keine Sorgen wegen des Geldes; wir werden es schon auftreiben, so oder so, das ist ganz gleich. Nur noch eines, Bruder: In einem Monat muß die Sache entschieden sein, denn die *Anzeige* kann nicht später erscheinen, *ohne Anzeige* sind wir aber verloren. Daher werde ich veranlassen, daß im ›Repertoire‹ ein paar Worte darüber gesagt werden. Die Übersetzung wird Aufsehen erregen. (Hat sie auch nur einen ganz geringen Erfolg, so wird es doch ein erstaunlicher Gewinn.)

Ja, Bruder, ich weiß es selbst, daß meine Lage verzweifelt ist; ich will Dir nun alles genau erklären.

Ich nehme den Abschied, weil ich nicht länger dienen kann. Das Leben freut mich nicht, wenn ich meine beste Zeit so sinnlos verschwenden muß. Im übrigen hatte ich nie die Absicht, lange im Dienst zu bleiben; warum soll ich meine besten Jahre verlieren? Die Hauptsache aber ist, daß man mich in die Provinz abkommandieren wollte; sage mir bitte selbst, was könnte ich ohne Petersburg anfangen? Wozu würde ich noch taugen? Du wirst mich sicher begreifen.

Wegen meines weiteren Lebens brauchst Du Dir wirklich keine Sorgen zu machen. Ich werde immer meinen Lebensunterhalt finden können. Ich werde furchtbar viel arbeiten. Ich bin ja jetzt frei. Es fragt sich nur, was ich jetzt gleich anfangen soll. Denke Dir nur, Bruder, ich habe 800 Rubel Schulden; 525 Rubel schulde ich für die Miete (ich habe nach Hause geschrieben, daß ich 1500 Rubel Schulden habe, denn ich kenne die Leute: sie schicken mir immer $1/3$ von dem, was ich verlange).

Niemand weiß bis jetzt, daß ich den Dienst quittiere. Was soll ich nun anfangen, wenn ich nicht mehr im Dienst bin? Ich habe nicht mal Geld, um mir Zivilkleider zu kaufen. Ich quittiere den Dienst am 14. Oktober. Wenn die Moskauer Schweine die Sache verzögern, bin ich verloren. Man wird mich allen Ernstes ins Gefängnis sperren. Eine urkomische Lage. Du sprichst von einem

Familienzwist. Aber weißt Du denn überhaupt, worum ich bitte? Dafür, daß ich jetzt schon auf jeden Anteil am Gut [1] verzichte und, wenn es die Umstände erlauben, für meinen restlosen Verzicht, das heißt dafür, daß ich ihnen von diesem Augenblick an meinen Anteil überlasse – verlange ich 500 Rubel in Silber und die übrigen 500 in Monatsraten von 10 Silberrubeln (das ist alles, was ich verlange). Gib zu, es ist wenig, und ich trete damit niemandem zu nahe. Aber auch davon wollen sie nichts wissen. Du mußt mir auch zugestehen, daß ich diesen Vorschlag nicht selber mache. Sie *trauen mir nicht.* Sie meinen, ich betrüge sie. Meine Seele, verbürge Dich für mich. Sage ihnen folgendes: *Du seist bereit, Dich allen gegenüber für mich dahingehend zu verbürgen, daß ich keine weiteren Forderungen stelle.* Wenn sie nicht soviel Geld haben, dann wären in meiner Lage auch 700 oder 600 eine erfreuliche Summe Geldes; ich kann mich immer noch durchschlagen, doch verbürge Dich auch dafür, *daß mein Vorschlag hinsichtlich der Zahlung der ganzen Summe von 500 Silberrub. und der 500 Silberrub. in Raten angenommen wird.*

Du sagst, meine Rettung sei das Drama. Die Inszenierung erfordert doch Zeit. Die Bezahlung auch. Ich habe aber den Abschied vor der Nase (Mein Lieber, wenn ich das Abschiedsgesuch noch nicht eingereicht hätte, so hätte ich es jetzt getan; ich bereue es gar nicht, daß ich es schon eingereicht habe).

Ich habe noch eine Hoffnung. Ich vollende gerade einen *Roman* [2] im Umfange von ›Eugénie Grandet‹. Der Roman ist recht originell. Ich schreibe ihn bereits ins reine, am 14. werde ich wohl schon eine Antwort von der Redaktion haben. Ich will ihn in den ›Vaterländischen Annalen‹ unterbringen. (Ich bin mit meiner Arbeit zufrieden.) Ich werde dafür vielleicht 400 Rubel bekommen; dies ist meine ganze Hoffnung. Ich hätte Dir gern ausführlicher über meinen Roman geschrieben, doch mir fehlt die Zeit. (Das Drama werde ich unbedingt unterbringen. Denn ich will davon leben.)

Das Schwein Kirstin ist dumm wie ein grauschwarzer Wallach.

Die Moskauer sind unglaublich dumm, eingebildet und klugschwatzend. Karepin rät mir in seinem letzten Brief, ohne jeden ersichtlichen Grund, ich möchte mich nicht so sehr von Shakespeare hinreißen lassen! Er sagt, Shakespeare sei nur eine Seifenblase. Ich möchte, daß Du diese lächerliche Gehässigkeit gegen Shakespeare begreifst. Warum bringt er plötzlich Shakespeare aufs Tapet? Den Brief hättest Du sehen sollen, den ich ihm darauf geschrieben habe!

Es ist ein Muster von polemischem Stil. Ich habe ihn wirklich gut abgefertigt. Meine Briefe sind Meisterwerke der ›Lettristik‹.

Bruder, schreib doch um Gottes willen sofort nach Hause. Meine Lage ist verzweifelt; der 14. Oktober ist der alleräußerste Termin; ich habe mein Gesuch vor 1½ Monaten eingereicht. Um Himmels willen! Schreibe ihnen, sie möchten mir das Geld sofort schicken. Es ist dringend, denn sonst werde ich keine Kleidung haben. Chlestakow[3] wollte gern ins Gefängnis gehen, doch nur auf vornehme Art. Wie kann ich aber ohne Hose auf vornehme Art ins Gefängnis gehen? Karepin trinkt, f..., wird grau, er säuft Wodka, hat Rang und Würde und *glaubt an Gott*. Er ist von alleine darauf gekommen.

Meine Adresse: Neben der Wladimir-Kirche, Haus Prjanischnikow, Grafengasse. Dostojewskij.

Ich bin mit meinem Roman außerordentlich zufrieden. Ich bin außer mir vor Freude. Für den Roman werde ich sicher Geld bekommen; was aber weiter kommt...

Verzeihe mir, daß dieser Brief so zusammenhanglos ist.

An M. M. Dostojewskij

Petersburg, 24. März 1845

Mein lieber Bruder! Du brennst wohl schon lange vor Ungeduld, meinen Brief zu erhalten, liebster Bruder. Die Ungewißheit meiner Lage hinderte mich am Schreiben. Ich kann mich keiner Beschäftigung hingeben, wenn ich nichts als Ungewißheit vor Augen habe. Es ist mir noch immer nicht gelungen, meine Angelegenheiten irgendwie zu ordnen; ich will Dir aber trotz dieser Ungewißheit schreiben; denn ich habe Dir schon so lange nicht geschrieben.

Ich habe von den Moskauern fünfhundert Silberrubel bekommen. Ich hatte aber so viel alte und neue Schulden, daß das Geld mir für den Druck nicht langte. Das wäre ja noch nicht so schlimm. Ich könnte ja das Geld der Druckerei schuldig bleiben oder die Schulden zu Hause nur zum Teil bezahlen; der Roman war aber noch nicht fertig. Ich hatte ihn ja noch im November fertig geschrieben, im Dezember beschloß ich aber, ihn gänzlich umzuarbeiten; ich habe ihn umgearbeitet und ins reine geschrieben; doch im Februar begann ich wieder zu feilen, zu polieren, einzelne Stellen zu streichen und andere neu einzufügen. Gegen Mitte März war ich damit fertig und mit meiner Arbeit zufrieden. Nun kam etwas

Neues dazwischen: Die Zensur braucht einen ganzen Monat zum Lesen. Schneller geht es nicht. Die Zensurbeamten sind angeblich mit Arbeit überladen. Ich wußte nicht, was ich anfangen sollte, und habe mir das Manuskript zurückgeben lassen. Denn außer den vier Wochen für die Zensur mußte ich noch weitere drei Wochen für den Druck rechnen. Das Buch könnte also frühestens im Mai erscheinen. Das wäre zu spät. Da begann man, mich von allen Seiten zu bestürmen, ich möge den Roman doch an die ›Vaterländischen Annalen‹ schicken. Das wäre Unsinn. Ich müßte es sicher bereuen. Erstens würden sie das Manuskript gar nicht lesen, und wenn sie es auch lesen würden, so doch nicht vor einem halben Jahr. Sie haben auch ohnehin genug Manuskripte liegen. Und wenn sie das Werk auch drucken, so bekomme ich dafür keinen Heller. Denn bei dieser Zeitschrift herrscht eine wahre Oligarchie. Was brauche ich den Ruhm, wenn ich fürs tägliche Brot schreibe? Ich habe einen verzweifelten Entschluß gefaßt: Noch weiter warten und unter Umständen neue Schulden machen; gegen den 1. September, wenn alle nach Petersburg umgezogen sind und wie die Spürhunde nach Neuem suchen, will ich versuchen, für die letzten Kopeken, die möglicherweise gar nicht reichen werden, den Roman drucken zu lassen. Wenn ich das Werk an eine Zeitschrift gebe, so komme ich unter das Joch nicht nur des ersten *Maître d'hôtel*, sondern auch aller Küchenmägde und Küchenjungen, die überall nisten, wo die Kultur gemacht wird. Es gibt dort mehr als einen Diktator: es sind ihrer zwanzig. Wenn ich aber das Werk auf eigene Kosten drucke, so kann ich mir mit meiner eigenen Kraft den Weg bahnen; und wenn das Werk gut ist, so wird es nicht verlorengehen; es wird mich sogar aus den Schulden und Nahrungssorgen retten.

Und nun von den Nahrungssorgen! Du weißt ja, Bruder, daß ich in dieser Beziehung auf meine eigenen Kräfte angewiesen bin. Ich habe mir aber geschworen, wie schlecht es mir auch gehen möge, mich zusammenzunehmen und unter keinen Umständen auf Bestellung zu schreiben. Bestellte Arbeit wird mich erdrücken und verderben. Ich will, daß jedes meiner Werke unzweifelhaft gut sei. Sieh Dir nur Puschkin und Gogol an. Beide haben sehr wenig geschrieben, sich aber Denkmäler verdient. Gogol bekommt schon jetzt für den Druckbogen 1000 Rubel. Puschkin hat aber, wie Du wohl weißt, für jede Verszeile einen Dukaten bekommen. Beide, besonders aber Gogol, haben ihren Ruhm mit Jahren bitterer Not erkauft. Die alte Schule geht zugrunde; die neue Schule schreibt aber nicht: sie schmiert. Das ganze Talent wird für einen breiten Schwung verschwendet, in dem man nur eine unfertige ungeheuerliche Idee und kolossale Muskelkraft entdecken kann; es steckt aber fast gar keine ernsthafte Arbeit darin. Béranger sagte von den modernen französischen Feuilletonisten, ihre Arbeit sei wie eine Flasche Chambertin in einem Eimer Wasser. Bei uns ahmt man sie nach. Raffael arbeitete an jedem Bild viele Jahre und feilte an jedem Detail lange herum; so schuf er Wunderwerke. Unter seinem Pinsel entstanden Götter! Heute malt Vernet in einem Monat ein Bild fertig, das einen eigens dazu erbauten riesengroßen Saal erfordert; die Perspektive ist großartig, der Schwung kolossal; ernsten Wert hat aber das Bild für keinen Heller. Sie alle sind nichts als Dekorationsmaler. – Mit meinem Roman bin ich wirklich zufrieden. Es ist ein ernstes und gut aufgebautes Werk. Es hat aber auch entsetzliche Mängel. Der Druck wird mich für alles belohnen. Jetzt, solange ich keine neuen Ideen habe, möchte ich gern irgend etwas schreiben, um mich beim Publikum einzuführen, oder auch nur des Geldes wegen; ich habe aber wirklich keine Lust, etwas Wertloses zu schreiben; zu Ernstem brauche ich aber viel Zeit.

Es naht die Zeit, die ich mit Euch, meine lieben Freunde, verleben wollte. Ich werde aber keine Mittel, das heißt kein Geld haben. Ich habe beschlossen, in der alten Wohnung zu bleiben. Hier habe ich wenigstens einen Vertrag mit dem Vermieter und brauche mich sechs Monate lang um nichts zu bekümmern. Die Sache ist eben die, daß mein Roman alles decken soll. Wenn mir dies nicht gelingt, werde ich mich aufhängen.

Ich möchte mir bis zum August wenigstens 300 Rubel sparen. Ich kann das Buch auch für dreihundert drucken. Die Rubel laufen aber wie die Krebse nach allen Richtungen auseinander. Ich hatte gegen 400 Rubel Schulden (die neuen Ausgaben und Kosten der Kleidung inbegriffen); nun bin ich für mindestens zwei Jahre anständig gekleidet. Ich werde übrigens unbedingt zu Euch kommen. Schreibe mir möglichst gleich, was Du Dir über meine Wohnung denkst. Es ist ein entscheidender Schritt. Was soll ich aber tun?

Du schreibst, es graue Dir vor der Zukunft ohne Geld. Schiller wird aber alles decken, außerdem kann ja auch mein Roman etwas einbringen. Schreibe mir bald. Mit der nächsten Post werde ich Dir all meine Entschlüsse mitteilen.

Dein Bruder Dostojewskij

Küsse die Kinder und grüße Emilia Fjodorowna. Ich denke oft an Euch. Es interessiert Dich vielleicht, was ich treibe, wenn ich nicht schreibe: ich lese. Ich lese sehr viel, und die Lektüre hat auf mich eine seltsame Wirkung. Wenn ich irgend etwas, was ich schon vor Jahren einmal gelesen habe, wieder lese, so spüre ich in mir neue Kräfte; ich dringe in das Buch tief ein, begreife alles und schöpfe daraus auch Schaffenskraft für mich.

Vom Dramenschreiben will ich nichts wissen. Dazu brauche ich jahrelange Ruhe und Mühe. Es ist ja heute so leicht, Dramen zu schreiben. Das Drama neigt jetzt zum Melodrama.[1] Shakespeare verschwindet im Nebel und erscheint im Dunste des elenden modernen Dramas wie ein Gott, wie die Geistererscheinung auf dem Brocken oder im Harz.[2] Im Sommer werde ich vielleicht doch noch versuchen, etwas zu schreiben. Wollen wir noch 2 oder 3 Jahre abwarten!

Bruder, in literarischer Beziehung bin ich nicht mehr *derselbe*, der ich vor zwei Jahren war. Damals war alles Kinderei und Unsinn. Die zwei Jahre ernsten Studiums haben mir vieles genommen und vieles eingebracht.

Im ›Invaliden‹ las ich soeben im Feuilleton von den deutschen Dichtern, die an Hunger, Kälte oder in Irrenhäusern gestorben sind.[3] Es sind im ganzen an die 20; und was für Namen sind darunter! Mir ist auch jetzt noch unheimlich zumute. Man sollte wirklich ein Scharlatan sein...

An M. M. Dostojewskij

Petersburg, 4. Mai 1845

Lieber Bruder! Verzeih, daß ich Dir wieder so lange nicht geschrieben habe. Ich habe noch immer teuflisch viel zu tun. Mein Roman, den ich unmöglich loswerden kann, macht mir unendlich viel zu schaffen; wenn ich es vorher gewußt hätte, so hätte ich ihn wohl gar nicht angefangen. Ich habe mich entschlossen, ihn wieder umzuarbeiten; er hat dadurch, bei Gott, sehr viel gewonnen. Jetzt bin ich auch damit fertig, und diese Neubearbeitung ist wirklich die allerletzte. Ich habe mir das Wort gegeben, ihn nicht wieder anzurühren. Es ist schon einmal das Schicksal aller Erstlingswerke, daß man sie unzählige Male abändert. Ich weiß nicht, ob Chateaubriands ›Atala‹ sein Erstlingswerk[1] war, ich weiß aber, daß er dieses Werk 17 Mal umgearbeitet hat. Puschkin verfuhr so auch mit ganz kurzen Gedichten. Gogol pflegte an seinen wundervollen Werken zwei Jahre lang zu feilen; und wenn Du die ›Empfindsame Reise‹, ein winziges Buch von Sterne, gelesen hast, so wirst Du Dich wohl erinnern können, was Walter Scott in seiner Notiz über Sterne, mit Berufung auf Sternes Diener La Fleur, sagt. La Fleur behauptet, sein Herr hätte etwa hundert Buch Papier mit der Schilderung seiner Reise durch Frankreich vollgeschrieben. Nun fragt es sich, was aus dieser Menge Papier geworden ist. Das Ganze ergab ein Büchlein, zu dem ein sparsamer Schreiber, wie zum Beispiel Pljuschkin[2], ein halbes Buch Papier verwendet hätte. Ich begreife gar nicht, wieso dieser selbe Walter Scott in wenigen Wochen so vollendete Werke wie ›Mannering‹[3] fertigstellen konnte. Vielleicht nur, weil er um jene Zeit 40 Jahre alt war.

Ich weiß gar nicht, Bruder, was aus mir werden soll! Du urteilst falsch, wenn Du behauptest, daß mich meine Lage gar nicht bedrückt. Sie peinigt mich entsetzlich, und ich kann oft nächtelang vor den quälenden Gedanken nicht einschlafen. Verständige Leute sagen mir, daß ich zugrunde gehe, wenn ich den Roman im Selbstverlag herausgebe. Sie sagen mir: »Mag das Buch gut, sehr gut sein, aber Sie sind kein Kaufmann. Wie wollen Sie es anzeigen? Etwa in den Zeitungen? Sie müssen einen Buchhändler zur Verfügung haben; die Buchhändler aber denken nur an ihr Geschäft, die wollen sich nicht durch die Anzeigen von Werken eines Unbekannten kompromittieren. Sie würden dadurch den Kredit bei ihren Kunden verlieren. Jeder anständige Buchhändler ist Besitzer mehrerer Zeitschriften und Zeitungen. Bei den Zeitschriften und Zeitungen arbeiten die vornehmsten Autoren mit und solche, die es werden wollen. Wird ein neues Buch angekündigt, so müssen sie ihre Unterschrift unter diese Anzeige setzen, und das hat viel zu sagen. Also weiß der Buchhändler sehr gut, daß er dich gründlich ausquetschen kann, wenn du mit deiner gedruckten Ware zu ihm kommst.« So stehen die Dinge. Und die Buchhändler sind Wucherer; sie würden mich selbstverständlich ausbeuten, und ich würde todsicher hereinfallen.

Aus diesem Grunde habe ich nun doch den Entschluß gefaßt, den Roman in einer Zeitschrift unterzubringen, natürlich in den ›Vaterländischen Annalen‹. Die ›Vaterländischen Annalen‹ haben eine Auflage von 2500 Exemplaren, folglich werden sie von mindestens 100 000 Leuten gelesen. Wenn ich den Roman in dieser Zeitschrift erscheinen lasse, so sind meine literarische Zukunft und mein ganzes Leben gesichert. Ich kann dabei leicht mein Glück machen. Ich bekomme dann ständigen Zutritt zu den ›Vaterländischen Annalen‹ und habe immer Geld; wenn mein Roman im August- oder im Septemberheft erscheint, kann ich ihn im Oktober noch als Buch auf eigene Rechnung herausgeben, und zwar mit der sicheren Aussicht, daß alle, die überhaupt Romane kaufen, ihn sich anschaffen werden. Außerdem werden mich auch die Anzeigen nichts kosten. Ja, so liegen die Dinge!

Ehe ich den Roman untergebracht habe, kann ich nicht nach Reval kommen; ich will nicht die Zeit umsonst vergeuden. Ich darf keine Mühe scheuen. Ich habe noch eine Reihe neuer Ideen, die mir einen literarischen Namen verschaffen werden, sobald mein 1. Roman untergebracht ist. Dies sind alle meine Aussichten für die Zukunft.

Was aber das Geld betrifft, so habe ich leider keines. Der Teufel weiß, wo es hingekommen ist. Dafür habe ich wenig Schulden. Was die Wohnung betrifft, so habe ich da 1. noch Schulden; 2. befinde ich mich in einer ungeklärten Lage, nämlich fahre ich nach Reval, oder fahre ich nicht? Bringe ich den Roman unter oder nicht? Fahre ich, dann werde ich fahren können; denn Kosten und Mühen kämen mich, wenn ich umzöge, teurer zu stehen, als wenn ich bliebe, wo ich bin, welche Wohnung ich auch immer mietete. Ich habe das schon ausgerechnet. Wohnung, Roman, Reval – das sind 3 unbewegliche Ideen – *ma femme et mon parapluie.*

Leb wohl, in meinem nächsten Brief wird alles entschieden sein. Und jetzt auf Wiedersehen, alles Gute wünsche ich Dir, Deiner Frau und den Kinderchen.

Dein Dostojewskij

Wir haben entsetzliches Wetter. Die Schleusen des Himmels haben sich geöffnet, und die Vorsehung hat auf St. Palmira einige 1000 Schnupfen, Husten, Schwindsüchte, Fieber, Delirien und dergleichen Geschenke herabgeschickt. So geht es wohl den Sündern. Hast Du in der letzten Nummer der ›Lesebibliothek‹ Weltmans ›Emilia‹[4] gelesen – welch eine Pracht. Der ›Tarantas‹[5] ist gut geschrieben. Die Illustrationen sind eine einzige Scheußlichkeit.

Meine ergebenste Verehrung für Emilia Fjodorowna. Ich würde Euch alle gerne sehen.

Wenn ich den Roman einmal untergebracht habe, wird es mir auch ein leichtes sein, Deine Schiller-Übersetzungen unterzubringen, so wahr ich lebe! Der ›Ewige Jude‹[6] ist nicht übel. Sue scheint mir übrigens recht beschränkt zu sein.

Ich spreche nicht gern davon, lieber Bruder, doch Deine Lage und das Schicksal Deines Schiller quälen mich so sehr, daß ich oft meine eigene Lage vergesse. Und ich habe es wirklich nicht leicht.

Wenn ich den Roman nicht unterbringe, so gehe ich vielleicht in die Newa. Was soll ich denn tun? Ich habe mir schon alles überlegt! Ich werde den Tod meiner *idée fixe* nicht überleben können! Schreibe mir bald, denn ich langweile mich.

An M. M. Dostojewskij

Petersburg, 8. Oktober 1845

Liebster Bruder. Ich hatte bisher weder Zeit noch die nötige Stimmung, um Dir irgend etwas von meinen eigenen Angelegenheiten zu schreiben. Alles war ekelhaft und häßlich, und die ganze Welt ödete mich an. Erstens hatte ich während der ganzen Zeit kein Geld und lebte auf Kredit, was höchst unangenehm ist, mein lieber und einziger Freund. Zweitens war ich auch sonst in jener schlechten Stimmung, bei der man jeden Mut verliert, doch nicht in stumpfe Gleichgültigkeit verfällt, sondern, was viel schlimmer ist, viel zuviel an sich selbst denkt und unbändig wütet. Anfang dieses Monats besuchte mich *Nekrasow* und zahlte mir einen Teil seiner Schulden zurück; den Rest bekomme ich in einigen Tagen. Ich muß Dir sagen, daß Belinskij mich vor vierzehn Tagen umfassend darüber belehrt hat, wie man sich in unserer literarischen Welt einleben kann; schließlich erklärte er mir, daß ich um meines Seelenheiles willen nicht weniger als 200 Rubel für den Druckbogen verlangen darf. Mein ›*Goljadkin*‹[1] würde mir in diesem Fall mindestens 1500 Rubel einbringen. Nekrasow, den offenbar Gewissensbisse peinigten, kam ihm zuvor und versprach mir zum 15. Januar 100 Rubel für meinen Roman ›Arme Leute‹, den er von mir erworben hat. Er mußte mir selbst gestehen, daß ein Honorar von 150 Silberrubel durchaus unchristlich sei; er hat es mir auch um 100 Rubel erhöht. Dies alles ist ja recht schön. Sehr unangenehm ist mir aber, daß ich wegen der ›Armen Leute‹ noch immer keine Nachricht von der Zensur habe. Sie verschleppen diesen unschuldigen Roman, und ich weiß gar nicht, womit das enden wird. Und wenn sie ihn verbieten? Oder gänzlich zusammenstreichen? Es ist ein wahres Unglück; Nekrasow sagt mir aber, daß der Almanach[2] nicht rechtzeitig wird erscheinen können und daß ihn dieses Unternehmen bereits 4000 Rubel kostet.

Jakow Petrowitsch Goljadkin ist ein Charakter. Er ist durch und durch gemein, und ich kann mit ihm wahrlich nicht fertig werden. Er will nicht vorwärtskommen, denn er behauptet, er sei noch immer nicht fertig; er sei noch nichts, könne aber, wenn es notwendig ist, auch seinen wahren Charakter zeigen; warum denn nicht? Im übrigen sei er nicht ärger als die anderen. Was geht ihn meine Arbeit an! Ein furchtbar gemeiner Kerl! Vor Mitte November will er unter keinen Umständen seine Karriere abschließen. Er hat bereits eine Unterredung mit Seiner Exzellenz gehabt und ist nicht abgeneigt, den Abschied zu nehmen; warum auch nicht? Doch mich, seinen Autor, versetzt er in eine peinliche Lage.

Ich komme oft zu Belinskij. Er ist mir über alle Maßen gewogen und sieht in mir eine *Rechtfertigung seiner Ansichten vor dem Publikum.* Ich habe neulich Kroneberg, den Übersetzer Shakespeares (er ist ein Sohn des alten Professors[3] aus Charkow) kennengelernt. Meine Zukunft (und zwar die nächste Zukunft) kann sich im allgemeinen recht günstig gestalten, kann aber auch entsetzlich schlecht werden. Belinskij treibt mich an, meinen ›Goljadkin‹ fertig zu schreiben. Er hat schon in der ganzen literarischen Welt Gerüchte über diesen Roman verbreitet und ihn beinahe an Krajewskij verkauft. Von den ›Armen Leuten‹ spricht bereits das halbe Petersburg. Großartig ist ein Ausspruch von Grigorowitsch. Er hat mir selbst gesagt: »*Je suis votre claqueur-chauffeur!*«

Nekrasow ist ein Schwindler von Natur; anders würde er gar nicht existieren können; es ist ihm schon so angeboren. Gleich nach seiner Ankunft kam er abends zu mir und entwickelte das Projekt eines *kleinen fliegenden Almanachs,* an dem die ganze literarische Gemeinde nach Kräften mitarbeiten soll; an der Spitze der Redaktion sollen aber ich, Grigorowitsch und Nekrasow stehen. Der letztere will die Kosten tragen. Der Almanach soll 2 Druckbogen stark sein und alle vierzehn Tage erscheinen: am 7. und 21. jeden Monats. Er soll ›Der Spötter‹ heißen.[4] Wir wollen alles schonungslos verspotten und auslachen: Theater, Zeitschriften, Gesellschaft, Literatur, Tagesereignisse, Ausstellungen, Zeitungsmeldungen, Nachrichten aus dem Auslande, mit einem Wort: alles; das Ganze soll in *einer* Richtung und *einem* Geiste geschrieben werden. Das erste Heft soll am 7. November erscheinen. Dieses Heft ist wunderbar zusammengestellt. Erstens wird es auch Illustrationen bringen. Als Motto nehmen wir die berühmten Worte *Bulgarins* aus seinem Feuilleton in der ›Nordischen Biene‹: »Wir sind bereit, für die Wahrheit zu sterben, denn wir können nicht ohne Wahrheit leben usw.« Darunter setzen wir die Unterschrift *Faddej Bulgarin*. Mit dem gleichen Motto wird auch die Anzeige versehen sein, die am 1. November erscheinen wird. Das erste Heft wird folgende Beiträge enthalten: 1. Einen Aufsatz Nekrasows ›Über gewisse Petersburger Gemeinheiten‹ (die selbstverständlich erst in diesen Tagen geschehen sind). 2. Den zukünftigen Roman von Eugénie Sue: ›Die sieben Todsünden‹ (der ganze Roman umfaßt drei Seiten). Eine Übersicht aller Zeitschriften. Einen Vortrag Schewyrjows über Puschkins Verse: Sie sind so harmonisch, daß, als Schewyrjow einmal im Colosseum zu Rom in Damengesellschaft einige Strophen *Puschkins* rezitierte, *alle Frösche und Eidechsen, die im Colosseum hausen, hervorkrochen, um die wunderbaren Verse zu hören*. (Schewyrjow hat eine solche Vorlesung in der Moskauer Universität gehalten.) Dann kommt ein Bericht über die letzte Sitzung der Gesellschaft der *Slawophilen*, in der feierlich bewiesen wurde, daß Adam ein Slawe war und in Rußland gelebt hat; bei dieser Gelegenheit wird auf die Bedeutung und den Nutzen der Lösung dieser großen sozialen Frage für das Wohlergehen der ganzen russischen Nation hingewiesen werden. In der Kunstchronik wird sich unser ›Suboskal‹ mit der ›Illustration‹ Kukolniks solidarisch erklären und sich dabei ganz besonders auf folgende Stelle in dieser Zeitschrift berufen: szℋl ᴀoməzidpuda und weitere Zeilen dieser Art (es ist bekannt, daß die ›Illustration‹ so schlecht redigiert und korrigiert wird, daß auf dem Kopf stehende Buchstaben und durcheinandergekommene Wörter eine ganz normale Erscheinung sind). Grigorowitsch wird eine ›Wochenchronik‹ schreiben und darin einige seiner Wahrnehmungen zum besten geben. Ich werde ›Notizen eines Lakaien über seinen Herrn‹ schreiben. Die Zeitschrift wird, wie Du siehst, recht lustig werden; etwas in der Art der ›Guèpes‹ [5] von Alphonse Carré. Das Unternehmen ist glänzend, denn auf mich allein werden monatlich im günstigsten Falle hundert bis hundertfünfzig Rubel kommen. Das Buch wird Erfolg haben. Nekrasow will sich auch mit Versen beteiligen.

Nun leb wohl. Das nächstemal mehr. Ich bin jetzt sehr beschäftigt, und doch habe ich Dir, wie Du siehst, einen ganzen Brief hingeschrieben, aber Du würdest ohne einen Brief von mir nicht mal eine halbe Zeile schreiben. Du rechnest mit den Visiten. Ein Faulpelz bist Du, einfach ein Faulpelz![6]

Lies unbedingt ›Teverino‹[7] (von George. Sand in den ›Vaterländischen Annalen‹, Oktober). Dergleichen hat es in unserem Jahrhundert noch nicht gegeben. Es kommen darin wahre Urbilder von Menschen vor.

Übersetze Schiller so nach und nach, obgleich ich Dir absolut nicht sagen kann, wann er gedruckt wird. Ich schnüffle gerade nach der Möglichkeit einer Übersetzung für Dich. Aber leider, leider sind bei den ›Vaterländischen Annalen‹ schon drei offizielle Übersetzer. Irgendwas werden wir schon hinkriegen, Bruder. Die ganze Zukunft steht uns offen. Wenn ich durchkomme, kommt auch das ›Theater Schillers‹ durch – das weiß ich gewiß.

Dein F. Dostojewskij

An M. M. Dostojewskij

Petersburg, 16. November 1845

Lieber Bruder. Ich schreibe Dir in aller Eile, da meine Zeit sehr knapp ist. ›Goljadkin‹ ist noch immer nicht fertig; ich muß ihn aber unbedingt zum 25. fertig schreiben. Du hast mir so lange nicht geschrieben, daß ich bereits um Dich besorgt war. Schreibe mir doch öfter; was Du über Zeitmangel schreibst, ist Unsinn. Braucht man denn wirklich viel Zeit, um einen Brief zu schreiben? Die provinzielle Faulheit richtet Dich einfach zugrunde, mein Liebster; das ist alles.

Ja, Bruder, ich glaube, mein Ruhm steht jetzt in seiner höchsten Blüte. Man bringt mir überall unglaubliche Achtung und kolossales Interesse entgegen. Ich habe eine Menge höchst vornehmer Menschen kennengelernt. Fürst Odojewskij bittet mich um die Ehre meines Besuches, und Graf Sollogub rauft sich vor Verzweiflung die Haare aus. Panajew hat ihm erklärt, es gäbe ein neues Talent, vor dem sie alle verschwänden. Sollogub lief lange herum, besuchte u. a. Krajewskij und fragte ihn ganz unvermittelt: »Wer ist dieser Dostojewskij? Wo kann ich Dostojewskij erwischen?« Krajewskij, der vor niemand Respekt hat und alle schneidet, gab ihm zur Antwort: »Dostojewskij wird wohl nicht geneigt sein, Ihnen das Glück und die Ehre seines Besuches zu schenken.« Es stimmt ja wirklich: der Schurke, das Aristokrätchen steigt nun aufs hohe Roß und glaubt, mich mit der Größe seines Wohlwollens vernichten zu können. Alle betrachten mich als ein Weltwunder. Wenn ich nur

den Mund aufmache, so hallt es gleich in allen Ohren nach: Dostojewskij hat das und das gesagt, Dostojewskij will das und das tun.
Belinskij liebt mich über alle Maßen. Der Dichter Turgenjew, der
soeben aus Paris zurückgekehrt ist, hat sich mir gleich am ersten
Tage in inniger Freundschaft angeschlossen, und Belinskij behauptet, Turgenjew hätte sich in mich verliebt. Bruder, was ist das für
ein herrlicher Mensch! Auch ich bin in ihn beinahe verliebt. Ein
hochbegabter Dichter, Aristokrat, schön, reich, klug, gebildet und
25 Jahre alt; ich weiß wirklich nicht, was ihm die Natur hätte verweigern können. Außerdem hat er einen ungemein aufrichtigen,
schönen, wohl beherrschten Charakter. Lies doch seine Novelle
›Andrej Kolosow‹ in den ›Vaterländischen Annalen‹.[1] Der Held
dieser Novelle ist er selbst, obwohl er gar nicht die Absicht hatte,
sich selbst zu schildern.
Ich bin noch immer nicht reich, obwohl ich auch nicht über Not
klagen kann. Neulich saß ich ganz ohne Geld. Nekrasow hat inzwischen den Plan gefaßt, einen reizenden humoristischen Almanach ›Der Spötter‹ herauszugeben; die Anzeige habe ich geschrieben. Diese Anzeige hat großes Aufsehen erregt; denn es ist der
erste Versuch, ähnliche Machwerke in einem leichten und humoristischen Stil zu schreiben. Diese Anzeige erinnert mich an das erste
Feuilleton des Lucien de Rubempré. Meine Anzeige ist bereits in
den ›Vaterländischen Annalen‹ und in den ›Vermischten Nachrichten‹ erschienen. Ich habe für diese Arbeit 20 Silberrubel bekommen. Als ich neulich so ganz ohne Geld war, besuchte ich Nekrasow. Während ich bei ihm saß, kam mir die Idee, einen Roman in
9 Briefen[2] zu schreiben. Nach Hause zurückgekehrt, schrieb ich den
Roman in einer Nacht fertig; sein Umfang beträgt einen halben
Bogen. Am Morgen brachte ich das Manuskript zu Nekrasow und
bekam dafür 125 Rubel; der ›Spötter‹ zahlt mir also für den
Bogen 250 Rubel. Am Abend wurde mein Roman in unserem
Kreise, das heißt vor 20 Anwesenden, vorgelesen und hatte einen
kolossalen Erfolg. Er wird im ersten Heft des ›Spötters‹ erscheinen. Ich werde Dir das Heft am 1. Dezember schicken. Belinskij
sagte mir, er sei jetzt meiner sicher, denn ich hätte die Fähigkeit,
die verschiedenartigsten Stoffe in Angriff zu nehmen. Als Krajewskij neulich hörte, daß ich kein Geld habe, bat er mich ganz ergebenst, von ihm ein Darlehen von 500 Rubel anzunehmen. Ich
glaube, daß ich von ihm 200 Rubel für den Bogen bekommen
werde.

Ich habe eine Menge neuer Ideen; wenn ich aber auch nur etwas davon irgend jemandem, zum Beispiel Turgenjew, anvertraue, wird es schon morgen in allen Ecken und Enden von Petersburg heißen, Dostojewskij schreibe dies und das. Ja, Bruder, wenn ich Dir alle meine Erfolge aufzählen wollte, so würde mir das Papier dazu nicht ausreichen. Ich glaube, daß ich bald viel Geld haben werde. ›Goljadkin‹ gerät mir großartig; es wird mein Meisterwerk werden. Gestern war ich zum ersten Male bei Panajew und habe mich, wie mir scheint, in seine Frau verliebt.[3] Sie ist klug und schön, dabei liebenswürdig und ungewöhnlich aufrichtig. Ich vertreibe mir die Zeit gut. Unser Kreis ist sehr groß.[4] Ich schreibe aber nur über mich selbst, verzeihe es mir, Liebster; ich will Dir aufrichtig sagen, daß ich jetzt von meinem Ruhm gänzlich berauscht bin. Mit meinem nächsten Brief werde ich Dir den ›Spötter‹ schikken. Belinskij sagt, ich profaniere mich, wenn ich am ›Spötter‹ mitarbeite.

Leb wohl, mein Täubchen. Ich wünsche Dir Glück. Ich gratuliere Dir zur Beförderung. Ich küsse Deiner Emilia Fjodorowna die Hände und umarme Deine Kinder. Wie geht es ihnen?

Dein Dostojewskij

Belinskij hält mir die Verleger vom Leibe. Ich habe diesen Brief durchgelesen und festgestellt, daß ich 1. fürchterlich schreibe und 2. ein Prahlhans bin.

Leb wohl, und schreibe mir um Gottes willen.

Unser Schiller wird sicher zustande kommen. Belinskij lobt unsere Absicht, das gesamte Werk Schillers herauszugeben. Ich glaube, daß ich die Arbeit mit der Zeit günstig unterbringen werde; vielleicht bei Nekrasow.

Lebe wohl.

Alle die Minnchen, Klärchen, Mariannchen usw. sind schöner als je, sie kosten aber furchtbares Geld. Dieser Tage haben mich Turgenjew und Belinskij wegen meines unordentlichen Lebenswandels ganz fertiggemacht. Sie sind alle ausnahmslos in mich verliebt. Mit meinen Schulden steht es wie vordem.

An M. M. Dostojewskij

Petersburg, 1. Februar 1846

Lieber Bruder. Erstens, zürne mir nicht, weil ich Dir so lange nicht geschrieben habe. Ich hatte, bei Gott, keine Zeit, was ich Dir gleich beweisen werde. Am meisten wurde ich vom Schurken Goljadkin aufgehalten, den ich erst am 28. fertiggeschrieben habe. Es ist schrecklich! So ist es immer, wenn der Mensch sich etwas vornimmt: ich wollte ihn noch im August vollenden, mußte es aber bis zum Februar hinziehen! Jetzt schicke ich Dir den Almanach.[1] Die ›Armen Leute‹ sind schon am 15. erschienen. Wenn Du nur wüßtest, Bruder, wie erbittert man auf das Buch schimpft! Die Kritik in der ›Illustration‹ ist ein ununterbrochenes Geschimpfe.[2] Auch die Kritik in der ›Nordischen Biene‹ ist unglaublich[3]; ich kann mich aber noch erinnern, wie Gogol von der Kritik aufgenommen wurde, und wir beide wissen, was man über Puschkin schrieb. Selbst das Publikum ist ganz wütend: drei Viertel der Leser schimpfen, und ein Viertel (vielleicht noch weniger) loben das Buch über alle Maßen. Es wird unendlich viel debattiert. Sie schimpfen, schimpfen, schimpfen und lesen es doch. (Der Almanach wird unglaublich gut gekauft. Es ist Aussicht vorhanden, daß die ganze Auflage in 14 Tagen verkauft sein wird.) So war es auch mit Gogol. Sie schimpften und schimpften, lasen ihn aber doch. Jetzt haben sie sich mit ihm versöhnt und loben ihn. Ich habe den Hunden einen harten Knochen vorgeworfen. Sollen sie sich nur darum balgen: die Dummköpfe machen mich damit nur berühmt! Die Kritik in der ›Nordischen Biene‹ ist der Gipfel von Blamage für dieses Blatt. Sie ist unerhört dumm! Was ich aber auch für Lob zu hören bekomme! Denk Dir nur, alle Unsrigen und selbst Belinskij finden, daß ich Gogol weit übertroffen habe. In der ›Lesebibliothek‹, wo die Kritiken von Nikitenko geschrieben werden, wird demnächst ein sehr langer, mir günstiger Aufsatz über die ›Armen Leute‹ erscheinen.[4] Belinskij wird im März anfangen, mit allen Glocken zu läuten.[5] Odojewskij schreibt einen Aufsatz, der ganz den ›Armen Leuten‹ gewidmet ist. Mein Freund Sollogub tut dasselbe.[6] So bin ich, mein Bruder, in die höchsten Kreise gestiegen und werde Dir in drei Monaten persönlich von allen meinen Erlebnissen berichten.

Unser Publikum hat wie jeder Pöbel den richtigen Instinkt, doch keine Bildung. Sie können nicht begreifen, wie man einen solchen Stil schreiben kann. Sie sind es gewöhnt, in jedem Werk die

Fratze des Verfassers zu sehen. Ich habe aber die meinige nicht zeigen wollen. Sie wollen es gar nicht einsehen, daß diese oder jene Ansichten von Djewuschkin und nicht von mir ausgesprochen werden und daß Djewuschkin gar nicht anders sprechen kann. Sie finden den Roman zu sehr in die Länge gezogen, und doch ist darin kein einziges überflüssiges Wort. Manche (wie Belinskij) finden es originell, daß ich analytisch und nicht synthetisch vorgehe, das heißt in die Tiefe eindringe, den Atomen auf die Spur komme und aus ihnen das Ganze aufbaue. Gogol geht aber immer aufs Ganze aus und ist daher nie so tief wie ich. Wenn Du mein Buch liest, wirst Du Dich selbst davon überzeugen. Ich habe eine glänzende Zukunft vor mir!

Heute erscheint mein ›Goljadkin‹. Vor 4 Tagen habe ich noch an ihm gearbeitet. Er wird in den ›Vaterländischen Annalen‹ 11 Bogen füllen. ›Goljadkin‹ ist 10mal besser als die ›Armen Leute‹. Die Unsrigen sagen, daß es in Rußland nach den ›Toten Seelen‹ nichts ähnliches gegeben habe und daß es ein wirklich geniales Werk sei; sie sagen noch viel mehr. Was sie von mir nicht alles erwarten! ›Goljadkin‹ ist mir wirklich glänzend geraten. Er wird Dir sicher über alle Maßen gefallen. Hält man bei Euch die ›Vaterländischen Annalen‹? Ich weiß nicht, ob Krajewskij mir ein Freiexemplar geben wird.

Ich habe Dir so lange nicht geschrieben, lieber Bruder, daß ich gar nicht weiß, wo ich zuletzt stehengeblieben bin. Es ist inzwischen so viel passiert! Wir werden uns bald wiedersehen. Im Sommer komme ich unbedingt zu Euch, meine Freunde, und werde den ganzen Sommer schrecklich viel schreiben: ich habe Ideen. Auch jetzt schreibe ich. Für den ›Goljadkin‹ habe ich genau 600 Silberrubel bekommen. Ich habe auch sonst noch eine Menge Geld verdient, so daß ich nach unserer letzten Begegnung mehr als 3 Tausend Rubel verlebt habe. Ich lebe eben sehr unordentlich, das ist die Sache. Ich bin aus der alten Wohnung ausgezogen und nahm mir zwei herrlich möblierte Zimmer als Untermieter. Ich lebe so sehr gut.

Meine Adresse: Neben der Wladimir-Kirche, an der Ecke der Grebetzkischen Straße und der Schmiedegasse, im Haus des Kaufmanns *Kutschin*, Wohnung Nr. 9. Schreibe mir um Gottes willen. Schreibe mir, ob Dir die ›Armen Leute‹ gefielen. Grüße mir Emilia Fjodorowna. Küsse die Kinder. Ich war ganz ernsthaft in die Panajewa[7] verliebt, es geht jetzt vorbei, doch ich weiß es noch

nicht. Meine Gesundheit ist gänzlich zerrüttet; ich bin nerven-
krank und befürchte ein Nervenfieber. Ich bin so liederlich, daß
ich gar nicht mehr ordentlich leben kann. Wenn ich diesen Sommer
nicht im Meer baden kann, wird das ein einziges Unglück. Lebe
wohl. Schreibe mir, um Gottes willen. Verzeih, daß ich den Brief
so häßlich geschrieben habe. Ich bin in Eile. Ich küsse Dich. Lebe
wohl.

Dein Dostojewskij

Bruder, verzeih, daß ich Dir bisher nichts geschickt habe. Ich
werde alles im Sommer bringen. Nun, lebe wohl, schon das drittemal. Ich bringe Euch allen Geschenke.
Wir werden im Sommer eine fröhlichere Zeit verbringen als jetzt,
altes Haus. An Geld werde ich nicht reich sein, ich hoffe auf
800 R. oder 1000. Das genügt für den Sommer.
Werotschka heiratet.[8] Weißt Du das?

An M. M. Dostojewskij

Petersburg, 1. April 1846

Lieber Bruder. Ich schicke Dir den Helm mit Zubehör und ein
Paar Epauletten. Es sind keine Schuppen angebracht, weil, wie
man mir sagte, der Tschako unterwegs beschädigt werden könnte.
Ich weiß nicht, ob ich Dir damit gedient habe. Wenn nicht, dann
bin ich unschuldig, denn von diesen Dingen verstehe ich absolut
nichts. Ich bin hinter der Zeit zurückgeblieben, mein Freund. –
Nun zur 2. Frage. Du willst wissen, warum ich es so spät schicke.
Aber, mein Allerliebster, ich stecke in einer solchen Plackerei, daß
ich, wie seltsam Dir dies auch erscheinen mag, für Deinen Auftrag
bei Gott keine Zeit aufbrachte. Freilich zweimal habe ich die
Post einzig und allein aus Schlamperei durchgehen lassen. Ich bekenne mich schuldig. Sei nicht böse.
Nun weiter, mein lieber Freund. Du machst mir wohl Vorwürfe,
weil ich Dir so lange nicht geschrieben habe. Ich stehe aber auf
dem Standpunkt von Gogols Poprischtschin[1]: »Briefe sind Unsinn; nur Apotheker schreiben Briefe.« Was hätte ich Dir schreiben
können? Wenn ich alles, was ich Dir zu sagen habe, schreiben
wollte, müßte ich ganze Bände voll schreiben. Jeder neue Tag
bringt mir so viel Neues, so viele Veränderungen, Eindrücke, angenehme und unangenehme, günstige und ungünstige Dinge, daß

ich keine Zeit zum Nachdenken habe. Erstens bin ich immer beschäftigt. Ich habe eine Menge Ideen und schreibe ununterbrochen. Stelle Dir nur nicht vor, daß ich auf Rosen gebettet bin. Unsinn. Erstens habe ich sehr viel Geld ausgegeben (das heißt genau 4500 Rubel seit unserem letzten Wiedersehen) und etwa 1000 Rubel Vorschuß auf meine Ware bekommen. Bei meiner Dir wohlbekannten Genauigkeit habe ich mich also vollständig bestohlen; so kommt es wieder oft vor, daß ich ganz ohne jede Kopeke bin ...

Das macht aber nichts. Mein Ruhm hat seinen Höhepunkt erreicht. Im Laufe von 2 Monaten wurde ich nach meiner Berechnung 35mal in verschiedenen Zeitschriften erwähnt. In einzelnen Kritiken werde ich über alle Maßen gelobt, in anderen mit Einschränkungen und in anderen wieder entsetzlich beschimpft. Was könnte ich denn noch verlangen? Unangenehm und qualvoll ist es aber für mich, daß meine eigenen Freunde, Belinskij und die anderen, mit meinem ›Goljadkin‹ unzufrieden sind. Der erste Eindruck war ein unbewußtes Entzücken, großes Aufsehen und unendliches Gerede. Der zweite Eindruck war Kritik. Alle, das heißt meine Freunde und das ganze Publikum, erklärten einstimmig, daß mein ›Goljadkin‹ langweilig und fad sei und so sehr in die Länge gezogen, daß man ihn unmöglich lesen könne. Einer von den Unsrigen beschäftigt sich nun ausschließlich damit, täglich ein Kapitel zu lesen, um nicht zu ermüden; dabei grunzt er vor Vergnügen. Ein Teil des Publikums schreit, das Buch sei ganz unmöglich, es sei unsinnig, solche Werke zu schreiben und zu drucken; andere schreien wieder, daß alles aus dem Leben geschöpft sei und daß sie sich im Buch erkennen; zuweilen bekomme ich auch Lobeshymnen solcherart zu hören, daß ich mich schäme, sie wiederzugeben.

Was mich betrifft, so war ich für einige Zeit völlig entmutigt. Ich habe ein entsetzliches Laster: ich bin unerlaubt ehrgeizig und eitel. Der Gedanke, daß ich alle auf mich gesetzten Hoffnungen betrogen und ein Werk, das sehr bedeutend hätte werden können, verdorben habe, bedrückt mich sehr schwer. Mich ekelte vor dem ›Goljadkin‹. Vieles darin habe ich zu flüchtig und in Augenblicken der Ermüdung geschrieben. Die erste Hälfte ist besser als die zweite. Neben vielen glänzenden Stellen gibt es ekelhafte und so schlechte, daß ich sie selbst nicht lesen kann. Dies alles versetzte mich für eine Zeitlang in eine Hölle; ich war ganz krank vor Ärger. Lieber Bruder, ich will Dir den ›Goljadkin‹ in vierzehn

Tagen schicken. Lies ihn und teile mir Deine aufrichtige Meinung mit.

Ich übergehe mein Leben und mein *Studium* und teile Dir einige Neuigkeiten mit. 1. (eine große Neuigkeit): Belinskij verläßt die Redaktion der ›Vaterländischen Annalen‹.[2] Seine Gesundheit ist arg zerrüttet, und er geht in ein Bad, vielleicht ins Ausland. Er will etwa zwei Jahre lang keine Kritiken mehr schreiben. Um seine Finanzen zu stärken, gibt er einen Almanach von fabelhaftem Umfang[3] (60 Druckbogen) heraus. Ich schreibe für ihn zwei Erzählungen: 1. ›Der abrasierte Backenbart‹, 2. ›Die Erzählung von den abgeschafften Kanzleien‹; beide Erzählungen sind von einer erschütternden Tragik und außerordentlich interessant, dabei äußerst knapp. Das Publikum ist auf sie sehr gespannt. Beide Erzählungen sind kurz... Außerdem werde ich etwas für Krajewskij und einen Roman für Nekrasow schreiben. Das Ganze wird etwa ein Jahr in Anspruch nehmen. Der ›Abrasierte Backenbart‹ ist in diesen Tagen fertig.

Die 2. Neuigkeit. Es ist eine ganze Menge neuer Schriftsteller aufgetaucht. In einzelnen sehe ich Nebenbuhler. Besonders interessant sind Herzen (Iskander) und Gontscharow. Von Herzen ist schon einiges erschienen; Gontscharow fängt erst eben an und ist noch nicht gedruckt. Beide werden über alle Maßen gelobt. Ich habe aber vorläufig den Vorrang und hoffe, ihn für immer zu behalten. Im literarischen Leben war noch nie so viel los wie jetzt. Das ist ein gutes Zeichen.

3. Entweder komme ich sehr bald zu Euch oder sehr spät oder überhaupt nicht. Ich bin verschuldet und habe kein Geld in Aussicht (und ohne Geld will ich keineswegs fahren, außerdem bin ich mit Arbeit überlastet. Die Zukunft wird wohl alles klären).

4. Schidlowskij hat von sich hören lassen. – Sein Bruder war bei mir. Ich werde mit ihm einen Briefwechsel aufnehmen.

5. Wenn Du, geliebter Freund, auf literarischem Gebiet etwas verdienen willst, dann kannst Du mit einer Übersetzung eine große Wirkung erzielen. Übersetze Goethes ›Reineke Fuchs‹.[4] Ich wurde sogar gebeten, Dir die Übersetzung zu empfehlen, denn es wäre eine Sache für Nekrasows Almanach. Wenn Du willst, übersetze ihn. Du mußt Dich nicht beeilen. Und selbst wenn ich bis zum 15. Mai oder 1. Juni nicht kommen kann, dann schicke ihn mir, falls er fertig ist. Alle fahren für den Sommer weg; aber, wenn möglich, werde ich ihn noch im Frühling irgendwo unterbringen

und Dir das Geld schicken. Wenn nicht im Frühling, dann *ganz bestimmt* im Herbst. Und Geld wird es bestimmt geben. Nekrasow, der Verleger, will ihn kaufen. Belinskij und Ratkow wollen ihn kaufen, und Krajewskij steht zu meiner vollen Verfügung. Eine vorteilhafte Sache. Man hat bei uns von der Übersetzung schon gesprochen. Und so beginne damit, wenn Du willst, für den Erfolg verbürge ich meinen Kopf. Übersetze mal etwa drei Kapitel und schicke sie mir, ich will sie dann den Herren *zeigen*, und es mag sogar sein, daß man Dir einen Vorschuß gibt.

Ich war noch nie so reich an Tätigkeit wie jetzt. Alles sprüht in mir und kommt voran. Doch was wird dabei herauskommen? Lebe wohl, mein Geliebter.

Lebe wohl, mein Lieber. Ich küsse Euch alle und wünsche das Beste. Emilia Fjodorowna küsse ich beide Hände. Die Kinder küsse ich ebenfalls. Wie steht es mit Dir? Schreib mir etwas darüber. Ach, mein Freund, ich möchte Dich sehen. Aber was kann ich machen?

Werotschka ist schon 3 Monate verheiratet. Angeblich glücklich. Der Onkel hat ihr ebensoviel mitgegeben wie Warja. Schreib ihm doch. Sie hat einen gewissen *Iwanow* geheiratet. (Seine Hochwohlgeb.). Er ist irgendwo Professor der Chemie. Werotschka hat mir geschrieben und teilt mir mit, daß sie auch Dir geschrieben habe.

Ganz Dein Dostojewskij

An M. M. Dostojewskij

Petersburg, 17. September 1846

Lieber Bruder. Ich schicke Dir den Mantel. Verzeih mir die Verspätung. Der Aufschub lag nicht an mir, ich suchte meinen Diener ausfindig zu machen und fand ihn erst jetzt. Ohne ihn konnte ich das nicht kaufen. Der Mantel hat seine Vor- und Nachteile. Der Vorteil besteht darin, daß er ungewöhnlich fest ist, so als wäre er doppelt, und von schöner Farbe, für Uniformen die passendste, grau; der Nachteil besteht darin, daß das Tuch nur 8 Rubel der Meter kostete. Besseres gab es nicht. Dafür kostete es auch nur 82 Rubel. Das restliche Geld wurde für den Versand aufgebraucht. Was sollte ich denn machen: es gab auch Stoffe für 12 Rubel, aber nur in einer hell-stahlgrauen Farbe, in hervorragender Ausführung, eine Farbe aber, die Du so sehr verabscheust. Übrigens glaube ich nicht, daß er Dir nicht gefallen könnte. Er ist noch ein wenig lang.

Und auch wegen des Mantels habe ich Dir seither nicht geschrieben. Ich habe Dir schon mitgeteilt, daß ich mir eine Wohnung gemietet habe. Es geht mir nicht schlecht, ich habe aber keinerlei Mittel für die Zukunft. Krajewskij hat mir 50 Rubel gegeben, ich konnte aber von seinem Gesicht ablesen, daß er mir nichts mehr geben wird; ich werde es ziemlich schwer haben.

Eine gewisse Stelle [die Zensur] hat meinen ›Prochartschin‹ entsetzlich verstümmelt. Die Herren haben mir sogar, Gott weiß warum, das Wort ›Beamter‹ gestrichen; das Ganze war ja ohnehin durchaus unschuldig, doch haben sie es furchtbar zusammengestrichen. Sie haben in dem Buch das ganze Leben getötet. Es ist nur ein Skelett dessen, was ich Dir vorgelesen habe, zurückgeblieben. Nun sage ich mich von meiner Erzählung los.

Bei uns ist nichts Neues zu hören. Es ist alles beim alten; man wartet auf Belinskij. Madame Belinskaja läßt Dich grüßen. Alle Ideen, die im Gang waren, sind anscheinend festgefahren; oder man hält sie vielleicht als Geheimnis – weiß der Teufel.

Ich esse privat und auf gemeinsame Kosten zu Mittag. Bei den Beketows kommen sechs Bekannte zusammen, u. a. ich und Grigorowitsch. Jeder bezahlt 15 Silberkopeken pro Tag, und wir bekommen dafür 2 gute saubere Speisen zu Mittag und werden satt. Folglich kostet mich das Mittagessen nicht mehr als 16 Rubel.

Ich schreibe Dir in aller Eile. Denn ich habe mich verspätet, und mein Diener wartet mit dem Paket, um es zur Post zu bringen. Ich habe noch mehr Ungereimtheiten als Du damals mit Deinen Zahnschmerzen. Ich fürchte sehr, daß Du den Mantel zu spät erhältst. Aber was hätte ich machen können? Ich habe mich mit allen Kräften darum bemüht.

Ich schreibe noch immer am ›Abrasierten Backenbart‹. Die Arbeit geht sehr langsam vorwärts. Ich fürchte, daß sie nicht rechtzeitig fertig wird. Ich habe von zwei Herren, nämlich von Grigorowitsch und einem gewissen Beketow II. gehört, daß der ›Petersburger Almanach‹ in der Provinz nur unter dem Namen ›Arme Leute‹ bekannt ist. Der übrige Inhalt interessiert sie nicht im geringsten; der Absatz in der Provinz ist kolossal, die Leute zahlen oft den doppelten Preis. In den Buchhandlungen, zum Beispiel in Pensa und in Kiew, kostet der Almanach ganz offiziell 25 und 30 Rubel. Es ist ja wirklich merkwürdig: Hier ist das Buch durchgefallen, und in der Provinz reißt man sich darum.

Grigorowitsch hat eine wirklich wunderbare Erzählung geschrieben[1]; ich und Majkow (der übrigens zum 1. Januar einen langen Aufsatz über mich schreiben will) haben es durchgesetzt, daß die Erzählung in den ›Vaterländischen Annalen‹ gedruckt wird; die Zeitschrift ist übrigens sehr verarmt.[2] Sie haben keine einzige Erzählung im Vorrat.

Bei uns herrscht entsetzliche Langeweile. Die Arbeit geht daher schlecht voran. Ich habe bei Euch wie im Paradies gelebt; aber weiß der Teufel, wenn es mir gut geht, muß ich immer alles mit meinem verdammten Charakter verderben. Emilia Fjodorowna wünsche ich Wohlbehagen, vor allem Gesundheit, aufrichtig wünsche ich ihr das; ich denke viel an Euch alle. Ja, Bruder: Geld und Versorgtsein sind eine gute Sache. Ich küsse die Neffen. Nun leb wohl. Im nächsten Brief will ich mehr schreiben. Aber jetzt sei mir um Gottes willen nicht böse. Bleib munter und iß nicht so viel Rindfleisch.

Meine Adresse:
Neben dem Kasaner Dom, an der Ecke der Großen Kleinbürger-Straße und dem Domplatz, bei Kochendorf, Wohnung Nr. 25.
Leb wohl

Dein Bruder F. Dostojewskij

Versuche so gesund wie möglich zu essen, und bitte ohne Pilzchen, Senf und ähnlichen Dreck. Um Gottes willen.

D. D.

An M. M. Dostojewskij

Petersburg, Ende Oktober 1846

Lieber Bruder! Ich will Dir nur einige Worte schreiben, denn ich habe entsetzlich viele Sorgen, und meine Lage ist verzweifelt. Die Sache ist die, daß alle meine Pläne ins Wasser gefallen sind. Der Sammelband kommt nicht zustande. Denn keine einzige von den Erzählungen, von denen ich Dir neulich schrieb, ist zustande gekommen. Auch den ›Abrasierten Backenbart‹ habe ich aufgegeben. Ich habe alles aufgegeben, denn alles ist nur eine Wiederholung des Alten und längst von mir Ausgesprochenen. Ich habe eine Menge origineller, lebendiger und klarer Gedanken, die alle zu Papier gebracht werden wollen. Als ich den Schluß des ›Abrasierten Backenbarts‹ schrieb, kam ich ganz von selbst zu dieser Einsicht. In meiner Lage ist jede Eintönigkeit mein Verderben.

Ich schreibe an einer neuen Erzählung[1], und die Arbeit geht wie bei den ›Armen Leuten‹ leicht und frisch vorwärts. Ich habe diese Erzählung für Krajewskij bestimmt. Die Herren vom ›Zeitgenossen‹ mögen mir darüber zürnen; es rührt mich wenig. Wenn ich die Erzählung im Januar fertig habe, werde ich bis zum nächsten Jahr nichts mehr drucken lassen; ich will einen Roman schreiben[2], und er läßt mir schon jetzt keine Ruhe.

Um aber inzwischen irgendwie leben zu können, will ich die ›Armen Leute‹ und den überarbeiteten ›Doppelgänger‹ in Buchform erscheinen lassen.[3] Ich versehe die beiden beispielsweise nicht mit ›1. Teil‹ und ›2. Teil‹, es wird einfach eine getrennte Ausgabe der ›Armen Leute‹ und des ›Doppelgänger‹ sein – meine ganze Tätigkeit für ein Jahr. Ebenso hoffe ich auch bezüglich meines nächsten Romans vorzugehen.

Und an die ganze Ausgabe werde ich dann schließlich in etwa 2 Jahren herangehen und dabei außerordentlich gewinnen, denn ich erhalte das Geld zweimal und mache mir einen Namen. Mit dem Druck der ›Armen Leute‹ beginne ich morgen oder übermorgen. Ich werde das durch Ratkow bewerkstelligen, er hat es mir versprochen. Und jetzt kann ich dem Schicksal nur danken, daß ich keine 700 Rubel habe, um die Ausgabe auf meine Kosten zu übernehmen. Auf eigene Kosten zu verlegen, bedeutet alles. Auf fremdes Geld, das bedeutet Furcht und Schrecken, daß man zugrunde gehen könnte. Die Buchhändler sind Schurken. Sie verfügen über eine Unmenge Kniffe, die ich nicht kenne und mit denen man mich schröpfen kann. Aber der barbarischste Trick sieht so aus: Der Buchhändler druckt die Ausgabe auf seine Kosten und erhält dafür von mir 350 oder 400 Exemplare (der Preis, der ihm die Ausgaben deckt), er schlägt 40 bis 100 % drauf, das heißt 40 Silberkopeken pro Exemplar (ich verkaufe für einen Rubel). Das ist für den *Umsatz seines Kapitals* und für das Risiko. Nehmen wir mal an, er hat 300 Exemplare. Er wird sie auch verkaufen. Ich habe aber kein Recht, auch nur ein einziges Exemplar zu verkaufen, bevor er seinen ganzen Bestand abgesetzt hat, denn ich würde ihm sein Geschäft unterminieren. Er verkauft dann alle Exemplare und wird mir sagen, das Publikum wolle nicht mehr, die Bücher gingen nicht mehr. Ihn zu kontrollieren, ist unmöglich. Das würde nur Streit geben. Das wagt man aber nur in den extremsten Fällen. Bei mir liegen dann noch meine Exemplare. Ich brauche Geld. Er läßt mich ein Weilchen hungern und kauft dann ca. 200 Exemplare für die Hälfte des Preises auf. Schließlich gibt es solche Kanaillen, die die auswärtigen Nachfragen zurückhalten und nicht einmal das kaufwillige Publikum in Petersburg befriedigen. Jetzt weiter: Gebe ich das Buch selbst heraus, kann ich plötzlich allen Buchhändlern in Petersburg für bar verkaufen. Man nimmt die gesetzlich erlaubten Prozentsätze. Alle wollen mehr geben, und sie überbieten sich nun gegenseitig, wenn das Buch geht, und schließlich richtet man sich im Laden von Jasykow das Hauptlager ein.

Hör zu, Bruder: ich verlange von Dir eine unverzügliche Antwort und schlage Dir folgendes vor: Wenn Du nur etwa 200 Silberrubel hast (man braucht mehr dazu, könnte aber ein kleines Darlehen aufnehmen), willst Du damit nicht eine Spekulation wagen? Sparst Du das Geld auf, liegt es bei Dir untätig herum. Ich schlage Dir deshalb vor, gib mir Geld für die Ausgabe eines Buches. Bis zum 15. November kann man es schon gedruckt haben. bis zum 1. Januar ist die Ausgabe gedeckt, und ich werde Dir Deine 200 Silberrubel gleich schicken. Von dem restlichen Gewinn erhältst Du dann 1/4 Anteil. Die Kosten der Ausgabe werden bei 350 verkauften Exemplaren gedeckt sein. Es bleiben noch 850 Exemplare zu 75 Silberkopeken = 635 Rubel übrig. Ich überlasse diesen Gewinn dem Buchhändler. Ich würde ja viel lieber Dich beteiligen und dabei mein Geld nicht verlieren. Falls das dann noch nach Erfolg riechen würde, könnten wir den ›Doppelgänger‹ herausgeben. In jedem Fall wird Dein Geld bis zum Januar zu Dir zurückkommen. Ich bezeuge das mit meinem Ehrenwort, daß ich Dich nicht in eine schiefe Lage hineinziehe. Schließlich erwarte ich einen Erfolg. Wenn auch einen langsamen. Die ganze Ausgabe wird vielleicht in einem Jahr verkauft sein. Als Beispiel: ›Pan Choljawskij‹ von Osnowjanenko wurde vor 3 Jahren in den ›Vaterländischen Annalen‹ gedruckt. Danach wurde es als Buch verlegt, und man will jetzt schon die 3. Auflage vorbereiten.

Wenn Du willst, Bruder, so schicke mir mit Deiner Antwort gleich das Geld. Ich werde inzwischen schon einiges vorbereiten, zur Zensur gehen und mit der Druckerei eine Vereinbarung treffen. Wenn Du Geld schicken willst und Du nicht über diese Summe verfügst, so schicke mir fürs erste mindestens 120 Silberrubel für die Anzahlung und dann unbedingt die übrigen 80 Silberrubel bis zum 15. November.

Wenn Du schließlich all das nicht machen kannst, dann bringe mich wenigstens nicht zeitlich in Druck. Ich will mich dann an die Buchhändler wenden, und wir wollen dann den ›Doppelgänger‹ erst später herausgeben.

Verwirf in dieser Sache die ganze brüderliche Liebe, das Feingefühl und ähnliche Dinge. Betrachte sie als eine Spekulation. Aus dem Wunsch, mir Gutes zu tun, darfst Du Dich nicht selbst bestehlen, wenn es auch nur für eine kurze Zeit sein sollte. Ihr erwartet ein neues Kind. Lebe wohl, ich küsse alle. Grüße, wen man grüßen muß. Ich bin immer noch nicht gesund. Aber Du kennst mich ja.

Dein Dostojewskij

Lebe wohl, lieber Bruder. Ich erwarte eine unverzügliche Antwort. Um Gottes willen, bring Dich nicht selbst in eine verzwickte Lage, zum Beispiel dadurch, daß Du Dein letztes Geld hergeben würdest. Dann lieber gar nicht. Ich mache ja nur einen Vorschlag. Bist Du aber reich und *einverstanden,* so schicke mir mit der 1. Post das Geld, zum Beispiel zum 2. oder 3. d. Mts.

Aber hör mal. Ich habe Dir alles geschrieben und sage Dir zum letztenmal: Falls Du das Geld hast, brauchst Du keine Angst zu haben; dann sei auch einverstanden. Wenn keines oder wenig Geld da ist, dann beteilige Dich um Gottes willen nicht. Antworte sofort.

Grüße Emilia Fjodorowna. Ich wünsche Euch allen Glück, meine Freunde. Gogol ist vor 2 Monaten in Florenz gestorben.

An M. M. Dostojewskij

Petersburg, 26. November 1846

Aber wie kannst Du nur schreiben, mein allerteuerster Freund, ich sei auf Dich wütend gewesen, weil Du mir das Geld nicht geschickt hast, und daß ich deshalb schweige. Wie konnte nur ein solcher Gedanke in Deinen Kopf kommen? Und wodurch habe ich Dir schließlich den Anlaß gegeben, so über mich zu denken? Wenn Du mich liebst, dann tu mir den Gefallen und sage Dich zukünftig von derartigen Gedanken ein für allemal los. Wir wollen versuchen, daß zwischen uns beiden alles aufrichtig und einfach ist. Ich sage Dir laut und direkt, daß ich Dir schon in so vielem verpflichtet bin, und es wäre eine lächerliche und niederträchtige Schweinerei meinerseits, dies nicht anzuerkennen. Nun genug davon. Ich schreibe Dir lieber von meinen Verhältnissen und bemühe mich, Dir von allem ein recht klares Bild zu vermitteln.

Alle meine Verlagsprojekte sind durchgefallen. Das Ganze war wenig lohnend, erforderte viel Zeit und war verfrüht. Das Publikum hätte sich vielleicht ablehnend verhalten. Ich will alles zum nächsten Herbst verschieben. Das Publikum wird mich inzwischen besser kennenlernen, und meine Stellung wird klarer sein. Außerdem habe ich einige Vorschüsse zu erwarten. Der ›Doppelgänger‹ ist bereits von einem Moskauer Künstler illustriert. Zu den ›Armen Leuten‹ werden jetzt hier von zwei Künstlern Illustrationen angefertigt; wer sie besser macht, bekommt den Auftrag. Bernardskij sagt mir, daß er mit mir im Februar verhandeln will und mir einen gewissen Betrag für das Recht bezahlen wird, meine Werke mit seinen Illustrationen herauszugeben. Bisher war er mit den Illustrationen zu den ›Toten Seelen‹ beschäftigt.[1] Mit einem Wort, die Verlagspläne interessieren mich nicht mehr. Außerdem habe ich auch wenig Zeit. Ich habe eine Menge Arbeit und Aufträge. Ich muß Dir mitteilen, daß ich alle Beziehungen zum ›Zeitgenossen‹ in der Person Nekrasows abgebrochen habe. Er ärgerte sich, weil ich auch für Krajewskij schreibe, dem ich noch Vorschüsse abarbeiten muß, und weil ich nicht die von ihm gewünschte öffentliche Erklärung abgeben wollte, daß ich nicht zum Redaktionsverband der ›Vaterländischen Annalen‹ gehöre. Als er sah, daß er von mir in der allernächsten Zeit keine neue Arbeit bekommen kann, warf er mir verschiedene Grobheiten an den Kopf und beging die Unvorsichtigkeit, von mir Geld zu verlangen. Ich nahm ihn beim Wort und stellte einen Schuldschein über den ganzen Betrag, zahlbar am 15. Dezember, aus. Ich will, daß sie selbst zu mir kommen. Das sind alles Schurken und Neidhammel. Als ich Nekrasow tüchtig ausgeschimpft hatte, tänzelte er und jammerte wie ein bestohlener Jude. Es ist mit einem Wort eine schmutzige Geschichte. Jetzt verbreiten sie über mich das Gerücht, daß ich vor Ehrgeiz krank sei und mich dem Krajewskij verkauft habe, weil Majkow mich in seiner Zeitschrift lobt. Nekrasow hat nun die Absicht, mich herunterzureißen. Was aber Belinskij betrifft, so ist er ein so schwacher Mensch, daß er selbst in literarischen Dingen seine Ansichten fünfmal in der Woche ändern kann.[2] Nur zu ihm allein habe ich noch meine früheren guten Beziehungen bewahrt. Er ist ein durchaus edler Mensch. Krajewskij hat sich über diese ganze Geschichte so sehr gefreut, daß er mir Geld gab und außerdem alle meine Schulden zum 15. Dezember zu bezahlen versprach. Dafür muß ich bis zum Frühjahr für ihn arbeiten.

Nun siehst Du, Bruder: Aus der ganzen Geschichte habe ich eine weise Lehre gezogen. Erstens schädigt sich der beginnende begabte Autor, wenn er freundschaftliche Beziehungen zu den Verlegern und Besitzern von Zeitschriften unterhält; die Folge davon ist, daß die Leute sich nachher zuviel erlauben und sich schmutzig benehmen. Hinzu kommt die Unabhängigkeit des Dichters, und schließlich muß er seine Arbeit ganz der heiligen Kunst weihen; diese Arbeit ist heilig, keusch und erfordert ein einfältiges Herz; mein Herz bebt jetzt wie noch nie vor all den neuen Gestalten, die in meiner Seele entstehen. Bruder, ich mache jetzt nicht nur eine moralische, sondern auch eine physische Wiedergeburt durch. Noch nie war in mir solche Klarheit, solch innerer Reichtum, noch nie war mein Charakter so gleichmäßig, meine Gesundheit so zufriedenstellend wie jetzt. Ich verdanke dies in hohem Grade meinen guten Freunden: Beketow, Saljubezkij und den anderen, mit denen ich lebe. Es sind tüchtige, kluge Menschen mit feiner Herzensbildung und edlem, festem Charakter. Der Umgang mit ihnen hat mich geheilt. Ich machte ihnen schließlich den Vorschlag, zusammen zu wohnen. Wir mieteten uns eine große Wohnung und teilen alle Auslagen für die Wirtschaft zu gleichen Teilen, was höchstens 1200 Rubel pro Kopf und Jahr ausmacht. So groß sind die Segnungen des Genossenschaftsprinzips! Ich habe ein eigenes Zimmer und arbeite den ganzen Tag. Meine neue Adresse: Wasiljewskij Ostrow, 1. Linie beim Großen Prospekt, bei Soloschin, Nr. 26, gegenüber der Lutherischen Kirche.

Ich gratuliere Dir, mein liebster Freund, zu meinem 3. Neffen. Ich wünsche Euch alles Heil und Segen, Dir und Emilia Fjodorowna. Ich liebe Euch alle jetzt dreimal mehr. Aber sei mir nicht böse, mein Teuerster, wenn ich Dir keinen Brief, sondern einen Fetzen vollgeschriebenen Papiers schreibe; ich habe keine Zeit, man wartet auf mich. Dafür will ich nochmals am Freitag schreiben. Halte diesen Brief für nicht zu Ende geschrieben.

Dein Freund F. Dostojewskij

An M. M. Dostojewskij

Petersburg, Januar/Februar 1847

Lieber Bruder. Ich muß Dich schon wieder um Vergebung bitten, weil ich nicht Wort gehalten und Dir nicht gleich mit der nächsten Post geschrieben habe. Ich war aber während der ganzen Zeit in einer so gedrückten Stimmung, daß es mir unmöglich war zu schreiben. Ich habe mir auch viele qualvolle Gedanken über Dich gemacht. So schwer ist Dein Schicksal, lieber Bruder! Bei Deiner schwachen Gesundheit, Deinen Gedanken, ganz ohne Gesellschaft, bei ständiger Langeweile anstatt eines Festes und bei den ständigen Sorgen um Deine Familie, die Dir zwar süß sind, doch immerhin als schweres Joch auf Dir lasten, ist das Leben unerträglich. Verliere aber nicht den Mut, Bruder. Es werden noch bessere Tage kommen. Weißt Du: je reicher wir an Geist und innerem Gehalt sind, um so schöner erscheint uns unser Leben. Schrecklich ist ja natürlich die Dissonanz und das mangelnde Gleichgewicht, vor das uns die Gesellschaft stellt. Das *Äußere* und das *Innere* müssen im Gleichgewicht sein.[1] Denn beim Mangel an äußeren Erlebnissen werden die inneren Erlebnisse immer die Oberhand gewinnen, was höchst gefährlich ist. Die Nerven und die Phantasie machen sich in diesem Falle in unserem Wesen zu breit. Jedes äußere Erlebnis erscheint uns kolossal und ängstigt uns. Wir fangen an, das Leben zu fürchten. Es ist noch ein Glück, daß die Natur Dich mit Liebe und Charakterstärke ausgestattet hat. Du hast noch einen starken, gesunden Verstand und Funken eines diamantenen Humors und frohen Temperaments. Dies ist Deine Rettung. Ich denke immer viel an Dich. Mein Gott, es gibt so viele häßliche, gemeine und beschränkte graubärtige Philosophen, Lebenskünstler und Pharisäer, die auf ihre Lebenserfahrung, das heißt Unpersönlichkeit (denn sie sind alle nach der gleichen Schablone gearbeitet) stolz sind, zu nichts taugen, die immerwährend Zufriedenheit mit dem Schicksal, einen Glauben an irgend etwas, Beschränkung im Leben und Zufriedenheit mit seiner Lage predigen und dabei gar nicht an den Sinn dieser Worte denken; denn ihre Zufriedenheit gleicht der klösterlichen Selbstkasteiung; sie verurteilen mit unendlich kleinlicher Gehässigkeit die starke, glühende Seele eines jeden, der sich ihrem abgeschmackten Tagesprogramm und Lebenskalender nicht fügen will. Wie gemein sind doch diese Prediger des falschen irdischen Glückes! Ja, sie sind alle gemein! Sooft ich ihnen in die Hände gerate, erdulde ich Höllenqualen. So hat mich gerade der unerträgliche Schwätzer *Swiridow* mit seiner geistreich weltmännischen Visite unterbrochen. Er scheint, Bruder, der aufdringlichste Dummkopf zu sein. Er kam mit einer Frage aus der Analytik an, brachte die schmierigsten, alten und zerrissenen Blätter mit, mit denen man, wie es scheint, nichts anfangen kann. Er bittet mich darum, daß ich Beketow um eine Korrektur dieser Blätter bemühe. Ein komischer Mensch. Er kennt sich selbst bei ihnen nicht im geringsten aus und möchte, daß andere etwas dafür tun. Irgendwie werde ich mich um Deine Antwort bemühen. Ich werde alle aufsuchen, die Aufzeichnungen haben.

Aber die Zeit schwindet. Ich wollte Dir gern viel schreiben. Wie ärgerlich, daß alles zerschlagen ist. Deshalb beschränke ich mich auf das Allernotwendigste, ich will Dir etwas von mir selbst schreiben. Ich arbeite, Bruder: ich will aber nichts preisgeben, bevor ich damit nicht fertig bin. Geld habe ich im übrigen keines, und gäbe es keine guten Menschen, würde ich zugrunde gehen. Der Niedergang meines Ruhmes in den Zeitschriften bringt mir mehr Nutzen als Schaden. Um so rascher, als meine Verehrer, die zahlreich sind und mich verteidigen, sich an etwas Neuem festhalten werden. Ich lebe sehr ärmlich, und seit ich Dich verließ, hatte ich 250 Rubel zum Leben; bis zu 300 Silberrubel habe ich auf Schulden verwendet. Am schlimmsten hat mich Nekrasow gekappt, dem ich seine 150 Silberrubel zurückgab, da ich nicht wünschte, mit ihm liiert zu sein. Gegen das Frühjahr mache ich bei Krajewskij eine große Anleihe und schicke Dir bestimmt 400 Rubel. Das ist mir so heilig wie Gott; denn der Gedanke an Dich quält mich mehr als alles andere. Nach Helsingfors werde ich kaum sehr bald fahren können.[2] Denn vielleicht kann ich mich nach der Kaltwassermethode von Prießnitz ausheilen. Und deshalb reise ich vielleicht erst im Juli. Im übrigen weiß ich noch gar nichts, mein Lieber. Meine Zukunft liegt noch vor mir. Aber selbst, wenn jetzt Blitz und Donner auf mich niederkämen, ich würde mich nicht vom Fleck rühren; ich weiß alles, was ich tun kann, ich will meine Arbeit nicht verderben und werde meine finanziellen Verhältnisse durch einen erfolgreichen Abschluß des Buches, das ich im Herbst herausgebe, in Ordnung bringen. Verfluchter Swiridow. Zwei Stunden sitzt er da. Stell Dir vor: mit aller Mühe gab ich ihm zu verstehen, daß ich keine Zeit habe. Er saß die ganze Zeit da und schwatzte davon, wie er Deine Frage auffaßte; er gab zu verstehen, wie wichtig Dir dabei seine Hilfe sei, daß er in den Kaukasus fahren und über die dortige Flora ein Werk verfassen wird, wie es noch nie da war. Der Teufel hol ihn, den Hanswurst! Wahrhaftig, man spricht mit manchen Leuten und hat das Gefühl, als käme man aus irgendeiner Kanzlei. Er hat mich Dir entrissen, mein Geliebter. Schone Dich, Bruder. Besonders Deine Gesundheit. Amüsiere Dich, und wünsche mir einen baldigen Abschluß der Arbeit. Sie wird Geld bringen, und dann bin ich bei Dir. Mir schwebt eine Kur bei Prießnitz vor Augen. Vielleicht werden mir die Ärzte davon abraten. Ich möchte Dich so gerne wiedersehen. Zuweilen quält mich eine namenlose Trauer. Ich muß manchmal daran denken, wie schwerfällig und eckig ich bei Euch in Reval war. Ich war damals krank, Bruder. Ich erinnere mich noch, wie Du mir einmal gesagt hast, daß mein Benehmen Dir gegenüber gegenseitige Gleichheit ausschließt. Mein geliebter Bruder! Du warst ungerecht. Ich habe ja wirklich einen schlechten, abstoßenden Charakter. Ich habe Dich aber immer über mich gestellt. Ich könnte für Dich und die Deinigen mein Leben opfern; doch auch wenn mein Herz in Liebe glüht, kann man aus mir oft kein einziges freundliches Wort herausbringen. In solchen Augenblicken habe ich meine Nerven nicht in der Gewalt. Ich erscheine lächerlich und abstoßend und muß unsagbar darunter leiden, daß mich meine Mitmenschen falsch beurteilen. Man sagt, ich sei trocken und herzlos. Wie oft habe ich Emilia Fjodorowna, einer Frau, die tausendmal besser ist als ich, Grobheiten gesagt. Ich kann mich erinnern, daß ich mich oft ohne jeden Grund über Deinen Sohn Fedja ärgerte, obwohl ich ihn zur gleichen Zeit vielleicht noch mehr liebte als Dich. Ich kann mich nur dann als ein Mensch von Herz und Gemüt zeigen, wenn die Äußerlichkeit des *Umstands,* des *Zufalls* mich gewaltsam aus dem ewigen Alltag herausreißt. Wenn dies aber nicht geschieht, bin ich immer abstoßend. Diese Ungleichmäßigkeit erkläre ich mit meiner Krankheit. Hast Du die ›Lucretia Floriani‹ gelesen? Sieh Dir auch den ›Karol‹ an.[3] Bald wirst Du aber meine ›Netotschka Neswanowa‹ lesen können![4] Diese Erzählung wird wie der ›Goljadkin‹ meine Beichte sein, wenn auch anders im Ton und der Art. Über ›Goljadkin‹ bekomme ich oft Äußerungen zu hören, daß mir ganz bange wird. Manche sagen, dieses Werk sei ein wirkliches, doch unverstandenes Wunder, es werde in der Zukunft eine kolossale Bedeutung haben, und dieser ›Goljadkin‹ allein genüge schon, um mich berühmt zu machen; viele finden die Erzählung spannender als die Werke von Dumas.

Nun fange ich schon wieder an, mich zu loben. Wie angenehm ist es aber, Bruder, richtig verstanden zu werden! Wofür liebst Du mich eigentlich so sehr, Bruder? Ich werde mir Mühe geben, Dich möglichst bald wieder zu sehen. Laß uns doch einander glühend lieben. Wünsche mir Erfolg. Ich arbeite jetzt an der ›Wirtin‹. Sie gerät mir besser als die ›Armen Leute‹. Die Erzählung ist im gleichen Genre. Eine Quelle von Begeisterung, die meiner Seele entspringt, leitet meine Feder. Es ist ganz anders als beim ›Prochartschin‹, an dem ich den ganzen Sommer gelitten habe.[5] Wie gern möchte ich Dir, Bruder, sobald wie möglich helfen. Hoffe felsenfest auf das Geld, das ich Dir versprochen habe. Küsse mir alle die Deinen. Inzwischen bin ich

Dein Dostojewskij

Treffen wir mal in Petersburg zusammen, Bruder? Was würdest Du denn vom Staatsdienst mit anständigem Gehalt sagen?
Ich weiß nicht, ob Mme. Belinskaja niedergekommen ist. Ich hörte, wie ein Kind durch zwei Zimmer hindurch schrie, aber zu fragen, wäre peinlich und komisch gewesen.

An M. M. Dostojewskij

Petersburg, April 1847
Lieber Bruder. Ich schreibe nur ein paar Zeilen, denn ich bin beschäftigt. Ich weiß nicht, wo Dich mein Brief erreicht. Aus allen Kräften bemühe ich mich darum, meine Arbeit abzuschließen, um wenigstens im September auf eine Woche zu Dir zu kommen. Was das Geld betrifft, habe ich mich in der Kalkulation ein wenig geirrt. Ich muß knapp zwei Feuilletons pro Woche schreiben[1], das bedeutet nicht mehr als 250–300 Rubel. Und da ich den Majkows etwas zurückbezahlen muß, denen ich sehr viel schulde (obgleich sie mich nicht daran erinnern), ebenso für die Wohnung Geld brauche, so weiß ich noch gar nicht, wieviel ich Dir schicken werde; ich will jedenfalls etwas schicken. Meine Lage ist so, Bruder, daß ich mich schon für den glücklichsten Menschen halte, wenn ich Dir bis zum 1. Oktober nur 100 Silberrubel zurückerstatten kann. Aber ab 1. Oktober oder September (dann fahre ich mit einem der letzten Dampfer zu Dir) werden sich die Dinge ändern. Ich werde bei Krajewskij nach Abschluß des Romans[2] 1000 Silberrubel Vorschuß

nehmen und nicht anders als auf *eine unbestimmte Frist*. Da der
›Zeitgenosse‹ gut geht und die Mitarbeiter der ›Vaterländischen
Annalen‹ in erbittertem Kampf zu sich herüberlockt, hat er, Andrej
Alexandrowitsch Krajewskij, große Angst. Er wird mit allem einverstanden sein. Dazu gehören sein und *mein* Glück, nämlich daß
mein Roman Ende des Jahres gedruckt wird. Er wird das Jahr beschließen, fällt in die Zeit der Subskriptionen, und vor allem wird
er, wenn ich mich jetzt nicht irre, die kapitale Sache des Jahres sein
und den ›Zeitgenossen‹ die Nasen wischen, unseren Freunden, die
mich jetzt endgültig begraben wollen. Aber hol sie der Teufel.
Wenn ich dann die 1000 Silberrubel habe, komme ich mit dem
Geld und meinem endgültigen Urteil hinsichtlich Deiner Sache zu
Dir. Du könntest doch wenigstens allein nach Petersburg kommen
und 28 Tage Urlaub nehmen, eine Stelle antreten – und entweder
den Dienst bei den Ingenieuren fortsetzen oder ihn für alle Zeiten
aufgeben.
Meine Adresse:
An der Ecke der Kleinen Seestraße und dem Wosnesenskij-Pro-
spekt, im Hause von Schill und der Wohnung von Bremmer,
F. Dostojewskij.

Was die Übersetzung betrifft, will ich mich den ganzen Sommer
darum bemühen und sie suchen. Bei uns in Petersburg gibt es einen
gewissen Dummkopf Furmann (er ist jetzt im Ausland), der allein
mit Übersetzungen bis zu 20 000 Rubel im Jahr verdient! Wenn
Du wenigstens für ein Jahr versorgt wärst, würdest Du es bestimmt
schaffen. Du bist jung und könntest sogar eine literarische Karriere
machen. Das machen jetzt alle. In etwa 10 Jahren könnte man die
Übersetzungen links liegen lassen.
Ich schreibe sehr fleißig und bin vielleicht bald fertig. Dann werden wir uns recht früh sehen. Was meint eigentlich Emilia Fjodorowna? Ich lasse sie ergebenst grüßen, auch die Kinder. Lebe wohl,
Bruder. Ich habe ein wenig Fieber. Ich habe mich gestern abend
erkältet, als ich ohne Jackett und nur im Mantel auf die Straße
ging, und auf der Newa trieb das Eis. Bei uns ist es so kalt wie im
November. Und ich erkältete mich nun schon an die sechsmal –
lästiges Zeug! Im allgemeinen hat sich meine Gesundheit sehr gebessert.
Lebe wohl, Bruder. Wünsche mir Erfolg. Nach Abschluß des Romans mache ich mich an die Ausgabe meiner 3 Romane heran (der

›Armen Leute‹, des umgearbeiteten ›Doppelgänger‹ und des letzten) – auf eigene Kosten, und dann wird sich das Schicksal doch aufhellen.

Gott bringe Dir Glück, mein Lieber.

Dein F. Dostojewskij

Du wirst es kaum glauben. Es ist schon das dritte Jahr meiner literarischen Tätigkeit, und ich bin wie im Rausch. Ich sehe das Leben um mich herum gar nicht, habe keine Zeit, zur Besinnung zu kommen; ich habe auch keine Zeit, um etwas zu lernen. Ich will endlich etwas Sicheres erreichen. Sie haben mir einen zweifelhaften Ruhm geschaffen, und ich weiß nicht, wie lange noch diese Hölle, diese Armut und die vielen eiligen Arbeiten dauern werden; o könnte ich einmal Ruhe haben!!

Meinen allerergebensten Gruß an Nikolaj Iwanowitsch Reinhardt und an die Bergmanns.

An M. M. Dostojewskij

Petersburg, Peter-Pauls-Festung,
18. Juli 1849

Lieber Bruder, ich habe mich über Deinen Brief unsagbar gefreut; ich erhielt ihn am 11. Juli. Endlich bist Du frei, und ich kann mir lebhaft vorstellen, wie glücklich Du warst, als Du Deine Familie wiedersahst.[1] Mit welcher Ungeduld haben sie Dich wohl erwartet! Wie ich sehe, beginnst Du Dir Dein Leben anders einzurichten. Womit bist Du jetzt beschäftigt und, vor allen Dingen, wovon lebst Du jetzt? Hast Du Arbeit und was für welche? Der Sommer ist ja in der Stadt so schwer zu ertragen. Du berichtest nur, daß Du Dir eine neue Wohnung gemietet hast; da wirst Du es wohl noch enger haben. Es ist schade, daß Du nicht den ganzen Sommer auf dem Lande verbringen kannst. Ich danke Dir für Deine Sendungen; sie haben mir Erleichterung und Zerstreuung verschafft. Du schreibst mir, geliebter Freund, ich solle den Mut nicht verlieren. Ich verliere ja gar nicht meinen Mut; es ist mir allerdings recht langweilig und traurig, was soll ich aber machen! Übrigens ist es auch nicht immer langweilig. Die Zeit vergeht mir überhaupt recht ungleichmäßig – bald zu schnell, bald zu langsam. Zuweilen habe ich den Eindruck, als hätte ich mich bereits an dieses Leben gewöhnt und als wäre mir alles gleich. Ich suche mir natürlich alle verführerischen Gedanken aus dem Kopfe zu jagen, kann aber mit ihnen oft nicht fertig werden; das frühere Leben mit den früheren Eindrücken bestürmt meine Seele, und ich durchlebe alles Vergangene von neuem. Das ist ja auch in der Ordnung der Dinge. Die Tage sind jetzt zum größten Teil heiter, und es ist mir etwas lustiger zumute. Die regnerischen Tage sind dagegen unerträglich, und die Kasematte sieht dann noch viel unfreundlicher aus. Ich habe auch Beschäftigung. Ich habe die Zeit nicht unnütz vertan: ich habe den Plan zu drei Erzählungen und zwei Romanen gefaßt; einen Roman schreibe ich jetzt, vermeide aber, zuviel zu arbeiten. Solche Arbeit, besonders wenn ich sie mit großer Lust mache (ich habe nie so sehr *con amore* gearbeitet wie jetzt), hat mich immer angegriffen und auf meine Nerven gewirkt. Solange ich in Freiheit arbeitete, mußte ich immer die Arbeit unterbrechen und mich zerstreuen; hier muß aber die auf die Arbeit folgende Erregung ganz von selbst vergehen. Meine Gesundheit ist gut, bis auf die Hämorrhoiden und die Zerrüttung der Nerven, die *crescendo* fortschreitet. Ab und zu bekomme ich Anfälle von Atemnot, der Appetit ist wie früher sehr ungenügend, der Schlaf ist schlecht und dazu noch voll krankhafter Träume. Ich schlafe etwa fünf Stunden am Tage und wache jede Nacht an die viermal auf. Dies ist das einzige, was mich bedrückt. – Am unangenehmsten sind die Stunden der Abenddämmerung! Um 9 Uhr ist es bei uns schon ganz finster. Ich schlafe oft erst um ein oder zwei Uhr nach Mitternacht ein, und die fünf Stunden, die ich im Finstern liegen muß, sind schwer zu ertragen. Dadurch wird meine Gesundheit am meisten angegriffen. Wann unser Prozeß abgeschlossen sein wird, kann ich gar nicht sagen, denn ich habe jede Vorstellung von der Zeit verloren und führe nur einen Kalender, auf dem ich rein passiv jeden vergangenen Tag streiche: erledigt! Ich habe hier nicht sehr viel gelesen: zwei Beschreibungen von Reisen ins Heilige Land und die Werke des Dmitrij Rostowskij. Die letzteren haben mich sehr interessiert; doch diese Lektüre ist nur ein Tropfen im Meer; jedes andere Buch würde mich, wie mir scheint, ganz außerordentlich freuen und könnte mir auch recht nützlich sein, denn so würde ich meine eigenen Gedanken durch fremde unterbrechen oder auf einen andern Ton stimmen.

Hier hast Du alle Einzelheiten über mein jetziges Leben; sonst kann ich Dir nichts mitteilen. Es freut mich, daß Du Deine Familie bei bestem Wohlsein angetroffen hast. Hast Du schon nach Moskau über Deine Freilassung geschrieben? Es ist schade, daß dort nichts werden will. Wie gerne möchte ich wenigstens einen Tag mit Euch verbringen! Schon fast seit drei Monaten sitzen wir hier in der Festung; was wohl noch weiter kommen mag! Vielleicht werde ich in diesem Sommer überhaupt kein grünes Blatt zu sehen bekommen. Weißt Du noch, wie man uns manchmal im Mai ins Gärtchen spazieren führte? Dort begann es damals zu grünen, und ich mußte an Reval denken, wo ich Dich um diese Jahreszeit besuchte, und an den Garten am Ingenieurshause. Es schien mir immer, daß auch Dir dieser Vergleich in den Sinn kommen müsse; so traurig war mir zumute. Ich hätte auch Lust, manche anderen Menschen zu sehen. Mit wem kommst Du jetzt zusammen? Es sind wohl alle auf dem Lande. Unser Bruder Andrej muß jetzt unbedingt in der Stadt sein; hast Du Nikolja gesehen? Grüße sie alle von mir. Küsse von mir alle Deine Kinder, grüße Deine Frau und sage ihr, daß es mich sehr rührt, daß sie an mich denkt; mache Dir nicht zu viel Sorgen um mich. Ich habe nur den einen Wunsch, gesund zu sein; die Langeweile ist etwas Vorübergehendes, und die gute Laune hängt ja schließlich von mir selbst ab. Im Menschen steckt unglaublich viel Zähigkeit und Lebenskraft; ich hatte nie erwartet, daß ich so viel davon habe; nun weiß ich es aus Erfahrung. Lebe wohl! Ich hoffe, daß Dir diese wenigen Zeilen recht viel Freude machen werden. Grüße alle, die Du siehst und die ich kannte; vergiß niemand. Ich habe niemand vergessen. Was mögen wohl Deine Kinder über mich denken, und wie suchen sie sich zu erklären, wohin ich verschwunden bin! Lebe wohl. Wenn es irgendwie geht, schicke mir die ›Vaterländischen Annalen‹. So werde ich wenigstens etwas zu lesen haben. Schreibe mir auch einige Zeilen, es wird mich außerordentlich freuen.

Auf Wiedersehen!
Dein Bruder F. Dostojewskij

An M. M. Dostojewskij

Petersburg, Peter-Pauls-Festung,
27. August 1849

Es freut mich, daß ich Dir antworten darf, lieber Bruder, und mich bei Dir für die Büchersendung bedanken kann. Ganz besonders bin ich Dir für die ›Vaterländischen Annalen‹ dankbar. Es freut mich auch, daß Du gesund bist und daß die Haft keinerlei schlimme

Folgen für Deine Gesundheit gehabt hat. Du schreibst mir aber viel zuwenig, und meine Briefe sind viel ausführlicher als die Deinen. Dies nur nebenbei, Du wirst Dich später schon bessern.

Von mir kann ich Dir nichts Bestimmtes sagen. Über unsern Prozeß weiß ich noch immer gar nichts. Mein *Privatleben* ist immer noch so eintönig wie bisher; man hat mir aber erlaubt, im Garten spazierenzugehen, wo es an die siebzehn Bäume gibt. Dies ist für mich ein großes Glück. Außerdem bekomme ich in den Abendstunden eine Kerze: dies ist mein zweites Glück. Das dritte Glück werde ich erleben, wenn Du mir möglichst bald antwortest und das nächste Heft der ›Vaterländischen Annalen‹ schickst; ich bin ja in der Lage eines auswärtigen Abonnenten und warte auf jedes Heft wie auf ein großes Ereignis, wie ein vor Langeweile vergehender Gutsbesitzer in der Provinz. Willst Du mir einige geschichtliche Werke schicken? Das wäre ausgezeichnet. Am besten wäre es aber, wenn Du mir die Bibel (beide Testamente) schicken wolltest. Ich brauche sie. Sollte es unmöglich sein, so schicke sie mir in französischer Übersetzung. Wenn Du aber auch noch eine slawische Ausgabe dazulegen könntest, so wäre es der Gipfel der Vollkommenheit.

Von meiner Gesundheit kann ich Dir nichts Gutes berichten. Seit einem ganzen Monat lebe ich fast ausschließlich von Rizinusöl. Meine Hämorrhoiden quälen mich ganz außergewöhnlich; außerdem spüre ich einen Schmerz in der Brust, den ich noch nie gehabt habe. Meine nervöse Empfindlichkeit hat sich bedeutend verschärft, besonders in den Abendstunden; nachts habe ich lange häßliche Träume, und in der letzten Zeit habe ich oft das Gefühl, als schwanke der Fußboden unter mir und als säße ich in meinem Zimmer wie in einer Dampferkajüte. Aus all dem schließe ich, daß meine Nerven immer stärker zerrüttet werden. Sooft ich früher solche nervösen Störungen hatte, nützte ich sie zum Schreiben aus: in solchem Zustande schreibe ich viel mehr und viel besser als gewöhnlich; jetzt enthalte ich mich aber des Schreibens, um mich nicht gänzlich zugrunde zu richten. Ich hatte eine Pause von drei Wochen, wo ich überhaupt nicht schrieb; jetzt habe ich wieder angefangen. Übrigens macht das alles nichts; ich kann es immerhin noch aushalten. Vielleicht werde ich mich noch einmal erholen.

Du hast mich in höchstes Erstaunen versetzt, als Du mir schriebst, daß die Moskauer [1], wie Du glaubst, nichts von unserm Abenteuer wissen. Ich habe darüber nachgedacht und bin zu dem Schluß gekommen, daß dies ganz unmöglich ist. Sie werden es ganz bestimmt wissen, und ihr Schweigen führe ich auf eine ganz andere Ursache zurück. Das war auch übrigens zu erwarten. Die Sache ist ja klar.

Was macht die Gesundheit von Emilia Fjodorowna? Was ist ihr denn, was hat sie nur immer für ein Malheur! Das ist doch schon der zweite Sommer, in dem sie sich so unerträglich langweilen muß! Das letzte Jahr waren es die Cholera und andere Ursachen, und heuer ist es weiß Gott was! Wahrhaftig, Bruder, es ist schlimm, der Apathie zu verfallen; angestrengte Arbeit con amore – das ist wirkliches Glück. Arbeite, schreibe – was könnte es Besseres geben?

Du schreibst, die Literatur kränkelt. Aber nichtsdestoweniger sind die Hefte der ›Vaterländischen Annalen‹ wie früher äußerst reichhaltig, natürlich nicht im belletristischen Teil. Es gibt keinen Aufsatz, den man nicht ohne Vergnügen lesen würde. Die Abteilung der Wissenschaften ist glänzend. Allein ›Die Eroberung Perus‹ ist eine ganze ›Ilias‹ und steht tatsächlich hinter der vorjährigen ›Eroberung Mexikos‹[2] in nichts zurück. Was hat das schon zu bedeuten, wenn es eine Übersetzung ist! Ich habe mit allergrößtem Vergnügen den zweiten Aufsatz der Analyse der ›Odyssee‹[3] gelesen, aber der zweite Aufsatz ist weitaus schlechter als der erste, der von Dawydow. Jener Artikel war glänzend; insbesondere die Stelle, wo er Wolf widerlegt; das ist mit einem so tiefen Verständnis der Sache geschrieben, mit einem solchen Feuer, wie man es schwerlich von einem so alten Professor hätte erwarten dürfen. Sogar in diesem Aufsatz wußte er die Pedanterie zu vermeiden, die den Gelehrten sonst eigen ist, den Moskauern ganz besonders.

Aus all dem kannst Du entnehmen, Bruder, daß mir Deine Bücher ein außerordentliches Vergnügen bereiten und ich Dir dafür über alle Maßen dankbar bin. Nun, lebe wohl: ich wünsche Dir in allem Erfolg. Schreibe mir recht bald. Es wäre keineswegs übel, wenn Du den Moskauern von unseren Angelegenheiten schreiben und sie in aller Form fragen würdest, wie weit die Sache im Dorf gediehen ist. Ich küsse alle Kinder. Ich hoffe, daß man sie in den Sommergarten führt. Grüße Emilia Fjodorowna und alle Bekannten, die Du siehst. Du schreibst, Du möchtest mich sehen... Irgendwann wird das ganz bestimmt möglich sein! Nun lebe wohl.

Dein Fjodor Dostojewskij

Schreibe mir, wer G. Wl. Tsch. ist, der seine Artikel in den ›Vaterl. Ann.‹ drucken läßt. Und dann, wer der Autor der Analyse von

Schachowskojs Gedichten ist, die im Juliheft der ›Vaterl. Ann.‹ erschien. Erkundige Dich danach, wenn möglich.

Zwischen dem 10. und 15. September, Bruder, wird mein Geld alle
sein. Wenn es Dir möglich ist, bitte hilf mir nochmal. Ich brauche
nicht viel. Ich habe noch eine Forderung an Sorokin für die ›Armen
Leute‹, aber ich vergaß, wieviel es war; übrigens eine verschwin-
dend kleine Summe. Er hat fast alles schon bezahlt.

Fjodor Dostojewskij

An M. M. Dostojewskij

Petersburg, Peter-Pauls-Festung,
14. September 1849

Deinen Brief, lieber Bruder, die Bücher (Shakespeare, Bibel und
die ›Vaterländischen Annalen‹) und das Geld (10 Silberrub.) habe
ich erhalten und danke Dir für alles. Es freut mich, daß Du gesund
bist. Mir geht es wie früher. Immer dieselben Verdauungsstörungen und Hämorrhoiden. Ich weiß gar nicht, wann das alles vorübergehen wird. Es nahen die für mich so schweren Herbstmonate,
und mit ihnen kommt auch meine Hypochondrie wieder. Der Himmel ist schon jetzt trüb; meine Gesundheit und meine gute Laune
sind vom kleinen Fetzen des heiteren Himmels abhängig, den ich
aus meiner Kasematte sehen kann. Doch bin ich vorläufig noch am
Leben und verhältnismäßig gesund. Diese Tatsache steht für mich
fest. Darum bitte ich Dich, Dir meinen Zustand nicht allzu düster
vorzustellen. Meine Gesundheit ist vorläufig gut. Ich hatte Schlimmeres erwartet, und jetzt sehe ich, daß ich so viel Lebenskraft in
mir habe, daß sie sich gar nicht erschöpfen läßt.

Ich danke Dir noch einmal für die Bücher. Sie geben mir wenigstens Zerstreuung. Seit fast fünf Monaten lebe ich ausschließlich
von meinen eigenen Mitteln, das heißt von meinem Kopf allein,
und sonst von nichts. Diese Maschine ist vorläufig noch im Gange.
Es ist übrigens unsagbar schwer, nur zu denken, ewig zu denken,
ohne alle äußeren Eindrücke, die die Seele erfrischen und nähren!
Ich lebe gleichsam unter der Glocke einer Luftpumpe, aus der man
die Luft herauspumpt. Mein ganzes Wesen hat sich im Kopf kon-
zentriert und ist aus dem Kopf in die Gedanken geflüchtet, obwohl
die Gedankenarbeit von Tag zu Tag größer wird. Die Bücher sind
zwar nur ein Tropfen im Meer, doch helfen sie mir immerhin.
Meine eigene Arbeit verzehrt aber, wie mir scheint, meine letzten
Säfte. Übrigens macht sie mir viel Freude.

Ich habe die von Dir geschickten Bücher gelesen. Für den Shakespeare bin ich Dir besonders dankbar. Das war ein guter Einfall von Dir! Der englische Roman in den ›Vaterländischen Annalen‹ ist sehr gut.[1] Die Komödie von Turgenjew ist dagegen unerlaubt schlecht. Warum hat er immer solches Pech? Ist es ihm denn immer beschieden, jedes seiner Werke, dessen Umfang einen Druckbogen übersteigt, zu verderben? Ich habe ihn in dieser Komödie gar nicht wiedererkannt. Keine Spur von Originalität: alles steckt bei ihm im alten, ausgefahrenen Geleise. Alles ist schon vor ihm ausgesprochen worden und noch viel besser. Die letzte Szene zeigt eine kindliche Ohnmacht. Hie und da glaubt man Spuren von Begabung zu sehen, doch nur in Ermangelung eines Besseren.[2] Wie prächtig ist der Aufsatz über die Banken! Und wie allgemeinverständlich! Ich danke allen, die sich meiner erinnern; grüße mir Deine Emilia Fjodorowna, unsern Bruder Andrej, und küsse die Kinder, denen ich besonders Erholung wünsche. Ich weiß wirklich nicht, Bruder, wann und wie wir uns wiedersehen werden! Lebe wohl, und vergiß mich bitte nicht. Schreibe mir, wenn auch erst in zwei Wochen.

Auf Wiedersehen!

Dein F. Dostojewskij

Mach Dir bitte keine Sorgen um mich. Wenn Du mir irgendwelche Lektüre verschaffen kannst, so schicke sie mir.

An M. M. Dostojewskij

Petersburg, Peter-Pauls-Festung,
22. Dezember 1849

Mein lieber Bruder und Freund! Nun ist alles überstanden! Ich bin zu 4 Jahren Festungshaft verurteilt (wahrscheinlich in der Festung Orenburg)[1] und muß danach als gemeiner Soldat dienen. Heute, am 22. Dezember, wurden wir alle nach dem Semjonower Platz gebracht. Dort verlas man uns das Todesurteil, ließ uns das Kreuz küssen, zerbrach über unseren Köpfen den Degen und machte uns die Todestoilette (weiße Hemden). Dann stellte man drei von uns vor dem Pfahl auf, um das Todesurteil zu vollstrecken. Ich war der sechste in der Reihe; wir wurden in Gruppen von je drei Mann aufgerufen, und so war ich in der zweiten Gruppe und hatte nicht mehr als eine Minute noch zu leben. Ich dachte an Dich, mein Bruder, und an die Deinen; in dieser letzten Minute standest Du allein vor meinem Geiste; da fühlte ich erst, wie sehr ich Dich liebe, mein geliebter Bruder! Ich hatte noch Zeit, Pleschtschejew und Durow, die neben mir standen, zu umarmen und von ihnen Abschied zu nehmen. Schließlich wurde Retraite getrommelt, die an den Pfahl Gebundenen wurden zurückgeführt, und man las uns vor, daß Seine Kaiserliche Majestät uns das Leben schenke. Dann wurden die endgültigen Urteile verlesen. Palm allein ist vollständig begnadigt worden. Man hat ihn, im Rang unverändert, in die Armee aufgenommen.

Soeben erfahre ich, lieber Bruder, daß wir heute oder morgen abtransportiert werden. Ich bat um Erlaubnis, Dich noch einmal sehen zu dürfen, erhielt aber den Bescheid, daß das unmöglich sei.[2] So kann ich Dir nur durch diesen Brief Nachricht von mir geben. Ich fürchte, Du könntest vom Todesurteil erfahren haben. Als wir zum Semjonower Platz geschafft wurden, sah ich vom Wagenfenster aus eine große Menge Menschen; vielleicht ist Dir doch etwas zu Ohren gekommen, und Du grämst Dich um mich. Nun kannst Du, was mich betrifft, ruhiger sein, Bruder! Ich bin nicht verzweifelt und habe den Mut nicht verloren. Leben gibt es überall, das Leben ist in uns selbst, nicht außer uns. Ich werde von Menschen umgeben sein, werde unter ihnen *Mensch* sein und es immer bleiben. Sich vom Unglück nicht beugen, nicht umwerfen lassen, was auch immer geschehe, das nenne ich Leben, das ist die Aufgabe unsres Daseins. Das habe ich eingesehen, dieser Gedanke ist mir in Fleisch und Blut übergegangen. Ja, wahrlich, der Kopf, der von schöpferischen Gedanken erfüllt war, der von Empfindungen bewegt und an stärkstes seelisches Erleben gewöhnt war, dieser Kopf ist schon von meinen Schultern getrennt; geblieben sind nur noch die Erinnerung und Gedanken, die zwar schon geboren sind, aber noch nicht Gestalt angenommen haben. Darunter leide ich natürlich, aber noch habe ich ja mein Herz und mein Fleisch und Blut, die imstande sind, zu lieben und zu leiden, zu wünschen und sich zu erinnern. Und das ist ja der eigentliche Inhalt unseres Daseins. *On voit le soleil.* Lebe wohl, Bruder. Gräme Dich nicht um mich. Nun einige materielle Dinge. Meine Bücher (nur die Bibel durfte ich behalten) sowie verschiedene Manuskripte und Entwürfe zu Dramen und Romanen (auch die schon vollendete Erzählung ›Das Kindermärchen‹[3]) wurden mir abgenommen und werden wahrscheinlich Dir ausgehändigt werden. Ich lasse auch meinen Mantel und meinen alten Anzug hier. Vielleicht könntest Du die

Sachen von hier abholen lassen. Und nun kommt die lange Reise auf dem Etappenweg, verstehst Du, Bruder? Dazu brauche ich Geld. Lieber Bruder, wenn Du diesen Brief erhältst, schicke mir so rasch wie möglich Geld, wenn Du es mir irgendwoher verschaffen kannst. Ich habe Geld nötiger als Luft (das hat seine besonderen Gründe). Schicke mir auch einige Zeilen von Dir. Wenn das Moskauer Geld kommt, dann kümmere Dich um mich, und laß mich nicht im Stich. Das ist alles! Ich habe Schulden, aber was soll ich mit ihnen anfangen?

Küsse Deine Frau und die Kinder. Bewahre ihnen die Erinnerung an mich; stell es so an, daß sie mich nicht vergessen. Vielleicht werden wir uns irgendwann wiedersehen?! Bruder, hüte Dich und die Familie, lebe still und vorsichtig. Denk an die Zukunft Deiner Kinder... Lebe vernünftig. Noch nie zuvor sind in mir so reichhaltige und gesunde Vorräte an geistigem Leben aufgekeimt wie jetzt. Ob es aber der Körper aushält, weiß ich nicht. Ich mache mich als ein Kranker auf den Weg, ich habe Skrofulose. Doch wollen wir auf das Glück vertrauen! Ich habe schon so viel im Leben durchgemacht, daß mich jetzt wenig erschrecken kann. Komme, was kommen mag! Bei der erstbesten Möglichkeit will ich Dir von mir berichten. Den Majkows bringe meinen letzten Abschiedsgruß. Sage ihnen, ich sei allen dankbar für ihre ständige Anteilnahme an meinem Schicksal. Sage Jewgenija Petrowna[4] an meiner Statt einige Worte; sie mögen so herzlich wie möglich sein, laß es Dir von Herzen kommen. Ich wünsche ihr viel Glück und werde an sie immer mit dankbarer Hochachtung denken. Drücke Nikolaj Apollonowitsch und Apollon Majkow die Hand und dann allen anderen. Mache Janowskij ausfindig. Drücke ihm die Hand, sage ihm meinen Dank. Schließlich allen, die mich nicht vergessen haben. Und wer mich vergaß, den erinnere an mich. Küsse unseren Bruder *Kolja*. Schreibe unserem Bruder *Andrej* einen Brief, und unterrichte ihn über mich. Schreibe an Onkel und Tante. Tue das für mich, und grüße sie in meinem Namen. Schreibe unseren Schwestern: ich wünsche ihnen Glück.

Aber vielleicht sehen wir uns doch noch, Bruder. Schone Dich, halte es um Gottes willen bis zu unserem Wiedersehen aus. Wir werden uns vielleicht einmal wieder umarmen und an unsere junge, unsre frühere, goldene Zeit denken, an unsre Jugend und an Hoffnungen, die ich in diesem Augenblick aus meinem blutenden Herzen reiße und begrabe.

Ist es denn möglich, daß ich nie mehr eine Feder in die Hand nehmen werde? Ich glaube, daß es in 4 Jahren möglich ist. Ich will Dir alles schicken, was ich schreibe – wenn ich überhaupt etwas schreibe, o mein Gott! Wie viele Gedanken, voller Leben, aber noch nicht Gestalt geworden, müssen nun untergehen, erlöschen in meinem Hirn oder werden zerstört von meinem vergifteten Blut! Ja, wenn ich nicht mehr schreiben darf, ist es mit mir zu Ende. Lieber hätte ich fünfzehn Jahre Gefängnis über mich ergehen lassen – nur mit der Feder in der Hand.

Schreibe mir oft, ausführlich, genau, viel. Berichte mir in jedem Brief alle Einzelheiten aus dem Leben Deiner Familie, vergiß das nicht. Das soll mir Hoffnung und Leben geben. Wenn Du wüßtest, wie Deine Briefe mich hier in den Kasematten aufgerichtet haben! Und wie unsagbar schwer waren diese zwei letzten Monate, da ich nicht mehr schreiben durfte. Ich war geradezu krank. Der Umstand, daß Du mir von Zeit zu Zeit kein Geld schicktest, verursachte mir viele Qualen um Dich: zu wissen, daß Du selbst in großer Not bist! Küsse nochmals die Kinder; ihre lieben kleinen Gesichter wollen mir nicht aus dem Sinn. Ach, mögen sie doch glücklich werden! Sei auch Du glücklich, Bruder, sei glücklich!

Aber gräme Dich nicht, um Gottes willen, gräme Dich nicht um mich! Du sollst wissen, daß ich nicht verzweifle, Du sollst daran denken, daß ich die Hoffnung nicht aufgegeben habe. In vier Jahren wird mein Schicksal schon leichter sein. Ich werde Soldat, ich bin dann nicht länger Sträfling, und ich bin fest überzeugt, daß ich Dich noch einmal umarmen kann. Ich habe heute drei viertel Stunden lang dem Tod ins Antlitz geschaut und diesem Gedanken standgehalten! Ich habe meine letzte Stunde schon durchlebt, und nun fange ich noch einmal an zu leben!

Wenn jemand meiner im Bösen gedenkt, wenn ich mit jemandem verfeindet war, wenn jemand einen schlechten Eindruck von mir hatte – bitte ihn, es zu vergessen, wenn Du ihn irgendwo zu Gesicht bekommst. In meiner Seele ist keine Bitterkeit und keine Mißgunst mehr, ich möchte in diesem Augenblick jeden, wer es auch sei, lieben und umarmen. Dieses erlösende Gefühl überkam mich heute, als ich im Angesicht des Todes von meinen Lieben Abschied nahm. Ich dachte daran, daß die Nachricht von meiner Hinrichtung Dich töten könnte, aber sei ruhig, ich lebe noch und werde weiter leben in dem Gedanken, Dich einmal wieder zu umarmen. Das ist das einzige, was meinen Geist beschäftigt.

Was machst Du denn? Was hast Du heute gedacht? Weißt Du von uns? Wie kalt war es doch heute!

Ach, daß doch mein Brief Dich rascher erreichte. Sonst muß ich vier Monate ohne Nachricht von Dir sein. Ich sah die Päckchen, in denen Du mir in den letzten zwei Monaten das Geld schicktest; die Adresse war von Deiner Hand geschrieben, und ich freute mich, daß Du gesund warst.

Ich blicke zurück auf die Vergangenheit und denke an die verlorene Zeit, die dahingegangen ist in Irrungen, Verfehlungen, Trägheit, Unkenntnis des Lebens; warum habe ich den Wert des Lebens nicht besser erkannt, wie oft habe ich mich an meinem Herzen und meiner Seele vergangen!! Mein Herz blutet. Das Leben ist ein Geschenk, das Leben ist ein Glück, jede Minute kann zur Ewigkeit des Glückes werden. *Si jeunesse savait!* Nun gestaltet sich mein Leben neu, es wurde neu geboren in neuer Form. Bruder! Ich schwöre Dir, daß ich die Hoffnung nicht aufgeben werde, daß mein Herz und meine Sinne rein bleiben werden. Ich werde zum Besseren wiedergeboren. – Das ist meine ganze Hoffnung, mein ganzer Trost.

Das Leben in den Kasematten hat jedes sinnliche Verlangen in mir erstickt, das nicht ganz rein war. Vom Vergangenen nehme ich nicht mehr viel hinaus. Was ich verloren habe, besitzt keinen Wert mehr für mich, und daher fürchte ich nicht, daß ich je materielle Not leiden könnte. Das ist unmöglich! Ach, wenn nur meine Gesundheit standhielte!

Lebe wohl, Bruder, lebe wohl! Irgendwann will ich Dir nochmals schreiben! Du wirst von mir einen Bericht über meine Reise erhalten, der so ausführlich wie möglich sein wird. Wenn ich nur gesund bleibe, dann ist alles gut. Nun lebe wohl, Bruder, leb wohl! Ich umarme Dich innig und küsse Dich heiß! Denk ohne Gram an mich. Sei nicht traurig, ich flehe Dich an, gräme Dich nicht um mich! In meinem nächsten Brief schreibe ich Dir, wie mein Leben sich gestaltet. Denk daran, was ich Dir sagte: geh mit Deinem Leben sorgsam um, vergeude es nicht, baue Dein Schicksal, denk an die Kinder. Ach, wann sehe ich Dich wieder! Lebe wohl! Ich scheide nun von allem, was mir lieb war; wie weh tut es, das alles zu verlassen! Es ist unendlich schmerzlich, sich selbst zu zerreißen, sein Herz in zwei Teile zu spalten. Aber ich sehe Dich wieder, dessen bin ich gewiß, ich hoffe es. Bleib wie Du bist, liebe mich, laß die Erinnerung nicht erkalten, und der Gedanke an Deine

Liebe wird mir zum besten Teil in meinem Leben. Lebe wohl, nochmals lebe wohl! Lebt wohl!

Dein Bruder Fjodor Dostojewskij

Als man mich festnahm, wurden mir einige Bücher weggenommen. Es waren nur zwei verbotene dabei. Willst Du Dir nicht die anderen holen? Dazu eine Bitte: unter diesen Büchern ist *Das Werk Walerjan Majkows:* seiner Kritiken; es ist das Exemplar von Jewgenija Petrowna. Sie hat es mir als Kostbarkeit geliehen. Bei der Festnahme bat ich den Gendarmerieoffizier, ihr dieses Buch zurückzugeben, und teilte ihm ihre Adresse mit. Ich weiß nicht, ob er es ihr zurückgegeben hat. Bring das in Ordnung! Ich möchte ihr nicht diese Erinnerung wegnehmen. Lebe wohl, nochmals, lebe wohl.

Dein F. Dostojewskij

Ich weiß nicht, ob ich den Etappenweg gehen oder fahren muß. Mir scheint, ich werde gehen müssen. Auf gut Glück.
Drücke Emilia Fjodorowna nochmals die Hand, küsse die Kinderchen.
Grüße an Krajewskij: vielleicht...
Schreibe mir ausführlich von Deiner Festnahme, der Haft und der Freilassung.[5]

*Zuchthaus in Omsk. Vom Gemeinen zum Offizier. Freund-
schaft mit Baron Wrangel in Semipalatinsk. Erste Ehe mit
der 29jährigen Witwe M. D. Isajewa. Gesuche an die Obrigkeit und Erlaubnis zur Niederlassung in Petersburg*

An N. D. Fonwisina

Omsk, zwischen 20. und 28. Februar 1854

Endlich schreibe ich Ihnen, meine beste N. D., nachdem ich meinen bisherigen Aufenthaltsort verlassen habe. Als ich Ihnen zuletzt schrieb, war ich an Leib und Seele krank. Die Sehnsucht verzehrte mich, und ich glaube, daß mein Brief ganz sinnlos war. Dieses lange farblose, physisch und moralisch schwere Leben hat mich erdrückt. Es ist mir immer betrüblich, in solchen Augenblicken Briefe zu schreiben; ich halte es für Kleinmut, wenn man seinen Gram anderen Leuten, wenn auch solchen, die einem sehr gewogen sind, aufdrängt. Diesen Brief schicke ich Ihnen auf Umwegen, und es freut mich, daß ich mit Ihnen endlich ganz ungeniert sprechen kann, umso mehr, als ich bald nach Semipalatinsk ins Siebente Bataillon versetzt werde und daher gar nicht weiß, auf welche Weise ich in Zukunft mit Ihnen werde korrespondieren können. Sie haben mir schon vor langer Zeit über meinen Bruder geschrieben. Damals hatte ich bereits einen Brief an Sie und den Bruder (zusammen mit Ihrem Brief) geschrieben. Aber dann hütete ich mich, ihn abzuschicken, und anscheinend tat ich gut daran. Ich habe alle Ihre Adressen in dem Brief an S. O. D.[1] gelesen und nehme sie auf jeden Fall an; vielleicht sind sie zuverlässig, aber Ihr letzter Brief kam hier geöffnet an, und man muß sich deshalb sehr vorsehen. Besser wäre es, Sie adressierten die Briefe an meinen Bruder in Petersburg, wenn Sie mir das Glück bereiten wollen und mir Briefe schreiben, oder er wird Sie vielleicht (nicht nur vermutlich) selbst aufsuchen oder einen vertrauenswürdigen Menschen schicken. Mein Bruder betreibt zur Zeit ein Handelsgeschäft, deshalb meine ich, wird es nicht schwierig sein, seine Adresse herauszufinden, beispielsweise in Anzeigen. Ich kenne seine Adresse selber nicht. Im übrigen gebe ich auch Ihnen den Rat, sich nicht auf die Post zu verlassen. Da aber wohl zwischen Moskau und Petersburg Personen hin- und herreisen, die Sie kennen, wäre es am besten, ihm auf diesem Weg einen Brief an mich zukommen zu lassen. So würde ich es nur mit meinem Bruder zu tun haben, und in derartigen Fällen ist es immer besser, eine Verbindung zu haben als zwei. Das ist sicherer. Wenn Sie trotzdem eine ganz ungefährliche Möglichkeit finden sollten, mir auf anderem Wege zu schreiben, so wäre das natürlich auch sehr schön, sogar noch besser, weil ich selbst noch nicht weiß, auf welchem Wege ich meinem Bruder schreiben soll. Ich verlasse mich auf ihn nur deshalb, weil ich mit ihm in jedem Fall korrespondieren will. Dazu kommt, daß Sie in Marina leben, und das liegt auf direktem Weg von Moskau zu unserem Weiler im Gouvernement von Tula. Ich bin diese Strecke schon 20mal hin- und hergefahren und kann mir deshalb den Ort Ihrer Zufluchtstätte sehr klar vorstellen, oder, genauer gesagt, Ihrer neuen Inhaftierung.

Mit welchem Genuß habe ich Ihre Briefe gelesen, teuerste N. D.! Sie schreiben ganz vorzügliche Briefe, oder, genauer gesagt, Ihre Briefe kommen leicht und natürlich aus Ihrem gütigen und humanen Herzen. Es gibt verschlossene und verbitterte Naturen, die in sehr seltenen Augenblicken expansiv sind. Ich kenne solche Menschen. Es sind durchaus keine schlechten Menschen, sogar ganz im Gegenteil.

Ich weiß nicht warum, doch ich errate aus Ihrem Brief, daß Sie in trauriger Stimmung in die Heimat zurückgekehrt sind. Ich begreife es; ich habe einigemal daran gedacht, daß, wenn auch ich einmal in die Heimat zurückkehre, ich dort in meinen Eindrücken mehr Leid als Freude finden werde. Ich habe Ihr Leben nicht gelebt, und vieles davon ist mir unbekannt, wie überhaupt jeder Mensch das Leben seines Mitmenschen nie genau kennen kann; doch das menschliche Gefühl ist uns allen gemein, und es scheint mir, daß jeder Verbannte bei seiner Rückkehr in die Heimat in seinem Bewußtsein und in seinen Erinnerungen das ganze vergangene Leid neu durchkostet. Es ist wie eine Waage, mit der man das echte Gewicht dessen, was man durchgemacht, erduldet und verloren hat und was man uns genommen hat, nachprüfen kann. Gott gebe Ihnen ein langes Leben! Ich habe von vielen gehört, daß Sie sehr religiös sind, N. D.! Doch nicht weil Sie religiös sind, sondern weil ich es selbst erfahren und durchgemacht habe, will ich Ihnen sagen, daß man in solchen Augenblicken »wie trockenes Gras« nach dem Glauben lechzt und ihn schließlich findet, eigentlich nur aus dem Grunde, weil man im Unglück die Wahrheit klarer sieht. Ich will Ihnen von mir sagen, daß ich ein Kind dieser Zeit, ein Kind des Unglaubens und der Zweifelsucht bin und es wahrscheinlich (ich weiß es bestimmt) bis an mein Lebensende bleiben werde. Wie entsetzlich quälte mich (und quält mich auch jetzt) diese Sehnsucht nach dem Glauben, die um so stärker ist, je mehr Gegenbeweise ich habe. Und doch schenkt mir Gott zuweilen Augenblicke vollkommener Ruhe; in solchen Augenblicken liebe ich und glaube auch geliebt zu werden; in diesen Augenblicken habe ich mir mein

Glaubensbekenntnis aufgestellt, in dem mir alles klar und heilig ist. Dieses Glaubensbekenntnis ist höchst einfach, hier ist es: Ich glaube, daß es nichts Schöneres, Tieferes, Sympathischeres, Vernünftigeres, Männlicheres und Vollkommeneres gibt als den Heiland; ich sage mir mit eifersüchtiger Liebe, daß es dergleichen nicht nur nicht gibt, sondern auch nicht geben kann. Ich will noch mehr sagen: Wenn mir jemand bewiesen hätte, daß Christus außerhalb der Wahrheit steht, und wenn die Wahrheit *tatsächlich* außerhalb Christi stünde, so würde ich es vorziehen, bei Christus und nicht bei der Wahrheit zu bleiben.[2]

Davon will ich lieber gar nicht reden. Ich weiß übrigens nicht, warum gewisse Gesprächsstoffe in der Gesellschaft nie berührt werden dürfen, und wenn sie jemand berührt, es auf die anderen einen peinlichen Eindruck macht. Doch genug davon. Ich hörte, daß Sie irgendwo nach dem Süden reisen wollen. Gebe Gott, daß es Ihnen gelingt, die Erlaubnis dazu zu bekommen. Sagen Sie mir doch bitte, wann wir endlich ganz frei oder wenigstens so frei wie die anderen Menschen sein werden? Vielleicht erst dann, wenn wir die Freiheit nicht mehr brauchen? Was mich betrifft, so will ich entweder alles oder nichts. In der Soldatenuniform bin ich der gleiche Sträfling wie vorher. Ich freue mich so sehr darüber, daß ich in meiner Seele noch für lange Zeit Geduld finde, daß ich mir keine irdischen Güter wünsche und daß mir nichts fehlt als Bücher, die Möglichkeit zu schreiben und täglich einige Stunden für mich allein zu sein. Das letztere macht mir die größte Sorge. Seit fast fünf Jahren bin ich ständig unter Bewachung oder mit vielen Menschen zusammen und nicht eine Stunde für mich allein. Das Alleinsein ist ein normales Bedürfnis, wie das Essen und Trinken; sonst wird man bei diesem gewaltsamen Kommunismus unbedingt zum Menschenfeind. Die ständige Gesellschaft von Menschen wirkt wie Gift oder Pest, und an dieser unerträglichen Marter habe ich in den letzten vier Jahren am meisten gelitten. Es gab Augenblicke, in denen ich jeden Menschen, ob gut oder böse, haßte und als Dieb betrachtete, der mir ungestraft mein Leben stiehlt. Das Unerträglichste ist, wenn man selbst ungerecht, gehässig und schlecht wird, sich dessen bewußt ist, sich sogar Vorwürfe macht und dabei doch nicht die Kraft hat, sich zu übermannen. Ich habe es erfahren. Ich bin überzeugt, daß Gott Sie davor bewahren wird. Ich glaube, daß Sie als Frau viel mehr Kraft haben, zu vergeben und zu dulden.

Schreiben Sie mir doch etwas, N. D. Ich komme jetzt in eine wahre Wüste, nach Asien, und dort, in Semipalatinsk, werden mich, wie mir scheint, meine ganze Vergangenheit, alle Erinnerungen und Eindrücke verlassen; denn die letzten Menschen, die ich noch liebte und die wie ein Schatten meiner Vergangenheit vor mir standen, werden mich verlassen müssen. Ich gewöhne mich so furchtbar leicht an Menschen und verwachse so fest mit meiner Umgebung, daß ich mich später von ihr nur unter großen Schmerzen losreißen kann. Ich wünsche Ihnen, N. D., daß Sie möglichst glücklich und möglichst lange leben! Wenn wir uns wiedersehen, werden wir uns von neuem kennenlernen, und ein jeder von uns wird vielleicht noch viele glückliche Tage erleben. Ich lebe in ständiger Erwartung; ich bin jetzt noch immer etwas krank, und es scheint mir, daß mit mir bald, sehr bald etwas Entscheidendes geschehen muß, daß ich mich dem kritischen Punkt meines ganzen Lebens nähere, daß ich gleichsam für irgend etwas reif geworden bin und daß mir vielleicht etwas Stilles und Heiteres, vielleicht auch Drohendes, jedenfalls aber etwas Unabwendbares bevorsteht. Sonst wäre mein ganzes Leben verfehlt. Vielleicht ist das Ganze nur ein krankhaftes Delirium! Leben Sie wohl, N. D., oder lieber auf Wiedersehen; wollen wir hoffen, daß wir uns noch wiedersehen!

Ihr D.

PS: Verzeihen Sie, um Gottes willen, diesen unordentlichen und schmierigen Brief! Ich kann aber bei Gott nicht ohne Durchstreichungen schreiben. Bitte seien Sie mir nicht böse.

An M. M. Dostojewskij

Omsk, 22. Februar 1854

Endlich kann ich mit Dir etwas ausführlicher und, wie mir scheint, auf einem zuverlässigeren Wege sprechen. Bevor ich Dir aber auch nur eine Zeile schreibe, muß ich Dich fragen: Sag mir um unsres Herrgotts willen, warum hast Du mir bisher keine einzige Silbe geschrieben? Durfte ich denn das von Dir erwarten? Glaube mir, in meiner einsamen und isolierten Lage verfiel ich einigemal in vollständige Verzweiflung, denn ich glaubte, Du seist nicht mehr am Leben; ganze Nächte lang machte ich mir Gedanken, was wohl mit Deinen Kindern werden wird, und ich verfluchte mein Schicksal, weil ich ihnen nicht helfen konnte. Sooft ich aber hörte, daß Du bestimmt am Leben bist, wurde ich wütend (dies kam aber nur in krankhaften Stunden vor, deren ich recht viele erlebt habe), und ich begann Dir bittere Vorwürfe zu machen. Doch auch solche Zustände vergingen; ich entschuldigte Dich, ich bemühte mich, Rechtfertigung für Dich zu finden, beruhigte mich, so oft ich eine fand, und gab kein einziges Mal meinen Glauben an Dich auf: ich weiß, daß Du mich liebst und mich in gutem Andenken bewahrst. Ich habe Dir einen Brief durch unseren Stab geschrieben. Du hättest ihn unbedingt bekommen müssen; ich habe von Dir Antwort erwartet und keine bekommen. Hat man Dir denn verboten, mir zu schreiben? Ich weiß aber, daß es erlaubt ist, denn ein jeder von den hiesigen politischen Sträflingen bekommt mehrere Briefe im Jahr. Auch Durow hat einige Briefe bekommen; wir fragten oft bei der Behörde an, wie es mit der Korrespondenz stehe, und man bestätigte uns, daß man wohl das Recht habe, Briefe zu schreiben. Mir scheint, ich habe den wahren Grund Deines Schweigens erraten. Du bist in Deiner Trägheit überhaupt nicht zur Polizei gegangen; und wenn Du auch einmal hingegangen bist, so hast Du Dich wohl bei der ersten abschlägigen Antwort beruhigt, die Dir irgendein Beamter, der den Sachverhalt nicht genau kennt, gegeben haben mag. Du hast mir dadurch viel egoistischen Kummer gemacht. Ich dachte mir: wenn er sich wegen eines Briefes nicht bemühen will, wird er sich doch sicher auch in irgendeiner wichtigeren Sache nicht bemühen wollen! Schreibe und antworte mir so schnell wie möglich, schreibe mir, ohne eine Gelegenheit abzuwarten, offiziell[1], schreibe möglichst genau und ausführlich. Ich bin jetzt wie ein von einem Brotlaib abgeschnittenes Stück; ich möchte wieder anwachsen, kann es aber nicht. *Les absents ont toujours tort.* Sollte denn dieser Satz auch bei uns beiden stimmen? Sei aber unbesorgt, ich glaube an Dich.

Es ist schon eine Woche vergangen, seit ich das Zuchthaus verlassen habe. Diesen Brief schicke ich Dir streng geheim, sage niemandem nur eine Silbe davon. Ich werde Dir übrigens auch noch einen offiziellen Brief durch den Stab des Sibirischen Armeekorps schikken. Auf den offiziellen Brief antworte mir sofort, auf diesen aber – bei der ersten passenden Gelegenheit. Du *mußt* übrigens auch im offiziellen Brief sehr ausführlich schreiben, was Du in diesen 4 Jahren erlebt hast. Was mich betrifft, so hätte ich Dir gern ganze Bände geschrieben. Da aber meine Zeit auch zu diesem Brief kaum ausreicht, werde ich Dir nur das Wichtigste mitteilen.

Was ist das Wichtigste? Was war für mich in der letzten Zeit am wichtigsten? Wenn ich es mir überlege, komme ich zu der Einsicht, daß dieser Brief auch für das Wichtigste viel zuwenig Raum bietet. Soll ich Dir denn von dem berichten, was in meinem Kopf vorgeht, was ich durchdacht, was ich durchgemacht, was für Überzeugungen ich gewonnen habe und zu welchen Schlüssen ich gekommen bin? Ich kann diese Aufgabe gar nicht übernehmen. Eine solche Arbeit ist absolut unausführbar. Ich liebe es nicht, eine Arbeit nur halb zu tun; nur einiges sagen – hieße nichts sagen. Du hast jetzt übrigens meinen ausführlichen Bericht in Händen: lies ihn und entnimm ihm, was Du willst. Es ist meine Pflicht, Dir alles mitzuteilen, und darum beginne ich mit meinen Erinnerungen.

Weißt Du noch, wie wir uns getrennt haben, mein Lieber, mein Teurer, Geliebter? Kaum warst Du von mir fortgegangen, als man uns drei: Durow, Jastrschembskij und mich fortführte, um uns einzuschmieden. Genau um Mitternacht, das heißt am Weihnachtsabend (1849) wurden mir zum erstenmal Fesseln angelegt. Sie wogen etwa 10 Pfund und erschwerten außerordentlich das Gehen. Dann setzte man uns in offene Schlitten, einen jeden für sich mit einem Gendarmen, und so verließen wir auf 4 Schlitten, der Feldjäger eröffnete den Zug, Petersburg. Mir war es schwer ums Herz, und die vielen verschiedenartigen Eindrücke erfüllten mich mit wirren und unbestimmten Gefühlen. Das Herz lebte noch von einer eigentümlichen Unruhe, und sein Schmerz war daher gedämpft. Doch die frische Luft wirkte auf mich belebend, und da man gewöhnlich vor jedem neuen Lebensabschnitt eine besondere Lebendigkeit und Frische empfindet, so war ich im Grunde genommen durchaus ruhig. Ich betrachtete aufmerksam alle festlich erleuchteten Häuser von Petersburg und nahm von jedem einzelnen Abschied. Man fuhr uns an Deiner Wohnung vorbei, und bei Krajewskij waren die Fenster festlich erleuchtet. Du hattest mir gesagt, daß es bei ihm eine Weihnachtsfeier und einen Christbaum geben würde und daß Deine Kinder mit Emilia Fjodorowna hingehen wollten; vor diesem Hause wurde mir entsetzlich traurig zumute. Ich nahm gleichsam Abschied von den Kinderchen. Sie taten mir so sehr leid, und selbst nach Jahren dachte ich an sie oft mit Tränen in den Augen. Man fuhr uns über Jaroslawl; nach 3 oder 4 Stationen machten wir beim ersten Morgengrauen in Schlüsselburg halt und kehrten in einem Wirtshaus ein. Wir tranken den Tee mit solcher Gier, als ob wir seit acht Tagen nichts genossen hätten. Nach den 8 Monaten Gefängnis machten uns die 60 Werst Schlittenfahrt einen Appetit, an den ich noch heute mit Freude denke. Ich hatte gute Laune, Durow plauderte ununterbrochen, und Jastrschembskij äußerte ungewöhnliche Befürchtungen über die Zukunft. Wir alle bemühten uns, unsern Feldjäger näher kennenzulernen. Er war ein guter Alter, uns sehr freundlich gesinnt, ein Mann, der schon manches in seinem Leben gesehen hatte; er hatte schon ganz Europa mit Depeschen bereist. Unterwegs hat er uns viele Gefälligkeiten erwiesen. Er hieß *Kusma Prokofjewitsch Prokofjew*. Er ließ uns u. a. in einen geschlossenen Schlitten umsteigen, was uns sehr willkommen war, denn der Frost war fürchterlich. Der zweite Tag war ein Feiertag; die Kutscher, die auf den verschiedenen Stationen abwechselten, trugen Mäntel aus grauem deutschem Tuch mit hellroten Gürteln; in den Dorfstraßen war kein Mensch zu sehen. Es war ein herrlicher Wintertag. Man führte uns durch die entlegeneren Teile des Petersburger, Nowgoroder und Jaroslawler Gouvernements. Es waren lauter unbedeutende Städtchen, in großem Abstande voneinander. Wir fuhren aber an einem Feiertag, und daher gab es überall genug zu essen und zu trinken. Wir froren entsetzlich. Wir waren zwar warm gekleidet, doch saßen wir 10 Stunden ununterbrochen im Schlitten und hielten nur an 5 bis 6 Stationen; es war fast unerträglich. Ich fror bis ans Herz und konnte mich in den warmen Zimmern der Stationen kaum wieder erwärmen. Merkwürdigerweise hatte ich mich auf dieser Fahrt vollständig erholt. In der Gegend von Perm hatten wir einmal nachts einen Frost von vierzig Grad. Das möchte ich Dir nicht empfehlen. Es war recht unangenehm. Traurig war der Augenblick, als wir über den Ural fuhren. Die Pferde und die Schlitten versanken im Schnee. Ein Schneesturm wütete. Wir stiegen aus dem Schlitten – es war Nacht – und warteten stehend, bis man die Schlitten wieder herauszog. Um uns herum wütete der Schneesturm. Wir standen an der Grenze von Europa und Asien, vor uns lag Sibirien und die geheimnisvolle Zukunft; hinter uns – unsere ganze Vergangenheit; es war sehr traurig, Tränen traten mir in die Augen. Unterwegs strömten die Bauern aus allen Dörfern zusammen, um uns zu sehen; obgleich wir gefesselt waren, verdreifachte man für uns auf allen Stationen die Preise. Kusma Prokofjewitsch nahm die Hälfte unserer Auslagen auf seine Rechnung, sosehr wir uns auch dagegen sträubten; auf diese Weise hatte ein jeder von uns während der ganzen Reise nur 15 Rubel Auslagen. Am 11. Januar [1850] kamen wir nach Tobolsk. Nachdem man uns der Obrigkeit vorgestellt und uns durchsucht hatte, wobei man uns unser ganzes Geld abnahm, führte man mich, Durow und Jastrschembskij in eine eigene Zelle; die übrigen, Speschnjow usw., die vor uns angelangt waren, saßen in einer anderen Abteilung, und wir bekamen einander während der ganzen Zeit fast nicht zu sehen. Ich hätte Dir gerne ausführlicher über unsern sechstägigen Aufenthalt in Tobolsk und über die Eindrücke, die dieser Aufenthalt auf mich gemacht, berichtet. Hier reicht mir aber der Raum dazu nicht aus. Ich will Dir nur sagen, daß die große Teilnahme und die Sympathie, die uns dort entgegengebracht wurden, uns wie ein großes Glück für alles Frühere entschädigt haben. Die Sträflinge aus der früheren Zeit[2] (vielmehr ihre Frauen) sorgten für uns wie für Verwandte. Diese herrlichen, in fünfundzwanzigjährigen Leiden und Selbstaufopferung erprobten Seelen! Wir bekamen sie nur flüchtig zu sehen, denn man hielt uns streng; sie schickten uns aber Kleider und Nahrungsmittel, trösteten und ermutigten uns. Ich hatte viel zuwenig Kleider mitgenommen und mußte es bereuen. Sie schickten mir sogar Kleider. Schließlich verließen wir Tobolsk und kamen nach drei Tagen nach Omsk. Schon in Tobolsk zog ich Erkundigungen über meine zukünftigen Vorgesetzten ein. Man sagte mir, daß der Kommandant ein sehr anständiger Mensch sei, dafür aber der Platzmajor Griwzow[3] eine ganz außergewöhnliche Kanaille, ein kleinlicher Barbar, Trunkenbold, Schikaneur, kurz, das größte Scheusal, das man sich vorstellen kann. Gleich am Anfang nannte er uns beide, mich und Durow, Dummköpfe und versprach, uns beim ersten Vergehen körperlich züchtigen zu lassen. Er war bereits seit zwei Jahren Platzmajor und ließ sich die schrecklichsten Gesetzesübertretungen zuschulden kommen; nach 2 Jahren kam er dafür vors Gericht. Gott hatte mich vor ihm bewahrt. Er kam zu uns immer sinnlos betrunken (nüchtern habe ich ihn überhaupt nie gesehen), suchte sich irgendeinen nüchternen Sträfling aus und prügelte ihn, unter dem Vorwande, daß dieser betrunken sei. Manchmal kam er nachts zu uns und bestrafte irgend jemand, weil der Betreffende auf der linken und nicht auf der rechten Seite schlief, weil er im Schlafe sprach oder schrie, kurz, für alles, was ihm in seiner Betrunkenheit gerade einfiel. Mit einem solchen Menschen mußte ich also auskommen können, und dieser Mensch schrieb über uns monatliche Berichte nach Petersburg. Die Zuchthäusler hatte ich noch in Tobolsk kennengelernt; in Omsk machte ich mich bereit, mit ihnen vier Jahre zusammenleben zu müssen. Es sind rohe, gereizte und erbitterte Menschen. Der Haß gegen den Adel ist grenzenlos; sie empfingen uns, die wir alle vom Adel sind, feindselig und mit Schadenfreude. Sie hätten uns am liebsten aufgefressen, wenn sie nur gekonnt hätten. Urteile übrigens selbst, in welcher Gefahr wir schwebten, da wir mit diesen Leuten einige Jahre lang zusammen leben, essen und schlafen mußten und dabei nicht einmal die Möglichkeit hatten, uns wegen der uns ständig zugefügten Beleidigungen zu beschweren.

»Ihr Adeligen habt eiserne Schnäbel, ihr habt uns zerhackt. Früher, als ihr Herren ward, habt ihr das Volk gepeinigt, und jetzt, wo es euch schlecht geht, wollt ihr unsere Brüder sein.«

Dieses Thema wurde vier Jahre lang behandelt. 150 Feinde wurden nicht müde, uns zu verfolgen; dies war ihr Vergnügen, ihre Zerstreuung, ihr Zeitvertreib; den einzigen Schutz gewährte uns unsere Gleichgültigkeit und moralische Überlegenheit, die sie anerkennen und ehren mußten; auch imponierte ihnen, daß wir uns ihrem Willen nicht fügen wollten. Sie waren sich stets bewußt, daß wir über ihnen standen. Von unseren Vergehen hatten sie nicht den geringsten Begriff. Wir schwiegen auch selbst darüber, und darum konnten wir einander nicht verstehen; wir mußten die ganze Rachsucht und den ganzen Haß, den sie gegen den Adel empfinden, über uns ergehen lassen. Wir hatten es da sehr schlecht. Das Militärzuchthaus ist viel ärger als das gewöhnliche. Die ganzen vier Jahre verbrachte ich hinter den Kerkermauern und verließ das Gefängnis nur dann, wenn ich zur Zwangsarbeit hinausgeführt wurde. Die Arbeit war schwer, doch nicht immer; zuweilen verließen mich bei schlechtem Wetter, bei Regen oder im Winter bei unerträglichem Frost, meine Kräfte. Einmal mußte ich vier Stunden bei einer Extraarbeit verbringen, und zwar bei solchem Frost, daß das Quecksilber einfror; es waren vielleicht 40 Grad unter Null. Ich hatte mir einen Fuß erfroren. Wir wohnten alle zusammen in einer Kaserne. Stelle Dir einen alten, baufälligen hölzernen Bau vor, der schon längst abgebrochen werden soll und zu nichts taugt. Im Sommer ist es darin unerträglich heiß und im Winter unerträglich kalt. Alle Dielen sind verfault. Auf dem Fußboden liegt der Schmutz einige Zoll hoch, man kann jeden Augenblick ausgleiten und hinfallen. Die kleinen Fenster sind so eingefroren, daß man auch am Tage kaum lesen kann. Die Eisschicht auf den Fensterscheiben ist an die drei Zoll dick. Von den Decken tropft es, von allen Seiten zieht es. Wir sind zusammengepfercht wie die Heringe in einem Faß. Man heizt den Ofen mit sechs Holzscheiten; im Zimmer ist es dabei so kalt, daß das Eis nicht einmal auftaut; der Dunst ist unerträglich; so geht es den ganzen Winter lang. In der gleichen Stube waschen die Sträflinge ihre Wäsche und machen dabei alles so naß, daß man sich gar nicht rühren kann. Von der Abenddämmerung bis zum Morgen ist es uns verboten, die Kaserne zu verlassen, die Kasernen werden versperrt; im Vorraum wird ein großer Holztrog zur Verrichtung der Notdurft aufgestellt, und man kann daher kaum atmen. Alle Zuchthäusler stinken wie die Schweine; sie sagen, daß sie nicht anders leben können, denn sie seien doch nur Menschen. Wir schliefen auf bloßen Brettern; einem jeden war nur ein Kopfkissen erlaubt. Wir bedeckten uns mit kurzen Halbpelzen, und die Füße blieben die ganze Nacht bloß. So froren wir ganze Nächte hindurch. Flöhe, Läuse und anderes Ungeziefer gab es Scheffel voll. Im Winter bekamen wir dünne Halbpelze, die gar nicht wärmten, und Stiefel mit niederen Schäften; so mußten wir in den Frost hinausgehen. Zu essen bekamen wir Brot und eine Kohlsuppe; die Suppe mußte laut Vorschrift $1/4$ Pfund Fleisch pro Kopf enthalten; man tat aber Hackfleisch hinein, und so bekam ich nie ein Stück Fleisch zu sehen. An Feiertagen bekamen wir einen Brei, doch fast ganz ohne Butter. An Fasttagen – Kohl und sonst nichts. Ich habe mir gründlich den Magen verdorben und hatte oft an schweren Verdauungsstörungen zu leiden. Daraus kannst Du selbst ersehen, daß man hier ohne Geld gar nicht leben kann; hätte ich kein Geld, so wäre ich ganz bestimmt zugrunde gegangen; kein einziger Sträfling könnte dieses Leben ertragen. Ein jeder tut aber irgendeine Arbeit, die er verkauft; und so verdient jeder Sträfling einige Pfennige. Manchmal trank ich Tee und kaufte mir ein eigenes Stück Fleisch; dies war meine Rettung. Sich des Rauchens zu enthalten, war ganz unmöglich, denn man hätte bei dem Gestank ersticken können. Dies alles wurde hinter dem Rücken der Aufseher getan. Ich lag oft krank im Spital. Meine Nerven waren so zerrüttet, daß ich einigemal epileptische Anfälle bekam; es kam übrigens ziemlich selten vor. Ich habe auch noch Rheumatismus in den Beinen. Abgesehen davon, fühle ich mich recht wohl. Denke Dir noch zu all diesen

Annehmlichkeiten hinzu, daß es beinahe unmöglich war, sich ein Buch zu verschaffen, und wenn ich mir schon eines verschaffte, so mußte ich es heimlich lesen; ewige Feindseligkeit, Geschrei und Zank um mich herum; ständige Bewachung, die Unmöglichkeit, auch nur einen Augenblick für sich allein zu sein; und so ging es ohne Abwechslung vier Jahre lang; Du wirst mir also glauben, wenn ich Dir sage, daß es mir nicht gut ging. Denke Dir außerdem die ewige Angst, mir irgendeine Bestrafung zuzuziehen, die Fesseln und die vollständige Unterdrückung des Geistes – dies ist das Bild meines Lebens. Ich will Dir gar nicht sagen, welche Wandlungen meine Seele, mein Glaube, mein Geist und mein Herz in diesen vier Jahren durchgemacht haben. Ich müßte lange erzählen. Doch die ewige Konzentration, die Flucht in mich selbst vor der bitteren Wirklichkeit, brachten ihre Früchte. Ich habe jetzt viele neue Bedürfnisse und Hoffnungen, an die ich früher nie gedacht habe. Dies sind aber für Dich lauter Rätsel, und darum gehe ich daran vorüber. Ich will nur noch das eine sagen: vergiß mich nicht und hilf mir. Ich brauche Bücher und Geld. Schicke es mir, um Christi willen.

Omsk ist ein ekelhaftes Nest. Es gibt hier fast keine Bäume. Im Sommer – Hitze und Winde, die Sandwolken mitbringen, im Winter – Schneestürme. Von der Natur habe ich fast nichts gesehen. Das Nest ist schmutzig, fast ausschließlich von Militär bewohnt und im höchsten Grade liederlich. Ich meine das einfache Volk. Hätte ich hier nicht einige Menschen gefunden, so wäre ich wohl gänzlich zugrunde gegangen. Konstantin Iwanowitsch Iwanow behandelt mich wie einen Bruder. Er hat für mich alles getan, was er nur konnte. Ich schulde ihm Geld. Wenn er einmal nach Petersburg kommt, bedanke Dich bei ihm. Ich schulde ihm 25 Silberrubel. Womit kann ich aber seine Freundlichkeit bezahlen, seine ständige Bereitwilligkeit, jede meiner Bitten zu erfüllen, seine Aufmerksamkeit und seine Sorge um mich, wie um einen Bruder? Und er war nicht der einzige, dem ich dies alles zu verdanken habe. Bruder, es gibt sehr viele edle Menschen in der Welt.

Ich habe schon geschrieben, daß mich Dein Schweigen oft quälte. Ich danke Dir für die Geldsendung. In Deinem nächsten Brief (wenn auch in einem offiziellen, denn ich weiß noch nicht, ob es mir jetzt möglich ist, mit Dir zu korrespondieren) – in Deinem nächsten Brief schreibe mir so ausführlich wie möglich von all Deinen Angelegenheiten, von Emilia Fjodorowna, den Kindern, allen Verwandten und Bekannten, auch von denen in Moskau, wer lebt und wer gestorben ist, und von Deinen Geschäften; schreibe mir auch, mit welchem Kapital Du das Geschäft[4] begonnen hast, ob es einträglich ist, ob Du etwas besitzest, und schließlich, ob Du mich mit Geld unterstützen und wieviel Du mir jährlich schicken kannst. Mit dem offiziellen Brief schicke mir aber kein Geld; höchstens, wenn ich keine Deckadresse finden sollte. Vorläufig gib auf allen Sendungen *Michail Petrowitsch*[5] als Absender an (Du verstehst doch?). Vorderhand habe ich aber noch Geld; dafür habe ich keine Bücher. Wenn es Dir möglich ist, so schicke mir die Zeitschriften für dieses Jahr, wenigstens die ›Vaterländischen Annalen‹. Was ich aber unbedingt brauche, ist folgendes: Ich brauche (sehr notwendig) ältere Historiker (in französischer Übersetzung), neuere Historiker: Vico, Guizot, Thierry, Thiers, Ranke usw., volkswirtschaftliche Werke und die Kirchenväter. Wähle die billigsten und kompaktesten Ausgaben aus. Schicke sie mir umgehend. Man hat mich nach Semipalatinsk, das beinahe in der kirgisischen Steppe liegt, kommandiert; die Adresse werde ich Dir noch mitteilen. Hier ist sie übrigens für jeden Fall: ›Semipalatinsk, Sibirisches Linienregiment, Bataillon Nr. 7, dem Gemeinen F. D.‹ Dies ist die offizielle Adresse. An diese Adresse schreibe mir Deine Briefe. Doch für die Bücher werde ich Dir eine andere mitteilen. Vorläufig schreibe mir aber als Michail Petrowitsch. Merke Dir, daß ich vor allen Dingen ein Deutsches Wörterbuch brauche.

Ich weiß nicht, was mich in Semipalatinsk erwartet. Der Dienst läßt mich ziemlich kalt. Was mir aber nicht gleichgültig ist: Bemühe Dich für mich, verwende Dich für mich bei irgend jemand. Ob man mich nicht in einem Jahr oder in zwei Jahren nach dem Kaukasus versetzen kann? – dann wäre ich wenigstens im europäischen Rußland! Dies ist mein sehnlichster Wunsch, bitte darum um Christi willen! Bruder, vergiß mich nicht! Ich schreibe Dir und schalte und walte über alles, selbst über Dein Vermögen. Mein Glaube an Dich ist aber noch nicht erloschen. Du bist mein Bruder, und Du hast mich geliebt. Ich brauche Geld. *Ich muß von irgend etwas leben, Bruder. Diese Jahre sollen nicht unnütz vergehen.* Ich brauche Geld und Bücher. Was Du für mich ausgibst, ist kein verlorenes Geld. Wenn Du mir Geld gibst, wirst Du damit Deine Kinder nicht berauben. Wenn ich nur am Leben bleibe, werde ich Dir alles mit Zinsen und Zinseszinsen zurückgeben. In sechs Jahren, vielleicht auch früher, werde ich ja sicher die Erlaubnis bekommen, meine Werke zu drucken. Es kann ja vieles anders werden, ich schreibe jetzt aber keinen Unsinn. Du wirst von mir noch hören. Wir werden uns bald wiedersehen, Bruder. Ich glaube daran wie an das Einmaleins. In meiner Seele ist alles klar. Ich sehe meine ganze Zukunft und alles, was ich vollbringen werde, deutlich vor mir. Ich bin mit meinem Leben zufrieden. Ich fürchte nur Menschen und Willkür. Wie leicht kann ich an einen Vorgesetzten geraten, der mich aus irgendeinem Grunde nicht leiden mag (es gibt solche!), der mich auf Schritt und Tritt verfolgen und durch den strengen Dienst zugrunde richten wird; ich bin aber sehr schwach und selbstverständlich nicht imstande, die ganze Last des Soldatenlebens zu tragen. Man sagt mir zum Trost: »Dort sind lauter einfache Menschen.« Ich fürchte aber die einfachen Menschen mehr als die komplizierten. Menschen sind, übrigens, überall Menschen. Selbst unter den Raubmördern im Zuchthaus habe ich in diesen vier Jahren Menschen kennengelernt. Glaube mir, es gibt unter ihnen tiefe, starke und schöne Naturen, und es machte mir oft große Freude, unter einer rohen Hülle Gold zu finden. Und das war nicht nur ein einziger, auch nicht zwei, sondern es waren mehrere. Die einen flößten Respekt ein, die anderen waren absolut schön. Ich habe einen jungen Tscherkessen [6] (der wegen Raubmordes nach Sibirien verschickt worden war) in der russischen Sprache und im Lesen unterrichtet. Wie dankbar war er mir! Ein anderer Zuchthäusler [7] weinte, als ich von ihm Abschied nahm. Ich hatte ihm allerdings manchmal Geld gegeben, es war aber so wenig. Sein Dank dafür war jedoch grenzenlos. Mein Charakter ist inzwischen schlechter geworden; ich war im Umgang mit den Leuten launisch und ungeduldig. Sie nahmen Rücksicht auf meinen geistigen Zustand und ertrugen alles, ohne zu murren. Apropos: wieviel volkstümliche Gestalten und Charaktere habe ich im Zuchthaus kennengelernt! Ich habe mich mit ihnen eingelebt und glaube sie daher gut zu kennen. So viele Lebensläufe von Landstreichern und Räubern habe ich kennengelernt und überhaupt das ganze traurige Leben des gemeinen Volkes! Das würde ganze Bände geben. Welch wunderbares Volk! Meine Zeit habe ich überhaupt nicht unnütz verbracht. Wenn ich auch nicht Rußland kennenlernte, so habe ich doch das russische Volk kennengelernt, und zwar so gut, wie es nur wenige kennen. Darauf bilde ich mir etwas ein. Ich hoffe, daß diese Eitelkeit verzeihlich ist. Bruder! Schreibe mir unbedingt über alle wichtigsten Vorfälle in

Deinem Leben. Schicke die Briefe nach *Semipalatinsk*, und nicht-offiziell, wie Du schon weißt. Schreibe mir von allen unseren Bekannten in Petersburg, von der Literatur (möglichst viel Einzelheiten) und schließlich von den Unsrigen in Moskau. Wie geht es unserem Bruder Kolja? Was macht (und das ist noch viel wichtiger) Schwester Sascha? Ist der Onkel noch am Leben? Was treibt Bruder Andrej? Ich schreibe der Tante durch Schwester Wera. Um Gottes willen, halte diesen Brief streng geheim und verbrenne ihn gar: Du könntest durch ihn verschiedene Leute kompromittieren. Vergiß nicht, lieber Freund, mir Bücher zu schicken. Vor allen Dingen Geschichte und Volkswirtschaft, ›Vaterländische Annalen‹, Kirchenväter und Kirchengeschichte. Schicke mir die Bücher nicht alle auf einmal, doch sobald als möglich. Ich verfüge über Dein Geld, als ob es mir gehörte; doch nur, weil mir Deine gegenwärtige Lage unbekannt ist. Schreibe mir ausführlich über Deine Verhältnisse, damit ich irgendeine Vorstellung davon habe. Merk Dir aber, Bruder: die Bücher sind mein Leben, meine Nahrung, meine Zukunft! Verlaß mich nicht, um Gottes willen. Bitte! Versuche doch die Erlaubnis zu bekommen, mir die Bücher auch ganz offiziell zu schicken. Sei übrigens vorsichtig. Wenn es auf dem offiziellen Wege geht, so schicke sie mir offiziell. Wenn es aber nicht geht, so schicke sie durch den Bruder Konstantin Iwanowitschs, an seine Adresse. Man wird sie mir übergeben. Konstantin Iwanowitsch kommt übrigens selbst in diesem Jahr nach Petersburg; er wird Dir alles erzählen. Was er für eine Familie hat! Und was für eine Frau! Sie ist eine junge Dame, Tochter des Dekabristen Annenkow. Was für ein Herz, was für ein Gemüt, was haben sie alles durchmachen müssen!

Ich werde mich bemühen, mir in Semipalatinsk, wohin ich mich in acht Tagen begebe, eine neue Deckadresse zu verschaffen. Ich bin noch nicht ganz gesund, muß daher hier noch etwas bleiben. Schicke mir den Koran und die ›Critique de raison pure‹ von Kant, und wenn Du die Möglichkeit haben wirst, mir etwas inoffiziell zu schicken, dann noch unbedingt Hegel; besonders aber Hegels ›Geschichte der Philosophie‹. Davon hängt meine ganze Zukunft ab. Um Gottes willen verwende Dich für mich, daß man mich nach dem Kaukasus versetzt; suche von kundigen Menschen zu erfahren, ob man mir gestatten wird, meine Werke zu drucken, und auf welchem Wege ich um diese Genehmigung nachsuchen kann. Ich will in zwei oder drei Jahren um Erlaubnis nachsuchen.

Ich bitte Dich, mich so lange auszuhalten. Ohne Geld werde ich vom Soldatenleben erdrückt werden. Also bitte!

Vielleicht werden mich im Anfang auch die anderen Verwandten irgendwie unterstützen, vielleicht zum erstenmal? In diesem Falle möchten sie das Geld Dir einhändigen, und Du sollst es mir schicken. In meinen Briefen an die Tante und an Wera bitte ich sie übrigens nie um Geld. Sie können es selbst erraten, wenn es ihnen ihr Herz befiehlt.

Filippow schenkte mir vor seiner Abreise nach Sewastopol fünfundzwanzig Rubel. Er ließ sie beim Kommandanten Nabokow zurück, und ich wußte nichts davon. Er glaubte, ich hätte kein Geld. Eine gute Seele! Alle Unsrigen leben in der Verbannung nicht schlecht. Toll hat die Strafe abgebüßt und lebt jetzt recht ordentlich in Tomsk. Jastrschembskij ist in Tara, seine Zeit geht zu Ende. Speschnjow ist im Irkutsker Gouvernement; er hat dort allgemeine Liebe und Achtung gewonnen. Ein merkwürdiges Schicksal hat dieser Mensch! Wo und unter welchen Umständen er auch erscheint, überall bringen ihm selbst die unzugänglichsten Menschen Ehrfurcht und Achtung entgegen. Petraschewskij ist nach wie vor nicht bei Sinnen; Mombelli und Lwow sind gesund; der arme Grigorjew hat gänzlich den Verstand verloren und befindet sich im Spital.

Und wie geht es bei Euch? Siehst Du noch manchmal Frau Pleschtschejew? Was macht ihr Sohn? Von Sträflingen, die auf der Durchreise hier waren, habe ich gehört, daß er am Leben ist und sich in der Festung von *Orsk* befindet; Golowinskij soll längst im Kaukasus sein. Was macht Deine Literatur und Dein Interesse für die Literatur? Schreibst Du etwas? Was macht Krajewskij, und wie sind Deine Beziehungen zu ihm? Ostrowskij gefällt mir nicht, von Pisemskij habe ich nichts gelesen, vor Druschinin habe ich Ekel. Jewgenij Tur hat mich entzückt. Auch Krestowskij gefällt mir.

Ich hätte Dir gern noch viel mehr geschrieben, es ist aber inzwischen so viel Zeit vergangen, daß mir auch dieser Brief Schwierigkeiten macht. Es kann ja nicht sein, daß sich unser Verhältnis irgendwie verändert haben soll. Küsse Deine Kinder. Können sie sich noch an Onkel Fedja erinnern? Grüße alle Bekannten; halte aber diesen Brief streng geheim. Leb wohl, leb wohl, mein Teurer! Du wirst noch von mir hören und mich vielleicht auch sehen. Ja, wir werden uns ganz bestimmt wiedersehen! Lebe wohl. Lies aufmerksam alles, was ich Dir schreibe. Schreibe mir möglichst oft (wenn auch offiziell). Ich umarme Dich und alle Deinigen unzähligemal.

Dein Dostojewskij

PS: Hast Du meine Kindergeschichte [8], die ich in der Festung geschrieben habe, erhalten? Wenn sie in Deinen Händen ist, so fange damit nichts an, und zeige sie niemand. Wer ist Tschernow [9], der im Jahre 1850 einen ›Doppelgänger‹ geschrieben hat?
Auf Wiedersehen!

Dein Dostojewskij

22. Februar

Morgen werde ich wahrscheinlich nach Semipalatinsk kommen. Konstantin Iwanowitsch bleibt bis zum Mai hier. Ich denke, Du kannst mir, wenn Du willst, noch etwas schicken, zum Beispiel Bücher, auf den Namen Michail Petrowitsch.
Für Semipalatinsk gebe ich Dir vielleicht noch eine zweite, inoffizielle Adresse. Offiziell schreibe mir aber ganz bestimmt, und zwar so schnell wie nur möglich, und dann öfter. Und setze Dich um Gottes willen für mich ein. Vielleicht darf ich doch nach dem Kaukasus oder sonst wohin außerhalb Sibiriens. Jetzt will ich Romane und Dramen schreiben, ich muß aber noch viel, sehr viel lesen. Also vergiß mich nicht, und sei nochmals gegrüßt! Küsse auch noch einmal Deine Kinder. Auf Wiedersehen.

An M. D. Isajewa

Semipalatinsk, 4. Juni 1855

Tausend Dank für Ihren lieben Brief von der Reise, meine liebe und unvergeßliche Freundin Maria Dmitrijewna. Ich hoffe, daß Sie und Alexander Iwanowitsch [1] mir erlauben werden, Sie beide Freunde zu nennen. Wir sind ja hier Freunde gewesen, und ich hoffe, daß wir es bleiben werden. Wird denn die Trennung uns verändern? Ich glaube nein; denn die Trennung von Ihnen, meine lieben Freunde, fällt mir so schwer, daß ich schon daraus schließen kann, wie sehr ich an Ihnen hänge. Denken Sie sich nur: es ist schon der zweite Brief, den ich Ihnen schreibe. Ich hatte eine Antwort auf Ihren lieben herzlichen Brief noch für die vorige Post vorbereitet, teure Maria Dmitrijewna, ich schickte ihn aber nicht ab. Alexander Jegorowitsch[2], der den Brief auf die Post bringen sollte, ist ganz plötzlich am vergangenen Samstag nach Smiew abgereist, und ich erfuhr von seiner Abreise erst am Sonntag. Sein Diener ist gleichfalls für zwei Tage verschwunden, und der Brief blieb in meiner Tasche stecken. Dieses Pech! Ich schreibe Ihnen jetzt wieder, weiß aber nicht, ob nun dieser Brief abgehen wird. Alexander Jegorowitsch ist noch nicht zurück. Man hat aber einen Extraboten nach ihm geschickt. Man erwartet hier bei uns stündlich den Generalgouverneur; er ist in diesem Augenblick vielleicht schon eingetroffen. Es heißt, daß er hier etwa fünf Tage verbringen wird. Doch genug davon. Wie sind Sie in Kusnezk angekommen? Ist Ihnen, Gott behüte, auf der Reise nichts zugestoßen? Sie schrieben mir, daß Sie verstimmt und sogar krank sind. Ich bin auch jetzt noch in großer Angst um Sie. Schon die Übersiedlung allein hat Ihnen so viel Mühe und unvermeidliche Unannehmlichkeiten bereitet, und nun kommt noch diese Krankheit hinzu! Wie kann man das alles ertragen! Ich denke jetzt nur an Sie. Sie wissen ja auch, wie ängstlich ich bin; Sie können sich also meine Unruhe vorstellen! Mein Gott! Wie unverdient hat Sie, die Sie eine Zierde jeder Gesellschaft sein könnten, dieses Schicksal mit all den kleinlichen Sorgen und Widerwärtigkeiten betroffen! Das verfluchte Schicksal! Ich erwarte Ihren Brief mit Ungeduld. Wenn er doch mit dieser Post kommen wollte! Ich ging einigemal hin, um es zu erfahren; Alexander Jegorowitsch ist aber noch immer nicht zurück. Sie fragen mich, wie ich die Zeit verbringe und wie ich ohne Sie meine Stunden eingeteilt habe. Seit vierzehn Tagen weiß ich gar nicht, was ich mit mir anstellen soll; so traurig bin ich. Wenn Sie nur wüßten, wie verwaist ich mich jetzt fühle. Diese Zeit gleicht wirklich derjenigen, als man mich im Jahre neunundvierzig verhaftet, ins Gefängnis gesperrt und von allem, was mir lieb und wert war, losgerissen hat. So sehr habe ich mich an Sie gewöhnt. Unser Verhältnis habe ich nie als eine gewöhnliche Bekanntschaft betrachtet, und jetzt, da ich Sie nicht mehr in meiner Nähe habe, beginne ich vieles zu begreifen. Ich habe fünf Jahre ganz ohne Verkehr mit Menschen gelebt, ganz allein, ohne jemand zu haben, dem ich mein Herz hätte ausschütten können. Sie haben mich aber wie einen Bruder aufgenommen. Ich besinne mich, daß ich mich bei Ihnen immer wie zu Hause gefühlt habe. Alexander Iwanowitsch hätte auch einen leiblichen Bruder nicht besser behandeln können als mich. Mit meinem schweren Charakter habe ich Ihnen wohl viele Unannehmlichkeiten bereitet, und doch haben Sie mich beide geliebt. Ich begreife und fühle es, denn ich bin ja nicht ganz herzlos. Sie sind eine bewunderungswürdige Frau, Sie haben ein Herz von ungewöhnlicher kindlicher Güte, und Sie waren mir wie eine Schwester. Schon der Umstand allein, daß eine Frau mich so freundschaftlich behandelt hat, war ein großes Ereignis in meinem Leben. Denn selbst der beste Mann ist manchmal, mit Verlaub zu sagen, nur ein Klotz. Das weibliche Herz, das weibliche Mitleid, die weibliche Teilnahme, die unendliche Güte, von der wir keine Ahnung haben und die wir in unserer Dummheit oft gar nicht bemerken, sind unersetzlich. All das habe ich in Ihnen gefunden; selbst wenn ich alle meine Fehler nicht hätte, könnte eine Schwester gar nicht gütiger und nachsichtiger gegen mich sein, als Sie es waren. Wenn es zwischen uns auch manchmal zu heftigen Auftritten kam, so doch nur, weil ich erstens ein undankbares Schwein war und Sie zweitens krank, gereizt und beleidigt waren; Sie waren beleidigt schon aus dem Grunde, weil die ekelhafte Gesellschaft Sie weder geschätzt noch verstanden hat; und bei Ihrer Energie muß man sich doch gegen jede Ungerechtigkeit empören, und diese Empörung ist edel und vornehm. Dies sind die Grundzüge Ihres Charakters; Leiden und Lebensumstände haben selbstverständlich vieles in Ihnen verzerrt; doch, mein Gott, alles wurde immer mit Wucherzinsen entlohnt. Da ich aber nicht immer dumm bin, so habe ich es gesehen und schätzen gelernt. Mit einem Wort, ich mußte Ihr Haus mit meinem ganzen Herzen wie mein Vaterhaus lieben; ich konnte nicht anders. Ich werde Sie beide nie vergessen und werde Ihnen ewig dankbar sein. Denn ich bin überzeugt, daß Sie beide gar nicht einsehen, was Sie für mich alles getan haben und wie sehr mir solche Menschen wie Sie notwendig waren. Man kann es nur begreifen, wenn man es selbst erlebt hat. Wenn ich Sie nicht gehabt hätte, wäre ich wahrscheinlich zu einem Stück Holz geworden; nun bin ich aber wieder Mensch. Doch genug davon, man kann es gar nicht erklären, am allerwenigsten in einem Brief. Ein Brief ist schon verflucht, weil er mich an die Trennung erinnert; alles erinnert mich daran. In der Abenddämmerung, in jenen Stunden, wo ich mich zu Ihnen zu begeben pflegte, überkommt mich solche Trauer, daß ich weinen könnte, wenn ich überhaupt dazu fähig wäre; Sie würden wohl über meine Tränen nicht lachen. Mein Herz ist nun einmal so beschaffen, daß alles, was ihm lieb und wert ist, tief hineinwächst, und wenn man es herausreißt, gibt es immer Wunden und Schmerzen. Ich lebe jetzt hier ganz allein und weiß gar nicht, was ich mit mir anstellen soll; alles ist mir verleidet. Eine entsetzliche Leere! Ich habe nur noch Alexander Jegorowitsch; in seiner Gesellschaft ist mir aber immer traurig zumute; denn ich muß ihn unwillkürlich immer mit Ihnen vergleichen, und Sie können sich wohl vorstellen, was für ein Resultat dabei herauskommt. Außerdem ist er jetzt abwesend. Ich war während seiner Abwesenheit zweimal im Kasakowschen Garten[3], und es war mir dabei so traurig zumute! Wenn ich an den vergangenen Sommer denke, als Sie, Arme, nur den einen Wunsch hatten, einen Ausflug aufs Land zu machen, um wenigstens etwas freie Luft zu atmen, so überfällt mich große Trauer, und Sie tun mir furchtbar leid. Wissen Sie noch, wie wir – Sie, Alexander Iwanowitsch, ich und Jelena – einmal im Kasakowschen Garten waren? So lebhaft war die Erinnerung, als ich jetzt wieder in diesen Garten kam! Dort hat sich nichts verändert, und die Bank, auf der wir gesessen haben, steht noch immer da... Und mir wurde so traurig zumute. Sie schreiben mir, ich möchte doch mit Wrangel zusammenwohnen; ich will es aber nicht tun, denn ich habe viele wichtige Gründe dagegen. 1.: *Die Geldfrage.* Wenn ich mit ihm wohne, muß ich selbstverständlich viel mehr für Wohnung, Bedienung und Essen ausgeben, und auf seine Kosten will ich nicht leben. 2.: Mein Charakter. 3.: Sein Charakter. 4.: Wie ich bemerkt habe, bekommt er oft Besuch von allerlei Leuten. Es geht doch nicht, daß ich mich von der Gesellschaft abschließe, ich kann aber fremde Menschen nicht ausstehen. Schließlich liebe ich das Alleinsein, ich bin daran gewöhnt, und die Gewohnheit ist die zweite Natur. Genug davon. Ich habe Ihnen eigentlich noch nichts erzählt. Nachdem ich Sie bis zum Wald begleitet und von Ihnen bei einer Fichte (die ich mir gemerkt habe) Abschied genommen hatte, kehrte ich Arm in Arm mit Wrangel (der sein Pferd am Zügel führte) zum gastfreundlichen Landhaus der Peschechonows zurück. Hier erst wurde mir klar, daß ich gänzlich verwaist war. Zuerst konnte ich noch Ihren Reisewagen in der Ferne sehen, dann nur noch hören, und schließlich war alles vorbei. Wir setzten uns in die Droschke und sprachen von Ihnen, wie Sie wohl die Reise überstehen würden, und bei dieser Gelegenheit erzählte mir Wrangel etwas, was mich sehr freute. Am Tage Ihrer Abreise, am frühen Morgen, hatte ihm nämlich Pjotr Michajlowitsch vorgeschlagen, den ganzen Abend irgendwo zusammen zu verbringen; Wrangel schlug die Einladung ab, und als ihn Pjotr Michajlowitsch fragte: »Warum?«, antwortete er: »Weil ich die Isajews begleiten muß.« Es waren noch einige andere Menschen dabei. Pjotr Michajlowitsch fragte sogleich: »Sie sind also mit den Leuten gut bekannt?« Wrangel antwortete darauf ziemlich schroff, er sei mit Ihnen zwar erst seit kurzer Zeit bekannt, halte aber Ihr Haus für eines der angenehmsten, und die Dame des Hauses, das heißt Sie, sei eine Frau, wie er seit Petersburg noch keine gesehen habe und wohl nie wieder eine sehen werde; eine Frau, »wie Sie wohl noch nie eine gesehen haben«, fügte er hinzu, »und ich halte die Bekanntschaft mit ihr für die größte Ehre«. Dieser Bericht Wrangels machte mir außerordentliche Freude. Ich glaube, daß die Meinung eines solchen Menschen, der die Damen aus der besten Gesellschaft (in der er geboren ist) kennt, durchaus maßgebend ist. Unter ähnlichen Gesprächen, fortwährend auf die Peschechonows schimpfend, erreichten wir die Stadt beinahe beim Sonnenaufgang. Und der Kutscher, dem wir keinen Auftrag gegeben hatten, brachte uns direkt zu meiner Wohnung. Auf diese Weise kam der beabsichtigte Tee nicht zustande, worüber ich mich sehr freute, denn ich hatte das Bedürfnis, allein zu bleiben. Zu Hause blieb ich noch lange auf, ging in meinem Zimmer auf und ab, betrachtete den Sonnenaufgang und ließ das ganze letzte Jahr, das für mich so unbemerkt vergangen ist, an mir vorüberziehen; alle Erinnerungen tauchten auf, und mir wurde sehr traurig zumute, als ich an meine Zukunft dachte. Seit jenem Tage irre ich ziellos wie der Ewige Jude umher. Ich gehe fast nirgends hin. Alles ist mir verleidet. Ich war einmal bei Grischin, der nach Kopal kommt und in diesen Tagen aufbricht (er wird auch nach Wjernyj kommen); bei Mader, welcher findet, daß ich abgemagert bin; bei Schunetschka (ich habe ihm zum Namenstag gratuliert), wo ich die Peschechonows getroffen und gesprochen habe; ich besuche ab und zu Belichow und gehe schließlich ins Lager zum Exerzieren. Manchmal bin ich krank. Mit welcher Ungeduld habe ich auf die Rückkehr der tatarischen Fuhrleute gewartet! Jeden Augenblick eilte ich zu Ordynskij, um etwas zu erfahren, auch Siwotschka lief jeden Abend hin. Ich war auch einmal in Ihrer Wohnung, nahm den Efeu mit (er steht jetzt bei mir), sah die verwaiste Surka, die mir wie verrückt entgegenrannte, doch das Haus noch immer nicht verlassen will. Endlich kamen die Fuhrleute zurück. Ihr Brief, für den ich Ihnen unendlich dankbar bin, war mir eine große Freude. Ich fragte die Tataren aus. Sie haben mir vieles erzählt und Sie über alle Maßen gelobt (alle loben Sie, Maria Dmitrijewna)! Ich gab ihnen etwas Geld. Am nächsten Tag kam ich bei Wrangel mit Koptjow zusammen. Auch er hat mir einiges erzählt, doch ich konnte mich bei ihm nicht nach dem erkundigen, was mich am meisten interessierte, nämlich wie es mit Ihrem Reisegeld steht; die Frage ist zu heikel. Ich kann mir auch heute noch nicht vorstellen, wie Sie die Reise zurückgelegt haben! Wie lieb ist Ihr Brief, Maria Dmitrijewna! Gerade einen solchen Brief hatte ich erwartet! So ausführlich ist er; schreiben Sie mir auch in Zukunft solche Briefe. Ihre Großmutter sehe ich lebhaft vor Augen. Die schlechte Alte! Wie sie Ihnen zusetzt und das Leben vergällt. Soll sie doch bis an ihr Lebensende bei ihren Schoßhündchen bleiben. Ich hoffe, daß es Alexander Iwanowitsch gelingen wird, von ihr das Testament zu erpressen und sie selbst nicht ins Haus zu lassen. Man muß sie überreden, daß es auch für sie das Beste ist; sonst müßte sie sich schriftlich verpflichten, binnen dreier Monate zu sterben (und für jeden Monat 1000 Rubel zu zahlen); nur unter dieser Bedingung dürfen Sie sie aufnehmen. Werden Sie sich denn in der Tat bei Ihrer schwachen Gesundheit mit all den Schoßhündchen abgeben müssen? Solche alten Weiber sind ja wirklich unerträglich! Ihren Brief habe ich Wrangel vorgelesen (nur stellenweise, selbstverständlich). Ich konnte mich nicht beherrschen und besuchte einmal Jelena: die Arme ist so einsam. Es tut mir unendlich leid, daß Sie unterwegs krank waren. Wann werde ich endlich einen Brief von Ihnen bekommen! Ich bin in solcher Sorge! Wie sind Sie angelangt? Ich drücke Alexander Iwanowitsch kräftig die Hand und küsse ihn. Ich hoffe, daß er mir bald schreiben wird. Ich umarme ihn herzlich als Freund und Bruder und wünsche ihm eine bessere Gesellschaft als die, die er hier hatte. Wird er denn in Kusnezk in bezug auf Menschen ebensowenig wählerisch sein, wie er es in Semipalatinsk war? Sind denn alle diese Leute überhaupt wert, daß man mit ihnen verkehrt, mit ihnen ißt und trinkt und hintendrein alle möglichen Schlechtigkeiten von ihnen erduldet? Auf diese Weise schädigt man ja sich selbst mit vollem Bewußtsein! Wie ekelhaft sind doch alle diese Menschen und vor allen Dingen wie schmutzig! Wenn man in ihrer Gesellschaft war, fühlt man manchmal seine Seele ebenso beschmutzt, als ob man in einer Schnapsbude gewesen wäre. Ich hoffe, Alexander Iwanowitsch wird mir wegen meiner Wünsche und Ratschläge nicht zürnen. Leben Sie wohl, unvergeßliche Maria Dmitrijewna! Leben Sie wohl! Wir werden uns doch wiedersehen, nicht wahr? Schreiben Sie mir recht oft und recht viel, schreiben Sie mir von Kusnezk, von den neuen Menschen und möglichst viel von sich selbst. Küssen Sie Pascha von mir; er war unterwegs bestimmt ausgelassen. Leben Sie wohl, leben Sie wohl! Werden wir uns denn nie mehr wiedersehen?

Ihr Dostojewskij

An P. J. Annenkowa

Semipalatinsk, 18. Oktober 1855

Praskowja Jegorowna! Ich wollte Ihnen schon längst schreiben und habe so lange auf eine passende Gelegenheit gewartet, daß ich die jetzige nicht versäumen will. Der Überbringer dieses Briefes, Alexej Iwanowitsch Bachirjew, ist ein sehr bescheidener und sehr guter junger Mann, eine einfache und ehrliche Seele. Ich kenne ihn schon seit eineinhalb Jahren und bin überzeugt, daß ich mich in seinen Eigenschaften nicht irre.

Ich werde mich immer an die große und herzliche Teilnahme erinnern, die Sie und Ihre ganze treffliche Familie mir und meinen Genossen im Unglück, nach meiner Ankunft in Sibirien, entgegengebracht haben. Ich denke an diese Teilnahme mit einem ganz besonders tröstlichen Gefühl und werde sie, glaube ich, nie vergessen. Wer in seinem Leben ein widriges Geschick erfahren und in gewissen Augenblicken die ganze Bitternis seines Schicksals ausgekostet hat, weiß, wie süß es ist, unter solchen Umständen ganz unerwartet einer brüderlichen Teilnahme zu begegnen.

So verhielten Sie sich mir gegenüber, und ich erinnere mich noch an meine Begegnung mit Ihnen, als Sie nach Omsk kamen und als ich noch im Zuchthaus war.

Seit meiner Ankunft in Semipalatinsk habe ich fast noch nichts von Konstantin Iwanowitsch und der hochverehrten Olga Iwanowna [1] gehört; der Verkehr mit Olga Iwanowna wird für immer eine der angenehmsten Erinnerungen meines Lebens bleiben. Vor eineinhalb Jahren, als ich und Durow aus dem Zuchthaus kamen, verbrachten wir fast einen ganzen Monat in ihrem Hause.

Sie können sich wohl vorstellen, welchen Eindruck dieser Verkehr auf einen Menschen machen mußte, der seit vier Jahren, um mit meinen früheren Genossen, den Zuchthäuslern, zu reden, wie ein

vom Brotlaib abgeschnittenes Stück Brot, wie ein in die Erde Ein-
gegrabener gelebt hat. Olga Iwanowna hatte mir wie eine Schwester ihre Hand entgegengestreckt, und die Erinnerung an diese
schöne, reine, erhabene und edle Seele wird mein ganzes Leben
lang leuchtend und klar bleiben. Möge ihr Gott recht viel Glück
bescheren, Glück in ihrem eigenen Wesen und Glück in den Menschen, die ihr lieb sind. Ich würde recht gerne etwas von ihr hören.
Ich glaube, daß solch schöne Seelen wie sie immer glücklich sein
müssen; nur die Schlechten sind unglücklich. Ich glaube, daß das
Glück nur in der heiteren Auffassung des Lebens und in der Vor-
trefflichkeit des Herzens und nicht in den äußeren Umständen
liegt. Es ist doch so? Ich bin überzeugt, daß Sie mich richtig verstehen, und darum schreibe ich es Ihnen.

Mein Leben schleppt sich einigermaßen hin; ich kann Ihnen aber
mitteilen, daß ich große Hoffnungen habe... Meine Hoffnungen
sind auf gewisse Tatsachen gegründet; verschiedene Leute geben
sich die größte Mühe, für mich in Petersburg zu wirken, und ich
werde vielleicht schon in wenigen Monaten etwas erfahren.

Sie werden wohl gehört haben, daß Durow aus Gesundheitsrück-
sichten vom Militärdienst befreit worden ist und nun in den Zivildienst eingetreten ist. Er ist in Omsk. Vielleicht haben Sie Nachrichten von ihm. Wir korrespondieren nicht miteinander, obwohl
wir einander in gutem Gedächtnis bewahren.

Baron Wrangel, den Sie kennen, läßt Sie grüßen. Ich bin mit ihm
befreundet. Er ist eine schöne jugendliche Seele; gebe Gott, daß
er immer so bleibt.

Meine tiefe, vollkommene und aufrichtige Hochachtung Ihrem
Herrn Gemahl. Ich wünsche Ihnen ein vollkommenes Glück. Haben Sie vielleicht etwas von einem gewissen Orakel gehört, das in
Omsk in meiner Zeit befragt wurde? Ich weiß noch, welch einen
tiefen Eindruck es auf Olga Iwanowna gemacht hat.

Leben Sie wohl, hochverehrte Praskowja Jegorowna.

Ich bin überzeugt, daß wir uns wiedersehen werden, und vielleicht
recht bald. Dies ist mein herzlicher Wunsch. Ich denke mit Ehrfurcht an Sie und alle Ihrigen.

Ich verbleibe mit tiefster Hochachtung Ihr ganz ergebener

F. Dostojewskij

Von Konstantin Iwanowitsch habe ich in diesem Sommer einige
Zeilen erhalten.

Den Überbringer des Briefes, A. J. Bachirjew, achte ich zwar sehr, doch ich vertraue ihm nicht alles an.

An A. N. Majkow

Semipalatinsk, 18. Januar 1856

Ich wollte schon längst Ihren lieben Brief beantworten, mein teurer Apollon Nikolajewitsch. Als ich Ihren Brief las, wehte mir ein Hauch der Vergangenheit entgegen. Ich danke Ihnen tausendmal dafür, daß Sie mich nicht vergessen haben. Ich weiß nicht warum, ich hatte immer den Eindruck, Sie würden mich nicht vergessen; vielleicht schon aus dem Grunde, weil ich Sie nicht vergessen kann. Sie schreiben, wie vieles sich in dieser Zeit verändert habe und wie manche Wandlung wir beide durchgemacht haben. Ja, so soll es sein. Aber eines ist gut: daß wir uns als Menschen nicht veränderten. Für mich will ich einstehen. Ich könnte Ihnen viel Interessantes über mich berichten. Zürnen Sie aber bitte nicht, daß ich Ihnen jetzt in aller Eile schreibe und daß mein Brief abgerissen und vielleicht auch unklar wird. Ich empfinde aber in diesem Augenblick wohl dasselbe, was Sie empfanden, als Sie mir schrieben: die Unmöglichkeit, nach so vielen Jahren alles auszusprechen, und wenn der Brief auch 50 Bogen lang werden sollte. Man müßte sich mündlich unter vier Augen aussprechen, so daß man die Seele in den Gesichtszügen lesen und das Herz in den Lauten der Stimme hören könnte. Ein Wort, das man aufrichtig, unter vier Augen, von Angesicht zu Angesicht spricht, bedeutet mehr als Dutzende von Bogen beschriebenen Papiers.

Ich danke Ihnen ganz besonders für alles, was Sie mir über sich selbst schreiben. Ich wußte es schon im voraus, daß die Sache bei Ihnen zu einem solchen Abschluß kommen und daß sie heiraten würden. Sie schreiben mir, ob ich mich an Anna Iwanowna erinnere? Aber wie hätte ich sie vergessen können. Ich freue mich über Ihr Glück, auch mir ist es früher nicht fremd gewesen; erinnern Sie sich ans Jahr 47, als all das seinen Anfang nahm? Gedenken Sie bei ihr meiner und versichern Sie Anna Iwanowna meiner grenzenlosen Verehrung und Ergebenheit. Sagen Sie ihren Eltern, ich hätte mich immer an die Bekanntschaft mit ihnen und ihr Wohlwollen erinnert, ja, ich denke daran mit Genuß. Hat Jewgenija Petrowna das Buch – die vom unvergeßlichen Walerjan Nikolajewitsch in den ›Vaterländischen Annalen‹ geschriebenen

Rezensionen und Kritiken [1] – erhalten? Als man mich verhaftete, hatte man bei mir dieses Buch zunächst konfisziert, dann aber zurückgegeben, doch ich hatte während der Haftzeit Jewgenija Petrowna [2] nicht erreichen können, und ich wußte doch, daß es ihr lieb und wert war. All das bekümmerte mich damals sehr. Noch zwei Stunden vor meiner Abreise nach Sibirien hatte ich den Kommandanten Nabokow darum gebeten, das Buch der Eigentümerin zurückzugeben. Wurde es denn abgegeben? Grüßen Sie mir Ihre Eltern. Aus ganzer Seele wünsche ich ihnen Glück und ein langes, langes Leben. Vielleicht haben Sie von meinem Bruder einiges über mich gehört. In meinen freien Stunden notiere ich mir das Interessanteste aus meinen Erinnerungen an den Aufenthalt im Zuchthaus. [3] In diesen Aufzeichnungen ist übrigens nur wenig Persönliches; wenn ich sie einmal zu Ende schreibe und wenn sich mir eine ganz *besonders günstige Gelegenheit* bietet, werde ich Ihnen ein Exemplar in eigenhändiger Abschrift zum Andenken schicken. Im übrigen habe ich eines vergessen und muß nun kurz abschweifen: Der Überbringer dieses Briefes ist Graf Alexander Jegorowitsch Wrangel, ein sehr junger Mann von hervorragenden Eigenschaften des Herzens und der Seele; er ist unmittelbar aus dem Lyzeum nach Sibirien gekommen – mit dem *großherzigen* Traum, unsere Heimat kennenzulernen, nützlich zu sein usw. Er diente in Semipalatinsk; wir wurden Freunde, und ich gewann ihn sehr lieb. Da ich Sie insbesondere darum bitte, ihm Ihre Aufmerksamkeit zu schenken und mit ihm, wenn möglich, recht nahe Bekanntschaft zu schließen, so will ich Ihnen noch ein, zwei Worte über seinen Charakter mitteilen: Er besitzt außerordentlich viel Güte, keine besonderen Überzeugungen, ein edles Herz, auch Verstand – aber ein schwaches, zartes Herz, obgleich das Äußere auf den 1. Blick eine gewisse Art von Unzulänglichkeit aufweist. Ich möchte sehr gerne, daß Ihre Bekanntschaft ihm nützlich ist. Der halbaristokratische und ³/₄aristokratische Kreis, der Kreis der Barone, in dem er aufwuchs, sagt mir nicht so ganz zu, ja, ebensowenig wie ihm, denn er ist mit hervorragenden Eigenschaften ausgestattet, aber es ist doch noch viel vom alten Einfluß zu merken. Lassen Sie ihm, wenn möglich, Ihren Einfluß zugute kommen. Er ist es wert. – Er hat mir eine Menge Gutes zukommen lassen. Aber ich habe ihn nicht einzig und allein des Guten wegen lieb, das er tat. Zum Abschluß: er ist ein wenig argwöhnisch, äußerst sensibel, manchmal verschlossen und in seinen Gemütsverfassungen etwas ungleich. Wenn Sie ihn treffen, dann reden Sie mit ihm direkt, einfach, so aufrichtig wie möglich, und beginnen Sie nicht aus der Distanz. Verzeihen Sie, daß ich Sie wegen des Barons so sehr bitte. Aber, ich will es nochmals wiederholen, ich liebe ihn sehr. Meine Bemerkungen über ihn, ja, überhaupt den ganzen Brief wollen Sie bitte vertraulich behandeln; im übrigen muß man Sie ja nicht belehren.

Sie schreiben, daß Sie meiner mit warmem Gefühl gedacht und sich immer gefragt haben: »Wozu, wozu?« Auch ich habe Ihrer mit warmem Gefühl gedacht, doch auf Ihre Frage: »Wozu?« will ich nichts erwidern; denn was ich auch sage, alles wäre überflüssig. Sie schreiben, daß Sie vieles durchgemacht, sich vieles überlegt und viel Neues aus dem Leben geschöpft haben. Es könnte auch gar nicht anders sein, und ich bin überzeugt, daß wir uns auch jetzt in unseren Ansichten vertragen würden. Auch ich habe über vieles nachgedacht und vieles durchgemacht; es sind mir so ungewöhnliche Umstände und Einflüsse begegnet, daß ich viel zuviel, und sogar über meine Kraft, erleben, denken und überlegen mußte. Da Sie mich sehr gut kennen, werden Sie mir wohl glauben, daß ich mich in allen Dingen von Erwägungen leiten ließ, die ich für gut und gerecht hielt, daß ich nie geheuchelt habe und, wenn ich mich irgendeiner Sache hingab, mit meiner ganzen Seele dabei war. Glauben Sie nur nicht, daß ich mit diesen Worten auf die Umstände hindeute, die mich hierher gebracht haben. Ich spreche jetzt nur von den späteren Erlebnissen; es wäre auch nicht am Platze, von jenen vergangenen Ereignissen zu sprechen; sie waren auch nicht mehr als eine Episode. Die Ideen wechseln, das Herz bleibt immer gleich. Ich habe Ihren Brief gelesen, doch das Wichtigste darin nicht verstanden. Ich meine den Patriotismus, die russische Idee, das Gefühl der Pflicht, die nationale Ehre und alles, worüber Sie mit solcher Begeisterung sprechen.[4] Aber, mein Freund! Waren Sie denn je anders? Auch ich war ja immer von den gleichen Gefühlen und Überzeugungen beseelt. Rußland, Pflicht, Ehre? – Ja! Ich war immer durch und durch Russe, ich sag' es Ihnen ganz aufrichtig.[5] Was ist denn neu an der Bewegung, die sich in Ihrer Nähe bemerkbar macht und von der Sie wie von einer neuen Richtung schreiben? Ich sage ganz offen, daß ich Sie nicht verstehe. Ich las Ihre Gedichte und fand sie wunderschön; ich teile vollkommen Ihr patriotisches Gefühl, Ihr Streben nach einer *sittlichen* Befreiung der Slawen. Darin liegt die Aufgabe Rußlands, unseres edlen, großen

Rußlands, unserer heiligen Mutter. Wie schön sind die Schluß-
zeilen in Ihrem ›Konzil zu Clermont‹![6] Wo haben Sie nur die
Sprache her, mit der Sie so großartig den gewaltigen Gedanken
ausgedrückt haben? Ja! Ich teile vollkommen Ihre Idee, daß Rußland die Mission Europas erfüllen wird.[7] Dies war mir immer klar.
Sie schreiben, daß die Gesellschaft aus ihrer Apathie erwacht zu
sein scheint. Sie wissen doch, daß es in unserer Gesellschaft überhaupt keine Manifestationen gibt; wer durfte aber daraus schließen, sie sei ganz ohne Energie? Beleuchten Sie doch so gut wie
möglich irgendeine Idee und rufen Sie die Gesellschaft herbei: die
Gesellschaft wird Sie sofort begreifen. So ist es auch jetzt: die Idee
wurde großartig, durchaus national und ritterlich (dies muß man
bestätigen) beleuchtet[8] – und unsere politische Idee, die uns noch
Peter der Große vermacht hat, fand sofort bei allen ihre Rechtfertigung. Vielleicht nahmen Sie und nehmen noch jetzt Anstoß
daran, daß in jene Schichten der Gesellschaft, die bewußt denken,
fühlen und forschen, französische Ideen eindringen?[9] Darin steckt
gewiß auch Exklusivität, doch es ist das Wesen jeder Exklusivität,
daß sie sofort einen Gegensatz hervorruft. Sie werden doch selbst
zugeben, daß alle vernünftig denkenden Menschen, das heißt diejenigen, die in allen Dingen den Ton angeben, die französischen
Ideen ausschließlich von der wissenschaftlichen Seite betrachtet
haben, und daß selbst diejenigen, die am meisten zur Exklusivität
neigten, im Grunde doch immer Russen blieben. Was sehen Sie
denn darin Neues? Ich versichere Ihnen, daß ich zum Beispiel mich
so sehr allem Russischen verwandt fühle, daß selbst die Zuchthäusler mir keine Angst machten; sie waren Russen, meine Brüder
im Unglück, und ich hatte oft das Glück, in der Seele eines Raub-
mörders Großmut zu finden; ich konnte ihn aber doch nur darum
verstehen, weil ich selbst Russe bin. Meinem Unglück verdanke ich
viele praktische Erfahrungen, die auf mich vielleicht einen großen
Einfluß gehabt haben; ich machte aber dabei auch die Erfahrung,
daß ich in meinem tiefsten Innern immer Russe gewesen bin. Man
kann sich wohl in einer Idee irren; man kann sich aber nicht mit
dem Herzen irren und durch diesen Irrtum gewissenlos werden,
das heißt gegen seine Überzeugung handeln. Warum schreibe ich
Ihnen übrigens dies alles? Ich weiß ja, daß diese Zeilen nichts auszudrücken vermögen; warum soll ich dann noch schreiben? Ich
will Ihnen noch einiges über mich selbst berichten. Im Zuchthaus
habe ich nur sehr wenig gelesen, denn ich konnte mir gar keine

Bücher verschaffen. Manchmal fiel mir aber doch irgendein Buch in die Hand. Seit ich hier in Semipalatinsk bin, lese ich etwas mehr. Doch ich habe keine Bücher zur Hand, selbst die notwendigen nicht, und die Zeit vergeht. Ich kann Ihnen gar nicht sagen, wie sehr ich darunter litt, daß ich im Zuchthaus nicht schreiben durfte. Die innere Arbeit kochte nur so. Einiges geriet mir sehr gut, ich fühlte es. Ich habe im Kopf eine große Novelle, die ich für mein endgültiges Werk halte, geschaffen. Ich hatte solche Angst, daß die erste Liebe zu meinem Werk erkalten würde, wenn die Jahre vergehen und die Stunde der Verwirklichung schlägt; jene Liebe, ohne die man nicht schreiben kann. Ich hatte mich aber geirrt: die von mir geschaffene Gestalt, die dem ganzen Werk zugrunde liegt, erforderte einige Jahre für ihre Entwicklung, und ich bin überzeugt, daß ich alles verdorben hätte, wenn ich damals unvorbereitet und im ersten Eifer die Arbeit unternommen hätte. Als ich aber das Zuchthaus verließ, ging ich doch noch nicht an die Ausführung des Werkes, obwohl es im Geiste ganz fertig war. Ich konnte einfach nicht schreiben. Ein Umstand, ein Zufall, der in meinem Leben lange auf sich warten ließ und endlich eingetroffen ist, hat mich gänzlich hingerissen und ertränkt. Ich war glücklich, ich konnte nicht arbeiten. Später erfuhr ich Kummer und Trauer. Ich verlor etwas, was mein alles war. Hunderte von Werst trennen uns [10] jetzt. Ich will Ihnen nichts Genaueres sagen, ich werde Ihnen vielleicht später einmal alles erklären; jetzt kann ich es nicht. Ich bin dennoch nicht ganz müßig gewesen. Ich habe gearbeitet; die Ausführung meines Hauptwerkes habe ich aber aufgeschoben. Ich brauche dazu ruhigere Stimmung. Ich begann im Scherz eine Komödie zu schreiben; ich habe so viele komische Personen und eine so komische Handlung erfunden, und mein Held gefiel mir so gut, daß ich die Form der Komödie aufgab, obgleich sie mir gut gefiel, eigentlich nur, um möglichst lange das Vergnügen zu haben, die Erlebnisse meines neuen Helden zu verfolgen und über ihn zu lachen. Dieser Held ist mir in mancher Beziehung verwandt. Mit einem Worte, ich schreibe einen komischen Roman [11]; bisher habe ich nur einzelne Abenteuer geschrieben; nun habe ich ihrer genug und *nähe das Ganze* zusammen. Hier haben Sie also den Bericht über meine Arbeiten: ich muß Ihnen dies alles schreiben; wenn ich *mit Ihnen* spreche, muß ich an unsere Vergangenheit denken, mein unvergeßlicher Freund! Ja! Ich war in Ihrer Gesellschaft oft glücklich: wie hätte ich Sie vergessen können? Sie schreiben mir einiges von der Literatur. In diesem Jahr habe ich fast nichts gelesen. Ich will Ihnen auch meine Eindrücke mitteilen: Turgenjew gefällt mir am besten; es ist nur schade, daß er *bei seinem großen Talent so ungleichmäßig* ist. L. T.[12] gefällt mir sehr gut, mir scheint aber, daß er kaum vieles schaffen wird (vielleicht irre ich mich auch). Ostrowskij kenne ich gar nicht; ich habe nichts von ihm gelesen, habe aber viele Bruchstücke aus seinen Werken in den Aufsätzen über ihn gelesen. Er mag ja eine gewisse Schicht der russischen Gesellschaft sehr genau kennen, ich glaube aber, daß er kein Künstler ist. Außerdem scheint er mir *ein Dichter ohne Ideal* zu sein. Versuchen Sie doch, bitte, mich vom Gegenteil zu überzeugen, schicken Sie mir um Gottes willen einige seiner Werke, die Sie für die besseren halten, damit ich ihn nicht nur aus den Kritiken kenne. Von Pisemskij kenne ich nur den ›Aufschneider‹ und den ›Reichen Freier‹, sonst nichts. Er gefällt mir sehr gut. Er ist klug, gutmütig und sogar naiv; er erzählt meisterhaft. Eines ist an ihm traurig: er schreibt zu schnell. Er schreibt viel zu schnell und viel zuviel. Man soll mehr Ehrgeiz, mehr Achtung vor seinem Talent und vor der Kunst, mehr Liebe zur Kunst haben. Wenn man jung ist, kommen einem die Ideen in unglaublichen Mengen in den Kopf; man soll aber nicht eine jede im Fluge auffangen und in aller Eile aussprechen. Man soll lieber auf die Synthese warten, man soll mehr denken; man soll warten, bis sich die vielen Einzelheiten, die eine Idee ausdrücken, zu einem Großen ansammeln, zu einem großen, erhabenen Bilde; dann soll man sie erst niederschreiben. Kolossale Gestalten, die von kolossalen Dichtern geschaffen worden sind, sind oft unter langen und hartnäckigen Bemühungen entstanden. Man soll doch nicht alle dazwischenliegenden Proben und Skizzen ausführen. Ich weiß nicht, ob Sie mich verstehen werden! Was aber Pisemskij betrifft, so glaube ich, daß er seine Feder nicht recht in der Gewalt hat. Unsere schriftstellernden Damen schreiben eben wie schriftstellernde Damen[13], das heißt klug, nett, und sie haben es sehr eilig, ihre Gedanken auszusprechen. Sagen Sie mir, bitte, warum eine schriftstellernde Dame fast nie ein ernster Künstler ist? Selbst die zweifellos überragende Künstlerin George Sand hat sich nicht selten mit ihren echt weiblichen Eigenschaften geschadet. – *Während der ganzen Zeit* habe ich in den Zeitschriften viele von Ihren kleinen Gedichten gelesen … Sie gefielen mir sehr. Seien Sie stark und arbeiten Sie. Ich will Ihnen im Vertrauen, ganz im Vertrauen sagen: Tjutschew ist sehr bemerkenswert, doch … usw.

Welcher Tjutschew ist es übrigens, ist es der unsrige? [14] Viele seiner Gedichte sind ausgezeichnet.

Leben Sie wohl, mein teurer Freund. Entschuldigen Sie die Zusammenhanglosigkeit meines Briefes. In einem Brief kann man nie etwas ordentlich aussprechen. Aus diesem Grunde kann ich eben Mme. de Sévigné nicht leiden. Sie hat viel zu gute Briefe geschrieben. – Wer weiß? Vielleicht werde ich Sie doch noch einmal in meine Arme schließen. Gebe es Gott! Um Gottes willen, zeigen Sie meinen Brief *niemand* (wirklich *niemand*)! Ich umarme Sie.

An E. I. Totleben

Semipalatinsk, 24. März 1856

Ew. Exzellenz, Eduard Iwanowitsch. Verzeihen Sie, daß ich Ihre Aufmerksamkeit für meinen Brief in Anspruch zu nehmen wage. Ich fürchte, daß Sie mir zürnen und den Brief fortwerfen werden, ohne ihn gelesen zu haben, wenn Sie die Unterschrift und meinen Namen sehen, den Sie wohl vergessen haben – obwohl ich vor Jahren, vor sehr vielen Jahren die Ehre hatte, mit Ihnen bekannt zu sein. Ich flehe Sie um Ihre Nachsicht an. Strafen Sie mich nicht und glauben Sie nicht, daß ich den ganzen unermeßlichen Unterschied zwischen meiner Lage und der Ihrigen nicht begriffen habe. Ich habe in meinem Leben viel zuviel traurige Erfahrungen gemacht, als daß ich diesen Unterschied nicht einsehen könnte. Ich weiß recht wohl, ich habe gar kein Recht, Sie jetzt daran zu erinnern, daß Sie mich einst gekannt haben, und daraus auch nur den Schatten eines Anrechtes auf ihre Aufmerksamkeit abzuleiten. Doch ich bin so unglücklich, daß ich mich fast gegen meinen Willen der Hoffnung hingeben muß, daß Sie Ihr Herz einem unglücklichen Verbannten nicht verschließen und ihm einen Augenblick Ihre Aufmerksamkeit schenken werden.

Ich ersuche Baron Alexander Jegorowitsch Wrangel, Ihnen diesen Brief zu überbringen. Während seines Aufenthaltes in Semipalatinsk hat er für mich mehr getan, als ein leiblicher Bruder hätte tun können. Seine Freundschaft machte mich glücklich. Er kennt alle meine Umstände. Ich bat ihn, diesen Brief Ihnen persönlich zu überbringen; er wird es tun, obgleich es mir gar nicht möglich war, ihn davon zu überzeugen, daß Sie diesen Brief mit Nachsicht entgegennehmen werden. Diese Zweifel sind im Herzen eines ehemaligen Zuchthäuslers wohl verständlich. Ich habe eine große Bitte an Sie und nur eine schwache Hoffnung, daß Sie mich anhören werden.

Vielleicht haben Sie irgend etwas von meiner Verhaftung, meinem Prozeß und der allerhöchsten Bestätigung des Urteils gehört, das im Prozeß, an dem ich im Jahre 1849 beteiligt war, gefällt worden ist. Vielleicht haben Sie auch meinem Schicksal irgendwelche Aufmerksamkeit geschenkt. Ich gründe diese Vermutung darauf, daß ich einmal mit Ihrem Bruder Adolf Iwanowitsch befreundet war und an ihm in meiner Kindheit mit aufrichtiger Liebe hing. Obgleich ich mit ihm in der letzten Zeit nicht mehr zusammenkam, bin ich doch überzeugt, daß er mit mir Mitleid gehabt und Ihnen vielleicht etwas von meiner traurigen Geschichte erzählt hat. Ich wage nicht, Ihre Aufmerksamkeit für einen Bericht über meinen Prozeß in Anspruch zu nehmen. Ich war schuldig und bin mir dessen wohl bewußt. Man überführte mich der Absicht (doch nur der Absicht), gegen die Regierung zu handeln; ich wurde gesetzmäßig und vollkommen gerecht abgeurteilt; die schweren und qualvollen Erfahrungen der folgenden Jahre haben mich ernüchtert und meine Ansichten in vielen Beziehungen geändert. Doch damals war ich blind und glaubte an Theorien und Utopien. Als ich nach Sibirien ging, hatte ich wenigstens den einen Trost, daß ich mich vor Gericht ehrlich verhalten habe, meine Schuld nicht auf die anderen abzuwälzen versucht und sogar meine eigenen Interessen geopfert habe, wenn ich damit die anderen retten zu können glaubte. Doch ich war damals noch immer von der Wahrheit meiner Ansicht überzeugt, wollte nicht alles gestehen und wurde dafür strenger bestraft. Vorher litt ich zwei Jahre lang an einer seltsamen moralischen Krankheit. Ich verfiel in Hypochondrie. Es gab eine Zeit, da ich sogar die Vernunft verlor. Ich war übertrieben reizbar, hatte eine krankhaft entwickelte Empfindlichkeit und die Fähigkeit, die gewöhnlichsten Vorfälle ins Unermeßliche zu verzerren. Obgleich diese Krankheit einen wirklich unheilvollen Einfluß auf mein Schicksal hatte, wäre sie doch nur eine schlechte und erniedrigende Rechtfertigung; das sagte mir mein Gefühl. Übrigens war ich mir dessen gar nicht so recht bewußt. Verzeihen Sie mir diese Einzelheiten. Seien Sie großmütig und hören Sie mich weiter an.

Ich kam ins Zuchthaus – 4 traurige, entsetzliche Jahre. Meine Gesellschaft waren Räuber, Menschen ganz ohne menschliche Gefühle, mit verdrehter Moral; während dieser 4 Jahre konnte ich nichts Erfreuliches sehen, nur die schwärzeste und häßlichste Wirklichkeit. Ich hatte an meiner Seite kein einziges Geschöpf, mit dem ich herzliche Worte hätte wechseln können; ich litt Hunger, Kälte, Krankheiten; ich litt unter der schweren Arbeit und unter dem Haß meiner Genossen, der Räuber, die an mir Rache nahmen, weil ich ein Offizier und Adeliger war. Doch ich schwöre Ihnen, keine dieser Qualen war größer als die, die ich empfand, als ich meine Verirrungen einsah und begriff, daß ich in der Verbannung von der menschlichen Gesellschaft abgeschnitten bin und ihr nicht mit allen meinen Kräften, Wünschen und Fähigkeiten dienen kann. Ich weiß, daß man mich für meine Ideen und Theorien bestraft hat. Doch die Ideen und sogar die Überzeugungen wechseln, selbst der Mensch ändert sich; wie schwer ist es mir nun, für Dinge zu büßen, die nicht mehr sind und die sich in mir ins Gegenteil verwandelt haben; für meine früheren Verirrungen zu leiden, die ich schon lange als solche erkannt habe; zu fühlen, daß ich Kräfte und Fähigkeiten habe, irgend etwas zu tun, um die Nutzlosigkeit meiner früheren Tätigkeit abzubüßen und dabei in Untätigkeit zu schmachten. Jetzt bin ich Soldat, diene in Semipalatinsk und bin in diesem Sommer zum Unteroffizier befördert worden. Ich weiß, daß mir viele Leute aufrichtige Teilnahme entgegengebracht haben und auch jetzt entgegenbringen; daß man sich für mich verwendet hat, mir Hoffnung gemacht hat und mich auch jetzt vertröstet. Der Monarch ist gütig und barmherzig. Ich weiß schließlich, wie schwer es einem fällt, der den Beweis liefern will, daß ein unglücklicher Mensch etwas Gutes vollbringen kann, wenn ihm dieser Beweis nicht gelingt. Etwas kann ich ja auch leisten; ich bin ja nicht ganz ohne Fähigkeiten, Gefühle und Grundsätze. Ich habe eine große Bitte an Sie, Eduard Iwanowitsch. Eines macht mir nur Sorge: ich habe nicht das geringste Recht, Sie mit meinen Angelegenheiten zu belästigen. Doch Sie haben ein edles und großes Herz. Dies darf ich offen sagen; Sie haben es erst neulich vor der ganzen Welt gezeigt. Ich habe schon viel früher, früher als die anderen, das Glück gehabt, mir diese Meinung von Ihnen zu bilden, und habe schon längst gelernt, Sie zu achten. Ihr Wort kann jetzt bei unserm barmherzigen Monarchen, der Ihnen dankbar ist und Sie liebt, viel gelten. Gedenken Sie des armen Verbannten, und helfen Sie ihm. Ich will mich nutzbringend betätigen. Wenn man seelische und geistige Kräfte hat, die man nicht anwenden kann, leidet man schwer an der Untätigkeit. Doch der militärische Beruf liegt mir nicht. Ich will mir ja, soweit es meine Kräfte erlauben, die größte Mühe geben; doch ich bin krank und fühle in mir größere Neigung für einen anderen Wirkungskreis, der meinen Fähigkeiten mehr entspricht. Mein sehnlichster Wunsch wäre es, aus dem Militärdienst entlassen zu werden und irgendwo im europäischen Rußland oder sogar hier in den Zivildienst zu treten, auch einige Freiheit in der Wahl meines Aufenthaltsorts zu haben. Doch nicht den Dienst betrachte ich als Hauptzweck meines Lebens. Vor Jahren hat mich das Publikum auf literarischem Gebiet wohlwollend begrüßt und ermutigt. Ich möchte gerne die Erlaubnis bekommen, meine Werke zu veröffentlichen. Es gab ja schon Präzedenzfälle: Manchen politischen Verbrechern wurden Wohlwollen und Gnade zuteil, und sie erhielten die Erlaubnis, zu schreiben und zu drucken. Den Beruf eines Schriftstellers habe ich stets für einen ehrenvollen und nützlichen gehalten. Ich habe die Überzeugung, daß ich nur auf diesem Gebiet nutzbringend wirken kann, daß ich eine gewisse Aufmerksamkeit auf mich lenken, meinen guten Ruf wiedererlangen und mir das Leben einigermaßen erleichtern könnte; denn ich besitze nichts als gewisse, vielleicht auch recht bescheidene literarische Fähigkeiten. Ich will es Ihnen offen sagen: Neben dem aufrichtigen Wunsch, mein Schicksal mit einem andern, das meinen Fähigkeiten mehr entspricht, zu vertauschen, hat mir noch ein anderer Umstand, von dem vielleicht das Glück meines ganzen Lebens abhängt (es ist ein durchaus persönlicher Umstand), den Mut gegeben, mich an Sie zu wenden und Sie an mich zu erinnern. Ich bitte ja nicht um alles auf einmal; ich bitte nur um die Möglichkeit, den Militärdienst zu quittieren und in den Zivildienst einzutreten.

Lesen Sie diese meine Bitte, nennen Sie mich aber nicht kleinmütig. Ich habe so viel gelitten und schon durch den Umstand allein, daß ich diese Leiden ertragen habe, meine Geduld und einen gewissen Grad von Tapferkeit bewiesen. Doch jetzt habe ich den Mut verloren, was ich auch selbst einsehe. Ich hielt es stets für kleinmütig, andere, wer es auch sei, mit meinen Angelegenheiten zu belästigen. Um so mehr, Sie zu belästigen. Doch ich flehe Sie an, haben Sie Erbarmen mit mir. Ich habe bisher mein Unglück geduldig ertragen. Nun bin ich unter der Last der Umstände zusammengebrochen und habe mich entschlossen, diesen Versuch – es ist nicht mehr als ein Versuch – zu unternehmen. Ich schwöre Ihnen, daß der Gedanke, Ihnen zu schreiben und Sie zu bitten, mir nie früher gekommen war. Es wäre mir peinlich und schwer gewesen, Sie an mich zu erinnern. Mit einem so begeisterten und uneigennützigen Gefühl habe ich in der letzten Zeit Ihre Heldentaten verfolgt. Wenn Sie wüßten, mit welchem Genuß ich über Sie mit anderen sprach, würden Sie mir Glauben schenken. Wenn Sie wüßten, mit welchem Stolz ich mich darauf berief, daß ich die Ehre hatte, Sie persönlich zu kennen! Als man hier von Ihren Heldentaten erfuhr, überschüttete man mich mit Fragen über Sie, und es war mir eine Freude, von Ihnen erzählen zu können. Ich scheue mich nicht, Ihnen dies zu schreiben. Ihre Heldentaten sind so groß, daß selbst diese Worte nicht als Schmeichelei erscheinen können. Der Überbringer dieses Briefes kann Ihnen bestätigen, wie aufrichtig und uneigennützig meine Gefühle für Sie sind. Die Dankbarkeit eines Russen gegenüber demjenigen, der in Zeiten des nationalen Unglücks die furchtbare Verteidigung von Sewastopol mit ewigem, unvergänglichem Ruhm gekrönt hat, ist wohl begreiflich. Ich wiederhole, daß es nicht meine Absicht war, Sie irgendwie zu belästigen. Doch jetzt, da ich jeden Mut verloren habe und gar nicht weiß, an wen ich mich wenden soll, habe ich mich erinnert, wie freundlich, herzlich und einfach Sie stets zu mir waren. Ich gedachte Ihrer stets kühnen und erhabenen Herzensregungen und begann zu hoffen. Ich fragte mich: Werden Sie mich denn jetzt zurückstoßen, wo Sie eine so hohe und ruhmvolle Stellung erlangt haben und ich so tief gesunken bin? Verzeihen Sie meine Unbescheidenheit, verzeihen Sie mir diesen langen (viel zu langen, ich sehe es ein) Brief; wenn Sie für mich etwas tun können, so tun Sie es, ich flehe Sie an. Und ich habe noch eine große Bitte, schlagen Sie sie mir nicht ab. Bringen Sie mich bei Gelegenheit Ihrem Bruder Adolf Iwanowitsch in Erinnerung, und teilen Sie ihm mit, daß ich ihn noch immer wie früher liebe und daß ich ihm oft während der 4jährigen Zuchthausstrafe, als ich im Geiste meine ganze Vergangenheit Tag um Tag und Stunde um Stunde an mir vorüberziehen ließ, in meinen Erinnerungen begegnet bin. Doch er weiß selbst, wie sehr ich ihn liebe. Ich weiß noch, daß er in der letzten Zeit krank war. Ist er wieder gesund? Ist er am Leben? Verzeihen Sie mir auch diese Bitte. Doch ich weiß nicht, durch wen ich diesen meinen Herzenswunsch erfüllen könnte, und wende mich daher an Sie. Ich weiß, daß dieser Brief einen schweren Verstoß gegen die Disziplin bedeutet. Ein gemeiner Soldat schreibt an einen Generaladjutanten! Doch Sie sind großmütig, und ich vertraue mich Ihrer Großmut an.[1]

Mit tiefster Hochachtung und dem aufrichtigen Dank eines Russen verbleibe ich

Ew. Exzellenz ergebenster Diener
Fjodor Dostojewskij

An A. J. Wrangel

Semipalatinsk, 13. April 1856

Ich beeile mich, Ihnen auf Ihren lieben, allergütigsten Brief zu antworten, mein guter Freund, den Sie mir am 12. März schrieben und der mich vor 3 Tagen beglückte. Und ich hatte so ungeduldig auf eine Nachricht von Ihnen gewartet. Doch in der letzten Zeit hörte ich auf zu hoffen, eine baldige Antwort zu erhalten; denn Demtschinskij, der vor etwa 2 Wochen aus Rußland kam, meinte, Sie hätten sich in Kasan aufgehalten und später aus Moskau hierher (an Spiridonow) geschrieben, daß Sie sich nur ein oder zwei Tage in Moskau aufgehalten hätten und schon am 9. März nach Petersburg abgereist wären. Nach all diesen Gerüchten habe ich damit gerechnet, daß ich von Ihnen frühestens Ostern einen Brief erhalte; und nun habe ich ihn doch früher bekommen! Sie werden mir nicht glauben, *wie* Sie mich erfreuten und wie sehr ich Ihren Brief *nötig* hatte. Und daß ich den Brief *von Ihnen* erhalten habe, gibt mir die Gewißheit, daß Sie mich nicht vergessen und daß Sie sich um mich *bemühen;* da können mir ja keine Gedanken des Zweifels kommen, daß Sie mich vergessen. Ich kenne Ihr äußerst gütiges und edles Herz und habe Sie nicht umsonst liebgewonnen. Sie werden mir nicht glauben, in welcher Lage ich mich in der ganzen letzten Zeit befand. Aber davon später, doch der Ordnung nach will ich mit Ihrem Brief beginnen, mein gütigster Alexander Jegorowitsch. Sie beginnen damit, daß Sie, ungeachtet vieler Zerstreuungen, Ihr *Herzeleid* nicht vergessen können. Ich glaube, mein Freund, dies läßt sich nicht so schnell vergessen; *jetzt* weiß ich das sehr gut, ja, ich durfte überhaupt viele Dinge erfahren, von denen ich früher nicht die geringste Vermutung hatte. Doch will ich Ihnen gestehen, daß ich sehr gerne erfahren würde, was *zwischen Ihnen beiden* steht; denn ich habe von diesen Dingen, stütze ich mich auf Ihren Brief aus Jalutorowsk, keine Vorstellung. In dieser Hinsicht mögen Sie jetzt natürlich schon eine feste Meinung haben, denn, soweit ich Sie verstehe, ist diese Person bereits nach

Petersburg gekommen. Sie sind nun aber wenigstens im Kreis der Nächsten; wie freue ich mich, daß Sie Ihrem Vater näher gekommen sind. Um Christi willen verletzen Sie nicht dieses Einverständnis. Bedenken Sie die Zukunft und *bauen Sie vor*. Nach meiner Meinung ist es für Sie schon an der Zeit, Ihre Zukunft zu bedenken und zu planen. Ich will keineswegs sagen, daß Sie Ihren wirklichen Gefühlen und Gedanken zuwiderhandeln. Sie schreiben, man wolle Sie beispielsweise verheiraten. Das ist vorteilhaft, aber nicht Geld allein zählt im Leben. Das ist schon längst bekannt, und man braucht nichts darüber zu sagen. Jeder Mensch handelt nach seinem Gewissen, aber ein anständiger Mensch handelt nach dem Gewissen und kalkuliert.

Sie schreiben, mein bester und unvergeßlicher Freund, daß Sie damit rechnen, im Juli in Sibirien zu sein und durch Semipalatinsk zu kommen. *Sie* werden mir nicht glauben, wie ich mich freute, daß Sie Ihre Absichten nicht geändert haben und nach Sibirien zurückkehren wollen und sich sogar im Winter in Barnaul niederlassen wollen. Ich werde auf Sie warten wie auf die Sonne. Doch, mein Freund, stimmen denn die Gerüchte, die man hier über Sie verbreitet? Der Kommandierende General habe Sie als Beamten für besondere Aufträge zu sich nach Omsk beordert (man erzählt sich, er sei darüber sehr erstaunt gewesen, daß Sie nicht durch Omsk gefahren seien), das heißt gerade dazu, was Sie nicht sein wollten. Sollte sich das nicht vermeiden oder ändern lassen, dann bleiben Sie am besten in Petersburg und kommen nicht hierher! Im übrigen wissen Sie davon bereits. Man hat es Ihnen bestimmt von hier aus mitgeteilt. Um Gottes willen, mein Freund, halten Sie mich, wenn möglich, um Gottes willen, *bestimmt* auf dem laufenden. Ob Sie kommen oder nicht kommen, wann, wohin, womit und *wie* Sie Ihre Angelegenheiten in Petersburg zu arrangieren hoffen. Außer dem Umstand, daß ich mich danach sehne, Sie zu sehen, sind Sie mir jetzt so unentbehrlich wie die Luft, ja, Sie waren mir immer unentbehrlich, und ich werde immer daran denken. Sie werden mir nicht glauben, wie sehr ich mich darüber gefreut habe, daß Ihnen mein Bruder gefallen hat und Sie sich anscheinend näherkommen. Tun Sie das um Gottes willen; Sie werden es nicht bereuen. Wie froh bin ich, daß er immer noch derselbe ist und mich lieb hat. Ich hatte Ihnen im letzten Brief von meinen Zweifeln geschrieben, ja, sogar über Zweifel, die ihn betrafen. Doch wüßten Sie nur, in welch trübseliger und schrecklicher Lage ich mich befand und wie sehr ich meine Vermutungen über den Bruder bereue. Sagen Sie ihm, daß ich ihn küsse; ich schreibe ihm nicht, weil ich auch Ihnen zu antworten kaum Zeit habe. Ich will ihm bald einen offiziellen Brief schreiben, in dem zu lesen ist: ich *lebe*, bin *gesund* usw. Was soll man außerdem in einem offiziellen Brief schreiben? Aber im nächsten Brief will ich Ihnen und ihm schreiben. Im letzten Brief habe ich ihn noch um 100 Rubel gebeten. Nicht für mich, mein Freund, sondern für all das, was mir jetzt das Teuerste im Leben ist, und vor allem, für *jeden unvorhergesehenen Fall*. Wenn er meine Bitte auch nur erfüllen kann, möge er sie erfüllen, und der Herrgott wird ihn dafür belohnen, und mich könnte er damit beglücken und aus der Verzweiflung befreien. Wie kann man wissen, was geschieht. Wenn man mir die Druckerlaubnis gibt, dann werde ich schon mein eigenes Geld verdienen, ein neues Leben beginnen und ihn weiter nicht beunruhigen, was mir schon immer am Herzen lag; denn mein Bruder hat es selbst schwer, sich ein Stück Brot zu verdienen. Ich habe Ihnen, mein Freund, geschrieben, Totleben aufzusuchen und ihm meinen Brief zu überreichen. Sie haben das jetzt vielleicht schon getan. Sie können es mir gar nicht glauben, mit welch stockendem Herzen ich auf Ihre diesbezügliche Antwort warte. Ich danke Ihnen schon im voraus dafür. Nur flößen Sie mir um Christi willen keine vergebliche Hoffnung ein, aus dem Wunsch, mich zu beruhigen. Allein die Tatsachen, teilen Sie mir nur Tatsachen mit. Ich habe Sie und auch den Bruder darum gebeten, an Maria Dmitrijewna zu schreiben, wenn möglich, recht bald. Ich wiederhole meine Bitte, tun Sie das um Gottes willen. Sie schreiben, daß uns politische Sträflinge gewisse Gnaden erwarten, die aber noch geheimgehalten werden. Erweisen Sie mir den Gefallen, teurer Freund, und suchen Sie irgend etwas zu erfahren, was mich betrifft. Ich muß es wissen. Wenn Sie irgend etwas erfahren, so teilen Sie es mir unverzüglich mit. An die Versetzung nach dem Kaukasus denke ich nicht mehr. An das Bataillon zu Barnaul auch nicht. *Jetzt* ist mir dies alles unwesentlich. Sie schreiben, daß alle den neuen Zaren lieben. Ich selbst vergöttere ihn. Ich muß gestehen, daß mir sehr darum zu tun ist, befördert zu werden; doch auf die Beförderung zum Offizier kann ich noch sehr lange warten; ich möchte aber irgend etwas jetzt gleich, anläßlich der Krönungsfeierlichkeiten haben. Das Beste und Vernünftigste wäre natürlich, wenn ich mich um die Erlaubnis bewerben würde, mich literarisch zu betätigen. Ich habe die Absicht, Ihnen in der nächsten Zeit privatim ein von mir anläßlich der Krönungsfeierlichkeiten verfaßtes Gedicht zu übersenden. Ich könnte es auch ganz offiziell schicken. Sie werden wohl mit Hasfort zusammenkommen. Er reist ja zur Krönung. Könnten Sie ihn nicht bewegen, mein Gedicht dem Kaiser zu überreichen? Ginge das nicht? Teilen Sie mir auch mit, bis zu welchem Zeitpunkt ich Ihnen noch schreiben darf; denn wenn Sie Petersburg verlassen, können meine Briefe verlorengehen, und das wäre unangenehm. Ich habe Ihnen schon von meinem Aufsatz über Rußland erzählt. Es ist ein rein politisches Pamphlet daraus geworden. Ich möchte aber aus diesem Aufsatz auch nicht ein einziges Wort streichen. Man wird mir kaum erlauben, die literarische Tätigkeit mit einem Pamphlet, wie patriotisch sein Inhalt auch sein mag, zu beginnen. Der Aufsatz war aber gut, und ich war mit ihm zufrieden. Er interessierte mich außerordentlich. Ich habe aber die Arbeit aufgegeben. Und wenn ich keine Genehmigung bekomme, ihn zu veröffentlichen, warum soll dann meine ganze Mühe umsonst sein? Die Zeit ist mir jetzt zu teuer, als daß ich sie umsonst verschwenden und nur aus bloßem Vergnügen schreiben sollte. Auch die politischen Verhältnisse haben sich verändert. Aus diesem Grunde habe ich einen neuen Aufsatz begonnen: ›Briefe über die Kunst‹. Ihre Majestät die Großfürstin Maria Nikolajewna [1] ist Präsidentin der Akademie der Künste. Ich will um Genehmigung nachsuchen, ihr diesen Aufsatz zu widmen, und ihn dann ohne Namensunterschrift erscheinen lassen. Mein Aufsatz ist die Frucht zehnjähriger Überlegungen. Ich habe ihn bis ins kleinste Detail noch in Omsk durchdacht. Es wird viel Originelles und Leidenschaftliches darin stehen, und für die Ausführung will ich garantieren. Wahrscheinlich werden viele mit mir in verschiedenen Punkten nicht einverstanden sein. Doch ich glaube an meine Ideen, und das genügt mir. Ich will Ap. Majkow bitten, den Aufsatz zuvor zu lesen. In gewissen Kapiteln sind ganze Seiten aus dem Pamphlet enthalten. Der Aufsatz handelt eigentlich von der Bestimmung des Christentums in der Kunst. Wo soll ich ihn aber unterbringen? Wenn ich ihn als Sonderdruck erscheinen lasse, werden ihn höchstens 100 Menschen kaufen, denn es ist kein Roman. Von einer Zeitschrift könnte ich aber Honorar bekommen. Doch der ›Zeitgenosse‹ war mir immer feindlich gesinnt, ebenso ›Der Moskauer‹. Im ›Russischen Boten‹ ist die Einleitung zu einem Aufsatz Katkows über Puschkin erschienen, in dem Gedanken ausgesprochen werden, die den meinigen entgegengesetzt sind. Es bleiben also nur noch die ›Vaterländischen Annalen‹. Ich weiß aber nicht, was jetzt mit dieser Zeitschrift vorgeht. Sprechen Sie also bitte mit Majkow und Ihrem Bruder, ob es eine Möglichkeit gibt, den Aufsatz gegen Honorar erscheinen zu lassen, und teilen Sie mir mit, was man Ihnen darüber sagt; sprechen Sie davon nur so ganz nebenbei. Die Hauptsache ist, daß der Roman, an dem ich jetzt arbeite[2], mir großen Genuß bereitet. Nur mit dem Roman kann ich mir einen Namen machen und die Aufmerksamkeit des Publikums auf mich lenken. Vernünftiger wäre allerdings, mit einem ersten Aufsatz (über Kunst) zu beginnen und um Genehmigung für die Veröffentlichung eines solchen Aufsatzes nachzusuchen; denn heutzutage betrachtet man einen Roman als etwas Minderwertiges. So glaube ich wenigstens. Wenn es eine Möglichkeit gibt, sich um meine Versetzung in den Zivildienst zu bemühen, *und zwar gerade nach Barnaul,* dann lassen Sie das um Gottes willen nicht außer acht. Wenn es Ihnen möglich ist, darüber mit Hasfort zu sprechen, dann reden Sie um Gottes willen mit ihm; wenn es möglich ist, mit ihm nicht nur zu reden, sondern auch etwas zu tun, dann lassen Sie die Gelegenheit nicht außer acht und bemühen Sie sich um meine Versetzung nach Barnaul in den Zivildienst. Das ist der *nächstliegende* und *sicherste* Schritt für mich. Im übrigen bin ich mit Ihnen einverstanden, daß man die Krönungsfeierlichkeiten abwarten muß. Nur der Herrgott weiß, ob *mehr* geschehen wird, als sogar wir erwarten. Die Zeit ist nahe, doch nur Gott weiß, wieviel Wasser inzwischen den Strom hinabfließt. Ich spreche von meinen Verhältnissen, die Sie kennen.

Mein Engel, ich war entnervt und fiebrig, als ich Ihnen und meinem Bruder das letztemal schrieb. In Wirklichkeit war folgendes geschehen: denn jetzt läßt sich die Sache *in vielem* erklären. Mir scheint, daß ich Ihnen nach dem letzten Brief all das schreiben muß. An Fastnacht war ich irgendwo zum Plinsenessen, abends tanzte ich sogar. Auch Sluzkij war anwesend, und wir haben uns des öfteren gesehen (wir sind Bekannte). Über all das und darüber, daß ich mich sogar aufs Tanzen einließ, über einige der hiesigen *Damen,* habe ich an Maria Dmitrijewna geschrieben. Sie stellte sich dann vor, daß ich sie zu vergessen beginne und mich mit anderen amüsiere. Als sie dann die Sache zu deuten anfing, schrieb sie mir, sie sei von dem Gedanken gequält gewesen, ich, ihr letzter und treuer Freund, sei dabei, sie zu vergessen. Sie schreibt, daß sie sich gequält und gegrämt habe, aber mir um nichts in der Welt ihre Melancholie und Zweifel verraten wollte, »lieber gestorben wäre, als ein Wörtchen zu sagen«. Ich verstehe das gut; sie hat ein stolzes, edles Herz. Und deshalb schreibt sie: »Unwillkürlich bin ich Ihnen gegenüber in meinen Briefen erkaltet; beinahe bin ich davon überzeugt, daß ich nicht jenem Menschen schreibe, der mich allein noch vor ganz kurzer Zeit so sehr liebte.« Ich bemerkte die Kälte der Briefe und war davon erschlagen. Plötzlich erzählt man mir, sie wolle heiraten. Wenn Sie wüßten, was dann mit mir geschah! Ich verzehrte mich in Qualen, las nochmals ihre letzten Briefe, und auf Grund ihrer Kälte überkamen mich unwillkürlich Zweifel und dann die Verzweiflung. Ich hatte ihr davon noch nichts schreiben können, als ich von ihr den Brief erhalten hatte, über den ich Ihnen letztesmal schrieb, den Brief, in dem sie von ihrer hilflosen und unbestimmten Lage berichtet und um Rat fragt: »Was soll ich antworten, wenn sich mir ein Mann mit bestimmten Vorzügen hingeben will?« Nach dieser direkten Bestätigung aller meiner Zweifel konnte ich keine Bedenken mehr haben. Alles war klar, und die Gerüchte von der Heirat stimmten, und sie wollte sie vor mir verbergen, um mich nicht zu verdrießen. Zwei Wochen lang verharrte ich in solchen Qualen, in einer solchen Hölle, in einer solchen Erregung des Blutes, daß ich sogar jetzt noch vor Schrecken nicht mehr... [unleserlich] kann. Bei Gott, wie gerne wäre ich dorthin geflohen, um wenigstens eine Stunde mit ihr zu verbringen und dann dort mein Schicksal Schicksal sein zu lassen. Aber ein Schatten der Hoffnung hielt mich zurück. Ich wartete auf ihre Antwort, und diese Hoffnung rettete mich. Nun war folgendes eingetreten: In den Qualen der Eifersucht und Schwermut über den für sie verlorenen Freund, einzig von Gewürm und Dreck umgeben, krank und argwöhnisch, fern von den Ihrigen und fern von jeglicher Hilfe entschloß sie sich, nach einer *eindeutigen Auskunft* zu fragen: in welchen Beziehungen ich zu ihr stünde, ob ich sie vergessen hätte, ob ich der gleiche wie früher sei? Zu diesem Zweck stützte sie sich auf einen bestimmten realen Vorgang und schrieb mir: »Was soll ich auf einen Heiratsantrag antworten?« Hätte ich darauf gleichgültig geantwortet, wäre das ein Beweis dafür gewesen, daß ich sie wirklich vergessen hätte. Als ich diesen Brief von ihr erhalten hatte, schrieb ich ihr einen verzweifelten, schrecklichen Brief, mit dem ich sie zerfleischte, und dann noch einen mit der nächsten Post. Sie war schon die ganze letzte Zeit über krank gewesen, mein Brief versetzte sie in eine einzige Höllenqual. Aber meine Schwermut schien sie doch froh zu machen, selbst wenn sie sich um mich quälte. Die Hauptsache war, sie konnte sich nach meinem Brief überzeugen, daß ich sie wie zuvor grenzenlos liebte. Danach entschloß sie sich dazu, mir alles zu erklären, ihre Zweifel, ihre Eifersucht und ihren Argwohn, und endlich erklärte sie mir, daß sie sich die Idee von der Heirat ausgedacht habe, in der Absicht, mein Herz zu prüfen. Dennoch hatte diese Heirat ihre reale Grundlage. Eine gewisse Person in Tomsk[3] brauchte eine Frau, und als sie von einer Witwe in Kusnezk hörte, dazu noch einer ziemlich jungen Witwe, die, nach dem allgemeinen Urteil, interessant sei – was von den Kusnezker Klatschbasen verbreitet wurde (den Nattern, die sie unaufhörlich beleidigen) –, machte ihr diese Person aus Tomsk einen Heiratsantrag. Sie lachte der Kusnezker Heiratsvermittlerin ins Gesicht und meinte, sie würde keinen Hiesigen heiraten, und man möge sie nicht weiter belästigen. Die aber ließen nicht ab; Gerüchte setzten ein, Andeutungen, Ausfragereien: mit wem sie denn da so häufig korrespondiere? Sie hat dort eine einzige, einfache, aber gütige Beamtenfamilie, die sie liebt. Sie erzählte dann auch der Frau des Beamten, falls sie heirate, dann nur den Mann, der sie verehre und ihr beinahe seine Hand angeboten hätte. (Sie spielte dabei, ohne meinen Namen zu nennen, auf mich an.) Sie machte diese Erklärung, da sie wußte, daß es gute Leute waren, die sich zurückhalten und nicht überall herumposaunen, was sie wissen; auf diese Weise wollte sie weitere Anträge unterbinden, falls man erfahre, sie habe schon einen Verlobten, und nicht mehr belästigt werden. Ich weiß nicht, ob ihre Rechnung aufging, aber der Sohn Peschechonows, der dort diente, schrieb an seinen Vater, Maria Dmitrijewna wolle heiraten, und der verbreitete nun seinerseits dieses Gerücht in Semipalatinsk, so daß ich auf diese Weise eine Zeitlang überzeugt war, für mich sei die ganze Sache zu Ende. Aber, mein lieber Freund! Wenn Sie wüßten, in welch trauriger Lage ich mich jetzt befinde. 1. ist sie krank; die ganze Abscheulichkeit von Kusnezk quält sie, vor allem – sie fürchtet sich und ist argwöhnisch; ich bin auf jeden Namen eifersüchtig, den sie in ihren Briefen erwähnt. Sie hat Angst, nach Barnaul zu fahren: Was, wenn man sie dort als Bittstellerin ungern und stolz aufnähme? Ich will sie vom Gegenteil überzeugen. Sie meint, die Reise wäre zu teuer, und in Barnaul brauchte man eine neue Wohnungseinrichtung. Das stimmt. Ich schreibe ihr, ich wolle alle Mittel aufwenden, um sie mit ihr zu *teilen*, sie fleht mich bei allen Heiligen an, dies zu *unterlassen*. Sie wartet auf die Antwort aus Astrachan, wo ihr Vater bestimmt, was sie tun soll: in Barnaul bleiben oder nach Astrachan fahren. Sie meint, wenn der Vater wolle, daß sie zu ihm komme, wolle sie das tun, und bittet zugleich: dem Vater ja nicht zu schreiben, daß ich um ihre Hand bitte, und ihm auf jeden Fall meine jetzigen Umstände vorzuenthalten. Für mich ist all das schwer und traurig, eine Hölle ist das. Wenn nur die Krönungsfeier schneller käme und sich irgendwas Gewisses in meinem Schicksal entschiede, dann würde sie sich beruhigen. Begreifen Sie jetzt meine Lage, mein guter Freund? Wenn doch nur Gerngroß dran teilnähme. Wahrhaftig – manchmal meine ich überzuschnappen!

An A. J. Wrangel

Semipalatinsk, 14. Juli 1856
Ich beeile mich, Ihnen mit der ersten Post zu antworten, mein bester, unschätzbarer Alexander Jegorowitsch. Und schon lange warte ich auf wenigstens eine Zeile von Ihnen! Ich mache Ihnen keinen Vorwurf; Sie sind mir immer ein Bruder gewesen; ich fühle und weiß das. Aber wenn Sie wüßten, wie nötig ich ihre freundschaftliche Teilnahme habe, Ihre Erinnerung an mich während dieser ganzen Zeit. Tausendmal habe ich mich schon darangemacht, Ihnen selbst zu schreiben; doch zugleich fürchtete ich, daß Sie währenddessen zu uns abreisen würden und mein Brief Sie nicht erreichen könnte. Indessen, was hätte ich Ihnen auch schreiben können? Man kann doch nichts zu Papier bringen, *was* in einen Brief *gehört*. So ist es auch jetzt. – Ich danke Ihnen nochmals, das 100. Mal für all Ihre Bemühungen um mich. Danken Sie auch den beiden Totleben. Sie können sich nicht vorstellen, mit welcher Begeisterung ich das Verhalten mir gegenüber betrachte, das Verhalten solcher Menschen wie Sie und die beiden! Was habe ich denn für Sie getan, daß Sie mich so lieben? Was habe ich den beiden, den edlen Seelen, Gutes getan? Der Herrgott möge Sie alle segnen! Und so kann ich mich jetzt fest darauf verlassen, doch... es ist schon spät!...
Ich war *dort*, mein guter Freund, ich habe sie gesehen! Wie das geschah, kann ich bis heute noch nicht begreifen! Ich hatte ein

Visum bis Barnaul, nach Kusnezk riskierte ich es so, doch ich war dort! Aber was soll ich Ihnen schreiben? Ich wiederhole es nochmals: Kann man denn irgend etwas auf einem Fetzen Papier schreiben! Ich habe sie gesehen! Was für eine edle, was für eine engelsgleiche Seele! Sie weinte, küßte meine Hände, aber sie liebt einen andern. Ich verbrachte dort zwei Tage. In diesen zwei Tagen *erinnerte sie sich an das Vergangene,* und ihr Herz wandte sich wiederum mir zu. Ob ich recht oder unrecht habe, wenn ich so rede, ich weiß es nicht! Aber sie sagte mir: »Weine nicht, sei nicht traurig, noch ist nicht alles entschieden; du und ich und kein anderer!« Das sind genau ihre Worte. Ich verbrachte dort weiß nicht was für zwei Tage, das waren unerträgliche Leiden und Glückseligkeit! Gegen Ende des zweiten Tages reiste ich *voller Hoffnung* ab. Es ist aber eine ganz und gar wahrscheinliche Sache, daß die Abwesenden immer schuldig sind. So ist es auch gekommen! Brief auf Brief, und wiederum sehe ich, daß sie sich grämt, weint und ihn von neuem mehr liebt als mich! – Ich will nichts sagen, Gott sei mit ihr! Ich weiß noch nicht, was ohne sie mit mir sein wird. Ich werde verloren sein, aber auch sie ist verloren. Können Sie sich denn vorstellen, mein unschätzbarer und letzter Freund, was sie tun wird und wofür sie sich entscheidet, mit ihrem ungewöhnlichen, grenzenlosen gesunden Menschenverstand! Sie ist 29 Jahre alt; gebildet, klug, sie hat die Welt gesehen und kennt die Menschen, sie hat gelitten und sich gequält, ist in den letzten Jahren ihres Lebens in Sibirien krank geworden, suchte [...] das Glück, eine eigenwillige, starke [...] Frau, und nun ist sie bereit, einen Jüngling von 24 Jahren zu heiraten, einen Sibirjaken, der nichts gesehen hat, nichts weiß, kaum gebildet ist, den 1. Gedanken seines Lebens hat, während sie vielleicht ihren *letzten Gedanken* erlebt, einen Mann ohne Bedeutung, ohne Schicksal in dieser Welt, ohne [...], einen Lehrer in einer Distriktschule, der 900 Papierrubel Gehalt in Aussicht hat (sehr bald). Sagen Sie doch, Alexander Jegorowitsch, wird sie sich danach nicht nochmals zugrunde richten? Wie kann man denn im Leben mit so verschiedenen Charakteren einander näherkommen, mit so verschiedenen Lebensanschauungen, mit so verschiedenen Bedürfnissen. Und wird er nicht durch sie [...] in der Folgezeit, nach einigen Jahren, wenn sie noch [...], wird es nicht er sein, der ihren Tod herbeiführt! Was wird ihr in der Armut zustoßen, mit einem Haufen Kinder und dazu verurteilt, in Kusnezk zu leben? Wer weiß, wie weit die

Streitereien gehen werden, die ich als unausbleiblich für die Zukunft vorhersehe: denn mag er auch ein idealer Jüngling sein, so ist er dennoch kein gefestigter Mensch. Aber er ist nicht nur nicht ideal, sondern auch [...]. Alles kann später geschehen. Was wird geschehen, wenn er sie mit einem niederträchtigen Vorwurf beleidigt, wenn [...], daß sie auf seine Jugend spekuliert habe, das Leben habe wollüstig verschlingen wollen, und ihr, ihr, was ist dann mit ihr! Dem reinen, schönen Engel, der sich das vielleicht alles anhören müßte! Was wäre dann? Könnte das nicht alles vorkommen? Etwas ähnliches wird bestimmt geschehen; und Kusnezk? Überreden! [...] mein Herz zerreißt dabei. Ich liebe ihr Glück mehr als mein eigenes. Ich habe mit ihr über all das gesprochen, das heißt alles konnte ich nicht sagen, aber den 10. Teil. Sie hörte mich an und war verblüfft. Doch bei Frauen gewinnt sogar das Gefühl über die Offenkundigkeit des gesunden Menschenverstandes die Oberhand. Meine Beweise brachen vor ihrem Gedanken, warum ich ihn denn attackiere und Gelegenheit suche, ihm zu schaden, zusammen! (Gott steh ihr bei) und als ich ihn verteidigte (daß er sozusagen nicht ein solcher Mensch sei), konnte ich sie durch nichts überzeugen, sondern hinterließ bei ihr Zweifel: sie weinte und quälte sich ab. Ich begann es zu bedauern, und dann wandte sie sich ganz mir zu – und bedauerte mich! Wenn Sie wüßten, was das für ein Engel ist, mein Freund! Sie haben sie niemals richtig gekannt; eine jede Minute von neuem etwas Originelles, vernünftig Gedachtes, Geistreiches, aber auch Paradoxes, unendlich Gutes, wahrhaft Edles – sie hat ein ritterliches Herz: sie wird sich zugrunde richten. Sie kennt sich nicht, aber ich kenne sie! Auf Grund ihrer Aufforderung entschloß ich mich, *ihm* alles zu schreiben, meine ganze Betrachtung der Dinge; denn beim Abschied hatte sie sich mit ganzem Herzen wieder völlig mir zugewandt. Ihm bin ich auch nahegekommen: er weinte bei mir, aber er kann auch nichts anderes als weinen! Ich kannte meine falsche Lage; denn fange ich an, ihnen abzuraten, die Zukunft auszumalen, werden beide sagen: Er bemüht sich im eigenen Interesse und erfindet die Schrecken der Zukunft vorsätzlich. Dazu kommt, daß er bei ihr ist, und ich bin weit weg. So ist es auch gekommen. Ich schrieb ihm und ihr gemeinsam einen langen Brief. Ich legte alles dar, was infolge der ungleichmäßigen Ehe eintreten könnte. Nun widerfuhr mir genau dasselbe, was Gil Blas mit dem Archevêque de Grenade zustieß, als er ihm die Wahrheit sagte. In ihrer Antwort verteidigte sie ihn leidenschaftlich, so als wäre ich über ihn hergefallen. Und er, ganz und gar nach Kusnezker Art und *dumm*, faßte es persönlich und beleidigend auf, was als meine freundschaftliche, brüderliche Bitte gedacht war (er hatte ja selbst bei mir um Freundschaft und Bruderschaft gebeten), darüber nachzudenken, was er haben will, ob er die Frau nicht um seines Glückes willen zugrunde richte; denn er sei 24, sie aber 29 Jahre alt, er habe kein Geld, das Ungewisse in der Zukunft und das ewige Kusnezk. Stellen Sie sich vor, durch all das fühlte er sich beleidigt; außerdem brachte er sie gegen mich auf, indem er einen meiner Gedanken in verdrehter Weise vorlas und sie davon überzeugte, er verletze sie. Mir schrieb er eine schmähliche Antwort. Ich denke doch, er hat ein schlechtes Herz! Sie dagegen will sich nach dem 1. Aufflammen schon wieder versöhnen und schreibt mir selbst, wiederum lieb und zärtlich, bevor ich noch dazu gekommen war, mich vor ihr zu rechtfertigen. Wie das enden wird, weiß ich nicht, doch sie wird sich zugrunde richten, und mein Herz wird erstarren. Glauben Sie oder glauben Sie mir nicht, Alex. Jegor., ich sage es Ihnen wie dem Herrgott, doch ihr Glück ist mir teurer als mein eigenes. Ich bin wie ein Geistesgestörter, im vollen Sinn des Wortes, diese ganze Zeit über bin ich das. Wir haben die Paraden hinter uns, und ich bin seelisch und körperlich zerquält, wandere wie ein Schatten. Die Seele kann nicht aufleben, und sie wird niemals mehr aufleben. Von Ihnen dachte ich wenigstens eine Zeile zu erhalten (ich bin doch ganz allein), und Sie schweigen; nur der Herrgott weiß es jetzt, ob wir uns sehen oder nicht! Um Gottes willen, lassen Sie mich nicht im Stich! Was kostet es denn Sie, zwei, drei Worte zu kritzeln? Schreiben Sie mir per Post, ich flehe Sie an. Sie sind doch mein Freund und Bruder, nicht wahr? Womit das alles enden wird, weiß ich nicht. Wenn man nur das Herz herausreißen und begraben könnte und alles mit ihm! – Um Gottes willen schreiben Sie möglichst bald von Ihrem Schicksal: Kommen Sie oder kommen Sie nicht? Ich wage nicht, Ihnen etwas zu raten; Sie wissen es selbst. Aber unterrichten Sie mich um Gottes willen recht bald. Sie schreiben von [...] und fragen um Ratschläge [...] ich weiß! [...] offensichtlich, es ist ein schlechtes Zeichen! Gleichgültigkeit wäre besser! Von Demtschinskij habe ich gehört, daß Andr. Rodion.[1] ihm sagte, X. wolle im Winter angeblich ins Ausland fahren. Stimmt das? Was wollen Sie dann tun? – Schreiben Sie Maria Dmitrijewna, was Sie wollen! Wenn

Sie wüßten, mit welchem Gefühl und welcher Achtung sie von Ihnen spricht. Aber Sie haben sie niemals richtig gekannt! Wegen Pascha habe ich Sluzkij und andere Leute gebeten, sich in Omsk darum zu bemühen, ja, auch noch wegen einer Unterstützung (der Vater vergißt sie auch nicht und hilft). Die Sache mit der Unterstützung geht voran. Sluzkij war so gefällig und antwortete mir gerade unwahrscheinlich höflich. Er hat alles getan, was er konnte. Bezüglich Pascha schreibt er, es gebe derzeit keine freien Stellen, und nur der Kaiser könne einen Außeretatmäßigen bestätigen, man werde ihn aber in die Kandidatenliste eintragen. Bemühen Sie sich um Gottes willen bei Hasfort, vielleicht gibt es noch eine Hoffnung, ihn in diesem Jahr aufzunehmen. Noch eine außerordentliche Bitte an Sie. Um Gottes willen, um des himmlischen Reiches willen, weisen Sie mich nicht ab. *Sie* darf nicht leiden. Wenn sie ihn schon heiratet, dann muß wenigstens Geld da sein. Dazu braucht *er* eine Stellung, man müßte ihn irgendwohin versetzen. Er bekommt jetzt 400 Papierrubel Gehalt und bemüht sich darum, das höhere Lehrerexamen zu machen, in Kusnezk. Danach bekommt er 900 Rub. Ich weiß noch nicht, was man für ihn tun kann, ich will darüber später schreiben. Aber nun erzählen Sie Hasfort etwas von ihm (daß er ein verdienter junger Mann sei, ein großartiger Mensch mit Fähigkeiten; loben Sie ihm um alles in der Welt, daß Sie ihn kannten; daß es nicht schlecht wäre, ihm eine höhere Stelle zu geben). Er hat anscheinend eine Schulklasse. Wenn Sie bei Hasfort in Gnaden sind, dann sagen Sie mir um Gottes willen, was Sie das kostet. Schreiben Sie auch etwas über ihn an Gerngroß. Ich will Ihnen noch schreiben und sagen, was im einzelnen; vorläufig machen Sie nur bei einer zufälligen Begegnung mit Hasfort eine Bemerkung. Er heißt Nikolaj Borisowitsch Wergunow. Er stammt aus Tomsk. – Dies alles ist *für sie, allein für sie*. Daß sie wenigstens nicht in Armut lebe, wenigstens das ! – Bei Gott, ich weiß es nicht, wer gegen Sie in Omsk intrigiert hat. Alle haben hier davon gesprochen; aber niemand weiß Genaueres. Vor einem Monat jedoch kam das Gerücht auf, Sie seien als Rat in Barnaul *bestimmt* worden, was so auf den ersten Blick außerordentlich wahrscheinlich klingt. Ist es so? Schreiben Sie mir um Gottes willen recht bald. Sie schreiben hierher manchen Leuten häufig darüber, daß man Ihnen Stellungen anbiete, daß Sie eine Bekanntschaft gemacht haben und dergl. Man betrachtet das hier ironisch, alle tun das offenbar, und deshalb warne ich Sie, schreiben Sie nicht in der Art und Weise. Alle erstaunt es, daß Sie nach Sibirien fahren, während man Ihnen doch in Petersburg viele Versprechungen macht, und weil man nicht begreift, aus welchem Grunde *Sie* es tun, meint man, Sie prahlen. Lamot lächelte sogar höchst ironisch, als er von Ihnen sprach, und Demtschinskij meint, beim Lesen Ihrer Briefe müsse man die Uniform anlegen. Spucken Sie auf alles. Schreiben Sie den Leuten, doch ohne ihren kleinlichen Ehrgeiz zu verletzen. Von den Gornyjs bin ich nur mit Pischko und Samojlow bekannt geworden; gute Menschen; die übrigen habe ich nicht angetroffen, Gerngroß habe ich unterwegs verfehlt. Sollte man mich befördern, dann wünsche ich mir, nach Barnaul versetzt zu werden. Wenn es anderswohin und gar nach Rußland sein sollte, desto besser. Um Christi willen vergessen Sie mich nicht.

Ich habe noch eine äußerst wichtige Bitte an Sie. Wenn Sie können, so tun Sie es, wenn nicht, ist auch nichts verloren. – Mein Freund, wenn man mich überhaupt und gar im August befördert, brauche ich Geld, ich habe es arg, arg nötig, zum Halsabschneiden nötig. Sie werden es mir nicht glauben, wieviel mich meine Expeditionen gekostet haben, und ich will eine weitere riskieren. Ich habe bis zu 1000 Silberrubeln Schulden. Ich lebe arm, doch die Ausgaben sind außerordentlich hoch. Ich brauche, das fühle ich, (für jeden Fall) Geld, ich brauche es sehr notwendig. Jetzt gerade steht mir das Wasser bis zum Hals. Flehen Sie meinen Bruder an (den ich Sie ohne Ende zu küssen bitte), daß er mir möglichst bald Geld schickt. Sie aber bitte ich um folgendes: Wenn Sie wirklich die Hoffnung und Überzeugung haben, daß man mir die Druckerlaubnis gibt (doch nur in diesem Fall), dann leihen Sie sich um Gottes willen 300 Silberrubel bis Januar (da Sie ja selbst bestimmt keine haben). Wenn man mir mal zu veröffentlichen erlaubt, dann werde ich nicht nur solche Summen im Januar zurückbezahlen können. Ich will Sie nicht kompromittieren. Nur wenn Sie jemanden haben, bei dem Sie borgen können. Doch wenn es Ihnen schwerfällt, dann brauchen Sie sich nicht zu bemühen, denn es ist mühsam, Geld zu borgen. Leihen Sie sich das Geld um Gottes willen nicht bei X., denn das wäre für mich schon ein viel zu großes Opfer Ihrerseits. Sollten Sie Geld aufnehmen, so überweisen Sie es an Lamot. Verzeihen Sie mir um Gottes willen derartige Bitten. Denn 1. kenne ich in dieser Hinsicht Ihre Verhältnisse nicht, und 2. bin ich selbst wie verrückt. Um Gottes willen denken Sie nicht Schlimmes. Leben

Sie wohl, ich will bald wieder etwas schreiben. Schreiben Sie um Gottes willen recht bald über alles. Vergessen Sie mich nicht. Ihr.

Ich umarme Sie und meinen Bruder zahllose Male. Den anderen Grüße. Verbergen Sie nichts vor mir.

An A. J. Wrangel

Semipalatinsk, 9. November 1856

Ich habe Ihren Brief, mein unschätzbarer Freund, Alexander Jegorowitsch, noch am 30. Oktober erhalten und Ihnen, wegen besonderer Umstände, nicht sofort mit der ersten Post geantwortet. Ich hatte damals eine Reise nach Barnaul im Kopf und wollte Ihnen von dort schreiben, nachdem ich X.[1] gesehen hätte, und das hätte natürlich den Brief für Sie interessanter gemacht. Doch meine Reise ist bis jetzt noch nicht zustande gekommen, aber ich bin fast überzeugt, daß sie in der kommenden Woche klappt, wenn man mir, wie versprochen, das Geld schickt. Ich werde Ihnen dann aus Barnaul schreiben, und diesen Brief können Sie in sehr kurzer Zeit erwarten. Aber den Brief, den ich jetzt schreibe, halten Sie lieber für gar keinen Brief, vielmehr für einige Zeilen, damit ich Ihnen wenigstens rascher etwas als Antwort schreibe. Wären Sie hier, so könnte ich Ihnen, mein unvergeßlicher Freund, selbst in einer Woche nicht alles mitteilen, was ich mit Ihnen bereden möchte.

Sie schreiben mir, ich sollte außer unserem grenzenlos gnädigen Monarchen auch Totleben und Seiner Kaiserlichen Hoheit, dem Prinzen von Oldenburg, danken. Ich danke ihnen allen aus heißem Herzen, und wenn Sie Totleben sehen, so sagen Sie ihm, ich hätte keine Worte, um ihm meine Dankbarkeit auszusprechen. Mein ganzes Leben werde ich sein edles Verhalten zu mir in Erinnerung behalten. Doch mein Herz ist gerecht: Wären Sie nicht gewesen, mein teurer Freund, hätten Sie sich nicht für mich bemüht, so wäre, davon bin ich überzeugt, meine Angelegenheit längst nicht so rasch vorwärtsgekommen. Gott hat Sie mir geschickt. Ich danke Ihnen und umarme Sie ganz fest. Sie wissen, daß ich Sie liebe.

Jetzt will ich Ihnen in kurzen Worten sagen (wenn ich auch viel darüber reden möchte, aber alles kann man doch nicht aufs Papier bringen): Sie werden niemals begreifen, mein Unschätzbarer, in welchen Kummer, in welche Schwermut Sie mich durch Ihr langes Schweigen gebracht haben! Mein Freund, ich verstehe sehr wohl die moralische Gemütsverfassung, in der man nicht zur Feder greifen will, noch dazu, um dem zu schreiben, der fähig wäre, uns zu verstehen, mit einem Wort, mir zu schreiben, einem Menschen, vor dem Sie fast nie Geheimnisse hatten. Die Ankunft von X. in Barnaul, als damals das Gerücht ging, sie bliebe den ganzen Winter in P., bedrückte mich. Ich wußte sehr gut, daß ihre Ankunft und Abreise nicht ohne Einfluß auf Sie bliebe. Ich habe fast alles im voraus erraten, worüber Sie mir schrieben. Aber mir waren solch merkwürdige Gedanken gekommen, solche Verdächtigungen und Rätsel, was Ihre Beziehungen zu X. betrifft, daß ich mich in tiefstem Kummer und tiefer Furcht um Sie befand. Hier war bekannt geworden, daß Sie schon für die Expedition bestimmt worden seien; ich war aber davon überzeugt, daß Sie noch in Petersburg waren. – »Weshalb schreibt er denn nicht?«, das war die Frage, die ich mir täglich stellte. Doch ich schwöre Ihnen, daß ich trotzdem keinen Augenblick an Ihrer Freundschaft zweifelte oder gedacht hätte, Sie hätten mich vergessen. Sie haben sie bewiesen, indem Sie mir Ihr Porträt schickten (das ich im übrigen bis heute noch nicht erhalten habe). Doch, mein Freund, ich verstehe diese Erregung des Geistes, wenn man die Wunde im Herzen nicht von neuem aufreißen will, indem man darüber mit einem andern spricht. Aber konnten Sie mir wirklich nicht einmal zwei Zeilen schreiben? Der andere Grund, den Sie mir als Erklärung für Ihr Schweigen angeben (nämlich: daß *Sie keine einzige meiner Bitten erfüllt hatten*), ist mir völlig unverständlich. Ich hatte Sie als Freund und Bruder um Geld gebeten, und zwar zu der Zeit, wo einem nur noch die Schlinge oder ein entschlossener Schritt übrigbleiben. Ich hatte mich zu der Bitte entschlossen, obgleich ich wußte, daß ich Ihnen mit meiner Bitte zur Last fallen könnte, aber hätten Sie sich in Verhältnissen befunden, die den meinen ähnlich gewesen wären, und hätten Sie ein äußerstes Risiko für sich gefordert, ich hätte es auf mich genommen. Ich fühlte das, und so entschloß ich mich, ohne Gewissensbisse zu haben, Sie zu beunruhigen (hätte ich hier nicht Geld aufgetrieben und Schulden gemacht, ich wäre verloren gewesen, so nötig war mir das Geld, nicht für meine Existenz, sondern für meine *Absichten*. Sie wissen aus meinen früheren Briefen, in welcher Gemütsverfassung ich mich befand. Wie konnte es sein, daß ich bisher noch nicht verrückt geworden bin!). Doch wenn Sie, bester Alexander Jegorowitsch, selbst nichts hatten, um mir zu helfen (was zweifellos stimmte, denn Sie haben mich niemals im Stich gelassen) – so sagen Sie mir doch um Gottes willen, warum Sie mir nicht einfach geschrieben haben: *Nein* oder *Ich kann nicht* (wenn die Unmöglichkeit, mir zu helfen, einer der Gründe Ihres Schweigens war)? Wäre ich denn wirklich nicht fähig gewesen zu begreifen, daß es natürlich die *Unmöglichkeit* war, die Sie zwang, meinen Wunsch unerfüllt zu lassen, und nicht der Mangel an Freundschaft? Und welches Recht hätte ich dann gehabt, Ihnen zu zürnen, weil Sie mir das Geld nicht schickten (ich bin Ihnen ja ohnehin bis über die Ohren verschuldet, – Ihnen, der Sie für mich der geliebte, teure Bruder waren und sind, denn nach all dem, was Sie für mich getan haben, erlauben Sie mir doch, Sie so zu nennen). Schließlich war mein Kummer um Sie in der letzten Zeit ganz unerträglich geworden (außerdem war ich in letzter Zeit oft krank). Ich bildete mir auch ein, daß Ihnen etwas Tragisches zugestoßen sei, in der Art dessen, worüber wir einst gesprochen haben. Und es war auch niemand da, der auch nur die kleinste Nachricht von Ihnen hätte überbringen können. Endlich kam Ihr Brief und klärte viele Mißverständnisse auf, viele, aber nicht alle. Mein Freund, ich bin sogar froh, wenn es mir auch bitter ist, die wunde Stelle in Ihrem Herzen zu berühren, froh darüber, daß Gott Sie zu einer Trennung von X. gebracht hat. Die Beziehungen zu ihr haben schließlich einen für Sie geradezu beunruhigenden Aspekt angenommen. Vielleicht hätten Sie sich zugrunde gerichtet. Mein Gott! Wie neugierig bin ich nun, endlich einmal X. zu sehen; (das wird bald geschehen, und seien Sie überzeugt, daß ich Ihnen, mein Unschätzbarer, alle meine Eindrücke bei einem Zusammentreffen mit ihr mitteile, und zwar bis zur letzten Schattierung). Was soll ich Ihnen sagen? Soll ich Sie etwa mit Worten trösten? O mein Freund, niemand kann Ihren Kummer besser begreifen als ich, der ich, *wie Sie, leide.* Ja und wen trösten? Sie haben ein solches Herz, um von trostreichen Worten wieder heil zu werden. Die Zeit, ja, die Zeit ist es, die alles heilt (ich sage es und glaube es, aus eigener Erfahrung, selbst nicht). Sie werden den ganzen Winter über in Rußland bleiben. Stürzen Sie sich in irgend etwas, in irgendwelche Erregungen, aber um Christi willen, um Gottes willen, schreiben Sie mir öfters, wenigstens ein paar Zeilen, ja, schreiben Sie. Wie gerne ich Sie sehen würde, aber wann? Wann wird das sein! Sie fragen nach meinen Beziehungen zu M. D.[2] Wenn Sie etwas von mir erfahren wollten, so ist es gerade diese Frage, denn M. D. bedeutet wie früher *alles* in meinem

Leben. Ich habe alles hingeworfen, ich denke an nichts außer an sie. Die Beförderung zum Offizier machte mich, wenn überhaupt, nur aus dem Grund froh, weil es mir gerade dadurch möglich ist, sie früher zu sehen. Ich hatte kein Geld und bin noch nicht zu ihr gefahren. Der Bruder läßt mich darauf hoffen. Ich erwarte es in der nächsten Woche und mache mich sofort auf den Weg. Der *Vater* hat versprochen, sie für 15 Tage zu beurlauben. Bis zum Wahnsinn liebe ich sie [...] [Die folgende Zeile ist nicht zu entziffern. – Anm. d. Hrsg.] [...] ins Grab würde es mich bringen oder buchstäblich zum Selbstmord, wenn ich sie nicht sehen könnte [...] Schütteln Sie nicht den Kopf, verurteilen Sie mich nicht! ich weiß, daß ich in vielen meiner Beziehungen zu ihr nicht vernünftig handle, da ich ja fast keine Hoffnung habe – doch ob ich Hoffnung habe oder keine, mir ist das gleich. Ich denke über nichts mehr nach. Ich möchte sie nur sehen, nur hören möchte ich sie! Ich unglückseliger Irrer! Liebe in dieser Form ist Krankheit. Ich fühle das. Ich bin wegen der Reise in Schulden geraten; (ich versuchte noch einmal zu fahren, kam aber nur bis Smiew, weiter nicht). Jetzt will ich wieder fahren, ich ruiniere mich, aber was kümmert mich das! Um Christi willen, zeigen Sie diesen Brief nicht dem Bruder. Ich bin vor ihm bis in alle Ewigkeit schuldig. Er ist arm, hilft mir aus letzten Kräften, und ich verschleudere hier das Geld auf diese Weise. Ich habe auch Sie gebeten – entweder ertrinken oder sich befriedigen. Meine Beziehungen zu ihr sind dieselben. Jede Woche Briefe, lange Briefe, voll aufrichtigster, äußerster Anhänglichkeit. Doch sie nennt mich in ihren Briefen oft Bruder. Aber sie liebt mich doch. Allein, daß ich mal in Kusnezk war, hatte bewirkt, daß sie beinahe zu mir wieder *zurückgekehrt* wäre. O, wünschen Sie nicht, daß ich auf diese Frau und diese Liebe verzichte. Sie war das Licht meines Lebens. Sie erschien mir in der traurigsten Zeit meines Geschicks und erweckte meine Seele zum Leben. Sie belebte in mir die ganze Existenz, weil ich ihr begegnet bin. Doch wüßten Sie nur, was das für ein Engel ist, was für eine Seele! Was für ein Herz! Die Arme, sie muß ein grausames Los erdulden! Das Leben in Kusnezk ist furchtbar. Sie bemüht sich darum, den Sohn ins Corps zu bringen. (Ich habe Sluzkij darum gebeten, schriftlich, und er versprach mir, alles zu tun, was ihm möglich ist), sie bemüht sich um eine finanzielle Unterstützung, lebt von den winzigen Beträgen, die ihr der Vater schickt, still, bescheiden, zart, und das ganze elende Nest zwang sie dazu, sie zu achten. Das ist ein fester, starker Charakter. Ihre Ehe mit jenem (dem andern) ist offensichtlich ganz unmöglich, materiell unmöglich (er hat 300 Rub. Gehalt), und sie möchte ihn nicht belasten. Über all das schreibe ich Ihnen dann aus Barnaul. –

Mein Freund, Sie fragen mich, welchen Wunsch ich hätte, den man für mich erbitten soll? Und sagen auch, daß man mich nach Rußland versetzen könnte. Aber, mein Freund, die Gnade unsres Engels von Zaren ist grenzenlos, und ich weiß, daß ich, selbst wenn ich nicht diente, in einem Jahr, in zwei Jahren ohnehin endgültig zurückkehren darf. Die Versetzung in die Armee ist auch dadurch noch schlimm, daß ich in jedem Fall ein schlechter Offizier bin, selbst wenn es nur wegen der Gesundheit wäre. Aber man müßte dabei dienen. Wenn ich aber nach Rußland zurückkehren möchte, dann einzig und allein deshalb, um meine Nächsten zu umarmen und erfahrene Ärzte zu befragen, was ich für eine Krankheit habe (Epilepsie), was das für Anfälle sind, die sich immer noch wiederholen und die jedesmal mein Gedächtnis und all meine Fähigkeiten abstumpfen und deretwegen ich fürchte, später den Verstand zu verlieren. Was für ein Offizier bin ich denn? Würde man mich nur aus dem Dienst entlassen – selbst wenn ich noch *eine Zeitlang* hierbleiben müßte –, das ist mein ganzer Wunsch. Geld zum Leben würde ich mir schon beschaffen. Hier wäre ich nicht verloren. Dazu kommt *sie* (*sie* ist die Hauptsache), und schreiben Sie mir deshalb *positiv* (wenn möglich): 1. *kann ich* in allerkürzester Zeit wegen Schwäche meiner Gesundheit ein Gesuch auf Entlassung einreichen (wobei ich in jedem Fall um eine Rückkehr nach Rußland bitte, *um mich mit den Ärzten zu beraten*)?, und 2. kann ich *veröffentlichen* – das ist die *wichtigste* Frage für mich, von der Sie in Ihrem Brief *nichts* schreiben. Aber das ist doch das Mittel zu meiner Existenz und *Karriere,* denn ich *glaube* an mich, hoffe, bekannt zu werden, mir Bedeutung und Teilnahme zu verschaffen und zu guter Letzt Aufmerksamkeit auf mich zu lenken. Und deshalb bitte ich Sie, mir eindeutig und klar zu schreiben: Wenn ich etwas zur Veröffentlichung einsenden würde, in kurzer Zeit, unter meinem Namen (oder unter Pseudonym) – *würde das gedruckt werden?* Um Gottes willen, mein Freund, mein unschätzbarer Bruder, lassen Sie mich nicht im Stich, vergessen Sie mich nicht, und schreiben Sie mir darüber möglichst bald und bestimmt. Im übrigen werde ich erst nach meiner Reise Genaueres wissen, was ich zu erreichen beabsichtige; denn vieles wird gerade auf dieser Reise entschieden werden. Doch jetzt antworten Sie mir vorläufig auf diese 2 Fragen.

So sind Sie also mit Gontscharow bekannt geworden? Wie hat er Ihnen gefallen? Ein Gentleman aus der ›Vereinigten Gesellschaft‹, wo er Mitglied ist, mit der Seele eines Beamten, ohne Ideen, und mit den Augen eines gekochten Fisches, den Gott wie zum Gelächter mit einem glänzenden Talent ausgestattet hat.

Wie leid es mir tut, daß Sie meinem Bruder nicht nahegekommen sind. Das ist der großartigste Mensch, und wahrhaftig, Sie könnten niemanden an der Seite haben, der Sie wärmer lieben würde als er. – Ich lege einen Brief für ihn bei. Übergeben Sie den Brief um Gottes willen möglichst bald, halten Sie ihn nicht zurück. Ich schreibe Ihnen in aller Eile, denn über vieles kann ich noch nichts Positives schreiben; ich wiederhole, *der nächste Brief* wird gleichmäßiger und inhaltsreicher sein.

Über Ihre Sachen und Bücher kann ich Ihnen gar nichts sagen. Stepanow hat *nichts*, das hat er mir selbst gesagt. (Weder den Samowar noch die Kasserolle.) Im Sommer habe ich 4 Kisten gesehen, die Demtschinskij an Ostermejer abschickte. Stepanow meinte, Sie hätten bei ihm nichts zurückgelassen. Demtschinskij sagt, er wisse nicht, was in den Kisten sei. Näheres darüber werde ich in Barnaul erfahren, und was die Bücher betrifft, werde ich mich auch bemühen, alles aufzuführen, worum Sie gebeten haben. Wenn man mir Ihren Koffer ausliefert (den Sie mir schenken), will ich ihn annehmen. Ich danke Ihnen dafür, mein Freund, ohne Ende denken Sie an mich.

Ich danke Ihnen grenzenlos für das Versprechen, mich auszustatten. Ich habe mich aber schon nach Möglichkeit hier ausgestattet (auf Kredit und irgendwie). Es tut mir sehr leid, daß ich Sie nicht eher benachrichtigen konnte; denn Sie haben vielleicht alles schon hierhergeschickt! Ich habe aber ein schlechtes Gewissen, daß Sie so viel Geld für mich ausgegeben haben. Doch auf den Helm, den Kurzsäbel und die Schärpe will ich nicht verzichten, ich bitte sogar darum; denn das (besonders den Helm) kann man sich hier nicht beschaffen.

Von hiesigen Neuigkeiten kann ich Ihnen nichts schreiben. Hier ist alles beim gleichen, es sind alle dieselben (darüber werde ich später schreiben). Mit Demtschinskij stehe ich ziemlich gut (er hilft mir viel hinsichtlich *der Reisen*; denn er wird mich selbst begleiten, da er selbst Herzensangelegenheiten in Smiew hat). Denken

Sie aber um Gottes willen nicht, daß er Sie mir ersetzt habe, Sie wissen ja, was für ein Mensch das ist. Er ist mir aber schrecklich ergeben (ich weiß nicht, weshalb), und ich kann doch nicht umhin, dankbar zu sein. Weshalb er Sie nicht richtig liebt? Im übrigen geschieht das alles bei ihm aus irgendeiner *Eingebung* heraus. Er ist halt ein Dickschädel.

Leben Sie wohl, mein unschätzbarer Freund, schreiben Sie mir möglichst bald, und erwarten Sie von mir in Kürze einen Brief. Ich umarme Sie fest.

Ihr D.

M.D. hat 1000mal nach Ihnen gefragt. Sie ist sehr in Sorge um Sie, soweit sie aus meinem Brief informiert ist. Sie hat Sie außerordentlich lieb und spricht von Ihnen fast mit Andacht. Verehrt Sie bis zur Unendlichkeit.

An M.M.Dostojewskij

Semipalatinsk, 9. März 1857

Es ist nun schon zwei Wochen her, unschätzbarer, teurer Bruder, daß ich mit meiner Frau aus Kusnezk zurückgekehrt bin, und ich habe erst jetzt ein Minütchen gefunden, um Dir zu schreiben. Mein Teurer, mein Lieber, sei mir um Gottes willen nicht böse, daß ich Dir nicht nach der Ankunft mit der ersten Post schreibe. Du bist mir immer im Herzen und im Sinn. Ich liebe Dich, wie man nur einen Menschen lieben kann. Aber natürlich wirst Du, der Du das Leben kennst, mir glauben, daß sich bei mir mit der neuen Ordnung der Dinge so viel Mühen, Sorgen und Geschäfte angehäuft haben, daß ich nicht weiß, ob mir nicht der Kopf bersten wird. Dennoch habe ich dem Onkel und der Schwester schreiben können (auf Grund ihrer eigenen Bitte – *unverzüglich*). Der Onkel hat mir geholfen, und so bin ich für eine Zeitlang versorgt, und danach werde ich auf die Gnade Gottes bauen. Ich werde selbst nicht verflachen und mit noch größerem Eifer arbeiten. Aber Du wirst wohl darüber eine ausführliche Beschreibung verlangen, wie sich meine Angelegenheiten ergeben haben. Ohne in große Einzelheiten zu gehen, will ich Dir im allgemeinen sagen, daß alles zu seinem glücklichen Ende kam. Mein guter Bekannter, auf den ich mich in Erwartung der Hilfe vom Onkel verlassen hatte, half mir und lieh mir 600 Silberrubel auf Jahresfrist (und sogar noch mehr). Überhaupt will ich Dir sagen, mein Freund, daß dies nicht der einzige Mensch war, der an meinen Dingen aufrichtigen Anteil nahm, es waren außer ihm noch viele andere, die das taten. Zwei davon wollten beispielsweise, daß ich unverzüglich Geld von ihnen nehme (ohne jede Frist), ja, sie wollten mit mir streiten, falls ich ihren freundschaftlichen Dienst ablehnte. – Ich war gezwungen, außer den 600 Rub. noch 200 Silberrubel zu leihen, also ganze 800, die ich dann bei der Rückkehr nach Semipalatinsk fast ganz ausgab, das heißt, ich gab schließlich und endgültig runde 700 Silberrubel aus. Vielleicht wirst Du Dich wundern, Bruder, was ich mit dieser Summe alles anstellen konnte? Ich hatte selbst nicht vermutet, daß ich so viel ausgeben würde; aber es gab gar keine andere Möglichkeit, weniger auszugeben. Die Reisevorbereitung, die Ausrüstung für sie und mich (denn sie hatte hinsichtlich des Allernotwendigsten nicht sehr viel) – aber die notwendigste Ausrüstung, man kann wohl sagen, eine ärmliche, die Reise von 1500 Werst, in einer geschlossenen Kutsche (bei ihrer schwachen Gesundheit, bei Frost und schlechten Straßen geht das gar nicht anders), bei der ich rundherum gerechnet für vier Pferde bezahlte, die Hochzeit in Kusnezk, selbst die bescheidenste, Miete und Einrichtung der Wohnung, wenigstens ein bißchen Möbel und Geschirr im Haus und in der Küche – all das hat so viel Geld aufgebraucht, daß man es nicht fassen kann. In Kusnezk habe ich so gut wie niemanden gesehen. Doch sie hat mich dort mit den Besten bekannt gemacht, die sie auch alle verehren. Mein Brautvater war der dortige Kreisrichter mit Frau, die Ehrenbegleiter waren ebenfalls recht ordentliche Leute, einfache und gute Menschen, und wenn man den Priester und noch zwei Familien aus ihrer Bekanntschaft mit einschließt, so waren das alle Hochzeitsgäste. Auf der Rückreise (über Barnaul) machte ich bei einem guten Bekannten halt. – Dort suchte mich das Unglück heim: Ganz unerwartet hatte ich einen epileptischen Anfall, der meine Frau tödlich erschreckte und mich mit Kummer und Gram erfüllte. Der Arzt (gelehrt und erfahren) sagte mir entgegen allen früheren ärztlichen Erklärungen, daß ich die *echte Epilepsie* hätte und bei einem dieser Anfälle erwarten müßte, an einem Spasma der Kehle zu ersticken, und daß ich nicht anders stürbe als auf diese Weise. Ich bat den Arzt inständig um diese ausführliche Offenheit, indem ich ihn beschwor, ein ehrlicher Mensch zu sein. Im allgemeinen riet er mir, mich bei Neumond vorzusehen.

(Jetzt kommt bald Neumond, und ich warte auf einen Anfall).
Nun begreife, mein Freund, welche verzweifelten Gedanken meinen Kopf aufwühlen. Aber was sollte ich denn darüber sagen!
Vielleicht stimmt es auch nicht, daß ich die echte Fallsucht habe. Als
ich heiratete, glaubte ich den Ärzten ganz und gar, die mir ver-
sicherten, daß es sich einfach um nervöse Anfälle handle, die mit
einer veränderten Lebensweise verschwinden können. Hätte ich
mit Bestimmtheit gewußt, daß ich die echte Epilepsie habe, hätte
ich nicht geheiratet. Zu meiner Beruhigung, und weil ich *wirkliche*
Ärzte konsultieren muß, um Maßnahmen zu ergreifen, *muß* ich
unbedingt so rasch wie möglich den Dienst quittieren und nach
Rußland umziehen, aber wie soll ich das machen? Da gibt es nur
eine Hoffnung! Man erlaubt mir zu drucken, ich erhalte Geld und
kann dann umsiedeln. Schließlich und außerdem erschreckt mich
der Gedanke, der Anfall könnte bei der Ausübung des Dienstes
vorkommen. Bei der Wache zum Beispiel, wo ich in einer engen
Uniform stecke – würde ich unbedingt ersticken, nach den Erzählungen der Augenzeugen des Anfalls zu urteilen, die sehen konnten, was mit meiner Brust und Atmung geschah. Doch Gott ist
gnädig, um es Dir das 10. Mal zu wiederholen; begreife doch,
wie wichtig für mich die Möglichkeit zu drucken ist. Meine Frau
brachte ich krank nach Semipalatinsk. Obgleich ich bei der Abreise
alles Menschenmögliche vorbereitet hatte, war doch auf Grund
meiner Unerfahrenheit die Hälfte nicht getan worden, und zwar
weil wir zwei Wochen lang ständig Scherereien hatten. Für diesen
Fall war der Brigadekommandeur eingetroffen. – Inspizierung,
Dienst, mit einem Wort, ich war völlig verschuldet, – verzeih mir
deshalb, daß ich Dir nicht sogleich bei der Ankunft geschrieben
habe. Meine Frau hat sich jetzt wieder erholt. Sie bittet Dich um
Verzeihung, daß sie Dir jetzt nichts schreibt. Sie will auch bald
schreiben. Sie versichert mir, daß sie noch nicht *vorbereitet* sei. Sie
liebt Euch alle grenzenlos. Sie hatte Euch alle auch vordem lieb,
als ich ihr (im Jahre 54) jeden Brief von Euch vorlas und sie alle
Einzelheiten von Euch wußte. Nach meinen Erzählungen verehrte
sie Dich außerordentlich, und immerzu hält sie Dich mir als Beispiel
vor. Sie ist ein gutes und zärtliches Wesen, ein wenig schnell, hastig,
stark sensibel; ihr früheres Leben hat in ihrer Seele krankhafte Spuren hinterlassen. Die Übergänge in ihren Empfindungen sind bis
zur Unmöglichkeit rasch, aber niemals hört sie auf, gut und edel zu
sein. Ich liebe sie sehr, bisher hat sie mich auch lieb, alles geht recht

gut. Nach Erhalt des Geldes vom Onkel (dem ich von ganzem Herzen danke), habe ich einen Teil der Schulden zurückbezahlt; ich habe jetzt etwa 250 Silberrubel in der Kommode; aber wir müssen ja wenigstens bis zu der Zeit leben, wo ich die Druckerlaubnis erhalte, und deshalb bin ich froh, daß wir wenigstens für diese Zeit versorgt sind. An die Zukunft glaube ich irgendwie blind. Wenn mir nur Gott die Gesundheit gibt. Es ist ein erstaunliches Ding: aus schwerem Unglück und schwerer Prüfung trug ich ungewöhnliche Munterkeit und Selbstvertrauen davon. Vielleicht ist auch das vom Übel. Gebe Gott, daß ich so viel Vernunft habe, um nicht unnütz Selbstvertrauen zu haben. Aber mach Dir keine Sorgen und gräme Dich nicht um mich. Es wird alles gut werden. Aber ich gräme mich stark um Dich, mein unschätzbarer, teurer Freund, mein guter, edler Bruder! Deinen Brief habe ich erhalten, ich danke Dir für Deine Sendungen (sie sind noch nicht angekommen), aber, mein Freund, mir war so schwer zumute, als ich von der Last Deiner Verhältnisse las, was Du für uns ausgegeben hast! Ich danke Dir 1000mal, und meine Frau weiß nicht, wie sie Dir danken soll. Aber, mein Engel, Deine Angelegenheiten sind immer noch nicht in Ordnung gekommen! Sie machen mir entschieden Angst. Du setzt auf Zigarren; was nun, wenn sie nicht gehen! und das kann doch so leicht passieren. Mir scheint der wichtigste Mißstand der hohe Preis Deiner Zigarren zu sein. Doch ich kenne mich da nicht aus. Gott steh Dir bei, steh er Dir bei! Stehe diese Krise durch und riskiere um Christi willen nicht mehr; nimm Dir nicht zuviel vor, gehe Schritt für Schritt, das ist stabiler. Doch was ist mit Schwester Sascha? Was ist es denn, das uns alle erröten läßt? Ausgesprochen erröten! Denn in unsrer Familie sind doch alle edel und großmütig. Gegen wen ist sie so grob eingestellt? Ich habe mich schon längst gewundert, daß sie, die jüngste Schwester, mir niemals einige Zeilen schreiben wollte. Doch nicht etwa deshalb, weil sie die *Frau* eines *Oberstleutnants* ist? Aber das ist doch dumm und zum Lachen. Schreib mir um Gottes willen mehr und ausführlicher über sie. – Schade, daß ich in Eile bin, sonst würde ich Dir selbst mehr und ausführlicher schreiben. – Ich stelle Dir jetzt eine Frage. Ich hatte Dich, mein Lieber, schon einmal nach dem Los des *Kindermärchens* gefragt. Sag mir *positiv* (und ich flehe Dich darum an), ob man es allen Ernstes drucken wollte? Wenn ja, hatten sie etwas versucht, und wenn sie es nicht versucht hatten, warum dann eigentlich? Teile mir all das um Gottes willen mit. Diese meine Bitte ist die Antwort auf Deine Vermutung, daß man mir nicht zu veröffentlichen verbietet. Gib zu, daß das Schicksal dieser kleinen Sache (das Kindermärchen) in vieler Beziehung für mich interessant wäre.

Mein Freund, wie leid tut es mir um den armen Butkow! Und so zu sterben. Wie habt Ihr wohl geschaut, als man ihn im Krankenhaus sterben ließ! Wie traurig das ist!

Lebe wohl, mein Engel. Grüße alle, die sich meiner erinnern; ich denke an alle, und wen ich lieb hatte, den liebe ich wie einst. Vor Werotschka und ihrem Mann fühle ich mich schuldig – ich habe ihnen schon lange nicht mehr geschrieben, ich will allen bald schreiben. Küsse die Kinder und empfehle mich insbesondere Emilia Fjodorowna. Gott bringe ihr jegliches Glück!

Meine Frau will Dir nicht einmal auf dem Brief etwas dazuschreiben. Auf meine Aufforderung erwiderte sie, daß sie Dir selbst schreiben will, einen besonderen Brief, ebenso an Warinka. Aber sie bat mich, Dir und Emilia Fjodorowna ihre aufrichtigen Grüße und Wünsche für das Beste zu übermitteln. Ich bin Zeuge, daß es von aufrichtigem Herzen kommt. Lebe wohl.

Dein Bruder Dost.

An M. M. Dostojewskij

Semipalatinsk, 31. Mai 1858

Ich beeile mich, lieber Freund, Dir mit der ersten Post zu antworten. Ich wundere mich darüber, daß meine Briefe an Dich so lange unterwegs sind. Dabei bin ich gar nicht schreibfaul. Wenn Du Dich um mich gesorgt hast, so ist es mir mit Dir genauso ergangen. Besonders in der letzten Zeit. So hatte ich mir fest eingebildet, Dir sei etwas zugestoßen, und vor allem, Du seist krank. Die Nachricht über Deinen Verlust (3000 Rubel) betrübte mich sehr. Du schreibst, nicht der Verlust des Geldes habe Dich verdrossen, sondern die kritische Lage usf. Nein, Bruder, es kann einen auch ums Geld dauern. Deine Kinder wachsen heran, und 3000 Rubel wirst Du so bald nicht auftreiben. Gibt es denn gar keine Hoffnung, sie zurückzubekommen? Es ärgert mich, mein Freund, daß ich, wie vorsätzlich, noch mit meinen Aufträgen und Bitten dahergekommen bin. Doch was soll ich tun! Du schreibst, daß Du das Geld bald überweisen willst. Ich danke Dir, Bruder. Hoffentlich ist es das letztemal gewesen, daß ich Dich belästige. Ich hatte auf die

Sachen warten wollen, um dann gleich zu antworten. Aber die Ankunft der Sachen kann sich noch verzögern. Du schriebst, Du wolltest einen Frack und ein Paar Hosen schicken. Ich meine, ein Gehrock wäre besser. Der ist doch immer nützlicher. Irgendwie werde ich das schon hier zusammenkratzen und machen können, obgleich ich an Geld sehr knapp bemessen bin. Du bittest mich, mein Freund, daß ich Dir alles schicke, was ich schreibe. Ich kann mich nicht mehr erinnern (mein Gedächtnis ist jetzt überhaupt sehr schwach), ich kann mich nicht erinnern, ob ich Dir geschrieben habe, daß ich zu Katkow (›Russischer Bote‹) Beziehungen aufgenommen und ihm meine Mitarbeiterschaft für seine Zeitschrift angeboten habe; ich versprach ihm, noch in diesem Jahre eine längere Erzählung zu schreiben, wenn er mir sofort 500 Silberrubel schickt. Diese 500 Rubel und einen sehr klugen und freundlichen Brief habe ich von ihm vor etwa vier oder fünf Wochen erhalten. Er schreibt mir, daß er sich auf meine Mitarbeiterschaft sehr freut und meine Bitte (wegen der 500 Rubel) sofort erfüllt; er bittet mich, daß ich mir ja keinen Zwang antun und ohne Übereilung schreiben solle. Das ist wunderschön. Ich schreibe jetzt also für den ›Russischen Boten‹ eine längere Novelle [1]; unangenehm ist nur, daß ich mit Katkow kein Bogenhonorar ausgemacht habe: Ich schrieb ihm, daß ich mich in diesem Fall auf ihn verlasse. Ich will in diesem Jahre auch etwas für das ›Russische Wort‹ schreiben; doch nicht den Roman, sondern eine Erzählung. Den Roman will ich erst schreiben, wenn ich aus Sibirien heimgekehrt bin. Ich muß ihn bis dahin aufschieben. Die Grundidee des Romans ist recht glücklich, die Hauptfigur neu und noch nie beschrieben. Da aber diese Figur in Rußland heute auch im wirklichen Leben häufig vorkommt (was ich aus den neuen Bewegungen und Ideen, von denen alle erfüllt sind, schließe), bin ich überzeugt, daß es mir gelingen wird, nach meiner Rückkehr den Roman durch neue Beobachtungen zu bereichern. [2] Man soll sich nicht übereilen, lieber Freund, man muß sich nur bemühen, etwas Gutes zu schaffen. Du schreibst, mein Teurer, daß ich wohl sehr eitel sei und jetzt mit irgendeinem besonders hervorragenden Werk hervortreten wolle; daß ich daher geduldig auf den Eiern sitze, um dieses hervorragende Werk auszubrüten. Nehmen wir den Fall an, daß es wirklich so ist; da ich aber die Absicht, den Roman jetzt herauszubringen, fallengelassen habe und nur an zwei Novellen arbeite, die nur halbwegs erträglich werden sollen (und das gebe Gott), kann von Ausbrüten nicht die Rede sein. Woher hast Du nur die Theorie, daß ein Bild auf den ersten Anhieb gemalt werden soll usw.? Wann bist Du zu dieser Überzeugung gekommen? Glaube mir, bei allen Dingen ist Arbeit notwendig, riesengroße Arbeit. Glaube mir, irgendein graziöses, flüchtiges Gedicht von Puschkin, das nur wenige Zeilen enthält, erscheint nur darum so graziös und wie flüchtig hingeworfen, weil der Dichter lange Zeit daran gearbeitet und herumgestrichen hat. Das sind Tatsachen. Gogol hat an seinen ›Toten Seelen‹ acht Jahre lang geschrieben. Alles, was auf den ersten Anhieb entstand, war unreif. Man sagt, daß in Shakespeares Manuskript keine einzige Durchstreichung vorkommt. Daher gibt es bei ihm auch so viel ungeheure Geschmacklosigkeiten. Hätte er mehr gearbeitet, so wäre alles viel besser geraten. Du verwechselst offenbar die Inspiration, das heißt das erste, augenblickliche Entstehen eines Bildes oder einer Bewegung in der Seele des Künstlers (was immer der Fall ist), mit der Arbeit. Ich schreibe mir zum Beispiel jede Szene sofort so auf, wie sie mir zuerst in den Sinn kommt, und freue mich über sie; dann überarbeite ich sie monate- und jahrelang. Ich lasse mich von ihr *mehr als einmal* begeistern (denn ich liebe diese Szene); einiges füge ich hinzu, anderes streiche ich; glaube mir, daß die Szene dabei immer gewinnt. Man muß nur Inspiration haben. Ohne Inspiration kann man natürlich nichts anfangen.

Du schreibst, man zahle bei Euch jetzt große Honorare. Pisemskij hat also für seine ›1000 Seelen‹ 200 oder 250 Rubel für den Druckbogen bekommen. Unter diesen Umständen kann man wirklich leben und ohne Übereilung arbeiten. Hältst Du aber den Roman Pisemskijs wirklich für hervorragend? Er ist Durchschnitt, wenn auch *goldener* Durchschnitt, doch immer Durchschnitt. Gibt es denn in dem Buch auch nur eine einzige neue, von ihm *geschaffene*, noch nie beschriebene Gestalt? Alles ist schon einmal dagewesen und von unseren neuen Schriftstellern, besonders von Gogol, längst beschrieben worden. Es sind alte Weisen in neuer Stimmung. Ausgezeichnete Arbeit nach fremden Mustern, einheimische Arbeit nach Zeichnungen von Benvenuto Cellini. Ich habe allerdings nur die beiden ersten Teile des Romans gelesen; die Zeitschriften kommen zu uns mit großer Verspätung. Der Schluß des 2. Teiles ist durchaus unwahrscheinlich und gänzlich verdorben. Kalinowitsch, der bewußt betrügt, ist einfach unmöglich. Kalinowitsch, wie ihn der Autor vorher geschildert hat, müßte ein Opfer brin-

gen, eine Heirat vorschlagen, sich selbst an seinem Edelmut berauschen und überzeugt sein, daß er keines Betruges fähig ist. Kalinowitsch ist so eitel, daß er sich selbst unmöglich für einen Schurken halten kann. Natürlich wird er dabei sein Vergnügen haben, eine Nacht mit Nastenka verbringen und sie *dann* betrügen; doch nur nachher, unter dem Zwange der Wirklichkeit; er wird sich gewiß auch dann noch trösten und sagen, er habe auch in diesem Falle edel gehandelt. Doch Kalinowitsch, der bewußt betrügt, ist abstoßend und *unmöglich;* das heißt, solch ein Mensch ist möglich, doch nicht als Kalinowitsch. Genug von diesem Unsinn. Ich kann meinen Abschied gar nicht erwarten. Ich habe nicht direkt darum gebeten, in Moskau zu leben, aber mein Gesuch enthält die direkte Bitte um Entlassung, und die Form verlangt: *»Ich habe vor, mich in der Stadt Moskau aufzuhalten.«* Falls man nichts dagegen hat, will ich dorthin fahren. Fahren, aber womit? Bis zum Abschluß der Erzählung[1] werde ich kein Geld haben. Von den 500 Rubeln, die mir Katkow schickte, habe ich unverzüglich 400 Silberrubel Schulden beglichen. Ich komme mit 40 Silberrubeln im Monat aus, aber die *Extraausgaben* lassen mich nicht in Ruhe. So geht das nun schon ununterbrochen 1½ Jahre, und alles sind unvorhergesehene Ausgaben. Meine einzige Hoffnung ist Pleschtschejew. Er hat mir 1000 Rubel versprochen, aber vielleicht bekommt er sie selbst nicht oder erst in zwei Jahren. Was wird mit mir bis Ende des Jahres geschehen, wenn ich dann erst das Geld für meine Arbeit erhalte? (Früher bekomme ich für diese Arbeit bestimmt nichts.) Ich weiß nicht: mir brummt der Kopf. Ich kann jetzt auch bei niemandem Geld leihen. Aber mache Dir nicht zu viele Sorgen um mich; irgendwie wird sich das schon regeln.
Pleschtschejew fährt nach Moskau und Petersburg. Er fährt im Mai. Nimm ihn recht gut auf, und mache Dich mit seiner Frau bekannt. Ich habe gerade Miljukows Paket erhalten (sein Buch[3]), ein Offizier hat es mitgebracht, den ich aber nicht zu Gesicht bekam. Vielleicht kommt er noch. Grüße an Miljukow und alle.
Wie steht es um unsere Verwandten? Um Warja und Wera? Ich habe bisher kein Sterbenswörtchen von ihnen gehört. Wo ist unser Bruder Andrej, wo ist Kolja? Lebe wohl! Ich umarme Dich. Grüße Emilia Fjodorowna, küsse die Kinder! Meine Frau läßt Euch alle grüßen! Lebe wohl Dein

F. Dostojewskij

Ich werde nochmals nach Erhalt der Sachen und dem Bescheid über die *Entlassung* schreiben. Ich will Dich über meine Lage informieren. Aber um Gottes willen, verzögere nicht Deine Antwort, und schreibe mir, bei Gott, schreibe!

An M. M. Dostojewskij

Semipalatinsk, 9. Mai 1859

Mein teurer Freund Mischa, endlich habe ich Deinen Brief vom 8. April mit der letzten Post erhalten, und ich war wegen Deiner Krankheit außerordentlich erregt und erschreckt. Meine Angst ist bis jetzt noch nicht vorüber. Ich verstehe sehr gut, daß derartige Anfälle einen äußerst gefährlichen Verlauf nehmen können, und wenn ich von Dir keine weiteren Briefe erhalte, die mir von einer völligen Heilung berichten, so werde ich mich selbst die ganze Zeit unwohl fühlen. Ich gedenke, wenn mir Gott beisteht, am 15. Juni von hier abzureisen, auf keinen Fall früher, vielleicht sogar viel später. Ich schrieb Dir bereits, daß meine Entlassung in Petersburg durch Allerhöchsten Befehl vom 18. März verfügt worden ist; hier aber ist die Verfügung erst jetzt eingegangen, und es steht zu erwarten, daß es mindestens bis Anfang Juni dauern wird, ehe alle Formalitäten im Korps erledigt sind und ich endgültig frei sein werde. Sollte ich aber am 15. Juni fahren, werde ich von Dir wohl kaum eine Antwort auf *diesen* Brief erhalten, um so weniger, als die Post wegen der Flußüberschwemmungen im Frühjahr jetzt weitaus langsamer befördern kann. Dennoch bitte ich Dich um eine unverzügliche Antwort, wenn Du mich lieb hast (und vor allem ausführlicher über Deinen Gesundheitszustand); schicke sie direkt an die Adresse in Semipalatinsk. Ich muß wegen Paschas Entlassung aus dem Korps noch eine Weile in Omsk bleiben, etwa zwei oder drei Wochen; und man wird mir Deinen Brief von Semipalatinsk aus nachschicken (NB: nicht nach Omsk, sondern nach Semipalatinsk sollst Du den Brief schicken).

Ich habe mir lebhaft vorgestellt, mein lieber Freund Mischa, Du stürbest plötzlich, und ich könnte Dich nie wieder sehen, so daß diese Angst bis heute auf meiner Seele lastet. Ach, könnte ich doch ganz schnell wenigstens 4 Zeilen von Dir erhalten.

Ich danke Dir, mein Freund, für die Sendung der Westen und Hemden usf. Aber ich habe sie bis heute noch nicht erhalten. Nach Deinem Brief zu urteilen, hast Du alles Mitte März abgeschickt.

Dein Brief vom 9. April ist schon seit einer Woche da, aber das Paket vom März sitzt noch immer irgendwo unterwegs fest. Ich kann das nicht verstehen.

Ich habe Dich darüber informiert, daß ich von Kuscheljow Geld erhalten habe. Aber die Zeitschrift habe ich noch nicht bekommen. Vielleicht erhalte ich sie noch: er teilte mir mit, daß er die Rechnung schicke. Vielleicht zusammen mit der Zeitschrift.

Lieber Freund Mischa, ich bitte Dich, erfülle mir die Bitte, schreib mir alles, ohne mir etwas zu verheimlichen, was Du über meinen Roman hörst[1], das heißt wie man über ihn spricht, wenn überhaupt jemand darüber spricht. Du wirst verstehen, daß mich das außerordentlich interessiert.

Mit der vorigen Post schrieb ich an Kuscheljow. Ich mußte ihm den Empfang des Geldes bestätigen. Ich habe ihn selbst um die Zeitschrift gebeten. Was meine weitere *Mitarbeit* an seiner Zeitschrift betrifft (er schrieb mir in seinem Brief, er warte mit großer Ungeduld auf meine nächste Novelle), so schrieb ich ihm, daß ich ihn erst einmal sehen und dann alles persönlich mit ihm besprechen wolle. Ich erklärte ihm, daß ich einen großen Roman von 25 Bogen[2] im Auge habe, daß ich recht gerne sofort mit dem Schreiben beginnen möchte (und nur an diesem Roman allein arbeiten wolle), daß ich mich aber, gewisser Umstände wegen, gar nicht an die Arbeit setzen könne und *daß ich gerade über diese Umstände persönlich mit ihm reden wolle.* Hiermit schloß ich meinen Brief an Kuscheljow, ohne jede nähere Erklärung. Dir aber will ich sagen, was das für Umstände sind. 1. brauche ich, um mich an den Roman zu machen und ihn niederzuschreiben, eine Frist von $1\frac{1}{2}$ Jahren. 2. muß ich, um $1\frac{1}{2}$ Jahre daran schreiben zu können, für diese Zeit sichergestellt sein; ich besitze aber rein gar nichts. 3. schreibst Du mir immer Nachrichten wie die, daß Gontscharow zum Beispiel für seinen Roman[3], meiner Ansicht nach ein abscheulicher Roman, 7000 Rubel bekommen hat und daß Katkow (von dem ich jetzt hundert Rubel für den Bogen verlange) Turgenjew für dessen ›Adelsnest‹ 4000 Rubel, das heißt 400 Rubel für den Bogen, angeboten hat. (Ich habe endlich Turgenjews Roman gelesen. Er ist außerordentlich gut.[4]) Mein Freund! Ich weiß sehr gut, daß ich nicht so gut wie Turgenjew schreibe, doch der Unterschied ist wirklich nicht sehr groß, und ich hoffe, mit der Zeit ebensogut wie er zu schreiben. Warum lasse ich mir in meiner Notlage nur 100 Rubel für den Bogen zahlen, während Turgenjew, der 2000 Leibeigene besitzt, 400 bekommt? Ich bin arm und *muß* daher in großer Hast und des Geldes wegen schreiben; folglich muß ich *alles verpfuschen*. Daher habe ich die Absicht, bei einer Zusammenkunft mit Kuscheljow ihm geradeheraus zu erklären, daß er mir eine Frist von anderthalb Jahren, 300 Rubel für den Bogen und außerdem 3000 Silberrubel Vorschuß geben müsse, damit ich für die Zeit dieser Arbeit etwas zum Leben habe. Wenn er sich einverstanden erklärt, verpflichte ich mich außerdem, ihm für nächstes Jahr (zu Anfang) eine kleine Novelle von 1½ Bogen zu liefern. Ich habe viele Vorwürfe zu großen Novellen, aber gar keine für kleinere Arbeiten. Aber ich hoffe, bis zum neuen Jahr eine Eingebung zu bekommen und eine kleine Novelle für Kuscheljow zusammenzubrauen. – Dir mag es scheinen, daß meine Bedingungen sich nun plötzlich aus demütigen in anmaßende Forderungen verwandelt haben; aber all das, lieber Freund, ist mit einem Umstand verbunden, den Du nicht kennst. Und da dieser Umstand seinerseits aufs engste mit Deiner Frage über die ›Armen Leute‹ zusammenhängt, einer Frage, auf die Du eine sofortige Antwort haben willst, komme ich jetzt gleich auf das Thema der ›Armen Leute‹.

Du willst sie, mein Freund, an Kuscheljow verkaufen. Das wäre gut; dennoch bitte ich Dich darum, es zu unterlassen, denn ich habe eine andere Idee im Kopf. Nämlich folgende: Ich beendige jetzt einen Roman für Katkow; (er ist recht umfangreich geworden: 14, 15 Bogen). ¾ habe ich schon abgeliefert; den Rest werde ich Anfang Juni abschicken. Hör, Mischa! Dieser Roman hat selbstverständlich die größten Fehler und ist vor allem übertrieben lang; ich glaube aber felsenfest daran, daß er zugleich auch die größten Vorzüge hat und daß er mein *bestes Werk* ist. Ich habe zwei Jahre lang daran geschrieben (mit einer Unterbrechung in der Mitte, als ich ›Onkelchens Traum‹ schrieb). Der Anfang und die Mitte sind ordentlich ausgearbeitet, doch der Schluß ist in großer Hast geschrieben. Doch habe ich meine ganze Seele, mein Fleisch und mein Blut hineingelegt. Ich will nicht behaupten, ich hätte darin mein ganzes Wesen ausgedrückt; dies wäre Unsinn. Ich habe noch viel zu sagen. Auch steckt in dem Roman viel zuwenig herzliches, das heißt leidenschaftliches Element (wie zum Beispiel im ›Adelsnest‹); dafür kommen darin zwei kolossale typische Gestalten vor, die ich fünf Jahre lang *geschaffen und aufgezeichnet* habe; sie sind (wie ich glaube) tadellos gezeichnet; es sind durchaus russische Gestalten, die von der russischen Literatur bisher ungenügend berücksichtigt worden sind. Ich weiß nicht, ob Katkow den Roman zu schätzen wissen wird, doch wenn er vom Publikum kühl aufgenommen wird, werde ich wohl verzweifeln. Auf diesen Roman gründe ich meine besten Hoffnungen und vor allen Dingen die Festigung meines schriftstellerischen Rufes.[5] Stell Dir jetzt vor: der Roman erscheint in diesem Jahr, vielleicht im September. Ich meine, man könnte ihn Kuscheljow für 300 Rubel den Bogen anbieten, wenn über ihn gesprochen wird, wenn man ihn lobt. Er wird dann nicht mit jenem Schriftsteller verhandeln, der nur ›Onkelchens Traum‹ geschrieben hat. Natürlich mag ich mich in der Beurteilung der Vorzüge meines Romanes sehr irren; aber ich setze alle meine Hoffnungen darauf. Weiter: Sollte der Roman im ›Russischen Boten‹ Erfolg haben, und gar einen bedeutenden Erfolg, dann hätte ich an Stelle einer Einzelausgabe der ›Armen Leute‹ eine neue Idee: nach der Ankunft in Twer, mit Deiner Hilfe natürlich, mein Täubchen, mein ewiger Helfer, gegen Januar oder Februar des kommenden Jahres zwei kleine Bände meiner Werke herauszugeben, und zwar in folgender Reihenfolge: 1. Band – ›Arme Leute‹, die ersten 6 Kapitel der umgearbeiteten ›Netotschka Neswanowa‹ (die allen gefielen), ›Weiße Nächte‹, ›Ein Kindermärchen‹ und ›Die Brautwerbung‹. Das wären insgesamt 18 Druckbogen. 2. Band – ›Das Dorf Stepantschikowo‹ (der Roman für Katkow) und ›Onkelchens Traum‹. Dieser Band umfaßte 24 Druckbogen.[6] (NB: Danach könnte man einen umgearbeiteten oder, genauer gesagt, einen völlig neu geschriebenen ›Doppelgänger‹ herausgeben. Das wäre ein 3. Band, aber dies erst in der darauffolgenden Zeit, vorläufig geht es nur um die 2 Bände.) Eine Auflage in der Höhe von 2000 Exemplaren würde nicht mehr als 1500 Rubel kosten. Ein einzelnes Exemplar könnte man für 3 Rubel verkaufen. So könnte mir der laufende Verkauf der Bücher die Versorgung sicherstellen, ich hätte Geld und könnte 1½ Jahre an einem großen Roman arbeiten. Man könnte es auch so anpacken, daß man die Ausgabe an Kuscheljow verkauft, für dreitausend oder auch für 2½ Tausend; doch dürfen wir jetzt *keineswegs* Verhandlungen aufnehmen; wir müssen den Erfolg des Romans für Katkow abwarten. Das ist meine ganze Hoffnung, und dieser Erfolg wird alle Verhandlungen erleichtern.

NB: An Katkow schicke ich im ganzen 15 Bogen à 100 Rubel. Das ergäbe 1500 Rubel. Ich habe mir 500 Rubel Vorschuß genommen und, nachdem ich 3/4 des Romans geschickt hatte, noch um 200 Rub. für die Reise gebeten; also insgesamt 700 Rubel Vorschuß. Nach Twer werde ich ohne eine Kopeke kommen; aber dafür erhalte ich in allerkürzester Zeit von Katkow 700 oder 800 Rubel. Das ist noch gar nichts. Aber man kann damit auskommen.

Man macht mir mit Gerüchten Angst, für Pascha müßte man die Kosten des jährlichen Unterhalts von 200 Rubel, also im ganzen 400 Rubel, bezahlen, wenn man ihn ganz aus dem Korps nimmt. Woher sollte ich das Geld nehmen? Das würde mich wie ein Donnerschlag treffen. Ich besitze jetzt im ganzen 600 Rubel, mit dem Geld von Katkow sind es 800, aber ich muß doch auch einen Reisewagen kaufen u. dergl., 4000 Werst reisen, im Sommer, wenn das Reisen am teuersten ist (man muß 4 Pferde einspannen, bisweilen auch 5), und ich habe deshalb nur für die Reise Geld. Woher sollte ich das Geld für Pascha nehmen?

Lebe wohl, mein Täubchen, mein Liebster, mein guter Mischa, bleibe glücklich und *gesund*, und lasse Dich bald umarmen. Grüß mir Deine Frau und küsse die Kinder. Vielleicht habe ich in meinem Brief noch gar nicht viel geschrieben, aber ich bin in schrecklicher Eile. Ich muß etwas erledigen. Lebe wohl, Täubchen! Grüße Pleschtschejew, warum schreibt er mir nicht? Ist er etwa wegen der Geldforderung böse geworden? Das kann doch nicht sein! Meine Frau läßt Dich grüßen. Grüße an alle, die sich an mich erinnern. *Auf Wiedersehen*, mein Freund.

An Alexander II.

Twer, zwischen 10. und 18. Oktober 1859

Ew. Kaiserliche Majestät! Ich, ein ehemaliger politischer Verbrecher, erkühne mich, meine demütige Bitte vor Ihren erhabenen Thron niederzulegen. Ich weiß, daß ich der Wohltaten Ew. Kaiserlichen Majestät unwert und der letzte jener bin, die hoffen können, Ihre Kaiserliche Gnade zu verdienen. Doch ich bin unglücklich, Sie aber, unser Herrscher, sind grenzenlos barmherzig. Verzeihen Sie mir meinen Brief, und strafen Sie einen Unglücklichen, der Barmherzigkeit Bedürftigen nicht durch Ihren Zorn.

Ich wurde im Jahre 1849 in Petersburg eines politischen Verbrechens wegen verurteilt, degradiert, aller Standesrechte für verlustig erklärt und nach Sibirien verschickt, als Zwangsarbeiter zweiter Kategorie, in eine Festung, für vier Jahre, als gemeiner

Soldat in das 7. Sibirische Linienbataillon eingestellt: 1855 wurde ich zum Unteroffizier befördert, und im Jahre darauf, 1856, wurde ich durch die Allerhöchste Gnade Ew. Kaiserlichen Majestät beglückt und zum Offizier befördert. Im Jahre 1858 geruhten Ew. Kaiserliche Majestät meinen erblichen Adel wiederherzustellen. Im selben Jahr kam ich um meine Entlassung ein unter Berufung auf mein Leiden, die Fallsucht, von der ich bereits im ersten Jahr meiner Gefängnishaft heimgesucht worden war, und ich habe mich nun, nach der Entlassung, in Twer niedergelassen. Meine Krankheit verschlimmert sich immer mehr. Jeder Anfall schwächt mein Gedächtnis, die Phantasie, meine seelischen und körperlichen Kräfte. Das Ende meiner Krankheit muß Lähmung, Tod oder Wahnsinn sein. Ich habe eine Frau und einen Stiefsohn, für den ich sorgen muß. Ich besitze keinerlei Vermögen und erwerbe mir die Mittel zum Leben einzig und allein durch literarische Arbeit, die bei meinem krankhaften Zustand schwer und anstrengend ist. Indes machen mir die Ärzte Hoffnung auf Heilung; sie berufen sich darauf, daß meine Krankheit eine erworbene, keine erbliche ist. Ernste und durchgreifende ärztliche Hilfe kann ich jedoch nur in Petersburg erhalten, wo es Ärzte gibt, die sich speziell mit dem Studium der Nervenkrankheiten befassen. Ew. Kaiserliche Majestät! In Ihren Händen liegt mein ganzes Schicksal, meine Gesundheit, mein Leben! Geruhen Sie, mir die Übersiedlung nach Petersburg zu gestatten, damit ich mich von den in der Residenz tätigen Ärzten behandeln lassen kann. Erretten Sie mich und geben Sie mir die Möglichkeit, durch Besserung meiner Gesundheit meiner Familie und vielleicht auch auf irgendeine Weise meinem Vaterland nützlich zu sein. Zwei meiner Brüder, von denen ich zehn Jahre lang getrennt war, haben in Petersburg ihren ständigen Wohnsitz; ihre brüderliche Sorge um mich könnte meine schwere Lage erleichtern. Doch kann, trotz allen meinen Hoffnungen, ein schlimmer Ausgang meiner Krankheit oder mein Tod zur Folge haben, daß meine Frau und mein Stiefsohn ohne jegliche Hilfe zurückbleiben. Solange ich noch einen Funken Gesundheit und Kraft in mir habe, werde ich arbeiten, um sie zu versorgen. Doch die Zukunft liegt in Gottes Hand, und menschliche Hoffnungen sind trügerisch. Mein Allergnädigster Kaiser! Vergeben Sie mir, daß ich auch noch eine zweite Bitte ausspreche, und geruhen Sie, mir eine außerordentliche Gnade zu erweisen durch die Verfügung, meinen Stiefsohn, den zwölfjährigen Pawel Isajew auf Staatskosten in eines der Petersburger Gymnasien aufzunehmen. Er ist erblicher Edelmann, Sohn des Gouvernementssekretärs Alexander Isajew, der in Sibirien im Dienst Ew. Kaiserlichen Majestät gestorben ist, in der Stadt Kusnezk, Gouvernement Tomsk – gestorben einzig und allein, weil an seinem entlegenen Wohnort keine ärztliche Hilfe zur Stelle war –, und der Frau und Kind gänzlich ohne Mittel zurückgelassen hat. Sollte jedoch die Aufnahme des Pawel Isajew in ein Gymnasium unmöglich sein, so geruhen Sie, mein Kaiser, seine Aufnahme in eines der St. Petersburger Kadettenkorps zu befehlen. Sie werden seine arme Mutter beglücken, die ihren Sohn täglich ermahnt, für das Wohlergehen Ew. Kaiserlichen Majestät und Ihres ganzen Kaiserlichen Hauses zu beten. Sie, mein Kaiser, sind wie die Sonne, die über Gerechte und Ungerechte scheint. Sie haben bereits Millionen Ihres Volkes beglückt; beglücken Sie auch das arme Waisenkind, seine Mutter und den unglücklichen Kranken, der bis zur Stunde noch zu den Verstoßenen gehört und der doch bereit ist, unverzüglich sein Leben für den Zaren hinzugeben, den Zaren, der seinem Volke so viel Gutes getan hat!

Im Gefühl tiefster Ehrfurcht und heißer, grenzenloser Ergebenheit wage ich es, mich den treuesten und dankbarsten Untertan Ew. Kaiserlichen Majestät zu nennen.

Fjodor Dostojewskij

An Fürst W. A. Dolgorukow

Twer, 21. November 1859

Ew. Erlaucht! Vor kurzem hatte ich nach Erhalt der Mitteilung von Ew. Exzellenz Generaladjutant Totleben über Ihr Einverständnis zu meiner Niederlassung in Petersburg Ihnen einen Brief geschrieben, in dem ich unter Darlegung der Gründe meiner Übersiedelung Ew. Erlaucht darum gebeten hatte, meine Bitte nicht unbeachtet zu lassen und sie wohlwollend anzunehmen.

Ich hätte es niemals gewagt, Sie in einer solch kurzen Frist nochmals zu beunruhigen, wenn mich nicht die Not meiner Lage von neuem dazu zwänge, mich mit einer weiteren Bitte an Sie zu wenden. Ich bitte Sie ergebenst, mir, in Erwartung der endgültigen Entscheidung über meine erste Bitte, für einige Zeit einen Aufenthalt in Petersburg zu erlauben, wenn auch nur für die allerkürzeste Frist.

Die Gründe, die mich zu dieser Bitte zwingen, sind in der Notwendigkeit beschlossen, für mich und meine Familie die Mittel für unsere Existenz zu beschaffen. Ich bin Literat, schreibe in Zeitschriften und lebe davon. Ich habe zur Zeit nichts in Aussicht und entschloß mich deshalb zur Ausgabe einer Auswahl aus meinen früheren Werken. Dazu muß ich einen Verleger, das heißt, einen Käufer ausfindig machen. Das kann ich aber unbedingt nur persönlich bewerkstelligen. Auf dem Weg der Korrespondenz könnte ich viel verlieren, was mir nun nicht nur einmal zugestoßen ist. In meiner jetzigen Lage wäre für mich aber jeglicher finanzielle Verlust äußerst gravierend, denn alle Mittel zu meiner Existenz sind in meiner Arbeit beschlossen.

Außerdem wohnen in Petersburg zwei meiner Brüder und eine Schwester, die ich nach so langer Trennung schon so viele Jahre nicht mehr gesehen habe.

Ich wage, auf Ihre wohlwollende Aufmerksamkeit für diese Bitte zu hoffen, und bitte Ew. Erlaucht ergebenst um die Ehre Ihrer Mitteilung.

Nehmen Sie die Versicherung meiner Gefühle tiefster Verehrung entgegen.

Fjodor Dostojewskij

An einen Unbekannten

6oer Jahre

Erklären Sie mir meinen Traum, ich habe alle danach gefragt; niemand versteht ihn: Im Osten war der Vollmond zu sehen, der sich in drei Teile spaltete und sich dann dreimal vereinigte.

Dann kam aus dem Mond ein Schild hervor (auf dem Schild war zweimal »ja, ja« geschrieben, in uralten Kirchenbuchstaben) –

$$ЯЯ ЯЯ$$

das den ganzen Himmel durchwanderte, von Ost nach West, und sich dann hinter dem Horizont verbarg. Schild und Buchstaben waren erleuchtet.

Dostojewskij

Fragen Sie alle, entschieden alle; der Traum beschäftigt mich sehr.

DIE ZWEITE PETERSBURGER PERIODE
1860–1867

*Der Publizist, ›Die Zeit‹ und ›Die Epoche‹. Die Geliebte
A. P. Suslowa. Erste Auslandsreisen und Roulette. Der Best-
seller ›Schuld und Sühne‹, das Fiasko der Zeitschriften und
der Tod des Bruders. Zweite Ehe mit A. G. Snitkina und
Flucht vor den Gläubigern*

An A. I. Schubert

Hochverehrte und liebste Alexandra Iwanowna! Es sind schon drei Tage vergangen, seit ich nach Petersburg zurückgekehrt bin und meine Arbeiten wieder aufgenommen habe. Die ganze Reise nach Moskau erscheint mir jetzt wie ein Traum; nun habe ich wieder das feuchte Klima, den Schmutz, das Eis aus dem Ladogasee[1], die Langeweile usw. Ich bin zu Stepan Dmitrijewitsch[2] gegangen. Er ist noch in seiner früheren Wohnung, im Haus von Pikkijew; er empfing mich mit großer Freude und erkundigte sich ausführlich nach Ihnen. Ich erzählte ihm alles, was ich wußte, und richtete ihm übrigens aus, daß Sie gerne die Wohnung wechseln würden, kein Geld hätten und auf sein Geld warteten. Er meinte, Ihre Wohnung (die jetzige) sei gut und überhaupt nicht so teuer, wie es scheine; aber es wäre für Sie doch besser, in eine andere Wohnung zu ziehen, er selbst habe Ihnen schon über den Umzug geschrieben, sei deshalb nach Moskau gefahren, um Ihnen das zu sagen und Sie überhaupt zufriedenzustellen; aber er schloß seine Rede damit, daß man für den Umzug viel Geld brauche; er hätte jedoch bisher keines zur Verfügung, würde Ihnen aber später selbstverständlich die 300 Rubel schicken, am Mittwoch; aber das sei noch zuwenig. Hier fügte er en passant hinzu, daß Sie Geld hätten, dafür jedoch das Billett umtauschen müßten, was Sie jedoch nicht tun wollten. Erinnern Sie sich daran, noch in Petersburg hatten Sie mir von diesem Billett und dem Wunsch von Stepan Dmitrijewitsch erzählt, Sie sollten es umtauschen. Ich habe ihm gegenüber nichts davon erwähnt und beschrieb nur, wie schwer es für Sie bisweilen sei, um 5 Uhr Mittag zu essen usw. Ich erzählte ihm auch von Ihren Erfolgen auf der Bühne, über die Pleschtschejews und Mdm. Ilowajskaja. Er war der Meinung, daß Bekanntschaften in der Gesellschaft für Sie unerläßlich seien, sogar für die Festigung Ihrer Position am Theater. Ich saß bei ihm etwa eine Stunde. Das war am Sonntag; abends suchte Stepan Dmitrijewitsch seinen Bruder auf und war in einer angenehmen Gemütsverfassung. Nun will er Ihnen am Mittwoch (das heißt morgen) schreiben. Wenigstens redete er davon. Nun, das sind alle Einzelheiten über mein Rendezvous mit ihm.

Ich bin also wieder hier und fühle mich wie im Fieber. Das liegt an meinem Roman.[3] Ich will, daß er mir gut gerät, ich fühle, daß in ihm Poesie steckt, und ich weiß, daß von seinem Erfolg meine ganze literarische Karriere abhängt. Ich werde an die drei Monate Tag und Nacht arbeiten müssen. Welch ein Lohn erwartet mich aber, wenn ich einmal fertig bin! Ruhe, ein klarer Blick auf meine Umgebung und das Bewußtsein, daß ich das, was ich wollte, geschaffen und erreicht habe. Vielleicht werde ich, mir zur Belohnung, für etwa zwei Monate ins Ausland reisen; ich will aber zuvor unbedingt noch einmal nach Moskau kommen. Irgendwie werde ich Sie dann schon treffen! Bis dahin haben Sie sich in Moskau schon eingelebt und Ihre Verhältnisse ganz und gar in Ordnung gebracht. Gott möge Ihnen zum Besten verhelfen. Meine Glückwünsche sind sehr aufrichtig. Ich wollte mich gern um Ihre Freundschaft verdient machen. Sie sind sehr gütig, klug und haben eine sympathische Seele; die Freundschaft mit Ihnen ist eine gute Sache. Und Ihr Charakter ist prachtvoll: Sie sind Künstlerin; Sie lachen manchmal über alles Prosaische, Lächerliche, Hochnäsige und Dumme so lieb, daß es einem wohl wird, Ihnen zu lauschen. Ehrgeiz ist ein gutes Ding, doch ich glaube, daß man ihn nur für seine Hauptziele, für Dinge, die man sich zum Ziel und zum Daseinszweck gesetzt hat, haben muß. Alles übrige ist Unsinn. Wichtig ist nur, daß man ein leichtes Leben hat; auch muß man Sympathie für die Mitmenschen haben und selbst ihre Sympathie erringen. Wenn man sonst auch keine besonderen Ziele hat, so ist dies allein schon ein ausreichendes Lebensziel.

Ich fange aber schon wieder zu philosophieren an. Ich habe nur wenig oder fast gar keine Neuigkeiten gehört. Pisemskij ist krank, leidet an Rheumatismus. Ich habe einmal Ap. Majkow besucht. Er hat mir erzählt, daß Pisemskij zürnt, schmollt und übler Laune ist usw. usw.; dies ist auch kein Wunder: sein Leiden ist sehr qualvoll. Haben Sie, übrigens, nicht einen gewissen *Snitkin* gekannt? Er hat einige komische Gedichte unter dem Pseudonym Ammos Schischkin veröffentlicht.

Denken Sie sich nur: er ist plötzlich erkrankt und nach kaum sechs Tagen gestorben. Der Literarische Unterstützungsverein hat sich seiner Familie angenommen. Es ist sehr schade um ihn. Sie haben ihn wohl übrigens gar nicht gekannt. Ich habe neulich Krestowskij gesprochen. Ich liebe ihn sehr. Er schrieb kürzlich ein Gedicht und las es uns mit großem Stolz vor. Wir erklärten ihm einstimmig, daß das Gedicht ekelhaft sei; es ist bei uns Sitte, immer die Wahrheit zu sagen. Und was glauben Sie? Er fühlte sich nicht im geringsten verletzt. Er ist ein so lieber und edler Junge! Er gefällt mir immer mehr, und ich will einmal bei einem Trinkgelage mit ihm Brüderschaft trinken. Manchmal hat man so seltsame Eindrücke! Ich habe immer den Eindruck, daß Krestowskij bald sterben muß. Was aber diesen Eindruck hervorruft, kann ich selbst nicht sagen.

Wir wollen irgendein ordentliches literarisches Unternehmen begründen. Wir sind damit alle sehr beschäftigt. Vielleicht wird es uns gelingen. Alle diese Pläne sind zwar nur der erste Schritt, doch stellen sie jedenfalls eine Tätigkeit dar. Ich weiß sehr gut, was der erste Schritt bedeutet, und ich liebe ihn. Er ist besser als alle Sprünge.

Stepan Dmitrijewitsch hat mir etwas von Martynow und von einer Trübung Ihrer Beziehungen zu ihm erzählt. Wenn das wahr ist, wieviel Vorsicht, Geschick, Menschenkenntnis und Bemühungen müssen Sie dann aufbringen. Hier kann man sich doch unwillkürlich den Charakter verderben. Aber gerade das gefällt mir an Ihnen, daß Sie trotz aller Unannehmlichkeiten an das Leben glauben, an Ihre Bestimmung, daß Sie die Kunst mit dem Herzen lieben und nicht daran verzweifeln. Gott möge Ihnen weiterhin beistehen. Das ist der Wunsch des Menschen, der es wagt, sich für Ihren Freund zu halten.

Leben Sie wohl, seien Sie mir wegen meiner zudringlichen Freundschaftsbezeugung nicht böse. Übrigens habe ich einen schrecklichen Charakter, doch nicht immer, sondern nur zeitweilig. Dies ist mein Trost.

Drücken Sie mir Ihrem Sohn Michail Michajlowitsch[4] die Hand. Was für ein lieber Junge.

Ich drücke und küsse Ihre Hand und verbleibe mit höchst aufrichtiger und ganzer Hochachtung

Ihr allerergebenster F. Dostojewskij

An M. W. Belinskaja

Petersburg, 5. Januar 1863

Gnädige Frau, Maria Wasiljewna! Verzeihen Sie mir hochherzig, daß ich allzu lange auf Ihren schönen und guten Brief nicht antwortete. Aber zunächst war ich beschäftigt, dann krank, und deshalb verspätete ich mich. Ihr Brief hatte einen außergewöhnlich angenehmen Eindruck auf mich gemacht. Ich liebte und verehrte

Ihren unvergeßlichen Mann so sehr, und zugleich war es mir eine liebe Erinnerung, immerzu an jene beste Zeit meines Lebens zu denken, daß ich bewußt und von ganzer Seele Ihnen dafür dankte, daß es Ihnen in den Sinn gekommen war, mir zu schreiben. Im Sommer oder sogar schon im Frühjahr will ich unbedingt in Moskau sein und werde dann ganz bestimmt zu Ihnen kommen. Zugegeben, im vergangenen Jahr, als ich mich fünf Tage in Moskau aufhielt, war es mir in den Sinn gekommen, Sie zu besuchen, mich und die Vergangenheit bei Ihnen in Erinnerung zu rufen. Aber das war im Sommer, und insgesamt hielt ich mich keine zwei Tage in Moskau auf, sondern wohnte bei den Verwandten auf der Datscha. So konnte ich auch nicht zu Ihnen fahren. Doch ich versichere Ihnen, meine Absicht, Sie als erste in Moskau zu besuchen, hätte ich auch ohne Ihren Brief ausgeführt.

Wir haben doch vieles zu besprechen, vieles, woran wir uns erinnern können. Außerdem habe ich sogar ganz besondere Gründe, die ich Ihnen bei unserem Wiedersehen erklären will. Was Sie mir von Ihrer Tochter und ihrer Aufmerksamkeit mir gegenüber schreiben, ist für mich gar zu verführerisch. Übermitteln Sie ihr meinen herzlichen Gruß. Vielleicht werden wir uns kennenlernen und verstehen. Von mir selbst kann ich Ihnen jetzt nichts schreiben: Ich bin verheiratet, leide an Epilepsie, schreibe und beteilige mich an der Herausgabe einer Zeitschrift, war durch Sibirien gereist und so weiter und so fort. Über all das können wir uns natürlich mündlich unterhalten, bei unserem Wiedersehen, dies aber nach fünfzehn Jahren Trennung aufzuschreiben, ist schwierig bis zur Unausführbarkeit.

Also bis zu unserem Wiedersehen. Ich drücke Ihnen fest die Hand. Meinen herzlichen Gruß an Ihre Schwester. Sprechen Sie ihr meinen Dank aus, daß auch sie mich nicht vergessen hat. Mein Bruder läßt Sie grüßen. Auch seine Frau. Sie denken an die alte Zeit, das ist doch alles noch so nahe, greifbar nahe, wenn auch fünfzehn Jahre vergangen sind.

Nehmen Sie meine aufrichtige Hochachtung und Ergebenheit entgegen.

Ganz Ihr F. Dostojewskij

Paris, 1. September 1863

Liebste und hochverehrte Warwara Dmitrijewna, Sie haben vielleicht schon aus meinem Brief an Pascha erfahren, daß ich glücklich und wohlbehalten in Paris angelangt bin, wo ich mich niedergelassen habe; ich glaube aber kaum, daß ich hier lange bleiben werde. Paris gefällt mir nicht, obwohl es ganz großartig ist. Es gibt hier vieles zu sehen; doch wenn man es sich ansieht, überfällt einen entsetzliche Langeweile. Es wäre wohl anders, wenn ich als Student hergekommen wäre, um irgend etwas zu lernen. Dann wäre es ja anders: ich hätte viel Arbeit und *müßte* vieles sehen und hören; doch einem Touristen, der einfach die Sitten beobachtet, sind die Franzosen ekelhaft, und die Stadt ist mir schon fast bekannt. Am besten sind hier die Weine und das Obst: sie sind hier das einzige, was auf die Dauer nicht langweilig wird. Von meinen intimen Angelegenheiten [1] will ich Ihnen nichts schreiben: »Briefe sind Unsinn, nur Apotheker schreiben Briefe.« [2] Ich will Ihnen nur von geschäftlichen Angelegenheiten schreiben. Ich habe nämlich eine Bitte an Sie, meine liebe Warwara Dmitrijewna. Sie müssen wissen, daß ich mich unterwegs vier Tage in Wiesbaden aufgehalten und natürlich auch Roulette gespielt habe. Und was glauben Sie? Ich habe gewonnen und nicht verloren; ich habe zwar nicht so viel, wie ich wollte, keine 100 000 gewonnen, doch immerhin eine kleine Summe. (NB: Erzählen Sie niemand davon, liebe Warwara Dmitrijewna. Sie *können* es zwar auch niemand erzählen, denn Sie kommen mit niemandem zusammen; ich meine aber in erster Linie Pascha: Er ist noch dumm und wird sich vielleicht einbilden, daß man durch das Spiel eine Existenz begründen kann. Er hat sich ja neulich in den Kopf gesetzt, Kommis zu werden und sich auf diese Weise Geld zu verdienen; »folglich brauche ich nichts zu lernen«, hat er mir erklärt. Folglich braucht er nicht zu wissen, daß sein Papa Spielsäle besucht. Erzählen Sie ihm daher kein Wort davon.) Warwara Dmitrijewna! Während dieser vier Tage habe ich mir die Spieler näher angesehen. Mehrere hundert Personen nahmen am Spiel teil, doch nur zwei verstanden richtig zu spielen, mein Ehrenwort! Eine Französin und ein englischer Lord waren es; sie verstanden zu spielen und verloren nichts, sprengten sogar beinahe die Bank. Glauben Sie bitte nicht, daß ich nur aus Freude darüber, daß ich gewonnen und nicht verloren habe, prahle und das Geheimnis des Spieles zu kennen behaupte. Das Geheimnis kenne ich wirklich, und es ist höchst dumm und einfach: Es besteht darin, daß man sich jeden Augenblick beherrscht und bei keiner Phase des Spieles hitzig wird. Das ist alles; unter diesen Umständen kann man unmöglich verlieren und muß unbedingt gewinnen. Es handelt sich nur darum, daß der Mensch, der dieses Geheimnis kennt, auch die Kraft und die Fähigkeit hat, es richtig anzuwenden. Wenn man noch so gescheit ist und einen noch so eisernen Charakter hat, kann er einen schließlich doch umschmeißen. Selbst der Philosoph Strachow würde verlieren. Selig sind daher, die nicht spielen, das Roulette verabscheuen und es für die größte Dummheit halten. Doch zur Sache. Ich habe, liebe Warwara Dmitrijewna, 5000 Franken gewonnen; das heißt, ich hatte anfangs 10 400 Franken gewonnen, das Geld nach Hause getragen, in die Reisetasche gelegt und beschlossen, am nächsten Tag aus Wiesbaden abzureisen und nicht mehr in den Spielsaal zu gehen. Ich habe es aber nicht ausgehalten und die Hälfte des Geldes wieder verspielt. Es sind mir also nur noch 5000 Franken geblieben. Einen Teil des Gewinns habe ich mir für jeden Fall aufgehoben, und den Rest schicke ich nach Petersburg: die Hälfte meinem Bruder, damit er das Geld bis zu meiner Rückkehr aufhebt, und die Hälfte Ihnen, damit Sie es Maria Dmitrijewna übergeben oder übersenden. Verzeihen Sie, mein Täubchen, daß ich mit Ihrer Hilfe rechne, ohne Sie darum zu bitten. Aber ich denke an Ihre Freundschaft, von der ich mich fest überzeugen konnte. Im ganzen schicke ich Ihnen 30 Dublonen, das heißt, doppelte preußische Friedrichsdor. Eine jede Dublone hat hier in Paris den Wert von 41 Franken und 50 Centimes. Aber das ist zuwenig, das liegt an der Räuberei der hiesigen Geldwechsler; er ist mehr wert. Ein Friedrichsdor wird hier mit 20 Franken 75 Centimes gehandelt und unser Imperial zu 20 Frank. 20 Centimes, folglich ist hier der Friedrichsdor teurer als unser Imperial. So müßte es auch in Petersburg sein. Man kann also im äußersten Fall den Friedrichsdor bestimmt so hoch ansetzen wie unseren Imperial, wenn nicht höher. Mit den 30 Dublonen schicke ich Ihnen also 60 Friedrichsdor; da ich also die 60 Friedrichsdor gleichermaßen wie die 60 Imperiale ansetze, dürfte das beim Wechseln in Petersburg etwas mehr als 300 Rubel ergeben. Vielleicht wird man beim Wechseln noch etwas dazunehmen können, weil das Gold bei uns teuer ist. Aus diesem Grund habe ich mich dafür entschieden, die Summe gleich in Gold zu schicken. Meine Bitte ist nun, daß Sie diese 30 Dublonen zurückbehalten und vorläufig bei sich verstecken. Es ist für Rodewitsch bestimmt, für Paschas Notfälle (das heißt: er soll es nicht in die Hand bekommen), falls ich mich mit der Rückreise verspäte. Die übrigen 25 Dublonen sollte man bei einem Geldwechsler in Kreditscheine umwechseln. Ich bin überzeugt, daß die Geldwechsler nicht allzusehr betrügen. Tun Sie mir den Gefallen, und machen Sie sich nicht allzuviel Mühe. Wir wollen mit dem zufrieden sein, was immer sie geben. Wenn Sie wollen, dann vertrauen Sie den Umtausch meinem Bruder Michail Michajlowitsch an, der Ihnen dann das gewechselte Geld zurückgeben soll. Nach dem Umtausch müßten Sie Maria Dmitrijewna unterrichten, daß ich ihr diese 25 Dublonen schicken wolle, daß beim Wechseln so und soviel herausgekommen sei; stellen Sie ihr dabei die Frage, wie man es ihr zuschicken soll, das heißt per Post oder auf eine andere Weise. Ich glaube, per Post wäre es am besten, um so mehr, als es eine andere Art der Überweisung nicht gibt. Vielleicht wünscht auch Maria Dmitrijewna, daß dieses Geld vorläufig bei Ihnen liegt, das heißt bis zu meiner Ankunft. In diesem Fall würde ich Sie um die Erfüllung ihres Wunsches bitten, sollte sie einen äußern. Überhaupt wie immer sie will, so soll es sein. Sie würden mich zu großem Dank verpflichten, wenn Sie sich darum kümmerten. Verweigern Sie mir diese Bitte um Gottes willen nicht. Ich habe Maria Dmitrijewna schon informiert und ihr geschrieben, Sie würden ihr schreiben, das heißt, Sie sollten sie nach Erhalt des Geldes unterrichten und anfragen, wie man das Geld überweisen soll. Wie ich ihr geschrieben habe, wird sie Ihnen sogleich antworten. Vielleicht schreibt sie Ihnen sogar früher. Ich schicke das Geld erst heute ab. Ich rackerte mich nämlich ab, um den besten Überweisungsweg herauszufinden. Bei der Post nimmt man es bestimmt nicht an, da hier einzig und allein die Überweisung durch den Bankier üblich ist. Ich möchte aber das Geld nicht durch den Bankier schicken, weil er die Überweisung teurer berechnet und mich beim Umtausch bestimmt übers Ohr hauen würde, denn das Gold ist hier billiger als bei uns. Deshalb habe ich hier ein bestimmtes privates, aber zuverlässiges Transportbüro ausfindig gemacht. Über diese Firma will ich das Geld schicken. Wie sie Ihnen die Sendung zukommen läßt, weiß ich nicht. Ich weiß nur, daß es langsam geht, etwa 8 Tage dauert, so daß Sie den Brief viel früher bekommen werden als das Geld. Aber Sie werden wenigstens unterrichtet sein. Sollte irgendeine Schwierigkeit auftreten, wenden Sie sich an meinen

Bruder Michail Michajlowitsch. Das heißt, schreiben Sie ihm zwei Zeilen, er möge Sie in *meiner Angelegenheit* aufsuchen, das genügt. Doch das nur für alle Fälle. Ich bin überzeugt, daß es keine Schwierigkeiten gibt. Jedenfalls verzeihen Sie mir, meine gute und hochverehrte Freundin, daß ich in der Weise über Sie verfüge. Aber ich verlasse mich ja auf Ihre Güte.

Mein Gesundheitszustand ist nicht weltbewegend. In Paris gedenke ich nicht lange zu bleiben. Vielleicht reise ich nach Italien. Es hängt alles von den Umständen ab. Schreiben Sie mir, mein Täubchen, über alles, was Sie von Pascha wissen und was Sie über Maria Dmitrijewna hören (für den Fall, daß Sie etwas erfahren). Ich mache mir ganz schreckliche Sorgen über ihren Gesundheitszustand. Möge ihr Gott das Beste zukommen lassen! Und teilen Sie mir alles mit, was Sie über meinen Bruder Kolja erfahren (wenn Sie etwas hören). Wie steht es um seine Gesundheit? Geben Sie Pascha gute Ratschläge, mein Täubchen. Schreiben Sie mir, was Rodewitsch über ihn sagt, wenn Sie etwas erfahren können. Pascha beunruhigt mich ganz schrecklich. Schließlich schreiben Sie mir auch zwei Wörtlein über sich selbst. Das heißt über Ihre Gemütsverfassung, Gesundheit und dergl. Mein Täubchen, ich habe Sie sehr lieb und verehre Sie; halten Sie deshalb meine Bitte nicht für bloße Neugier. Ja, schreiben Sie mir recht bald, denn ich werde nicht lange in Paris bleiben, so daß Ihr Briefchen mich hier noch erreichen kann. Und warten Sie nicht, bis Sie das Geld erhalten. Schreiben Sie vorher. Es trifft bestimmt ein, Sie brauchen sich nicht zu beunruhigen.

Leben Sie wohl. Ich drücke fest Ihre Hand.

Ihr F. Dostojewskij

An N. N. Strachow

Rom, den 18./30. September 1863

Mein lieber, teurer Nikolaj Nikolajewitsch! Mein Bruder schrieb mir in seinem letzten Brief, den ich vor etwa 9 Tagen in Turin erhielt, Sie wollten mir angeblich schreiben. Nun bin ich aber schon zwei Tage in Rom, und Ihr Brief ist immer noch nicht da. Ich erwarte ihn mit Ungeduld. Zunächst aber schreibe ich selbst an Sie, doch nicht, um Ihnen meine Reiseeindrücke zu schildern, auch nicht, um Ihnen einige Ideen mitzuteilen, die mir in dieser Zeit durch den Kopf gegangen sind. Alles das kommt später, wenn ich wieder zurück bin und wir von selbst ins Schwatzen kommen, wie das bei uns so oft der Fall gewesen ist. Nein, jetzt habe ich eine große Bitte an Sie und schicke gleich voraus, daß ich Ihre ganze Teilnahme für mich in Anspruch nehmen muß, alle die freundschaftlichen Gefühle (Sie gestatten mir, mich so auszudrücken), die Sie, wenn ich mich nicht täusche, mir gegenüber nur einmal ausgesprochen haben.

Es handelt sich kurz darum, daß Sie, wenn Sie meine Bitte erfüllen, mich buchstäblich retten vor einer ganzen Menge geradezu unwahrscheinlicher Unannehmlichkeiten.

Die Sache ist nämlich die:

Von Rom reise ich nach Neapel. Von Neapel (nach etwa 12 Tagen, von heute ab gerechnet) begebe ich mich nach Turin zurück, das heißt, ich werde nach etwa fünfzehn Tagen dort sein. Wenn ich in *Turin* ankomme, bin ich mit meinem Geld zu Ende: ich treffe dort *buchstäblich ohne einen Groschen* ein.

Ich glaube nicht, daß gegenwärtig das Verbot der ›Zeit‹ aufgehoben ist. Und in jedem Fall habe ich Grund zur Annahme, daß mein Bruder mir jetzt nicht helfen kann.

Ohne Geld aber kann ich nicht leben, und ich muß, wenn ich nach Turin komme, unbedingt Geld auf der Post vorfinden. Sonst – ich sage es noch einmal – bin ich verloren. Abgesehen davon, daß ich keine Mittel zur Heimreise habe, spielen hier auch noch andere Umstände mit, das heißt, mir stehen Ausgaben bevor, die sich einfach nicht vermeiden lassen.

Und dann flehe ich Sie um Christi und um Gottes willen an: Tun Sie für mich, was Sie schon einmal, unmittelbar vor meiner Abreise, für mich getan haben.

Sie gingen damals zu Boborykin (›Lesebibliothek‹). Boborykin forderte mich nach dem Verbot der ›Zeit‹ selbst in einem Brief zur Mitarbeit auf. Also darf man sich an ihn wenden. Im Juli baten Sie ihn um 1500 Rubel, und er gab Sie Ihnen nicht, denn der Juli ist eine sehr schwere Zeit für die Redakteure. Aber wenn ich mich recht erinnere, sagte er Ihnen etwas vom Herbst. Jetzt schreiben wir Ende September. Es ist die Zeit, wo die neuen Bestellungen einlaufen, folglich muß Geld da sein. Und ich bitte ja auch nicht um 1500 Rubel, sondern bloß um 300 (dreihundert Rub.).

NB: So soll es auch Boborykin wissen, was bereits dem ›Zeitgenossen‹ und den ›Vaterländischen Annalen‹ bekannt ist: daß ich noch nie im Leben ein Werk (mit Ausnahme der ›Armen Leute‹) anders als gegen Vorausbezahlung verkauft habe. Ich bin ein Proletarier unter den Schriftstellern, und wenn jemand meine Arbeit will, so muß er mich im voraus bezahlen. Ich selbst verdamme diesen Modus. Ich habe ihn nun aber einmal eingeführt und werde ihn nie abschaffen. Ich fahre also fort:

Augenblicklich habe ich nichts fertig. Ich habe aber einen (wie mir scheint) recht glücklichen Plan zu einer Erzählung.[1] Er ist zum größten Teil auf Papierfetzen notiert. Ich habe sogar schon mit der Ausführung begonnen, doch erstens ist es hier zu heiß, und zweitens will ich mich nur *acht Tage* in Rom aufhalten; kann man denn, wenn man in einer Stadt wie Rom nur acht Tage bleibt, überhaupt zum Schreiben kommen? Das viele Herumgehen ermüdet mich außerordentlich. Meine Erzählung soll eine typische Gestalt, einen im Auslande lebenden Russen schildern. Sie wissen ja: Im letzten Sommer war in unseren Zeitschriften sehr viel von den im Ausland lebenden Russen die Rede. Dies alles wird sich auch in meiner Erzählung widerspiegeln. Auch der augenblickliche Zustand unseres inneren Lebens wird (selbstverständlich so gut es geht) mit hereingezogen werden. Ich schildere einen Menschen mit einem durchaus offenen Charakter, einen zwar vielseitig entwikkelten, doch in allen Dingen unfertigen Menschen, der jeden Glauben verloren hat, zugleich *aber nicht wagt, ungläubig zu sein*, der sich gegen alle Autoritäten auflehnt und sie zugleich fürchtet. Er tröstet sich damit, daß er in Rußland angeblich *nichts zu schaffen habe*, und verurteilt daher aufs grausamste die Leute, die die im Ausland lebenden Russen nach Rußland zurückrufen wollen. Alles kann ich hier nicht erzählen. Die Gestalt ist sehr lebendig (ich sehe sie förmlich vor mir stehen), und wenn die Erzählung einmal fertig wird, verdient sie gelesen zu werden. Der Hauptwitz besteht aber darin, daß er alle seine Lebenssäfte, Mut und Kraft für *das Roulette* verwendet hat. Er ist ein Spieler, doch kein gewöhnlicher Spieler, ebenso wie der ›Geizige Ritter‹[2] von Puschkin kein gewöhnlicher Geizhals ist. (Ich will mich durchaus nicht mit Puschkin vergleichen. Ich habe den Vergleich nur der Deutlichkeit wegen angeführt.) Er ist in seiner Art Poet, doch er schämt sich dieser Poesie, denn er empfindet tief ihre Gemeinheit; obwohl das *Bedürfnis, etwas zu riskieren*, ihn in seinen eigenen Augen veredelt. Die ganze Erzählung handelt davon, wie er drei Jahre lang Roulette spielt.

Wenn mein ›Totenhaus‹ – als eine Schilderung der Zuchthäusler, die *vor mir noch niemand* so anschaulich geschildert hat – großes Interesse beim Publikum gefunden hat, so wird die neue Erzählung, als eine anschauliche und genaue Schilderung des Roulettespiels, ein noch viel größeres Interesse erwecken. Abgesehen davon, daß derartige Aufsätze bei uns mit dem größten Interesse gelesen werden, fällt noch ins Gewicht, daß das Spiel in einem ausländischen Kurort vor sich geht und daß von den im Ausland lebenden Russen die Rede ist; dies hat immerhin eine gewisse (vielleicht nicht unwichtige) Bedeutung.

Schließlich darf ich hoffen, daß es mir gelingen wird, alle diese höchst interessanten Gegenstände mit Gefühl, Verständnis und nicht zu langatmig zu schildern.

Der Umfang der Erzählung wird mindestens 1½ Bogen betragen, wahrscheinlich aber zwei, vielleicht auch noch mehr.

Ablieferungstermin könnte der 10. November sein, und zwar als äußerste Frist; *vielleicht geht es auch schon früher.* Jedenfalls aber nicht später als am zehnten, so daß die Erzählung im Novemberheft erscheinen kann. Ich gebe mein Ehrenwort darauf und bin überzeugt, daß noch nie jemand Anlaß gehabt hat, an meinem Ehrenwort zu zweifeln.

An Honorar beanspruche ich 200 Rubel für den Bogen (im äußersten Fall 150). Aber ich möchte in keinem Fall den Preis noch mehr herabsetzen. Und deshalb ist es wohl besser, auf zweihundert zu bestehen. Die Erzählung kann sehr hübsch werden. Das ›Totenhaus‹ hat doch auch interessiert. Und hier handelt es sich doch auch um die Schilderung einer Art Hölle, eines Dampfbades für Sträflinge.[3] Ich will mich bemühen, ein lebensvolles Bild zu entwerfen.

Und nun noch etwas:

Nehmen Sie es mir nicht übel, hochverehrter, lieber Nikolaj Nikolajewitsch, daß ich so ungeniert geradeswegs zu Ihnen komme und Sie belästige. Ich verstehe ja sehr gut, daß es eine Belästigung ist. Allein – was soll ich machen? Wenn ich nach 15 oder höchstens 17 Tagen in Turin eintreffe und dort kein Geld vorfinde, bin ich buchstäblich verloren. Sie kennen alle meine Verhältnisse nicht, und es würde zu weit führen, wollte ich sie Ihnen jetzt darlegen. Zudem sind Sie schon so überaus gütig gegen mich gewesen, retten Sie mich daher noch einmal!

Man müßte folgendes tun:

Wenn Sie diesen Brief erhalten haben, gehen Sie bitte (es ist meine letze Hoffnung) sofort zu Boborykin. Sagen Sie ihm, ich hätte Sie bevollmächtigt. Zeigen Sie ihm, wenn es nötig sein sollte, einen Teil meines Briefes. Machen Sie ihm das Angebot. (Natürlich in einer Form, die für mich nicht demütigend wäre, obgleich man im Ausland sehr arg in die Klemme kommen kann. Außerdem können Sie ja gar nicht anders als mit Würde verhandeln.) Wenn Sie das Geld erhalten haben, schicken Sie es mir sofort, das heißt händigen Sie es meinem Bruder aus. Er weiß schon, wie er es an mich weiterzubefördern hat.[4]

Wenn es sich mit Boborykin nicht machen läßt, so geht es vielleicht mit einer Zeitung, meinetwegen dem ›Anker‹ (küssen Sie Ap. Grigorjew in meinem Namen) oder *jeder* anderen Zeitschrift. Natürlich nicht der ›Russische Bote‹ und, wenn möglich, auch nicht die ›Vaterländischen Annalen‹. Die vermeiden Sie um Gottes willen. Lieber verzichte ich dann auf das Geld. Sie können es sogar mit dem ›Zeitgenossen‹ versuchen, obgleich Saltykow und Jelisejew mich da vielleicht zurückweisen werden. (Doch wer weiß? Vielleicht bin ich gegen sie ungerecht!) Mein Beitrag wird die Physiognomie des ›Zeitgenossen‹ nicht entstellen. Jedenfalls können Sie sich unmittelbar an Nekrasow wenden. Das ist die *Conditio sine qua non.* Und mit ihm den Vertrag schließen. Das wäre sogar sehr nett. Wohl gar noch besser als die ›Bibliothek‹. Vielleicht ist mir Nekrasow gar nicht so böse. Er ist doch vor allem Geschäftsmann. Selbstverständlich, liebster Nikolaj Nikolajewitsch, müßte die ganze Sache in zwei, höchstens drei Tagen erledigt sein. Ich bin verloren, buchstäblich verloren, wenn ich in Turin kein Geld vorfinde. Nach Neapel schreiben Sie mir nicht, sondern gleich nach Turin, und ich flehe Sie an, mir *in jedem Fall* zu schreiben. Ich für meine Person brauche eigentlich nur 200 Rubel, aber auch keine Kopeke weniger, den Rest von *hundert* Rubel soll mein Bruder an Maria Dmitrijewna schicken. Also müssen dreihundert Rubel beschafft werden. Jetzt habe ich Ihnen alles gesagt. Ich vertraue mich Ihnen an, ja, ich lege fast mein Schicksal in Ihre Hände. So wichtig ist mir das. Vielleicht werde ich Ihnen später davon erzählen. Aber ich flehe Sie an, dann umarme ich Sie aus ganzem Herzen und verbleibe

Ihr Dostojewskij

Seltsam, ich schreibe Ihnen aus Rom – und kein Wort über Rom! Aber was könnte ich Ihnen auch schreiben? Mein Gott! Kann man das denn in Briefen schildern? Ich bin vorgestern in der Nacht hier angekommen. Gestern früh besuchte ich die Peterskirche. Der Eindruck ist sehr stark, Nikolaj Nikolajewitsch, ein Schauder läuft einem über den Rücken. Heute werde ich das *Forum* mit all seinen Ruinen besichtigen. Dann das *Colosseum!* Ja, was soll ich Ihnen da sagen?!

Grüßen Sie mir alle, Grigorjew und alle anderen. Besonders Ihren Bruder. Und dann möchte ich Sie noch um eines sehr bitten: Grüßen Sie Julia Petrowna unbedingt und von ganzem Herzen. Tun Sie das bei der ersten Zusammenkunft mit ihr.

Die Slawophilen haben natürlich *etwas Neues* gesagt, so neu vielleicht, daß es noch nicht einmal von den Auserwählten ganz verdaut worden ist. Doch welch erstaunliche *aristokratische Saturiertheit* bei der Lösung gesellschaftlicher Fragen.

Ist Ihnen denn nicht Tiblen behilflich, natürlich nur im Notfall. Bestellen Sie ihm und Jewgenija Karlowna meinen Gruß. Bei der erstbesten Begegnung.

An M. M. Dostojewskij

Moskau, 9. April 1864

Lieber Freund Mischa, Deinen Brief beantworte ich umgehend; zunächst über die *Geldanleihe*. Meine Meinung ist die:

1. bei unsrer Tante das Geld aufnehmen, ist einerseits möglich, andrerseits unmöglich, das heißt: das ist ganz unmöglich! Da Du Dich aber in einer kritischen Lage befindest und ein tatsächlich glänzendes Unternehmen zugrunde zu richten fast ein Verbrechen wäre, so mußt Du unbedingt versuchen, bei der Tante Geld aufzunehmen. Darum zu bitten, ist doch kein Unglück, dadurch verlierst Du noch gar nichts; andererseits wäre der Vorteil schon sehr groß.

2. Nun, wie soll man das also anstellen? In dieser Hinsicht habe ich meine ganz bestimmte Ansicht, vielleicht ist sie sehr irrtümlich, dafür ist sie ganz fest bestimmt. Vor allem mache ich Dich auf die Umstände aufmerksam: Wenn unsere Tante auch *durchaus* bei voller Vernunft wäre (ich war erst unlängst bei ihr), so hat sie doch ein sehr schlechtes Gedächtnis (doch gar nicht so, als vergäße sie die Menschen und erinnerte sich nicht an vergangene Ereignisse). Sie ist in guter Gemütsverfassung. Zu ihrer eigenen Unterhaltung fing

sie wieder an, Klavier zu spielen, nachdem sie das 30 Jahre lang nicht mehr getan hatte. Charakter hat sie gar keinen, ebensowenig Entschlossenheit, sie steht immer unter dem Einfluß anderer Leute. Ziemlich stark (sogar sehr) ist der Einfluß der Großmutter. Deshalb habe ich den Verdacht, sie wird sich vor den Konstantinowitschs [1] fürchten, die ihrerseits gar nichts mit ihr zu schaffen haben (abgesehen von dem Fall, den ich stets annahm, daß diese Konstantinowitschs selber den Wunsch hegen, das Geld der Tante in ihre Hände zu bekommen und ihr nur die Prozente zu zahlen. Für diese Vermutung habe ich zwar keinerlei Beweise, doch diese Personen sind derart habgierig, daß mir das immer wieder in den Kopf kommt). Jetzt will ich Dir wiedergeben, was mir vor einem Monat Alexander Pawlowitsch darüber erzählte: wie die Tante noch bei Lebzeiten des Onkels die zahllosen Bitten unsrer Schwester Sascha aufzunehmen pflegte. Gewöhnlich schickten die Goljanowskijs [2], die anscheinend ein Leben lang auf Kosten der Tante leben wollten, zunächst einen Brief (als Saschenka selbst nicht hinfahren wollte) an Alexander Pawlowitsch — mit der Bitte, der Tante ein gesondert dem Brief beigefügtes Schreiben zu überreichen. Er ging dann zur Tante und übergab ihr direkt, *ohne jede Einleitung und Vorbereitung*, den Brief, um sie völlig zu überrumpeln. Die Tante erschrak, rang die Hände, seufzte, quälte sich und wollte den Brief erst gar nicht annehmen. Er drängte ihn ihr aber mit Gewalt auf. Sie nahm ihn in Empfang, öffnete ihn aber nicht. Schließlich ließ sie nach ihm schicken und veranlaßte ihn dazu, den Brief selbst zu öffnen und ihn vorzulesen. Er tat das, ohne daß er selbst Bemerkungen hinzufügte und ohne sie darauf vorzubereiten. »Ja, lesen Sie denn nicht, daß man Geld will?« — »Jawohl.« — »Wieviel denn?« — »800.« — »Ach, ach«, usw. Schließlich ruft sie ihn am nächsten Tag wieder zu sich. »Ja, so sagen Sie mir doch, was soll man denn machen? Was soll man machen? Ja, so sprechen Sie doch!« — »Und ich sehe ja«, so erzählte Alexander Pawlowitsch, »daß die Sache damit endete, daß sie das Geld gab. Sie stellt sich immer nur vorher so an.« — »Aber das ist doch Ihr Geld, Sie können doch selbst darüber verfügen, was habe ich denn damit zu tun!« — »Ach, mein Gott, ach, mein Gott, soll man etwa zusagen?« — »Natürlich, sagen Sie nur zu.« — »Alexander Alexejitsch, den Brief, Saschenka schreibt.« — »Ach, lies doch, lies«, und sie vergießt dabei Tränen. Und es beginnt das Vorlesen des weinerlichen Briefes. »Sie bitten um Geld, Alexander Alexejitsch [3], um 800 Rubel!« – »Man soll das Geld hinschicken, man soll es hinschicken, auf der Stelle soll man das tun!« Und dabei bricht sie in Schluchzen aus. Nun, dann ist schon alles beendet, und das Geld wird abgeschickt. Man muß dabei erwägen, daß sie diese Konstantinowitschs damals fürchtete; doch natürlich hat sie seit jener Zeit an Charakter und Entschlossenheit nicht zugenommen.

Alexander Pawlowitsch werde ich von diesem Geheimnis nichts sagen und überhaupt niemandem (obgleich Alexander Pawlowitsch sich nicht verschwätzen würde, *das versichere ich Dir*). Warja habe ich unlängst gesehen. Sie hat Dich zwar lieb, ob sie jedoch der Versuchung widerstehen könnte, der Tante alles zu erzählen, weiß ich bei Gott nicht. Daß sie sich aber gar nicht bemühen wird, und insbesondere nicht *im voraus,* davon bin ich fest *überzeugt.* Doch vielleicht ist sie wirklich imstande, das Geheimnis zu bewahren.

Meine endgültige Meinung ist die:

Wenn Du durch Vermittler vorgehst, sei es auch durch Warenka (möglicherweise wäre sie damit einverstanden; außer ihr weiß ich niemanden), und ihr einen Brief schreiben willst mit der Bitte, ihn der Tante zu überreichen, so wirst Du wahrscheinlich *gar nichts erreichen*. Man wird Dir eine abschlägige Antwort geben – *ganz bestimmt.* Ja, und ich wiederhole, auch Warja wünscht *ganz gewiß* nicht *unmittelbar* für Dich einzutreten.

Würde es sich nur um 1000 Rubel handeln, würde sich die Tante vielleicht noch entschließen; da es sich aber um 10 000 handelt – ist es unwahrscheinlich, daß sie sich entschließt, das Geld herauszurücken.

Etwas ganz Anderes *könnte sich ergeben,* wenn Du selbst herkommen und Deine Bitte persönlich vortragen würdest – (ich sage, *könnte sich ergeben;* mich dafür zu verbürgen, ja, auch nur in der Phantasie, vermag ich natürlich nicht. Ich sage nur, daß dies meine *feste* Überzeugung ist, und das ist auch so). Die Tante *vorzubereiten,* ist meiner Meinung nach überhaupt nicht nötig; glaube mir, niemand wird die Sache besser durchführen als Du selbst. Es würde nur ein überflüssiges und sehr nachteiliges Gegacker geben, wollte man die Sache vorbereiten; außerdem gäbe es überflüssige *Klatschereien,* falls die Sache bekannt würde. Im Gegenteil, wenn Du willst, dann handle so: Gib die Nummer der Zeitschrift heraus und komm sogleich hierher, gleich, nachdem sie erschienen ist, zu Beginn der Osterwoche. (NB: Mir scheint, Du wirst Alexander Pawlowitsch gar nicht antreffen, *wahrscheinlich* wird er für 10

Tage aufs Land in Urlaub gehen, um endgültig die Vermessung vorzunehmen, und er wird in der Osterwoche abreisen. Das ist bereits beschlossen.)

2. wirst Du bei Alexander Pawlowitsch absteigen. Sage ihm zunächst kein Wort über den Zweck Deiner Reise. (Ich will übrigens einige Tage vor Deiner Ankunft die Bemerkung fallen lassen, Du wolltest, *vielleicht* in Geldangelegenheiten, zu den Basunows kommen.) Davon kann man nur Warja erzählen und auch das nur dann, wenn es sich zeigt, daß sie sich zu Deiner Absicht wenigstens nicht ablehnend verhält. Dagegen ginge es überhaupt nicht an, sie darum zu bitten, die Angelegenheit vorzubereiten. Du wirst zunächst einen Besuch machen, und erst dann, am nächsten Tag, kommst Du mit Deiner Bitte. Mir scheint, es wäre gut, zunächst der Großmutter die Angelegenheit vollständig und aufrichtig darzulegen. Das wird ihr sogar schmeicheln. Ja, und anders wäre es auch gar nicht möglich, weil die Tante Unsinn zu schwätzen pflegt (wenn sie auch ganz und gar bei gesundem Menschenverstand ist). Sie wird sich sehr erschrecken und sofort die Großmutter rufen. Die Großmutter aber, wenn sie im voraus unterrichtet war und auch wenn sie es gar nicht auf sich nehmen sollte, Deine Bitte zu unterstützen, so wird sie sich doch *vielleicht* auch nicht feindlich zu ihr verhalten, dank der Vorbereitung auf diese Bitte. Mit der Tante dagegen muß man entschieden sprechen, ganz aufrichtig und ganz deutlich. Man muß ihr erklären, daß, wenn Du auch schon einmal im Vorjahr, ganz *wörtlich* genommen, Deinen Kopf aus der Schlinge herausziehen konntest, es doch unsinnig sei, die Zeitschrift jetzt nicht *durchzuhalten* und einfach zugrunde gehen zu lassen, wo Du doch unmittelbar vor einem unzweifelhaften und glänzenden Erfolg stündest. Mache ihr klar, daß sie, die Tante, sich damit nicht zugrunde richten, wohl aber, falls sie Deine Bitte nicht erfüllt, sowohl Dich als auch Deine Familie ins Verderben stürzen würde. Gleich von vornherein werden sich weder Tante noch Großmutter entscheiden wollen, sie werden miteinander gackern, seufzen und stöhnen. Mögen sie nur! Man muß sie nur gleich beim erstenmal stark beeindrucken, man muß moralischen Druck auf sie ausüben, sofern sie klar und deutlich begreifen, daß sie vor einem Dilemma stehen. »Geben – ist gefährlich – man wird es nicht zurückzahlen; wenn man aber nicht gibt – wird man einen Menschen töten und eine Sünde auf die Seele nehmen.« Natürlich werden sie nicht sogleich eine Antwort geben und zunächst

miteinander beraten. Dann muß man Warja ins Treffen führen, wenn sie *tatsächlich* gewillt wäre, Dich zu unterstützen; andernfalls sollte sie aber besser überhaupt nicht dorthin kommen. Ist aber Warja einverstanden, so bedeutet ihr Rat dort viel. Sie soll nur nicht die Tante bitten, vielmehr à la Alexander Pawlowitsch zu ihr sagen: »Das ist doch Ihr Geld; wenn Sie wollen, dann geben Sie es, wollen Sie aber nicht – so lassen Sie es bleiben; werden Sie aber kein Geld geben, so werden Sie einen Menschen völlig *zugrunde richten* und ins Verderben stürzen, und das ist obendrein noch Ihr Neffe, Ihr Patenkind, der noch gar nichts von Ihnen erhalten hat und niemals um irgend etwas bat. Sie selbst stehen doch schon mit einem Fuß im Grab, und dabei wollen Sie noch eine Missetat begehen: mit was für einer Miene wollen Sie denn dann vor Christus und Ihre verstorbene Schwester [4] hintreten? Die Schwester hat doch Alexander Alexejitsch ausgestattet, was aber haben Sie selbst getan? Sie besitzen 150 000 Rubel, und Sie fürchten, sich zu ruinieren!« Das alles muß man mit Festigkeit sagen, um so mehr, als dies alles die *Wahrheit* ist und das wenigstens einmal ausgesprochen werden *muß*. Warenka wird das nicht sagen, ich aber werde das tun. Ich werde das ganz bestimmt tun. Überhaupt muß man gar nicht allzusehr als Bittsteller vor sie hintreten, wie ein Flehender, der vor der Absage zittert. Mit kaufmännischer Trockenheit und geschäftiger Miene wird man *bei denen* gleichfalls nicht viel ausrichten. Man muß auf die Seele moralisch einwirken und nicht pathetisch auftreten, vielmehr *streng und rauh*. Das wird am meisten Eindruck machen. Es kann aber auch sein, daß ich nicht alle Umstände kenne und daß sie hinsichtlich der Verfügung ihres eigenen Geldes bei den Konstantinowitschs um Erlaubnis bitten wird. Und dann wird die Sache entweder sehr schlecht oder sehr gut ausgehen, je nachdem, wie die Konstantinowitschs bei Laune sind.

NB: Wenn sich Warja intensiv um einen Rat bemühen wird, werden sie ihr bestimmt sagen (sie *können* gar nicht umhin, es zu sagen): »Ach, wirst Du für Deinen Bruder Bürgschaft leisten? Du hast doch ein Haus, wirst Du für ihn bürgen?« Warja wird *bestimmt* keine Bürgschaft leisten. Das kann Schaden stiften, und deshalb muß man es berücksichtigen. Allgemein gesprochen kann Warja, wenn sie nur aufrichtig und leidenschaftlich zu Deinem Nutzen vorgehen *will*, einen großen Vorteil bringen, nicht durch vorhergehende Präparierung der Tante, sondern dann, wenn sie nach allen Seiten hin gackern und sich auf alle Ratschläge stürzen werden.

Mit einem Wort: Die Aussichten, die Sache zu gewinnen, haben eine hohe Wahrscheinlichkeit und sind meiner Ansicht nach sogar *zahlreicher* als die Aussichten, die *Sache zu verlieren*. Du hast allen Grund dazu, diese Sache durchzuführen. Der Gewinn wird groß sein. Bei einem Mißerfolg bestünde der ganze Verlust lediglich darin, daß Du umsonst nach Moskau gefahren bist. Deshalb ist mein Rat der: Mache Dich ans Werk, und zwar sogleich, noch in der Osterwoche.

Vielleicht wird man Dir beim erstenmal ganz einfach einen Korb geben, dann aber wird sie das Gewissen plagen, sie werden Dich selbst herbeirufen und Dir das Geld geben.

Warja will ich vorerst noch kein Wort sagen. Auf diesen meinen Brief antworte mir *umgehend, auf der Stelle*, wie Du Dich entschlossen hast. Dann kann man auch schon Warja benachrichtigen. (Freilich wäre es besser, dies erst nach Deiner Ankunft zu tun – das ist wenigstens meine Meinung.) Man muß aber bei der Großmutter anfangen.

Mein endgültiges Wort lautet also: Mache Dich sofort *persönlich* ans Werk, und ich rate Dir auch, die Sache ja nicht mehr zu verzögern.

Nunmehr von was anderem:

Mein Freund, Du hast sicherlich meinen letzten Brief erhalten. Ich schrieb Dir, mir schiene es, als werde ich die Erzählung nicht rechtzeitig beenden können.[5] Ich wiederhole Dir, Mischa: Ich bin so bis aufs letzte zermürbt, so niedergeschlagen durch die Umstände, ich befinde mich in einer so unerträglichen Lage, daß ich jetzt sogar nicht mehr dafür bürgen kann, daß meine körperlichen Kräfte bei der Arbeit ausreichen werden. Mit Ungeduld erwarte ich Deine Antwort. Jetzt aber will ich nur eines sagen: Meine Erzählung nimmt noch an Umfang zu. Vielleicht wird sie 5 Druckbogen ausmachen, ich weiß das noch nicht; demnach ist es schon rein *physisch* unmöglich, auch nicht beim besten Willen und bei der gewaltigsten Anstrengung, rechtzeitig fertig zu werden. Was soll man da machen? Wirklich nur ein Bruchstück veröffentlichen? Das ist völlig unmöglich. Diese Erzählung läßt sich gar nicht zerstückeln. Dabei weiß ich aber nicht mal, was bei dem Ganzen herauskommt, vielleicht nur etwas Schwaches. Doch ich, ich persönlich setze starke Hoffnungen auf diese Erzählung. Das wird etwas

Mächtiges und Wahrhaftiges werden; es wird die Wahrheit selbst sein. Mag es vielleicht auch schlecht geschrieben sein, es wird doch Effekt machen. Das weiß ich. Vielleicht wird sie aber auch sehr gut. Was sollen wir machen? Auf jeden Fall, das wiederhole ich, es ist *materiell* unmöglich, eine derartige Arbeit zu einem solchen Termin zu liefern; wenn Du das Heft schon bis zur Osterwoche herausbringen willst, so wird es vielleicht mit dem kritischen Aufsatz auch nichts. Ja, ganz bestimmt. Wenn es also möglich ist, so lasse mich aus dem Märzheft ganz weg, sei mein Wohltäter! Dafür wirst Du auch für das Aprilheft eine Erzählung von beträchtlicher Länge von mir haben und dazu auch noch einen kritischen Aufsatz. Dafür bürge ich *mit meinem Kopf,* wenn ich nur nicht vorher sterbe. Laß mich die Erzählung beenden, dann wirst Du sehen, was ich leisten kann.

Du schreibst mir, die folgenden Hefte müßten unterhaltsam sein. Für den April kann ich garantieren. Doch für den März? Rede doch Strachow wegen eines kritischen Aufsatzes gut zu; wenn Du nur für das März-Heft etwas Bedeutenderes hast, dann bringe dort alles. Mache Dir für den April keine Sorgen, und bringe möglichst viel von den ›Problematischen Naturen‹, denn sie sind sehr interessant; freilich würde sich die Abonnentenzahl auch dann nicht vermehren, wenn wir nun in jeder Nummer etwas von Turgenjew bringen würden; das ganze Abonnement hängt von der ersten Nummer ab. Ankündigung und Aufsätze des ersten Heftes sind aber verlockend. Doch in die Provinz sind die Ankündigungen und das 1. Heft selbst kaum gelangt. Eine Zunahme der Abonnentenzahl kann zwar auch noch durch den Eindruck des 1. Heftes erfolgen, doch später, das heißt gegen den Sommer, wird sich die Abonnentenzahl kaum noch steigern lassen, mögen die Hefte noch so vollkommen sein. Um das Publikum zu beeindrucken, gibt es natürlich nicht nur den einen März im Jahr. Zum nächsten Jahr werden wir uns das Publikum höchst geneigt machen, dafür bürge ich.

Dieser Tage schicke ich die Erzählung von Apollinaria. Ich schreibe Dir das, damit Du nicht glaubst, dies sei meine Erzählung, wenn Du das Paket mit meiner Unterschrift erhältst. Diese Erzählung ist aber nicht schlechter als die früheren und kann vielleicht ankommen.

Für die 100 Rubel danke ich Dir. Was weiter aus mir wird, kann ich mir gar nicht vorstellen.

Bevor Du Dich zu etwas entschließt, was die Tante betrifft, antworte mir unbedingt sofort auf diesen Brief. Vergiß das nicht, es ist sehr nötig.

Ehe ich von Dir die Antwort habe, will ich Deinen Brief weder Warenka zeigen noch irgend etwas davon sagen, ja, ich will gar niemandem davon erzählen. Dich aber bitte ich, Warenka *nicht zu schreiben.*

Maria Dmitrijewna liegt in den letzten Zügen. Ich mache Dich darauf aufmerksam, vielleicht wirst Du gerade zur Beerdigung zu mir kommen. Lebe wohl, ich umarme Dich und grüße alle.

Dein F. Dostojewskij

Vielleicht nimmst Du Mascha mit? Wahrhaftig, das würde der Sache helfen. Ja, wenn nur Mascha mitkäme. Und man würde sie hier so gerne sehen. So gut hat man Euch hier in Erinnerung.

An P. D. Boborykin

Moskau, 14. April 1864

Gnädiger Herr! Heute schreibe ich an meinen Bruder und bitte ihn dringend, Ihnen meine Schuld zu bezahlen. Ich hoffe sehr, daß er meine Bitte erfüllt.

Ich bin sehr dankbar, daß Sie meine Zweifel durch dieses Zurückfordern des Geldes endlich gelöst haben. Die Hauptsache liegt für mich darin, daß ich außer durch das Geld auch durch mein Ehrenwort an Sie gebunden war; obendrein vermittelte Ihnen dieses Ehrenwort unser gemeinsamer Bekannter, der sehr verehrte Nikolaj Nikolajewitsch Strachow, der sich für mich verwandte. Durch die Nichterfüllung meiner Verpflichtung erwecke ich nicht nur Zweifel an der Unerschütterlichkeit meines Ehrenworts, sondern bringe vielleicht auch Nikolaj Nikolajewitsch in eine peinliche Lage. Der eine wie der andere Umstand veranlassen mich nun, ein paar Worte zu sagen, um die ganze Angelegenheit möglichst gründlich aufzuklären.

Doch vor allem muß ich Ihnen gegenüber bemerken, daß es mir sogar bei all meinem Bedürfnis, mein Versprechen fristgemäß, das heißt in den Wintermonaten, einzuhalten, unmöglich war, Ihnen die Sache zukommen zu lassen, und zwar infolge meiner völlig unvorhergesehenen und schweren häuslichen Umstände und meiner ganz und gar unvorhergesehenen Krankheit, die anderthalb Monate dauerte.

Diese Aufklärung besteht in meinem aufrichtigen Bekenntnis, daß ich, abgesehen von schwerem häuslichem Ungemach und meiner langen Krankheit, die mich betroffen und in meiner Arbeit sehr behindert haben, vor zwei Monaten eine gewisse Unlust verspürte, meine künftige Arbeit Ihrer Zeitschrift zu überlassen, obwohl ich mein Wort sehr gern gehalten hätte. Ich könnte Ihnen unwiderlegliche Beweise dafür liefern, daß ich bis zu jener Zeit, das heißt noch vor 2 Monaten, die feste Absicht und den ehrlichen Wunsch hatte, meiner Verpflichtung für die ›Lesebibliothek‹ nachzukommen. Meine Absicht hat sich aber seit der Zeit unwillkürlich geändert, da ich mit begreiflichem Mißvergnügen in Ihrer Zeitschrift Spöttereien über meine Arbeit lesen mußte. In den vielen Jahren meiner literarischen Tätigkeit sind meine Arbeiten in der Presse oft genug verspottet worden. Obwohl ich diese Angriffe nicht immer unbeachtet ließ, habe ich mich ihretwegen doch niemals in irgendwelche öffentlichen oder nichtöffentlichen Auseinandersetzungen eingelassen. Hier aber liegt ein besonderer Fall vor, und bei meiner Ansicht über gewisse Dinge konnte ich nicht umhin, dem (wenn auch ziemlich bescheidenen) Spott der ›Bibliothek‹ Beachtung zu schenken. In einem Ihrer Aufsätze hieß es, daß ich »im empfindsamen Genre« schreibe, und das war in reichlich spöttischem Ton geäußert. Natürlich ist das sehr harmlos, aber sogar ein solcher Ton war bei meinen Beziehungen zur ›Bibliothek‹ – verzeihen Sie – einfach *unmöglich*. Hätte ich keinen Vorschuß von Ihnen erhalten und wäre ich vor allem nicht durch mein Ehrenwort an Sie gebunden gewesen, so hätte dieser Spott, wie ich ihn auch ansehen mochte, mich keineswegs gehindert, der ›Bibliothek‹ etwas zum Abdruck zu überlassen. Nun aber traf er mich als einen an Händen und Füßen Gebundenen. Es konnte so aussehen, als dürfte ich nicht wagen, Einspruch zu erheben, und müßte mir *jeden Ton* gefallen lassen, weil – ich Geld bekommen hatte! Ich setze natürlich nicht einmal die Möglichkeit einer solchen Ansicht über unsere Beziehungen bei der Redaktion der ›Bibliothek‹ voraus, aber schon allein die Möglichkeit ist in diesem Fall eine heikle Sache. Ich gebe zu, daß das von meiner Seite Subtilitäten sind. Aber meiner Ansicht nach ist eine übermäßige Empfindlichkeit in manchen Lebensumständen einer gewissen ›*Derbheit*‹ der Beziehungen vorzuziehen – entschuldigen Sie, ich kann kein passendes Wort für die Bezeichnung jenes Zynismus finden, dem ich im Verkehr mit Menschen immer ausgewichen bin.

Sie werden sagen, daß ich Sie mit diesen Einzelheiten nicht zu belästigen brauchte, um so weniger, als Sie ja selbst jede Aussprache überflüssig gemacht haben, indem Sie der ganzen Angelegenheit durch das Zurückverlangen des Geldes eine rein kaufmännische Wendung gegeben haben. Aber, verzeihen Sie, es will mir scheinen, daß eine offene Aussprache unter den gegenwärtigen Verhältnissen durchaus nicht überflüssig ist. Ich muß Sie trotz allem als Kollegen betrachten, um so mehr, als ich das Vergnügen hatte, Sie persönlich kennenzulernen, wenngleich auch nicht die Ehre, diese Bekanntschaft fortzusetzen. In jedem Fall aber danke ich Ihnen nochmals dafür, daß Sie, in dem offenbaren Wunsch, mich mit einem Mal aller Schwierigkeiten zu entheben, alle unsere gemeinsamen Beziehungen in so delikater Weise – lediglich nach der kaufmännischen Seite – zu lenken verstanden und, wie Sie sich selbst ausdrückten, der Ansicht sind, daß »die Zurückerstattung des Geldes durch mich an Sie der beste Abschluß dieser Beziehungen sein werde«. Ich bin derselben Ansicht und hoffe, daß mein Bruder Sie nicht lange warten läßt.

Mit außerordentlicher Hochachtung habe ich die Ehre,

Gn. Herr B.

An M. M. Dostojewskij

Moskau, 15. April 1864

Lieber Mischa, soeben habe ich durch Alexander Pawlowitsch ein Telegramm an Dich abgeschickt. Ich bat Dich, Pascha hierher zu schicken. Vielleicht kann er irgendwo einen schwarzen Rock auftreiben. Man müßte ihm allenfalls die Hosen dazu kaufen. Ich fürchte, er wird Dich zu Ausgaben veranlassen. Es wäre gut, wenn er wenigstens schon morgen, am 16. April, mit dem 12-Uhr-Zug abfahren würde.

Gestern erlitt Maria Dmitrijewna den entscheidenden Anfall: Das Blut strömte ihr nur so aus dem Mund, füllte die Brust und drohte ihr den Atem zu nehmen. Wir erwarteten das Ende und waren alle bei ihr. Sie hat sich schon von allen verabschiedet, mit allen versöhnt, über alles verfügt. Sie läßt Deine ganze Familie grüßen und wünscht Euch allen ein langes Leben. Besonders Emilia Fjodorowna. Sie sprach dabei den Wunsch aus, sich auch mit Dir zu versöhnen. (Du weißt, mein Freund, sie war ihr ganzes Leben lang überzeugt, Du wärest ihr heimlicher Feind.) Sie verbrachte eine schlechte Nacht. Heute aber, jetzt eben, sagte Alexander

Pawlowitsch *mit voller Entschiedenheit*, daß sie heute sterben werde, und das wird auch zweifellos eintreten.

Ich will zur Tante fahren und sie um Geld bitten. Doch sie mag es abschlagen, weil sie vielleicht gar keines da hat.

Ich weiß nicht, was ich dann tun soll. Dich aber bitte ich – laß mich nicht im Stich. Die Ausgaben werden recht groß sein. Schicke mir, soviel Du nur *kannst*, für alles. Um Gottes willen! Ich werde es schon wieder abarbeiten.

Von Boborykin erhielt ich vor 3 Tagen einen Brief. Doch unter den gegenwärtigen Umständen bin ich nicht in der Lage, ihm sofort zu antworten. Mir steht der Kopf gar nicht nach Literatur, ich werde übrigens die Antwort nicht verzögern. Er wird sie spätestens in einer Woche haben.[1]

Das Geld fordert er unmittelbar von mir zurück. Ein Satz dieses Briefes ist grob bis zur Frechheit. Ich will ihm antworten; ich werde das höflich tun und ihm schreiben, daß *ich Dich bitte, ihm das Geld für mich abzugeben, daß ich hoffe, Du werdest es tun, und daß er Dir nicht böse sein möge, wenn Du vielleicht, auf meine Bitte unvorbereitet, die Sache ein wenig verzögerst. Auf jeden Fall (das versichere ich ihm) werde die Verzögerung nur kurz sein, und Du werdest ihm das Geld bestimmt aushändigen.*

In diesem Sinn will ich Boborykin über das Geld schreiben. Anders könnte ich gar nicht vorgehen, Mischa, das mußt Du zugeben. Das Geld muß man unbedingt zurückgeben, und zwar recht bald. Für alle Fälle stelle ich die Sache vor Boborykin und Nikolaj Nikolaje- witsch so dar, daß Du durch nichts gebunden und durch nichts ver- pflichtet bist, so viel für mich zu zahlen. Solltest Du das Geld zurückerstatten, wäre das vielmehr nur auf meine inständigen Bitten hin geschehen, ja, und auch dann nur, wenn Du wolltest.

Vielleicht schreibe ich gleichzeitig auch an Strachow. Eine Abschrift meines Briefes an Boborykin werde ich Dir schicken.

Benachrichtige Strachow von dem Inhalt meines Telegramms. Er wird begreifen, daß ich in dieser Zeit mit einer Antwort an eine solche Person wie Boborykin nicht allzu pünktlich sein kann. Ja, es wäre auch gut, wenn er dies Boborykin mitteilte.

Über den Brief aber, den ich Dir eben schreibe, sprich auch bitte nicht mit Strachow.

Leb wohl, mein Freund, ich umarme Dich innig. Dein

F. Dostojewskij

PS: Die Erzählung kann ich Dir jetzt in keinem Fall schicken *(sogar nicht einmal den Anfang)* – was sollte ich denn tun? Dafür wird es im April sein.

Komm zur Osterwoche hierher. Gib möglichst rasch das Heft der Zeitschrift heraus[2] – wie sie auch sei, sie wird jedenfalls besser sein als die ›Vaterländischen Annalen‹ und vielleicht sogar als der ›Zeitgenosse‹. Die Zusammensetzung ist wichtig; das aber verstehst gerade Du.

Maria Dmitrijewna stirbt sanft. Bei vollem Bewußtsein, sie hat Pascha aus der Ferne gesegnet.

An M. M. Dostojewskij

Moskau, 15. April 1864

Mein lieber Bruder Mischa, gerade, um 7 Uhr abends, ist Maria Dmitrijewna entschlafen und ließ Euch allen ein langes und glückliches Leben (das sind ihre Worte) wünschen. Halte sie in guter Erinnerung. Sie hat jetzt so sehr gelitten, daß ich nicht weiß, wie man sich nicht mit ihr versöhnen könnte.

Lebe wohl, lieber Bruder, ich umarme Dich fest.

Dein F. Dostojewskij

PS: Alexander Pawlowitsch hat mir gerade Deinen Brief überreicht. Handle nach Deinem Wissen, meiner Ansicht nach ist es sehr schlecht.[1] Mein Freund, ich wünsche Dir doch nur Gutes. Es wird nichts geschehen. Ich will Warenka Deinen Brief zeigen.

Lebe wohl, mein Freund.

Dein D.

An P. A. Isajew

Pawlowsk, Anfang Juli 1864

Lieber Pascha, schick mir die Wäsche. Mein Bruder liegt im Sterben. Sag es niemandem. Ich habe Kolja geschrieben. Vielleicht werde ich für kurze Zeit in der Stadt sein. Sag auch das keinem.

Ganz Dein F. Dostojewskij

Schreib mir über alles, was Du brauchst. Ich würde Dich sehr gern sehen.

An I. S. Turgenjew

Petersburg, 20. September 1864

Liebster und hochverehrter Iwan Sergejewitsch, Jegor Petrowitsch[1]
sagte mir, 1. seien Sie unserer Zeitschrift wohlgesonnen, und 2. erzählte er mir, sowohl Sie als auch er seien in Baden-Baden hinsichtlich Porezkijs einem Mißverständnis zum Opfer gefallen, der als
unser offizieller Redakteur angegeben wurde. Aus Kowalewskijs
Erläuterungen entnahm ich (wenn ich mich nicht irre), Sie würden
uns vielleicht Ihre Erzählung oder einen Roman für die ›Epoche‹
geben (das heißt in Zukunft, wenn Sie einen schreiben werden), der
unbekannte Name Porezkijs könnte Sie aber teilweise daran hindern. Ich halte es nicht für überflüssig, Ihnen den Kern der Sache
zu erläutern. Porezkijs ist unser Bekannter (der meine und der
meines verstorbenen Bruders), den wir schon vor 17 Jahren durch
die Majkows kennengelernt hatten. Er stellte damals die ›Rundschau‹ in den ›Vaterländischen Annalen‹ zusammen. Damit beschäftigte er sich auch im Jahr 61 bei der ›Zeit‹; später wurde er
von Rasin[2] ersetzt. Mir wurde inzwischen bekanntgegeben, daß
ich offiziell nicht als Redakteur zeichnen dürfe und daß ich mich
nach einem offiziellen Redakteur umsehen müsse. Porezkij ist ein
stiller, sanfter Mensch, ziemlich gebildet und ohne literarischen
Namen (wenn es schon kein kolossaler literarischer Name ist, wie
beispielsweise der von Pisemskij, dann schon lieber ohne jeden
Namen; das ist für die Zeitschrift vorteilhafter); doch die Hauptsache: er ist Staatsrat. Ich stellte ihn als Redakteur vor, und weil
er ganz und gar den Bedingungen entsprach, wurde er auch als
Redakteur bestätigt. Er hilft in der Redaktion und fing sogar an,
die ›Rundschau‹ zu schreiben; doch an der Herausgabe sind wir
alle beteiligt, die früheren Mitarbeiter und vor allem ich selbst.
Und die Sache geht anscheinend nicht schlecht, und wir haben jetzt
auch die Mittel dazu.

Das hindert nicht daran, daß alle diese Veränderungen auf das
Publikum ebenfalls einen außerordentlichen Einfluß haben. Jetzt,
gerade jetzt müssen wir zeigen, daß uns die ehemaligen gewich-
tigen Mitarbeiter nicht fehlen, und wenn Sie sich an der Zeitschrift
beteiligten, so begriffe das Publikum schließlich, daß die Zeitschrift
auf einem sehr guten Weg ist. Und deshalb will ich es auch gar
nicht verbergen, wieviel Ihre Teilnahme für uns bedeutete. Schreiben Sie mir, Iwan Sergejewitsch, ich bitte Sie sehr darum; vielleicht
sagen Sie uns Ihre nächste Erzählung oder Ihren nächsten Roman

zu? Abonnenten haben wir genug. Was die Unvoreingenommen-heit, die literarische Ehrlichkeit (das heißt, bei uns gibt es keine Seelenkrümmungen) und den kritischen Teil betrifft, so wird unsere Zeitschrift an erster Stelle stehen. Der ›Zeitgenosse‹ läßt stark nach, und ›Der Russische Bote‹ ist ein Sammelband geworden. Weiter will ich mich nicht loben. Mit einem Wort: Was sein wird, wird sein, und wir wollen uns anstrengen.

Wir haben uns ein wenig verspätet. Der Tod des Bruders hielt die Herausgabe um zwei Monate auf[3], und wenn auch alle anderen Zeitschriften später dran sind, so hängen wir doch am meisten nach. Wir werden es aber einholen. Ich habe die Sache einer andern Druckerei übergeben, und wir arbeiten angestrengt. Das Januar-heft 65 wollen wir vor allen anderen herausbringen.

Bis jetzt konnte ich Ihnen keine einzige Zeile schreiben. Ich arbeite Tag und Nacht und habe schon zwei epileptische Anfälle hinter mir. Alle Arbeit liegt auf meinen Schultern, vor allem der *redak-tionelle* Teil; für die Familie bin ich allein verantwortlich. Aber Gott sei Dank, daß einiges schon erledigt werden konnte, und so verliere ich nicht die Hoffnung.

Ich wiederhole es Ihnen nochmals: Ihre Beteiligung würde gar zu viel für uns bedeuten. Sie werden es nicht bereuen, wenn Sie uns unterstützen. Natürlich lobt jeder das Seine; doch das ist besser, als wenn ich meine jetzige Beschäftigung skeptisch beurteilen würde. Ich wünsche mir sehr, daß Sie unsere Zeitschrift erhalten.

Ostrowskij hat mir gerade einen warmherzigen Brief geschickt. Er verspricht, im Laufe des Jahres unbedingt zwei Komödien zu schicken (ich habe in der laufenden Nummer einen Artikel über Ostrowskij, der bei allem Lob doch ziemlich unvoreingenommen und objektiv ist). Er hat den Aufsatz noch nicht gesehen.[4] Ich will aber auch nicht, daß dies bei ihm einen der Zeitschrift schädlichen Einfluß ausübt.

Auf Wiedersehen. Ich drücke Ihnen fest die Hand und verbleibe
Ganz Ihr F. Dostojewskij

An A. J. Wrangel

Petersburg, 31. März 1865

Mein lieber, guter Freund, Alexander Jegorowitsch, ich verstehe wohl, daß Sie sehr erstaunt und, wenn ich Ihr Verhältnis zu mir richtig beurteile, auch sehr gekränkt sein müssen über mein Schwei-gen auf Ihre beiden so herzlichen und gütigen Briefe. Wundern

Sie sich nicht, und seien Sie nicht gekränkt. Ich wollte Ihnen damals sofort antworten und *konnte es nicht.* Warum? Das werden Sie weiter unten lesen. Aber wie hätte ich Sie, der Sie mein Freund waren, und zwar zu einer Zeit, als ich gar keine Freunde hatte, Sie, den Zeugen meines unendlichen Glückes und meines furchtbaren Schmerzes (erinnern Sie sich noch an jene Nacht im Wald, bei Semipalatinsk, als wir Sie begleiteten? [1]), meinen Freund auch hier in Petersburg, meinen Fürsprecher – wie hätte ich Sie vergessen können? Im Gegenteil, in all diesen Jahren habe ich viele Male an Sie gedacht. Aber was war mein Leben in dieser Zeit! Ich bin Ihnen Erklärungen, ja, sogar Rechenschaft schuldig, um Ihnen mein Schweigen auf Ihre Briefe begreiflich zu machen. Hören Sie denn: Ich will Ihnen meine ganze Geschichte dieser Zeit erzählen, übrigens nicht die *ganze,* das ist unmöglich, denn in solchen Fällen läßt sich das Wichtigste brieflich nie darstellen. Einiges kann ich einfach nicht erzählen.[2] Darum will ich Ihnen lieber möglichst kurz über mein Leben im letzten Jahr berichten.

Sie wissen wahrscheinlich, daß mein Bruder vor vier Jahren eine Zeitschrift gründete. Mein ›Totenhaus‹ machte buchstäblich Furore, und ich stellte mit ihm buchstäblich meinen literarischen Ruf wieder her. Mein Bruder hatte zu Beginn der Zeitschrift ungeheure Schulden, diese wurden nach und nach beglichen; da wurde die Zeitschrift im Jahre 1863, im Mai, wegen eines leidenschaftlichen patriotischen Aufsatzes, den man irrtümlich für höchst aufrührerisch und gegen die Regierung und die damalige Stimmung der Gesellschaft gerichtet hielt, verboten. Allerdings war auch der Verfasser, einer unsrer nächsten Mitarbeiter, zum Teil schuld daran, weil er sich im Ton vergriffen und man ihn infolgedessen falsch verstanden hatte. Das begriff man bald, aber die Zeitschrift war bereits verboten. Von diesem Augenblick an war die Lage meines Bruders sehr schwierig, er verlor seinen Kredit, seine Schulden wurden bekannt, sie zu zahlen, fehlte es aber an Geld. Mein Bruder ersuchte um die Genehmigung, die Zeitschrift unter dem neuen Titel ›Die Epoche‹ fortsetzen zu dürfen. Die Genehmigung wurde erst Ende Februar 1864 erteilt[3]; die erste Nummer konnte nicht früher als am 20. März erscheinen. Die Zeitschrift kam also zu spät heraus; Bestellungen gingen nicht mehr ein, denn unser Publikum ist von altersher gewohnt, seine Zeitschriften nur in den 3 Monaten Dezember, Januar und Februar zu bestellen. Die alten Abonnenten, mit denen nach dem Verbot der ›Zeit‹ noch nicht abgerechnet worden war, mußten entschädigt werden, und so wurde ihnen mitgeteilt, daß sie für die ›Epoche‹ 1864 noch sechs Rubel nachzuzahlen hätten. Da sich nun so gut wie gar keine neuen Abonnenten meldeten, sondern immer nur alte mit ihren sechs Rubeln, mußte mein Bruder bei der Zeitschrift zusetzen, statt daß sie ihm etwas eingebracht hätte. Das gab ihm den Rest. Er machte noch mehr Schulden, und gesundheitlich ging es ihm immer schlechter. Ich war damals nicht in seiner Nähe. Ich war in Moskau, am Sterbebett meiner Frau. Ja, Alexander Jegorowitsch, ja, lieber, unschätzbarer Freund, Sie schreiben teilnehmend von meinem großen Verlust, von dem Tod meines Engels, meines Bruders Mischa, und wissen nicht, wie hart das Schicksal mich noch getroffen hat. Ein anderes Wesen, das mich geliebt hat und das ich über alle Maßen lieb hatte, meine Frau, ist in Moskau, wohin sie ein Jahr vor ihrem Tode übergesiedelt war, an der Schwindsucht gestorben. Ich folgte ihr nach Moskau, ging im Laufe des ganzen Winters 1864 kaum von ihrem Bett weg, und am 16. April vorigen Jahres ist sie verschieden, bei vollem Bewußtsein.[4] Als sie von uns Abschied nahm, gedachte sie all derer, denen sie einen letzten Gruß schicken wollte, und auch Ihrer gedachte sie! So übermittle ich Ihnen ihren Gruß, mein guter alter Freund. Bewahren Sie ihr ein freundliches, gutes Gedächtnis. O mein Freund, sie liebte mich grenzenlos, ich liebte sie auch über alle Maßen, und doch lebten wir nicht glücklich miteinander. Ich will Ihnen alles erzählen, wenn wir uns wiedersehen; jetzt will ich Ihnen nur sagen, daß wir doch nicht aufhören konnten, einander zu lieben, wenn wir auch wirklich unglücklich miteinander waren (infolge ihres seltsamen, argwöhnischen und krankhaft phantastischen Charakters); ja, je unglücklicher wir waren, desto mehr hingen wir aneinander. Das mag sonderbar scheinen, aber es war so. Sie war die ehrenhafteste, großmütigste, vornehmste Frau aller Frauen, die ich in meinem ganzen Leben gekannt habe. Als sie gestorben war, konnte ich – obgleich ich das ganze Jahr beim Anblick ihres Hinsiechens die furchtbarsten Qualen ausgestanden hatte, obgleich ich ihren Wert wohl kannte und mir schmerzlich bewußt war, was ich mit ihr zu Grabe tragen würde – mir doch gar nicht vorstellen, wie traurig und öde mein Leben geworden war, nachdem man ihr Grab zugeschüttet hatte. Und nun ist schon ein Jahr vergangen, dieses Gefühl aber ist geblieben, es schwächt sich nicht ab... Nach ihrer Beerdigung eilte ich zu meinem Bruder nach Petersburg, er allein war mir nun geblieben – und drei Monate darauf starb auch er, nachdem er kaum einen Monat und anscheinend gar nicht schwer krank gewesen war; die Krise, die zum Tod führte, trat, fast unerwartet, innerhalb von drei Tagen ein.

Und nun stand ich mit einem Mal ganz allein da, und mich packte das Entsetzen. Mein ganzes Leben war mitten entzweigebrochen. Auf der einen Seite, die nun hinter mir lag, befand sich alles, wofür ich gelebt hatte, und auf der andern, mir noch unbekannten Seite, alles Fremde, alles Neue und nicht ein Herz, das mir jene beiden hätte ersetzen können. Mein Leben hatte buchstäblich keinen Zweck mehr. Neue Verbindungen anknüpfen, ein neues Leben beginnen? Sogar der Gedanke daran war mir zuwider. Hier fühlte ich zum *erstenmal*, daß niemand mir die beiden ersetzen könnte, daß ich eine neue Liebe nie erleben würde, auch nicht erleben wollte. So war alles um mich kalt und öde. Und als ich nun vor drei Monaten Ihren herzlichen, gütigen Brief mit all seinen alten Erinnerungen erhielt, da wurde mir so traurig zumute, daß ich es Ihnen gar nicht ausdrücken kann. Aber hören Sie weiter.

9. April 1865

Neun Tage sind vergangen, seit ich diesen Brief an Sie begann, und in diesen Tagen hatte ich *buchstäblich* keinen Augenblick Zeit, um ihn zu Ende zu schreiben. Werden Sie es mir glauben, Alexander Jegorowitsch, daß ich in diesen drei Monaten, nach Ihren zwei Briefen, besonders dem zweiten, bei dem es mir ganz weh ums Herz wurde, wenn ich mich fragte, was Sie nun von mir denken würden, werden Sie mir glauben, daß ich buchstäblich nicht *eine Minute* frei hatte, um Ihnen zu schreiben, und daß ich nur deshalb so lange schwieg? Sie mögen mir nun glauben oder nicht, es ist so. Und warum? Das sollen Sie gleich erfahren. Ich berichte weiter:

In der Hinterlassenschaft meines Bruders fanden sich nur dreihundert Rubel, und von diesem Geld wurden die Begräbniskosten bestritten. Außerdem hatte er fast fünfundzwanzigtausend Rubel Schulden; zehntausend davon waren nicht dringlich, so daß die Familie sich deswegen keine Sorgen zu machen brauchte; das übrige aber, also *fünfzehntausend Rubel*, waren *Wechselschulden*, die bezahlt werden mußten. Sie fragen, mit welchen Mitteln er denn die letzten sechs Hefte der Zeitschrift für das zweite Halbjahr herausgebracht hätte (er starb im Juli 1864)? Er hatte einen außerordentlichen, wirklich einen sehr großen Kredit; außerdem hätte er auch eine Anleihe machen können: Sie war sogar schon eingeleitet, aber da starb er, und der ganze Kredit der Zeitschrift brach zusammen. Keine Kopeke baren Geldes, um die Zeitschrift weiter fortzuführen; es mußten aber noch sechs Hefte fertiggestellt werden, was mindestens 18000 Rubel gekostet hätte, außerdem die Gläubiger befriedigt werden, wozu 15000 erforderlich waren, im ganzen also 33000 Rubel, um den ersten Jahrgang zu Ende zu bringen und Bezieher für den zweiten zu gewinnen. Seine Familie war vollkommen mittellos, sie hätte einfach betteln gehen können. Ich war ihre einzige Hoffnung, und sie alle, die Witwe und die Kinder, drängten sich um mich und erwarteten von mir ihre Rettung. Meinen Bruder habe ich unendlich geliebt, konnte ich sie da verlassen? Es gab zwei Möglichkeiten: 1.: die Zeitschrift fallenlassen, sie (denn eine Zeitschrift ist immer ein Kapital und repräsentiert einen gewissen Wert) den Gläubigern mit den Möbeln und dem ganzen Einrichtungskram überlassen und die Familie zu mir nehmen. Dann arbeiten, schriftstellern, Romane schreiben, für die Witwe und Waisen meines Bruders sorgen. Oder 2.: Geld beschaffen und die Zeitschrift fortführen, koste es, was es wolle. Es ist sehr schade, daß ich nicht den ersten Weg gegangen bin. Die Gläubiger hätten kaum 20 Prozent bekommen. Aber die Familie wäre, wenn sie auf die Erbschaft verzichtet hätte, gesetzlich überhaupt zu keiner Zahlung verpflichtet gewesen. Und ich habe in diesen zehn Jahren mit meiner Arbeit für meinen Bruder und andere Zeitschriften acht- bis zehntausend Rubel jährlich eingenommen. Also hätte ich mich selbst und die ganze Familie ernähren können; natürlich nur, wenn ich mein Leben lang von morgens früh bis spät in die Nacht arbeitete. Ich aber wählte das zweite, das heißt die Zeitschrift fortzuführen. Im übrigen war nicht bloß ich allein dieser Meinung; alle meine Freunde und früheren Mitarbeiter waren derselben Ansicht.

14. April

Wieder eine Unterbrechung. Wenn Sie bloß wüßten, Alexander Jegorowitsch, mit was für entsetzlichen, niederdrückenden Dingen ich mich jetzt unausgesetzt beschäftigen muß!
Ich berichte weiter:
Zu allem übrigen mußte ich nun auch die Schulden meines Bruders bezahlen; ich wollte nicht, daß ein schlechter Ruf an seinem Namen

haftete. Das Mittel dazu war: die Zeitschrift ins neue Jahr hinüber-
zuleiten, einen Teil der Schulden zu begleichen, alles daranzusetzen,
daß die Zeitschrift mit jedem Jahr besser werde, und nach drei
oder vier Jahren, wenn alle Schulden bezahlt sein würden, die
Zeitschrift in andere Hände zu geben und die Familie des Bruders
sicherzustellen. Dann würde ich wieder ausruhen, würde wieder
schreiben können, was ich schon längst aussprechen möchte. Und
so faßte ich meinen Entschluß. Ich reiste nach Moskau, bat mir von
meiner alten reichen Tante die 10 000 Rubel aus, die sie mir in
ihrem Testament vermacht hatte, und übernahm, nach Petersburg
zurückgekehrt, die Leitung der Zeitschrift. Die Sache zog sich so
lange hin, daß das Juniheft erst Ende August erscheinen konnte.
Die Bezieher, die nur ihre Zeitschrift haben wollten und sonst nach
nichts fragen, fingen an zu murren. Von der Zensur war mir verboten, meinen Namen als Herausgeber oder Schriftleiter auf das
Titelblatt zu setzen. Ich mußte mich zu energischen Maßnahmen
entschließen. Ich ließ die Zeitschrift in drei Druckereien zugleich
drucken, sparte nicht mit Geld, schonte weder meine Gesundheit
noch meine Kräfte. Redakteur war ich ganz allein, ich las die
Korrekturen, verhandelte mit den Autoren, mit der Zensur, bearbeitete die Beiträge, suchte Geld zu beschaffen, saß bis sechs Uhr
morgens an der Arbeit, schlief kaum 5 Stunden täglich und brachte
so Ordnung in den Laden, aber zu spät. Werden Sie es mir glauben:
Am 28. November erschien das Septemberheft, am 13. Februar das
Januarheft 1865, also ein Zeitraum von 16 Tagen Arbeit pro Heft,
und jedes Heft war 35 Bogen stark! Was aber hat mich das gekostet! Vor allem konnte ich bei dieser anstrengenden Kleinarbeit
selbst nicht eine Zeile für das Blatt schreiben und zum Abdruck
bringen. Meinen Namen fanden die Leser nicht in der Zeitschrift,
und selbst in Petersburg, geschweige denn in der Provinz, wußte
niemand, daß ich das Blatt leite.
Und dann kam plötzlich unsere große allgemeine Zeitschriftenkrise. Alle Zeitschriften verloren mit einem Mal einen großen Teil
ihrer Abonnenten. Der ›Zeitgenosse‹, der stets 5000 Jahresabon-
nenten gehabt hatte, stand nun plötzlich mit 2300 da. Allen anderen Zeitschriften ging es aber nicht besser. Wir hatten nur noch
1300 Bezieher.
Diese Zeitschriftenkrise, die sich über ganz Rußland ausbreitete,
hat viele Ursachen. Sie sind ganz klar, wenn auch kompliziert.
Doch davon später. Stellen Sie sich nun unsere Lage vor. Vor

allem meine Situation! Damit die alten Schulden meines Bruders den Gang des Geschäfts nicht störten, nahm ich etwa zehntausend Rubel auf mich. Ich rechnete, daß sich die Sache doch noch hätte regeln lassen, wenn die Zeitschrift statt wie bisher 4000 in diesem Jahr schlimmstenfalls nur 2500 Bezieher haben würde. Wenigstens hätten wir unsre Schulden bezahlt. Meine Kalkulation war an sich richtig. Noch nie war es seit den ersten Anfängen unserer Journalistik, also seit den 30er Jahren, vorgekommen, daß die Zahl der Abonnenten in einem Jahr um mehr als 25 Prozent zurückgegangen wäre. Plötzlich hatten alle einen Rückgang von 50 Prozent, wir dagegen von 75 Prozent. Der schlechten Leitung des Blattes kann ich es nicht zuschreiben. Auch die ›Zeit‹ hatte ich ins Leben gerufen und nicht mein Bruder; ich gab die Richtung an und leitete das Blatt. Mit einem Wort, es war uns gegangen wie einem Grundbesitzer oder Kaufmann, dessen Haus oder Fabrik niedergebrannt ist und der aus einem wohlhabenden Mann zum Bankrotteur geworden ist.

Als das Abonnement für den neuen Jahrgang eröffnet war, mußten die Schulden, die zumeist noch mein verstorbener Bruder gemacht hatte, bezahlt werden. Wir zahlten mit den Abonnementsgeldern in der Voraussetzung, daß nach Begleichung der Schulden immer noch genug übrigbleiben würde, um die Zeitschrift weiter herauszugeben. Aber die Abonnenten kamen nicht, und als wir zwei Nummern der Zeitschrift herausgebracht hatten, saßen wir mit leeren Händen da.

Eben in diesen Tagen erhielt ich Ihre Briefe. Ich reiste nach Moskau, um Geld zu beschaffen, suchte einen Teilhaber für die Zeitschrift, dem ich die günstigsten Bedingungen bieten wollte, allein neben der Zeitschriftenkrise haben wir in Rußland auch noch eine Geldkrise. Jetzt können wir, weil es uns an Geld fehlt, die Zeitschrift nicht weiter herausgeben und müssen uns bankrott erklären; auf mir lasten zu alledem noch 10 000 Rubel Wechselschulden und 5000 Ehrenschulden.

Davon müssen dreitausend Rubel auf jeden Fall bezahlt werden. Außerdem brauche ich 2000 Rubel, um das Verlagsrecht meiner Werke auszukaufen, die ich verpfändete, um sie selbst herauszugeben. Die Buchhändler bieten mir für das Verlagsrecht 5000 Rubel. Das ist aber unvorteilhaft für mich. Wenn ich meine Werke im Selbstverlag herausbringe, mache ich ein besseres Geschäft. Jetzt will ich, um meine Schulden zu bezahlen, meinen neuen Roman in

Fortsetzungen erscheinen lassen, wie man das in England macht. Außerdem will ich das ›Totenhaus‹ ebenfalls in Lieferungen und mit Illustrationen als Luxusausgabe herausbringen, und nächstes Jahr eine Gesamtausgabe meiner Werke. Das alles wird mir, hoffe ich, gegen fünfzehntausend Rubel einbringen – aber was ist das für eine Zuchthausarbeit!

O mein Freund, wie gerne ginge ich wieder ebensoviel Jahre ins Zuchthaus, nur um meine Schulden zu bezahlen und mich wieder frei zu fühlen. Jetzt muß ich wieder einen Roman unter der Fuchtel schreiben, das heißt aus Not und in Hast. Er wird sehr wirkungsvoll werden [5], aber ist denn das mein Ziel? Die Arbeit aus Not, um des Geldes willen, erdrückt mich und frißt mich auf!

Und dennoch brauche ich für den Anfang jetzt dreitausend Rubel. Ich laufe von Haus zu Haus, um das Geld zu beschaffen, sonst bin ich verloren. Ich ahne, daß nur ein Zufall mich retten kann. Von dem ganzen Vorrat an Kräften und Energie ist in meiner Seele nur eine dumpfe Erregung geblieben, ein Gefühl, das hart an Verzweiflung grenzt. Unruhe, Bitterkeit, kalte Geschäftigkeit, ein für mich völlig unnormaler Zustand, und zu alledem die Einsamkeit... Von dem, was einst war, was ich mit vierzig Jahren war, ist nichts geblieben. Und dabei kommt es mir immer vor, als finge ich erst an zu leben. Ist das nicht lächerlich? Zäh wie eine Katze!

Nun habe ich Ihnen alles mitgeteilt und merke, daß ich das Wichtigste, mein Seelenleben, den Zustand meines Herzens, nicht geschildert, Ihnen nicht einmal einen Begriff davon gegeben habe. So wird es auch immer bleiben, solange wir nur brieflich miteinander verkehren. Ich verstehe es nicht, Briefe zu schreiben, verstehe es nicht, wenn ich *von mir selbst* rede, das *richtige Maß* einzuhalten. Es ist übrigens auch schwer: so viele Jahre liegen zwischen uns, und was für Jahre!

Ihr Lebenszeichen kam aber jetzt gerade zur rechten Zeit. Sie haben alle alten Erinnerungen in mir wachgerufen. Ich liebe Sie so, wie Sie damals waren, jung, gütig, und so werde ich Sie mein ganzes Leben lang vor mir sehen. Nebenbei bemerkt: ich kenne Sie noch gar nicht als *Familienvater*. Ich glaube (wenn ich an das Vergangene zurückdenke), daß Sie jetzt glücklich sein müssen. Ich möchte aber gern erraten, was für neue, mir noch unbekannte Züge das Familienleben Ihrer Seele eingeprägt hat.

Ich danke Ihnen für die Photographien der Ihrigen. Ich habe die Bilder lange betrachtet und sie zu enträtseln versucht.

Im Ausland bin ich zweimal gewesen – im Sommer 1862 und 1863. Jedesmal war ich drei Monate unterwegs, ich war in Deutschland (fast überall), in der Schweiz, in Frankreich und in Italien (auch überall). Mein Gesundheitszustand besserte sich im Ausland beide Male mit geradezu erstaunlicher Geschwindigkeit. Ich hatte beschlossen, jedes Jahr für drei Monate wegzufahren, um so entschiedener, als es angesichts der bei uns herrschenden Teuerung gar keine besonderen Kosten verursacht. Reisen wollte ich, um meine Gesundheit wiederherzustellen, um mich zu erholen, mich aufzufrischen und die übrigen 9 Monate um so erfolgreicher in Rußland zu arbeiten. Allein im vorigen Jahr zwang mich der Tod meines Bruders hierzubleiben, und nun geben mir die Schulden und die viele Arbeit hier endgültig den Rest. Und wie gerne würde ich wenigstens für einen Monat verreisen, um frische Luft zu atmen, mich zu zerstreuen, zu neuem Leben zu erwachen. Zu Ihnen käme ich ganz bestimmt. Und wer weiß, ob es sich nicht doch noch machen läßt. Der Druck des ›Totenhauses‹ kann auch in meiner Abwesenheit besorgt werden, und im Ausland schreibe ich sehr viel, weil ich da mehr Zeit und Ruhe habe als hier, besonders wenn ich mich an einem Ort aufhalte. Ich würde sofort zu Ihnen reisen.

Mein Bild schicke ich Ihnen bestimmt, wenn Sie mir bald antworten und mir wegen meines langen Schweigens nicht zürnen. Und, lieber Gott, warum sollten Sie mir denn zürnen, bin ich denn schuld daran?

Ich lebe ganz allein, nur Pascha, mein Stiefsohn, ist bei mir. Er ist bald siebzehn Jahre alt, besucht noch die Schule, erinnert sich Ihrer recht gut und läßt Sie sehr grüßen.

Ich könnte Ihnen viel erzählen, wenn wir uns sehen würden.

Leben Sie wohl, mein guter Freund. Ich umarme Sie leidenschaftlich und von ganzem Herzen. Seien Sie glücklich. Ich will von nun an pünktlich antworten. Schreiben Sie bald.

Ich fürchte, dieser Brief wird Sie nicht mehr in Kopenhagen erreichen.[6]

Ganz der Ihre wie einst und immer
Fjodor Dostojewskij

An N. P. Suslowa

Petersburg, 19. April 1865

Liebenswürdigste und von mir hochverehrte Nadjeschda Prokofjewna! Ich lege diesem Brief an Sie meinen Brief an Apollinaria bei, oder genauer gesagt – die Abschrift meines Briefes an Apollinaria, der ihr mit gleicher Post nach Montpellier geschickt wurde.[1] Da Sie schreiben, daß sie vielleicht sehr bald zu Ihnen nach Zürich kommen wird, dürfte sie wohl schon nicht mehr in Montpellier sein, wenn mein Brief an sie dort eintrifft. Aber da ich unbedingt möchte, daß sie diesen meinen Brief erhält, bitte ich Sie darum, ihr diese Abschrift bei Ihrem gemeinsamen Wiedersehen zu übergeben. Ich bitte Sie auch darum, diesen Brief nochmals selbst durchzulesen. Sie werden darin die Aufklärung aller Ihrer Fragen finden, die Sie mir in Ihrem Brief gestellt haben, das heißt »ob ich es liebe, mich an fremden Leiden und Tränen und dgl. mehr gütlich zu tun«. Das gilt auch für die Aufklärung, was Zynismus und Schmutz betrifft.

Ich füge eigens für Sie noch das hinzu, daß Sie mich anscheinend doch nicht das erste Jahr kennen, daß ich in jeder schweren Minute zu Ihnen gekommen bin, damit meine Seele Ruhe finde, und in der letzten Zeit ausschließlich und allein nur zu Ihnen gekommen bin, als mir das Herz schon sehr schmerzte. Sie haben mich in meinen aufrichtigsten Augenblicken gesehen und können deshalb selbst beurteilen: ob ich mich nun an fremden Leiden genüßlich tue, ob ich grob (innerlich) und grausam bin.

Apollinaria ist eine große Egoistin. Egoismus und Ehrgeiz sind in ihr kolossal entwickelt. Sie fordert von den Menschen *alles*[2], sie fordert alle Vollkommenheiten, sie verzeiht keine einzige Unvollkommenheit in der Verehrung anderer guter Züge, und sich selbst befreit sie von den geringsten Verpflichtungen anderer Menschen gegenüber. Sie wirft mir bis heute vor, daß ich ihrer Liebe unwürdig war, sie beklagt sich und macht mir unaufhörlich Vorwürfe. Doch selbst empfängt sie mich im Jahr 63 in Paris mit dem Satz: »Du bist ein wenig zu spät gekommen«[3], das heißt, daß sie inzwischen einen andern liebte, während sie mir zwei Wochen zuvor noch leidenschaftlich geschrieben hatte, daß sie mich liebe. Nicht wegen der Liebe zu einem andern will ich sie tadeln, sondern wegen dieser vier Zeilen, die sie mir ins Hotel schicken ließ, die Zeilen mit dem groben Satz: »Du bist ein wenig zu spät gekommen.«

Ich könnte viel von Rom schreiben, von unserem gemeinsamen Leben in Turin, in Neapel. Aber warum, wozu auch? Außerdem hatte ich Ihnen schon viel in unseren Gesprächen mitgeteilt.

Ich liebe sie immer noch, liebe sie sehr, doch ich möchte sie schon nicht mehr lieben. Sie ist einer solchen Liebe *nicht wert*.

Sie tut mir leid, denn ich sehe voraus, daß sie ewig unglücklich sein wird. Nirgendwo wird sie einen Freund und ihr Glück finden. Wer vom andern alles fordert und sich selbst von allen Verpflichtungen lossagt, der wird niemals sein Glück finden.

Vielleicht ist mein Brief an sie, über den sie sich beklagt, in Erregung geschrieben. Doch er ist nicht grob. Sie hält das für Grobheit, was ich ihr zum Trotz zu sagen gewagt hatte, daß ich auszusprechen gewagt hatte, wie es mich schmerzt. Sie behandelt mich immer von oben herab. Sie war darüber beleidigt, weil ich mich schließlich auch zu regen begann, mich bei ihr beklagte, ihr widersprach. Sie erlaubt keine Gleichheit in unseren Beziehungen. In ihren Beziehungen zu mir ist überhaupt keine Spur von Menschlichkeit. Sie weiß doch, daß ich sie bis heute liebe. Warum quält sie mich dann? Liebe mich nicht, aber quäle mich auch nicht. In dem Brief war auch viel zum Spaß gesagt. Aber was zum Spaß gesagt wird, hält sie für Ernst und Zorn, und dabei kommt es quasi als Grobheit heraus.

Doch genug davon. Beschuldigen wenigstens Sie mich nicht. Ich habe eine hohe Meinung von Ihnen. Sie gehören zu den seltenen Wesen, denen ich im Leben begegnet bin, ich möchte nicht Ihr Herz verlieren. Ich schätze es hoch ein, was Sie von mir halten und welche Erinnerungen Sie mit mir verknüpfen. Deshalb schreibe ich Ihnen darüber *so direkt,* und Sie wissen selbst, ich strebe nichts bei Ihnen an, ich hoffe nichts von Ihnen zu erhalten, so daß Sie also meinen Worten weder Schmeichelei noch Liebedienerei zuschreiben können. Nehmen Sie meine Worte als aufrichtige Bewegung meiner Seele entgegen.

Ihre Schwester schreibt, Sie werden in Zürich lange Zeit bleiben. Hören Sie mich an (wenn Sie es können und wollen): Wo immer Sie sein mögen, kritzeln Sie mir bisweilen wenigstens ein bis zwei Zeilen über Ihr Leben, halten Sie mich auf dem laufenden. Ich verlange nicht, daß Sie sich ermüden und mir oft schreiben. Ich wünsche nur, daß Sie manchmal an mich denken. Es ist mir im höchsten Grade immer interessant, von Ihnen zu hören.

Ich möchte Ihnen wieder meinen ständigen Rat und Wunsch wiederholen! Verkorken Sie sich nicht in die Ausschließlichkeit, geben Sie sich der Natur hin, geben Sie sich, wenn auch nur ein wenig, der äußeren Welt und den äußeren Dingen hin. Das äußere *Leben*, das wirkliche Leben, entwickelt unsere menschliche Natur außerordentlich, es liefert das Material. Übrigens, Sie werden sich aus mir nichts machen.

Meine Lage ist die allerschlimmste.[4] Wie ich sie in Ordnung bringe, weiß ich nicht. Aus dem Brief an Apollinaria können Sie einiges ersehen.

Meine Adresse bleibt vorläufig die gleiche. Wenn Sie mir in Bälde schreiben, will ich Ihnen antworten und bis zu dem Zeitpunkt eine *beständigere* Adresse vorbereiten, die für alle Zeit dienen könnte.

Auf Wiedersehen bis irgendwann? Leben Sie wohl. Seien Sie Ihr ganzes Leben lang glücklich. Ich drücke Ihnen fest die Hand und wünsche mir sehr, daß wir uns irgendwann mal begegnen. Was wird dann mit uns beiden sein? Sie werden mir immer in Erinnerung bleiben.

Ganz der Ihre
F. Dostojewskij

PS: Sie sind jetzt jung, es ist die Zeit der Jugend, der Anfang des Lebens – welch ein Glück! Verlieren Sie nicht Ihr Leben, schonen Sie Ihre Seele, glauben Sie an die Wahrheit. Doch *suchen* Sie die Wahrheit *unverwandt* das ganze Leben lang, andernfalls kann man so schrecklich leicht irregehen. Aber Sie haben ein Herz, Sie werden nicht irregehen. Und ich – ich beende das Leben[5], ich fühle es. Ist alles gleich – als etwas Junges, Neues sind Sie mir teuer, außerdem habe ich Sie lieb wie eine Lieblingsschwester.

An A. P. Suslowa
                    Wiesbaden, Dienstag, den 10./22. August 1865
Liebe Polja, zunächst begreife ich nicht, wie Du angekommen bist. Zu der allerschlimmsten Trübsal über mich selbst kommt nun noch die Sorge um Dich.

Was nun, wenn Dir in Köln nicht einmal das Geld für die Dritte Klasse gereicht hat? In diesem Fall bist Du jetzt allein in Köln und weißt nicht, was Du machen sollst! Das ist schrecklich. In Köln mußt Du Hotel, Kutscher, Reiseverpflegung bezahlen, und selbst wenn das Geld für die Reise gereicht hat, mußt Du doch hungrig gewesen sein. Das alles geht mir im Kopf herum und gibt mir keine Ruhe.

Nun ist es bereits Dienstag, zwei Uhr nachmittags, und von Herzen ist noch nichts da, und das wäre doch an der Zeit. Jedenfalls warte ich noch bis übermorgen früh, dann verliere ich aber auch die letzte Hoffnung. Jedenfalls ist mir eines klar: wenn von H.[1] keine Nachricht kommt, dann ist er auch nicht in Genf, das heißt er ist irgendwohin verreist. Ich werde wahrscheinlich diesen Schluß ziehen müssen, weil ich mit Herzen sehr gut stehe, es also unmöglich ist, daß er mir nicht *in jedem Fall* antwortete, sogar dann, wenn er mir kein Geld schicken will oder kann. Er ist ein höflicher Mensch, und unsere Beziehungen sind freundschaftlich. Wenn also überhaupt keine Nachricht kommt, so ist er augenblicklich nicht in Genf.

Inzwischen hat sich meine Lage geradezu unwahrscheinlich verschlechtert. Du warst kaum abgereist, da wurde mir gleich am nächsten Tag, frühmorgens, im Hotel erklärt, es sei befohlen worden, mir weder Mittagessen noch Tee noch Kaffee zu geben. Ich ging der Sache nach und wollte eine Erklärung dafür haben, und der dicke deutsche Wirt verkündete mir, daß ich das Mittagessen nicht ›verdient‹ habe, er werde mir nur noch Tee reichen lassen. Und so esse ich seit dem gestrigen Tag nicht mehr zu Mittag und ernähre mich nur noch von Tee. Auch der Tee ist abscheulich, man bereitet ihn ohne Maschine. Kleider und Schuhe werden nicht mehr gereinigt, wenn ich nach Leuten rufe, kommt niemand, und das ganze Personal geht mir mit einer unaussprechlichen, echt deutschen Verachtung aus dem Wege. Für den Deutschen gibt es kein größeres Verbrechen, als kein Geld zu haben und seine Schulden nicht rechtzeitig zu bezahlen. All das wäre lächerlich, wäre es nicht so schrecklich unbequem. Und wenn mir Herzen nichts schickt, kann ich mich auf noch größere Unannehmlichkeit gefaßt machen, nämlich: Man kann mir meine Sachen beschlagnahmen, mich hinauswerfen oder noch Schlimmeres. Es ist scheußlich.

Wenn Du bis Paris gekommen bist und auf irgendeine Weise bei Deinen Freunden und Bekannten etwas locker machen kannst, dann schicke mir maximal 150 Gulden; so könnte ich mit diesen Schweinen abrechnen und in ein anderes Hotel ziehen, um dort auf mein Geld zu warten. Denn es ist unmöglich, daß ich nicht bald etwas erhalte, und in jedem Fall werde ich es Dir lange vor Deiner

Abreise aus Frankreich zurückgeben. Erstens wird man aus Petersburg (von der ›Lesebibliothek‹) spätestens in zehn Tagen einen größeren Betrag an die Adresse Deiner Schwester in Zürich schikken[2], zweitens wird man doch die Briefe, die Herzen in Genf erhält, weiterschicken, wenn er nicht in Genf sein sollte, und das in jedem Fall, wenn er auch für längere Zeit aus Genf weggereist ist; ist er aber nur für kurze Zeit verreist, so wird er mir nach der Rückreise sofort antworten, folglich werde ich in jedem Fall bald eine Antwort von ihm haben. Mit einem Wort, wenn Du für mich etwas tun kannst, ohne Dich selbst zu schädigen, so tu es. Meine Adresse ist immer noch die gleiche: Wiesbaden, Hotel Victoria.

Auf Wiedersehen, meine Liebe, ich kann nicht glauben, daß ich Dich vor Deiner Abreise nicht noch einmal sehen soll. An mich selbst möchte ich gar nicht denken; ich sitze da und lese immerfort, um meinen Appetit durch Bewegung nicht zu reizen. Ich schließe Dich fest in meine Arme.

Um Gottes willen, zeige meinen Brief niemandem, und erzähle auch nichts davon. Scheußlich. Ganz Dein F. D.

Beschreibe mir Deine Reise im einzelnen, falls Du Unannehmlichkeiten hattest. Grüße an die Schwester.

Sollte Herzen das Geld noch vor Deinem Brief schicken, so werde ich in jedem Falle bei meiner Abreise aus Wiesbaden veranlassen, daß man mir Deinen Brief nach Paris nachschickt, weil ich sofort dorthin reise.

An A. P. Suslowa

Wiesbaden, Donnerstag, den 12./24. August 1865

Ich bombardiere Dich weiterhin mit Briefen (und alle sind unfrankiert)! Hast Du meinen Brief von vorgestern (Dienstag) erhalten? Bist Du selbst in Paris angelangt? Ich hoffe immer noch, heute von Dir eine Nachricht zu bekommen.

Meine Lage ist abscheulich bis zum *nec plus ultra;* weiter kann es nicht mehr gehen. Weiter müßte jetzt eine andere Kette von Unglücksfällen und Gemeinheiten kommen, von der ich mir noch gar keine Vorstellung machen kann. Von Herzen ist immer noch nichts da, weder eine Antwort noch eine Äußerung. Es ist heute genau eine Woche her, daß ich ihm geschrieben habe. Heute ist auch der Termin, den ich noch am Montag meinem Wirt als Zahlungstag angegeben habe. Was nun werden soll, weiß ich nicht. Es ist gerade ein Uhr mittags.

Es kann nicht sein, daß Herzen nicht anworten wollte! Will er denn nicht antworten? Das ist ganz ausgeschlossen. Weshalb? Wir verstehen uns doch ausgezeichnet, was Du selbst bezeugen kannst. Hat mich etwa jemand bei ihm angeschwärzt? Aber auch dann wäre es unmöglich (ja, dann erst recht!), daß er mir auf meinen Brief *nicht* antwortet. Und deshalb bin ich immer noch überzeugt, daß mein Brief an ihn entweder verlorengegangen ist (was wenig wahrscheinlich ist) oder daß er zu meinem Unglück jetzt nicht in Genf weilt. Letzteres ist das Wahrscheinlichste. In diesem Fall muß man folgendes daraus schließen: entweder 1. er ist nicht lange weg, und so werde ich doch in diesen Tagen (wenn er zurückkehrt) auf seine Antwort hoffen können; oder 2. er ist lange weg, und so wird man ihm höchstwahrscheinlich meinen Brief nachschicken, wo er auch sein mag, weil er aller Wahrscheinlichkeit nach veranlaßt hat, daß man ihm die Briefe, die an seine Genfer Adresse gehen, nachschicke. Ich werde also wiederum auf eine Antwort hoffen können.

Ich werde die ganze Woche bis Sonntag auf die Antwort warten, aber selbstverständlich nur hoffen. Dabei ist meine Lage so, daß sogar bloßes Hoffen wenig ist.

Aber all das ist nichts im Vergleich zu meiner Schwermut. Mich quält die Untätigkeit, die Unbestimmtheit des Wartens ohne feste Aussicht, der Verlust der Zeit und das verfluchte Wiesbaden, das mir so zum Ekel geworden ist, daß ich die Welt nicht mehr anschauen wollte. Du bist inzwischen in Paris, und ich kann Dich nicht sehen. Herzen quält mich auch. Wenn er meinen Brief erhalten hat und *nicht* antworten *will* — welche Erniedrigung und was für ein Verhalten! hab ich denn das verdient und wodurch? Durch meine Unordentlichkeit? Zugegeben, ich war unordentlich, aber was ist das für eine bourgeoise Moral! Soll er mir doch wenigstens antworten, wenn ich auch keine Hilfe ›verdient‹ habe (wie ich nach Meinung des Wirts kein Mittagessen verdiene). Es ist aber undenkbar, daß er nicht antwortet; er ist sicher nicht in Genf.

Dieser Brief wird mein letzter sein, bis ich von Dir wenigstens irgendeine Nachricht erhalten habe. Mir kommt es immer so vor, als blieben die Briefe im Hotel Fleurus liegen oder gingen verloren, wenn Du nicht selbst da bist. Ich kann sie nicht frankieren, weil ich keine Kopeke habe. Ich esse weiterhin nichts zu Mittag

und lebe nun schon den dritten Tag vom Morgen- und Abendtee –
und seltsam: mich verlangt gar nicht so sehr nach Essen. Scheußlich,
daß man mich schikaniert, mir abends keine Kerze geben will,
wenn vom Tag vorher auch nur ein winziges Stümpfchen übrig
ist. Übrigens verlasse ich täglich um drei Uhr das Hotel und komme
um sechs zurück, um nicht merken zu lassen, daß ich überhaupt
nicht zu Mittag esse. Der reinste Chlestakow.[1]

Freilich habe ich noch eine leise Hoffnung: Binnen einer Woche
oder spätestens in etwa zehn Tagen wird etwas aus Rußland (über
Zürich) kommen. Bis dahin kann es mir aber ohne Hilfe übel
gehen.

Übrigens kann ich es nicht glauben, daß ich nicht nach Paris kommen kann, um Dich vor Deiner Abreise zu sehen. Das ist unmöglich. Im übrigen wogt die Phantasie recht stark auf, wenn man
untätig ist. Und ich bin vollkommen untätig.

Lebe wohl, meine Liebe. Wenn nicht ganz besondere Ereignisse
eintreten, dann werde ich nicht mehr schreiben. *Auf Wiedersehen.*

Ganz Dein Dos.

PS: Ich umarme Dich nochmals, ganz fest. Ist Nad. Prok.[2] angekommen und wann? Grüße sie.

4 Uhr

Meine liebe Freundin Polja, eben erhielt ich die Antwort von Her.[3]
Er war in den Bergen, deshalb hatte sich der Brief verspätet. Geld
schickt er keines; er schreibt, daß ihn mein Brief im geldlosesten
Augenblick erreicht habe, daß er 400 Flor. nicht schicken könne,
allenfalls 100 oder 150 Guld., und wenn mir damit geholfen wäre,
würde er mir den Betrag zukommen lassen. Dann bittet er darum,
nicht böse zu sein, und dgl. mehr. Dennoch ist es merkwürdig:
Warum schickt er mir die 150 Guld. nicht gleich? Wenn er selbst
schreibt, daß er sie schicken könnte. Er hätte doch die 150 schicken
und gleichzeitig sagen können, daß er nicht mehr habe. So macht
man das doch sonst. Aber es ist offensichtlich so, daß er entweder
selbst nichts hat oder daß das Geld ihm zu schade ist. Aber er
kann doch nicht daran zweifeln, daß ich es zurückerstatte: Er hat
doch meinen Brief. Ich bin doch kein verlorener Mensch. Wahrscheinlich ist er selbst knapp.

Ihn noch einmal zu bitten, scheint mir unmöglich! Was soll ich
jetzt machen? Polja, meine Freundin, hilf mir, rette mich! Ver-

schaffe mir irgendwie 150 Gulden, mehr brauche ich nicht. In 10 Tagen wird das Geld von Woskobojnikow *bestimmt* in Zürich bei Deiner Schwester sein (vielleicht auch früher). Wenn es auch nicht viel sein wird, weniger als 150 Gulden sind es bestimmt nicht, und die wirst Du bekommen. Ich will doch *Dich* nicht in eine schlimme Lage bringen. Das ist undenkbar. Berate Dich mit Deiner Schwester. Aber in jedem Fall mußt Du mir bald antworten. Ganz der Deine

F. Dostojewskij

Jetzt begreife ich schon gar nicht mehr, was mit mir werden soll.

An A. J. Wrangel

Wiesbaden, 5. September (hiesigen Stils) 1865
Hochgeehrter und lieber Freund Alexander Jegorowitsch, haben Sie eigentlich meinen Brief erhalten, den ich Ihnen vor einem Monat nach Kopenhagen schickte? Ich rechnete bei Absendung des Briefe sicher damit, daß Sie in Kopenhagen seien, da ich Ihnen bald nach meiner Abreise ins Ausland schrieb. Wären Sie vor dem 10. Juli (unserer Zeitrechnung) von Kopenhagen nach Rußland gefahren, so hätten Sie mich sicherlich in Petersburg aufgesucht. Da wir uns in Petersburg jedoch nicht gesehen haben, nahm ich fest an, daß Sie noch nicht nach Rußland abgereist seien (von dieser Absicht haben Sie mir schon früher geschrieben). Folglich (meine ich jetzt) sind wir aneinander vorbeigereist, als ich mich ins Ausland begab. Vielleicht ist Ihnen aber mein Brief aus Kopenhagen nach Rußland nachgeschickt worden, und in diesem Fall haben Sie mir womöglich an die angegebene Adresse nach Zürich geantwortet. Aber ach! ich bin in Wiesbaden steckengeblieben und noch nicht bis Zürich gekommen, und deshalb weiß ich nichts!
Hier ist ein russischer Geistlicher, Janyschew[1], der auch in Kopenhagen war. Ich habe ihn hier in Wiesbaden zufällig kennengelernt und von ihm erfahren, daß er Sie kennt. Unter anderem sagt er mir, daß Sie im Sommer nach Rußland reisen, *im September aber wieder in Kopenhagen sein wollten.* Das gab mir den Mut, Ihnen wieder zu schreiben, und vielleicht wird Sie diesmal mein Brief in Kopenhagen erreichen.
Ich will heute nur von mir schreiben, und zwar nur von einer einzigen Sache. Teilen Sie das, was ich Ihnen nun schreibe, nie-

mandem mit, weil ich fühle, daß es mich einigermaßen bloßstellt. Da aber in einem solchen Fall Phrasen nur peinlich und völlig überflüssig sind, will ich Ihnen ganz offen eingestehen – obwohl ich mich schäme, es einzugestehen –, daß ich, in meiner Dummheit, vor zwei Wochen *alles verspielt habe*, das heißt alles, was ich besaß.

Ich hatte schon vordem, gleich nach meiner Ankunft in Wiesbaden, gespielt, aber glücklich und sogar (verhältnismäßig) viel gewonnen, aber dann packte ich in meiner Dummheit die Sache verkehrt an, und in drei Tagen verlor ich alles. Nun sitze ich da, in der peinlichsten Lage, die man sich vorstellen kann, und kann aus Wiesbaden nicht wegreisen.

Ich habe nach Rußland an einen mir wohlgesinnten Menschen (Miljukow) geschrieben und ihn gebeten, mir von irgendeinem Verleger Vorschuß für zukünftige Arbeiten zu verschaffen. Er verspricht mir das bestimmt und wird mir vielleicht auch selbst helfen, aber meiner Berechnung nach kann ich Brief und Geld von ihm nicht eher als in zwei Wochen (von heute ab) erwarten, und das wäre noch das Früheste. Bis dahin sitze ich aber ohne einen Groschen da, und was dabei das Schlimmste ist: ich habe im Hotel Schulden gemacht. Das ist aber schon das Allerschlimmste!

Und deshalb, mein guter Freund, wage ich es, mich an Sie zu wenden. Retten Sie mich, und helfen Sie mir aus dieser Not: Schicken Sie mir für eine ganz kurze Frist 100 Taler. Mit diesem Geld will ich hier alles bezahlen und unverzüglich nach Paris fahren, wo ich zu tun habe und einen Menschen aufsuchen will (der bestimmt dort ist)[2] und der mir sofort helfen wird. Dann werde ich Ihnen das Geld zurückgeben.

Ich schreibe Ihnen aufs Geratewohl, eben in der Annahme, daß Sie in Kopenhagen sind. Falls Sie doch noch in Rußland sind und dieser Brief Ihnen nachgeschickt werden sollte und Sie ihn nicht später als nach 2 Wochen erhalten, das heißt *nicht später* als am 19. September hiesigen Stils (nach unserem Kalender am 7.), so schicken Sie mir, wenn es Ihnen möglich ist, diese 100 Taler trotzdem nach Wiesbaden. Erhalten Sie aber diesen Brief später, so schicken Sie nichts.[3] Ich schreibe so, weil ich auf das Schlimmste gefaßt sein muß. Miljukow wird mir *bestimmt* alles besorgen, aber 1. ist er meine *einzige* Hoffnung in Rußland und 2. ist er vielleicht gar nicht in Petersburg, weil er mir beim Abschied sagte, daß er in diesem Sommer nach Nischnij[4] fahren will, um von dort aus Ausflüge zu machen. In diesem Fall kann ich lange ohne Geld dasitzen, und meine Reise nach Paris, die mir sehr wichtig ist, kann dann gar nicht zustande kommen. Dort könnte ich aber auch Geld auftreiben. Außerdem käme ich hier allzutief in Schulden, und das ist außerordentlich bedrückend. Schicken Sie mir deshalb das Geld um Gottes willen, wenn Sie können.

Ich wende mich an Sie, weil ich Sie noch so im Gedächtnis bewahrt habe, wie Sie einst waren, und weil es in unserem Leben viele Augenblicke gab, die uns so verbanden, daß wir, wenn uns auch das Leben trennen mag, uns doch niemals mehr fremd werden können. Aus diesem Grund habe ich mich auch dazu entschlossen, Ihnen meine dumme und feige Tat offen einzugestehen. Möge es unter uns bleiben. Was aber das Geld betrifft, so glaube ich, werden Sie einen Ertrinkenden nicht ohne Hilfe lassen, falls Sie in diesem Augenblick selbst etwas besitzen.

Sollte ich irgendwie die Möglichkeit haben, so will ich unbedingt nach Kopenhagen kommen. Ich umarme Sie, Ihr aufrichtiger

Fjodor Dostojewskij

Meine Adresse: Allemagne, Nassau, Wiesbaden, poste restante, à Mr Théodore Dostoiewsky.

An A. P. Miljukow

Ljublino (bei Moskau), zwischen 10. und 20. Juli 1866

Lieber, verehrter Freund, Alexander Petrowitsch! Nun ist es schon über einen Monat her, daß ich Sie in Pawlowsk verlassen habe, doch erst heute komme ich dazu, Ihnen zu schreiben, obgleich ich immer daran dachte. Ich will mich jetzt nicht mit Geschäften und Sorgen rechtfertigen: Ich war ganz einfach in ständiger Unruhe, und deshalb habe ich das Briefeschreiben immer für diese Zeit aufgeschoben, in der ich *moralisch freier* bin, obgleich ich die Zeit zum Schreiben hatte.

Doch genug mit den Entschuldigungen; sie bringen doch nie etwas in Ordnung, und besser ist es, gleich zur Sache zu kommen. Von mir selbst kann ich sagen, daß ich mich erst bei Dussot in Moskau[1] niedergelassen habe, wo auch Filippow wohnte; aber wenn ich es auch da eine ganze Weile aushielt, im ›Moskauer Restaurant‹ zu Mittag speiste und den ganzen Tag im Kreml spazierenging und Kwas[2] trank, so wurde ich schließlich doch durch die unerträgliche und schwüle Hitze in die Flucht geschlagen, vor allem aber durch

den heißen *samum*artigen Wind, der Wolken weißen Staubes auf-
wirbelte — dieser Staub (nach der Menge zu urteilen) muß sich
schon von den Zeiten Iwan Kalitas[3] her angesammelt haben. Es
war unmöglich zu arbeiten. Mein Zimmer bei Dussot, das an sich
gar nicht übel war, erinnerte an einen Backofen in dem Augenblick, wenn man ihn ausfegt und die Brote hineinschiebt. Mir halfen
weder Kwas noch alle Kirschen- und Birnenlimonaden, und so
mußte ich schließlich fliehen. Außerdem überkam mich eine schreckliche Schwermut. Außer Filippow hatte ich in der Stadt keinen
einzigen Bekannten, alle waren auf ihrer Datscha. Ich suchte
Pleschtschejew auf, er war nicht zu Hause; er lebt im Dorf Pokrow-
skij (wenn ich mich nicht irre). Weder die Aksakows noch die Janowskijs waren da. Meine Verwandten sind alle *auf ihrer Datscha in
Ljublino*, 8 Werst von Moskau. Sie öfters zu besuchen (was mir bei
meiner Einsamkeit zur moralischen Notwendigkeit geworden
war), hätte viel Zeit und Geld gekostet, und so beschloß ich nach
längerer Überlegung Ende Juni, selbst aufs Land zu ziehen, und
zwar auch nach *Ljublino*, wo sich unerwartet eine Datscha fand,
die ich durch Vermittlung Bekannter für den halben Preis erhielt.
All das war allerdings mit nicht unbedeutenden Ausgaben verbunden: Ich mußte mir einen Samowar, Tassen, einen Kaffee-
kanne und sogar eine Bettdecke anschaffen, Möbel mieten, einen
Teil der Wohnungsmiete sofort entrichten, Pascha aus der Cholera-
gegend kommen lassen usw. usw. Alle derartigen Übersiedlungen
(wie die meinige aus Petersburg nach Moskau) sind zwar sehr
nützlich (wie zum Beispiel für meine Gesundheit und meine seelische Ruhe), doch stets mit einem großen Aufwand *von Zeit und
Geld* verbunden. Und so habe ich, obgleich ich mich nun schon
bald drei Wochen in Ljublino, in einer der schönsten Gegenden der
Welt und in der angenehmsten Gesellschaft, befinde, doch noch
sehr wenig geleistet; ich trage mich noch mit der Absicht, etwas zu
leisten, wenn ich auch in den letzten zwei Wochen *sehr* beschäftigt gewesen bin. Aber dann ist es möglich, noch mehr zu arbeiten
(fast doppelt soviel), und ich spare mir meine Kräfte bis zum letzten Zeitpunkt auf, das heißt bis August.
Katkow ist auf seiner Datscha im Petrowskij-Park, Ljubimow
(der Herausgeber des ›Russischen Boten‹) ebenfalls. Im Redaktionsbüro kann man nur zuweilen den vergrämten Sekretär treffen
(und das nicht immer), von dem man aber nichts erfahren kann.

Es ist mir aber doch gelungen, gleich in den ersten Tagen Ljubimow abzufangen. 3 Kapitel von meinem Roman[4] hat er bereits setzen lassen. Ich habe ihm vorgeschlagen, daß ich das vierte Kapitel in beschleunigtem Tempo schreibe; die vier Kapitel würden genau die Hälfte des Schlusses des 2. Teiles (4 Druckbogen) ausmachen; im nächsten Heft könnte man dann weitere vier Kapitel, das heißt den ganzen Schluß des 2. Teiles, bringen. Ljubimow sagte mir aber gleich im voraus: »Ich habe Sie erwartet, um Ihnen zu sagen, daß man jetzt, im Juni und Juli, den Roman in kleineren Abschnitten drucken kann und sogar drucken muß; in einem Heft kann in Anbetracht der *Sommersaison* sogar die Fortsetzung ganz ausbleiben. Wir wollen uns lieber so einrichten, daß die ganze zweite Hälfte des Romans im Herbst erscheint und die letzten Zeilen ins Dezemberheft kommen, denn die Wirkung des Romanes soll die Subskription auf den neuen Jahrgang unterstützen.« Es wurde daher beschlossen, noch einen weiteren Monat zu pausieren. Die 4 Kapitel (4 Druckbogen) werden daher erst im Juliheft erscheinen und sind bereits im Satz.

Später stellte sich aber heraus, daß Ljubimow noch eine schändliche Nebenabsicht hatte: Er will nämlich eines von den vier abgelieferten Kapiteln gar nicht drucken, und Katkow hat diesen seinen Beschluß bestätigt. Ich habe mich mit beiden auseinandergesetzt. Doch sie bestehen auf ihrem Vorhaben! Über das betreffende Kapitel kann ich selbst gar nichts sagen: Ich habe es in echter Begeisterung geschrieben, es kann aber sein, daß es wirklich schlecht ist; es geht ihnen aber gar nicht um den literarischen Wert, sondern sie fürchten für die *Moral*. In dieser Beziehung bin ich im Recht: das Kapitel enthält nichts Unmoralisches, sogar *ganz im Gegenteil;* die sind aber anderer Meinung und sehen außerdem noch Spuren von *Nihilismus* darin. Ljubimow hat mir *endgültig* erklärt, ich müsse das Kapitel umarbeiten. Ich habe es übernommen, und die Umarbeitung dieses großen Kapitels machte mir mindestens ebensoviel Arbeit und Mühe wie 3 neue Kapitel; ich habe es aber doch umgearbeitet und abgeliefert.[5] Leider habe ich aber Ljubimow seither nicht wieder gesehen, und ich weiß nicht, ob sie mit der Umarbeitung zufrieden sind und das Kapitel nicht noch einmal *selbst* umarbeiten. Dies war schon bei einem anderen Kapitel von diesen 4 der Fall: Ljubimow erklärte mir, daß er darin vieles gestrichen habe (dies machte mir allerdings wenig Kummer, denn sie haben eine ganz unwesentliche Stelle gestrichen).

Ich weiß nicht, wie es weitergeht, doch die Meinungsverschieden-
heiten, die anläßlich dieses Romans zwischen mir und der Redaktion zutage treten, beginnen mich zu beunruhigen.

Den Roman für Stellowskij habe ich noch nicht *angefangen,* werde
ihn aber bestimmt anfangen. Ich habe den Plan zu einem recht an-
ständigen kleinen Roman[6]; es werden sogar Schatten von wirklichen Charakteren darin vorkommen. Der Gedanke an Stellowskij quält und beunruhigt mich; er verfolgt mich sogar im Traum.

Ich teile Ihnen alles oberflächlich und in großer Eile mit, obgleich
der Brief recht lang ist. Antworten Sie mir um Gottes willen.
Schreiben Sie mir über sich selbst, über Ihr Leben, Ihre *Absichten*
und Ihre Gesundheit. Schreiben Sie mir auch von den *Unsrigen;*
haben Sie vielleicht etwas Neues gehört? Vieles muß ich verschweigen. Meine besten Empfehlungen Ihrer Ludmila Alexandrowna[7];
bringen Sie mich Ihren Kindern in Erinnerung, und grüßen Sie von
mir alle gemeinsamen Bekannten. Auf Wiedersehen, mein guter
Freund, ich umarme Sie und verbleibe Ihr

Fjodor Dostojewskij

NB: Ich habe bisher keine Anfälle gehabt. Trinke Schnaps. Wie
steht es mit der Cholera?

An M. N. Katkow

Ljublino, 19. Juli 1866

Hochverehrter Michail Nikiforowitsch, ich habe die Korrektur
durchgesehen und zwei, drei im *Manuskript nicht zu entziffernde*
Wörter wieder *eingefügt.*[1]

Was die von Ihnen besorgten Abänderungen und Auslassungen
betrifft, so sind einige davon, wie ich jetzt erst bemerke, natürlich
unumgänglich, andere Auslassungen (die am Schluß) schmerzen
mich. Im übrigen sei das Ihnen überlassen! Als literarischem Richter glaube ich Ihnen restlos, um so mehr, als ich selbst eine merkwürdige Eigenschaft besitze: Wenn ich etwas geschrieben habe,
verliere ich ganz und gar die Möglichkeit, mich dem Geschriebenen
gegenüber kritisch zu verhalten, wenigstens eine Zeitlang. Im
übrigen würde ich Sie wegen einer Auslassung, der auf Seite 786
(ich habe es am Rande mit Bleistift durch NB vermerkt), doch
bitten, ob man die Stelle nicht so lassen könnte? Das ist doch für
den Leser klar, wenn er spricht: »Ich bin glücklich«, dann doch na-

türlich nicht, weil er sich an seinem Benehmen ergötzt. Im übrigen, wenn nicht, kann man auch nichts machen.

Nehmen Sie die Versicherung meiner aufrichtigsten Hochachtung entgegen.

Ihr ergebener Fjodor Dostojewskij

PS: Nicht *alle* Streichungen am Ende des Manuskripts bedaure ich. Einige davon haben in der Tat diese Stelle verbessert. Schon 20 Jahre fühle ich in aller Qual, und ich sehe es klarer als alle, mein literarisches Laster: die *Weitschweifigkeit*[2], und ich kann mich davon einfach nicht befreien.

An A. G. Snitkina

Moskau, 2. Januar 1867

Gestern erhielt ich Dein kostbares Schreiben, unschätzbare und *ewige* Freundin Anja, und war schrecklich froh. Sicher hast auch Du meinen Brief an demselben (oder am nächsten Tag), nachdem Du mir den Deinen geschickt hast, erhalten. Jetzt will ich Dir vor allem über das Geschäftliche berichten. Meine Angelegenheit konnte ich schneller, als ich gedacht hatte, erledigen (das heißt in Angriff nehmen), und sie ist jetzt im wesentlichen so gut wie entschieden. Zunächst wollte ich Ljubimow (den Redakteur des ›Russischen Boten‹) zum Vermittler haben, suchte ihn gleich am Tag nach meiner Ankunft auf – und traf ihn glücklicherweise nicht zu Hause an. Dann begab ich mich in die Red. des ›Russischen Boten‹ und kam, wiederum zu meinem Glück, gleich zu Katkow (zu dem ich anfangs nicht sogleich zu gehen beabsichtigt hatte, weil ich darauf setzte, Ljubimow vorzuschicken). Katkow war entsetzlich beschäftigt; ich saß 10 Minuten bei ihm. Er empfing mich *großartig*. Ich stand schließlich nach 10 Minuten auf, und da ich sah, daß er schrecklich beschäftigt war, sagte ich ihm, daß ich eine Bitte an ihn habe, aber da er so beschäftigt sei, bitte ich ihn, die Zeit zu bestimmen, zu der ich zu ihm kommen könne, um mein Anliegen vorzutragen. Er bat mich darauf inständig, die Angelegenheit augenblicklich vorzubringen. Ich nahm die Gelegenheit wahr und hatte alles in drei Minuten erklärt. Ich begann mit meinen Heiratsabsichten. Er beglückwünschte mich aufrichtig und freundschaftlich. »In diesem Fall«, sagte ich, »sag ich es Ihnen ganz offen, daß mein ganzes Glück von Ihnen abhängt.« »Wenn Sie mich als

Mitarbeiter brauchen können« (Er sagte: »Aber ich bitte Sie doch, selbstverständlich!«), »so geben Sie mir 2000 Rubel Vorschuß, so und so«, und ich setzte ihm alles auseinander. »Die Herren Schriftsteller nehmen ja immer Vorschuß«, schloß ich, »da aber diese Summe sehr hoch ist und derartige Vorschüsse nicht gezahlt werden, so wird alles von Ihrem guten Willen abhängen.« Er antwortete mir: »Ich werde mich mit Leontjew beraten. Es hängt alles davon ab, ob wir jetzt so viel Geld flüssig haben, bemühen Sie sich doch etwa nach zwei Tagen noch einmal darum, und ich werde mein Möglichstes tun.« Nach zwei Tagen teilte er mir seinen endgültigen Entschluß mit: 1000 Rubel könne ich sofort erhalten, mit dem anderen Tausend bitte er mich, noch zwei Monate zu warten. Ich akzeptierte und bedankte mich.

Jetzt, meine unschätzbare Anja, liegen die Dinge so: Unser Schicksal ist entschieden, das Geld ist da, und wir können uns so bald als möglich trauen lassen; doch zugleich steht uns eine fürchterliche Schwierigkeit bevor, weil uns nämlich das zweite Tausend erst nach so langer Frist zur Verfügung steht, dabei brauchen wir doch *zweitausend* sofort und bis auf die letzte Kopeke (erinnerst Du Dich daran, wie wir das alles ausgerechnet haben?). Wie das zu lösen ist, weiß ich noch nicht, aber wie dem auch sei, unsere Hochzeit kann bald stattfinden. Und Gott sei Lob und Dank! Ich umarme und küsse Dich, 100mal auf einmal.

Nun weiter! Ich hoffe, daß ich in diesen Tagen, morgen oder übermorgen, entweder Geld oder Geldanweisungen (die Feiertage stören da ganz schrecklich) erhalte – und dann geht es sofort nach Petersburg, zu Dir. Ich bin ganz traurig ohne Dich, obgleich alle mich hier sehr lieben. Ich glaube, daß ich am 6. oder 7. in Petersburg sein kann. Ich sage das nicht mit völliger Gewißheit, denn die Aushändigung des Geldes hängt von ihnen ab, aber mit einer Wahrscheinlichkeit von 90 zu 100 werde ich Dich am 6. oder 7. umarmen und küssen, Deine lieben Hände und Füße (die Du mir nicht zu küssen erlaubst), und dann beginnt die *dritte Periode* unseres Lebens.

Nun einige Worte über das hiesige Leben. Ach, Anja, wie verhaßt waren mir immer Briefe! Nun, was kann man denn in einem Brief über manche Dinge sagen? und deshalb werde ich nur trockene und nackte Tatsachen berichten: Erstens habe ich Dir schon geschrieben, daß ich Sonja an demselben Tag alles gesagt habe, und wie froh sie gewesen ist. Du brauchst Dich nicht zu beunruhigen, ich habe Deine Grüße nicht vergessen, und sie hat Dich schon sehr, sehr lieb. Zum Teil kennt sie Dich schon aus meinen Erzählungen, und vieles (aus den Erzählungen) hat ihr gefallen. Meiner Schwester sagte ich es am Tag nach der ersten Antwort von Katkow. Sie freute sich sehr. Alexander Pawlowitsch sagte ich es drei Tage später. Er gratulierte mir und machte eine Bemerkung, die höchst originell war. Ich will sie Dir später sagen. Dann eine recht frohe Zeit. Das neue Jahr begrüßten wir mit der ganzen Familie fröhlich. Jelena Pawlowna und Maria Sergejewna (ein herrlicher Spaßvogel) waren auch da. Punkt 12 Uhr stand Alexander Pawlowitsch auf, erhob sein Champagnerglas und stieß auf die Gesundheit von Fed. Mich. und Anna Grigorjewna an. Maschenka und Julinka, die von gar nichts wußten, waren sehr erstaunt. Mit einem Wort, alle freuten sich und lassen gratulieren.

Mit Ausnahme von Janowskij (mein einziger Freund) und Aksakow, der sehr beschäftigt ist, habe ich bisher niemanden gesehen. Majkow, der in Moskau war, hatte Janowskij über uns gesagt, daß »er Dich gesehen habe, und nach Dir zu urteilen, erwarte er für Fed. Mich. eine restlos glückliche Ehe«. Es tat mir sehr wohl, daß sich Majkow so geäußert hat. Janowskij wollte viel von Dir wissen, ist auch sehr froh und läßt gratulieren.

Mit Aksakow sprach ich über die Zusammenarbeit. –

Stell Dir vor, daß ich bisher noch keine Zeit hatte, die letzten beiden Kapitel durchzusehen. Hier ist gerade das Novemberheft erschienen.[1] – Gestern, am Neujahrstag, hatte Jelena Pawlowna alle bei sich zu Abend eingeladen. Man spielte Stukolka.[2] Plötzlich bringt man Alexander Pawlowitsch einen Brief (der durch einen Boten aus dem Vermessungsinstitut in die Wohnung Jelena Pawlownas überbracht wurde), den er mir überreicht. Einige fragten, von wem der Brief sei. Ich sagte: »Von Miljukow«, stand auf und ging hinaus, um ihn zu lesen. Der Brief war von Dir; er erfreute mich sehr und erregte mich sogar. Hocherfreut ging ich an den Tisch zurück und sagte, ich hätte unangenehme Nachrichten von Miljukow. Nach einer Viertelstunde hatte ich das Gefühl, als bekäme ich einen Anfall. Ich ging auf den Flur hinaus, befeuchtete meinen Kopf und legte ein nasses Handtuch auf die Stirn. Alle regten sich ein wenig auf. Ich wartete ab, bis sich die Erregung gelegt hatte, und rief Sonja, der ich Deinen Gruß zeigte. Als wir dann nach Hause gekommen waren, las ich Sonja und Mascha Deinen ganzen Brief vor. Sei mir nicht böse, meine Freude, daß ich sie habe sehen lassen, wie sehr ich Dich liebe, wie unendlich ich Dich liebe und wie glücklich ich bin!

Jelena Pawlowna hat alles höchst gelassen hingenommen und mir nur gesagt: »Ich bin froh, daß ich im Sommer nicht nachgegeben und Ihnen nichts Entscheidendes gesagt habe, sonst wäre ich zugrunde gegangen.« Ich bin sehr froh, daß sie das alles so aufgenommen hat, und bin in dieser Hinsicht *völlig beruhigt*.[3]

Morgen will ich mich um den schnellsten und unverzüglichsten Erhalt des Geldes bemühen. Ich möchte Dich jeden Tag, jede Stunde, immer mehr und mehr sehen. Bedanke Dich für mich bei Pascha, daß er sogleich zu Dir gekommen ist. Ich umarme und küsse Dich unzählige Male, und wenn ich das schreibe, quäle ich mich unendlich darüber, daß das bisher nur in dem Brief geschieht. O wie würde ich Dich jetzt umarmen. Lebe wohl, teure Freundin Anja, sei fröhlich und liebe mich. Sei glücklich; warte auf mich; alle lassen Dich grüßen.

Ich werde jetzt nicht mehr schreiben, es sei denn, etwas Besonderes würde sich ereignen. Grüß mir Dein Mütterchen. Ich küsse Dich noch einmal (ich werde des Küssens nicht müde).

Dein glücklicher
F. Dostojewskij

Mit einer solchen Frau nicht glücklich zu sein, ja, ist denn das überhaupt möglich! Liebe mich, Anja; ich will Dich grenzenlos lieben.

An M. N. Katkow

Petersburg, 1. Februar 1867

Gnädiger Herr Michail Nikiforowitsch, ich habe die 1000 Rubel von A. F. Basunow erhalten, deren Überweisung Sie veranlaßt hatten.[1] Erlauben Sie mir, Ihnen meinen lebhaftesten Dank auszusprechen und Ihnen nochmals zu bezeugen, daß Sie mich *gerettet* haben (buchstäblich *gerettet*), und zwar in der allerkritischsten Minute meines Lebens. *Sie* und ich danken Ihnen aufrichtig.[2]

Nehmen Sie die Versicherung meiner tiefsten Hochachtung entgegen.

Ihr Ihnen ergebener
F. Dostojewskij

An N. N. Strachow

Petersburg, 11. Februar 1867

Hochverehrter Nikolaj Nikolajewitsch, ich bin krank geworden, und meine Hochzeit wurde *auf Mittwoch*, das heißt bis zum *15. Februar*, verschoben. Verzeihen Sie mir, daß ich Sie belästige, aber nachdem ich Sie eingeladen hatte, muß ich Sie doch auch über die veränderte Lage informieren, obgleich ich nicht weiß, ob Sie mir die Ehre Ihres Besuchs gönnen. Im übrigen wünschte ich recht herzlich, daran nicht zu zweifeln, und verbleibe deshalb bis zu unserem Wiedersehen

Ihr immer ergebener
Fjodor Dostojewskij

An A. P. Miljukow

Petersburg, Montag, 13. Februar 1867

Hochverehrter Alexander Petrowitsch, meine Hochzeit ist am Mittwoch (15. Feb.) in der Troitzkij-Ismajlow-Kathedrale, 8 Uhr abends. Ich bin völlig überzeugt, daß Sie Ihr Versprechen halten (ja, Sie *müssen* es auch als Ahnherr der ganzen Sache), ebenso wie Ljudmila Alexandrowna und Olga Alexandrowna, die ich noch schriftlich an ihr Wort erinnern will, und ich bin überzeugt, daß auch sie es halten werden.

Der arme Boba kann natürlich nicht kommen, und das ärgert mich sehr. Ich hatte ihn immer benachrichtigen wollen, aber inzwischen ist es anscheinend schon der 5. Tag, daß ich nirgendwo hingehe. Ich hatte ein Zahngeschwür, das mich schrecklich quälte, und sehr viele Sorgen. Morgen hoffe ich, das Haus verlassen zu können, und würde bei Ihnen sehr gerne auf ein Minütchen vorbeikommen.

Ganz Ihr F. Dostojewskij

*›Der Idiot‹ und ›Die Dämonen‹. Materielle Not,
Krise und Reaktion*

An A. P. Suslowa

Dresden, 23. April / 5. Mai 1867

Deinen Brief, liebe Freundin, erhielt ich bei Basunow sehr spät, unmittelbar vor meiner Abreise ins Ausland, und da ich es furchtbar eilig hatte, fand ich keine Zeit, Dir zu antworten. Ich reiste am Karfreitag aus Petersburg ab (es war, glaube ich, der 14. April), und es dauerte bei den Zwischenstationen ziemlich lange, so daß ich erst jetzt Zeit finde, mit Dir zu sprechen.

Du weißt also noch nichts von mir, meine Liebe; wenigstens hast Du noch nichts gewußt, als Du Deinen Brief schriebst. Ich habe im Februar dieses Jahres geheiratet. Ich war Stellowskij vertraglich verpflichtet, bis zum 1. November des vergangenen Jahres einen neuen Roman von nicht weniger als 10 Druckbogen gewöhnlichen Formats zu liefern, widrigenfalls hätte ich eine fürchterliche Konventionalstrafe zu zahlen gehabt. Dabei schrieb ich gerade einen Roman für den ›Russischen Boten‹[1], hatte 24 Bogen geschrieben und mußte noch 12 schreiben. Und da kamen diese 10 Bogen für Stellowskij dazwischen. Es war bereits der 4. Oktober, und ich hatte noch nicht einmal mit dem Schreiben begonnen. Miljukow riet mir, einen Stenographen zu nehmen, um den Roman zu diktieren, was die Sache um ein Vierfaches beschleunigen würde. Der Professor der Stenographie Olchin schickte mir seine beste Schülerin, mit der ich auch einig wurde. Gleich am 4. Oktober fingen wir an. Meine Stenographin, Anna Grigorjewna, war ein junges und recht hübsches Mädchen, 20 Jahre alt, aus guter Familie, mit glänzenden Abgangszeugnissen vom Gymnasium, mit einem außerordentlich gütigen und offenen Charakter. Unsere Arbeit ging prächtig vonstatten. Am 28. November[2] war der Roman – ›Der Spieler‹ – (jetzt schon gedruckt) fertig, also in 24 Tagen. Gegen Schluß des Romans merkte ich, daß mich meine Stenographin aufrichtig liebte, obgleich sie mir davon nie ein Wort gesagt hatte, und auch mir hatte sie zunehmend gefallen. Da mir das Leben seit dem Tod meines Bruders schrecklich langweilig und schwer geworden war, machte ich ihr einen Heiratsantrag. Sie war einverstanden, und jetzt sind wir verheiratet. Der Altersunterschied ist ungeheuer (20 und 44), aber ich kann mich immer mehr davon überzeugen, daß sie glücklich sein wird. Sie hat Herz und weiß zu lieben. Nun zu meiner Lage im allgemeinen. Zum Teil weißt Du schon, daß ich nach dem Tode meines Bruders durch die Arbeit an der Zeitschrift meine Gesundheit endgültig ruinierte, meine Kräfte im Kampf mit der Gleichgültigkeit des Publikums usw. erschöpfte und die Sache schließlich aufgab. Darüber hinaus hatte ich die 3000 Rubel (die ich durch den Verkauf meines Werkes an Stellowskij erhalten hatte) auf Nimmerwiedersehen in eine fremde Zeitschrift gesteckt, für die Familie meines Bruders und für die Bezahlung seiner Gläubiger geopfert. Es hatte damit geendet, daß ich durch die Zeitschrift neue Schulden auf mich lud, was mit den noch unbezahlten Schulden meines Bruders, die ich auf mich zu nehmen gezwungen war, mehr als 15 000 Rubel Schulden ausmachte. So standen die Dinge, als ich im Jahre 65 ins Ausland reiste, mit einem Gesamtkapital von 40 Napoleonsdor. Im Ausland habe ich eingesehen, daß ich diese 15 000 Rubel nur dann zurückbezahlen kann, wenn ich mich auf mich selbst verlasse. Außerdem war mir das Leben nach dem Tod des Bruders, der mir alles war, zu einem einzigen Ekel geworden. Ich hoffte noch, ein Herz zu finden, das mit dem meinen harmonieren würde, aber ich fand keines. Ich stürzte mich damals auf die Arbeit und fing an, einen Roman zu schreiben. Katkow bezahlte am besten, und so gab ich ihn Katkow.[1] Aber ein Roman von 37 Bogen und dazu noch 10 Bogen für Stellowskij, das ging über meine Kräfte, obgleich ich beide Arbeiten abschließen konnte.

Meine Epilepsie steigerte sich bis zur Mißgestaltung, aber dafür hatte ich mich ablenken können und war obendrein der Verhaftung entgangen. Der Roman brachte mir (mit der zweiten Ausgabe) gegen 14 000 Rubel ein, davon lebte ich und bezahlte zudem 12 000 Rubel Schulden zurück. Jetzt habe ich insgesamt noch 3000 zu bezahlen. Aber diese 3000 sind die schlimmsten. Je mehr Geld man zurückbezahlt, desto ungeduldiger und dümmer werden die Gläubiger. Dabei mußt Du bedenken, daß die Gläubiger keine Kopeke erhalten hätten, wenn ich diese Schulden nicht auf mich genommen hätte. Das wissen sie auch selbst und haben mich auch gebeten, ich sollte die Schulden aus Gnade und Barmherzigkeit auf mich nehmen; sie versprachen, mich nicht zu belästigen. Die Rückzahlung von 12 000 weckte jedoch nur die Habgier jener, die auf ihre Wechsel noch nichts bekommen hatten. Vor Neujahr werde ich kein Geld mehr haben, es sei denn, ich beende die Arbeit, über der ich jetzt sitze. Aber wie soll ich sie abschließen, wenn man mich nicht in Ruhe läßt; deshalb bin ich auch (mit meiner Frau) ins Ausland gefahren. Außerdem hoffe ich, daß im Ausland die epileptischen Anfälle nachlassen; in Petersburg konnte ich in der letzten Zeit kaum noch arbeiten.

Nachts kann ich gar nicht aufbleiben, ich bekomme sofort einen Anfall. Deshalb möchte ich hier meine Gesundheit in Ordnung bringen und die Arbeit abschließen. Von Katkow habe ich mir einen Vorschuß geben lassen. Man hat ihn mir gerne gegeben. Sie zahlen überhaupt gut. Ich hatte Katkow gleich von Anfang an erklärt, ich sei Slawophiler und mit einigen seiner Ansichten nicht einverstanden. Das verbesserte unser Verhältnis und erleichterte unsere Beziehungen außerordentlich. Als Privatmann ist er der edelste Mensch auf der Welt. Ich hatte ihn früher gar nicht richtig gekannt. Sein grenzenloser Ehrgeiz schadet ihm schrecklich. Wer aber ist nicht grenzenlos ehrgeizig?

Während der letzten Tage in Petersburg traf ich Brylkina (Globina) und besuchte sie. Wir sprachen sehr viel von Dir. Sie liebt Dich. Sie sagte mir, es habe sie sehr traurig gemacht, daß ich mit einer andern glücklich bin. Ich werde mit ihr korrespondieren. Sie gefällt mir.

Dein Brief hat mir einen traurigen Eindruck hinterlassen. Du schreibst, Du seiest sehr traurig. Ich weiß von Deinem Leben im vergangenen Jahr nichts, ich weiß auch nicht, was in Deinem Herzen vorging, aber nach all dem, was ich von Dir weiß, dürfte es Dir schwerfallen, glücklich zu sein.

O meine Liebe, ich möchte Dir nichts vom wohlfeilen Glück erzählen, das keiner *entbehren* kann. Ich achte Dich (und habe Dich immer geachtet) um Deines anspruchsvollen Wesens willen, aber ich weiß doch, daß Du gar nicht anders kannst, als das Leben zu verlangen, und Du selbst siehst die Menschen entweder in strahlendem Glanz oder gleich als gemeine und triviale Kerle. Ich urteile auf Grund von Tatsachen. Den Schluß magst Du selbst ziehen.

Auf Wiedersehen, meine ewige Freundin. Ich fürchte, dieser Brief wird Dich nicht mehr in Moskau erreichen. Wisse in jedem Fall, daß ich bis zum 8. Mai unseres Stiles noch in Dresden bin (das ist das Minimum, vielleicht bleibe ich länger), und wenn Du mir daher antworten willst, so schreibe mir sofort nach Empfang dieses Briefes. Allemagne (Saxe), Dresden, Dostoiewsky, poste restante. Die weiteren Adressen werde ich Dir mitteilen. Lebe wohl, liebe Freundin, ich drücke und küsse Deine Hand.

Dein F. Dostojewskij

An A. G. Dostojewskaja

Sei gegrüßt, mein lieber Engel. Ich umarme und küsse Dich ganz, ganz fest. Auf dem ganzen Weg dachte ich an Dich, ich bin gerade angekommen. Es ist jetzt halb zwölf. Ich schreibe Dir unterdessen einige Zeilen. In Leipzig hatte ich von $^1/_2$6 bis 11 Uhr nachts warten müssen, aber so ist es eben mit einem Schnellzug. Ich saß im Bahnhofssaal, nahm einen Imbiß und trank Kaffee. Dann ging ich immer im Saal auf und ab, ein riesiger und von Rauchwolken überströmter Saal, vom Bierdunst getränkt. Der Kopf schmerzte, und die Nerven waren ganz durcheinander. Ich dachte immer an Dich und versuchte mir auszumalen: warum habe ich meine Anja verlassen. Ich erinnerte mich an die ganze Anja, bis zur letzten kleinen Falte Deiner Seele und Deines Herzens, die ganze Zeit über, vom Oktober angefangen, und begriff, daß ich eines solchen ganzen, klaren, stillen, zarten, schönen und unschuldigen Engels, der so wie Du an mich glaubt, nicht wert bin. Wie konnte ich Dich nur verlassen?... Warum bin ich gefahren?... Wohin fahre ich denn?[1] Gott hat Dich doch mir anvertraut, daß nichts von den Keimen und Reichtümern Deiner Seele und Deines Herzens verlorengehe, im Gegenteil, daß alles reich und üppig wachse und aufblühe; er hat Dich mir gegeben, daß ich meine ungeheuren Sünden durch Dich abbüße, wenn ich Dich Gott als Ausgebildete, Belehrte, Bewahrte und vor allem, was niedrig ist und den Geist tötet, Gerettete, vorstelle; aber ich (wenn auch dieser Gedanke unaufhörlich und vor allem ganz im stillen zu mir kam, besonders als ich betete), ich kann Dich, mit solchen charakterlosen, sinnlosen Dingen, wie es die jetzige dumme Reise hierher ist, ich kann Dich selbst dadurch nur verwirren. Wie schwer ist mir der Schrecken gestern geworden. So schien es, daß ich Dich umarmte, so als seist Du bei mir, und ich bin doch nicht zurückgefahren, wenn mir auch der Gedanke kam. Wenn ich an all diese Wrangels, Latkins, Reislers und an vieles andere denke, was noch wichtiger ist als jene, so werde ich völlig durcheinander geraten und konfus sein. Eine ganz große Dummheit, was ich da mache, und vor allem, eine Niederträchtigkeit und Schwäche, aber es gibt hier eine ganz wichtige Chance ... aber zum Teufel damit, ich höre auf![2]

Schließlich nahm man Platz, und es ging los. Der Waggon war voll. Die Deutschen sind überhöflich, wenn auch grausam in der

Erscheinung. Stell Dir vor: Die Nacht war so kalt wie bei uns der Oktober bei Regenwetter. Die Scheiben beschlugen sich, und ich sitze in meinem leichten Mantel und den Sommerhosen da. Ich fröstelte ganz schrecklich; etwa drei Stunden konnte ich schlafen, dann bin ich vor Kälte aufgewacht. Erstarrt trank ich *um drei Uhr* im nächstbesten Bahnhof eine Tasse Kaffee und wärmte mich etwa zehn Minuten lang auf. Dann ging es zurück in den Waggon. Gegen Morgen wurde es weitaus wärmer. Die Gegend hier ist schön, aber alles ist düster, wolkig, grau und kalt, kälter als in Dresden. Man wartet darauf, daß es sich aufklärt. In Frankfurt war ich keine zwei Minuten, weil ich fürchtete, den Anschluß zu verpassen – und jetzt bin ich da, im Hotel Victoria. Das Zimmer kostet *fünf* Franken täglich, und offensichtlich sind es Räuber. Aber ich werde zwei Tage bleiben, höchstens drei. Anders geht es nicht, selbst wenn ich *Erfolg hätte.*

Aber warum hast Du geweint, Anja, meine Liebste, als Du mich wegbrachtest? Schreib mir, mein Täubchen. Schreibe über alle Kleinigkeiten, aber nicht *sehr* lange Briefe (damit Du nicht müde wirst), und unterzeichne nicht mit vollem Namen (im Falle, daß ich wegfahre und die Briefe zurückbleiben).

Anja, mein klares Licht, meine Sonne, ich liebe Dich! In der Trennung fühlt man doch alles und durchfühlt vieles und erkennt selbst, wie stark man liebt. Nein, wir beginnen schon miteinander zu verwachsen.

Beruhige mich, vielleicht werde ich morgen Deinen Brief finden, vielleicht kannst Du den meinen auch morgen erhalten.

Wenn Du meinen (nächsten), den zweiten Brief, nicht erhältst, schreibe mir nicht!

Lebe wohl, meine Freude, lebe wohl, mein Licht. Die Nerven sind ein wenig durcheinander, aber ich bin gesund und nicht allzu müde. Und was ist mit Dir?

Ganz der Deine bis zum letzten Teilchen, und ich küsse Dich unzählige Male.

Dein Dich liebender D.

An A. N. Majkow

So lange habe ich wieder geschwiegen und auf Ihren lieben Brief nicht geantwortet, mein teurer und unvergeßlicher Freund Apollon Nikolajewitsch. Ich nenne Sie: *unvergeßlicher Freund* und fühle tief in meinem Herzen, wie richtig diese Benennung ist: Wir beide sind so *alte* und *aneinander gewöhnte* Freunde, daß das Leben, das uns zuweilen voneinander trennte und sogar *auseinanderbrachte*, uns nicht nur nicht auseinandergebracht, sondern endgültig zusammengeführt hat.[1] Sie schreiben mir, daß Sie meine Abwesenheit einigermaßen fühlen; um so mehr spüre ich die Ihrige. Ganz abgesehen davon, daß ich jeden Tag die Ähnlichkeit und Übereinstimmung unserer Gedanken und Gefühle neu bestätigt finde, bitte ich Sie noch zu beachten, daß ich, nachdem ich Sie verloren habe, obendrein noch in ein fremdes Land geraten bin, wo es nicht nur keine russischen Gesichter, russischen Bücher, russischen Gedanken und Sorgen, sondern überhaupt keine freundlichen Gesichter gibt. Ich kann wirklich nicht verstehen, daß dies nicht ein jeder im Ausland lebende Russe, wenn er überhaupt Herz und Verstand hat, bemerkt und schmerzvoll empfindet. Vielleicht sind auch alle diese Gesichter freundlich zueinander. Ich habe aber immer den Eindruck, daß sie gegen uns nicht freundlich sind. Es ist wirklich so! Wie kann man überhaupt das Leben im Auslande ertragen? Bei Gott, ohne die Heimat *ist es eine Qual!* Ich kann noch verstehen, daß man für ein halbes Jahr, sogar für ein ganzes Jahr ins Ausland geht. Doch so zu reisen wie ich, ohne zu wissen und zu ahnen, wann man wieder zurückkehrt, ist sehr schwer. Schon dieser Gedanke ist schwer zu ertragen. Ich brauche Rußland für meine Arbeit, *für mein Dichten* (ich spreche gar nicht vom übrigen Leben). Ich bin wie ein Fisch ohne Wasser; ich verliere alle Kräfte und Mittel zum Leben. Darüber ließe sich so manches sagen. Ich muß überhaupt vieles mit Ihnen besprechen, Sie um Ihren Rat und Ihre Hilfe bitten. Sie sind der *einzige* für mich, mit dem ich von hier aus reden kann. NB: Lesen Sie diesen Brief für sich, und erzählen Sie Leuten, die es nichts angeht, kein Wort von mir. Sie wissen, was ich meine. Noch etwas: Warum ich Ihnen so lange nicht schrieb? Darauf kann ich Ihnen nicht ausführlich antworten. Ich fühlte mich zu unsicher und wollte wenigstens einigermaßen seßhaft geworden sein, ehe ich den Briefwechsel mit Ihnen aufnahm. Ich hoffe auf Sie, ganz allein auf Sie. Schreiben Sie mir häufiger, verlassen Sie mich nicht, mein Lieber. Ich werde Ihnen jetzt sehr oft und regelmäßig berichten. Wir wollen überhaupt nun ständig korrespondieren. Um Gottes willen sagen Sie nicht nein! Das wird mir Rußland ersetzen und mir Kräfte verleihen.

Und nun will ich Ihnen diese vier Monate schildern – *tant bien que mal* und ganz aufrichtig.

Sie wissen, unter welchen Umständen ich abgereist bin und aus welchem Grunde. Es sind hauptsächlich zwei Gründe: 1. mußte ich meine Gesundheit und sogar mein Leben retten. Die Anfälle wiederholten sich alle acht Tage, und es war mir unerträglich, diese Zerrüttung der Nerven und des *Gehirns* zu fühlen und zu *erkennen*. Ich begann wirklich den Verstand zu verlieren, dies ist eine Tatsache. Ich fühlte es, und die Zerrüttung der Nerven brachte mich oft außer Rand und Band. Der 2. Grund aber war folgender: Meine Gläubiger konnten nicht mehr warten, und als ich abreiste, hatten Latkin und gleich nach ihm Petschatkin[2] gerichtliche Klagen gegen mich eingereicht; es fehlte nicht viel, und man hätte mich verhaftet. Freilich (und ich sage das nicht, um schöne Worte zu machen) hätte das *Schuldgefängnis* mir in einer Beziehung auch ganz nützlich sein können. Ich hätte Studien aus dem wirklichen Leben machen, Stoff sammeln können, hätte ein zweites ›Totenhaus‹ kennengelernt, mit einem Wort, ich hätte an dem Material mindestens 4 oder 5 Tausend Rubel verdienen können! Aber ich hatte doch eben erst geheiratet, und hätte ich außerdem noch den drückend heißen Sommer im Hause Tarasow[3] ausgehalten? Das war eine unlösbare Frage. Wenn ich aber im Hause Tarasow infolge der immer stärker werdenden Anfälle nicht hätte schreiben können – womit hätte ich dann meine Schulden bezahlen sollen? Die Last war unerträglich. Ich reiste ab, doch mit dem Tod im Herzen. Ich glaubte nicht ans Ausland, das heißt, ich glaubte, das Ausland werde auf mich eine schlechte moralische Wirkung haben: Ich war ganz allein, ohne Mittel, mit einem jungen Geschöpf[4] an meiner Seite, das mit naiver Freude mein Wanderleben teilen wollte; doch ich sah, wieviel Unerfahrenheit und jugendliches Feuer in dieser naiven Freude steckte, und dies bedrückte und quälte mich. Ich fürchtete, Anna Grigorjewna würde sich mit mir langweilen. Wir leben ja noch immer *ganz für uns allein*. Auf mich selbst hoffte ich gar nicht: Mein Charakter ist krankhaft, und ich erwartete, daß sie von mir viel auszuhalten haben würde. (NB: Anna Grigorjewna erwies sich in der Tat als viel stärker und tiefer, als ich erwartet hatte; in vielen Fällen war sie mein schützender Engel; in ihr ist zur gleichen Zeit viel Kindliches und Jugendliches, was sehr schön und durchaus notwendig und natürlich ist, was ich aber kaum erwidern kann. Dies alles schwebte mir schon bei der Abreise vor; obwohl also Anna Grigorjewna viel besser und stärker ist, als ich erwartet hatte, bin ich auch heute noch nicht ganz ruhig.) Endlich machten mir unsere ungenügenden Mittel große Sorge: wir hatten nur sehr wenig Geld und schuldeten Katkow einen *Vorschuß von dreitausend* (!) Rubel. Ich hatte allerdings die Absicht, gleich nach der Abreise mit der Arbeit zu beginnen. Doch was kam dabei heraus? Ich habe bisher nichts oder fast nichts zustande gebracht und will mich erst jetzt ernsthaft an die Arbeit machen. Ich muß gestehen, daß ich *noch* im Zweifel bin, ob ich wirklich *nichts* gemacht habe; ich habe ja vieles innerlich erlebt und auch *manches erfunden;* doch *schwarz auf weiß* geschrieben habe ich noch sehr wenig; und nur das, was schwarz auf weiß geschrieben steht, ist endgültig und wird bezahlt.

Wir verließen so schnell wie möglich das langweilige Berlin (wo ich mich nur einen Tag aufgehalten habe, wo die langweiligen Deutschen mich nervös und rasend machten und wo ich ein russisches Dampfbad aufsuchte) und reisten nach Dresden. In Dresden mieteten wir eine Wohnung und richteten uns für einige Zeit ein.

Der Eindruck war sehr sonderbar; sofort tauchte vor mir die Frage auf: Warum bin ich in Dresden, *ausgerechnet* in Dresden und nicht in irgendeiner andern Stadt, und in welcher Hinsicht lohnte es sich, einen Ort zu verlassen und nach einem andern zu ziehen? Die Antwort war ja klar (meine Gesundheit, die Schulden usw.). Schlimm ist aber die klare Einsicht, daß es mir nun *ganz gleich* ist, wo ich wohnen soll. In Dresden oder in einer andern Stadt: Ich fühle mich überall in der Fremde wie ein Stück Brot, das man vom Laibe abgeschnitten hat. Ich wollte mich gleich am ersten Tage an die Arbeit machen, doch ich fühlte, daß ich hier unmöglich arbeiten kann und daß alle Eindrücke ganz anders sind. Was ich machte? Ich vegetierte. Ich las, schrieb ab und zu einige Zeilen, verging vor Heimweh und später vor Hitze. Die Tage gingen eintönig dahin. Ich ging mit Anja regelmäßig nach dem Mittagessen im Großen Garten spazieren. Wir hörten billige Musik, dann lasen wir, dann gingen wir zu Bett. Anna Grigorjewna entpuppte sich dabei als geborene Antiquarin (und das ist sehr nett und spaßhaft für mich). Sie findet zum Beispiel ein ausnehmendes Vergnügen darin, irgendein albernes Rathaus zu besichtigen und sich zahllose Notizen darüber zu machen (mit ihren stenographischen Zeichen hat sie schon 7 Hefte vollgeschrieben). Am meisten hat die Galerie sie beschäftigt und entzückt, und das hat mich sehr gefreut, denn sie gewann dadurch so viele Eindrücke, daß sie keine Langeweile empfinden konnte. Sie war jeden Tag in der Galerie. Wieviel und wie oft habe ich mit ihr von all den Unseren, den Petersburgern, den Moskauern, von Ihnen und von Anna Iwanowna[5] gesprochen; mitunter war es recht traurig.

Ich kann Ihnen gar nicht alle meine Gedanken mitteilen. Ich habe viele Eindrücke gesammelt. Ich las russische Zeitungen und erleichterte mir dadurch das Herz. Ich fühlte in mir schließlich so viele neue Gedanken aufgespeichert, daß ich einen langen Aufsatz über das Verhältnis Rußlands zu Westeuropa und von den oberen Schichten der russischen Gesellschaft schreiben könnte. Was soll ich viel davon erzählen! Die Deutschen haben mich ganz nervös gemacht und unser russisches Leben, das Leben der oberen Schichten, ihr Glaube an Europa und an die *Zivilisation,* von dem diese Schicht durchdrungen ist – ebenfalls. Das Ereignis in Paris[6] hat mich furchtbar erschüttert. Schön sind auch die Pariser Advokaten, die ›Vive la Pologne!‹ geschrien haben.[7] Pfui, wie ekelhaft, wie stumpfsinnig, wie abgeschmackt! Ich fühlte mich noch mehr als früher in meiner Idee bestärkt: Es ist für uns vorteilhaft, daß Europa uns gar nicht kennt und von uns eine so ekelhafte Vorstellung hat. Und erst die Einzelheiten der Gerichtsverhandlungen gegen diesen Scheißer Beresowski![8] Wie häßlich, wie abgeschmackt; ich begreife gar nicht, wie sie sich noch immer nicht in ihrem Geschwätz[9] erschöpft haben und noch immer auf dem gleichen Punkt stehen!

Rußland erscheint unsereinem von hier aus gesehen viel plastischer. Einerseits die ungewöhnliche Tatsache, daß sich unser Volk bei allen Reformen (wie zum Beispiel bei der Reform des Gerichtswesens) so unerwartet selbständig und reif erwiesen hat[10], und andererseits die Nachricht von der Auspeitschung eines Kaufmanns erster Gilde im Orenburgschen Gouvernement durch den Polizeihauptmann.[11] Eines sieht man klar: daß das russische Volk dank seinem Wohltäter und dessen Reformen endlich in eine solche Lage geraten ist, daß es sich notgedrungen an Betriebsamkeit und Selbstbeobachtung gewöhnen muß; und dies ist die Hauptsache. Bei Gott, unsere Zeit ist hinsichtlich der Reformen und Umwälzungen beinahe noch wichtiger als das Zeitalter Peters des Großen. Wie steht es mit den Eisenbahnen?[12] Wir müßten so schnell wie möglich nach dem Süden kommen können; dies ist außerordentlich wichtig. Bis dahin werden wir auch überall ein *gerechtes Gerichtswesen* haben; wie groß wird dann die Wandlung sein! (Ich denke hier immer mit Herzklopfen an all diese Dinge.)

Ich komme hier mit fast niemandem zusammen; es ist aber ganz unmöglich, hier nicht zufällig auf jemanden zu stoßen. In Deutschland habe ich einen Russen getroffen, der ständig im Ausland lebt; er reist jedes Jahr für etwa drei Wochen nach Rußland, bezieht seine Einkünfte und kehrt dann wieder nach Deutschland zurück, wo er Frau und Kinder hat; sie alle sind durch und durch deutsch geworden.

Ich fragte ihn unter anderem: »Warum sind Sie eigentlich ausgewandert?« Darauf erwiderte er wörtlich (und in gereizt unverschämtem Ton): »Hier bin ich unter zivilisierten Leuten und drüben unter Barbaren. Außerdem gibt es hier keine nationalen Unterschiede; gestern im Eisenbahnwagen konnte ich einen Franzosen nicht von einem Engländer oder einem Deutschen unterscheiden.«

»Und das ist *nach Ihrer Meinung* Fortschritt?«

»Selbstverständlich.«

»Wissen Sie denn nicht, daß das ganz falsch ist? Der Franzose ist zuallererst Franzose, der Engländer Engländer, und sie selbst zu sein, ist ihr höchstes Ziel. Mehr noch: darin eben liegt ihre Stärke!«

»Ganz und gar nicht. Die Zivilisation muß alles gleichmachen, und wir werden erst dann glücklich sein, wenn wir vergessen haben, daß wir Russen sind, und einer dem andern völlig gleichsieht. Man kann doch nicht auf Katkow hören!«

»Sie mögen Katkow nicht?«

»Er ist ein Schuft.«

»Wieso?«

»Weil er die Polen nicht liebt.«

»Lesen Sie seine Zeitschrift?«

»Nein, ich lese sie niemals.«

Ich gebe dieses Gespräch wörtlich wieder. Dieser Herr gehört zu den jungen Fortschrittlern, hält sich aber übrigens anscheinend abseits von allen. Wie sie sich doch im Ausland alle in knurrende und launische Kläffer verwandeln.

Schließlich konnten ich und Anna Grigorjewna es in Dresden vor

Heimweh gar nicht mehr aushalten. Vor allem trugen folgende Tatsachen dazu bei. 1.: aus den Briefen, die mir Pascha hierher sandte (er hat mir überhaupt nur einmal geschrieben!), geht hervor, daß die Gläubiger gegen mich die Zwangsvollstreckung eingeleitet haben; *also ist es für mich unmöglich, vor Begleichung der Schulden nach Rußland zurückzukehren.* 2.: Meine Frau fühlt sich schwanger (*dies bitte* unter uns: die neun Monate sind im Februar abgelaufen; eine Rückkehr ist also erst recht nicht möglich). 3.: Eine Frage: Was soll aus meinen Petersburger Verwandten, aus Emilia Fjodorowna, aus Pascha und aus einigen anderen werden? Dazu brauche ich Geld, Geld, und es ist keines da! 4.: Wenn wir hier überwintern sollen, so müssen wir es irgendwo im Süden tun. Zudem wollte ich Anna Grigorjewna wenigstens etwas zeigen, sie zerstreuen, ein wenig mit ihr herumreisen. Wir beschlossen, den Winter irgendwo in der Schweiz oder in Italien zu verbringen. Doch wir hatten gar kein Geld. Das Geld, das wir mitgenommen hatten, war erschöpft. Ich schrieb an Katkow, schilderte ihm meine Lage und bat ihn um einen weiteren *Vorschuß* von 500 Rubel. Und was glauben Sie: Er schickte mir das Geld! Welch ein ausgezeichneter Mensch! Dieser Mann hat Herz. Also reisten wir in die Schweiz. Nun will ich Ihnen meine Gemeinheit und meine Schande beschreiben.

Mein Täubchen Apollon Nikolajewitsch, ich fühle, daß ich Sie als meinen Richter betrachten darf. Sie sind Mensch und Citoyen, Sie haben Herz, wovon Sie mich schon lange überzeugt haben, Sie sind ein Mann und beispielhafter Vater, schließlich habe ich Ihr Urteil immer hochgeschätzt. Es fällt mir nicht schwer, Ihnen meine Sünden zu beichten. Was ich Ihnen heute schreibe, ist nur für *Sie allein* bestimmt. Überliefern Sie mich nicht dem Gericht der Menge.

Als ich durch die Gegend von Baden-Baden reiste, beschloß ich, einen Abstecher dorthin zu machen. Mich peinigte ein verführerischer Gedanke: 10 Louisdor zu riskieren und vielleicht 2000 Francs zu gewinnen; diese Summe würde mir für 4 Monate reichen, selbst mit den Auslagen, die ich in Petersburg habe. Das Gemeine ist, daß ich schon früher einigemal gewonnen hatte. Am schlimmsten ist aber, daß ich einen schlechten und übertrieben leidenschaftlichen Charakter habe. In allen Dingen gehe ich bis an die äußersten Grenzen; mein Leben lang habe ich nie Maß halten können.

Der Teufel trieb gleich am Anfang mit mir seinen Scherz: In drei Tagen gewann ich ungewöhnlich leicht 4000 Francs. Jetzt will ich

Ihnen schildern, wie es mir vorkam: einerseits dieser leichte Gewinn – aus 100 Francs hatte ich in drei Tagen 4000 gemacht; andererseits – meine Schulden, Prozesse, die seelische Unruhe und die Möglichkeit, nach Rußland zurückzukehren; drittens, und das ist die Hauptsache, das Spiel selbst. Wissen Sie, wie es einen hineinzieht! Nein, ich schwöre Ihnen, es war nicht Gewinnsucht allein, obwohl ich auch tatsächlich das Geld des Geldes wegen brauchte. Anna Grigorjewna flehte mich an, mich mit diesen 4000 Francs zu begnügen und sofort abzureisen. Doch diese leichte und wahrscheinliche Möglichkeit, meine Lage auf einen Schlag zu verbessern! Und die vielen Beispiele! Abgesehen vom eigenen Gewinn sehe ich noch täglich, wie die anderen Spieler 20-, 30000 Francs gewinnen (man sieht nie, daß jemand verliert). Warum sind die anderen besser als ich! Ich brauche das Geld notwendiger als sie. Ich riskierte weiter und verlor. Ich verlor nicht nur das Gewonnene, sondern auch das eigene Geld bis zum letzten Pfennig; ich war in fieberhafter Erregung und verlor alles. Dann begann ich meine Kleidungsstücke zu versetzen. Anna Grigorjewna versetzte ihr *Letztes,* ihren letzten Besitz. (Dieser Engel! Wie tröstete sie mich, wie litt sie in diesem verfluchten Baden, in unseren beiden winzigen Zimmern über der Schmiede, in die wir ziehen mußten!) Endlich hatte ich genug, alles war verspielt. (O, wie gemein sind doch dabei diese Deutschen! Sie sind alle Wucherer, Schurken und Betrüger! Als die Zimmervermieterin sah, daß wir ohne Geld nicht abreisen konnten, verlangte sie mehr Miete!) Endlich mußten wir uns irgendwie retten und aus Baden fliehen. Ich schrieb wieder an Katkow und bat ihn um 500 Rubel (ich schrieb nichts von den Umständen, da aber der Brief aus Baden kam, begriff er wohl von selbst den Sachverhalt). Und er schickte mir das Geld! Wirklich! Ich habe jetzt also im ganzen vom ›Russischen Boten‹ 4000 Rubel *auf Vorschuß* bekommen. Und dabei liegt die Sache jetzt so: Von diesen 500 Rubeln ist mehr als die Hälfte auf die Bezahlung der Zinsen und die Weiterverpfändung unserer Möbel in Petersburg gegangen, was die Mutter von Anna Grigorjewna besorgt hat. Auf meine Bitte hin ist das Geld vom ›Russischen Boten‹ an ihre Adresse geschickt worden. Ferner sind 100 Rubel für die Begleichung der Schulden in Baden aufgegangen, 50 Rubel erwarten wir noch – Anna Grigorjewnas Mutter wird sie uns schicken (es ist ein Teil derselben 500 Rubel, ein noch zu zahlender Rest), und so blieben uns schließlich zweihundert Franken zur Übersiedelung nach Genf. (Warum nach Genf? Kann ich das wissen? Ist's nicht ganz gleich?) In Genf sind wir nun angelangt, haben ein chambre garnie bei zwei alten Frauen gemietet und besitzen jetzt, das heißt, am vierten Tag unseres hiesigen Aufenthalts, *ein Vermögen* von insgesamt 18 Franken. Außer den 50 Rubeln, die wir in diesen Tagen von Anna Nikolajewna erwarten, stehen für die nächsten zwei Monate keinerlei Geldeingänge in Aussicht.

Nun der Schluß meiner Erlebnisse in Baden-Baden: Wir quälten uns in dieser Hölle 7 Wochen. Gleich nach meiner Ankunft in Baden begegnete ich auf dem Bahnhof Gontscharow. Anfangs genierte sich Iwan Alexandrowitsch vor mir. Dieser Staatsrat oder Wirkliche Staatsrat beteiligte sich auch am Spiel. Als sich aber herausstellte, daß sich dies nicht gut verheimlichen ließ, und da ich auch selbst mit grober Offensichtlichkeit spielte, so hörte auch er bald auf, sich vor mir zu verbergen. Er spielte in fieberhafter Erregung (doch nur mit kleinen Einsätzen). Er spielte während der ganzen 2 Wochen, die ich in Baden verbracht habe, und verlor, wie mir scheint, recht viel. Gott gebe aber diesem guten Menschen Gesundheit: Als ich alles verloren hatte (er hatte aber schon in meinen Händen viel Geld gesehen), lieh er mir auf meine Bitte sechzig Francs. Er verurteilte mich dabei wohl entsetzlich. »Warum ich alles und nicht wie er nur die Hälfte verloren habe?«

Gontscharow erzählte mir in einem fort von Turgenjew; ich schob es immer auf, ihn aufzusuchen, mußte aber schließlich einen Besuch bei ihm machen. Ich ging um die Mittagsstunde zu ihm und traf ihn beim Frühstück. Ich will Ihnen offen sagen: Ich habe diesen Menschen nie recht gemocht. Am schlimmsten ist, daß ich ihm noch seit dem Jahre 1857[13] von Wiesbaden her 50 Taler schulde (die ich ihm auch heute noch nicht zurückgegeben habe!). Ich kann auch seine aristokratische und pharisäische Manier nicht leiden, mit der er einen umarmt, wobei er seine Wange zum Kusse reicht.[14] Er tut ungeheuer wichtig wie ein General; am ärgsten hat mich aber sein Buch ›Rauch‹ gegen ihn aufgebracht. Er hat mir selbst gesagt, der Hauptgedanke dieses Buches bestehe in dem Satz: »Wenn Rußland heute vom Erdboden verschwinden sollte, so würde das keinen Verlust für die Menschheit bedeuten, und sie würde es sogar gar nicht spüren.« Er erklärte mir, dies sei seine grundlegende Ansicht über Rußland. Ich fand ihn in gereizter Stimmung: Es war der Mißerfolg des ›Rauch‹![15], und ich muß gestehen, daß mir damals noch alle Einzelheiten dieses Fiaskos fremd waren. Sie

schrieben mir zwar über den Aufsatz Strachows in den ›Vaterländischen Annalen‹; ich wußte aber nicht, daß man ihn auch in
allen anderen Zeitschriften heruntergerissen hatte und daß man in
Moskau, ich glaube im Klub, Unterschriften zu einem Protest
gegen den ›Rauch‹ gesammelt hatte. Dies hat er mir selbst erzählt.
Ich habe es, offen gesagt, nicht für möglich gehalten, daß jemand
so naiv und so ungeschickt alle wunden Stellen seiner Eitelkeit
aufdecken kann, wie es Turgenjew tat. Und diese Leute prahlten
auch noch damit, daß sie *Atheisten* sind! Er erklärte mir, daß er
entschiedener Atheist sei. Mein Gott! Dem Deismus verdanken
wir den Heiland, das heißt eine Menschengestalt, die so erhaben
ist, daß man sie nicht ohne Ehrfurcht erfassen kann und nicht
daran zweifeln kann, daß sie das ewige Ideal der Menschlichkeit
bedeutet. Und was verdanken wir allen diesen Turgenjews, Herzens, Utins, Tschernyschewskijs? Statt der höchsten göttlichen
Schönheit, auf die sie spucken, sehen wir an ihnen eine so häßliche
Eitelkeit, eine so schamlose Empfindlichkeit, einen so leichtsinnigen
Hochmut, daß man einfach nicht begreifen kann, worauf sie hoffen
und daß man ihnen folgen wird. Er schimpfte schrecklich auf Rußland und die Russen. Ich habe aber folgendes bemerkt: Alle die
Liberalen und Fortschrittler, die zum größten Teil aus der Schule
Belinskijs stammen, betrachten es als ein Vergnügen und eine Ge-
nugtuung, auf Rußland zu schimpfen. Der Unterschied besteht
darin, daß die Anhänger Tschernyschewskijs[16] einfach schimpfen
und unverblümt wünschen, daß Rußland von der Erdoberfläche
verschwinden möchte (dies in erster Linie!). Die anderen behaupten
aber dabei, *daß sie Rußland lieben.* Und doch hassen sie alles, was
in Rußland urwüchsig ist, und verzerren es mit Wollust zu einer
Karikatur; wenn man ihnen aber irgendeine Tatsache, die sie nicht
wegleugnen oder zu einer Karikatur verzerren können, eine Tatsache, die sie unbedingt gelten lassen müssen, entgegenhalten
wollte, so wären sie, glaube ich, tief unglücklich, verletzt und verzweifelt. Dann habe ich noch bemerkt, daß Turgenjew (und überhaupt alle, die lange im Ausland leben) keine Ahnung von den
Tatsachen haben (obwohl sie auch Zeitungen lesen) und so sehr
jedes Gefühl und Verständnis für Rußland verloren haben, daß
sie selbst ganz gewöhnliche Tatsachen, die auch der russische Nihilist nicht mehr leugnet, sondern nur auf seine Art karikiert, einfach nicht begreifen. Unter anderem sagte er mir, wir müßten vor
den Deutschen im Staube kriechen, es gäbe nur einen allgemeinen

und unfehlbaren Weg – den der Zivilisation, und alle Versuche, eine selbständige russische Kultur zu schaffen, seien nichts als Dummheit und Schweinerei. Er sagte, er schreibe einen großen Aufsatz gegen die Russophilen und Slawophilen. Ich riet ihm, sich zur Bequemlichkeit aus Paris ein Fernrohr kommen zu lassen. »Wozu?« fragte er mich. »Die Entfernung ist so groß«, entgegnete ich. »Richten Sie das Fernrohr auf Rußland, und dann können Sie uns betrachten; sonst können Sie wirklich nichts sehen.« Er wurde wütend. Als ich ihn so gereizt sah, sagte ich zu ihm mit gut geheuchelter Naivität: »Ich hätte wirklich nicht erwartet, daß alle die abfälligen Urteile über Sie und Ihren neuen Roman Sie derart aus der Fassung bringen würden; bei Gott, die Sache ist es wirklich nicht wert, daß Sie sich aufregen. Spucken Sie doch drauf.« – »Ich rege mich ja gar nicht auf! Was fällt Ihnen ein?« entgegnete er errötend. Ich unterbrach ihn und brachte die Rede auf häusliche und persönliche Angelegenheiten. Vor dem Weggehen schüttete ich so ganz zufällig und ohne besondere Absicht alles aus, was sich in mir in diesen drei Monaten an Haß gegen die Deutschen aufgespeichert hatte.

»Wissen Sie, was es hier für Schwindler und Schurken gibt? Wirklich, das einfache Volk ist hier viel schlimmer und ehrloser als bei uns; daß es auch dümmer ist, unterliegt keinem Zweifel. Sie sprechen immer von der Zivilisation; was hat diese Zivilisation den Deutschen gegeben, und worin übertreffen sie uns?«

Er erbleichte (es ist keine Übertreibung) und sagte zu mir: »Wenn Sie so sprechen, beleidigen Sie mich *persönlich*. Sie wissen ja, daß ich mich hier endgültig niedergelassen habe, daß ich mich für einen Deutschen und nicht für einen Russen halte und darauf stolz bin.« Ich erwiderte: »Obwohl ich Ihren ›Rauch‹ gelesen und soeben eine ganze Stunde mit Ihnen gesprochen habe, hätte ich doch nicht erwartet, daß Sie so etwas sagen würden. Verzeihen Sie mir daher, wenn ich Sie verletzt habe.« Dann nahmen wir sehr höflich voneinander Abschied, und ich gab mir das Wort, nie wieder über Turgenjews Schwelle zu treten. Am nächsten Tage kam Turgenjew Punkt 10 Uhr morgens zu mir ins Haus und ließ bei den Wirtsleuten seine Visitenkarte zurück. Da ich ihm aber am Vortage erklärt hatte, daß ich vor der *Mittagsstunde* nicht zu sprechen sei und daß wir bis *11 Uhr* zu schlafen pflegen, so mußte ich seinen Besuch um 10 Uhr morgens als einen Wink auffassen; nämlich, daß er mich nicht mehr sehen wolle. Während der ganzen 7 Wochen sah ich ihn nur noch ein einziges Mal auf dem Bahnhof. Wir blickten einander an, doch keiner von uns grüßte.[17]

Die Schadenfreude, mit der ich über Turgenjew spreche, und die Beleidigungen, die wir einander zugefügt haben, werden Ihnen, mein lieber Apollon Nikolajewitsch, vielleicht unangenehm erscheinen. Doch bei Gott, ich kann nicht anders: Er hat mich mit seinen Überraschungen zu schwer gekränkt. Persönlich fühle ich mich eigentlich wenig getroffen, obgleich auch sein hochmütiger Ton schon sehr unangenehm ist; ich kann es aber wirklich nicht mitanhören, wenn ein russischer Verräter, der, wenn er wollte, seinem Lande nützen könnte, derart über Rußland schimpft. Sein Kriechen vor den Deutschen und seinen Haß gegen die Russen habe ich schon früher, vor vier Jahren, bemerkt. Doch seine jetzige Gereiztheit und Raserei gegen Rußland kommt einzig daher, beruht einzig auf dem Mißerfolg des ›Rauch‹ und darauf, daß Rußland es wagte, ihn nicht als Genie anzuerkennen. Es ist nichts als Ehrgeiz und daher noch abstoßender.

Aber der Teufel hole sie alle!

Hören Sie nun, mein Freund, was ich vorhabe. Es war natürlich gemein von mir, daß ich so viel verspielt habe. Doch habe ich verhältnismäßig wenig eigenes Geld verloren. Allerdings hätte uns dieses Geld für zwei Monate, bei unserer Lebensweise sogar für vier Monate gereicht. Ich habe Ihnen schon gesagt, daß ich dem Gewinn nicht widerstehen kann. Wenn ich gleich im Anfang die 10 Louisdor, die ich riskieren wollte, verloren hätte, so hätte ich sicher nicht weiter gespielt und wäre sofort abgereist. Doch der Gewinn von 4000 Francs hat mich zugrunde gerichtet. Die Versuchung, noch mehr zu gewinnen (was mir so leicht erschien) und auf diese Weise alle meine Schulden zu bezahlen und mich und die Meinigen – Emilia Fjodorowna, Pascha – und die anderen eine Zeitlang zu versorgen, erschien mir zu verführerisch, und ich konnte ihr nicht widerstehen. Dies ist übrigens noch immer keine Entschuldigung, denn ich war nicht allein. Ich hatte ja an meiner Seite ein junges, herzengutes und schönes Menschenkind, das mir vertraute, das ich beschützen und beschirmen mußte und das ich folglich nicht mit ins Verderben stürzen durfte, indem ich meinen ganzen, wenn auch nicht sehr großen Besitz aufs Spiel setzte. Meine Zukunft erscheint mir sehr traurig; vor allen Dingen kann ich aus dem erwähnten Grunde nicht nach Rußland zurückkehren; am schwersten bedrückt mich die Frage: Was soll mit jenen geschehen, die von meiner Hilfe abhängen? Alle diese Gedanken morden mich. Doch wie dem auch sei, jedenfalls muß ich mich früher oder später aus dieser Lage befreien. Natürlich kann ich mich aber nur auf mich selber verlassen, da nichts anderes in Aussicht steht.

Als ich im Oktober 65 aus Wiesbaden zurückkehrte, gelang es mir, die Gläubiger zu überreden, sich noch ein wenig zu gedulden; ich raffte mich zusammen und ging an die Arbeit. Ich brachte etwas zustande [18], und die Gläubiger erhielten eine beträchtliche Summe. Jetzt, wo ich nach Genf gekommen bin, habe ich den Kopf voller Ideen. Ich plane einen Roman, und wenn Gott mir hilft, wird es ein großes und vielleicht nicht übles Werk. Es liegt mir sehr am Herzen, und ich werde es mit Begeisterung und innerer Bewegung schreiben. [19]

Katkow sagte mir im April selbst, daß es ihnen wünschenswert und vorteilhaft scheine, mit dem Abdruck meines Romans erst im Januar 1868 zu beginnen. So soll es auch sein, ich will ihm aber schon jetzt einzelne Teile zugehen lassen.

Wenn ich hier auch keine Gläubiger habe, so ist meine Lage doch schlimmer als im Jahre 1865. Damals hatte ich Pascha und Emilia Fjodorowna doch immerhin vor Augen und war auch allein. Allerdings ist Anna Grigorjewna ein Engel, und wenn Sie wüßten, was sie jetzt für mich bedeutet! Ich liebe sie, und sie sagt, sie sei glücklich, vollkommen glücklich, brauche keine Zerstreuungen und keine Gesellschaft und sei mit mir zu zweit im Zimmer vollkommen zufrieden.

Schön. Nun liegen also sechs Monate ununterbrochener Arbeit vor mir. Dann aber steht die Entbindung meiner Frau bevor. Genf ist eine nette Stadt: Hier gibt es Ärzte, und es wird Französisch gesprochen. Aber das Klima ist sehr schlecht, wenig Sonnenschein und ein gräßlicher Herbst und Winter. Vielleicht könnten wir, falls die Mittel dazu sich finden sollten, nach zwei bis drei Monaten noch nach Italien übersiedeln. Überhaupt möchten wir den Winter in Italien oder in Paris verbringen. Ich weiß nicht, wo es vorteilhafter und bequemer sein wird. Vielleicht bleiben wir auch bis zum Frühling in Genf.

Mit meinen Geldangelegenheiten steht es so: Wird der Roman gedruckt, so wird Katkow sicher bereit sein, mir im Laufe des nächsten Jahres noch dreitausend Rubel Vorschuß zu geben. Das reicht dann für uns beide und für Pascha und Emilia Fjodorowna; auch für die Gläubiger fällt etwas ab (um sie zu beruhigen). Den

Roman kann ich aber bereits Mitte des Jahres für die Buchausgabe verkaufen.

Sie allein, mein teurer Freund, sind mir gut; Sie sind meine Vorsehung. Helfen Sie mir auch in Zukunft. Denn ich werde in allen meinen großen und kleinen Dingen Ihre Hilfe anrufen.

Sie verstehen wohl die Grundlage aller meiner Hoffnungen: Es ist klar, daß alles *nur unter einer Bedingung* in Ordnung kommen und seine Früchte bringen kann; nämlich *wenn mein Roman gut gerät*. Darum muß ich jetzt alle meine Kräfte einsetzen. (Ach, mein Täubchen, wie schwer, wie unerträglich schwer war es mir, mich vor drei Jahren der wahnwitzigen Hoffnung hinzugeben, daß ich alle diese Schulden bezahlen würde, und die vielen Wechsel zu unterschreiben.) Wo nehme ich die nötige Energie und Lebenskraft her? Die Erfahrung hat ja gezeigt, daß ich einen Erfolg erringen kann; doch unter welcher Bedingung? Nur unter der einen Bedingung, daß jedes meiner Werke so gut gerät, daß es beim Publikum das größte Interesse weckt; sonst stürzt alles zusammen. Ist das denn aber auch möglich? Unterliegt das denn überhaupt arithmetischen Berechnungen?

Nun mein letztes Wort an Sie. Hören Sie mich an, überlegen Sie, und helfen Sie!

Wir besitzen jetzt 18 Franken. Morgen oder übermorgen müssen von Anna Grigorjewnas Mutter die 50 Rubel eintreffen, die sie von Katkows Geld noch zurückbehalten hatte. Und das ist *alles,* sind unsere sämtlichen Geldmittel, bis wieder etwas von Katkow kommt. (Anna Grigorjewnas Mutter ist gerade jetzt, in diesem Augenblick, in solchen Verhältnissen, daß sie uns mit keiner Kopeke zu helfen vermag.)

Katkow *jetzt* anzugehen, ist aber ganz ausgeschlossen. In 2 Monaten liegen die Dinge anders: Dann hat er von mir bereits für *anderthalbtausend* Rubel Manuskript, und ich kann ihm meine Lage schildern. 1000 Rubel kann er dann auf meine Schuld anrechnen, 500 aber schicken. Darauf hoffe ich *bestimmt.* Er ist gütig und vornehm.

Wie aber sollen wir diese zwei Monate voller Arbeit durchhalten? Verurteilen Sie mich nicht und seien Sie mein Schutzengel! Ich weiß, Apollon Nikolajewitsch, daß Sie selbst kein *überflüssiges* Geld haben. Ich hätte mich niemals mit einer Bitte um Hilfe an Sie gewandt. Aber ich bin ja am Ertrinken, ich bin schon ertrunken. In zwei, drei Wochen habe ich keine Kopeke mehr, und ein Ertrinkender streckt die Hand aus, ohne den Verstand zu befragen! So mache ich es auch. Ich weiß, daß Sie mir gewogen sind, aber ich weiß auch, daß es Ihnen beinahe unmöglich ist, mir mit Geld auszuhelfen. Und dennoch, obgleich ich das weiß, bitte ich Sie um Hilfe, weil ich außer Ihnen *niemanden* habe, und wenn Sie mir nicht helfen, gehe ich zugrunde, ganz und gar zugrunde.

Hier meine Bitte:

Ich bitte Sie um *150 Rubel*.[20] Schicken Sie mir das Geld nach Genf, poste restante. In zwei Monaten wird Ihnen die Redaktion des ›Russischen Boten‹ 500 Rubel auf meinen Namen zugehen lassen. Ich werde sie selbst darum ersuchen, es so zu machen. (Und daß sie es machen, steht *außer allem Zweifel*, wenn ich nur den Roman liefere. Und ich *werde* ihn *liefern*. Auch das unterliegt keinem Zweifel.)

Also ich erbitte mir das Geld *für zwei Monate*. Retten Sie mich, mein Täubchen. Ich werde es Ihnen in alle Ewigkeit durch Freundschaft und Anhänglichkeit vergelten. Sollten Sie es nicht haben, so leihen Sie es bei irgend jemand für mich. Verzeihen Sie, daß ich so schreibe, aber ich bin ja ein Ertrinkender!

Von September an wird Pascha ohne Geld sein (von Emilia Fjodorowna will ich gar nicht reden). Schicken Sie deshalb 25 Rubel von diesen 150 Rubel an ihn und sagen Sie ihm, er möge sie sich für etwa 2 Monate sparen und den Gürtel enger schnallen. Später schreibe ich Ihnen dann, wieviel er von Katkows 500 Rubeln erhalten soll. Zu diesem Zweck habe ich vor, die Redaktion des ›Russischen Boten‹ um eine Vorüberweisung des Geldes an Sie zu bitten; denn ich flehe Sie an, in einigen meiner Petersburger Geschäfte vorläufig mein Helfer zu sein, das heißt, ich will einige Bezahlungen und Rückzahlungen durch Ihre Hände gehen lassen. Machen Sie sich deshalb keine Sorgen, denn es gibt nichts, was Sie in eine *zweideutige* Situation bringen könnte. Ich bitte Sie nur um freundschaftliche Unterstützung, ich flehe Sie darum an, denn ich habe *absolut niemanden* in Petersburg, auf den ich mich verlassen könnte – außer Ihnen.

Ich bitte Sie auch: Schreiben Sie mir so bald wie möglich. Lassen Sie mich nicht allein. Gott wird Sie dafür belohnen.

Sagen Sie Pascha, er solle mir hierher nach Genf schreiben, über alles, was mit ihm war, und sollte er Briefe für mich haben, möge er sie doch wie das vorigemal an mich schicken. Im ganzen habe ich von ihm nur einen Brief erhalten, während dieser ganzen Zeit.

Er scheint mich überhaupt nicht zu lieben. Und das bedrückt mich doch sehr.

Meine Adresse: M. Theodore Dostoiewsky, Suisse, Genève, poste restante.

Teilen Sie mir auch Ihre Adresse mit. Da ich Ihre Anschrift nicht kenne, schicke ich diesen Brief durch Anna Nikolajewna Snitkina (die Mutter Anna Grigorjewnas), sie wird Ihnen den Brief zustellen lassen.

In *jedem Fall* bitte ich Sie inständigst – schreiben Sie mir, mein Täubchen, so bald wie möglich, und teilen Sie mir möglichst viel Neues über all die Unseren mit, darüber, was sich tut, was los ist, was Sie selbst machen. Mit einem Wort, benetzen Sie mit einem Tropfen Wassers eine Seele, die in der Wüste austrocknete. Tun Sie das, um Gottes willen!

All den *Ihrigen* einen Gruß, Ihren Eltern und Anna Iwanowna. Ihr ganz besonders von Anna Grigorjewna. Wie oft haben wir an Sie gedacht, wie oft über Sie geredet.

Irgendwann werden wir uns sehen!

Geben Sie mir auch irgendeinen Rat. Teilen Sie mir Ihre Ansicht über meine Lage mit. Und ob Sie etwas von meinen Petersburger Angelegenheiten, wenigstens von Pascha, gehört haben.

Im nächsten Brief will ich von anderen Dingen schreiben.

In Genf bin ich völlig vereinsamt, und von den Russen habe ich niemanden gesehen.

Kein russischer Laut, kein russisches Gesicht.

Leben Sie wohl, ich umarme Sie ganz fest und küsse Sie.

Ganz der Ihre
Fjodor Dostojewskij

An S. A. Iwanowa
Suisse, Genève, poste restante. A Mr Dostoiewsky

Genf, 29. September / 11. Oktober 1867

Guten Tag, meine liebe Freundin Sonetschka, zürnen Sie mir nicht wegen meines allzu langen Schweigens; weder mir noch Anna Grigorjewna. A. G. hat schon länger als eine Woche einen Brief an Sie fertig, sie schickt ihn aber noch nicht mit, weil sie noch etwas hinzuschreiben will. Offen gesagt, will ich von Ihnen eine Antwort herauslocken. Wir langweilen uns hier in Genf so entsetzlich, daß jeder Brief, den Sie uns schreiben, Ihnen im Himmel als gutes Werk angerechnet werden wird. Außerdem wissen Sie ja selbst, wie sehr ich Sie liebe und wie sehr mich alles, was in Ihrem Leben vorgeht, interessiert. Wir haben unsere Reise höchst dumm eingerichtet. Allerdings hätten wir etwas mehr Geld haben müssen, um unseren Aufenthaltsort je nach Wunsch wechseln zu können. Wir mußten unsere Reise notgedrungen zu einem *Aufenthalt* im Ausland statt zu einer Reise durch Europa gestalten.

Das Leben im Ausland ist, wo es auch sei, sehr langweilig. Da es in Paris sehr teuer und sehr staubig ist und da der Sommer in Italien sehr heiß war und dort auch noch die Cholera auftrat, haben wir diesen Sommer in verschiedenen Orten Deutschlands verbracht, die wir uns je nach der Schönheit der Landschaft und der Güte der Luft aussuchten. Überall war es langweilig, überall war die Landschaft schön, und überall ging es mir gesundheitlich nicht schlecht. Es freute mich ganz besonders, daß Anna Grigorjewna keine Langeweile spürte, obwohl ich ein wenig angenehmer Lebensgenosse bin und wir ganze sechs Monate zu zweit lebten, ohne Freunde und Bekannte waren. Wir haben in dieser Zeit viele alte Erinnerungen aufgefrischt, und ich schwöre Ihnen, daß wir uns zehnmal besser unterhalten hätten, wenn wir den Sommer nicht im Ausland, sondern in Ljublino, in Ihrer Nähe verbracht hätten. Anna Grigorjewna hat ein großes Talent zum Reisen entwickelt: Wohin wir auch kamen, besichtigte sie sofort alle Sehenswürdigkeiten und schrieb sich auch gleich ihre Eindrücke auf; sie hat mit ihren Hieroglyphen [1] unzählige kleine Notizbücher und Hefte vollgeschrieben; leider hat sie noch zu wenig gesehen. Endlich kam der Herbst. Unser Geld reichte nicht mehr zu einer Reise nach Italien aus, auch kamen andere Hindernisse hinzu. Wir wollten nach Paris und bedauerten später sehr, nicht dorthin, sondern nach Genf gegangen zu sein. Ich war zwar schon dreimal in Genf gewesen [2], hatte mich aber dort nie lange aufgehalten und kannte daher das Klima dieser Stadt nicht: Das Wetter wechselt hier mindestens dreimal täglich, und ich habe wieder meine Anfälle, ganz wie in Petersburg. Und dabei muß ich arbeiten und in Genf mindestens fünf Monate bleiben. [3] Ich nehme ganz ernsthaft einen Roman in Angriff (den ich mir erlauben werde, Ihnen, Sonetschka, das heißt, Sofia Alexandrowna Iwanowa, wie ich schon früher beschlossen habe, zu widmen) [4]; ich werde ihn im ›Russischen Boten‹ erscheinen lassen. Ich weiß nicht, ob er mir geraten wird; bei Gott, wenn nicht diese Not wäre, so hätte ich mich nie entschlossen, den Roman jetzt, das heißt in unserer Zeit, erscheinen zu lassen. Am Himmel stehen viele Wolken. Napoleon hat erklärt, er habe am Horizont schon mehrere schwarze Punkte bemerkt. Um die mexikanische, die italienische und, in erster Linie, die deutsche Frage zu ordnen [5], muß er die Leute durch einen Krieg ablenken und die Franzosen mit dem alten Mittel – einem Kriegserfolg – für sich gewinnen. Wenn auch die Franzosen heute darauf nicht mehr hereinfallen, so ist ein Krieg immerhin sehr wahrscheinlich. Sie werden schon selbst davon gelesen haben (Lesen Sie überhaupt irgendwelche Zeitungen? Lesen Sie doch um Gottes willen! Heute muß man sie lesen, und zwar nicht nur, um der Mode zu genügen, sondern um den immer stärker und deutlicher hervortretenden Zusammenhang der großen wie der kleinen Ereignisse zu erkennen). Wenn aber ein Krieg ausbricht, so wird die künstlerische Ware beträchtlich im Preis sinken. Dies ist eine sehr wichtige Erwägung, die selbst mich nachdenklich stimmt. Bei uns in Rußland machte sich in der letzten Zeit auch ohne Krieg eine gewisse Gleichgültigkeit künstlerischen Dingen gegenüber bemerkbar. Am meisten fürchte ich die Mittelmäßigkeit: Ein Werk soll entweder sehr gut oder sehr schlecht, doch beileibe nicht mittelmäßig sein. Eine Mittelmäßigkeit im Umfange von dreißig Druckbogen ist etwas ganz Unverzeihliches.

Ich bitte Sie, meine liebe Freundin, schreiben Sie mir möglichst genau über alles, was sich in diesen 6 Monaten mit Ihnen, mit Masenka und den Ihrigen zugetragen hat. Was haben Sie, ich meine Sie persönlich, in dieser Zeit getrieben, und was haben Sie vor? Wir müssen überhaupt gleichsam von vorne anfangen. Mein Auslandspaß ist nur 6 Monate gültig, doch werde ich hier wohl noch weitere 6 Monate oder vielleicht noch länger bleiben müssen. Das hängt von rein geschäftlichen Dingen ab. Und doch möchte ich nach Rußland zurück, und zwar aus vielen Gründen. Erstens werde ich dann wieder einen ständigen Wohnsitz haben. Dann möchte ich nach meiner Rückkehr unbedingt etwas in der Art einer Zeitung herausgeben [6] (mir scheint, ich habe schon einmal mit Ihnen darüber gesprochen; die Form und das Ziel des Unternehmens sehe ich aber erst jetzt klar vor Augen). Zu diesem Zweck muß ich aber zu Hause sein, alles mit eigenen Ohren hören und mit eigenen Augen sehen. Übrigens bin ich froh, jetzt eine Arbeit zu haben; hätte ich sie nicht, so würde ich vor Langeweile sterben; ob ich nach Abschluß des Romans, was noch recht lange dauern kann [7], hier im

Ausland noch etwas Neues beginne, weiß ich wirklich nicht. Ich kann die russischen Touristen, die sich hier oft drei Jahre lang aufhalten, einfach nicht begreifen. Eine Reise ins Ausland kann nutzbringend und sogar angenehm sein, wenn sie etwa ein halbes Jahr dauert und wenn man an jedem Ort nicht länger als zwei Wochen bleibt und immer herumfährt. Das wäre schön. Außerdem kann man sich bei einer solchen Reise gesundheitlich wirklich erholen. Es gibt aber Leute, die hier mit ihren Familien dauernd leben, ihre Kinder hier erziehen, die russische Sprache verlernen und schließlich, nachdem sie die letzten Geldmittel verbraucht haben, nach Hause zurückkehren und uns belehren wollen, anstatt von uns zu lernen. Ja, hier bleibt man zurück, und dann braucht man ein ganzes Jahr, um sich an die Dinge in der Heimat zu gewöhnen und wieder ins richtige Geleis zu kommen. Insbesondere ein Schriftsteller (wenn er nur kein Gelehrter und kein Fachmann ist) darf hier unmöglich lange bleiben. In unserm Handwerk ist die Wirklichkeit die Hauptsache; hier kann man aber nur schweizerische Wirklichkeit sehen.

Genf liegt am Genfer See. Der See ist wunderbar, seine Ufer sind malerisch, doch Genf selbst ist der Inbegriff von Langeweile. Es ist eine alte protestantische Stadt, und doch sieht man überall zahllose Betrunkene. Als ich hier anlangte, begann gerade der *Friedenskongreß* zu tagen, zu dem auch Garibaldi gekommen war. Er reiste übrigens bald wieder ab. Es ist wirklich unglaublich, was diese Herren Sozialisten und Revolutionäre, die ich bisher nur aus Büchern gekannt hatte und hier zum erstenmal in Wirklichkeit sah, von der Tribüne herab ihren 5000 Zuhörern vorlogen! Das läßt sich gar nicht wiedergeben. Man kann sich die Komik, Schwäche, Sinnlosigkeit, Uneinigkeit und Fülle von inneren Widersprüchen gar nicht vorstellen. Und dieses Gesindel bringt das ganze unglückliche Arbeitervolk wirklich in Aufruhr! Es ist zu traurig. Sie wollen, um den Frieden auf Erden zu erlangen, den christlichen Glauben ausrotten, die großen Staaten vernichten und in kleine Staaten aufteilen, alles Kapital abschaffen, alle Güter zum gemeinsamen Besitz erklären usw. Dies alles wird ohne Beweis vorgebracht; wie sie es vor zwanzig Jahren gelernt haben, so plappern sie es auch heute nach. Erst wenn alles mit Feuer und Schwert ausgerottet ist, wird, wie sie glauben, der ewige Friede eintreten. Doch genug davon. Ihre Briefe, liebe Freundin, werde ich bestimmt und umgehend beantworten.

Schreiben Sie von den Schwesterchen. Grüßen Sie besonders Julenka. Was macht Witja? Küssen Sie alle Geschwister für meine Frau und mich. Anna Grigorjewna wird Ihnen bald schreiben. Ich umarme Sie und drücke Ihre Hand. Grüßen Sie Jelena Pawlowna.

Ihr Sie sehr liebender
Fjodor Dostojewskij

An A. N. Majkow

Genf, 9./21. Oktober 1867

Teurer Freund, ich habe Ihnen auf Ihren Brief schon geantwortet (und mich dabei für die Überweisung der 125 Rubel bedankt). Ihren letzten Brief vom 20. September erhielt und las ich mit außerordentlicher Freude. So feinfühlig Ihr Herz auch sein mag, so dürfte es Ihnen doch schwerfallen, sich das klar vorzustellen, denn Sie sind ja daheim in Ihrer gewohnten Umgebung. Ich und meine Frau hingegen kommen uns hier vor wie auf einer unbewohnten Insel, so daß zum Beispiel ein Brief wie Ihr letzter einen ungeheuren Eindruck hervorruft, einen Eindruck, der mehrere Tage anhält. Wenn Anja und ich noch nicht verrückt geworden sind vor Heimweh, so kann das immer noch kommen, mögen die Leute hier ihre herrliche Natur noch so sehr rühmen. Wir sind und bleiben allein und weiter nichts! Es ließe sich freilich so machen, daß wir zwar allein wären, aber doch nicht immer dasselbe um uns hätten und die Einsamkeit durch Abwechslung in der Umgebung vertreiben könnten. Aber es scheint, daß wir nicht mehr hoffen können, unseren Wohnort zu wechseln und den Winter etwa in Paris zuzubringen, wie ich es mir erst gedacht hatte. Wir leben zwar sehr bescheiden: wir verbrauchen rund 300 *Franken* im Monat, so daß wir mit 100 Rubeln, das heißt 350 *Franken,* bestimmt auch in Paris auskämen, aber zur Übersiedelung gehört immerhin Geld, und Geld werden wir so bald keines haben. Dazu kommt noch ein zweiter Grund: Anna Grigorjewna hat bis zu ihrer Entbindung nur noch eine Frist von vier Monaten, es ließe sich also, wenn wir reisen wollten, jetzt noch machen, einen Monat später geht es, meine ich, nicht mehr, trotz der guten Eisenbahnen. Paris ist auch so weit. Zudem verkündigen die Zeitungen in jeder Nummer, daß der Kriegsausbruch sicher bevorsteht. Und wer weiß, ob nicht wirklich etwas entbrennt. Große Zentren wie Paris haben dann freilich manches für sich, aber auch vieles gegen sich. Weshalb sage ich: Paris? Nicht um der Gesundheit willen, von der Gesundheit rede ich gar nicht mehr, aber bequemer lebt man gewiß in Paris, und es würde auch Anna Grigorjewna zahlreiche und mannigfache Zerstreuungen bieten, selbst wenn kein Geld da ist. Der Louvre allein reicht für einen Monat, Paris ist bei Geldknappheit ein sehr günstiger Aufenthalt. Merken Sie sich diesen paradoxen Satz, denn er enthält die reine Wahrheit, es hängt alles davon ab, wie man die Dinge betrachtet. Not leiden ist natürlich nicht schön, aber man braucht nicht viel Geld, um ohne Not zu leben; nur ein Junggeselle braucht in Paris viel Geld. Was mich *persönlich* betrifft, so ist es mir ganz gleich, wo ich die nächsten 5 Monate verbringe, denn ich habe die Absicht, noch mindestens fünf Monate zu arbeiten. Und trotzdem ist mir *alles gleich;* Genf ist ekelhaft, ich habe mich in bezug auf diese Stadt entsetzlich getäuscht. Meine Anfälle wiederholen sich hier alle acht Tage; auch habe ich hier zuweilen ein eigentümliches, sehr unangenehmes Herzklopfen. Ein Schrecken ist das, aber keine Stadt! Wie Cayenne. Tagelang stürmt es hier, und selbst an den gewöhnlichsten Tagen wechselt das Wetter drei- und viermal. Und dies soll ich mit meinen Hämorrhoiden und meiner Epilepsie aushalten! Wie düster, wie traurig ist hier alles! Und wie selbstzufrieden und prahlerisch die Leute hier sind! Es ist ja ein Anzeichen ganz besonderer Dummheit, wenn man so selbstzufrieden ist. Alles ist hier häßlich, durch und durch faul und teuer. Die Leute sind hier immer betrunken! So viele Rowdys und Trunkenbolde gibt es selbst in London nicht. Jedes Ding, jeden Pfahl auf der Straße halten sie für schön und majestätisch. – »Wo ist die und die Straße?« – »Voyez, monsieur, vous irez tout droit et quand vous passerez près de cette majestueuse et élégante fontaine en bronze, vous prendrez etc.« Diese »majestueuse et élégante fontaine« ist ein unbedeutendes und geschmackloses Zeug im Rokokostil; ein Genfer muß aber immer prahlen, auch wenn Sie ihn nur nach einer Straße fragen. Sie haben ein kleines Gärtchen mit einigen Sträuchern angepflanzt (kein einziger Baum ist darunter), etwa so groß wie zwei Vorgärten, wie man sie in Moskau in der Gartenstraße sieht; dann photographieren sie es und verkaufen die Bilder als Ansicht des ›Englischen Gartens zu Genf‹. Der Teufel mag diese Spitzbuben holen! Und dabei liegt nur 2½ Stunden von Genf entfernt am gleichen Genfer See die Stadt Vevey, wo, wie man sagt, das Klima im Winter sehr gesund und sogar angenehm ist. Über Montreux, Chillon u. a. weiß ich

Bescheid und war mehrfach dort. Da ist man in einer schönen, gesunden Gegend, da gibt es keine Stürme und keine häufigen Witterungswechsel. Dort hätten wir uns niederlassen sollen, ich hätte dann schreiben und Anna Grigorjewna ihre Gesundheit kräftigen können. Aber es ist ein Übelstand dabei: *Montreux* und die anderen Orte sind teuer und bestehen nur aus Pensionen. Das Leben in einer Pension ist aber nichts für uns bei Anna Grigorjewnas Zustand. Bleibt also nur *Vevey*. Man hat mir davon erzählt, und jetzt wäre gerade die geeignete Zeit zum Übersiedeln. Aber – es ist kein Geld da; in Genf haben wir zwar nur ein Zimmer, aber es ist doch das unsere, bei zwei guten alten Frauen; dort in *Vevey* müßte man sich die Wohnung erst suchen, sich an sie und die Leute erst gewöhnen, und das alles kostet Zeit und Geld. Wer weiß, vielleicht werden wir einmal hinüberziehen. Alles hängt jetzt *nicht von mir* ab. Mag kommen, was kommen will.

Von meiner Arbeit schreibe ich Ihnen nichts, denn ich kann darüber noch gar nichts sagen. Nur das eine: ich muß angestrengt, sehr angestrengt arbeiten. Die Anfälle nehmen mir inzwischen meine letzten Kräfte, und nach jedem Anfall kann ich mindestens 4 Tage lang meine Gedanken nicht sammeln. Und wie schön war es anfangs in Deutschland! Das verdammte Genf. Ich weiß gar nicht, was mit uns noch geschehen wird. Und dabei ist der Roman meine einzige Rettung. Das Unangenehmste ist, daß der Roman unbedingt sehr gut geraten muß. Nicht anders! Dies ist *sine qua non*. Wie kann er mir aber gut geraten, wenn alle meine Fähigkeiten durch die Krankheit völlig gelähmt sind! Phantasie habe ich noch, und sie ist gar nicht schlecht; dies habe ich erst neulich bei der Arbeit erprobt. Auch Nerven habe ich noch. Doch ich habe kein Gedächtnis mehr. Mit einem Wort, ich will den Roman *im Ansturm* erobern, ich stürze mich mit Hurra hinein, setze alles aufs Spiel, mag kommen, was will! Genug davon.

Die Nachricht über Kelsjew[1] las ich mit Rührung. Das ist der richtige Weg, das ist die Wahrheit, das ist vernünftig! Machen Sie sich aber darauf gefaßt, daß (ganz abgesehen von den Polen) alle unsere Liberalen von sozialistischer Gesinnung wie die Tiere rasen werden. Das wird ihnen durch Mark und Bein gehen. Die Geschichte ist ihnen unangenehmer, als wenn man ihnen allen die Nasen abschneiden würde. Was sollen sie jetzt sagen, wen sollen sie jetzt mit Schmutz bewerfen? Sie können höchstens noch die Zähne fletschen; darauf versteht man sich bei uns ausgezeichnet.

Haben Sie denn von unseren Liberalen je einen vernünftigen Gedanken gehört? Sie verstehen nur die Zähne zu fletschen, und dies imponiert den Gymnasiasten kolossal. Von Kelsijew wird man jetzt behaupten, er habe alle denunziert.[2] Bei Gott, Sie werden sehen, daß ich recht habe. Kann man sie denn überhaupt noch denunzieren? 1.: haben sie sich selbst kompromittiert, 2.: wer hat für sie überhaupt noch Interesse? Sie sind es gar nicht wert, daß man sie denunziert!

Mein Täubchen, ich habe eine Bitte an Sie: Sie werden (ich will nicht ›gewiß‹, sondern ›vielleicht‹ sagen) von der Redaktion des ›Russischen Boten‹ 60 Rubel auf meinen Namen erhalten. Ich selbst habe Sie als Empfänger angegeben. Diese 60 Rubel sind für Pascha bestimmt. Übergeben Sie ihm das Geld, wenn es bei Ihnen eintrifft. Ich habe aber von Emilia Fjodorowna und Fedja einen Brief bekommen. Das ist keine Bitte mehr, man merkt, daß sie sich in einer äußerst elenden Lage befinden. Es tut mir sehr weh, das zu hören, und so habe ich folgendes beschlossen: Da Pascha bei Emilia Fjodorowna lebt und ißt, geben Sie Emilia Fjodorowna 40 Rubel für Pascha und Pascha selbst 20 Rub. Zu diesem Zweck müßte man mit Sicherheit herausfinden, ob Pascha auch wirklich bei Emilia Fjodorowna wohnt. Sie sind jetzt wieder von der Datscha in meine frühere Wohnung umgezogen, in die Schreinerstraße, ins Haus von Alonkin. Natürlich gilt das alles nur für den Fall, daß man Ihnen die 60 Rubel vom ›Russ. Boten‹ schickt. Deshalb habe ich dort diese Bitte geäußert.

Pascha ist ein guter Junge, ein lieber Junge, und niemand ist da, der ihn liebte. Nur eines ist schlimm bei ihm – Sie wissen es selbst. Außerdem ist er ein ehrlicher Mensch. Und wenn wirklich eine Stellung vorhanden ist, sollte er sie doch annehmen. Ich teile mit ihm das letzte Hemd, und das mein ganzes Leben lang. Und vor Ihnen, mein Freund Apollon Nikolajewitsch, verbeuge ich mich für Pascha bis auf die Erde. Niemand, absolut niemand anderem könnte ich ihn im Notfall anvertrauen. Sie würden ihn doch in einem extremen Fall nicht im Stich lassen? Ich rede jetzt nicht von Geld, ich ziehe das sogar nicht einmal in Betracht. Aber lassen Sie ihn nicht mit Rat und Tat im Stich, insbesondere jetzt, wo er genau weiß, wie ich Ihre Aufmerksamkeit für ihn schätze. Ich schreibe ihm noch in diesen Tagen. Hat er Ihnen erzählt, daß Anna Nikolajewna und Maria Grigorjewna für ihn mit vereinten Kräften eine Stellung suchen (und bereits gefunden haben)? Was für gütige Seelen! Aber was nun mit Emilia Fjodorowna weiter geschieht, kann ich nicht sagen. Fedja beklagt sich, daß er keinen Unterricht hat. Fedja ist doch ein wackerer Kleiner: ernährt Mutter und Familie. Er ist ein Mordskerl!

Ich umarme Sie, mein Täubchen. Schreiben Sie gelegentlich. Meine Adresse ist dieselbe, aber vielleicht will ich umziehen. Schreiben Sie, wenn möglich, des öfteren. Mögen es auch kleine Briefe sein, doch schreiben Sie.

So sehr zieht es mich nach Rußland. Schon den Fall der Umjezkijs[3] hätte ich nicht vorübergehen lassen, ohne mich zu äußern, und ich hätte es auch drucken lassen. Sobald ich zurück bin, will ich persönlich hingehen, zu den Gerichten usw. Bessere Geschworene als die unsrigen kann man sich nicht vorstellen. Aber was die Richter betrifft, so könnte man etwas mehr Bildung und Praxis verlangen. Und wissen Sie, was es außerdem noch ist: die sittlichen Gründe. Ohne diese Basis läßt sich nichts einrichten. Aber Gott sei Dank, es funktioniert noch einigermaßen. Teilen Sie mir Ihre Meinung über die Zeitung ›Moskau‹ mit; wird der ›Russe‹ herausgegeben?

Was wird nun in der Politik kommen? Womit werden alle die Erwartungen enden? Napoleon scheint etwas im Schilde zu führen. Italien, Deutschland. Das Herz stand mir vor Freude still, als ich die Nachricht las, daß die Eisenbahnstrecke bis Kursk eröffnet werden wird. Daß es nur schneller kommt, und: es lebe die Rus'![4]

Anna Grigorjewna schreibt gerade an Anna Iwanowna.

Einen herzlichen Gruß und einen warmen Händedruck für Anna Iwanowna.

Auf Wiedersehen, mein Täubchen.
Ganz der Ihre F. Dostojewskij

An P. A. Isajew

Genf, 10./22. Oktober 1867

Mein lieber Pascha, ich habe meine Antwort an Dich etwas hinausgeschoben, und zwar wegen Umständen, die nicht von mir abhingen. Du willst gerne erfahren, wo ich in 2 Wochen bin? Nun, wie Du selbst siehst, in Genf, die zwei Wochen sind schon vorüber. Mein Lieber, ich fürchte die Gläubiger. Das Ausland kann Dich nicht vor ihnen retten. Ich habe jetzt keine einzige Kopeke. Sie sind keineswegs so klug, mich etwas aufatmen zu lassen und wenigstens eine Zeitlang nicht zu verfolgen, damit ich etwas schreiben und verkaufen kann. Wenn sie mich quälen, was soll ich dann schreiben, und womit soll ich zahlen? Die Mehrzahl der Gläubiger sind ehrlose Schweine! Ich hatte niemals eine Kopeke von ihnen angenommen. Alle Schulden sind entweder die Schulden meines verstorbenen Bruders oder Schulden von der Zeitschrift. Überdies habe ich alle Wechsel auf meinen Namen übertragen lassen. Als ich mich damals an die Ausgabe der Zeitschrift machte, investierte ich 1. 10 000 Rubel von mir selbst, 2. habe ich für die Sicherstellung der Familie mit keinem Papier vorgesorgt. So hätte im Falle eines Erfolges alles ihr gehört, bei einem Fiasko hätte ich eben mein Geld verloren. So ist es auch gekommen, außerdem kamen auch noch diese Wechsel zum Vorschein, die ich entweder auf meinen Namen umschreiben oder in meinem Namen ausstellen ließ, wiederum ohne mich mit der Zeitschrift zu sichern. Als nun alles pleite ging, wieviel Tausend hatte ich in den 2 Jahren schon bezahlt? 1865 bezahlte ich im Juni auf einmal 2000 zurück, in barem Geld, durch den Verkauf meiner Werke an Stellowskij für 3000. (Ich fuhr damals mit knapp 45 Imperialen[1] ins Ausland.) Im Winter zahlte ich dann mehr als 1000 bare Rubel zurück und verkaufte die zweite Ausgabe von ›Schuld und Sühne‹ an Pratz, Basunow und Weidenstrauch.[2] Beim Unterschreiben der Wechsel wies ich jedesmal darauf hin, daß ich kein Vermögen hätte, und wenn ich zu bezahlen hoffte, dann nur durch meine Arbeit. Warum quälen die mich nun und lassen mich nicht arbeiten? Beispielsweise diese Spitzbübin Reisler, der ich mehr als 400 Rubel in bar bezahlt hatte, müßte das doch verstehen. Hätte ich nämlich die Wechsel des Bruders nicht unterschrieben, dann hätte sie bis heute keine Kopeke erhalten. Jetzt schulde ich ihr offenbar 100 Rubel, die ich selbst von ihr geliehen hatte. Und nun will sie die Daumenschrauben ansetzen. Inzwischen tun das alle, und das Geld, das ich ihr am dringendsten schulde, wird sie auf einmal erhalten. Um Gottes willen, Pascha, gib niemandem meine Adresse. Die Reisler soll angeblich sogar Anna Nikolajewna aufgesucht haben. Zu welchem Zweck wolltest Du wissen, wo ich in 2 Wochen bin? Dir will ich meine Adresse immer mitteilen, aber sag sie niemandem, absolut niemandem, nicht nur nicht den Gläubigern, einfach gar niemandem. Und um die Reislersache abzuschließen, sag ihr, wenn Du sie triffst, ihr Geld sei ihr sicher, und ich würde es ihr auf einmal zurückerstatten, die Zinsen sowieso recht bald. Du mußt es ihr so sagen. Sollte sie fragen, »wo ist er?«, dann gibt es nicht viel zu antworten; sag ihr einfach, ich hätte das letztemal aus Stuttgart geschrieben, und Du hättest mir die Antwort nach Stuttgart geschickt; wo ich jetzt sei, wüßtest Du nicht, würdest jedoch auf meine Briefe warten. Und nebenbei bemerkt: Bitte sie um eine Aufstellung der Rechnung, wie hoch die Zinsen inzwischen seien und wie hoch das Kapital sei. Teile mir das mit. Du brauchst nicht ausdrücklich deswegen zu ihr zu gehen, aber frage sie danach, wenn Du sie triffst.

Dein Brief, lieber Freund, hat mich außerordentlich erfreut. Wenn Du glaubtest, ich würde Dich nach meiner Heirat vergessen (ich habe aber gesehen, daß Du wirklich dieser Ansicht warst, und habe Dich *absichtlich* nicht zurechtgewiesen), so hast Du Dich gründlich getäuscht. Sogar ganz im Gegenteil! Wisse also, daß ich nach meiner Heirat noch mehr an Dir hänge, und Gott sei mein Zeuge, daß ich sehr darunter leide, Dir nur wenig helfen zu können. Ich habe Dich immer für einen gutmütigen und braven Jungen gehalten und bin auch heute noch dieser Meinung. Ein Mensch mit diesen Eigenschaften muß *in jeder Lebenslage* glücklich sein. Ich halte Dich auch für recht gescheit. Eines ist nur schlimm: Deine Unbildung. Wenn Du schon wirklich keine Lust hast, etwas zu lernen, so höre wenigstens auf meinen Rat: Du mußt jedenfalls auf Deine moralische Bildung achtgeben, so gut es eben ohne Bildung geht.

(Nach Bildung soll man aber bis ans Lebensende streben.) Bei meiner Abreise bat ich Apollon Nikolajewitsch, er möchte Dich als Freund behandeln und Dir mit gutem Rat beistehen. Pascha, er ist der seltenste unter allen seltenen Menschen, merke es Dir. Ich kenne ihn schon seit zwanzig Jahren. Er wird Dir immer einen guten Rat geben können. Vor allen Dingen mußt Du Dich im Verkehr mit ihm einfach geben und aufrichtig sein.

Ich weiß schon seit längerer Zeit, daß man Dir eine Stellung angeboten hat und auch heute noch anbietet. Ich rate Dir, die Stellung anzunehmen. Ich glaube, die Stellung beim Friedensrichter ist für Dich unvergleichlich nützlicher. Du kannst dabei praktisch das Gerichtswesen kennenlernen und Dich entwickeln; Du kannst viele Kenntnisse sammeln. Doch ich kann mich auf Dich nicht verlassen. Man muß da sehr viel arbeiten, und dann ist es auch sehr wesentlich, zu welchem Menschen Du kommst. Wenn zu einem guten, so ist es ein großes Glück; gerätst Du aber zu einem schlechten Menschen, so ist es das Allerschlimmste. Schließlich ist in Deinem Alter eine solche Provinzstadt wie Ladoga sehr gefährlich für

Dich, dazu noch eine so langweilige und schlechte Stadt. Natürlich ist die Gesellschaft im Eisenbahndienst auch sehr schlecht. Ich bin aber der Ansicht, daß auch in der vornehmsten Kanzlei die Gesellschaft verdorben und schlecht ist, nur daß dort feinere Umgangsformen herrschen. Aus diesem Grunde wäre Petersburg nützlicher, denn Du kannst dort mehr Menschen finden. Den Posten mußt Du übrigens in jedem Fall annehmen. Was aber die Gefahr betrifft, daß Du in schlimmen Sitten versumpfst, so habe ich doch einiges Vertrauen zu Dir. Du kannst doch unmöglich Deinen verstorbenen Vater und Deine Mutter vergessen haben. Wisse, daß ich Dir nicht darum rate, den Posten anzunehmen, weil Du mich auf diese Weise entlasten wirst (und auch nicht wegen des Gehalts). Wisse, daß ich Dein Freund bin und Dich, obwohl ich keinen überflüssigen Pfennig habe, bis an mein Lebensende unterstützen werde, wie alt Du auch sein magst. Ich erteile Dir diesen Rat nur der Arbeit wegen, denn Arbeit ist das Allerwichtigste. Anna Grigorjewna liebt Dich ebenso wie ich. Schreibe mir ausführlich über alles. Lebst Du bei Emilia Fjodorowna oder nicht? Schreibe mir ausführlich darüber. Majkow wird Dir bisweilen Geld geben: Gibst Du auch Emilia Fjodorowna Geld? Lebst Du mit ihnen in Eintracht? Respektierst Du sie? Bist Du zu Anna Nikolajewna höflich? Verzeih mir diese Fragen, aber das interessiert mich sehr.

Schreibe mir auch, was für Briefe (und von wem) für mich eingetroffen sind. Wenn möglich, schicke Sie mir bitte nach. Es können sehr wichtige Dinge dabei sein, sowohl für Dich als auch für mich.

Wie lange ich noch in Genf bleibe, weiß ich nicht. Nur eines kann ich sagen, daß ich alle Kräfte dazu verwende, von hier wegzuziehen. Für mich wäre es jetzt am vorteilhaftesten, wenn ich mich für 3 Monate an einem Ort niederlassen könnte. Da ist 1. der Winter, 2. die Arbeit, 3. wird Anna Grigorjewna in 3 bis 4 Monaten ein Kind zur Welt bringen. Und obgleich Genf dafür kein schlechter Ort ist, müssen wir *unbedingt weg*. Das Klima ist äußerst widerlich, die Stadt langweilig, die Anfälle sind genauso wie in Petersburg. Mit dem erstbesten Geld fahren wir weg. Vielleicht wird Gott helfen, dann will ich keine Sekunde zaudern. Ich habe noch nicht gewählt, wohin wir ziehen. Schreibe mir in jedem Fall nach Genf. Der Brief wird ankommen. Leb wohl, bleib gesund, schreibe mir ausführlich darüber, was Dir fehlt. Sollte ich Dir auch jetzt nicht helfen können, so weiß ich doch wenigstens davon und will mich mit allen Kräften darum bemühen. Vielleicht komme ich in einem halben Jahr zurück, und ich wünschte, es wäre früher. Lebe wohl, ich umarme und küsse Dich

> Dein Dich mit ganzer Seele liebender
> F. Dostojewskij

Vergiß nicht, zu Ap. Nikolajewitsch zu gehen, aber falle ihm auch nicht zur Last.

Schreibe mir unverzüglich Name und Vatersname unseres Hauswirts Alonkin. Unverzüglich. Ich werde ihm schreiben. Man muß ihm schreiben. Wenn Du ihn siehst, grüße ihn in meinem Namen, und sag ihm, ich sei so gut wie ohne jeden Groschen, würde ihm aber die Miete bezahlen, denn er ist ein guter, kluger und edler Mensch, und ich will ihm gegenüber meine Pflicht nicht versäumen.

Vielleicht wird Emilia Fjodorowna in diesen Tagen 60 Rubel erhalten (ich habe darum gebeten, ihr das Geld zu schicken); davon gehören ihr 40 und Dir 20, wenn Du etwas brauchst (es müssen aber echte und keine ausgedachten Bedürfnisse sein). Ich habe Majkow gebeten, Dir die 20 Rubel in Raten zu geben. Aber beunruhige ihn nicht, denn es könnte *sehr leicht* sein, daß diese 60 Rubel gar nicht kommen und M. sie nicht erhalten wird. Dies könnte sehr leicht eintreten. Ich schreibe Dir das für jeden Fall. Heute schicke ich Dir den Brief, und morgen schicke ich die Antworten an Fedja und Em. Fjodorowna, die Anna Grigorjewna und ich einstweilen grüßen lassen.

PS: Anna Grigorjewna bittet Dich herauszufinden, ob Olchin noch dort wohnt, in der Wohnung, die er früher hatte.

An A. G. Dostojewskaja

> Saxon les Bains, 18. November 1867, Montag

Anja, liebe, meine Unschätzbare, ich habe alles verspielt, alles, alles! O mein Engel, sei nicht traurig und besorgt. Sei überzeugt, daß jetzt endlich die Zeit kommt, wo ich Deiner würdig sein und Dich nicht mehr bestehlen werde wie ein gemeiner, garstiger Dieb! Nun wird uns der Roman, allein der Roman retten, und wenn Du wüßtest, wie ich darauf baue! Sei überzeugt, daß ich das Ziel erreichen und Deine Achtung verdienen werde. Niemals, nie will ich wieder spielen. Es war genauso im Jahr 65. Es war kaum möglich, in größeres Verderben zu geraten, doch die Arbeit hatte mich gerettet.[1] Mit Liebe und Hoffnung will ich an die Arbeit gehen, und Du wirst sehen, was in 2 Jahren sein wird.

Aber nun mach Dir keine Sorgen, mein Engel. Ich hoffe und sehne mich nach Dir, aber vor Donnerstag bin ich nicht imstande, mich von hier fortzubewegen. Und weißt Du warum? Nun hör Dir alles an:

Ich habe sowohl den Ring als auch den Wintermantel versetzt und alles verspielt. Für Ring und Mantel sind 50 Franken zu bezahlen, und ich werde sie einlösen (Du wirst schon sehen, wie). Aber darum geht es jetzt nicht. Es ist jetzt *drei* Uhr nachmittags. In einer halben Stunde werde ich diesen Brief aufgeben und den Deinen von der Post holen, wenn einer da ist. (Heute morgen war ich schon auf der Post, niemand war da, kein Mensch am Schalter.) Somit geht mein Brief morgen ab – entweder 5 Uhr früh oder um elf, ich weiß es nicht. Aber jedenfalls wirst Du ihn morgen erhalten. Aber inzwischen wächst meine Hotelrechnung, und ich kann nicht abreisen. Und deshalb flehe ich Dich an, Anja, mein Engel und Retter: Schicke mir etwas, damit ich meine 50 Franken im Hotel bezahlen kann. Wenn Du Mittwoch, am frühen Morgen, oder morgen, Dienstagabend, das Geld abschicken kannst, so erhalte ich es Mittwochabend und kann Donnerstag früh oder *um 6 Uhr abends* bei Dir sein.

Meine Freundin, gräme Dich nicht, daß ich Dich ruinierte, quäle Dich nicht um unsere Zukunft. Ich werde alles, alles wieder gutmachen.

Meine Freundin, ich will Ogarjow bis zum 15. Dezember um 300 Franken bitten.[2] Erstens ist er nicht Herzen, und zweitens: wenn es mir auch bis zum quälenden Schmerz schwerfällt, so binde ich mich dadurch keineswegs moralisch. Ich will *mir das ausbedingen,* wenn ich das Geld borge, ich will es ihm auf vornehme Weise sagen. Schließlich ist er doch Dichter und Literat, er hat Herz, und außerdem ist er mir selbst entgegengekommen, sucht den Verkehr mit mir, und folglich achtet er mich auch. Er wird mir das für diese drei Wochen nicht verweigern.

Zugleich will ich an Katkow schreiben (der auch nicht ablehnen wird), daß er mir im Dezember ausnahmsweise 200 und nicht 100 Rubel schickt (die übrigen 200 Rubel wie vereinbart – monatlich).

Am 15. Dezember werden wir Ogarjow die 300 Franken geben, und uns verbleiben dann noch 380 Franken.

Mit den bei Ogarjow jetzt geliehenen 300 Fr. bezahlen wir: 50 Fr. für Mantel und Ring, 80 Fr. für Deine Kleider. Für die Brillanten 150 Fr. Das macht im ganzen 280 Franken. Danach bleibt uns so gut wie kein Geld, aber dafür haben wir unsere Sachen. Von der Miete abgesehen, können wir allein von Ringen und Brillanten bis zum Erhalt des Geldes leben. Am 15. Dezember können wir die Sachen wieder einlösen und dann wieder versetzen, und so kann es etwa *drei* Monate gehen[3], und *nach drei Monaten* werde ich Katkow *für dreitausend* Rubel Manuskript liefern, und er wird mir dann auf meine Bitte wenigstens 300 Franken zu Deiner Niederkunft und nach weiteren 2 Monaten noch 500 schicken.

Was die Ausgaben für unseren künftigen Gast, für unser Engelchen, betrifft[4], so werde ich bis dahin schon etwas erfinden und Geld beschaffen. Wir werden alle unsere Kräfte einsetzen, erst Schritt für Schritt, dann immer schneller, und die Sache ist geschafft!

Anja, meine Liebe, rege Dich um Gottes willen nicht auf! Ich bin jetzt gesund, aber wie wird mir zumute sein, wenn ich bis Donnerstag hier sitzen muß und den Augenblick abwarte, bis wir uns sehen! Anja, ich bin Deiner nicht würdig, doch verzeih mir für dieses Mal. Ich fahre mit fester Hoffnung zu Dir und schwöre, verspreche Dir Glück für die Zukunft. Liebe mich nur so, wie ich Dich liebe: unendlich, ewig liebe ich Dich. Halte mein jetziges Verhalten nicht für Leichtfertigkeit und Minderwertigkeit meiner Liebe. Gott sieht, wie ich selbst bestraft bin und mich gequält habe. Doch am meisten quäle ich mich um Dich. Ich fürchte, Du wirst Dich jetzt (bis Donnerstag) *allein* grämen, quälen, und Du wirst weinen und nicht an Dein Wohlbefinden denken. Mein heiliger Engel, Anja, versteh doch, daß ich es ernsthaft meine, wenn ich sage, daß ein anderes Leben beginnt; Du wirst endlich Taten von mir sehen. Alles will ich retten und wieder gutmachen. Vorigesmal kam ich ganz erschlagen zurück, jetzt aber ist mein Herz voller Hoffnung, ich habe nur eine Qual – wie halte ich es bis Donnerstag aus! Lebe wohl. Mein Engel, auf Wiedersehen, ich umarme und küsse Dich. O warum, warum bin ich von Dir weggefahren! Ich küsse Dich, Deine Hände und Füße, Dein Dich ewig liebender

Fjodor Dostojewskij

PS: Schicke mir das Geld so: lege einen 50-Franken-Schein (den Du beim Geldwechsler holst) in den Brief, stecke ihn in den Umschlag und adressiere ihn an Saxon les Bains, poste restante, recommandé!

PS: Aber um Gottes willen, gräme Dich nicht, sei nicht traurig, wenn ich nur daran denke, Du könntest in diesen Tagen krank werden, blutet mein Herz! Und ich konnte Dich verlassen! Ich weiß nicht, wie ich bis Donnerstag leben soll.

Denke um Christi willen nicht, daß ich mit diesen 50 Franken wieder spielen werde. O, um Christi willen, denke das nicht! Sofort will ich zu Dir eilen.

Ich komme deshalb *um sechs Uhr* (und nicht in der Früh), weil man es hier, in diesem verfluchten Hotel, auf keine Weise durchsetzen kann, daß man *um vier Uhr früh geweckt wird.*

An A. P. und W. M. Iwanow

Genf, 1./13. Januar 1868

Meine lieben und teuren Alexander Pawlowitsch und Wera Michajlowna! Vor allem umarme ich Euch, gratuliere Euch zum Neuen Jahr und wünsche Euch natürlich aufrichtigen Herzens das Allerbeste! Gestern überraschte mich Anna Grigorjewna mit einer viertel Flasche Champagner, die sie Punkt halb 11 Uhr abends, als es in Moskau zwölf Uhr schlug, auf unseren Teetisch stellte; wir stießen an und tranken auf das Wohl aller unserer Lieben. Wer ist mir (und auch Anna Grigorjewna, ihre nächsten Verwandten ausgenommen) lieber als Ihr und Eure Kinder? Außer Euch nur noch Fedja *mit Familie* und Pascha: das sind alle, die mir teuer sind und an denen ich hänge.

Eure beiden Briefe, den letzten sowie den vom November, habe ich erhalten; verzeiht, daß ich bisher nicht geantwortet habe. Ich habe Euch noch immer ebenso lieb und denke an Euch nicht weniger als früher. Ich war aber immer in einer so gespannten und unbefriedigten Stimmung, daß ich die Antwort auf eine bessere Stunde hinausschob; doch in der letzten Zeit hatte ich (buchstäblich) keine einzige freie Stunde. Die ganze Zeit habe ich gearbeitet, geschrieben und das Geschriebene vernichtet; erst Ende Dezember konnte ich dem ›Russischen Boten‹ den ersten Teil meines Romans[1] abliefern. Sie wollten ihn im Januarheft bringen, aber ich fürchte, daß das Manuskript zu spät gekommen ist.

Von dieser Arbeit hängt jetzt für mich aber fast alles ab: meine Existenz, das tägliche Brot und meine ganze Zukunft. Ich habe mir vom ›Russischen Boten‹ ungeheuer viel vorschießen lassen, beinahe 4500 Rubel; dann habe ich in Petersburg noch Wechselschulden von mindestens 3000 Rubel; und dabei muß ich doch auch irgendwie existieren, dazu noch in einer solchen Zeit! Daher setze ich alle meine Hoffnung auf den Roman; ich muß noch 4 Monate unausgesetzt, ohne vom Arbeitstisch aufzustehen, schreiben. Ich bin mit der Arbeit so sehr im Rückstand, weil ich fast alles, was ich bisher geschrieben, verworfen habe. Der Roman wird mir nach Schätzung des ›Russischen Boten‹ etwa 6000 Rubel Honorar einbringen. Nun habe ich 4500 Rubel auf Vorschuß genommen; folglich werde ich immerhin noch 1500 Rubel zu bekommen haben. Wenn er wirklich gut gerät, werde ich im September die 2. Auflage[2] (wie ich es immer zu tun pflege) für etwa *dreitausend* Rubel verkaufen. Ich werde also leben können, im September etwa eintausendfünfhundert Rubel Schulden bezahlen und nach Rußland zurückkehren. Doch dies alles hängt jetzt von meiner Arbeit ab. Meine ganze Zukunft und meine ganze Gegenwart hängen von ihr ab; wenn mein Roman einigermaßen gut wird, werde ich im September beim ›Russischen Boten‹ weiteren Kredit finden. Jetzt will ich Euch unser bisheriges Leben und unsere Lage beschreiben.

In dieser Beziehung ist alles eintönig; solange wir in Genf sind, gleicht jeder Tag dem vorhergehenden und dem folgenden. Ich schreibe, und Anna Grigorjewna arbeitet an der Aussteuer für den Gast, den wir erwarten, oder stenographiert, wenn ich ihre Hilfe brauche. Sie erträgt ihren Zustand ausgezeichnet (in der allerletzten Zeit hat sie allerdings Beschwerden); unser Leben gefällt ihr sehr gut, und sie sehnt sich allenfalls nur nach ihrer Mama.

Unser Alleinsein ist mir persönlich von großer Wichtigkeit; anders hätte ich gar nicht arbeiten können. Allerdings ist es in Genf auch sonst, trotz der Aussicht auf den Montblanc, den Genfer See und die aus ihm entspringende Rhône, recht langweilig. Ich wußte das auch schon früher; die Umstände gestalteten sich aber so, daß wir in unserer Lage keinen anderen Winteraufenthalt finden konnten als eben dieses Genf, wohin wir im September zufällig geraten waren. In Paris zum Beispiel ist der Winter viel kälter, das Holz ist 10mal teurer, wie überhaupt alles. Wir wollten eigentlich nach Italien, das heißt natürlich nach Mailand (nicht weiter südlich), wo das Klima im Winter unvergleichlich milder ist; auch ist die Stadt mit ihrem Dom, Theater und den Galerien viel anziehender. Erstens war aber gerade um jene Zeit ganz Europa und besonders Italien von einem Kriege bedroht[3]; für eine Frau in anderen Umständen wäre aber der Aufenthalt mitten im Kriege wenig angenehm. 2. ist es doch unbedingt erwünscht, sich mit den Ärzten und den Hebammen verständigen zu können; wir verstehen aber nicht Italienisch. Deutschland hinwieder lag für uns nicht auf dem Wege, auch hatten wir wenig Lust, wieder hinzugehen. Genf aber ist eine gelehrte Stadt mit Bibliotheken, vielen Ärzten usw., die alle Französisch sprechen. Wir hatten allerdings nicht gewußt, daß es hier so langweilig ist und daß es die periodischen Winde (Bisen) gibt, die aus den Bergen kommen und die Kälte des ewigen Eises mitbringen. In unserer früheren Wohnung hatten wir viel zu leiden; die Häuser sind hier entsetzlich gebaut; statt Öfen hat man nur Kamine, und es gibt keine Doppelfenster. So einen Kamin muß man den ganzen Tag mit Holz heizen (Holz ist hier noch immer sehr teuer, obwohl die Schweiz das einzige Land in Westeuropa ist, wo es überhaupt noch Holz gibt) – und das ist dasselbe, als ob man den Hof heizen wollte. In meinem Zimmer waren oft nur 6° und sogar 5° über Null; in den anderen kam es vor, daß nachts das Wasser in den Krügen einfror. Seit etwa vier Wochen haben wir aber eine neue Wohnung. Zwei Zimmer sind sehr schön, und eines davon ist so warm, daß man darin gut wohnen und arbeiten kann. Bei uns in Genf fiel die Temperatur nie unter 8 Grad; in Florenz waren +10 Grad und in Montpellier in Frankreich, am Mittelländischen Meer, südlicher als Genf, +15°.

Nach Petersburg habe ich schon seit längerer Zeit nicht geschrieben; man schreibt mir auch von dort fast nie. Mich bedrückt am schwersten der Gedanke, daß Fedja und Pascha sofort Geld brauchen, das ich ihnen sobald wie möglich schicken muß. Ich kann aber vom ›Russischen Boten‹ unmöglich eine größere Summe bekommen, ehe ich den 2. Teil des Romans abliefere, was frühestens in 3 Wochen geschehen kann; denn ich habe schon zu viel auf Vorschuß genommen und nur etwa 1000 Rubel abgearbeitet; dies quält mich so sehr, daß ich oft auch des Nachts keine Ruhe finde. Fedja kann ohne fremde Hilfe nicht auskommen, und Pascha muß sein Geld pünktlich bekommen. Ich lebe von jenen 100 Rubeln (*hundert* Rub.), die mir der ›Russische Bote‹ monatlich schickt. Bald werde ich auch selbst viel mehr brauchen. Ende Februar (nach hiesigem Stil) wird mich Anna Grigorjewna zum Vater machen, und zu diesem Zeitpunkt muß ich unbedingt Geld haben, auf jeden Fall sogar mehr, als man im voraus berechnen kann.

Wie geht es Euch? Eure Briefe sind für mich wahre Feste, und ich würde gern nach Moskau kommen, nur um Euch zu sehen. Doch meine Zukunft hängt wiederum von meiner Arbeit ab. Ich bitte Euch, mir möglichst genau von Euch und den Kindern zu schreiben. Ich habe mich übrigens sehr geärgert, als ich aus Deinem Briefe, Werotschka (vom November), erfuhr, daß Ihr für Eure Kinder eine Französin nehmen wollt. Warum? Wozu? Wegen der Aussprache? Von einer Französin und selbst von einem französischen Lehrer kann man (wie ich aus eigener Erfahrung weiß) unmöglich die französische Sprache mit allen Finessen erlernen. Man erlernt sie nur dann, wenn man es sich selbst ernsthaft vornimmt; um aber auch die Aussprache vollkommen zu erlernen, muß man einen außergewöhnlich starken Willen haben. Ich halte die Aussprache für überflüssig. Glaube mir, mein Täubchen Werotschka: Wenn Deine Kinder einmal erwachsen sind, wird man in unseren Salons nicht mehr Französisch sprechen. Es wirkt auch heute schon manchmal lächerlich. Etwas anderes ist es, wenn man eine Sprache verstehen und lesen kann. Gut ist es allerdings, die fremde Sprache sprechen zu können, wenn es auf Reisen notwendig ist; aber auch dann genügt es, wenn man die Sprache versteht und lesen kann. Worüber soll die Französin mit den Kindern sprechen? Doch nur albernes, dummes Zeug; affektiert und gewaltsam wird sie ihnen ihre gemeinen, verderbten, lächerlichen und blöden Anstandsregeln und ihre verdrehten Begriffe über Religion und Gesellschaft beibringen. Jetzt ist es noch eine Freude, Deine Kinder anzusehen. Bei Euch im Hause geht es allerdings sehr ausgelassen und laut zu; auf allem liegt aber der Stempel eines guten und friedlichen Familienlebens. Die Französin wird ein neues und schlechtes französisches Element hereinbringen. Von den Kosten spreche ich schon gar nicht. Übrigens noch eine Bemerkung: Wenn man heute die richtige französische Aussprache erlernen will, muß man sich die gutturale Pariser Aussprache aneignen, die sehr häßlich ist und ekelhaft klingt. Diese Aussprache ist neu und in Paris seit höchstens fünfundzwanzig Jahren Mode. Unsere Lehrer und Lehrerinnen wagen es noch nicht, diese Aussprache bei uns einzuführen. Deine Kinder werden daher diese richtige Aussprache nicht erlernen.

Ich habe zuviel von der Gouvernante geschrieben. Jetzt ruhe ich zwei Tage aus und gehe dann wieder an die Arbeit. Mein Gesundheitszustand hat sich seit dem Herbst merkwürdigerweise bedeutend gebessert. Es kommt vor, daß ich sieben Wochen lang keinen einzigen Anfall habe. Und doch bin ich mit anstrengender Kopfarbeit beschäftigt. Ich kann nicht begreifen, worauf das beruht, bin aber sehr froh darüber.

Auf Wiedersehen, meine Lieben und Teuren. Ich küsse und umarme Euch, wünsche Euch aufrichtig als Bruder und Freund das Allerbeste und bitte Euch, auch uns nicht zu vergessen. Meine Adresse ist noch immer Genf. Vielleicht gehen wir Ende April über den Mont Cenis nach Italien, nach Mailand und zum *Comer See*. Das wird ein wahres Paradies sein! Alles hängt aber von meiner Arbeit ab. Wünscht mir Erfolg.

Ganz Euer Fjodor Dostojewskij

An S. A. Iwanowa

Genf, 1./13. Januar 1868

Meine liebe, unschätzbare Freundin Sonetschka, trotz Ihrer nachdrücklichen Bitte, Ihnen zu schreiben, habe ich doch geschwiegen. Dabei empfand ich währenddessen ein starkes und besonderes Bedürfnis, *mit Ihnen* zu sprechen, schon allein deswegen, weil es *unbedingt* notwendig gewesen wäre, Ihnen auf einen Punkt Ihres Briefes hin zu antworten, sofort zu antworten; möglichst bald hätte ich antworten müssen. Sagen Sie mir, wie konnte es Ihnen, meine liebe und immerwährende Freundin, in den Sinn gekommen sein, daß ich aus Moskau abgefahren bin, zornig über Sie war und Ihnen nicht die Hand drückte! Konnte das denn überhaupt vorkommen? Natürlich habe ich ein schlechtes Gedächtnis, und ich erinnere mich nicht an Einzelheiten, aber ich betone mit aller Entschiedenheit, daß es *nichts* dergleichen hätte geben können; es ist Ihnen nur so vorgekommen. Erstens, es hätte gar keinen Anlaß dazu geben können; das weiß ich so gut, wie zwei mal zwei vier ist, und zweitens, was die Hauptsache ist: Breche ich etwa mit meinen Freunden auf so leichte Weise? Irgendwie müssen Sie mich doch kennen, mein Täubchen. Wie weh hat es mir getan, das zu lesen. Sie hätten es verstehen *müssen*, Sonja, wie ich Sie schätze, respektiere und wie teuer mir Ihr Herz ist. Menschen wie Ihnen bin ich wenigen im Leben begegnet. Sie wollen wissen, aus welchen Gründen ich Ihnen so zugetan bin? (Fragen Sie, wenn Sie mir nicht glauben.) Aber, meine Liebe, auf diese Fragen kann man schreck-

lich schwer antworten; ich denke noch daran, wie ich Sie sah, als
Sie kaum ein Mädchen waren, da fing ich schon an, Sie genauer zu
betrachten, und ich erkannte in Ihnen ein seltenes, besonderes
Wesen und ein seltenes, schönes Herz (das war erst vor ganzen
vier Jahren), und vor allem erkannte ich Sie in jenem Winter, als
Maria Dmitrijewna starb. Erinnern Sie sich daran, als ich Sie nach
einem ganzen Monat meiner Krankheit sah, nachdem ich Euch alle
so lange nicht gesehen hatte? Ich liebe Euch alle, Sie aber ganz besonders. Masenka beispielsweise liebe ich außerordentlich wegen
ihres Charmes, ihrer Grazie, ihrer Naivität und ihres zauberhaften Benehmens; den Ernst ihres Herzens habe ich erst vor
kurzem erkannt (o Sie alle sind so begabt und von Gott aus-
ersehen), doch Ihnen bin ich besonders zugetan, und dieses Gefühl
gründet sich auf einen besonderen Eindruck, der schwer zu anato-
misieren und erklären ist. Mir gefällt Ihre Zurückhaltung, Ihr
angeborenes und hohes Gefühl der eigenen Würde, und mir gefällt
das Bewußtsein dieses Gefühls (o werden sie ihm nie untreu; gehen
Sie geraden Weges, ohne Kompromisse im Leben. Festigen Sie in
sich Ihre guten Gefühle, denn alles muß gefestigt werden, und hat
man nur ein einziges Mal mit seiner Ehre und seinem Gewissen
einen Kompromiß geschlossen, dann wird für lange Zeit eine
schwache Stelle in der Seele zurückbleiben, so daß Sie bei der Wahl
zwischen einer kleinen Schwierigkeit einerseits und dem Vorteil-
haften andererseits sich sogleich für den Vorteil entscheiden und
vor der Schwierigkeit zurückweichen. Was ich da jetzt sage, ist kein
Gemeinplatz; was ich hier sage, schmerzt mich nun selbst; und
über die schwache Stelle bei mir habe ich Ihnen wahrscheinlich
durch persönliche Erfahrung berichtet. Vielleicht liebe ich in Ihnen
gerade das, woran ich selbst kranke.) Ich liebe an Ihnen besonders
diese starke Haltung – Ihr Ehrgefühl, Ihre Anschauungen und
Überzeugungen –, selbstverständlich eine völlig natürliche Haltung, deren Sie sich selbst erst wenig bewußt sind, denn Sie können
das wegen Ihrer Jugend im ganzen noch nicht erkennen. Ebenso
liebe ich Ihren ruhigen Verstand, der klar und deutlich unterscheidet und wahr zu sehen weiß. Meine Freundin, ich bin mit allem
einverstanden, was Sie mir in Ihren Briefen schreiben; aber daß
ich mich mit Ihrer Anschuldigung einverstanden erklären könnte,
daß ich auch nur im geringsten im Gefühl meiner Freundschaft ge-
schwankt hätte, dem kann ich niemals zustimmen! Vielleicht muß
man all das einfach mit einer Lappalie erklären, einer vorüber-

gehenden Reizbarkeit meines schlechten Charakters, ja und dies hätte sich niemals auf Sie *persönlich* beziehen können, sondern auf irgendeinen andern. Sie dürfen mich niemals mehr mit solchen Anschuldigungen beleidigen.

Und dafür, daß ich Ihnen immer noch nicht geantwortet habe, trotz Ihrer Bitte, recht bald zu schreiben, gebe ich Ihnen hiermit mein *Ehrenwort*, von nun an regelmäßig jeden Monat zu schreiben. In meinem Brief an Alexander Pawlowitsch habe ich, so gut ich konnte, die Ursache meines Schweigens erklärt. Ich war die ganze Zeit über in einer so schlechten Stimmung und in fortwährender Spannung, daß ich das Bedürfnis hatte, mich in mich selbst einzuschließen und meine Melancholie in der Einsamkeit zu ertragen. In jenen Tagen wäre es mir schwergefallen, Ihnen zu schreiben; wovon hätte ich Ihnen auch schreiben können? Von meiner schlechten Stimmung? (Sie wäre sicher auch in meinem Brief zum Ausdruck gekommen.) Dieser Stoff ist aber unpassend. Meine Lage war recht schwierig. Von meiner Arbeit hängt mein ganzes Schicksal ab. Ich habe vom ›Russischen Boten‹ nicht nur 4500 Rubel Vorschuß genommen, sondern auch der Redaktion ehrenwörtlich versprochen und dieses Versprechen in jedem Briefe wiederholt, daß der Roman tatsächlich geschrieben wird. Doch unmittelbar vor Absendung des fertigen Manuskripts an die Redaktion mußte ich es zum größten Teile vernichten, denn der Roman gefiel mir nicht mehr (wenn aber einem seine Arbeit mißfällt, kann sie unmöglich gut sein). Ich habe den größten Teil des Geschriebenen vernichtet. Von diesem Roman und von der Bezahlung meiner Schuld hingen aber mein ganzes Leben und meine Zukunft ab. Vor drei Wochen (am 18. Dezember neuen Stils) nahm ich einen andern Roman in Angriff und arbeite nun Tag und Nacht. Die Idee des Romans ist die alte und von mir immer bevorzugte; sie ist aber so schwierig, daß ich bisher noch nie den Mut hatte, sie auszuführen; wenn ich sie jetzt doch in Angriff nehme, so geschieht es nur, weil meine Lage verzweifelt ist. Die Grundidee ist die Darstellung eines wahrhaft vollkommenen und schönen Menschen. Und dies ist schwieriger als irgend etwas in der Welt, besonders aber heutzutage.[1] Alle Dichter, nicht nur die unsrigen, sondern auch die europäischen, die die Darstellung des *Positiv*-Schönen versucht haben, waren der Aufgabe nicht gewachsen, denn sie ist unendlich schwer. Das Schöne ist das Ideal; das Ideal steht aber bei uns wie im zivilisierten Europa noch lange nicht fest. Es gibt in der Welt nur eine einzige positiv-schöne Gestalt: Christus, diese unendlich schöne Gestalt ist selbstverständlich ein unendliches Wunder (das ganze Evangelium Johannis ist von diesem Gedanken erfüllt: Johannes sieht das Wunder in der Fleischwerdung, in der Erscheinung des Schönen). Ich bin in meinen Erklärungen zu weit gegangen. Ich will nur noch erwähnen, daß von allen schönen Gestalten in den christlichen Literaturen mir die des Don Quichotte am vollkommensten erscheint.[2] Don Quichotte ist aber nur darum schön, weil er zugleich lächerlich ist. Auch die ›Pickwickier‹ von Dickens (sie sind zwar sehr viel schwächer als der Don Quichotte, doch immerhin ein gewaltiges Werk) sind lächerlich, und dies verleiht ihnen eben den großen Wert. Der Leser spürt Mitleid und Sympathie mit dem verspotteten und sich seines Wertes nicht bewußten Schönen. Das Geheimnis des Humors besteht eben in der Kunst, im Leser Sympathie zu wecken. Jean-Valjean[3] ist gleichfalls ein bemerkenswerter Versuch, doch er erweckt Sympathie nur durch sein entsetzliches Schicksal und die Ungerechtigkeit der Gesellschaft ihm gegenüber. Ich habe noch nichts Ähnliches, nichts Positives gefunden, und darum fürchte ich, daß es ein positiver Mißerfolg werden wird. Einzelne Details werden vielleicht nicht schlecht ausfallen. Ich fürchte aber, daß der Roman langweilig werden wird. Er soll sehr umfangreich werden. Den *ersten Teil* habe ich in 23 Tagen geschrieben und neulich abgeschickt. Dieser erste Teil wird durchaus wirkungslos bleiben. Er ist selbstverständlich nur ein Vorspiel. Es ist gut, daß er das ganze Werk in keiner Weise kompromittiert, er klärt aber auch nichts auf und stellt keine Probleme. Mein einziger Wunsch ist, im Leser wenigstens einiges Interesse zu erwecken, damit er auch den zweiten Teil liest. Den zweiten Teil beginne ich heute und werde ihn in vier Wochen abschließen (ich habe ja immer so schnell gearbeitet). Ich glaube, daß er stärker und bedeutender sein wird als der erste. Wünschen Sie mir doch, liebe Freundin, einigen Erfolg! Der Roman heißt ›Der Idiot‹ und ist Ihnen, das heißt Sofia Alexandrowna Iwanowa, gewidmet. Meine liebe Freundin, ich wünsche mir, daß das Buch so ausfällt, daß es dieser Widmung würdig ist. Jedenfalls bin ich nicht berufen, selbst über meine Arbeit zu urteilen, am allerwenigsten aber in der erregten Stimmung, in der ich mich jetzt befinde.

Mein Gesundheitszustand ist durchaus befriedigend, und ich vertrage auch die anstrengendste Arbeit gut; allerdings kommt jetzt für mich in Anbetracht des Zustandes von Anna Grigorjewna eine schwere Zeit. Ich werde noch vier Monate arbeiten und hoffe dann nach Italien ziehen zu können. Die Einsamkeit ist mir jetzt notwendig. Fedja und Pascha tun mir aufrichtig leid. An Fedja schreibe ich mit der gleichen Post. Das Leben im Ausland ist übrigens sehr schwer, und ich sehne mich entsetzlich nach Rußland zurück. Anna Grigorjewna und ich leben hier ganz einsam. Mein Leben vergeht so: Ich stehe spät auf, heize den Kamin (es ist fürchterlich kalt), wir trinken Kaffee, und dann gehe ich an die Arbeit. Um vier Uhr gehe ich in ein Restaurant, wo ich für zwei Franken (mit Wein) zu Mittag esse. Anna Grigorjewna zieht es vor, zu Hause zu essen. Nach dem Essen gehe ich in ein Café, trinke Kaffee und lese die ›Moskauer Zeitung‹ und ›Die Stimme‹ von A bis Z. Um mir Bewegung zu machen, gehe ich eine halbe Stunde in den Straßen der Stadt spazieren und begebe mich dann wieder nach Hause und an meine Arbeit. Ich heize wieder den Kamin, wir trinken Tee, und ich arbeite weiter. Anna Grigorjewna behauptet, sie sei ungeheuer glücklich.

Genf ist eine langweilige, düstere, protestantische, dumme Stadt mit einem entsetzlichen Klima, doch zum Arbeiten sehr geeignet. Vor September werde ich vielleicht gar nicht nach Rußland zurückkehren können; leider, meine liebe Freundin! Sobald ich zurückgekehrt bin, werde ich zu Ihnen eilen, um Sie zu umarmen. Ich trage mich mit dem Plan, nach meiner Rückkehr eine neue Ausgabe zu beginnen.[4] Alles hängt aber selbstverständlich vom Erfolg meines jetzigen Romans ab. Denken Sie sich nur: Ich arbeite so angestrengt, und doch weiß ich noch nicht, ob das Manuskript rechtzeitig für die Januarnummer eintreffen wird. Das wäre mir sehr unangenehm!

Irgendwie werden wir zusammenkommen, uns sehen und treffen! Ich träume oft von Ihnen, von Euch allen. Vor einigen Tagen sah ich Sie und Masenka im Traum – eine ganze Novelle habe ich im Traum gesehen; Masenka war die Heldin. Küssen Sie Masenka für mich. Aber was hat es mit Ihrer Krankheit auf sich? Sie erschreckten mich. Seien Sie nicht schwermütig, liebe Freundin, das ist die Hauptsache, und dann noch folgendes: Überhasten Sie sich nicht, sorgen Sie sich nicht allzusehr; alles hat seine Stunde, ist gut und kommt von selbst. Im Leben gibt es eine unendliche Zahl von Chancen; macht man sich zu viele Sorgen, bedeutet dies nur einen Verlust an Zeit. Ich wünsche Ihnen Energie und Charakterfestigkeit, daran glaube ich übrigens. Mein Täubchen, beschäftigen Sie

sich mit Ihrer Bildung und verschmähen Sie mir nicht eine Fach-
bildung, überhasten Sie sich nicht, und vor allem denken Sie daran,
daß Sie noch recht jung sind, alles hat seine Ordnung. Sie müssen
wissen, daß die Frauenfrage und insbesondere die Frage der russischen Frau ja sogar im Laufe unseres Lebens einige große und
herrliche Schritte voran machen wird. Ich rede nicht von unseren
Frühäpfeln, Sie kennen meine Meinung darüber. Doch las ich dieser
Tage in den Zeitungen, meine einstige Freundin, Nadjeschda
Suslowa, die Schwester von Appolinaria Suslowa, habe an der
Züricher Universität ihr medizinisches Doktorexamen bestanden
und ihre Dissertation mit Glanz verteidigt. Nadjeschda S. ist ein
noch sehr junges Mädchen, sie ist 23 Jahre alt, eine seltene Persön-
lichkeit, edel, ehrlich, groß!
Viel, recht viel hatte ich Ihnen schreiben wollen, und wieviel Platz
habe ich jetzt schon verschrieben und nicht mal den 10. Teil des
Vorgenommenen geschrieben.
Bis zum nächsten Brief, meine liebe Freundin.
Ich möchte mit Ihnen gerne über ein sehr interessantes Gebiet
sprechen, das insbesondere Sie betrifft. Vergessen Sie mich nicht
und schreiben Sie. Achten Sie am sorgfältigsten auf Ihre Gesundheit. Umarmen Sie Masenka noch einmal. Ich hörte, daß ... [der
Name ist bis zur Unleserlichkeit durchgestrichen] Generalleutnant
bei der Armee des Papstes wurde und auf der Schalmei eine selbst-
komponierte Polka über die Niederlage Garibaldis [5] bläst, während der Kardinal Antonelli [6] mit dem Generalkanzler [7] (anstelle
der Dame) in Anwesenheit des Papstes dazu tanzen, Julenka zuschaut und sich ärgert. Küssen Sie mir auch Julenka, wenn das gestattet ist (mir!), ebenso Witja und den *gepriesenen* Lelja. Dann
alle anderen, und dem Bruder Alexander Alexandrowitsch drücken
Sie mir recht fest die Hand.
Ich umarme und küsse Sie

Immer Ihr Freund Fjodor Dostojewskij

Ich will mein Ehrenwort, jeden Monat einmal zu schreiben, erfüllen. Aber Sie sollen mir um Gottes willen auch schreiben!

An P. A. Isajew

Genf, 19. Februar / 3. März 1868

Mein lieber, teurer, unschätzbarer Pascha, verzeih mir, mein Täubchen, daß ich Deinen Brief nicht sofort beantwortete. Ich war schrecklich beschäftigt; aber über Deinen Brief habe ich mich weiß nicht wie gefreut. Ich hatte gedacht, mein lieber Freund, Du seist mir aus irgendeinem Grund böse, und das tat mir im Herzen sehr weh (glaub es mir). Und Du hast ihn in Deiner ewigen Leichtfertigkeit einfach nach Mailand weggeschickt. Wie kann man denn so etwas tun? Und dazu noch mit einem wichtigen Brief! Tu mir den Gefallen, mein Freund, und adressiere zukünftig die Briefe nicht ins *Blaue* hinein, sondern warte, bis ich Dir die genaue Adresse mitgeteilt habe.

Wenn Du, lieber Pascha, wüßtest, wie ich Deinetwegen gelitten habe und vor allem darum, weil ich Dir mit nichts helfen konnte. Glaub mir, ich quälte mich hier selbst ohne Geld ab, und alles lag im Pfandhaus. Vor allem kam es daher, daß ich beim ›Russ. Boten‹ über alle Maßen verschuldet war. Schon bei der Abreise aus Rußland schuldete ich ihm 3000 Rubel. Danach nahm ich mir noch mehr Vorschuß. Und plötzlich kam es so weit, daß ich den Roman unmittelbar vor der Absendung vernichtete, weil er schlecht war. Ich fing einen anderen an; doch bevor ich nicht den 1. Teil an die Redaktion des ›Russischen Boten‹ abgeschickt hatte, konnte ich unmöglich um einen weiteren Vorschuß bitten. Ja und jetzt kann ich wegen der kolossalen Schulden noch lange nicht um eine wesentliche Summe Geldes bitten. Ich habe schon den 2. Teil abgeschickt. Du mußt wissen, ich habe genau in 2 Monaten 11½ Druckbogen geschrieben und abgeschickt: Du kannst Dir vorstellen, wie ich arbeiten mußte! Tag und Nacht; deshalb, ich wiederhole es noch einmal, mußt Du mir verzeihen, daß ich Dir nicht sofort auf Dein liebes Briefchen vom 25. Januar antwortete.

Du schreibst, Fedja habe Dir erzählt, ich wolle Dir vielleicht bis zum 1. Februar Geld schicken. Eine solch genaue Angabe habe ich in dem Brief nicht gemacht.[1] Denn ich kann von der Red. des ›Russ. Boten‹ noch nichts verlangen, da ich verschuldet bin, das verlangt doch die Ehre.

Höre mir gut zu, was ich Dir jetzt sage: *Vor drei Tagen*, am 15. Februar unseren Stiles, habe ich Katkow einen Brief geschickt, in dem ich ihn u. a. inständigst um die Überweisung von 200 Rubel auf den Namen von Apollon Nikolajewitsch Majkow (in Petersburg) bitte. An Apollon Nikolajewitsch schrieb ich heute und bat ihn darum, er möge dieses Geld sehr sorgfältig verteilen, so daß Emilia Fjodorowna 100 Rubel, Du 50 (fünfzig), R. und Anna Nikolajewna 50 R. erhalten.[2] Das Geld für Anna Nikolajewna ist für die Zinsen auf unsere Möbel bestimmt (sie ist selbst in großer Not und kann für uns nicht mehr weiter bezahlen, dabei bezahlte sie bisher alles aus ihrer eigenen Tasche). NB: Du darfst ihr davon nichts sagen, ja, sag es überhaupt niemandem; ich will sie speziell davon unterrichten. Auf diese Weise erhältst Du auf einmal fünfzig Rubel von Apollon Nikolajewitsch. Ich verstehe, mein teures Täubchen, das ist wenig, und ich müßte Dich eigentlich besser unterstützen, doch was sollte ich denn jetzt machen, mein Freund – vorläufig kann ich nicht mehr tun. Aber mit dem ersten besten Geld, das ich bekomme, will ich Dir noch etwas schicken. Das mußt Du wissen. Wann das ist, weiß ich nicht. Deshalb rate ich Dir, diese 50 R. zu sparen. Denn ich hätte wirklich Lust, mehr zu schicken, aber wann werde ich wohl dazu imstande sein?

Und nun, mein Freund, kommt die Hauptsache: Ich schreibe Dir von diesen *fünfzig Rubeln* und weiß dabei nicht mal selbst genau, ob die Redaktion zustimmt. Ob Katkow einverstanden ist? (Denn ich habe dort schon viele Schulden gemacht, aber noch wenig abgearbeitet.) Ich habe schreckliche Angst, daß sie ablehnen; dann bin ich selber verloren, denn meine hiesigen Dinge sind in fürchterlich schlechtem Zustand – Schulden und Ausgaben. Ich habe auch um Dich Angst: das heißt um Dich und Emilia Fjodorowna. Deshalb darfst Du Dich bei Erhalt dieses Briefes noch auf *nichts Bestimmtes* verlassen. Im übrigen muß ich Dir gestehen, daß *weitaus mehr* Wahrscheinlichkeit besteht, das Geld zu erhalten, als es nicht zu erhalten, und so hoffe ich, daß Du es bestimmt bekommen wirst.

Nun noch einmal und trotz allem die *Hauptsache:* Die Redaktion des ›Russischen Boten‹ antwortet immer außerordentlich langsam. Du kannst deshalb den Erhalt des Geldes wohl kaum zu einem andern Zeitpunkt erwarten als 2 Wochen nach Erhalt dieses Briefes und *vielleicht auch später.* In jedem Fall mache den Besuch bei Apollon Nikolajewitsch (durch den Du auch das Geld erhältst) keineswegs vor dem *1. März.* Ich fürchte, Du beunruhigst ihn mit den unaufhörlichen Benachrichtigungen.

Mache mir keine Vorwürfe und zürne mir nicht, mein mir immer lieber Pascha, wenn ich Emilia Fjodorowna *100* Rubel und Dir nur 50 Rubel schicke. Du bist aber, mein Lieber, allein, und sie ist nicht allein. Du schreibst ja selbst, daß sie soviel braucht. Sie muß auch noch ihren Fedja unterstützen; er arbeitet, und ich wünsche ihm Glück. Ich liebe ihn sehr. Ich würde gern alles hergeben, habe aber selbst nichts.

Ich muß Dir sagen, eine wie große Freude es mir ist, daß Du den Posten angenommen und zu arbeiten begonnen hast.[3] Ich achte Dich dafür sehr, Pascha. Das war edel von Dir; der Posten ist allerdings nicht hervorragend, Du bist aber noch jung und kannst warten. Wisse aber, daß Du immer auf mich rechnen kannst. Solange ich lebe, werde ich Dich als meinen geliebten Sohn betrachten. Ich habe Deiner Mutter noch am Vorabend ihres Sterbetages geschworen, Dich nie zu verlassen. Als Du noch ein kleines Kind warst, habe ich Dich meinen Sohn genannt. Wie könnte ich Dich auch verlassen und vergessen? Als ich mich wieder verheiratete, machtest Du Andeutungen, daß Deine Rolle jetzt eine andere sein würde; ich habe Dir darauf nie geantwortet, weil Deine Meinung mich tief *verletzte;* jetzt muß ich es Dir aber gestehen. Wisse nun, daß Du immer mein Sohn, mein *ältester* Sohn bleiben wirst; aus mir spricht nicht die Pflicht, sondern mein Herz.

Wenn ich dich oft angeschrien habe und böse gegen Dich war, so ist nur mein schlechter Charakter schuld daran; ich liebe Dich so, wie ich nur selten einen Menschen geliebt habe. Wenn ich einmal nach Petersburg zurückkehre, werde ich alles versuchen, um Dir einen besseren Posten zu verschaffen; ich werde Dich auch mit Geld unterstützen, *solange ich lebe* und solange ich selbst etwas besitze.

Deine Mitteilung, daß Du Dich nicht wohlfühlst, hat mich sehr erschreckt. Schreibe mir sofort nach Erhalt dieses Briefes wenigstens einige Zeilen. Schicke den Brief unfrankiert: Du sollst keine unnötigen Ausgaben haben. Meine Adresse ist noch immer dieselbe: Suisse, Genève, poste restante, à Mͬ Dostoiewsky.

Ich setze alle meine Hoffnungen auf den neuen Roman. Wenn er mir gut gerät, werde ich die 2. Auflage verkaufen, meine Schulden bezahlen und nach Rußland zurückkehren. Ich werde außerdem noch von der Redaktion einen Vorschuß bekommen können. Ich fürchte aber, daß der Roman mißlingt. Die Idee gefällt mir sehr gut, doch die Ausführung?! Der Roman heißt ›Der Idiot‹, der erste Teil ist bereits im ›Russischen Boten‹ abgedruckt. Hast Du ihn vielleicht gelesen? Die Hauptsache ist jetzt, daß er gut wird; dann ist alles gerettet. Ich arbeite Tag und Nacht; unser Leben ist eintönig. Genf ist eine entsetzlich langweilige Stadt. Den ganzen Winter habe ich gefroren, jetzt haben wir aber richtiges Frühlingswetter. +10 Grad Reaumur. Mein Gesundheitszustand ist weder gut noch schlecht. Ich leide ständig große Not. Wir leben von einigen Groschen und haben alles versetzt. Anna Grigorjewna muß *jeden Augenblick* niederkommen. Ich glaube, es wird heute nacht geschehen. Ich bin in großer Unruhe und muß dabei unausgesetzt schreiben. Urteile selbst, ob ich Dir alle Deine Briefe pünktlich beantworten kann. Berichte mir ausführlich, wie Du lebst. Gib acht auf Deine Gesundheit.

Was Deine Frage über die an Emilia Fjodorowna geschickten 30 Rubel betrifft, ob sie als Ausgaben für Dich oder eigentlich für sie bestimmt waren, *urteile selbst, wie Du willst*, das heißt so, wie es Dir vorteilhafter scheint. Ist es Dir als Deckung der Ausgaben für Dich vorteilhafter, dann soll es auch so sein. Du hast mir Deine Adresse mitgeteilt, aber ich habe Angst, es an Dich zu schicken, und deshalb schreibe ich den Brief über Ap. Nikolajewitsch, den ich darum bitte, ihn Dir zu übergeben. Bei wem wohnst Du? Doch nicht etwa bei Praskowja Petrowna?[4] Dann grüße sie und küsse Wanja! Ach, Pascha, bete zu Gott, daß der Roman gelinge, dann ist alles gerettet, ich will alles zurückbezahlen, Euch allen helfen und selbst kommen. Wenn Du sehr knapp bist, kannst Du Dir dann bei niemandem etwas borgen, wenigstens ein ganz klein wenig, bis die 50 Rubel eintreffen? Denn trotz allem sind uns die 50 Rubel *ziemlich sicher*. Leb wohl, Pascha, ich umarme und küsse Dich ganz, ganz fest als meinen teuren und lieben Sohn.

Ganz Dein F. Dostojewskij

Anna Grigorjewna läßt Dich grüßen. Es ist jetzt sehr schwer für sie, obwohl sie alles frohen Mutes erträgt. Ich hoffe, es wird glatt vorübergehen. Schone Dich, schreibe mir, grüße alle.
Katkow ist mir immer auf vornehmste Weise entgegengekommen; deshalb hoffe ich auch fest, daß er mit der Überweisung dieser 200 Rubel einverstanden ist.
An Alonkin will ich morgen oder übermorgen schreiben. Ich fürchte, er beunruhigt sich sehr. Ich will ehrlich zurückbezahlen.
Bleib gesund, das ist das Wichtigste. Ich will immer an Dich denken. Schreibe öfters. Solange ich *meine Adresse nicht selbst ändere*, bleibt sie *gleich*.
Ich war so sehr über den Tod von Alexander Pawlowitsch ent-

setzt. Es ist schade um ihn. Wem hat er nicht Gutes getan! Er war ein seltener und höchst edler Mensch.

An A. G. Dostojewskaja

Saxon les Bains, Sonnabend, 4. April 1868

Mein lieber Engel Njuta, ich habe alles verspielt, kaum war ich angekommen, so hatte ich in einer halben Stunde alles verspielt. Was soll ich Dir nun sagen, was soll ich meinem Himmelsengel sagen, den ich so quäle. Verzeih mir, Anja, ich habe Dein Leben vergiftet! Und dabei habe ich noch die Sonja! Ich habe den Ring fortgetragen; sie nahm den Ring, aber mit großem Widerwillen, und Geld gab sie mir keines, denn, so sagte sie, sie hätte keines, um 7 Uhr solle ich wiederkommen und mir Bescheid holen.[1] Jetzt ist es Viertel nach 6. Aber sie sagt, daß sie mir nicht mehr als 10 Franken gebe. Kurzum, man sieht ganz deutlich, daß sie Angst hat und daß man sie stramm hält, das heißt, die hiesigen Behörden verbieten ihr, Geld gegen Pfänder auszuleihen. Sie verplapperte sich mir gegenüber sogar. Ich will sie anflehen, daß sie mir nicht 10, sondern 15 Franken gibt. Aber nicht nur mit 15, auch mit 20 Franken (die sie mir bestimmt nicht gibt) kann ich jetzt nicht mehr wegfahren. Auf die Hotelrechnung kommen etwa 17 Franken, die Reise kostet 8, das macht zusammen 25 Fr. Ich habe aber nichts, rein nichts, nur ein paar Centimes.

Was auch kommen möge, Anja, ich kann hier *unmöglich* bleiben. Hilf mir, mein Schutzengel (ach, mein Engel, ich liebe Dich unendlich, aber das Schicksal hat mich dazu verurteilt, alle die zu quälen, die ich liebe!).

Schicke mir möglichst viel Geld. Nicht zum Spiel (ich würde es Dir schwören, wage es aber nicht, weil ich Dich schon tausendmal belogen habe). Hier ist der Überschlag der schlimmsten Lage, wenn es auch besser sein könnte, aber ich nehme das Schlimmste an, weil das sicherer ist.

Wenn Dein Geld übermorgen früh eintrifft, so muß man für die *vier Tage* im Hotel insgesamt rechnen:

minimum	60 Fr.
Reisekosten	10 Fr.
Einlösen des Ringes	20 Fr.
insgesamt	90 Fr.

Mein Engel, schicke mir 100 Franken. Du behältst dann 20 oder noch weniger zurück, versetze irgendwas. Wenn ich nur schneller zu Dir könnte.

Ich werde nicht spielen. Früher erhielt ich Deine Briefe (mit Geld) immer morgens (den letzten noch vor 9 Uhr) , so daß ich mich sogleich auf den Weg machen konnte. Wenn ich ihn jetzt auch am Morgen erhalte, dann habe ich zum Nachdenken Zeit, und ich *werde nicht zum Spielen gehen* (der Spielsaal wird erst um 2 Uhr geöffnet).

– Ich nahm das Schlimmste an. Deshalb werde ich ganz bestimmt keine 90 Franken ausgeben. Aber selbst wenn von den *100* Franken, die Du mir schickst, nach Abzug aller Kosten ganze *40* Franken übrigbleiben sollten, werde ich doch *nicht spielen gehen* und Dir alles wiederbringen.

Höre weiter: Um 7 Uhr wird mir dieses Scheusal 10 bis 15 Franken geben. Da ich mit diesem Geld ohnehin nichts anfangen kann und das Leben hier für mich ein einziges Entsetzen ist, so will ich doch gehen und diese Summe setzen. Wenn ich nur 10 Franken gewinne, dann reise ich morgen früh, ohne Deinen Brief abzuwarten, zu Euch; wegen des Briefes hinterlasse ich aber auf der Post meine Genfer Adresse, damit das Ganze unverzüglich an meine Adresse in Genf nachgeschickt werden kann, wenn nach meiner Abreise Dein eingeschriebener Brief und die 100 Franken eintreffen.

Das ist die Chance, die mir vielleicht schon morgen die Rückreise ermöglicht. Aber, mein Gott, wie klein ist die Chance! Vergib mir, Anja, vergib mir, Liebste! So ekelhaft und gemein ich auch sein mag, ich liebe Euch doch beide, Dich und Sonja (Dein Ebenbild), mehr als alles in der Welt. Ich kann ohne Euch beide nicht leben.

Um Gottes willen, gräme Dich nicht um mich (ich schwöre Dir, daß ich munterer dreinschaue, als Du glaubst; aber Du liebst mich so sehr, daß Du Dich bestimmt um mich grämen wirst).

Weine nicht diesen hundert Franken nach, Anja! Mit dem Geld von Majkow haben wir immer noch 200, und sobald ich wieder da bin, will ich sofort eine alte Absicht ausführen: Du weißt, daß ich an Katkow schreiben muß. Nun weiß ich auch, was ich ihm schreiben werde. Und Du kannst überzeugt sein, daß ich Hoffnung habe. Ich hatte daran schon vor drei Tagen gedacht.

Vergib, vergib mir, Anja! Ich küsse Deine Füße, vergib Deinem liederlichen Manne. Und Sonja, Sonja, die liebe, mein Engel!

O mache Dir keine Sorgen um mich. Aber um Dich, wie werde ich

um Dich bangen. Was ist, wenn ich statt des einen vier Tage weg-
bleiben muß?

Ich umarme, ich küsse Euch beide, ich liebe Euch unendlich, hüte
Sonja, hüte sie mit allen Kräften, sag der Wirtin und allen, Du
hättest den Brief erhalten, und ich würde *vielleicht* erst *zwei* Tage
später kommen!

Wie werde ich es ohne Euch aushalten!

Ich habe immerhin noch zu tun. Ich werde schreiben oder Briefe
nach Rußland schicken. Aber Du, Du! Du wirst immerzu weinen!
O Anja! Was habe ich alles riskiert? Dir kann die Milch wegblei-
ben. Traure nicht um die 100 Franken, ich schaffe sie wieder her,
wenn ich nur erst schneller zu Dir zurückkehren könnte. Auf ewig
gehöre ich Dir und Sonja! Ich will es Euch lohnen, lohnen mit
meiner Liebe!

Dein F. Dostojewskij

Halte meine Forderung von 100 Franken nicht für Wahnsinn!
Ich bin kein Wahnsinniger. Und halte mich auch nicht für laster-
haft: ich werde keine Gemeinheit begehen, ich betrüge Dich nicht,
ich werde nicht spielen gehen. Ich frage nur der *Sicherheit* halber.

Tag und Nacht werde ich jetzt arbeiten. Als wir im September des
vergangenen Jahres nach Genf kamen, waren wir in einer noch
viel schlimmeren Lage.

An A. N. Majkow

Genf, 18./30. Mai 1868

Ich danke Ihnen, mein teurer Apollon Nikolajewitsch, für Ihren
Brief und dafür, daß Sie den Briefwechsel mit mir doch nicht ab-
gebrochen haben, obgleich Sie mir böse waren.[1] Ich war in der
Tiefe meines Herzens immer davon überzeugt, daß ein *Apollon
Majkow* so etwas nie tun wird. Meine Sonja ist gestorben, vor drei
Tagen haben wir sie beerdigt. Ich habe zwei Stunden vor ihrem
Tode nicht gewußt, daß sie sterben würde. Der Arzt hat uns
drei Stunden vor ihrem Tode gesagt, es gehe ihr besser und sie
werde am Leben bleiben. Sie war nur eine Woche krank; sie starb
an Lungenentzündung. Ach, mein lieber Apollon Nikolajewitsch,
meine Liebe zu meinem ersten Kinde mag ja recht komisch gewesen sein, vielleicht habe ich sie recht komisch in meinen Briefen
an alle, die mir gratuliert haben, geäußert. Ich bin wohl allen

recht komisch vorgekommen, doch Ihnen, *Ihnen* alles zu sagen, fürchte ich mich nicht. Das kleine, so unglückliche, so winzige Geschöpf von kaum drei Monaten hatte für mich schon ein Gesicht und einen Charakter. Sie fing gerade an, mich zu erkennen und zu lieben, und lächelte immer, wenn ich mich ihr näherte. Und nun sagt man mir, um mich zu trösten, daß ich wohl noch mehr Kinder haben werde. Aber wo ist Sonja? Wo ist das kleine Geschöpf, für das ich wahrlich gern den Tod am Kreuze erlitten hätte, damit es nur am Leben geblieben wäre? Ich will lieber nicht mehr davon sprechen. Meine Frau weint. Übermorgen werden wir endlich von dem kleinen Grab Abschied nehmen und irgendwohin fortreisen. Anna Nikolajewna ist bei uns; sie ist erst eine Woche vor dem Tode der Kleinen hier eingetroffen.

In den letzten vierzehn Tagen, seit Sonjas Erkrankung, habe ich nicht arbeiten können. Ich habe Katkow einen Entschuldigungsbrief geschrieben, und im Maiheft des ›Russischen Boten‹ werden wieder nur drei Kapitel erscheinen können. Ich hoffe aber, daß es mir gelingen wird, von nun an wieder Tag und Nacht zu arbeiten, und daß der Roman vom Juniheft ab einigermaßen pünktlich erscheinen wird.

Ich danke Ihnen für Ihr Einverständnis, Pate der Kleinen zu sein. Sie wurde 8 Tage vor ihrem Tode getauft.

Ich weiß, lieber Freund, daß ich Ihnen gegenüber sehr schuldig bin, da ich Ihnen das entliehene Geld noch nicht zurückerstattet und von dem, was ich erst unlängst von Katkow erhalten, Emilia Fjodorowna und Pascha einen Teil gegeben habe, Ihnen aber noch nichts, obwohl Sie es wahrscheinlich sehr brauchen. Durch Bedauern läßt sich aber nichts besser machen, und daher sage ich offen alles, was ich *genauer* sagen kann: Ich bin augenblicklich außerstande, etwas abzugeben, ich besitze selber *so gut wie nichts* und habe, um Genf zu verlassen, sogar meine und meiner Frau Kleider versetzt (das sage ich nur Ihnen). Katkow jetzt wieder anzugehen, wage ich nicht, da ich ihn nun schon zum drittenmal angeführt habe. Aber in 1¹/₂ oder *allerhöchstens* in 2 Monaten (ich sage das mit aller Bestimmtheit) will ich Katkow bitten, Ihnen von meinem Guthaben 200 Rubel zugehen zu lassen. Das ist wahr. Daß ich aber bis jetzt nicht an Sie gedacht haben sollte – das ist, *bei Gott,* nicht wahr. Es tat mir sehr weh; aber was soll ich Ihnen sagen? Ich kann nichts sagen! Denken Sie nur an das eine, Apollon Nikolajewitsch, daß ich auch damals, als ich diese 200 Rubel von Ihnen erhielt, sie beinahe zur Hälfte für meine Anverwandten verbrauchte; 75 Rubel von jenen 200 gelangten ja auch durch Ihre Vermittlung an sie. Ich glaube, es war so, soweit ich mich erinnere. Ihnen aber bin ich ungemein dankbar, daß Sie mich damals retteten, und ich schätze Ihr rücksichtsvolles Verhalten sehr hoch, um so mehr, als Ihre Lage sehr schwierig war, was ich erst jetzt erfahren habe.

Beiläufig noch eine *große Bitte:* Sagen Sie über den Tod meiner Sonja keinem meiner *Verwandten* etwas, falls Ihnen jemand begegnen sollte. Wenigstens wäre es mir sehr erwünscht, daß sie vorderhand nichts davon erfahren, selbstverständlich auch Pascha nicht. Denn es scheint mir, daß es *nicht* nur keinem von ihnen um mein Kind leid sein wird, sondern daß sie eher das Gegenteil empfinden werden, und der bloße Gedanke daran erbittert mich. Was hat dieses arme Wesen ihnen getan? Mögen sie mich hassen, mögen sie über meine Liebe lachen, mir ist es einerlei.

Entschuldigen Sie, daß Ihnen Pascha so viel Unruhe macht. Was aus ihm werden soll, weiß ich nicht. Wo will er hinaus? Diese zwei Stellen, die er in Aussicht hatte, hätten ihm die Möglichkeit gegeben, ein ehrlicher, unabhängiger Mensch zu werden. Aber diese Anschauungen, diese Begriffe, diese Eitelkeit! Das ist typisch. Aber andererseits – darf ich ihn denn im Stich lassen? Es fehlt nicht mehr viel, und er wird mit diesen Anschauungen ein Gorskij[2] oder Raskolnikow. Sie sind ja alle Wahnsinnige oder Dummköpfe. Was aus ihm werden soll, weiß ich nicht, ich *bete* nur zu Gott für ihn. Nebenbei noch etwas: Auf meinen letzten Brief vor drei Monaten hat er überhaupt *nicht* geantwortet. Und zärtlicher konnte man ihm gar nicht schreiben. Er sieht in mir nur den Mann, der verpflichtet ist, ihm Geld zu schicken, und *das geht so weit,* daß er mir nicht einmal zwei Zeilen geschrieben hat, sei es auch nur als Zusatz zu dem Brief von jemand anderem, um mir zur Geburt Sonjas zu gratulieren. Ich möchte nicht, daß er von ihrem Tod erfährt.

Ich habe auch erfahren, daß er in diesem Jahr einige für mich bestimmte Briefe erhalten hat, Briefe, die außerordentlich wichtig sind. (Einer davon ist von meiner früheren Bekannten Krukowskaja.) Wie kann man nur diese Briefe an mich hierher schicken? Das wäre mir sehr, sehr wichtig. Vielleicht hat er auch noch andere Briefe.

Auf Wiedersehen, mein Freund. Ich will versuchen, Ihnen von unserem neuen Wohnort aus zu schreiben. Montreux – über das Sie

schreiben, ist einer *der teuersten* und modischsten Orte in ganz
Europa. Ich will uns ein kleines Dörfchen in der Nähe von Vevey
suchen. Ihre Übersetzung der Apokalypse ist großartig[3], doch
es ist schade, daß Sie nicht alles übersetzten. Ich habe es gestern
gelesen.

Ganz Ihr Fjodor Dostojewskij

Meine Frau bedankt sich für alles und bittet sie, das Heiligenbild-
chen für Sonja ihr zu überlassen.

An A. N. Majkow

Vevey, 22. Juni / 4. Juli 1868

Mein liebster, teuerster und bester Freund, Apollon Nikolajewitsch,
verzeihen Sie mir um Gottes willen mein langes Schweigen. Um
Christi willen! Die Ursache ist eine Bagatelle: Ich war mit der
Arbeit für den ›Russischen Boten‹ so sehr im Rückstand, daß ich
diese ganze Zeit über buchstäblich *Tag und Nacht* gearbeitet habe,
trotz meiner Krämpfe. Aber ach! Ich sehe mit Verzweiflung, daß
ich schon nicht mehr imstande bin, so schnell zu arbeiten wie noch
vor kurzem und wie früher stets. Ich krieche wie ein Krebs – und
wenn ich anfange zu zählen, so sind es dreieinhalb oder vier
Bogen, auf die fast ein ganzer Monat kam! Das ist schrecklich, und
ich weiß nicht, was mit mir werden soll. Für den Roman bleiben
noch 27 Bogen, vielleicht auch 30, und vor allem ist es eine Schande,
ihn in solchen Stückchen und Fragmenten erscheinen zu lassen[1], wie
ich das schon mit dem dritten Buch mache: Ich kann mir damit
nur schaden, schon gar nicht davon zu reden, welche Meinung man
wahrscheinlich von mir in der Redaktion des ›Russischen Boten‹
hat, und die ist mir mehr wert als die Meinung des Publikums. Für
das Juniheft habe ich 4 Kapitel abgeschickt (das letzte davon
gestern), und ich habe mein Ehrenwort gegeben, daß für die Juli-
nummer (minimum 5 Bogen) der ganze Schluß des 2. Teils *rechtzeitig* abgeschickt werden würde. Ich habe dafür allerhöchstens
3 Wochen zur Verfügung. Nun, was soll ich machen, und wie kann
man hier gut abschließen? Morgen will ich mich an die Arbeit
machen, heute vergnüge ich mich, das heißt, ich muß drei Briefe
schreiben.

Apollon Nikolajewitsch, mein Freund, ich weiß und glaube es

Ihnen, daß Ihre Teilnahme echt und aufrichtig ist. Ich bin aber noch nie so tief unglücklich gewesen wie in der letzten Zeit. Ich will Ihnen meinen Zustand gar nicht beschreiben, doch je mehr Zeit darüber vergeht, um so quälender wird die Erinnerung, und um so leuchtender steht das Bild der verstorbenen Sonja vor mir. Es gibt Augenblicke, die ich kaum ertragen kann. Sie hatte mich schon gekannt; als ich an ihrem Sterbetage aus dem Hause ging, um Zeitungen zu lesen, und noch keine Ahnung davon hatte, daß sie nach zwei Stunden sterben sollte, verfolgte sie so aufmerksam alle meine Bewegungen und sah mich mit solchen Augen an, daß ich es heute noch vor mir sehe, und die Erinnerung wird von Tag zu Tag lebendiger. Nie werde ich sie vergessen, nie wird mein Gram ein Ende nehmen! Und wenn ich einmal ein anderes Kind bekommen sollte, so weiß ich gar nicht, ob ich es werde lieben können; wo ich die Liebe hernehmen werde. Ich will nur Sonja. Ich kann es gar nicht fassen, daß sie nicht mehr ist und daß ich sie nie wieder sehen soll.

Mein anderer Kummer ist der Zustand von Anna Grigorjewna. Sie sehnt sich nach Sonja, weint oft die ganze Nacht hindurch, und das hat die ungünstigste Wirkung auf ihre Gesundheit. Ich selbst habe, wie schon gesagt, Tag und Nacht geschrieben (ich glaube nicht, daß etwas Brauchbares dabei zustande gekommen ist, denn das Schreiben fiel mir sehr schwer). Auf Ihre Bitte hin gab ich ihr möglichst viel Arbeit, aber sie wurde immer sehr schnell damit fertig, und dann fing die Marter von neuem an. Ich sehe, daß sie sich zerstreuen muß. Aber wenn einen das Schicksal einmal verfolgt, dann greift es einen von allen Seiten an: Wir haben nicht die Mittel, um in eine größere Stadt überzusiedeln (etwa Florenz oder Neapel), es ist auch nicht die richtige Jahreszeit dazu; nach Paris können wir auch nicht, es ist auch zu weit. Eine große Stadt mit Museen, Gemäldegalerien (wie Dresden im vorigen Jahr) würde sie sehr zerstreuen: Sie hat dergleichen gern, sieht sich alles an und lernt überall etwas. Und nun müssen wir gerade hier sitzen und das zum Teil nur, weil auch der geringste Umzug furchtbar viel Zeit in Anspruch nimmt (das weiß ich aus Erfahrung), ich aber am Schreibtisch sitzen und arbeiten muß, denn sonst werde ich nicht fertig, und dann komme ich auch um meine letzten Hilfsmittel. Die Übersiedelung von Genf hierher nach Vevey war recht beschwerlich; dabei standen uns nur ganz geringe Mittel zur Verfügung, denn die Krankheit, der Tod und das Begräbnis der Kleinen hatten uns eine Summe Geldes gekostet, über die wir anders zu verfügen gedachten. Und nun ist in Vevey alles ebenso häßlich wie anderswo, sogar noch schlimmer. Allerdings, ein gräßlicheres Leben als in Genf kann man sich nicht vorstellen.[2] Aber hier ist es wahrhaftig nicht besser, und alle drei von uns (Anna Nikolajewna ist bei uns) sind schon geneigt, den Genfer Ärzten, die uns warnten, recht zu geben: die Luft hier zerrüttet die Nerven. Wir fühlen das alle drei. Freilich war Genf wieder in anderer Beziehung (die Bisen) für die Gesundheit noch weniger zuträglich. Wir wollen noch eine Zeitlang hier bleiben und dann sehen, was wir unternehmen; zu Tode martern lassen wir uns nicht. Unter der Hitze leidet man hier nicht; das Panorama des Sees kennen Sie; in Vevey ist das Bild viel schöner als von Montreux oder Chillon aus, die dicht nebenan liegen. Allein außer diesem Panorama (und allerdings noch einigen Spaziergängen im Gebirge, die man in Genf nicht hatte) ist alles übrige zu abscheulich, und wir fürchten, dieses schöne Panorama am Ende doch noch zu teuer zu bezahlen. O wenn Sie nur eine Ahnung hätten, wie entsetzlich ein dauernder Aufenthalt im Ausland ist, wenn Sie eine Ahnung hätten, wie unehrlich, gemein, unglaublich dumm und unentwickelt die Schweizer sind! Gewiß sind die Deutschen noch schlimmer, aber diese hier sind auch ihr Geld wert! Der Ausländer wird hier als reines Ausbeutungsobjekt angesehen, alle ihre Gedanken sind darauf gerichtet, wie sie einen betrügen und ausrauben können. Das Schlimmste aber ist ihre Unsauberkeit! Der Kirgise in seiner Jurte wohnt sauberer (auch hier in Genf)! Ich bin ganz entsetzt. Wenn mir das früher jemand über die Europäer gesagt hätte, so hätte ich ihm ins Gesicht gelacht. Aber mag sie der Teufel holen! Ich hasse sie bis aufs äußerste. In Genf hatte ich doch wenigstens russische Zeitungen, hier fehlen mir auch die. Und das ist sehr schwer zu ertragen. Von Pascha habe ich endlich einen langen Brief erhalten. Er schreibt mir auch von 4 Briefen, die er mir geschickt hätte: das ist mir unwahrscheinlich. Wo hätten sie hingeraten können? Und andererseits ist es schwer, ihm alles zu glauben. Er hat den Brief gewandt geschrieben. Ich freute mich darüber, daß er eine Sache gut und fehlerlos darlegen kann. Doch seine Lage muß wirklich schrecklich sein. Das ist mir eine solche Last, daß ich sogar im Schlaf davon träume. (Wie kann ich Ihnen für all Ihre Bemühungen und Sorgen um ihn danken? Selbstverständlich dürfen Sie ihm kein Geld geben: Was tun Sie denn da?! Sie sind so gütig, daß Sie auch das noch tun. Ich selber schulde Ihnen Geld, und dabei sind Sie selbst ständig knapp an Geld; mit Ihrer Familie und mit Einkünften, die gerade ausreichen.) Dennoch ist da eine Angelegenheit, die ich Ihnen mitteilen muß und bei der ich Sie um Ihren Rat bitte:

Pascha hat mir geschrieben, ob er nicht wenigstens auf meinen Namen eine Anleihe machen könnte, und er nannte einen Mann, der gegen meine Unterschrift Geld leihen könnte. Dieser Mann ist ein gewisser Gawrilow, ehemaliger Buchhalter der Druckerei, in der unsere Zeitschrift gedruckt wurde. Dieser Mann ist nicht übel, etwas älter, ohne besondere Qualitäten, ein wenig hintertrieben, und er hat Moneten. Er kaufte mir schon einmal die zweite Ausgabe eines Romans ab (›Die Erniedrigten und Beleidigten‹), und zwar für 1000 Rubel. Ein andermal kam er zu mir, und ich fragte ihn: »Haben Sie Geld, Gawrilow?« – »Ein wenig.« – »Geben Sie mir 1000 Rubel?« Er brachte sie am selben Tag, gegen Wechsel natürlich und mit einem ausgezeichneten Zinssatz, ich weiß nicht mehr, wie hoch er war. Ich habe ihm diese 1000 Rubel im dritten Jahr ganz zurückbezahlt. In der Tat, dieser Mann könnte etwas leihen. Auf die Bitte Paschas hin schrieb ich ihm einen Brief, und Pascha schickte ihm eine Quittung über 200 Rubel (für 160 Rubel, die Pascha bei ihm aufnehmen wollte, auf meinen Namen, und zwar für sich und Emilia Fjodorowna, die arm und krank war). Die Schuld läuft bis zum 1. Januar. Ich weiß nicht, ob nun Pascha von ihm das Geld bekommen hat? Mein Lieber, wenn Sie Pascha sehen, fragen Sie ihn um Gottes willen danach, und sollte er mir noch nicht geantwortet haben, dann zwingen Sie ihn unverzüglich zu einer Antwort, aber so, daß die Briefe nicht verlorengehen. (Es ist sehr leicht möglich, daß er die Briefe so nachlässig schickt, daß sie verlorengehen, andere Gründe kann ich mir nicht denken.) Sie bitte ich darum, mir zu schreiben (Sie werden mit der Antwort bestimmt nicht so lange warten wie ich, denn ich bitte Sie darum, und verstehen Sie doch die wirkliche *Last* meiner Lage und Arbeit), ob Pascha von Gawrilow das Geld erhalten hat, denn ich mache mir große Sorgen darum, was ihm zustoßen könnte, wenn er es nicht erhielte. Ich spüre es doch, er ist in äußerster Not. Natürlich bitte ich Sie nicht, etwa speziell deshalb die Datscha zu verlassen, um Pascha ausfindig zu machen. Er wird wohl selbst bei Ihnen erscheinen. Aber indessen bitte ich Sie in folgender Angelegenheit um Rat:

Es könnte sehr gut sein, daß Gawrilow mir persönlich für ein Jahr wieder 1000 Rubel zu geben geneigt wäre (das heißt 800, wenn er Pascha schon 200 gegeben hat), falls er überhaupt Geld hat; selbstverständlich gegen einen Wechsel. Den Wechsel kann ich auch hier ausstellen. Außerdem müßte ich binnen 1 1/2 Jahren (nach Vertrag) für ›Schuld und Sühne‹ bei Stellowskij Geld bekommen (er wird diesen Roman *bestimmt* in der Ausgabe meiner Werke drucken, worauf er vertraglich Anspruch hat, wenn auch nicht vor dem 1. Januar 1870, und weil er das schon in den Zeitungen hatte bekanntmachen lassen), und zwar nicht weniger als 650 oder 700 Rubel in Form einer zusätzlichen Zahlung (da wir auch das im Vertrag als *sicher* vereinbart haben). Berechtigt mich dieser Vertrag dazu, von Stellowskij Geld zu erhalten, so daß mir Gawrilow diese Tausend gern geben würde? Könnte man das Gawrilow nicht vorschlagen? 800 Rubel wären jetzt die Rettung für mich, selbst bei unmäßigen Zinsforderungen. Außer einigen Schulden, die ich *unbedingt* bezahlen muß, muß ich noch die Zinsen für meine in Petersburg verpfändeten Möbel und Dinge bezahlen, sonst gehen sie mir verloren – aber das kostet mehr als tausend Rubel. Schließlich bliebe mir von diesen 800 ein winziger Rest Geldes für die hiesigen Ausgaben übrig, wo doch schon Gott sehen kann, wie sehr wir das hier brauchen können. Ich habe Pascha geschrieben, er soll zu Gawrilow gehen, ohne *ihm gleich alles zu sagen,* und sondieren, ob er etwas leihen könnte oder nicht. Doch Pascha ist jung und unerfahren. (Dabei habe ich auch Pascha von dieser meiner Idee geschrieben, ich wolle mir 800 Rubel borgen, aber ich will Ihnen bekennen, ich sehe diese Idee sogar jetzt nur als eine Phantasie an und erwarte nicht viel von ihr, da ich mich dazu selbst noch nicht entschlossen habe und nicht weiß, was Gawrilow dazu sagen könnte.) Mit einem Wort, ich würde gerne vorher wissen, wie die Sache mit Pascha ausgegangen ist, um über seine Bereitwilligkeit zu urteilen, und 2. hätte ich dann dafür gerne Ihren Rat gehabt: »Soll ich es tun oder nicht tun?« – Ich will hinzufügen, daß Gawrilow heftig (zugleich feige) und unternehmend ist. Wie er selbst eingestand, hatte er mit den ›Erniedrigten und Beleidigten‹ einen hohen Gewinn erzielt. Wenn er auch nur bisweilen verlegt und jetzt diese verlegerischen *Versuche* auch noch abgebrochen hat, so kann er mir schon aus dem Grunde das Geld nicht verweigern, weil er mir das Ausgaberecht gewinnversprechend abkaufen könnte (wenn auch nur den ›Idioten‹, sofern der

Schluß gut wird), obgleich ich mich natürlich hüten werde, diesen Vorschlag zu machen. Für jeden Fall lautet seine jetzige Adresse wie folgt: Bei der Wosnesjenskij-Brücke, im Hause von Kitnjow, Druckerei Golowatschew, Gawrilow, Buchhalter in der Druckerei. Mein Täubchen, ich wage Sie nicht zu belästigen und will Sie auch nicht darum bitten, zu Gawrilow zu gehen, weil das nicht sein muß, aber *für jeden Fall* habe ich Ihnen seine Adresse mitgeteilt.

Vor lauter Arbeit bin ich ganz stumpfsinnig geworden, und mein Kopf ist wie zerschlagen. Auf Ihre Briefe warte ich immer wie auf das *Himmelreich.* Was gibt es Kostbareres als eine Stimme aus Rußland, eine Stimme von meinem Freund? Ich habe Ihnen nichts mitzuteilen, keinerlei Neuigkeiten, ich werde hier von Tag zu Tag dümmer und stumpfsinniger. Und doch darf ich vor Beendigung des Romans nichts unternehmen. Dann werde ich aber unter allen Umständen nach Rußland zurückkehren. Um den Roman zum Abschluß zu bringen, muß ich täglich mindestens acht Stunden am Schreibtisch sitzen, ohne aufzustehen. Meine Schuld bei Katkow habe ich schon zur Hälfte abgearbeitet. Ich werde auch den Rest abarbeiten. Schreiben Sie mir, mein Freund, schreiben Sie mir um Christi willen. Meine Frau läßt Sie und Anna Iwanowna grüßen. Sie hat Sie beide sehr lieb. Bezeugen Sie Anna Iwanowna meine Hochachtung. Anna Nikolajewna läßt Sie ebenfalls grüßen. Auf Wiedersehen. Ich umarme Sie.

Ihr ergebener und aufrichtiger
F. Dostojewskij

In den 4 Kapiteln, die Sie im Juniheft lesen werden (vielleicht sind es auch nur 3 Kapitel, denn das vierte ist wahrscheinlich zu spät gekommen), habe ich einige Typen der modernen Positivisten unter der ganz extrem gesinnten Jugend geschildert.[3] Ich weiß, daß ich sie richtig dargestellt habe (denn ich kenne die Leute aus Erfahrung; außer mir hat sie noch niemand studiert und beobachtet), und ich weiß, daß alle schimpfen und sagen werden: unsinnig, *naiv, dumm* und falsch.

Meine Adresse: Suisse, Vevey (Lac de Genève), à Mr Dostoiewsky, poste restante.

An einen Unbekannten

Genf, zweite Hälfte September, 1868

Herr Redakteur. Erlauben Sie einem Ausländer, die wohlwollende Hilfe Ihrer geschätzten Zeitschrift zur Vernichtung der Lüge und Wiederherstellung der Wahrheit in Anspruch zu nehmen.

Es ist jetzt schon ein Jahr her, daß ich in der Schweiz lebe. Als ich früher von Rußland ins Ausland reiste, bin ich nur durchgefahren. Ich war Tourist. Nun habe ich mich das erstemal an einem Ort niedergelassen, ich reise nicht als Tourist, ich lebe in einem fremden Land, und zwar an einem Ort. Auf diese Weise habe ich das erstemal in meinem Leben in aller Deutlichkeit vieles von dem bemerkt, das mir nie in den Sinn gekommen wäre, wenn ich nur als Tourist durchgereist wäre.

Nebenbei bemerkt: Die ungewöhnliche Unkenntnis der Europäer in fast allem, was Rußland betrifft, überraschte mich außerordentlich. Menschen, die sich gebildet und zivilisiert nennen, sind mit einem ungewohnten Leichtsinn dazu bereit, über das russische Leben zu urteilen. Dabei sind ihnen nicht nur die Bedingungen unserer Zivilisation unbekannt, sie kennen sogar beispielsweise nicht einmal die Geographie des Landes. Ich will mich aber über dieses unangenehme und heikle Thema nicht weiter verbreiten. Ich stelle nur fest: Selbst die wildesten und erstaunlichsten Nachrichten über das gegenwärtige Leben in Rußland finden beim Publikum den uneingeschränkten und naivsten Glauben. Man kann es gar nicht übersehen, daß die Masse dieser Nachrichten sowohl in Zeitungen als auch in einzelnen Zeitschriften an Umfang zunimmt, was natürlich ein Zeichen für ein immer größeres Interesse darstellt, das mein Vaterland bei den Massen des europäischen Publikums hervorruft.

Jeder weiß, daß es in Europa einige Periodika gibt, die speziell dazu bestimmt sind, Rußland zu schaden. Auch die Zahl der in manchen Ländern Europas erscheinenden Werke mit diesem oder jenem Ziel reißt nicht ab. Diese Bücher spekulieren größtenteils auf die Enthüllung von Geheimnissen über die schrecklichen Mysterien Rußlands. Ein Mensch, Europäer oder Russe, der lange in Rußland gelitten hat und sich darüber empörte, sammelt Material; zufällig wird es dann so dargestellt, daß er nun zur Wahrheit und zur Enthüllung außergewöhnlicher Tatsachen gelangte, das unglückliche Land endlich verlassen konnte, das Land, in dem ihm vor lauter Entrüstung die Puste ausgegangen war, und so gibt er irgendwo im Ausland, wo die russische Regierung über ihn keine Macht mehr hat, sein Buch, seine Beobachtungen, Notizen und Geheimnisse heraus. Sein Herausgeber beeilt sich, auf der Titelseite hinzuzufügen: »Eigentum des Herausgebers« – und was tut das Publikum? Das Publikum, davon konnte ich mich in diesem Jahr meines Lebens im Ausland fest überzeugen, das Publikum glaubt mit der allernaivsten Gutmütigkeit, dies sei die Wahrheit, die heilige Wahrheit und nicht die Spekulation mit den edlen Gefühlen des Lesers, nicht der Verkauf für ein paar Pfunde oder Liter vornehmer Empörung, die auf hervorragende Weise zu zwei Zwecken fabriziert wurde, nämlich, um Rußland zu schaden und um sich selbst zu bereichern. Denn: diese Empörung läßt sich trotz allem verkaufen, und sie verkauft sich mit Gewinn. Das Buch macht sich für den Verleger bezahlt, ebenso wie die ›Arbeit‹ des Autors.

Ich habe viele derartige Bücher gesehen, ein paar davon habe ich gelesen. Sie sind von Ausländern oder gar Russen fabriziert worden, jedenfalls von Leuten, die in Rußland gewesen sein mußten. Denn es werden darin bekannte Namen genannt, es wird die Geschichte bekannter Personen berichtet, es werden Ereignisse beschrieben, die tatsächlich vorgekommen sind, aber das Ganze ist völlig unwahr und auf den berüchtigten Zweck hin verzerrt. Und je mehr der Autor lügt, desto frecher wird er. Die Fehltritte gegen die Wahrheit und die erfundenen Verleumdungen sind manchmal so dreist und schamlos, daß sie komisch wirken. Von einer jeden Verleumdung, so maßlos unverschämt sie auch sein mag, bleibt irgend etwas zurück. Außerdem breiten sich die verlogenen und verleumderischen Meinungen bei den Massen des europäischen Publikums desto stärker aus, je unbekannter ihnen das Leben in Rußland ist, und diese falschen Meinungen und Überzeugungen können in diesem Fall nicht nur Rußland allein schaden. Das ist wenigstens meine Überzeugung.

Und dennoch will ich Ihnen gestehen, ich würde mich nicht mit der Mühe belasten wollen, in diesem Fall die Lüge zu entlarven und die Wahrheit wiederherzustellen; diese Arbeit wäre zu erniedrigend. Bei der Lektüre einiger dieser Machwerke muß ich mich immer außerordentlich schämen: entweder wegen des Autors oder meinetwegen, weil ich mir die Mühe machte, einen derartig frechen Unsinn zu lesen.

Aber in diesen Tagen ist mir ein kleines Buch in die Hände gefallen: ›Les mystères du Palais du Czar (sous l'Empereur Nicolas I)‹ par Paul Grimm, propriété de l'éditeur Vurzburg, F. A. Julien Libraire éditeur, 1868.[1] In diesem Buch wird meine eigene Geschichte beschrieben. Ich habe darin die Rolle einer der Hauptpersonen. Die Handlung geht in Petersburg vor sich, im letzten Regierungsjahr von Kaiser Nikolaus, das heißt 1855. Hätte man wenigstens dazu geschrieben: ein Märchen oder ›Roman‹. Aber nein, alles wird zu wahren Begebenheiten erklärt, die wirklich vorgekommen seien, und dabei enthüllt man angeblich Mysterien und Geheimnisse, und zwar mit einer unfaßbaren Frechheit. Es werden Personen vorgeführt, die es wirklich gibt; man erwähnt keineswegs phantastische Ereignisse, sondern Dinge, die vorkamen: Sie sind jedoch in einer solchen Weise verzerrt und verstümmelt, daß man bei der Lektüre nicht glauben mag, es könne eine derartige Schamlosigkeit geben. Ich bin beispielsweise mit meinem vollen Namen genannt: Théodore Dostoiewsky, Schriftsteller, verheiratet, Vorsitzender einer geheimen Gesellschaft...

An A. N. Majkow

Mailand, 26. Oktober / 7. November 1868

Werter Freund, Apollon Nikolajewitsch, schon lange, nämlich vor drei Wochen, habe ich Ihren Brief erhalten; ich habe nicht sogleich geantwortet, denn ich war mit Seele und Körper von der Arbeit völlig beansprucht; selbst wenn ich auch die eine oder andere Stunde für eine Antwort hätte finden können, so fällt es mir doch in den Wochen der Arbeit immer schwer zu schreiben, und ich habe bei Gott keine Kraft dazu, um so weniger, als ich eigentlich mit ganzer Seele schreiben wollte. Und so wartete ich auf Ihren zweiten Brief, den ich schließlich gestern erhielt und wofür ich mich bei Ihnen, unschätzbarer Freund, sehr bedanke. Vor allen Dingen muß ich feststellen, daß ich nie etwas gegen Sie gehabt habe, ich sage es ehrlich und aufrichtig; im Gegenteil: ich war der Ansicht, daß Sie mir aus irgendeinem Grunde zürnten.[1] Erstens hatten Sie aufgehört, mir zu schreiben; ein jeder Ihrer Briefe ist mir aber hier ein großes Ereignis; ein Hauch aus Rußland, ein wahres Fest. Wie haben Sie aber glauben können, daß ich mich wegen irgendeines Satzes verletzt fühlte? Nein, mein Herz ist anders. Und dann noch folgendes: Ich habe Sie vor zweiundzwanzig Jahren (es war bei Belinskij, wissen Sie es noch?) kennengelernt. Seit jener Zeit hat mich das Leben gehörig hin und her geworfen und mir zuweilen erstaunliche Überraschungen bereitet; schließlich und endlich habe ich augenblicklich nur Sie: Sie sind der einzige Mensch, auf dessen Herz und Gemüt ich mich verlasse, den ich liebe und dessen Gedanken und Überzeugungen auch die meinigen sind. Wie sollte ich Sie daher nicht liebhaben, beinahe ebenso, wie ich meinen verstorbenen Bruder geliebt habe? Ihre Briefe haben mich immer erfreut und ermutigt, denn ich war in trauriger Verfassung. Vor allen Dingen bin ich durch meine Arbeit furchtbar geschwächt und heruntergekommen. Seit fast einem Jahr schreibe ich jeden Monat $3^{1}/_{2}$ Druckbogen. Das ist sehr schwer. Außerdem fehlt mir hier das russische Leben mit seinen Eindrücken, die mir für meine Arbeit stets notwendig waren. Schließlich, wenn Sie auch die Idee meines Romans loben, die Ausführung war bisher nicht hervorragend. Am meisten quält mich der Gedanke, daß, wenn ich den Roman in einem Jahre fertig geschrieben hätte und dann noch zwei oder drei Monate zum Umschreiben und Ausbessern zur Verfügung gehabt hätte, er ganz anders geworden wäre; ich garantiere dafür. Jetzt, da ich schon einen Überblick über das Ganze habe, sehe ich es vollkommen ein.

Da habe ich nun gleich von mir und von dem Roman angefangen. Doch ich will Ihnen zuerst meine Lage schildern, dann werden Sie sich von dem Weiteren ein besseres Bild machen können. Die Dinge lagen also wie folgt:

Es ist unmöglich, mehr als $3^{1}/_{2}$ Bogen im Monat zu schreiben – das ist eine Tatsache! –, wenn man das ganze Jahr hindurch schreibt. Daraus ergibt sich aber, daß ich den Roman in diesem Jahr nicht zu Ende bringe und nur die Hälfte des letzten, vierten Teils zum Abdruck bringen kann. Noch vor einem Monat hoffte ich fertig zu werden, nun aber sind mir die Augen aufgegangen – es geht nicht. Dabei ist der 4. Teil sehr umfangreich (12 Bogen) – alle meine Erwartungen und Hoffnungen stecken darin! Jetzt, da ich alles wie durch ein Glas sehe, ist mir die bittere Erkenntnis gekommen, daß ich in meinem literarischen Leben noch niemals einen besseren und reicheren dichterischen Gedanken gehabt habe als den, der mir jetzt bei der Ausarbeitung des Entwurfs zum 4. Teil aufgegangen ist. Und nun? Ich muß aus allen Kräften hasten, muß schreiben, ohne das Geschriebene nochmals lesen zu können, mit Extrapost herumjagen und komme zu guter Letzt doch nicht zurecht! In welche Lage, um von mir schon ganz zu schweigen, bringe ich den

›Russischen Boten‹, und wie stehe ich vor Katkow da? Und Katkow hat mir gegenüber so vornehm gehandelt. Sie müssen nun den Schluß des Romans im nächsten Jahr als Beilage bringen, und das ist schon ein Verlust für die Zeitschrift. Ich hatte mich bereits dazu entschlossen, ihnen zu schreiben und auf die Bezahlung für das, was im kommenden Jahr gedruckt wird, zu verzichten, um der Zeitschrift den durch die Druckkosten der Beilage verursachten Verlust zu ersetzen. Aber das würde meine finanziellen Interessen heftig untergraben.

Mein Leben hier fängt an, mir allzu drückend zu werden. Ich habe nun schon seit 6 Monaten nichts Russisches, kein einziges Buch, keine einzige russische Zeitung gelesen, und dann die vollständige Einsamkeit! Wir waren im Frühling, nachdem wir Sonja verloren hatten, nach Vevey übergesiedelt. Damals kam Anna Grigorjewnas Mutter zu uns. Aber Vevey greift die Nerven an (was allen hiesigen Ärzten bekannt ist, und sie konnten mich nicht warnen, als ich um Rat fragte!). Gegen Ende unseres Aufenthaltes in Vevey erkrankten wir beide, meine Frau und ich. Und so reisten wir vor zwei Monaten über den Simplon nach Mailand. Hier ist das Klima besser, aber das Leben teurer. Es regnet viel, und zudem ist es zum Sterben langweilig. Anna Grigorjewna ist geduldig, hat aber Heimweh nach Rußland, und beide weinen wir um Sonja. Wir führen ein trübes und mönchisches Leben. Anna Grigorjewna hat einen empfänglichen, regen Charakter. Hier ist nichts, womit sie sich beschäftigen könnte. Ich sehe, daß sie sich grämt, und obgleich wir einander fast noch mehr lieben als vor $1^{1}/_{2}$ Jahren, tut es mir doch weh, daß sie in einem so traurigen Kloster mit mir lebt. Das ist sehr schwer zu ertragen. Und in der Zukunft erwartet uns Gott weiß was. Wenn der Roman wenigstens fertig wäre, so wäre ich freier. An eine Rückkehr nach Rußland ist nicht zu denken. Die Mittel dazu fehlen gänzlich. Zurückkehren heißt sofort nach der Ankunft ins Schuldgefängnis wandern, dort könnte ich aber jetzt nicht mehr arbeiten. Ich würde das Gefängnisleben mit meiner Epilepsie nicht vertragen und könnte also im Gefängnis gar nicht schreiben. Wovon sollte ich dann die Schulden bezahlen und wovon leben? Wenn die Gläubiger mir ein einziges ruhiges Jahr gäben (sie gaben mir aber in drei Jahren nicht einen einzigen ruhigen Monat), so würde ich mich anheischig machen, sie in einem Jahr von meiner Arbeit zu bezahlen. So beträchtlich meine Schulden auch sind, so bilden sie doch nur $^{1}/_{5}$ von dem, was ich bereits durch meine Arbeit abgezahlt habe. Ich bin ja auch weggefahren, um zu arbeiten. Und nun ist die Idee des ›Idioten‹ beinahe ganz zunichte geworden. Wenn der Roman auch einige Vorzüge hat oder haben wird, so ist er doch nicht wirkungsvoll; das muß er aber sein, wenn die 2. Auflage zustande kommen soll, auf die ich noch vor einigen Monaten blindlings rechnete und die einiges Geld hätte einbringen können. Jetzt, da der Roman nicht einmal beendet ist, ist an eine Buchausgabe gar nicht zu denken. Wenn ich nach Rußland zurückkehren könnte, wüßte ich schon, was ich anfinge und wie ich zu Geld käme; ich habe es seinerzeit ja auch fertiggebracht. Hier aber werde ich stumpf und löse mich nur von Rußland. Mir fehlen die russische Luft, die russischen Menschen. Ich begreife die russischen Emigranten einfach nicht. Sie sind Wahnsinnige.

So also steht es mit uns. Und in Mailand können wir auch nicht bleiben: Das Leben hier ist allzu unbequem und gar zu traurig. Wir gedenken, in einem Monat nach Florenz zu ziehen, und dort will ich den Roman beenden. Geld bekomme ich immer noch von Katkow; es ist entsetzlich, wieviel wir en tout verleben, obwohl wir uns furchtbar einschränken. Die Geldeingänge von Katkow werden mit dem Abschluß des Romans natürlich aufhören. Da gibt es wieder Scherereien und Sorgen. Immerhin ist meine Schuld an Katkow, den ersten Vorschuß miteingerechnet, jetzt doch viel kleiner geworden.

Ihrem Leben war ich vollkommen entfremdet, obwohl mein ganzes Herz bei Ihnen ist; Ihre Briefe sind daher himmlisches Manna für mich. Die Nachricht von der neuen Zeitschrift [2] hat mich sehr gefreut. Von Kaschpirjew habe ich noch nie gehört, aber ich freue mich, daß Nikolaj Nikolajewitsch [3] endlich eine ihm würdige Tätigkeit gefunden hat; der Posten eines Redakteurs ist für ihn wie geschaffen, so braucht er sich nicht irgendwie auf eine Spalte in einer neuen Zeitschrift zu beschränken, sondern kann die Seele der ganzen Zeitschrift werden. In diesem Fall wäre das zuverlässig, vor einem halben Jahr hat er mir hierher geschrieben, und ich hatte eine riesige Freude über seinen Brief. Ich antwortete nicht, da ich seine Adresse nicht hatte, die er vergaß, mir mitzuteilen. Er ließ mich in seinem Brief einen Auszug seines Briefes an Katkow wissen, in dem er ihm vorschlug, im ›Russischen Boten‹ die Rubrik der Kritik zu übernehmen. Mir ist nicht bekannt, was Katkow dann Nikolaj Nikolajewitsch darauf antwortete; ich weiß nur, daß dort – sowohl in der Zeitung als auch in der Zeitschrift – alle Stellen in Redaktionen und für die verschiedenen Spalten besetzt, ja, uneinnehmbar besetzt sind, so wie wenn sich mal, um mit einem Ausdruck Gogols zu sprechen, ein Mensch hinsetzt, eher der Sitz unter ihm zu krachen beginnt, als daß er selbst wegflöge.[4] Meine Meinung – dies unter uns gesagt – ist die, selbst Katkow könnte es nicht immer durchsetzen, wenn er an dieser Besetzung der Plätze etwas ändern wollte. Aber was kann sich Nikolaj Nikolajewitsch jetzt noch mehr wünschen? Die Hauptsache ist, daß er unumschränkter Herr über die Zeitschrift bleibt. Es wäre sehr zu wünschen, daß die Zeitschrift von *russischem Geist,* wie wir beide ihn verstehen, geleitet wird, wenn sie auch nicht rein slawophil wird. (Ich glaube, mein Freund, daß wir es nicht nötig haben, *gar zu eifrig* den Slawen nachzulaufen. Sie müssen selbst zu uns kommen. Nach dem Allslawischen Kongreß in Moskau[5] haben einzelne Slawen hochmütig über die Russen gespottet, weil sie sich angemaßt hätten, »die anderen zu führen, und ihnen imponieren wollten, während sie selbst so wenig nationales Bewußtsein hätten« usw. usw. usw.) Glauben Sie mir: Viele Slawen, zum Beispiel die in Prag, beurteilen uns von einem ausgesprochen westlerischen, vom französischen oder deutschen Standpunkt aus; sie wundern sich vielleicht auch, daß unsere Slawophilen sich so wenig um die allgemeingültigen Formen westeuropäischer Zivilisation kümmern. Wir haben also gar keinen Grund, ihnen nachzulaufen und den Hof zu machen. Etwas anderes ist es, wenn wir die Leute bloß studieren; wir können sie auch im Notfall unterstützen; wir brauchen ihnen aber nicht mit unseren brüderlichen Gefühlen nachzulaufen, obgleich wir sie auch unbedingt als Brüder betrachten und behandeln müssen. Ich hoffe auch, daß Nikolaj Nikolajewitsch der Zeitschrift einen bestimmten politischen Charakter verleihen wird, von der Selbsterkenntnis gar nicht zu reden. Die Selbsterkenntnis ist unser wunder Punkt, sie fehlt uns vor allen Dingen. Auf jeden Fall wird Nikolaj Nikolajewitsch seine Sache glänzend machen, und ich erwarte den großen Genuß, den mir seine Artikel verschaffen werden, die ich seit dem Eingehen der ›Epoche‹ nicht mehr gelesen habe. Es wäre gut, wenn sich die Zeitschrift in der literarischen Welt unabhängig machen würde; daß man beispielsweise nicht zweitausend für ein widerliches Graupengericht in der Art von ›Minin‹[6] oder anderen historischen Dramen von Ostrowskij bezahlt, einzig und allein zu dem Zweck, Ostrowskij zu haben;

wenn er nun eine Komödie über Kaufleute verkauft, so kann man auch dafür bezahlen. Oder ›Roja‹ von der Kochanowskaja[7], deren Namen ich mit Schrecken vermerkte, nach all der Scheußlichkeit und Schande, die ich vor zwei Jahren bei der Lektüre von ›Roja‹ ertragen mußte, dieses Hallelujah mit Butter, das sogar Aksakow zum Stirnrunzeln brachte. Gibt es dann aber so etwas wie die ›Gajka‹, kann man sich darauf was einbilden. Oder denken Sie an den schwülstigen und ausgelaugten Jergunow.[8] Mit einem Wort, man muß die Literaten endlich in die Hand nehmen und nicht für Namen, sondern für die Sache bezahlen, was bislang noch keine einzige Zeitschrift sich zu tun getraute, die ›Zeit‹ und die ›Epoche‹ nicht ausgeschlossen. Ohne ein literarisches Werk von erstklassiger Hand in den beiden ersten Heften der Zeitschrift kann man nicht auf den Markt kommen; das würde gleich zu Beginn einen Verlust von 1000 Abonnenten bedeuten. Ich gebe keine Ratschläge, ich tu es aus Liebe zur Sache. Ich hoffe, Nikolaj Nikolajewitsch wird mir die Zeitschrift schicken. Natürlich bin ich von ganzem Herzen einverstanden, daran mitzuarbeiten. Nur bin ich jetzt gerade sehr beschäftigt. Sobald der Roman fertig ist, kann man darüber reden. Ich wünschte mir sehr, daß die Zeitschrift außerordentlich gut wird. Teilen Sie mir mehr Einzelheiten mit, mein Täubchen. Werden Sie selbst mitarbeiten? Wollen Sie gleich für die erste Nummer etwas Abgeschlossenes und Großes einreichen, beispielsweise Ihr ›Igorlied‹?[9] Wie heißt die Zeitschrift? Hat man sie denn schon zur Subskription ausgeschrieben? Wenn man sie mit Beginn des neuen Jahres herausbringen will, ist es dafür schon längst an der Zeit.

Das Buch, von dem Sie mir schrieben, hatte ich kurz vorher gelesen[10], und ich muß gestehen, daß es mich entsetzlich aufgebracht hat. Ich kann mir nichts Unverschämteres denken. Selbstverständlich soll man auf solche Sachen spucken, das wollte ich auch im ersten Augenblick tun. Mich bedrückt aber der Gedanke, daß, wenn ich nicht dagegen protestiere, ich damit das gemeine Machwerk sozusagen rechtfertige. Wo soll man aber protestieren? Im ›Nord‹? Ich kann aber nicht gut französisch schreiben, auch möchte ich möglichst taktvoll vorgehen. Ich habe die Absicht, nach Florenz zu gehen und mir im Russischen Konsulat Rat zu holen. Natürlich ist dies nicht der einzige Grund, warum ich nach Florenz gehen will. Sie machen mir den Vorschlag, nach Venedig zu gehen (das nach der Behauptung aller Reiseführer und aller Ärzte im Winter sehr gesund sein soll). Ich täte es furchtbar gern, sei es auch nur, um

Anna Grigorjewna zu zerstreuen; vielleicht tue ich es auch noch, da die Reise dahin wirklich nicht lang ist; aber erstens habe ich gar so wenig Zeit, und zweitens würde es uns beiden, selbst wenn wir 3. Klasse fahren und uns nur drei Tage aufhalten würden, nicht weniger als 100 Franken kosten, für uns aber bedeuten hundert Franken jetzt entsetzlich viel, selbst dann, wenn es auch jetzt keine Seltenheit ist, von Katkow 1000 Franken zu erhalten. Aber kaum hat man sie erhalten, muß man die Schulden bezahlen, die sich immer weiter anhäufen; der Umzug, die Kleidung kommen dazu. Weil aber die Zukunft nicht gesichert ist, muß man gut vorsorgen. Vor allem den Roman abschließen, Tag und Nacht arbeiten, denn auf andere Weise wird es nicht gehen.

Ich würde sehr gerne Lamanskij treffen. Samarins Buch[11] würde ich schrecklich gern lesen, um so mehr, als ich über all das immer selber nachdenke, doch wo kann ich es bekommen? Hier ist das einfach furchtbar. Sogar in Genf, wo es russische Bücher gibt, finden sich auf den Regalen nur ›Was tun?‹[12] und verschiedener anderer Mist unserer Emigranten. Findet man noch russische Bücher, etwa einen Band Gogol oder Puschkin, so ist das reiner Zufall. Sogar beim Verkauf russischer Bücher hat es nirgendwo eine Ordnung, einen Zweck und Sinn. Und es kommt selten vor, daß man auch verkauft. Hier in Italien gibt es rein gar nichts. Ich hatte mir Samarin beschaffen wollen, aber wo hätte ich es tun sollen?

Ich quäle und beunruhige mich auch wegen der Verwandten. Pascha konnte ich den ganzen Sommer über nichts schicken, aber er ist doch ein guter Kerl. Ich bin ihm nicht böse; wofür sollte er mich auch besonders liebhaben, und wegen seiner Fehler im Amt kann ich ihm gegenüber nicht streng sein. Er ist ein armer, unentwickelter Junge, allein und ohne Hilfe – wie ist es da möglich, keine Fehler zu machen, aber ich befürchte Schlimmstes und möchte ihm schrecklich gern und sofort helfen. Emilia Fjodorowna muß im November auch aus meiner Wohnung bei Alonkin ausziehen, weil ich die Miete nicht bezahlen kann. All das macht mir Sorgen, und dennoch muß ich vor allem die Arbeit beenden!

Was meine Schulden bei Ihnen betrifft, mein Freund, so schäme ich mich, auch nur darüber nachzudenken! Sie bereiten mir große Qual, und zwar gerade deshalb, weil Sie zu mir wie der leibliche Bruder waren, was nicht jeder täte. Sie haben doch selbst eine Familie. Aber ich bekomme doch Geld! Und dann will ich alles zurückbezahlen. Auch für mich wird mal die Sonne aufgehen, aber vor allem möchte ich nach Rußland. In Rußland würde es mir besser gehen. Und dabei muß ich noch daran denken, daß Sonja leben würde, wären wir in Rußland gewesen!

Anna Grigorjewna liebt Sie, denkt an Sie und spricht von Ihnen mit Freude. Bestellen Sie Ihrer Gattin und Ihren Eltern unsern innigen Gruß (sie fragte mich heute schon zum drittenmal, ob ich auch ihre Grüße ausrichte). Und von mir Grüße an alle, die sich an mich erinnern. Kowalewskij tut mir leid, er war ein guter und *sehr brauchbarer* Mensch, so brauchbar, daß man das erst nach seinem Tod so recht fühlen kann.

Ganz Ihr F. Dostojewskij

Um Gottes willen schreiben Sie mir. Meine Adresse ist *in jedem Fall:* Italie, Milan, à Mr Dostoiewsky, poste restante.

An S. A. Iwanowa

Mailand, 26. Oktober / 7. November 1868

Meine liebe und gute Freundin Sonetschka, ich habe Ihnen schon sehr lange nicht geschrieben. Ich kann zu meiner Rechtfertigung nur das eine sagen: ich bin immer noch mit meinem Roman beschäftigt. Glauben Sie mir, liebe Freundin, ich arbeite wirklich Tag und Nacht; wenn ich nicht gerade schreibe, so gehe ich im Zimmer auf und ab, rauche und denke an meine Arbeit. Ich kann es mir beinahe selbst nicht glauben, daß ich keine einzige freie Stunde finden konnte, um Ihnen zu schreiben. Doch es ist wirklich so. Aber wie dem auch immer sei, ich liebe Sie, vielleicht doppelt so sehr wie einst. Sie sind »das Kind meines Herzens«, so sehe ich Sie an, und Ihr Name ist mir lieb und teuer. Sie sind mir Schwester und Tochter.[1] Aber wie leben Sie, und wo ist das (natürlich in Moskau)? Sind Ihre Pläne wenigstens in geringem Maße in Erfüllung gegangen (unter anderem die publizistische Arbeit), und vor allem, wie ist es nun um die Stimmung Ihrer Gedanken und Ihres Herzens bestellt? Meine Teure, schauen Sie mutiger in die Zukunft, Sie gehören nicht zu denen, die sich grämen und melancholisch werden. Schreiben Sie auf die ausführlichste Weise über Ihr jetziges Leben, über das Leben Ihrer Mama und all der Ihrigen, und schicken Sie mir den Brief sofort. Rächen Sie sich nicht für mein Schweigen, und nehmen Sie sich die Gewissenhaftigkeit Ihres törichten Onkels im Briefwechsel als Beispiel. Von mir und meinem Leben kann ich Ihnen folgendes berichten:

Ich lebe mit meiner Frau im besten freundschaftlichen Einvernehmen. Sie ist geduldig, und meine Interessen gehen ihr über alles; doch ich sehe, daß Sie sich nach Rußland zu ihren Freunden und Verwandten sehnt. Dies schmerzt mich manchmal, aber meine Lage ist noch so wenig geklärt, daß wir für die nächsten Monate noch keinerlei Pläne fassen dürfen. Meine Lage hat sich entgegen meinen bisherigen Berechnungen sehr ungünstig gestaltet. In 2 Monaten geht nämlich das Jahr zu Ende, doch von den 4 Teilen meines Romans sind erst 3 abgeschlossen; den 4. und größten habe ich aber noch nicht angefangen.[2] Und da es ganz unmöglich ist, in einem Monat (wenn man das ganze Jahr ununterbrochen schreibt) mehr als 3 1/2 Bogen zu schreiben (ich sage es aus eigener Erfahrung), so werde ich in diesem Jahre mit 6 Bogen im Rückstand bleiben, das heißt das Ende des Romans wird im Dezemberheft des ›Russischen Boten‹ nicht erscheinen können. Dies versetzt mich in eine höchst unangenehme und peinliche Lage: erstens verursache ich damit der Redaktion Unannehmlichkeiten und auch Schaden, denn sie muß dann den Schluß des Romans ihren Abonnenten als Sonderheft geben (was, ganz abgesehen von allem andern, mit großen Unkosten verbunden ist); zweitens habe ich selbst davon einen Verlust von 900 Rubel, denn ich habe der Redaktion vorgeschlagen, sie dadurch zu entschädigen, daß ich für diese 6 Bogen, mit denen ich im Rückstand bin, kein Honorar verlange. Schließlich ist dieser 4. Teil und besonders sein Schluß das Wichtigste am ganzen Roman[3], der eigentlich nur dieses Schlusses wegen erdacht und geschrieben worden ist.

Hätte ich alles im Dezember abschließen können, so hätte der Roman durch den Schluß den Vorteil gehabt, die Buchhändler zu beeinflussen, und es wäre wegen der zweiten Auflage bestimmt ein Verleger zu mir gekommen, – ich hätte also Geld gehabt und damit nach Rußland zurückkehren können. Nun muß ich doch noch lange warten, und alles bleibt ungewiß. Von unserm persönlichen Leben will ich Ihnen folgendes schreiben. Nachdem wir Sonja in Genf beerdigt hatten, zogen wir, wie Sie schon wissen, nach Vevey.

Zu Anna Grigorjewna kam ihre Mutter, die längere Zeit bei uns blieb. Im winzigen und malerischen Vevey lebten wir wie die Einsiedler und machten nur manchmal Spaziergänge in die Berge.

Von der Schönheit der Landschaft will ich gar nichts sagen: so etwas erlebt man nicht einmal im Traum; doch Vevey wirkt schlecht auf die Nerven; dies ist allen Ärzten in der Welt bekannt; ich hatte es aber nicht gewußt. Ich hatte viel unter epileptischen und anderen nervösen Anfällen zu leiden, dazu kamen noch Zahnschmerzen. Auch meine Frau wurde krank. Dann fuhren wir über den Simplon (die feurigste Phantasie kann sich nicht ausmalen, wie schön die Bergstraße über den Simplon nach Italien ist) nach Italien und ließen uns in Mailand nieder; die Mittel erlaubten uns nicht weiterzureisen (in den letzten 1½ Jahren habe ich vom ›Russischen Boten‹ so viel auf Vorschuß genommen, daß ich mir jetzt alle Mühe geben muß, die Rechnung zu begleichen; sie schicken mir zwar immer und regelmäßig größere Summen, doch habe ich es oft sehr schwer, damit auszukommen; auch habe ich nach Petersburg seit längerer Zeit weder Pascha noch Emilia Fjodorowna etwas geschickt, was mich sehr bedrückt). In Mailand regnet es zwar sehr viel, doch das Klima ist für meinen Zustand außerordentlich günstig. Es heißt übrigens, daß in Mailand Schlaganfälle außerordentlich häufig sind; vielleicht werde ich doch von einem Schlaganfall verschont werden. Das Leben in Mailand ist teuer. Es ist eine große und bedeutende Stadt, aber nicht sehr malerisch und dem eigentlichen Italien wenig ähnlich. In der Umgebung, das heißt eine halbe Stunde Eisenbahnfahrt von Mailand entfernt, liegt der wunderschöne *Comer* See, doch ich war dieses Mal noch nicht dort. Das einzige Sehenswerte in der Stadt ist der berühmte Mailänder Dom; er ist aus Marmor erbaut, riesengroß, gotisch, ganz durchbrochen und phantastisch wie ein Traum. Sein Inneres ist außergewöhnlich schön. Ende November will ich nach Florenz übersiedeln, denn es gibt dort russische Zeitungen, und vielleicht ist dort auch das Leben billiger. Unterwegs mache ich einen Abstecher nach Venedig (um es meiner Frau zu zeigen), was mich etwa 100 Franken kosten wird.

Nun habe ich Ihnen kurz alles über mich berichtet. Mir ist sehr schwer zumute: Ich habe Heimweh, und die Ungewißheit meiner Lage, meine Schulden usw. bedrücken mich sehr. Dazu kommt noch, daß ich mich dem russischen Leben so sehr entwöhnt habe, daß es mir schwerfällt, ohne beständige russische Eindrücke etwas zu schreiben; denken Sie sich nur: seit 6 Monaten habe ich keine einzige russische Zeitung gelesen. Ich habe auch noch den 4. Teil meines Romans zu schreiben, auf den ich so große Hoffnungen setze und der noch etwa 4 Monate in Anspruch nehmen wird. Genug von mir. Schreiben Sie mir ausführlich von Ihrer Mama, von Mascha und allen Ihrigen, von Ihren äußern Lebensumständen und von Ihrem Seelenzustand. Umarmen Sie Ihre Mama: Ich denke oft an sie und bete für sie jeden Tag. Ich denke auch oft an unsere vergangenen Tage zurück. Küssen Sie Ihre Masenka. Teilen Sie mir Ihre Adresse mit. Adressieren Sie an mich folgendermaßen: Italie, Milan, *poste restante*, à Mᵣ Th. Dostoiewsky.

Auch wenn ich nicht mehr in Mailand, sondern in Florenz oder in *Venedig* (das mir als Winteraufenthalt empfohlen wird) sein sollte, so werde ich doch Ihren nach Mailand adressierten Brief bekommen; ich werde vor der Abreise meine neue Adresse dem hiesigen Postamt mitteilen. Schreiben Sie also nach Mailand. Sobald ich in eine andere Stadt gezogen bin, werde ich Ihnen sofort Mitteilung machen. Meine Frau läßt sie grüßen, umarmen und alle küssen. Wir beide sehnen uns nach unserer Heimat.

Es wurde mir mitgeteilt, daß in Petersburg nach Neujahr eine neue Zeitschrift erscheinen soll. Der Verleger ist Kaschpirjew, der Redakteur – mein Freund Strachow. Man bittet mich um meine Mitarbeit. Das Unternehmen scheint durchaus ernst und sehr schön zu sein. Majkow schreibt mir darüber sehr begeistert.

Lesen Sie doch im Septemberheft des ›Russischen Boten‹ den Aufsatz: *Britischer Gelehrtenkongreß*, lesen Sie ihn unverzüglich.[4]

Ich küsse und umarme Sie und drücke Sie an mein Herz. Ihr Freund und Bruder

Fjodor Dostojewskij

Was macht Jelena Pawlowna? Und Maria Sergejewna? Grüßen Sie mir alle. Schreiben Sie mir von allen. Schreiben Sie mehr. Christus sei mit Ihnen!

An A. N. Majkow

Florenz, 11./23. Dezember 1868

Ich will Ihnen rasch antworten, teurer Freund Apollon Nikolajewitsch, und zwar weil ich von Herzen gerne mit Ihnen plaudern möchte. Stellen Sie sich vor, was ich auf mich zusammenschleppen ließ? Ich hatte Ihnen doch offenbar geschrieben, ich sei mit dem Schluß des ›Idioten‹ ins Stocken gekommen, würde fürs Dezemberheft nicht abschließen können und könne auch nicht abschließen.

Über diese *mea culpa* habe ich Katkow völlig aufrichtig unterrichtet, das heißt, daß man den Schluß des Romans für die Abonnenten wohl als Beilage im kommenden Jahr werde drucken müssen. Ganz plötzlich habe ich mich zu etwas anderem entschlossen (nur weiß ich nicht, ob man damit in der Redaktion des ›Russischen Boten‹ einverstanden sein wird). Ich *beschloß, das Ganze abzuschließen*[1], den 4. Teil und den Abschluß, und zwar für die Dezembernummer dieses Jahres, jedoch unter der Bedingung, das Dezemberheft des ›Russ. Bot.‹ solle mit etwas Verspätung erscheinen; so teilte ich heute Katkow mit, daß der Schluß des ›Idioten‹ gegen den 15. Januar nach unserem Stil schon in der Redaktion sein könne; die vorhergehenden Kapitel würde ich Zug um Zug schicken, nämlich alle fünf Tage etwas. Der Dreh dabei ist nämlich der, daß das Dezemberheft jedes Jahr ohnehin mit Verspätung erscheint und sogar so, daß das Januarheft des folgenden Abonnements noch vor dem Dezemberheft des vorhergehenden Jahres erscheint. Das Heft würde auf diese Weise um den 20. Januar erscheinen, vielleicht noch ein wenig später. Ich weiß nicht, wie man sich entscheiden wird. Aber von heute an muß ich 7 Druckbogen in *4 Wochen* schreiben und abschicken. Ich habe plötzlich gemerkt, daß ich dazu imstande wäre, ohne dem Roman allzu großen Schaden zuzufügen. Dazu käme, daß all das, was zu schreiben wäre, schon mehr oder weniger als Konzept geschrieben ist, und ich weiß jedes Wort auswendig. Sollte es Leser des ›Idioten‹ geben, werden sie vielleicht über den unvermuteten Schluß ein wenig verblüfft sein[2]; aber nach einigem Nachdenken werden sie zustimmen, daß er auch so aufhören muß. Überhaupt gehört der Schluß zu den gelungensten Lösungen, das heißt der Schluß als solcher; doch wenn ich fertig bin, will ich Ihnen als Freund einiges schreiben, nämlich was ich selbst davon denke.

Und in dieser Lage befinde ich mich jetzt. Inzwischen haben sich 4 Briefe angehäuft, die ich unbedingt beantworten sollte, wäre es auch allein aus dem Grund, daß ich es selbst möchte. Sie können sich natürlich nicht vorstellen, wie mich Ihre Briefe hier aufleben lassen. Schon seit Mai lese ich keine einzige russische Zeitung mehr! Ich erhalte nur den ›Russischen Boten‹, und der Tag, an dem er eintrifft, ist ein einziger Festtag. Im übrigen will ich Nikolaj Nikolajewitsch schreiben, er wolle mir die ›Morgenröte‹ hierher nach Florenz schicken, vom ersten Heft an, sonst kann ich nicht leben. Sie sollen mir das in der Redaktion der ›Morgenröte‹ ruhig berechnen, wenn sie wollen; vielleicht werden wir es doch noch verrechnen können. Urteilen Sie danach, wie teuer mir die Briefe eines erfahrenen und bewährten Freundes wie Sie sind. Und wenn Sie mir von Ihren Gesprächen mit Strachow schreiben, so ist mir ganz so zumute, als wäre ich selbst anwesend. Von Strachow habe ich auch einen Brief erhalten, er teilt mir viele literarische Neuigkeiten mit. Besonders freute mich seine Mitteilung über den Aufsatz Danilewskijs ›Europa und Rußland‹ [3], den Strachow als hervorragend bezeichnet. Ich muß gestehen, daß ich von Danilewskij seit dem Jahre 1849 nichts gehört habe; habe aber oft an ihn gedacht. Was er doch für ein hoffnungsloser Fourierist gewesen ist; nun hat sich dieser Fourierist wieder in einen Russen verwandelt und seine Scholle und seine Wesensart liebgewonnen! Daran erkennt man eben den bedeutenden Menschen! Dagegen werde ich mich nie der Ansicht des verstorbenen Apollon Grigorjew anschließen, daß auch Belinskij sich schließlich zum Slawophilentum bekehrt hätte.[4] Nein, bei Belinskij war das gänzlich ausgeschlossen. Er war ein räudiger Hund und nicht mehr. Er war in seiner Zeit ein bedeutender Schriftsteller, hätte sich aber unmöglich weiter entwickeln können. Er hätte wohl als Adjutant bei irgendeiner Madame Hegg geendet[5], hätte sein Russisch verlernt, doch kein Deutsch gelernt. Wissen Sie, wer die neuen Menschen in Rußland sind? Nun, zum Beispiel jener Bauer[6], der frühere Raskolnik aus der Zeit Pawel Prusskijs, über den im Juniheft des ›Russischen Boten‹ ein Aufsatz steht. Er ist, wenn auch für den kommenden Menschen in Rußland nicht gerade typisch, so doch unbedingt einer von den kommenden Menschen.

Doch kommt man auf dieses Thema zu sprechen, so kann man nicht mehr aufhören. Ich will Sie, mein Teurer, um einen freundschaftlichen Rat bitten: »Was soll ich tun?« – Aber natürlich will ich nur Sie fragen. Andere brauchen meine häuslichen Angelegenheiten nicht zu erfahren. Nun, es handelt sich um folgendes: In einem Monat habe ich meine Schulden beim ›Russischen Boten‹ abgearbeitet. Der ›Idiot‹ umfaßt im ganzen 42 Druckbogen. Ich habe bei ihnen (den Vorschuß vor der Heirat und eine Bagatelle, um die ich sie noch bitten will, miteingeschlossen) bis 7000 Rubel aufgenommen. Ja, bis zu siebentausend. Zwar lebten wir in dieser ganzen Zeit im Jahr durchschnittlich von 2000 Rubel, alle Reisen, die Kleidung, das Kind und alles miteingerechnet, was wir in Petersburg niemals hätten tun können.

Nach meiner Kalkulation (ohne ausführlich zu werden) bleibe ich der Redaktion des ›Russischen Boten‹ immer noch bis zu 1000 Rubel schuldig. Mag sein, daß sie damit nicht drängen werden; sie wissen, daß ich mein Geld verdiene. Aber nun folgende Frage: Wovon soll ich leben? Bin ich mit dem Roman fertig, will ich etwa zwei Monate ausspannen, aber was soll ich dann machen? Soll ich mich an Katkow wenden? Falls sie die Absicht haben, weiterhin meine Mitarbeit in Anspruch zu nehmen, werden Sie natürlich auf meine Bitten hin auch Geld schicken, aber für mich ist schlimmer als alles andere, daß ich dennoch nicht weiß, wie ich bei ihnen taxiert werde? Das heißt, ich verstehe wohl, daß ich als ein der Redaktion verschuldeter Schriftsteller gelte. Aber niemals antworten sie mir, so daß ich nicht einmal weiß, ob ihnen mein Roman paßt und ob sie meine Mitarbeit wünschen? Und das ist, allein schon wegen der finanziellen Pläne, wichtig genug zu wissen.

Die verfluchten Gläubiger werden mich noch umbringen. Es war dumm von mir, ins Ausland zu fliehen; es wäre wirklich vernünftiger gewesen, wenn ich daheim geblieben wäre und mich ins Schuldgefängnis hätte einsperren lassen. Wenn ich doch mit den Leuten von hier aus unterhandeln könnte! Es geht aber nicht, denn meine persönliche Anwesenheit ist unumgänglich. Ich spreche davon, weil ich augenblicklich *zwei* und sogar *drei* Verlagspläne mit mir herumtrage, deren Verwirklichung eine rein mechanische Ochsenarbeit erfordert, die aber unbedingt viel Geld einbringen müssen. Ich hatte ja oft mit ähnlichen Plänen Erfolg.

Jetzt beabsichtige ich nämlich folgendes: 1. einen riesigen Roman mit dem Titel ›Atheismus‹[7] (dies soll aber um Gottes willen unter uns bleiben); bevor ich ihn in Angriff nehme, muß ich eine ganze Bibliothek mit Werken atheistischer, katholischer und orthodoxer Autoren durchlesen. Der Roman kann selbst unter den günstigsten Umständen nicht vor zwei Jahren fertig werden. Die Hauptfigur habe ich schon. Ein Russe aus unseren Kreisen, *ziemlich bejahrt,* nicht besonders gebildet, doch auch nicht ungebildet, nicht ohne Stellung in der Gesellschaft, verliert *ganz plötzlich* in reifem Alter seinen Glauben an Gott. Sein ganzes Leben lang war er ausschließlich mit seinem Dienst beschäftigt, blieb immer im gewohnten Geleise und hat sich bis zu seinem 45. Lebensjahr durch nichts hervorgetan. (Die Lösung ist rein psychologisch: tiefes Gefühl, menschlich und echt russisch.) Der Verlust seines Glaubens an Gott macht auf ihn einen kolossalen Eindruck; (die Handlung des Romans und das Milieu sind gewaltig). Er sucht Anschluß an die neuen Generationen, an die Atheisten, die Slawen und die Europäer, die russischen Sektierer und die Einsiedler in der Wüste, an die Geistlichen; unter anderem gerät er auch einem polnischen Jesuiten und Propagandisten in die Falle; danach gerät er in den Abgrund der Chlysten-Sekte[8] und findet schließlich den Heiland und die russische Erde, den russischen Heiland und den russischen Gott. (Um Gottes willen sprechen Sie davon mit niemandem; wenn ich diesen letzten Roman geschrieben habe, will ich gern sterben, denn ich werde darin alles, was ich auf dem Herzen habe, aussprechen.) Mein lieber Freund! Ich habe einen ganz anderen Begriff von der Wirklichkeit und vom Realismus als alle unsere Realisten und Kritiker. Mein Idealismus ist realistischer als der ihrige.[9] Mein Gott! Wenn man nur sachlich aufzählen wollte, was wir Russen in den letzten zehn Jahren in unserer geistigen Entwicklung durchgemacht haben, so würden alle Realisten ein Geschrei erheben, daß dies pure Phantasie sei! Und doch ist es echter Realismus! Dies ist eben der wirkliche tiefe Realismus; der ihrige ist ja gar zu oberflächlich. Ist denn die Gestalt des Ljubim Torzow[10] im Grunde genommen nicht schrecklich unbedeutend? – Und dabei ist sie die verwegenste Leistung ihres Realismus. Das nennt sich tiefer Realismus! Mit einem solchen Realismus kann man auch den hundertsten Teil wirklicher Tatsachen überhaupt nicht erklären. Wir haben aber mit unserem Idealismus sogar manche Tatsachen vorausgesagt.[11] Dies ist wirklich vorgekommen. Mein Lieber, lachen Sie nicht über meine Einbildung; ich bin aber wie Paulus[12]: »Niemand lobt mich, also werde ich mich selbst loben.«

Indessen muß ich doch irgendwie leben. Den ›Atheismus‹ werde ich nicht auf den Markt schleppen (dabei habe ich sehr viel über den Katholizismus und den Jesuitismus zu sagen und will sie mit der Orthodoxie vergleichen). Ich habe auch noch den Plan zu einer ziemlich langen Novelle von etwa zwölf Druckbogen[13]; er erscheint mir recht verlockend. Ich habe auch noch einen anderen Plan. Wozu soll ich mich entschließen, und wem soll ich meine Arbeit anbieten? Der ›Morgenröte‹? Ich pflege aber immer das Honorar im voraus zu verlangen; bei der ›Morgenröte‹ wird man es mir aber kaum bewilligen. Natürlich werde ich vielleicht nicht ohne ihre Hilfe auskommen, aber einen fertigen Aufsatz dorthin zu schicken, ist schwer. Wovon soll ich leben, bis ich den Artikel

fertig habe? Das würde mir der ›Russische Bote‹ vollauf gewähr-
leisten (er hat mir wenigstens 150 Rubel pro Bogen und das noch
als Vorschuß tausendweise gegeben). Der Schluß des ›Idioten‹ wird
effektvoll sein (ob gut, weiß ich nicht). Doch es hieße die Hälfte
des Geldes verlieren, würde man den Buchhändlern die 2. Ausgabe
selbst anbieten. Es muß so sein, daß sie von selbst kommen, wie
das schon immer mit mir war, aber werden sie denn kommen? Ich
habe nicht die geringste Vorstellung über Erfolg oder Mißerfolg
des Romans. Übrigens entscheidet darüber das Ende des Romans.
Jedenfalls bitte ich Sie, mein Freund, um Rat. Auf den wichtigsten
Ratschlag warte ich, nachdem Sie den Schluß des ›Idioten‹ gelesen
haben. Ab Januar bin ich frei, aber in meiner Situation kann ich
die Hände nicht in den Schoß legen: ich muß leben und Schulden
bezahlen. Schreiben Sie mir, mein Freund, (und dies nur unter uns)
alles, was Sie über die ›Morgenröte‹ wissen, wie es um die finanziellen Mittel der Zeitschrift bestellt ist und ob sie Vorschüsse
zahlen kann, allgemein gesprochen und speziell, das heißt, ob sie
mir Vorschuß geben würden? Ich muß Ihnen gestehen, eine Bitte
um Vorschuß bei der ›Morgenröte‹ wäre für mich doch eine viel
zu resolute Sache. Es wäre doch etwas heikel, dem ›Russischen
Boten‹ den Rücken zu kehren, wenn auch nur für eine Zeitlang,
zumal ich ja noch bei ihnen verschuldet bin. (Wenn ich nur deren
persönliche Meinung über meine Mitarbeit beim ›Russischen Boten‹ wüßte! Übrigens kenne ich sie natürlich: *Man gibt mir Geld.*)
Jedenfalls schreiben Sie mir darüber und über alles andere. Und
doch ist es wiederum so: Ist es denn gut, sich in Knechtschaft zu
begeben und einer ausschließlichen Mitarbeit anzuhängen, um so
mehr, als jene die ganze Angelegenheit ziemlich kaltblütig betrachten? Ich bin von Euch schrecklich weit weg geraten und weiß
nichts mehr. Jedenfalls soll alles, was ich Ihnen schrieb und worüber
ich Sie um Rat bat, unter uns bleiben.
Ich danke Ihnen sehr, mein Lieber, daß Sie Pascha untergebracht
haben. Wenn er sich auch bei Porezkij nicht einlebt, dann ist nichts
mit ihm anzufangen. Noch eine Bitte, liebster Freund, noch eine
Bitte: Ich bin Katkow soeben um 100 Rubel angegangen; er soll
sie Ihnen schicken, und Sie bitte ich noch einmal flehentlich, so
unendlich gut zu mir zu sein, wie Sie es bisher immer gewesen
sind. Diese 100 Rubel sind für Pascha und Emilia Fjodorowna bestimmt, 50 für jeden. Was soll man machen, lieber Freund, es geht
nicht anders; ich muß Pascha doch ein wenig helfen, und Emilia

Fjodorowna ist zwar meine Feindin von altersher, sie haßt mich (ich weiß allerdings nicht warum), aber es ist einfach unmöglich, ihr *diesmal* nicht wenigstens 50 Rubel zu geben. Ach, mein Freund, Sie glauben nicht, wieviel Dummheit und Frechheit in diesen Köpfen steckt! »Er ist *verpflichtet,* uns zu unterstützen«, darauf besteht sie ein für allemal. Wieso denn verpflichtet? möchte ich fragen. Aus Mitleid und weil sie die Frau meines Bruders ist, bin ich bereit, ihr zu helfen, soviel ich kann, aber *verpflichtet* bin ich keineswegs! Sie beruft sich darauf, daß Bruder Mischa mir Geld nach Sibirien geschickt hat. Aber das war summa summarum so wenig, daß ich ihm und ihnen mindestens schon das Fünffache zurückgegeben habe. Ich habe in Sibirien 2000 Rubel für zwei meiner Erzählungen erhalten[14], die damals erschienen sind; er konnte mich gar nicht dauernd unterstützen. Ich habe ihm alles noch bei seinen Lebzeiten zurückerstattet. Sie behauptet von mir: »Er hat uns ruiniert; wir hatten die Fabrik und lebten in den besten Verhältnissen; da kam er und redete uns zu, eine Zeitschrift zu gründen, in der er seine eigenen Werke erscheinen lassen wollte, die von anderen Zeitschriften nicht angenommen wurden.« (»Das«, fügt Wladislawljew hinzu, »bezieht sich wohl auf die ›Erinnerungen aus einem Totenhaus‹.«) Aber als ich nach Petersburg zurückkam, stand es um seine Fabrik sehr schlecht; die Zigaretten, die anfangs gut gingen, versagten zu guter Letzt völlig und wurden von Miller und Laferme verdrängt; Schulden hatte er eine Menge und jammerte unaufhörlich, weil er den Bankrott voraussah. Alles das kann Nikolaj Iwanowitsch, sein Prokurist, bestätigen, der ein Jahr nach der Gründung der Zeitschrift ihm die Fabrik für 1000 Rubel abkaufte – die ganze Fabrik! Die war also nicht allzuviel wert! Die Zeitschrift wurde von ihm nach seinem Plan geschaffen und hatte gleich im ersten Jahr über 4000 Bezieher[15]; in 4 Jahren mußte sich also ein Reingewinn von mindestens 20 000 Silberrubeln jährlich ergeben. Das läßt sich an Hand der Bücher leicht feststellen, es sind auch Zeugen da. Die Zeitschrift hat meinen Bruder vor dem Bankrott gerettet. Ich aber erhielt für meine Mitarbeit nie mehr als *sieben-,* höchstens *achttausend* Rubel im Jahr. Das Verbot der Zeitschrift hat meinen Bruder ruiniert. Als er starb, hinterließ er beträchtliche Schulden. Sagen Sie, um Gottes willen, was hätte diese *Familie* getan, wenn ich mich geweigert hätte, die Zeitschrift weiterzumachen? Dann hätten sie ein Geschrei erhoben: »Wir hatten die Zeitschrift, und der Onkel, der sie *halbpart* mit dem Vater leitete (das ist aber nie der Fall gewesen), weigerte sich, sie fortzusetzen und hat uns ruiniert!« So hat Fedja im Klub wörtlich gesagt: »Wir hatten ein Gut, aber der Onkel hat es so schlecht verwaltet, daß er uns ruinierte.« Dabei hatte ich damals von der Tante 10 000 Rubel beschafft und sie für die Zeitschrift hergegeben. Die Fortsetzung der Zeitschrift aber war in einer allgemeinen Beratung sämtlicher Mitarbeiter beschlossen worden; an dieser Beratung hatten auch alle Familienmitglieder teilgenommen. Die Frage lautete: Soll die Zeitschrift weitergeführt werden oder nicht? Es wurde beschlossen, sie fortzuführen, und ich übernahm die ganze Arbeit. Mit meinen 10 000 Rubeln brachte ich 8 Hefte heraus und beglich eine Menge Schulden. Die Zeitschrift ging schlecht, weil viele meinten, *ich* wäre gestorben (das weiß ich ganz genau) und nicht mein Bruder (wir wurden häufig verwechselt); es war ja auch kein Dostojewskij als Herausgeber genannt. Die Zeitschrift ging pleite, und nun mußte ich für alle Schulden aufkommen. Von dem Honorar für meine Werke (dem Verkauf von ›Schuld und Sühne‹ an Stellowskij) konnte ich noch 10 000 Rubel abzahlen. Es blieb ein kleiner Rest übrig, den ich nicht bezahlen kann. Nun erklärt Emilia Fjodorowna: »Er hat uns ruiniert! Warum hat er uns seine 10 000 Rubel nicht abgegeben? Er ist verpflichtet, uns zu helfen, denn der Verstorbene hat ihn seinerzeit über Wasser gehalten« usw. Schön! Wenn ich nach Petersburg zurückkomme, werden die Dinge sich schon anders gestalten. Ich werde sie zur Vernunft bringen. Als ich abreiste, überließ ich ihnen meine Wohnung bei Alonkin. Mit Alonkin war ich zuletzt gut Freund geworden, und wenn er als Geschäftsmann mir auch böse ist, weil ich nicht zahle (es war vertraglich ausgemacht, daß er von ihnen keine Miete fordern dürfe, sondern daß ich alles zahle), so vertraut er mir doch und ist bereit zu warten. Er wollte aber Wechsel von mir haben. Ich bat sie, zu Alonkin zu gehen und ihm vorzuschlagen, er solle selber ein Wechselformular ausfüllen, es mir ins Ausland schicken, ich würde meinen Namen druntersetzen und es ihm zurückschicken. Sie fühlte sich gekränkt und ging nicht hin – gekränkt, weil ich sie angeblich nicht länger in meiner Wohnung haben wollte! Es war doch aber Alonkin, von dem die ganze Sache ausging, und nicht ich. Jetzt schreibt sie, sie *erwarte* von mir Geld, weil ich es ihr versprochen habe. Geben Sie ihr diese 50 Rubel, liebster, bester Freund, ohne ihr etwas zu sagen, und damit mag es erledigt sein. – Pascha aber muß ich wenigstens etwas helfen, obgleich er sich nicht so benimmt, wie ich es wünsche. Warum lügt er unaufhörlich? Er behauptet, seine Briefe gingen dauernd verloren. Sonst ist nie ein Brief verlorengegangen, wer mir auch geschrieben haben mochte, nur die seinigen verschwinden immer! Er schrieb mir, Gawrilow könne ihm etwas leihen, falls ich dafür garantiere. Ich stellte einen Schuldschein für Gawrilow aus und schickte außerdem noch einen andern zur Garantie der Anleihe, und zwar mit dem Geld, das ich in diesem oder kommendem Jahr von Stellowskij bestimmt erhalte. So lautet unser Vertrag. Diese beiden Scheine befinden sich bis heute noch bei Pascha. Er hatte mir geschrieben, Gawrilow sei nicht einverstanden. Daraufhin verlangte ich von Pascha die Rücksendung meiner Schuldscheine, aber er schickte sie nicht, und erst auf meine gebieterischen Anordnungen (durch Emilia Fjodorowna) hat er *versprochen*, *einen* Schein zu schicken. Ich will ihm jetzt schreiben, daß er beide Scheine *Ihnen überbringe.* (Sie bitte ich um Aufbewahrung der Scheine bis zu meiner Rückkehr.) Der Gedanke erschreckt mich, aber vielleicht liegt hier irgendeine Unehrenhaftigkeit seinerseits vor. Bitten Sie ihn um die Scheine. Die Adresse von Emilia Fjodorowna: Auf der Petersburger Seite, Versammlungsstraße, im Haus von Korb, Nr. 13, Wohnung Nr. 5. Ich flehe Sie an, Täubchen, mein guter engelsgleicher Mensch, zürnen Sie mir nicht, daß ich Sie hierin nochmals belästige, um so mehr, als ich Ihnen selbst schulde (ich will es bald zurückbezahlen; bald; anders könnte es gar nicht sein. Verzeihen Sie, daß ich so spreche; aber, mein Freund, Sie leben doch selbst von Ihren Arbeiten). Teilen Sie Pascha nicht alle meine Verdächtigungen mit.

Florenz ist schön, doch auch sehr feucht. Dennoch blühen bis heute im Garten Boboli die Rosen unter freiem Himmel. Und welche Kostbarkeiten befinden sich in den Galerien. Mein Gott, ich hatte 1863 die Madonna im Sessel [16] angeschaut, eine ganze Woche lang und erblickte sie erst jetzt. Aber wieviel Göttliches gibt es noch außer ihr. Doch will ich mir all das bis zum Abschluß des Romans aufsparen. Jetzt bin ich ganz zugestopft.

Ihr Gedicht ›Bei der Kapelle‹ [17] ist beispiellos. Und woher haben Sie diese Worte? Es ist eines *Ihrer* besten Gedichte, alles ist anmutig, aber nur mit *einem* bin ich unzufrieden: *mit dem Ton*. Es ist so, als würden Sie sie *rechtfertigen;* lassen Sie es doch grausam sein, aber es sind doch die Tränen eines Mörders usw. Wissen Sie, daß mir sogar die berühmten Worte Chomjakows über die wundertätige Ikone[18], die mich einst in Begeisterung versetzen konnten, heute nicht mehr gefallen; sie scheinen mir schwach zu sein. Ein einziges Wort: »Glauben Sie der Ikone oder nicht!« (Das ist kühner, mutiger, mein Teurer, seien Sie davon überzeugt.) Vielleicht verstehen Sie, was ich damit sagen will; es ist schwer, das ganz auszudrücken. Ach, über wie vieles würde ich gerne mit Ihnen reden. Schreiben Sie mir. Meine Adresse:

Italie, Florence, à M^r Th. Dostoiewsky, poste restante.

Anna Grigorjewna läßt Sie und Anna Iwanowna von ganzer Seele grüßen. Sie langweilt sich noch mehr als ich, ich bin wenigstens stark beschäftigt.

PS: Vielleicht wird man Ihnen das Geld (die 100 Rubel) von der Redaktion des ›Russischen Boten‹ *nicht schicken.*

PS: Ich will Strachow schreiben: Wird der Brief über die Anschrift der Zeitschriftenredaktion der ›Morgenröte‹ ankommen?

Ich umarme sie
Ihr F. Dostojewskij

An S. A. Iwanowa

Florenz, 25. Januar / 6. Februar 1869

Meine liebe, gute und teure Freundin Sonetschka, ich habe Ihren letzten Brief (ohne Datum) nicht sofort beantwortet und bin daher beinahe an Gewissensbissen gestorben, denn ich liebe Sie sehr. Es war aber nicht meine Schuld, und in Zukunft soll es anders sein. Die Pünktlichkeit in unserem Briefwechsel hängt jetzt nur von Ihnen allein ab; ich werde von nun an jeden Ihrer Briefe noch am *gleichen Tage* beantworten; da aber jeder Brief aus Rußland für mich jetzt ein Ereignis bedeutet und mich tief bewegt (Ihre Briefe bewegen mich immer in der angenehmsten Weise), so schreiben Sie mir, wenn Sie mich lieben, möglichst oft. Ich habe *Ihnen so lange* nicht geantwortet, weil ich alle meine Geschäfte und selbst die Beantwortung der wichtigsten Briefe bis nach Abschluß des Romans hinausgeschoben hatte. Nun ist er endlich fertig. Die letzten Kapitel schrieb ich Tag und Nacht in der größten Unruhe und unter großen Seelenqualen. Vor einem Monat schrieb ich an die Redaktion des ›Russischen Boten‹, sie möchte doch das Erscheinen des Dezemberheftes etwas hinausschieben und mir so die Möglichkeit geben, den Schluß noch in diesem Jahre erscheinen zu lassen. Ich habe geschworen, daß ich die letzte Zeile bis zum 15. Januar (nach

unserem Stil) abliefern werde. Doch was geschah? Ich hatte 2 Anfälle und mußte infolgedessen den von mir bestimmten Termin
um zehn Tage überschreiten. Die Redaktion hat wohl erst heute,
am 25. Januar, die 2 letzten Kapitel erhalten. Sie können sich
wohl vorstellen, wie sehr mich der Gedanke beunruhigte, daß sie
die Geduld verlieren würden und, da sie am 15. Januar den Schluß
noch nicht hatten, das Heft ohne den Roman erscheinen lassen
könnten! Das wäre für mich schrecklich. In jedem Fall muß die
Redaktion wütend sein; ich war in großer Not und mußte an
Katkow um Geld schreiben.

Das Klima in Florenz ist für meinen Zustand vielleicht noch weniger geeignet als das in Mailand und in Vevey; die epileptischen
Anfälle wiederholen sich öfter. Zwei Anfälle mit einem Zwischen-
raum von 6 Tagen haben eben diese Verspätung von 10 Tagen
verschuldet. Außerdem regnet es in Florenz zu oft; bei heiterem
Wetter ist hier dagegen ein wahres Paradies. Man kann sich keinen
schöneren Eindruck vorstellen als den dieses Himmels, dieser Luft
und dieses Lichtes. 2 Wochen lang war es etwas kühl; da die hiesigen Wohnungen gemein eingerichtet sind, froren wir diese 2 Wochen wie die Mäuse im Keller. Nun habe ich die Arbeit hinter mir
und bin frei; diese Arbeit, die ein Jahr währte, hat mich so sehr
mitgenommen, daß ich noch nicht einmal meine Gedanken sammeln
konnte. Die Zukunft ist für mich ein Rätsel; ich weiß noch immer
nicht, wozu ich mich entschließen werde. Irgendeinen Entschluß
muß ich doch fassen. In drei Monaten sind wir genau 2 Jahre
im Ausland. Nach meiner Ansicht ist das schlimmer als eine Verbannung nach Sibirien. Ich meine es durchaus ernst, ohne zu übertreiben. Ich kann die Russen im Ausland nicht begreifen. Wenn es
hier auch wirklich einen wunderbaren Himmel und, wie zum Beispiel in Florenz, buchstäblich unerhörte und unglaubliche *Wunder
der Kunst* gibt, so fehlen hier manche Vorzüge, die ich sogar in
Sibirien, als ich das Zuchthaus verließ, wahrnahm; ich meine in
erster Linie die Heimat und die Russen, ohne die ich nicht leben
kann. Vielleicht werden Sie es selbst einmal erleben, dann werden
Sie mir glauben, daß ich durchaus nicht übertreibe. Und doch ist
mir meine nächste Zukunft noch unbekannt. Mein ursprünglicher
positiver Plan ist augenblicklich in die Brüche gegangen. (Ich sprach
eben von einem *positiven* Plan, doch ist selbstverständlich jeder
meiner Pläne, wie bei jedem Menschen, der kein Kapital besitzt
und nur von seiner Arbeit lebt, mit Risiko verbunden und von

vielen Nebenumständen abhängig.) Ich hoffe, daß es mir gelingen wird, mit der 2. Auflage des Romans meine Finanzen zu verbessern und dann nach Rußland zurückkehren zu können; ich bin aber mit dem Roman unzufrieden, denn ich habe auch nicht ein Zehntel von dem, was ich sagen wollte, gesagt. Ich verwerfe ihn aber trotzdem nicht und liebe den mißratenen Plan noch heute. Jedenfalls ist das Buch vom Standpunkt des Publikums aus nicht effektvoll genug; die 2. Auflage wird mir daher, auch wenn sie zustande kommt, so wenig einbringen, daß ich mit den Einnahmen gar nichts werde anfangen können. Während ich mich im Ausland aufhalte, weiß ich übrigens nichts von der Aufnahme, die der Roman in Rußland gefunden hat. Gleich im Anfang schickte man mir einige Zeitungsausschnitte mit begeisterten Lobsprüchen.[1] In der letzten Zeit sind aber alle Äußerungen verstummt. Das Schlimmste ist, daß mir die Ansicht der Herausgeber des ›Russischen Boten‹ über den Roman vollständig unbekannt ist. Sooft ich sie um Geld bat, schickten sie es mir umgehend, woraus ich einigermaßen günstige Schlüsse zog. Ich kann mich aber auch geirrt haben. Jetzt schreiben mir Majkow und Strachow aus Petersburg, daß dort eine neue Zeitschrift ›Morgenröte‹ mit Strachow als Herausgeber gegründet worden sei; sie schickten mir das erste Heft und baten mich um meine Mitarbeiterschaft. Ich habe sie ihnen versprochen, doch bin ich an den ›Russischen Boten‹ durch meine ständige Mitarbeit (es ist besser, immer bei der gleichen Zeitschrift zu bleiben) und durch den Umstand, daß mir Katkow noch vor meiner Abreise ins Ausland einen Vorschuß von dreitausend Rubel gegeben hat, noch immer gebunden. Ich schulde den Herausgebern auch jetzt noch sehr viel, denn ich habe (mit den ersten dreitausend) nach und nach etwa siebentausend Rubel genommen; schon aus diesem einen Grunde darf ich jetzt nur am ›Russischen Boten‹ mitarbeiten. Von der Antwort des ›Russischen Boten‹ auf meine Bitte, mir noch mehr Geld zu schicken, hängt jetzt alles ab. Aber auch bei einer günstigen Antwort wird meine Lage höchst unbestimmt bleiben. Ich muß unbedingt nach Rußland zurückkehren; hier büße ich jede Fähigkeit, etwas zu schreiben, ein, denn ich habe hier das mir notwendige Material, das heißt die russische Wirklichkeit (aus der ich meine Ideen schöpfe) und die Russen, nicht zur Verfügung. Jeden Augenblick muß ich etwas nachschlagen oder erfragen und weiß nicht wo. Ich trage mich jetzt mit dem Plan zu einem riesengroßen Roman, der in jedem Fall, auch falls er mir miß-

lingen sollte, sehr effektvoll ausfallen muß, und zwar schon wegen seines Themas. Das Thema ist – der *Atheismus*[2] (es ist keine Anschuldigung gegen die heute um sich greifenden Überzeugungen, sondern etwas anderes; eine echte Dichtung). Dies muß den Leser *auch gegen seinen Willen* gefangennehmen. Ich muß unbedingt umfangreiche Vorstudien machen. Zwei oder drei handelnde Personen habe ich schon wunderbar entworfen; u. a. einen katholischen Enthusiasten und Priester (in der Art des St. François Xavier). Hier kann ich ihn aber unmöglich schreiben. Dieses Werk werde ich sicher auch in der 2. Auflage verkaufen können und dabei viel verdienen; doch wann? erst in 2 Jahren. (Erzählen Sie aber niemandem von diesem Plan.) Inzwischen werde ich irgend etwas anderes schreiben müssen, fürs tägliche Brot. Dies alles ist recht traurig. In meinem Zustand muß unbedingt eine Änderung eintreten. Woher soll aber diese Änderung kommen?

Sie haben recht, meine Freundin, wenn Sie sagen, daß ich mir in Rußland viel leichter und schneller Geld verschaffen könnte. Ich trage mich jetzt mit den Plänen zu 2 Ideen, zwei Ausgaben: Der eine Plan erfordert viel Arbeit und schließt die gleichzeitige Beschäftigung mit einem Roman vollkommen aus, kann mir dagegen viel Geld einbringen (woran ich gar nicht zweifle). Die *andere* Arbeit ist rein kompilativ und beinahe mechanisch; es handelt sich um ein *jährlich* erscheinendes großes und allgemein nützliches Buch von etwa sechzig Druckbogen bei kleinem Satz, das sehr viel gekauft werden wird und alljährlich im Januar erscheinen soll; diese Idee will ich noch nicht verraten, denn sie ist zu sicher und zu wertvoll; der Gewinn steht außer jedem Zweifel; meine Arbeit wird lediglich die eines Redakteurs sein.[3] Allerdings gehören einige Ideen und große Sachkenntnis dazu. Diese Arbeit würde mich aber nicht daran hindern, mich gleichzeitig mit einem Roman zu befassen. Ich brauche dafür auch Mitarbeiter und werde in erster Linie an Sie denken (ich brauche auch Übersetzer), und zwar unter der Bedingung, daß der Gewinn im Verhältnis zur geleisteten Arbeit geteilt werden soll; Sie werden 10mal soviel verdienen, wie Sie jetzt für Ihre Arbeit bekommen. Ich kann ohne Übertreibung sagen, daß ich in meinem Leben schon manche gute literarische Idee gehabt habe. Ich habe meine Ideen verschiedenen Verlegern, auch Krajewskij und meinem verstorbenen Bruder vorgelegt; alles was davon verwirklicht wurde, hat sich als höchst lukrativ erwiesen. So baue ich auch auf meine neuesten Ideen. Die Hauptsache ist aber der nächste große Roman. Wenn ich ihn nicht schreibe, wird er mich zu Tode peinigen. Hier kann ich ihn aber nicht schreiben. Ich kann aber auch nicht nach Rußland zurückkehren, ehe ich mindestens 4000 Rubel von meinen Schulden bezahlt habe und außerdem noch 3000 Rubel (um das erste Jahr leben zu können) besitze (im ganzen also 7000).

Doch genug von mir und von diesen langweiligen Sachen! So oder so, alles muß doch unbedingt irgendwie zum Abschluß kommen, sonst sterbe ich daran. Anna Grigorjewna hat auch großes Heimweh, sie ist jetzt wieder in anderen Umständen.[4] Sie schreibt gerade an Werotschka, die ich umarme wie Euch alle. Ich habe Euch heute alle im Traum gesehen und den verstorbenen Bruder Alexander Pawlowitsch.[5] Auch Masenka habe ich gesehen. Es war mir ganz wohl zumute. Übrigens ist das großartig von Masenka, daß sie nicht mehr als 2 Rubel für die Stunde nehmen will. Der arme Fedja war durch äußere Umstände gezwungen, den Preis zu senken, und schadete sich natürlich damit, ohne daran schuld zu sein. Wenn ich Ihre Briefe lese, Sonetschka, dann ist mir ganz so zumute, als spräche ich mit Ihnen: Der Stil Ihrer Briefe ist ganz der Stil Ihrer Sprache: bedächtig, abrupt und in kleinen Sätzen. Ich setzte mich hin und wollte schrecklich viel und über vieles schreiben, aber einstweilen genügt auch das. Dazu kommt, daß es eine langweilige Materie ist, über sich selbst zu sprechen. Ich habe viele Sorgen: Es ist lange her, daß ich Pascha Geld schickte, und außerdem kann ich nicht einmal die heiligsten Schulden bezahlen. Emilia Fjodorowna bezahle ich auch schon seit anderthalb Monaten nicht mehr die Miete. Ich schickte dieser Tage diesen und jenen ein wenig Geld, aber ich brauche es doch selbst so notwendig. Hören Sie, Sonetschka: Sie müssen mir ganz bestimmt öfters von Ihren familiären Angelegenheiten schreiben. Das wäre doch in jedem Fall besser. Ich will, koste es, was es wolle, versuchen, noch in diesem Jahr nach Rußland zurückkehren. Ich umarme Sie fest: umarme Mama und alle anderen. Wenn wir uns begegnen, dann wollen wir uns nicht mehr trennen. Ich küsse Masenka. Und alle Kinder. Bestellen Sie Jelena Pawlowna meinen aufrichtigen Gruß, ebenso Maria Sergejewna. Schreiben Sie mir von Ihren Erlebnissen und *Arbeiten* beim ›Russischen Boten‹ ausführlich. Ljubimow bedeutet so viel. Sollte ich meine Beziehungen zum ›Russischen Boten‹ konsolidieren, will ich Katkow von Ihnen schreiben. Ich habe Ihnen schon viel zuviel versprochen und nichts gehalten. Die äußeren Umstände erlaubten es nicht. Und jetzt umarme ich Sie nochmals und verbleibe von ganzem Herzen

ganz Ihr Fjodor Dostojewskij

PS: Meine Adresse: Italie, Florence, poste restante, à Mr Théodore Dostoiewsky. Ich hörte, es gehen schrecklich viele Briefe verloren.

An N. N. Strachow

Florenz, 26. Februar / 10. März 1869

Jeder Tag drängt mich dazu, Ihnen, teurer und hochverehrter Nikolaj Nikolajewitsch, auf Ihren freundlichen und hochinteressanten Brief zu antworten, und erst jetzt erfüllt sich mein Wunsch. Ich hatte Ihnen schon einige Male in Gedanken geantwortet, und jeden Tag fügte ich diesem Brief etwas in Gedanken hinzu, und sollte all das niedergeschrieben werden, ergäbe es einen ganzen Band. Zunächst verzögerte sich meine Antwort wegen meiner Krankheit (nach dem Anfall wartete ich, bis der Kopf frisch wurde), und dann waren Sie teilweise selbst schuld daran, daß ich die Antwort immer wieder aufschob: Ihrem Brief entnahm ich, die ›Morgenröte‹ würde dieser Tage erscheinen; und um wieviel hat sie sich nun schon gegenüber diesem einen Monat verspätet! Ich hatte noch den zweiten Band lesen wollen, um danach alle meine Eindrücke darzulegen. Denn all das erregt mich sehr; im übrigen will ich in diesem Brief eine gewisse Ordnung einhalten.

Erstens, der innerste Kern meiner Eindrücke von der ›Morgenröte‹. Für mich ist die ›Morgenröte‹ eine erfreuliche und notwendige Erscheinung. Doch dies für mich; für die große Mehrheit ist sie wohl gegenwärtig genau das, was ich darüber dieser Tage in der ›Stimme‹ las[1] (die einzige hier erhältliche russische Zeitung). Das ist ganz und gar Ausdruck der Meinung des Durchschnitts und der Routine, das heißt der Mehrheit. Dieses Artikelchen ist offensichtlich in feindseliger Absicht geschrieben, ein nichtiges Artikelchen, das nicht mal erwähnenswert ist; doch schien es mir aus einem einzigen Grund außerordentlich interessant, nämlich: der Autor dieses Artikelchens *untersuchte den Sinn der Zeitschrift* (und den hat er offenbar übersehen; denn hätte er ihn begriffen, hätte er es nicht unterlassen, ihn zu verspotten). Er fragte nämlich verdutzt: »Aus welchem Grund erscheint diese Zeitschrift? Was hat sie hervorgebracht? Das heißt, was möchte sie Neues sagen?« Das wird wohl auch die Mehrheit fragen. Und da in den ersten Monaten einer jeden neuen Zeitschrift beim Publikum (sogar bei einem völlig gleichgültigen Publikum) mit Gewißheit eine Opposition gegen die Zeitschrift entsteht, so wird diese Opposition noch lange von sich hören lassen (es wäre sehr schlecht, wenn die Zeitschrift diese Opposition durch einige zweitrangige Fehlleistungen rechtfertigte). Doch bedeutet das noch gar nichts; das sind Trivialitäten und Bagatellen. Sie kennen die Erwiderungen: »Laßt sie schimpfen, so schweigen sie nicht, sondern reden.« Sie werden zweifellos (wie auch ich) glauben, daß der Erfolg einer jeden neuen Idee von einer Minderheit abhängt. Diese Minderheit brauchen sie unbedingt (sogar trotz aller Fehler und Fehltritte der Zeitschrift, die, wie es scheint, vorkommen dürften). Diese Minderheit wird bis zum Ende des Jahres *bestimmt* erstarken und sich behaupten. Warum ich so überzeugt spreche? Weil die Zeitschrift eine *Idee* hat, und gerade die Idee, die jetzt unumgänglich, unausbleiblich ist und der *allein* es vorbestimmt ist zu wachsen, während die anderen schrumpfen müssen. Doch diese Idee ist schwierig und heikel, das wissen Sie selbst. Für diese Idee, besonders, wenn man sie zu verstehen beginnt, das heißt, wenn Sie sie noch deutlicher begreiflich machen, wird man sie rückständig nennen, Kamtschadalen [Einwohner von Kamtschatka], und wahrscheinlich gekauft, während sie für uns doch die einzige fortschrittliche und liberale Idee in unserer Zeit ist. Wenn Sie das schließlich ein für allemal begreiflich machen, dann werden Ihnen alle folgen. Aber bisweilen sieht die Routine den Liberalismus und die neue Idee gerade in dem, was alt und rückständig ist. Die ›Vaterländischen Annalen‹, die ›Sache‹[2] halten sich gewiß für die fortschrittlichsten Zeitschriften. Sie wissen das selbst nur zu gut, aber am besten wissen Sie, daß Ihnen die Zukunft gehört. Nun, wissen Sie, was ich befürchte? Sie (und viele der Ihren) werden vor der Arbeit zurückschrecken und die kolossale Sache fallenlassen. Ach, Nikolaj Nikolajewitsch, diese Arbeiten sind so riesig und verlangen so viel Glauben und Beharrlichkeit, daß Sie all das erst nach langer Zeit *voll und ganz* erkennen werden. So scheint es mir. Ich kenne davon selbst nur einen Bruchteil aus der Zeit, als ich bei meinem Bruder mitredigierte; aber die ›Zeit‹ und die ›Epoche‹ sind, wie Sie selbst wissen, bis zu einer solchen Offenheit und Blöße im Ausdruck ihrer Idee nie gelangt, hielten sich größtenteils in der Mitte[3], besonders zu

Anfang. Sie haben unmittelbar vom Gipfel aus begonnen[4]; das wird für Sie schwieriger sein, also müssen Sie auf festen Beinen stehen.

Sie haben in diesen zwei, drei Jahren *fast* völligen Schweigens viel gewonnen, Nikolaj Nikolajewitsch. Dies ist meine Meinung, nach Ihrer ›Armut‹[5] und dem Aufsatz in der ›Morgenröte‹ zu urteilen. Ich habe mich immer an der Klarheit und Folgerichtigkeit Ihrer Darstellung ergötzt; doch jetzt stehen Sie auf unvergleichlich festerem Boden. Schade, daß Sie nicht mit der ›Armut‹ in der ›Morgenröte‹ anfingen, das heißt, ich bedaure es, daß die ›Armut‹ schon vorher gedruckt worden war. Als Broschüre ist sie wohl von sehr wenigen bemerkt worden, und die Mehrheit derer, die sie offensichtlich bei ihrem Erscheinen mit Sympathie gelesen hätte, weiß wohl bis heute noch nichts von ihrer Existenz, das heißt, sie bemerkten sie einfach nicht. (Diese kleine Broschüre, seien Sie davon überzeugt, wird man später restlos verkaufen. Ich bin sicher, daß sie schon jetzt ein wenig gekauft worden ist.) Haben Sie übrigens folgende Eigentümlichkeit unserer russischen Kritik bemerkt? Jeder hervorragende Kritiker (wie Belinskij, Grigorjew) hat sich bei seinem ersten Auftreten vor dem Publikum auf irgendeinen hervorragenden Dichter gestützt, seine ganze Tätigkeit der Erklärung dieses Dichters gewidmet und sein Leben lang alle seine Gedanken nicht anders als in Form von Kommentaren zu den Werken dieses Dichters geäußert. Die Kritiker machten es durchaus naiv, und es erschien beinahe selbstverständlich. Ich will damit sagen, daß unsere Kritiker ihre eigenen Ideen nur dann äußern können, wenn sie Arm in Arm mit irgendeinem Dichter, der sie hinreißt, vor die Öffentlichkeit treten. So hat sich Belinskij gar nicht durch die Revision unserer ganzen Literatur und sogar nicht durch seine Aufsätze über Puschkin hervorgetan, sondern dadurch, daß er sich immer auf Gogol stützte, den er schon in seiner Jugend verehrt hatte. Grigorjew hat sich durch seine Erklärungen zu Ostrowskij und durch sein Eintreten für diesen Dichter hervorgetan.[6] Und Sie haben, solange ich Sie kenne, eine grenzenlose und unmittelbare Sympathie für Lew Tolstoj. Als ich Ihren Aufsatz in der ›Morgenröte‹ las, hatte ich allerdings den Eindruck, daß er durchaus *notwendig* ist[7], und daß Sie *unbedingt* mit Lew Tolstoj und der *Analyse seines letzten Werkes*[8] beginnen mußten, um Ihre eigenen Gedanken auszusprechen. (In der ›Stimme‹ behauptete ein Feuilletonist, daß Sie den *historischen Fatalismus* Tolstojs teilen.[8]

Natürlich kann man auf diese blöde Bezeichnung spucken; erklären Sie mir aber, wieso die Leute nur auf solche wunderlichen Gedanken und Ausdrücke kommen? Was heißt *historischer Fatalismus*? Warum diese ewige Routine, und warum verdunkeln und vertiefen die einfältigen Menschen, die nur das, was direkt vor ihrer Nase liegt, sehen, ihre eigenen Gedanken so sehr, daß man sie gar nicht mehr verstehen kann? Der Feuilletonist hat ja offenbar etwas sagen wollen; daß er Ihren Aufsatz gelesen hat, steht außer jedem Zweifel.) Was Sie in jenem Passus, in dem von der Schlacht bei Borodino die Rede ist, sagen, drückt das tiefste Wesen der Tolstojschen Ideen und Ihrer Gedanken über Tolstoj aus. Ich glaube, Sie hätten sich gar nicht deutlicher ausdrücken können. Der nationale russische Gedanke tritt an dieser Stelle beinahe unverhüllt hervor. Dies haben eben die Leute nicht begriffen und als Fatalismus gedeutet. Was die übrigen Einzelheiten des Aufsatzes betrifft, so muß ich erst die Fortsetzung abwarten (die ich noch immer nicht erhalten habe). Jedenfalls sind Ihre Gedanken klar, logisch und sicher empfunden und mit höchster Eleganz ausgedrückt. Mit gewissen Details kann ich mich aber nicht einverstanden erklären.[9] Mündlich ließen sich diese Fragen natürlich ganz anders besprechen als in diesem Brief. In jedem Fall halte ich Sie für den einzigen Vertreter unserer Kritik, dem die Zukunft gehört. Doch wissen Sie, ich habe Ihren Brief mit Beunruhigung gelesen. Dem Ton nach sehe ich, daß Sie erregt und besorgt sind, daß Sie sich in großer Aufregung befinden. Ich bange auch um Ihre mangelnde Erfahrung in Terminarbeiten und beharrlicher Arbeit. Sie müssen unbedingt drei oder vier große Aufsätze im Jahr schreiben (da muß Ihnen noch vieles klar werden, seien Sie sich dessen gewiß), währenddessen wird Ihr Mut sinken, und eine ganz geringfügige Sache wird Sie schwanken machen, als wäre es eine große. Dabei sind gerade Sie bei der Zeitschrift die einzig unabkömmliche Person, was die bewußte Klärung der Idee der Zeitschrift betrifft. Ohne Sie wird die Zeitschrift nicht gehen (das sage ich nur Ihnen). Und so müssen Sie die große Tat entschlossen in Angriff nehmen, Nikolaj Nikolajewitsch. Sie müssen sich für eine lange und schwierige Tat entscheiden und nicht auf die Unannehmlichkeiten starren. Jede Unannehmlichkeit ist unvergleichlich geringer als Ihr Ziel, deshalb müssen Sie ausharren lernen und überhaupt stark werden. Aber die Sache fallenzulassen, dazu haben Sie nicht einmal ein Recht; ich werde Sie dann als erster verfluchen.

Nun will ich Ihnen ganz kurz meine übrigen Eindrücke von der Zeitschrift berichten. (Mein Lob kennen Sie: sie hat eine Idee und Zukunft; ihre Methode ist großartig; sie enthüllt die Idee, verbirgt sich nicht, verschmäht das Mittelmaß und beginnt beim Gipfel; aber nun will ich zum unangenehmen Teil meiner Eindrücke kommen.) Die Zeitschrift ist vor allem im Umfang klein und dürftig, was sogar ihr Äußeres verrät. Die Bogen des Romans von Pisemskij (das heißt die für den Verleger teuersten Bogen – alle begreifen das) sind allzu sperrig gedruckt, das heißt in einer so riesigen Schrift, wie ich sie noch nie zuvor gesehen habe. Der Aufsatz von Danilewskij, der bezüglich der Idee der Zeitschrift zu den wichtigsten gehört, ist im Druck mager, das heißt viel zu klein. Die schlechte Wirkung wird sich in der Folge zeigen. So wie das jetzt gedruckt wird, dürfte sich der Aufsatz nach meiner Meinung über 10 oder 12 Hefte ausdehnen – sozusagen dem Publikum ein Dorn im Auge sein; es wird nicht mehr auf ihn achten, wenn es den Aufsatz fortwährend zu sehen bekommt. Ich urteile materiell; verachten Sie nicht die materielle Betrachtungsweise und die äußere Gestalt. Das Heft enthält wenig Aufsätze, diesen Eindruck hatte ich gleich von Anfang an. Mir schien es, als hätte man noch etwa zwei Artikelchen gebraucht. Die erste Nummer enthält weder Artikel zur Tagespolitik noch ein Feuilleton. Ein monatlicher politischer Überblick ist ebenso notwendig wie eine Tageszeitung, insbesondere fürs russische Publikum; bedenken Sie, wir leben gerade in einer heißen Zeit. Ein guter politischer Beobachter läßt sich bei uns schon finden (wie heißt übrigens dieser junge Mann, Beamter, der in der letzten Nummer der ›Epoche‹ die politische Rundschau machte? Ich habe seinen Namen vergessen. Er ist ein sehr, *sehr begabter* Mann und offenbar ein hervorragender junger Mensch). Anders steht es um den Feuilletonisten: Es ist schwierig, bei uns einen begabten Feuilletonisten zu finden; sie sind durchwegs Minajews und Saltykows; aber mein Gott, wieviel ungewöhnlich bemerkenswerte Erscheinungen der Gegenwart, des Alltags, gäbe es hier, die ihrerseits die Ideen der Zeitschrift aufhellen könnten (wer hat übrigens das Theaterfeuilleton geschrieben? Ein sehr, sehr angenehmer und genauer Artikel [10]). Sie wollen der Polemik aus dem Wege gehen? Vergebene Liebesmüh. Polemik ist ein außerordentlich passendes Mittel [11], eine Idee zu erklären; bei uns liebt sie das Publikum viel zu sehr, als daß man sie außer acht lassen könnte. So hatten beispielsweise alle Aufsätze Belinskijs die

Form der Polemik. Dabei kann man in der Polemik den Ton der Zeitschrift bestimmen und den Leser dazu zwingen, sie zu respektieren. Außerdem könnte Ihnen persönlich der Mangel polemischer Mittel sogar schaden: Sie haben eine unvergleichlich bessere Sprache und Darstellung als Grigorjew. Eine ungewöhnliche Klarheit; aber die unaufhörliche *Gelassenheit* verleiht Ihren Artikeln einen Aspekt der *Abstraktheit.* Man muß sich auch ein wenig erregen lassen, bisweilen die Peitsche gebrauchen und sich bis zu den einzelnen Details der brennenden Tagesfragen herablassen. Das verleiht einem Aufsatz den Aspekt dringlicher Notwendigkeit und verblüfft das Publikum. Die Post hatte kaum ihre Beförderungspreise erhöht, da konnte ich schon in der ›Stimme‹ die Anzeige der ›Morgenröte‹ an ihre Abonnenten lesen, daß die Preise der Zeitschrift erhöht werden. So ist es, und es stimmt; aber der Abonnent wird doch gleich sagen: »Gut, unerbittlich fordern Sie mein Geld; sine qua non; aber seien Sie doch mal erst selber pünktlich; mit der ersten Nummer sind Sie am 8. des Monats herausgekommen; und im zweiten Monat haben Sie sich sogar um noch eine Woche verspätet.« Ach, Nikolaj Nikolajewitsch, im ersten Jahr sollte die Zeitschrift keine Anstrengungen scheuen. Mein verstorbener Bruder pflegte dazu folgendes zu sagen: »Hat der Sämann zu Hause überhaupt kein Brot mehr, und ist er aber schon mal ausgezogen, um zu säen, so darf er sich auch nicht scheuen, der Familie das letzte Korn zu nehmen, um es in die Erde zu schütten; säe, wie es sich gehört, sonst kann nichts aufkeimen, und du wirst nichts ernten.« Und so haben Sie plötzlich schon 2000 Abonnenten. Sie dürfen keine Opfer scheuen, das dritte Tausend einzusammeln. Sie würden es bestimmt schaffen, und im 2. Jahr wäre dann alles viel leichter. Schaffen Sie sich diese Abonnenten jetzt nicht, so häufen Sie sich nur für die Zukunft mehr Arbeit auf. Im übrigen ist das Ihre Zukunft, doch Sie brauchen Beharrlichkeit und haben schrecklich schwere Arbeit. Wer leitet eigentlich die geschäftlichen Aufgaben der Zeitschrift? Dazu ist ein starker, hartnäckiger und bedächtiger Mann notwendig. Bisweilen muß man dreimal täglich in die Druckerei fahren. Ich erwarte mit Ungeduld die Fortsetzung der drei Aufsätze, insbesondere die des Ihrigen und die des Aufsatzes von Danilewskij. Über den Roman von Pisemskij vermag ich jetzt noch gar nichts zu sagen; ich muß ihn weiterlesen. Übrigens ist in dieser Hinsicht Ihr Beitrag besser als alle anderen: Von Rajskij wußte ich schon vorher, daß er nichts taugen würde; und

Turgenjews Erzählung im ›Russischen Boten‹ (ich habe sie gelesen) ist gar von einer solchen Nichtigkeit, daß man sie nicht mal dem Herrgott zeigen könnte.[12] Aus dem ersten Teil Pisemskijs schließe ich, daß die restlichen Teile gar nicht anders als höchst gekonnt sein können.

Ich danke Ihnen, mein guter und verehrter Nikolaj Nikolaje-witsch, für das große Interesse, das Sie mir entgegenbringen. Meine Gesundheit ist nach wie vor zufriedenstellend, und die Anfälle sind sogar weniger heftig als in Petersburg. In der letzten Zeit, das heißt vor etwa 1½ Monaten, war ich noch mit dem Schluß meines ›Idioten‹ stark beschäftigt. Schreiben Sie mir doch, wie versprochen, Ihre Ansicht über das Buch; ich erwarte sie mit größter Spannung. Ich habe meine eigene Ansicht über die Wirklichkeit (in der Kunst): Das, was die meisten für beinahe phantastisch und ungewöhnlich halten, erscheint mir manchmal als das tiefste Wesen der Wirklichkeit. Die trockene Betrachtung alltäglicher Ereignisse halte ich noch lange nicht für Realismus, sogar ganz im Gegenteil. In jeder beliebigen Zeitungsnummer stoßen Sie auf Berichte über durchaus wirkliche Tatsachen, die einem aber durchaus außergewöhnlich erscheinen. Unsere Dichter halten sie für phantastisch und befassen sich gar nicht mit ihnen; und doch sind sie die Wirklichkeit, denn es sind *Tatsachen*. Wer hat noch überhaupt Lust, sie zu bemerken, zu erklären und zu beschreiben? Sie passieren jeden Tag und jeden Augenblick, folglich sind sie nicht *ungewöhnlich*. Nun, was wäre denn, wenn die Tiefe der Idee unserer Künstler die Tiefe der Idee in ihren Darstellungen nicht überwände, wie beispielsweise bei Rajskij (Gontscharow)? Was ist denn Rajskij? Da wird in abgeschmackter Weise ein pseudorussi-scher Charakterzug dargestellt, nämlich der, daß der russische Mensch alles beginne, sich viel auf das Größte einbilde und nicht mal das Kleine vollbringe. Was für ein Altväterkram! Was für ein leerer und schwacher Gedanke, ein Gedanke, der obendrein noch unwahr ist. Das ist noch die Verleumdung des russischen Charak-ters aus Belinskijs Zeiten. Was für eine Trivialität und Nieder-trächtigkeit der Anschauung und Durchdringung der Wirklichkeit. Und es ist immer dasselbe, ein und dasselbe Lied. Auf diese Weise lassen wir uns die ganze Wirklichkeit an der Nase vorbeistreichen. Wer soll denn die Tatsachen bemerken und sich in sie vertiefen? Von der Erzählung Turgenjews will ich gar nicht reden: Mag der Teufel wissen, was das ist. Ist denn mein phantastischer ›Idiot‹

nicht die alltäglichste Wirklichkeit? Gerade heutzutage muß es in unseren Gesellschaftsschichten, die von der Scholle losgelöst sind, in den Schichten, die in der Tat phantastisch zu werden anfangen, solche Charaktere geben. Ich will davon gar nicht reden! In meinem Roman ist vieles in Eile geschrieben, vieles in die Länge gezogen und mißlungen, aber es ist auch vieles gut geraten. Ich stehe nicht hinter dem Roman, sondern hinter der Idee. Teilen Sie mir doch bitte Ihre Ansicht mit, und zwar möglichst offen. Je mehr Sie schimpfen werden, um so höher werde ich Ihre Aufrichtigkeit schätzen. Der ›Russische Bote‹ konnte den Schluß im Dezemberheft nicht mehr unterbringen und versprach ihn in Form einer Beilage. Vermutlich wird man sie dem Februarheft beilegen. Ich möchte gerne, daß Sie den Schluß lesen. Nichtsdestoweniger befinde ich mich in einer äußerst schwierigen Lage. Im übrigen bin ich selbst mit meinem Roman sehr unzufrieden. Und dabei bin ich doch der Vater dieses Romans.

Nun zu folgender Sache: Bestellen Sie Danilewskij, Kaschpirjew, Gradowskij und all denen meinen Dank, die mir ihre Teilnahme schenken. Dies als erstes. Und 2. mein Täubchen Nikolaj Nikolajewitsch, setze ich auf Sie in einer für mich sehr delikaten Sache und bitte Sie hierin um Ihre freundschaftliche Unterstützung. Hier ist sie:

Sie schrieben mir in äußerst schmeichelhafter Weise, die ›Morgenröte‹ wünsche meine Mitarbeit bei der Zeitschrift. Ich bin nun *gezwungen,* darauf folgendes zu antworten: Da ich immer an außerordentlichem Geldmangel leide und ausschließlich von meiner Arbeit lebe, war ich auch mein ganzes Leben dazu gezwungen, wo auch immer ich arbeiten mochte, Vorschüsse zu nehmen. Man hat sie mir auch tatsächlich überall gegeben. Bald ist es zwei Jahre her, daß ich aus Rußland abreiste und Katkow bereits 3000 Rubel schuldete, nicht etwa nach der alten Verrechnung mit ›Schuld und Sühne‹, sondern nach dem neuen Vorschuß. Seit jener Zeit habe ich bei Katkow noch bis zu dreitausendfünfhundert Rubel aufgenommen. Ich werde auch jetzt noch Mitarbeiter Katkows bleiben, aber in diesem Jahr wohl kaum etwas an den ›Russischen Boten‹ liefern. Ich habe jetzt drei Ideen, die mir teuer sind. Eine davon stellt einen großen Roman dar.[13] Vermutlich werden sie den Roman auswählen, um damit das kommende Jahr zu beginnen. Ich habe jetzt einige freie Monate vor mir. Natürlich wird mir auch der ›Russische Bote‹ in diesem Jahr Geld schicken, obgleich ich dort noch etwas verschuldet bin. Aber meine Bedürfnisse nehmen zu (meine Frau ist wieder schwanger), wir haben viele Ausgaben, und dabei haben wir in letzter Zeit so sparsam gelebt, daß wir uns alles versagten. Im letzten Halbjahr haben wir von insgesamt nur 900 Rubeln gelebt und dies einschließlich der Umzugskosten von Vevey nach Mailand und Florenz; dazu kam noch, daß wir von diesen 900 Rubeln kürzlich hundert Rubel an Pascha und Emilia Fjodorowna schickten. Ich habe gegenwärtig noch kein Geld von Katkow erhalten, brauche es aber dringend, ich brauche es ganz dringend. Der ›Russische Bote‹ hat natürlich recht: Ich habe mich verspätet und bitte dann noch obendrein um die Abrechnung. Vermutlich werden sie die Überweisung noch um drei Wochen verzögern; doch darum geht es gar nicht, es geht um die allernächste Zukunft. Kurzum: Ich brauche unbedingt Geld, ganz dringend, und schlage deshalb der Redaktion der ›Morgenröte‹ folgendes vor: mir hierher nach Florenz Geld zu schicken, und zwar unverzüglich 1000 Rub. (eintausend Rubel) als Vorschuß; 2. verpflichte ich mich selbst, der Redaktion der ›Morgenröte‹ bis zum 1. September dieses Jahres, das heißt binnen eines halben Jahres, eine Novelle, das heißt Roman, zukommen zu lassen. Er wird vom Umfang der ›Armen Leute‹ bzw. 10 Druckbogen lang sein; ich denke nicht weniger; vielleicht sogar etwas mehr. Ich werde mich *mit der Lieferung um keinen einzigen Tag verspäten*. (In dieser Hinsicht bin ich ziemlich pünktlich.) Sollte ich mich auch nur um einen Monat verspäten, so will ich mich meinetwegen dazu entschließen, auf die restliche Bezahlung zu verzichten. Die Idee des Romans fasziniert mich stark. Dies ist nicht irgend etwas für Geld, sondern ganz und gar das Gegenteil. Ich fühle, die Wirkung des ›Idioten‹ beim Publikum ist schwächer, verglichen mit der Wirkung von ›Schuld und Sühne‹. Und deshalb ist nun mein ganzer Ehrgeiz wieder angestachelt: Ich will wiederum einen Effekt erzielen; es wäre für mich bestimmt vorteilhafter, die Aufmerksamkeit in der ›Morgenröte‹ auf mich zu lenken als im ›Russischen Boten‹. Sie sehen, daß ich Ihnen alles schrecklich aufrichtig schreibe. Als Bezahlung *für den Bogen* schlage ich 150 Rub. vor (den Bogenpreis des ›Russischen Boten‹, sollte der Bogen der ›Morgenröte‹ kleiner sein), das heißt das, was ich vom ›Russischen Boten‹ erhalte. Auf weniger kann ich mich nicht einlassen. (Mein Bruder und ich haben noch mehr Vorschuß gegeben.) Ich werde mich bemühen, die Arbeit möglichst gut zu machen; Sie werden, mein Lieber, selbst verstehen, daß darin mein ganzer Nutzen besteht. Nun habe ich an Sie, Nikolaj Nikolajewitsch, eine außergewöhnliche Bitte: 1. Den Erfolg dieser Sache in freundschaftlicher Weise zu fördern, falls Sie dies für eine der Zeitschrift gemäße Sache halten. 2. Sollten Sie Kaschpirjews Einverständnis gewinnen, so bitte ich inständigst darum, das Geld ohne den geringsten Aufschub zu überweisen, und zwar in folgenden Dispositionen: geben Sie 200 (zweihundert Rubel) von diesen tausend an Apollon Nikolajewitsch Majkow mit meinem außerordentlichen Dank; ich schulde ihm dieses Geld schon mehr als ein Jahr. Weitere 200 (zweihundert Rubel) wollen Sie in meinem Namen der Schwester meiner Frau, Maria Grigorjewna Swatkowskaja übergeben (sie weiß wofür), und zwar an die folgende Adresse: Maria Grigorjewna Swatkowskaja, Auf den Sandbänken, beim 1. Landesmilitärkrankenhaus, in der Jaroslawler Straße, Haus Nr. 1, der Hausbesitzerin. Die übrigen 600 Rub. (sechshundert Rubel) bitte ich Sie, mir direkt hierher nach Florenz zu schicken, an folgende Adresse: Italie, Florence, à Mr Théodore Dostoiewsky, poste restante. Schließlich 3. bitte ich Sie um Benachrichtigung und *unverzügliche* Überweisung des Geldes, sollte sich all das einrichten lassen. Darum bitte ich Sie doch als alten Freund; denn ich brauche das gegenwärtig so sehr wie noch nie zuvor. Endlich bitte ich Sie ebenfalls um eine unverzügliche Antwort, ob sich die Sache überhaupt machen läßt, damit ich mich nicht vergebens darauf verlasse und damit rechne, vor allem jedoch, um es zu *wissen*. Außerdem wäre es besser, vorläufig niemandem davon zu erzählen, sollte die Angelegenheit klappen. Zu guter Letzt hätte ich noch den Wunsch, daß der Roman, den ich der Redaktion der ›Morgenröte‹ bis zum 1. September liefern würde, in den diesjährigen Herbstnummern der Zeitschrift erschiene. Das wäre für mich aus verschiedenen Gründen vorteilhafter. Doch werde ich selbstverständlich keine Schwierigkeiten machen, falls der Redakteur mit dem Druck erst im kommenden Jahre beginnen wollte. Mit einem Wort, ich überlasse es dem Willen der Redaktion und äußere nur einen Wunsch.

Nun will ich Ihnen als altem Freund und Mitarbeiter vertraulich noch eine meiner außergewöhnlichen Sorgen mitteilen: Diese 200 Rubel, die ich seit mehr als einem Jahr Apollon Nikolajewitsch schulde, scheinen die Ursache seines gegenwärtigen Schweigens zu sein; er hat plötzlich jeglichen Briefwechsel mit mir abgebrochen.[14] Ich hatte Katkow im Dezember gebeten, 100 Rub. für Emilia Fjodorowna und Pascha auf den Namen von Apollon Nikolajewitsch zu überweisen (so wie ich das in diesen Fällen immer getan hatte), ihn aber hatte ich in meinem letzten Brief gebeten, diese 100 Rubel Emilia Fjodorowna zu übergeben. Er hatte sich wohl gedacht, ich hätte einen ansehnlichen Batzen bekommen, schwämme nun im Gold, wolle ihm das Geld nicht zurückerstatten und bitte ihn noch dabei, die Überweisung der 100 Rubel an Emilia Fjodorowna zu besorgen. »Anderen zu helfen, dafür hat er Geld, aber seine Schulden will er nicht begleichen« – bestimmt hatte er das gedacht. Wenn er doch nur gewußt hätte, in welch eine Lage ich mich selbst gebracht hatte. Nachdem ich beim ›Russischen Boten‹ viel Vorschuß (das Notwendigste) genommen hatte, waren meine Frau und ich während der letzten Halbjahre in so großer Geldnot, daß jetzt selbst unsere letzte Wäsche im Pfandhaus liegt (erzählen Sie das niemandem weiter). Beim ›Russischen Boten‹ hatte ich beim Abschluß des Romans um nichts mehr bitten wollen. Aber jetzt machen sie die Abrechnung und haben bis jetzt ihre Antwort hinausgezögert. Natürlich bin ich schuld, daß ich das ganze Jahr über nichts zurückbezahlt hatte, und habe auch dieser Vorstellung wegen schon genug gelitten, aber während dieser zwei Jahre im Ausland habe ich im ganzen von 3500 Rubeln gelebt, mit den Reisen und Umzügen und einigen Geldsendungen nach Petersburg und mit Sonja – wovon hätte ich ihm etwas schicken sollen? Dazu hat er mich nie nach dem Geld gefragt, und ich meinte, er könne warten, wobei ich fast jeden Monat hoffte, ihm das Geld schicken zu können. Diese 100 Rub. für Emilia Fjodorowna müssen ihn gekränkt haben; aber Emilia Fjodorowna wäre doch beinahe verhungert, da mußte ich doch helfen! In meiner finsteren Situation ist der Gedanke daran, daß mich noch ein mir ergebener Mensch im Stich läßt, eine schreckliche Qual. Hat er mit Ihnen nicht darüber gesprochen, oder wissen Sie irgend etwas? Wenn ja, dann teilen Sie es mir mit, mein Täubchen! Andererseits käme es mir doch seltsam vor, wollte man wegen der 200 Rubel die bisher freundschaftliche Beziehung abbrechen, die zwischen uns nun seit 1846 anhält. Zudem bin ich doch ohnehin von allen anderen vergessen. Nun, ich habe schon so viel geschrieben; und was hat das gegenüber einem Wiedersehen und freundschaftlichen Gespräch zu bedeuten? Es bleibt kalt, ungenügend, nichts wird ausgesagt – ach, irgendwann werden wir uns wiedersehen! Vielleicht läßt sich das irgendwie einrichten. Eine gewisse Hoffnung darauf habe ich schon.

Auf Wiedersehen; Anna Grigorjewna läßt Ihnen die Hand drük-
ken und dankt dafür, daß Sie an sie dachten. Nochmals einen
Gruß an alle, die sich meiner erinnern. Was macht Awerkiew?
Grüßen Sie ihn. Wie leid tut mir Dolgomostjew.[15]

> Ganz der Ihre und von ganzer Seele ergebene
> Fjodor Dostojewskij

NB: Sollten Sie Apollon Nikolajewitsch diese 200 Rubel übergeben, vergessen Sie dabei nicht, liebster Nikolaj Nikolajewitsch,
ihm zu sagen, ich wolle mich bei ihm selbst brieflich bedanken,
könne dies aber jetzt nicht tun, weil ich im voraus von der Entscheidung der Redaktion der ›Morgenröte‹ ja nichts wissen kann.
Es ist schon der 10. März, und ich habe die 2. Nummer der ›Morgenröte‹ immer noch nicht erhalten. Jeden Tag suche ich die Post
auf, und immer höre ich: nichts, nichts. Dazu regnet es, und das
Wetter ist kalt und häßlich.

An S. A. Iwanowa

Florenz, 8./20. März 1869

Sie haben, wie ich Sie gebeten, alle meine Briefe pünktlich und
umgehend beantwortet, meine liebe und teure Freundin Sonetschka.
Ich habe aber mein Wort gebrochen und Sie länger als vierzehn
Tage auf meine Antwort warten lassen. Diesmal kann ich mich
nicht einmal *mit Arbeitsüberhäufung* entschuldigen, denn alle
meine Arbeiten sind längst fertig und abgeliefert. Ich kann mein
Schweigen nur mit meiner gedrückten Stimmung erklären. Der
›Russische Bote‹ hat meine Bitte um Geld erst nach *sieben Wochen*
erfüllt (ich habe also die ganze *Fastenzeit* über warten müssen);
das Geld habe ich erst heute erhalten, obwohl ich den Leuten meine
verzweifelte Lage schon vor *2 Monaten* geschildert habe. Die Redaktion schreibt mir unter *großen* Entschuldigungen, daß sie mir
das Geld nicht früher habe schicken können, da sich wie immer
am Jahresanfang viele unaufschiebbare Arbeiten und Abrechnun-
gen angehäuft hatten. Um die Neujahrszeit kann man bei den
Leuten tatsächlich nie etwas ausrichten; so war es auch früher, und
ich kann mich noch erinnern, daß man mich in den Jahren 1866
und 1867 in Petersburg gleichfalls monatelang auf eine Antwort
hatte warten lassen. Wir hatten es daher gar nicht leicht, unsere
Lage war sogar sehr schwierig. Wenn wir nicht von einem Herrn

200 Franken geliehen und weitere hundert Franken aus verschiedenen Quellen bekommen hätten, so wären wir hier in der fremden Stadt wohl vor lauter Unannehmlichkeiten gestorben. Am schwersten bedrückte uns aber die ständige Spannung und Ungewißheit. Unter diesen Umständen konnte ich unmöglich irgend jemandem schreiben, sogar Ihnen nicht, meine teure Freundin.[1] Natürlich will mich die Redaktion, wie ich aus ihrem Brief schließe, gerne als Mitarbeiter behalten; sonst hätten sie mir ja keine weiteren *Vorschüsse* gewährt. Ich kann mich auch über Katkow nicht beklagen und bin ihm sogar für den Vorschuß dankbar. Die Zeitschriften sind heute verarmt und geben im allgemeinen keine Vorschüsse; mir gaben sie aber gleich, noch bevor ich den Roman zu schreiben anfing, einige Tausend *(vier)* als Vorschuß. Aus diesem Grunde darf ich ihnen weder zürnen noch untreu werden; ich muß vielmehr danach streben, ihnen nützlich zu sein. Sie schreiben mir, daß behauptet wird, die Zeitschrift habe nicht mehr den früheren Erfolg. Ist das denn möglich? Ich kann es gar nicht glauben; natürlich nicht darum, weil ich Mitarbeiter bin, sondern weil die Zeitschrift nach meiner Ansicht die beste in Rußland ist und ihre Richtung konsequent beibehält. Allerdings ist sie etwas trocken; auch ist der literarische Teil nicht immer auf der Höhe (doch nicht schlimmer als in den anderen Zeitschriften; alle besten Werke der modernen Literatur sind in ihr erschienen: ›Krieg und Frieden‹, ›Väter und Söhne‹ usw., von den früheren Jahrgängen gar nicht zu reden; das Publikum weiß es noch genau); kritische Aufsätze sind selten (sie sind dafür aber oft sehr treffend, besonders wenn es sich nicht um die sogenannte schöne Literatur handelt); dafür erscheinen aber jährlich, wie jeder Abonnent weiß, drei oder vier hervorragend tüchtige, treffende, charaktervolle und heutzutage durchaus notwendige Aufsätze, wie man solche in keiner anderen Zeitschrift findet. Auch dies ist dem Publikum bekannt. Daher glaube ich, daß die Zeitschrift trotz ihrer Sprödigkeit und angeblichen Besonderheit unmöglich zurückgehen kann.
Im Jahre 1867 hat mir Katkow in Gegenwart Ljubimows und des Redaktionssekretärs gesagt, sie hätten etwa 500 Abonnenten mehr als im Vorjahre, was ausschließlich dem Erfolg von ›Schuld und Sühne‹ zuzuschreiben sei. Ich glaube kaum, daß der ›Idiot‹ der Zeitschrift neue Abonnenten verschafft hat; daher freut es mich doppelt, daß sie trotz des offensichtlichen Mißerfolgs des Romans noch immer an mir hängen. Die Herausgeber bitten mich um Ent-

schuldigung, daß der Schluß im Dezemberheft nicht hat erscheinen können, und wollen ihn an die Abonnenten als Separatdruck verschicken. Dies ist mir ganz besonders peinlich. Haben Sie wenigstens den Schluß erhalten? Schreiben Sie mir bitte darüber. Ich bekomme hier übrigens den ›Russischen Boten‹; vielleicht wird man mir den Separatdruck noch mit dem Februarheft schicken. Aus Petersburg schrieb man mir ganz offen, der ›Idiot‹ habe zwar viele Mängel und werde allgemein abfällig beurteilt, doch werde er von allen (das heißt von denen, die überhaupt Bücher lesen) mit großem Interesse verfolgt.[2] Das ist ja alles, was ich erreichen wollte. Was die Mängel betrifft, so sehe ich sie vollkommen ein; ich ärgere mich selbst so sehr über meine Fehler, daß ich gern eine Kritik über das Buch geschrieben hätte. Strachow will mir seinen Aufsatz über den ›Idioten‹ schicken; ich weiß, daß er nicht zu meinen Lobrednern[3] gehört.

Ich sehe übrigens, daß ich Ihnen heute nur über mich selbst schreibe; da ich aber schon einmal bei *diesem Thema* bin, will ich nun dabei bleiben und bitte Sie, mein Täubchen, mir geduldig zuzuhören. Von allen diesen *literarischen Umständen* hängt jetzt meine ganze Zukunft und meine Rückkehr nach Rußland ab. Mein sehnlichster Wunsch ist, Euch alle zu umarmen und immer bei Euch zu bleiben; vielleicht wird es auch wirklich einmal so kommen! Ich will gar nicht betonen, liebe Freundin (und Sie werden mich sicher begreifen), daß meine literarische Tätigkeit für mich eine feierliche Seite hat, ein Ziel und eine Hoffnung verkörpert (und daß ich nicht nach Ruhm und Geld, sondern einzig und allein nach der Synthese meiner künstlerischen und poetischen Ideen strebe, das heißt, daß ich das, was mich erfüllt, noch vor meinem Tode in irgendeinem Werk möglichst restlos aussprechen will). Augenblicklich trage ich mich mit dem Plan zu einem Roman. Er wird ›Der Atheismus‹ heißen[4]; ich glaube, daß es mir gelingen wird, alles, was ich will, auszudrücken. Sie müssen sich aber vorstellen, liebe Freundin: hier kann ich unmöglich schreiben. Ich müßte unbedingt in Rußland sein, alles sehen und hören und unmittelbar am russischen Leben teilnehmen; auch würde die Arbeit mindestens zwei Jahre in Anspruch nehmen. Hier kann ich es nicht und muß daher inzwischen etwas anderes schreiben. Aus diesem Grunde wird mir das Leben im Auslande von Tag zu Tag unerträglicher. Sie müssen wissen, daß ich unbedingt sechstausend oder mindestens *fünftausend* Rubel haben muß, um nach Rußland zurückkehren zu können. Ich rechnete ursprünglich auf den Erfolg des ›Idioten‹. Wenn der Erfolg ebensogroß wie bei ›Schuld und Sühne‹ wäre, so hätte ich diese 5000 Rubel. Nun muß ich alle meine Hoffnungen auf die Zukunft setzen. Gott weiß, wann ich zurückkehren kann. Ich muß aber unbedingt zurückkehren. Sie schreiben mir von Turgenjew und den Deutschen. Turgenjew hat aber im Ausland sein ganzes Talent eingebüßt, was sogar schon die ›Stimme‹[5] konstatierte. Mir droht wirklich keine Gefahr, dem Einfluß des Deutschtums zu erliegen, denn ich hasse alle Deutschen. Aber ich brauche Rußland, denn hier werde ich die letzten Reste meines Talents und meiner Kräfte verlieren. Ich fühle es mit meinem ganzen Wesen.

Daher muß ich Ihnen noch mehr von den literarischen Dingen erzählen, von denen meine Gegenwart, meine Zukunft und meine Rückkehr nach Rußland abhängen. Ich fahre fort: Die ›Morgenröte‹ schickte mir durch Strachow einen 2. Brief mit einer offiziellen Aufforderung, an der Zeitschrift mitzuwirken. Diese Einladung geht von Strachow, dem Redakteur Kaschpirjew und noch einigen Mitarbeitern aus, die ich nicht kenne (Gradowskij beispielsweise); auch Danilewskij (den ich seit 20 Jahren nicht gesehen habe) ist dabei; es ist nicht der Romandichter Danilewskij, sondern ein anderer sehr bedeutender Mensch dieses Namens. Wie ich sehe, hat sich um diese Zeitschrift eine Reihe neuer Mitarbeiter von hervorragender Bedeutung und einer echt russischen und nationalen Gesinnung geschart. Die erste Nummer hat auf mich mit ihrer so offen und deutlich ausgesprochenen Richtung einen starken Eindruck gemacht, besonders aber die beiden großen Aufsätze von Strachow und Danilewskij. (Den Aufsatz von Strachow müssen Sie unbedingt lesen, Sonetschka.) Sie haben sicher noch keinen kritischen Aufsatz gelesen, der mit diesem zu vergleichen wäre. Danilewskijs Aufsatz ›Europa und Rußland‹ wird sehr lang werden und sich durch mehrere Hefte hinziehen. Das wird eine selten gute Sache. Dieser Danilewskij war früher einmal Sozialist und Fourierist; schon vor zwanzig Jahren, als er in unsere Affäre verwickelt war, erschien er mir als ganz hervorragend; aus der Verbannung kehrte er als echter Russe und Nationalist zurück. Dieser Aufsatz (den ich Ihnen ganz besonders empfehle) ist sein Erstlingswerk. Die Zeitschrift scheint mir überhaupt eine große Zukunft zu haben; wenn sich nur alle diese Mitarbeiter auf die Dauer miteinander vertragen! Auch scheint mir Strachow, der eigentliche Redakteur, zu einer laufenden Arbeit wenig befähigt. Vielleicht irre ich mich auch. Ich beantwortete die Einladung zur Mitarbeiterschaft wie folgt: Ich sei gern bereit, an der Zeitschrift mitzuarbeiten; da mich aber meine Lage zwinge, das Honorar immer *vorschußweise* zu beziehen, was mir Katkow auch immer gewährte, so bitte ich sie schon jetzt um einen Vorschuß von 1000 Rubel. (Es ist nicht zuviel; wovon sollte ich auch während der Arbeit leben? Ich kann doch unmöglich Katkow um Geld bitten, während ich für eine andere Zeitschrift schreibe.) Diesen Brief habe ich vor einigen Tagen abgeschickt und warte nun auf Antwort. Ich weiß nur das eine: Wenn sie Geld haben, werden sie es mir sofort schicken; ich rechne aber auch mit der Möglichkeit, daß sie kein Geld haben, denn ich weiß aus Erfahrung, mit welchen Schwierigkeiten eine neue Zeitschrift in ihrem ersten Jahrgang zu kämpfen hat. Wenn sie mir auch die tausend Rubel schicken, so bedeutet das für mich keinen besonderen Vorteil. Von Katkow hätte ich ja ebenfalls Geld bekommen können und sogar viel mehr. Der einzige Vorteil wäre, daß ich auf einmal über eine größere Geldsumme (die ich dringend brauche) verfügen könnte; ich würde dann 400 Rubel für Pascha und Emilia Fjodorowna zurücklegen und außerdem eine mir besonders unangenehme Schuld in Petersburg bezahlen[6]; es ist eine Ehrenschuld ohne Schuldschein. Nur wegen dieser Schuld habe ich den Vorschuß verlangt. Es erscheint mir auch vorteilhaft, vor dem Publikum noch in einer andern Zeitschrift mit Erfolg aufzutreten; dann wird man mich ja auch im ›Russischen Boten‹ höher einschätzen. Ich fürchte nur, daß die Leute vom ›Russischen Boten‹ sich verletzt fühlen werden, obgleich ich ihnen eine *ausschließliche* Mitarbeiterschaft nie versprochen habe und folglich auch berechtigt bin, an anderen Zeitschriften mitzuarbeiten. Unangenehm ist mir aber, daß ich dem ›Russischen Boten‹ noch immer etwa 2000 Rubel schulde, denn ich habe von ihnen nach und nach an die 7000 Rubel vorschußweise bezogen. Eben aus diesem Grunde können sie es mir nicht übelnehmen. Ich habe ihnen aber schon vor drei Monaten geschrieben, daß der Roman, den ich ihnen versprochen, nicht in diesem, sondern erst im nächsten Jahrgang (1870) erscheinen soll. Für die ›Morgenröte‹ will ich eine Novelle schreiben, die etwa vier Monate in Anspruch nehmen wird und auf die ich jene Stunden, die ich mir zu Spaziergängen und Erholungen nach den 14 Monaten Arbeit reserviert habe, verwenden will. Ich fürchte aber, daß die Sache zum Klatsch wird, was mir beim ›Russischen Boten‹ schaden kann. Und deshalb bitte ich darum, Sonetschka, (da Sie auch selbst Beziehungen zur Redaktion haben), plaudern Sie dort nichts aus, daß ich nun mit der ›Morgenröte‹ Verbindungen aufgenommen habe, und sprechen Sie darüber mit niemandem, selbst wenn es dazu einen Anlaß gäbe. A propos: was übersetzen Sie denn dort? Schreiben Sie mir unverzüglich, so daß ich Ihre Übersetzung lesen kann. Unverzüglich.

Nun, Sie sehen, ich habe Ihnen die derzeitige Lage meiner Hoffnungen ausführlich beschrieben... Meine wichtigste Überlegung geht dahin, daß der ›Idiot‹ und die Novelle in der ›Morgenröte‹ (die noch in diesem Jahr gedruckt werden) gegen Ende des Jahres als zweite Ausgabe verkauft werden können, mir folglich eine *positive* Möglichkeit einräumen, an eine Rückkehr nach Rußland zu denken. Ich habe Ihnen schon erklärt, wie mir das in jeder Hinsicht nottut. Aber am meisten möchte ich Sie sehen und um Euch alle sein. Es wird uns hier schon recht langweilig zumute. Anna Grigorjewna wird jetzt ganz mit ihrer Sache beschäftigt sein[7]; wir erwarten es gegen September, und ich weiß, wo wir uns dann aufhalten, denn Florenz haben wir beide maßlos satt. Währenddessen müssen wir uns auch irgendwo für den ganzen Sommer ständig niederlassen und für den *September,* in einem ruhigen Flecken – ich brauche das für die Arbeit, Anna für den September; für jene Zeit will Anna Grigorjewnas Mama bei uns wohnen. Wie gut wäre es doch, wenn das alles in Rußland stattfände, könnten wir doch nur gegen August nach Rußland zurückkehren; doch eine solche Kombination scheint gegenwärtig ausgeschlossen. – Sie müssen mir bestimmt weiterhin schreiben, mein Engel, über alle Einzelheiten Ihres Lebens, über Ihr eigenes und über Euch alle. Anja und ich reden auch ununterbrochen ohne Ihre Briefe über Euch, und wenn wir sie dann bekommen, nehmen unsere Träume und Mutmaßungen gar kein Ende mehr. Ihre arme Mama, wieviel hat sie doch mit dem Tode des unvergeßlichen Alexander Pawlowitsch verloren, mehr als Ihr alle zusammen hat sie mit ihm verloren! Sie trauert, daß Eure besten Jahre (die Ihrigen und die Jahre Maschenkas) so öde vorübergehen. Ich möchte, Sonetschka, mein Täubchen, unverzüglich zu Eurer Brautwerbung zurückkehren und bei ihr anwesend sein. Seien Sie wegen dieses Wunsches nicht böse; Ihnen ist nur zu gut bekannt, wie ich dies betrachte: das sollte alles nach Ihrem Willen und zur allgemeinen Zufriedenheit geschehen. So wird es auch sein, *daran* glaube ich. Mich beunruhigt es sehr, daß Sie von der Krankheit Saschas schreiben; das ist schlimm; aber schreiben Sie mir: Was war denn die Ursache dafür, daß er die Universität verließ, um sich dann mit einer so undankbaren Sache wie Straßenbauingenieur zu beschäftigen (ich weiß bestimmt, wie undankbar das ist)? Und welche Pläne verfolgt denn Alexander Pawlowitsch damit? Vielleicht waren es genau dieselben Überlegungen, die meinen Bruder Mischa und mich im Alter von 16 an die Petersburger Ingenieurschule brachten und die dann unsere Zukunft verpatzten. Meiner Ansicht nach war das ein Fehler. – Sie schreiben, Sie haben Fedja gesehen. Er ist wahrlich ein guter Mensch und, so meine ich, im Wesen seines Charakters meinem verstorbenen Bruder Mischa, seinem Vater, sehr ähnlich, und zwar in demselben Alter, natürlich seine Bildung ausgeschlossen. Die Unbildung ist für Fedja eine verhängnisvolle Sache. Natürlich wird ihn das Leben langweilen; wäre er gebildet, wären auch seine Ansichten anders, und selbst seine Schwermut müßte eine andere sein. Seine Langeweile und Schwermut sind natürlich ein Zeichen für seine gute Natur, aber gleichzeitig könnten sie ihm verhängnisvoll werden, wenn sie ihn zu einer üblen Sache treiben; das ist es, was mich um ihn fürchten läßt. Überhaupt treibt mich noch diese ganze Familie, so nahe sie mir auch steht, zur Verzweiflung. Emilia Fjodorowna beklagt sich über ihre Armut, ihre Tochter Katja wächst in großer Melancholie heran. Mischa, den Sie nicht kennen und der besser ist als Fedja, tut so gut wie nichts und sucht fortwährend einen Arbeitsplatz. Bei mir würde es ihnen besser gehen. Der Gedanke an sie quält mich unaufhörlich, dabei will ich Pascha nicht mal erwähnen. Ach, mein Engel, Sie können gar nicht wissen, wie sehr ich mir schon von denen jede Art von Unannehmlichkeit auflasten durfte. Bosheit, Verleumdung, Spott – das wird alles auf mir abgeladen. In all ihren Mißgeschicken beschuldigen sie einzig und allein mich. Emilia Fjodorowna versichert, sie hätten eine Fabrik gehabt und vor meiner Ankunft reich gelebt, und als ich angekommen sei und die Zeitschrift begonnen habe, seien sie alle verarmt. Das ist eine einzige Lüge; als ich aus der Verbannung zurückkehrte, war die Fabrik von Schulden überlastet und in völliger Auflösung begriffen. Dabei bestand sie auch nach dem Erscheinen der Zeitschrift noch zwei Jahre; da sie aber nichts mehr einbrachte als nur Scherereien, hatte sie mein Bruder, ich war schon zurückgekehrt, seinem Verwalter für ein kaum nennenswertes Sümmchen Geldes verkauft. Die Zeitschrift hatte mein Bruder begonnen, und er hatte kurz vor meiner Rückkehr bei der Regierung um Genehmigung nachgesucht, die Zeitschrift zu veröffentlichen. Er hatte sie allein deswegen angefangen, um sich vor einer Haft im Schuldgefängnis zu retten. Die Zeitschrift kam durch mich in Schwung und hatte 4500 Abonnenten[8]; sie brachte meinem Bruder im Laufe von drei Jahren bis zu 60 000 Rubel Reingewinn ein. Worüber will sie sich denn bei mir beklagen? Als der Bruder starb, war keine Kopeke übriggeblieben, dagegen sollten noch 8 Nummern gemacht und geliefert werden. Sie klagen nun mich an, weshalb ich die Zeitschrift nicht aufgegeben und ihnen die 10 000 Rubel gegeben hätte, die ich von der Tante entgegennahm? Was für eine sinnlose Anklage! Aus welchem Grund hätte ich das Geld abgeben sollen, und weshalb sollte ich ihnen etwas *schulden*? Von Herzen gern bin ich zu helfen bereit, aber wie sollte ich ihnen denn etwas schulden? Weil mich etwa mein Bruder in Sibirien unterstützt hätte? Keineswegs. Während meiner ganzen sibirischen Zeit hat er mir im ganzen bis zu 1000 Silberrubel geschickt und keine Kopeke mehr, den Rest habe ich mir durch eigene Arbeit verdient. Außerdem war ich voll berechtigt, vom Bruder Anteile des Gewinns aus der Zeitschrift zu fordern, was ich indessen nie forderte. Und für meine Arbeiten, beispielsweise für das ›Totenhaus‹, nahm ich vom Bruder ganze 200 Rubel pro Bogen, während mir andere Zeitschriften dafür 250 Rubel angeboten hatten. Sie beteuern spöttisch, ich hätte die Zeitschrift nur aus dem Grund angefangen, um mir den Druck meiner Werke zu ermöglichen, die man anderswo nicht angenommen hätte. Sie sagen es bestimmt vom ›Totenhaus‹ und von ›Schuld und Sühne‹. Jetzt schreien sie laut, ich hätte sie im Stich gelassen, ich, der ich ihnen alles gegeben habe! Als der Bruder starb, beschaffte ich Geld, ließ sie alle zusammenrufen, alle Mitarbeiter und Bekannten, und der Beschluß, die Zeitschrift weiterhin herauszugeben, war *nach ihrer Bitte* gefaßt worden. Sagen Sie mir nur, was sie jetzt reden würden, hätte wirklich *ich* die Zeitschrift aufgegeben? »Wir waren reich, denn wir hatten eine Zeitschrift mit 4000 Abonnenten, Fjodor Michajlowitsch hätte uns die 10 000 für ein Jahr wohl vorstrecken können, und wir wären jetzt reiche Leute, aber er hat die Zeitschrift aufgegeben!« Genau das würden sie sagen. – Wie boshaft haben sie meine Heirat beurteilt: (ich meine Emilia Fjodorowna, die Wladislawljews, Katja und vielleicht Pascha) was für Gerüchte haben sie Anna Grigorjewna hintenherum über mich zugetragen, wie haben sie Anna erschreckt, sie von mir abspenstig machen wollen! (Ich habe das alles erst jetzt erfahren; das sind *Tatsachen,* ich versichere es Ihnen.) Schade, daß ich Ihnen nicht alles schreiben kann. Ich habe jetzt selbst kaum etwas zum Leben, und sie schreien, ich hätte sie im Stich gelassen. Ich verließ Rußland mit 3000 Rubel Schulden bei Katkow. Glauben Sie mir, daß ich in diesen beiden Jahren im ganzen von 4000 Rubel lebte? Mit allen Umzügen und der Geburt Sonjas, und dabei fand ich außerdem noch die Möglichkeit, in diesen zwei Jahren für sie mehr als 700 Rubel – von diesen 4000 – auszugeben (alles mitgerechnet), ja und ich schulde Alonkin noch 500 Rubel für ihre Miete, das macht alles zusammen an die *eintausendzweihundert* Rub. aus, die ich für sie ausgegeben habe. Sie besudeln und beschimpfen mich (das weiß ich positiv) dafür, daß »ich sie im Stich ließ, während mich der Bruder in Sibirien unterstützt hatte«. Doch der Gerechtigkeit halber muß gesagt werden, daß mir der Bruder unzählige Male mehr schuldet als umgekehrt. Statt diese 10 000 Rub. wegzuwerfen, um dann bis zu zwölftausend (wenn nicht mehr) heute noch verschuldet zu sein, hätte ich damals lieber Ihnen fünftausend gegeben, die dann der verstorbene Alexander Pawlowitsch meinem Bruder drei Monate vor dessen Tod überlassen hätte. Alexander Pawlowitsch hatte mir damals *auf meinen Rat* hin, sie dem Bruder zu geben, erwidert, daß ich für sie garantiere. Selbstverständlich konnte ich damals für dieses Geld nicht ernsthaft und positiv garantieren, denn ich besaß selbst nichts, und Alexander Pawlowitsch konnte mich nicht ernsthaft danach gefragt haben, das heißt ernsthaft in geschäftlicher Hinsicht. Er hatte ja dem Bruder das Geld auch ohne meine Unterschrift gegeben. Doch ich verstehe wohl, daß *es nicht um die Unterschrift geht,* sondern darum, daß ich der *erste war,* der Ihren Papa auf den Gedanken brachte, dem Bruder Geld zu überlassen; außerdem hatte er schon damals *gewünscht,* daß ich dafür garantiere. Und folglich bekenne ich mich, was diese Gelder betrifft, feierlich als schuldig, und sollte mir Gott jemals den Segen dazu geben, daß ich mich von diesen Petersburger Gläubigern befreien kann und wieder einen Erfolgsroman schreibe, in der Art von ›Schuld und Sühne‹, so wird die zweite Ausgabe Ihnen gehören. Und solange ich lebe, will ich ewig daran denken, Ihnen allen diese 5000 Rubel zurückzugeben. Und das wird sein; ich glaube daran. – Ach, Sonetschka, sobald ich auf dieses Thema komme, verschreibe ich mich ohne Maß und Ende. Diese Petersburger quälen mich allzu sehr. Leben Sie wohl! Ich umarme Sie alle. Ich liebe Sie und all die Ihrigen, am meisten denke ich an Alexander Pawlowitsch, ich habe ihn sehr geschätzt. Ich umarme Sie alle. Grüße an alle. Einen Kuß für Mascha. Erinnern Sie Maria Sergejewna und Jelena Pawlowna an mich. Ich umarme Werotschka und küsse sie fest.

Ganz Ihr Fjodor Dostojewskij

Schreiben Sie mir. Die Adresse ist dieselbe. Anna Grigorjewna läßt Sie alle küssen und hat Sie aufrichtig lieb.

An N. N. Strachow

Florenz, 18./30. März 1869

Zunächst danke ich Ihnen, hochverehrter Nikolaj Nikolajewitsch, dafür, daß Sie Ihre Antwort auf meinen Brief nicht hinauszögerten: Unter meinen Umständen stellt das die eine Hälfte der Dinge dar, denn das bestimmt meine Tätigkeit und Absichten. Weiterhin danke ich Ihnen für die Verfügung der Geldsendung von der ›Morgenröte‹ und drittens für Ihre gute Nachricht von Apollon Nikolajewitsch.[1] Ich werde ihm dieser Tage auf seinen Brief selber schreiben. Wenn er mich Ihnen gegenüber lobte, so seien Sie davon überzeugt, daß ich ihm gegenüber ständig dasselbe tue. In dieser letzten Zeit des *Mißverständnisses,* das meinem Argwohn zuzuschreiben ist, hatte ich für ihn keinen Tropfen meines herzlichen Wohlwollens verloren. Und daran, daß er ein guter und reiner Mensch sei, hatte ich schon seit langem keinen Zweifel, und so freue ich mich außerordentlich, daß Sie ihm so nahegekommen sind.

Wenn die ›Morgenröte‹ vorläufig noch keinen solchen Erfolg hat, wie Sie es sich gewünscht hatten, so hat sie trotz allem einen Erfolg und beinahe sogar einen bedeutenden Erfolg, das ist keine Bagatelle. Wenn Sie auch vielleicht das dritte Tausend Abonnenten nicht zusammenbekommen, so werden Sie doch, bei Aufrechterhaltung des Erfolges für das restliche Jahr, ich wiederhole dies mit Beharrlichkeit, auf festen Boden zu stehen kommen. Unter den anderen Monatszeitschriften gibt es keine einzige mit einer so genauen und festen Richtung. Das zweite Heft hat einen außerordentlich angenehmen Eindruck auf mich gemacht. Von Ihrem Beitrag will ich gar nicht mal reden.[2] Das ist zudem *wirkliche* Kritik, nämlich genau das *Wort,* das jetzt vor allem andern notwendig ist und die Sache am besten erläutert. Der Aufsatz Danilewskijs erscheint mir immer wichtiger und wertvoller. Er wird wohl für lange Zeit das Hausbuch eines jeden Russen bleiben. Abgesehen vom Inhalt trägt auch die klare Sprache und die allgemeinverständliche Darstellung bei strenger Wissenschaftlichkeit viel dazu bei. Wie gerne möchte ich mit Ihnen über diesen Aufsatz sprechen; gerade mit Ihnen, Nikolaj Nikolajewitsch; aber es gäbe so vieles zu besprechen! Der Artikel stimmt so sehr mit meinen eigenen Ansichten und Überzeugungen überein, daß ich stellenweise über die Identität unserer Schlüsse staunen muß; ich pflege schon seit zwei Jahren einzelne meiner Gedanken aufzuschreiben, denn ich hatte mir vorgenommen, einen Artikel mit ähnlich lautendem Titel und mit der gleichen Tendenz und den gleichen Schlußfolgerungen zu schreiben. Wie groß waren meine Freude und mein Erstaunen, als ich diesen Plan, den ich in der Zukunft zu verwirklichen hoffte, bereits verwirklicht sah, dazu noch so harmonisch, logisch und wissenschaftlich, wie ich es beim besten Willen nie fertigbringen könnte. Ich erwarte mit solcher Spannung die Fortsetzungen dieses Aufsatzes, daß ich täglich auf die Post eile und immerfort Berechnungen über die Wahrscheinlichkeit des Eintreffens des nächsten Heftes der ›Morgenröte‹ anstelle. (Und würde doch die Redaktion drei statt zwei Kapitel abdrucken! Man liest zwei Kapitel und denkt: noch einen ganzen Monat, vielleicht 40 Tage! – da sich doch die ›Morgenröte‹ nicht gerade durch pünktliches Erscheinen auszeichnet, nicht wahr?) Meine Ungeduld ist auch aus dem Grunde so groß, weil ich an den letzten Schlüssen noch etwas zweifle; ich bin noch nicht ganz davon überzeugt, daß Danilewskij *mit genügendem Nachdruck* auf das tiefste Wesen und die letzte Bestimmung des russischen Volkes hinweisen wird; nämlich darauf, daß Rußland der Welt seinen eigenen russischen Christus offenbaren muß, den die Völker noch nicht kennen und der auf unserer leiblichen Orthodoxie fußt. Darin liegt, wie ich glaube, das ganze Wesen unserer zukünftigen zivilisatorischen Bestimmung und der Auferweckung ganz Europas, das Wesen unserer zukünftigen und mächtigen Existenz. Mit den wenigen Worten kann ich es aber gar nicht aussprechen, und es tut mir leid, daß ich überhaupt die Rede darauf brachte. Ich will nur noch das eine sagen: Nach unserer armseligen, erheuchelten, gereizten, einseitigen und fruchtlosen Verneinung muß eine Zeitschrift mit einer so strengen, echt russischen, staatserhaltenden und belebenden Richtung unbedingt Erfolg haben.

Das 2. Heft der ›Morgenröte‹ ist außerdem reichhaltiger gestaltet.

Es enthält sehr gute Aufsätze. Der Eindruck ist erfreulich. – Dennoch haben mich einige Zeilen Ihres Briefes, hochverehrter Nikolaj Nikolajewitsch, *vorübergehend* überaus verwundern lassen. Nämlich die Zeilen darüber – und sie sind so traurig und sichtbar niedergeschlagen abgefaßt –, daß Ihr Artikel keinen Erfolg habe, daß man ihn nicht *verstehe* und interessant finde. Waren Sie denn etwa wirklich selbst davon überzeugt, daß ihn alle sofort begreifen würden? Meiner Ansicht nach wäre das sogar eine schlechte Empfehlung für den Artikel. Was man allzu schnell begreift, ist nicht so recht von Dauer. Belinskij verdiente sich erst am Ende seiner literarischen Wirksamkeit die ersehnte Berühmtheit, und Grigorjew ist gestorben und hatte doch während seines Lebens fast *nichts* erreicht. Ich habe mich daran gewöhnt, Sie so zu verehren, daß ich Sie auch dieser Sachlage gegenüber für *weise* hielt. Das Wesen einer Sache ist derart subtil, daß es der Menge immer entflieht; sie begreifen es erst dann, wenn sie von ihrem Feuer erfaßt werden, und deshalb wird ihnen keine neue Idee besonders interessant vorkommen. Und je einfacher und klarer (das heißt je bedeutender) sie dargestellt wird, desto *simpler* und *vulgärer* wird sie ihnen erscheinen. Das ist doch ein Gesetz! Verzeihen Sie mir, aber ich hatte über Ihren sehr naiven Ausdruck: »nicht einmal die *gescheitesten Leute* verstehen mich« schmunzeln müssen. Ja, es sind doch gerade sie, die andere nie begreifen und dem Verständnis anderer sogar schaden, – und das hat auch seine Gründe, allzu einsichtige Gründe, und das ist auch ein Gesetz. Aber Sie schreiben doch selbst, Gradowskij und Danilewskij stünden enthusiastisch hinter Ihnen, Aksakow habe Sie aufgesucht usw. Ist Ihnen das zuwenig? Aber ich bin trotzdem fest davon überzeugt, daß *Sie* so viel Selbstbewußtsein und das innere Bedürfnis zu einer nach vorwärts gerichteten Bewegung haben, um die Achtung vor Ihrer Tätigkeit nicht zu verlieren und die Sache nicht fallenzulassen! Und lassen Sie sich nicht erschrecken, bitte. Wenn Sie gehen – dann wird die ›Morgenröte‹ auseinanderfallen.

Nun zu den geschäftlichen Dingen; meine persönlichen finanziellen Bedingungen haben sich mit der Geldsendung von Katkow etwas verbessert; offenbar schätzt er mich als Mitarbeiter, und dafür bin ich ihm sehr dankbar. Aber ich befand mich in so großer Not, daß mir auch dieses Geld fast nur für den Augenblick helfen konnte. Ich werde sehr bald wieder in der Klemme sitzen; aber glauben Sie mir, hochverehrter Nikolaj Nikolajewitsch, es ist nicht das Geld allein, sondern eine echte Anteilnahme an der ›Morgenröte‹ (woran Sie vielleicht nicht zweifeln werden), die meinen Wunsch wachhält, daran mitzuarbeiten. Ungeachtet alles dessen kann ich keineswegs den Vorschlag Kaschpirjews annehmen, und zwar den Vorschlag in der Form, wie Sie ihn mir in Ihrem Brief darlegten, denn das ist mir einfach aus *physischen Gründen* unmöglich. Tausend Rubel und dazu noch in Raten (dabei die erste nicht mal sofort, und die Hauptsache ist doch, ich erhalte es *sofort*) sind jetzt für mich zu wenig. Sie müssen selbst zugeben: sich mit einer Sache zu beschäftigen, die, relativ gesprochen, einen Umfang von 10 bis 12 Druckbogen hat, und die ganze Zeit über nur tausend Rubel in Aussicht zu haben, und dies fast bis zum September, ist in meiner Situation viel zu ungenügend. Natürlich befand ich mich in derselben Lage, als ich einen derartigen Vorschlag machte. Aber meine *Not war vor einem Monat durch das Schweigen des ›Russischen Boten‹* noch so groß, daß die *sofortige* Überweisung von tausend Rubeln für mich von außergewöhnlichem Wert gewesen wäre. Es ist jetzt gewinnbringend für mich, das kommende Jahr über für den ›Russischen Boten‹ einen Roman zu schreiben, und zwar so rasch wie möglich zu schreiben; der ›Russische Bote‹ wird mich bis dahin nicht ohne Geld lassen, und mich von Katkow zu trennen, hatte ich niemals die Absicht. *Statt der früheren Bedingungen* kann ich der ›Morgenröte‹ nur folgendes vorschlagen, für den Fall, daß man auf meine Mitarbeit noch irgendeinen Wert legt und mein Vorschlag den Absichten der Zeitschrift nicht widerspricht.

Ich habe eine Erzählung, eine ganz kleine, von etwa 2 Druckbogen, vielleicht etwas mehr (in der ›Morgenröte‹ wären es etwa 3 oder sogar $3^1/_2$ Bogen). Ich hatte diese Erzählung schon vor vier Jahren, im Todesjahr meines Bruders, schreiben wollen, als Antwort auf die Worte Apollon Grigorjews, der damals meine ›Aufzeichnungen aus dem Untergrund‹ lobte und dann sagte: »In dieser Art mußt du weiterschreiben.« Doch es wären nicht die ›Aufzeichnungen aus dem Untergrund‹; formal wäre es etwas ganz anderes, obgleich es dasselbe Wesen wäre, mein ständiges Wesen, sofern Sie, Nikolaj Nikolajewitsch, in mir als Schriftsteller auch nur ein besonderes Wesen anerkennen. Ich könnte diese Erzählung recht bald schreiben, – denn weder eine Zeile noch ein einziges Wort sind mir in dieser Erzählung unklar. Dabei habe ich mir schon viel *notiert* (wenn auch nichts geschrieben ist). Ich könnte diese Erzählung weitaus früher als zum 1. September abschließen und an die Redaktion schicken (obschon man mich übrigens früher gar nicht brauchen könnte; man will mich doch nicht in den Sommermonaten drucken!). Mit einem Wort, ich könnte sie sogar schon in *zwei* Monaten schicken. Und das wäre alles, was ich in diesem Jahr für die ›Morgenröte‹ schreiben könnte, ungeachtet meiner Wünsche, dort mitzuarbeiten, wo Sie, Danilewskij, Gradowskij und Majkow veröffentlichen. Als Erwiderung auf Kaschpirjews erste Antwort bitte ich Sie nun, ihm meine Bedingungen mitteilen zu wollen:

Zunächst bitte ich um einen *sofortigen* Vorschuß von 300 Rubel. Davon wollen Sie, Nikolaj Nikolajewitsch, bitte 125 Rubel *unverzüglich* (im Fall einer Zusage von Kaschpirjew) Maria Grigorjewna Swatkowskaja übergeben (ihre Adresse habe ich Ihnen im letzten Brief mitgeteilt); die übrigen 175 Rubel wollen Sie hierher nach Florenz schicken, aber nicht *später als innerhalb eines Monats vom heutigen Tag an gerechnet* (das heißt vom 18./30. März), das heißt, ich möchte es gerne so haben, daß diese 175 Rubel schon am 18. April *unseres Stiles* hier bei mir wären. In diesem Fall würde ich die Novelle[3] in zwei Monaten schicken und würde mich darum bemühen, nicht konfus zu werden, das heißt, eine möglichst gute Arbeit abzuliefern. (Nicht des Geldes wegen denke ich mir die Sujets aus; hätte ich die Erzählung nicht schon ausgedacht, würde ich auch keine Bedingungen stellen.)

Nun, Nikolaj Nikolajewitsch, seien Sie mir wegen dieser *Bedingungen*, wegen dieses *Handels* usw. nicht böse (ich bitte Sie freundschaftlich darum). Das ist überhaupt kein Handel, sondern eine genaue und klare Darstellung meiner Verhältnisse, und je genauer und klarer man redet, desto besser ist das ja für die Geschäfte. Aber ich kenne Sie wenigstens so gut, um von Ihren Ansichten über mich überzeugt zu sein. Sie hätten mir nicht so gute Briefe geschrieben, würden Sie mich nicht bis zu einem gewissen Grad als Menschen und Literaten schätzen. Und Ihre Meinung habe ich (in all unseren Beziehungen) immer geschätzt.

Nun kommt eigentlich meine *größte* Bitte an Sie, Nikolaj Nikolajewitsch: Unterrichten Sie mich über Kaschpirjews Entscheidung *unverzüglich* nach Erhalt meines Briefes. Das ist mir für die Disposition meiner Pläne und vor allem meiner Arbeit ganz *unentbehrlich*. Falls Sie beschäftigt sind, so schreiben Sie mir wenigstens einige Zeilen, die mich kurz unterrichten.

Die Adresse von Maria Grigorjewna Swatkowskaja: Auf den Sandbänken, gegenüber dem Ersten Landesmilitärkrankenhaus, auf der Jaroslawler Straße, Haus Nr. 1 (der Hausbesitzerin), das heißt im eigenen Haus.

Auf Wiedersehen, hochverehrter und liebster Nikolaj Nikolaje-witsch. Ihre Briefe bedeuten für mich recht viel. Anna Grigor-jewna läßt Sie sehr grüßen. Und ich bleibe Ihr ganz ergebener

Fjodor Dostojewskij

PS: Das Honorar für einen Druckbogen von mir bleibt wie früher, so wie ich Ihnen schon geschrieben hatte: 150 Rubel, gemessen an dem Druckbogen des ›Russischen Boten‹. Es versteht sich von selbst, daß die Redaktion der ›Morgenröte‹ den Rest nachzahlt, sollte die Novelle mehr als 2 Bogen betragen.

PPS: Wer hat denn erzählt, um meine Gesundheit sei es schlecht bestellt? Mein Gesundheitszustand ist außerordentlich gut, wenn auch weiterhin Anfälle vorkommen, aber *buchstäblich* halb so wenig wie in Petersburg, wenigstens seit meiner Umsiedlung nach Italien.

An S. A. Iwanowa

Dresden, 29. August / 10. September 1869

Endlich komme ich zum Schreiben, meine liebe und unschätzbare Freundin Sonetschka. Was haben Sie sich nur bei meinem langen Schweigen gedacht? Ich schreibe Ihnen, ohne Ihre Adresse zu kennen. Und da ich in Moskau niemanden habe, den ich beauf-tragen könnte, Sie ausfindig zu machen und Ihnen diesen Brief zu übergeben, habe ich es riskiert, ihn an die Adresse des ›Russischen Boten‹ zu schicken (wo Sie, wie Sie mir selbst geschrieben haben, mit Übersetzungen beschäftigt waren); gleichzeitig richte ich noch an die Redaktion die Bitte, man wolle Ihnen diesen Brief, »der für mich sehr wichtig ist«, übergeben, und zwar entweder bei Ihrem ersten Besuch in der Redaktion, oder, falls man Ihre neue Adresse schon kennt, Ihnen den Brief nach Hause schicken. – Was daraus wird, kann ich nicht sagen; aber ich habe keine andere Möglichkeit, Ihnen einen Brief zukommen zu lassen: denn aus dem Dorf sind Sie wohl alle schon zurückgekehrt; Ihre frühere Wohnung wollten Sie, wie Sie mir selber geschrieben haben, aufgeben, oder Sie haben die Wohnung schon aufgegeben, so daß Sie sich höchstwahrschein-lich schon in der neuen befinden, deren Adresse ich nicht kenne. Folglich konnte ich auf andere Weise nicht vorgehen.

Ich will Ihnen kurz über mich berichten; ich schreibe Ihnen nur, um an unsere abgebrochenen Beziehungen wieder anzuknüpfen. Ich will noch bemerken, daß ich *ununterbrochen* an Sie alle gedacht habe. Anja und ich sprechen von Ihnen immer, sooft wir an Rußland denken, und an Rußland denken wir einigemal am Tage. Ich bin in Florenz nur deshalb steckengeblieben, weil ich kein Geld hatte, um fortreisen zu können. Die Redaktion des ›Russischen Boten‹ hat meine dringende Bitte um Geld länger als drei Monate unbeantwortet gelassen (ich habe – *doch dies unter uns!* – Grund zur Annahme, daß sie kein Geld in der Kasse hatten und mir nur aus diesem Grunde so lange nicht antworteten). Endlich schickten sie mir (vor fünf Wochen) 700 Rubel nach Florenz. Wollen Sie nun, liebe Freundin, Ihre ganze Phantasie aufbieten und sich auszumalen versuchen, was wir in Florenz während des ganzen Juni, Juli und der ersten Hälfte des August (neuen Stils) durchzumachen hatten![1] In meinem ganzen Leben habe ich noch nie dergleichen durchmachen müssen! Es steht auch in den Reiseführern, daß Florenz wegen seiner Lage im Winter die kälteste Stadt Italiens ist (gemeint ist das eigentliche Italien, das heißt die ganze Halbinsel); im Sommer ist es aber die heißeste Stadt auf der ganzen Halbinsel und sogar im ganzen Mittelmeergebiet; nur einige Gegenden von Sizilien und Algier können sich mit Florenz an Hitze messen. Es war also höllisch heiß, und wir trugen es wie echte Russen, die bekanntlich alles ertragen können. Ich bemerke noch, daß in den letzten eineinhalb Monaten unseres dortigen Aufenthaltes unsere Geldmittel sehr knapp waren. Wir brauchten zwar keinerlei Entbehrungen zu leiden und ließen uns wirklich nichts abgehen, aber unsere Wohnung war herzlich schlecht. Die frühere Winterwohnung mußten wir aus einem unvorhergesehenen Grunde im Monat Mai aufgeben; in Erwartung der Geldsendung zogen wir zu einer befreundeten Familie und mieteten uns für die allerkürzeste Zeit (das heißt, so hatten wir gerechnet) eine winzige Wohnung. Da aber das Geld ausblieb, mußten wir in diesem Loch (wo wir zwei höchst widerliche Taranteln gefangen haben) drei Monate ausharren. Unsere Fenster gingen auf einen Marktplatz mit Arkaden und herrlichen Granitsäulen hinaus; auf dem Marktplatz befand sich ein städtischer Brunnen in Gestalt eines riesengroßen bronzenen Ebers, aus dessen Rachen das Wasser floß (es ist ein klassisches Kunstwerk von ungewöhnlicher Schönheit). Stellen Sie sich nun vor, daß alle diese Arkaden und Steinmassen, von denen der ganze Platz umgeben ist, die Sonnenglut aufspeichern und glühend heiß werden wie ein Ofen im Dampfbad (buchstäblich); in dieser Luft mußten wir leben. Unter der wahren Hitze, das heißt der wirklich höllischen Hitze, hatten wir im ganzen sechs Wochen zu leiden (anfänglich konnte man es noch einigermaßen aushalten); es waren beinahe ständig 34 Grad und 35 Grad *Reaumur* (!!) im Schatten. Nachts waren es bis zu 28 Grad, gegen Morgen, in der 4. Stunde nach Mitternacht, waren es gewöhnlich 26 Grad, und dann begannen die Temperaturen wieder zu klettern. Stellen Sie sich nun vor, daß die Luft trotz dieser Hitze und Trockenheit, es hatte kein einziges Mal geregnet, ungewöhnlich leicht war; das Grün in den Gärten (deren es in Florenz erstaunlich wenig gibt; man sieht fast nichts als Steine) – das Grün wurde weder welk noch gelb und schien von Tag zu Tag leuchtender und frischer; die Blumen und die Zitronen hatten anscheinend nur auf diese Hitze gewartet; was aber mich, der ich in Florenz durch widrige Umstände gefangengehalten wurde, am meisten wunderte, war, daß die herumirrenden Ausländer (die fast alle sehr reich sind) zum größten Teil in Florenz blieben; es kamen sogar immer neue an. Sonst strömen doch die Touristen von ganz Europa mit dem Beginn der heißen Zeit in den deutschen Badeorten zusammen. Als ich in den Straßen elegante Engländerinnen und sogar Französinnen sah, konnte ich nicht begreifen, warum diese Leute, *die Geld zur Abreise hatten,* freiwillig in dieser Hölle blieben. Am meisten tat mir die arme Anja leid. Die Arme war damals im siebten oder achten Monat und hatte unter der Hitze besonders schwer zu leiden. Außerdem ist die Bevölkerung von Florenz die ganze Nacht auf den Beinen, und es wird schrecklich viel gesungen. Wir hatten natürlich unsere Fenster nachts offen; um fünf Uhr früh begannen aber die Leute auf dem Markte zu lärmen und die Esel zu schreien, so daß wir kein Auge zudrücken konnten. Endlich konnten wir abreisen; zunächst wollten wir uns in Prag niederlassen. Aber die Strecke von Florenz nach Prag (über Venedig und dann zu Schiff über Triest; einen anderen Weg gibt es nicht) beträgt mehr als 1000 Werst; ich war daher sehr um Anja besorgt; doch der berühmte Arzt Sanetti in Florenz untersuchte sie und sagte, daß sie die Reise ohne jede Gefahr unternehmen dürfe. Er hatte auch recht: die Reise verlief gut. Unterwegs hielten wir uns zwei Tage in Venedig auf; als Anja den Markusplatz und die Paläste sah, machte sie nur noch Ach und Oh und schrie vor Entzücken. Im Markusdom (ein wunderbares, unvergleichliches Bauwerk!) verlor sie ihren geschnitzten Schweizer Fächer, der ihr besonders teuer war (sie besitzt doch so wenig Schmucksachen). Mein Gott, wie weinte sie da! Auch Wien gefiel uns sehr gut; Wien ist entschieden schöner als Paris. In Prag suchten wir drei Tage lang eine Wohnung, fanden aber keine. Man kann dort nämlich nur eine unmöblierte Wohnung wie in Moskau oder Petersburg bekommen; dann muß man sich eigene Möbel anschaffen, ein Dienstmädchen nehmen, einen eigenen Haushalt führen usw. Anders geht es nicht. Unsere Mittel erlaubten es uns nicht, und daher verließen wir Prag. Nun sind wir seit drei Monaten in Dresden; Anja ist in den allerletzten Tagen. Wir wohnen vorläufig nicht schlecht; ich habe mich aber gründlich blamiert; wie sich jetzt herausstellt, war die heiße und trockene Luft in Florenz meiner Gesundheit, besonders aber meinen Nerven, außerordentlich zuträglich (auch Anja konnte sich nicht beklagen, sogar im Gegenteil). Gerade an den *heißesten* Tagen besserte sich die Fallsucht erheblich, und meine Anfälle waren in Florenz viel leichter als irgendwo. Hier bin ich aber immer krank (vielleicht rührt es von der Reise her). Ich weiß nicht, ob es eine Erkältung ist oder ob die Fieberanfälle von den Nerven kommen. In diesen drei Wochen hatte ich bereits zwei Anfälle; beide waren sehr bösartig. Das Wetter ist übrigens wunderschön. Ich schreibe alles dem Umstande zu, daß ich so plötzlich aus dem italienischen Klima ins deutsche gekommen bin. Ich habe auch augenblicklich Fieber und glaube, daß ich in diesem Klima fieberhaft, das heißt unzusammenhängend schreiben werde. Nun, das war der Bericht über mich für diese Zeit. Selbstverständlich ist es nur der hundertste Teil; außer der Krankheit bedrückt mich noch vieles, was ich gar nicht wiedergeben kann. Hier ein Beispiel: Ich muß dem ›Russischen Boten‹ unbedingt den Anfang meines Romans für das Januarheft abliefern[2] (ich muß allerdings zugeben, daß sie mich in keiner Weise zur Eile antreiben; sie benehmen sich mir gegenüber merkwürdig vornehm und verweigern mir nie Vorschüsse, obwohl ich ihnen ohnehin schon sehr viel schulde; mich quälen aber Gewissensbisse, und ich fühle mich gleichsam gefesselt und verpflichtet). Außerdem habe ich von der ›Morgenröte‹ im Frühjahr 300 Rubel Vorschuß genommen, und zwar mit dem Versprechen, noch in diesem Jahre eine Novelle von nicht weniger als zwei Bogen zu schicken.[3] Ich habe aber vorläufig weder die eine noch die andere Arbeit begonnen; in Florenz habe ich wegen der Hitze nicht arbeiten können.

Als ich die Verpflichtung einging, rechnete ich darauf, daß ich noch im Frühjahr aus Florenz nach Deutschland ziehen und mich dort gleich an die Arbeit machen würde. Was kann ich aber dafür, daß man mich drei Monate auf Geld warten ließ und mir so jede Arbeitsmöglichkeit nahm? Anja wird mir in etwa zehn Tagen ein Kind, wahrscheinlich einen Knaben, schenken, und dies wird meine Arbeit wieder verzögern. Sie wird wohl drei Wochen das Bett hüten müssen und mir daher weder stenographieren noch abschreiben können. Von meiner Gesundheit will ich schon gar nicht reden. Und erst die Arbeit selbst! Soll ich mich denn, um den Auftrag rechtzeitig auszuführen, überstürzen und auf diese Weise die Arbeit verderben? Ich bin jetzt von einer Idee vollständig gefangengenommen[4]; ich darf aber noch nicht an die Ausführung gehen, denn ich bin noch nicht genügend vorbereitet: ich muß mir noch vieles überlegen und Material sammeln. Ich muß mich also zusammennehmen und vorläufig einige neue Novellen schreiben. Das ist entsetzlich. Was mir noch bevorsteht, und wie ich meine Angelegenheiten ordnen werde, ist mir unbegreiflich!

Ich erwarte von Ihnen, meine Freundin, einen unverzüglichen und langen Brief. Diesen Brief, den ich an Sie adressiere, schreibe ich an Sie alle. Und so mögen Sie deshalb alle antworten, wenigstens durch Sie. Ich möchte etwas von Mama und den Kindern erfahren: wie es Ihnen geht, was Sie vorhaben – alles sollen Sie beschreiben. Sie allein sind es, die mit mir wie echte Verwandte und Freunde umgehen. Es gibt bei Euch keinen einzigen Menschen, der Sie mehr liebhätte als ich. Habe ich auch den ganzen Sommer über geschwiegen, so lag es nur an den Händen, die sich aus Verdruß der Erwartung nicht zum Schreiben erhoben. Ich komme nun zu einer *Sache* und bitte Sie, meine liebe Freundin, mir dabei mit Rat und Tat zur Seite zu stehen. Es handelt sich um eine für mich recht interessante Angelegenheit.

Zunächst ist es eine vertrauliche Sache, und ich flehe Sie an, daß Sie in Ihrem Haus bleibt und nicht vorzeitig zu den Ohren eines andern dringt.

Ich will Ihnen sagen, daß mich im Sommer alle im Stich gelassen haben, keiner hat mir auch nur eine Zeile geschrieben. Und plötzlich erhalte ich in diesen Tagen zwei Briefe, nämlich von Strachow und Majkow. Beide Briefe befanden sich in einem Umschlag; ihr Inhalt hatte einen besonderen Anlaß und war außerdem geschäftlich! Sie wollten mich nämlich über den Tod meiner Tante unterrichten. Meine Petersburger Verwandten, die meine Adresse kannten, ließen kein Wort von sich hören. Ein Zeichen dafür, daß sie aus dem Nachlaß der Tante vielleicht Geld erhalten haben. Gott möge es ihnen gönnen, das ist mein aufrichtiger Wunsch, und meine Bitte besteht nun darin: 1. Unterrichten Sie mich, wann und unter welchen Umständen die Tante gestorben ist! Wie haben Sie es selbst erfahren? – Haben Sie alle etwas erhalten? 2. Schreiben Sie mir alles, was Sie über das Testament wissen: Wer waren die Vollstrecker des Testaments, und wem wurde was zugesprochen? 3. Haben unsre Petersburger etwas bekommen (die Dostojewskijs, die Goljanowskijs u. a.), und was haben sie bekommen?

Zu guter Letzt die Hauptsache:

Majkow und Strachow haben in einer Absicht geschrieben. Kaschpirjew, der Herausgeber der ›Morgenröte‹, ist der Freund eines gewissen Wladimir Iwanowitsch Weselowskij, der zusammen mit Nikolaj Michajlowitsch (mein Bruder und Ihr Onkel) Vormund der Dostojewskijs ist.[5] Dieser Weselowskij hatte mit Kaschpirjew darüber gesprochen, daß beim Tod der Tante ein Testament vorlag, nach dem 40 000 Rubel zugunsten ›irgendeines Klosters‹ gehen sollten; da aber die Tante schon nicht mehr bei Sinnen gewesen sei, als sie das Testament aufsetzte, »könnte man es *leicht* für ungültig erklären«. Weiter: »Von allen Dostojewskijs (so sagt Weselowskij) respektiert er besonders mich«, aber er hatte sich gedacht, »ich sei ein ebenso reicher wie bekannter Mann«; als er erfuhr, daß »die Proportion umgekehrt ist« (nach einer Formulierung Majkows), meinte er folgendes: »Wenn Fjodor Michajlowitsch (das heißt *ich*) mir sein Einverständnis erklärt, sei es auch nur brieflich«, so wäre er dazu bereit, »sich um die Anfechtung des Testaments zu kümmern«. Weselowskij soll selbst hinzugefügt haben, wäre ich in Petersburg, so würde er selbst von Moskau anreisen, um die Sache mit mir zu besprechen.

Majkow unterrichtete mich von all diesen Dingen und schließt daran seine heiße Bitte an, ich möge unverzüglich die Anfechtung des Testaments in Angriff nehmen, und zwar über Weselowskij, wobei der meinte, daß wir dann alle (das heißt die Familie des Bruders Mischa, ich und die Brüder Andrej und Nikolaj) »fast 10 000 Rubel pro Erbe« bekämen; und würde man beispielsweise diesen Anteil (das heißt 10 000) nur der Familie des verstorbenen Bruders zukommen lassen, wäre »diese Tat von nicht *geringerer Gottgefälligkeit,* als wenn dies dem Kloster zugesprochen wird«.

Sodann flehte er mich an, an meine ungeordneten Geschäfte, an Gesundheit und die schwangere Frau zu denken, und schließt mit dem Rat: »*Nicht lange denken, sondern handeln!*«

Hören Sie nun an, was ich mir dabei denke:

Zweifellos weiß ich (und das kann nicht bestritten werden), daß die Tante in den letzten drei, ja, sogar vier Jahren in einem unbewußten Zustand lebte. Und wenn ich genau wüßte und mich davon überzeugen könnte, sie habe dieses Geld wirklich in einem derartigen Zustand für das Kloster bestimmt, dann würde ich nicht lange zögern, die Sache zu betreiben. Ich könnte dies sogar als Vertreter der Dostojewskijs tun, da ich genau weiß, daß die Dostojewskijs juristisch als die ältesten und kompetentesten Erben der Tante anzusehen sind (für den Fall zum Beispiel, daß sie gestorben wäre, ohne ein Testament zu hinterlassen). Aber der Kern der Sache besteht für mich darin:

Sind diese 40 000 Rubel tatsächlich im Zeitpunkt ihrer Unbewußtheit testamentarisch fixiert worden, oder war diese Verfügung ein ursprünglicher und weit zurückreichender Wunsch der Tante? Träfe letzteres zu, wer wäre ich denn, und für wen müßte ich mich nach bestem Gewissen halten, gegen den Willen der Tante und die Verfügung des eigenen Geldes vorzugehen, wie auch immer dieser Wille und diese Verfügung aussehen mag? Im übrigen müßte Weselowskij als dem für dieses Testament auserwählten Vormund und dazuhin offensichtlich kompetenten Juristen die Sachlage recht gut bekannt sein, wenn er *so* redet. Was soll ich jetzt tun?

Aus diesem Grund wende ich mich in meiner verzwickten Lage an Sie, meine unschätzbare Freundin Sonetschka, allein an Sie will ich mich wenden (und ich wiederhole es noch einmal: bewahren Sie es als tiefstes Geheimnis. Wenn Sie *davon* Ihren Familienangehörigen erzählen, Ihrer Mama, dann unter Wahrung der strengsten Diskretion, und berichten Sie keineswegs unseren Petersburgern davon, selbst Fedja nicht, und ebensowenig *irgendeinem der Moskauer*). Ich betrachte Sie als mein personifiziertes Gewissen: So wie Sie entscheiden, will ich handeln. Und vor allem bitte ich Sie darum, teilen Sie mir auch alles mit, was Sie von dem Testament und den 40 000 wissen, und ob dieser Punkt des Testaments tatsächlich auf eine unbewußte Handlung zurückgeführt werden kann? *Was halten Sie selber von der Sache?* Sollten Sie es nicht wissen, könnten Sie dann unter der Hand erfahren: ob das nicht ein uralter Wunsch der Tante ist, ein normaler und völlig bewußter

Wunsch? Das ist die Hauptsache, das ist für mich der *Kern* von allem. Schreiben Sie mir unverzüglich, wenn Sie es erfahren haben. Wenn Sie können, schreiben Sie mir auch, was Sie von diesem Weselowskij wissen: Was haben Sie gehört? Haben Sie ihn gesehen? Wenn ja, welchen Eindruck hat er auf Sie gemacht? Falls Sie sich über ihn erkundigen können, erkundigen Sie sich über ihn (übrigens seine Adresse: Wladimir Iwanowitsch Weselowskij, *Mitglied des Kreisgerichts,* Moskau, Gartenstraße, bei der Jermolaj-Kirche, im Haus Gorodezkijs. Dies für jeden Fall).

Was mich betrifft, so habe ich Weselowskij schon selbst einen vorsichtigen Brief geschrieben, sofort nach Erhalt von Majkows Schreiben. Ich bitte darin um Erklärungen, um Mitteilung von Tatsachen und spreche über den *Kern* der Sache so, wie ich es Ihnen weiter oben dargestellt habe. Im wesentlichen habe ich mich durch nichts gebunden.

Antworten Sie mir, meine unschätzbare Freundin. Ich betrachte Sie als ein höheres Wesen, verehre Sie ohne Maßen und liebe Sie wie keinen Menschen. Ich hoffe doch, daß Sie das auch später erfahren werden. Nur wünschte ich mir ein bißchen Gesundheit! In Rußland werde ich bestimmt im nächsten Jahr erscheinen. Dann werden wir uns wieder näherkommen, und vieles wird sich neu gestalten. Meine Frau liebt und verehrt Sie ebenso grenzenlos wie ich. Sie würde gerne noch etwas dazu schreiben, aber ihr ist's nicht nach der Feder zumute. (Ich hatte gerade von 10 Tagen gesprochen, vielleicht ist es auch früher.) Ich umarme, grüße alle. Küsse Maschenka, Anja küßt sie ebenfalls. Ich umarme Eure Mama ganz fest; Anja bittet mich, Sie wollen ihr gegenüber ihre besondere Verehrung und Sympathie bezeugen. »Gerade in dieser Zeit, in meinem jetzigen Zustand wünsche ich mir gar zu gern, daß sie an mich denken.«[6] Das hat sie mir gerade gesagt. (Sie fürchtet sich jetzt ein wenig; sie tut mir sehr, sehr leid; ja, und ich selbst fürchte mich auch; überhaupt ist es eine schwere Zeit für uns.)

Der Gedanke quält mich jetzt schrecklich, wie dieser Brief zu Ihnen gelangen wird. Wird ihn die Redaktion des ›Russischen Boten‹ zustellen lassen? Ich werde sie sehr darum bitten und die Sache möglichst gut erklären. Ich will sie sogar um die Mühe bitten, Sie ausfindig zu machen, sollte die Redaktion Ihre Adresse nicht kennen; schreiben Sie mir jedenfalls Namen und Vatersnamen Ljubimows.

Auf Wiedersehen, liebe Freundin. Schreiben Sie *etwas mehr von sich*. Überhaupt mehr Tatsachen.
Ich küsse Sie.

Immer ganz der Ihrige
Fjodor Dostojewskij

Meine Adresse: Allemagne, Saxe, Dresden, à Mr Théodore Dostojewskij, poste restante.

An A. N. Majkow

Dresden, 16./28. Oktober 1869

Werter Freund Apollon Nikolajewitsch, ich habe Ihren Brief erhalten, vor etwa einem Monat, zusammen mit dem Zusatz zu Paschas Brief, – doch darüber später.

Um Christi willen, sagen Sie mir: Was soll ich tun, und wozu soll ich mich jetzt entschließen? Ich bin verzweifelt! Sie haben meinen ersten Brief an Kaschpirjew (in dem ich um 200 Rubel bat) gelesen, ich schrieb auch Ihnen. Schrieb von der entsetzlichen Not und meiner *verzweifelten* Lage. Und nun? Bis zur Stunde habe ich *keine Kopeke erhalten* – nur Versprechungen! Wenn Sie wüßten, in welcher Lage wir uns jetzt befinden. Wir sind ja zu dritt – ich, meine Frau, die stillt und essen muß, und das Kindchen, das durch unsere Not erkranken und sterben kann. Was ist das für ein Mensch, und wie geht er mit mir um! Ich will Ihnen berichten, wie die Sache Tag für Tag sich abgespielt hat; hören Sie zu und beachten Sie alles.

Eine Woche nach meinem ersten Brief erhielt ich tatsächlich einen Brief von Kaschpirjew, in dem er mir sein Einverständnis und seine Bereitwilligkeit aussprach[1] und dem ein Wechsel von dem Petersburger Bankier Chessin auf das Dresdner Bankhaus Hirsch beilag. Ich gehe zu Hirsch; er liest den Wechsel und sagt: »Da steht, daß ›laut Bericht‹ ausgezahlt werden soll; ›laut Bericht‹ heißt aber, daß ich, Hirsch, ohne besonderes *Aviso* von Chessin nicht zahlen soll; darum werde ich erst zahlen, wenn das Aviso kommt.« Ich warte, gehe jeden Tag auf das Büro und frage, ob das Aviso gekommen sei. Es ist kein Aviso da. Schließlich fing man in der Bank an, sich über mich lustig zu machen. Ich verliere die Geduld und schreibe, da ich *nichts zu essen* habe, an Kaschpirjew, schildere ihm meine ganz verzweifelte Lage, bitte ihn, Chessin zu veranlassen, das Aviso zu schicken und mich bei der nächsten Übersendung von 75 Rubeln mit Chessin und Hirsch zu verschonen. Mein Brief ging am 27. September (9. Oktober) ab. Ich warte – keine Antwort! Bei Gott, ich dachte, es würde überhaupt keine mehr kommen. Inzwischen gehe ich alle Tage zu Hirsch. Dort lachen die Leute und sagen, Chessin habe wahrscheinlich *vergessen*, das Aviso zu schicken.

Ich ging in zwei, drei andere Bankgeschäfte: Überall sagte man mir, daß niemand auf einen Wechsel ›laut Bericht‹ ohne Aviso Geld auszahle. In einem Geschäft meinten sie, solche Wechsel würden mitunter ausgestellt, aber nur *zum Spaß*. Endlich kommt die Nachricht von Kaschpirjew – am *zwölften Tag* nach meinem Brief! Beachten Sie: Die Post aus Dresden nach Petersburg geht *drei* Tage, das heißt, wenn Sie zum Beispiel am *Montag* einen Brief aus Dresden abgesandt haben, so wird er *dem Empfänger* in Petersburg *am Donnerstag ausgehändigt*. Wenn er meinen Brief mit dem ersten verglich (in dem ich ihm meine verzweifelte Notlage schilderte), hätte er sich doch beeilen und gleich schreiben können. Aber der Brief kam am *zwölften Tag!* Beachten Sie ferner: Er schreibt am 3. Oktober (unseres Stils), der Petersburger Poststempel ist aber vom 6. Oktober! Folglich hat der Brief, ohne abgefertigt zu werden, drei Tage auf seinem Schreibtisch gelegen. Wenn er wenigstens die 3 aus Feingefühl ausgestrichen und eine 5 hingeschrieben hätte! Begreift er denn wirklich nicht, daß dies *kränkend* für mich ist? Ich schrieb ihm doch von den Nöten meiner *Frau* und meines Kindes – und daraufhin eine solche Nachlässigkeit! Ist das etwa keine Kränkung! In dem Brief schreibt er, daß er bei Chessin angefragt und den Bescheid erhalten habe, das Aviso sei längst abgeschickt, und es sei unbegreiflich, warum ich es nicht erhalten hätte; übrigens habe er Chessin veranlaßt, ein zweites Aviso zu schicken, und nun sei er überzeugt, daß ich das Geld bereits von Hirsch empfangen habe (woher *überzeugt?* warum überzeugt?). Sollte ich aber bis jetzt von Hirsch nichts für den Wechsel erhalten haben, so möchte ich ihm den Wechsel zurückschicken, und er würde mir *gleich am nächsten Tag* nach Empfang einen auf ein anderes Bankgeschäft lautenden Wechsel schicken. In einer Nachschrift fügt er dann hinzu, ich solle ihm, falls ich das Geld noch nicht erhalten hätte, unverzüglich telegraphieren, »natürlich auf seine Rechnung«; dann würde er, ohne den Empfang des Wechsels (der mit der Post kommen wird) abzuwarten, mir sofort einen neuen Wechsel schicken. Endlich sagt er noch, daß er »mir in den nächsten Tagen auch die noch ausstehenden 75 Rubel senden werde«. (NB: Beachten Sie, daß er das am 3. Oktober schreibt.) Ich konnte nicht am selben Tag, das heißt am 9./21. Oktober, telegraphieren, denn woher hätte ich zwei Taler für das Telegramm nehmen sollen? Konnte er nach meinen zwei Briefen wirklich nicht begreifen, daß ich nicht *eine Kopeke* besaß, *buchstäblich* keine einzige Kopeke! Wenn er nur wüßte, wie ich mir diese zwei Taler am nächsten Tag verschafft habe, um ihm zu telegraphieren! Aber ich verschaffte sie mir und sandte das Telegramm am nächsten Tag, Freitag, dem 10./22. Oktober, ab. *Am Sonnabend schickte ich ihm den Wechsel zurück.* Erkundigte mich bei Hirsch: es war kein Aviso da, weder das erste noch das zweite. So telegraphierte ich denn: »Kein Avis; Hirch giebt nicht geld.«[2]

Hören Sie nun weiter: Ich telegraphierte am Freitag; er erhielt das Telegramm also keinesfalls später als am Sonnabend früh. Da hätte er den Wechsel doch am Sonnabend vormittag abschicken können. Man kann das *in einer Stunde* besorgen. Er hatte mir ja selber geschrieben, daß er ihn nach Empfang des Telegramms *sogleich* schicken werde. Wieso hätte ich mich ohne diese Hoffnung denn wie ein Besessener abgeplagt, um die zwei Taler zu erlangen? Er aber sandte den Wechsel am Samstag nicht ab! Nun, denke ich, er wird ihn am Montag schicken. Dann bekomme ich ihn hier bestimmt am Donnerstag. Was aber geschieht? Heute ist Donnerstag, und es ist nichts da! Soll ich die Antwort wirklich auch diesmal erst *am zwölften Tag* erhalten, das heißt am kommenden Donnerstag? Ich renne wie ein Verrückter zu Hirsch, um mich zu erkundigen. Und? Das Aviso von Chessin ist soeben eingetroffen! Es ist eingetroffen, ich aber besitze den Wechsel seit 5 Tagen nicht mehr, ich habe ihn, auf seine eigene Aufforderung hin, zurückgeschickt. Erwägen Sie nun, um Christi willen, die genaueren Umstände. Hier konnten zwei Fälle vorliegen. 1.: Entweder war Kaschpirjew auf mein Telegramm hin zu Chessin gegangen und hatte ihn veranlaßt, das Aviso endlich abzusenden, oder 2.: Kaschpirjew war nach dem Telegramm nicht zu Chessin gegangen, sondern Chessin selbst hatte (vielleicht als Antwort auf eine vor sieben Tagen von Hirsch aus Dresden erfolgte Anfrage) Hirsch endlich geantwortet. Wie konnte Kaschpirjew im 1. Fall Chessin nach meinem Telegramm veranlassen, das Aviso *endlich* zu schicken, nachdem er mich selbst aufgefordert hatte, ihm den Wechsel *zurückzusenden?* Er wußte doch bestimmt, daß ich ihn auf seine *eigene* Aufforderung hin schicken würde, und er mußte ihn tatsächlich am Dienstag erhalten haben! Hatte er wirklich nicht überlegt, daß der Wechsel schon längst nicht mehr in meinen Händen sein würde, wenn Chessin das *Aviso* abschickte? Ist das etwa keine beleidigende Nachlässigkeit mir gegenüber? War er aber nicht bei Chessin gewesen und hatte Chessin das *Aviso* endlich von selbst geschickt, so ist die Nachlässigkeit Kaschpirjews noch beleidigender für mich: Wie oft hatte ich ihm schon mitgeteilt, daß kein *Aviso* da sei! Diese Sache mit Chessin zieht sich ja schon länger als drei Wochen hin! Wie hat er denn demnach Chessin angetrieben, wie hat er sich bei ihm erkundigt! Er ist zu ihm gekommen und nach dessen erstem Wort, daß das Papier bereits abgesandt sei, wieder fortgegangen. Chessin gesteht in dem Brief an Hirsch ja ein, daß er deshalb *kein Aviso geschickt habe,* weil er meinte, der Wechsel sei auch ohnedies ordnungsgemäß ausgestellt, denn aus seiner Erklärung an Hirsch geht hervor, daß er befohlen hatte, einen Wechsel *ohne Bericht* auszustellen, der *Kommis* ihn aber falsch verstanden und statt *ohne – laut Bericht* geschrieben hatte. Demnach hat sich Kaschpirjew sehr schön mit Chessin auseinandergesetzt, der ihm vorlog, er habe bereits zwei Aviso abgesandt, während jetzt durch seinen eigenen Brief an Hirsch erwiesen ist, daß keinerlei Aviso jemals abgeschickt worden ist! Ist das etwa keine Mißachtung meiner Person? Was soll ich nun machen? Wann werde ich jetzt zu meinem Geld kommen? Warum wartet er auf mein Telegramm und bittet mich, ihm den Wechsel zurückzuschicken (»dann werde ich Ihnen das Geld *am nächsten Tag* schicken«, schreibt er mir, warum nicht am selben?) statt mir *jetzt gleich die zweite Rate von 75 Rubeln* zu schicken, die schon vor zehn Tagen fällig war? Glaubt er denn, daß mein Brief, in dem ich meine Notlage schilderte, nur eine Stilübung war? Wie kann ich arbeiten, wenn ich hungrig bin und sogar meine Hose versetzen muß, um mir die zwei Taler für das Telegramm zu verschaffen? Hole mich der Teufel und meinen Hunger! Aber sie, meine Frau, die jetzt ihr Kind stillt, mußte *selbst* ins Leihhaus gehen und ihren letzten warmen wollenen Rock versetzen! Hier schneit es aber seit zwei Tagen (ich lüge nicht, schauen Sie nur in den Zeitungen nach!). Wie leicht kann sie sich erkälten! Kann er denn nicht begreifen, daß ich mich *schäme,* ihm dies alles zu erklären! Das ist aber noch lange nicht alles; es gibt noch andere Dinge, deren ich mich *noch mehr schäme:* Wir haben bis jetzt weder die Hebamme noch den Mietzins bezahlt; und alle diese Widerwärtigkeiten muß sie schon im ersten Monat nach der Niederkunft über sich ergehen lassen! Begreift er denn nicht, daß er nicht nur mich, sondern *auch meine Frau beleidigt,* indem er meinen Brief so wenig ernst nimmt: denn ich schrieb ihm von der *großen Not meiner Frau.* Ja, er hat mich schwer beleidigt! O, wie gerne würde ich es ihm heimzahlen! So geht doch nur der *große Herr* mit seinem Lakaien um! So behandelt man irgendeinen Schreiberling! Er wird vielleicht darauf sagen: »Hole ihn und seine Notlage der Teufel! Er muß *bitten* und nicht *fordern,* denn ich bin nicht verpflichtet, ihm sein Honorar im voraus zu zahlen.« Kann er denn nicht begreifen, daß *er mich* mit seiner zustimmenden Antwort auf meinen ersten Brief *festgelegt hat!* Warum habe ich mich denn mit der Bitte um 200 Rubel an ihn, nicht an Katkow gewandt? Doch nur, weil ich glaubte, daß ich das Geld von ihm schneller bekommen würde als von Katkow (den ich nicht bemühen wollte); hätte ich aber damals an Katkow geschrieben, so wäre das Geld schon längst, mindestens seit acht Tagen in meinen Händen! Ich habe mich aber an Katkow *nicht* gewandt. Warum? Weil er mich mit seinem Wort *festgelegt* hat. Folglich hat er auch nicht das Recht zu sagen, er spucke auf meinen Hunger, und es sei eine Anmaßung von mir, wenn ich ihn zur Eile dränge. Er wird selbstverständlich sagen, daß er *alles,* was von ihm abhing, getan hat, daß er auf meine Beschwerde hin zu Chessin gefahren sei und daß jener versprochen habe, das *Aviso* zu schicken usw. Und bei Gott, er glaubt auch wirklich, daß er recht hat! Kann er denn nicht begreifen, daß es *unerhört* ist, meinen verzweifelten Brief, in dem ich ihm mitteilte, daß ich schon so lange wegen seiner Nachlässigkeit ohne Geld sitze, erst am *zwölften Tag* zu beantworten? Ja, am zwölften Tag, ich lüge nicht: Ich habe noch die Briefumschläge mit den Poststempeln. Es geht doch nicht, daß er mein Telegramm, das er *selbst veranlaßt hat,* erst am *sechsten* Tag beantwortet, während ein gewöhnlicher Brief nur 4 Tage unterwegs wäre! Diese Nachlässigkeit ist unverzeihlich und beleidigend! Sie ist eine persönliche Beleidigung! Ich hatte ihm doch von meiner Frau und von ihrer Niederkunft geschrieben! Er hat *mich* zuvor *festgelegt* und dadurch bewirkt, daß ich es für überflüssig hielt, mich noch an Katkow zu wenden; das ist doch eine schwere Beleidigung! Wie können die Leute bei einer solchen Nachlässigkeit, bei einer solchen Ungewandtheit eine Zeitschrift herausgeben! Ich kann mir denken, was die auswärtigen Abonnenten auszustehen haben! Nun begreife ich auch den allgemeinen Haß, mit dem man ihnen überall begegnete. Ich erhalte die Zeitschrift immer erst sechs Wochen nach dem Erscheinen! Und da verlegen sie jetzt literarische Beiträge von mir! Kaschpirjew schreibt mir (in seinem Brief *am zwölften Tag*) über meine Novelle, verlangt, daß ich ihm für die Voranzeige den Titel nenne usw. Bin ich augenblicklich denn imstande zu schreiben? Ich gehe umher und raufe mir die Haare und kann nachts nicht einschlafen. Ich denke unablässig daran und gerate in Wut! Ich warte! O mein Gott! Bei Gott, bei Gott, ich kann alle Einzelheiten meiner Notlage nicht schildern, ich schäme mich, sie zu schildern! Wenn Sie das alles erführen! Und er sitzt dort mit seinem gutsbesitzerlichen Gehabe und beantwortet das Telegramm am *zwölften Tag,* und die zweite Geldsendung von 75 Rubeln hat er vergessen, so wie Chessin das Aviso vergessen hat. Ist das etwa nicht kränkend? Ist es etwa nicht kränkend, aus seinem Brief zu ersehen, daß er gar nicht an die *zweite Sendung* denkt, die mir früher Hilfe bringen könnte, sondern ein aufklärendes Telegramm über die erste verlangt und in höchst lächerlicher Weise schreibt: »Natürlich auf meine Rechnung!« Weiß er denn nicht, daß ein unfrankiertes Telegramm nirgendwo angenommen wird und daß ich folglich *zwei Taler* haben muß, um das Telegramm abschicken zu können. Kann er sich denn (nach allen meinen Briefen) gar nicht vorstellen, daß ich diese zwei Taler vielleicht gar nicht habe? Das ist doch die Nachlässigkeit eines Menschen, der von der Lage seines Nächsten nichts wissen will! Verachtet er mich vielleicht wie ein *großer Herr,* weil ich einen Monat so in Not geraten bin und es mir so *schlecht geht?* Es ist aber doch durch seine Schuld so gekommen! Und glauben Sie nur ja nicht, daß das, was ich über seine Verachtung angesichts meiner *materiellen Not* gesagt habe, etwa nur eine durch die Erbitterung hervorgerufene Übertreibung wäre! Dergleichen ist bei gewissen Seelen nur zu natürlich. Ich sehe die Spuren seiner *verachtungsvollen Nachlässigkeit* mir gegenüber darin, daß er mir erst *am zwölften Tag* geantwortet hat, daß er das Telegramm unbeantwortet ließ (das er selbst veranlaßt hatte), und in der Nachlässigkeit, mit der er die Angelegenheit bei Chessin regelte. Wenn ich für ihn etwas bedeuten würde, hätte er Chessin schon längst veranlassen können, die Sache in Ordnung zu bringen; es wäre dazu nur ein *ganz klein wenig mehr Aufmerk-*

samkeit nötig gewesen. Er soll aber wissen, daß Fjodor Dostojewskij mit seiner Arbeit jederzeit mehr verdienen kann als er!
Und dabei verlangen sie von mir künstlerische Abgeklärtheit, eine
Poesie ohne Spannung und Trübung und weisen mich auf Turgenjew und Gontscharow hin! Die Leute sollen doch mal sehen, unter
welchen Verhältnissen ich arbeite!

Mein Freund, Sie schreiben mir von Stellowskij. Danken Sie dem
lieben Pascha für seine Bemühungen und bestellen Sie ihm, daß ich
ihn sehr liebe. Ich danke auch Ihnen, und zusammen mit Anna
Grigorjewna bedankt sich der Täufling bei Ihnen für die Annahme
der Patenschaft.

Über Stellowskij will ich später schreiben: Jetzt ist das ganz unmöglich, ich bin ganz zermartert, begreife kaum etwas und gehe
wie ein Besessener umher. Ich habe nur das Gefühl, daß Sie und
Pascha in der Sache mit Stellowskij *unbedingt* die Kopie meines
früheren Vertrages mit Stellowskij, die ich bei mir aufbewahre,
studieren müssen. Ich fertige eine Kopie von dieser Kopie an und
werde sie Ihnen schicken; teilen Sie das Pascha mit, denn der
jetzige Vorschlag von Stellowskij enthält offensichtlich Fallen.
Dennoch darf man diese Angelegenheit nicht verachten, und man
sollte sie versuchen, aber mit Vorsicht. Vielleicht gelingt sie. Aber
jetzt auf Wiedersehen, ganz Ihnen ergeben

Ihr Fjodor Dostojewskij

Zeigen Sie meinen Brief niemandem. Kaschpirjew teilen Sie den
Brief sinngemäß mit. Bitte.

An N. N. Strachow

Dresden, 26. Februar / 10. März 1870

Hochgeehrter Nikolaj Nikolajewitsch, ich beeile mich, Ihnen für
Ihren Brief und für Ihr Interesse zu danken. In der Fremde sind
uns die Briefe unserer alten Freunde besonders wertvoll. Majkow
will mir anscheinend gar nicht mehr schreiben. Gierig las ich auch
die wohlwollenden Zeilen, die Sie meiner Erzählung[1] widmen.
Was Sie sagen, ist mir angenehm und schmeichelhaft; ganz wie Sie
wollte ich immer den Lesern gefallen, oder besser gesagt: nur ihnen
möchte ich gefallen. Auch Kaschpirjew ist zufrieden; er hat sich in
zwei Briefen in diesem Sinne geäußert. Das alles freut mich außer-

ordentlich; besonderes Vergnügen bereitet mir das, was Sie mir über die ›Morgenröte‹ schreiben; es ist doch sehr erfreulich, daß die Existenz der Zeitschrift gesichert ist. Was ihre Richtung betrifft, so entspricht sie vollkommen der meinigen; folglich ist ihr Erfolg auch mein Erfolg. Die Zeitschrift erinnert mich aus irgendeinem Grunde an die ›Zeit‹ – an die Zeit ›unserer Jugend‹. Nikolaj Nikolajewitsch! Ich will Ihnen nebenbei ganz offen sagen: Ich hatte ein wenig Befürchtungen wegen des Erfolges mit dem Abonnement. Wegen des Erfolgs der Zeitschrift hatte ich keine Angst; früher oder später hätte die Zeitschrift ihre Abonnenten bekommen; aber ich bangte etwas um das laufende Abonnement. Mir schien es hier ganz und gar so, daß die Zeitschrift mit etwas mehr Pünktlichkeit und Selbstvertrauen hätte herausgegeben werden können. Aber ich hatte mich eben geirrt, und das ist gut so. Das Gute an den 2500 Abonnenten ist, daß die Zeitschrift nun auf festen Beinen steht. Natürlich wären 3500 Abonnenten unvergleichlich besser. Ich begreife absolut nicht, warum sie nicht vorhanden sind, bei ihrer Richtung, die in unserer Zeit höchst notwendig ist, und bei Artikeln, wie sie im vergangenen letzten Jahr veröffentlicht wurden? Ich bin restlos davon überzeugt, diese tausend Abonnenten, die noch nicht aufgetreten sind, hatten bereits an die Tür der Redaktion geklopft, nur sind sie ihr unter den Fingern entglitten. Und all dies mag vielleicht von solchen Kleinigkeiten abhängen, von einer Geschicklichkeit und von der verlegerischen Notwendigkeit! Aber diese Kleinigkeiten sind so wichtig im Verlagsgewerbe. Ich verstehe sehr gut, daß ich mich jetzt in eine fremde Angelegenheit einmische, doch urteilen Sie selbst: Laut Ankündigung in der Zeitung ist die Februar-Nr. der ›Morgenröte‹ am 16. Februar herausgekommen, wir haben aber jetzt schon den 26. Februar, und bei mir ist die Nummer noch nicht eingetroffen! Es ist ausgeschlossen, daß das Redaktionsbüro dies nur mit mir so macht (weshalb denn auch nur mit mir?). Folglich ist es mir klar, daß auch andere Abonnenten von auswärts darunter leiden. Glauben Sie mir, ich bin heute zähneknirschend von der Post weggegangen, so sehr hatte ich das Bedürfnis, die Zeitschrift endlich zu lesen. Für mich hier ist der Empfang einer jeden ›Morgenröte‹ ein Feiertag, ein Namenstag. Heute hatte ich sogar der Redaktion telegraphieren wollen. (Wer weiß, vielleicht hat man es wirklich vergessen, mir die Zeitschrift zu schicken; erkundigen Sie sich danach, um Gottes willen, ich bitte Sie darum.) Unbestreitbar sind das Kleinigkeiten.

Doch sollten sich diese Kleinigkeiten etwa summieren, wäre es kein Wunder, wenn der Zeitschrift ein ganzes Tausend Abonnenten entschlüpfen würde.

Bei Erhalt der ersten Nummer der ›Morgenröte‹ hatte ich Majkow geschrieben, sie habe auf mich keinen starken Eindruck gemacht. Sie schien mir schrecklich wenig Belletristik zu enthalten. Nur meine Novelle. Sie loben die Novelle, aber weiß Gott, ob man allein mit ihr auskommen kann, dazu noch als Beilage, wobei noch hinzuzufügen wäre, daß es gar keine Novelle, sondern eine ›Halbnovelle‹ von 5 Bögchen ist.[1] (Majkows ›Slowo‹[2] sind Verse und keine Belletristik.) Ihr Artikel, ist er auch hervorragend, hat dennoch ein altes Thema zum Inhalt (ich spreche nicht von meinem Standpunkt, sondern vom Standpunkt der Abonnenten). Nebenbei bemerkt, wer hat Ihnen denn gesagt, Ihr Aufsatz über Turgenjew sei besser als der über Tolstoj?[3] Der Aufsatz über Turgenjew ist ein sehr schöner und *klarer* Aufsatz, aber in den Aufsätzen über Tolstoj haben Sie sozusagen Ihren eigenen Grundgedanken ausgesprochen, von dem aus Sie Ihre Tätigkeit fortsetzen wollen; das ist meine Ansicht darüber. Und wenn Sie es mir zu sagen gestatten – ich bin jetzt buchstäblich mit allem einverstanden (früher war ich es nicht), und von all den paar tausend Zeilen dieser Aufsätze lehne ich ganze *zwei* Zeilen ab, nicht mehr und nicht weniger, mit denen ich aber auch gar nicht einverstanden sein kann. Doch darüber später! Wichtig ist, die Zeitschrift *steht*, und also sei Gott dafür gedankt.

A propos, was schreiben Sie denn da von Ihrer Gesundheit? »Ich knarre immerzu.« Leiden Sie etwa an einer chronischen Krankheit? Das höre ich das erstemal von Ihnen. Mit meiner Gesundheit geht es einigermaßen. Sie wissen ja – die Anfälle, aber das übrige ist ganz gut.

Sie schreiben mir: »Wollen Sie mir nicht helfen?« Das heißt, was die Mitarbeit an der ›Morgenröte‹ betrifft. Ich will Ihnen ganz offen und ehrlich sagen, verehrter Nikolaj Nikolajewitsch: Ich bin von ganzer Seele und von ganzem Herzen bereit, für die ›Morgenröte‹ zu arbeiten, und wünsche der ›Morgenröte‹ nicht nur von Herzen, sondern aus tiefster Überzeugung den allerglänzendsten Erfolg. Damit ich aber etwas recht sauber Gearbeitetes für die ›Morgenröte‹ fertigstellen kann, ist es nötig, daß die ›Morgenröte‹ zuerst mir helfe. Kann sie das wohl für mich tun? Darin liegt die ganze Frage.

Dieses Gerede von einem Vorschuß ist keine Laune, kein Eigendünkel und keine selbstbewußte Wichtigtuerei meinerseits, und das um so weniger, als man ja nicht mich bittet, sondern ich mich selber anbiete, denn ich kann Ihre Aufforderung zu *helfen* nicht als formelles Angebot auffassen. Ich halte es für überflüssig und langweilig, mich über meine Geldverhältnisse zu verbreiten, aber der Kern der ganzen Sache läßt sich Ihnen in zwei Worten nur zu verständlich darlegen: Ich habe mein ganzes Leben lang für Geld gearbeitet und unausgesetzt darben müssen; jetzt aber mehr denn je. Zum Frühling muß ich mir unbedingt Geld verschaffen; für meine Arbeit aber haben mir alle mein ganzes Leben lang Vorschüsse gegeben, sogar beträchtliche Summen, und es ist niemals anders gewesen. Es kann ja auch nicht anders sein, da ich niemals eine bedeutende Summe auf einmal besitze, mit der ich einige Monate lang durchhalten und dann den fertigen Roman verkaufen könnte, wie das unsere ›älteren‹ Schriftsteller tun.

Dabei will ich Ihnen aufrichtig sagen: Ich habe noch nie ein Thema des Geldes wegen erfunden, auch nie aus der Verpflichtung, eine versprochene Arbeit zu einem bestimmten Termin fertigzustellen. Verpflichtungen bin ich erst dann eingegangen, wenn ich bereits ein Thema im Kopf hatte, welches ich tatsächlich ausführen wollte und dessen Verwirklichung ich für notwendig hielt. Ein solches Thema habe ich auch jetzt. Ich will mich nicht darüber verbreiten, ich will nur sagen, daß ich noch nie einen besseren und originelleren Einfall gehabt habe. Ich darf es sagen, ohne mir einen Vorwurf der Eitelkeit zuzuziehen, weil ich nur von der Idee, von meinem Einfall, und nicht von der Ausführung spreche. Die Ausführung liegt aber in Gottes Hand; ich kann ja auch alles verderben; wie ich es so oft getan habe; doch eine innere Stimme sagt mir, daß die Inspiration mich auch bei der Ausführung nicht verlassen wird. Jedenfalls garantiere ich für die Neuheit der Idee und die Originalität der Darstellung und bin vorläufig Feuer und Flamme. Es soll ein Roman in zwei Teilen von mindestens 12 und höchstens 15 Bogen werden (so denke ich es mir vorläufig [4]). Wenigstens auf keinen Fall mehr. Er kann der Redaktion am 1. Dezember dieses Jahres (1870) bestimmt geliefert werden. Ich kann mir die Zeit nehmen, um ordentlich zu schreiben. (NB: Er könnte auch zum 1. November geliefert werden, aber ich gestehe, daß es mir durchaus unerwünscht wäre, eine zweite große Erzählung in demselben Jahr und derselben Zeitschrift erscheinen zu lassen. Wäre es nicht besser, so wie jetzt, im Januar und Februar nächsten Jahres? Übrigens geht es ja auch gar nicht anders.)

Das ist alles, was ich meinerseits angeben kann. Von der Redaktion aber erbitte ich vor allem tausend Rubel Vorschuß in folgender Weise: fünfhundert Rubel in einem Monat, vom heutigen Tag an gerechnet, die übrigen fünfhundert meinetwegen in Raten, je hundert Rubel monatlich, angefangen einen Monat nach Auszahlung der ersten fünfhundert Rubel, und so fünf Monate lang. Die Hauptsache ist, daß die Zahlungen pünktlich erfolgen. Die ersten 500 Rubel aber unbedingt in einem Monat und unbedingt auf einmal.

Falls Sie, hochverehrter Nikolaj Nikolajewitsch, Ihrer eigenen Meinung nach diesen meinen Vorschlag für möglich und ausführbar halten, so teilen Sie das Wasilij Wladimirowitsch [5] mit, und lassen Sie mich dann seinen Entschluß wissen. Teilen Sie mir das im Fall seines Einverständnisses mit, daß ich mich nicht vergebens auf etwas verlasse und damit ich für dieses Jahr meine Zeit und Arbeit endgültig einplanen kann.

Ich füge noch hinzu, daß ich einen solchen Vorschlag meinerseits weder für übertrieben noch für anmaßend halte, weil ich 1. schon ein dutzendmal ähnliche, auch unvergleichlich viel weitergehende Vorschläge gemacht habe, die fast alle angenommen wurden; ich hoffe, daß ich auch jetzt noch etwas Kredit besitze; 2. hat die Zeitschrift ›Morgenröte‹, wie ich aus den Zeitungen weiß, im vorigen Jahr auch Vorschüsse bis zu 1500 Rubel gezahlt. In jedem Fall werde ich mit großem Vergnügen und auch mit Eifer arbeiten; mag nun der Verleger entscheiden.

Dann will ich noch hinzufügen, daß ich im Laufe meines ganzen Schriftstellerdaseins meinen literarischen Verpflichtungen stets aufs genaueste nachgekommen bin und kein einziges Mal versagt habe; zudem habe ich niemals nur um des Geldes willen geschrieben, nur um eine übernommene Verpflichtung loszuwerden. Verderbe ich etwas, so verderbe ich es in gutem Glauben, aber nicht in böser Absicht. Überdies verpflichte ich mich, die Redaktion bis zur Ablieferung des Manuskripts mit keinerlei Bitten um weitere geldliche Hilfeleistungen zu belästigen, ausgenommen diese tausend Rubel. Und endlich verpflichte ich mich, in diesem Jahr nicht zu sterben.

Ich warte also auf Ihre Antwort und habe an Sie noch eine große und sehr dringende Bitte: Schicken Sie mir, wenn möglich, à conto meiner kommenden Einkünfte (wie Sie mir schon einmal ›Krieg und Frieden‹ geschickt haben) das Buch Stankewitschs über Granowskij.[6] Sie werden mir damit einen großen Dienst erweisen, den ich nie vergessen werde. Ich brauche das Buch ebenso dringend wie die Luft zum Atmen, und zwar so bald wie möglich; ich brauche es als Material für mein Werk, ohne dieses Buch kann ich nichts anfangen. Vergessen Sie es nicht, um Christi willen, schicken Sie es mir, wenn es nur irgendwie geht.

Anna Grigorjewna läßt Sie grüßen und gedenkt Ihrer in herzlicher Zuneigung. Wir sind jetzt dauernd mit unserer Ljubotschka beschäftigt. Ach, warum sind Sie nicht verheiratet, und warum haben Sie kein Kind, verehrter Nikolaj Nikolajewitsch! Ich schwöre, $3/4$ des Lebensglücks liegen hier, auf alles andere kommt höchstens ein Viertel.

Werde ich denn nun nicht heute die ›Morgenröte‹ erhalten? Ich wetze mir die Zähne, wenn ich an Ihren Artikel über die Frauenfrage denke – was für ein Thema! Ich erwarte mir davon einen großen Genuß. Gerade Sie können darüber schreiben, wie es sich gehört! Ich schneide immer Ihrer Aufsätze wegen die Hefte auf und sage das nicht des Kompliments wegen.

Wissen Sie denn, es ist sehr gut möglich, daß wir uns noch in diesem Jahr sehen.

Ihr von Herzen ergebener
Fjodor Dostojewskij

An N. N. Strachow

Dresden, 24. März / 5. April 1870

Ich beeile mich, hochverehrter Nikolaj Nikolajewitsch, Ihren Brief zu beantworten und schreibe zunächst über mich selbst. Ich will Ihnen endgültig und aufrichtig sagen, daß ich, nach genauer Berechnung, unmöglich versprechen kann, den Roman noch im Herbst abzuliefern. Dies erscheint mir absolut unmöglich; ich möchte auch die Redaktion ersuchen, mich nicht zu drängen, denn ich will meine Arbeit ebenso sorgfältig und sauber ausführen, wie es jene Herren (das heißt die Großen) tun.[1] Ich garantiere nur dafür, daß der Roman im Januar des kommenden Jahres fertig wird. Diese Arbeit geht mir über alles. Die Idee ist mir wertvoller als alle meine anderen Ideen, und ich will sie sehr gut ausführen. Jetzt aber, im gegenwärtigen Augenblick, arbeite ich an einem Werk für den ›Russischen Boten‹, das ich bald zum Abschluß bringe. Ich habe dort noch *beträchtliche* Schulden. Wenn ich mich jetzt, in meiner äußersten Notlange, wieder an Katkow wenden und ihm alles darlegen wollte, so ist es klar, daß auch meine nächste Arbeit ihm gehören müßte. Ich sage Ihnen das alles ganz offen. (Ich setze auch auf die Arbeit, die ich jetzt für den ›Russischen Boten‹ schreibe[2], große Hoffnungen; ich meine nicht die künstlerische, sondern die tendenziöse Seite; ich will gewisse Gedanken äußern, wenn dabei auch alles Künstlerische zugrunde geht. Aber die Gedanken, die sich in meinem Kopf und meinem Herzen angesammelt haben, drängen mich dazu, wenn es auch nur ein Pamphlet wird, jedenfalls werde ich darin alles, was ich auf dem Herzen habe, aussprechen. Ich hoffe auf Erfolg. Wer macht sich übrigens an eine Arbeit, ohne auf einen Erfolg zu hoffen?)

Ich wiederhole Ihnen jetzt, was ich schon früher sagte: Ich habe stets, mein ganzes Leben lang, für die Leute gearbeitet, die mir das Geld im voraus bezahlten. So ist es immer gewesen und niemals anders. Das ist vom wirtschaftlichen Gesichtspunkt aus gesehen sehr schlimm für mich, doch es läßt sich nicht ändern! Dafür gab ich, wenn ich Vorschüsse erhielt, immer etwas schon Vorhandenes, das heißt, ich verkaufte mich nur dann, wenn der dichterische Gedanke schon geboren und womöglich gereift war. Ich nahm niemals Vorschüsse auf einen *leeren Platz,* das heißt in der Hoffnung, einen Roman zur gegebenen Frist *auszudenken* und zu *schreiben.* Ich denke, das ist ein Unterschied. Jetzt möchte ich aber auch bei der Arbeit Ruhe haben. Die Arbeit für den ›Russischen Boten‹ werde ich bald beenden, und dann will ich mich mit Genuß an den Roman machen. Mit der Idee zu diesem Roman trage ich mich seit drei Jahren; bisher habe ich mich nicht entschließen können, die Arbeit im Ausland in Angriff zu nehmen; ich wollte sie erst in Rußland beginnen. Doch in diesen drei Jahren ist in mir der ganze Plan gereift, und ich glaube, daß ich mit dem ersten Teil (den ich für die ›Morgenröte‹ bestimme) auch hier beginnen kann, denn die Handlung setzt vor mehreren Jahren ein. Daß ich von einem ›ersten Teil‹ spreche, braucht Sie nicht zu beunruhigen. Die Idee erfordert einen großen Umfang, mindestens so groß wie beim Tolstojschen Roman. Es wird eigentlich ein Zyklus von fünf einzelnen Romanen werden; die Romane werden so unabhängig voneinander sein, daß einzelne von ihnen (mit Ausnahme der beiden mittleren) sehr gut in verschiedenen Zeitschriften wie vollständig in sich abgeschlossene Werke werden erscheinen können. Der Gesamttitel lautet übrigens: ›Lebensbeschreibung eines großen

Sünders‹ [3], und jeder einzelne Roman wird noch einen eigenen Titel haben. Jeder Abschnitt (das heißt jeder einzelne Roman) wird einen Umfang von höchstens 15 Bogen haben. Um den zweiten Roman zu schreiben, müßte ich schon in Rußland sein; die Handlung dieses Teiles spielt in einem russischen Kloster; obwohl ich die russischen Klöster gut kenne, müßte ich doch nach Rußland kommen. Ich hätte mit Ihnen gern ausführlicher darüber gesprochen; was kann man aber in einem Brief sagen? Ich wiederhole noch einmal, daß es mir unmöglich ist, den Roman für dieses Jahr zu versprechen; drängen Sie mich nicht, und Sie werden eine gewissenhafte, vielleicht auch gute Arbeit bekommen (jedenfalls habe ich mir diese Idee zum Ziel meiner literarischen Zukunft gesetzt, denn ich darf gar nicht hoffen, noch länger als 6 bis 7 Jahre zu leben und zu schreiben). Es soll die ›Morgenröte‹ nicht kränken, daß sie das Geld schon neun Monate vorher zahlen soll: Ich habe mitunter Vorschüsse für zwei Jahre erhalten. Wenn man nicht sät, erntet man nicht, und Sie wissen ganz genau, Nikolaj Nikolajewitsch, daß ich nicht aus Anmaßung so rede, sondern deshalb, weil meine Verhältnisse sich stets so gefügt haben. *Es ist,* im Grunde genommen, *auch gar nicht viel Geld.* Wenn ich mich an andere wende, so sollte natürlich auch meine Arbeit den anderen gehören. Ich bin immer ein ehrlicher Literat gewesen. Der ›Morgenröte‹ würde ich selbst gerne dienen, denn ihre Richtung steht mir nach dem Sinn. Das ist alles, was ich hierzu von mir aus sagen kann. Um eines will ich Sie ganz ernsthaft bitten, Nikolaj Nikolajewitsch, – sollte die Sache möglich sein, so unterrichten Sie mich als alter, guter Freund und Mitarbeiter darüber *recht bald.* Meine Not wächst in einem Maße, daß ich keine Zeit verlieren darf; ich muß die Dinge mit Gewißheit wissen. Ich habe Frau und Kind zu versorgen, außerdem brauche ich Ruhe und Sicherheit. Kaschpirjew soll doch entscheiden, entweder *ja* oder *nein:* wenigstens das muß ich wissen, denn mir ist meine Zeit wertvoll und teuer. In diesem Fall wäre ein klares *Nein* vorteilhafter als ein hingezogenes *Ja-ja,* denn ich würde dabei keine Zeit verlieren.

Das Märzheft der ›Morgenröte‹ habe ich mit großem Genuß gelesen. Ich warte mit Ungeduld auf die Fortsetzung Ihres Artikels, um alles darin zu verstehen. [4] Es scheint mir, daß Sie die Absicht haben, Herzen als einen Westler darzustellen und überhaupt vom Westen im Gegensatz zu Rußland zu sprechen; habe ich recht? Sie haben den Ausgangspunkt sehr geschickt gewählt: Herzen ist ein

Pessimist; halten Sie aber *wirklich* seine Zweifel (›Wer hat schuld?‹, ›Krupow‹ usw.) für unlösbar? Mir scheint, daß Sie diese Frage umgehen wollen, um Ihrem Grundgedanken mehr Geltung zu verschaffen. Jedenfalls erwarte ich mit großer Ungeduld die Fortsetzung des Artikels; das Thema ist gar zu aufregend und aktuell. Was wird nun geschehen, wenn Sie wirklich den Beweis erbringen, daß Herzen früher als viele andere darauf hingewiesen hat, daß der Westen in Verwesung begriffen ist? Was werden dazu die Westler aus der Zeit Granowskijs sagen? Ich weiß übrigens nicht, ob Sie das wirklich sagen wollen; es ist nur so ein Vorgefühl bei mir. Finden Sie übrigens nicht (obwohl es das *Thema* Ihres Artikels gar nicht berührt), daß es noch einen andern Standpunkt für die Beurteilung des Wesens und der Tätigkeit Herzens gibt: nämlich, daß er immer und überall *in erster Linie Dichter* war? Der Dichter behauptet sich in ihm immer und überall, in seiner ganzen Tätigkeit. Der Agitator ist ein Dichter, der Politiker ist ein Dichter, der Sozialist ist ein Dichter, der Philosoph ist im höchsten Grade ein Dichter! Diese Eigentümlichkeit seiner Natur kann, wie mir scheint, vieles in seiner Tätigkeit erklären; sogar seinen Leichtsinn und seine Vorliebe für Wortspiele selbst bei Behandlung der wichtigsten moralischen und philosophischen Fragen (was, nebenbei bemerkt, an ihm ziemlich abstoßend ist).

Die ›Frauenfrage‹ wurde von Ihnen vorzüglich dargestellt (im Februarheft).[5] Aber ich will auf Ihre Frage antworten, weshalb ich in der ›Morgenröte‹ einen Mangel an *Selbstvertrauen* vorfand. Vielleicht habe ich mich nicht genau ausgedrückt, aber ich meine doch, daß Sie viel zu weich sind, viel zu weich. Für die Leute muß man mit der Knute in der Hand schreiben. In vielen Fällen sind Sie einfach zu klug für die. Würden Sie etwas hitziger und *gröber* über sie herfallen, wäre das besser. Nihilisten und Westler verlangen ein für allemal die Knute. In Ihren Aufsätzen über Tolstoj nimmt es sich fast so aus, als flehten Sie um deren Einverständnis, und in den letzten Aufsätzen über Tolstoj[6] verfallen Sie einer Art Mutlosigkeit und Enttäuschung, während doch, meiner Ansicht nach, Ihr Ton triumphierend und freudvoll bis zur *Vermessenheit* sein sollte: Nun, was denken Sie, werden diese Leute wohl wirklich Ihren subtilen und brillanten Humor in den Briefen Kosikas[7] begreifen? Als ich hier von Frau Konradi las, die Pisarew nachahmt, oder jene Stelle, wo Sie Ihren Korrespondenten bitten, nachdem Sie sich zu Ihrer eigenen Verwunderung weder als Dummkopf noch als Schurke fühlen können und sich gleichsam sofort erschreckt versprechen: »Ich bitte Sie darum, mich zu verstehen, wie es sich gehört«, da habe ich hier gelacht; aber glauben Sie etwa, jenen Leuten wäre dieser Ton verständlich? Mit einem Wort: Sie dürfen unmöglich in einem solchen Ton schreiben; denn das ist Ernst, Liebe und Hochachtung zur Sache; das ist gegenwärtig der Ton der Zeitschrift, und dieser Ton ist erhaben und schön, er stellt das Wesen der ›Morgenröte‹ dar; aber ich meine, manchmal müßte man den Ton *herabstimmen*, die Knute in die Hand nehmen und sich nicht verteidigen, sondern selbst angreifen, weitaus brutaler angreifen. Genau das ist es, was ich unter *Selbstvertrauen* verstehe. Im übrigen kann ich mich in meinem Urteil durchaus irren – aus Leidenschaft.

Die zwei Zeilen über Tolstoj, mit denen ich in keiner Weise einverstanden bin, sind die Stelle, wo Sie behaupten, daß Tolstoj allem Großen in unserer Literatur ebenbürtig sei. So etwas darf man doch nicht sagen! Puschkin und Lomonosow waren Genies. Ein Dichter, der mit dem ›Mohren Peter des Großen‹ und ›Bjelkin‹ vor die Öffentlichkeit tritt, kommt mit einem genialen *neuen Wort*, das vor ihm noch von niemand und nirgendwo ausgesprochen wurde. Wenn aber einer mit ›Krieg und Frieden‹ kommt, so kommt er eben nach jenem *neuen Wort*, welches Puschkin bereits ausgesprochen hat; dies gilt *in jedem Fall*, wie weit Tolstoj auch in der Weiterentwicklung des von einem andern Genie schon vor ihm ausgesprochenen Wortes gehen mag. Ich halte es für sehr wesentlich. In diesen wenigen Zeilen kann ich es übrigens gar nicht ausdrücken.

Ist Miljukow etwa schon so weit gegangen?[8] Was macht er denn jetzt überhaupt?

Verzeihen Sie, der Roman von Tschajew ›Verborgene Kräfte‹[9] hat mir sehr gut gefallen: das ist sehr poetisch und bisher gut geschrieben. Aber weshalb haben Sie ihn sich entgehen lassen? ›Die Schwiegermutter‹[10] ist als Kunstwerk strenger, aber das ist doch kein Roman; das sind doch *Verse* (das heißt, ich urteile nicht vom Standpunkt des Marktes aus, was im Hinblick auf die Abonnenten *unumgänglich* ist).

Anna Grigorjewna läßt Sie herzlich grüßen. Ach, könnten wir doch recht bald heimfahren, Nikolaj Nikolajewitsch, wäre es doch recht bald!

Ganz Ihr Fjodor Dostojewskij

PS: Um es zu wiederholen: Ich erwarte von Ihnen als gutem altem Freund eine recht baldige Antwort. Wie sehr brauche ich doch das Geld; es wäre gut, wenn Kaschpirjew die Sendung nicht verzögerte, sollte er *ja* sagen.

Ich habe die Frage ganz vergessen: Wird denn Danilewskijs Werk ›Europa und Rußland‹ nicht in einer Buchausgabe erscheinen? Wie ist denn das möglich? Um Gottes willen, vergessen Sie es nicht, mich darüber zu informieren.

An A. N. Majkow

Dresden, 25. März / 6. April 1870

Ich bekenne mich schuldig, hochverehrter und gütigster Apollon Nikolajewitsch, daß ich meine Antwort bis heute verzögerte, obgleich es mich jeden Tag drängte, Ihnen zu schreiben. Doch da war erstens die Arbeit, zweitens aber meine Gesundheit und meine Hypochondrie, die in der Einsamkeit wieder wach geworden ist. Das Herz schlägt sehr ungleichmäßig, und ich kann nicht schlafen. Ich ging indes zum Arzt, einem berühmten Professor, er untersuchte mich eingehend und erklärte: »Es ist gar nichts da, es sind nur die Nerven. Die sind freilich stark zerrüttet.« Ich müßte für den Sommer von Dresden fortgehen, schön wäre es, an die See zu reisen, zu baden. Auch für meine Frau wäre das gut. Das Beste ist unstreitig die Heimatluft, und *alles,* was Sie in Ihrem Brief darüber schreiben, ist goldene Wahrheit, die Wahrheit aller Wahrheiten. Aber wissen Sie denn nicht, Apollon Nikolajewitsch, warum ich nicht heimkehren und dieses verfluchte Ausland nicht verlassen kann? Das wäre ja reizend: heimkehren und geradeswegs ins Schuldgefängnis wandern! Die Rückkehr ist mir bis zu einem gewissen Zeitpunkt unmöglich, aber glauben Sie wirklich, daß ich mich nicht sehne und nicht mit ganzer Seele nach Rußland strebe? Und wie härmt sich meine Frau! Macht es mich etwa froh, ihren Gram mit anzusehen? Und nicht genug damit: ich weiß *positiv,* anhand von Tatsachen, daß es mir wirtschaftlich dreimal besser gehen würde als hier. Ich möchte mich darüber endgültig mit Ihnen aussprechen: ich schwöre Ihnen, lieber Freund, daß ich es gering achten würde, wenn ich, wie es *bestimmt* zu erwarten wäre, ins Schuldgefängnis käme – ich habe schon anderes in meinem Leben durchgemacht. Ich säße ein Jahr ab und wäre frei. Aber ich weiß, daß, wenn dies früher (noch vor fünf Jahren) möglich war, es jetzt – das weiß ich bestimmt – ganz unmöglich ist. Ich würde es mit meiner Gesundheit nicht einmal ein halbes Jahr in einem öffentlichen Gefängnis aushalten, würde vor allem aber nicht arbeiten können. Und ich habe eine Unmenge Stoff. Über meine hiesige Schriftstellerei aber sagen Sie goldene Worte; ich bleibe wirklich zurück, nicht weil die Zeit fortschreitet oder weil ich nicht weiß, was bei uns vorgeht (das weiß ich sicherlich besser als Ihr, da ich *täglich drei russische Zeitungen von der ersten bis zur letzten Zeile* durchlese und zwei Zeitschriften erhalte), sondern ich fühle mich getrennt von dem *lebendigen Strom des Lebens;* nicht von der Idee an sich, sondern von ihrer lebendigen Verkörperung – und das wirkt ganz ungeheuer auf das künstlerische Schaffen ein! Das muß ich alles zugeben, aber was kann ich dagegen tun? Eine Vereinbarung mit den Gläubigern treffen, sie bitten, mir ein Jahr Frist zu gewähren, dann würde ich alles bezahlen? Werden sie darauf eingehen? Wenn ich die Hälfte bezahlte, so würden sie mir vielleicht ein Jahr Frist geben, daran denke ich Tag und Nacht. Vielleicht würden sie sogar einwilligen, wenn ich 30 Prozent bezahlte! Aber es ist jetzt auch schwer, mit ihnen in Verbindung zu treten. Weiß Gott, ob sie noch alle in Petersburg sind! Und doch muß es sein; es gibt kein anderes Mittel. Alle *bedrohlichen* Schulden, das heißt alle Wechselschulden, betragen jetzt 4000 Rubel. Also müßte ich 2000 Rubel für die Anzahlung rechnen, 1000 für den Umzug von hier und die erste Zeit in Petersburg – folglich brauchte ich notwendigerweise 3000. Woher sollte ich die aber nehmen? Aber glauben Sie mir, wäre ich damals nicht aus Petersburg abgereist, so hätte ich *alles* binnen zwei Jahren restlos zurückgezahlt. Ich bin jedoch aus dem Grund abgefahren, weil Petschatkin die Zwangsvollstreckung veranlaßt hatte; ich hatte davon noch vor der Vollstreckung gehört. Wie hätte ich mich denn damals, gerade nach der Heirat, ins Gefängnis setzen lassen können? Allein den Gedanken ertrug ich nicht und war auf und davon – das ist alles.

Übrigens werde ich mir das im Sommer noch ordentlich überlegen, falls sich irgendwelche Aussichten bieten sollten. Jetzt arbeite ich für den ›Russischen Boten‹. Ich bin dort Geld schuldig und bin dadurch, daß ich der ›Morgenröte‹ den ›Ewigen Gatten‹ gab, dem ›Russischen Boten‹ gegenüber in eine zweideutige Lage geraten. Ich muß das, was ich jetzt für ihn schreibe, koste es, was es wolle, zu Ende bringen. Auch habe ich es fest versprochen, und in literarischen Dingen bin ich ein ehrlicher Mensch. Das, was ich schreibe, ist ein tendenziöses Werk, ich will mich mit recht viel Temperament aussprechen. (Wie werden die Nihilisten und die Westler über mich losbrüllen, ich sei ein *Reaktionär*.) Hol sie der Teufel, ich will alles bis aufs letzte Wort aussprechen. Und wissen Sie, was mich so verwirrt? Ich kann durchaus nicht entscheiden, ob es ein Erfolg wird oder nicht. Bald scheint es mir, daß es außerordentlich gut gelingt und ich noch an der 2. Ausgabe ordentlich verdienen werde, bald glaube ich, daß es mir gar nicht gelingt. Doch mag ich lieber ganz durchfallen als einen mittelmäßigen Erfolg erzielen. Sie haben mir geradezu einen Keulenschlag versetzt durch Ihre Bemerkung über die »angestrengte Arbeit der Phantasie«, die Sie im ›Ewigen Gatten‹ bemerkt haben wollen. Wieviel Seelenpein hat mich das gekostet; übrigens liegt alles in Gottes Hand! Ohne Hoffnung auf Erfolg kann man nicht mit Eifer arbeiten. Ich arbeite aber mit Eifer. Folglich hoffe ich.

Doch ich habe mich bei Ihnen noch nicht für Ihre gütige Hilfe und für Ihre verschiedenen Gänge zu dem Schurken Stellowskij und ä. m. bedankt. Sie können es nicht einmal *ahnen*, wieviel Sie da für mich getan haben. Sie haben mir meinen Seelenfrieden zurückgegeben und eine Wunde geheilt. Ich will Ihnen gegenüber (und nur Ihnen) alles restlos zugeben: Ich hatte schon gefürchtet, Pascha habe mich betrogen! Wie ich deshalb litt, für ihn betete, und endlich zerstreute Ihr Brief alle meine Zweifel[1]: Er ist eben ein kleiner windiger Junge, aber sonst gut und ehrlich. Ich wiederhole, Sie haben eine Wunde in meiner Seele geheilt, und den Stellowskij soll der Teufel holen! Ja, teilweise bin ich sogar froh, Sie können sich das vorstellen! So schwer ist es, wenn man es mit diesem Schurken zu tun hat!

Übrigens bin ich jetzt ganz und gar in einer fürchterlichen Lage (Mister Mikober).[2] Keine Kopeke Geldes, aber wir müssen es bis Herbst durchstehen, bis ich wieder Geld habe. Beim ›Russischen Boten‹ zu bitten, ist so gut wie unmöglich; erstens, was wäre, wenn sie es verweigerten, zweitens würde das mein Konto maßlos überziehen. Ich werde von ihnen bestimmt Geld erhalten, doch erst im Herbst; dafür bekomme ich dann eine beträchtliche Summe. Was ich Ihnen jetzt schreibe, weiß ich mit Bestimmtheit. Aber bis zum Herbst habe ich nichts mehr zum Leben. Sie denken, ich verschleudere hier das Geld, ich würde großen Luxus pflegen. Glauben Sie mir, seit dem Umzug nach Dresden, seit 8 Monaten, habe ich allein vom ›Ewigen Gatten‹ gelebt, das waren fast 100 Taler monatlich, das betrifft aber auch die Geburt und die notwendigsten Ausstattungen, und das Leben ist nicht billig, so daß ich letzten Endes Geld lieh und bis heute Schulden habe. N. N. Strachow hat mich vor einem Monat positiv dazu aufgefordert, an der ›Morgenröte‹ weiterhin mitzuarbeiten. Ich erwiderte ihm, er solle Kaschpirjew zum kommenden Jahr meinen Roman vorschlagen, jedoch unter der Bedingung, daß ich 500 Rubel jetzt sofort erhalte und dann monatlich hundert für eine Spanne von fünf Monaten, so daß dabei 1000 Rubel herauskämen. Meiner Ansicht nach ist das nicht viel: Kaschpirjew hatte doch auch Stebnizkij anderthalb Tausend Jahresvorschuß gegeben. (Man kann ja auch keine Zeitschrift herausgeben, ohne Vorschuß zu gewähren, sonst läßt man sich alle Schriftsteller entgehen.) Nikolaj Nikolajewitsch antwortete mir, Kaschpirjew sei einverstanden, das Geld werde im April überwiesen, aber unter der Bedingung, daß ich meine Sache noch in den Herbstmonaten dieses Jahres liefere. Ich erwiderte ihm, daß mir das in diesem Jahr absolut unmöglich sei. Kaschpirjew selbst hat mir übrigens noch gar nichts geschrieben. Ich warte nun auf ihre endgültige Antwort. Sie müssen mir selbst zustimmen; nehme ich nochmals Geld vom ›Russischen Boten‹, dann wird meine zukünftige Arbeit noch lange dem ›Russischen Boten‹ gehören. Ich werde den Roman für den ›Russischen Boten‹ wahrscheinlich in drei Monaten zu Ende bringen.[3] Dann bummle ich einen Monat und setze mich daraufhin an die Arbeit für die ›Morgenröte‹. Ich habe jetzt anderthalb Jahre nicht richtig gearbeitet, und es drängt mich zu schreiben (den ›Ewigen Gatten‹ rechne ich nicht!). Die Arbeit für den ›Russischen Boten‹ wird mich nicht sonderlich ermüden; der ›Morgenröte‹ habe ich dagegen eine ordentliche Arbeit versprochen und will sie auch ordentlich machen. Diese letztere Arbeit reift schon seit zwei Jahren in meinem Kopf heran. Es ist die gleiche Idee, von der ich Ihnen schon einmal geschrieben habe. Dies wird mein letzter Roman sein; er wird den Umfang von ›Krieg und Frieden‹ haben. Wie ich Sie aus unseren früheren Gesprächen kenne, werden Sie die Idee gutheißen. Der Roman wird aus fünf größeren Erzählungen bestehen (jede zu 15 Bogen; in den 2 Jahren ist der Plan vollkommen gereift). Die Erzählungen sind in sich abgeschlossen, so daß man sie auch einzeln verkaufen kann. Die erste Erzählung habe ich für Kaschpirjew bestimmt; sie spielt noch in den vierziger Jahren. (Der Titel des ganzen Romans lautet ›Die Lebensbeschreibung eines großen Sünders‹, doch jeder Teil wird auch noch einen eigenen Titel haben.[4]) Mit der Grundidee, die durch alle Teile gehen wird, habe ich mich mein ganzes Leben lang bewußt und unbewußt gequält; es ist die Frage vom Dasein Gottes. Der Held ist bald Atheist, bald Gläubiger, bald Fanatiker und Sektierer und dann wieder Atheist. Die 2. Erzählung wird ein Kloster zum Schauplatz haben. Auf diesen 2. Teil setze ich alle meine Hoffnungen. Vielleicht wird man endlich sagen, daß ich doch nicht lauter Unsinn schreibe. (Ich will es nur Ihnen allein, Apollon Nikolajewitsch, anvertrauen: In der 2. Erzählung soll als Hauptperson der heilige Tichon Sadonskij auftreten; selbstverständlich unter einem anderen Namen, doch wird es gleichfalls ein Bischof sein, der sich zur Ruhe in ein Kloster zurückgezogen hat.) Ein 13jähriger Knabe, der an einem schweren Verbrechen beteiligt war, ein geistig hochentwickelter, doch durch und durch verdorbener Knabe (ich kenne diesen Typus aus unseren gebildeten Kreisen), der zukünftige Held des ganzen Romans, ist von seinen Eltern in das Kloster zur Erziehung gegeben worden. Der kleine Wolf und Nihilist kommt mit dem heiligen Tichon zusammen. Im gleichen Kloster wird auch Tschaadajew (ebenfalls unter einem andern Namen) sitzen. Warum sollte Tschaadajew nicht ein Jahr im Kloster sitzen? Denken Sie sich nur, daß Tschaadajew nach jenem ersten Artikel – er wurde daraufhin wöchentlich von Ärzten auf seinen Geisteszustand untersucht –, sich nicht enthalten konnte, einen zweiten Artikel, sagen wir auf französisch, irgendwo im Ausland zu veröffentlichen; es wäre ja durchaus möglich; für diesen Aufsatz verbannte man ihn eben für ein Jahr ins Kloster. Tschaadajew kann aber im Kloster Besuch bekommen, zum Beispiel von Belinskij, Granowskij, sogar Puschkin und anderen. (Es soll übrigens gar nicht vom wirklichen Tschaadajew die Rede sein; ich will nur diesen Typus verwerten.) Im Kloster gibt es auch einen Pawel Prusskij, einen Golubow und einen Mönch Parfenij. (Dieses Milieu kenne ich ausgezeichnet; das russische Kloster ist mir seit meiner Kindheit vertraut.) Die Hauptpersonen sind aber Tichon und der Knabe. Um Gottes willen, erzählen Sie niemandem vom Inhalt des 2. Teiles. Ich pflege sonst nie vom Inhalt meiner zukünftigen Werke zu sprechen; nur Ihnen beichte ich es; mögen die anderen meinen Plan für wertlos halten, mir ist er äußerst wertvoll. Sprechen Sie mit niemandem über Tichon. Strachow habe ich vom Klostermilieu geschrieben, doch die Gestalt des Tichon mit keinem Wort erwähnt. Vielleicht wird es mir gelingen, eine majestätische, *positive*, heilige Gestalt zu schaffen. Sie soll ganz anders sein als Kostanschoglo und als der Deutsche (ich habe seinen Namen vergessen) in Gontscharows ›Oblomow‹. Woher können wir es wissen: Vielleicht ist gerade Tichon der *positive* russische Typus, den unsere Literatur sucht, und nicht Lawrowskij, Tschitschikow u. a. m., auch nicht die Lopuchows und die Rachmetows.[5] Ich werde freilich nichts schaffen, sondern nur den echten Tichon darstellen, den ich längst mit Wonne in mein Herz geschlossen habe. Doch auch eine solche wahrheitsgetreue Darstellung werde ich, falls sie mir gelingt, als große Tat betrachten. Sprechen sie mit niemandem darüber. Doch um diesen 2. Teil des Romans, der im Kloster spielt, zu schreiben, muß ich unbedingt in Rußland sein. Ach, wenn es mir nur gelingen wollte! Der erste Teil handelt von der Kindheit meines Helden. Selbstverständlich treten nicht lauter Kinder auf; es ist ein richtiger Roman. Diesen ersten Teil kann ich glücklicherweise auch im Ausland schreiben; ich biete ihn der ›Morgenröte‹ an. Werden sie ihn nicht zurückweisen? Diese 1000 Rubel sind ja weiß Gott kein allzu großes Honorar. Mögen sie tun, was sie wollen; aber auf diese Weise verlieren sie am Ende alles. Übrigens ist das ihre Sache. Gestern habe ich Strachow geschrieben und ihn um eine rasche endgültige Entscheidung gebeten. Sonst müßte ich nämlich irgend etwas anderes unternehmen, um keine Zeit zu verlieren; wende ich mich an den ›Russischen Boten‹, wird auch einige Zeit verstreichen, so daß man mich wenigstens nicht mit der Antwort von der ›Morgenröte‹ aufhält. (An dem ganzen Roman werde ich wohl sechs Jahre schreiben.) Falls Sie bei der ›Morgenröte‹ ein gutes Wort für mich einlegen könnten, so tun Sie das, mein Täubchen. Denn es fiele mir schrecklich schwer, mich jetzt an den ›Russischen Boten‹ zu wenden; in drei Monaten ist das eine andere Sache. Ich würde ja auch gern selbst bei der ›Morgenröte‹ arbeiten. Sie hat das Engagement, das ich am meisten teile; natürlich mit ein paar Einschränkungen. Übrigens liegt das bei ihnen. Meine Armut hat mich aufgefressen, wäre ich denn sonst selbst mit den Vorschlägen zu ihnen gekommen; und bedenken Sie, kaum habe ich mich mit einer Zeitschrift eingelassen, so treibt man mich bereits mit einem Termin zur Eile an, alle wollen sofort zum frühesten Termin geliefert haben! Und lieber will ich jetzt sterben, als mich jetzt drängen lassen. Nur der ›Russische Bote‹ hat mich nie gedrängt. Das sind höchst anständige Leute! Nebenbei bemerkt, teurer Apollon Nikolajewitsch, woher könnte wohl Ihre Vorstellung von Janowskij kommen? Das hätte ich nie gedacht, nicht ein einziges Mal, keinen Augenblick lang! Ich war so sehr verwundert, als ich Ihre Zeilen las. Ich kenne ja auch in dieser Hinsicht Janowskijs Geschichte keineswegs. Ist denn derartiges bei ihm tatsächlich vorgekommen?

Über den Nihilismus zu sprechen, lohnt sich gar nicht. Warten Sie nur, bis diese obere Schicht, die sich vom Boden Rußlands losgelöst hat, vollständig verwest ist. Wissen Sie was, mir scheint, daß viele von diesen jugendlichen Schurken, von diesen verwesenden Jünglingen sich früher oder später bekehren und echte Anhänger der Bodenständigkeit, reine Russen werden. Die übrigen sollen jedoch verfaulen. Schließlich werden ja auch sie im Starrkrampf verstummen. Was sie doch für Schurken sind!

Anna Grigorjewna fühlt sich von der Meinung Anna Iwanownas recht geschmeichelt.[6] Wissen Sie, bei mir ist sie empfindsam und stolz. Doch wenn Sie nur wüßten, wie glücklich ich mit ihr bin. Es gibt nur ein einziges Unglück — wir können vorläufig noch nicht heimreisen. Aber wir werden vielleicht doch heimreisen! Ljuba bekommt Zähnchen und quält sich. Sie ist ein gesundes Kind; Sie würden staunen. Doch wäre Anna Nikolajewna nicht bei uns gewesen, Anna Grigorjewnas Mutter, so wäre auch Ljuba gestorben. Ohne sie wären wir verloren.

Ach, ich möchte Sie jetzt nach vielem ausfragen, aber dennoch: Auf Wiedersehen. Vergessen Sie mich nicht ganz, und lassen Sie mich nicht im Stich, ich verbleibe aber, wie Sie wissen,

immer und unverändert Ihr Fjodor Dostojewskij

Anja läßt Sie und Anna Iwanowna grüßen. Ich bezeuge ebenfalls meine tiefe Hochachtung für Anna Iwanowna und bedanke mich herzlich für Anna Iwanownas Nachfrage nach Anja.

A propos: Als mir Kaschpirjew vor einem Monat 400 Rubel schickte, fügte er hinzu, es sei noch ein kleiner Rest übrig, etwa 50 bis 100 Rub., aber er habe sie bisher noch nicht überweisen lassen. Sollte dieser kleine Rest vorhanden sein, machen Sie doch, werter Apollon Nikolajewitsch, *um Christi willen*, eine Anspielung, daß er das Geld überweise. Für mich sind 50 Rubel viel zu wertvoll, viel zuviel.

Gefällt Ihnen Strachows Kritik? Ich halte viel von ihr.

An S. A. Iwanowa

Meine lieben Freundinnen, Sonetschka und Werotschka, ich habe
Euch schon gar lange nicht geschrieben; der Grund liegt nicht in
meiner Faulheit, sondern in den vielen Sorgen der letzten Zeit
und überhaupt in meiner unangenehmen Stimmung. Ich weiß jetzt
nicht einmal, wohin ich Euch schreiben soll: an Eure Moskauer
Wohnung will ich den Brief nicht adressieren, weil ich vermute,
daß Ihr schon in Darowoje[1] seid; adressiere ich ihn aber nach
Darowoje, so schwanke ich wiederum, denn ich weiß doch nicht
sicher, ob Ihr dort seid, und fürchte, der Brief bliebe liegen. Ich
habe mich übrigens dafür entschieden, den Brief nach Moskau zu
adressieren, in der Annahme, Ihr werdet wohl im Falle einer
Reise so disponiert haben, daß man Euch dicke Briefe ins Dorf
nachschickt. Doch setze ich am meisten darauf, daß eine von Euch
beiden, zum Beispiel Sonja, sich vorläufig noch in Moskau aufhält.
Jedenfalls will ich Euch nach Darowoje schreiben, wenn ich auf
meinen Brief keine *sofortige* Antwort erhalten sollte. Ich bitte
Euch (für jeden Fall) um irgendeine Antwort, daß ich über die
Zustellung des Briefes keine Zweifel haben und nicht denken muß,
er wäre verlorengegangen. Ich möchte ja auch gerne ein kleines
Lebenszeichen von Euch bekommen.

Von uns kann ich ganz allgemein sagen, daß wir noch in Dresden
leben und vorläufig, gottlob, einigermaßen leidlich. Ljuba ist ein
liebes und recht kräftiges Kind. Da wir schon ein Kind verloren
haben, pflegen wir sie mit großer Sorgfalt. Anja stillt sie selbst,
und es fällt ihr anscheinend von Tag zu Tag schwerer. Sie ist sehr
abgemagert und heruntergekommen und verzehrt sich vor Heimweh. Auch ich sehne mich entsetzlich nach Rußland zurück, und
aus dieser Sehnsucht kommen meine ständigen Aufregungen und
Sorgen. Meine Verhältnisse sind in denkbar schlechtem Zustand.
Wir haben zwar gerade so viel, daß wir noch leben können (wenn
auch sehr bescheiden), doch an die Rückkehr nach Rußland dürfen
wir gar nicht denken. Ich muß aber unbedingt zurückkehren, denn
der hiesige Aufenthalt scheint mir ganz unmöglich zu werden. Um
von hier nach Petersburg zu ziehen, müssen wir noch vor Oktober
aufbrechen; später wird es zu kalt sein, und die Kleine kann sich
leicht erkälten. Zweitens müßten wir vor der Abreise, nur um
die hiesigen Schulden bezahlen zu können, mindestens dreihundert
Rubel haben; dazu noch die Reisekosten für unsere ganze Familie

und die Einrichtung in Petersburg; alles zusammen macht eine nicht unbeträchtliche Summe aus. Und doch ist all dies noch gar nichts; die Hauptsache sind die Gläubiger. Ich schulde ihnen mit Zinsen beinahe 6000 Rubel. Weniger als ein Drittel, das heißt als 2000 Rubel, kann ich ihnen nicht bieten, damit sie mir den Rest noch für ein Jahr stunden. Sie werden übrigens auch dann darauf nicht eingehen, wenn ich dieses Drittel bezahle. Sie sind alle gegen mich erbost und werden sicher erbarmungslos über mich herfallen, um mich zu strafen. Rechnet es Euch nur selber aus, welche Summe ich haben muß, um alles zu ordnen, um zurückkehren zu können: doch mindestens drei bis vier Tausend. Wo soll ich diese Summe hernehmen? Das einzige, worauf ich bauen kann, sind meine literarischen Arbeiten. Bereits vor drei Jahren, als ich Rußland verließ, hegte ich die gleichen Hoffnungen. Ich hatte damals mit einem Roman großen Erfolg gehabt[2], und es ist daher begreiflich, daß ich von der Hoffnung durchdrungen bin, einen neuen Roman zu schreiben, der es mir ermöglichen wird, in einem Jahr alle meine Gläubiger loszuwerden. Als ich aber damals drei Gläubigern auf einmal 7000 Rubel bezahlt hatte, gerieten die anderen in Aufregung und fielen über mich her: warum ich nur jene drei Gläubiger befriedigt habe und nicht auch die übrigen? Sie klagten auf Zwangsvollstreckung, und ich reiste schleunigst ab, eben in der Hoffnung, daß es mir gelingen würde, in einem Jahr einen neuen Roman zu schreiben und alle Schulden zu bezahlen. Stattdessen ist alles schiefgegangen. Der Roman ist unbefriedigend[3], und außerdem geschah noch etwas, was ich gar nicht voraussehen konnte: Da ich so lange außerhalb Rußlands leben mußte, verlor ich die Fähigkeit, ordentlich zu schreiben; so darf ich auf ein neues Werk gar nicht mehr hoffen (die Schwierigkeiten sind weniger geistiger als materieller Natur: ich kann zum Beispiel, solange ich im Ausland lebe, keine persönlichen Ansichten über die gewöhnlichsten Ereignisse der Gegenwart haben). Ich habe den Plan zu einem neuen Roman gefaßt (dessen Erfolg ich für absolut sicher halte)[4]; doch ich kann mich unmöglich entschließen, ihn hier zu schreiben, und muß ihn aufschieben. Augenblicklich schreibe ich eine ganz besondere Geschichte für den ›Russischen Boten‹ (bei dem ich noch Schulden habe). Sie wissen wohl noch, meine liebe Sonetschka, was Sie mir anläßlich meines neuen, hier entstandenen Romans geschrieben haben: Sie wunderten sich, wieso ich die Verpflichtung übernähme, derartige Dinge zu einem bestimmten Termin fertigzustellen. Nun ist aber die Arbeit, die ich jetzt für den ›Russischen Boten‹ schreibe, noch viel schwieriger.[5] Ich muß in 25 Bogen einen Stoff hineinzwängen, der mindestens 50 Bogen füllen müßte, nur um zum Termin fertig zu werden; ich muß es tun, weil ich augenblicklich, solange ich außerhalb Rußlands bin, überhaupt nichts anderes schreiben kann. Die Redaktion der ›Morgenröte‹ lobte über alle Maßen die kleine Erzählung, die ich in dieser Zeitschrift erscheinen ließ. Auch die Kritiken in den Zeitschriften (›Die Stimme‹, ›Petersburger Nachrichten‹ usw) waren recht wohlwollend.[6] Sie werden mir aber gar nicht glauben, wie ekelhaft es mir ist, dergleichen Novellen zu schreiben, während ich so viele fertig geformte Ideen im Kopf habe; das heißt, etwas ganz anderes zu schreiben, als ich möchte. Sie werden es sicher verstehen, Sonetschka, daß *allein* schon das eine große Qual ist. Und nun kommt als weitere Qual meine trostlose Geschäftslage dazu. Seit ich mich außerhalb von Petersburg aufhalte, sind meine dortigen Geschäfte und Verbindungen furchtbar vernachlässigt (obgleich der ›Idiot‹ mißlungen ist, wollten mir doch *mehrere* Verleger das Recht für die 2. Auflage abkaufen; sie boten mir verhältnismäßig viel: eintausendfünfhundert bis zweitausend Rubel. Doch alle Pläne sind ins Wasser gefallen, denn ich hatte in Petersburg niemand, der die Sache für mich hätte besorgen können). So steht es also mit mir. Ich rede schon gar nicht davon, wie sehr mir Anna Grigorjewna leid tut, die sich entsetzlich *nach Hause* sehnt. Ich kann in diesem Brief unmöglich alles sagen. Und doch habe ich *endgültig* beschlossen, *auf jeden Fall* noch im Herbst dieses Jahres nach Rußland zurückzukehren, und werde es ganz *bestimmt* durchsetzen. Selbstverständlich werde ich auch nach Moskau kommen, schon aus rein geschäftlichen Gründen, wenn mich die Gläubiger nur nicht gleich nach meiner Ankunft ins Petersburger Gefängnis sperren. Auf jeden Fall hoffe ich, Euch alle, meine Lieben, Anfang des Winters wiederzusehen.

Sonetschka, Sie haben mir geschrieben, ich hätte mich Euch entfremdet, da ich gegen Euch angeblich wegen gewisser gegen mich gerichteter Verdächtigungen einen Argwohn hatte, und zwar anläßlich meines Fehlers in der Sache des Testaments der Tante. Aber, meine Liebe, Sie sind ebenfalls recht schnell in Ihrem Urteil: All das, was ich Ihnen damals geschrieben hatte[7], hätte ich doch nur ohne den geringsten Vorwurf schreiben können und im vollen Glauben an *Ihre* guten Gefühle mir gegenüber. Woran sollte ich denn sonst glauben als an Sie? Wer bliebe mir denn dann noch von den Freunden übrig?

Anja läßt Euch alle sehr grüßen, Ljuba läßt alle küssen (bei ihr kommen jetzt die Zähnchen durch, und sie beginnt zu sprechen), und wir alle bitten Sie darum, daß Sie recht ausführlich von sich berichten. Gott gebe, daß der Brief nicht verlorengeht oder liegenbleibt und daß er Euch erreicht. Ich hätte an die Adresse von Gorlow oder Protopopow schreiben wollen, damit sie den Brief weitergeben; aber was wäre, wenn Sie die Briefe entsiegelt erhielten?

Und so hoffen wir auf ein Wiedersehen, auf ein baldiges. Wir wollen dann alles besprechen. Ich bekomme jetzt selten Briefe. Nebenbei – Bruder Andrej hat mir geschrieben. Warja und die Großmutter seien in Moskau. [Die zwei folgenden Zeilen wurden offenbar von einer dritten Person unleserlich gemacht.] Aber Bruder Andrej nahm mich in Schutz und erklärte es ihnen. Ich bin völlig überzeugt, daß sich alles auch so zugetragen hat. Ich glaube auch an das freundschaftliche Wohlwollen von Andrej Michajlowitsch zu mir.

Wir umarmen und küssen Euch alle.

      Eure Aufrichtigen: ich, *Fjodor Dostojewskij*, Anja, Ljuba.

Meine Adresse bleibt dieselbe: Allemagne, Dresden, à Mʳ Théodore Dostoiewsky, *poste restante*.

An N. N. Strachow

                            Dresden, 11./23. Juni 1870

Ich danke Ihnen, gütigster Nikolaj Nikolajewitsch, für die rasche Antwort. Ihr Brief hat mich aber erschreckt[1], und zwar erstens Ihretwegen: Mir scheint, ich habe Sie meinetwegen in Unannehmlichkeiten mit Kaschpirjew gebracht. Das wäre mir sehr unangenehm! Im übrigen habe ich vielleicht Ihren Brief nicht ganz richtig verstanden. Jedenfalls danke ich Ihnen für Ihre Bemühungen. Kaschpirjews Absage verblüffte mich, und ich weiß jetzt überhaupt nicht, was ich tun soll. Es ist jetzt für mich die allerkritischste Zeit. Von diesen 500 Rubeln habe ich nichts aufgespart, weil ich mich nämlich auf die regelmäßige Überweisung verlassen hatte. Wie und wovon ich mein Leben bestreite, daran kann ich jetzt nicht mal denken. Unser Kind ist krank, und die Ausgaben haben um ein

Beträchtliches zugenommen. Ich habe hier fast keine Bekanntschaften, an den ›Russischen Boten‹ möchte ich mich jetzt mit der Bitte um Geld absolut nicht wenden, bevor die von mir gesetzte Frist nicht vorbei ist.

Mir fiel hier zufällig der ›Europäische Bote‹ für das laufende Jahr in die Hände, und ich sah alle erschienenen Hefte durch. Ich geriet sogar in Erstaunen. Wieso konnte diese unerhört *mittelmäßige* Zeitschrift (die sich höchstens noch mit der ›Nordischen Biene‹ Bulgarins messen könnte)[2] bei uns einen solchen Erfolg haben (6000 Exemplare in 2. Auflage)! Das geht, wenn man es allen recht zu machen versteht. Wie geschickt sie alles auf den Ton der Meinung auf der Straße abstimmen! Eine abgeschmackte Schablone des Liberalismus! Solche Sachen haben bei uns Erfolg. Die Zeitschrift wird übrigens sehr geschickt geleitet. Sie erscheint pünktlich am ersten jedes Monats und hat viele Mitarbeiter. Ich las u. a. ›Die Hinrichtung Tropmanns‹ von Turgenjew. Sie können ja ganz anderer Meinung sein, Nikolaj Nikolajewitsch, mich aber hat dieses hochtrabende und kleinliche Pathos tief empört.[3] Warum erklärt er in einem fort, daß er kein Recht gehabt habe, der Hinrichtung beizuwohnen? Ja, gewiß, wenn ihm das Ganze nur Theater war; der Mensch, an der Oberfläche irdisch, hat aber nicht das Recht, sich von Dingen abzuwenden, die auf Erden geschehen, und sie zu ignorieren; es gibt höhere *sittliche* Gründe dafür. *Homo sum et nihil humanum* usw. Besonders komisch wirkt es da, wenn er sich im letzten Augenblick doch wegwendet und die eigentliche Hinrichtung gar nicht sieht. »Seht nur, meine Herrschaften, welch eine feine Erziehung ich genossen habe! Ich konnte diesen Augenblick gar nicht ertragen!« Im übrigen verrät er sich selbst. Aus dem Artikel gewinnt man vor allen Dingen den Eindruck, daß er furchtbar um sich selbst und um seine Ruhe besorgt ist, und das angesichts des abgehauenen Kopfes. Übrigens spucke ich auf sie alle. Ich habe die Leute ordentlich satt. Ich halte Turgenjew für den verbrauchtesten von allen verbrauchten russischen Schriftstellern, was Sie auch, Nikolaj Nikolajewitsch, ›für Turgenjew‹ schreiben mögen[4]; nehmen Sie es mir, bitte, nicht übel.

Mit Ihren Ansichten über Ihre Tätigkeit bin ich nochmals im höchsten Grade nicht einverstanden.[5]

Wie großartig wäre es doch, wenn wir uns jetzt nur eine Minute lang sehen könnten. Und weshalb können Sie nicht einen Monat ins Ausland fahren? Zweihundert Rubel einschließlich der Fahrtkosten und nicht mehr. Und wenn man 300 hat, kann man schon durch ganz Europa fahren. Kämen Sie nach Dresden, könnten wir uns sehen. Oder etwa nicht?

Auf Wiedersehen, ich bedanke mich nochmals. Lassen Sie mich nicht im Stich, wenn das nur möglich ist.

Ganz Ihr Fjodor Dostojewskij

Anna Grigorjewna läßt Sie grüßen. Sie ist vom Stillen und den ewigen Sorgen völlig abgeschafft. Und dann kommen auch noch diese Unannehmlichkeiten dazu.

An S. A. Iwanowa

Dresden, 2./14. Juli 1870

Meine liebe Freundin Sonetschka, ich wollte eigentlich Ihren letzten Brief sofort beantworten, habe aber meine Antwort wieder hingeschleppt. Meine Arbeit und verschiedene üble Scherereien waren daran schuld. Auch haben Sie, wie alle Freunde in Moskau, die schlechte Gewohnheit, in Ihren Briefen keine Adresse anzugeben.

Aus Ihrem Brief schließe ich, daß Sie zu Jelena Pawlowna umgezogen sind. Wohin soll ich dann meine Briefe adressieren? Sie müssen ja auch noch mit dem Fall rechnen, daß ich einen Ihrer Briefe, in dem Sie Ihre letzte Adresse angegeben haben, verlegt oder verloren haben kann. Nun habe ich drei Tage lang gesucht und alle Briefsachen der letzten drei Jahre durchwühlen müssen. Ich weiß aber zufällig noch Ihre alte Adresse, an die ich diesen Brief auch adressiere. Ob er Sie erreichen wird? Solche Fragen nehmen mir den Mut. Ich flehe Sie an, Ihre Briefe, wenigstens die an mich gerichteten, nicht nach Damenmanier zu schreiben, das heißt, niemals Datum und *Adresse* zu vergessen; bei Gott, so wird es besser sein! Ihr Brief hat auf mich einen sehr schweren Eindruck gemacht, meine gute Freundin. Ist es denn wirklich wahr, daß, wenn Sie aufs Land gehen, man Ihnen schon im Herbst keine Übersetzungsarbeit mehr geben wird? Warum quälen Sie sich? Sie brauchen Glück und Gesundheit. Sie arbeiten vom frühen Morgen bis in die späte Nacht. Sie müssen heiraten, mein Täubchen. Meine liebe Sonja, zürnen Sie mir um Christi willen nicht wegen meiner Worte. Glück wird uns nur einmal im Leben beschieden; was nachher kommt, ist lauter Leid. Man muß sich also darauf vorbereiten, indem man seine Lage möglichst normal gestaltet. Verzeihen Sie mir, daß ich Ihnen in diesem Ton schreibe, nachdem ich Sie drei Jahre nicht gesehen habe. Dies soll auch keinen Ratschlag bedeuten; es ist nur mein sehnlichster Wunsch. Ich muß Sie lieben, ich kann nicht anders!

Was meine Rückkehr nach Rußland betrifft, so ist sie selbstverständlich nur in der Phantasie möglich, die zwar auch in Erfüllung gehen kann; doch immerhin ist es nur eine Phantasie. Wir wollen sehen. Was alle Ihre übrigen Ratschläge betrifft (bezüglich des Verkaufs des Romans, der Rückkehr ohne Geld, angesichts der Möglichkeit, von den Gläubigern eingesperrt zu werden usw.), so will ich Ihnen sagen, daß aus Ihrem Brief Ihre Unerfahrenheit und die Unkenntnis des Sachverhalts spricht. Ich bin schon seit fünfundzwanzig Jahren Literat, habe aber noch nie erlebt, daß ein Autor den Buchhändlern selbst eine 2. Auflage anbietet. (Noch weniger durch Vermittlung Fremder, denen ja alles gleich ist.) Wenn man die Ware selbst anbietet, bekommt man zehnmal so viel. Der Verleger, das heißt der Kaufmann, kommt gewöhnlich von selbst, und dann erhält man statt eines Hunderts ein ganzes *Tausend.* Der ›Idiot‹ ist zu spät gekommen; er hätte noch im vorigen Jahre erscheinen sollen. Was die Gläubiger betrifft, so werden sie mich todsicher einsperren lassen, denn darin liegt ihr ganzer Vorteil. Glauben Sie mir, die Leute wissen ganz genau, wieviel ich vom ›Russischen Boten‹ oder von der ›Morgenröte‹ für den Roman bekommen kann. Sie werden mich einsperren lassen in der Hoffnung, daß die eine oder die andere Zeitschrift oder sonst irgend jemand mich auslösen wird. Das ist todsicher. Nein, wenn ich zurückkehren will, muß ich es ganz anders machen.

Schwer fällt es mir, mitansehen zu müssen, wie sich Anna Grigorjewna vor Sehnsucht und Heimweh nach Rußland verzehrt. Das bekümmert mich mehr als alles andere. Das Kind ist gesund, doch saugt es noch immer aus allen Kräften. Die Rückkehr ist jetzt überhaupt meine fixe Idee. Wenn ich mich hier noch länger aufhalte, werde ich wohl nichts mehr verdienen können; niemand wird mich drucken wollen. In Rußland könnte ich im schlimmsten Falle Lehrbücher oder kompilatorische Werke herausgeben. Es lohnt sich, übrigens, gar nicht, darüber viele Worte zu verlieren. Ich werde schließlich ja zurückkehren, wenn auch nur, um ins Gefängnis gesperrt zu werden. Ich möchte nur noch die Arbeit für den ›Russischen Boten‹[1], die ich jetzt mache, zu Ende führen, damit mich die Leute in Ruhe lassen. Und doch stehen die Sachen so, daß ich vor Weihnachten *unter keinen Umständen* fertig werden kann. Den 1. großen Teil der Arbeit werde ich übrigens der Redaktion in 1½ Monaten abliefern und etwas Geld verlangen. Den 2. Teil werde ich Anfang des Winters schicken und den dritten – im Februar. Der Druck wird im kommenden Januar beginnen müssen. Ich fürchte, daß sie meinen Roman einfach zurückweisen werden. Ich werde den Leuten gleich im voraus erklären, daß ich am Roman nichts ändern oder streichen will. Die Idee des Romans schien mir anfangs recht verführerisch, doch jetzt tut es mir leid, daß ich ihn überhaupt begonnen habe. Er interessiert mich zwar noch immer, doch ich würde vorziehen, etwas anderes zu schreiben.

Sooft ich Ihnen schreibe, fühle ich, welch ein langer Zeitraum uns voneinander trennt. Und dann noch etwas: Ich habe den sehnlichsten Wunsch, vor meiner Rückkehr nach Rußland noch eine Reise nach dem Orient, das heißt nach Konstantinopel, Athen, dem Archipel, Syrien, Jerusalem und Athos zu machen. Diese Reise dürfte mindestens 1500 Rubel kosten. Die Kosten würden übrigens gar nichts ausmachen; ich würde über die Reise nach Jerusalem ein Buch schreiben, das mir alle Kosten decken könnte; ich weiß aus Erfahrung, daß solche Bücher heutzutage sehr beliebt sind. Ich habe aber augenblicklich weder Zeit noch Mittel; gestern las ich in einem Extrablatt, daß es jeden Augenblick zu einem Krieg zwischen Frankreich und Preußen kommen kann.[2] Es ist überall so viel Zündstoff aufgespeichert, daß der Krieg, ganz gleich wo er beginnt, sofort gewaltige Dimensionen annehmen muß. Gebe Gott, daß Rußland sich in keine der europäischen Angelegenheiten einmengt, denn wir haben auch zu Hause genug zu schaffen.

Ich habe Ihren Brief nochmals durchgelesen und ließ wieder die Hände mutlos sinken: Nun, wohin soll ich Ihnen den Brief adressieren? Ich schwöre Ihnen, das ist kein Witz. Wenn Ihnen noch die Wohnung auf der Basmannaja-Straße gehört, wann werden Sie sich dann dort aufhalten, um vom Eintreffen des Briefes zu erfahren? Das entmutigt mich; man schreibt und denkt, der Brief kommt möglicherweise nie an.

Maschenka würde ich sehr gerne sehen und kennenlernen. (Ich schreibe *kennenlernen;* ich rechne allen Ernstes damit, daß wir nach drei Jahren Trennung uns gegenseitig in vielem als völlig andere Menschen wiederbegegnen werden.) Bestellen Sie allen meinen freundschaftlichen Gruß. Schreiben Sie Ihrer Mama von mir, wünschen Sie Jelena Pawlowna irgend etwas recht Gutes; über Ihre Arbeit kann ich übrigens nichts sagen, so gerne ich darüber auch etwas sagen würde. Diese Übersetzungen sind eine schreckliche Sache. Eine regelmäßige Terminarbeit in diesem Alter mit einem derartigen Verzicht auf das Leben, das ist bitter. Aber um darüber etwas sagen zu können, müssen wir uns erst persönlich sehen und persönlich kennenlernen. Nebenbei bemerkt: Mit welcher Person haben Sie es im ›Russischen Boten‹ unmittelbar zu tun?

Bruder Andrej Michajlowitsch hat mir geschrieben, man hätte über mich in Moskau (bei der Tante) wie über die Pest gesprochen (das Schwesterchen Warwara Michajlowna). Andrej Michajlowitsch überzeugte sie vom Gegenteil und zeigte einen von meiner Hand geschriebenen an ihn gerichteten Brief. Er schreibt, sie habe sich beruhigt; ich weiß es aber doch nicht. Um das, was sie von der Tante zu erwarten haben, scheint es wirklich schlecht bestellt zu sein, das heißt, sie haben *eher* gar nichts zu erwarten. Andrej Michajlowitsch hatte schon im Winter eine sehr ausführliche und untröstliche Aufstellung über die Effektivbestände geschickt. Es ist so gut wie gar nichts vorhanden. Mich geht die Sache natürlich nichts an (von dieser Seite aus gesehen), aber für Sie, für die Schwester Sascha, für meine Nichte Katja (die Tochter meines Bruders) – sieht es schlecht aus.

Ich liebe Sie und die Ihrigen sehr, und ich hoffe, daß Sie es mir glauben werden. Lieben Sie auch mich nur ein wenig. Ich will nicht auf deutscher Erde sterben; ich will noch vor meinem Tod in die Heimat zurückkehren und in der Heimat sterben.

Meine Frau und Ljuba lassen Sie küssen. Es ist hier bei uns sehr heiß, und ich hatte gestern nach einer langen Pause wieder einen Anfall. Heute ist mein Kopf ganz wirr, ich bin wie verrückt.

Auf Wiedersehen, meine liebe Freundin, vergessen Sie mich nicht. Ich umarme und küsse Sie.

Ihr F. Dostojewskij

PS: Wenn ich auf *diesen* Brief keine Antwort bekomme, werde ich annehmen, daß er Sie nicht *erreicht* hat.

Meine Adresse ist: Allemagne, Saxe, Dresden, à Mr Théodore Dostoiewsky, poste restante.

An S. A. Iwanowa

Dresden, 17./29. August 1870

Meine teure Freundin Sonetschka, verzeihen Sie, daß ich Ihnen nicht sofort auf Ihren Brief vom 3. August geantwortet habe. (Ihren kurzen Brief vom 28. Juli habe ich ebenfalls erhalten.) Ich habe manchmal so viele Sorgen und Unannehmlichkeiten, daß ich gar nicht die Kraft habe, etwas anzufangen, am allerwenigsten aber einen Brief. Nur meine Werke muß ich in jeder Gemütsverfassung schreiben, und ich tue es auch; zuweilen halte ich aber auch das nicht aus, und dann lasse ich alles liegen. Mein Leben ist nicht schön. Diesmal will ich Ihnen einiges über meine Lage schreiben; ich liebe allerdings das Briefeschreiben nicht, denn es fällt mir schwer, nach so vielen Jahren der Trennung über Dinge zu schreiben, die mir wichtig sind, und zwar so zu schreiben, daß Sie mich verstehen. Lebendige Briefe kann man nur solchen Leuten schreiben, zu denen man keinerlei herzliche Beziehungen hat.

Das Wichtigste ist, daß ich jetzt nach Rußland zurückkehren muß. Dieser Gedanke ist ja einfach, ich kann Ihnen aber gar nicht mit allen Einzelheiten alle die Qualen und *Nachteile* schildern, die ich hier im Auslande erdulden muß. Die moralischen Qualitäten (die Sehnsucht nach der Heimat, die Notwendigkeit, mitten im russischen Leben zu stehen, das ich als Schriftsteller unbedingt brauche usw.) will ich gar nicht erwähnen. Wie unerträglich sind schon allein die Sorgen um meine Familie! Ich sehe ja, wie sehr sich Anja nach der Heimat sehnt und wie entsetzlich sie sich hier langweilt. In der Heimat könnte ich ja auch viel mehr Geld verdienen; hier sind wir aber gänzlich verarmt. Für den Lebensunterhalt reicht es noch gerade aus; ein Kindermädchen können wir uns aber nicht halten. Ein Kindermädchen verlangt hier ein eigenes Zimmer, Wäsche und hohen Lohn, drei Mahlzeiten täglich und eine bestimmte Menge Bier (selbstverständlich nur von Ausländern). Anja stillt das Kind und kann nicht einmal nachts ausruhen. Sie hat keinerlei Zerstreuung und überhaupt keinen Augenblick freie Zeit. Auch ihr Gesundheitszustand läßt zu wünschen übrig. Warum erzähle ich Ihnen übrigens das alles? Alles kann ich Ihnen doch nicht erzählen, denn es gibt Hunderte solcher kleinen Sorgen, die in ihrer Gesamtheit eine schreckliche Last darstellen. Wie gerne würde ich zum Beispiel in diesem Herbst mit Frau und Kind nach Petersburg reisen (wie ich es mir im Frühjahr ausgemalt hatte); um von hier *fortzukommen* und nach

Rußland zu *reisen*, müßte ich aber nicht weniger als 2000 Rubel haben; dabei rechne ich die Schulden nicht mit; so viel brauche ich für die Reise allein. Ich sehe ja, wie Sie die Achseln zucken und fragen: »Warum so viel? Wozu diese Übertreibung?« Lassen Sie doch um Himmels willen, teure Freundin, Ihre Art, über die Angelegenheiten anderer Leute zu urteilen, ohne alle Einzelheiten zu kennen. Ja, 2000 Rubel sind durchaus notwendig, um die Reise zu machen und uns in Petersburg nur mit dem Knappsten einzurichten. Glauben Sie es mir. Wo soll ich dieses Geld hernehmen? Nun müssen wir jetzt auch noch das Kind entwöhnen und es impfen lassen. Denken Sie sich nur, wieviel neue Sorgen das für Anja bedeutet, die schon ohnehin heruntergekommen und entkräftet ist. Ich muß es mit ansehen und verliere beinahe den Verstand. Und wenn ich in drei Monaten das Geld für die Reise bekomme, wird der Winter anbrechen; man kann aber ein kleines Kind bei Frost nicht Tausende von Werst weit schleppen. Folglich müßten wir bis zum Frühjahr warten. Werden wir aber im Frühjahr Geld haben? Sie müssen wissen, daß wir hier mit unseren Einkünften kaum auskommen und die Hälfte schuldig bleiben müssen.

Doch genug davon. Ich will nun von anderen Dingen sprechen, obwohl sie alle mit der Hauptsache verknüpft sind.

Ich weiß nicht, ob ich Ihnen von meinen Schwierigkeiten mit dem ›Russischen Boten‹ geschrieben habe; ich habe nämlich am Ende des vorigen Jahres meine Erzählung in der ›Morgenröte‹ erscheinen lassen, während ich dem ›Russischen Boten‹ noch einen Vorschuß abzuarbeiten hatte; ich hatte den Leuten die Arbeit noch vor einem Jahr versprochen. Habe ich Ihnen geschrieben, warum das geschehen ist? Daß meine Novelle sich unversehens in die Länge zog und ich plötzlich merkte, daß mir keine Zeit mehr blieb, um zum Jahresbeginn auch etwas für den ›Russischen Boten‹ zu schreiben? Die Leute antworteten mir *nichts* darauf, stellten aber ihre Geldsendungen ein. Anfang dieses Jahres schrieb ich Katkow, daß ich den Roman ab Juni kapitelweise abliefern werde, so daß sie ihn am Ende des Jahres drucken können. Ich arbeitete also mit äußerster Anspannung aller Kräfte: ich wußte, daß, wenn ich meine literarischen Beziehungen zum ›Russischen Boten‹ abbreche, ich hier im Auslande nichts zum Leben haben werde (denn es ist sehr schwer, von hier aus mit einer anderen Zeitschrift Verbindung aufzunehmen). Außerdem *quälte* mich entsetzlich der Gedanke, daß man mich in der Redaktion für einen Schurken hält, während man mich bisher immer außerordentlich gut behandelt hat. Der Roman, an dem ich arbeitete, war sehr groß, sehr originell, doch seine Idee war für mich etwas ungewohnt. Ich brauchte viel Selbstvertrauen, um mit der Idee fertigzuwerden. Ich bin mit ihr schließlich nicht fertiggeworden, und die Arbeit ist mißlungen. Die Arbeit ging langsam vorwärts, ich fühlte, daß im Ganzen irgendein großer Fehler lag, konnte ihn aber nicht finden. Im Juli, gleich nach meinem letzten Brief an Sie, bekam ich eine ganze Reihe epileptischer Anfälle (die sich jede Woche wiederholten). Ich bin dabei so sehr heruntergekommen, daß ich einen ganzen Monat lang ans Arbeiten gar nicht denken durfte; die Arbeit hätte mir auch gefährlich werden können. Und als ich vor zwei Wochen die Arbeit wieder aufnahm, sah ich plötzlich ganz klar, warum der Roman so schlecht geraten war und worin der Fehler lag; wie von plötzlicher Inspiration ergriffen, sah ich plötzlich einen ganz neuen Plan für den Roman vor mir. Ich mußte alles radikal ändern; ohne viel zu überlegen, strich ich alles, was ich bis dahin geschrieben hatte (es waren im ganzen an die 15 Bogen) und begann wieder von der 1. Seite an. Die Arbeit eines ganzen Jahres war vernichtet. Wenn Sie nur wüßten, Sonetschka, wie schwer es ist, Schriftsteller zu sein, das heißt, das Los eines Schriftstellers zu tragen! Wissen Sie, ich weiß bestimmt, hätte ich für diesen Roman zwei oder drei Jahre zur Verfügung – wie es sich Turgenjew, Gontscharow und Tolstoj erlauben können –, so hätte ich ein Werk zustande gebracht, von dem man auch nach 100 Jahren noch sprechen würde! Ich prahle nicht; befragen Sie doch Ihr Gewissen und Ihre Erinnerungen an mich, ob ich je geprahlt habe. Die Idee ist so gut und so vielbedeutend, daß ich selbst vor ihr den Hut ziehe. Was wird aber dabei herauskommen? Ich weiß es ja im voraus: ich werde den Roman in 8 oder 9 Monaten fertig schreiben und alles verderben. Ein solches Werk erfordert mindestens zwei oder drei Jahre. (Es wird auch recht umfangreich werden: an die 35 Bogen.[1]) Einzelne Details und Charaktere werden vielleicht nicht übel geraten; doch nur im Entwurf. Manches wird nur halbfertig und manches zu sehr in die Länge gezogen sein. Unendliche Schönheiten kann ich in den Roman unmöglich hineinlegen, denn die Inspiration hängt in vieler Beziehung von der zur Verfügung stehenden Zeit ab. Und doch mache ich mich an die Arbeit! Es ist entsetzlich, es ist wie ein bewußter Selbstmord!

Das ist aber noch nicht das Wichtigste; die Hauptsache ist, daß alle meine Berechnungen zusammengestürzt sind. Anfang des Jahres hoffte ich fest darauf, daß es mir gelingen würde, einen beträchtlichen Teil des Romans dem ›Russischen Boten‹ zum 1. August zu schicken und auf diese Weise meine Lage zu verbessern. Was soll ich nun anfangen? Ich kann frühestens am 1. September einen kleinen Teil abliefern (ich wollte auf einmal viel schicken, um irgendeinen Grund zu haben, die Leute um Vorschuß zu bitten); nun schäme ich mich, Geld zu verlangen: Der 1. Teil (es werden im ganzen 5 Teile sein) wird nur 7 Bogen umfassen[2], wie kann ich da um Vorschuß bitten? Da alle meine Berechnungen sich als falsch erwiesen haben, weiß ich im Augenblick gar nicht, wovon ich leben soll. Und in dieser Stimmung soll ich noch arbeiten!

Schließlich kommen noch die Ungewißheiten dazu. Angenommen, ich schone mich in keiner Weise und schicke ihnen den 1. Teil im September (denn ein Teil des früher Geschriebenen wird trotzdem dazu gehören, und ich werde im September etwa 7 Bogen liefern können), so wird das natürlich 1. erst im kommenden Jahr erscheinen, ich werde also wiederum meine Zusage nicht erfüllt haben, und 2. werden sie dann die früheren Beziehungen erneuern wollen? Werden sie nicht den Beleidigten spielen? Könnten Sie etwa nicht gekränkt sein? Da ich bei ihnen Schulden habe, werden sie den Roman annehmen, aber keinen Vorschuß zahlen. Ja, und nicht nur das: ich wünsche mir die freundschaftlichen Beziehungen von früher. Wissen Sie, Sonetschka, denn nichts darüber? Das heißt, wartet man auf weitere Arbeiten von mir, und was redet man über mich? Falls Sie irgend etwas wissen, schreiben Sie mir darüber. Aber beginnen Sie mit den Leuten um Gottes willen kein Gespräch über mich, und stellen Sie auch keine Fragen. Wenn Sie dort mit jemandem vertraut sind, dann sagen Sie ihm, daß ich für sie schreibe, aber den ganzen Roman umarbeite und jedenfalls bald mit der Lieferung der einzelnen Teile beginnen wolle. Im übrigen wissen Sie das selbst. Es wäre aber besser, Sie sagten ihnen doch nichts: Das geht nur in einem freien, natürlichen Gespräch, das von selbst entsteht, und ich möchte Sie keineswegs aushorchen lassen. Man kann sich dabei nur schaden und die Leute nur auf suspekte Gedanken über mich bringen. Das gehört sich auch keineswegs für Sie. Und deshalb sagen Sie den Leuten lieber nichts. In zwei Monaten werde ich alles erfahren. Natürlich nimmt die ›Morgenröte‹ meinen Roman mit einem Kniefall entgegen. Aber ich würde doch gern meine Beziehungen zum ›Russischen Boten‹ erneuern.

Das alles regt mich sehr auf und nimmt mir die Ruhe, die ich für die Arbeit brauche; es gibt aber noch andere Dinge, die ich gar nicht erwähne. Mit dem Beginn des Krieges ist jeder Kredit fast gänzlich eingestellt, so daß das Leben viel schwieriger ist. Ich werde es aber schon irgendwie ertragen können. Am wichtigsten ist doch die Gesundheit; mein Zustand hat sich aber erheblich verschlechtert. Ihren Ansichten über den Krieg kann ich unmöglich zustimmen. Ohne Krieg erstarrt der Mensch vollständig in Reichtum und Komfort und verliert die Fähigkeit, edel zu denken und zu fühlen; er verroht und verfällt in Barbarei. Ich spreche nicht von einzelnen Menschen, sondern von ganzen Völkern.[3] Ohne Leid begreift man auch kein Glück. Das Ideal wird durch das Leid geläutert wie das Gold durch das Feuer. Das Himmelreich muß sich der Mensch erkämpfen. Frankreich ist in der letzten Zeit verroht und verflacht. Ein vorübergehender Schmerz hat nichts zu bedeuten; Frankreich wird ihn ertragen und zu einem neuen Leben, zu neuen Ideen erwachen. Bisher herrschte aber in Frankreich einerseits die alte Phrase und andererseits Feigheit und Wollust. Napoleons Dynastie wird in der Zukunft unmöglich sein. Das neue Leben und die Umgestaltung des Landes sind so wichtig, daß selbst die schwersten Prüfungen dagegen nichts zu bedeuten haben. Erkennen Sie denn darin nicht Gottes Hand?! Auch unsere seit siebzig Jahren während, das heißt russische, europäische und deutsche Politik müssen ganz von selbst anders werden. Die Deutschen werden uns endlich ihr richtiges Antlitz zeigen. Es werden überhaupt überall in Europa große Veränderungen vor sich gehen. Wieviel neues Leben wird überall durch diesen mächtigen Stoß hervorgerufen werden! Aus Mangel an großen Ideen ist selbst die Wissenschaft im trockenen Materialismus verflacht; was hat dagegen ein vorübergehender Schmerz zu bedeuten? Sie schreiben: »Die Menschen töten und verwunden und pflegen hinterdrein die Verwundeten.« Denken Sie doch an die erhabensten Worte, die je gesprochen worden sind: »Gnade will ich und nicht Opfer.« In diesem Augenblick oder in diesen Tagen wird sich, glaube ich, vieles entscheiden. Wer hat wen betrogen? Wer hat einen strategischen Fehler gemacht? Die Deutschen oder die Franzosen? Ich glaube, die Deutschen.[4] Vor 10 Tagen war ich noch dieser Ansicht. Jetzt scheint mir aber, daß die Deutschen eine Zeitlang die Oberhand behalten werden: Die Franzosen haben einen Abgrund vor sich, in den sie *vorübergehend* stürzen müssen – es sind die dynastischen Interessen, denen das Vaterland zum Opfer gebracht wird. Ich könnte Ihnen manches von den deutschen Sitten, die ich hier beobachtete und die für den gegebenen politischen Moment sehr wesentlich sind, mitteilen, habe aber keine Zeit.

Mit Ihrer Philosophie über die Wahl fürs Leben und über die Ehe bin ich überhaupt nicht einverstanden. Meine Freundin, wie lieb ich Sie habe und Ihnen Glück wünsche! Wie gerne würde ich Sie recht bald sehen! Wissen Sie, mir scheint, Ihr Leben ist gegenwärtig irgendwie einsam, voller Arbeit und im höchsten Maße eintönig und einsiedlerisch. Schonen Sie sich, meine Freundin. Vielleicht bemerken Sie die Eintönigkeiten und das Einsiedlertum gar nicht. Das wäre schade! Doch was kann man in einem Brief sagen? Man verflüchtigt sich in Reflexionen und braucht doch die Tat. Ach, könnten wir uns doch recht bald wiedersehen! Anja sagt immer von Ihnen, allein in den Stil könne man sich verlieben (das heißt, wenn sie Ihre Übersetzungen liest). Im nächsten Brief schicke ich Ihnen ein Bildchen von Ljuba. Sie müssen immer Ihre Adresse angeben. Andrej Michajlowitsch hat nur von Warwara Michajlowna geschrieben, aber nichts von Werotschka. Sie schreiben von dem andern Vormund in Moskau. Was macht er denn? Erinnern Sie sich, ich hatte Ihnen von der *Notiz* geschrieben, die mir Andrej Michajlowitsch im Winter besorgt hatte, eine Notiz darüber, wie er die Angelegenheiten der Tante versorgt hatte, und zwar nach dem Tod von Papa? Eine höchst merkwürdige Sache. Übrigens ließ er die hohe Ehrbarkeit Ihres verstorbenen Vaters immer unangetastet. Aber er wies auf seine Irrtümer hin. Übrigens wann und wer könnte es je prüfen, ob es Irrtümer waren? Aber wissen Sie eines, nach der Tante werden die Erben des Testaments nicht mal *30 vom Hundert* erhalten. Plaudern Sie meine Offenheit nicht aus; ich möchte mit niemandem streiten, der abwesend ist; die mir persönlich mißgünstig Gesinnten genügen auch. Geben Sie überhaupt niemandem meine Briefe zu lesen. Ich bin ja nur zu Ihnen allein aufrichtig.

Grüße an alle. Bringen Sie mich allen in Erinnerung. Ich umarme Sie von Herzen; vergessen Sie nicht, daß Ihnen niemand so freundschaftlich gesinnt ist wie ich. Ich bin glücklich, es Ihnen schreiben zu können. Schreiben Sie mir, vergessen Sie mich nicht; ich setze mich wieder an meine Zwangsarbeit.

Mit Herz und ganzer Seele

Ihr F. Dostojewskij

Wenn ich an die Petersburger Verwandten denke, tut mir das Herz weh. Ich kann ihnen vor Anfang des nächsten Jahres nichts schikken, sie sind aber in großer Not. Das bedrückt mein Gewissen schwer; ich hatte ihnen versprochen, sie zu unterstützen; Pascha tut mir besonders leid.

PS: Sie kennen meine Beziehungen zu den Gläubigern nicht; daher glauben Sie, daß es sich für sie nicht lohnt, mich einsperren zu lassen. Im Gegenteil: sie werden mich ganz gewiß verhaften lassen, denn es ist für sie in mancher Beziehung ein großer Vorteil. Ich weiß nicht, ob ich Ihnen schon geschrieben habe, daß ich Aussicht habe, gleich nach meiner Ankunft in Petersburg mir etwa 5000 Rubel für etwa drei Jahre zu verschaffen. Das würde mich vor dem Gefängnis retten. Diese Hoffnung ist nicht ganz grundlos. Ich muß aber die Sache persönlich machen; wenn ich es von hier aus mache, kann ich alles verderben. Der Plan hat mit meinen literarischen Arbeiten nichts zu tun. Doch wenn mein jetziger Roman gut gerät, werden die Aussichten auf diese 5000 Rubel noch günstiger sein. Das alles unter uns.
Auf Wiedersehen, meine liebe Freundin.

Ihr D.

An die Redaktion der Zeitschrift ›Der Russische Bote‹

Dresden, 7./19. Oktober 1870
Hiermit habe ich die Ehre, der hochverehrten Redaktion den Anfang meines Romans ›Die Dämonen‹ zu übersenden. Entgegen den Versprechungen hinsichtlich des Termins habe ich mich ziemlich verspätet; ich bitte von ganzem Herzen um Verzeihung; doch dieses Mal bin ich selbst viel weniger schuldig als die völlig unvorhersehbaren äußeren Umstände. Für eines bürge ich: weitere Verzögerungen werden nicht vorkommen. Die vorliegende Sendung schließt mit der Hälfte des Ersten Teils ab. Im ganzen sind es *drei* Teile. Jeder Teil hat vier Abschnitte (die ich mit römischen Ziffern und Kapitelüberschriften bezeichne). Weiterhin zerfällt jeder Abschnitt in Kapitel.[1] (Im ganzen schicke ich jetzt 62 Halbbogen Postpapier kleinen Formats.)
Abschnitte III und IV des *Ersten Teils* schicke ich an die Redaktion des ›Russischen Boten‹ im November dieses Jahres 1870.

Wenn sich die Redaktion dazu entschließt, meinen Roman von der Januarnummer des kommenden Jahres 1871 an zu veröffentlichen, soll meinerseits, ich wiederhole es, keine Verzögerung eintreten. Dafür garantiere ich.

Ich bitte die hochverehrte Redaktion ergebenst, die französischen Sätze in meinem Roman zu überprüfen.[2] Ich meine, sie enthalten keine Fehler, aber ich könnte mich irren.

Gleichermaßen bitte ich ergeben um die Überprüfung meines Epigraphs von Puschkin anhand der Puschkin-Ausgabe. Ich zitiere es aus dem Gedächtnis.

An einer Stelle kommt der Ausdruck vor: »Wir setzten ihnen die Lorbeerkränze auf die verlausten Köpfe.«[3] Bei Gott, ich flehe Sie an: Streichen Sie das Wort *verlaust* nicht durch. Überhaupt bitte ich Sie um größte Rücksicht gegenüber meinem Roman.

Vor einem Monat schrieb ich auf den Namen von Michail Nikiforowitsch[4] einen Brief an die Redaktion, in dem ich den Roman ankündigte. Ist er angekommen? Vielleicht wurde bei den gegenwärtigen Kriegsanstrengungen der Brief einige Tage von den *hiesigen* Postämtern zurückgehalten.

Ebenfalls vor einem Monat schickte ich einen Brief an die Redaktion des ›Russischen Boten‹, und zwar auf den Namen meiner Verwandten Sofia Alexandrowna Iwanowna.[5] Ich habe von ihr keine Antwort erhalten und nehme an, daß der Brief nicht angekommen ist.

Mit der Sendung des Manuskripts meines Romans schicke ich morgen mit getrennter Post einen Brief an Michail Nikiforowitsch. Ich unterrichte Sie hier der Genauigkeit halber, für den Fall, daß der Brief unterwegs aufgehalten wird oder verlorengeht.

Mit tiefster Hochachtung habe ich die Ehre, der ergebene Diener der Redaktion zu sein.

Fjodor Dostojewskij

An M. N. Katkow

Dresden, 8./20. Oktober 1870

Gnädiger Herr, hochverehrter Michail Nikiforowitsch, ich schickte der Redaktion des ›Russischen Boten‹ heute nur die erste Hälfte des Ersten Teils von meinem Roman ›Die Dämonen‹. Aber die zweite Hälfte soll sehr bald nachfolgen. Im ganzen werden es *drei* Teile. Jeder 10 bis 12 Bogen lang. Ich werde Sie in keinem Fall noch länger hinhalten.

Wenn Sie mein Werk im kommenden Jahr zu drucken beabsichtigen, dürfte es wohl notwendig sein, Sie vorher, wenn auch nur in wenigen Worten, darüber zu unterrichten, wovon in meinem Roman eigentlich die Rede sein soll.

Eine der wichtigsten Begebenheiten meiner Erzählung ist die in Moskau so bekannte Ermordung des Iwanow durch Netschajew.[1] Ich will gleich dazu bemerken, daß ich alles, was ich von Iwanow, Netschajew und den Einzelheiten des Mordes weiß, nur aus den Zeitungen habe.[2] Aber selbst wenn ich mehr wüßte, dächte ich nicht daran, alle Einzelheiten zu kopieren. Ich nehme nur die Tatsache als solche. Im übrigen geht meine Phantasie ihre eigenen, von der Wirklichkeit vielleicht stark abweichenden Wege, und es ist leicht möglich, daß mein Pjotr Werchowjenskij mit Netschajew gar keine Ähnlichkeit hat; ich glaube aber, daß die Phantasie in meinem erregten Hirn eine Gestalt und einen Typus geschaffen hat, die dieser Freveltat entsprechen. Es ist ohne Zweifel nützlich, einen solchen Menschen darzustellen, aber er allein hätte mich nicht verlocken können. Meiner Ansicht nach sind diese jämmerlichen Mißgeburten es gar nicht wert, in der Literatur zu erscheinen. Zu meinem eigenen Erstaunen ist dieser Mensch bei mir zu einer halbkomischen Figur geworden, und so ist das ganze Ereignis, obgleich es für mich eine der ersten Anregungen zu dem Roman bildete, doch nur Beiwerk und Hintergrund für die Handlungen einer andern Person, die man als wirkliche Hauptperson des Romans bezeichnen kann.

Diese andere Person (Nikolaj Stawrogin) ist ebenfalls eine finstere Gestalt, ebenfalls ein Bösewicht. Aber ich glaube, er ist eine wirklich tragische Gestalt, obgleich manche nach der Lektüre des Romans fragen werden: »Was ist das?« Ich habe mich an die Darstellung dieser Gestalt gemacht, weil ich schon seit gar zu langer Zeit mit dem Gedanken umgehe, sie darzustellen.[3] Ich glaube, wir haben hier eine echt russische, typische Erscheinung vor uns. Es würde mich sehr, sehr betrüben, wenn mir diese Gestalt nicht gelingen sollte. Noch trauriger wäre es, wenn das Urteil lauten würde, ich hätte eine Schablonenfigur geschaffen. Denn ich habe sie mit meinem Herzblut geschaffen. Natürlich ist es ein Charakter, der mit allen seinen typischen Zügen nur selten zu finden ist, aber es ist ein echt russischer Charakter (aus einer bestimmten Gesellschaftsschicht). Ich bitte Sie nur, hochgeehrter Michail Nikiforowitsch, Ihr Urteil erst zu sprechen, wenn Sie den ganzen Roman gelesen haben. Irgend etwas in mir sagt, daß mir diese Gestalt gelingen muß. Ich will sie jetzt nicht in allen Einzelheiten charakterisieren; ich fürchte, ich sage nicht das Richtige. Ich will nur eines bemerken: Der ganze Charakter wird in bewegten Szenen, in Handlungen, nicht in Betrachtungen entwickelt, also kann man hoffen, daß mir die Gestalt gelingen wird.

Mit dem Anfang des Romans habe ich mich sehr lange geplagt. Ich habe ihn mehrmals umarbeiten müssen. Es ist mir allerdings mit diesem Roman gegangen wie mit keinem andern Werk: Ich habe die Arbeit an den Anfangskapiteln oft für Wochen unterbrochen, um den Schluß auszuarbeiten. Ich fürchte auch, daß der Anfang nicht lebhaft genug wirken wird. In den $5\frac{1}{2}$ Druckbogen (die ich Ihnen schicke) ist die Intrige kaum eingeleitet. Übrigens werden Intrige und Handlung sich in einer ganz unerwarteten Weise entwickeln und weitere Kreise ziehen. Daß die Spannung sich immer mehr steigern wird, kann ich verbürgen. Für die Anfangskapitel schien mir aber die gegenwärtige Fassung die geeignetste.

Es werden aber nicht lauter finstere Gestalten in dem Roman vorkommen. Es soll auch an Lichtblicken nicht fehlen. Meine Hauptangst ist, daß vieles meine Kräfte übersteigen könnte. Ich will hier zum erstenmal eine Gruppe von Personen vorführen, die in der Literatur noch kaum behandelt worden sind. Als idealen Vertreter dieser Gruppe nehme ich Tichon Sadonskij.[4] Das ist ein Kirchenfürst, der sich in ein Kloster zurückgezogen hat. Mit ihm führe ich den Helden des Romans eine Zeitlang zusammen und stelle die beiden einander gegenüber. Ich fürchte für diese Partien sehr; ich habe noch nie dergleichen versucht, glaube aber diese Welt einigermaßen zu kennen.

Und nun von etwas anderem.

Denken Sie von mir, was Sie wollen, Michail Nikiforowitsch, aber ich bin so verarmt, daß ich Sie, so sehr ich mich auch schäme, mit einer Bitte belästigen muß. Ich habe nichts mehr zum Leben, habe aber Frau und Kind. Wegen ihrer schwachen Gesundheit hat meine Frau vor einem Monat das Kind entwöhnen müssen, aber statt daß sie sich jetzt erholte, muß sie sich ganze Nächte hindurch mit der Kleinen plagen und kommt nicht zum Schlafen. Wir haben kein Kindermädchen, ja, nicht einmal ein Dienstmädchen. Das bricht mir das Herz; die Arbeit lenkt mich wohl manchmal ab, aber bisweilen ist es kaum möglich, unter solchen Verhältnissen zu arbeiten.

Ich weiß, daß ich Ihnen sehr viel schulde. Aber durch diesen Roman hoffe ich meine Schulden bei der Redaktion zu begleichen. Jetzt muß ich Sie aber um 500 Rubel bitten. Ich weiß, daß dies furchtbar viel Geld ist, aber ich habe hier fast ebensoviel Schulden. Lassen Sie mich auf die Güte Ihres Herzens hoffen. Ich flehe Sie an: Geben Sie mir möglichst bald Bescheid. Ich habe Grund zur Befürchtung, daß aus Deutschland abgehende Briefe jetzt oft verlorengehen. Der bloße Gedanke, daß dieser Brief verlorengehen könnte, macht mich verrückt. Meine Adresse bleibt dieselbe: Saxe, Dresden, à Mr Théodore Dostoiewsky, poste restante.

Nehmen Sie die Versicherung meiner tiefsten Hochachtung entgegen. Ihr aufrichtig ergebener

Fjodor Dostojewskij

Ich habe den Brief nochmals gelesen und schäme mich. Verurteilen Sie mich nicht, Michail Nikiforowitsch!

An A. N. Majkow

Dresden, 9./21. Oktober 1870

Auf Ihren Brief, teurer, hochgeehrter Apollon Nikolajewitsch – einen Brief, durch den Sie mich sowohl erfreuten als auch in Staunen versetzten –, habe ich bis jetzt nicht geantwortet, weil ich über einer ärgerlichen Arbeit saß und sie um jeden Preis zum Abschluß bringen wollte. Darum habe ich nicht nur mehrere inzwischen eingegangene Briefe unbeantwortet gelassen, sondern in dieser ganzen Zeit auch gar nichts gelesen (außer den Zeitungen natürlich). Die Arbeit, die mich so beansprucht, ist erst der Anfang eines Romans für den ›Russischen Boten‹, und ich werde noch mindestens ein halbes Jahr Tag und Nacht daran schreiben, so daß er mir schon von vornherein zuwider geworden ist. Natürlich enthält er manches, was mich reizt, ihn zu schreiben; im allgemeinen aber gibt es für mich nichts Widerwärtigeres auf der Welt als die literarische Arbeit, das heißt eigentlich das Schreiben von Romanen und Novellen – soweit bin ich gekommen. Was nun die Idee des Romans betrifft, so lohnt es sich nicht, sie darzulegen. Erstens läßt sich das brieflich keinesfalls gut erzählen, zweitens wird es Strafe genug für Sie sein, wenn Sie es sich einfallen lassen, den Roman nach seinem Erscheinen zu lesen. Weshalb sollten Sie denn zweimal bestraft werden?

Sie schreiben mir viel über Nikolaus den Wundertäter. Er wird uns nicht verlassen, denn Nikolaus der Wundertäter ist der russische Geist und die russische Einigkeit. Wir beide, verehrter Apollon Nikolajewitsch, sind keine Kinder mehr, wir wissen zum Beispiel folgende Tatsache: Nicht nur im Falle eines russischen Unglücks, sondern auch großer russischer Sorgen wird auch der am wenigsten russisch empfindende Teil Rußlands, das heißt, all die Liberalen, Petersburger Beamten oder Studenten, – auch diese Leute werden in einem solchen Fall Russen, fühlen sich als Russen, obgleich sie sich schämen, das einzugestehen. Da habe ich im Winter in einem Leitartikel der ›Stimme‹ ein ganz ernst gemeintes Bekenntnis gelesen, daß »wir uns während des Krimkrieges über die Erfolge der Verbündeten und über die Niederlage der Unseren gefreut hätten«. Nein, so weit ging mein Liberalismus nicht; ich war damals noch Sträfling und freute mich *nicht* über den Erfolg der Verbündeten, sondern fühlte mich mit meinen übrigen Genossen, den ›Unglücklichen‹[1] und den Soldaten, als Russe, wünschte den russischen Waffen Erfolg und hielt mich nicht für unlogisch, weil ich als Russe fühlte, obgleich damals immer noch ein starkes Ferment des räudigen russischen Liberalismus in mir verblieben war, den die Scheißkerle vom Schlage des Mistkäfers Belinskij usw. predigten, aber ich hielt mich nicht für unlogisch, weil ich mich als Russe empfand. Freilich zeigten uns die Tatsachen auch, daß die Krankheit, die die zivilisierten Russen ergriffen hatte, viel heftiger war, als wir selbst glaubten, und daß die Sache mit Belinskij, Krajewskij usw. noch nicht abgetan war. Aber hier geschah das, wovon der Evangelist Lukas berichtet: Die Dämonen saßen im Menschen, und ihr Name war Legion, und sie baten ihn: »Erlaube uns, in die Säue zu fahren.« Und er erlaubte es ihnen. Da fuhren die Dämonen in die Säue, und die Herde stürzte sich von dem Abhang in die See, und alle ersoffen. Da aber die Leute aus der Stadt und den Dörfern hinausgingen, zu sehen, was da geschehen war, fanden sie den vorher Besessenen zu Füßen Jesu sitzend, bekleidet und vernünftig, und die es gesehen hatten, verkündigten es ihnen, wie der Besessene gesund geworden war. Genauso ist es auch bei uns geschehen: Die Dämonen sind aus den Russen in eine Herde Säue gefahren, das heißt in Netschajew, Serno-Solowitsch u. a., diese sind ersoffen oder werden bestimmt ersaufen, der Geheilte aber, den die Teufel verlassen haben, sitzt zu Füßen Jesu. So mußte es auch kommen. Rußland hat diesen Unflat, mit dem man es überfüttert hatte, ausgespien, und in diesen ausgespienen Schurken ist natürlich nichts Russisches übriggeblieben. Und beachten Sie das, lieber Freund: Wer sein Volk und sein Volkstum verliert, der verliert auch den Glauben seiner Väter und seinen Gott. Wenn Sie es also wissen wollen – das eben ist das Thema meines Romans. Er heißt ›Die Dämonen‹ und stellt dar, wie diese Dämonen in eine Herde Säue fuhren. Ich werde ihn zweifellos schlecht schreiben; da ich mehr Dichter als Künstler bin, habe ich immer Themen genommen, die über meine Kraft gingen. Daher werde ich es verderben, das ist sicher. Der Vorwurf ist zu gewaltig. Da mir aber noch keiner von den Kritikern, die über mich urteilten, ein gewisses Talent abgesprochen hat, so werden sich in diesem langen Roman wohl auch Stellen finden, die nicht übel sind. Das wäre alles.

Bei Ihnen in Petersburg gibt es aber anscheinend noch viele *kluge* Leute, die sich vor den in die Säue gefahrenen Dämonen zwar entsetzen, immerhin aber noch davon schwärmen, wie schön die liberal humanen Zeiten Belinskijs waren und daß die damalige Aufklärung wiederkehren müßte. Gerade diesen Gedanken kann man jetzt sogar bei den neubekehrten Nationalisten u. a. finden. Die Alten ergeben sich nicht; die Pleschtschejews, Pawel Annenkows, Turgenjews und ganze Zeitschriften von der Art des ›Europäischen Boten‹ halten sich an diese Richtung. Und pflegt man den Mädchen immer noch bei der Schulentlassung Bücher zu schenken, wie die Gesammelten Werke Belinskijs, in denen dieser darüber jammert, daß Tatjana ihrem Gatten treu geblieben ist?[2] Nein, das wird noch lange nicht ausgerottet werden, und daher brauchen wir, glaube ich, selbst äußere politische Erschütterungen nicht zu fürchten, zum Beispiel einen europäischen Krieg um der Slawen willen, wenn das auch schrecklich wäre: Wir sind allein, und sie stehen *alle* gegen uns. Wenn die Verhältnisse uns jetzt zwei oder drei Jahre sicheren Friedens geben, werden wir unsere Lage wohl begreifen? Werden wir uns vorbereiten? Werden wir Eisenbahnen und Festungen bauen? Werden wir zum mindesten noch eine Million Waffen anschaffen? Werden wir wohl an den Grenzen festen Fuß fassen, und wird man sich bei uns zu einer Reform der Kopfsteuer und der Rekrutierung entschließen?[3] Das ist es, was wir brauchen; alles übrige aber, das heißt den russischen Geist, in Einigkeit, das alles werden wir in so reichlichem Maße, so ganz und so heilig besitzen, daß wir selbst nicht imstande sein werden, die ganze Tiefe dieser Kraft zu erfassen, geschweige denn die Ausländer! Und – meine alte Idee – neun Zehntel unserer Kraft bestehen eben darin, daß die Ausländer die ganze Tiefe und Gewalt unserer Einigkeit nicht verstehen und nie verstehen werden. O wie klug sind sie! Jetzt lese ich schon drei Jahre eifrig alle politischen Zeitungen, das heißt alle bedeutenderen. Wie gut sind sie über ihre eigenen Angelegenheiten unterrichtet! Wie sehen sie die Zukunft voraus! Wie verstehen sie es, mitunter ins Schwarze zu treffen! (Kein Vergleich mit unseren politischen Zeitungen, diesem Nachahmerpack, ausgenommen vielleicht die ›Moskauer Zeitung‹.) Aber – kaum handelt es sich um Rußland, da scheint es, als rede ein Fiebernder im Dunkeln, weiß der Teufel was! Ich glaube, in Europa weiß man vom Stern Sirius mehr als von Rußland. Und darauf beruht vorderhand unsere Kraft. Eine zweite Kraftquelle aber wäre unser eigener Glaube an uns, an die Heiligkeit unserer Sendung. Die Sendung Rußlands ist die Orthodoxie, das *Licht aus dem Osten*, das zu der im Westen erblindeten, dem Heiland entfremdeten Menschheit strömen muß. Das ganze Unglück Europas – das ganze, ohne jede Ausnahme, kommt daher, daß es mit der Römischen Kirche den Heiland verloren und dann beschlossen hat, es könnte auch ohne Christus auskommen. Stellen Sie sich nun vor, mein Teurer, daß ich sogar bei jenen großen russischen Menschen, wie beispielsweise dem Autor von ›Rußland und Europa‹[4], diese Idee von Rußland nicht gefunden habe, das heißt, über seine ausschließlich orthodoxe Sendung für die Menschheit. Und wenn es um die Dinge so steht, wäre es wirklich verfrüht, von uns Selbständigkeit zu verlangen.

Doch ich habe mich schon zu weit in den Wald gewagt, und es ist inzwischen schon die vierte Seite. Ich lebe irgendwie, versuche zu arbeiten, verspäte mich überall, überall habe ich meine Zusagen versäumt, und deshalb leide ich. Auch Anna Grigorjewna leidet, so daß ich mir nicht zu helfen weiß. Im Frühjahr müßten wir zurückkehren, aber wir haben immer noch kein Geld, das heißt, nicht nur um die Schulden zu begleichen, sondern nicht einmal für das Reisegeld. Hier habe ich wenig Bekannte, und doch hat es in Dresden einen ebenso großen Haufen Russen wie Engländer. Ein einziger Abschaum, das heißt, allgemein gesprochen. Mein Gott, was für ein Abschaum! Und wozu vagabundieren sie umher? Unsere Kleine ist gesund und gut beieinander; sie wird nicht mehr gestillt und beginnt allmählich mächtig zu begreifen und sogar zu sprechen, aber es ist ein recht nervöses Kind, so daß ich um sie bange, obwohl sie gesund ist. Was schreiben Sie mir denn über Pascha, hochgeehrter Freund, über eine solche Tatsache wie seine Heirat, und berichten mir doch so wenig Einzelheiten. Um Christi willen unterrichten Sie mich, sollten Sie selbst mehr davon wissen. Von Pascha selbst habe ich überhaupt keine Nachricht erhalten. Und er ist mir doch so lieb und teuer. Natürlich wäre es meinerseits sehr komisch, wollte ich von hier aus nach 3jähriger Trennung seine Entschlüsse beeinflussen wollen. Aber es ist doch traurig. Ich habe einen Neffen, Mischa; der hat sich noch jünger, als Pascha ist, verheiratet, aber Mischa ist ein sehr kluger Junge mit Charakter. Pascha ist aber ganz anders, das heißt, was den Charakter und selbst nur eine gewisse Selbstbeherrschung betrifft.

Wenn Sie mir darüber etwas schreiben, tun Sie mir einen ganz, ganz großen Gefallen. Meine Frau läßt Sie grüßen. Ljuba gibt Ihnen ein Küßchen. Auf Wiedersehen, und bleiben Sie gesund und wohlauf.

Ganz Ihr Fjodor Dostojewskij

An N. N. Strachow

Dresden, 9./21. Oktober 1870

Nun ist es schon drei Wochen her, daß ich Ihren Brief erhalten und noch nicht beantwortet habe, hochverehrter Nikolaj Nikolajewitsch, und ich bin überzeugt, daß Sie jetzt weiß Gott was von mir denken. Dabei war mir Ihr Schreiben sehr teuer: nicht um der Liebenswürdigkeit willen, sondern ganz aufrichtig sage ich Ihnen, daß ich mich über Ihren Wunsch, den Briefwechsel wieder aufzunehmen, außerordentlich gefreut habe. Noch nie zuvor habe ich die Menschen so hoch zu schätzen gelernt wie in meiner jetzigen widerwärtigen Einsamkeit. Meine Hoffnung, im Herbst nach Petersburg zurückzukehren, hat sich nicht erfüllt; ich muß es bis zum Frühling aufschieben und noch einen Winter in qualvoller Öde in Dresden verbringen.

Ich habe Ihnen bisher nicht geschrieben, weil ich buchstäblich, ohne mich zu rühren, mit dem Roman für den ›Russischen Boten‹ beschäftigt war.[1] Die Arbeit ging so schlecht vorwärts, und ich mußte das Geschriebene so oft umarbeiten, daß ich mir schließlich das Wort gegeben habe, nichts zu lesen und nichts zu schreiben, selbst nicht aufzublicken, bis ich das, was ich mir vorgenommen hatte, beendet haben würde. Und ich bin erst am allerersten Anfang! Allerdings sind auch schon manche Stücke aus der Mitte des Romans fertig geschrieben, und einzelne Stellen von dem, was ich gestrichen habe, werde ich wohl noch verwerten können (natürlich nicht vollständig). Und doch arbeite ich noch immer an den ersten Kapiteln. Das ist ein schlimmes Zeichen, und doch will ich die Sache möglichst gut machen. Es heißt, daß der Ton und der Stil einer Erzählung sich ganz von selbst ergeben müssen. Das ist wahr, aber zuweilen fällt man aus dem Ton und muß ihn wieder suchen. Mit einem Wort: Keines von meinen Werken hat mir noch solche Mühe gemacht wie dieses. Im Anfang der Arbeit, das heißt, Ende des vorigen Jahres, hielt ich den Roman für sehr gemacht und ge-künstelt und betrachtete ihn von oben herab. Später überkam mich aber eine echte Inspiration, ich gewann plötzlich meine Arbeit lieb und griff mit beiden Händen zu, um das Geschriebene ordentlich zusammenzustreichen. Im Sommer kam aber eine Veränderung. Im Roman tauchte noch eine neue Person auf, die den Anspruch erhob, als echter Held des Romans zu gelten; der bisherige Held (eine recht interessante Gestalt, aber wirklich nicht wert, Held genannt zu werden) trat in den Hintergrund.[2] Der neue Held hat mich so sehr begeistert, daß ich wieder anfing, alles umzuarbeiten. Und jetzt, wo ich den Anfang an die Redaktion des ›Russischen Boten‹ bereits abgeschickt habe, überfällt mich plötzlich ein Schrek-ken: Ich fürchte, daß ich dem gewählten Thema gar nicht gewach-sen bin. Diese Angst quält mich entsetzlich. Und doch habe ich meinen Helden durchaus nicht unvermittelt eingeführt. Ich habe zuvor seine ganze Rolle in das Programm des Romans eingetragen (ich habe ein Programm im Umfang von mehreren Druckbogen ausgearbeitet) und darin die ganze Handlung, doch ohne die Ge-spräche und Betrachtungen, skizziert. Daher hoffe ich, daß der Held mir doch noch gelingen und sogar eine ganz *neue* Gestalt abgeben wird; ich hoffe es, und doch fürchte ich mich. Es ist wirk-lich Zeit, daß ich endlich etwas Ernstes schreibe. Vielleicht platzt auch das Ganze. Mag kommen, was will, ich muß schreiben; durch die vielen Umarbeitungen habe ich schrecklich viel Zeit verloren und sehr wenig geschrieben.

Doch zur Sache: Sie können sich nicht vorstellen, hochverehrter Nikolaj Nikolajewitsch, wie schwer es mir gefallen ist, meinem der ›Morgenröte‹ gegebenen Versprechen untreu zu werden. Aber es ist so weit mit mir gekommen, daß nur wenig fehlt – und ich werde verrückt. Solche Hindernisse und Umwälzungen in meiner Arbeit konnte ich nicht voraussehen.[3]

Wenn ich aber mit dem einen nicht fertig bin, kann ich auch nicht an das andere gehen. Mein Beitrag für die ›Morgenröte‹ soll im nächsten Jahr fertig werden, aber erst zum Schluß des Jahres; in der Zwischenzeit kehre ich nach Petersburg zurück. Was die Novelle betrifft, so weiß ich nicht, ob ich imstande sein werde, auch dieses Versprechen einzuhalten. Vor zwei Monaten (als ich diese Zusage gegeben hatte) befand ich mich in einer anderen Lage. Ich will nur das eine sagen: Alle mein Sympathien und Wünsche gehören der ›Morgenröte‹, und sollte ich meinerseits der Zeitschrift auch nur ein ganz kleines bißchen dienen können, so würde ich mich glücklich schätzen. Warten Sie mit mir ab und sprechen Sie erst dann Ihr endgültiges Urteil. Doch vorläufig sollten Sie mich schonen.

Ich habe Ihren Brief mit dem größten Vergnügen gelesen. Mir gefiel insbesondere eine gewisse Änderung Ihrer Ansichten über Ihre Arbeiten. Glauben Sie mir, und ich prophezeie Ihnen: Sie werden sofort leidenschaftliche Anhänger finden *müssen*, und nicht wenige. Schon allein aus dem Grund, weil Sie die Wahrheit verkünden. Mit der größten Ungeduld erwarte ich die ganze Reihe Ihrer Aufsätze für diese Saison. So oder so, die Wahrheit muß triumphieren. Sie schreiben über das Geschrei: ja, um so besser. Vom ›Europäischen Boten‹ und dessen Erfolgen lohnt es sich nicht zu sprechen, da diese Zeitschrift allen Petersburger Bürokraten zu gefallen hatte (im vulgären, nicht im populären Sinn dieses Wortes). *Er mußte ja Erfolg haben* und wird sich dazu noch lange halten, das heißt, einige Jahre. Aber Sie werden siegen. Der ›Morgenröte‹ müßte man nur eines wünschen: diese bürokratische Pünktlichkeit des ›Europäischen Boten‹. (NB: Haben Sie denn bemerkt, daß sich die besten Zeitschriften, die es in Rußland gegeben hat, nicht durch Pünktlichkeit auszeichneten? Es wäre doch besser, dem nicht nachzustreben.) Im letzten Heft der ›Morgenröte‹ habe ich nur Ihren Aufsatz über Polonskij gelesen.[4] Die restlichen Arbeiten überflog ich nur, ich hatte keine Zeit, aber das Heft ist anscheinend hervorragend zusammengestellt. Alle Aufsätze werden gelesen und entsprechen dem Interesse des Augenblicks. Anna Grigorjewna sagte mir, Awsejenkos Roman[5] sei gut. Gott gebe, daß ich ihn bald lesen kann. Der Aufsatz über Polonskij hat mir sehr gefallen. Zweifellos ist es eine wichtige Frage: Worin besteht die wahre Poesie? Aber mir wäre es noch besser vorgekommen, hätten Sie sich dabei auch über das ausgelassen, was die falsche und ge-

künstelte Poesie ausmacht. Ich schwöre Ihnen, Nikolaj Nikolajewitsch, das heutige Publikum ist bei weitem nicht mehr das, welches
wir in den Tagen unserer Jugend kannten. Dem jetzigen Publikum
muß vieles von neuem dargelegt werden. Ach, Nikolaj Nikolajewitsch, seien Sie doch etwas zorniger! Dadurch würden Sie den
anderen und sich selbst viel Nutzen bringen. Im übrigen, wozu
belehre ich Sie eigentlich? Aber Sie sind mir nun mal lieb und
teuer. Nicht umsonst schneide ich Ihren Aufsatz als ersten auf, und
der Tag, an dem ich ein Heft mit Ihrem Aufsatz erhalte, ist mir
ein Festtag.
Wie steht es um Ihre Gesundheit? Ich kann mich der meinigen nicht
rühmen, das ist schlimm. Mir steht ein Winter intensiver täglicher
und nächtlicher Arbeit bevor: bis zum Frühjahr will ich alles hinter
mir haben. Das ist die einzige Art zu arbeiten, das heißt ohne auszuruhen, sonst überspannt man sich und macht nie Schluß. Ich lebe
langweilig und viel zu regulär. Ich mache täglich einen Spaziergang
und lese einige Zeitungen, darunter auch zwei russische. Meiner
Ansicht nach werden all diese erschütternden Ereignisse[6] der Gegenwart auch einen unmittelbaren und bald wirksamen Einfluß
auf unser russisches Leben haben, also auch auf die Literatur. Jedenfalls sind es ungewöhnliche Zeiten. Ich glaube nicht, daß die
Literatur an Einfluß und Bedeutung verlieren wird. Im Gegenteil, sie wird in jedem Fall gewinnen, doch liest man beispielsweise
russische Zeitungen, so spürt man auch, wie übereilt und eigentlich
sinnlos all das ist (mit Ausnahme der ›Moskauer Zeitung‹ natürlich).
Wollen Sie mir nicht irgendwie antworten, werter Nikolaj Nikolajewitsch? Sie beglücken mich damit. Und ich will versprechen,
pünktlicher zu sein.

Ihr Ihnen aufrichtig ergebener
Fjodor Dostojewskij

An A. N. Majkow

Dresden, 15./27. Dezember 1870
Wir haben uns schon lange nicht mehr geschrieben, teurer und liebenswürdigster Apollon Nikolajewitsch. Ich weiß nicht, ob Sie mir
aus irgendeinem Grund zürnen. Mir scheint wohl doch? Am ehesten
dürfte daran meine lange Abwesenheit schuld sein. Dabei denke
und träume ich intensiv von dem einstigen Freund und Kameraden

(da ja bald die Zeit da ist, wo ich aufs Ausland pfeife und *nach Hause* zurückkehre). Wie werden wir uns begegnen, was werden wir einander sagen, und wie werden wir uns einander zeigen? Mit einem Wort, ich ahne, daß ein neuer Lebensabschnitt naht, und ich bin erregt. Anna Grigorjewna ist ebenfalls krank vor Heimweh. Doch – o weh, ich konnte es nicht einrichten, im Herbst heimzukehren. So komme ich gegen den 1. Mai 1871, was immer geschehe! Natürlich plane ich meine Angelegenheiten nicht ganz ohne Hoffnung, wenigstens zur Hälfte. Aber das steht uns noch bevor. Das eine aber steht außer Zweifel: den Termin der Rückreise werde ich nicht mehr abändern. Ich lebe jetzt ganz schrecklich. Wäre nicht die tägliche und nächstliegende Arbeit, ich würde vor Melancholie den Verstand verlieren. Die Gesundheit ist wie früher. Eines quält mich: Anna Grigorjewna fühlt sich unwohl. Das Töchterchen ist gesund und munter. Ich habe mir eine Arbeit aufgeladen, die fast meine Kräfte übersteigt. Ich hatte mir einen riesigen Roman ausgedacht (mit einer Tendenz, eine für mich wildfremde Sache) und zunächst vermutet, ich würde ihn leicht zusammenfügen können. Und was geschah? Ich änderte schon an die zehn Fassungen und sah, daß das Thema ›verpflichtet‹, weshalb ich gegen meinen Roman mißtrauisch wurde. Mit knapper Not hatte ich den ersten Teil abgeschlossen (einen großen, 15 Bogen lang, und insgesamt werden es 4 Teile) und abgeschickt. Ich denke mir, daß er sehr unansehnlich und wirkungslos ist. Nach diesem ersten Teil kann der Leser nicht einmal raten, wohin ich hinaus will und in welcher Richtung sich die Handlung entwickelt. Beim ›Russischen Boten‹ reagierte man darauf wohlwollend. Der Titel des Romans lautet ›Die Dämonen‹ (es sind dieselben ›Dämonen‹, über die ich Ihnen mal geschrieben hatte) und trägt ein Epigraph aus dem Evangelium. Ich will mich ganz offen aussprechen, ohne dabei mit der jungen Generation zu kokettieren. Übrigens kann man in einem Brief nichts darüber sagen. – Schade, daß ich der ›Morgenröte‹ gegenüber mein Wort nicht gehalten habe. Behandeln sie mich nun human und beschimpfen mich nicht als Schurken, so will ich mich, wenn der Roman soweit ist, der ›Morgenröte‹ zur Verfügung stellen. Man kann nicht alles schnurgerade im voraus berechnen. Hatte ich denn gewußt, daß ich in dem ganzen Jahr keine 10 Bogen schreibe? Vor Ablauf der Frist kann ich mich vom ›Russischen Boten‹ nicht trennen. Hat man mal eine Sache begonnen, darf man ja auch nicht zu einer andern übergehen.

Apollon Nikolajewitsch, ich habe eine große Bitte an Sie, aber glauben Sie nicht, daß ich nur aus Not an Sie schreibe. Die Bitte ist sehr groß, aber ich habe niemanden, dem ich in dieser Sache vertrauen könnte. Dabei ist sie so wichtig für mich, daß sie, je nachdem wie sie sich entwickelt, mich in der nächsten Zukunft in größte Not versetzen oder, umgekehrt, mir aus fast allen Nöten helfen könnte.

Stellowskij hat die Ausgabe meiner ›Werke‹ und ›*Schuld und Sühne*‹ angekündigt. Ich habe die Anzeige in der ›Stimme‹ (ich meine die vom 11. Dezember) gelesen.[1] Daraus geht nicht hervor, um was für eine Ausgabe es sich handelt, um die neue oder um die alte, im Format seiner ›Gesammelten Werke Russischer Autoren‹ (das heißt zweispaltig und großoktav). Aber es ist wohl die alte Großoktav-Ausgabe. Andernfalls müßte er mir laut Vertrag 3000 Rub. Konventionalstrafe bezahlen, und deshalb dürfte er auch keine neue Ausgabe machen. *Aber wichtig ist mir der Umstand, daß er ›Schuld und Sühne‹ herausgegeben hat, wofür er mir laut Vertrag unverzüglich ein Honorar bezahlen muß;* andernfalls kann ich eine Konventionalstrafe von 3000 Rubeln verlangen. Das Honorar ist im Vertrag folgendermaßen festgesetzt: Er muß mir für jeden Bogen von ›Schuld und Sühne‹ (das *nicht anders* als in der Aufmachung seiner ›Gesammelten Werke Russischer Autoren‹ gedruckt werden darf, das heißt großoktav und zweispaltig) genausoviel zahlen, wie für jeden Bogen meiner von ihm 1866 (in derselben Aufmachung) gedruckten ›Gesammelten Werke‹ gezahlt worden ist. Diese Rechnung läßt sich ziemlich leicht machen. Man muß nur die Bogenzahl der früheren Ausgabe zusammenzählen (in demselben Format, nur mit Ausnahme von ›Schuld und Sühne‹, das *erst jetzt* erschienen ist) und die 3000 Rubel durch diese Bogenzahl dividieren (das ist der Preis, den er mir damals bezahlte). Danach wäre diese Ziffer mit der Bogenzahl von ›Schuld und Sühne‹ zu multiplizieren (in demselben Format), und wir erhielten die ganze Summe, die er mir jetzt ausbezahlen müßte. Das würde einen Gesamtbetrag von ungefähr 900 Rubel ergeben. Ich glaube, ich habe Ihnen schon einmal darüber geschrieben, und Stellowskij hat es Ihnen wohl auch gesagt.

Ich wiederhole: Stellowskij hat gar keinen Grund und gar kein Recht, die *sofortige* Zahlung zu verweigern. Tut er's, so muß er 3000 Rubel Konventionalstrafe zahlen. Und darum wird er es nicht wagen, sich zu weigern.

Nun möchte ich Sie um folgendes bitten: Würden Sie es nicht übernehmen (tun Sie's um Christi willen!), das Geld von ihm einzufordern und entgegenzunehmen? Wenn Sie dazu bereit sind, muß die Sache so weitergehen:

Mit Ihrer Zustimmung schicke ich Ihnen sofort von hier eine unanfechtbare und beglaubigte Vollmacht für den Empfang des vertragsmäßig fälligen Honorars. Die Vollmacht wird bei unserer hiesigen Gesandtschaft beglaubigt (ich weiß, derartige Vollmachten sind völlig gesetzmäßig und unanfechtbar). Zugleich schicke ich Ihnen die in meinen Händen befindliche *Originalkopie* meines 1865 geschlossenen Vertrags mit Stellowskij und einen Brief an Stellowskij (den ich nicht versiegle).

Dieser Brief wird folgenden Inhalt haben: S. g. H. Sie haben Ihre Ausgabe meines Romans ›Schuld und Sühne‹ angekündigt, was ich Ihren Anzeigen aus den Zeitungen entnahm. Nach dem und dem Punkt unseres beiderseitig abgeschlossenen Vertrags (an dem und dem Ort und Datum) müssen Sie mir unverzüglich das mir zukommende Honorar bezahlen. Nach der und der vertraglichen Vereinbarung müssen Sie sich im Fall der Nichtbezahlung einer gesetzlichen Konventionalstrafe von 3000 Rubeln zu meinen Gunsten unterziehen. Da ich mich zur Zeit in Dresden aufhalte, habe ich dem Wirklichen Staatsrat Apollon Nikolajewitsch Majkow eine beglaubigte und unanfechtbare Vollmacht für den Erhalt des mir von Ihnen für den gedruckten Roman zustehenden Honorars geschickt; die Beglaubigung der Vollmacht wird nach den gesetzlichen Vorschriften von der Russischen Gesandtschaft besorgt. Außerdem schickte ich ihm die Originalkopie des von uns 1865 beiderseitig geschlossenen Vertrags. Daraufhin bitte ich Sie, nach Erhalt dieses Briefes das Honorar unverzüglich Apollon Nikolajewitsch zuzustellen, und zwar durch das Kontor des Privatmaklers Barulin, wo der oben genannte Vertrag von uns beiderseits geschlossen wurde. Gegen Vorlage der Vollmacht in diesem Kontor durch Apollon Nikolajewitsch Majkow und bei Bezahlung des Geldes bitte ich Sie, die Auszahlung auf dem Original und der Kopie des Vertrags durch Unterschrift zu bestätigen und die Quittung von Apollon Nikolajewitsch für den Erhalt dieses Geldes auf dem Original und der Kopie des Vertrags in Empfang zu nehmen. Dann sollten Auszahlung und Empfang des Geldes von dem Privatmakler Barulin beglaubigt werden. Dies alles ist nach Vorbild und Muster der Transaktion der 3000 Rubel, die ich von Ihnen für das Ausgaberecht meiner Werke 1865 erhalten habe, zu machen. Die Verrechnung der Summe, die mir als Honorar für meinen von Ihnen gedruckten Roman ›Schuld und Sühne‹ zusteht, vertraue ich Apollon Nikolajewitsch Majkow an, in Übereinstimmung mit dem und dem Punkt des Vertrags.

Das ist der Sinn des Briefes; ich will ihn noch etwas juristischer abfassen.

Nun, nach Empfang der Vollmacht, der Kopie und des Briefes bliebe Ihnen nur noch folgendes zu tun:

An Stellowskij ein paar Zeilen zu schreiben und ihm die Schriftstücke mit meinem Brief zu schicken. Sie benachrichtigen ihn nur, daß Sie, wie aus meinem beiliegenden Brief zu ersehen ist, Vollmacht von mir besitzen und daß Sie ihn daher bitten, möglichst *sofort* Bescheid zu geben, wann es ihm beliebt, mit Ihnen abzurechnen – in der Weise, wie ich es in meinem Brief dargelegt habe.

Das ist alles. Das ist meine ganze Bitte an Sie. Wollen Sie mir einen unendlichen Dienst erweisen, Apollon Nikolajewitsch? Es ist das *letztemal*, daß ich mit solchen Dingen zu Ihnen komme. Von nun an werde ich Sie nicht mehr mit meinen Bitten belästigen.

Und nun hören Sie, Apollon Nikolajewitsch, warum das für mich so wichtig ist:

Es versteht sich von selbst, daß mir auch sehr viel daran liegt, diese für mich sehr bedeutende Summe Geldes jetzt zu erhalten, um so mehr, als Stellowskij die Auszahlung auf keinen Fall verweigern wird, denn er weiß, daß er sonst 3000 Rubel Konventionalstrafe zu bezahlen hätte, auf Grund einer völlig eindeutigen und klaren vertraglichen Abmachung. Ich bitte Sie auch deshalb so dringend und inständig, weil ich keinerlei Aufschub und nicht die geringsten Scherereien vorhersehe; er wird es nämlich unter keinen Umständen wagen, die Auszahlung zu verweigern, da er sich der Folgen bewußt ist.

Aber außer dem Empfang des Geldes ist mir auch die Zukunft wichtig. Es kommt zu der ganzen Sache noch etwas anderes hinzu, was auch meine Zukunft mächtig beeinflussen könnte. Stellowskij ist nämlich ein Schelm. Durch den Ankauf meiner Wechsel (für den Bruder), zahlbar an Demis, und meines Wechsels, zahlbar an Gawrilow, zwang mich Stellowskij 1865 zu dem schmachvollen Vertrag über den Verkauf meiner Werke an ihn, und zwar wegen der Forderungen sofortiger Zahlung oder der Androhung mit Ge-

fängnis. So kann er es auch jetzt nach meiner Rückkehr machen. Indem er ein paar von meinen Wechseln vorteilhaft, das heißt, für einen Spottpreis, aufkauft, kann er wieder für sechs, sieben Jahre in den Besitz meiner vorhandenen und zukünftigen Werke gelangen. Er zwingt mich einfach wie 1865 zum Abschluß eines ähnlichen Vertrags. Ich habe sogar Grund, das anzunehmen; denn warum sollte er das, was ihm einmal so gut gelang, nicht noch einmal versuchen? Und nun überlegen Sie mal: Wenn er jetzt, *unter welchem Vorwand auch immer*, Ihnen das Geld für ›Schuld und Sühne‹ nicht auszahlt (indem er Ihnen etwa erklärt, er hätte einen Wechsel von mir, was aber ganz ungesetzlich wäre, denn der Wechsel ist eine Sache für sich und hat mit seiner Verpflichtung, das Honorar sofort zu zahlen, gar nichts zu tun), so habe ich für die Zukunft eine Waffe gegen ihn in der Hand, nämlich die Forderung von 3000 Rubeln Konventionalstrafe, denn nach dem Wortlaut des Vertrags hat er nicht das geringste Recht, die berechtigte Forderung einer *augenblicklichen* Zahlung des Betrags abzulehnen. Und darum möchte ich Sie sehr bitten:
Wenn er versuchen sollte, sich um die Zahlung zu drücken, oder nicht sofort Bescheid gibt oder allerlei Ausflüchte macht, dann wäre es sehr gut, wenn Sie einen Zeugen hätten. Am besten ließe sich das vielleicht so machen:
Wenn Sie ihm das erstemal meinen Brief schicken, fügen Sie in Ihrem Begleitschreiben hinzu, daß Sie innerhalb von drei Tagen Bescheid von ihm haben müssen. Wenn er Ihnen nichts antwortet oder antwortet (was, ist gleichgültig), aber nicht schriftlich, sondern mündlich, so wäre es nicht schlecht, einen Zeugen dabeizuhaben. Machen Sie es dann so: Wenn er nach drei Tagen keinen Bescheid gegeben hat, schreiben Sie ihm noch ein paar Zeilen, aber nicht mit der Post, sondern schicken Sie jemanden zu ihm hin (Sie könnten sogar einen Anwalt nehmen, wenn das nicht zuviel kostet; ich bezahle es) und *erzwingen* Sie eine Antwort von ihm (gleichviel, was für eine), aber nur vor einem Zeugen. Dann habe ich die Tatsache und Zeugen für die Tatsache, daß Stellowskij auf die in meinem Auftrag gestellte Forderung, die vertragsmäßig ausgemachte Summe zu zahlen, die Zahlung verweigert hat. Das genügt mir. Dann muß er mir unbedingt die 3000 auszahlen.
Ich bitte Sie also, mein hochverehrter Freund, nur um das eine: Erzwingen Sie von ihm eine Antwort, und sorgen Sie dafür, daß noch eine andere Person, das heißt Ihr Abgesandter, diese Antwort

hört. Das ist alles. Falls er Ausflüchte macht oder sich weigert, *brauchen Sie sich ganz und gar nicht* selbst um das Geld bemühen. Mir genügt es, daß er unter diesem oder jenem Vorwand nicht bezahlt hat.

Aber ich wiederhole es noch einmal: Es ist kaum denkbar, daß er Ihnen auf Ihre erste Forderung hin nicht sofort zahlt, sondern Ausflüchte macht. Er ist ein viel zu geriebener Gauner und weiß, welchen Gefahren er sich damit aussetzt. Er weiß auch, daß ich ihn nicht schonen und die Konventionalstrafe von ihm einziehen werde. Darum wird er nicht wagen, Ihnen die Zahlung zu verweigern und Ihren Brief unbeantwortet zu lassen. Und da Sie, neben der Vollmacht, noch die Originalkopie unseres Vertrags von 1865 haben werden, da die Angelegenheit im Kontor eines Maklers abgewickelt wird, dürfte er keineswegs die Richtigkeit der Ihnen von mir geschickten Vollmacht oder Dinge ähnlicher Art anzweifeln. Das Geschäft wäre dazu viel zu ernst, klar und öffentlich. Und ich wiederhole nochmals: Will er nicht bezahlen, *brauchen* Sie die Auszahlung des Geldes *nicht erzwingen*. Mit einer solchen Bitte will ich Sie nicht belasten. Sie sollen ihm nur ein paar Zeilen schikken und die Antwort in Empfang nehmen.

NB: Die Auszahlung in Barulins Kontor (irgendwo am Newskij-Prospekt) soll nur im Interesse einer restlosen Legitimation für Stellowskij vorgenommen werden. Will er jedoch Ihnen das Geld einfach gegen Ihre Unterschrift – ohne Barulin – geben, dann um so besser; Sie hätten weniger Scherereien.

Verweigern Sie mir diese Bitte nicht, Apollon Nikolajewitsch. Ich bitte Sie inständig darum. Die Sache kann Ihnen unmöglich besonders viel Scherereien machen; und mir erweisen Sie weiß Gott welchen Gefallen!

Ich warte auf Ihre Antwort. Doch weil mir die Angelegenheit so wichtig ist, bitte ich Sie, liebenswürdigster Apollon Nikolajewitsch, um eine unverzügliche Antwort, gleich nach Erhalt *dieses* Briefes, seien es auch nur zwei Zeilen: *ja* oder *nein*.

Anna Grigorjewna läßt Sie und Anna Iwanowna sehr grüßen. Grüßen Sie mir Anna Iwanowna recht herzlich.

Ganz Ihr Fjodor Dostojewskij

Hat Pascha geheiratet?

An A. N. Majkow

Dresden, 30. Dezember 1870

Ich danke Ihnen grenzenlos, liebster Apollon Nikolajewitsch, erstens für Ihre Hilfsbereitschaft und zweitens für Ihre rasche Antwort. Aber da Sie auf dem Umschlag das *poste restante* vergaßen, habe ich Ihren Brief erst drei Tage nach seinem Eintreffen in Dresden erhalten; der Postbote hatte mich hier drei Tage lang durch die Polizei suchen lassen. Ich schicke Ihnen die Vollmacht, und verurteilen Sie mich bei der Lektüre nicht wegen ihrer Unverschämtheit: Wie man mich überzeugte, ist das die dazu notwendige Form. Außerdem dürfte eine derartige *Vollständigkeit* der Vollmacht auch Stellowskij stärker beeindrucken. Diese Vollmacht brauchen Sie nur im Departement der auswärtigen Beziehungen beglaubigen zu lassen (Pascha weiß, wo das ist), wo dann die Unterschrift unserer Gesandtschaft bestätigt wird. Außerdem sende ich die Originalkopie meines 1865 mit Stellowskij abgeschlossenen Vertrags. Lesen Sie bitte diese Abschrift aufmerksam durch, besonders die Punkte 8 und 13. Sie werden dann völlig orientiert sein und zur Überzeugung gelangen müssen, wie einfach und *unanfechtbar* die ganze Sache ist. Es handelt sich nur darum, das Geld in Empfang zu nehmen. Es würde mir ja auch schwerfallen, Sie mit einer komplizierten Sache zu belästigen. Meine Meinung ist die: Je offener, einfacher und *trockener* (das heißt strenger) Sie die Sache durchführen, desto besser ist es.[1] Ich schicke Ihnen den unversiegelten Brief an Stellowskij; lesen Sie ihn. Die *Hauptsache* besteht darin, daß Sie einen Bevollmächtigten zur Hand haben (wenn notwendig, werde ich ihn von Stellowskijs Geld bezahlen, und wenn er nicht zuviel verlangt), der diesen meinen Brief mit Ihrer aus ein paar Zeilen bestehenden Notiz Stellowskij überbringen sollte (der Bevollmächtigte mag aber auch meinen unversiegelten Brief überreichen). Ihre paar Zeilen sollten Stellowskij dazu auffordern, zu Barulin zu kommen; er sollte Ihnen den Termin der Auszahlung in Barulins Kontor nennen. Andernfalls wie immer er will, nur daß er eben gegen Ihre Quittung das Geld ausbezahle.

Er kann nicht anders als zahlen: Lesen Sie Punkt 13 des Vertrags. Es wäre jedoch schade, wenn er Ausflüchte suchte und die Sache verzögerte. Dann soll sich Ihr Bevollmächtigter über die Polizei erkundigen. Wichtig ist die Antwort von ihm. Natürlich ist das eine klare Sache, und früher oder später erhalte ich von ihm das Geld. Aber ich würde es gerne jetzt haben! Ich möchte nicht immer um Vorschüsse bitten, um die Vorschüsse des ›Russischen Boten‹, aber ich habe ja sonst nichts, wovon ich leben könnte.

Ich wiederhole wie in meinem letzten Brief: Er wird es schwerlich ablehnen, und ich könnte es mir nicht einmal vorstellen, mit welcher Begründung er das tun könnte. Für den Fall, daß er, mit welcher Begründung auch immer, die Zahlung verweigert, zeigen Sie, ich bitte Sie sehr darum, meine Vollmacht und die Vertragskopie irgendeinem Rechtskundigen: was er dazu sage. Die Sache ist nicht anzufechten, und man könnte die Auszahlung sofort über die Polizei betreiben. In diesem Fall, das heißt, sollte der Rechtskundige die Sache mit Sicherheit eintreiben können, wäre ich bereit, die Kosten dafür zu übernehmen, vorausgesetzt sie sind nicht zu hoch, relativ gesehen. (Kann Ihnen dabei nicht Pascha behilflich sein?)

Jedenfalls, ich wiederhole es, bitte ich Sie nur darum, Stellowskij meinen Brief und Ihre vier Zeilen vorzeigen zu lassen und auf einer Antwort zu bestehen, wie immer sie ausfalle. Das ist alles. Vor allem flehe ich Sie an, mich unverzüglich über seine Antwort zu unterrichten. Das ist sehr wichtig für mich. Überlegen Sie doch: Entweder ich weiß, daß ich 900 Rubel bekomme, oder ich muß den ›Russischen Boten‹ um Vorschuß bitten. Nebenbei bemerkt, rechnen Sie nach. Das dauert nur eine Minute: Man muß nur die Bogenzahl meiner ›Schuld und Sühne‹ kennen und sie mit der Summe der Rubel multiplizieren, was ein jeder Bogen der Ausgabe all meiner Werke Stellowskij im Jahr 1866 gekostet hatte. Die Summe läßt sich auf folgende Weise ganz klar bestimmen: Man muß die Gesamtzahl der Bogen aller drei Bände der Stellowskij-Ausgabe von 1866 zusammenzählen (natürlich ohne ›Schuld und Sühne‹) und die Summe von 3000 Rub. durch diese Ziffer dividieren. Das ergibt den genauen Bogenpreis. Lesen Sie übrigens Punkt 8 des Vertrags, dort ist das klar angegeben.

Nun, das wäre alles. Letzten Endes wird er wohl das Honorar nicht verweigern, sondern einfach zahlen, wenn er sich auch ein wenig winden dürfte. Aber informieren Sie mich um Gottes willen recht bald.

Ja, ich will unbedingt zurückkehren und werde ganz gewiß im Frühjahr in Petersburg sein. Hier bin ich ständig in einer so fürchterlichen Stimmung, daß ich fast gar nicht schreiben kann. Das Schreiben fällt mir furchtbar schwer. Ich verfolge die russischen und die hiesigen Ereignisse mit fieberhaftem Interesse; in diesen vier Jahren habe ich viel erlebt. Es war ein starkes, wenn auch einsames Leben. Was mir Gott in der Zukunft auch schicken mag, ich werde es demütig hinnehmen. Auch meine Familie lastet mir schwer auf dem Gewissen. Schließlich will ich auch Menschen sehen. Strachow schrieb mir, daß in unserer Gesellschaft alles noch furchtbar kindisch und unreif sei.

Wenn Sie wüßten, wie sehr man das von hier aus merkt! Und wenn Sie wüßten, welche tiefgehende, an Haß grenzende Abneigung gegen Europa ich in diesen vier Jahren gefaßt habe! Mein Gott, was wir doch für furchtbare Vorurteile in bezug auf Europa haben! Ist denn der Russe, der wirklich glaubt, daß die Preußen durch ihre Schule gesiegt haben (und fast alle glauben daran), kein einfältiges Kind? Diese Ansicht ist sogar sündhaft: eine nette Schule, wo man die Kinder quält und schindet wie Attilas Horde (und vielleicht noch ärger).

Sie schreiben, daß sich in Frankreich der Geist der Nation gegen die rohe Gewalt erhebt. Ich habe von Anfang an daran nicht gezweifelt; wenn die Franzosen sich nur nicht beeilen, Frieden zu schließen, und noch an die drei Monate ausharren, werden die Deutschen mit Schimpf und Schande vertrieben werden. Ich müßte Ihnen viel schreiben, wenn ich eine Reihe meiner persönlichen Beobachtungen mitteilen wollte; wie man zum Beispiel von hier Soldaten nach Frankreich schickt, wie man sie anwirbt, ausstattet, verpflegt und transportiert. Das ist außerordentlich interessant. Irgendein bettelarmes Frauenzimmer, das vom Vermieten zweier möblierter Zimmer lebt (die Möbel sind alle gemietet; eigene Möbel besitzt sie für höchstens zwei Groschen), ist verpflichtet, da sie »mit eigenen Möbeln« wohnt, zehn Soldaten Quartier und Verpflegung zu geben. Die Einquartierung dauert einen Tag, zwei, drei Tage, selten eine Woche. Doch die Sache kostet sie 20–30 Taler. Ich habe selbst einige Briefe deutscher Soldaten aus Frankreich an ihre Eltern (Ladenbesitzer, Kaufleute) gelesen. Mein Gott, was sie darin für Dinge berichten! Wie krank sie sind und wie hungrig! Ich müßte viel zu lange erzählen. Hier übrigens noch eine Beobachtung: Anfangs hörte man auf den Straßen das Publikum recht oft die ›Wacht am Rhein‹ singen; jetzt hört man sie *gar nicht mehr*. Am größten sind die Aufregungen und der *Stolz* unter den Professoren, Doktoren und Studenten; das Volk macht sich aber nicht viel aus der Sache. Eigentlich überhaupt nichts. Doch die

Professoren sind außerordentlich stolz. Ich treffe sie jeden Abend in der *Lesebibliothek*. Ein sehr einflußreicher Gelehrter mit silberweißem Haar schrie vorgestern sehr laut: »Paris muss bombardirt sein!«[2] Das sind also die Resultate ihrer Wissenschaft. Wenn nicht der Wissenschaft, so der Dummheit. Sie sind vielleicht Gelehrte, jedenfalls aber schreckliche Dummköpfe! Noch eine Beobachtung: Alle Leute können hier lesen und schreiben, dabei sind sie alle furchtbar ungebildet, dumm, stumpfsinnig und haben die niedrigsten Interessen. Doch genug davon. Auf Wiedersehen. Ich umarme Sie und danke Ihnen im voraus. Um Gottes willen, vergessen Sie mich nicht, und informieren Sie mich.

Ihr Dostojewskij

Bewahren Sie die Kopie des Vertrags auf; das ist ein wichtiges Dokument für mich.
PS: Für den Fall, Sie erhalten von Stellowskij das Geld, lassen Sie es nicht über einen Bankier überweisen, sondern lassen Sie es einfach in Form russischer Kreditscheine versichert schicken, das heißt dieselben, die Sie erhalten. Die lassen sich hier gut eintauschen.
PS: Sollte Ihnen Stellowskij statt der Bezahlung des Honorars irgendein anderes Geschäft vorschlagen, beispielsweise eine Ausgabe des ›Idioten‹ und ä. m., so lehnen Sie ab; hören Sie gar nicht hin und verlangen Sie nur die Auszahlung *ohne Stundung*.

An A. N. Majkow

Dresden, 2./14. März 1871

Liebenswürdigster und hochverehrter Freund Apollon Nikolajewitsch! Zuerst von unserer Affäre, die kein Ende nehmen will.
Ich habe beschlossen, ein Ende zu machen, das heißt, *eine Klage beim Gericht* einzureichen. Es sind schon schwierigere Prozesse vor Gericht gewonnen worden, und meine Ansprüche auf Grund des Vertrags sind unanfechtbar. Mit einem Wort, mein Wunsch und endgültiger Beschluß ist folgender. Da ein Prozeß eine Sache ist, mit der ich Sie nicht belästigen darf, Sie auch nicht Advokat sind, so bitte ich Sie dringend: *Übergeben* Sie (was Sie auf Grund der von mir erteilten Vollmacht ohne weiteres dürfen) die ganze Sache einem bekannten Advokaten (Spasowitz, Archangelskij oder sonst jemandem), *was immer das kosten möge*, und veranlassen Sie ihn,

sofort gegen Stellowskij in aller Form Rechtens wegen Auszahlung des Geldes zu klagen (wobei die Summe nach der Anzahl der Bogen festzusetzen wäre; wenn dabei ein Fehler mit unterläuft, so mag das Gericht darüber entscheiden). Übrigens muß der Advokat wissen, was er zu tun hat. Vor allem legen Sie dem Advokaten die Abschrift des Vertrags vor, und bitten Sie ihn, Punkt 8 und Punkt 13 besonders genau zu studieren. Punkt 13 ist der wichtigste, denn ich will Zahlung der Konventionalstrafe fordern. Und eben das sollen Sie dem Advokaten mitteilen.

Vor allem muß festgestellt werden, daß Stellowskij nicht zahlen wollte, sonst kann man auf Grund von Punkt 13 nicht klagen. Der Advokat wird aber wohl damit anfangen, daß er an Stellowskij die *formelle* Forderung richtet, den ganzen Betrag bar auszuzahlen. (Keine Wechsel! Das wird, glaube ich, durch die Polizei gemacht; ich weiß es nicht genau. Der Advokat muß es wissen.) Und wenn Stellowskij sich weigert, sagen wir: in drei Tagen zu zahlen, dann ist auf Grund von Punkt 13 Klage zu erheben, das heißt, außer der Honorarzahlung ist auch noch Zahlung der Konventionalstrafe zu fordern. Wenn er zahlt, so hol ihn der Teufel samt seinem Punkt 13. Dann ist die Sache erledigt.

Meine ganze Bitte an Sie: 1.: unverzüglich die ganze Sache einem Advokaten anzuvertrauen, jedoch nur einem guten, und keine Kosten zu scheuen.

2.: das sofort, ohne Zeitverlust, zu tun und ohne unnütze Angst um meine Interessen. (NB: Nach dem Gesetz erhält der Advokat sein Honorar doch erst nach Beendigung des Prozesses – nicht wahr? Also brauchen Sie sich durch nichts beirren zu lassen.) Aber um Gottes willen, gehen Sie unverzüglich ans Werk, gleich nachdem Sie diesen Brief erhalten haben. Lassen Sie sich nicht irremachen: Es ist mein eigener, dringender Wunsch, und wenn ich um all mein Geld komme, so habe ich es eben selbst gewollt. Und so nehmen Sie denn um Gottes willen einen Advokaten. Wenn Sie noch die Briefe haben, die ich Ihnen zu Beginn des Streites schrieb, so lesen Sie dem Advokaten, der die Sache übernimmt, einige Stellen aus diesen Briefen vor, oder lassen Sie ihn selbst drin lesen, damit er sieht, wie meine Meinung ist.

Schließlich 3.: man könnte es vielleicht erst noch einmal ohne Advokat versuchen. Nach Empfang dieses Briefes machen Sie vielleicht folgendes, liebster Freund: Sie schreiben sofort einen recht lakonischen Brief an Stellowskij (ohne Argwohn und ohne Sorge um meine Interessen), daß ich das Gericht anzurufen gedenke und daß Sie daher sich zum letztenmal an ihn, Stellowskij, mit der Bitte um Zahlung wenden. In diesem Brief bestimmen Sie (bitte, ganz trocken und unerbittlich, ganz formell) einen Tag, zum Beispiel ›übermorgen‹, und eine Stunde, wann er Sie zu Hause antreffen und Ihnen das *ganze* Geld bringen kann. Fügen Sie gleich hinzu, daß Sie länger als bis zu diesem Tag und dieser Stunde nicht warten werden und wollen und daß *ich* es bin, der darauf besteht.

Daraus ergeben sich zwei Möglichkeiten: Entweder Stellowskij kommt nicht zu Ihnen, dann gehen Sie sofort zum Advokaten und lassen die Klage einreichen. Oder Stellowskij kommt und zahlt. Dann nehmen Sie von ihm entweder die ganze Summe oder zum mindesten die Hälfte in bar; einen Wechsel aber (falls er einen solchen anbietet und nur die Hälfte in bar zahlt) für nicht länger als 3 Monate; das ist das Äußerste.

Oder Stellowskij kommt aber auch ohne Geld und versucht die Sache hinzuziehen, macht Vorschläge. In diesem Fall gehen Sie auf *nichts* ein. Wenn er um Stundung bittet (zum Beispiel erklärt, in 2 Wochen würde er Geld haben und zahlen), so hören Sie nicht hin. Die längste Frist, die Sie ihm zugestehen dürfen, ist ›bis morgen‹, das heißt, noch einen Tag. Aber keine Stunde länger. Und um Gottes willen (das ist für den Prozeß sehr wichtig) lassen Sie sich mit ihm in keinerlei Auseinandersetzungen ein.

Endlich, wenn es zum Prozeß kommt und Stellowskij während der Verhandlungen, aber vor der Entscheidung des Gerichts, mit dem Geld erscheint, was unzweifelhaft der Fall sein wird, denn, glauben Sie mir, er fürchtet das Gericht, dann mag der Advokat selbst entscheiden, was zu tun ist.

Vor allem aber – ziehen Sie die Sache nicht in die Länge. Machen Sie *es ganz genau so*, wie ich Sie bitte. Es ist doch mein Geld; ich selbst wünsche *so* vorzugehen, und wenn ich durch dieses *mein* Vorgehen alles verliere, so kann Ihnen das gleichgültig sein; ich habe es selbst so gewollt. Machen Sie es also *genau so*, wie ich Sie bitte (und ohne alle Vorsichtsmaßregeln, ohne vorherige Erkundigungen, Besuche bei Stellowskij, Briefe an ihn, Auskunft usw.). Um Gottes willen *genau so*, wie ich Sie bitte! Und keinen einzigen Tag verlieren![1]

Andernfalls verwöhnen Sie Stellowskij mit Ihrem Entgegenkommen so sehr, daß er ein Narr wäre, wenn er bezahlte.

Um Gottes willen, fragen Sie auch bei mir nicht mehr an, und verlangen Sie keine Sondervollmachten von mir, sonst zieht sich die Sache zu lange hin. Machen Sie es genau so, wie ich Sie jetzt darum bitte – und damit gut.

NB: Geben Sie ihm in Ihrem Schreiben nicht mehr als 2 Tage Frist, auf keinen Fall, *auf keinen Fall!* Und sofort zum Advokaten.

Und nehmen Sie sich, ich wiederhole es nochmals, einen guten Advokaten (keinen Herrn mit buschigen Augenbrauen, sondern einen richtigen Advokaten. Wenn es auch eine Bagatelle ist, so wird sich doch vielleicht ein bedeutender Advokat finden, der sie übernimmt, denn es ist ein literarischer Prozeß, er wird von sich reden machen, und darum wird der Mann nicht nein sagen).

Vor allem – machen Sie es so, wie ich Sie bitte, ohne Rücksichten, ohne Fragen und *ohne Besorgnis um meine Interessen.* Um Gottes willen nur so!

Ihr für mich so schmeichelhaftes Urteil über den Anfang meines Romans hat mich in Begeisterung versetzt. Mein Gott, wie fürchtete ich für den Roman, und ich tue es noch jetzt! Wenn Sie diese Zeilen lesen, werden Sie wohl auch die zweite Hälfte des 1. Teiles im Februarheft des ›Russischen Boten‹ gelesen haben. Was sagen Sie dazu? Ich habe entsetzliche Angst. Ob ich mit der Fortsetzung fertig werde, macht mir große Sorgen; ich bin verzweifelt. Es werden ja im ganzen 4 Teile, also vierzig Bogen sein. Stepan Trofimowitsch ist eine Gestalt von nebensächlicher Bedeutung; der Roman wird gar nicht von ihm handeln; doch seine Geschichte ist mit den Hauptereignissen des Romans so eng verknüpft, daß ich ihn zum Grundstein des Ganzen nehmen mußte. Dieser Stepan Trofimowitsch wird im 4. Teil sein Benefiz haben[2]: sein Schicksal wird ein höchst originelles Ende nehmen. Für alles andere will ich nicht garantieren, doch für diese Stelle übernehme ich jede Garantie. Ich muß aber noch einmal sagen: Ich zittere wie eine erschrockene Maus. Die *Idee* hat mich verführt, und ich habe sie furchtbar liebgewonnen; ob ich mit ihr fertigwerde, ob ich nicht den ganzen Roman verkacke, das ist meine große Sorge.

Denken Sie sich nur: Ich habe bereits mehrere Briefe von verschiedenen Seiten mit Gratulationen zum Ersten Teil bekommen.[3] Das hat mich über alle Maßen ermutigt. Ich sage Ihnen ganz aufrichtig, ohne Ihnen irgendwie schmeicheln zu wollen: Ihr Urteil hat für mich mehr Wert als alle anderen. Erstens weiß ich, daß Sie ganz aufrichtig sind; zweitens enthält Ihre Kritik einen genialen Satz:

»*Das sind Turgenjews Helden im Alter.*« Das ist genial gesagt! Als ich es schrieb, schwebte mir wirklich so etwas vor; Sie haben es aber in wenigen Worten wie mit einer Formel ausgedrückt. Nun, ich danke Ihnen für Ihre Worte: Sie haben mir das Ganze beleuchtet. Die Arbeit geht sehr schwer vor sich, ich fühle mich unwohl, und bald kommt für mich wieder die Periode der häufigen Anfälle. Ich fürchte, nicht rechtzeitig fertig zu werden. Doch ich will mich nicht übereilen. Ich habe zwar den Plan sehr gut aufgebaut und studiert; wenn ich mich aber übereile, kann ich alles verderben. Ich habe beschlossen, ganz bestimmt im Frühjahr zurückzukehren. Dann wollen wir uns aussprechen. Ich habe das ›Gespräch‹ erhalten. Was wird mit dieser Zeitschrift in Zukunft geschehen? Sie enthält überhaupt keinen ästhetischen Teil[4], da haben Sie recht. In welcher Hinsicht ist die ›Morgenröte‹ die schlechteste aller Zeitschriften? Meiner Ansicht nach ist sie die beste. Aber die Unordnung und *Unfähigkeit* des redaktionellen Teils (Sie werden es erleben) wird sie ins Grab bringen. Mit Ihrer Meinung über Strachow bin ich nicht einverstanden: Er ist der einzige Kritiker in unseren Tagen. Strenge Kritik, das ist die Besonderheit der ›Morgenröte‹. Mit der Zeit und mit einem verbesserten redaktionellen Teil würden sie es schon schaffen. Das ›Gespräch‹ mag ruhig bestehen bleiben, meiner Ansicht nach kann es der ›Morgenröte‹ mit seiner Konkurrenz nicht schaden. Aber es wird ihr schaden. Auf Wiedersehen. Ich danke Ihnen für Ihre so guten Gefühle mir gegenüber. Bei uns sind die Knospen aufgeblüht, der reinste Frühlingsanfang. Nun, auf ein baldiges Wiedersehen.

Ganz Ihr F. Dostojewskij

Um Gottes willen, vergessen Sie nicht, mir bisweilen ein oder zwei Zeilen zu kritzeln.

An N. N. Strachow

Dresden, 23. April / 5. Mai 1871

Ihr Brief, hochverehrter Nikolaj Nikolajewitsch, hat mich, wie immer, außerordentlich interessiert. Doch was für seltsame Nachrichten enthielt er! Ich kann mir gar nicht denken, daß Sie mit der ›Morgenröte‹ *völlig* Schluß gemacht haben. Ich folgere das aus Ihrem Brief[1]; zudem schreiben Sie auch, daß Sie froh sind, auszuruhen und einen ordentlichen Vorrat an Übersetzungen haben.

Nein, das darf nicht sein, Nikolaj Nikolajewitsch, Sie können Ihr großes Werk nicht in dieser Weise aufgeben. Wir besitzen keinen einzigen Kritiker. Sie waren buchstäblich der einzige. Ich habe mich zwei Jahre lang darüber gefreut, daß es eine Zeitschrift gab, deren Besonderheit im Vergleich zu anderen Zeitschriften die Kritik war. Und nun haben Sie selbst vernichtet, was an dem Blatt selbständig, urwüchsig, eigenartig war. Ich habe mich an Ihren Artikeln berauscht, ich bin Ihr leidenschaftlicher Verehrer und bin fest überzeugt, daß Sie auch außer mir genug Verehrer haben und daß Ihr Werk auf jeden Fall fortgesetzt werden muß. Es aufzugeben wäre Kleinmut. Verzeihen Sie mir dieses Wort; aber nachdem ich Ihren Charakter schon so lange persönlich kenne, bin ich überzeugt, daß Sie sich nach dem ersten Mißerfolg allzu entmutigt geben. Doch Mißerfolge wird es immer geben, in jedem Fall. Und dabei werden Sie es selbst nicht durchhalten. Gehen Sie spazieren, wie Sie selbst schreiben, bleiben Sie nicht allein auf den Übersetzungen sitzen und machen Sie sich an die Ausgabe einzelner Broschüren. Könnten Sie sich statt dessen nicht wirtschaftlich sichern und bei einer neuen Zeitschrift (›Das Gespräch‹) mitmachen? Mir kommt es so vor, als wären gerade bei dem ›Gespräch‹ die Leute, die Sie besser verstünden und höher zu schätzen wüßten als die bei der ›Morgenröte‹.

Dabei bin ich zu folgendem Schluß gelangt, den Sie, Nikolaj Nikolajewitsch, wohl auch kennen, von dem Sie aber noch nicht ganz durchdrungen sind, wie das auch bei mir bis vor kurzem nicht der Fall war. Infolge der kolossalen Umwälzungen, angefangen bei der Politik bis zu den engeren literarischen Kreisen, sind bei uns die allgemeine Bildung und Urteilsfähigkeit vorübergehend zersplittert und gesunken. Die Leute haben es sich in den Kopf gesetzt, für Literatur keine Zeit mehr zu haben (als ob die Literatur eine Spielerei wäre; eine nette Bildung!); infolgedessen ist das Niveau des kritischen Empfindens und der literarischen Ansprüche so entsetzlich tief gesunken, daß heute kein Kritiker, wie bedeutend er auch sei, den richtigen Einfluß auf das Publikum haben kann. Dobroljubows und Pisarews Erfolge beruhen eigentlich darauf, daß sie die ganze Literatur, ein ganzes Gebiet des menschlichen Geistes, in Bausch und Bogen ablehnen. Man darf derartige Erscheinungen nicht begünstigen und muß seine kritische Tätigkeit fortsetzen. Verzeihen Sie, daß ich Ihnen einen Rat erteile; ich würde aber an Ihrer Stelle jetzt so handeln.

In einer Ihrer Broschüren stand ein prachtvoller Gedanke[2], den vor Ihnen noch niemand, und das ist die Hauptsache, geäußert hat, nämlich, daß jeder einigermaßen bedeutende und wirklich talentierte Schriftsteller sich schließlich dem nationalen Gefühl zuwandte, volksecht und slawophil wurde. So schafft der Spötter Puschkin plötzlich, und dies lange vor allen Kirejewskijs und Chomjakows, den Chronisten im Tschudowkloster[3], das heißt, er spricht früher als alle Slawophilen deren eigentliches Wesen aus, und nicht genug – er formuliert es unvergleichlich tiefer, als sie es alle bisher getan haben. Und schauen Sie sich wiederum Herzen an: Welch eine Sehnsucht, welch ein Bedürfnis, den gleichen Weg einzuschlagen![4] Und wie unmöglich machen ihm dies seine persönlichen schlechten Eigenschaften. Das ist noch nicht alles. Dieses *Gesetz* der Umkehr zum Nationalen kann man nicht nur an Dichtern und Literaten, sondern auch auf allen anderen Gebieten beobachten. So daß man schließlich auch noch ein anderes Gesetz aufstellen kann: Wenn ein Mensch wirklich talentiert ist, so hat er das Bestreben, aus der verwitterten oberen Gesellschaftsschicht zum Volk zurückzukehren; wenn er aber kein Talent hat, so wird er nicht nur in der verwitterten Schicht bleiben, sondern auch noch ins Ausland auswandern, zum Katholizismus übertreten usw. Das stinkende Mistkäferchen Belinskij (den Sie auch heute noch schätzen) war mit seinem elenden Talent schwach und ohnmächtig; daher hat er auch Rußland verdammt und seiner Heimat mit voller Überlegung viel geschadet (über Belinskij wird man in der Zukunft noch viel sprechen, dann werden Sie es ja sehen). Ich will aber nur das eine sagen: Der von Ihnen ausgesprochene Gedanke ist außerordentlich wichtig und erfordert unbedingt eine weitere und speziellere Erörterung. Schreiben Sie also einen Aufsatz über dieses Thema, entwickeln Sie es im einzelnen und geben Sie die Abhandlung dem ›Gespräch‹. Man wird Sie sicherlich mit Freuden aufnehmen, das wird auch eine kritische Betätigung sein, nur in anderer Form. Zwei – drei solche Aufsätze im Jahr, und ich prophezeie Ihnen einen großen Erfolg. Man wird Sie im Publikum nicht vergessen, sondern gerade sagen, Sie hätten sich einem Kreis angeschlossen, wo Sie besser verstanden werden. Das ›Gespräch‹ ist nicht die ›Morgenröte‹. Vor allem: warum denn gleich die Literatur aufgeben?

Doch verzeihen Sie mir! Könnten wir persönlich miteinander reden, würden wir uns besser verstehen. O weh, wenn Sie nach

Kiew fahren, dann werde ich Sie ja gar nicht in Petersburg antreffen. Ich kehre erst im Juni zurück, meine finanziellen Verhältnisse haben sich eben so gestaltet. Und so werden wir uns im
Herbst sehen. Es wäre schön, wenn Sie mir noch vor Ihrer Abreise
aus Petersburg ein Briefchen schrieben. Ihre Briefe machen mir
viel Freude. Zu Ihrem letzten Urteil über meinen Roman will ich
Ihnen aber folgendes sagen: 1. haben Sie die Vorzüge, die Sie im
Roman fanden, viel zu hoch eingeschätzt, und 2. haben Sie ungewöhnlich treffend auf seinen Hauptfehler hingewiesen.[5] Ja, das
war und ist immer meine größte Qual: ich kann bis heute (ich
habe es nie gelernt) meine Mittel nicht beherrschen. Wenn ich einen
Roman schreibe, so dränge ich eine Menge einzelner Romane und
Novellen in ihn hinein; daher fehlt dem Ganzen Maß und Harmonie. Sie haben das erstaunlich richtig erfaßt; wie furchtbar habe
ich schon viele Jahre darunter gelitten, denn ich war mir dessen
stets bewußt. Aber ich habe auch noch einen größeren Fehler gemacht: Ohne mit meinen Mitteln zu rechnen, habe ich mich von der
poetischen Begeisterung hinreißen lassen und die Ausführung einer
Idee unternommen, für die meine Kräfte nicht ausreichen. (NB:
Die Kraft der poetischen Begeisterung ist übrigens immer, zum
Beispiel bei Victor Hugo, größer als die künstlerischen Mittel.
Selbst bei Puschkin sieht man Spuren dieses Mißverhältnisses.)
Damit richte ich mich aber zugrunde. Ich muß noch hinzufügen,
daß die Übersiedelung nach Rußland und die vielen Sorgen, die
mir im Sommer bevorstehen, dem Roman außerordentlich schaden
werden. Jedenfalls danke ich Ihnen für Ihre Sympathie.
Schade, daß wir uns noch so lange nicht sehen werden. Inzwischen
bin ich Ihr Ihnen ganz ergebener

Fjodor Dostojewskij

An A. G. Dostojewskaja

Wiesbaden, Freitag, 28. April 1871

Anja, um Christi willen, um Ljubas willen, um unserer ganzen
Zukunft willen – mach Dir keine Sorgen, rege Dich nicht auf, und
lies diesen Brief aufmerksam bis zu Ende! Zum Schluß wirst Du
sehen, daß das Unglück eine solche Verzweiflung eigentlich gar
nicht wert ist, sondern im Gegenteil etwas ist, das wir gewinnen,
was viel mehr wert ist als das, was wir dafür bezahlt haben! Also
beruhige Dich, mein Engel, höre mich ganz an, lies den Brief zu
Ende. Um Christi willen, richte Dich nicht zugrunde.

Meine unschätzbare, meine ewige Freundin, mein himmlischer Engel, Du hast es natürlich schon begriffen – ich habe alles verspielt, die ganzen 30 Taler, die Du mir geschickt hattest. Denke daran, daß Du meine einzige Retterin bist und daß es niemanden in der Welt gibt, der mich lieb hätte. Denke auch daran, Anja, daß es Mißgeschicke gibt, die in sich selbst auch die Strafe tragen. Ich schreibe und denke: Was soll aus Dir werden? Wie wird es auf Dich wirken, würde Dir etwas zustoßen! Wenn Du aber in diesem Augenblick Mitleid mit mir hast, laß es sein, mir ist das zu wenig!...

Dir ein Telegramm zu schicken, wagte ich nicht, und ich werde es auch nach Deinem letzten Brief nicht wagen, in dem Du schreibst, daß Du Dich sorgen wirst. Wenn ich mir nur vorstelle, daß ein Telegramm käme mit den Worten »Schreiben Sie mir«...[1] Was wäre mit Dir geschehen!

Ach, Anja, warum bin ich denn gefahren!

Heute ging es so: Erst erhielt ich Deinen Brief, nach 12 Uhr mittags, aber das Geld war noch nicht angekommen. Dann ging ich nach Hause und schrieb Dir eine Antwort (ein gemeiner und grausamer Brief; ich mache Dir darin fast Vorwürfe). Wahrscheinlich wirst Du ihn morgen, am Samstag, erhalten, wenn Du nicht vor 4 Uhr aufs Postamt gehst. Ich brachte den Brief weg, und er sagte mir wieder, daß kein Geld da sei, es war schon halb drei Uhr. Als ich zum drittenmal, um halb fünf, kam, händigte er mir das Geld aus, und auf meine Frage: »Wann ist es angekommen?« antwortete er seelenruhig: »Gegen zwei Uhr.« Warum hatte er es mir nicht gegeben, als ich das drittemal da war? Als ich sah, daß man bis zur Abreise bis halb sieben warten mußte, ging ich zum Kurhaus. Und nun, Anja, Du magst mir glauben oder nicht glauben, aber ich schwöre Dir, daß ich nicht die Absicht hatte zu spielen. Damit Du mir glaubst, will ich Dir alles bekennen: Als ich Dich in dem Telegramm um 30 und nicht 25 Taler bat, wollte ich noch 5 Taler riskieren, aber auch das war nicht sicher. Ich kalkulierte, wenn mir Geld übrigbliebe, würde ich es ohnehin mitbringen. Als ich aber heute die 30 Taler erhielt, wollte ich gar nicht spielen, aus zwei Gründen: 1. Dein Brief hatte mich sehr erschüttert: sich nur vorzustellen, was mit Dir geschehen könnte! (und ich kann es mir jetzt vorstellen), und 2. habe ich heute nacht meinen Vater im Traum gesehen, und zwar in einer so entsetzlichen Gestalt, wie er mir nur zweimal im Leben erschienen ist, als er mir ein furchtbares Unglück prophezeite, und beide Male ist der Traum in Erfüllung gegangen. (Und wenn ich mich jetzt an meinen Traum vor drei Tagen erinnere, in dem Du ganz ergraut warst, da stockt mir das Herz![2] Mein Gott, was wird mit Dir geschehen, wenn Du diesen Brief erhältst!)

Aber als ich in den Kursaal kam, trat ich an den Spieltisch und begann, in Gedanken mitzusetzen: Treff ich's oder treff ich's nicht? Was glaubst Du, Anja? Zehnmal hintereinander traf ich es, sogar Zero. Ich war so erschüttert, daß ich zu spielen anfing, und in 5 Minuten hatte ich 18 Taler gewonnen. In dem Augenblick, Anja, wußte ich nicht mehr, wie mir geschah: Ich denke mir, du fährst mit dem letzten Zug, verbringst die Nacht in Frankfurt und bringst dann doch noch etwas nach Hause! Wegen der 30 Taler, die ich Dir *geraubt* hatte, schämte ich mich so sehr! Glaubst Du mir, mein Engel, daß ich das ganze Jahr davon träumte, Dir ein Paar Ohrringchen zu kaufen, als Ersatz für jene, die ich Dir bis jetzt nicht wiedergegeben habe. Du hast für mich in diesen 4 Jahren alles verpfändet und bist trotz Deines Heimwehs mit mir herumgewandert! Anja, Anja, denke auch daran, daß ich kein Schuft bin, sondern nur ein leidenschaftlicher Spieler.

(Und *noch* etwas mußt Du bedenken, Anja, daß diese Phantasie nun für immer zu Ende ist. Ich hatte Dir auch schon früher geschrieben, es sei für immer zu Ende, aber verspürte dabei niemals das Gefühl, mit dem ich es jetzt schreibe. O jetzt habe ich mich von diesem Wahn gelöst und wollte Gott danken, daß es so gekommen ist, trotz des großen Verlustes, wenn in diesem Augenblick nur nicht die Angst um Dich wäre! Anja, wenn Du jetzt böse auf mich bist, dann denke daran, was ich jetzt erlitten habe und *noch* drei, vier Tage werde erleiden müssen! Wenn Du mich später einmal undankbar und ungerecht Dir gegenüber findest, dann mußt Du mir nur diesen Brief zeigen.)

Gegen halb zehn Uhr hatte ich alles verspielt und ging wie betäubt hinaus; ich litt so sehr, daß ich sogleich zum Pfarrer lief (beruhige Dich, ich war *nicht* dort, ich war nicht bei ihm und werde auch nie hingehen!).[3] Unterwegs, als ich in der Dunkelheit durch die unbekannten Straßen zu ihm eilte, dachte ich: Er ist doch ein Priester des Herrn, ich will mit ihm nicht wie mit einer Privatperson, sondern wie bei der Beichte reden. Aber ich verirrte mich in der Stadt, und als ich zu einer Kirche kam, die ich für eine russische hielt, sagte man mir im Laden, es sei keine russische Kirche, sondern die jüdische Synagoge. Das wirkte wie eine kalte Dusche. Ich stürzte nach Hause; es ist nun Mitternacht, ich sitze da und schreibe Dir. (Zum Priester werde ich nicht gehen, ich werde nicht gehen, ich schwöre, daß ich nicht gehe!)

Ich habe noch anderthalb Taler Kleingeld, also für ein Telegramm würde es reichen (15 Groschen), aber ich fürchte mich. Was wird mit Dir geschehen! Deshalb beschloß ich, diesen Brief zu schreiben und ihn morgen früh um 8 abzuschicken, und damit Du ihn auch am Sonntag sofort erhältst, adressiere ich ihn an unsere Wohnung und nicht poste restante. (Was wäre denn, wenn Du überhaupt nicht zur Post gingst, in der Erwartung, ich käme heute.) Vielleicht schicke ich Dir aber morgen noch einen Brief postlagernd, ich werde ihn nur etwas später wegbringen, und übermorgen, am Sonntag, schreibe ich ganz bestimmt noch einmal.

Anja, rette mich ein letztes Mal, schicke mir 30 (dreißig) Taler. Ich werde es so einrichten, daß es ausreicht, ich werde sparen. Wenn Du es noch am Sonntag abschicken kannst, sei es auch spät am Tag, so kann ich schon am Dienstag, aber jedenfalls am Mittwoch, bei Dir sein.

Anja, ich liege zu Deinen Füßen und küsse sie, und ich weiß, daß Du das volle Recht hast, mich zu verachten als auch zu denken: »Er wird doch wieder spielen.« Wobei soll ich Dir nur schwören, daß ich es *nicht mehr tun werde;* ich habe Dich ja schon betrogen. Aber, mein Engel, begreife doch: Ich weiß ja, daß Du sterben wirst, wenn ich wieder verliere! Ich bin doch nicht ganz wahnsinnig! Ich weiß ja, daß ich dann auch verloren bin. Ich werde nicht spielen, ich werde es nicht tun, ich will nicht mehr und werde *sofort abreisen!* Glaube mir. Glaube mir *ein letztes Mal,* und Du wirst es nicht bereuen. Ich werde jetzt arbeiten für Dich und für Ljubotschka, ohne meine Gesundheit zu schonen. Du wirst es sehen, Du wirst es sehen, das ganze Leben lang, und *ich werde das Ziel erreichen.* Ich werde Euch versorgen...

Wenn Du mir das Geld am Sonntag nicht schicken kannst, dann schicke es mir am Montag möglichst früh. Dann bin ich am Mittwoch, um die Mittagszeit, bei Euch. Sei nicht unruhig, wenn Du es am Sonntag nicht schicken kannst, und denke nicht zuviel an mich, das ist noch zuwenig für mich, ich habe es nicht verdient.

Aber was kann mir geschehen! Ich bin zäh wie Leder. Mehr noch: Mir ist, als wäre ich sittlich ganz neu geboren (das sage ich Dir und Gott), und wenn ich mich in diesen drei Tagen nicht so sehr um

Dich quälte, wenn ich nicht in jedem Augenblick denken müßte: »Was wird mit Dir sein?«, so wäre ich beinahe glücklich. Glaube nicht, daß ich wahnsinnig bin, Anja, mein Schutzengel! Mir ist etwas Großes widerfahren, verschwunden ist die lasterhafte Phantasie, die mich fast 10 Jahre *geplagt hat*.[4] Zehn Jahre (oder richtiger: seit dem Tode meines Bruders, als ich plötzlich von Schulden fast erdrückt wurde) träumte ich immer davon, im Spiel zu gewinnen. Ernsthaft träumte ich davon, leidenschaftlich. Jetzt ist alles vorbei! Das war *wirklich* das allerletzte Mal! Wirst Du mir glauben, Anja, daß meine Hände jetzt frei sind; ich war durch das Spiel gefesselt, ich werde jetzt an die Arbeit denken und nicht mehr nächtelang vom Spiel träumen, wie das bisher der Fall war. Und dann wird auch die *Arbeit* besser und rascher fortschreiten, und Gott wird sie segnen! Anja, bewahre mir Dein Herz, hasse mich nicht, entziehe mir Deine Liebe nicht. Jetzt, wo ich ein neuer Mensch geworden bin, wollen wir zusammen weitergehen, und ich werde alles tun, daß Du glücklich wirst!

Und Ljuba, Ljuba, o wie war ich gemein! Aber ich denke nur an Dich. Ich denke nur daran, wie Dir zumute sein wird, wenn Du das liest! Und wie wirst Du Dich gequält haben, bevor Du diesen Brief erhalten hast, als Du sehen mußtest, daß ich nicht komme, was wirst Du alles gedacht haben! Wird man Dir wohl diesen Brief rechtzeitig bringen? Und was dann, wenn er verlorengeht! Aber wie kann er verlorengehen, wenn das Telegramm angekommen ist, das an dieselbe Adresse gerichtet war. Auf alle Fälle schreibe ich noch einige Zeilen *poste restante*. Ich werde sie morgen im Laufe des Tages abschicken.

Ich frage mich: Erhalte ich morgen einen Brief von Dir oder nicht? Bestimmt nicht! Du erwartest mich morgen selbst und wirst nicht schreiben.

Wenn Du mir das Geld am Sonntag *nicht* schicken kannst, dann schreibe mir einen Brief. Ich werde so glücklich sein, selbst wenn Du mich verfluchen solltest, wenn ich auch nur ein paar Zeilen von Deiner Hand sehe. Wenn Du aber am Sonntag nicht zum Schreiben kommst, so schicke mir am Montag einen Brief mit dem Geld (falls Du auch das Geld nicht am Sonntag schicken kannst). Der Brief wird jedenfalls vor dem Geld da sein. Und Dein Brief würde mich so glücklich machen! Anja, wenn ich daran denke, was mit Dir geschieht, wenn Du das bekommst: Es ist, als verlöre ich das Bewußtsein. Allein das quält mich. Das übrige (die Langeweile, die

Schwermut und Ungewißheit) kann ich alles ertragen. Das ist noch viel zuwenig für mich! Ich will versuchen, mich mit etwas zu beschäftigen; ich werde in diesen drei Tagen zwei dringende Briefe schreiben: an Katkow und Majkow! Anja, glaube mir, unsere Auferstehung ist gekommen, und glaube mir, daß ich von nun an mein Ziel erreiche – und Dich glücklich mache!
Ich küsse Euch beide, ich umarme Dich, vergib mir, Anja.

Von nun an ganz Dein Fjodor Dostojewskij

PS: Zum Priester *werde ich nicht gehen,* um nichts in der Welt, auf keinen Fall. Er ist einer der Zeugen des Alten, Vergangenen, Früheren, Verschwundenen. Es würde mir schon weh tun, ihn nur zu sehen.
PPS: Anja, meine ewige Freude, mein fortan einziges Glück, mach Dir keine Sorgen, gräme Dich nicht, erhalte Dich für mich! Mach Dir auch nicht wegen dieser verfluchten, nichtswürdigen 180 Taler Sorgen, gewiß, wir sind jetzt wieder ohne Geld, – aber doch nicht lange, bestimmt nicht lange; (vielleicht hilft uns Stellowskij aus).[5] Freilich kommt jetzt die Zeit der verdammten Leihhausbesuche wieder, die Dir so verhaßt sind! Aber das ist nun auch das letzte Mal, bestimmt das allerletzte Mal! Und dann beschaffe ich das Geld, ich weiß, ich werde es beschaffen! Wenn wir nur bald nach Rußland könnten! Ich werde an Katkow schreiben und ihn anflehen, die Sache zu *beschleunigen,* und ich bin überzeugt, daß er darauf eingeht. Ich werde so schreiben, daß er darauf eingeht.
Mach Dir um Gottes willen keine Sorgen um mich (Du bist doch ein Engel, Du wirst mich zwar verfluchen, aber nicht bedauern), also wirst Du Dich auch nicht beunruhigen. Aber sei ruhig: Ich werde in diesen drei Tagen ein anderer Mensch sein und ein neues Leben beginnen. O wenn ich doch bald zu Euch könnte, wenn wir doch bald beisammen wären! Nur das eine ist schrecklich: Was wird mit Dir geschehen, wenn Du diesen Brief erhältst? Glaube nur an eines: an meine unendliche Liebe zu Dir. Und von nun an werde ich Dich nie mehr quälen!
PPSS: Ich werde mein ganzes Leben daran denken und ein jedes Mal Dich, meinen Engel, segnen. Nein, jetzt bin ich nur noch Dein, untrennbar der Deine, ganz der Deine. Bisher *gehörte* ich zur *Hälfte* diesem verfluchten Trugbild.

An N. N. Strachow

Dresden, 18./30. Mai 1871

Sehr geehrter Nikolaj Nikolajewitsch, nun haben Sie Ihren Brief wirklich mit Belinskij angefangen. Ich habe das geahnt. Betrachten Sie aber doch Paris und die Kommune. Werden Sie vielleicht, wie die anderen Leute, behaupten, daß das Ganze nur aus Mangel an Menschen und infolge widriger Umstände und dergl. mißlungen ist? Diese Bewegung hat aber im Laufe des ganzen neunzehnten Jahrhunderts entweder die Errichtung eines Paradieses auf Erden erstrebt (zum Beispiel die Phalanstère) oder hat, wenn es zum Handeln kam (wie 1848, 1849 und jetzt), eine schändliche Ohnmacht bewiesen, etwas Positives zu sagen. Im Grunde genommen ist das Ganze nur eine Wiederholung des Rousseauschen Wahnes, die ganze Welt mittels Vernunft und Erfahrung (Positivismus) umzubilden. Wir haben ja genügend erlebt, um sagen zu dürfen, daß ihre Ohnmacht keine zufällige Erscheinung ist. Sie schlagen die Köpfe ab – weshalb denn? Einzig und allein deshalb, weil das leichter als alles andere ist. Es ist ungleich schwieriger, etwas zu sagen. Der Wunsch nach etwas ist noch lange nicht seine Verwirklichung. Sie wünschen das Glück der Menschen, wiederholen aber bei der Definition des Wortes ›Glück‹ nur die Weisheit Rousseaus, das heißt, eine von der Erfahrung noch gar nicht gerechtfertigte Phantasie. Der Brand von Paris ist etwas ganz Ungeheuerliches: »Wenn es uns nicht gelingt, mag die ganze Welt zugrunde gehen! Denn die Kommune ist wichtiger als das Wohl der Welt und Frankreichs.« Doch sie (und viele andere) sehen in dieser Raserei keine Ungeheuerlichkeit, sondern im Gegenteil nur *Schönheit*. In der neuen Menschheit ist also die ästhetische Idee vollkommen getrübt. Eine moralische (aus den Lehren des Positivismus entnommene) Begründung der Gesellschaft ist nicht nur nicht imstande, irgendwelche Resultate zu zeitigen, sondern kann sich sogar unmöglich selbst bestimmen und verirrt sich in ihren Bestrebungen und Idealen. Haben wir denn nicht genügend Tatsachen zur Verfügung, um beweisen zu können, daß eine Gesellschaft nicht so aufgebaut wird, daß ganz andere Wege zum allgemeinen Wohl führen und daß dieses Wohl auf ganz anderen Dingen beruht, als man bisher angenommen hat? Worauf beruht es denn? Man schreibt so viele Bücher und übersieht dabei die Hauptsache. Im Westen haben die Völker Christus verloren (der Katholizismus hat es verschuldet), und aus diesem Grunde geht der Westen zugrunde. Die Ideale sind jetzt andere; es ist ja so klar! Und der Verfall der päpstlichen Macht[1] neben dem Verfall der ganzen römisch-germanischen Welt (Frankreich und and.) – welch ein Zusammentreffen!

Dies alles erfordert lange Reden, ich wollte Ihnen aber eigentlich nur folgendes sagen: Wenn Belinskij, Granowskij und das ganze übrige Gesindel dies erlebt hätten, so hätten sie gesagt: »Nein, wir haben nicht danach gestrebt! Nein, das ist eine Verirrung: warten wir noch ab, das Licht wird erstrahlen, der Fortschritt wird siegen, die Menschheit wird sich auf neuen gesünderen Grundlagen aufbauen und glücklich werden!« Sie würden nie zugeben, daß dieser Weg höchstens zur Kommune oder zu Felix Pyat führen kann. Die Leute waren so stumpf, daß sie auch *jetzt,* nach den Ereignissen, ihren Fehler nicht eingesehen und ihre phantastischen Träume weiter fortgesponnen hätten. Ich beschimpfte an Belinskij weniger die Person als eine Erscheinung des russischen Lebens: Es war die ekelhafteste, stumpfsinnigste und schmachvollste Erscheinung des russischen Lebens.[2] Man kann sie allenfalls noch damit entschuldigen, daß sie unvermeidlich war. Ich versichere Ihnen, Belinskij würde sich heute mit folgendem Standpunkt versöhnen: »Die Kommune hat nichts erreicht, weil sie vor allen Dingen französisch, das heißt, noch vom nationalen Gedanken durchseucht war. Daher muß man ein anderes Volk ausfindig machen, welches nicht die geringste Spur von nationalem Gefühl hat und, gleich mir, imstande ist, seine Mutter (Rußland) zu ohrfeigen.« Er würde mit Schaum vor dem Munde seine elenden Aufsätze weiter schreiben und fortfahren, Rußland zu beschimpfen, Rußlands große Erscheinung (Puschkin) zu verleugnen, um auf diese Weise Rußland endgültig in eine *vakante* Nation zu verwandeln, die an die Spitze der *allgemein menschlichen* Sache treten könnte. Den Jesuitismus und die Verlogenheit unserer leitenden Persönlichkeiten würde er für ein großes Glück halten. Und dann noch eins: Sie haben ihn nie gekannt, ich habe aber persönlich mit ihm verkehrt und ihn jetzt vollständig erfaßt. Dieser Mensch überschüttete in meiner Gegenwart Christus mit Mutterflüchen, und doch hätte er es nie unternehmen können, sich selbst und alle Leute, die die Welt bewegen, mit Christus zu vergleichen. Er konnte unmöglich einsehen, wie kleinlich, gehässig, ungeduldig, gemein und vor allen Dingen ehrgeizig sie alle sind. Während er Christus beschimpfte, hat er sich nie die Frage vorgelegt: Was könnten wir denn an seine Stelle setzen? Doch nicht uns selbst, die wir so schlecht sind? Nein, er hat sich nie irgendwelche Gedanken über seine Schlechtigkeit gemacht; er war mit sich im höchsten Grade zufrieden, und darin äußert sich eben sein persönlicher, niederträchtiger, schändlicher Stumpfsinn. Sie behaupten, er sei begabt gewesen. Er war es aber in keiner Weise. Mein Gott, welchen Unsinn schrieb doch Grigorjew über ihn! Ich kann mich noch auf meine jugendliche Verwunderung besinnen, mit der ich einige seiner rein ästhetischen Arbeiten (zum Beispiel über die ›Toten Seelen‹) las; er hat die Gestalten Gogols mit unglaublicher Oberflächlichkeit und Mißachtung behandelt und sich nur wahnsinnig darüber gefreut, daß Gogol jemanden *angeklagt* hatte. In den 4 Jahren meines hiesigen Aufenthaltes habe ich alle seine kritischen Aufsätze wieder gelesen. Er beschimpfte Puschkin[3], als dieser seinen falschen Ton aufgab und mit solchen Werken wie den ›Erzählungen Bjelkins‹ und dem ›Mohr‹ vor die Öffentlichkeit trat. Verwundert erklärte er die ›Erzählungen Bjelkins‹ für durchaus unbedeutend. In Gogols ›Equipage‹ sah er kein künstlerisches Ganzes, sondern nur eine humoristische Novelle. Er lehnte den Schluß von ›Jewgenij Onegin‹ vollständig ab. Er war der erste, der von Puschkin als von dem ›Kammerjunker‹ sprach. Er sagte, daß aus Turgenjew niemals ein Künstler werden würde; das sagte er, nachdem er die ganz hervorragende Erzählung Turgenjews ›Die drei Bildnisse‹ gelesen hatte. Ich könnte Ihnen auf Grund unzähliger Beispiele beweisen, daß er keine Spur von kritischem Gefühl und jener »zitternden Empfänglichkeit« besaß, von der Grigorjew[4] faselte (weil er selbst ein Dichter war). Wir betrachten Belinskij und viele andere Erscheinungen unseres Lebens noch immer durch den Dunst außergewöhnlicher Vorurteile.

Habe ich Ihnen denn noch nichts wegen Ihres Aufsatzes über Turgenjew geschrieben? Ich las ihn, wie alle Ihre Aufsätze, mit Hochgenuß, doch zugleich mit einem gewissen Ärger. Wenn Sie schon einmal zugeben, daß Turgenjew seinen Halt verloren hat und *gar nicht weiß, was* er zu gewissen Erscheinungen des russischen Lebens *sagen soll* (die er *auf jeden Fall* verspottet), so hätten Sie auch zugeben müssen, daß seine hohe künstlerische Fähigkeit in seinen letzten Werken nachgelassen hat; es hat ja auch so kommen müssen. Als Künstler ist er ziemlich gesunken. Die ›Stimme‹ meint, es käme daher, weil er sich immer im Ausland aufhalte; doch die eigentliche Ursache liegt tiefer. Sie sind dagegen der Ansicht, daß seine letzten Werke auf der gleichen Höhe stehen wie die früheren.

Stimmt das denn wirklich? Vielleicht irre ich mich auch (nicht in meinem Urteil über Turgenjew, sondern in meiner Auffassung Ihres Artikels). Vielleicht haben Sie sich nur ungeschickt ausgedrückt... Wissen Sie, das Ganze ist ja nur Gutsbesitzerliteratur. Diese Literatur hat schon alles gesagt, was sie zu sagen hatte (großartig bei Lew Tolstoj). Aber dieses im höchsten Grad »gutsherrliche Wort« ist auch das letzte gewesen. Ein *neues Wort,* welches das gutsherrliche ersetzen könnte, wurde noch nicht ausgesprochen; dazu fehlte es noch an der Zeit. (Die Reschetnikows haben nichts gesagt. Immerhin sprechen die Werke eines Reschetnikow von der Notwendigkeit einer neuen künstlerischen Literatur, die die der *Gutsbesitzer* ablösen soll – wenn sie es auch in ziemlich abstoßender Form aussprechen.)

Wie gerne würde ich Sie noch in Petersburg antreffen. Ich habe keine Vorstellung davon, wann ich zurückkehre. (Unter uns gesagt, ich träume, binnen eines Monats.) Sollte aber wieder das Geld ausbleiben und ich den Termin versäumen, muß ich wiederum hierbleiben. Aber das wäre fürchterlich und sinnlos!

Den Roman werde ich entweder bis zur Unkenntlichkeit und großen Schande verunstalten (ich habe damit schon angefangen), oder ich werde ihn schaffen, so daß wenigstens etwas Gutes dabei herauskommt. Ich schreibe *auf gut Glück.* Das ist meine jetzige Devise. (Das bleibt um Gottes willen alles unter uns.)

Und ich habe so sehr davon geträumt, Sie in Petersburg als ersten zu treffen. Ohne Zweifel müssen Sie unbedingt etwas ausruhen. Doch bleiben Sie nicht für ganz in Kiew. Ihre Briefe haben mir Ihretwegen großen Schrecken eingejagt. Sie sind einer der Menschen, die sich auf die intensivste Weise in mein Leben eingeprägt haben, und ich habe Sie aufrichtig lieb und nehme an Ihrem Leben Anteil. Sie sind jetzt einfach verzagt (Sie fingen schon vom Tod an!). Ach, wie gut wäre es jetzt, könnten wir uns sehen!

Mit der ›Morgenröte‹ klappt es anscheinend ganz und gar nicht. Stimmt es etwa nicht? Wie traurig. Schon zwei Monate ist es her, daß ich auf das Aprilheft warte, und ich sehe keine Ankündigung in den Zeitungen. Ich habe einen kompletten Plan, um die ›Morgenröte‹ zu retten. Aber die Beschreibung wäre jetzt zu lang, und mir fehlt die Kenntnis ihrer Besonderheiten. Überhaupt meine ich, daß es den Zeitschriften nicht schlecht anstünde, sich zu spezialisieren (wenigstens eine müßte damit anfangen). Beispielsweise sollte sich die ›Morgenröte‹ *ausschließlich* mit ästhetisch-kritischen

Aufgaben befassen und weiter nichts. Alle anderen Sparten sollte sie auslassen. Das müßte doch wahrhaftig gelingen. Schade, daß ich jetzt nicht vor Ihnen meine Idee entwickeln kann.

Was Sie in Ihrem Brief über Turgenjew schreiben, habe ich mit Genuß gelesen. Er ist ein Schelm, der künstlerisch sich selbst treu bleibt. Ich kenne ihn *wie meine eigene Tasche.* Dazu könnte ich vieles erklären, aber ich schiebe es auf bis zu unserem Wiedersehen.

Ganz Ihr Ihnen aufrichtig ergebener

F. Dostojewskij

Wenn Sie noch ein paar Zeilen schreiben könnten, tun Sie es. Die Adresse ist dieselbe. Meine Frau läßt Sie grüßen.

DIE DRITTE PETERSBURGER PERIODE
1871–1881

Der Nationalist und Redakteur des ›Staatsbürgers‹. ›Tage-buch eines Schriftstellers‹ und ›Die Brüder Karamasow‹. Das ›Gewissen der Nation‹ und die Puschkinrede

An S. A. Iwanowa

Petersburg, 18. Juli 1871

Liebe, teure Sonetschka, seien Sie mir nicht böse, daß ich Ihnen schon lange nicht mehr geschrieben habe. Ich hatte immer darauf gewartet, Sie persönlich zu sehen, befand mich jedoch in Dresden in einer ganz fürchterlichen Lage, wartete auf das Geld, konnte nicht arbeiten und schaute die Welt nicht mehr an.

Am 7. Juli sind wir aus Dresden abgereist, und schon am 9. waren wir in Petersburg.[1] Wir sind mit dem Schnellzug gefahren, meine Frau ist kurz vor der Niederkunft, Ljuba ohne Amme; wir haben zwei Tage lang weder geschlafen noch haltgemacht. In Petersburg stürzten wir uns aufs Wohnungsuchen und fanden das häßlichste chambre garnie. Es ist sehr teuer, macht viel Mühe, und als Wirtsleute haben wir üble Juden. Dann besuchten uns gleich massenweise Verwandte und Bekannte; zum Ausschlafen hatten wir keine Zeit, und plötzlich, vom 15. auf den 16. Juli, hatte Anna Grigorjewna ihre ersten Wehen. Am 16. Juli, an einem Freitag, um 6 Uhr früh, schenkte mir Gott einen Sohn Fjodor (der in diesem Augenblick gewickelt wird, dabei brüllt er gesund und stark). Dadurch konnte ich nicht arbeiten, konnte auch nicht gleich nach Moskau fahren (es ist sehr notwendig, daß ich mich persönlich mit Katkow ausspreche). Ich sitze jetzt an der Arbeit, während mein Kopf ganz vernebelt ist, und zweifellos steht mir ein Anfall bevor. Ich habe mich zerquält. Zwischen dem 25. Juli und dem 1. August werde ich wohl in Moskau sein, falls ich nicht hier durch unerbittliche Umstände aufgehalten werde. Aber hier sind doch einige Zeilen von mir. Mehr kann ich jetzt auch nicht schreiben. Bei uns herrscht ein Chaos. Das Dienstmädchen ist übel, und ich bin der Laufbursche. Sie können sich vorstellen, in welcher Verfassung ich bin. Ich adressiere diesen Brief an den ›Russischen Boten‹. Wird er dann rechtzeitig ankommen? Ich umarme und küsse Sie alle. Gestern gegen Abend ist Iwan Grigorjewitsch angekommen. Grüße an alle, die Sie sehen. Besonders an Jelena Pawlowna.

Anja läßt Sie grüßen, ebenso Ljuba und Fedka.

Wir alle sind Ihre Freunde und haben Sie lieb.

Fjodor Dostojewskij

Um Gottes willen, mein Täubchen Sonetschka, antworten Sie mir *sofort* und teilen Sie mir dabei mit, ob Katkow in Moskau ist. Sollte er nicht in Moskau sein, kann ich eine Reise nach Moskau fast nicht riskieren.

Meine Adresse:
Beim Jussupow-Garten, an der Ecke der Großen Gartenstraße und
dem Katerinenhof-Prospekt, Haus Nr. 3, Wohnung Nr. 7, Fjodor
Michajlowitsch Dostojewskij.

An P. A. Isajew

Petersburg, 18. August 1871

Lieb. Pascha, ich war heute bei Pjotr Petrowitsch. Er sagte zu, Dir
in jeder Hinsicht nützlich zu sein.

Auf Wiedersehen
Dein F. Dostojewskij

An A. N. Majkow

Petersburg, Ende August 1871

Teurer Apollon Nikolajewitsch! Seien Sie so gut und erweisen Sie
mir und Anna Grigorjewna die hohe Ehre, Pate unseres Fedja zu
werden. Bitte lehnen Sie nicht ab.
Wir taufen ihn am Mittwoch und laden so gut wie niemanden ein.
Und wenn Sie zum Mittagessen kommen, wird alles sogleich voll-
zogen werden.
Darf man Sie erwarten?
Verzeihen Sie mir, daß ich Sie nicht weitaus früher darum gebeten
habe. Aber wir hatten so viele Sorgen.
Meine Adresse: In der Nähe des Vorstadt-Prospekts (und des
Technologischen Instituts), auf der Serpuchow-Straße, Haus Nr. 15
(bei Frau Archangelskaja), 2. Etage.

Ganz Ihr von Herzen ergebener
Fjodor Dostojewskij

An P. A. Isajew

Petersburg, 5. November 1871

Lieb. Pascha, Apollon Nikolajewitsch erwähnte zufällig während
unseres gestrigen Gesprächs, daß Leonid Nikolajewitsch[1] nach Dir
gefragt hat und Dich sehen möchte. Ich weiß nicht, weshalb er das
will, vielleicht irgendeiner Arbeit wegen. Willst Du nicht zu ihm
gehen, ohne es aufzuschieben, sofern Du Lust hast?

Dein Dich sehr liebender
Fjodor Dostojewskij

An S. D. Janowskij

Petersburg, 4. Februar 1872

Hochverehrter und unvergeßlicher Stepan Dmitrijewitsch, wie froh bin ich, daß ich schließlich weiß, wohin ich Ihnen schreiben soll. Alexander Ustinowitsch [1] hatte mir noch im November gesagt, daß Sie in der Schweiz sind. Sind Sie denn schon lange in Kiew? Und warum wählten Sie gerade Kiew? (Des Klimas wegen?) Schlimm ist, daß Sie über die Gesundheit klagen. Stellen Sie sich vor, ich habe genau den gleichen Husten, den Sie beschreiben, aber ich darf nicht ans südliche Klima denken, wenigstens nicht in diesem Jahr. Im Sommer ist das eine andere Sache, und wenn ich auch nicht gerade nach Italien fahre, so doch vielleicht nach Woronesch und Kiew, und Gott gebe, daß sich noch die Gelegenheit ergibt, Sie in Kiew anzutreffen. Ich würde mich sehr, sehr freuen, wenn wir uns sehen könnten! Sie sind doch einer der ›Unvergeßlichen‹, einer von denen, die in meinem Leben einen intensiven Widerhall fanden, und meine Erinnerungen sind mit Ihrem Namen verbunden. Wir müssen uns, Stepan Dmitrijewitsch, unbedingt vor dem Alter wiedersehen. Nun, man muß es doch eingestehen, das Alter naht, aber man denkt indessen nicht daran, man disponiert immer noch, was Neues zu schreiben, etwas herauszubringen, womit man schließlich selbst zufrieden bliebe; man erwartet immer noch etwas vom Leben, währenddessen man vielleicht schon alles erhalten hat. Von mir kann ich Ihnen erzählen: Nun gut, ich bin fast glücklich, anscheinend haben sich die zwei Kinder bei uns eingelebt, Ljuba und Fedka, ein Mädchen und ein Junge. – Erinnern Sie sich daran, als wir uns das letztemal in Moskau sahen? [2] Mein Gott, was sind Sie damals noch für ein Mordskerl gewesen, und jetzt beklagen Sie sich nun über Ihre Krankheit! Aber wenn man dann schon ins Ausland fährt, muß man doch wenigstens die Gesundheit von dort ausführen. Ich hatte mich doch im Ausland vier Jahre aufgehalten, in der Schweiz, in Deutschland und Italien, und es ist schließlich schrecklich langweilig geworden. Mit Schrecken begann ich zu bemerken, daß ich auch von Rußland abrücke, drei Zeitungen lese, mit Russen rede und doch etwas nicht begreife; man muß heimkehren und die Sache mit eigenen Augen betrachten. Nun, dann bin ich heimgekehrt und hab doch kein besonderes Rätsel gefunden; zwei, drei Monate, und man hat alles von neuem begriffen. – Aber überhaupt war diese Reise ins Ausland eine große Fehlkalkulation meinerseits: Bei meiner Abreise hatte ich daran gedacht, etwa zwei

411

Jahre im Ausland zu verbringen, einen Roman zu schreiben und zu verkaufen, Geld zu verdienen, die Schulden zu bezahlen (von der Zeitschrift sind noch welche übriggeblieben), um dann schon als freier Mensch zurückzukehren und dazu noch mit wiederhergestellter Gesundheit. Und was ist geschehen? Die Schulden haben sich nur vergrößert; die Gesundheit (das heißt die Epilepsie) hatte sich gegenüber früher nur ein wenig beruhigt, war nicht radikal auskuriert, und inzwischen sind dann die Kinder auf die Welt gekommen, und je weiter das so ging, desto schwieriger wurde es, sich vom Fleck wegzuheben, um nach Rußland zu fahren. Wieder war ich in fürchterliche Schulden geraten, aber es hörte dann damit auf, daß ich heimkehrte – und das ist nun meine Epopöe von einer Seite aus betrachtet.

Im ganzen bin ich schon ein halbes Jahr hier. Ich schreibe am letzten Teil eines Romans[3], den ich im ›Russischen Boten‹ drucken lasse, und sobald ich ihn fertiggeschrieben habe, gegen den Sommer, möchte ich (ich behalte es im Auge) aufs Land fahren, ins Gouvernement von Tula[4], um die Gesundheit meiner Ljubotschka in Ordnung zu bringen. Es ist schon alles in Ordnung, aber sie ist so mager, und sie ist mir doch das Liebste auf der Welt. Nun, Fedka (er kam hier *sechs Tage nach der Ankunft* (!) zur Welt, das sind jetzt sechs Monate her) hätte warscheinlich die Medaille für die letztjährige Londoner Säuglingsausstellung erhalten (daß er nur nicht vom bösen Blick behext werde!).

Nein, wir müssen uns sehen und miteinander reden. In meinem Kopf hat sich die Idee festgesetzt, in den Orient zu fahren (Konstantinopel, den griechischen Archipelagos, Athos, Jerusalem) und ein Buch zu schreiben.[5] Ich bereite mich vor, das heißt, ich lese. Die Reise wird weniger als ein Jahr erfordern, aber ich möchte viel schreiben; und das Buch wird sich auch bezahlt machen.

Lassen Sie mich nicht im Stich, teurer, unvergeßlicher Freund. Sind Sie doch mein Wohltäter. Sie haben mich geliebt und sich mit mir abgegeben, mit einem seelisch Kranken (das sehe ich nun ein) vor meiner Reise nach Sibirien, wo ich gesund wurde.[6] Ich möchte gern wissen, was Sie jetzt auf Herz und Seele haben, womit Sie beschäftigt sind, wie Sie sich umsehen, wonach Sie sich sehnen? ... Schreiben Sie, schreiben Sie, wenn auch nur von Zeit zu Zeit. Ich gebe zu, Briefe sind eine dumme Sache, man kann nichts aussagen, aber doch etwas erzählen, und auf diese Weise erfährt man auch wenigstens etwas über den einstigen Freund.

Majkow sehe ich oft, und ich werde ihm bei der nächsten Zusammenkunft die Mitteilung über Zeidler machen.[7] (Mir scheint, daß Zeidler in oder bei Moskau ist.) Im allgemeinen ist mein jetziges Leben arbeitsam; es ist schwer zu schreiben, und ich schreibe bei Nacht. Aber einsam kann man hier nicht leben, auch nicht ein Mensch, der arbeitet. Deshalb sehe ich auch alte Bekannte und lerne neue kennen.

Meine Frau läßt Sie sehr grüßen, sie hat sich sehr gefreut, daß Sie sich an sie erinnerten. Sie hatte zuviel über Sie erfahren, durch mich, jetzt noch und früher, und hält Sie (nach einem Blick in Moskau) für meinen besten Gönner.

Ich bin froh, daß ich jetzt zufällig Geld habe, und beeile mich, Ihnen meine Schuld von hundert Rubeln zu schicken.[8] Schelten Sie mich nicht, teurer Freund, daß ich es nicht früher sandte: Es war beinahe nichts da, im Ausland lebte ich schrecklich sparsam, und als dann welches da war, wußte ich entweder nicht Ihre Adresse, oder es war so schnell weg, daß man es kaum fassen konnte. – Aber hier ist es, und ich bedanke mich nochmals. Diese 100 Rubel haben uns seinerzeit in Genf entscheidend unterstützt.

Auf Wiedersehen. Ich warte unbedingt auf ein Briefchen von Ihnen. Und vielleicht sehen wir uns auch im Sommer. Wie gut das wäre!

Fürs ganze Leben Ihr aufrichtig ergebener und Sie liebender

Fjodor Dostojewskij

Meine Frau läßt Sie sehr grüßen und bittet, daß Sie sich ihrer erinnern. Meine Adresse: Serpuchow-Straße 15, beim Technischen Institut.

NB: »Im Haus der Archangelskaja« müssen Sie nicht dazuschreiben.

An A. G. Dostojewskaja

Staraja Russa, 12. Juni 1872

Gerade, es ist schon nach 6 Uhr, habe ich Deinen Brief vom 10. Juni erhalten. Ganz bestimmt tragen sie mir die Post immer später aus, und scheinbar wurde bestimmt, daß ich der letzte in der Stadt sein soll. So ist hier die Rangordnung nach Dienstgrad bei den Postbeamten. Ich werde Dir nur einige Zeilen schreiben; ich bin mit all Deinen Absichten völlig einverstanden, wie Du ja auch selbst weißt, aber ich werde schrecklich traurig sein, wenn Dich Bartsch noch eine 4. Woche zurückhält (aber was soll man machen, man muß ihm folgen). Du schreibst, Du hättest nach mir gewiß größere Sehnsucht als ich nach Dir. Ich will Dir sagen: Ich weiß nicht, nach wem ich mich mehr sehnen könnte, mir ist es aber so langweilig, daß ich mich darüber ärgere – wirst Du es glauben? –, keinen epileptischen Anfall zu haben. Könnte ich mich doch irgendwie in einem Anfall zerschlagen, das wäre doch wenigstens eine gewisse Ablenkung. Ein scheußlicheres, ein widerwärtigeres Leben als das jetzige zusammen mit Staraja Russa kann es nicht geben. – Fedja ist gesund, aber gestern weinte er ein paarmal ganz heftig und konnte fast die ganze Nacht nicht schlafen. Es ist jetzt klar, daß es die Zähne sind. In der Nacht weinte er ganz schlimm, ein un-hörbares Weinen; ich bin dann gleich zu ihm hin, um ihn auf meinen Armen aufzumuntern, und er machte mir sogleich vor, wie die Kuh brüllt und die Vögel piepsen. Heute ist er tagsüber viel lustiger. Er hat leichten Durchfall (aber gar nicht schlimm). Er hat mit großem Appetit gegessen, gerade geschlafen und ist fröhlich aufgestanden. Wird etwa diese Nacht was sein? Die liebe Lilja, sie muß sich doch recht langweilen! Ihr lebt also in der Laternengasse [1] fast allein, und die Familie ist auf der Datscha! – nun, das ist gut. Wenn Du bald abfährst, dann achte um Gottes willen darauf, was ich Dir hinsichtlich der Reise schon geschrieben habe. Schone Deine Kräfte und passe auf Ljuba auf. Als ich gestern Deinen Brief er-hielt, machte ich mir wegen Bruder Kolja große Sorgen, aber ich vergaß, Dir zu schreiben. Kannst Du Dich nicht, mein Täubchen, vor der Abreise noch einmal etwas ausführlicher über ihn erkun-digen und ihm vielleicht doch noch ein klein bißchen Geld geben? Wenn er nun stirbt. Es wird mich sehr bedrücken.

Auf Wiedersehen, meine Freundin, ich danke Dir, daß Du nach mir wenigstens ein bißchen Sehnsucht hast. Ich arbeite immerzu, aber das ist für mich sehr quälend. Es ist jetzt schon 7 Uhr, und ich habe heute noch nicht einmal den Hof verlassen. Das Wetter geht einigermaßen, nur daß es immer windig ist.

Ich küsse Dich und Deine Hände und Lilja 1000mal.

D. F. Dostojewskij

Was ist nun, wenn Du schon am Mittwoch abfährst und dieser Brief Dich also nicht erreichen wird? Aber am Mittwoch wirst Du be-stimmt nicht abfahren. Dafür weiß ich nicht: Soll ich Dir jetzt noch einmal schreiben, morgen oder übermorgen? Ich werde mich nach den Umständen richten.

Inschrift in das Album von O. Koslowa

Ich habe Ihr Album durchgesehen und beneide Sie ein wenig. Wie viele Ihrer Freunde haben ihre Namen in dieses kostbare Buch der Erinnerung eingetragen![1] An wie viele lebendige Augenblicke erlebten Lebens erinnern diese Blätter! Ich bewahre mir einige Photographien von Menschen auf, die ich im Leben am meisten liebgewonnen habe, und was ist damit geschehen? Ich betrachte diese Abbildungen niemals: Für mich ist die Erinnerung aus irgendeinem Grund gleichbedeutend mit Leiden, ja, sogar je glücklicher der erinnerte Augenblick ist, desto größer sind die Qualen, die er auslöst. Trotz aller Verluste liebe ich das Leben leidenschaftlich, ich liebe das Leben um des Lebens willen, und, allen Ernstes, ich bin immer noch dabei, mein Leben *zu beginnen*. Bald bin ich fünfzig Jahre alt und kann immer noch nicht unterscheiden: Beende ich mein Leben oder fange ich erst damit an. Das ist der wichtigste Zug meines Charakters; vielleicht ist es auch der wichtigste Zug meiner Tätigkeit.

Fjodor Dostojewskij

31. Januar 1873

An M. P. Pogodin

Petersburg, 26. Februar 1873

Hochverehrter Michail Petrowitsch, Sie haben nicht recht (ich wiederhole es aus ganzem Herzen), wenn Sie sagen: »Endlich hat man darauf reagiert, es war unumgänglich.« Ich hatte Ihnen die *Wahrheit* geschrieben, daß ich Ihnen noch leidenschaftlicher hatte antworten wollen. Ihre Reaktion und Ihr Händedruck sind mir lieb und wert. Ich hatte Ihnen nur deshalb nicht geantwortet, weil es meine Umstände nicht gestatteten.

Wir haben keinen Sekretär, aber ich werde darauf bestehen, daß wir einen einstellen, denn ich sehe, er wird gebraucht. Aber selbst mit einem Sekretär wüßte ich doch aus Erfahrung, daß ich mit den Autoren der Artikel persönlich reden muß, und zwar mit den Autoren, die neue Artikel bringen; dann muß man diese Artikel

nochmals lesen (und das ist schrecklich) und sich mit Bergen von
Artikeln vertraut machen, die von dem früheren Redakteur noch
liegengeblieben sind. Das nochmalige Lesen nimmt kolossal viel
Zeit in Anspruch und zerrüttet meine Gesundheit, denn ich fühle,
daß diese Zeit von der Zeit für wirkliche Arbeit abgeht. Wenn
man sich dann zum Drucken eines Artikels entschlossen hat, muß
man ihn von Anfang bis Ende umarbeiten, was häufig vorkommt.
Die literarischen Szenen von Gensler (in der heutigen Nummer)
habe ich fast neu geschrieben.[1] Dann muß man einen ganzen Plun-
der Zeitungen lesen. Und mein wichtigster Kummer und das
schlimmste Unglück hängt mit den Artikeln zusammen, die ich
selber schreiben will. Beim Abfassen eines Artikels bin ich nervös
bis zum Krankwerden. Ich mache mich ans Schreiben, und, o Graus,
am Donnerstag merke ich, daß ich ihn nicht fertig machen kann.
Dabei will ich nichts abrupt abbrechen. Und so lasse ich das an-
gefangene Stück liegen und stürze mich nicht selten Donnerstag
nacht auf irgendeinen neuen Artikel (denn ich hatte Meschtscherskij mein Wort gegeben, daß ich einen Artikel schriebe, und damit
rechnen sie unbedingt), um es an dem einen Tag noch zu schaffen,
denn bei unserer Redaktion werden nur bis Freitagabend Artikel
angenommen. All das, ich wiederhole es, macht mich krank. Wie
soll man da einen Brief schreiben, wenn man im Brief wenigstens
etwas schreiben möchte.
Vieles quält mich, zum Beispiel der völlige Mangel an Mitarbeitern für die bibliographische Abteilung. Strachow kam diese Woche
von der Krim zurück, ich hatte mich schon gefreut, wir hätten
einen Kritiker, aber da erkrankte er plötzlich ganz ernsthaft.
Schließlich müßte ich noch viel dazu sagen, weshalb ich mich der
Zeitschrift angeschlossen habe. Aber ich merke, wie schwierig das
ist. Mein Ziel und meine Idee sind folgende: Der Sozialismus hat
fast die ganze Generation bewußt und in der unsinnigst unbewußten Form uniformiert und in der Gestalt der Niederträchtigkeit
zerfressen. Das sind offenkundige und bedrohliche Tatsachen. Der
ungebildetste Tölpel hat plötzlich, so liest man in den Zeitungen,
ein Bonmot fallen gelassen – das allerdümmste, aber unzweifelhaft
aus dem sozialistischen Lager stammende. Man muß dagegen an-
kämpfen, denn alles ist verseucht. Meine Idee beruht darauf, daß
Sozialismus und Christentum Antithesen sind. Das hatte ich in
einer ganzen Reihe von Artikeln ausführen wollen, aber ich bin
nicht dazu gekommen.

Andererseits durchschwirren meinen Kopf und entfalten sich in meinem Herzen Bilder von Erzählungen und Romanen. Ich denke sie mir aus, notiere sie, füge dem skizzierten Plan täglich neue Züge hinzu und sehe sogleich, daß meine ganze Zeit von der Zeitschrift beansprucht wird, daß ich nicht mehr schreiben kann, und mich überkommen Gewissensbisse und Verzweiflung.

Nun, damit haben Sie eine kurze Beschreibung meines Daseins. Ich würde gern nach Moskau kommen und mit Ihnen über vieles ein herzliches Gespräch führen. Vielleicht werde ich im Frühjahr einen kurzen Abstecher machen, aber das ist nicht sicher. Sie erkundigen sich nach meiner Gesundheit. Vielleicht haben Sie gehört, daß ich Epileptiker bin. Durchschnittlich habe ich einen Anfall im Monat, und das schon seit vielen Jahren, seit Sibirien, nur mit dem einen Unterschied, daß ich in den letzten zwei Jahren *fünf* Tage brauche, um den normalen Zustand wiederzugewinnen, während ich dazu im Laufe der vorigen nahezu zwanzig Jahre drei Tage brauchte. Und doch wie merkwürdig: seit dem letzten Anfall sind nun schon fünf Monate vergangen! Sie sind zum Stillstand gekommen. Ich weiß nicht, welchem Umstand ich das zuschreiben soll, und bange vor irgendeiner Krise. Doch an die Gesundheit denke ich wenig.

Eine Visitenkarte habe ich nicht, aber ich will Ihnen eine besorgen und sie mit meinem neugedruckten Roman ›*Die Dämonen*‹ schicken. Wenn Sie ihn lesen, so wollen Sie mir doch, hochverehrter Michail Petrowitsch, Ihre Meinung mitteilen.

Belinskij habe ich im Juni 1845 kennengelernt, und zwar zusammen mit Nekrasow.

Majkow will ich alles bestellen.[2] Es ist schon lange her, eine ganze Woche, daß ich ihn nicht gesehen habe.

Der ›Staatsbürger‹ ist nicht übel eingestiegen, aber nur relativ gesehen. Er hat 1800 Abonnenten, das heißt, mehr als im vergangenen Jahr, dabei geht die Subskription noch weiter, und die Zunahme bleibt in der üblichen Größenordnung. Freilich, viel wird es in diesem Jahr nicht sein. Das ist mein Eindruck. Vielleicht wird es bis zu 2500 gehen. Iwan Sergejewitsch[3] war im vergangenen Monat in Petersburg und meinte, er habe in den ersten beiden Jahren auch nicht mehr Abonnenten gehabt. Der Einzelverkauf der Hefte hat sich im Vergleich zum letzten Jahr verfünffacht (wenn nicht mehr). Überhaupt müßte man gegen Ende des Jahres die Sache systematisieren und ordnen; ich fühle aber, es wird nicht ausreichen. Das ist eine neue Sache, und ich verzweifle bei dem Gedanken, daß ich dazu nicht fähig bin.

Die Korrekturlisten der *Rede* habe ich schon längst erhalten und gelesen; wie üblich überkamen mich bei der Lektüre viele Ideen, aber ich möchte sie Majkow mitteilen, den ich so lange nicht gesehen habe. Vor etwa zwei Wochen hatte ich eine schwere Erkältung.

Im ›Slawischen Komitee‹ haben wir die Rede ganz gelesen, doch drucken konnten wir sie nicht (und meiner Ansicht nach wäre auch jetzt nicht die Zeit dazu; warum wohl? – einzig und allein deshalb, weil der ›Staatsbürger‹ darüber, das heißt, über den Zwist zwischen Griechen und Bulgaren, Filippows Artikel veröffentlicht hatte). Haben Sie es gelesen? Wenn ja, dann ist Ihnen bestimmt der eine Punkt aufgefallen, der Ihrer Ansicht teilweile widerspricht. Und da nun mal der ›Staatsbürger‹ seine Ansicht früher veröffentlicht hatte, würde das einen Widerspruch gegen sich selbst bedeuten. In kanonischer oder, besser gesagt, in religiöser Hinsicht rechtfertige ich die Griechen. Für die edelsten Ziele und Bestrebungen kann man nicht gleichzeitig das Christentum *entstellen*, das heißt, die Orthodoxie müßte man wenigstens als eine zweitrangige Sache betrachten, wie das in diesem Fall die Bulgaren taten. Übrigens halte ich Filippows Ansichten im allgemeinen für etwas verengt (aus Heftigkeit). Haben Sie, hochverehrter Michail Petrowitsch, in der diesjährigen Februarnummer des ›Russischen Boten‹ den Aufsatz ›*Der Panslawismus und die Griechen*‹ gelesen, den Aufsatz von Konstantinow (ist das nicht Leontjew, der schon einmal vor längerer Zeit etwas über den Orient veröffentlicht hatte?)? Dieser Aufsatz hat mich sogar stark beeindruckt.[4] Sollten Sie ihn nicht gelesen haben, dann lesen Sie ihn und schreiben Sie mir wenigstens zwei Zeilen darüber. Ich will darüber einen Aufsatz schreiben. Insbesondere hat mich die letzte Schlußfolgerung beeindruckt, die Folgerung daraus, was von nun an die orientalische Frage für Rußland eigentlich bedeuten müßte. (Der Kampf mit der *ganzen Idee* des Westens, das heißt, mit dem Sozialismus.) Am merkwürdigsten ist die Tatsache, daß der ›Russische Bote‹ dies veröffentlichte, freilich mit einigen Vorbehalten.

Über Feodosija und Kiew will ich alles so machen, wie Sie sagen, und Ihnen dann schreiben.

Sie bezeichnen Majkow und mich als junge Leute, hochverehrter Michail Petrowitsch. Sie haben das volle Recht dazu, denn weder

Majkow noch ich wären in unserem Alter imstande, derartige Arbeiten auszusinnen, wie es Ihre Arbeit über Peter ist, so schnell, sauber, klar und siegesgewiß zu schreiben, wie Sie das in Ihren Antworten auf Kostomarow und Ilowajskij taten.[5] (Sie hatten eine großartige Idee, und es war ein wirklicher Standpunkt der Kraftanwendung – fast wie in der Mechanik –, den Sie durch Ihre Herausforderung an Ilowajskij im ›Russischen Boten‹ erschlossen hatten. Denn schließlich steht auf Ihrer Seite trotzdem ein ganzes Gebäude; sie aber haben noch nicht einmal die Ziegel für ihr Gebäude ganz zusammengetragen und werfen das durcheinander, was sich im Streit angehäuft hat.) Trotzdem ist der Kampf eine gute Sache. Ein wirklicher Kampf ist das Material für die Welt der Zukunft. Ich kann nur Kostomarow nicht ohne Empörung lesen.

Mir scheint, ich habe auf alles geantwortet. Wohin aufs Land wollen Sie sich begeben, hochverehrter Michail Petrowitsch?

Ich weiß überhaupt nicht, wie ich den Sommer verbringen werde. Manchmal kommt es mir entschieden so vor, als hätte ich eine Tollheit begangen, als ich den ›Staatsbürger‹ übernahm. Zum Beispiel: Ohne Frau und Kinder kann ich nicht leben. Sie müssen aber zur Erhaltung ihrer Gesundheit aufs Land und so weit wie möglich weg von Petersburg. Ich muß aber hierbleiben und mich um den ›Staatsbürger‹ kümmern. Das hieße also eine Trennung von der Familie. Das wäre völlig unerträglich.

Ich drücke fest Ihre Hand, möge Sie Gott beschützen.

Ganz Ihr F. Dostojewskij

An A. G. Dostojewskaja

Petersburg, Montag, 23. Juli 1873

Meine liebe Freundin Anja, gerade habe ich Deinen Brief erhalten; er ist vom Freitag, schrecklich, wie lange das dauert! Ich habe an Euch schon hin und her gedacht und recht gelitten. Sag mir, mein Täubchen Anja, kann man denn so schreiben: »Mir ist ein Unglück widerfahren ... ich bin in großer Trauer«, und nicht erklären, was geschehen ist. Um Himmels willen schreibe mir *unverzüglich,* unbedingt schreibe mir, sonst werde ich mich ärgern und Dir böse sein und so lange nicht heimkommen, bis Du geschrieben hast. Und tu das zukünftig um Himmels willen nie mehr, mir ist es ohnehin schon schwer genug. Schreibe, hörst Du, sofort.

Mit den Erzählungen über die Kinder hast Du mir viel Vergnügen bereitet. Schreibe mir darüber immer. Mir ist, als lebte ich auf und säße mit ihnen beisammen.

Mit Ausnahme der schrecklich schweren Gedanken und des Kummers, der mich fast bis zur Krankheit überkam, allein bei der Vorstellung, daß ich mich noch für mindestens ein halbes Jahr für diese Zwangsarbeit beim ›Staatsbürger‹ verdingt habe, fürchte ich außerdem, noch ernsthaft krank zu werden. So fühlte ich gestern, sogar abends, schwindsüchtige Anfälle, der Rücken schmerzte, und die Beine wurden schwer. Heute geht es mir übrigens weitaus besser, nur daß ich schlecht schlafe; ich habe Alpträume, schlechte Träume, und der Magen ist verdorben. Schreibe mir sofort, jedesmal gleich nach Erhalt des Briefes, und verschiebe es nicht auf den nächsten Tag; ich will auf Deine Briefe ebenso antworten.

Meschtscherskij habe ich auf seinen groben Brief ausgezeichnet geantwortet – ohne Eifer, gleichmäßig, streng, direkt. Er wagt es nicht, sich weiter zur Schau zu stellen. Am Samstag morgen kam Anna Nikolajewna, nahm aus Deiner Kommode einige Dinge (6 Stück von irgendwas, eine rotkarierte Mantille, Vorhänge und dgl.) und außerdem 10 Rubel von mir. Nach den häuslichen Ausgaben sind mir auf diese Weise plötzlich nur noch 53 Rubel übriggeblieben (gestern gab ich Mischa 10 Rubel). Am Samstag ging Mischa in meinem Auftrag in das Büro von Klein, wo man ihm sagte, daß 50 Exemplare verkauft seien, Klein aber nicht in Petersburg sei; er sei nach Moskau gefahren, komme erst in den ersten Tagen des August, und das Geld habe er nicht hinterlassen. (Wahrscheinlich geben sie auch nur den Verkauf von 50 Exemplaren zu und haben doch mehr verkauft.) Währenddessen ist am Montag die Abrechnung mit den Mitarbeitern. Ich bin heute um 10 Uhr aufgestanden und suchte die Pfandleiher auf. Überall will man nur 60 geben und nicht mehr. Und nur bei einem Pfandhaus, bei der Anitschkow-Brücke, im Haus von Lopatin, gab man mir 70, auf Grund meines Drängens. Aber dennoch bin ich beunruhigt, weil man mir eine Quittung gab, auf der es heißt, daß ich meine Uhr verkaufte und die Summe von 70 Rubeln ganz und gar erhalten habe. Man beruhigte mich und sagte, diese ihre Formel sei bei allen privaten Banken die generelle Regelung. Natürlich betrügt man mich wahrscheinlich nicht. Auf diese Weise reicht das Geld: Ich bezahlte 106 Rubel, und es blieben mir zum Leben gegen 15 Rubel und etwas Kleingeld. Aber dafür ohne Uhr.

Jetzt bin ich ganz allein, sogar Strachow ist nicht da. Einer meiner neuen Mitarbeiter, Bjelow (er schreibt kritische Essays), gefällt mir allmählich sehr, aber er wohnt weit weg. Und es scheint, daß wir einander näherkommen könnten. Iw. Gr.-tsch ist heute auch nicht gekommen. Nur Pascha und der arme Mischa waren gestern da. Seine Frau, die schon im Sterben lag, ist gerade erst wieder gesund geworden, und außerdem war am gestrigen Sonntag ihr Namenstag, aber außer 10 Rubel konnte er sich kein Geld beschaffen.

Vom Samstag auf Sonntag, zwischen meinen Alpträumen, sah ich Fedja im Traum auf das Fensterbrett steigen und vom 4. Stock herabfallen. Gerade wie er in die Tiefe fiel und sich dabei drehte, bedeckte ich mit den Händen meine Augen und schrie verzweifelt auf: »Leb wohl, Fedja!« und erwachte gleich danach. Schreibe mir so bald wie möglich über Fedja, ob ihm etwas vom Samstag auf Sonntag zugestoßen ist. Ich glaube an das zweite Sehvermögen, um so mehr, als dies eine Tatsache ist, und ich werde mich nicht beruhigen können, bevor Dein Brief da ist.

Ich wache nachts bis zu 10mal auf und schlafe jede Stunde weniger, wobei ich oft in Schweiß gerate. Heute, vom Sonntag auf Montag, sah ich im Traum, daß Lilja Waisin wurde und in die Hände einer Peinigerin geriet, die sie mit großen Soldatenruten auszupeitschen begann, so daß ich sie gerade noch in ihren letzten Atemzügen antraf, und sie sagte dabei nur: »Mammachen, Mammachen!« Ich bin wegen dieses Traumes heute fast übergeschnappt.

Überhaupt spüre ich, daß mich dieser Sommer und diese Beschäftigungen nicht zum Guten führen. Was meine Reise zu Euch betrifft, so brauchst Du mich bis zum 5. August nicht zu erwarten: dafür gibt es nicht die geringste Möglichkeit. Für die kommende 31. Nummer gegen den 30. Juli bin ich ganz und gar beruhigt, das heißt, in der Hinsicht, daß das Geld bei Iw. G-tsch eintrifft und er mir aus der Verlegenheit hilft. Nun, für die Redaktion bin ich nicht beruhigt. Ich muß selbst den längsten Artikel schreiben und bin dabei doch so sehr durcheinander.

Heute ist Nastja gekommen und hat nun endlich von Alexandra den Brief von der Prochorowna erhalten. (NB: Alexandra war ohne mich zu ihr gegangen und hatte sie zu Hause nicht angetroffen.) Nastasja las den Brief durch, und auf die Ermahnung Alexandras, der Mutter zu schreiben, antwortete sie: Was gibt es denn da zu schreiben, ich lebe, bin gesund, weder vom Vater noch vom Bruder erhalte ich Briefe. Trotzdem hat sie zu schreiben versprochen. Teile das der Prochorowna mit und grüße sie von mir.

Ich umarme Dich aufrichtig, mit aller Leidenschaft der Seele. Schreibe mir bald. Schreibe von den Kindern und davon, welches Unglück Dir zugestoßen ist? Hörst Du? Bringe mich nicht in Verwirrung und reize mich nicht noch mehr. Ich küsse Dich 1000mal, Lilja und auch Fedja. Ich denke über sie nach, und oft quäle ich mich; wenn uns etwas zustößt, was wird mit ihnen geschehen?

Ganz der Deine F. Dostojewskij

Über meine Gesundheit brauchst Du Dir überhaupt keine Gedanken zu machen (in der Annahme, daß Du Dich beunruhigen wirst). Ich bin von kräftiger Konstitution. Wir haben schlechtes Wetter, es regnet 20mal am Tag, in der Nacht Donner und Wetterleuchten, und das schon den 3. Tag, weshalb ich auch schlecht schlafe.

An K. P. Pobedonoszew

Petersburg, 23. Oktober 1873

Gnädiger Herr Konstantin Petrowitsch, in der Wohnung der Redaktion haust ein Schreiber; ihm wurde Ihr Artikel zum Abschreiben gegeben[1], selbstverständlich ohne Hinweis auf Ihren Namen. Der von fremder Hand abgeschriebene Artikel wird morgen in die Druckerei gehen. Denn in der Druckerei kennt man Ihre Handschrift schon *vom vergangenen Jahr,* und zumal die Korrektorin[2], die in der Stadt einige literarische Beziehungen hat (beispielsweise mit den ›Vaterländischen Annalen‹). Auf die Weise wird diesmal niemand außer mir und dem Redaktionssekretär wissen, daß der Artikel der Ihrige ist. Die Korrektur werde ich mit Ihrem eigenhändig geschriebenen Text in Einklang bringen, den ich bei mir behalte.

Inzwischen habe ich die Ehre, Ihr ergebenster Diener zu sein.

Fjodor Dostojewskij

An O. F. Miller

Petersburg, 4. Januar 1874

Gnädiger Herr Orest Fjodorowitsch, zu meinem allergrößten Bedauern kann ich mich jetzt nicht dazu entschließen, Ihren Aufsatz abzudrucken – und dies natürlich gegen meinen Wunsch. Als Redakteur wurde ich vor einigen Tagen ins Zensurkomitee gerufen,

und man bedeutete mir, daß man zwar über den Hunger schreiben[1] und die mitgeteilten Fakten drucken könne, doch ohne Tendenz in der bekannten Richtung und ohne daß es ›alarmierend‹
wirke. Ich teile Ihnen dieses Anraten unter dem Siegel der Ver-
schwiegenheit mit.

Aber bei nochmaliger Lektüre Ihres Aufsatzes fürchte ich eine
Veröffentlichung. Dazu käme, daß man in jedem Fall wieder
etwas aus Ihrem Aufsatz entfernen müßte.

Was bliebe dann davon übrig?

Ich bedaure es sehr, daß es sich so lange hinschleppte, jedoch ohne
meine Schuld.

Verzeihen Sie auch die Streichungen in Ihrem Manuskript: Es war
schon im Satz, woraus Sie die Aufrichtigkeit meiner Worte erschließen können.

Seien Sie meiner völligen Hochachtung versichert.

Ihr ergebenster Diener
Fjodor Dostojewskij

An I. S. Turgenjew

Petersburg, 5. Juni 1874

Nachdem ich heute im Laden von Basunow von Ihrem Eintreffen
in Petersburg erfahren habe, und da ich selbst morgen aus Petersburg wegfahre, habe ich Fürst Wladimir Petrowitsch[1], den ich
dort traf, durch meine Bitten bewegen können, Ihnen jene fünfzig
Taler zu überreichen, die Sie mir im Jahr 1865 auf Grund meiner
inständigen Bitte aus Wiesbaden geborgt hatten.[2]

Indem ich diese Schuld mit dem tiefsten Dank zurückbezahle,
finde ich zugleich kein einziges Argument für eine solch späte Rück-
erstattung. Ich stelle fest, daß ich mich fast bis in die jüngste Zeit
an die genaue Zahl der von Ihnen in Wiesbaden erhaltenen Summe
nicht erinnern konnte, das heißt, ob es 100 oder 50 Taler waren,
was selbstverständlich zu meiner Rechtfertigung nicht nur nicht
dienen kann, sondern meine Schuld nur noch vertieft. Und nur,
weil ich vor etwa zwei Monaten die alten Papiere sondierte, fand
ich unter ihnen auch Ihren damaligen Brief, in dem auch die über-
wiesene Summe kenntlich gemacht ist, das heißt, fünfzig Taler.
Jedenfalls bitte ich Sie, den Ausdruck meiner tiefsten Hochachtung
entgegenzunehmen.

Ihr erg. Diener

An A. G. Dostojewskaja

Nun bin ich in Ems, mein teures Täubchen Anja, gestern um die
Mittagszeit bin ich hier eingetroffen, war aber von der Reise und
den Scherereien in Ems so müde, daß ich gestern abend absolut
nicht imstande war, Dir zu schreiben (wie ich es beabsichtigt hatte).
Der Kopf drehte sich, und in den Ohren sauste es. Aus Petersburg
bin ich Freitag früh an einem kalten Regentag abgereist, bin in
Eydtkuhnen ganz munter angekommen und konnte sogar nachts
etwa vier Stunden liegend schlafen. In Eydtkuhnen war es noch
kälter als in Petersburg, und so blieb es bis Berlin, wo es am 1. Tag
so kalt war, daß ich den wattierten Mantel anziehen wollte. In der
2. Nacht konnte ich im Eisenbahnwagen fast gar nicht schlafen.
Unterwegs hatte ich viele interessante und sogar komische Erlebnisse; ich will Dir davon mündlich berichten. In Berlin traf ich am
Sonntag ein, und das Bankgeschäft Mendelssohn, auf das ich durch
Wiliken mein Geld hatte anweisen lassen, war geschlossen. Die
Ärzte haben sonntags auch keine Sprechstunde, und so mußte ich
mich den ganzen Tag unerträglich langweilen. Übrigens legte ich
mich auch nicht schlafen (wir waren um 7 Uhr morgens angekommen), sondern ging ins Königliche Museum, um mir Kaulbach anzuschauen [1], bei dem ich jedoch nur eine einzige kalte Allegorie und
nichts weiter vorfand. Aber die anderen Bilder, die alten, aus verschiedenen Schulen, sind dort nicht schlecht, und wir haben beide
nicht recht getan, daß wir auf unserer ersten Reise nicht hingegangen sind. Aber, mein Gott, was für eine öde, was für eine entsetzliche Stadt ist dieses Berlin! Mir war es so langweilig, und ich hatte
solche Sehnsucht (nach Euch), Du glaubst es nicht. Immer wieder
betrachtete ich die Photographie von Ljubotschka, wohl dreimal
habe ich sie angesehen und mir ihre Züge ins Gedächtnis gerufen. –
Die Deutschen waren am Sonntag alle auf der Straße, in ihrem
Sonntagsstaat. Ein grobes, ungehobeltes Volk. In der Konditorei
riet mir ein junger Mann, zu Kroll im Tiergarten zu gehen, wo
ein Vergnügungsgarten und ein Opentheater sei. Tatsächlich
wurde dort ›Fidelio‹ gegeben, und ich wäre gerne hingegangen; als
ich aber nach Hause kam, war ich so müde, daß ich einfach umfiel
und einschlief. Am nächsten Morgen war ich bei Mendelssohn und
dann bei Frerichs.[2] Diese Leuchte der deutschen Wissenschaft wohnt
in einem Palast (buchstäblich). Im Wartezimmer fragte ich einen
Kranken, was man Frerichs zu zahlen habe, und er antwortete mir,

das sei nicht festgesetzt, er selber bezahle aber 5 Taler. Ich beschloß, ihm drei zu geben. Mit den Kranken beschäftigt er sich drei, allenfalls fünf Minuten. Mit mir war er buchstäblich in 2 Minuten fertig, und dabei berührte er nur meine Brust mit dem Stethoskop. Darauf sprach er nur ein einziges Wort aus: »Ems«, setzte sich schweigend hin und schrieb 2 Zeilen auf einen Fetzen Papier: »Hier haben Sie die Adresse des Arztes in Ems; sagen Sie ihm, daß Sie von Frerichs kommen.« Ich legte meine 3 Taler hin und ging; der Gang war nicht umsonst gewesen. An diesem Tag waren endlich die Geschäfte offen, und ich machte mich auf den Weg, Anna Gawrilowna[3] den Schal zu kaufen, was mich sehr viel Mühe kostete. Ich suchte und suchte nach dem passenden Laden. In Berlin gibt es eine Unzahl von Geschäften und Waren, aber ich konnte lange nicht finden, was ich haben wollte: Entweder man verstand mich nicht, oder man zeigte mir nicht das Richtige. Schließlich gab man mir in einem Geschäft die Adresse eines anderen Geschäfts, obgleich es auch dort keine Schaltücher gab, aber man schickte nach ihnen, und so konnte ich endlich eines kaufen. Ich denke, daß es sehr schön ist und vielleicht sogar von besserem Material als das Deine, denn die Farbe ist *schwärzer,* das tiefste Schwarz, das man sich denken kann, während das Deine in einen bräunlichen Schimmer sticht. Man versicherte mir, daß die Qualität der Farbe sehr geschätzt wird. Es ist ebensogroß wie Deines, ohne Stickereien, aber mit einer schmalen Franse (andere gibt es nicht). Sie wollten 22 Taler dafür haben. Ich feilschte, verließ sogar das Geschäft, bis sie es mir schließlich für 19 überließen. Da war noch ein anderer Schal, den sie mir für 18 Taler geben wollten, aber die Farbe war nicht so schwarz. In der Verzweiflung, kein anderes zu finden, beschloß ich, es zu nehmen. Als ich ihnen versicherte, ich hätte früher ein Schaltuch (das Deine) mit Stickereien und viel billiger gekauft, wollten Sie wissen, ob das schon lange her sei, und als ich Ihnen sagte, das sei vor 5 Jahren gewesen, da fingen sie an zu lachen: »Ja, seither sind die Preise aller dieser Waren um gute 25 Prozent gestiegen.« Da mir Anna Gawrilowna 14 Rubel in Silber mitgegeben hatte, so wären das (sogar) nach dem Kurs 16 Taler gewesen, das heißt, ich bezahlte nicht mehr als 3, höchstens 3½ Rubel über diesen Betrag hinaus. Diese Differenz, mein Täubchen Anja, wollen wir doch Anna Gawrilowna schenken (sie hat Dich und die Kinder so lieb), und Du wirst mir deswegen bestimmt nicht böse sein. Nun muß ich diesen Schal in meinem Koffer mit mir herumschleppen, denn ihn mit der Post nach Rußland zu schicken, ist völlig undenkbar, es wäre zu teuer, und so bringe ich ihn selbst mit. Dann kaufte ich mir viele Zigaretten, und da noch Zeit übrigblieb, zu Kroll zu fahren, begab ich mich dorthin. An diesem Tag war klares Wetter. Dieser Garten ist der allerschrecklichste Ekel, aber es war eine Unmenge Publikum da, und die Deutschen gehen da mit Wonne spazieren. Für meine 10 Groschen Eintrittsgeld hatte ich das Recht, das Theater zu betreten, mußte aber auf der Galerie stehen. Das Theater ist ein riesiger dunkler Saal, wo bis zu 1000 Zuschauer Platz haben, die Bühne ist etwa 10 Schritt lang, das Orchester 12 Mann stark (und gar nicht übel), und da geben sie nun – kannst Du Dir das vorstellen? – ›Robert der Teufel‹. Ich hörte nur die Hälfte des 1. Aktes an und entfloh dann vor den entsetzlichen deutschen Sängern geradewegs nach Hause, denn es war an der Zeit zu fahren. Um 10 Uhr abends schließlich reiste ich nach Ems weiter. Die Nächte sind hier dunkel wie im Winter. In dieser Nacht konnte ich überhaupt nicht schlafen, wir saßen wie die Heringe im Faß, aber als es zu dämmern begann – Anja, meine Liebe, nie im Leben habe ich dergleichen gesehen! Was ist da die Schweiz, was die Wartburg (weißt Du noch?) im Vergleich zum letzten Stück des Weges nach Ems. Alles, was man sich an Bezauberndem, Zartem, Phantastischem in der Landschaft vorstellen kann, an Reizendstem in der Welt: Hügel, Berge, Schlösser, Städte wie Marburg, Limburg mit höchst anmutigen Türmen in einem erstaunlichen Einklang von Bergen und Tälern – noch nie habe ich etwas in dieser Art gesehen! Und so fuhren wir bis Ems in den heißen, sonnendurchleuchteten Morgen hinein. Ems ist ganz von derselben Art. Der gestrige Tag war bezaubernd. Ems ist ein Städtchen in einer tiefen Schlucht zwischen hohen Hügeln, etwa 200 Saschen[4] hoch oder noch mehr, die ganz von Wald bedeckt sind. Das Städtchen lehnt sich an Felsen (die malerischsten, die es in der Welt gibt); eigentlich besteht es nur aus zwei Uferkais an dem (nicht breiten) Fluß, und weiter kann es sich nicht ausdehnen, weil die Berge es einzwängen. Es gibt hier Promenaden und Gärten – alles ganz anmutig. Von der Lage des Ortes bin ich hingerissen, aber man sagt, gerade diese Lage verändere sich bei Regen oder trübem Himmel in eine so finstere und traurige Ecke, die selbst einen gesunden Menschen melancholisch machen könnte; von den sonstigen Bequemlichkeiten bin ich keineswegs entzückt. Preise, was für

Preise, entsetzlich. Alles, was wir uns ausgemalt hatten, daß sich in Ems für mich eine kleine Wohnung finden ließe, erwies sich als unmöglich, weil es überhaupt *keine Privatwohnungen* gibt. Vor etwa 5 Jahren hatte Ems noch wenig Bedeutung, jetzt aber, wo es plötzlich von allen gerühmt wird und Kurgäste aus ganz Europa hinfahren, weiß jeder Hausbesitzer, was er zu tun hat: Sie haben alle ihre Häuser zu *Hotels* umgebaut und eingerichtet. Und deshalb gibt es 2 Sorten von Hotels: Etwa 10 Häuser sind wirkliche, reguläre Hotels, alle anderen aber nennen sich (buchstäblich) *Privathotels*. Sie haben dieselben Zimmer, dieselbe Bedienung, und beinahe alle haben sogar Restaurationsbetrieb. Im kleinsten Haus gibt es bis zu 20 Zimmer. Die Zimmer sind fast alle klein. Ich bin im Hotel de Flandre beim Bahnhof abgestiegen, wo man mir ein Zimmerchen für 25 Groschen gab, in dem man sich nicht umdrehen kann; es fehlen die notwendigsten Möbel (es ist ohne Kleiderschrank und sogar ohne Kommode). Man zeigte mir 3 Nägel an der Wand, an die ich meine Kleider hängen könnte. Die Bedienung ist entsetzlich. Ich begab mich sogleich auf Wohnungssuche und bin wohl in 15 Häusern gewesen. Überall die gleichen Preise. Übrigens für 25 Groschen (billigere gibt es nicht), für einen Taler zeigte man mir Zimmerchen, die größer, besser und komfortabler als das meine waren, aber sie sind dennoch klein und vor allem – alles steckt voller Leute, der eine singt, der andere schlägt die Türen zu, und ich will doch einen Roman schreiben! Die Table d'hote in den Hotels und Restaurants ist überall um 1 Uhr, denn sie stehen alle um 6 Uhr früh auf, damit sie um 7 Uhr am Brunnen sein und ihr Wasser trinken können; später, nach $^1/_2$9 Uhr, bekommt man keines mehr, und die Trinkhalle wird geschlossen. Um 4 Uhr, ich hatte noch nicht zu Mittag gegessen, suchte ich den Arzt auf, um wenigstens endgültig zu erfahren, zu wieviel Wochen Aufenthalt in Ems er mich verurteilen würde. Ich ging zu Dr. Orth (dem von Bretzel empfohlenen) und nicht zu Gutentag (dem von Frerichs) und überreichte Orth den Brief von Bretzel. Orth lebt ebenfalls in einer großartigen Wohnung, und er hat auch eine Unmenge Besucher. Er las Bretzels Brief und untersuchte mich sehr aufmerksam und meinte, ich hätte einen *vorübergehenden Katarrh* und weiter nichts; von Schwindsucht keine Spur, doch sei die Krankheit nicht auf die leichte Schulter zu nehmen, weil ohne Ausheilung die Atemnot immer größer werde; außer allgemeinen Störungen (des Magens, Fieber und dgl. mehr) fand er, daß die hintere Seite meiner Brust am meisten angegriffen sei; auch als ich ihm sagte, daß ich nichts Besonderes fühle, bestand er auf seiner Diagnose, meinte aber, die Reise hätte mich unbedingt angreifen *müssen*, daß aber binnen weniger Tage diese Rückseite sich erholen könnte; er versprach mir einen vollen Kurerfolg, verordnete mir jedoch nicht Kränchen wie Koschlakow, sondern eine andere Quelle, Kesselbrunnen, mit der Begründung, daß ich zu Durchfall neige, wie ihm Bretzel geschrieben habe. Ich ärgere mich jetzt sehr, daß ich ihm zu sagen vergaß, ich neigte mehr zu Verstopfung als zu Durchfall, und fürchte nun, daß die Verordnung, Kesselbrunnen zu trinken, vielleicht doch falsch ist. In etwa 5 Tagen will ich wieder zu ihm gehen und ihm die Sache erklären. Er hat mir auch Diät verordnet – viel saure und mit Essig zubereitete Speisen (beispielsweise Salat) zu essen und Fleisch mit Fett. Außerdem soll ich Rotwein trinken, entweder französischen oder den hiesigen, den Emser. Von morgen ab werde ich täglich um 6 Uhr aufstehen und Brunnen trinken gehen (zwei Glas täglich). Dieser Emser Wein ist unbeschreiblich sauer und kostet 20 Groschen die Flasche! Der französische ist aber ganz unerschwinglich: eine Flasche Medoc, die bei uns, bei Fejk, 50 Kopeken kostet, muß man hier mit einem Taler bezahlen. Dann suchte ich mir einen Mittagstisch und entdeckte, daß in allen großen Hotels (Russischer Hof und English Hotel) außer der Table d'hote um ein Uhr auch Dinners à part gereicht werden, aber zum Preis von einem Taler und 10 Groschen, das heißt für je 40 Groschen. Ich bestellte mir ein solches Essen, und man servierte mir etwa 10 gut zubereitete Speisen, von denen 5 Fleischspeisen waren, so daß ich schließlich des Essens müde wurde und die Hälfte zurückschickte. Für 25 Groschen aber erhält man bei der Table d'hote viel weniger. Andere Möglichkeiten zum Mittagessen gibt es in ganz Ems *nicht*. Einzelne Portionen erhält man überall, aber die Portion kostet 15 Groschen und mehr. Endlich entschloß ich mich zu einem Privatquartier. Die Wirtin ist eine alte Dame mit Brille, die übrigens auch einen Mann hat, eine höfliche, aber schlaue Alte. Die Bedienung ist weiblich. Die Alte hat 26 Zimmer im Hause. Man zeigte mir zwei Wohnungen zur Auswahl – ein schönes und großes Zimmer, komfortabel möbliert und mit Balkon für 14 Taler wöchentlich und eine Zweizimmerwohnung, aber schon weitaus kleiner, die auch sehr komfortabel möbliert war. Nur das eine Zimmer ist hell, das andere, das Schlafzimmer, hat zwar zwei Fenster, die jedoch auf eine hohe Brandmauer hinausgehen, in einem Abstand von 2 Arschin, und viel dunkler sind. Das sollte auch 14 Taler die Woche kosten. Ich feilschte verbissen und konnte 12 Taler die Woche erhandeln. Außerdem übernahm sie es, mir selbst Frühstück und Mittagessen zuzubereiten und abends Tee und einen kleinen Imbiß zu reichen – für 1½ Taler täglich. Auf diese Weise habe ich alles in allem 22½ Taler wöchentlich zu bezahlen. Ich vergaß, Dir zu sagen (die Hauptsache), daß Orth die Dauer meiner Kur nicht auf 6, sondern nur 4 Wochen angesetzt hat. So wird das Geld zwar schrecklich abgehen, aber doch reichen. Abends habe ich das Hotel verlassen und bin zu meiner Wirtin gezogen. *Auf alle Fälle* gebe ich Dir die Adresse an: Haus Blücher Nr. 7 (das ist die Zimmernummer, nicht die Hausnummer), schreibe mir aber doch nur postlagernd, da ich nicht weiß, ob ich nicht wieder ausziehe.

Zum Schluß noch ein paar Worte über Ems – es ist hier ein Gedränge, Leute aus aller Welt, Toiletten und Prunk, und doch steht ein Drittel der Wohnräume leer. Die Geschäfte sind hundsgemein. Ich wollte mir einen Hut kaufen, fand jedoch nur ein einziges Lädchen, wo es Ware gibt wie bei uns auf dem Trödelmarkt. Und all das wird stolz ausgestellt, die Preise sind unverschämt, und die Kaufleute halten ihren Rüssel hoch.

Anja, mein Engel, schreibe mir Armem recht oft. Ein Brief von Euch kommt wahrscheinlich erst übermorgen, und Du wirst mir nicht glauben, wie unruhig ich bin, etwas von den Kindern zu erfahren. Meine Nerven sind angegriffen (von der Reise), und als ich gestern abend allein blieb, hätte ich einfach weinen mögen.

Ich denke an meine Engelchen Ljuba und Fedja und sorge mich um sie. Behüte sie, mein Täubchen, und schreibe mir alles ganz aufrichtig. Wenn Du nur nicht krank wirst! Gestern nacht zitterte ich furchtbar (schon drei Nächte hintereinander erscheinst Du mir immer im Traum). Lebe wohl, ich umarme Dich fest, küsse und segne meine Engel. Morgen stehe ich um 6 Uhr auf und gehe meinen Brunnen trinken, ich muß also schon um 10 Uhr abends schlafen gehen. Wann soll ich da einen Roman schreiben – bei Tage, bei einem solchen Glanz und bei Sonnenschein, wenn es einen hinauslockt und die Straßen voller Lärm sind? Gebe Gott, daß ich nur anfangen und wenigstens etwas skizzieren kann. Ein guter Anfang ist das halbe Werk. Ich werde also viel früher zu Euch zurückkehren. Im nächsten Brief mehr davon. Ich werde jetzt in drei bis vier Tagen wieder schreiben, wenn ich einen Brief von

Dir habe. Grüße alle, auch die Kinderfrau. Ich küsse Dich tausendmal und liebe Dich in alle Ewigkeit. Stell Dir vor, Du bist mir vorgestern in Berlin im Traum erschienen, und zwar in folgender Gestalt: Wir hatten eben erst geheiratet, und ich nahm Dich ins Ausland mit und liebte Dich über alles, aber so, als seien Ljuba und Fedja auch schon dagewesen, nur irgendwo nicht bei uns, und wir redeten von ihnen. Auf Wiedersehen.

Dein Dostojewskij

An A. G. Dostojewskaja

Ems, Montag, 24. Juni / 6. Juli 1874

Heute früh um 8 Uhr erhielt ich endlich Dein liebes Briefchen, meine unschätzbare Anja, küßte es und versöhnte mich mit Dir, denn ich muß gestehen, daß ich schon sehr wütend war; ja, es war irgendwie traurig, verletzend. Ich bin so froh, daß Ihr alle gesund seid; nach so einer Nachricht hat man das Gefühl aufzuleben, und alles ringsumher leuchtet auf. Ich meine das buchstäblich. Ich bitte Dich noch einmal, meine liebe Anetschka, schreibe mir alle fünf Tage, wenn auch nur ein wenig (aber mehr als 12 Zeilen), ich werde doch fröhlicher und unbesorgter um Euch sein können. Sonst kommen die Briefe zu selten, und mir ist schwer zumute. Ich denke, daß Du nun schon längst meinen 2. Brief aus Ems erhalten hast. Dies ist der dritte. – Gestern um 3 Uhr ließ mich Fürstin Schalikowa zu einem gemeinsamen Ausflug nach Stolzenfels holen; da ich es versprochen hatte, war da nichts zu machen, und ich fuhr mit, obgleich ich in sehr schlechter Stimmung war. – Das ist eine viertelstündige Fahrt auf dem Rhein, dort, wo unser Flüßchen Lahn in den Rhein fließt, die Lahn, an der Ems (Lahn) liegt. Die Aussicht ist herrlich. Ein Schloß auf der anderen Seite des Rheins, wohin man auf einem Boot gelangt. Das ist ein altes Schloß aus dem Mittelalter, aber vor 25 Jahren wurden die Ruinen (die sich übrigens gut erhalten hatten) für unsere verstorbene Kaiserin Alexandra Fjodorowna restauriert, die dann hier einige Zeit verbrachte. Wir schauten das ganze Schloß an, gingen spazieren, tranken Kaffee und ergötzten uns an der untergehenden Sonne über dem Rhein, der sehr schön ist. In dieser Damengesellschaft verbrachte ich die Zeit weder besonders langweilig noch gut. Eine Bekannte der Fürstin war dabei; sie lebt bei ihr und war mal eine Zeitlang bei Katkow. Sie ist eine Witwe von etwa 40 Jahren, war einst recht gut beieinander und kränkelt jetzt sehr. Sie bewundert mich. Als die Fürstin, vor ihrer Visite bei mir, mich beim Konzert oder bei der Quelle auffinden wollte und versuchte, mich nach dem Gesicht zu erkennen, sagte jene der Fürstin jedesmal sofort: »Schauen Sie aufmerksam hin, und haben Sie einen Menschen *mit dem tiefsten Blick* gefunden, wie ihn kein anderer hat, dann gehen Sie mutig auf ihn zu, das ist er.« Sie hat mich damals bei Katkow gesehen. Dann war noch eine Mutter mit ihrer Tochter da; sie ist Direktrice eines Moskauer Mädchengymnasiums. Diese Direktrice ist eine äußerst gescheite Frau, nur sehr krank, fast ohne Lungen. Ihre Tochter, etwa 17 Jahre alt, ein behendes Fräulein, ist gar nicht übel. Aber die alte Fürstin gefällt mir absolut: Großzügigkeit, Naivität, Wahrhaftigkeit und ein seltener, fast kindlicher Frohsinn. Eine kleine, ergraute, fast zu bescheiden gekleidete Frau, aber von außerordentlich feinem Benehmen im höchsten Sinne des Wortes. Ganz Europa hat sie durchkreuzt, sie war überall, die besten englischen und französischen Schriftsteller sind mit ihr persönlich bekannt. Aber die Hauptsache ist ihre Sensibilität, die sogar Spott und hellste Fröhlichkeit verbindet. Sie muß auch sehr husten. Man hat mir hinsichtlich der Anwendung von Quellen und Bädern viele nützliche Ratschläge gegeben, vor allem hinsichtlich der Diät, und ich bin sehr froh, ihren Rat befolgt zu haben, weil ich solche Fehler zu machen pflegte. Mein Täubchen Anja, Du schreibst, Du hättest angefangen, Wasser zu trinken, und versprichst Dir keinen Nutzen davon. Hierin täuschst Du Dich aber sehr. Du wirst es merken. Ganze zwei Wochen betrachtete ich Kränchen mit Geringschätzung, und jetzt fange ich an, stark zu hoffen, weil ich irgendwie *ahne*, daß es Nutzen bringt. Dank Kränchen mit Milch und weil die frühere Portion fast verdoppelt wurde. Ich stehe beispielsweise um 6 Uhr mit Röcheln und Husten auf. Bis ich mich angezogen habe, sind mir Röcheln und Husten zur Qual geworden. Genau um 7 Uhr bin ich an Ort und Stelle und trinke das erste Glas. Und dann ist es mir nach drei Gläsern, bis zum Abend, leichter, das Röcheln verschwindet, ebenso der Husten, und es ist so, als sei Luft für die Brust dazugekommen. Aber die wichtigste Wirkung liegt in der Zukunft, auf den ganzen inneren, chemischen Organismus wird es sich auswirken. So wird es auch Dir ergehen, vielleicht sogar Dir selbst unbemerkt. Den ganzen Winter über wirst Du sagen, daß es keinen Zweck hatte, und mittlerweile brauchst Du Dich nicht mehr ins Bett zu legen; wie willst Du wissen, daß Du

Dich vielleicht doch hättest hinlegen müssen, hättest Du nicht das Heilwasser getrunken. Beklage Dich nicht darüber, daß Du keinen Kaffee trinken kannst. Ich weiß, es ist schwer, sich von Gewohnheiten zu lösen. Außerdem hörte ich, daß nicht nur Kränchen, sondern das Einnehmen aller Heilwässer *zu Anfang* die Galle reizt und die Nerven zu irritieren beginnt. Ist das nicht der Grund dafür, daß Du weniger Appetit hast, kommt es nicht daher, daß das Heilwasser zu wirken beginnt? Die Galle wird Dich ein wenig gereizt machen. – Mein Appetit ist ausgezeichnet, und alle sagen mir, daß das während der Trinkkur ein hervorragendes Zeichen ist. Ich danke Dir für die Nachrichten über die Kinder, über ihre Ausbrüche und Unternehmungen. Das freut mich schrecklich, beschäftigt und amüsiert mich. Die Geschichte von Fedja mit dem Muschik ist als Ankündigung für den zukünftigen Charakter recht bemerkenswert: Entschlossenheit und Zutraulichkeit, und daß er nach Euch nicht zurückgesehen hat, da kann man nicht das Herz beschuldigen. Er kann dieses Verlangen noch nicht kennen und wird sicher bestimmt nicht mal begriffen haben, daß er sich von Euch entfernte. Hättest Du ihn mit dem Muschik länger stehen lassen, hätte er ihn bestimmt gefragt: »Wo ist Njanja?« Gib Ljuba einen festen Kuß, und um Himmels willen weniger geistige Beschäftigungen, da brauchst Du Dich nicht zu beeilen; laß ihren kleinen Körper den ganzen Winter über sich erholen. Wie froh bin ich, daß bei Euch das Wetter gut ist. So können sich die Kinder erholen, als wären sie irgendwo im Ausland! – Aber in Ems ist das Klima merkwürdig. Heute beispielsweise scheint die Sonne, das Barometer steht ausgezeichnet, um die Mittagszeit wird es, nach dem gestrigen Tag und nach allem zu urteilen, gewiß 24⁰ Ream. im Schatten geben. Stell Dir nur vor, um 7 Uhr morgens zeigte dasselbe Thermometer im Schatten nur 11⁰ Reamur. 11⁰ und 25⁰ innerhalb einiger Stunden – was für ein jäher Umschwung. Wie soll man sich da nicht unvermutet erkälten. Das kommt daher, daß es in dem Kessel nachts feucht ist und plötzlich eine Wolke sich festsetzt: dann sind es gleich 11⁰! Gestern morgen waren es 18⁰ im Schatten, das heißt, der Wolke behagte es nicht, in Ems zu übernachten.

In der Wohnung ist es mir ruhig genug. Neben mir wird die ganze Etage *(bel étage)* nur von einer Partei bewohnt: ein Ehepaar aus Wien, sehr reich, sie bewohnen allein 4 großartige Zimmer. Aber gestern war ihre erste allwöchentliche Abrechnung mit der Wirtin, und sie stritten sich mit ihr ganz heftig wegen der entsetzlich hohen Rechnung. Die Wirtin legte mir eine ähnliche Rechnung vor; ich schimpfte heftig und konnte ihr nur zwei Taler abschimpfen! Anja, meine Arbeit kommt langsam vom Fleck, und ich quäle mich mit dem Plan.[1] Die Fülle des Planes – das ist der Hauptmangel. Als ich ihn im ganzen überschaute, merkte ich, daß sich in ihm 4 Romane verknüpfen.[2] Strachow hat darin schon immer meinen Mangel gesehen.[3] Aber es hat ja noch Zeit. Ich werde vielleicht zurechtkommen. Die Hauptsache ist der Plan, die Arbeit selbst ist leichter. Anja, mein Täubchen, meine wichtigste Arbeit wird selbstverständlich und jedenfalls im Herbst sein. Ein täglicher Gedanke quält mich schrecklich: wie wir uns im Herbst arrangieren werden und mit welchen Mitteln! (Bei Nekrasow zu fragen, ist immer noch *unmöglich;* er würde auch bestimmt nichts geben. Der ist nicht Katkow, sondern ein Jaroslawler.[4]) Aber Gott hat uns bis heute immer wieder geholfen, und es hat auch schon schlimmere Zeiten gegeben. – Erschrecke mich nicht mit Prophezeiungen eines eisernen Charakters, Anetschka. Das ist das einzige, was schlecht an Dir ist. Dein Charakter ist natürlich – er ist einfach und engelsgleich –, das ist er.

Ich küsse Dich fest, und was die unanständigen Träume betrifft, mein Täubchen, dann müßtest Du nur wissen, welche ich sehe! Für eine Dame ist das übrigens nicht so anständig. Macht nichts, das macht nichts – schweigen wir! Im Gegenteil – ich bin froh und küsse Dich, ich bedecke Dich ganz mit Küssen, leidenschaftlich. Auf Wiedersehen. Schreibe öfters. Küsse mir die Kinder. Erzähle ihnen was von mir. Mir aber mußt Du öfters schreiben. Grüße alle, außer den Oberpriester der Kirche.[5] Eigentlich kannst Du ihn auch grüßen.

Ganz der Deine
F. Dostojewskij

An N. A. Nekrasow

20. Oktober 1874. Staraja Russa

Hochverehrter Nikolaj Aleksejewitsch, es ist für mich derzeit nicht nur verführerisch, sondern auch fast unumgänglich, die ›Vaterländischen Annalen‹ zu beziehen. Ich habe während dieses Jahres nur die ersten vier Nummern gelesen. Später im Mai wollte ich sie subskribieren, aber verschob es bis in die letzte Zeit. Jetzt sitze ich hier fest, werde den ganzen Winter über nicht wegfahren und bin

Ihnen deshalb für Ihren Vorschlag außerordentlich dankbar, die Zeitschrift sofort zu beziehen.

Zweifellos kann ich Ihnen als Autor über Erfolg oder Mißerfolg der Arbeit nichts Genaues sagen (das heißt einzig und allein von meinem Standpunkt aus gesehen). Ich schreibe eben, und es kommt das heraus, was Gott will. Dabei versuche ich, vom Januarheft an zu erscheinen.[1] Aber *auf jeden Fall* werde ich Sie vorher, noch Ende November, über den Gang der Dinge unterrichten. Ich werde die Arbeit schicken (oder mitbringen), jedenfalls nicht später als am 10. Dezember.

Ich bedanke mich für Ihre Teilnahme an meiner Gesundheit und meinem Gemütszustand. Ich gebe zu, daß mich die Gesundheit mehr verdrießt als die Stimmungen: zwei Epilepsieanfälle hintereinander verursachen keine sehr angenehme Stimmung, und besonders im gegenwärtigen Augenblick.

Ich wünsche Ihnen auch alles Gute an Gesundheit und Plänen. Bereiten Sie für Heft Nummer 1 nichts vor? Gerade für die erste Nummer wäre das angenehm.[2]

Ganz Ihr Fjodor Dostojewskij

An A. G. Dostojewskaja

Petersburg, 7. Februar 1875

Meine liebe Freundin, Anja, ich bin immer noch schrecklich beschäftigt und habe zu gar nichts Zeit. Gestern überschüttete man mich mit einem Berg von Korrekturen, und die Hauskorrektur war noch gar nicht gelesen; dabei hatte ich den ganzen Tag keine Zeit, mich mit ihnen zu befassen. Als ich den gestrigen Brief an Dich geschrieben hatte, ging ich zu Puzykowitsch, wo ich aber keinen Brief von Dir vorfand. Als ich danach ins Hotel zurückgekehrt war, erhalte ich plötzlich eine Vorladung von der Polizei, am 7. (das heißt heute) um 9 Uhr im Revier zu erscheinen, um Erklärungen über meinen Paß abzugeben. Da ich voraussah, daß ich um 9 Uhr morgens nicht gehen könnte, begab ich mich sofort zum Revier; ich traf niemanden an, man sagte mir, ich solle abends wiederkommen. Ich wäre beinahe zu spät unter die Heilglocke gekommen. Simonow[1] bittet mich immerzu, meine Brust untersuchen zu dürfen, aber zu diesem Zweck müßte man zu ihm eine halbe Stunde früher hinfahren, und heute ahne ich, daß ich mich verspäte. Aus der Heilglocke heraus bin ich in den Gasthof zum Mittagessen gefahren. Dieser Snamenskij Gasthof ist schrecklich baufällig, und die Preise sind kolossal. Kaum hatte ich mich zum Essen hingesetzt, da kam Puzykowitsch und brachte mir Dein Briefchen. (NB: So erhält er Deine Briefe eigentlich erst gegen Abend.) Puzykowitsch setzte sich zu mir, während ich aß; ich finde, er ist ein außerordentlich anständiger Mensch. Dann raste ich aufs Revier. Zwei Stunden hielt man mich dort auf. Endlich kam der Paßbeamte: »Sie haben zwar einen Aufenthaltsschein ausgehändigt bekommen, aber er gilt nur vorübergehend, und nach dem Gesetz hätten Sie ihn schon längst gegen einen *Dauerpaß* umtauschen sollen.« Natürlich hatte er recht, aber ich fing an zu streiten. Nun mischte sich auch der Reviervorsteher (er trug den Wladimirorden im Knopfloch) in den Streit ein: »Wir werden Ihnen den Paß nicht zurückgeben und damit basta; wir müssen uns an die Gesetze halten.« – »Was soll ich dann tun?« – »Legen Sie einen Dauerpaß vor.« – »Wo soll ich den jetzt hernehmen?« – »Das ist nicht unsre Sache.« Etwa in der Art ging das weiter. Was für eine Dummheit in diesem Volk steckt. Und dies nur, um sich vor dem ›Schriftsteller‹ aufzuspielen. Ich sagte schließlich: »In Petersburg treiben sich 20 000 paßlose Individuen herum, und Sie halten einen überall bekannten Mann fest, als wäre er ein Landstreicher.« – »Das wissen wir, wir wissen das viel zu genau, daß Sie in ganz Rußland ein recht bekannter Mann sind, aber wir müssen uns an das Gesetz halten. Im übrigen brauchen Sie sich gar nicht zu beunruhigen. Wir geben Ihnen morgen oder übermorgen anstelle Ihres Passes eine Bescheinigung, so kann Ihnen all das ganz gleich sein.« – »Ja, zum Teufel, warum haben Sie mir das nicht schon längst gesagt und nur gestritten?« Dann ging ich in die Sauna. Als ich zurück war und Tee getrunken hatte, machte ich mich an die Korrekturen und saß bis ½ 6 Uhr morgens. Schließlich legte ich mich schlafen. Plötzlich höre ich im Nachbarzimmer, das bis dahin leer gewesen war, lautes Gelächter, Weibergekreisch und eine tiefe Männerstimme, und so ging das drei Stunden; es war gerade ein Kaufmann mit zwei Damen eingetroffen und hatte dort Quartier genommen. Und so liege ich da und kann nicht schlafen – endlich konnte ich ein wenig einschlummern und erwachte dann – zwischen 12 und 1 Uhr nachmittags, aber geschlafen hatte ich nur etwa vier Stunden. Ich spüre die gereizten Nerven, sogar ein Frösteln. Nun trinke ich Tee, schreibe Dir einen Brief, muß mich anziehen, in der Redaktion einen Brief abholen und um ½ 3 Uhr bei Simonow sein. Aber wie bringe ich das fertig?

Auf Wiedersehen, Anja, ich umarme und küsse die Kinder. Heute werde ich also wieder nichts tun können, dafür sind aber die Korrekturen abgeschlossen, und ich werde mich vielleicht heute nacht ausschlafen können. – Den Roman Tolstojs lese ich nur unter der Heilglocke, weil ich sonst keine Zeit habe. Der Roman ist recht langweilig und weiß Gott nichts Weltbewegendes. Was die Leute hier so begeistert, kann ich nicht begreifen.[2]

Auf Wiedersehen, Anja, meine Liebe, ich umarme Dich und alle Kinder.

Ganz Dein F. Dostojewskij

Der Historiker Kostomarow hat Typhus. Wsewolod Krestowskij hat Typhus. Simonow meint, daß Typhus jetzt ganz und gar wie eine ansteckende Krankheit auftritt, so wie die Pest, und daß es selten so gewesen sei. Aber mache Dir meinetwegen keine Sorgen, meine allerliebste Anja. Ich glaube fest, Gott behütet uns, und ich küsse Dich innigst. Dein...

An A. G. Dostojewskaja

Petersburg, 9. Februar 1875

Anja, mein Täubchen, gestern abend erhielt ich Deine beiden Briefe auf einmal. Wahrscheinlich war der 1. Brief einen Tag länger auf dem Postamt in Staraja Russa liegengeblieben. Sag den Leuten auf dem Postamt, sie sollen das nicht mehr tun, sonst würde ich mich unnötig beunruhigen. Die Nachricht von der eingestürzten Decke beunruhigt mich sehr[1]: erstens hätte das die Kinder töten können, und 2. kann ich Dir versichern, sie wird nicht bis Mai, sondern bis April warten, wenn ihr die Drohung, daß wir angesichts der Sommergäste abreisen, nicht mehr einen solchen Schrecken einjagen kann. Anders kann es gar nicht sein, weil ihre hergerichtete Wohnung, die direkt beim Park liegt, im Sommer nicht weniger als 200 Rubel kosten dürfte. – Du mußt mir unbedingt jeden Tag schreiben, Anja; denn ohne Nachrichten von Dir und den Kinderchen kann ich es bei meiner Sehnsucht hier nicht aushalten. – Gestern hatte ich einen Brief an Dich gerade erst geschrieben und zugeklebt, als sich die Tür öffnete und Nekrasow hereinkam. Er war gekommen, »um *seine Begeisterung* über den Schluß des ersten Teiles auszusprechen«[2] (den er noch nicht gelesen hatte, denn das ganze Heft liest er erst in der endgültigen Korrektur, bevor es in

Druck geht). »Die ganze Nacht saß ich und las es, es packte mich so, und in meinem Alter und bei meiner Gesundheit dürfte man sich so etwas nicht leisten.« »Und was für eine Frische Sie haben, Väterchen.« (Am meisten hatte ihm die letzte Szene mit Lisa gefallen.[3]) »Eine solche Frische pflegt man in unserem Alter nicht zu finden, und kein einziger Schriftsteller hat sie. Lew Tolstoj wiederholt in seinem letzten Roman nur das, was ich schon früher bei ihm gelesen habe, nur war es damals besser« (das ist Nekrasows Meinung). Die Selbstmordszene und die Erzählung darüber nennt er den »Gipfel der Vollkommenheit«. Und stell Dir vor: ihm gefallen auch die beiden ersten Kapitel. »Ihr schwächstes Kapitel«, meint er, »ist das achte«[4] – (das Kapitel, wo er sich bei Tatjana Pawlowna versteckt) – »da sind viele rein äußerliche Begebenheiten« – und was sagst Du? Als ich selbst die Korrektur las, gefiel mir das achte Kapitel am wenigsten, und ich habe vieles herausgestrichen. Überhaupt ist Nekrasow sehr zufrieden. »Ich bin zu Ihnen gekommen, um weiteres zu vereinbaren. Um Himmels willen, überhasten Sie sich nicht und verderben Sie nichts, denn Sie haben gar zu gut angefangen.« Ich legte ihm sogleich meinen Plan vor: das Märzheft auszulassen, dafür im April und Mai den zweiten Teil, dann den Juni zu überspringen und den dritten Teil im Juli und August zu bringen usw.[5] Er war gerne mit allem einverstanden. »Nur nichts verderben!« Dann kam er auf das Geld zu sprechen: »Ihnen stehen insgesamt fast 900 Rubel zu; 200 Rubel haben Sie erhalten, es bleiben also noch nahezu 700; wenn wir nun noch 500 Vorschuß dazulegen – wird Ihnen das genügen?« – Ich sagte: »Legen Sie tausend dazu, mein Täubchen.« Er war sofort einverstanden. »Ich meinte ja nur«, sagte er, »daß Sie im Sommer, vor der Reise ins Ausland, noch viel mehr brauchen werden.« Kurzum, das Ergebnis ist, daß man mich bei den ›Vaterländischen Annalen‹ außerordentlich schätzt und Nekrasow in ganz freundschaftliche Beziehungen zu mir treten will.[6] Er saß wohl 1 1/2 Stunden bei mir, so daß ich mich bei Simonow beinahe wieder verspätet hätte. Gestern fühlte ich mich den ganzen Tag wie krank, weil meine Nerven durch das Nichtschlafen sehr angegriffen sind. Das Geld hoffe ich morgen oder übermorgen zu erhalten. Dann, Anja, werde ich Dir das schicken, was nach meiner Kalkulation im Haus bleiben muß, das heißt, etwa 1000 Rubel, bis dahin werde ich mir etwas beim Pfarrer borgen. Denn ich habe nicht nur keine Zeit, Dir die versprochenen 75 Rubel zu schicken, sondern kann es nicht, weil das Geld in erschreckenden Dimensionen weggeht. Gestern abend war ich bei Kornilow und gab ihm 45 Rubel für 10 Mitgliedsbeiträge beim *Slawischen Komitee* und 25 Rub. bei den *Liebhabern* von einem *Unbekannten*[7] (auf Grund einer Wette). Kornilow empfing mich erstaunlich sanft und aufmerksam, erkundigte sich eingehend nach mir, ging mit mir herum und erzählte, empfahl mich und machte mich mit Leuten bekannt. (Übrigens stellte er mich seinem älteren Bruder vor.) Es waren etwa 20 ganz verschiedene Menschen da. (Majkow war nicht gekommen.) Auch Strachow war anwesend und bat mich für Montagabend zu sich. Die Dinge liegen aber so, mein Täubchen Anja, daß ich wegen Geldmangel nicht einmal die nötigen Geschäfte erledigen kann. Das Schlimmste von allem ist freilich die Kur bei Simonow; sie fällt in eine Tageszeit (von 3 bis 5), die meine ganze Arbeit lahmlegt. Man müßte natürlich früher aufstehen (etwa um 9 Uhr) und früher schlafen gehen. Aber die beiden letzten Nächte haben mich schrecklich gequält, ich konnte kaum 4 Stunden schlafen. Heute nacht wollte ich die Schlafreste aufholen und ging um 2 Uhr ins Bett. Aber meine Nerven sind so angegriffen, daß ich 1½ Stunden lang nicht einschlafen konnte, immer wieder aufwachte und schließlich um 11 Uhr aufstand, aber trotzdem keine vollen 7 Stunden geschlafen habe. Ab morgen, Montag, muß ich irgendwie an die Geschäfte gehen. Ich vergaß ganz Deine anderen Dispositionen, beispielsweise, ob man Poljakow etwas Geld geben soll? Übrigens hoffe ich doch, alles zu schaffen, Du brauchst Dich nicht zu beunruhigen. Ich mache mir nur Euretwegen Sorgen. Auf Wiedersehen, mein Engel, ich liebe Dich und fühle außerdem, daß ich Dich sehr, sehr brauche. Ich küsse die Kinderchen und segne sie. Am 15. hoffe ich, bestimmt von hier wegzufahren; wenn es anders geht, auch früher. Ich umarme Dich, mein Täubchen, bleibe gesund und unterrichte mich über jede Einzelheit. Grüße an alle.

Ganz Dein Dich küssender Mann
F. Dostojewskij

An A. G. Dostojewskaja

Petersburg, Mittwoch, den 12. Februar 1875

Liebe Anja, ich habe Deinen sehr verängstigten Brief vom 10. (ein Montag) erhalten. Du brauchst Dir meinetwegen keine Sorgen zu machen: Wenn ich mich durch etwas unwohl fühle, dann sind das die Nerven, denn im Hotel bin ich nicht an meinem Platz, und mit all diesen bevorstehenden Scherereien kann ich nicht ausschlafen. Laß Dich nicht erschrecken, es wird sich schon alles regeln, und selbstverständlich werde ich keinen Tag länger als notwendig bleiben. Simonows Heilstätte hat meine ganze Zeit in Anspruch genommen und mich keine einzige Sache abschließen lassen. Ich schreibe Dir in Eile, denn ich will gleich zu Nekrasow gehen und, wenn möglich, Geld leihen. Du schreibst, ich möge es schicken. Ich schwöre Dir, ich habe keine einzige freie Minute. Wenn ich von Nekrasow was bekomme, schicke ich alles auf einmal; inzwischen mußt Du Dir etwas beim Pfarrer leihen. Als gestern Kolja bei mir saß, kam Kornilow herein (er wollte mich besuchen), war außergewöhnlich lieb und blieb bei mir mehr als eine halbe Stunde. Er ist ein äußerst feinsinniger Mensch. Nach dem Besuch bei Simonow fuhr ich zu Majkow zum Mittagessen. Es handelt sich um folgende Sache: Bei Kornilow hatte ich Strachow gegenüber einen Teil meines Gedankens ausgesprochen, daß mich Majkow ziemlich kalt empfangen habe, so daß ich denken müßte, er sei mir böse, aber mir sei das egal. Strachow lud mich daraufhin für den Montag zu sich ein, und eine Einladung Majkows war die Folge davon, daß Strachow ihm meine Worte mitgeteilt hatte. Majkow, Anna Iwanowna und alle anderen waren sehr nett, aber dafür war dann Strachow aus irgendeinem Grund reserviert zu mir. Als sich dann Majkow nach Nekrasow erkundigte und ich von den Komplimenten Nekrasows mir gegenüber erzählte, machte er eine mürrische Miene, und Strachow wurde ganz kühl. Nein, Anja, das ist ein garstiger Seminarist und nicht mehr; er hat mich schon einmal im Leben im Stich gelassen, nämlich beim Niedergang der ›Epoche‹, und eilte erst nach dem Erfolg von ›Schuld und Sühne‹ wieder herbei.[1] Majkow ist unvergleichlich besser, er ärgert sich ein wenig und kommt einem wieder entgegen, er ist eben doch ein guter Mensch und kein Seminarist. Von Majkows ging ich dann abends zu den Snitkins; Alexander Nikolajewitsch war nicht zu Hause, ebenso seine Frau, aber ich saß ein wenig bei der Frau von Michail Nikolajewitsch, bis er dann aus der Erziehungsanstalt heimkam; ich verbrachte die Zeit bei ihnen auf recht angenehme Weise bis um 11 Uhr. Wir unterhielten uns. Ich will wegen des Umhangs nochmals hingehen.

Wenn ich am Samstag nicht wegkomme, dann möchte ich schrecklich gerne am Sonntag fahren. Auf Wiedersehen, meine Liebe, ich schreibe nicht viel. Ich umarme Dich fest und küsse Dich. Ich

brauche Dich sehr. Die Kinderchen umarme ich *alle ganz fest,*
küsse und segne sie.
Dein Dich inständig liebender

F. Dostojewskij

Es ist hier eine kolossale Anekdote über Personen im Umlauf, die
wir kennen.[2] Ich werde Dir davon erzählen, wenn ich wieder
da bin.
Den Paß habe ich noch immer nicht erhalten, mach Dir aber keine
Sorgen.

An P. E. Kechribardschi

Petersburg, 7. November 1875

Gnädiger Herr, ich kann mit Ihrem Vorschlag nur unter der Bedingung einverstanden sein, daß ich bei der Unterzeichnung des
Vertrags sofort *nicht weniger* als 1000 Rubel erhalte und beim
Erscheinen des Buches im Januar die restlichen 200 Rubel.[1] – Sonst
habe ich keinen Nutzen davon. Ich verkaufe auch die Ausgabe
einzig und allein deshalb *fremden Händen*, weil ich zur Zeit ge-
zwungen bin, eine Schuld zu begleichen, und der Verkauf der
Ausgabe des ›Jünglings‹ scheint mir einer der Auswege aus meiner
Lage zu sein. Aber dafür muß ich 1000 Rubel auf einmal erhalten.
Im übrigen ist es bei mir noch nie der Fall gewesen, daß ich beim
Verkauf meiner Ausgaben das Geld erst danach erhalten hätte. –
In jedem Fall ist das mein letztes Wort.
Darüber hinaus erweise ich meine tiefe Verehrung.

F. Dostojewskij

An J. P. Polonskij

Petersburg, 4. Februar 1876

Sehr verehrter Jakow Petrowitsch, ich bedanke mich für den Gruß
und freue mich, daß er von Ihnen kommt. Schon seit etwa drei
Monaten will ich zu Ihnen, aber all die verschiedenen Scherereien,
die bis zu *Quälereien* gingen, waren im Wege. Mit meinem Tagebuch bin ich wenig zufrieden, ich hätte 100mal mehr sagen wollen. –
Ich wollte sehr (ich will noch) über die Literatur schreiben und
gerade darüber, worüber schon seit den dreißiger Jahren keiner
etwas geschrieben hat: *Über* die *reine Schönheit*. Aber ich hätte

mich mit diesen Themen nicht an die Arbeit machen und das *Tagebuch* ertränken sollen. In vier Tagen verkaufte ich 3000 Exemplare in Petersburg. Wie es nun in Moskau und den anderen Städten ist, weiß ich nicht, ob da auch nur ein Exemplar verkauft wird; dort ist das nicht organisiert, und dazu versteht buchstäblich keiner, was das *Tagebuch* ist – eine Zeitschrift oder ein Buch? Aber übers Tagebuch später. Ist es denn möglich, daß man immer so kränkeln kann? Ich habe Sie schon lange nicht mehr gesehen. Ich werde Sie in den nächsten Tagen bestimmt besuchen. Aber jetzt bedanke ich mich nochmals für den Brief.

Ganz Ihr F. Dostojewskij

PS: Was sollten wir denn für die Menschen sonst sein als Leute des gleichen Schlages? [1]

An Ch. D. Altschewskaja

' Petersburg, 9. April 1876

Hochverehrte Christina Danilowna! Ich bitte Sie sehr um Verzeihung, daß ich Ihnen nicht gleich antwortete. Als ich Ihren Brief vom 9. März erhielt, hatte ich mich schon an die Arbeit gemacht. [1] Obgleich ich die Arbeit ungefähr gegen den 25. des Monats abschließe, verbleiben doch die Scherereien mit der Druckerei, dem Versand und dgl. m. Und dazu hatte ich mich in diesem Monat erkältet und bin auch bis jetzt noch nicht gesund geworden. Ihr Brief hat mir große Freude gemacht, vor allem die Beilage eines Kapitels aus Ihrem Tagebuch [2]; das ist bezaubernd, aber ich bin zu dem Schluß gekommen, daß Sie zu denen gehören, die die Gabe besitzen, »einzig und allein das *Gute* zu sehen«. Über das Waisenhaus bei Frau Tschertkowaja [3] weiß ich im übrigen nichts (ich werde mich bei der ersten Möglichkeit danach erkundigen); ich glaube, daß alles so ist, wie Sie es beschrieben haben, aber vielleicht gibt es daneben noch etwas Unliebsames, *das hatten Sie nicht bemerken wollen*. All das skizziert den Charakter, und ich bewundere Sie gerade für diesen Zug viel zu sehr. Außerdem sehe ich, daß Sie selbst zu den neuen Menschen (im guten Sinne des Wortes) gehören, ein Mensch des Handelns sind und wirken wollen. Ich bin sehr froh, daß ich mit Ihnen Bekanntschaft schließen konnte, wenn auch nur in Briefen. Ich weiß nicht, wohin mich die Ärzte für den Sommer schicken werden; ich glaube nach Ems, wohin ich schon zwei Jahre reise, aber vielleicht auch nach Essentuki, in den Kaukasus; im letzteren Falle mache ich vielleicht auf der Rückreise einen Abstecher und komme in Charkow vorbei. Ich hatte schon seit langem einen Aufenthalt in unserem Süden vor, wo ich noch nie gewesen bin. Wenn Gott will und Sie mir diese Ehre erweisen, werden wir uns dann vielleicht persönlich kennenlernen.

Sie teilen mir Ihren Gedanken mit, daß ich mich »im ›Tagebuch‹ in Kleinigkeiten verzettele«.[4] Ich habe das auch hier schon gehört. *Ganz nebenbei* will ich Ihnen dazu sagen, daß ich zu folgendem unumstößlichen Schluß gekommen bin: Ein Schriftsteller der schöngeistigen Literatur muß außer der Dichtung die darzustellende Wirklichkeit bis zur schärfsten Genauigkeit (der Geschichte und Gegenwart) kennen. Meiner Meinung nach brilliert damit bei uns nur ein einziger: Graf Lew Tolstoj. Victor Hugo, den ich als Romancier hoch einschätze (weshalb, stellen Sie sich das vor, der verstorbene F. Tjutschew auf mich sogar einmal sehr böse wurde und dabei sagte, daß ›Schuld und Sühne‹ – mein Roman – höher stehe als ›Les Misérables‹), hat, wenn er sich auch im Studium der Einzelheiten hinschleppt, so erstaunliche Etüden geschaffen, die der Welt völlig unbekannt geblieben wären, hätte es ihn nicht gegeben. Für die bevorstehende Niederschrift eines sehr großen Romans[5] habe ich mich deshalb entschlossen, mich nicht speziell mit dem Studium der eigentlichen Wirklichkeit, die ich ohnehin kenne, zu befassen, sondern mit den Einzelheiten der Gegenwart. Beispielsweise ist für mich eine der wichtigsten Aufgaben in dieser Gegenwart die junge Generation und zugleich die moderne russische Familie, die – ich ahne das – beileibe nicht mehr das ist, was sie noch vor zwanzig Jahren war. Aber außer dieser gibt es noch vieles. Mit 53 Jahren[6] kann einen die erste Nachlässigkeit sehr leicht hinter der Zeit zurücklassen. Vor einigen Tagen traf ich Gontscharow, und auf meine aufrichtige Frage, ob er denn alles in der gegenwärtigen Wirklichkeit verstehe, oder ob er das eine oder andere nicht mehr begreifen könne, antwortete er mir geradeswegs, daß er »vieles nicht mehr verstehe«. Natürlich weiß ich selbst, daß dieser *große Kopf* nicht nur die Dinge versteht, sondern auch die Lehrer belehrt, aber in dem speziellen Sinn, in dem ich meine Frage gestellt hatte (und den er etwa ¹/₄ des Wortes begriffen hatte), war es selbstverständlich so, daß er zwar verstehen kann, aber nicht verstehen will. »Meine Ideale und alles, was ich im Leben liebgewonnen habe«, fügte er hinzu, »sind mir teuer, und ich möchte mit ihnen die wenigen Jahre, die mir verblieben sind, verbringen; aber diese hier zu studieren (und er zeigte mir die vorübergehende Menge auf dem Newskij-Prospekt) wäre mir zu lästig, weil dabei meine kostbare Zeit draufgehen würde«... Ich weiß nicht, ob ich mich Ihnen, Christina Danilowna, verständlich machen konnte, aber mich zieht es irgendwie an, nochmal aus voller Kenntnis der Dinge heraus etwas zu schreiben, deshalb werde ich noch einige Zeit studieren und nebenbei das ›Tagebuch eines Schriftstellers‹ führen, damit die Fülle der Eindrücke nicht verlorengeht.

All das bleibt natürlich ein Ideal! Glauben Sie mir beispielsweise, daß ich mir über die Form des ›Tagebuchs‹ noch nicht im klaren bin, und ich weiß auch nicht, ob mir das jemals gelingen wird, und so wird das Tagebuch zum Beispiel noch zwei Jahre weitergehen, und das Ganze wird eine mißlungene Sache sein. Zum Beispiel: Ich habe 10–15 Themen, wenn ich mich zum Schreiben hinsetze (nicht weniger). Aber die Themen, die ich am meisten liebe, lege ich unwillkürlich zur Seite: Sie nehmen viel Platz weg, beanspruchen viel Eifer (zum Beispiel der Fall Kroneberg[7]), schaden dem Heft; es wird eintönig, es sind wenig Artikel, und da schreibt man dann nicht das, was man ursprünglich wollte. Andererseits war ich in meinem Glauben viel zu naiv, daß das ein *wirkliches* Tagebuch werden könnte. Ein wirkliches ›Tagebuch‹ ist fast unmöglich, es kann nur ein vorgespieltes, ein Tagebuch fürs Publikum sein. Ich stoße auf Tatsachen und behalte viele Einträge, die mich bisweilen sehr beschäftigen – aber wie kann ich über das andere schreiben? Manchmal ist das einfach unmöglich. Da erhalte ich beispielsweise schon seit drei Monaten sehr viele Briefe, mit und ohne Unterschrift, Briefe, die sich alle zustimmend äußern. Manche sind außerordentlich interessant und originell geschrieben, und dabei sind es Briefe aller möglichen, jetzt herrschenden *Richtungen*. Angesichts *all* dieser *möglichen* Richtungen, die sich in einer allgemeinen Grußbotschaft für mich vereinigt haben, hatte ich einen Artikel schreiben wollen, und zwar über den Eindruck dieser Briefe auf mich (ohne Namen zu nennen) – und gerade dazu kommt die Idee, die mich am meisten beschäftigt: »Worin besteht unsere *Gemeinsamkeit*, wo sind die Punkte, bei denen wir uns alle, Menschen verschiedener Richtungen, zusammenfinden könnten?« Als ich aber den Aufsatz bereits durchdacht hatte, erkannte ich plötzlich, daß ich ihn keineswegs *mit aller Aufrichtigkeit* schreiben könnte; lohnt es sich dann überhaupt zu schreiben, wenn man nicht aufrichtig sein kann? Es könnte doch kein leidenschaftliches Gefühl aufkommen.

Vor drei Tagen kommen da plötzlich zwei junge Mädchen von etwa 20 Jahren zu mir und sagen: »Schon seit der Fastenzeit wollen wir Sie kennenlernen. Alle haben über uns gelacht und gesagt, daß Sie uns nicht empfangen würden, und wenn Sie uns auch empfingen, so hätten Sie uns doch nichts zu sagen. Aber wir haben uns doch zu einem Versuch entschlossen und sind nun da, wir heißen so und so.« Zunächst hatte sie meine Frau empfangen, dann kam ich dazu. Sie erzählten, daß sie beide Studentinnen der Medizinischen Akademie seien, daß es dort schon an die 500 Frauen gebe und daß sie zur Akademie gegangen wären, »um Hochschulbildung zu erlangen und später Nutzen zu bringen«. Diesem Typus der neuen Mädchen bin ich noch nicht begegnet (von den alten *Nihilistinnen* kenne ich eine Menge, ich kenne sie persönlich und studierte sie gut). Glauben Sie mir, daß ich selten eine bessere Zeit verbracht habe als die zwei Stunden mit diesen Mädchen. Welche Einfachheit, Natürlichkeit, Frische des Gefühls, Reinheit des Geistes und Herzens, *aufrichtigster Ernst* und *aufrichtigster Frohsinn!* Durch sie lernte ich natürlich viele Mädchen kennen, die ebenso waren, und ich gestehe Ihnen, der Eindruck war stark und freundlich. Aber wie soll ich das beschreiben? Mit aller Aufrichtigkeit und Freude für die Jugend – es ist unmöglich. Ja, bedenken Sie die Persönlichkeit. Was soll ich in einem solchen Fall für Eindrücke schildern? Gestern erfahre ich plötzlich, daß ein junger Mann, noch Studierender (wo, kann ich nicht sagen), auf den man mich in einem befreundeten Hause aufmerksam gemacht hatte, in das Zimmer des Hauslehrers, der die Kinder dieses Hauses unterrichtete, gekommen ist, auf dessen Tisch ein *verbotenes Buch* liegen sah, was er dem Hausherrn hinterbrachte, der dann den Hauslehrer sofort hinauswarf. Als man dem jungen Mann in einer andern Familie zu verstehen gab, daß er eine *Gemeinheit begangen* habe, konnte er das *nicht begreifen*. Da haben Sie nun die Kehrseite der Medaille. Wie soll ich nun darüber erzählen? Die Sache ist zugleich persönlicher und nichtpersönlicher Natur; hier waren, wie mir mitgeteilt wurde, besonders der Prozeß des Denkens und der Überzeugungen charakteristisch, deren Folgen er *nicht verstand* und worüber man ein interessantes Wörtchen hätte sagen können. Aber ich bin ins Schwätzen gekommen, zudem schreibe ich ganz schrecklich, ich kann einfach keine Briefe schreiben. Verzeihen Sie mir auch die Handschrift. Ich habe Grippe, Kopfschmerzen, und heute tun mir auch die Augen weh, und so schreibe ich, fast ohne die Buchstaben zu sehen. Erlauben Sie mir, daß ich Ihnen die Hand drücke, und gewähren Sie mir die Ehre, mich zu den vielen Menschen zu rechnen, die Sie hoch verehren. Nehmen Sie in diesem Sinne meine Versicherungen entgegen.

Ihr Diener F. Dostojewskij

An A. G. Dostojewskaja

Ems, Freitag, 9./21. Juli 1876

Meine liebe Anetschka, gestern um halb zwölf bin ich wohlbehalten in Ems angekommen. In Berlin fuhr ich, nachdem ich Dir geschrieben hatte, unter strömendem Regen in einer Droschke zur Post, gab den Brief ab und begab mich, statt schlafen zu gehen (immerhin hatte ich zwei Nächte nicht geschlafen), ins Museum, um Gemälde, Statuen und Antiquitäten anzuschauen; ich verbrachte dort etwa drei Stunden. Als ich das Museum verließ, regnete es immer noch; ich ging dann ins Berliner Aquarium, wo der Eintritt eine Mark kostete und von dem ich schon in Petersburg viel gehört hatte, blieb dort an die zwei Stunden und besah mir allerlei Wunder: riesige Krokodile, Schlangen, Schildkröten, lebende Seeungeheuer, Fische und schließlich einen echten lebendigen Orang Utan, den ich zum erstenmal im Leben sah. Dann aß ich zu Mittag, danach wollte ich mir einen Plaid kaufen und kaufte doch keinen, ich wollte es bis zur Rückreise aufschieben; vor Langeweile, und um mich nicht zu verspäten, fuhr ich schließlich zwei Stunden vor Abfahrt des Zuges auf den Bahnhof. Unterwegs habe ich wieder etwas geschlafen, die Deutschen waren wiederum höflich, aber dann bestiegen ein Russe und seine Tochter den Waggon – die Verkörperung alles Abgeschmackten, Vulgären und Aufgeblasenen, was die im Ausland vagabundierenden Landsleute an sich haben; die Tochter war eine abgestandene dumme Gans, sie machten mich sogar wütend. Bei Anbruch des Tages, kurz vor Gießen, sah ich ein Bildchen der *Scham* in natura. Der Zug hatte zehn Minuten Aufenthalt, er hatte lange vorher nicht mehr gehalten, und so war es nur natürlich, daß alle in ein gewisses Örtchen pour Hommes eilten, und sieh da, als der Betrieb auf der Höhe war, *stürzte* in das Örtchen pour Hommes, das gut zwei Dutzend Besucher füllten, eine schön gekleidete Dame herein, allem Anschein nach eine Engländerin. Sie *mußte* wohl sehr, denn sie war fast bis zur Mitte des Raumes geeilt, bevor sie ihren Irrtum bemerkte, das heißt, daß sie zu den ›Männern‹ geraten war, statt in den danebenliegenden Raum ›Für Frauen‹. Sie blieb plötzlich stehen, wie vom Donner gerührt, mit einer Miene tiefster und entsetzter Verwunderung, die jedoch kaum mehr als eine Sekunde anhielt, dann schrie sie plötzlich außergewöhnlich laut auf, oder genauer, sie kreischte auf, genauso wie Du bisweilen aufkreischst, wenn Du plötzlich erschrickst, und schlug mit einer weitausholenden Geste die Hände knapp über dem Kopf zusammen, so daß ein lautes Klatschen zu hören war. Man muß noch bemerken, daß sie alles gesehen hat, das heißt, buchstäblich *alles* und in aller Ungeniertheit, denn keiner hatte sich bedecken können, im Gegenteil, alle blickten in derselben Erstarrung auf sie. Dann, nach dem Zusammenklatschen der Hände, bedeckte sie sich mit beiden Handflächen das Gesicht, drehte sich ziemlich langsam um (alles war verloren, alles aus, sinnlos, sich zu beeilen!) und ging mit vornübergebeugtem Körper, ohne Hast und nicht ohne Größe aus dem Raum hinaus. Ich weiß nicht, ob sie noch in ›Für Frauen‹ gegangen ist; war sie tatsächlich eine Engländerin, dürfte sie meines Erachtens vor Schamhaftigkeit sofort gestorben sein. Bemerkenswert war jedoch, daß kein Gelächter aufkam, die Deutschen schwiegen finster vor sich hin, während man bei uns bestimmt vor Begeisterung gebrüllt und gejohlt hätte. – Hier bin ich zunächst im Hotel abgestiegen, es war ein recht kühler Tag, 14 Grad Reaumur, windig und bisweilen regnerisch; dabei sagen alle, es sei bisher schönes Wetter gewesen. Ich habe dann ein Bad genommen, mich umgezogen und auf die Post und ins Telegraphenamt begeben, wo ich natürlich nichts vorfand. Doch auf der Post, ja, überall in ganz Ems, erkennen mich alle Leute (Händler, Gepäckträger, Weiber, die Obst verkaufen, Ladenverkäufer), und alle grüßen mich lächelnd. Ems kommt mir grauenhaft langweilig vor. Ein großer Haufen von Leuten. Dann ging ich zu Orth. Er erkannte mich sofort und untersuchte mich ganz aufmerksam, wobei ich mich nackt ausziehen mußte. Das Ergebnis der Untersuchung war, daß im oberen Teil der Brust, rechts und links, eine *Besserung* festgestellt wurde (deshalb schmerzt es auch dort nicht mehr wie früher), dagegen ist an der Stelle unter der rechten Warze, unter der 5. Rippe, wo ich mich schon manchmal im Winter über Schmerzen beklagt hatte und von der Botkin schon vor elf Jahren gemeint hatte, von hier aus würde sich eine

Krankheit ausbreiten – an dieser Stelle ist eine *Verschlechterung* eingetreten, und vielleicht sogar eine recht schlimme. Im übrigen meint Orth, er könne es noch nicht diagnostizieren, da ich mir dadurch, daß ich von Montag bis Donnerstag den Waggon nicht verließ, eine große Anstrengung zugemutet habe; er wolle mich nochmals in drei Tagen untersuchen, nachdem ich mich erholt hätte. Auf meine inständige Frage erwiderte mir dann Orth, mit dem Sterben habe es noch Zeit, ich könne noch lange leben; bei dem Petersburger Klima natürlich – man müsse Vorsichtsmaßregeln ergreifen usw. usf. Er verordnete mir Kränchenbrunnen, anfangs zwei Glas am Morgen und ein Glas am Abend mit Milch, außerdem morgens und abends mit einem Glas Kesselbrunnen zu gurgeln. Das wäre vorläufig alles über meine Kur. Dann begab ich mich auf Wohnungssuche; im Hotel Luzern ist alles besetzt, man empfing mich aber geradezu mit Begeisterung und empfahl mir in einem Atemzug zwei, drei Wohnungen; aber Madame Bach, die Besitzerin des Hotels Ville d'Alger, in dem ich vor zwei Jahren gewohnt hatte, fing mich unterwegs vor ihrer Tür ab (ihr Haus ist fast neben dem Hotel Luzern) und lockte mich zu sich. Ich erklärte ihr offen heraus, sie sei sehr teuer, wenn ich es auch bei ihr sehr ruhig gehabt hätte; aber nach einigem Handeln setzte sie alle Preise gerne herab, so daß sie nun für ein schönes möbliertes Zimmer mit Schlafraum, das vor zwei Jahren (ich erinnere mich noch daran) 14 Taler in der Woche kostete, jetzt nur 10 von mir verlangte. Ebenso reduzierte sie die Preise für Frühstück, Tee und Abendessen, ja sogar das Mittagessen soll mir für 1½ Mark ins Haus gebracht werden, statt der 2 Mark vor zwei Jahren. Nachdem wir handelseinig geworden waren, zog ich sofort um. Mein Zimmer befindet sich neben jenem Zimmer (es ist genau dasselbe wie das meinige), in dem ich vor zwei Jahren gewohnt hatte. Aber kaum war ich umgezogen, stieß ich bereits auf eine Unannehmlichkeit: In dieses danebenliegende Zimmer (mein früheres), das von dem meinigen nur durch eine verschlossene Tür getrennt ist, sind gerade erst zwei Damen eingezogen, Mutter und Tochter, die offenbar aus Griechenland stammen; sie sprechen Griechisch und Französisch, und Du kannst Dir vorstellen – sie reden unaufhörlich, insbesondere die Mutter, aber nicht, daß sie nur sprechen, sie schreien buchstäblich, und die Hauptsache, sie tun es ohne Unterlaß, ohne eine Sekunde Unterbrechung. Ich bin in meinem Leben noch keiner derartigen unermüdlichen Schwatzhaftigkeit begegnet, und dennoch muß ich arbeiten, lesen und schreiben, wie soll ich das aber bei dieser unaufhörlichen Schwätzerei tun können? Deshalb würde ich gerne in das Obergeschoß umziehen, das billiger ist und keinen Balkon hat; es ist schlechter als das jetzige, aber ruhig. Madame Bach meint aber, sie habe jenes Zimmer schon vergeben und weiß nicht, wie sie sich entscheiden soll. Es wäre gut, sie entschiede sich. Jedenfalls hast Du hier meine Adresse: Bad Ems, Allemagne, à Mr Th. Dostoiewsky, poste restante, für besondere Fälle (Telegramme beispielsweise) – *Allemagne, Bad Ems, Hotel Ville d'Alger.*

Ich habe gestern abend sehr schwere Minuten gehabt. Es ist mir immer schrecklich, allein zu bleiben. Unterwegs tat es mir noch nicht so weh, aber nun, wo ich ohne Euch, allein *lebe,* fällt es mir sehr schwer. Ich nehme an, Du bist schon bei den Kindern. Wie hast Du Arme denn die Reise überstanden? Wenn ich nur recht bald eine Nachricht von Euch hätte. Gestern auf die Nacht habe ich innig für Euch gebetet. Ich sah Dich im Traum. Ich hatte etwas länger schlafen wollen, aber um sechs Uhr begann es im ganzen Haus zu klopfen, und draußen begannen die Finken zu lärmen. Mit der Kur fange ich morgen an, denn tagsüber muß ich mich ausruhen, aber trotzdem will ich heute abend ein wenig mit Kesselbrunnen gurgeln, und vielleicht werde ich auch ein abendliches Glas Kränchen trinken. Anetschka, mein Täubchen, schau mir nach den Kindern, um Gottes willen: Halte sie reinlich und erzähle ihnen etwas von mir. Was macht Lescha? Bei Fedja wird wohl bald ein Kind zur Welt kommen. Ich umarme Dich ganz, ganz fest. Ich liebe Dich von ganzer Seele und noch auf eine andere Weise bis zum letzten Atom, Gott möge Dir Gesundheit bringen. Grüße Mascha und alle Ammen. Küß mir die Kinder. Ich will Dir nun am *Montag* schreiben. Bis dahin werde ich wohl von Dir einen Brief erhalten haben. Ich küsse Deine Hände und Augen.

Ganz Dein F. Dostojewskij

Gestern war ich im Kursaal. Zu meiner Verwunderung fand ich dort keine einzige russische Zeitung. Im vergangenen Jahr gab es 5 oder 6 Zeitungen. Ich weiß nicht, welchem Umstand das zuzuschreiben ist. Übrigens will ich nochmals hingehen.
Ich habe mir eine gedruckte Besucherliste gekauft: Es gibt eine Menge Russen hier, aber es sind durchweg entweder *Strogonow, Golitzin* oder *Kobyline chambellan de la cour*[1], und dabei sind

es nur ihre Frauen mit Familie, sie selbst fehlen; oder es sind russische Juden und Deutsche, zumeist Bankiers und Besitzer von Pfandhäusern. Kein einziger Bekannter.

An W. S. Solowjow

Ems, 16./28. Juli 1876

Lieber und teurer Wsewolod Sergejewitsch, Ihr freundliches Briefchen vom 3. Juli aus Peterhof habe ich gestern erst hier in Ems erhalten. Wir waren in Staraja Russa, aber um die Juniausgabe des Tagebuchs herauszubringen, fuhr ich mit meiner Frau nach Petersburg – die Kinder ließen wir mit der Großmutter in Russa –, und wir saßen über der Ausgabe in unserer Petersburger Wohnung bis hin zum 5. Juli. Es war damals viel Arbeit zusammengekommen, und außerdem hat Anna Grigorjewna meine Reise ins Ausland vorbereitet, und ich bin dann auch am 5. Juli abgefahren. Auf diese Weise ist Ihr Brief vom 3. Juli nach Staraja Russa gekommen, und erst von dort schickte ihn Anna Grigorjewna, die in Nowgorod von Geschäften aufgehalten worden war, mir nach Ems weiter. So sind wir auseinander gekommen. Aber ich gebe Ihnen mein Ehrenwort, daß ich bei der Abreise aus Staraja Russa, noch vor Ihrem Brief, die Absicht hatte, mich bei Ihnen in Peterhof aufzuhalten, wie ich es Ihnen versprochen hatte. Aber ich konnte meinen Wunsch einfach nicht erfüllen, weil ich bis zum Hals in Arbeit steckte. (Es waren verschiedene und unerwartete Arbeiten, neben der Ausgabe des Tagebuchs, die plötzlich auftauchten.)
Ich bin abgereist und habe doch nicht einige meiner wichtigsten Geschäfte erledigen können. Aber jetzt, in dieser Langeweile hier, bei den Bädern, hat mich Ihr Briefchen geradezu belebt und mein Herz ergriffen. Ich war schon so recht schwermütig geworden, weil mich jedesmal – und ich weiß nicht warum –, wenn ich in Ems bin, eine qualvolle Schwermut befällt, eine Hypochondrie, manchmal fast grundlos. Ist es die Einsamkeit unter der achttausendköpfigen, vielsprachigen Menge, die daran schuld ist, oder das hiesige Klima, ich weiß es nicht, aber ich fühle mich hier bedrückt wie kein anderer. Sie schreiben, daß Sie mich sehen müssen; wie sehr wünschte ich, Sie jetzt zu sehen.
Also, das Juniheft des Tagebuchs hat Ihnen gefallen. Ich freue mich sehr darüber, und zwar aus einem ganz besonderen Grund. Ich habe es mir bisher in meinen Schriften immer versagt, *einige* meiner

449

Überzeugungen ganz auszusprechen, das *allerletzte* Wort zu sagen.[1] Ein kluger Korrespondent aus der Provinz hat mir sogar vorgeworfen, daß ich im Tagebuch über vieles zu reden beginne, vieles berühre, aber bisher nichts zu Ende geführt habe, und er ermutigt mich, nicht so zaghaft zu sein. Und nun habe ich mich daran gemacht und das letzte Wort meiner Überzeugungen und Träumereien von der Rolle und Bestimmung Rußlands in der Menschheit ausgesprochen; ich formulierte die Idee, daß das nicht nur in allernächster Zukunft geschehe, sondern schon begonnen hat. Und was geschah – gerade das trat ein, was ich vorausgeahnt hatte: Sogar die mir freundschaftlich gesinnten Zeitungen und Zeitschriften erhoben sogleich ihr Geschrei, ich würde Paradox auf Paradox häufen, während die übrigen Zeitschriften mir nicht einmal Aufmerksamkeit schenkten. Dabei hatte ich doch, wie mir scheinen will, die wichtigste Frage berührt. Da sehen Sie, so geht es, wenn man eine Idee ganz zu Ende führt! Stellen Sie irgendein Paradox auf, aber führen Sie es nicht zu Ende, und es wird als geistreich, subtil und *comme il faut* gelten; führen Sie aber mal ein anderes gewagtes Wort zu Ende, sagen Sie zum Beispiel ganz plötzlich: »Das ist der Messias«, geradeheraus und nicht andeutungsweise, dann wird Ihnen eben wegen Ihrer Naivität keiner glauben, gerade weil Sie es ganz aussprachen, Ihr allerletztes Wort ausgesprochen haben. Andererseits meine ich, wenn viele der berühmtesten geistreichen Literaten, wie beispielsweise Voltaire, statt ihrer Spöttereien, Andeutungen, hintersinnigen und unausgesprochenen Halbheiten sich ganz plötzlich dazu entschlossen hätten, all das auszusprechen, woran sie glaubten, wenn sie auf einmal ihre Grundlage und Substanz aufgedeckt hätten, so hätten sie, das können Sie mir glauben, nicht den zehnten Teil ihrer einstigen Wirkung ausgeübt. Nicht nur das: man hätte sie nur ausgelacht. Überhaupt scheint der Mensch doch in allem eine Abneigung gegen das letzte Wort eines »ausgesprochenen« Gedankens zu haben, und er sagt: »Gedanken lügen, wenn sie ausgesprochen.«[2] Nun, urteilen Sie selbst, ob mir nach all dem Ihr freundliches Wort für die Juninummer lieb und wert war. Sie haben also meine Worte verstanden und sie genauso aufgenommen, wie ich es mir beim Schreiben meines Aufsatzes erträumt hatte. Dafür danke ich Ihnen, ich war nämlich schon ein wenig enttäuscht und hatte mir Vorwürfe gemacht, die Dinge *übereilt* zu haben. Und wenn sich unter dem Publikum noch ein paar wenige finden, die es so verstehen wie Sie, dann ist mein Ziel erreicht, und ich bin zufrieden: Das ausgesprochene Wort wäre dann nicht verloren. Und da hatte man sich schon gefreut: »Paradoxa! Paradoxa!«... und so reden gerade die Leute, die noch nie einen *eigenen* Gedanken im Kopf hatten.

Übrigens kann man hier am Bahnhof an russischen Zeitungen die ›Moskauer Zeitung‹, den ›Invaliden‹, ›Die Stimme‹ und das ›Journal de St. Petersbourg‹ beziehen. Die ›Russische Welt‹ gibt es nicht. Wenn ich mich nicht irre, haben Sie doch in der ›Russischen Welt‹ etwas über das Juniheft geschrieben. Wenn ja, dann beglücken Sie mich damit hier in meiner Finsternis, und schicken Sie mir das Feuilleton in einem Brief (das heißt, in einem einfachen und gewöhnlichen Umschlag kommt es an). Meine hiesige Adresse: Allemagne, Bad Ems, à Mʳ Théodore Dostoiewsky. Poste restante.

Ich werde hier bis zum 7. August (nach unserem Kalender) bleiben. Ich nehme hier das Quellwasser ein, aber ich hätte mich niemals zu der Qual entschlossen, hier zu leben, wenn mir das Wasser nicht wirklich helfen würde. Ems zu beschreiben lohnt sich nicht, es gibt nichts! Ich habe das Tagebuch des Augustheftes in doppelter Seitenzahl versprochen und dabei noch nicht einmal angefangen. Die Langeweile und Apathie sind so groß, daß ich auf die bevorstehende Schreiberei mit Abscheu blicke wie auf ein bevorstehendes Unglück. Ich habe das Vorgefühl, daß es ein ganz übles Heft wird. Auf jeden Fall lassen Sie doch bisweilen ein Gurren hören, mein Täubchen.

Ich umarme Sie herzlich und bin ganz Ihr

F. Dostojewskij

Empfehlen Sie mich Ihrer Frau Gemahlin und übermitteln sie ihr meinen aufrichtigen Wunsch für alles Gute, für das Beste.

An A. A. Romanow

Petersburg, 15.–16. November 1876

Kaiserliche Hoheit, allergnädigster Herr![1] Als ich in diesem Jahr meine monatliche Ausgabe des ›Tagebuches eines Schriftstellers‹ begann, habe ich mir, all meiner Wünsche ungeachtet, nicht die Freiheit erlaubt, es Ew. Kaiserlichen Hoheit vorzulegen, so wie mir schon einmal die Ehre zuteil ward, das mit einem meiner früheren

Werke zu tun. Aber bei Beginn meiner neuen Arbeit war ich selbst noch nicht sicher, ob ich sie nicht schon zu Anfang aus Mangel an Kräften und Gesundheit zugunsten einer bestimmten befristeten Arbeit abbrechen würde. Und deshalb hatte ich mir auch nicht die Freiheit erlaubt, ein noch so unbestimmtes Werk Ew. Kaiserlichen Hoheit vorzulegen.

Die gegenwärtigen gewaltigen Kräfte in der russischen Geschichte haben Geist und Herz der russischen Menschen mit unfaßbarer Macht auf eine so hohe Stufe gehoben, daß sie vieles verstehen, was früher nicht begriffen wurde, und haben in unserem Bewußtsein die *Heiligtümer der russischen Idee* heller erstrahlen lassen als je zuvor. So konnte auch ich nicht umhin, mit ganzem Herzen auf all das zu antworten, was auf unserer Erde, in unserem gerechten und schönen Volk anhob und erschienen ist. Heiß und aufrichtig haben sich die wenigen Worte von meiner Seele gelöst; ich bin mir dessen eingedenk, und wenn ich auch meine Jahresausgabe noch nicht ganz abgeschlossen habe, so habe ich mich seit langem der Vorstellung von dem Glück hingegeben, mein bescheidenes Werk Ew. Kaiserlichen Hoheit vorzulegen.

Verzeihen Sie mir, Allergnädigster Herr, meine Kühnheit, verurteilen Sie nicht einen Sie grenzenlos Liebenden und gestatten Sie mir, Ihnen monatlich hinfort jede weitere Ausgabe des ›Tagebuches eines Schriftstellers‹ zu übersenden.

Mit dem Gefühl demütiger Ehrerbietung erlaube ich mir, mich Ew. Kaiserlichen Hoheit dankbaren und ergebensten Diener zu nennen.

Fjodor Dostojewskij

An A. G. Kowner

Petersburg, 14. Februar 1877

Gnädiger Herr, verehrter Herr A. Kowner! Ich habe Ihnen lange nicht geantwortet, weil ich ein kranker Mann bin und mit außerordentlich großer Mühe mein monatliches Heft schreibe. Dazu *muß* ich jeden Monat auf einige Dutzend Briefe antworten. Schließlich habe ich eine Familie, andere Geschäfte und Verpflichtungen. Ich habe keine Zeit, anständig zu leben, und eine lange Korrespondenz kann ich unmöglich anfangen. Besonders mit Ihnen.

Ich habe selten etwas Klügeres gelesen als Ihren ersten Brief an mich (Ihr zweiter ist eine Spezialität). Ich glaube Ihnen ganz und gar alles, wo Sie von sich selbst sprechen. Über das einst begangene

Verbrechen haben Sie sich so klar und (wenigstens mir gegenüber) verständlich ausgedrückt, daß ich, der ich Ihre Angelegenheit im *einzelnen* nicht kenne, sie jetzt wenigstens so betrachte, wie Sie selbst darüber urteilen.

Sie urteilen über meine Romane. Darüber kann ich Ihnen natürlich nichts sagen, aber mir hat es gefallen, daß Sie den ›Idioten‹ als den besten von allen hervorheben. Stellen Sie sich vor, daß ich dieses Urteil an die 50mal, wenn nicht schon öfters, gehört habe. Das Buch verkauft sich jedes Jahr und sogar von Jahr zu Jahr mehr. Ich habe das jetzt vom ›Idioten‹ gesagt, weil alle, die von ihm als meinem besten Werk sprechen, etwas Besonderes in ihrer Mentalität aufweisen, das mich immer wieder überrascht und mir gefallen hat. Und wenn Sie dieselbe Mentalität haben, ist das um so besser *für mich*. Selbstverständlich, wenn Sie aufrichtig sprechen. Aber auch dann, wenn es unaufrichtig wäre...

Lassen wir das. Ich wünschte, daß Sie den Mut nicht sinken ließen. Sie haben begonnen, sich mit Literatur zu beschäftigen – das ist ein gutes Zeichen. Was die Unterbringung Ihrer Manuskripte durch mich betrifft, so weiß ich nicht, was ich Ihnen sagen soll. Ich kann lediglich in den ›Vaterländischen Annalen‹ mit Nekrasow oder Saltykow sprechen, und ich werde unverzüglich mit ihnen reden, noch *vor der Lektüre* Ihrer Sachen, aber ich rechne da mit keinem Erfolg. Die beiden sind mir sehr zugetan, haben jedoch schon einmal im vergangenen Jahr ein von mir bei ihrer Redaktion empfohlenes Werk einer bestimmten Person abgelehnt, und zwar ohne das Paket geöffnet zu haben, mit der Begründung, daß sie von einer *solchen* Person, was immer sie geschrieben habe, nichts drucken könnten, denn die Zeitschrift müsse ihr Banner wahren... Mit dieser Auskunft bin ich weggegangen. Aber ich werde trotz allem von Ihnen sprechen, mit der Begründung, daß zu Lebzeiten meines verstorbenen Bruders, als er die Zeitschrift ›Die Zeit‹ herausgab, Ihre Komödie oder Novelle ohne weiteres gedruckt worden wäre, selbst wenn sie der Richtung der Zeitschrift kaum entsprochen hätte, und auch dann, wenn Sie im Gefängnis gesessen hätten.

NB: Die zwei Zeilen Ihres Briefes, in denen Sie sagen, daß Sie über Ihr Vorgehen in der Bank keinerlei Reue empfinden, sind nicht ganz nach meinem Sinn. Es gibt etwas Höheres als die Folgerungen des Verstandes und die Allmacht der Verhältnisse, denen sich jeder unterordnen muß (das heißt, wieder eine Art *Banner*). Sie sind vielleicht klug genug, um sich durch die Offenheit und

Unberufenheit meiner Bemerkung nicht kränken zu lassen. Erstens bin ich selbst nicht besser als Sie oder sonst jemand (und das ist durchaus keine verlogene Demut, wie könnte die mir zukommen?), zweitens ist es doch besser, wenn ich Sie freispreche, als wenn Sie sich selbst rechtfertigen, selbst dann, wenn ich Sie auch in meinem Herzen und auf meine Art rechtfertige (so wie ich Sie auffordere, mich freizusprechen). Anscheinend ist das nicht klar formuliert. (NB: Beiläufig eine kleine Parallele: Ein Christ, das heißt, ein vollkommener, hoher, idealer Christ, sagt: »Ich muß mein Vermögen mit meinem geringeren Bruder teilen und ihnen allen dienen.« Der Kommunarde aber sagt: »Ja, du mußt mit mir, dem Geringeren und Armen, dein Vermögen teilen und mir dienen.« Der Christ ist im Recht, der Kommunarde im Unrecht. Im übrigen wird Ihnen das, was ich sagen wollte, jetzt noch unverständlicher sein.)

Nun über die Juden.[1] Sich über solche Themen in einem Brief auszulassen, ist unmöglich, *besonders mit Ihnen,* wie ich vorher schon sagte. Sie sind so klug, daß wir einen derartigen umstrittenen Punkt auch in hundert Briefen nicht lösen werden und uns nur selbst aufreiben würden. Ich will Ihnen sagen, daß ich auch von anderen Juden Hinweise dieser Art erhalten habe. So erhielt ich erst kürzlich von einer Jüdin, die ebenfalls bittere Vorwürfe gegen mich erhebt, einen ideal vornehmen Brief. Ich denke, daß ich anläßlich dieser Vorwürfe von Juden im Februarheft meines Tagebuchs schreiben werde[2] (ich habe damit noch nicht begonnen, weil ich noch an den Folgen des letzten Anfalls meiner epileptischen Krankheit leide). Ich werde Ihnen jetzt sagen, daß ich keineswegs ein Feind der Juden bin und niemals einer war. Aber ihre schon vierzig Jahrhunderte lange Existenz, wie Sie sagen, beweist, daß diese Rasse eine außerordentlich starke Lebenskraft besitzt, die sich im Laufe ihrer ganzen Geschichte nicht anders als in verschiedenen *status in statu* hätte formulieren können. Den stärksten *status in statu* haben unbestreitbar unsere russischen Juden. Aber wenn das so ist, wie anders können sie dann, wenn auch nur *teilweise,* mit der Wurzel der Nation, mit der russischen Rasse, in Zwiespalt geraten? Sie verweisen auf die jüdische Intelligenzija, aber Sie sind doch auch Intelligenzija, und sehen Sie doch, wie Sie die Russen hassen, und das gerade *nur deshalb, weil Sie Jude* sind, wenn auch ein intellektueller.[3] In Ihrem zweiten Brief finden sich einige Zeilen über das sittliche und religiöse Bewußtsein von

60 Millionen des russischen Volkes. – Das sind Worte schrecklichen Hasses, ja, eines Hasses, weil Sie als kluger Mensch in diesem Sinn selbst begreifen müssen (das heißt, in der Frage, zu welchem Anteil und mit welcher Kraft der einfache Russe ein Christ ist), daß Sie hier im höchsten Grade nicht kompetent sind zu urteilen. Ich hätte niemals so über die Juden gesprochen, wie Sie über die Russen sprachen. Ich habe die ganzen 50 Jahre meines Lebens gesehen, daß gute und böse Juden mit Russen nicht einmal an einem Tisch essen wollen, der Russe dagegen keinen Ekel empfindet, mit ihnen zu essen. Wer haßt nun wen? Wer ist wem gegenüber intolerant? Und was für eine Idee ist es denn, daß die Juden eine erniedrigte und beleidigte Nation seien? Im Gegenteil, vor den Juden sind die Russen erniedrigt, sogar in allem, weil die Juden fast völlige Gleichberechtigung genießen (sie können sogar Offiziere werden, und das bedeutet in Rußland alles); dazu haben sie ihr eigenes Recht, ihr Gesetz und ihren *status quo*, den *russische* Gesetze schützen.[4]

Aber lassen wir das, das Thema ist lang. Ein Feind der Juden war ich nie. Ich habe jüdische Bekannte. Es gibt Jüdinnen, die auch jetzt zu mir aus verschiedenen Anlässen um Rat kommen, und sie lesen das ›Tagebuch eines Schriftstellers‹, und obwohl sie, wie alle Juden, auf das Judentum empfindlich reagieren, sind sie mir nicht feind, sondern, im Gegenteil, sie besuchen mich.

Was den Fall der Kornilowa[5] betrifft, so will ich nur eines bemerken, nämlich daß Sie nichts wissen und also auch nicht kompetent sind. Und doch, was für ein Zyniker sind Sie. Mit einer solchen Anschauung vom Herzen des Menschen und seinen Handlungen bleibt nur noch übrig, sich in materieller Zufriedenheit zu beschmutzen.

Sie sind zu 4 Jahren in einer Strafkompanie verurteilt: etwa zu arbeiten? Das wäre furchtbar für Sie. Sie müssen es unbedingt aushalten und kein Gauner werden. Aber wo werden Sie Ihre Kräfte finden, wenn Sie eine solche Anschauung von den Menschen haben? Über Ihre Ideen von Gott und der Unsterblichkeit werde ich nicht mit Ihnen reden. Diese Einwände (das heißt alle Ihre Einwände), so kann ich Ihnen versichern, wußte ich schon im Alter von 20 Jahren! Seien Sie mir nicht böse: Sie verblüfften mich durch Ihre Anfänglichkeit. Wahrscheinlich denken Sie über diese Themen zum erstenmal nach. Oder habe ich mich getäuscht? Aber ich kenne Sie überhaupt nicht, trotz Ihres Briefes. Ihr (erster) Brief ist hin-

reißend gut. Ich möchte von ganzer Seele glauben, daß Sie völlig aufrichtig sind. Aber wenn Sie auch nicht aufrichtig sein sollten, es ändert nichts daran: denn in diesem Fall wäre die Unaufrichtigkeit eine höchst komplizierte und in ihrer Art tiefe Sache. Glauben Sie der ganzen Aufrichtigkeit, mit der ich Ihre ausgestreckte Hand drücke. Aber finden Sie wieder Ihren Mut, und formulieren Sie Ihr Ideal. Sie haben es doch bisher gesucht, oder nicht?
Mit tiefer Hochachtung

Ihr Fjodor Dostojewskij

An A. F. Gerasimowa

St. Petersburg, 7. März 1877

Gnädige Frau, verehrte Frau Gerasimowa, Ihr Brief quälte mich sehr, weil ich ihn so lange nicht beantworten konnte. Was werden Sie denn von mir denken? Schließlich werden Sie in Ihrer bedrückten Gemütsverfassung mein Schweigen als eine Beleidigung auffassen.

Sie müssen wissen, daß ich von Arbeit überhäuft bin. Außer der Terminarbeit mit meinem ›Tagebuch‹ lastet die Korrespondenz auf mir. Solche Briefe, wie Sie sie mir geschrieben haben, treffen (buchstäblich) jeden Tag bei mir ein, sie lassen sich aber nicht mit zwei Zeilen beantworten.[1] Ich mußte *drei* Anfälle meiner epileptischen Krankheit überstehen: so heftig und häufig habe ich das schon jahrelang nicht mehr durchgemacht. Nach den Anfällen kann ich aber zwei, drei Tage weder arbeiten noch schreiben, nicht einmal lesen kann ich, weil ich ganz zerschlagen bin, sowohl körperlich als auch geistig. Nachdem Sie das nun erfahren haben, bitte ich Sie deshalb um Nachsicht für mein langes Schweigen.

In keinem Fall konnte ich Ihren Brief *kindisch* oder *dumm* finden, wie Sie selbst schreiben. Wichtig ist, daß dies zur Zeit die allgemeine Stimmung ist, und es gibt viele solcher jungen Mädchen, die leiden. Ich werde Ihnen aber nicht viel über dieses Thema schreiben, sondern nur meine grundlegenden Gedanken in dieser Frage und speziell, was Sie betrifft, aussprechen. Es geht darum, daß es keinen Sinn hätte, Sie darum zu bitten, daß Sie sich beruhigen mögen, im Elternhaus bleiben und irgendeiner intelligenten Beschäftigung nachgehen (einem Ihrer Bildung und dgl. entsprechenden Spezialfach): Sie würden mir doch nicht folgen. Aber warum müssen Sie sich so beeilen, und wohin hasten Sie? Sie möchten so schnell wie möglich *nützlich* sein. Aber mit einem solchen seelischen Eifer wie dem Ihren (vorausgesetzt, daß er aufrichtig ist) könnte man sich tatsächlich, ohne sich weiß Gott wohin zu hasten, bei einer richtigen Anwendung seiner Bildung auf eine Tätigkeit vorbereiten, die *hundertmal* nützlicher wäre als die finstere und nichtige Rolle irgendeiner Arztgehilfin, Hebamme und Ärztin. Sie wollen um alles in der Welt die hiesigen Medizinkurse besuchen. Ich würde Ihnen entschieden von einem Besuch abraten. Sie erhalten dort nicht die geringste Bildung, im Gegenteil, es geschieht was Schlimmeres. Und was ist dann, wenn Sie mal Hebamme oder Ärztin sind? Ein solches Spezialfach können Sie auch später noch ergreifen, wenn Ihnen unbedingt daran liegt, aber wäre es jetzt nicht besser, andere Ziele zu verfolgen, sich mit höherer Bildung zu beschäftigen? Betrachten Sie doch alle unsere Spezialisten (sogar die Professoren der Universität); woran leiden sie denn, und womit schaden sie (statt Nutzen zu bringen) ihrer eigenen Sache und Berufung? Dadurch, daß die Mehrzahl unserer Spezialisten durch und durch *höchst ungebildete* Menschen sind. Anders als in Europa, dort treffen Sie einen Humboldt[2], einen Claude Bernard und andere Menschen mit einem universalen Gedanken, mit einer gewaltigen Bildung und einem *Wissen*, das nicht nur ihr Spezialfach betrifft. Bei uns aber sind sogar Menschen mit gewaltigen Fähigkeiten (beispielsweise Setschenow) im wesentlichen ungebildet und außerhalb ihres Fachgebietes recht unwissend. Über seine Gegner (die Philosophen) hat er keine Ahnung und richtet deshalb mit seinen wissenschaftlichen Schlüssen mehr Schaden als Nutzen an. Und die Mehrheit der Studenten und Studentinnen ist ohnehin ohne jede Bildung. Wo ist dann da der Nutzen für die Menschheit? Eigentlich geht es ihnen doch nicht um die Menschheit, sondern darum, so schnell wie möglich eine Stelle mit Gehalt einzunehmen.

Dank der Bemühungen einiger *einflußreicher* Personen sind hier in Petersburg bei einem Gymnasium auf der Wasilij-Insel *Universitätskurse* für Frauen eingerichtet worden.[3] Jetzt bemühen sich viele dieser einflußreichen Personen[4] ständig darum, daß die Regierung mit diesen Kursen auch gewisse Rechte verbinde, *nach Möglichkeit* dieselben, welche die Universität nach bestandenem Examen den Männern verleiht, das heißt die Möglichkeit, bestimmte Stellen und Ämter zu bekleiden und dgl. mehr. Ich habe einer sehr einflußreichen Dame, die sich darum bemühte, diese Frauenkurse mit *Rechten* auszustatten, von Ihnen erzählt. Sie nahm meine Bitte sehr warmherzig auf und versprach mir, Sie in kurzer Zeit in diesen Kursen unterzubringen, wenn es Ihnen möglich ist, nach Petersburg umzusiedeln; Sie müßten sich allerdings noch ein Weilchen gedulden. Glauben Sie mir, daß Sie hier Ihre Bildung wenigstens erweitern und vertiefen können, und vielleicht können Sie auch die Verleihung der Rechte abwarten, um die sich die Gönner dieser Kurse bemühen. Sie könnten sich dann ein Spezialfach auswählen oder sogar unmittelbar eine *Stelle* nach der bestandenen Prüfung. Ich konnte mir aus Ihrem Brief Ihre häusliche Lage nicht klarmachen und weiß nicht, wie ich den Satz »dem Vater davonlaufen« auffassen soll, weil ich nicht verstehe, warum Ihr Vater mit der Fortsetzung Ihrer Bildung in diesen Universitätskursen auf der Wasilij-Insel nicht einverstanden sein sollte? Das ist nicht die Medizinische Akademie, nicht die Laufbahn der Hebamme, die ihn ganz natürlich erschrecken könnte, so wie auch ich für meine Tochter erschrecken würde (weil ich nämlich meiner Tochter eine Steigerung der Bildung und der nützlichen menschlichen Tätigkeit wünsche, nicht eine *Verminderung*). Im äußersten Fall könnte sich zudem Ihr Vater immer nach diesen Kursen selbst erkundigen, und zwar bei einer der Gönnerinnen, nun bei dieser Dame (einer edelgesinnten und wohltätigen Dame), die ich Ihretwegen gebeten hatte. Es ist Anna Pawlowna Filosofowa, die Frau des kaiserlichen Staatssekretärs Filosofow. Wenigstens kann ich Ihnen meinerseits die Unterstützung dieser Dame in jeder Hinsicht zusichern. Ihre Anteilnahme an der ganzen Jugend, besonders aber für die Frauen, die nach Bildung streben, ist tief und herzlich. Es ist natürlich unmöglich, daß Sie mit Ihrer Gemütsverfassung und Ihren Ansichten die Frau eines Kaufmanns werden. Doch ist es die höchste Bestimmung des Weibes, eine gute Frau und insbesondere Mutter zu sein. Sie werden selbst verstehen, daß ich nichts über den jungen Mann sagen kann, über den Sie schreiben. Sie nennen ihn kleinmütig, aber wenn er so sehr mit Ihnen fühlt und bereit ist, Sie in allem zu unterstützen, dann kann er nicht kleinmütig sein. Im übrigen weiß ich darüber doch nichts. Hauptsache, er ist gut und edel. Ist er *wahrhaftig* gut und edel, dann mag es sein, daß Sie geistig tiefer stehen als er, nicht aber er tiefer als Sie. Übrigens schreiben Sie, daß Sie ihn nicht lieben, das ist aber doch *alles*. Man darf sein Leben keinem Ziel zuliebe verunstalten. Wenn Sie ihn nicht lieben, dann *heiraten Sie* ihn *auch nicht*. Wenn Sie wollen, schreiben Sie mir nochmal. Diese Dame (der Name soll geheim bleiben, im äußersten Fall können Sie ihn allenfalls Ihrem Vater sagen) wird Ihnen auch helfen. Entschuldigen Sie, wenn mein Brief nicht ganz dem entspricht, was Sie erwartet hatten; aber Sie haben zu viele Fragen gestellt, und es ist nicht leicht, sie zu beantworten.

Ganz Ihr F. Dostojewskij

An A. P.

Petersburg, 19. Mai 1877

Gnädiger Herr, Alexander Pawlowitsch, entschuldigen Sie gütigst, daß ich Ihnen so lange nicht geantwortet habe. Ich kann erst heute für einige Zeit aus Petersburg abreisen; bisher hatte ich furchtbar viel zu tun, auch machte mir meine Krankheit viel zu schaffen. Was soll ich Ihnen aber schreiben? Sie sind ja ein kluger Mensch und werden selbst begreifen, daß die Fragen, die Sie an mich richten, abstrakt und nebelhaft sind; außerdem weiß ich ja gar nichts von Ihrer Person. Ich habe mit 16 Jahren an den gleichen Zweifeln gelitten wie Sie; ich war irgendwie davon überzeugt, daß es mir früher oder später gelingen würde, eine mir entsprechende Laufbahn einzuschlagen, und daher machte ich mir (meine Erinnerung ist hier fehlerfrei) keine allzu großen Sorgen. Es war mir ziemlich gleichgültig, welche Stellung ich dereinst in der Literatur einnehmen würde: In meiner Seele war ein Feuer eigener Art, an das ich glaubte, und ich bekümmerte mich gar nicht, was dabei herauskommen sollte; das ist *meine ganze Erfahrung*, nach der Sie mich fragen.

Kann ich denn Ihr Herz genau kennen? Wenn Sie meine Meinung hören wollen, so rate ich Ihnen, ohne Schwanken an Ihren innern Drang zu glauben; vielleicht wird Sie das Schicksal auf die literarische Laufbahn leiten. Ihre Ansprüche sind ja recht bescheiden, denn Sie wollen *unbedingt* nur ein Arbeiter zweiten Ranges werden. Dem will ich noch hinzufügen: Mein Drang hinderte mich seinerzeit nicht im geringsten an einer praktischen Auffassung des Lebens; ich war ja immer Dichter und kein Ingenieur, und doch war ich während meines ganzen Studiums an der Ingenieurschule, von der ersten bis zur letzten Klasse, einer der besten Schüler; nachher diente ich einige Zeit, obwohl ich wußte, daß ich früher oder später diese Tätigkeit aufgeben würde; ich sah aber in dieser *meiner gesellschaftlichen Tätigkeit vor der Zeit* nichts, was meiner künftigen Tätigkeit hätte widersprechen können; ich war vielmehr fest davon überzeugt, daß die Zukunft *mir gehört* und daß *ich allein* ihr Herr bin.

Wenn also eine amtliche Anstellung Sie an der Ausübung Ihres literarischen Berufes *nicht hindert*, warum sollten Sie dann vorläufig keinen Posten annehmen?

Ich schreibe dies alles selbstverständlich aufs Geratewohl, denn ich kenne Sie zuwenig; ich will Ihnen aber gerne gefällig sein und Ihren Brief möglichst aufrichtig beantworten.

Was alles Übrige (die *Ereignisse!*) betrifft, so übertreiben Sie nicht. Gestatten Sie, daß ich Ihre Hand drücke.

Ihr Fjodor Dostojewskij

An S. D. Janowskij

Petersburg, 17. Dezember 1877

Hochverehrter und aufrichtig geliebter Stepan Dmitrijewitsch, den Kopf Ihres Briefes schreibe ich im ganzen ab, weil nichts gerechter sein kann als das, daß ich Sie immer tief verehrt und aufrichtig geliebt habe. Und wenn ich über die ferne Vergangenheit nachdenke und mich an meine Jugend erinnere, so ersteht Ihr liebendes und teures Antlitz in meinen Erinnerungen, und ich fühle, daß Sie wahrhaftig einer jener wenigen waren, die mich liebten und rechtfertigten und denen ich gerade und einfach ergeben war, mit ganzem Herzen und ohne jeden hintergründigen Gedanken. Es ist gut, daß Sie das manchmal erwähnen und mich damit zu einem Austausch von Gedanken und Erinnerungen auffordern oder, um es besser zu sagen, zur Gemeinschaft durchs Leben. Aber zur Sache. Ich schicke Ihnen das Buch von Ap. Grigorjew.[1] Strachow hat es gerade ganz herausgegeben. Mein ›Tagebuch‹ werde ich Ihnen fürs kommende Jahr nicht schicken, weil ich mich dazu entschlossen habe, es vorübergehend (für ein Jahr) zu unterbrechen. Da sind viele Ursachen zusammengetroffen: Ich bin müde, die Epilepsie ist stärker geworden (namentlich durchs ›Tagebuch‹), schließlich will ich fürs kommende Jahr freier sein, wenn ich auch kaum zwei Monate ohne Arbeit verbringen werde. In Kopf und Herz hat sich ein Roman festgesetzt und verlangt danach, formuliert zu werden.[2] Es gibt auch noch andere Ursachen; ich vermute, daß die Herausgabe binnen eines Jahres die beste Zeit sein wird: Ich möchte eine neue Ausgabe versuchen, zu der das ›Tagebuch‹ als Teil dazukäme. Auf diese Weise vergrößere ich meine Form der Wirksamkeit, das Tagebuch hat sich doch von selbst so gestaltet, daß man seine Form auch nicht im geringsten verändern kann. Mein Täubchen Stepan Dmitrijewitsch, Sie werden es mir nicht glauben, bis zu welchem Grad ich von dem Mitgefühl der russischen Menschen in diesen zwei Ausgabejahren profitierte. Hundertfach haben mich Briefe erreicht, Briefe des Beifalls und sogar Briefe, die mir aufrichtig ihre Liebe erklärten. Seit Oktober, als ich die Unterbrechung der Ausgabe bekannt gab[3], kommen sie täglich ins Haus, aus ganz Rußland, aus allen (den unterschiedlichsten) Klassen der Gesellschaft, mit Ausdrücken des Bedauerns und mit der Bitte, die Sache nicht fallenzulassen. Nur die Gewissenhaftigkeit hindert mich daran, den Grad des Mitgefühls auszusprechen, den sie mir alle zukommen lassen. Und wenn Sie nur wüßten, wieviel ich selbst in diesen zwei Ausgabejahren aus den Hunderten von Briefen russischer Menschen gelernt habe.

Die wichtigste Lehre aber besteht darin, daß es bei uns in Rußland unvergleichlich mehr wahrhaft russische Menschen gibt, als ich noch vor zwei Jahren gedacht hatte, und zwar nicht Menschen mit den verderbten intelligenzlerisch-petersburger Ansichten, sondern mit den wahrhaftigen und wahren Ansichten des russischen Menschen. Das um so mehr, weil ich sogar in meinen glühendsten Wünschen und Phantasien mir dieses Resultat nie hätte vorstellen können. Glauben Sie mir, mein Bester, daß bei uns in Rußland vieles ganz und gar nicht so trostlos ist, wie dies früher schien, und die Hauptsache – vieles ist Beweis für eine neue Sehnsucht, ein wahres Leben, den tiefen Glauben an den bevorstehenden Wechsel im Ideenbild unserer Intelligenz, die vom Volk abgerückt ist und es überhaupt nicht versteht. Sie ärgern sich über Krajewskij, aber er ist es nicht allein; sie alle haben das Volk negiert, lachten und lachen über seine Bewegung und das so helle und heilige Hervortreten seines Willens und seiner Form, in der es sein Bedürfnis vorgestellt hat. Damit werden diese Herren auch verschwinden, sie sind zu alt und zu zerfasert. Wer das Volk jetzt nicht versteht, wird sich zweifellos den Börsenspekulanten und Juden anschließen müssen, und das wird das Finale der Vertreter unserer ›fortschrittlichen‹ Idee sein. Aber das Neue kommt. In der Armee haben sich *unsere* Jugend und *unsere* Frauen (die Schwestern) als etwas ganz anderes gezeigt, als alle erwartet und worüber alle ihre Prophezeiungen angestellt hatten. Warten wir ab.

(Krajewskij dient ja den besagten *Personen*, und außerdem hatte er sich meiner Ansicht nach schon seit dem Serbischen Krieg nur durch Originalität hervortun wollen. Einmal verkauft, konnte er es nicht mehr sein lassen.)

Übrigens gibt es bei uns hier sogar in allen Zeitungen wenig Sinnvolles, mit Ausnahme der ›Moskauer Zeitung‹ und ihrer politischen Leitartikel, die im Ausland sehr geschätzt werden. Die übrigen Zeitungen beuten nur die Minute aus. In all den Hunderten von Briefen, die ich in diesen zwei Jahren erhalten habe, wurde ich am meisten für Aufrichtigkeit und Ehrlichkeit der Meinung gelobt; das heißt, das fehlt bei uns am meisten, danach sehnt man sich, und man findet es nicht. Unter den Vertretern der Intelligenz gibt es wenig Staatsbürger.

Meine Frau läßt Sie aufrichtig grüßen (ich habe drei Kinderchen, zwei Söhne und eine Tochter). Von unseren früheren Leuten sehe ich Majkow (er ist leberkrank und will im Sommer ausländische Heilquellen aufsuchen) und Porezkij, den ich bei gemeinsamen Bekannten treffe. Ich werde ihnen allen Ihren Gruß bestellen. Wie steht es um Ihre Gesundheit? Sie schreiben sehr wenig davon. Ich habe ›Luftröhrenkatarrh‹ – wie Sie sehen, habe ich sogar die offizielle Bezeichnung der Krankheit erlernt. Fast in jedem Sommer reise ich nach Ems. Übermitteln Sie Ihrem russischen Kreis in Vevey auch meinen Dank für Aufmerksamkeit und Teilnahme. Aber nun auf Wiedersehen, ich umarme und küsse Sie.

       Immer und unwiderruflich Ihr Fjodor Dostojewskij

An N. L. Osmidow

       Petersburg, Februar 1878

Gütigster und liebenswürdigster Nikolaj Lukitsch. Erstens bitte ich Sie, mir zu verzeihen, daß ich Ihnen infolge meiner Krankheit und verschiedener Scherereien so lange nicht geantwortet habe. Zweitens, was kann ich Ihnen auf Ihre verhängnisvolle Frage, die zu den ewigen Fragen der Menschheit gehört, antworten? Kann man denn solche Fragen in den wenigen Zeilen eines Briefes behandeln? Wenn ich mit Ihnen einige Stunden sprechen könnte, wäre es ganz anders; und selbst dann würde ich wohl nichts erreichen. Einen Ungläubigen kann man am allerwenigsten durch Worte und Betrachtungen bekehren. Wäre es nicht besser, wenn Sie möglichst aufmerksam alle Briefe des Apostels Paulus lesen würden? Dort ist viel vom Glauben die Rede, und man kann die Frage gar nicht besser behandeln. Ich empfehle Ihnen auch, die ganze Bibel in russischer Übersetzung zu lesen. Einen merkwürdigen Eindruck macht dieses Buch, wenn man es ganz durchliest. Sie gewinnen dabei zum Beispiel die Überzeugung, daß es in der Menschheit kein anderes Buch von dieser Bedeutung gibt und geben kann. Ganz abgesehen davon, ob Sie glauben oder nicht.

Ich kann Ihnen keinerlei Andeutungen machen. Ich will nur das eine sagen: Jeder Organismus existiert auf Erden nur, um zu leben, und nicht, um sich selbst zu vernichten. Die Wissenschaft hat dies festgestellt und recht genaue Gesetze zur Begründung dieses Axioms festgelegt. Die Menschheit als Ganzes ist selbstverständlich nur ein Organismus. Auch dieser Organismus hat natürlich seine eigenen Existenzbedingungen und Gesetze. Die menschliche Vernunft ergründet diese Gesetze. Stellen Sie sich nun vor, daß es weder einen Gott noch eine persönliche Unsterblichkeit gibt (persönliche Unsterblichkeit und Gott sind dasselbe, die gleiche Idee). Sagen Sie mir dann: Warum soll ich ordentlich leben und Gutes tun, wenn ich auf Erden restlos sterben werde? Wenn es keine Unsterblichkeit gibt, brauche ich nur meine Frist abzuleben, und nachher kann von mir aus alles in Flammen untergehen. Und wenn dem wirklich so ist (und wenn ich geschickt genug bin und mich nicht auf Grund der bestehenden Gesetze erwischen lasse), warum soll ich dann nicht jemanden abschlachten, berauben, bestehlen oder wenigstens auf Kosten der anderen leben? Ich werde ja sterben, und alles wird sterben und vergehen! Auf diese Weise gelangt man zum Schluß, daß nur der menschliche Organismus sich dem allgemeinen Gesetz nicht unterwirft, daß er nur dazu lebt, *um sich zu zerstören*, und nicht, um sich zu erhalten. Denn was ist das für eine Gesellschaft, deren Mitglieder einander befehden? Es kann nur entsetzlicher Unsinn dabei herauskommen. Denken Sie sich noch *mein Ich* hinzu, welches dies alles erfaßt hat. Wenn mein Ich die ganze Erde und ihr Grundgesetz erfaßt hat, so steht es über allen Dingen, steht abseits von allen Dingen, richtet sie und ergründet sie. In diesem Fall ist mein Ich nicht nur vom irdischen Axiom, von den irdischen Gesetzen unabhängig, sondern hat auch ein eigenes Gesetz, welches über dem irdischen steht. Wo ist aber dieses Gesetz? Jedenfalls nicht auf der Erde, wo alles seinen Abschluß findet und spurlos ohne Auferstehung vergeht. Ist das denn kein Hinweis auf die persönliche Unsterblichkeit? Wenn es die Unsterblichkeit nicht gäbe, würden Sie sich dann, Nikolaj Lukitsch, überhaupt noch Sorgen darüber machen, forschen und Briefe schreiben? Folglich können Sie mit ihrem *Ich* nicht fertigwerden; Ihr *Ich* will sich den irdischen Verhältnissen nicht unterordnen und sucht etwas, was außerhalb der Erde liegt und dem es gleichfalls angehört. Übrigens, was ich auch darüber schreibe, ich erreiche doch nichts. Ich drücke herzlich Ihre Hand und verabschiede mich von Ihnen. Bleiben Sie doch bei Ihrer Unruhe, suchen Sie weiter, vielleicht werden Sie finden.

Ihr Diener und aufrichtiger Gönner

F. Dostojewskij

An eine unbekannte Mutter

Petersburg, 27. März 1878

Gnädige Frau, Ihren Brief vom 20. Februar beantworte ich erst heute, nach einem Monat. Ich war krank und sehr beschäftigt und bitte Sie sehr, mir diese Verzögerung nicht übelzunehmen.

Sie stellen mir Fragen, die man nur in langen Abhandlungen und unmöglich in einem Brief beantworten kann. Außerdem gibt auf solche Fragen nur das Leben selbst Antwort. Wenn ich Ihnen auch 10 Bogen schreiben wollte, so könnte doch irgendein Mißverständnis, das bei einer mündlichen Unterredung leicht aufzuklären wäre, bewirken, daß Sie mich gar nicht verstünden und alle 10 Bogen ablehnen würden. Kann man denn überhaupt über solche Dinge zu gänzlich unbekannten Menschen und dazu noch brieflich sprechen? Ich halte es für ganz unmöglich und glaube, daß es der Sache sogar schaden kann.

Aus Ihrem Brief schließe ich, daß Sie eine gute Mutter sind und sich große Sorgen wegen Ihres heranwachsenden Kindes machen. Ich kann aber unmöglich begreifen, wozu Sie die Lösung der Fragen brauchen, mit denen Sie sich an mich wenden: Sie stellen sich zu große Aufgaben, und Ihre Sorge ist übertrieben und krankhaft. Sie können die Sache viel einfacher machen. Wozu führen solche Fragen wie: »Was ist *gut* und was nicht?« Diese Fragen gehen nur Sie, wie jeden *inneren* Menschen, an und haben mit der Erziehung Ihres Kindes nicht das geringste zu tun. *Jeder* Mensch, der überhaupt die *Wahrheit* erfassen kann, fühlt es mit seinem Gewissen, was gut und was böse ist. Seien Sie gut, und lassen Sie auch Ihr Kind erkennen, daß Sie gut sind; damit werden Sie Ihrer Pflicht dem Kinde gegenüber vollständig genügen, denn auf diese Weise werden Sie ihm *unmittelbar* die Überzeugung beibringen, daß man gut sein soll. Glauben Sie es mir. Ihr Kind wird dann sein Leben lang mit großer Ehrfurcht, vielleicht auch mit Rührung Ihrer gedenken. Und selbst wenn Sie auch manches Schlechte, das heißt, Leichtsinnige, Krankhafte und sogar Lächerliche tun, wird Ihr Kind dies alles früher oder später bestimmt vergessen und nur das Gute behalten. Merken Sie sich, daß Sie für Ihr Kind überhaupt nichts anderes tun können. Und das ist auch mehr als genug. Die Erinnerung an die *guten* Handlungen der Eltern, an ihre Wahrheitsliebe, Rechtschaffenheit, Herzensgüte und daran, daß sie keine falsche Scham hatten und womöglich auch nie logen, wird aus Ihrem Kinde früher oder später einen neuen Menschen machen; glauben Sie es mir. Denken Sie nicht, daß dies zuwenig ist. Wenn man auf einen großen Baum einen winzigen Zweig pfropft, werden dadurch auch die Früchte des Baumes verändert.

Ihr Kind ist jetzt 3 Jahre alt; machen Sie es mit dem Evangelium bekannt, lehren Sie es an Gott glauben, und zwar streng nach der Überlieferung. Dies ist eine *sine qua non,* anders können Sie aus Ihrem Kinde keinen guten Menschen machen, sondern im besten Falle einen *Dulder,* und im schlimmsten Falle – einen gleichgültigen *fetten Menschen,* was noch viel schlimmer ist. Etwas Besseres als Christus können Sie gar nicht erfinden, glauben Sie es mir.

Stellen Sie sich nun vor, daß Ihr Kind mit 15 oder 16 Jahren zu Ihnen kommt (nachdem es mit verdorbenen Schulfreunden verkehrt hat) und an Sie oder seinen Vater die Frage richtet: »Warum soll ich euch lieben, und warum stellt ihr es mir als meine Pflicht dar?« Glauben Sie mir: Dann werden Ihnen keinerlei Fragen und Kenntnisse helfen, und Sie werden darauf nichts erwidern können. Daher müssen Sie zu erreichen suchen, daß es Ihrem Kinde *überhaupt nie einfällt, zu Ihnen mit dieser Frage zu kommen.* Dies ist aber nur dann möglich, wenn Ihr Kind mit solcher Liebe an Ihnen hängt, daß eine solche Frage ihm überhaupt nie in den Sinn kommt; es wird sich höchstens in der Schule solch paradoxe Ansichten aneignen können; Ihnen wird es aber ein leichtes sein, das Paradoxe von der Wahrheit zu scheiden; und wenn Sie einmal wirklich diese Frage zu hören bekommen, können Sie sie mit einem einfachen Lächeln beantworten und fortfahren, schweigend Gutes zu tun.

Wenn Sie sich überflüssige und übertriebene Sorgen über Ihre Kinder machen, können Sie ihnen leicht die Nerven ruinieren und ihnen lästig fallen; Sie können ihnen selbst bei großer gegenseitiger Liebe lästig werden; daher müssen Sie vorsichtig sein und in allen Dingen maßhalten. Mir scheint, daß Ihnen in dieser Beziehung jedes Gefühl für Maß abgeht. In Ihrem Brief steht zum Beispiel folgender Satz: »Wenn ich für sie (das heißt für den Gatten und den Sohn) lebe, so ist es ein egoistisches Leben; darf ich aber so egoistisch leben, wenn es um mich herum noch viele andere Menschen gibt, die meiner Hilfe bedürfen?« Welch ein müßiger und unnützer Gedanke! Wer hindert Sie daran, für die anderen Menschen zu leben und dabei eine gute Mutter und Gattin zu bleiben? Im Gegenteil: wenn Sie auch für die anderen leben und ihnen Ihre Güte und *Herzensmühe* zuteil werden lassen, geben Sie Ihren Kindern ein leuchtendes Beispiel, und Ihr Mann muß Sie dann noch viel mehr liebhaben. Da Ihnen aber überhaupt solche Fragen in den Sinn kommen, muß ich annehmen, daß Sie es für Ihre Pflicht halten, so sehr an Ihrem Gatten und Ihren Kindern zu kleben, daß Sie dabei die *ganze Welt* vergessen, das heißt, ohne jedes Maß. Auf diese Weise können Sie Ihrem Kind nur lästig werden, selbst wenn es Sie lieben sollte. Es kann leicht kommen, daß Ihnen Ihr Wirkungskreis plötzlich zu klein erscheint und daß Sie nach einem andern großen, beinahe weltumfassenden streben. Hat aber auch ein jeder Mensch das Recht, danach zu streben? Glauben Sie mir: Es ist ungemein wichtig und nützlich, selbst in einem kleinen Wirkungskreise als gutes Beispiel zu wirken, denn auf diese Weise beeinflußt man Dutzende und Hunderte von Menschen. Ihr Vorsatz, nie zu lügen und in der Wahrheit zu leben, wird die leichtsinnigen Menschen in Ihrer Umgebung nachdenklich stimmen und beeinflussen. Das allein ist schon eine große Tat. Auf diese Weise können Sie ungeheuer viel erreichen. Es wäre doch wirklich unsinnig, alles liegenzulassen und *mit dergleichen Fragen* nach Petersburg zu reisen, um in die Medizinische Akademie einzutreten oder sich in der Frauenhochschule herumzutreiben. Ich begegne hier täglich solchen Frauen und Mädchen; was für eine furchtbare Beschränktheit, sage ich Ihnen! Und alle, die früher gut waren, werden hier verdorben. Da sie in ihrer Umgebung keine ernste Tätigkeit sehen, beginnen sie, die Menschen ganz abstrakt, nach dem Buche zu lieben; sie lieben die Menschheit und verachten den einzelnen Unglücklichen, sie langweilen sich in seiner Gesellschaft und gehen ihm aus dem Wege.

Ich weiß absolut nicht, was ich auf Ihre Fragen antworten soll, denn ich verstehe diese Fragen überhaupt nicht. Am schlechten

Charakter eines Kindes sind selbstverständlich die ihm angeborenen schlechten Triebe schuld (denn es steht außer jedem Zweifel, daß der Mensch immer mit schlechten Trieben geboren wird), wie auch zugleich die Erzieher, die unfähig oder zu faul sind, dieser Triebe *Herr zu werden* oder sie (durch ihr eigenes Beispiel) in andere Bahnen zu lenken. 2. wird das Kind wie auch der Erwachsene von der Mehrheit der Umgebung beeinflußt, in der es sich befindet, so wie ihn auch einzelne Persönlichkeiten bis zur völligen Beherrschung beeinflussen. Hier gibt es überhaupt keine Frage, und das ist alles – nach den Umständen zu urteilen. (Sie müßten die Umstände besiegen, da Sie Mutter sind und das Ihre Pflicht ist, aber nicht durch Leiden, Sentimentalität, nicht durch Liebe bis zur Verdrießlichkeit, sondern durch das gute äußere Beispiel.) Von der Arbeit will ich erst gar nicht sprechen. Wenn Sie Ihrem Kinde gute Neigungen anerziehen, so wird es die Arbeit von selbst liebgewinnen. Nun ist es genug, ich habe Ihnen viel geschrieben, bin müde geworden, habe aber eigentlich wenig gesagt, so daß Sie mich natürlich nicht verstehen werden.

Mit aller Hochachtung Ihr ergebener Diener

Fjodor Dostojewskij

Peter der Große hätte ja mit seinen Staatseinkünften von 1¹/₂ Millionen bei seinem ruhigen und satten Leben im Moskauer Zarenschloß bleiben können, und doch hat er sein ganzes Leben durch *gearbeitet*. Er wunderte sich immer über die Menschen, die nicht arbeiten.

An eine Gruppe Moskauer Studenten

Petersburg, 18. April 1878

Sehr geehrte Herren Studenten, die Sie mir geschrieben haben. Verzeihen Sie mir, daß ich Ihnen so lange nicht geantwortet habe; ich war wirklich krank, und noch andere Umstände haben meine Antwort verzögert. Ich wollte Ihnen ursprünglich öffentlich in den Zeitungen antworten; es stellte sich aber heraus, daß dies *wegen von mir unabhängiger Umstände*[1] unmöglich ist; jedenfalls kann ich in der Presse Ihre Fragen nicht mit der nötigen Ausführlichkeit behandeln. Zweitens, wenn ich Ihnen nur brieflich antworte, was kann ich da überhaupt sagen? Ihre Fragen berühren die *ganze*, entschieden die gesamte gegenwärtige innere Lage Rußlands; soll ich also ein ganzes Buch schreiben, nicht wahr: Meine ganze *profession de foi?*

Ich habe mich endlich entschlossen, Ihnen diesen kurzen Brief zu schreiben, wobei ich riskiere, daß Sie mich absolut mißverstehen; und dies wäre mir höchst unangenehm.

Sie schreiben mir: »Am allerwichtigsten ist uns die Beantwortung der Frage, inwiefern wir selbst an der Sache schuld sind und was für Schlüsse die Gesellschaft und auch wir selbst aus den Ereignissen ziehen sollen?«

Des weiteren weisen Sie sehr fein und richtig auf das Wesentlichste im Verhältnis der heutigen russischen Presse zur Jugend hin.

»In unserer Presse herrscht offensichtlich ein gewisser *warnender* Ton herablassender Entschuldigung (das heißt Ihnen gegenüber.)«

Das ist nur zu wahr: gerade ein *warnender* Ton, der vorher für alle Fälle und nach einer bekannten Schablone zurechtgemacht und dabei im höchsten Grade abgeschmackt und veraltet ist.

Und weiter schreiben Sie: »Offenbar haben wir nichts mehr von diesen Leuten zu erwarten, die auch von uns nichts mehr erwarten und sich von uns wegwenden, nachdem sie ihr vernichtendes Urteil über die ›Wilden‹ ausgesprochen haben.«

Das ist völlig richtig: *Sie wenden sich wirklich von Ihnen weg* und kümmern sich überhaupt gar nicht um Sie (jedenfalls die überwiegende Mehrzahl). Doch es gibt auch Menschen, und sogar recht viele, wie in der Presse, so auch in der Gesellschaft, die entsetzlich unter dem Gedanken leiden, daß die Jugend *mit dem Volke* (das vor allem ist die Hauptsache!) und dann, das heißt jetzt, mit der Gesellschaft gebrochen hat. Denn es ist wirklich so. Die Jugend lebt in abstrakten Träumen, befolgt fremde Lehren, will nichts von Rußland wissen, will es vielmehr selbst belehren. Schließlich steht es heute *außer jedem Zweifel,* daß unsere Jugend einer von außen auf sie einwirkenden leitenden politischen Partei in die Hände gefallen ist, die sich um die Interessen der Jugend in keiner Weise bekümmert und sie nur als Material und Herde des Panurg für ihre eigenen Ziele braucht. Denken Sie nicht daran, das abzuleugnen, meine Herren, denn es ist so.

Sie fragen mich, meine Herren: »Inwiefern tragen wir Studenten selbst Schuld an den Ereignissen?« Hier ist meine Antwort: Ich glaube, daß Sie an der Sache nicht die geringste Schuld tragen. Denn Sie sind ja nur Kinder der gleichen ›Gesellschaft‹, von der Sie sich jetzt abwenden und die »durch und durch verlogen« ist.

Wenn sich aber unser Student von der Gesellschaft lossagt, geht er nicht ins Volk, sondern irgendwohin ins Ausland, flüchtet in den ›Europäismus‹, ins abstrakte Reich eines nie gewesenen ›allgemeinen Menschen‹ und zerreißt auf diese Weise alle Bande, die ihn noch mit dem Volke verbinden; er verachtet das Volk und verkennt es wie ein echter Sohn der Gesellschaft, mit der er gleichfalls gebrochen hat. Und dabei liegt im Volke unsere ganze Rettung (doch dies ist ein langes Thema)... Aber auch diese Entzweiung mit dem Volke darf der Jugend nicht allzu streng angerechnet werden. Wo hat sie überhaupt Gelegenheit, bevor sie noch ins wirkliche Leben tritt, sich *bis zum Volk hindurchdenken zu können?*

Das Schlimmste an der Sache ist aber, daß das Volk bereits bemerkt hat, daß die intelligente russische Jugend mit ihm gebrochen hat; noch schlimmer ist, daß es die jungen Leute, auf die es sein Augenmerk gerichtet hat, mit *Studenten* bezeichnet. Das Volk ist auf sie schon längst, schon im Anfang der sechziger Jahre, aufmerksam geworden; all dieses Pilgern *›ins Volk‹* hat im Volk nur Abscheu erweckt. »Die Junkerchen« sagt das Volk; (ich weiß ganz bestimmt und garantiere Ihnen, daß man Sie so nennt). Eigentlich ist auch das Volk im Unrecht, denn es hat in unserem russischen Leben noch nie eine Periode gegeben, in der die Jugend (gleichsam in der Vorahnung, daß Rußland bei einem gewissen entscheidenden Punkt angelangt ist und über einem Abgrund schwebt) in ihrer überwiegenden Majorität so aufrichtig war, so nach Wahrheit lechzte, so opferfreudig ihr Leben für die Wahrheit und für jedes Wort der Wahrheit hingeben wollte wie jetzt. In ihr liegt wahrlich die große Hoffnung Rußlands! Ich empfinde es schon lange und habe schon längst begonnen, in diesem Sinne zu schreiben. Und was kommt dabei plötzlich heraus? Die Jugend sucht die Wahrheit, nach der sie so sehr lechzt, Gott weiß wo, an den absonderlichsten Quellen (auch hierin gleicht sie der durch und durch verfaulten europäisch-russischen Gesellschaft, die sie hervorgebracht hat) und nicht im Volke, nicht auf der eigenen Scholle. Die Folge davon ist, daß im entscheidenden Augenblick weder die Gesellschaft noch die Jugend *das Volk kennen.* Statt das Leben des Volkes zu leben, begeben sich die jungen Leute, die nichts vom Volke verstehen und alle seine Grundlagen, wie zum Beispiel seine Religion, aufs tiefste verachten, ins Volk, nicht um es kennenzulernen, sondern um es von oben herab und mit einer gewissen Verachtung zu belehren; ein durchaus aristokratischer Sport! »Die Junkerchen«

nennt sie das Volk und hat recht. Es ist ja wirklich seltsam: Überall auf der Welt waren die Demokraten immer auf der Seite des Volkes; nur bei uns hat sich der Demokratismus der Intelligenzler mit den Aristokraten gegen das Volk verbündet: Sie gehen ins Volk, »um ihm Gutes zu tun«, und verachten dabei alle seine Sitten und Ideale. Eine solche Verachtung kann aber unmöglich zur Liebe führen!

Im vorigen Winter bei Ihrer Demonstration vor der Kasan-Kathedrale drang die jugendliche Menge in die Kirche ein, rauchte Zigaretten, entweihte den Tempel und verübte einen Skandal.[2] »Hören Sie einmal«, hätte ich zu diesen Kasanern gesagt (manchen habe ich es auch ins Gesicht gesagt), »Sie glauben nicht an Gott, und das ist Ihre Sache; warum beleidigen Sie aber das Volk, indem Sie seinen Tempel entweihen?« Das Volk nannte Sie wieder »Junkerchen« und, was noch viel schlimmer ist, »Studenten«, obwohl auch zahlreiche obskure Juden und Armenier dabei waren (die Demonstration war, wie es nun erwiesen ist, politisch und von auswärts vorbereitet). Ebenso bezeichnet das Volk nach dem Prozeß der Sasulitsch[3] alle Revolverhelden als »Studenten«. Dies ist schlimm, obwohl auch tatsächlich Studenten darunter waren. Schlimm ist auch, daß das Volk bereits sein Augenmerk auf sie gerichtet hat und sie gehässig und feindselig behandelt. Auch Sie, meine Herren, bezeichnen zugleich mit der ganzen Intelligenzlerpresse das Volk von Moskau als »Metzger«. Was soll das heißen? Warum sind Metzger kein Volk? Sie sind eben das eigentliche Volk, auch Minin[4] war ein Metzger. Nun ist man über die Art und Weise empört, in der das Volk seine Empfindungen zum Ausdruck gebracht hat. Merken Sie sich aber: Wenn das Volk beleidigt ist, äußert es seine Gefühle immer auf diese Weise. Das Volk ist ungeschliffen, es ist der Muschik. Das Ganze war eigentlich nur die Lösung eines Mißverständnisses, das schon seit uralten Zeiten (man hatte es früher einfach übersehen) zwischen dem Volk und der Gesellschaft besteht, das heißt, der Jugend, die am hitzigsten ist und am schnellsten ihre Beschlüsse faßt. Die Sache spielte sich wirklich sehr häßlich ab und gar nicht so, wie sie sich eigentlich hätte abspielen müssen, denn mit Fäusten kann man nie etwas beweisen. So war es aber immer und überall *beim Volk* in der ganzen Welt. Das englische Volk bearbeitet bei den Meetings seine Gegner oft mit Fäusten, und das französische Volk hat während der Revolution vor der Guillotine, während sie *ihre Arbeit verrichtete*, gejauchzt und getanzt. Selbstverständlich ist das alles häßlich. Es bleibt aber die Tatsache, daß das Volk (das ganze Volk und nicht nur die Metzger; es ist ein schlechter Trost, wenn Sie die Leute mit ähnlichen Worten bezeichnen) sich gegen die Jugend empört hat und sein Augenmerk auf die Studenten gerichtet hat; andererseits muß aber auch die betrübliche Tatsache festgestellt werden (und sie ist sehr bedeutungsvoll), daß die Presse, die Gesellschaft und die Jugend sich verschworen haben, das eigentliche Volk zu verkennen und zu sagen: Das ist kein Volk, sondern Pöbel.

Meine Herren, wenn Sie in meinen Worten etwas finden, was Ihren Ansichten widerspricht, so wird es wohl das Beste sein, wenn Sie mir dafür nicht zürnen. Denn es gibt ohnehin Kummer genug. In unserer durchfaulten Gesellschaft gibt es nichts als Lügen von *allen* Seiten. Sie kann sich aus eigener Kraft nicht mehr halten. Nur das Volk allein ist stark und fest, doch zwischen der Gesellschaft und dem Volke sind seit zwei Jahren entsetzliche Widersprüche hervorgetreten. Als unsere Sentimentalisten das Volk von der Leibeigenschaft befreiten, glaubten sie voller Rührung, daß es sofort auf ihre europäische Lüge, ihre Aufklärung, wie sie sie nennen, hereinfallen würde. Das Volk hat sich aber als sehr selbständig erwiesen, und nun beginnt es, die Verlogenheit der oberen Schicht unserer Gesellschaft *bewußt* zu erkennen. Die Ereignisse der beiden letzten Jahre[5] haben es nur gekräftigt und ihm vieles aufgeklärt. Das Volk unterscheidet aber außer seinen Feinden auch seine Freunde. Auch manche traurigen und qualvollen Tatsachen sind zu verzeichnen. Die aufrichtig gesinnte, von ehrlichen Absichten beseelte Jugend ging auf ihrer Suche nach der Wahrheit zum Volk, um dessen Leiden zu lindern. Und was kam dabei heraus? Das Volk jagt sie von sich fort und will ihre ehrlichen Bemühungen nicht anerkennen. Denn diese Jugend hält das Volk für etwas anderes, als es ist; sie haßt und verachtet seine Ideale und bringt ihm Arzneien, die es für unsinnig und verrückt halten muß.

Bei uns in Petersburg ist jetzt wirklich der Teufel los. Die Jugend predigt die Macht des Revolvers und die Überzeugung, daß die Regierung vor ihr Angst hat. Das Volk verachtet sie nach wie vor und rechnet überhaupt nicht mit ihm; sie merkt sogar nicht, daß das Volk vor ihr gar keine Angst hat und nie den Kopf verlieren wird. Und wenn wieder Zusammenstöße kommen? Wir leben in einer qualvollen Zeit, meine Herren!

Meine Herren, ich schrieb Ihnen alles, *was ich konnte*. Jedenfalls habe ich, wenn auch nicht genügend ausführlich, Ihre Frage beantwortet. Nach meiner Ansicht haben die Studenten keine Schuld, sogar im Gegenteil: Unsere Jugend war noch nie so ehrlich und aufrichtig wie jetzt (diese Tatsache ist nicht unbedeutend, sondern groß und historisch). Leider trägt aber unsere Jugend die ganze Lüge der beiden Jahrhunderte unserer Geschichte mit sich herum. Sie hat folglich gar nicht *die Kraft*, den Verhältnissen auf den Grund zu kommen, und man darf sie in keiner Weise beschuldigen, um so mehr, als sie bei der Sache Partei (und dazu noch die beleidigte Partei) ist. Doch wenn ihr auch *die Kraft nicht ausreicht,* selig ist, wer auch unter diesen Umständen den rechten Weg findet. Der Bruch mit der Umwelt soll viel entscheidender sein als der Bruch zwischen der Gesellschaft von heute und der von morgen, von dem die Sozialisten predigen. Denn wenn man ins Volk gehen und mit dem Volke bleiben will, muß man vor allen Dingen *lernen, das Volk nicht zu verachten;* dies kann aber unsere oberste Schicht fast unmöglich lernen. Zweitens muß man auch anfangen, an Gott zu glauben, was unseren russischen Europäern unmöglich ist (obwohl man in Europa an Gott glaubt).

Ich begrüße Sie, meine Herren, und drücke Ihnen, wenn Sie es gestatten, die Hand. Wenn Sie mir eine große Freude machen wollen, so halten Sie mich um Gottes willen nicht für einen Prediger, der Sie von oben herab belehren will. Sie haben mich aufgefordert, Ihnen die Wahrheit nach Glauben und Gewissen zu sagen; ich habe Ihnen die Wahrheit gesagt, wie ich sie mir denke, und wie ich es kann. Denn kein Mensch kann mehr, als ihm seine Kräfte und Fähigkeiten erlauben.

Ganz Ihr ergebener
Fjodor Dostojewskij

An A. G. Dostojewskaja

Moskau, 7. November 1878

Ich bin heute, meine liebe Freundin Anja, nach einer äußerst qualvollen Reise in Moskau angekommen.[1] In den mit der ekelhaftesten Ventilation versehenen, hermetisch verschlossenen Reisewaggons herrschte eine solche Schwüle, daß ich zu sterben meinte. Außerdem war die Luft so sehr verraucht, daß ich die ganze Nacht hustete, bis zum Bersten hustete. Keine Minute habe ich die Augen zugemacht. Ich bin schrecklich geschwächt. Die Nacht über war es kalt, und es regnete die ganze Strecke; im Gouvernement von Twer war es dann nasser Schnee. Hier in Moskau gibt es Regen und Nebel. Eine schreckliche Dunkelheit. Bei uns in Petersburg hat es im ganzen Oktober nur einen so gräßlichen Tag gegeben wie den heutigen Tag in Moskau.

Ich bin im ›Europa‹ abgestiegen, Zimmer Nr. 25. Ich wusch mich (im ungeheizten Zimmer), zog mich an und fuhr zu Katkow. Ich habe ihn nicht *angetroffen*, und ich habe ihn wirklich nicht angetroffen, nicht etwa, daß er sich hätte verleugnen lassen. Ich ließ ausrichten, daß ich heute abend um 8 Uhr bei ihm wäre. Da ich es selbst war, der den Zeitpunkt meines Besuchs bestimmte, und nicht Katkow, fürchte ich, daß er absagt und mich nicht empfängt. Weiß Gott, was die in Moskau für Sitten haben. Es war für mich sehr erniedrigend, und ich befinde mich augenblicklich in einer sehr üblen Gemütsverfassung (es ist 6 Uhr abends).

Nachdem ich Katkow nicht angetroffen hatte, fuhr ich zu dem Buchhändler Solowjow.[2] Er war auch nicht zu Hause. Ich werde morgen bei ihm sein. – Danach fuhr ich zu Ljubimow: auch er war nicht zu Hause. Dann fuhr ich zu Rassochin. Er teilte mir mit, daß er mir nicht die *ganze Summe* geben könne, sondern bloß 20 Rub. Würde ich aber noch etwa zwei Tage warten, könnte er mir mehr bezahlen. Ich ließ ihn wissen, ich käme am 9. November.

Danach war ich bei Kaschkin. Dieser war bereit, mir sogleich 65 R. und 35 Kop. auszuhändigen, und erklärte mir dann, wir seien *quitt*. Er hat noch ein großes Paket Zeitschriftennummern übrig. Er versprach mir, er wolle sie selbst verpacken und mir schicken. Ich bat ihn darum, den Preis zu berechnen, und versprach, alles in 2 Tagen vorzubereiten. Auf diese Weise stimmt Deine Rechnung: 213 R. Er hat mir mit dem jetzt ausgehändigten Geld in Abständen 130 R. ausbezahlt und meint, wir seien quitt. Er ist fest davon überzeugt, daß nach Abschätzung der übriggebliebenen Nummern bestimmt nicht weniger als 83 R. herauskämen, auf diese Weise würde Deine Rechnung stimmen, das heißt, 213 Rubel.

Wie mir scheint, sind das alles gute, feine Menschen, und sie bezahlen die Honorare, nur haben sie selbst wenig Geld. Die feine Art überwältigt, die unfeine stößt ab. Solowjow ist natürlich ein besonderes Exempel, weil er reich ist.

Dann war ich bei Warja: Wir plauderten ein wenig, aber es gibt nichts von besonderem Interesse.

Was machst Du, was tun die Kinder? Ich würde schrecklich gerne schlafen, unvorstellbar gern. Meine Nerven sind sehr strapaziert. Noch schlimmer strapaziert, da ich vor kurzem, nämlich im Waggon, eine Broschüre von Zitowitsch[3] gelesen habe. Er vertritt die richtige Sache, aber einen derartigen Dummkopf habe ich in meinem Leben noch nicht gesehen. Da sieht man es wieder: Man soll einen Dummkopf nicht die richtige Sache vertreten lassen. Er hat sie beschmutzt! Über dieses Thema kann man auch jetzt nichts mehr schreiben.

Ich umarme Dich, mein Engel, und küsse Dich, auch unsere Engelchen.

Ich hoffe, so bald wie möglich zu kommen. Ich langweile mich schrecklich. Und schrecklich gerne würde ich schlafen.

Ich küsse Dich 50tausend335mal. Und küsse mir ebensooft die Kinder.

Selbstverständlich werde ich auch morgen wieder schreiben.

Ganz Dein F. Dostojewskij

An A. G. Dostojewskaja

Ems, 13./25. August 1879

Ich habe gerade Deinen lieben Brief vom 8. August erhalten, meine liebe Freundin Anja, und will Dir der Reihe nach antworten. Du schreibst, Du würdest Dich um mich sorgen, das heißt, um meine Kur. Ich weiß nicht, was ich Dir von den Erfolgen berichten soll. Morgen werden es genau 3 Wochen seit Beginn der Kur. Es bleiben noch genau 2 Wochen, so hat es Orth heute beschlossen. Am 28. August (unseres Stiles) werde ich also die Kur beenden, und am 29. will ich hier abreisen. Ich werde 5 Tage unterwegs sein und wahrscheinlich am 3. September, vielleicht sogar schon am 2., in Staraja Russa eintreffen, aber der 3. ist doch wahrscheinlicher. Das heißt, daß Du Deinen letzten Brief an mich am 23. oder 24. August abschicken *kannst*, ein späterer würde mich nicht mehr erreichen. Im übrigen stehen ja noch 2 Wochen bevor, und da können sich einige Veränderungen ergeben. Ich fühle mich beim jetzigen Stand der Kur munterer und kräftiger, ich habe mehr Energie, und die dauernde Schläfrigkeit beispielsweise ist überhaupt verschwunden; das muß man unbedingt den Quellen zuschreiben. Im übrigen scheine ich nicht zuzunehmen, und ich werde nicht dicker. Mein Husten hat sich stark beruhigt, er hat fast aufgehört, aber ich muß immer noch husten, und der Hustenreiz ist sehr stark, obgleich der

Auswurf sehr leicht ist und die Hustenschmerzen allmählich nachlassen. Trotzdem schlafe ich nachts immer noch nicht gut, werde häufig wach und komme sogar ins Schwitzen, wenn auch nicht mehr so sehr wie früher. Ich habe Appetit, aber der Magen ist nicht ganz in Ordnung. Nun, das ist alles, was ich Dir von mir berichten kann, außer der Tatsache, daß die Kur anscheinend Erfolg hat. Doch das ist alles nur palliativ und hilft für eine kurze Zeit, die Krankheit behalte ich, und dafür wurden 700 Rubel ausgegeben. – Das hiesige Wetter behindert die Kur ebenfalls; es ist zwar warm, sogar sehr warm, aber die Wärme ist feucht, und wenn auch die Sonne scheint, so regnet es etwa dreimal täglich und insbesondere nachts. Manchmal gießt es die ganze Nacht, und die Feuchtigkeit ist doch mein erster Feind. Hätten wir besseres Wetter, wäre auch die Kur erfolgreicher.

Die Nachricht über die arme Emilia Fjodorowna hat mich sehr traurig gestimmt. Freilich, es war unvermeidlich, mit ihrer Krankheit durfte sie kein langes Leben erwarten. Doch mit ihrem Tod ist für mich quasi hier alles zu Ende, was von der Erinnerung an den Bruder übriggeblieben war. Allein Fedja, Fjodor Michajlowitsch, ist noch da, den ich auf meinen Armen gewiegt hatte. Die restlichen Kinder des Bruders sind so ganz ohne mich aufgewachsen.[1] Teile Fedja meine tiefe Anteilnahme mit, ich weiß nicht, wohin ich ihm schreiben sollte, und Du hast vergessen, Deinem Brief die Adresse beizugeben. (Vergiß es nicht in Deinem nächsten Brief.) Stell Dir vor, was ich am 5. des Monats für einen Traum hatte (ich habe mir das Datum notiert): Ich sehe den Bruder, er liegt auf dem Bett, und an seinem Hals ist die Arterie durchgeschnitten, er verliert Blut, in meinem Schrecken denke ich zum Arzt zu rennen und erstarre bei dem Gedanken, daß er ganz ausbluten wird, ehe der Arzt zur Stelle ist. Ein seltsamer Traum, und vor allem: ich träumte ihn am 5. August, am Vorabend ihres Todes.

Ich glaube nicht, daß ich mich vor ihr sehr schuldig fühlen muß. Als es möglich war, habe ich ihr geholfen und hörte mit der regelmäßigen Unterstützung erst dann auf, als die nächsten Verwandten, Sohn und Schwiegersohn, ihr Hilfe waren. Im Todesjahr des Bruders habe ich nicht nur alle meine 10 000 Rubel für ihre Sache hingelegt, ohne es zu überlegen und zu bedauern, sondern sogar auch meine Kräfte geopfert und meinen literarischen Namen, den ich der Schande einer durchgefallenen Zeitschrift preisgab.[2] Wie ein Ochse arbeitete ich, so daß mir nicht einmal der verstorbene

Bruder im Reich der Toten Vorwürfe machen kann. Aber genug davon. Mein Täubchen, ich denke die ganze Zeit selbst an den Tod (allen Ernstes, hier denke ich daran); ich denke auch daran, was ich Dir und den Kindern hinterlasse. Alle meinen, wir hätten Geld, aber wir besitzen gar nichts. Ich habe jetzt die ›Karamasows‹ am Hals, die müssen gut zu Ende gebracht werden, das muß eine Juweliersarbeit werden, aber es ist eine schwierige und riskante Sache, sie raubt mir viel Kräfte. Doch es wird auch die entscheidende Sache meines Lebens: sie muß meinen Namen prägen, andernfalls wäre jegliche Hoffnung darauf verloren. Ich werde den Roman fertigschreiben, und Ende des nächsten Jahres will ich das ›Tagebuch‹ zur Subskription ausschreiben; mit den laufenden Einnahmen aus dem ›Tagebuch‹ und den Subskriptionsgeldern werde ich ein Gut kaufen. Um zu leben und das ›Tagebuch‹ bis zur nächsten Subskription herauszugeben, werde ich es *irgendwie* durch den Verkauf von Büchern schaffen. Man braucht viel Energie, sonst kommt nie etwas zustande. Doch genug davon, wir werden uns darüber noch aussprechen und streiten können. Du liebst ja keine Dörfer, aber ich bin der Überzeugung, daß ein Dorf 1. ein Kapital ist, das sich nach Heranwachsen der Kinder verdreifacht, und 2. wer Land besitzt, nimmt auch an der politischen Machtausübung über den Staat teil. Das ist die Zukunft der Kinder und die Bestimmung dessen, was aus ihnen wird: starke und unabhängige Bürger (es gibt nicht Besseres) oder elende, arme Wichte. Doch genug. Du schreibst, Fedja ginge immer zu den Buben. Er ist nun in dem Alter, in dem die Krise aus der 1. Kindheit zu bewußtem Nachdenken stattfindet. An seinem Charakter bemerke ich sehr viele tiefe Züge, und es ist nur einer davon, daß er sich dort langweilt, wo ein anderes Kind (ein gewöhnliches) nicht daran dächte, sich zu langweilen. Leider ist er in dem Alter, in dem sich die früheren Beschäftigungen verändern, ebenso wie Spiele und Sympathien andere werden. Er müßte schon längst ein Buch haben, daß er ein klein wenig Gefallen daran fände, bewußt zu lesen. Ich habe in diesem Alter schon etwas gelesen. Er wird Dir jetzt augenblicklich einschlafen, wenn er nichts zu tun hat. Aber er wird sich bald andere Beschäftigungen suchen, ja, selbst mit schlechten Sachen wird er sich trösten, wenn er keine Bücher hat. Er hat jedoch bis jetzt noch nicht lesen gelernt. Wenn Du nur wüßtest, wie sehr ich mich hier damit beschäftige und wie mich das beunruhigt. Ja, wann wird er es überhaupt erlernen? Alles lernen und nicht erlernen!

Wegen der Ankunft der Bergemanschen ist über Nil wieder keine Entscheidung getroffen worden. Aber ich bitte Dich, Anja, was ist denn das für eine Sache? Nun, warum kommt sie denn, wozu eigentlich? Um zu stören? Warum hast Du sie zu Dir gebeten? Tu mir bitte den Gefallen, Anja, schreib ihr (Du wirst diesen Brief am 17. d. Mt. erhalten, Du hast also noch Zeit dazu), *Du könntest sie nicht empfangen,* die Umstände seien inzwischen andere und dgl. mehr. Tu mir bitte den Gefallen, und verbirg dieses prahlerisch leere und falsche Schamgefühl vor ihr! Fährst Du vor ihr hin, wird sie ohnehin kommen und Dich nicht antreffen, und die ganze Reise nach Nil wird Dir schiefgehen. Du wirst Dich bei dieser Hast unwohl fühlen, es wird eine Reise ohne Vergnügen, ja, vielleicht wird sie gefährlich sein. Sollte sie später kommen (dazu noch um eine ganze Woche, bei Gott!), wird sie wahrscheinlich warten, bis ich eintreffe, sie wird vorsätzlich dableiben, um mich zu begrüßen und mir eine angenehme Überraschung zu bereiten. Wahrhaftig, ich begreife nicht, wie Du all diese Dinge planen kannst. Es wäre doch besser, Du würdest Deine Reise nach Nil ohne Hast und Eile machen, zu Deinem Vergnügen und den Kindern zur Erinnerung.

Auf Wiedersehen, Täubchen, sei mir wegen meiner Belehrungen nicht böse. Ich küsse Dich fest, Dich und alle ›anmutigen Dinge‹. Ich küsse Dich 1000mal, aber nicht mehr. Morgen werden es genau 2 Wochen meines hiesigen *Schweigens* sein, denn das ist nicht nur Einsamkeit, sondern Schweigen. Ich habe es ganz verlernt, zu sprechen, ich rede sogar mit mir selbst, wie ein Verrückter. Ich bin hier sehr niedergeschlagen. Ich habe etwas zu schreiben begonnen, aber die Langeweile tötet alles.

Auf Wiedersehen. Ewig Dein

F. Dostojewskij

Anja, Du schreibst, wir hätten viele Ausgaben. Schreibe mir, wieviel Du jetzt hast. Ich bitte Dich nicht um eine Aufstellung der Ausgaben, sondern nur um eine Angabe der Summe. Ich werde die Überweisungen nicht unterbrechen. Ich schicke Dir alle drei Tage etwas mit einem Brief.

Grüße an alle. Puzykowitsch hat endlich die Nummer des ›Staatsbürgers‹ herausgerückt. Er ließ sie mir schicken. Er wartet auf die Subskription und verspricht, 40 Mark dafür zu bezahlen. Diese Nummer wird natürlich eine bibliographische Seltenheit werden, und es wird sich lohnen, sie aufzubewahren. Ich habe geschrieben, daß man sie in Rußland nicht zulasse.[3] Sonst würde er die 40 Mark nicht bezahlen.

Ich küsse und segne die Kinderchen. Lilja danke ich sehr für ihre lieben Zeilen auf Deinem Brief, und Fedja bitte ich sehr, er möge mich trösten und lesen lernen. Dann, Kinderchen, Täubchen, gehorcht der Mama. Ich küsse Euch fest.

An K. F. Junge

Petersburg, 11. April 1880

Gnädiges Fräulein, hochverehrte Katerina Fjodorowna, verzeihen Sie, daß ich Ihren schönen freundschaftlichen Brief so lange nicht beantwortet habe; halten Sie es nicht für eine Nachlässigkeit meinerseits. Ich wollte Ihnen etwas sehr Aufrichtiges und Herzliches sagen, mein Leben verläuft aber, bei Gott, in solcher Unordnung und Hast, daß ich mir nur in seltenen Augenblicken selbst gehöre. Sogar jetzt, da ich endlich einen Augenblick Zeit habe, um Ihnen zu schreiben, werde ich wohl kaum einen winzigen Bruchteil dessen, was mein Herz erfüllt und was ich Ihnen sagen möchte, mitteilen können. Ihre Meinung von mir kann ich gar nicht anders als schätzen: Ihre Mutter hat mir die Stelle in Ihrem Brief an sie, die von mir handelt, gezeigt, und Ihre Worte haben mich sehr tief gerührt und sogar in Erstaunen versetzt: Ich weiß, daß ich als Schriftsteller viele Fehler habe, denn ich bin als erster mit mir immer unzufrieden. Denken Sie sich nur, in manchen schweren Augenblicken, wo ich mir selbst Rechenschaft über mich zu geben versuche, komme ich zur qualvollen Erkenntnis, daß ich in meinen Werken auch nicht den 20. Teil dessen, was ich habe sagen wollen und vielleicht auch hätte sagen können, gesagt habe. Mich rettet nur meine ständige Hoffnung, daß Gott mir dereinst so viel Inspiration und Kraft bescheren wird, daß ich alles, was mein Herz und meine Phantasie erfüllt, vollständiger zum Ausdruck bringen kann. Neulich fand hier die öffentliche Doktordisputation des jungen Philosophen Wladimir Solowjow (er ist ein Sohn des bekannten Historikers) statt; ich bekam folgenden tiefsinnigen Satz von ihm zu hören: »Ich bin fest davon überzeugt (sagte er), daß die Menschheit *viel mehr weiß*, als sie bisher in ihrer Wissenschaft und ihrer Kunst ausgesprochen hat.« Ebenso steht es mit mir: Ich fühle, daß in mir viel mehr enthalten ist, als ich bisher in meinen Schriften ausgesprochen habe. Und wenn ich jede falsche Scham beiseite lasse, muß ich bekennen, daß auch in dem, was ich bisher geschrieben habe, manches enthalten ist, was wirklich aus der Tiefe meines Herzens kam. Ich schwöre Ihnen: Ich habe sehr viel Anerkennung, vielleicht sogar mehr, als ich verdiene, gefunden, doch hat die Kritik, die literarische Kritik der Presse, die mich sogar (wenn auch selten) lobte, von mir immer so leicht und oberflächlich gesprochen, daß ich annehmen muß, daß sie alles, was unter großen Wehen aus meinem Herzen geboren und mir unmittelbar aus der Seele geflossen ist, einfach übersehen hat. Daraus können Sie schließen, welch einen angenehmen Eindruck auf mich die feinen und tiefen Gedanken über mein Werk, die ich in Ihrem Brief an Ihre Mutter gelesen habe, machen mußten.

Ich schreibe aber nur über mich selbst, was übrigens in einem Brief an meinen klugen und mir sympathischen Kritiker, den ich in Ihnen sehe, doch ganz selbstverständlich ist. Sie schreiben mir von den seelischen Stimmungen, die Sie jetzt durchmachen. Ich weiß, daß Sie Künstlerin sind und sich mit Malerei befassen. Gestatten Sie, daß ich Ihnen einen Rat erteile, der mir wirklich aus dem Herzen kommt: Geben Sie die Kunst nicht auf, und widmen Sie sich ihr noch mehr als bisher. Ich weiß, ich hörte (verzeihen Sie), daß Sie nicht glücklich sind. Wenn Sie in Einsamkeit leben und Ihre seelischen Wunden durch Erinnerungen immer neu aufreißen, kann Ihr Leben gar zu düster werden. Es gibt dagegen nur ein Heilmittel, nur eine Zuflucht: Es ist die Kunst, die schöpferische Tätigkeit. Unternehmen Sie es nur nicht, mir Ihre Beichte zu schreiben; das wird Ihnen sicher viel zu schwer fallen. Verzeihen Sie mir, daß ich Ihnen Ratschläge erteile; ich möchte Sie aber gern sehen und Ihnen mündlich wenige Worte sagen. Nach dem Brief, den Sie mir geschrieben haben, muß ich Sie selbstverständlich als einen mir teuren Menschen, als ein meiner Seele verwandtes Geschöpf, als meine Herzensschwester betrachten; wie könnte ich nicht mit Ihnen fühlen?

Was schreiben Sie mir eigentlich von Ihrem inneren Zwiespalt? Dieser Zug ist ja allen Menschen eigen... allen Menschen, die nicht ganz gewöhnlich sind. Er ist auch der menschlichen Natur im allgemeinen eigen, tritt aber lange nicht bei jedem Menschen mit solcher Kraft wie bei Ihnen zutage. Eben aus diesem Grunde muß ich Sie als eine mir verwandte Seele betrachten, denn dieser *Zwiespalt* in Ihnen entspricht ganz genau dem meinigen und begleitet mich mein ganzes Leben. Er verursacht große Qualen und zugleich ein großes Wonnegefühl. Dieser Zwiespalt bedeutet nichts anderes, als daß Sie ein verstärktes Selbstbewußtsein, ein Bedürfnis nach Selbstkritik und ein in Ihrer Natur begründetes Gefühl für die moralische Pflicht gegen sich selbst und die Menschheit haben; genau das ist dieser Zwiespalt. Wenn Ihr Verstand weniger entwickelt wäre, wenn Sie beschränkter wären, so wären Sie weniger empfindsam und hätten diesen Zwiespalt nicht. Im Gegenteil, an seine Stelle wäre große Selbstüberhebung getreten. Und doch ist dieser Zwiespalt eine große Qual. Meine liebe, hochverehrte Katerina Fjodorowna, glauben Sie an Christus und seine Gebote? Wenn Sie an ihn glauben (oder wenigstens den festen Willen dazu haben), so geben Sie sich Ihm vollständig hin; die Qualen Ihres Zwiespaltes werden dadurch stark gelindert, und Sie werden einen seelischen Ausweg finden; das ist aber die Hauptsache.

Verzeihen Sie, daß mein Brief so unordentlich geworden ist. Wenn Sie nur wüßten, wie sehr mir die Fähigkeit abgeht, Briefe zu schreiben, und welche Last das Briefeschreiben für mich bedeutet. Ihnen werde ich aber immer antworten, wenn Sie sich wieder an mich wenden. Da ich schon einmal einen solchen Freund, wie Sie mir einer sind, gewonnen habe, will ich ihn nicht so schnell verlieren! Leben Sie wohl. Ihr Ihnen herzlich ergebener und seelenverwandter Freund

F. Dostojewskij

Verzeihen Sie das Aussehen des Briefes, die Streichungen u. dgl.

An K. P. Pobedonoszew

Staraja Russa, 19. Mai 1880

Höchstverehrter Konstantin Petrowitsch, dem Beispiel früherer Jahre folgend, kann ich auch dieses Mal den 21. Mai nicht vorübergehen lassen, ohne Ihnen aufrichtig und von ganzem Herzen das Allerbeste und das, was Sie selbst haben möchten, an Ihrem Namenstag zu wünschen. Gott gebe Ihnen vor allem Gesundheit und dann alle großartigen Erfolge in Ihren Arbeiten.[1] Ich adressiere mein Schreiben an Ihre alte Adresse in der Hoffnung, das Postamt werde die Adresse Ihres neuen Gebäudes kennen. Vor meiner Abreise aus Petersburg (genau vor einer Woche) hatte ich unbedingt vor, mich bei Ihnen etwas aufzuhalten und für den restlichen Sommer zu verabschieden. Dabei hatte ich Sie, wegen eines besonderen Vorfalls, um ein Wort auf den Weg bitten wollen, das ich sehr brauchte. Doch die Hast und Plackereien bei der Abreise haben es anders entschieden, und so konnte ich Sie nicht besuchen. Ich bin zur Erholung und zum Ausruhen nach Russa gekommen: ich muß zur Enthüllung des Puschkindenkmals nach Moskau fahren, dazu noch als Delegierter der ›Slawischen Wohltätigkeitsgesellschaft‹. Und es stellt sich heraus, wie ich es auch schon vorher geahnt hatte, daß ich nicht zum Vergnügen hinfahre, ja, vielleicht sogar unmittelbar zu Unannehmlichkeiten. Denn es handelt sich um meine teuersten und grundlegenden Überzeugungen. Ich hatte auch schon in Petersburg flüchtig gehört, daß dort in Moskau eine gewisse Clique wütet, die sich darum bemühe, bei der Feier der Einweihung anders ausgerichtete Reden nicht zuzulassen, einige *reaktionäre* Reden befürchte, die bei den Veranstaltungen der ›Freunde der Russischen Literatur‹ – die ›Freunde‹ übernehmen die Organisation der Festtage – von *manchen Leuten* gehalten werden könnten. Ich wurde ausdrücklich vom Vorsitzenden der Gesellschaft und der Gesellschaft selbst (durch offiziellen Briefbogen) eingeladen, bei der Einweihung zu *reden*. Sogar die Zeitungen drucken schon die Gerüchte über einige Intrigen.[2] Ich habe meine Rede über Puschkin schon vorbereitet, und zwar gerade im *extremsten* Geist meiner (das heißt *unserer*, wenn ich es so ausdrücken darf) Überzeugungen, und deshalb erwarte ich auch einige Beschimpfungen. Aber ich möchte nicht verwirrt sein und fürchte mich auch nicht, man muß seiner Sache dienen, und ich werde furchtlos reden. Die dortigen Professoren machen Turgenjew den Hof, der sich mir bestimmt als persönlicher Feind geben wird. (Im ›Europäischen Boten‹ ließ er über mich ein triviales Gerücht über ein vor 35 Jahren vorgekommenes Ereignis veröffentlichen, das nie vorgekommen ist.[3]) Aber Puschkin rühmen und ›Werotschka‹ verkünden kann ich nicht.[4] Übrigens, wozu Sie mit kleinen Gerüchten belästigen. Aber gerade darum geht es ja, es sind nicht nur Gerüchte, sondern es ist eine große und öffentliche Sache, denn gerade Puschkin bringt die Idee zum Ausdruck, der wir alle (vorläufig noch ein kleiner Haufe) dienen, und das muß man feststellen und aussprechen. Doch das ist es, was sie hassen. Übrigens kann es gut so sein, daß sie mich gar nicht reden lassen. Dann will ich meine Rede drucken lassen.

Ich drücke fest Ihre Hand, höchstverehrter Konstantin Petrowitsch. Nach der Rückkehr will ich mich daran machen, die ›Karamasows‹ abzuschließen, dann werde ich den ganzen Sommer arbeiten. Doch ich beklage mich nicht, ich liebe dieses Werk. Vom kommenden Jahr an, das habe ich jetzt schon beschlossen, möchte ich unbedingt das ›Tagebuch eines Schriftstellers‹ wieder aufnehmen. Dann will ich wieder zu Ihnen kommen, um mir Hinweise zu holen (so wie ich seinerzeit zu Ihnen kam), die Sie mir, das ist mein heißer Glaube, nicht verweigern werden.

Nehmen Sie einstweilen die Versicherungen meiner wärmsten Ergebenheit entgegen.

Ihr gehorsamster Diener
F. Dostojewskij

Meine Frau läßt Ihnen gratulieren und hat mir soeben Vorwürfe gemacht, daß ich sie zu erwähnen vergaß.

An A. G. Dostojewskaja

Moskau, Hotel Loskutnaja, Zimmer Nr. 33,
27.–28. Mai 1880. 2 Uhr früh

Meine liebe Freundin Anja, endlich habe ich heute abend von Dir 5 mit Bleistift geschriebene Zeilen vom 24. d. Mt. erhalten. Und sieh mal, ich bekomme sie erst am Abend des 27.! Ein Brief ist doch lange unterwegs. Ich habe mich schrecklich gefreut und geärgert, da es im ganzen nur 5 Zeilen waren, und das noch mit dem »lieben Fjodor Michajlowitsch«. Nun, Gott verzeih Dir's! Hoffentlich erhalte ich zukünftig etwas bessere Briefe. Aus meinen Briefen weißt Du jetzt schon alles. Anscheinend muß ich unbedingt zur Enthüllung des Denkmals[1] hierbleiben. Gestern war ich bei Katkow. Als er sich alles angehört hatte (er hat schon von anderen erfahren, wie mich ›Moskau‹ erwartet), sagte er mit aller Bestimmtheit, ich dürfte nicht wegfahren. Morgen soll das Telegramm von Dolgorukij eintreffen und den genauen Tag der Enthüllung festlegen. Alle sagen, es müßte der 4. sein. Falls die Enthüllung am 4. Juni stattfindet, dann reise ich wohl am 8. (wenn nicht schon am 7.) ab und werde am 9. in Russa sein. Zu Katkow bin ich gefahren, um eine Verlängerung des Termins für die ›Karamasows‹

bis zum Juliheft zu erwirken. Er hörte alles sehr freundschaftlich an (und war überhaupt so unglaublich liebevoll und zuvorkommend zu mir wie noch nie zuvor), doch über die Fristverlängerung sagte er nichts Genaues. Es wird alles von Markewitsch abhängen, das heißt, ob er die Fortsetzung seines Romans schicken wird. Ich erzählte Katkow von meiner Bekanntschaft mit einer hochgestellten Person bei Gräfin Mengden und dann bei K. K.² Ich war angenehm überrascht, das Gesicht hat sich völlig verändert. Diesmal habe ich bei ihm nicht den Tee verschüttet, dafür habe ich mich mit Euren Zigarren bewirten lassen. Er begleitete mich bis ins Vorzimmer hinaus und verblüffte damit die ganze Redaktion, die alles aus dem Nebenzimmer mitansehen konnte, denn Katkow pflegt niemanden bis ins Vorzimmer zu begleiten. Überhaupt meine ich, daß die Sache mit dem ›Russischen Boten‹ schon irgendwie ins reine kommt. Was den Aufsatz über Puschkin betrifft, habe ich kein Wort erwähnt. Vielleicht werden sie es vergessen, dann kann ich ihn Jurjew übergeben, von dem ich bestimmt mehr Geld bekomme. Ich träume sogar davon, bis zum 8. Juni ein klein wenig Zeit zu finden, und dann will ich mich hier auf jeden Fall an die ›Karamasows‹ setzen, nur wird das wohl kaum gelingen. Falls meine Rede bei der feierlichen Versammlung Erfolg hat, werde ich zukünftig in Moskau (und also auch in Rußland) als Schriftsteller bekannter sein (das heißt, im Sinne der Größe, wie sie von Turgenjew und Tolstoj erobert wurde; Gontscharow zum Beispiel, der Petersburg nicht verläßt, kennt man zwar hier, aber doch mit Distanz und Kühle). – Aber wie soll ich ohne Dich und die Kinderchen diese Zeit hier verbringen? Ganze spaßige 12 Tage, und ich sitze und träume von den Kinderchen, und ich bin immerzu bedrückt. Ist Großmutter zurückgekommen?³ Wie kannst Du nur allein sein, fürchtest Du Dich nicht, bist Du nicht verzagt? Um Gottes willen, schreibe mir etwas häufiger, und wenn Gott Euch etwas zustoßen lassen will, so telegraphiere augenblicklich. Im übrigen (merk es Dir): adressiere die Briefe zukünftig direkt an mein Hotel. ›Loskutnaja‹, Twerskaja Straße, Moskau, für F. M. Dostojewskij, Zimmer 33. Andernfalls müßte ich jeden Abend zu Jelena Pawlowna fahren und dort die Briefe holen. Aber wozu? Erstens ist das sehr weit von meinem Hotel und zweitens verliere ich Zeit. Sollte ich nämlich etwas Zeit für die Arbeit haben (an den ›Karamasows‹), ginge das überhaupt nicht. Ich würde ja auch lästig werden. Gestern bin ich von Katkow zu ihr gefahren, nahm Deinen Brief in Empfang, traf bei ihr die Iwanows, und Maschenka spielte einen sehr guten Beethoven. Sonne und Regenschauer teilen sich bei uns das Wetter, es ist recht windig und frisch. Maschenka wird übermorgen mit Natascha nach Darowoje fahren. Ninotschka bleibt zu Hause. Ninotschka ist menschenscheu und ungesprächig, man bekommt nichts aus ihr heraus; es ist, als wäre sie ganz verwirrt. Alle wohnen bei Jelena Pawlowna. Nun, auf Wiedersehen. Mir scheint, als hätte ich alles geschrieben, was ich schreiben mußte. Wenn es morgen etwas Neues gibt, werde ich auch morgen schreiben, wenn nicht, dann übermorgen. Was Lew Tolstoj betrifft, so bestätigte mir auch Katkow, er habe völlig den Verstand verloren. Jurjew redete auf mich ein, zu ihm nach Jasnaja Poljana zu fahren; dorthin und zurück sind es aber im ganzen nicht weniger als vierzehn Tage. Doch ich werde nicht hinfahren, wenn es auch sehr interessant gewesen wäre. Ich habe heute absichtlich im ›Moskauer Restaurant‹ gegessen, damit die Rechnung im ›Loskutnaja‹ nicht so groß wird. Aber dann überlegte ich mir, daß das Hotel meine täglichen Mahlzeiten wohl trotzdem der Duma berechnen wird. Im ›Loskutnaja‹ sind sie ausgesucht höflich; kein einziger Deiner Briefe ist bisher verlorengegangen, und da ich jetzt auf keinen Fall das Hotel mehr wechseln will, kannst Du die Briefe ohne weiteres direkt ans ›Loskutnaja‹ adressieren. Auf Wiedersehen, ich küsse Dich, ›liebe Anna Grigorjewna‹. Umarme die Kinderchen recht fest und innig, sag ihnen, so hat es Papa befohlen.

Ganz Dein F. Dostojewskij

Die Kinder bei Jelena Pawlowna sind sehr lieb.

An A. G. Dostojewskaja

Moskau, Hotel Loskutnaja, Zimmer Nr. 33, 28.–29. Mai, 2 Uhr nachts. 1880

Meine liebe Anja, die einzige Neuigkeit ist, daß heute das Telegramm von Dolgorukij eingetroffen ist, das die Denkmalsenthüllung für den 4. Juni festlegt. Das steht nun fest. Auf diese Weise kann ich am 8. oder gar am 7. schon von Moskau abreisen, ich will mich selbstverständlich beeilen. Aber ich *muß* hierbleiben, und ich habe mich auch schon dazu entschlossen. Es handelt sich vor allem darum, daß mich nicht nur die ›Gesellschaft der Freunde der Russischen Literatur‹ braucht, sondern unsere ganze Partei, unsere ganze Idee[1], für die wir schon 30 Jahre kämpfen, denn die feindliche Partei (Turgenjew, Kowaljewskij und fast die ganze Universität) möchte absolut die Bedeutung Puschkins als Vertreter des russischen Volkstums herabsetzen, denn sie leugnen ja dieses Volkstum selbst. Als Opponent von unserer Seite kommt lediglich Iwan Sergejewitsch Aksakow in Frage (Jurjew und die anderen haben kein Gewicht), aber auch Iwan Aksakow ist alt, und das Moskauer Publikum ist seiner überdrüssig geworden. Mich aber hat Moskau bisher weder gehört noch gesehen, und man interessiert sich auch nur für mich. Meine Stimme wird Gewicht haben, und folglich wird auch unsere Seite triumphieren. Ich habe dafür mein ganzes Leben gekämpft und kann jetzt nicht vom Schlachtfeld fliehen. Wenn schon Katkow, der selbst kein Slawophiler ist, gesagt hat: »Sie dürfen nicht abreisen, Sie können nicht abreisen!« dann kann ich natürlich *unmöglich* abreisen.

Heute morgen um 12 Uhr, als ich noch schlief, kam Jurjew mit diesem Telegramm zu mir. Ich zog mich in seiner Anwesenheit an. In diesem Augenblick läßt man mir plötzlich mitteilen, zwei Damen seien eingetroffen. Ich war noch nicht angezogen und ließ fragen, wer es denn sei? Der Diener kam mit einer Notiz zurück, eine gewisse Frau Ilina[2] möchte mich um Erlaubnis bitten, die Stellen aus all meinen Werken auszusuchen, die für Kinder in Frage kämen, sie wolle ein Buch für Kinder herausgeben. Wie gefällt Dir das? Wir hätten diese Idee schon längst ausführen und ein solches Buch für *Kinder* herausgeben sollen, das bestimmt ginge und vielleicht 2000 Rub. Gewinn einbrächte. Ihr 2000 Rubel schenken – welche Vermessenheit! Jurjew ging sogleich hinaus (da er sie ja in seiner Flatterhaftigkeit zu mir gebracht hatte), um ihr zu erklären, ich sei keineswegs einverstanden und könne sie nicht empfangen. Er war kaum draußen, als plötzlich Warwara Michajlowna hereinkam; sie hatte gerade das Zimmer betreten, und da kam Wiskowatow hereinspaziert. Als Warja sah, daß ich Gäste hatte, flüchtete sie sogleich wieder. Jurjew kam zurück und verkündete, die andere Dame, die mich besuchen wolle, sei gar nicht so übel, hätte aber ihren Namen verschwiegen und nur erklärt, sie sei nur gekommen, um mir ihre grenzenlose Bewunderung, ihr Staunen und ihre Dankbarkeit mitzuteilen; kurzum, sie wolle für all das danken, was ihr meine Werke usw. geschenkt hätten. Mit diesen Worten sei sie aber auch weggegangen; ich habe sie nicht gesehen. Ich lud die Gäste zum Tee ein, und da kam plötzlich Grigorowitsch herein. Sie saßen alle etwa zwei Stunden bei mir, und als dann Jurjew und Wiskowatow gegangen waren, blieb Grigorowitsch zurück und machte keine Anstalten, sich zu verabschieden. Er begann mit der Erzählung von Einzelheiten aus den letzten dreißig Jahren, schwelgte in Erinnerung an das Alte und dgl.[3] Die Hälfte davon log er zusammen, aber es war auch interessant. Um fünf Uhr erklärte er mir dann, er wolle sich von mir nicht trennen, und bearbeitete mich, gemeinsam zu Mittag zu essen. Wir gingen wiederum in das ›Moskauer Restaurant‹, wo wir lange zu Mittag aßen, und er redete die ganze Zeit. Plötzlich kamen Awerkjew und seine Ehefrau herein. Awerkjew setzte sich zu uns, und Donna Anna[4] verkündete, sie wolle mich aufsuchen (gerade sie habe ich nötig!). Es stellte sich heraus, daß am Nebentisch die Verwandten Puschkins speisten, nämlich Pawlischtschew und Puschkin[5] und noch so einer. Pawlischtschew kam ebenfalls her und erklärte, er wolle mich besuchen. Mit einem Wort, man läßt mir wie auch in Petersburg keine Ruhe. Nach dem Essen bedrängte mich Grigorowitsch mit der Bitte, in den Park zu gehen, »um etwas frische Luft zu atmen«, doch diesmal lehnte ich ab, trennte mich von ihm, kehrte zu Fuß nach Hause zurück und machte mich 10 Minuten später zu Jelena Pawlowna auf den Weg, um Deinen Brief abzuholen. Aber es war kein Brief eingetroffen, ich traf nur die Iwanows. Maschenka wird morgen abreisen. Ich saß bei ihnen bis um 11 Uhr, ging nach Hause, um Tee zu trinken und Dir den Brief zu schreiben. Da hast Du nun meinen ganzen Tagesbericht.

Schlimm ist vor allem, daß unsere Briefe drei bis vier Tage unterwegs sind. Von mir über meine Heimreise informiert, wirst Du natürlich nicht mehr schreiben. Du erwartest mich ja am 28., und irgendwann werden meine Briefe von gestern und heute ankommen, die Briefe, in denen ich Dir meinen neuen Entschluß mitteile. Ich fürchte nur, Du wirst unschlüssig und unruhig sein. Aber daran läßt sich jetzt nichts ändern. Es ist nur von Übel, daß ich von Dir zwei Tage lang keine Briefe erhalte, und ich vergehe vor Sehnsucht nach Euch. Mir ist hier traurig zumute, trotz der Gäste und Diners. Ach, Anja, wie schade ist es doch, daß es sich nicht einrichten ließ und Du mit mir gekommen wärst (natürlich war es nicht möglich). Sogar Majkow soll seinen Entschluß geändert haben und herkommen. Mir stehen noch viele Plackereien bevor, als Delegierter muß ich noch zur Duma (ich weiß noch nicht wann), um die Eintrittskarte für die Feier in Empfang zu nehmen. Die Fenster, die auf den Platz hinausgehen, werden für je 50 Rubel vermietet. Ringsherum werden Holztribünen fürs Publikum errichtet und ebenfalls für einen unmäßigen Preis verkauft. Vor einem regnerischen Tag fürchte ich mich auch, ich würde mich erkälten. Zum Festessen, am Tag der Denkmalsenthüllung, werde ich nicht reden. Bei der Sitzung der ›Freunde‹[6], wohl am 2. Tag, werde ich sprechen. Außerdem soll statt einer Theateraufführung eine Lesung mit bekannten Schriftstellern (Turgenjew, Jurjew und ich) stattfinden, die aus Werken Puschkins vortragen (ich wurde gebeten, die Szene des Mönchs und Chronisten zu lesen und den Monolog aus dem ›Geizigen Ritter‹). Außerdem werden Jurjew, ich und Wiskowatow je ein Gedicht auf den Tod Puschkins lesen, Jurjew das Gedicht von Huber, Wiskawatow jenes von Lermontow und ich das Gedicht von Tjutschew.[7]

Die Zeit vergeht, und man stört mich. Ich bin bisher noch nicht in die Zentrale Buchhandlung und zu den Morosows gekommen. Ich bin auch nicht bei Tschajew gewesen, dann muß ich zu Warja fahren; ich würde auch gern die Bischöfe kennenlernen, Nikolaj Japonskij und den hiesigen Vikar Aleksej.[8] Das sollen sehr interessante Menschen sein. Ich schlafe schlecht, und im Traum sehe ich nur Alpträume. Ich fürchte, daß ich mich am Tag der Einweihung erkälte und bei der Lesung husten werde.

Mit schrecklicher Ungeduld erwarte ich Deine Briefchen. Herrgott, wie geht es den Kinderchen? Wie gerne möchte ich sie sehen. Bist Du gesund und lustig, oder bist Du böse? Ohne Euch ist mir so schwer. Nun schön, auf Wiedersehen. Morgen will ich nicht zu Jelena Pawlowna fahren; sie hat fest versprochen, einen eventuellen Brief selbst zu schicken. Ich nehme Euch alle ganz fest in meine Arme, die Kinderchen segne ich.

Ganz Dein F. Dostojewskij

PS: Wenn etwas passiert, telegraphiere ins ›Loskutnaja‹. Adressiere die Briefe ans ›Loskutnaja‹. Kommen meine Briefe auch bestimmt an? Es wäre doch schlimm, wenn einer verlorenginge!

An A. G. Dostojewskaja

Hotel Loskutnaja, Zimmer Nr. 33,
Moskau, 3.–4. Juni, Dienstag, 2 Uhr nachts. 1880
Mein liebes Täubchen Anetschka, heute habe ich wieder ein teures
Briefchen von Dir erhalten und bin Dir sehr dankbar, daß Du
Deinen Feditschka nicht vergißt. Seit ich häufiger Briefe von Dir
erhalte, bin ich Euretwegen ruhiger geworden, und ich fühle mich
wohler. Ich freue mich auch über die Kinderchen. Heute vormittag
ist Lopatin zu mir gekommen und brachte mir das Programm der
Festtage und Feierlichkeiten. Ich habe ihm 17 Rubel für die Bestellung von Kränzen (2 Kränze) bei der Duma ausgehändigt.
Solotarjew ist noch nicht da. Dann kam ein Rechtsanwalt Solowjow zu mir, um sich vorzustellen, ein Gelehrter; er ist lediglich
gekommen, um über mystisch-religiöse Fragen zu sprechen. (Die
neue Epidemie.) Danach kamen Grigorowitsch und Wiskowatow
und schließlich noch Jurjew. Wir alle sind ganz fürchterlich über
Jurjew hergefallen und haben ihm wegen seines Briefes an Katkow schrecklich den Kopf gewaschen. Dann aß ich im ›Moskauer
Restaurant‹ zu Mittag, und zwar mit Grigorowitsch und Wiskowatow; ich lernte dort den Schauspieler Samarin kennen, einen alten
Knacker von 64 Jahren, er hielt mir immerzu Reden. Er wird am
Festtag zu Ehren Puschkins den ›Geizigen Ritter‹ spielen (das hat
er mir weggenommen), und zwar kostümiert. In dem ›Moskauer
Restaurant‹ ist es immer voll, und es ist selten, daß einer sich nicht
umsieht und mich anschaut: Alle wissen, daß ich es bin. Samarin
erzählte viele Anekdoten über das Moskauer Künstlerleben. Danach fuhren wir unmittelbar nach dem Essen zur gemeinsamen
Sitzung der Kommission der ›Freunde‹, um das endgültige Programm der Vormittagssitzungen und Abendveranstaltungen festzusetzen. Anwesend waren: Turgenjew, Kowalskij, Tschajew,
Grot, Bartenjew, Jurjew, Poliwanow, Kalatschow u. a. Alle Beschlüsse wurden einstimmig gefaßt. Turgenjew kam mir ziemlich
freundlich entgegen, und Kowalewskij (ein großer, fetter Dick-
wanst und Feind unserer Richtung) schaute mich durchdringend an.
Ich lese am zweiten Tag der Vormittagssitzungen, am 8. Juni, und
am 6. bei der Abendfeier (dort darf musiziert werden) die Szene
des Pimen aus ›Boris Godunow‹. Viele, fast alle, lesen: Turgenjew,
Grigorowitsch, Pisemskij u. a. Am 2. Abend, am 8. Juni, werde
ich 3 Puschkin-Gedichte lesen (2 aus den ›Liedern der Westslawen‹

und ›Die Bärin‹) und als Finale, um die Feier zu *beschließen*, den ›Propheten‹ von Puschkin, ein kurzes, aber sehr schwer vorzutragendes Gedicht. Man hat mich absichtlich an den Schluß gesetzt, um die beste Wirkung zu erzielen. Ich weiß nicht, ob mir das gelingen wird. Genau um 10 Uhr bin ich nach Hause gekommen und fand 2 Visitenkärtchen von Suworin vor, mit den darübergeschriebenen Zeilen, er wolle um 10 Uhr kommen. Es waren aber nur irrtümlicherweise 2 Karten (sie klebten aneinander). Ich hatte nämlich gedacht, er sei schon das zweite Mal dagewesen und hätte mich beide Male nicht erreicht. Daraufhin ging ich zum ›Slawischen Basar‹ (nicht weit von mir entfernt), wo er abgestiegen ist, und traf ihn mit seiner Frau beim Tee. Er freute sich schrecklich. Er steht wegen seiner Artikel bei den ›Freunden‹ in schlechtem Ruf, so wie Katkow. Man hat ihm für die Vormittagssitzungen nicht mal eine Eintrittskarte gegeben. Ich hatte noch eine zweite Karte (für Warja, die auf sie verzichtet hatte), und ich bot sie ihm an. Er freute sich sehr. Er wird es sie später schon wissen lassen. Er sagte, daß auch Burenin da sei. Wir haben uns für morgen mit Tschajew in der ›Rüstungskammer‹ verabredet, wo er uns alles um 1 Uhr nachmittags zeigen will. Auch Grigorowitsch und Wiskowatow wollten kommen. Ich weiß aber nicht, ob sie zur ›Rüstungskammer‹ kommen werden. Von der Sitzung sind sie um 10 Uhr in die Eremitage gezogen und haben mich sehr gebeten, auch mitzukommen, aber ich bin dann zu Suworin gegangen. Als Suworin erfuhr, daß wir morgen in die ›Rüstungskammer‹ gehen wollten, hat er mich sehr gebeten, ihn und seine Frau mitzunehmen. Danach äußerte er die Bitte, daß wir gemeinsam zu Mittag essen, seine Frau und er, ich, Grigorowitsch und Wiskowatow, um anschließend in die Eremitage zu fahren. Es scheint, daß er sich mit seiner Frau schrecklich langweilt. Bei den Abendlesungen, für die es Eintrittskarten für Geld gibt, wird er natürlich anwesend sein. Eine Probe der Lesungen für die hiesigen Schüler ist abgesagt worden. Übermorgen, den 5., beginnen die Qualen: Alle Delegierten müssen in der Duma im Frack erscheinen, und ich fürchte, ich werde keine Zeit haben, Dir zu schreiben. Morgen trifft der Zug der Petersburger Delegierten ein, die im ›Hotel Loskutnaja‹ erwartet werden. Am 8. wird alles vorbei sein, also kann ich am 9. meine Besuche erledigen, und am 10. abreisen, um welche Zeit, will ich Dir später schreiben. Majkow hat seine Ankunft telegraphisch angesagt. Ebenso Polonskij. Das wäre wohl alles, meine Freude. Erwarte mich also am 11., das scheint nunmehr sicher zu sein. Suworin bittet mich um meinen Aufsatz.¹ Ich weiß absolut nicht, wem ich den Aufsatz geben soll und wie ich das mache. Er soll mich eben mal bei der Lesung hören.

Ich nehme Dich fest in meine Arme, meine Anka, und küsse Dich innig. Ich küsse und segne die Kinderchen. Du schreibst, Du hättest geträumt, daß ich Dich nicht mehr liebe. Ich sehe immerzu die unanständigsten Träume, jede Nacht sehe ich Alpträume darüber, daß Du mich mit anderen betrügst. Bei Gott. Ich quäle mich schrecklich. Ich küsse Dich tausendmal.

Ganz Dein F. Dostojewskij

Küß mir die Kleinen.

An A. G. Dostojewskaja

Hotel Loskutnaja, Zimmer Nr. 33.

Moskau, 7. Juni 1880, um Mitternacht
Mein liebes, teures Täubchen Anja, ich schreibe Dir in aller Eile. Gestern war die Enthüllung des Denkmals, aber wie soll ich das schildern? Dazu würden auch keine 20 Bogen ausreichen, und ich habe auch kaum eine freie Minute. Es ist nun schon die 3. Nacht, daß ich nur an die 5 Stunden schlafen kann, das wird auch heute nacht so sein. – Dann war das Diner mit den Festreden¹, danach die Lesung bei der Literarischen Feier am Abend im Saal der Adelsversammlung. Dazu wurde auch musiziert. Ich trug die Szene des ›Pimen‹ vor. Trotz der Unmöglichkeit dieser Wahl (denn der alte Pimen kann doch nicht laut durch den ganzen Saal schreien), trotz der Tatsache, daß die Lesung im Saal mit der schlechtesten Akustik stattfand, soll ich doch ausgezeichnet vorgetragen haben; aber man sagt mir, es sei schlecht zu hören gewesen. Ich wurde großartig empfangen, lange dauerte es, bis man mich lesen ließ, unaufhörlich wurde ich gefeiert, nach der Lesung wurde ich 3mal herausgeklatscht. Turgenjew, der miserabel vortrug, wurde freilich noch öfter auf die Bühne gerufen. Hinter den Kulissen (in einem riesigen dunklen Nebenraum) bemerkte ich an die hundert junge Leute, die losbrüllten, als Turgenjew auftrat. Ich dachte mir sofort, daß dies die von Kowalewskij bestellten Claqueure sein müssen. So stellte es sich in der Tat heraus: Wegen dieser Claque weigerte sich heute Iwan Aksakow bei der Vormittagsveranstaltung, seine Rede nach Turgenjew zu halten (der dann

auch Puschkin herabsetzte, indem er ihm die Bezeichnung eines nationalen Dichters verweigerte[2]). Aksakow erklärte mir dann, diese Claqueure seien schon von langer Hand vorbereitet und eigens von Kowalewskij bestellt worden (alle seine Studenten und lauter Westler) in der Absicht, Turgenjew als Anführer ihrer Richtung in den Vordergrund zu schieben und uns zu demütigen, falls wir gegen sie auftreten sollten. Nichtsdestoweniger war die mir gestern erwiesene Aufnahme erstaunlich gut, obwohl nur der Teil des Publikums applaudierte, der in den Sesseln des Parketts saß. Außerdem kamen Männer und Damen in Scharen hinter die Kulissen, um mir die Hand zu drücken. In der Pause ging ich durch den Saal, und eine Unmenge Menschen, Junge, Graubärte und Damen stürzten auf mich zu und sagten: »Sie sind unser Prophet, durch Sie sind wir bessere Menschen geworden, nachdem wir Ihre ›Karamasows‹ gelesen haben.« (Mit einem Wort, ich konnte mich von der kolossalen Bedeutung der ›Karamasows‹ überzeugen.) Als ich heute aus der Vormittagssitzung gekommen war, bei der ich nicht gesprochen hatte, geschah dasselbe. Auf der Treppe, schon beim Weggehen, wurde ich von Männern, Damen u. a. angehalten. Nach dem gestrigen Festessen brachten mir zwei Damen Blumen. Einige erkannte ich am Namen: die Tretjakowa, die Golochwastowa, die Moschnina und andere. Der Tretjakowa will ich übermorgen meine Visite machen (ihr gehört eine Gemäldegalerie). Heute fand das zweite Festessen statt, ein literarisches mit etwa zweihundert Leuten. Die Jungen umringten mich gleich bei meiner Ankunft, bedienten und sorgten für mich, priesen mich in überschwenglichen Reden, und das alles war noch vor dem Diner. Während des Diners wurden viele Reden gehalten und Trinksprüche ausgebracht. Ich hatte gar nichts sagen wollen, aber gegen Ende des Diners sprangen einige Herren von ihren Stühlen auf und zwangen mich zu einer Ansprache. Ich hatte kaum einige Worte gesagt, da brach auch schon ein Geheul der Begeisterung los, buchstäblich ein Geheul. Im zweiten Saal wurde ich dann von einer dichten Menge belagert, es wurde viel und leidenschaftlich geredet (bei Kaffee und Zigarren). Als ich mich um $^{1}/_{2}$ 10 Uhr zum Aufbruch erhob (noch 2 Drittel der Gäste waren da), wurden Hurrarufe auf mich ausgebracht, in die auch wider Willen jene mit einstimmen mußten, die nicht mit mir sympathisierten. Dann stürzte diese ganze Menge hinter mir die Treppe hinab, begleitete mich ohne Hut und Mantel auf die Straße und setzte mich in die Kutsche. Und plötzlich drängten sich alle herbei, um mir die Hände zu küssen, und nicht etwa nur einer, sondern Dutzende von Menschen, nicht nur junge Leute, sondern auch weißhaarige alte Herren. Nein, Turgenjew hat nur seine Claqueure, ich dagegen habe wirklich begeisterte Anhänger. Majkow war auch anwesend und hat alles mitangesehen, er hat sich bestimmt wundern müssen. Einige unbekannte Leute traten auf mich zu und flüsterten mir ins Ohr, für die morgen vormittag festgesetzte Lesung sei gegen mich und Aksakow eine ganze Kabale im Gange. Morgen, am 8., ist mein Schicksalstag: Vormittags halte ich meine Rede, abends lese ich 2mal, nämlich die ›Bärin‹ und den ›Propheten‹. Den Propheten will ich bestimmt gut lesen. Wünsch es mir. Es herrscht hier eine starke Erregung, und die Bewegung ist groß. Beim gestrigen Festessen in der Duma riskierte Katkow eine lange Rede und erzielte damit dennoch eine Wirkung, wenigstens bei einem Teil des Publikums.[3] Kowalewskij gibt sich nach außen den Schein der Liebenswürdigkeit mir gegenüber, und bei einem Trinkspruch nannte er unter anderen auch meinen Namen. Turgenjew tut dasselbe. Annenkow hatte sich bei mir einschmeicheln wollen, ich kehrte ihm jedoch den Rücken zu. Siehst Du, Anja, ich schreibe Dir und habe noch nicht mal die Rede für morgen endgültig durchgesehen. Am 9. sind die Visiten, und dann muß ich mich endgültig entschließen, wem ich die Rede zur Veröffentlichung überlassen will. Alles wird von der Wirkung abhängen, die ich damit erziele. Ich habe lange gelebt, es ist hinreichend Geld dabei herausgekommen, aber dafür ist ein Fundament für die Zukunft gelegt. Ich muß die Rede noch korrigieren, die Wäsche für morgen herrichten. Morgen ist mein wichtigstes Debut. Ich fürchte, nicht ausgeschlafen zu sein und einen Anfall zu bekommen.[4] Die Zentrale Buchhandlung will nicht zahlen, du magst sein, wer du willst. Auf Wiedersehen, Täubchen, ich umarme Dich und küsse die Kinderchen. Am 10. werde ich wohl abreisen und gegen Abend des 11. bei Euch sein. Bereite Dich darauf vor. Ich nehme Euch alle fest in die Arme und segne Euch.

Ewig und unverändert Dein F. Dostojewskij

NB: Dieser Brief dürfte der letzte sein.

An A. G. Dostojewskaja.

Moskau, 8. Juni 1880, 8 Uhr abends

Meine teure Anja, heute habe ich Dir meinen gestrigen Brief geschickt, den Brief vom 7., aber ich kann jetzt nicht anders, als Dir auch diese wenigen Zeilen zu schicken, obgleich ich moralisch und körperlich schrecklich abgequält bin. Vielleicht bekommst Du diesen Brief gleichzeitig mit dem ersten. Heute vormittag habe ich meine Rede bei den ›Freunden‹ gehalten, der Saal war restlos überfüllt. Nein, Anja, nein, Du kannst Dir niemals vorstellen und die Wirkung ausmalen, die meine Rede machte! Was sind dagegen meine Petersburger Erfolge! Gar nichts, *eine Null,* verglichen mit diesem Erfolg. Als ich auf die Bühne trat, dröhnte der Saal von Applaus und Händeklatschen, und man ließ mich lange, sehr lange nicht zu Wort kommen. Ich verbeugte mich, machte Gesten mit der Bitte, mich lesen zu lassen – nichts half. Die Begeisterung, der Enthusiasmus (alles wegen der ›Karamasows‹!) kannte kein Ende. Endlich konnte ich anfangen: Ich wurde buchstäblich auf jeder Seite unterbrochen, ja, stellenweise unterbrach mich der stürmische Applaus nach jedem Satz. Ich las laut und mit Feuer. Alles, was ich über Tatjana geschrieben hatte, wurde mit Enthusiasmus aufgenommen. (Das ist der große Sieg *unserer Idee* über eine 25jährige Zeit der Verirrungen!) Als ich zum Schluß die *universale Vereinigung* der Menschen verkündete, da schien es, als wäre der ganze Saal in einer einzigen Hysterie, als ich schloß – ich kann Dir das Geheul, das Gebrüll der Begeisterung gar nicht beschreiben: Die Menschen im Publikum weinten, Fremde fielen sich in die Arme und brachen in Tränen aus und *schworen einander, bessere Menschen zu sein, sich in Zukunft nicht mehr zu hassen, sondern zu lieben.* Der Verlauf der Sitzung war gestört: Alle stürzten zu mir aufs Podium, vornehme Damen, Studenten, Staatssekretäre und wieder Studenten – all das umarmte und küßte mich. Alle Mitglieder unserer Gesellschaft, die sich auf dem Podium befanden, umarmten und küßten mich; alle, buchstäblich alle, weinten vor Begeisterung. Der Applaus dauerte wohl eine halbe Stunde, man winkte mir mit Taschentüchern zu, da hielten mich plötzlich zwei unbekannte alte Herren fest und sagten: »Wir waren seit 20 Jahren miteinander verfeindet, haben nicht mehr miteinander gesprochen, und nun sind wir uns in die Arme gefallen und haben uns versöhnt. Sie sind es, der uns versöhnte. Sie sind unser Heiliger, Sie sind unser Prophet!« »Prophet, Prophet!« fiel die Menge ein. Turgenjew, über den ich in meiner Rede ein gutes Wort eingeflochten hatte, stürzte sich mit Tränen in den Augen auf mich und umarmte mich. Annenkow kam herbeigeeilt, um mir die Hand zu drücken und mich auf die Schulter zu küssen. »Sie sind ein Genie, Sie sind mehr als ein Genie!« sagten mir beide. Aksakow kam auf das Podium gerannt und erklärte den Zuhörern, meine Rede sei *nicht einfach eine Rede* gewesen, *sondern ein historisches Ereignis!* Eine Wolke bedeckte den Horizont, aber sieh da, Dostojewskijs Rede hat alles, wie die aufgehende Sonne, verscheucht und alles erleuchtet. Von nun an herrsche aber Brüderlichkeit, und es wird keine Zwietracht mehr geben!« »Ja, ja!« riefen alle, umarmten sich und weinten von neuem. Die Sitzung wurde geschlossen. Ich stürzte mich, um mich zu retten, hinter die Kulissen, aber auch dorthin brachen alle aus dem Saal ein, besonders die Frauen. Sie küßten mir die Hände, man peinigte mich. Auch die Studenten stürmten herbei. Einer von ihnen fiel vor mir mit Tränen in den Augen zu Boden, geriet in Hysterie und fiel in Ohnmacht. Es war ein entscheidender Sieg auf der ganzen Linie! Jurjew (der Vorsitzende) schellte mit dem Glöckchen und verkündete, die ›Gesellschaft der Freunde der Russischen Literatur‹ habe mich einstimmig zu ihrem *Ehrenmitglied* gewählt. Wiederum Schreie und Geheul. Nach einer Pause von fast einer Stunde wurde die Sitzung fortgesetzt. Aber keiner wollte mehr lesen. Aksakow trat vor und erklärte, er wolle seine Rede nicht mehr halten, denn alles habe die große Rede unseres Genius Dostojewskij ausgesprochen und gelöst. Dennoch zwangen wir ihn zu lesen. Die Lesung wurde fortgesetzt, währenddessen wurde eine Verschwörung gegen mich geschmiedet. Ich war abgespannt und wollte weggehen, wurde aber gewaltsam zurückgehalten. Man hatte nämlich inzwischen den allerprächtigsten Lorbeerkranz gekauft, einen Kranz im Durchmesser von 2 Arschin, und zum Schluß der Sitzung stürmten eine Menge Damen (über hundert) auf die Bühne und schmückten mich vor dem ganzen Saal mit dem Kranz: »Von der russischen Frau, über die Sie so viel Gutes gesagt haben!« Wiederum waren alle begeistert und brachen in Tränen aus. Der Bürgermeister Tretjakow bedankte sich im Namen der Stadt Moskau. – Du mußt mir beipflichten, Anja, daß ich dieser Dinge wegen wohl hierbleiben mußte: Das ist ein Pfand auf die Zukunft, ein Unterpfand auf *alles,* selbst wenn ich sterbe. – Als ich heimkam, fand ich Deinen

Brief vor mit der Geschichte von dem Füllen[1], aber Du schreibst so unzart darüber, daß ich hier hängenblieb. In einer Stunde muß ich nun zur 2. Literarischen Festversammlung. Ich werde den ›Propheten‹ lesen. Morgen sind die Visiten dran. Übermorgen, am 10., reise ich ab. Am 11. bin ich bei Euch, falls mich nicht etwas *sehr Wichtiges* aufhält. Ich muß meine Rede irgendwo drucken lassen, aber wo, alle reißen sich darum! Schrecklich. Auf Wiedersehen, meine Teure, meine Begehrte und Unschätzbare, ich küsse Deine Füßchen. – Ich umarme die Kinder, küsse und segne sie. Auch das Füllen küsse ich. Euch alle segne ich. Mein Kopf ist nicht in Ordnung, Hände und Knie zittern. Auf ein baldiges Wiedersehen.

Ganz ganz Dein Dostojewskij

An S. A. Tolstaja

Staraja Russa, 13. Juni 1880

Hochverehrte Gräfin Sofia Andrejewna, erst gestern bin ich aus Moskau nach Staraja Russa zurückgekehrt und habe Euer zauberhaftes gemeinschaftliches Telegramm vorgefunden.[1] Wie gut ist es, daß Sie (alle) an mich gedacht haben. Man spürt, daß man so gute Freunde hat, und es wird einem wohl ums Herz.

Über die Ereignisse, die mir in Moskau zugestoßen sind, haben Sie aus den Zeitungen erfahren. Doch die Zeitungen hätten selbst beim besten Willen nicht alle die Tatsachen wiedergeben können, weil die Korrespondenten vieles gar nicht mit eigenen Augen haben sehen können. Glauben Sie mir, meine teuren Freunde, nach meiner Rede haben sich im Publikum eine Menge Menschen weinend umarmt und einander geschworen, zukünftig bessere Menschen zu sein, und das war keine vereinzelte Tatsache. Ich hörte sogar eine Unzahl Geschichten von mir völlig unbekannten Personen, die sich um mich drängten und mir in verzückten Worten (buchstäblich) erzählten, welchen Eindruck meine Rede auf sie gemacht habe. Zwei ergraute alte Männer traten auf mich zu, und einer von ihnen sagte: »Seit zwanzig Jahren waren wir Feinde, und zwanzig Jahre lang haben wir einander Böses zugefügt. Aber jetzt, nach Ihrer Rede, haben wir uns versöhnt, und wir sind hergekommen, Ihnen das zu erklären.« Ich kannte diese Leute nicht. Doch es gab eine Menge derartiger Erklärungen, und ich war so erschüttert und matt, daß ich selber bereit war, in Ohnmacht zu fallen wie jener Student, den seine Kameraden in diesem Augenblick zu mir brachten und der sich vor mir auf den Boden fallen ließ und vor Begeisterung in Ohnmacht fiel. Eine zunächst unwahrscheinliche Tatsache, aber sie kam dennoch in den ›Modernen Nachrichten‹, der Zeitung von Giljarow-Platonow, der selbst Zeuge dieses Vorfalls war. Was die Damen betrifft, waren es nicht nur Hochschülerinnen, sondern alle. Sie umstellten mich, faßten meine Hände und hielten sie fest, damit ich keinen Widerstand leisten konnte, und begannen sie zu küssen. Alle weinten, sogar Turgenjew weinte ein wenig. Turgenjew und Annenkow (letzterer ist mein entschiedener Feind [2]) riefen mir laut und begeistert zu, meine Rede sei genial und prophetisch. »Ich sage das Ihnen nicht, weil Sie meine ›Lisa‹ priesen«, meinte Turgenjew. Verzeihen Sie mir, und lachen Sie nicht, meine teuren Freunde, daß ich das alles so ausführlich wiedergebe und so viel von mir selbst schreibe; aber, ich schwöre Ihnen, das ist doch keine Eitelkeit, von diesen Augenblicken lebt man, sie sind es auch, für die man auf die Welt kommt. Mir ist das Herz voll, warum soll ich es nicht meinen Freunden mitteilen? Bis jetzt bin ich noch wie zerschmettert.

Doch machen Sie sich keine Sorgen, ich werde es bald zu hören bekommen: »das Lachen der kalten Menge«. Man wird mir das in verschiedenen literarischen Winkeln und Gruppierungen nicht verzeihen. Meine Rede wird bald erscheinen (anscheinend ist sie schon gestern herausgekommen, am 12., in der ›Moskauer Zeitung‹ [3]), und man fängt schon damit an, sie zu kritisieren, besonders in Petersburg. Nach den Zeitungstelegrammen zu urteilen, sehe ich, daß bei der Wiedergabe meiner Rede buchstäblich alles Wesentliche ausgelassen wurde, das heißt, die wichtigsten zwei Punkte. 1. Die universale Aufnahmefähigkeit Puschkins und die Fähigkeit seiner völligen Reinkarnation im Genius fremder Nationen, eine bei keinem der größten Universalpoeten bisher dagewesene Fähigkeit, und 2. die Tatsache, daß diese Fähigkeit restlos aus unserem Volksgeist hervorgeht, Puschkin damit also der volkhafteste Dichter ist. (Ausgerechnet am Vorabend meiner Rede hatte Turgenjew sogar – in einer öffentlichen Rede – Puschkin die Bedeutung eines Volksdichters abgesprochen. [4] Auf diese große Besonderheit Puschkins, sich im Genius fremder Nationen restlos zu reinkarnieren, hatte noch niemand hingewiesen, es war bisher von niemandem bemerkt worden.) Die Hauptsache war, daß ich am Ende meiner Rede eine Formel ausgab, nämlich das Wort der Versöhnung aller unserer Parteien, und einen Ausweg zur neuen

Ära wies. Nun, das war es, was alle fühlten, und die Korrespondenten der Zeitungen begriffen es nicht oder wollten es nicht begreifen.

Aber lassen wir das. Meine Rede ist gestern oder heute bei der ›Moskauer Zeitung‹ erschienen, – (aber, o weh, ohne meine Korrektur, es war in aller Eile, schrecklich, schrecklich!), und zum 1. Juli veröffentliche ich ›Das Tagebuch des Schriftstellers‹[5], das heißt das einzige Heft für das Jahr 1880, in dem ich meine Rede ohne Kürzungen und streng korrigiert unterbringe. Ich will es Ihnen dann schicken, hochverehrte Sofia Andrejewna, und es Ihrer strengen und subtilen Kritik vorlegen, die ich nicht fürchte und immer lieben werde, selbst wenn Sie für mich ungünstig ausfiele.

In Moskau schloß ich einige Bekanntschaften; kennen Sie vielleicht eine gewisse Wera Nikolajewna Tretjakowa, oder haben Sie von ihr gehört? Was für eine anmutige Frau.

Wie viele Frauen sind zu mir ins Loskutnaja gekommen (manche gaben nicht mal ihren Namen an), ein wenig bei mir zu weilen, um sich hinfallen zu lassen und mir die Hände zu küssen. (Das war dann schon nach der Rede.) Aber wissen Sie, ich habe jetzt schon so viel über mich zusammengeredet und geprahlt, daß ich mich schrecklich schäme. Liebe, gute Sofia Andrejewna, schreiben Sie mir in Ihrer zauberhaften, schwungvollen Handschrift wenigstens eine kleine Seite: Bei Gott, machen Sie mir die Freude. Wenn wir uns sehen, will ich Ihnen vieles, vieles erzählen. Julia Fjodorowna war also bei Ihnen zu Gast. Bestellen Sie ihr einen herzlichen Gruß von mir und alle möglichen Glückwünsche, denn ich habe sie sehr lieb.

Wladimir Sergejewitsch küsse ich begeistert. Ich habe mir in Moskau drei Photographien von ihm beschafft: eine aus der Knabenzeit, die andere aus der Jugend und die letzte aus seinem Alter[6]; was für eine Schönheit war er in der Jugend.

Ich war kaum da und setzte mich gleich an die ›Karamasows‹ und werde bis Oktober Tag und Nacht schreiben. Nach Ems fahre ich nicht. Nehmen Sie, hochverehrte Gräfin, meinen hochherzlichen Gruß entgegen. Ihr Wohlwollen mir gegenüber weiß ich äußerst, äußerst hoch einzuschätzen und verbleibe deshalb immer ganz der Ihrige.

An J. A. Stakenschneider

Staraja Russa, 17. Juli 1880

Hochverehrte Jelena Andrejewna, ich muß Ihre ganze Menschenliebe und Nachsicht anrufen, wenn ich Sie mir zu verzeihen bitte, daß ich Ihr schönes und freundliches Briefchen vom 19. Juni so spät beantwortete. Ich bitte Sie aber, die Tatsachen zu berücksichtigen; Sie werden dann vielleicht die Kraft finden, auch gegen mich nachsichtig zu sein. Am 11. Juni bin ich aus Moskau nach Staraja Russa zurückgekehrt, war entsetzlich müde, machte mich aber gleich an die ›Karamasows‹ und schrieb auf einen Zug ganze drei Bogen. Nachdem ich das Manuskript abgeschickt hatte, machte ich mich an die Lektüre aller Zeitungsartikel, die von meiner Moskauer Rede handeln (bisher war ich so beschäftigt, daß ich keine Zeit dazu hatte) und beschloß, eine Entgegnung an Gradowskij zu schreiben; es sollte weniger eine Antwort an Gradowskij als die Verkündung *unserer profession de foi* für ganz Rußland werden: Denn der bedeutsame und schöne *Wendepunkt* im Leben unserer Gesellschaft, der sich in Moskau bei der Puschkinfeier offenbart hat, wurde von den Leuten tendenziös entstellt und böswillig in den Hintergrund gedrängt. In unserer Presse, besonders in der Petersburger, erschrak man vor dieser *völlig neuen Erscheinung*, die sich in Moskau zeigte und ganz beispiellos dasteht: die Gesellschaft hatte deutlich zu erkennen gegeben, daß sie von dieser ewigen Verspottung und Bespeiung Rußlands genug hat, daß sie folglich nach etwas anderem strebt. Diese Tatsache mußte eben verdreht, verschwiegen, verspottet und entstellt werden: »Es hat nichts dergleichen gegeben, es war nur eine allgemeine selige Stimmung nach den opulenten Moskauer Festessen. Man hat einfach zu viel gegessen.« Ich hatte noch in Moskau beschlossen, meine Rede in der ›Moskauer Zeitung‹ zu veröffentlichen und gleich darauf in Petersburg *ein* Heft des ›Tagebuchs eines Schriftstellers‹ erscheinen zu lassen; in diesem Heft, welches wohl das einzige in diesem Jahrgang sein wird, wollte ich meine Rede abdrucken, und zwar mit einer *gewissen* Einleitung, welche mir unmittelbar nach meiner Rede noch auf dem Podium eingefallen ist, in dem Augenblick, als zugleich mit Aksakow und den anderen auch Turgenjew und Annenkow über mich herfielen, um mich abzuküssen, mir die *Hände* drückten und in einem fort wiederholten, daß ich ein wahrhaft *geniales* Werk geschrieben habe! Mein Gott, ob sie auch heute noch dieser Meinung sind? Ich stellte mir lebhaft vor, wie sie jetzt über meine Rede urteilen, wo sie sich von ihrer ersten Begeisterung erholt haben, und dies ist eben das Thema meiner Einleitung. Als die Rede mit der Einleitung bereits an die Druckerei in Petersburg abgeschickt war und ich schon die Korrektur in Händen hatte, entschloß ich mich plötzlich, noch ein neues Kapitel für das ›Tagebuch‹ zu schreiben, meine *profession de foi* in Form eines Briefes an Gradowskij; es sind ganze zwei Druckbogen geworden, ich habe meine ganze Seele in diesen Aufsatz hineingelegt und das Manuskript erst heute an die Druckerei nach Moskau abgeschickt.[1] Gestern war Fedjas Geburtstag, wir hatten Besuch; ich saß aber abseits und schrieb den Aufsatz fertig. Aus diesem Grunde dürfen Sie mir nicht übelnehmen, daß ich Ihren Brief erst heute beantworte. Ich hänge mit großer Liebe an Ihnen, das wissen Sie selbst!

Meine Moskauer Eindrücke und dgl. kann ich in einem Brief gar nicht wiedergeben, ebensowenig wie meine jetzige Stimmung. Ich stecke tief in der Arbeit, es ist wahre Zuchthausarbeit. Ich will im September unbedingt den vierten und letzten Teil der ›Karamasows‹ fertigschreiben, und wenn ich im Herbst nach Petersburg zurückkehre, werde ich einige Zeit verhältnismäßig frei sein; in dieser freien Zeit will ich mich für das ›Tagebuch‹ vorbereiten, welches ich im kommenden Jahr 1881 wahrscheinlich wieder herausgeben werde. Sind Sie auf der Datscha? Auf welchem Wege gelangen die Nachrichten aus Moskau zu Ihnen? Ich weiß nicht, was Ihnen Gajewskij erzählt hat, aber die Sache mit Katkow[2] hat sich doch ganz anders abgespielt. Die ›Gesellschaft der Freunde der Russischen Literatur‹, welche die Feier arrangierte, hat Katkow schwer beleidigt, indem sie von ihm die Einladungskarte, die er ursprünglich erhalten hatte, zurückforderte; Katkow hat seine Rede bei dem von der Duma veranstalteten Festessen, und zwar als Vertreter und auf Aufforderung der Duma, gehalten. Turgenjew hatte *gar keinen Grund*, von Katkow Beleidigungen zu erwarten; vielmehr war Katkow berechtigt, irgendwelche Gemeinheiten zu befürchten. Für Turgenjew war (von Kowalewskij und den Universitätsleuten) eine so kolossale Partei vorbereitet, daß er wirklich nichts zu befürchten hatte. Turgenjew hat Katkow zuerst beleidigt. Als nach Katkows Rede solche Leute wie Iwan Aksakow auf ihn zugingen, um mit ihm anzustoßen (selbst die Gegner stießen mit ihm an), streckte Katkow seine Hand mit dem Glas auch Turgenjew entgegen, um mit ihm anzustoßen; Turgenjew zog aber seine Hand zurück und stieß nicht mit ihm an. So hat es *mir Turgenjew* selbst erzählt.

Sie bitten mich, daß ich Ihnen meine Rede schicke. Ich habe aber keine einzige Abschrift, und das einzige Exemplar befindet sich in der Druckerei, wo eben das ›Tagebuch‹ gesetzt wird. Das ›Tagebuch‹ wird ungefähr am 5. August erscheinen; schenken Sie diesem Heft einige Aufmerksamkeit, und zeigen Sie es auch meinem lieben Mitarbeiter Andrej Andrejewitsch.[3] Ich möchte gern auch seine Meinung hören. Bestellen Sie Maria Fjodorowna, Olga Andrejewna und Sofia Iwanowna[4] meinen herzlichen Gruß, gedenken Sie meiner bei all den Ihrigen. Über den Herbst will ich nichts sagen. Halten Sie sich nur gesund, sparen Sie sich Gesundheit für den Winter auf. Meine Frau läßt Sie und all die Ihren herzlich grüßen.

Ganz Ihr F. Dostojewskij

Schreiben Sie mir bitte nochmals.

An N. L. Osmidow

Staraja Russa, 18. August 1880

Gnädiger Herr, Nikolaj Lukitsch! Ich habe Ihren Brief mit aller Aufmerksamkeit gelesen, und was kann ich wohl darauf antworten? Sie haben selbst außerordentlich klug bemerkt, daß man in einem Brief nicht alles aufschreiben kann. Ich meine sogar, daß man nichts beschreiben kann, was befriedigen würde, mit Ausnahme allgemeiner Situationen. Es wäre für Sie auch völlig sinnlos, zu mir zu reisen, um sich Rat zu holen, weil ich mich keineswegs für einen so kompetenten Richter für die Lösung Ihrer Frage halte. Sie schreiben, Sie hätten Ihrer Tochter bis heute nichts Literarisches zu lesen gegeben, in der Furcht, es könnte ihre Phantasie entfachen. Mir scheint es nun, daß das nicht ganz richtig ist. Die Phantasie ist eine natürliche Kraft im Menschen, um so mehr in jedem Kind. Im Kind ist sie nämlich vor allen anderen Fähigkeiten schon von den allerersten Jahren an als das Wichtigste entwickelt und verlangt nach Befriedigung. Befriedigt man sie nicht, wird sie abgetötet – oder umgekehrt: es geschieht dasselbe, läßt man sie sich frei und übermäßig entwickeln, und zwar gerade kraft ihrer eigenen Kräfte. Eine derartige Überanstrengung würde nur die geistige Seite des Kindes vorzeitig erschöpfen. Doch die Eindrücke *des Schönen* sind gerade in der Kindheit notwendig. Als ich

10 Jahre alt war, habe ich in Moskau eine Aufführung der ›Räuber‹ von Schiller mit Motschalow gesehen, und ich kann Ihnen versichern, es war der allerstärkste Eindruck, den ich damals mit nach Hause nahm, der auf meine weitere geistige Entwicklung sehr fruchtbar einwirkte. Als 12jähriger las ich während der Ferien auf dem Lande den ganzen Walter Scott, und mochte dies auch in mir Phantasie und Sensibilität entfacht haben, dafür lenkte ich sie in eine gute Richtung und nicht zu einer schädlichen, um so mehr, als ich mir aus dieser Lektüre so viele schöne und erhabene Eindrücke mit ins Leben nehmen konnte, die natürlich in meiner Seele eine große Kraft für den Kampf mit verführerischen, leidenschaftlichen und lasterhaften Eindrücken ausmachten. Ich rate auch Ihnen, nun Ihrer Tochter Walter Scott zu geben, um so mehr, als er bei uns Russen völlig vergessen ist, und wenn sie dann selbständig lebt, wird sie keine Möglichkeit und kein Bedürfnis mehr haben, diesen großen Schriftsteller kennenzulernen; so nehmen Sie sich die Zeit, Ihre Tochter mit Walter Scott bekanntzumachen, solange sie noch im Elternhaus lebt, denn Walter Scott hat eine hohe erzieherische Bedeutung. Auch von Dickens soll sie alles ohne Ausnahme lesen. Bringen Sie ihr die Literatur der vergangenen Jahrhunderte nahe (›Don Quichotte‹ und sogar ›Gil Blas‹). Am besten ist, Sie beginnen mit Versen. Puschkin muß sie ganz lesen, sowohl die Verse als auch die Prosa. Ebenfalls Gogol. Auch Turgenjew, Gontscharow, wenn Sie wollen; von meinen Werken werden für sie wohl nicht alle das Richtige sein. Es täte ihr gut, die ganze Geschichte Schlossers durchzulesen und die russische von Solowjow. Gut wäre es, wenn Sie Karamsin nicht ausließen. Kostomarow [1] geben Sie ihr vorläufig nicht. Dagegen ist die ›Eroberung Perus und Mexikos‹ von Prescott [2] unumgänglich. Überhaupt haben historische Werke eine kolossale erzieherische Funktion. Sie muß den ganzen Lew Tolstoj lesen. Shakespeare, Schiller, Goethe liegen alle in sehr guten russischen Übersetzungen vor. Nun, das genügt vorläufig. Sie werden es selbst sehen, was man mit den Jahren dem noch hinzufügen kann! Zeitungsliteratur sollte man möglicherweise weglassen, wenigstens im jetzigen Augenblick. Ich weiß nicht, ob Sie mit meinen Ratschlägen zufrieden sind. Ich habe sie Ihnen nach Vorstellungskraft und *Erfahrung* geschrieben. Wenn ich Sie damit zufriedenstelle, würde ich mich sehr freuen. Eine persönliche Begegnung halte ich vorläufig für völlig zwecklos, um so mehr, als ich gegenwärtig viel zu sehr in Anspruch genommen

bin. Und ich möchte es nochmals wiederholen: Ich halte mich in diesen Fragen überhaupt nicht für besonders kompetent. Die Nummer des ›Tagebuchs‹ ist schon abgeschickt. Mit Porto kostet es lediglich 35 Kop., die übrigen 65 Kop. gehen auf meine Rechnung.

Ihr aufrichtig ergebener F. Dostojewskij

An O. F. Miller

Staraja Russa, 26. August 1880

Hochverehrter Orest Fjodorowitsch! Ich habe überhaupt keine Möglichkeit, bis zum 8. September nach Petersburg zurückzukehren! Natürlich zu meinem größten Bedauern. Ich sitze hier wie im Zuchthaus fest, und trotz der ständig schönen Tage, die man ausnützen müßte, sitze ich Tag und Nacht bei der Arbeit und beende die ›Karamasows‹. Ich werde damit erst gegen Ende September fertig, und dann werde ich zurückkehren. Gerade am 8. September werde ich übermäßig beschäftigt sein, weil ich da die Manuskriptseiten an den ›Russischen Boten‹ abschicke. Überhaupt bin ich hier so richtig ins Arbeiten gekommen. Was für eine herrliche Idee, eine besondere Festsitzung unserer Gesellschaft zum 500jährigen Jubiläum der Schlacht auf dem Schnepfenfeld zu veranstalten. Konstantin Nikolajewitsch[1] danke ich für seinen kommenden Aufsatz. Gerade das brauchen wir heute. Man muß große Ereignisse in der Gesellschaft unserer Intelligenz wieder aufleben lassen, die unsere Geschichte vergessen und bespuckt hat. Ich warte unbedingt, was auch Sie dazu sagen werden. Wie gut wäre es, den Großfürsten, der »schlafen gegangen war«[2] (wahrscheinlich aus Feigheit), während die anderen kämpften, beiläufig zu erwähnen. Man müßte dieses wunderbare Bild wieder hoch aufrichten und den Abgrund abscheulicher Ideen überdecken, die in den letzten 25 Jahren über unsere Geschichte in Umlauf kamen. Wie habe ich es bedauert, Sie in Moskau nicht vorzufinden; Sie hätten mit Ihren flammenden und energischen Worten der guten Sache hervorragend dienen können. Sie sehen ja, was meine Rede in Moskau nach sich zog; Sie sehen ja, wie unsere Presse fast durchweg reagiert: so, als hätte ich einen Diebstahl, eine Betrügerei oder eine Fälschung in einer Bank begangen. Nicht einmal Juchanzew[3] wurde mit einem solchen Spülwasser übergossen wie ich. Jedenfalls habe ich bis zum 8. September nicht die geringste Möglichkeit, nach Petersburg zu kommen, trotz meines außerordentlich großen Wunsches. Anna

Grigorjewna läßt Sie von Herzen grüßen. Von Aksakow habe ich gerade einen hervorragenden und herrlichen Brief als Antwort auf mein ›Tagebuch‹ erhalten. Aber auch Ihr Brief hat mich interessiert.

Ihr von ganzem Herzen ergebener
F. Dostojewskij

An I. S. Aksakow

Staraja Russa, 28. August 1880

Mein lieber und hochverehrter Iwan Sergejewitsch! Ich wollte schon Ihren ersten Brief umgehend beantworten; nachdem ich aber Ihren zweiten, mir so *wertvollen* Brief erhalten habe, sehe ich, daß ich Ihnen sehr viel zu sagen habe. Noch nie im Leben habe ich einen Kritiker gesehen, der so aufrichtig wäre und mit meiner Tätigkeit so sehr sympathisierte wie jetzt gerade Sie. Ich hatte beinahe vergessen, daß solche Kritiker überhaupt möglich sind und daß es sie tatsächlich gibt. Ich will damit nicht sagen, daß ich mit Ihnen in allen Dingen *absolut* einverstanden bin; auf folgende Tatsache muß ich aber unbedingt hinweisen: Obwohl ich mein ›Tagebuch‹ seit 2 Jahren herausgebe und folglich einige Erfahrung habe, überkommen mich oft in manchen Dingen Zweifel: Was soll ich über gewisse Dinge sagen, welchen Ton soll ich anschlagen, und welche Dinge soll ich überhaupt verschweigen? Ihr Brief kam gerade in einem Augenblick solcher Zweifel, denn ich habe mir fest vorgenommen, das ›Tagebuch‹ auch im kommenden Jahr fortzusetzen; aus diesem Grunde bin ich sehr aufgeregt und erflehe mir von Dem, den man immer anrufen soll, die nötige Kraft und in erster Linie das nötige Können. Es freut mich daher ganz besonders, daß ich Sie habe; denn jetzt sehe ich, daß ich Ihnen wenigstens einen Teil meiner Zweifel mitteilen kann und daß Sie mir immer etwas tief Aufrichtiges und Durchdringendes erwidern können. Diese Überzeugung habe ich aus Ihren beiden letzten Briefen gewonnen. Leider werde ich aber darüber sehr viel schreiben müssen; doch ich bin jetzt sehr beschäftigt und zum Schreiben ganz und gar nicht aufgelegt. Sie können sich gar nicht vorstellen, wie furchtbar beschäftigt ich Tag und Nacht bin, es ist eine wahre Zuchthausarbeit! Denn ich beendige jetzt gerade die ›Karamasows‹ und ziehe folglich die Summe aus diesem Werk, das mir persönlich sehr teuer ist, denn ich habe sehr viel von meinem eigenen Ich hineingelegt. Ich arbeite auch im allgemeinen sehr nervös, unter Qualen und Sorgen. Wenn ich arbeite, bin ich auch physisch krank. Und jetzt muß ich daraus, was ich während 3 Jahren zurechtgelegt, zusammengestellt und notiert habe, die Summe ziehen. Ich muß diese Arbeit unbedingt gut machen, jedenfalls so gut, wie ich überhaupt kann. Ich begreife gar nicht, wie man in großer Eile und nur der Bezahlung wegen schreiben kann. Nun ist die Zeit gekommen, wo ich den Roman abschließen muß, und zwar ohne Aufschub. Sie werden es mir gar nicht glauben wollen: Manches Kapitel, zu dem ich mir während der drei Jahre Aufzeichnungen gemacht habe, muß ich, nachdem ich es endgültig niedergeschrieben, verwerfen, um es dann wieder neu zu schreiben. Nur einzelne Stellen, die unmittelbar von der Begeisterung diktiert wurden, gerieten mir auf den ersten Wurf; alles übrige war härteste Arbeit. Aus diesem Grunde kann ich Ihnen augenblicklich, trotz meines heißen Wunsches, unmöglich schreiben; ich bin nicht in der nötigen Gemütsverfassung, auch will ich meine Kräfte nicht zersplittern. Ich werde Ihnen erst etwa am 10. des kommenden Monats (September), wenn ich die Arbeit hinter mir habe, schreiben können. Inzwischen will ich mir auch meinen Brief gut überlegen, denn es handelt sich um schwierige Fragen, die ich auch möglichst klar darlegen will. Zürnen Sie mir also bitte nicht, und werfen Sie mir nicht Gleichgültigkeit vor. Wenn Sie nur wüßten, wie sehr Sie sich in diesem Falle täuschen würden!

Inzwischen umarme ich Sie aufrichtig und danke Ihnen von Herzen. Ich brauche Sie und kann nicht umhin, Sie zu lieben.

Ihr aufrichtiger
F. Dostojewskij

An N. A. Ljubimow

Staraja Russa, 8. September 1880

Gnädiger Herr, hochverehrter Nikolaj Alexejewitsch, wie ich mich auch darum bemühte, das ganze *zwölfte* und letzte Buch der ›Karamasows‹ zu beenden und Ihnen zu schicken, damit Sie es auf einmal drucken könnten, so habe ich schließlich doch eingesehen, daß es mir unmöglich ist. Ich habe es an der Stelle unterbrochen, an der die Erzählung wirklich etwas Ganzes darstellen könnte (wenn auch vielleicht kein effektvolles Ende), ja, im übrigen wird hier die Handlung vorübergehend unterbrochen. Das ist das ›Gericht‹. Ich denke nicht, daß ich irgendwelche *technischen* Fehler in der Erzählung gemacht habe: Ich habe mich schon in Petersburg mit zwei Staatsanwälten beraten. Ich habe die Erzählung von den

›Gerichtsdebatten‹ unterbrochen. Es verbleiben die Reden des Staatsanwalts und des Verteidigers, und man müßte hier die Sache möglicherweise besser machen, um so mehr, als der Advokat und der Staatsanwalt für mich teilweise Typen unseres modernen Gerichts darstellen (wenn auch keiner ein persönliches Vorbild hat), mit ihrer Moral, ihrem Liberalismus und ihrer Betrachtungsweise der ganzen Aufgabe gegenüber. Ich bin nun mit diesen beiden Reden beschäftigt, und mit dem ›Urteil‹ werden sie den zwölften und *letzten* Teil des Romans abschließen. Es verbleibt dann der Epilog von 1 1/2 Druckbogen. Aber ich habe die feste Absicht und den Wunsch, den Schluß des 4. Teils *zusammen mit dem Epilog* abzuschließen·und in Druck zu geben. Das wäre dann schon für das Oktoberheft des ›Russischen Boten‹, für das Septemberheft schicke ich vorläufig nur einen Teil des *zwölften* Buches (freilich den größten Teil), nämlich 5 Kapitel. Es werden nicht ganz (zwei bis drei Seiten fehlen) 3 Bogen sein.[1] Ich bitte Sie inständigst, mir auch jetzt, so wie das letztemal, rechtzeitig die Korrektur zu schicken. In Staraja Russa halte ich mich höchstens bis zum 25. September auf. Der Sommer ist ganz wunderbar. Übermitteln Sie Ihrer Gattin meine tiefste Hochachtung; meine Frau läßt Sie von ganzem Herzen grüßen und wünscht Ihnen das Allerbeste. Meinen besten Gruß an Michail Nikiforowitsch.[2]

Nehmen Sie, hochverehrter und teurer Nikolaj Alexejewitsch, den wärmsten Ausdruck meiner herzlichen und aufrichtigen Ergebenheit entgegen.

Ihr getreuer Diener
F. Dostojewskij

PS: Einen Artikel wie ›Gegen den Strom‹ hätte der ›Russische Bote‹ schon längst veröffentlichen müssen.[3] Dazu kommt, daß bei uns immer noch die Überlieferungen des Jahres 48 herrschen: Louis Blanc, Lamartine. Das ist besonders für unsere jungen Geister lehrreich.

Staraja Russa.
Gouvernement Nowgorod
An F. M. Dostojewskij

An N. A. Ljubimow

Petersburg, 8. November 1880

Gnädiger Herr, hochverehrter Nikolaj Alexejewitsch, zusammen mit diesem Schreiben schicke ich an die Redaktion des ›Russischen Boten‹ den abschließenden *Epilog* der ›Karamasows‹, womit der Roman abgeschlossen ist. Im ganzen sind es 31 Halbbogen Briefpapier, und das sind, wie mir scheint, nicht mehr als 1³/₄ Bogen des ›Russischen Boten‹.

Ich bitte Sie inständig und besonders darum, mir die Korrekturbögen in 2 Exemplaren (und nicht nur eines) zu schicken. Das zweite Exemplar brauche ich hier ganz notwendig für die Ende November (nach dem 20.) bevorstehenden öffentlichen Lesungen.[1] Ich habe schon alle meine Sachen vorgelesen, und so hätte ich etwas Neues. Ich will das letzte Kapitel lesen: die Beerdigung von Iljuschetschka und die Rede Aljoschas an die Jungen. Aus Erfahrung weiß ich, solche Stellen machen bei Lesungen einen gewissen Eindruck.

Nun, der Roman ist fertig! Drei Jahre habe ich daran gearbeitet, im Laufe von zwei Jahren erschien er, es war eine bedeutsame Minute für mich. Gegen Weihnachten möchte ich eine Buchausgabe machen.[2] Man fragt intensiv danach, sowohl hier als auch die Buchhändler in Rußland; man schickt mir schon Geld.

Sie erlauben, daß ich mich von Ihnen noch nicht verabschiede. Denn ich habe vor, noch 20 Jahre zu leben und zu schreiben. Bereiten Sie also noch nicht den Leichenschmaus vor.

Nach Abschluß der Arbeit an den ›Karamasows‹ hatte ich eigentlich in Moskau sein wollen, aber mir scheint es nicht zu gelingen. Ich drücke Ihnen fest die Hand und danke Ihnen für Ihre Anteilnahme. Wohl auch für die wachsame Aufsicht des Redakteurs: ich brauche sie bisweilen unbedingt.

Ihr letztes Heft ist erstaunlich gut zusammengestellt. Aber werden die Aufsätze: ›Gegen den Strom‹ weiterhin erscheinen?[3] Sie werden hier intensiv verfolgt. Könnte man sie im November und Dezember unterbringen! Glauben Sie, sie sind notwendig, denn es ist ein entscheidender Erfolg.

Meine tiefste Hochachtung Ihrer hochverehrten Gemahlin. Seien Sie so gut, und bestellen Sie dem hochverehrten Michail Nikiforowitsch[4] einen aufrichtigen Gruß von mir.
Meine Frau läßt Sie herzlich grüßen.

Nehmen Sie die herzliche Versicherung meiner aufrichtigen und treuen Ergebenheit entgegen.

Ganz Ihr F. Dostojewskij

St. Petersburg
Schmiedegasse
Haus 5, Wohnung 10
(bei der Wladimir-Kirche)
An F. M. Dostojewskij

An N. A. Ljubimow

Petersburg, 29. November 1880

Gnädiger Herr, hochverehrter Nikolaj Alexejewitsch, ich habe zwei außerordentliche und ergebenste Bitten an Sie und fürchte nur, daß ich Sie zu ungelegener Zeit belästige. Die erste Bitte besteht darin, ob Sie nicht geruhen könnten, unsere endgültige Abrechnung zu machen und sie mir zuzuschicken, da ja nun die ›Br. Karamasow‹ fertig sind (und das Novemberheft des ›Russischen Boten‹ jetzt schon erschienen sein dürfte). Aber könnten Sie mir, teurer und hochverehrter Nikolaj Alexejewitsch, bis zur Zusammenstellung und Überweisung der Abrechnung nicht *jetzt gleich* über Achenbach und Kolli 1500 schicken? Ich befinde mich in außerordentlich großer Not. Dazu habe ich für das kommende Jahr eine Ausgabe des ›Tagebuchs eines Schriftstellers‹ besorgt. Die Subskription wird schon irgendwann beginnen, aber trotzdem brauche ich unbedingt etwas Bargeld. Erfüllen Sie die Bitte, wenn möglich. Litte ich keine Not, würde ich Sie auch nicht belästigen.

Meine zweite Bitte besteht darin: Vor etwa 10 Tagen schickte meine Frau die Anzeige zur Veröffentlichung des ›Tagebuchs eines Schriftstellers‹ an die Redaktion der ›Moskauer Zeitung‹, und trotzdem ist die Anzeige bis jetzt noch nicht in der ›Moskauer Zeitung‹ erschienen. Sie schickte diese Anzeige heute nochmals nach Moskau mit der Bitte, sie im Anzeigenteil unterzubringen. Wir hatten für den Druck der Anzeige kein Geld beigelegt, weil wir annahmen, ich hätte bei der Redaktion der ›Moskauer Zeitung‹ für meine im Sommer gedruckte ›Rede‹ anläßlich der Puschkinfeier noch Geld gut. Hat es da etwa Komplikationen gegeben? Glauben Sie, es fällt mir schwer, Sie mit unnützen Bitten zu belästigen, dazu noch in Sachen einer ganz andern Redaktion.[1] Aber würden Sie mir diese außerordentliche und freundschaftliche Hilfe gewähren und sich persönlich bei der Redaktion der ›Moskauer Zeitung‹ erkundigen, was nun die Veröffentlichung meiner Anzeige über das ›Tagebuch eines Schriftstellers‹ verhindert hat. Auf diese Weise könnten Sie die für mich notwendige Sache beschleunigen, denn die ›Moskauer Zeitung‹ erreicht das Innere Rußlands, während die ›Stimme‹ und die ›Neue Zeit‹ und andere mehr die Peripherie streifen.

Ich bitte Sie nochmals um Verzeihung. Klagen Sie nicht, daß ich Sie belästige; ohne Not würde ich das nicht tun.

Meine Frau läßt Sie aufrichtig grüßen. Bestellen Sie Ihrer hochverehrten Gemahlin meine tiefste Hochachtung.

Wenn Sie Michail Nikiforowitsch sehen, teilen Sie ihm meine Verehrung, Hochachtung, treue und aufrichtige Ergebenheit heute, zukünftig und für alle Zeiten mit.

Gleichzeitig nehmen Sie auch die aufrichtigste Versicherung meiner treuen und restlosen Ergebenheit entgegen, mit der ich

Ihr ergebenster Diener verbleibe.
F. Dostojewskij

NB: Es ist jetzt eine schwierige Sache, eine solche Ausgabe wie zum Beispiel das ›Tagebuch‹ zu besorgen. Das erregt mich sehr!

An A. F. Blagonrawow

Petersburg, 19. Dezember 1880

Gnädiger Herr Alexander Fjodorowitsch, ich danke Ihnen für Ihren Brief. Sie urteilen sehr richtig, wenn Sie meinen, ich sehe den Grund aller Übel im Unglauben und behaupte, daß derjenige, der die völkische Eigenständigkeit verneint, auch den Glauben verneint. Das trifft ganz besonders auf Rußland zu, denn bei uns gründet sich diese Eigenständigkeit auf das Christentum. ›Christliches Bauernvolk‹, ›Rechtgläubige Rus‹ sind unsere Grundbegriffe. Ein Russe, der die völkische Eigenständigkeit verneint (und solcher gibt es viele), ist entweder Atheist oder in religiösen Fragen indifferent. Auch umgekehrt: Ein Atheist oder Indifferenter kann unmöglich das russische Volk und die russische völkische Eigenständigkeit begreifen. Unsere wichtigste Tagesfrage lautet: Auf welche Weise kann man diesen Grundsatz auch unserer Intelligenzja beibringen? Wenn Sie nur ein Wort in diesem Sinne sprechen, wird man Sie entweder auffressen oder für einen Verräter erklären. Und wen sollen Sie eigentlich verraten haben? Doch nur eine Partei, die in der Luft schwebt und für die man sogar keinen Namen finden kann, denn die Leute wissen selbst nicht, wie sie sich nennen sollen. Oder haben Sie das Volk verraten? Nein, ich will schon lieber mit dem Volk bleiben, denn nur vom Volk ist überhaupt noch etwas zu erwarten und nicht von der russischen Intelligenzja, die das Volk verneint und die nicht einmal intelligent ist.

Nun kommt aber eine neue Intelligenzja, die mit dem Volke eins sein will. Das erste Anzeichen einer wahren Gemeinschaft mit dem Volk ist die Ehrfurcht und Liebe zu allem, was das Volk in seiner großen Masse liebt und ehrt, das heißt, zu seinem Gott und seinem Glauben.

Diese neue russische Intelligenzja beginnt, so scheint es mir, gerade jetzt ihr Haupt zu erheben. Gerade jetzt ist ihre Mitarbeit am allgemeinen Werk notwendig, und sie beginnt es auch selbst einzusehen.

Weil ich den Glauben an Gott und die völkische Eigenständigkeit predige, will man mich hier vom Antlitz der Erde verschwinden lassen. Für jenes Kapitel in den ›Karamasows‹ (von der Halluzination), mit dem Sie als Arzt so zufrieden sind, hat man bereits versucht, mich zu einem Reaktionär und Fanatiker zu stempeln, der bereits beim Glauben an den Teufel angelangt ist. Die Leute bilden sich in ihrer Einfalt ein, daß das Publikum wie aus einem Munde ausrufen wird: »Wie? Dostojewskij hat schon angefangen, über den Teufel zu schreiben? Ach, diese Abgeschmacktheit, ach, wie unentwickelt!« Ich glaube aber, daß es ihnen nicht gelungen ist. Ich danke Ihnen dafür, daß Sie mir als Arzt die Naturtreue in der Schilderung der psychischen Krankheit meines Romanhelden bestätigen. Die Ansicht eines Sachverständigen unterstützt mich; Sie werden wohl zugeben, daß dieser andere Mensch (Iwan Karamasow) unter den gegebenen Umständen keine andere Halluzination hat haben können. Zu diesem Kapitel will ich im nächsten Heft des ›Tagebuchs‹ selbst einige kritische Erklärungen geben. Nehmen Sie hiermit die Versicherung meiner aufrichtigsten und besten Gefühle entgegen. Ihr ganz ergebener

Fjodor Dostojewskij

An N. A.

Hochverehrter Nikolaj Alexandrowitsch, so wichtig auch viele der Fragen sein mögen, die außerordentlich viele Personen brieflich an mich richten, so habe ich doch, während ich die Ausgabe des ›Tagebuchs eines Schriftstellers‹ vorbereite, beschlossen, die Korrespondenz mit den Fragestellern abzubrechen. Die Ausgabe selbst zu besorgen ist eine derartige Bürde, meine Gesundheit aber läßt so viel zu wünschen übrig, und ich habe so wenig Reserven, daß ich zum Schreiben und zu meiner Arbeit überhaupt keine Zeit mehr hätte, wollte ich auf alle Briefe und Anfragen (und es treffen eine hübsche Menge ein) antworten. Verzeihen Sie mir deshalb, wenn ich Ihren Brief auf die allerkürzeste Weise beantworte.

Wie alt Ihr Sohn ist, haben Sie mir in Ihrem Brief nicht mitgeteilt. Ich will es also lediglich allgemein sagen: Geben Sie ihm nur das zu lesen, was *schöne Eindrücke hinterläßt und hohe Gedanken schafft.* Falls er schon sechzehn Jahre alt ist, soll er Schukowskij, Puschkin und Lermontow lesen. Liebt er die Poesie, soll er Schiller, Goethe, Shakespeare in Übersetzungen und den Ausgaben von Gerbel lesen. Er soll unbedingt Turgenjew, Ostrowskij und Lew Tolstoj lesen, besonders Lew Tolstoj. (Zweifellos auch Gogol, und zwar den ganzen.) Mit einem Wort, die ganze russische Klassik. Außerordentlich gut wäre es, wenn er die Geschichte liebte. Er soll Solowjow und Schlossers Universalgeschichte lesen, einzelne historische Werke in der Art von Prescotts ›Eroberung Mexikos und Perus‹. Schließlich soll er Walter Scott und Dickens in Übersetzungen lesen, wenn es auch schwer ist, sich die Übersetzungen zu beschaffen. Aber nun habe ich Ihnen ja schon viel zuviel Beispiele angegeben. Sollte er all das aufmerksam und gerne lesen, wäre er damit literarisch schon ein gebildeter Mann. Wenn Sie wollen, können Sie ihm auch Belinskij geben.[1] Aber mit den anderen Kritikern warten Sie. Ist er weniger als 16 Jahre alt, so geben Sie dieselben Bücher in sorgfältiger Auswahl, wobei Sie sich bei Ihrer Wahl nur von der Frage leiten lassen sollten, wird er es begreifen oder nicht begreifen. Geben Sie ihm das, was er begreift. Dickens und Walter Scott kann man schon einem 13jährigen geben.

Vor allem natürlich das Evangelium, das Neue Testament in einer Übersetzung. Falls er es auch im Original lesen kann (das heißt im Kirchenslawischen), wäre das um so besser.

Das Evangelium und die Apostelgeschichte *sine qua non*.

Mit dem Buchhandel beschäftigt sich meine Frau und nicht ich, selbstverständlich auf meine Verantwortung. Einen Katalog der eben aufgestellten Bücher zusammenzustellen, wäre ziemlich schwierig, denn viele davon sind nicht mehr im Verkauf, einige Preise werden wir Ihnen aber nennen und zur Ansicht zuschicken.[2]

Damit wünsche ich Ihnen in Ihrem Beginnen einen durchgehenden Erfolg und verbleibe

Ihr gehorsamer Diener
Fjodor Dostojewskij

An N. A. Ljubimow

Petersburg, 26. Januar 1881

Gnädiger Herr, hochverehrter Nikolaj Alexejewitsch, da Sie schon so lange und so oft allen meinen Bitten gegenüber wohlgesonnen waren, so kann ich noch einmal auf Ihre Aufmerksamkeit und Hilfe für meine jetzige und vielleicht letzte Bitte hoffen. Nach der Abrechnung, die mir die Redaktion des ›Russischen Boten‹ zukommen ließ, verbleiben mir noch etwas über 400 Rubel Honorar für die ›Karamasows‹. Im Augenblick habe ich sehr wenig Geld. Seien Sie so gut, und teilen Sie das dem hochverehrten Michail Nikiforowitsch mit. Wäre es nicht möglich, die Überweisung der ganzen Summe zu veranlassen? Sie werden es nicht glauben, welchen Gefallen Sie mir damit erweisen. Ich muß nämlich gerade eine Ausgabe bestreiten und brauche unbedingt Geld, sonst gleitet mir die Sache aus den Händen.

Verzeihen Sie, daß ich die Überweisung des Kontors des ›Russischen Boten‹ nicht abwarte und die Angelegenheit durch meine Bitte beschleunige. Ohne besondere Dringlichkeit hätte ich mich nicht dazu entschlossen.

Ich bezeuge meine tiefste Hochachtung für Ihre hochverehrte Gemahlin und bitte Sie sehr darum, dieselbe Hochachtung Michail Nikiforowitsch zu übermitteln.

Ihr aufrichtiger und ganz ergebener
F. Dostojewskij

ANHANG

NACHWORT

Zur Auswahl der Briefe

Dostojewskij schrieb ungern Briefe. Er betonte immer wieder, wie sehr er es als Last empfinde, Briefe aufzusetzen. Aber da er oft von Freunden und Nächsten getrennt war, brauchte der im persönlichen Umgang kontaktarme Schriftsteller Korrespondenten. Dazu kamen die vielen materiellen Sorgen eines unruhigen Lebens, die in fast allen Briefen ihren Ausdruck finden. Er benötigte Vorschüsse, mußte an Schulden, Überweisungen und Rückzahlungen denken. Sein Bedürfnis, Briefe zu schreiben, war in gleichem Maße Zwang der Verhältnisse. Dostojewskij verfaßte seine Briefe nicht als Literatur, obgleich der eine oder andere an die Prosa der Romane erinnert. Aber die Prosa war ebenso hastig und nervös geschrieben wie die meisten seiner Briefe. In diesen Briefen kommen viele Zahlwörter vor: Den formalen Gepflogenheiten zum Trotz schreibt er hier »1 Tag«, dort »viertausendfünfhundert«. Dostojewskijs Verhältnis zu Zahlen ist wohl das eine Mal das des flüchtigen Schreibers, ein anderes Mal das des Wechselausstellers.

Diese biographischen Umstände sind zwar weithin bekannt, aber es wurde immer wieder versäumt, sie möglichst lückenlos aus den Briefen des Autors sprechen zu lassen. In den deutschen Ausgaben ausgewählter Briefe Dostojewskijs stehen oft Punkte anstelle jener Umstände, oder die Herausgeber vermerkten expressis verbis – »Weiter ist wieder von Geld und geschäftlichen Dingen die Rede.« Wo Leben und Arbeit des Schriftstellers erkennbar werden sollten, wollten die Herausgeber Literatur reproduzieren. Doch welcher große Autor der Weltliteratur ist nicht von der Nachwelt idealisiert worden? Damit soll nicht gesagt werden, Dostojewskijs Briefe seien ausschließlich von biographischer Relevanz: Sie sind ebenso als Dokumente seiner geistigen und künstlerischen Entwicklung wichtig. Die Briefe zeigen deutlich, wie eng Biographie und Werk Dostojewskijs miteinander verbunden sind.

Bisher gab es drei deutsche Ausgaben gesammelter Briefe Dostojewskijs. Herausgeber der ersten war Alexander Eliasberg (München 1914); die zweite wurde von Arthur Luther herausgegeben (Leipzig 1926); die dritte stammt aus dem Nachlaß von Karl Noetzel und wurde von Wilhelm Lettenbauer ediert (Wiesbaden 1954). Eliasberg wählte 77, Luther 140, Lettenbauer 88 Briefe des russischen Schriftstellers aus, wobei letztere Auswahl zwar die wenigsten Kürzungen, Auslassungen und Veränderungen der Originale aufweist, aber keine Briefe an die zweite Frau, Anna Grigorjewna, enthält.

Die vorliegende Ausgabe stellt 153 Briefe vor. Davon sind 76 Briefe von der Eliasbergschen Auswahl aufgenommen worden, die nun allerdings in stark veränderter Form erscheinen; die Kürzungen jener Auswahl beliefen sich auf etwa 30 bis 40 Prozent. 26 Briefe waren schon mehr oder weniger unvollständig in den beiden anderen Auswahlbänden enthalten. Die übrigen 51 Briefe wurden zum erstenmal ins Deutsche übertragen.

Die Mängel der früheren deutschen Auswahlbände sind zum Teil auf die russischen Textvorlagen zurückzuführen. Das gilt hauptsächlich für die Ausgabe von Eliasberg. Er – wie auch Luther – mußte sich auf die 1883 von Orest Miller und Nikolaj Strachow herausgegebene Auswahl stützen, die von dem russischen Literaturhistoriker Tscheschichin aufgegriffen und erweitert wurde. Die Idealisierungen jener Ausgaben entsprachen in vielen Fällen dem Wunschbild der russischen Konservativen um die Jahrhundertwende, was vor allem auf Strachow und Miller zurückging, die beide Korrespondenten und Gesinnungsfreunde des Schriftstellers waren. Viele Jahre »hatten sich die Verzerrungen der faktischen Wahrheit um ein Vielfältiges vermehrt, die ganz bewußt noch in der ersten Quelle vorgenommen worden waren, wo das epistolarische Material absichtlich einseitig ausgewählt und mehr oder weniger durch die Redakteure, bekannte und unbekannte, umgearbeitet worden war, entsprechend den Aufgaben und Zielen, die sie damals vor sich sahen«. Dies schreibt der sowjetische Dostojewskij-Forscher A. S. Dolinin. Dolinin war zu diesem Ergebnis gekommen, nachdem er 95 Prozent aller vor 1917 in Rußland erschienenen Dostojewskij-Briefe mit den Originalen verglichen hatte. Außerdem hatte er alle privaten und öffentlichen Archive nach bis dahin unbekannten Dostojewskij-Briefen durchforscht, um dabei festzustellen, daß viele Briefe, die der Autor geschrieben hatte, verloren gegangen sind oder aber zufälligen Entdeckungen vorbehalten bleiben. Das Ergebnis seiner bewunderungswürdigen Sammel- und Archivarbeit ist eine historisch-kritische Ausgabe von 935 Dostojewskij-Briefen, die in vier Bänden zwischen 1928 und 1959 beim Staatsverlag Moskau-Leningrad erschienen ist (Band I: 1928; Band II: 1930; Band III: 1934; Band IV: 1959).

Unsere Ausgabe stützt sich auf Dolinins Arbeit. Teilweise wurde auch der 1926 in Moskau–Leningrad erschienene Band ›Briefe F. M. Dostojewskijs an die Frau‹ (hrsg. von N. F. Beltschikow und V. F. Perewersew) benutzt.

Unsere Auswahl wurde nach folgenden Gesichtspunkten getroffen: Sie soll an den bisherigen Komplex der ins Deutsche übertragenen Briefe anschließen. Es sollte keine »ganz neue« oder »originelle« Auswahl aus den verfügbaren 935 Briefen zusammengestellt werden, etwa mit dem Ziel, die früheren Auswahlbände zu übertreffen. Die Aufgabe bestand vielmehr in der Korrektur und Vertiefung bekannter Briefe und ihrer Erweiterung durch unbekanntes Material. In jedem Fall sind die Briefe der vorliegenden Auswahl möglichst originalgetreu – nach Dolinins historisch-kritischer Ausgabe – wiedergegeben. Die Briefe sind nicht gekürzt und entsprechen – soweit das die Übersetzung erlaubt – der Schreibweise und dem Textbild des Originals. Dostojewskijs Briefstil wurde nicht verschönt. Schimpfworte sollten nicht weggelassen werden: Einmal zeigen sie, daß sich Dostojewskij nicht immer an die schickliche Sprache der Gebildeten des 19. Jahrhunderts hielt, zum andern lassen sie die Spontaneität und Gereiztheit des Briefschreibers erkennen. Fast alle Briefe Dostojewskijs bezeugen die finanzielle Not des professionellen Schriftstellers, die sein ganzes Leben bestimmt – »ein garstiges Handwerk ist die Arbeit eines armen Schriftstellers« (Brief vom 13. Dezember 1858 an M. M. Dostojewskij). Die *biographischen* Etappen bestimmen den Kreis der Korrespondenten. Nicht die Werke bestimmen die Briefe: Die hier ausgewählten Briefe sollen die schriftlichen Stationen der wechselseitigen Beziehungen zwischen Leben und Werk Dostojewskijs abbilden.

Chronologisch geordnet ergeben sich Gliederung und Streuung der Briefe von 1833 bis 1881 aus den äußeren Lebensabschnitten des Autors. Dazu sei noch folgendes bemerkt:

In Teil I (›Bis zur Verbannung‹), der mit ein paar Briefen des Jungen und Studenten an Mutter und Vater beginnt, stehen außer diesen ausschließlich die Briefe an den Lieblingsbruder Michail. Aus ihnen erfahren wir die wichtigsten Fakten aus dem Leben und der geistigen Entwicklung des jungen Dostojewskij. Briefe an andere Adressaten fallen so gut wie nicht ins Gewicht.

In Teil II (›Sibirien und Rückkehr‹) erweitert sich der Kreis der Korrespondenten. Es liegt nahe, daß in der sibirischen Periode wenig Selbstzeugnisse zu erwarten sind: Ein Verbannter hatte kaum Verbindung zur Außenwelt. Wichtige Quellen für diesen Abschnitt sind die Briefe an den neuen Vertrauten und Freund, Baron Wrangel. Allerdings sind eine Reihe von Briefen, die Dostojew-skijs Beziehung zu seiner ersten Frau, Maria Dmitrijewna Isajewa, charakterisieren, verstümmelt erhalten: Dolinin meint, eine dritte eifersüchtige Hand habe diese Verstümmelungen und Durchstreichungen mit Tinte vorgenommen. Wir haben diese »verstümmelten« Briefe trotzdem mit aufgenommen, weil sie die Emotionen des Autors durchscheinen lassen.

In Teil III (›Die zweite Petersburger Periode‹) sind weitere Briefe an den Bruder, an die Geliebte A. P. Suslowa, an literarische Freunde aus der Umgebung der Zeitschrift ›Die Zeit‹, an den Verleger Katkow u. a. wichtig für die neuen Erlebnisse, Beziehungen und Ideen. Von den neu übersetzten Briefen ist vor allem der an Frau Belinskaja vom 5. 1. 1863 zu beachten, der Dostojewskijs *persönliche* Beziehungen zu Belinskij in den 40er Jahren erhellt. Aus dem persönlichen Ressentiment Dostojewskijs in den Briefen und publizistischen Aussagen der späteren Jahre hatte man bisher immer auf einen radikalen Bruch der persönlichen Beziehungen geschlossen.

In Teil IV (›Im Ausland‹) dokumentieren die Briefe an Majkow, Strachow und an die Nichte Sonja Iwanowa die politische und ideologische Entwicklung des Autors und geben Hinweise auf Arbeitspläne. Dostojewskijs Isolierung von Rußland löste einen umfangreichen Briefwechsel aus, der zugleich das unterschiedliche Vertrauensverhältnis zu seinen Korrespondenten aufdeckt. Mit Strachow und Majkow tauscht er Meinungen über philosophische, literarische und politische Fragen aus, aber zu Strachow ist die Beziehung kühl, zu Majkow herzlich, zu Sonja Iwanowa zärtlich und fast intim. Dostojewskijs Nervosität und Unruhe kommen besonders in den Briefen an seine Frau zum Ausdruck, die er in Kurorten mit Spielbanken schrieb.

In Teil V (›Die dritte Petersburger Periode‹) lernen wir den Ehe-

mann und Vater in den Briefen an die Frau Anna Grigorjewna
kennen und den Schriftsteller, der als »Gewissen der Nation« einen
umfangreichen Briefwechsel mit »zufälligen Korrespondenten«
(Dolinin) führt – Leser seines ›Tagebuchs eines Schriftstellers‹, die
um Rat fragen und »ihr Herz ausschütten«. Dolinin meint, daß
vor allem aus dem Kreis dieser Korrespondenz Dostojewskij-
Briefe aufgefunden werden könnten. Die letzte Gruppe von Briefen wurde in den Tagen der Puschkinfeier (Moskau, im Frühjahr
1880) geschrieben.

Als »Füllsel« des alltäglichen Lebens haben wir außerdem Einladungen, einen Rapport an den militärischen Vorgesetzten in
Petersburg und eine Album-Inschrift aufgenommen. Im übrigen
sollte kein Jahr ausgelassen werden, um die biographische Kon-
tinuität zu wahren. Das gilt natürlich nicht für die vier Zucht-
hausjahre.

Dem Umfang nach korrespondierte Dostojewskij mit folgenden
Personen am häufigsten: M. M. Dostojewskij, A. J. Wrangel, A. N.
Majkow, N. N. Strachow, S. A. Iwanowa und A. G. Dostojewskaja. Allein 162 Briefe an Anna Grigorjewna sind erhalten.
Größere Briefwechsel soll es auch mit M. D. Isajewa, A. P. Suslowa und M. N. Katkow gegeben haben, die nicht mehr vollständig
erhalten sind. Die Möglichkeit, daß noch Briefe an jene Personen
aufgefunden werden, ist gering. Ähnliches kann für Briefe gelten,
die Dostojewskij schrieb, als er zum Kreis der Petraschewzen gehörte. Diese sind aller Wahrscheinlichkeit nach vernichtet worden,
um niemanden politisch zu kompromittieren.

Die Anmerkungen korrigieren Irrtümer und erläutern Unbekanntes. Natürlich mußte auch hier entsprechend der Auswahl gewählt
und Dolinins reichhaltiges Material komprimiert wiedergegeben
werden. Die Anmerkungen sollen es dem Leser ermöglichen, sozusagen durch das Schlüsselloch in Dostojewskijs Leben und historische Landschaft zu schauen.

Für den deutschen Leser gibt es viele unbekannte und bekannte
Namen und Titel: Sie werden hauptsächlich in ihrer jeweiligen Beziehung zum Autor vorgestellt. Dem Leser weniger bekannte und
zur Erklärung wichtige Titel wurden ausführlicher behandelt als
jene, die in erreichbaren Nachschlagewerken verfügbar sind. Um
den Text nicht mit Fußnoten, Verweisen und Rückverweisen zu
überfrachten, wurden wiederholt genannte Namen aus dem An-
merkungsapparat herausgenommen: Sie finden sich dann im Per-

sonenregister oder, wenn es sich um Zeitschriften handelt, in einem gesonderten Verzeichnis.

Die Personennamen sind in zwei Teile gegliedert: in die mit Vornamen und Vatersnamen angesprochenen oder erwähnten Verwandten und in die Freunde und Bekannten, die zumeist mit Familiennamen genannt werden. Dasselbe gilt auch für die »Bekannten« der Geschichte. Beide Gruppen werden in zwei alphabetisch geordneten Registern durch Kurzbiographien vorgestellt – die einen nach Vornamen, die anderen nach Familiennamen. Zu manchen Personen konnten gar keine Angaben, bei einigen konnte das Geburts- und Todesjahr nicht ermittelt werden.

Was die Datierung der Briefe betrifft, so war Dostojewskij manchmal übergenau; oft fehlen aber auch Angaben des Ortes oder das Datum. Hier wurden Dolinins Datumskorrekturen eingesetzt. Wo nur ein Datum angegeben ist, handelt es sich um den »alten« Stil, der bis 1900 hinter dem »neuen« – dem gregorianischen – um zwölf Tage zurückblieb. Im übrigen bleibt die doppelte Datierung. Die im Verzeichnis der Briefempfänger mit einem Sternchen versehenen Briefe sind zum erstenmal in Eliasbergs Auswahl enthalten, die mit zwei Sternchen markierten bei Luther oder Lettenbauer-Noetzel; einige der markierten Briefe finden sich in allen drei Ausgaben. Briefe ohne Sternchen sind zum erstenmal übersetzt worden.

Der Autor und seine Zeit

Am 1. Februar 1881 wurde Fjodor Michajlowitsch Dostojewskij beerdigt. Petersburg war wie ausgestorben – Tausende gingen zum Friedhof der Alexander Newskij Lawra, um den Schriftsteller auf seinem letzten Weg zu begleiten. Das Publikum dieses Trauerzuges war bunt gemischt: Leute aus Hinterhöfen und Palästen, aus den Redaktionen der reaktionären und der progressiven Presse, aus den schlecht geheizten möblierten Zimmern revolutionärer Intellektueller und den prunkvollen Gemächern des Winterpalais. Erbitterte Gegner sah man hier, bei einer der größten Leichenprozessionen des Jahrhunderts, friedlich vereint. Sie gingen miteinander, als wollten sie das Vermächtnis des Toten praktizieren – das Vermächtnis der »Allverzeihung«.

Der Philosoph Wladimir Solowjow wollte die Gefühle und Gedanken der trauernden Menge zusammenfassen und sagte in seiner Grabrede: »Aber vor allem liebte er die lebendige menschliche Seele in allem und überall, und er glaubte, daß wir alle von *Gottes Geschlecht* seien, glaubte an die unendliche Kraft der menschlichen Seele, an ihren Triumph über jegliche äußere Gewalt und jeden inneren Zerfall. In seine Seele hatte er den ganzen vitalen Zorn, die ganze Schwere und Finsternis des Lebens aufgenommen und all dies durch die grenzenlose Kraft der Liebe überwunden: Dostojewskij verkündete diesen Sieg in seinen Werken.«

Innenminister Walujew dagegen war skeptischer; er schrieb in sein Tagebuch: »Gestern fand die Generalprobe für kommende Leichenzüge oder andere Demonstrationen statt. Anläßlich des Todes von Dostojewskij wurde zur Überführung seines Leichnams in die Alexander Newskij Lawra ein umfangreiches Programm durchgeführt, und alle möglichen Elemente von Hochschulen und anderswoher nahmen an der Prozession teil.«

Die harmonische Stimmung hielt nicht lange an: Am 1. März wurde der Zar von einer Bombe des »Volkswillens« zerrissen. Die Anarchisten dieses terroristischen Flügels der »Narodniki« wollten damit ein Signal für Demonstrationen und Aufstände geben. Das Attentat wurde jedoch ein Signal für die Reaktion: Exekutionen, Verhaftungen, Verbannungen, Verschärfungen der Zensur und organisierte Pogrome waren die Antwort der autokratischen Regierung. Auch die ideologische Offensive der monarchistischen Reaktion verstärkte sich.

Nach dem Tod des Autors begann der Kampf um sein Werk. Konstantin Pobedonoszew, graue Eminenz des Hofes und Oberprokuror des Heiligen Synods, setzte beim Zaren durch, daß den Hinterbliebenen der Familie Dostojewskij unverzüglich eine staatliche Pension bezahlt wurde. Dies kam der öffentlichen Demonstration von oben gleich: Fjodor Dostojewskij wird der unsere bleiben.

Zwischen 1881 und 1930 entstanden viele Dostojewskij-Mystifikationen. Man machte Fjodor Michajlowitsch Dostojewskij zum Kronzeugen gegen Revolutionen, zum Fürsprecher für ewige Ordnungen, Glaube, Liebe und Gerechtigkeit, gerade dort, wo er selbst die Unordnung, den Unglauben, den Haß und die Ungerechtigkeit entlarvt hatte. Er galt als Entdecker und Überwinder der menschlichen Laster, als Tiefenpsychologe und Existentialist, Philosoph, Prophet und vieles andere, als Nihilist und Atheist auf dem Weg zum Christentum, als Aufrührer und Versöhner. Dostojewskij konnte für viele Zwecke gebraucht werden, und man wurde den Eindruck nicht los, der russische Autor habe keine Romane geschrieben, sondern weltanschauliche Anweisungen zur Lösung weltanschaulicher Probleme gegeben.

Freilich: Der Autor der ›Armen Leute‹, des ›Raskolnikow‹, des ›Idioten‹, der ›Dämonen‹ und der ›Brüder Karamasow‹ läßt sich aus formalen Analysen allein nicht erschließen. Dostojewskijs künstlerischer Impetus lag nicht im Formalen, sondern im Ideellen. Das Engagement war für ihn die Verpflichtung auf eine Wahrheit, die er als etwas absolut Gesetztes verstand. Seine leidenschaftliche Parteinahme für diese Wahrheit – den Menschen in seinem Leid zu zeigen und ihm damit das Leid überwinden zu helfen –, trieb ihn sogar dazu, Tendenzromane zu schreiben. In seinen Tendenzromanen ist Dostojewskij jedoch nie der Schönfärberei verfallen, die jenes Genre so oft kennzeichnet.

Der Autor der großen Romane der 60er und 70er Jahre war ein

rigoroser Gegner des Sozialismus – jedenfalls ein Gegner dessen, was er unter »Sozialismus« verstand. Am 26. Februar 1873 schrieb er an Pogodin: »Meine Idee beruht darauf, daß Sozialismus und Christentum Antithesen sind.« »Sozialismus und Christentum« – bei aller Vielfältigkeit und Widersprüchlichkeit der Vorstellungen, die in dieser einen Antithese zusammengefaßt sind, ließ Dostojewskij diesen Gegensatz nicht zur Formel erstarren: Er erfand Dialoge, die nur aus Bekenntnissen mit lückenloser Beweisführung bestanden.

Aber bis heute genügen Anhängern wie Gegnern der Weltanschauung Dostojewskijs oft nur die Bekenntnisse. Je nach den Bedürfnissen des Standpunktes wird Einzelnes verallgemeinert und Allgemeines vereinzelt. Es ist aber nicht zu übersehen, daß alle Themen, Stoffe, Ideen und Argumente erst in einem Ensemble von Figuren wirken, in dem die Antithesen nicht verschleiert sind.

Einerseits braucht man Dostojewskij für die eigenen weltanschaulichen Probleme, andererseits hält ihn der westeuropäische Leser insbesondere der deutsche, für »typisch russisch« – für etwas exotisch Faszinierendes. Dabei ist doch nur zu erkennen, wieviel Ungewöhnliches im gewöhnlichen Leben vorkommen kann. Viel Ungewöhnliches gab es auch im gewöhnlichen Leben dieses Autors.

Fjodor Michajlowitsch Dostojewskij wurde am 30. Oktober (11. November) 1821 in Moskau geboren. Er war nach seinem Lieblingsbruder Michail der zweite Sohn; später folgten noch zwei Brüder – Andrej und Nikolaj – und vier Schwestern – Warwara, Wera, Alexandra (eine Schwester war gleich nach der Geburt gestorben).

Für die Erziehung der Kinder sorgte die Mutter – Maria Fjodorowna, geborene Netschajewa. Ihre Wärme, Liebe und Phantasie waren für Fedja und den um ein Jahr älteren Mischa um so bedeutender, als sie vor dem jähzornigen und strengen Vater mehr Angst als Respekt hatten: Michail Andrejewitsch Dostojewskij, Arzt am Moskauer Armenkrankenhaus, gehörte zu jenen Adligen, die Autorität in Form von Willkür praktizierten. Er war geizig und trank viel. Als die Mutter starb, verfiel er ganz der Trunksucht. Ehemalige Leibeigene des Familienbesitzes in Darowoje beschrieben die Eltern des Schriftstellers wie folgt: »Der Herr war streng, ein unguter Herr war er, aber die Herrin war eine einzige Seele... Mir nichts dir nichts ließ er die Bauern auspeitschen. Er konnte im Garten spazierengehen; dort, jenseits des Weges, pflügte ein Bauer, der den Herrn nicht sah und die Mütze nicht vom Kopf nahm. Und der Herr ließ ihm etwa 20–30 Peitschenhiebe verpassen und schickte ihn dann zur Arbeit – ›geh und arbeite jetzt‹.«

1839 erschlugen die Bauern ihren Herrn. Fjodor schrieb darüber einen Satz an den Bruder (Brief vom 16. 8. 1839): »Ich habe viele Tränen über den Tod unseres Vaters vergossen.« Eine andere Äußerung kennen wir nicht. Auch später gibt es kaum eine Erinnerung an den Vater. Fjodor Michajlowitsch erwähnt ihn nochmals im Zusammenhang mit einem Traum, den er am 28. April 1871 seiner Frau mitteilte: »Heute nacht [habe ich] meinen Vater im Traum gesehen, und zwar in einer so entsetzlichen Gestalt, wie er mir nur zweimal im Leben erschienen ist, als er mir ein furchtbares Unglück prophezeite, und beide Male war der Traum in Erfüllung gegangen.« Im ›Tagebuch eines Schriftstellers‹, in dem Dostojewskij auf fast alle nachhaltigen Eindrücke seines Lebens zu sprechen kommt, nennt er den Vater nur einmal beim Namen. Andrej Michajlowitsch, der jüngere Bruder, erinnert sich an eine Begegnung mit Fjodor, die Ende der 70er Jahre in Petersburg stattgefunden hat. Die Brüder unterhielten sich über die toten Eltern: »Plötzlich geriet der Bruder in Begeisterung, packte mich am Ellbogen ... und sagte leidenschaftlich: ›Ja, weißt du denn, Bruder, das waren doch offensichtlich fortschrittliche Menschen... und sie wären auch zur rechten Zeit fortschrittlich gewesen.‹«

Hat Dostojewskij im Ernst seinen von Bauern erschlagenen Vater und Gutsbesitzer für einen Mann des Fortschritts gehalten? Im Brief vom 30. Oktober 1838 hat er dem Bruder geschrieben: »Papa steht der Welt ganz fremd gegenüber. Er hat schon 50 Jahre in der Welt gelebt und dabei die gleiche Meinung über die Menschen bewahrt, die er vor 30 Jahren hatte.« Nach dem gewaltsamen Tod des Vaters erwähnte ihn der Sohn ganze dreimal. Weshalb hatte er ihn so gründlich aus dem Bewußtsein verdrängt: Suchte Dostojewskij die Schuld beim Vater allein, oder fragte er auch nach den sozialen Hintergründen dieses grauenvollen Ereignisses?

An den Aufenthalt in Darowoje erinnerte sich Fjodor Dostojewskij gerne: Hier verbrachte er die schönsten Tage seiner Kindheit. Die soziale Lage der verarmten Bauern, die hier, im Gouvernement Tula, besonders schlimm war, bemerkte er nicht. Er sah das Romantische, das Schlichte, das Märchenhafte des Dorfes. Dostojewskijs Eindrücke in Darowoje sind die Eindrücke eines Jungen aus der Stadt, der gelegentlich auf die Datscha der Eltern kommt, im Wald und auf der Wiese spielt und manchmal einem Muschik beim Pflügen zuschaut. In der Stadt wohnte die Familie in der Nähe des Krankenhauses, in dem der Vater Chefarzt war. Nach der damaligen Statistik kamen etwa 700 Krankenbetten auf die Besitzlosen der 250 000 Einwohner zählenden Stadt Moskau. Nur die schwersten Fälle wurden im Marienhospital behandelt. Während die Brüder abends lasen oder sich auf die Schule vorbereiteten, arbeitete der Vater an den Krankenlisten – Neueingänge, Abgänge, Todesfälle. Die Kinder spielten im Garten des Krankenhauses, wo die Patienten auf- und abgingen. Fjodor, so berichtet Andrej, habe sich oft und gern mit ihnen unterhalten.

Das Viertel, in dem sich das Krankenhaus befand, war von den ärmsten Leuten Moskaus bewohnt. Moskau hatte sich Anfang der 30er Jahre stark verändert: Es verlor allmählich seinen aristokratischen Glanz; Handwerker, kleine Kaufleute und gestrandete Bauern zogen mit der reichen Kaufmannschaft in das »große Dorf« (wie die Petersburger Moskau zu bezeichnen pflegten). Moskau wurde reich, aber die sozialen Gegensätze traten immer schärfer hervor. Nur die vielen Bäume und Gärten gaben den Spelunken und Kneipen, in denen sich Diebe, Soldaten und Prostituierte aufhielten, einen romantischen Anstrich. Fjodor las damals viele Bücher über vergangene und aus vergangenen Zeiten, Geschichten und Gedichte aus der Welt der Ritter und Aristokraten. Hier kamen zwar auch unglückliche Menschen vor, aber ihr Unglück war nicht das Elend, das Fjodor in seinem Wohnviertel sehen konnte. Zunächst hörte er, vorgelesen von der Mutter, Gedichte und Geschichten von Puschkin und Schukowskij und Karamsins Geschichte des russischen Reiches. Fjodor liebte Reisebeschreibungen und verschlang Walter Scotts Romane. Erst später las er dann Balzac, Victor Hugo und George Sand.

In den letzten beiden Moskauer Jahren besuchten Michail und Fjodor das Pensionat von L. Tschermak, eine der besten Privatschulen der Stadt. Eltern, die es sich nicht leisten konnten oder wollten, ihre Kinder zur Vorbereitung für die Universität aufs Gymnasium zu schicken, benutzten solche Privatpensionate. Die Klassenkameraden der beiden Brüder stammten aus unbedeu-

tenden Adelshäusern, aus Familien mittlerer Beamten und reicher
Kaufleute. Literaturgeschichte wurde von einem gewissen I. I. Dawydow unterrichtet, einem Professor der Moskauer Universität.
Fjodor und Michail, deren Lieblingsfach Literatur war, erhielten
durch Dawydow den ersten systematischen Unterricht in idealisti-
scher Ästhetik.

Außerhalb des Pensionats beschäftigte sich die studierende Jugend
der Moskauer Oberschichten mit philosophischen Fragen. Die einen
scharten sich um N. W. Stankewitsch, der ihnen die neueste Philosophie nahebrachte – vor allem Hegels philosophische Schriften.
Andere beschäftigten sich schon mit den Ideen des utopischen Sozialismus, die von Frankreich herüberdrangen, so beispielsweise
der Kreis um Herzen und Ogarjow. Fjodor und Michail beteiligten sich nicht an diesen nächtelangen Diskussionen. Sie kamen als
Anhänger der Romantik in die Hauptstadt Rußlands. Ihre Götter
waren Schiller und E. Th. A. Hoffmann.

Jahre später schrieb Fjodor Dostojewskij an seine Nichte Sonja
Alexandrowna Iwanowa (Brief vom 8./20. 3. 1869), es sei doch
eine »undankbare Sache«, jemanden dazu zu zwingen, Ingenieur
zu werden (Sascha, Sonjas Bruder, sollte eine Ingenieurschule
besuchen). »Und welche Pläne verfolgt denn Alexander Pawlowitsch damit? Vielleicht waren es genau dieselben Überlegungen,
die meinen Bruder Mischa und mich im Alter von 16 an die Petersburger Ingenieurschule brachten und die dann unsere Zukunft
verpatzten. Meiner Ansicht nach war das ein Fehler.«

Die Zukunft war zwar nicht »verpatzt«, aber sie bestand aus einem
mühseligen Alltag. Oder meinte Fjodor Michajlowitsch mit »verpatzt« seine radikale Gesinnung im Kreis der Petraschewzen, die
vielleicht durch den Zwang an der militärischen Ingenieurschule
in ihm geschürt wurde? Jedenfalls litt er auch darunter, daß er
einen sicheren und gesellschaftlich repräsentativen Beruf erlernen
mußte, den er ohnehin nicht ausüben wollte. Er litt aber vor
allem unter der Trennung von Michail, der aus gesundheitlichen
Gründen nicht in die Hauptanstalt der Schule in Petersburg aufgenommen wurde, sondern 1838 an die Zweiganstalt des Instituts
nach Reval kam.

Die Disziplin an der Petersburger Schule war sehr streng. Die
älteren Zöglinge drangsalierten die Neuen. Grigorowitsch berichtete über die Atmosphäre und seine eigenen Erlebnisse an der
Schule: »Die Kameraden [waren] noch strenger, erbarmungsloser

als die Obrigkeit selbst.« Zar Nikolaus I. wollte aus seinem Imperium einen Kasernenhof machen. Die Zöglinge der militärischen Schulen hatten sich nach folgendem Grundsatz zu richten: »Ein Gewissen braucht der Mensch privat und zu Hause, im Dienst und in seinen staatsbürgerlichen Beziehungen wird es durch die Höchste Obrigkeit ersetzt.« In diesem Reich herrschte »Ordnung«. Fjodor überstand sie. Im übrigen belastete ihn der Umstand, daß er nicht wie die anderen alle Privilegien der Zöglinge ausnutzen konnte. Das kostete Geld, und die finanzielle Unterstützung war gering – sowohl zu Lebzeiten des Vaters als auch nach dessen Tod. Als Fjodor in einem Brief vom 10. Mai 1839 den Vater um Geld für Stiefel, Koffer und Tee bat, geschah es nicht, weil er sich in Not befand, sondern vor allem aus standesgemäßen Gründen. Er wollte wie die anderen »seinen Tee«, »seinen Koffer« und »seine Stiefel« haben.

Saweljew, ein Erzieher der Anstalt, schrieb in seinen Erinnerungen über den Zögling Dostojewskij: »Nicht selten geschah es, daß er von nichts Notiz nahm, was sich um ihn herum abspielte; zu vorgesehener Stunde bereiteten seine Kameraden das Abendessen vor, kamen durch das runde Zimmer in den Speisesaal, begaben sich sodann lärmend in den Aufenthaltsraum zum Gebet, gingen wieder in ihre Stuben, aber Dostojewskij räumte erst dann seine Bücher und Hefte vom Tisch, als der Trommler zum Schlafen trommelte, den Zapfenstreich schlug und ihn dazu zwang, seine Arbeit zu unterbrechen.« Nur mit einem Studienkollegen – mit einem gewissen Bereschezkij – habe Dostojewskij Umgang gehabt. K. Trutowskij, ein Klassenkamerad, berichtete später: »Er hielt sich immer abseits, und mir kam es so vor, als ginge er dort ständig auf und ab, mit einem nachdenklichen Gesichtsausdruck... Er sah immer sehr ernst aus, und ich kann mir ihn weder lachend noch sehr fröhlich im Kreis seiner Kameraden vorstellen.«

In dieser Umgebung gab es wenig zu lachen. Hier schon zeigten sich seine Schwermut, die Explosivität seines Verstandes und der Hang zur bohrenden Selbstanalyse. Am 9. August 1838 schrieb der 18jährige an den Bruder Michail: »Ich weiß nicht, ob meine trüben Gedanken mich je verlassen werden!« In den anschließenden Zeilen formulierte er die damalige Stimmung seiner Generation, eine melancholische und verschwommene Haltung gegenüber der Wirklichkeit: »Hamlet! Hamlet! Wenn ich an seine aufrührerische wilde Rede denke, in der das Stöhnen der ganzen erstarrten

Welt widerklingt, so entringt sich meiner Brust kein einziger Vorwurf, kein einziger Seufzer...«

Fjodor war aber schon dabei, seine »Seufzer« hören zu lassen und den Weltschmerz der Byronschen Generation zu überwinden: Vor den Toren der Ingenieurschule breitete sich eine große Stadt aus. Die Stadt des »Ehernen Reiters«, die Stadt aus Marmor und Tränen, die Stadt der Kanäle und breiten Straßen, der Paläste und Miethäuser aus Stein, die Stadt der Intelligenzija und der kaiserlichen Kuriere, der sogenannten Feldjäger, die »mit grauem Umhang über den Schultern und einer weißen Feder am Hut weiß Gott wohin und wie weit galoppierten« (X. Marmier), die Stadt historischer und architektonischer Phantasmagorien – die Hauptstadt des russischen Reiches: *St. Petersburg*. In dieser Stadt verlieren sich Dostojewskijs Träume, in dieser Stadt finden sie aber auch ihren physischen Widerstand. Fjodor Michajlowitsch wird die ersten Spaziergänge durch die Straßen und über die Prospekte dieser Stadt nie vergessen. Es gibt wenig Schriftsteller, deren Leben und Denken so sehr mit dem Profil und dem Pulsschlag einer Stadt verknüpft sind wie das von Fjodor Dostojewskij mit St. Petersburg.

Im Sommer 1841 zog Fjodor aus seinem Quartier der Ingenieurschule – inzwischen als Fähnrich zu den Feldingenieuren abgestellt – in die Stadt um. Jahre fieberhafter Lektüre hatten sein Weltbild verdichtet; wir erfahren es aus den Briefen an den Bruder (9. 8. 1838), mit dem er im Bücherlesen wetteiferte. Dostojewskij entschloß sich endgültig dazu, die militärische Karriere eines Feldingenieurs aufzugeben und freier Schriftsteller zu werden. Noch 1842 zum Leutnant befördert, reichte er ein Jahr später um seine Entlassung ein, die ihm am 19. Oktober 1843 bewilligt wurde.

Dostojewskij besaß eine Vorliebe für Eckzimmer. Meistens wohnte er in Zimmern, die übers Eck eines Hauses gingen. Sie lagen fast alle jenseits des Newskij Prospekt, jener Prachtstraße, auf der sich die große Welt zeigte, der einzigen Straße, die eine laute und fröhliche Öffentlichkeit kannte. Sonst war das Petersburg des jungen Dostojewskij unheimlich still, fast zu groß für die Menschen, die dort wohnten; es war selbst dann noch still, wenn sich die Menge durch die Straße drängte. Fjodor bewohnte die Gegend des Wosnesenskij Prospekts, des Newskij der Kleinbürger, Beamten und Armen. Die alten offiziellen Handbücher für Ausländer berichten von »15 000 Betrunkenen, die hier jährlich durch die Polizei von der Straße aufgelesen werden«. Wahrscheinlich untertreibt die für Reisende angefertigte Statistik, wenn sie nur von »4000 Armen« spricht, die in der Hauptstadt leben sollten. Dazu kamen Diebe, Prostituierte, größere und kleinere Kriminelle. Sie bevölkerten die Gassen und Häuser zwischen dem Wosnesenskij Prospekt, der Fontanka und der Gorochowaja. Das ist Dostojewskijs Piter (so nannten die Petersburger ihre Stadt). Hier beginnt seine Literatur.

Die Projekte überstürzen sich. Die nie ausgearbeiteten dramatischen Pläne, die aus der Schulzeit stammen, werden aufgegeben. Er muß Geld verdienen und versucht dies zunächst mit Übersetzungen. Sie sollen ihm zu den Mitteln verhelfen, die er für eigene Arbeiten braucht. Viele Pläne werden wieder verworfen. 1844 erscheint in stark gekürzter Fassung Dostojewskijs Übersetzung der ›Eugenie Grandet‹ von Balzac. Im September 1844 – er hatte kaum seinen ersten Roman zu schreiben begonnen – stößt er auf ein Feuilleton über ›Poeten in Deutschland‹: »Lessing starb in Armut und war von der deutschen Nation verstoßen; Schiller konnte sich keine 1000 Franken beschaffen, um nach Paris und ans Meer zu fahren; Mozart erhielt im ganzen 1500 Fr. Gehalt und hinterließ 3000 Fr. Schulden. Beethoven starb in größter Armut. Hölderlin mußte sein Geld als Lehrer verdienen, und, gequält von einer unglücklichen Liebe, verfiel er im Alter von 32 Jahren dem Wahnsinn. Hölty unterrichtete für 6 Fr. monatlich, um sich zu ernähren; er vergiftete sich in jungen Jahren. Von Armut bedroht waren Bürger, Schubart, Grabbe. Lenz starb völlig verarmt bei einem Schuster in Moskau. Sonnenberg schlug sich den Schädel ein. Kleist erschoß sich ebenso wie Raimund. Charlotte Stieglitz brachte sich mit einem Dolch um. Lenau kam ins Irrenhaus.« Dostojewskij war von diesem Bericht über Selbstmord, Wahnsinn und Armut zutiefst betroffen. Sollte sein erster Roman (›Arme Leute‹) ein Mißerfolg werden, so war er entschlossen, ebenfalls Selbstmord zu begehen.

Der erste Roman hatte Erfolg. Dennoch bekam der Autor schon die Not zu spüren, die ihn nie verlassen sollte. Immer wieder wird er sich fragen und andere beschwören: Wie mache ich gute und erfolgreiche Literatur, wie kann ich die Termine einhalten und die Vorschüsse abarbeiten? Am 18./30. September 1863 charakterisiert er seinen Standort: »Ich bin ein Proletarier unter den Schriftstellern, und wenn jemand meine Arbeit will, so muß er mich im voraus bezahlen: Ich selbst verdamme diesen Modus. Ich habe ihn nun aber einmal eingeführt und werde ihn nie abschaffen.« Mit Ausnahme der letzten Jahre seines Lebens war Dostojewskij in der Tat ein Lohnarbeiter unter den Literaten. Dabei war er sich bewußt, daß er einerseits schreiben müsse, um Geld zu verdienen, andererseits kein Projekt verkaufen durfte, das nicht bereits ausführlich konzipiert war: »... ich verkaufte mich nur dann, wenn der dichterische Gedanke schon geboren und womöglich gereift war. Ich nahm niemals Vorschüsse auf einen *leeren* Platz, das heißt, in der Hoffnung, einen Roman zur gegebenen Frist *auszudenken* und zu schreiben.« (Brief vom 24. 3. / 5. 4. 1870)

Gewiß schärften diese Umstände seinen Sinn für die soziologischen Zusammenhänge. Sie prägten auch seine Haltung gegenüber den »Großen« – Schriftstellern wie Tolstoj, Turgenjew und Gontscharow. Tolstoj ordnete er beispielsweise der sogenannten »Gutsbesitzerliteratur« zu. Jedoch war Dostojewskijs Interesse weniger auf solche Probleme gerichtet als auf persönliche Erfahrungen. Als der Verleger Kaschpirjew eine versprochene Überweisung nachlässig und trotz dringender Anfragen Dostojewskijs verspätet eintreffen ließ, formulierte er eine wohl über Jahre angestaute Verbitterung über den eigenen Status: »O, wie gerne würde ich es ihm heimzahlen! So geht doch nur der *große Herr* mit seinem Lakaien um! ... Er soll aber wissen, daß Fjodor Dostojewskij mit seiner Arbeit jederzeit mehr verdienen kann als er! Und dabei verlangen sie von mir künstlerische Abgeklärtheit, eine Poesie ohne Spannung und Trübung, und weisen mich auf Turgenjew und Gontscharow hin! Die Leute sollen doch mal sehen, unter welchen Verhältnissen ich arbeite!« (Brief vom 16./28. 10. 1869)

Der Erfolg der ›Armen Leute‹ war kometenhaft. Nekrasow, der 1845 auf der Suche nach literarischen Beiträgen für seinen ›Petersburger Almanach‹ war, hatte das Manuskript von Grigorowitsch erhalten, der es ihm nachts vorlas. Als jener bei der Stelle anlangte, wo sich Djewuschkin von Warenka verabschiedet, brach Nekrasow in Tränen aus: »Ich redete ihm mit Eifer zu, daß man ein gutes Werk nie hinausschieben dürfe; wir müßten sofort, trotz der späten Stunde (es war gegen vier Uhr morgens) zu Dostojewskij gehen, ihm von seinem Erfolg berichten und über die Veröffentlichung des Romans einig werden.« Jahre später berichtete Dostojewskij in seinem ›Tagebuch eines Schriftstellers‹ über diesen nächtlichen Besuch: »Diese Begeisterung, dieser Erfolg – und vor allem das Gefühl, das mich beseelte! Andere haben auch Erfolg, werden gelobt, begrüßt, beglückwünscht – zu mir aber kommen sie mitten in der Nacht gestürzt, mit Tränen in den Augen, wecken mich, weil das, was sie mir zu sagen haben, wichtiger ist als meine Nachtruhe!« Zu Belinskij sagte Nekrasow am nächsten Morgen: »Ein neuer Gogol ist erschienen.« Belinskij meinte lakonisch: »Bei euch wachsen die Gogols wie die Pilze aus dem Boden.« Als er jedoch den Roman gegen Abend zu Ende gelesen hatte, wollte er den Autor möglichst rasch kennenlernen.

Über die Begegnung zwischen dem führenden Literaturkritiker des Jahrzehnts und dem jungen Autor der ›Armen Leute‹ lesen wir im ›Tagebuch eines Schriftstellers‹: ›Wissen Sie denn selbst, was Sie da geschrieben haben?‹ sagte Belinskij. ›Sie konnten das nur mit dem unmittelbaren Gefühl als Künstler darstellen, aber haben Sie den Sinn der grauenhaften Wahrheit erfaßt, die Sie uns da verkünden? Es ist unmöglich, daß Sie mit Ihren zwanzig Jahren das schon verstehen können! Sie haben eine Tragödie geschaffen! Sie sind bis zum Wesen der Dinge vorgedrungen! Wir Publizisten und Kritiker erörtern nur, wir suchen durch Worte die Dinge klarzumachen. Sie aber als Dichter offenbaren in einem Zug, in einem Bild das ganze Wesen, daß man es mit der Hand betasten könnte, daß auch der des Denkens ungewohnte Leser sofort alles begreift! Das ist das Geheimnis des Künstlertums, das ist die künstlerische Wahrheit! So dient der Dichter der Wahrheit! Ihnen als Künstler ist die Wahrheit offenbart und verkündet worden, sie ist Ihnen als Geschenk zugefallen. So halten Sie dieses denn wert, bleiben Sie ihm treu, und Sie werden ein großer Dichter sein.‹

Der junge Autor war berauscht; er sollte jedoch bald ernüchtert werden. Einige Monate lang redete das gebildete Petersburg von nichts anderem als von Dostojewskij und den ›Armen Leuten‹. Nach einer Formulierung Belinskijs hatte er den ersten »Sozialen Roman« der russischen Literatur geschrieben.

Im Sommer 1845 begann Dostojewskij mit der Arbeit am ›Doppelgänger‹, der dann – von allen mit Spannung erwartet – Anfang 1846 erschien. Bei der ersten Lesung war Belinskij noch begeistert von den »erstaunlichen psychologischen Feinheiten«, wie sie nur Dostojewskij beherrsche. Ein Jahr später, als der ganze Roman vorlag, schrieb Belinskij, der ›Doppelgänger‹ sei von einem »Kolorit der Phantastik« gekennzeichnet, das nicht von Poeten, sondern von Ärzten behandelt werden müsse. Von der Kritik verwöhnt, kam sich der Autor plötzlich verlassen vor. Auch andere waren von dem zweiten Werk enttäuscht, das der Autor später selbst als einen Mißerfolg bezeichnet hat.

Zwischen Januar und April 1847 trat eine Abkühlung der Beziehung zwischen Belinskij und Dostojewskij ein; sie nahm aber keineswegs solche radikalen Formen an, wie spätere Briefe vermuten lassen. Entscheidend ist die Enttäuschung des Autors über den bewunderten Bewunderer seines ersten Romans: Belinskij reagierte schroff, wo Dostojewskij eine Antwort auf seine neue Problematik erwartete. Im übrigen nahm ein neuer Freundeskreis seine Zeit in Anspruch.

Bis zum Frühjahr 1847 wohnte er mit seinen »guten Freunden: Beketow, Saljubezkij und den anderen« zusammen. »Der Umgang mit ihnen hat mich geheilt.« (Brief vom 26. 11. 1846) Die Freunde lebten nach den Prinzipien einer sozialistischen Genossenschaft zusammen. Im gleichen Brief schreibt er dem Bruder: »Noch nie war in mir solche Klarheit, solch innerer Reichtum, noch nie war mein Charakter so gleichmäßig, meine Gesundheit so zufriedenstellend wie jetzt.«

Über Beketow lernte Dostojewskij die Familie Majkow kennen. Was er sich von Belinskij erhofft hatte, erfüllte Walerjan Majkow, ein vielversprechender junger Literaturkritiker. In seiner Verteidigung des ›Doppelgängers‹ verglich Majkow Gogols und Dostojewskijs Methoden: »Sowohl Gogol als auch Dostojewskij stellen die wirkliche Gesellschaft dar. Aber Gogol ist vor allem ein sozialer Dichter, und Dostojewskij vorwiegend ein psychologischer. Für den einen ist das Individuum einer bekannten Gesellschaft wichtig, für den andern die Gesellschaft selbst und ihr Einfluß auf die Persönlichkeit des Individuums.« Zwar hatte auch Belinskij die Zusammenhänge zwischen der sozialen und psychologischen Problematik bei Dostojewskij gesehen, doch nahm er – nach Erscheinen der ›Weißen Nächte‹ und der ›Wirtin‹ – Anstoß an der romantisierenden Psychologie dieser Prosa. Er schrieb darüber an Annenkow: »Dostojewskijs ›Wirtin‹ ist ein schauerlicher Blödsinn! Er wollte hier wohl Marlinskij mit Hoffmann unter einen Hut bringen und noch etwas Gogol dazumengen. Er hat später noch einiges geschrieben, aber jedes neue Werk ist ein neuer Sturz. In der Provinz kann man ihn nicht ausstehen, in der Residenz äußert man sich auch über die ›Armen Leute‹ abfällig; ich zittere bei dem Gedanken, sie noch einmal lesen zu müssen. Wir sind gründlich

hereingefallen mit diesem ›Genie‹ Dostojewskij, lieber Freund!«
Die Enttäuschung drängte zur Rechtfertigung.

Dostojewskij fühlte sich dem 23jährigen Majkow nicht nur darum
verbunden, weil jener seine Texte lobte, sondern auch, weil er
gegen Belinskijs »diktatorische Meinung«, von dessen Autorität er
nach wie vor beherrscht war, polemisierte. Die persönliche Enttäuschung Dostojewskijs gegenüber Belinskij konnte sich nun auf
die Argumente einer literarischen Polemik stützen. Brauchte Dostojewskij die Distanzierung von dem älteren Belinskij, um sich
für neue Eindrücke freizumachen? Mit den Freitagabendbesuchen
bei Petraschewskij endete auch der Einfluß Walerjan Majkows.

Liprandi, der Leiter der Untersuchungskommission in Sachen Petraschewskij und Genossen, charakterisierte in einer Notiz an den
Innenminister die Petraschewzen mit folgenden Worten: »Bei der
Mehrheit der jungen Leute herrscht offenbar eine gewisse radikale
Erbitterung gegen die herrschende Ordnung der Dinge vor, ohne
daß sie irgendwelche persönlichen Gründe dafür hätten, einzig
und allein aus Interesse für die Utopien, die jetzt in Westeuropa
gang und gäbe sind. Diesen Utopien blind ergeben, halten sie sich
für auserwählt, das ganze gesellschaftliche Leben und die ganze
Menschheit zu verändern, und sind bereit, Apostel und Märtyrer
dieser unglücklichen Selbsttäuschung zu werden. Von solchen Leuten kann man alles erwarten. Sie gehen auf nichts ein, lassen sich
von nichts behindern, denn für ihre Begriffe handeln sie nicht für
sich selbst, sondern für das Wohl des ganzen Menschengeschlechts,
nicht nur für den jetzigen Augenblick, sondern für die Ewigkeit.«
Die politische Polizei ist zwar in der Beschreibung »staats- und
ordnungsfeindlicher Elemente« recht objektiv, in der Bewertung
der Ideologie revolutionärer Personen und Gruppen verfällt sie
oft in eine idealisierende Romantik. Alexander Herzen schilderte
die Petraschewzen genauer: »Dieser Kreis bestand aus begabten,
außerordentlich klugen und sehr gebildeten jungen Menschen, die
aber nervös, krankhaft und gebrochen waren.« Ein Jahrzehnt
später – am 24. März 1856 – charakterisiert auch Dostojewskij
jenen Zustand, den er an sich erlebt hatte: »Ich war übertrieben
reizbar, hatte eine krankhaft entwickelte Empfindlichkeit und die
Fähigkeit, die gewöhnlichsten Vorfälle ins Unermeßliche zu verzerren.«

Die Petraschewzen waren Intellektuelle aus adligen Familien; sie
waren etwa zehn Jahre jünger als die Generation Belinskijs, Her-

zens und Lermontows. Sie revoltierten aus genialischem Edelmut und wollten mit Mitteln der Aufklärung eine universale Gerechtigkeit herbeiführen. Aufklärer des Wortes, glaubten sie an die Macht der Idee, die auch den Unterdrücker von der Ungerechtigkeit seines Systems überzeugen sollte. Doch sie wollten keineswegs die Herrschaft der Gewalt mit Mitteln der Gewalt abschaffen. Sie bekannten sich zum utopischen Sozialismus Fouriers und nannten sich nach Petraschewskij, einem Beamten des Außenministeriums. Petraschewskij war mit der Herausgabe eines enzyklopädischen ›Taschenwörterbuchs‹ beschäftigt, das nach Erscheinen von der Polizei vernichtet wurde.

Von seinen Genossen mußte sich Dostojewskij oft den Vorwurf gefallen lassen, daß er Fouriers System nur vom Hörensagen kenne. Jedenfalls soll er aus Petraschewskijs Bibliothek nicht Fouriers Schriften entliehen haben, sondern alle jene Bücher, die eine Verbindung von christlicher Religion und den Ideen des utopischen Sozialismus zulassen. Er entlieh beispielsweise Cabets Buch ›Das wirkliche Christentum‹ und ›Das Leben Jesu‹ von Strauß.

Von Petraschewskijs Kreis war nicht »alles zu erwarten«, wie das der Untersuchungsbeamte vermutete. Hier wurden aufrührerische Worte formuliert, die Taten aber blieben aus. Teilweise lag das auch am Charakter des Fourierschen Sozialismus. Soviel wußte Dostojewskij davon, daß er nach der Verhaftung – er wurde am Morgen des 23. April zusammen mit 34 Personen abgeholt – zu Protokoll geben konnte: »Das System Fouriers ist ein friedliches; es verzaubert die Seele durch seine Schönheit, verführt das Herz durch jene Liebe zur Menschheit, die Fourier beflügelt hatte, als er sein System errichtete…«

Fjodor Dostojewskij genügten aber die Worte nicht, und so schloß er sich gegen Ende des Jahres 1848 dem radikaleren Flügel um Speschnjow und Durow an. Semjonow-Tjan-Schanskij, einer der Petraschewzen, beschrieb später in seinen Memoiren Dostojewskijs Reaktion auf die Bestrafung eines Soldaten, den man Spießruten laufen ließ: »…in solchen Augenblicken der Erregung war er fähig, mit der roten Fahne auf den Platz hinauszugehen…«

Apollon Majkow erinnnerte sich an einen seltsamen Besuch des jungen Freundes Fjodor Michajlowitsch: »Einmal, ich glaube im Januar 1849, besuchte mich Dostojewskij und blieb bei mir zur Nacht – ich war allein in meiner Wohnung; für Dostojewskij wurde ein Lager auf einem Sofa in meinem Schlafzimmer hergerichtet. Und nun fing er plötzlich an, von einem Vorschlag zu reden, den er mir zu machen hätte: Petraschewskij sei ein Dummkopf, ein Komödiant und Schwätzer, er werde nichts Gescheites zustandebringen, aber ein paar verständigere Leute aus seinem Kreis hätten einen Plan, von dem Petraschewskij nichts wisse und auch nichts erfahren solle. Speschnjow, Paw. Filippow (sie sind tot, deshalb nenne ich sie bei Namen, die anderen leben noch, deshalb verschweige ich sie, so wie ich jetzt ganze 37 Jahre über diese Episode geschwiegen habe) und noch weitere fünf oder sechs, ich erinnere mich nicht genau daran; aber Dostojewskij war unter ihnen. Und sie wollten noch einen siebten, das heißt mich, dazu einladen. Sie wollten eine geheime Druckerei einrichten, Aufrufe drucken und so weiter. Ich legte ihm nun dar, wie leichtsinnig und unruhig ein solches Unternehmen sei, daß sie sich damit zugrunderichten würden, und vor allem führte ich als Hauptargument an: ›Wir beide, Sie und ich, sind Dichter, also unpraktische Menschen, die nicht einmal ihre eigenen Angelegenheiten zu regeln wissen; jede politische Betätigung setzt aber vor allem praktische Fähigkeiten und dergl. voraus!‹ Dostojewskij aber – ich erinnere mich noch genau daran – saß da wie der sterbende Sokrates im Kreise seiner Jünger, im Nachthemd mit aufgeknöpftem Kragen und entfaltete seine ganze Beredsamkeit, um mich von der Heiligkeit eines solchen Unternehmens, von unserer Pflicht, das Vaterland zu retten, zu überzeugen, so daß ich endlich nichts anderes tat als zu lachen und spaßen. ›Also nein?‹ – resümierte er. ›Nein, nein und abermals nein.‹ Morgens nach dem Tee sagte er beim Gehen: ›Sie dürfen nichts sagen, kein Wort dürfen Sie sagen.‹ – ›Selbstverständlich.‹«

Durow, der Kopf jenes radikalen Kreises, hatte sich dazu entschlossen, »liberale Reformen auf dem Weg der Gewalt durchzusetzen«. Aber nicht dieses Komplott ließ den Kreis der Petraschewzen auffliegen. Am 7. April 1849 wurde bei Petraschewskij zu Ehren Fouriers ein Bankett veranstaltet. Petraschewskij soll seine Rede mit folgenden Worten geschlossen haben: »Wir haben die herrschende Gesellschaft zum Tode verurteilt; es wird Zeit, daß wir das Urteil vollstrecken.« Aschamurow, ein weiteres Mitglied des Kreises, soll von der unumgänglichen »Vernichtung der Familie, des Eigentums, des Staates, der Gesetze, der Armee, der Städte und Kirchen« gesprochen haben. Das Bankett war jedenfalls der äußere Anlaß für die Verhaftung der Verschwörer. Dostojewskij, der an diesem Abend nicht dabei gewesen war, wurde angeklagt, den »verbrecherischen Brief des Literaten Belinskij über Religion und Regierung verbreitet zu haben«. Fjodor Michajlowitsch hatte diesen Brief bei einer der Versammlungen vorgelesen. Der Brief war jedoch kein Aufruf zur Revolution – er forderte nur die Befreiung der leibeigenen Bauern und die Einführung eines ordentlichen Rechtssystems. Die Anklage gegen alle Verschwörer lautete aber, Petraschewskij und seine Anhänger hätten in Rußland eine Republik errichten wollen. Dostojewskij konnte also zu Recht die Unterstellung zurückweisen, daß er ein Revolutionär im westeuropäischen Sinne sei: »Wenn ich aber über die Französische Revolution sprach, wenn ich mir erlaubte, über die gegenwärtigen Ereignisse zu urteilen, so ist daraus nicht zu folgern, daß ich ein Freidenker, Anhänger republikanischer Ideen und ein Gegner der Autokratie bin, die ich angeblich unterminiere. Das ist unmöglich! Für mich hat es nie etwas Dümmeres gegeben als die Idee einer republikanischen Regierungsform in Rußland.« Dostojewskij wies die Kommission auch darauf hin, daß er Belinskijs Brief nicht als ein politisches, sondern als rein literarisches Dokument vorgelesen habe.

Nach den langwierigen Untersuchungen und Verhandlungen vor Gericht wurden Petraschewskij zu lebenslänglicher Verbannung verurteilt, Dostojewskij und Durow zu acht Jahren. Nikolaus I. veranlaßte später eine Herabsetzung der Strafe von acht auf vier Jahre. Danach sollten die nun aller ihrer Rechte ledigen Verurteilten als gemeine Soldaten rekrutiert werden.

Vorher aber inszenierte der Zar eine Komödie der Hinrichtung. Tausende von schweigenden Zuschauern um den Semjonow-Platz sollten, ebenso wie die »politischen Verbrecher« selbst, Strenge und Milde des herrscherlichen Willens erfahren. Mit verbundenen Augen hörten die jungen Intelligenzler den Exekutionsbefehl; dann wurde die Begnadigung verkündet.

Schon früh waren in Dostojewskijs Leben die Themen in den Vordergrund gerückt, die sein Bewußtsein zunehmend beschäftigten – der Kampf zwischen Atheismus und Christentum, die Angst vor dem Verlust des Glaubens und die Zuversicht, den Glauben zu gewinnen. Dostojewskij erlebte den Abschluß eines alten und den Anfang eines neuen Lebens – so als hätte er den Tod überwunden.

»Es fiele mir sehr schwer, die Geschichte der Wiedergeburt meiner Überzeugungen zu erzählen«, schrieb Dostojewskij 1873 im ›Tagebuch‹. Er hat sie niemals erzählt. Hätte er sie überhaupt erzählen können?

Dostojewskij kam in ein sibirisches Zuchthaus, als in Westeuropa die revolutionären Wellen des Jahres 1848 zurückfluteten: Die Restauration konnte sich von neuem etablieren. Im Rußland des Zaren Nikolaus I. war die Reaktion auf die Barrikadenkämpfe in Westeuropa rigoros: Befehle regierten, Verbote und administrative Terrorakte.

Die Philosophie wurde als Unterrichtsfach an den Universitäten verboten, weil, wie das der Minister für Volksaufklärung S. Uwarow formulierte, »der Nutzen der Philosophie nicht bewiesen und ein Schaden aus ihr möglich ist«. Zwölf Zensurkomitees waren damit beauftragt, keinen einzigen »aufrührerischen Gedanken« in die Köpfe der Untertanen dringen zu lassen. Ein Lehrbuch für Arithmetik wurde beispielsweise verboten, weil zwischen den Ziffern einer Aufgabe Punkte gesetzt waren und der Zensor daraus eine verbrecherische Absicht des Autors gegen das Regime ablas.

Turgenjew wurde wegen seines »Nekrologs« auf Gogol in ein Dorf verbannt, Saltykow-Schtschedrin mußte nach Wjatka, und Tolstojs Tagebücher jener Jahre spiegeln die Sorgen über die Zukunft, über die Literatur und ihre Aufgabe, über die russische Wirklichkeit und die Pflichten der eigenen Person. Tschernyschewskij schrieb am 20. Januar 1850 in sein Tagebuch: »Hier ist meine Idee von Rußland – die unüberwindbare Erwartung einer nahen Revolution und ein Verlangen nach ihr.« Um dieselbe Zeit ließ Nikolaus I. Bakunin in die Peter-Pauls-Festung werfen und verlangte von ihm die Niederschrift einer »Beichte«. Bakunin verfaßte sie Mitte des Jahres 1850. Mag sie aufrichtig oder unaufrichtig sein, er war voller Reue und bekannte seine nie wieder gut zu machende Schuld vor dem Zaren.

Dostojewskij saß damals im Zuchthaus von Omsk. Jahrelang lebte er bei »ständiger Bewachung« unter gräßlichen Bedingungen: »Wir schliefen auf bloßen Brettern; einem jeden war nur ein Kopfkissen erlaubt. Wir bedeckten uns mit kurzen Halbpelzen, und die Füße blieben die ganze Nacht bloß. So froren wir ganze Nächte hindurch. Flöhe, Läuse und anderes Ungeziefer gab es Scheffel voll.« Die Verbindung mit der Außenwelt war so gut wie abgeschnitten. Unter den Zuchthäuslern waren Diebe, Mörder und Rebellen. Hier hätte er auch die Leibeigenen des erschlagenen Vaters kennenlernen können. Doch um Aufsehen zu vermeiden, war damals der Mord vertuscht worden – andernfalls wäre die ganze männliche Bevölkerung des Dorfes Darowoje nach Sibirien verbannt worden. Im Zuchthaus lernte Fjodor Michajlowitsch Dostojewskij den Klassenhaß kennen: »Ihr Adligen habt eiserne Schnäbel, ihr habt uns zerhackt. Früher, als ihr Herren wart, habt ihr das Volk gepeinigt, und jetzt, wo es euch schlecht geht, wollt ihr unsere Brüder sein.« Dieses Thema wurde vier Jahre lang behandelt. 150 Feinde wurden nicht müde, uns zu verfolgen; dies war ihr Vergnügen, ihre Zerstreuung, ihr Zeitvertreib; den einzigen Schutz gewährte uns unsere Gleichgültigkeit und moralische Überlegenheit, die sie anerkennen und ehren mußten; auch imponierte ihnen, daß wir uns ihrem Willen nicht fügen wollten. Sie waren sich stets bewußt, daß wir über ihnen standen. Von unseren Vergehen hatten sie nicht den geringsten Begriff. Wir schwiegen auch selbst darüber, und darum konnten wir einander nicht verstehen; wir mußten die ganze Rachsucht und den ganzen Haß, den sie gegen den Adel empfinden, über uns ergehen lassen.« (Brief vom 22. 2. 1854)

Hat Dostojewskij überhaupt nach den Gründen gefragt, warum die einen gebildet und die anderen ungebildet waren? Warum die Minderheit – der Adel – über die Mehrheit – zumeist Bauern – herrschte? Dostojewskij lernte hier das »einfache Volk« schätzen. Seine Erlebnisse verwendete er für die ›Aufzeichnungen aus einem Totenhaus‹. Aber abgesehen von einer Ausnahme findet sich unter den Figuren des ›Totenhauses‹ kein Leibeigener, der wegen Widerstand gegen seinen Gutsbesitzer verurteilt worden wäre. Die Verbannten werden nicht vor dem Hintergrund der Bauernrevolten beschrieben, sondern Dostojewskij schildert Falschmünzer, Schmuggler, Diebe, Räuber, Soldaten, die für Vergehen und Verbrechen im Dienst verurteilt worden sind. Nicht ihr Verbrechen, sondern ihr Unglück wollte er zeigen. Nicht die Umstände, unter denen das Verbrechen entstand, wollte er analysieren, sondern dessen Wirkung auf den Täter im Zuchthaus.

Für den Petraschewzen mußte die Gesellschaft verändert werden, für den Verbannten mußte sich der Mensch verändern, um eine Verbesserung der Verhältnisse zu bewirken. Das eine versprach die Utopie Fouriers, dem die sogenannten Westler anhingen, das andere forderten die Slawophilen: die Rückkehr zum »Boden« des eigenen Volkes. Dostojewskij erlebte im Zuchthaus, was er später programmatisch aussprach; er erlebte, daß sich die adligen Intellektuellen und das Volk nicht verstanden. Was lag näher als der Gedanke, daß sich die Intellektuellen durch die westlichen Ideen dem gläubigen Volk entfremdet hatten? Ohne die religiöse Haltung Dostojewskijs ist dieser Gedanke nicht zu verstehen. Sie wird in seinem Glauben an Christus erkennbar: »Ich glaube, daß es nichts Schöneres, Tieferes, Sympathischeres, Vernünftigeres, Männlicheres und Vollkommeneres gibt als den Heiland; ich sage mir mit eifersüchtiger Liebe, daß es dergleichen nicht nur nicht gibt, sondern auch nicht geben kann. Ich will noch mehr sagen: Wenn mir jemand bewiesen hätte, daß Christus außerhalb der Wahrheit steht, und wenn die Wahrheit *tatsächlich* außerhalb Christi stünde, so würde ich es vorziehen, bei Christus und nicht bei der Wahrheit zu bleiben.« Zweifelte Dostojewskij nun an der »Wahrheit« oder an Christus?

Im Brief vom 24. Februar 1854 an Michail schrieb Fjodor: »Ich will Dir gar nicht sagen, welche Wandlungen meine Seele, mein Glaube, mein Geist und mein Herz in diesen vier Jahren durchgemacht haben. Ich müßte lange erzählen. Doch die ewige Konzentration, die Flucht in mich selbst vor der bitteren Wirklichkeit, brachte ihre Früchte.« Die »Flucht« vor der »bitteren Wirklichkeit« war notwendig. Er wollte nicht nur überleben. Die »Flucht« war zugleich der Glaube an seine Zukunft: Er sammelte Kraft, denn er *mußte* schreiben, und Majkow teilte er am 8. Januar 1856 mit: »Ich kann Ihnen gar nicht sagen, wie sehr ich darunter litt, daß ich im Zuchthaus nicht schreiben durfte.«

Augenzeugen berichteten über Dostojewskij, als er im Omsker Zuchthaus lebte: »[Er] blickte wie ein Wolf in der Falle; um schon gar nicht von den Häftlingen zu reden, die er überhaupt scheute und mit denen er keinerlei menschliche Berührungen haben wollte; die humanen Beziehungen von Personen, die sich seiner annehmen wollten und versuchten, ihm nützlich zu sein, schienen ihn zu bedrücken. Immer mit gerunzelter Stirn und zusammengezogenen Brauen, ging er den Menschen aus dem Wege und versuchte in der lärmenden Arrestantenstube für sich zu bleiben... Jede Äußerung des Mitgefühls nahm er mißtrauisch auf, als vermutete er eine für ihn unangenehme verborgene Absicht.« Dankbar erinnerte sich aber Dostojewskij an Praskowja Iwanowa, die Tochter des nach Sibirien verbannten Dekabristen Annenkow: Sie hatte ihm einige Erleichterungen im Zuchthaus verschafft.

Im Zuchthaus wurden auch die Symptome seiner späteren Krankheit immer offenkundiger: Er hatte die ersten epileptischen Anfälle, die sich alle drei Monate wiederholten. Ohne Anklage und Selbstmitleid hielt Dostojewskij die schweren Jahre durch, aber wie in der Petersburger Ingenieurschule fanden die Auseinandersetzungen nicht zwischen dem Menschen und seiner Umgebung statt – sondern in ihm selbst.

Am 15. Februar 1854 wurde er aus dem Zuchthaus entlassen und als Gemeiner einem sibirischen Regiment in Semipalatinsk zugewiesen. In Semipalatinsk gewann er die Freundschaft und das Vertrauen des jungen Baron Wrangel, der dort als Bezirksstaatsanwalt tätig war. Dostojewskij bewohnte »ein recht großes, doch sehr niedriges, halbfinsteres Zimmer«; die Hütte »war aus rohen Holzbalken gezimmert, baufällig, schief, ohne Fundament und ohne ein einziges Fenster auf die Straße«. Dostojewskij las und schrieb hier »bei einem Talglicht« – »auf dem Tisch, den Wänden und dem Bett liefen ständig ganze Herden von Schaben umher, und im Sommer wimmelte es von Flöhen« (Wrangel). Aber für den ehemaligen Zuchthäusler war die Behausung geradezu luxuriös. Von Alexander Jegorowitsch Wrangel erfuhr er das Neueste aus Petersburg: Er konnte Bücher ausleihen und Zeitungen lesen. Wrangel verbrachte mit ihm »wunderbare Stunden«. In seinen Erinnerungen an Dostojewskij lesen wir: »Während der ganzen Zeit unseres Zusammenlebens gab es zwischen uns kein einziges Mißverständnis, und unser freundschaftliches Verhältnis wurde durch keinen Schatten getrübt. Er war zehn Jahre älter und hatte viel mehr Erfahrung als ich. Sooft ich in meiner jugendlichen Unerfahrenheit, von der abstoßenden Umgebung entsetzt, zu verzweifeln begann, sprach mir Dostojewskij Mut zu und erhielt meine Energie durch Ratschläge und warme Anteilnahme aufrecht.« Für den jungen Baron – der seinerzeit Zeuge bei dem Hinrichtungsspektakel in Petersburg gewesen war – bedeutete der private Verkehr mit Dostojewskij auch ein berufliches Risiko: Wrangels Feinde erkundigten sich oft ironisch nach Dostojewskij und wunderten sich, daß der Baron mit einem Gemeinen verkehre. Der Gouverneur hatte Angst, der »Revolutionär könnte bei meiner Jugend und Unerfahrenheit einen verderblichen Einfluß auf mich haben« (Wrangel).

In dem »fünf- bis sechstausend Köpfe zählenden« Semipalatinsk (Wrangel) unterrichtete Fjodor Michajlowitsch in seiner Freizeit den achtjährigen Sohn des Beamten Alexander Iwanowitsch Isajew – und verliebte sich in die Mutter seines Schülers: Auf sie, Maria Dmitrijewna Isajewa, geborene Konstant, projizierte er alle Gefühle der Liebe und Begeisterung, die sich in ihm angestaut hatten. Wrangel schreibt darüber: »Bei jeder Gelegenheit suchte er sie auf und kehrte von ihr stets in wahrer Ekstase heim.« Als die Isajews in das von Semipalatinsk 500 km entfernte Kusnezk versetzt werden sollen, will Fjodor Michajlowitsch fast verzweifeln – »den bevorstehenden Abschied von Maria Dmitrijewna faßte er wie den Abschied vom Leben auf«. Wrangel arrangiert deshalb für ihn einen verlängerten Abschied: Er lädt die Isajews vor der Abreise ein, macht den Ehemann betrunken, der daraufhin in der Postkutsche sofort einschläft. Fjodor Michajlowitsch und Maria Dmitrijewna konnten auf diese Weise »in der wundervollen mondhellen Mainacht« eine »weite Strecke« beisammen sein.

Die Trennung quälte den Schriftsteller sehr, und die Lust, an den ›Aufzeichnungen aus einem Totenhaus‹ weiterzuarbeiten, ließ nach. Dostojewskij schrieb viele verzweifelte Briefe. Die Sehnsucht nach Maria Dmitrijewna beschäftigte ihn den ganzen Tag, denn schon in Semipalatinsk hatte er insgeheim gehofft, sie heiraten zu können. Er hatte sich nie die Frage gestellt, worauf die Zuneigung der »hübschen Blondine von mittlerem Wuchs« zu ihm beruhte – auf Mitleid, auf einer plötzlichen Laune, auf einer Exaltation der Gefühle. Maria Dmitrijewnas Ehe war unglücklich: Ihr Mann war lungenkrank, stumpf und täglich betrunken; das gesellschaftliche Leben in der sibirischen Provinz langweilte sie. Menschen mit sensiblen Nerven fanden hier ideale Bedingungen für eine neurotische Beziehung. Aus dem kleinen Kusnezk erhielt Fjodor Michajlowitsch Marias Briefe, die ihre ständig wachsende Unzufriedenheit bekundeten. Als Maria Dmitrijewnas Mann noch in demselben Sommer des Jahres 1855 starb, war der völlig verschuldete Dostojewskij dazu entschlossen, für die Witwe und ihren Sohn Pascha zu sorgen. Er wollte sie heiraten und setzte alles auf diese Ehe, von der er, wie von der Ehe überhaupt, das »grenzenlose Glück« erhoffte.

Die Briefe, die er bis zur Ehe schrieb – sie wurde am 6. Februar 1857 in Kusnezk geschlossen –, berichten von der großen Spannung, unter der das Verhältnis stand. Den ersten Höhepunkt erreichte sie, als Fjodor Michajlowitsch von Maria Dmitrijewnas Liebhaber in Kusnezk erfuhr. Die Geschichte dieser Liaison ist widersprüchlich überliefert. Dostojewskijs Tochter Ljubow, deren

Biographie über den Vater mit größter Vorsicht gelesen werden sollte, charakterisierte die Isajewa als »eine faule, launische und ehrgeizige Person«, die noch die Nacht vor der Hochzeit mit ihrem Geliebten zugebracht habe. In Twer, der ersten Station auf Dostojewskijs Rückkehr nach Petersburg, soll Maria ihrem Mann gestanden haben: »Eine Frau, die etwas auf sich hält, wird niemals einen Mann lieben können, der vier Jahre unter Dieben und Mördern im Zuchthaus gearbeitet hat.« Für Dostojewskij aber war und blieb seine erste Frau – das erzählte er noch 1873 der Schriftstellerin Timofejewa, die ihn an Maria Dmitrijewna erinnerte – »eine Frau mit einer erhabenen und begeisterten Seele! Sie verbrannte in dem Feuer dieser Begeisterung, in der Sehnsucht nach dem Ideal.« Dostojewskij sprach wenig von seiner ersten Ehe. Ein Jahr nach dem Tod Maria Dmitrijewnas – am 31. März 1865 – schrieb er an Wrangel: »Jetzt will ich Ihnen nur sagen, daß wir doch nicht aufhören konnten, einander zu lieben, wenn wir auch wirklich unglücklich miteinander waren (infolge ihres seltsamen, argwöhnischen und krankhaft phantastischen Charakters); ja, je unglücklicher wir waren, desto mehr hingen wir aneinander.« Für Wrangel war Dostojewskijs Zuneigung zu Maria Dmitrijewna eine krankhafte Liebe.

Anstelle der Revolution, die Tschernyschewskij erwartet hatte, war 1853 der Krimkrieg ausgebrochen, der bis 1856 dauerte. Es war der erste Krieg, der nicht nur mit Waffen, sondern mit allen publizistischen Mitteln auch ideologisch geführt wurde. Dostojewskij identifizierte sich zunehmend mit dem russischen Nationalismus. Das einzige von ihm erhaltene Gedicht feierte diesen Krieg als Erfüllung der göttlichen Mission und den Sieg des russischen Doppeladlers auf dem christlichen Kreuz, das sich über den Türmen von Byzanz erhebe. Als Nikolaus I., dessen Rußland bei der Belagerung von Sewastopol eine vernichtende militärische Niederlage erlitt, starb, schrieb Dostojewskij ein Gedicht auf dessen Tod, das nach Wrangel mit folgenden Worten anfing:

> »Wie Abendröte lischt am Himmel
> So schied dein herrlicher Gemahl!«

Dostojewskij hatte dieses Gedicht nicht nur geschrieben, um die Genehmigung für eine Veröffentlichung seiner Werke zu erwirken, sondern aus Überzeugung – an seiner Hinwendung zur russischen Monarchie und zum russischen Messianismus war nicht mehr zu zweifeln. Trotzdem erklärte der Generalgouverneur für Sibirien dem Baron Wrangel: »Für einen gewesenen Feind der Regierung werde ich mich niemals verwenden.« Wrangel hatte den Generalgouverneur gebeten, das Gedicht der Witwe des Zaren zu überreichen.

Im Frühjahr 1857 reichte Dostojewskij ein Gesuch um Entlassung aus dem Militärdienst und um die Erlaubnis des Aufenthaltes in Moskau ein. Das Gesuch wurde zwei Jahre später genehmigt. Eine wichtige Rolle bei der Vermittlung des Gesuchs hatten der ›Held von Sewastopol‹, Eduard von Totleben, Prinz von Oldenburg und Baron Wrangel gespielt. 1858 wurden Dostojewskijs Rechte als erblicher Adliger wieder hergestellt. Im Juli 1859 durfte er mit seiner Frau nach Twer umziehen. Nach weiteren Gesuchen – an den neuen Zaren und den Chef der Gendarmerie – wurde ihm endlich erlaubt, in allen Städten des russischen Reiches frei zu wohnen. Ende Dezember 1859 befand er sich wieder in Petersburg.

Mit der Beförderung vom Gemeinen zum Offizier war ihm im Oktober 1856 durch »Allerhöchsten Erlaß« gestattet worden, wieder unter eigenem Namen zu publizieren. Im Jahr seiner Rückkehr waren die beiden im Semipalatinsk geschriebenen Erzählungen ›Onkelchens Traum‹ und ›Das Dorf Stepantschikowo und seine Bewohner‹ erschienen. Darüber schrieb er 1873 an den Dramatiker Fjodorow: »Ich verfaßte [›Onkelchens Traum‹] damals in Sibirien, als erstes nach dem Zuchthaus, nur um meine literarische Laufbahn wiederzubeginnen, und hatte vor der Zensur schreckliche Angst (als ehemaliger Verbannter). Und dann schrieb ich das kleine Ding von himmelblauer Sanftmut und bemerkenswerter Unschuld.« Die beiden Erzählungen wurden von der literarischen Welt kaum zur Kenntnis genommen. Aufsehen erregte er erst mit den ›Aufzeichnungen aus einem Totenhaus‹, die 1861 in der ›Zeit‹, der von den Brüdern Dostojewskij gegründeten Zeitschrift, erschienen.

1861 wurde die Leibeigenschaft der russischen Bauern aufgehoben. Fast alle Parteien begrüßten die »großen Reformen«. Aber wer sich Hoffnungen auf eine Veränderung der sozialen und politischen Verhältnisse gemacht hatte, sah sich bald enttäuscht. Das Befreiungsmanifest des Zaren Alexander II. konnte nicht verschleiern, daß die Bauern in Wirklichkeit weder Freiheit noch Land erhielten. Ogarjow schrieb, das Volk sei vom Zaren getäuscht worden, und Tschernyschewskij sagte damals zu Nekrasow: »Was habt ihr denn erwartet? Es war doch längst klar, daß nur das dabei herauskommen kann.« In dem Jahr, als die Leibeigenen befreit wurden, gab es einem Bericht der III. Abteilung der geheimen politischen Polizei des Zaren zufolge 1176 Unruhen revoltierender Bauern.

Die Liberalen versuchten die Regierung zu Kompromissen zu bewegen. Die radikalen Demokraten propagierten von neuem revolutionäre Ziele, und der Prototyp des russischen Konservativen jener Jahre, Katkow, verzichtete auf die Verbreitung konstitutioneller Ideen nach englischem Vorbild und brachte die Ideologie eines unverhüllten großrussischen Chauvinismus in Umlauf. Dostojewskij wollte zwischen den Extremisten vermitteln. Das Programm formulierte er in der von ihm und dem Bruder gegründeten Zeitschrift ›Die Zeit‹. Katkow bezeichnete die radikalen Demokraten um Nekrasows Zeitschrift ›Der Zeitgenosse‹ als »Bürschchen«, die eigentlich alle nach Sibirien gehörten; für Dostojewskij waren sie Verführte – und zwar von Ideen, an die er einst selbst geglaubt hatte. Die Intelligenz sollte zum »Volksboden« zurückkehren. Sein weltanschauliches Programm ist der russische Messianismus. Dostojewskij bekannte sich an Stelle der alten zu einer neuen geschichtlichen Utopie: »…die russische Idee wird vielleicht die Synthese all jener Ideen werden, die Europa heute mit solcher Hartnäckigkeit und solchem Mut entwickelt – Europa in seinen verschiedenen Nationalitäten, daß möglicherweise all das Haßerfüllte in diesen Ideen seine Versöhnung und Weiterentwicklung in der russischen Nationalität finde.« Dostojewskij, der mit diesen Gedanken teilweise den Slawophilen verpflichtet ist (ohne daß er wie jene den zivilisatorischen Fortschritt der petrinischen Reformen rückgängig machen will), sieht in der russischen Nation »eine hochsynthetische Fähigkeit, eine Fähigkeit der Allversöhnung und Allmenschlichkeit«. »Für Europa ist Rußland eines der Rätsel der Sphinx, die es nie enträtseln konnte und nie enträtseln wird, da die Europäer einander selbst nicht ganz verstehen.«

In den 60er Jahren reiste Dostojewskij viermal nach Westeuropa. Die ersten drei Reisen unternahm er in den Sommermonaten der Jahre 1862, 1863 und 1865. Die letzte Reise begann 1867 und dauerte vier Jahre: Dostojewskij mußte seinerzeit vor den Gläubigern ins Ausland flüchten und die Rückkehr ein paarmal aufschieben.

Für den gebildeten Russen des 19. Jahrhunderts war es selbstverständlich, daß er möglichst einmal im Jahr nach Westeuropa
fuhr. Die reichen Familien suchten die berühmten Bäder und Kur-
orte auf, Emigranten und Studenten wohnten in den Großstädten.
Dostojewskij tat beides – aber es waren weder Bildungsreisen noch
Erholungsreisen; er stellte bald fest, daß die epileptischen Anfälle
im Westen seltener auftraten als in dem feuchten Klima der russischen Hauptstadt. Aber er sah sich auch in neue Schwierigkeiten
verwickelt: In den berühmten Spielcasinos von Baden-Baden, Bad
Homburg, Bad Ems und Wiesbaden versuchte er – bis sich 1871 die
Spielleidenschaft endgültig gelegt hatte – Jahr für Jahr sein Glück
am Roulettetisch. Immer wieder rechnet er mit dem großen Coup,
der ihn mit einem Schlag von allen materiellen Sorgen befreien
sollte. Er spielt, gewinnt, verliert, verliert alles, versetzt, was zu
versetzen ist, verliert geliehenes Geld, leiht neues, läßt andere ihre
Habe versetzen, spielt, um alle Verluste und Schulden aufzuholen
und verspielt die letzten Groschen. Die Geschichte ist bekannt: Dostojewskij verarbeitete seine Erfahrungen der Jahre 1863 und 1865
in seinem Roman ›Der Spieler‹.
Fjodor Michajlowitsch konnte sich auch in Westeuropa kein stan-
desgemäßes Leben leisten, wie er es sich eigentlich immer gewünscht
hatte. Wegen der Entbehrungen und der Schulden war er besonders
im Ausland in gereizter Stimmung. Als er einmal in Wiesbaden
keinen Kredit für eine Stearinkerze erhielt, um abends an ›Schuld
und Sühne‹ arbeiten zu können, machte er aus dem Wirt sogleich
den Stellvertreter für alle Deutschen: »... das ganze Personal geht
mir mit einer unaussprechlichen, echt deutschen Verachtung aus
dem Wege. Für den Deutschen gibt es kein größeres Verbrechen, als
kein Geld zu haben und seine Schulden nicht rechtzeitig zu bezahlen.« (Brief vom 10./22. 8. 1865) Dostojewskij kam in Westeuropa nicht mit seinesgleichen, sondern mit Händlern, Wirten und
Vermietern in Berührung. Er kannte seinen Hang zu zugespitzten
Verallgemeinerungen; für seine Urteile über den Westen brauchte
er jedoch nicht die persönliche Erfahrung: Schon vor seiner ersten
Reise stand das Urteil über Westeuropa fest, denn die Grundideen
seines russischen Messianismus waren bereits formuliert. Auf dieser
ersten Reise traf er in London mit Alexander Herzen zusammen.
Der russische Emigrant und radikale Demokrat hatte damals schon
(1862) einen großen Teil seiner scharfsichtigen Beobachtungen über
Westeuropa geschrieben. In einem sind sich der Republikaner

Herzen und der Monarchist Dostojewskij einig: Die westeuropäische Bourgeoisie ist im Begriff, das kulturelle Vermächtnis der eigenen Vergangenheit zu verspielen. In ›Enden und Anfänge‹ schrieb Herzen: »Die ganze gebildete Welt entwickelt sich zum Kleinbürgertum hin, und dessen Vorhut ist bereits eingetroffen. Kleinbürgertum ist das Ideal, zu dem Europa sich jetzt aufmacht und zu dem es hinstrebt...« Herzen war voller Hoffnungen nach Europa gekommen. Jetzt sprach die Enttäuschung aus ihm. Dostojewskij hatte Herzens Meinung schon in Rußland vorweggenommen. Einen Tag nach Dostojewskijs Besuch schrieb Herzen an Ogarjow: »Er ist ein naiver, nicht ganz klarer, aber sehr lieber Mensch. Enthusiastisch glaubt er ans russische Volk.«

In dem Reisebericht ›Winteraufzeichnungen über Sommereindrücke‹, den Dostojewskij nach seiner Rückkehr niederschrieb, sind die zentralen Fragen seiner Anschauungen, seiner Kritik am Westen und sein Bekenntnis zu einem messianischen Rußland nachzulesen. Der Bourgeois habe die »liberté, egalité, fraternité« verkündet. »Wunderbar. Aber was bedeutet nun eigentlich liberté? –Freiheit. Was für eine Freiheit? – Die gleiche Freiheit aller, alles zu tun, was man will, sofern das Wollen innerhalb der Grenzen der Gesetze bleibt. Wann aber kann man alles tun, was man will? – Wenn man eine Million hat. Gibt die Freiheit jedem Menschen diese Million? – Nein. Was ist ein Mensch ohne eine Million? – Ein Mensch ohne eine Million ist nicht jemand, der alles macht, was er will, sondern jemand, mit dem man macht, was man will. Was folgt daraus? – Daraus folgt, daß es außer der Freiheit noch Gleichheit gibt, und zwar Gleichheit vor dem Gesetz. Von dieser Gleichheit vor dem Gesetz läßt sich freilich nur das eine sagen, nämlich: daß in der Form, wie sie jetzt angewandt wird, jeder Franzose sie nur für eine persönliche Beleidigung halten kann und muß. Was verbleibt nun noch von der Formel? – Brüderlichkeit. Nun, dieses Kapitel ist das Allerkurioseste; man muß schon zugeben, daß es im Westen noch bis auf den heutigen Tag der größte Stein des Anstoßes ist. Der Westeuropäer redet von Brüderlichkeit wie von einer großen, die Menschheit bewegenden Kraft und verfällt überhaupt nicht darauf, daß Brüderlichkeit sich von nirgendwoher nehmen läßt, wenn sie nicht als Wirklichkeit einfach vorhanden ist. Also, was tun? – Ja, da muß man Brüderlichkeit eben irgendwie herstellen, denn zur Stelle schaffen muß man sie um jeden Preis. Aber da zeigt es sich, daß Brüderlichkeit überhaupt nicht herzustellen ist, weil sie nämlich von selbst entsteht, weil sie gegeben sein, in der Natur liegen muß. In der französischen Natur aber, ja, in der westeuropäischen überhaupt, hat sich das wirkliche Vorhandensein der Brüderlichkeit nicht gezeigt, sondern statt ihrer das Vorhandensein des Prinzips der Einzelperson, der Persönlichkeit, der betonten Selbsterhaltung, Selbstbehauptung, des Selbstbetriebs, der Selbstbestimmung innerhalb des eigenen *Ich,* das Prinzip, dieses *Ich* der ganzen Natur und allen übrigen Menschen gegenüberzustellen, als ein befugtes Element für sich, das der Gesamtheit alles anderen, das außer ihm in der Welt vorhanden ist, als vollkommen gleichberechtigt und gleichwertig gegenübersteht.« Die Phänomene sind genau beschrieben. Aber die Ursachen bleiben schleierhaft: Westeuropas Zustand ist auf eine von Dostojewskij nicht näher begründete »Natur« zurückzuführen.

Anfang der 60er Jahre verliebte sich Dostojewskij in Apollinaria Suslowa. Sie studierte in Petersburg. Wahrscheinlich lernte sie Fjodor Michajlowitsch im Winter 1861/62 kennen, vielleicht sogar im Zusammenhang mit einer Erzählung, die sie der ›Zeit‹ zur Veröffentlichung angeboten hatte. Der ehemalige Verbannte Dostojewskij galt bei der studentischen Jugend als Freiheitskämpfer, und die Suslowa gehörte zur politisch engagierten Jugend. Sie war eine der ersten Repräsentantinnen der russischen Frauenbewegung. In ihrer moralischen und politischen Kompromißlosigkeit stellte sie den Typ der jungen radikalen Bewegung des Jahrzehnts schlechthin dar. Die erhaltenen Briefe des Schriftstellers und das Tagebuch der Geliebten zeigen, daß die Beziehungen zwischen den beiden sehr gespannt waren. Offenbar stritten sie unaufhörlich miteinander, in Petersburg, in Paris, wo sie sich 1863 trafen, auf ihrer gemeinsamen Reise nach Italien und zwei Jahre später in Wiesbaden. Möglicherweise spielten dabei politische und weltanschauliche Differenzen eine gewisse Rolle; ja, vielleicht war Apollinaria schon von Anfang an enttäuscht, als sie Fjodors politische Ansichten kennenlernte. Nach der Lektüre der ›Aufzeichnungen aus dem Untergrund‹ (1864) sagte sie zu Dostojewskij: »Was für eine skandalöse Geschichte schreibst du denn« und bezeichnete die ›Aufzeichnungen‹ als eine »zynische Sache«. Dostojewskij wollte mit diesen Aufzeichnungen den Rationalismus ad absurdum führen: Sein Held wird hier letzten Endes von einem grenzenlosen Egoismus beherrscht. Für Suslowas Generation der Rationalisten waren sie aber ein Dokument fortschrittfeindlichen Denkens. Lange war die Geliebte des Schriftstellers überhaupt verschwiegen worden. Als das Tabu gebrochen war, beschrieb Ljubow Dostojewskaja in ihren Erinnerungen an den Vater die ehemalige Geliebte als eine die rote Fahne tragende Nymphomanin der Petersburger Universität.

Polja – so nannte sie Fjodor Michajlowitsch – wird manchmal als die »infernalische Muse« Dostojewskijs bezeichnet. Diese Beschreibung dürfte eher für den Schriftsteller Wasilij Rosanow zutreffen, der als 24jähriger Student die von vielen Enttäuschungen gezeichnete 40jährige Suslowa geheiratet hatte, um dadurch dem Werk Dostojewskijs näher zu sein. Rosanow wußte, daß Polja der Prototyp einer Reihe von Frauengestalten in Dostojewskijs Romanen war. Diese Tatsache mag für die »Muse« sprechen, sie muß deshalb nicht »infernalisch« gewesen sein.

Jahrelang hatte Fjodor Michajlowitsch gehofft, Polja werde ihn heiraten, auch dann noch, nachdem sie ihn 1863 in Paris mit dem Spanier Salvador hintergangen und mit den Worten empfangen hatte: »Du bist zu spät gekommen.« Erst in den Wintermonaten 1865/66 scheint er sie endgültig aufgegeben zu haben. Sie trafen sich, stritten miteinander, und Polja notierte später: »Er bietet mir schon lange Herz und Hand und ärgert mich dadurch nur... Er sprach von meinem Charakter und sagte: ›Wenn du einmal heiratest, so wirst du deinen Mann schon am zweiten Tage hassen und ihn verlassen!‹ Er sagte mir: ›Einmal werde ich dir etwas sagen.‹ Ich ließ ihm keine Ruhe, bis er mir gestand: ›Du kannst es mir nicht vergeben, daß du dich einmal hingegeben hast, und rächst dich dafür; das ist ein echt weiblicher Zug.‹ Das ging mir sehr nahe.« Spielte Fjodor Michajlowitsch auf die ersten Monate ihrer Beziehung an? Damals war er vierzig, lebte in einer unglücklichen Ehe mit einer kranken, mißtrauischen Frau. Die Suslowa war eine 21jährige Studentin. Es fiel ihm schwer, sie zu vergessen. Viele Briefe an sie sind leider verlorengegangen.

Im Mai 1863 wurde die Zeitschrift der Brüder Dostojewskij verboten. Die ›Zeit‹ stand im dritten Jahrgang, hatte feste Abonnenten und bekannte Mitarbeiter und garantierte sowohl Fjodor als auch Michail ein regelmäßiges Einkommen. Das Verbot war ein harter Schlag. Anlaß des Verbots war ein Aufsatz von Strachow, der den Aufstand der Polen gegen die zaristische Herrschaft für einen Aufstand der westlichen Zivilisation auf Kosten der russischen Nationalität hielt. Der Zensor vermutete darin einen indirekten Angriff auf die Regierung. Die Zeitschrift wurde ein Jahr später unter einem anderen Titel fortgesetzt. Michail hatte im Januar 1864 die Genehmigung dazu erhalten. Der neue Titel lautete: ›Die Epoche‹.

Die ›Epoche‹ hatte von Anfang an einen schlechten Start. Die Sorgen vermehrten sich von Tag zu Tag: Zu den geschäftlichen kamen die persönlichen. Die an Schwindsucht leidende Maria Dmitrijewna muß aus gesundheitlichen Gründen das feuchte Petersburger Klima meiden; sie zieht nach Moskau um, wo sie weiterhin das Bett hütet. Dostojewskij verbringt so den ganzen Winter 1963/64 »zwischen Krankenbett und Schreibtisch«. Am 16. April 1864 stirbt Maria Dmitrijewna. Drei Monate später – am 10. Juli – stirbt der Bruder und hinterläßt Tausende von Rubeln Schulden. Die Zeitschrift steht vor dem Bankrott, aber Fjodor Michajlowitsch übernimmt alle Schulden, erklärt sich bereit, für die Familie des Bruders zu sorgen und mit der im voraus ausbezahlten Erbschaft von einer reichen Tante (10 000 Rubel) die Zeitschrift fortzuführen.

Die Verantwortung war unermeßlich, und Dostojewskij stand »mit einemmal ganz allein da«. Sein »ganzes Leben war mitten entzwei gebrochen.« (Brief vom 31. 3. 1865) Dostojewskij, der so gut wie mit allen Arbeiten der Herausgabe, des Drucks und Vertriebs belastet war, arbeitete Tag und Nacht an der Zeitschrift. Seine Absicht, sie wenigstens ins neue Jahr hinüberzuretten, schlug aber fehl. Zwei Nummern waren verspätet erschienen, und die erwarteten Abonnenten stellten sich nicht ein. Man wußte nicht, daß der Schriftsteller Fjodor Dostojewskij die ›Epoche‹ redigierte, dem es doch von der Zensur verboten war, eine Zeitschrift unter seinem Namen herauszubringen. Die ›Epoche‹ mußte nun den Bankrott erklären, und Fjodor Dostojewskij hatte über 15 000 Rubel Schulden. Um wenigstens einen Teil seiner Schulden bezahlen zu können, verkaufte er im Sommer 1865 die Rechte aller seiner bis dahin geschriebenen Werke für 3000 Rubel an den Verleger Stellowskij, der sie vertragsgemäß in einer einmaligen Ausgabe der Serie ›Gesammelte Werke Russischer Autoren‹ herausbringen durfte. Stellowskij nutzte aber obendrein seine unternehmerische Initiative voll aus, kaufte die ungedeckten Wechsel Dostojewskijs über Strohmänner zu einem Spottpreis auf und machte das Darlehen noch von einer Klausel abhängig: Der Autor müsse sich verpflichten, bis zum 1. November 1866 einen Roman im Umfang von mindestens zwölf Bogen abzuliefern, andernfalls habe er eine hohe Konventionalstrafe zu zahlen; sei aber das Manuskript dieses zu schreibenden Romans bis zum 1. Dezember 1866 noch nicht abgeliefert, gehe das Eigentumsrecht von Dostojewskijs Werken für immer an den Verleger über.

Den Sommerurlaub 1866 verbringt er als Gast der Familie seiner Schwester Wera Michajlowna Iwanowa in Ljublino bei Moskau. Er arbeitet hier an ›Schuld und Sühne‹. Aber am 1. Oktober hat er noch keine Zeile für jenen Roman geschrieben, den er laut Vertrag mit Stellowskij am 1. November abliefern soll. Seine Freunde Majkow, Miljukow und andere schlagen ihm nun vor, das Romanprojekt zu entwerfen und sie die verschiedenen Kapitel schreiben zu lassen. Er habe dann nur die Sache stilistisch durchzuarbeiten, einige Widersprüche auszugleichen und dem Ganzen noch einige »Lichter aufzusetzen«. Dostojewskij lehnt dieses Angebot ab, akzeptiert aber Miljukows Vorschlag, den Roman einem Stenographen oder einer Stenographin zu diktieren.

Von Professor Olchin wird ihm die zwanzigjährige Stenotypistin Anna Grigorjewna Snitkina empfohlen. Am 6. Oktober beginnt er mit dem Diktat. Am 30. Oktober ist das ins Reine geschriebene Manuskript des ›Spielers‹ abgeschlossen und kann termingerecht abgeliefert werden. Am 8. November macht Dostojewskij seiner Sekretärin einen Heiratsantrag. Am 15. Februar des folgenden Jahres lassen sie sich trauen. Zur Gründung seines Hausstandes nimmt Dostojewskij bei Katkow einen Vorschuß. Er hofft nach wie vor auf das »grenzenlose Glück« in der Ehe. – Was Anna Grigorjewna für die Arbeit ihres Mannes bedeutete, schilderte nach ihrem Tod Leonid Grossman, der Herausgeber ihrer Memoiren:

»Anna Grigorjewna Dostojewskaja vertritt jenen Typus der russischen Frauen, dessen Grundzug eine ungeheure Tatkraft, eine geradezu fanatische Ergebenheit an die Idee ist. Ihr Leben betrachtete sie als eine übernommene ernste Pflicht, deren Erfüllung sie stets zur heroischen Tat zu gestalten bemüht war. Wenn Netotschka Snitkina in jungen Jahren von Medizin und Naturwissenschaften träumte, zu den ersten Studentinnen der Frauenhochschule gehörte, Stenographie lernte, um unabhängig zu sein und um ihrer kleinen Familie, die mehrere Häuser in Petersburg besaß, nicht zur Last zu fallen, so fand sie später als Frau Dostojewskijs ihren Beruf im Dienst am Schaffen des großen Dichters, mit dem das Schicksal sie verbunden hatte. Durch Anna Grigorjewnas

Hände sind alle Werke Dostojewskijs vom ›Spieler‹ bis zu den ›Brüdern Karamasow‹ gegangen, und die stenographischen Kenntnisse seiner Frau bedeuteten für den Dichter eine ungeheure Erleichterung seiner schöpferischen Arbeit.«

1866 erschien der Roman ›Schuld und Sühne‹. Der finanzielle Erfolg war zwar groß, aber er brachte keine grundlegende Verbesserung der materiellen Lage: Einen Teil der Gläubiger konnte Dostojewskij abfinden, die übrigen bedrängten ihn täglich, drohten ihm mit Pfändungen und dem Schuldturm.

Der Erfolg des Raskolnikow-Romans spornte ihn nun dazu an, möglichst viel und rasch zu produzieren, um sich alle Schulden vom Hals zu schaffen. Aber in Petersburg war das Klima für den Epileptiker fast unerträglich. Die Familie des Bruders und der Stiefsohn Pascha fühlten sich benachteiligt und gaben der jungen Frau die Schuld. Angesichts dieser Situation entschlossen sich Anna und Fjodor zu einer Reise nach Westeuropa, die einer Flucht gleichkam. Sie lösten den Haushalt auf, verkauften die Möbel und verließen Petersburg am Karfreitag. Am Ostermontag waren sie in Berlin – vier Jahre lang sollte die Emigration nach Europa dauern. Für Dostojewskij war es die »zweite Verbannung«.

Ein regelmäßiges Einkommen hatte er nicht. Auf die ständigen Bitten hin gewährte man ihm Vorschüsse – vor allem Katkow, der Herausgeber des ›Russischen Boten‹, der mittlerweile am meisten gehaßte Mann der russischen Intelligenz –, und zwar für Romane, die im Plan fertig waren, aber nur kapitelweise abgeliefert wurden.

Im Jahre 1866 hatte der Anarchist Karakosow ein Attentat auf den Zaren Alexander II. verübt. Daraufhin wurden sofort der ›Zeitgenosse‹ und das ›Russische Wort‹ verboten. Persona grata der Zensur jedoch blieb Katkow, dem die gegen die Nihilisten ergriffenen Maßnahmen noch zu milde erschienen. Über die in Petersburg unter Intellektuellen herrschende Stimmung schrieb G. Jelisejew in seinen Erinnerungen: »Wer seinerzeit nicht in Petersburg lebte und den literarischen Kreisen nicht angehörte oder mit ihnen nicht wenigstens in dieser oder jener Weise verbunden war, kann sich nicht die Panik vorstellen, die hier herrschte. Jeder Literat, der nicht Katkows Richtung angehörte – und fast die ganze damalige Literatur gehörte dieser Richtung nicht an –, hielt sich für ein verdammtes Opfer oder war überzeugt, daß man ihn unverzüglich, nur weil er Literat war, einsperren werde.« An eine Vermittlung zwischen den gegnerischen Positionen – wie er das Anfang der 60er Jahre versucht hatte – dachte Dostojewskij selbst nicht mehr. Aber Katkow forderte administrative Maßnahmen gegen die Nihilisten, was Dostojewskij ablehnte. Er kämpfte gegen sie und polemisierte mit der Kraft seiner Worte, weil er sie von der Wahrheit seiner Sache überzeugen wollte. Hier hatte Katkow bei aller ideologischen Verbundenheit seine Einwände. Ein Kapitel des Romans ›Schuld und Sühne‹, das seinem Autor so sehr am Herzen lag, hatte dem Verleger gar nicht gefallen: Der Mörder Raskolnikow liest der Prostituierten Sonja aus dem Evangelium vor: einfach unmöglich.

Im Ausland ideologisierte Dostojewskij die russischen Verhältnisse noch stärker als zuvor. Während sich in Rußland die Fronten verhärteten, der Terror gegen die fortschrittliche Intelligenz zunahm und die Anarchisten Terrorakte gegen die Regierung planten und ausführten, gewann nun das offizielle Rußland in Dostojewskijs Augen fast die Gestalt seines utopischen Rußland.

In den vier Jahren seines Aufenthalts in Westeuropa verklärte sich für Dostojewskij die herrschende Monarchie. Aber hatte er denn jemals die Praxis dieser Monarchie realistisch gesehen? Turgenjew machte er einmal den Vorschlag, Rußland durchs Teleskop zu betrachten, um zu sehen, was dort vor sich gehe. Er selbst schrieb am 20. März 1868 über dieses Rußland: »... unsere Verfassung besteht in der gegenseitigen Liebe des Monarchen zum Volk und des Volkes zum Monarchen. Ja, der durch Liebe und nicht durch Eroberung geschaffene Ursprung unseres Reiches (ich glaube, die Slawophilen haben ihn als erste entdeckt) ist die größte Idee, auf der sich noch vieles aufbauen läßt. Diese Idee teilen wir Europa mit, das ganz und gar nichts davon versteht. Unser unglücklicher, vom Volksboden losgerissener Stand der Gescheiten mußte, ach, so enden. Sie werden auch damit sterben, man wird sie nicht ändern (Turgenjew!). Aber die jüngste Generation – auf die müssen wir schauen. (Die klassische Bildung könnte dabei sehr behilflich sein. Wie steht es um Katkows Lyzeum?)«

Dostojewskijs Bild von der russischen Monarchie war eine Idylle und der Inhalt seiner Romane deren Widerlegung. Die junge Generation Rußlands träumte nicht von der »geistigen Gymnastik der Sprachlehre, der Beschäftigung mit dem klassischen Altertum«

als dem »Bollwerk gegen den Nihilismus«, wie dies durch das von Katkow und Leontjew in Moskau gegründete Lyzeum vorgesehen war, sondern vielmehr von Naturwissenschaften, der Revolution und einer Republik. Dostojewskij, der sich zeit seines Lebens der jungen Generation verbunden fühlte, schrieb: »...hier im Ausland bin ich im Hinblick auf Rußland endgültig zum Monarchisten geworden... Bei uns hat das Volk einem jeden unserer Zaren seine Liebe gegeben und wird sie weiterhin geben; schließlich glaubt es einzig und allein an ihn.« (Brief vom 20. 3. 1868) Welches »Volk« meinte Dostojewskij? War es nicht das Volk in der Konzeption einer Utopie?

Der Umgang mit den fortschrittlichen Westlern, mit den Anhängern republikanischer und sozialistischer Ideen wurde ihm fast zum Ekel: »Widerlich ist es, mit unseren Gescheiten zusammenzutreffen. O armselige, nichtige Menschen, o welch ein vor Eigenliebe aufgeblasener Dreck, o Scheiße! Widerlich! Herzen habe ich zufällig auf der Straße getroffen, wir unterhielten uns etwa zehn Minuten in feindselig-höflichem Ton mit Spötteleien und gingen auseinander. Nein, ich gehe nicht hin. Wie sie zurückgeblieben sind, wie sie so gar nichts begreifen.« (Brief vom 20. 3. 1868)

Seine Utopie wurde zur Ideologie, als sich Dostojewskij im Westen befand: Auf der anderen Seite ist er wieder der überzeugte Monarchist, für den sich fast alles, was ihn an die Petersburger 40er Jahre, an die eigene Jugend, erinnert, in Ideen des Verderbens und der Zerstörung verwandeln muß. Er reagiert das vor allem bei Belinskij ab, der für ihn quasi der Urvater der »Gescheiten« ist. Dostojewskij macht ihn für alle späteren Verwirrungen und Radikalisierungen in der russischen Gesellschaft und in seinem Leben verantwortlich.

Anna Grigorjewna ertrug mit ihm die materielle Not der Jahre 1867 bis 1871. Über die Spielwut des Mannes, der sich schon daran gewöhnt hatte, sie zu bitten, Schmuck und Bekleidungsgegenstände ins Pfandhaus zu tragen, um sie dann später mit dem aus Rußland eingetroffenen Vorschuß wieder auszulösen, schrieb Anna Grigorjewna: »Ich muß gestehen, daß ich diese ›Schicksalsschläge‹, die wir uns selbst freiwillig zufügten, sehr kaltblütig ertrug. Nach unseren ersten Verlusten und Aufregungen« gelangte ich zur festen Überzeugung, daß Fjodor Michajlowitsch nie Glück im Spiel haben werde – das heißt, er konnte wohl einmal eine große Summe gewinnen, diese Summe würde aber noch am selben (spätestens am nächsten) Tage wieder verspielt sein, und all mein Flehen, Zureden, Warnen würde nichts nützen... Ich muß mir selbst Gerechtigkeit widerfahren lassen: ich habe meinem Mann nie Vorwürfe wegen seiner Spielverluste gemacht, nie mit ihm deswegen gezankt und ihm ohne Murren unser letztes Geld gegeben, obwohl ich wußte, daß meine verpfändeten Sachen, wenn wir sie nicht rechtzeitig auslösten, verloren gehen würden, und obwohl ich den ganzen Ärger mit den Wirtinnen und kleinen Gläubigern auszukosten hatte. Es tat mir aber in der tiefsten Seele weh, wenn ich sah, wie Fjodor Michajlowitsch selbst litt: Bleich, matt, sich nur noch mit Mühe auf den Füßen haltend, kam er vom Spiel zurück, bat mich um Geld, ging wieder und kam nach einer halben Stunde noch verstörter zurück, um wieder Geld zu holen – und das so lange, bis alles verspielt war, was wir besaßen. Wenn kein Geld mehr vorhanden war, dann war Fjodor Michajlowitsch mitunter so verzweifelt, daß er weinte, vor mir auf die Knie fiel, mich anflehte, ihm zu vergeben. Und es kostete mich große Mühe, langes Zureden und Ermahnen, um ihn zu beruhigen, unsere Lage als nicht völlig hoffnungslos darzustellen, einen Ausweg zu ersinnen, seine Aufmerksamkeit auf einen anderen Gegenstand zu lenken...«

Am 21. Februar 1868 gebar Anna Grigorjewna eine Tochter, die schon drei Monate nach der Geburt starb. Das Bild der toten Sonja verfolgte den Vater lange: Er machte sich Vorwürfe, ob er ihren Tod nicht mit verschuldet hatte, er hätte doch für bessere Verhältnisse sorgen können. Anna Grigorjewna weinte nächtelang. Im Sommer zog die Familie für zwei Monate von Genf nach Vevey, was weder die Gesundheit noch die Stimmung verbesserte. Der Aufenthalt in der Schweiz wurde immer unerträglicher, und Dostojewskij schrieb am 22. Juni / 4. Juli 1868: »... wenn Sie eine Ahnung hätten, wie unehrlich, gemein, unglaublich dumm und unentwickelt die Schweizer sind! Gewiß sind die Deutschen noch schlimmer, aber diese hier sind auch ihr Geld wert! Der Ausländer wird hier als reines Ausbeutungsobjekt angesehen, alle ihre Gedanken sind darauf ausgerichtet, wie sie einen betrügen und ausrauben können. Das Schlimmste ist ihre Unsauberkeit! Der Kirgise in seiner Jurte wohnt sauberer (auch hier in Genf). Ich bin entsetzt! Wenn mir das früher jemand über die Europäer gesagt hätte, so hätte ich ihm ins Gesicht gelacht. Aber mag sie der Teufel holen. Ich hasse sie bis aufs äußerste.«

Die Dostojewskijs hielten es in der Schweiz nicht mehr aus, sie reisten im Herbst nach Italien und verbrachten den Winter in Florenz. Im Sommer 1869 fuhren sie über Bologna, Venedig, Wien nach Prag. In Prag, wo sie ursprünglich bleiben wollten, gab es keine möblierte Wohnung, und so ließen sie sich schließlich in Dresden nieder. Fast zwei Jahre lebten sie dort: vom August 1869 bis zum Juli 1871. Am 14. September 1869 kam das zweite Kind zur Welt – die Tochter Ljubow.

In Dresden erlebte Dostojewskij den Deutsch-Französischen Krieg, und wenn er schon im allgemeinen den »verfaulenden« Westen ablehnte, so widerstrebte ihm besonders der Chauvinismus der deutschen Akademiker. »Paris muss bombardirt sein«, so zitiert er in seinem Deutsch die kriegsbegeisterten Bismarckanhänger. Bemerkte er nicht, daß die deutschen Monarchisten in vielem den russischen – Dostojewskijs ideologischen Verbündeten – ähnlich waren?

Sein im Ausland geschriebener großer Roman war ›Der Idiot‹, den er, die Vorschüsse kapitelweise abarbeitend, im ›Russischen Boten‹ veröffentlichte. Es ist erstaunlich, mit welcher Kraft der Imagination es Dostojewskij verstanden hat, lange Romane kapitelweise zu schreiben, ohne daß ihm Brüche oder Widersprüche in den Figuren und den verschiedenen Handlungsträgern unterlaufen sind. Das gilt selbst noch für das Ende des ›Idioten‹, für den ihm, ausgelöst von Terminnöten, ein abrupter Schluß einfiel: »Sollte es Leser des ›Idioten‹ geben, dann werden sie vielleicht über den unvermuteten Schluß ein wenig verblüfft sein; aber nach einigem Nachdenken werden sie zustimmen, daß er so aufhören muß.« (Brief vom 11./23. 12. 1868)

Während der Arbeit am ›Idioten‹ entwickelte er neue Pläne. Es handelte sich um einen großen Gottsucherroman, der zunächst unter dem Arbeitstitel ›Leben eines großen Sünders‹ lief, dann auch unter dem Titel ›Atheismus‹. Themen, Figuren, ideelle und personelle Verflechtungen dieses unter zwei Titeln laufenden Stoffes wurden später größtenteils in den Romanen der 70er Jahre verarbeitet: Die zentralen Gestalten der Romane ›Die Dämonen‹, ›Der Jüngling‹ und ›Die Brüder Karamasow‹ haben hier ihre Wurzeln. Um mehr Geld zu verdienen, bot er der Redaktion der ›Morgenröte‹ den ›Ewigen Gatten‹ etwa zur gleichen Zeit an, als er mit der Arbeit an den ›Dämonen‹ begonnen hatte. Die ›Dämonen‹ waren dem ›Russischen Boten‹ versprochen. Die Briefe an Majkow,

Strachow und Sonja Iwanowa zu Anfang des Jahres 1870 belegen die dadurch hervorgerufenen widersprüchlichen Äußerungen über diese beiden Projekte.

Die ›Dämonen‹, die Dostojewskij nach der Rückkehr fertig schrieb, sind nach wie vor Dostojewskijs umstrittenstes Werk, eine Art ideologischer Wasserscheide für die Interpreten des Autors und des Romaninhalts. Dostojewskij wollte der revolutionären Generation den Spiegel vors Gesicht halten – einer Generation, deren Ideen nur Unheil verhießen. Für die Reaktion bedeutete der Roman die Entlarvung der gesamten nihilistischen, atheistischen und sozialistischen Bewegung. Für die Progressiven bestand der Roman aus Verzerrungen und Verleumdungen. Suworins ›Neue Zeit‹, die damals liberale Auffassungen vertrat, faßte das Urteil fast aller literarischen Zeitgenossen – mit Ausnahme der Kreise um Katkow und Pobedonoszew – zusammen: »Nach den ›Dämonen‹ können wir nur noch das Kreuz über diesen Schriftsteller machen.« Nach der Oktoberrevolution von 1917 wurde der Roman vielfach neu gedeutet.

Im Westen neigt man dazu, Dostojewskijs »Dämonen« für Verzerrungen, ja, sogar Karikaturen seiner zeitgenössischen Vorbilder zu halten; im Hinblick auf die Ereignisse des Jahres 1917 jedoch spricht man ihnen prophetische Bedeutung zu und läßt durchblikken, die Revolutionäre dieses Romans seien eine Vorwegnahme der Bolschewiki. In der Sowjetunion wurde dieser Interpretation entgegengehalten, Dostojewskijs Verschwörer seien Vorläufer der Faschisten. Doch beide Deutungen gehen mehr von den Wünschen der Interpreten aus als von dem Gehalt des Romans. Für Dostojewskij sind die Anthropologie des Katholizismus und die des Sozialismus in der Substanz identisch. Sowohl Schigaljow, mit dessen Thesen die zukünftige Gesellschaft des Sozialismus denunziert werden soll, als auch der Großinquisitor wollen die Menschheit in zwei Teile spalten – in eine Minderheit, die herrscht, und eine Mehrheit, die gehorcht, und zwar nach den Kategorien des Despotismus. Wenn auch Dostojewskij die revolutionäre Mystifikation für die Revolution schlechthin hält, und damit ideologisierten Interpretationen Vorschub leistet, spiegelt sein Roman die ideengeschichtlichen Veränderungen der Epoche wider. Michajlowskij hatte gleich nach Erscheinen des Romans geschrieben, Dostojewskij allein gebühre das Verdienst in der russischen Literatur, Figuren geschaffen zu haben, die »auf der Grenze von Vernunft und Wahnsinn, auf der Grenze zwischen einer normalen und unnormalen Verfassung des Verstandes« stünden. War dieser Zustand nicht etwa durch die Veränderungen der Epoche bedingt?

Am 8. Juli 1871 kehrte die Familie Dostojewskij nach Petersburg zurück. Am 16. Juli kam Fjodor, das dritte Kind, zur Welt. (Am 10. August 1875 sollten sie noch einen zweiten Sohn bekommen, Aljoscha, der aber bereits drei Jahre später – im Mai 1878 – starb.) Als die Gläubiger erfahren hatten, daß der Schuldner Dostojewskij wieder im Lande war, bedrängten sie ihn wie vor der Flucht ins Ausland im Jahr 1867. Er war ihnen ausgeliefert. Aber dieses Mal legte sich Anna Grigorjewna ins Zeug; sie verhandelte selbst mit den Gläubigern, wies unberechtigte Forderungen zurück und vereinbarte günstige Zahlungsbedingungen. Anfang 1873 überredete sie Fjodor Michajlowitsch, die ›Dämonen‹ im Selbstverlag herauszugeben. Sie kaufte das Papier, sprach bei den Druckereien vor, bei den Buchhändlern und hatte gegen Ende des Jahres die ganze Auflage verkauft.

Dies war der Anfang eines Verlagsgeschäftes, das Anna Grigorjewna alle Jahre hindurch – bis zum Tode ihres Mannes – betrieb. Es dauerte zwar ein ganzes Jahrzehnt, bis alle Schulden bezahlt waren. Dostojewskij konnte sich aber nun fast ausschließlich seiner Arbeit widmen.

Trotz der Erleichterungen waren es aber auch finanzielle Gründe, die ihn dazu bewegten, Redakteur bei der Zeitung ›Der Staatsbürger‹ zu werden. Er publizierte hier die ersten Fortsetzungen seines ›Tagebuchs eines Schriftstellers‹, das seine politischen, ethischen und literarischen Bekenntnisse enthält. Aus der Reflexion über Vergangenes formulierte er sein Verhältnis zu aktuellen Fragen.

Die Arbeit beim ›Staatsbürger‹ wurde ihm bald lästig, und er schied schon 1874 aus der Redaktion aus. Fjodor Michajlowitsch schrieb für die junge Generation. Indem er seine Bekenntnisse formulierte, wollte er sie auf den richtigen Weg bringen. Er wandte sich an die verbündeten und verhärteten Monarchisten, wenn er in sein ›Tagebuch‹ schrieb: »Ich selbst bin ein alter Anhänger Netschajews, ich stand auch auf dem Schafott, als ein zum Tode Verurteilter und versichere Ihnen, daß ich mich in der Gesellschaft gebildeter Leute befand.« Wäre er als Redakteur beim ›Staatsbürger‹ geblieben, so hätte er sich gegen die junge Generation entschieden. Der ›Staatsbürger‹ galt als offiziöses Blatt des Kreises um Pobedonoszew. Als der Verleger der Zeitung, Fürst Meschtscherskij, in einem Artikel die offizielle Regierungsaufsicht über Studentenheime forderte, schrieb der Redakteur Dostojewskij: »… die 7 Zeilen über die Aufsicht, oder wie Sie es formulieren, über die *Arbeit* der Aufsicht der Regierung, habe ich radikal entfernt. Ich habe doch einen Ruf als Literat und obendrein Kinder. *Mich selbst ins Verderben zu stürzen,* habe ich nicht die Absicht. Außerdem« – dieser Satz ist durchgestrichen – »ist ihre Idee meinen Überzeugungen zutiefst zuwider und erregt mein Herz.« (Brief vom Anfang November 1873) Ein Denunziant wie Katkow war Dostojewskij nie. Zu diesem Thema gibt es ein Gespräch zwischen Suworin und Dostojewskij: Was tun, wenn man erfährt, daß das Winterpalais in die Luft gesprengt werden soll? – Suworin: »Nein, ich würde es nicht melden.« Dostojewskij: »Ich auch nicht. – Warum? Das ist doch schrecklich.«

Das ›Tagebuch‹ ließ er ab 1876 als selbständige Monatsschrift erscheinen. Der Autor des ›Tagebuches‹ erhielt in diesen Jahren Briefe aus allen Schichten der Gesellschaft. In dieser Zeit wurde Dostojewskij das Gewissen der Nation, wobei man nicht vergessen darf, daß an diesem Gewissen nur eine Minderheit bewußt Anteil nehmen konnte: Die Mehrheit der russischen Bevölkerung – die Bauern – konnte weder lesen noch schreiben. Im letzten Jahrzehnt wollte er mit den Lesern den »verfluchten Fragen« der Epoche näherkommen. – Fjodor Michajlowitsch war daneben ein an den kleinen Dingen des Alltags interessierter Familienvater. Die Dostojewskijs verbrachten den Sommer in Staraja Russa, einem kleinen Städtchen im Gouvernement Nowgorod. Dostojewskij lebte und arbeitete dort gerne. In Staraja Russa war es ruhig, und die Lebenshaltung war billiger als in Petersburg. Die Familie verbrachte in dieser abgelegenen Provinz den Winter 1874/75 und die Sommermonate fast aller darauffolgenden Jahre. Seit 1874 allerdings reiste Fjodor Michajlowitsch immer einige Wochen des Sommers zur Kur nach Bad Ems. Zu der Epilepsie waren Asthma-Anfälle gekommen, die er sich durch ein Lungenleiden zugezogen hatte.

Dostojewskij war nun berühmt geworden, und die besten Kreise interessierten sich für ihn, den berühmten Schriftsteller. Dostojewskij fühlte sich als Berufsliterat; trotz seiner abfälligen Äußerungen über die vom »Volksboden« losgerissenen »Gescheiten« war er durch und durch russischer Intelligenzler. Die spätere Bekannte und Verehrerin des Autors, die Aristokratin Stakenschneider, schrieb aber: »...mich verblüffte an ihm immer, daß er keine Ahnung hatte, was er wert ist, mich verblüffte seine Bescheidenheit. Daher rührte auch seine extreme Empfindlichkeit.«

Betrachtet man in diesem Zusammenhang seine Ressentiments gegen den »Meister des Hochmuts«, gegen den Aristokraten Turgenjew, so spricht aus dieser Bescheidenheit zugleich eine Art Minderwertigkeitsgefühl. J. A. Stakenschneider beschrieb ihn mit den Worten, die wohl einem großen Teil seiner konservativen Freunde aus der Aristokratie nachempfunden waren: »Viele, die sich ihm angstvoll nähern, sehen nicht, wieviel Kleinbürgerliches an ihm ist; nichts Triviales, nein, trivial ist er nie, und er hat nichts Triviales an sich, aber er ist ein *Kleinbürger*. Ja, ein Kleinbürger! Kein *Aristokrat*, kein *Seminarist*, kein *Kaufmann*, kein zufälliger Mensch in der Art eines Künstlers oder Gelehrten, sondern ein *Kleinbürger*. Und dieser *Kleinbürger* ist der tiefste Denker und ein genialer Schriftsteller.« Aber 1880, als man Fjodor Dostojewskij sogar in großfürstlichen Häusern akzeptierte, schrieb sie: »Seine Bekanntschaft mit der großen Gesellschaft wird ihn dennoch nicht lehren, aristokratische Typen und Szenen zu zeichnen, und weiter als bis zur Generalsfrau Stawrogin in den ›Dämonen‹ wird er in dieser Hinsicht gewiß nicht kommen, ebenso wie die Darstellung eines großen Kapitals mit einer riesigen Ziffer für ihn immer 6000 Rubel sein werden.«

Mitte der 70er Jahre trat eine Abkühlung seiner Beziehungen zu den monarchistischen Freunden ein. Dostojewskij hatte nämlich den ›Vaterländischen Annalen‹ seinen Roman ›Der Jüngling‹ angeboten, der dann auch 1876 in dieser Zeitschrift erschien. Als ihm Strachow wegen der Komplimente vonseiten Nekrasows Vorhaltungen machte, bezeichnete ihn Dostojewskij in einem Brief als »garstigen Seminaristen«. (Brief vom 12. 2. 1875)

Mit der Niederschrift seines Romans ›Die Brüder Karamasow‹ begann Dostojewskij 1878. Der Roman erschien 1879/80 in Katkows ›Russischem Boten‹. Die ›Brüder Karamasow‹ fassen alles zusammen, was Dostojewskijs Ideenwelt und sein Rußland betraf. Hier wollte er alles aussprechen – »bis zum letzten Wort«. Eine Fortsetzung des Romans hatte er zwei Jahre aufgeschoben. Aber Aljoschas Botschaft, die Botschaft des »positiv-schönen Menschen«, den Dostojewskij schon immer gestalten wollte, wurde nicht ausgesprochen. Der Tod trat dazwischen. Was blieb, ist das Panorama der »tragischen Liederlichkeit« – die ›Karamásowschtschina«, das Rußland vieler Fragen nach dem guten Leben.

Der Erfolg des Romans war ungeheuer. Mit dem Ruhm der ›Brüder Karamasow‹ kam Dostojewskij zur Puschkinfeier des Jahres 1880 nach Moskau. Er hielt die Festrede und rief aus: »Einst, daran glaube ich fest, werden wir, das heißt natürlich nicht wir, die wir hier versammelt sind, sondern die russischen Menschen der Zukunft, alle bis auf den letzten verstanden haben, daß wahrer Russe sein nichts anderes heißt als: bestrebt sein, die europäischen Widersprüche nunmehr endgültig auszugleichen, der Sehnsucht Europas ihren Ausweg zu zeigen in der russischen Seele, der allmenschlichen und alleinenden, alle unsere Brüder mit brüderlicher Liebe in unser Herz zu schließen und zu guter Letzt vielleicht auch das entscheidende Wort der großen, allgemeinen Harmonie auszusprechen, der endgültigen, brüderlichen Einigung aller Völker nach dem Gesetz des Evangeliums Christi!« Sollte das der Grundgedanke von Aljoschas Botschaft werden?

Die russische Presse reagierte nicht im Sinne der »allgemeinen Harmonie«. Gleb Uspenskij warf Dostojewskij vor, die Rede führe zu nichts anderem als zu der ordinärsten Predigt politischer Erstarrung. Michajlowskij spottete, Dostojewskij hätte dem Publikum einen Stein gebracht, den er als Brot verziert habe; und die Voraussage, Europa werde bald untergehen, nannte er eine »Kinderspeise« und einen »unterhaltsamen Mischmasch«. Aber nicht nur die radikaldemokratische linke Kritik lehnte Dostojewskijs Euphorie ab. Konstantin Leontjew machte ihm klar, daß die Orthodoxie nicht den Boden dessen abgebe, was sich Dostojewskij erhoffe und wünsche: »Es gibt nichts Wahres in der realen Welt der Erscheinungen. Nur das Eine ist wahr – einzig allein das Eine, allein das ist unbestreitbar: alles Äußerliche muß untergehen.« Mit der Revolution sah Konstantin Leontjew die Apokalypse hereinbrechen: Sie kam aus dem Westen, und der Westen war »verfault«. Rußland mußte vor dieser Fäulnis bewahrt und »aufs Eis gelegt« werden. Der sogenannte russische Nietzsche Leóntjew nahm kein Blatt vor den Mund und sprach offen aus, was andere mit mystischen Formeln verhüllten: Dostojewskij war für die Zwecke der Monarchisten ein »einflußreicher und sogar äußerst nützlicher Schriftsteller«. Nur er konnte die »Jugend vom politischen Zorn des Nihilismus« abbringen. Aber Fjodor Michajlowitsch hatte in der Puschkinrede gefährliche Hoffnungen formuliert. Leontjew kritisierte den Festredner und argumentierte: »Wenn die Menschheit eine lebendige und organische Erscheinung ist, dann steht ihr um so eher *irgendwann das Ende* bevor. Aber wenn es ein *Ende* gibt, welche Notwendigkeit sollte dann für uns bestehen, uns so sehr um das Heil der kommenden, fernen und keineswegs begreifbaren Generationen zu kümmern?« Dostojewskij wollte mit dem politischen Freund – Pobedonoszew hatte ihm den Artikel Leontjews wärmstens empfohlen – keinen öffentlichen Streit anfangen. Er notierte sich aber in seinem Notizbuch: »Es lohnt sich nicht, der Welt Gutes zu wünschen, da gesagt wird, daß sie untergehen werde«, und kommentierte Leontjews Schluß: »In dieser Idee ist etwas Unvernünftiges und Ruchloses enthalten. Obendrein ist es eine sehr bequeme Idee für den Hausgebrauch; wenn schon alles zum Untergang verurteilt ist: wozu sich dann bemühen, wozu lieben und Gutes tun? Lebe für den Bauch.« Dostojewskij verkündete in seiner Botschaft einen Christus, der auch außerhalb der Kirche wirkte. Seine Botschaft forderte Gewaltlosigkeit als Antwort auf jegliche Gewalt. Sie verhieß den »Himmel auf Erden«, denn Dostojewskijs »Allversöhnung« war kein Alibi für die Aufrechterhaltung der Ungerechtigkeit und des Leids: Durch Leiden sollte das Leid abgeschafft werden.

Am 28. Januar 1881 starb Fjodor Michajlowitsch Dostojewskij. Ein tödliches Bombenattentat auf den Zaren und unzählige Gewaltakte waren das Echo auf seine Puschkinrede. Die Gewalt hatte die Widersprüche hervorgerufen, die Dostojewskij in den Seelen und Ideen der Menschen vorfand und aufdeckte. Ließen sie sich nur durch Gewalt aufheben? Die Epoche hörte nicht auf die Botschaft des christlichen Utopisten Dostojewskij.

München, Juli-August 1966   Friedrich Hitzer

ANMERKUNGEN

An M. M. Dostojewskij, 9. August 1838
Es ist der erste Brief, der den Einfluß des Freundes und Dichters Iwan Nikolajewitsch Schidlowskij widerspiegelt. Schidlowskijs Weltbild war romantisch und pessimistisch; er lebte in permanenter Selbstmordstimmung.
1 Blaise Pascal, 1623–1662. Der Einfluß des französischen Denkers auf Dostojewskij ist noch nicht untersucht, trotz ähnlicher weltanschaulicher Tendenzen.
2 ›Ugolino‹, ein im romantischen Geist geschriebenes Stück von Nikolaj Alexejewitsch Polewoj. Es erschien 1838 und übte mit seinem Versuch, die Geschichtstheorie Karamsins zu widerlegen, einen großen Einfluß auf Dostojewskij aus. Polewoj versucht, im Gegensatz zu Karamsin, nicht, isolierte historische Gestalten zu schildern, sondern gibt ein zusammenhängendes Geschichtsbild.
3 ›Undine‹ von Friedrich de La Motte-Fouqué in der Versübertragung des Dichters Wasilij Andrejewitsch Schukowskij.

An M. M. Dostojewskij, 31. Oktober 1838
Verschiedene Äußerungen dieses Briefes deuten auf die damals populäre Philosophie Schellings hin, die Dostojewskij wohl in den Darstellungen Belinskijs kennenlernen konnte. Im Original konnte er sie kaum lesen, da er die deutsche Sprache nicht gut genug beherrschte.
1 Iwan Nikolajewitsch Schidlowskij.
2 Der englische Dichter (siehe zuvor der ›Gefangene von Chillon‹ im gleichen Brief) wird hier nur beiläufig erwähnt. Die junge russische Generation interessierte sich damals bereits für andere Namen.
3 Die hier angeführte Strophe Puschkins entstammt dem Sonett ›Der Dichter‹, das 1830 geschrieben wurde.
4 Chateaubriand, 1768–1848. Dostojewskij begreift Chateaubriands ›Génie du Christianisme‹ zugleich als Apologetik der christlichen Religion und als literarisches Manifest, zumindest das, was er davon erfahren hat und was er die Hauptidee des Werkes nennt. Die Zusammenhänge zwischen Chateaubriand und Dostojewskijs Werk sind noch nicht untersucht. Ihr Denken weist eine Reihe von Parallelen auf.

5 Nisard, 1806–1888. Französischer Literaturhistoriker. Dogmatischer Klassizist.

6 Der Namenstag Michails wird am 8. November gefeiert. Der Geburtstag des Bruders war der 13. September. Die Brüder korrespondierten damals in Abständen von anderthalb bis drei Monaten.

7 Das Gedicht des Bruders ist unbekannt.

8 Iwan Nikolajewitsch Schidlowskij.

9 ›Panthéon. Hundert russische Schriftsteller‹ war der Titel einer von Alexander Filippowitsch Smirdin geplanten Anthologie. Sie sollte zehn Bände mit jeweils zehn Autoren umfassen. 1839 erschien der erste Band mit Alexandrow, Marlinskij, Dawydow, Sotow, Kukolnik, Polewoj, Puschkin, Swinin, Senkowskij, Schachowskoj.

An M. A. Dostojewskij, 10. Mai 1839
Dostojewskij will für den Sommer vorsorgen, in dem die Manöver und Übungen der russischen Truppen und Kadetten stattfanden, bei denen die Mannschaften in Zelten außerhalb der Stadt kampierten. Der Brief war lange irrtümlicherweise mit 1838 datiert worden. Aus dem Text geht jedoch hervor, daß er schon das Jahr zuvor »beim Manöver« war: 1837 war aber Dostojewskij noch nicht Schüler der Anstalt.

1 Der Vater schickte das Geld erst am 20. Juni.

An M. M. Dostojewskij, 16. August 1839
1 Iwan Nikolajewitsch Schidlowskij.

An M. M. Dostojewskij, 1. Januar 1840
1 ›Jewgenij Onegin‹, Roman in Versen von Alexander Sergejewitsch Puschkin.

2 Dostojewskij meint nicht Schidlowskij, sondern wahrscheinlich den Studienkollegen Iwan Ignatijewitsch Bereschetzkij. Der Erzieher der Militärschule A. Saweljew erzählt in seinen Erinnerungen, er habe Dostojewskij in jenen Jahren niemals mit einem andern Zögling gesehen als mit jenem Bereschetzkij.

3 Iwan Nikiforowitsch, komische Figur in einer Novelle Gogols: ›Wie sich Iwan Iwanowitsch mit Iwan Nikiforowitsch entzweite‹. Dostojewskij spielt auf den Streit der beiden an, wo der eine zum andern sagt: »Um mit Ihnen zu reden, muß man vorher eine tüchtige Portion Erbsen fressen.«

4 Iwan Iwanowitsch Perepenko ist die zweite Hauptperson dieser Novelle (siehe Anm. 3).

An Hauptmann Gartong, 8. Juni 1843
1 Der Rapport wurde mit Gartongs Unterschrift an den Oberst Baron von Rosen weitergereicht. Rosen übergab ihn mit seiner Unterschrift dem

Leiter der Hochschule, von Scharnhorst, der folgenden Beschluß faßte: »Es ist ein ärztliches Zeugnis und Gesuch vorzulegen.«

An M. M. Dostojewskij, 30. September 1844

1 Es handelt sich um den Familienbesitz in den Dörfern Darowoje und Tschermaschnaja, 150 Werst von Moskau entfernt. (1 Werst = 1,066 km.)
2 ›Arme Leute‹.
3 Hauptfigur in Gogols ›Revisor‹.

An M. M. Dostojewskij, 24. März 1845

1 Er meint hier weniger das russische als das französische Theater jener Zeit, das damals schon einen effekthascherischen, sentimentalen und kleinbürgerlichen Charakter hatte.
2 Der Schatten von Hamlets Vater.
3 Es handelt sich um ein Feuilleton ›Poeten in Deutschland. Artikel von Alexander Weis‹, das sich auf einen Bericht der ›Augsburger Allgemeinen Zeitung‹ stützte und u. a. folgendes beschrieb: »Lessing starb in Armut und war von der deutschen Nation verstoßen; Schiller konnte sich keine 1000 Franken beschaffen, um nach Paris und ans Meer zu fahren; Mozart erhielt im ganzen 1500 Fr. Gehalt und hinterließ 3000 Fr. Schulden. Beethoven starb in größter Armut. Hölderlin mußte sein Geld als Lehrer verdienen, und, gequält von einer unglücklichen Liebe, verfiel er im Alter von 32 Jahren dem Wahnsinn. Hölty unterrichtete für 6 Fr. monatlich, um sich zu ernähren; er vergiftete sich in jungen Jahren. Von Armut bedroht waren Bürger, Schubart, Grabbe. Lenz starb völlig verarmt bei einem Schuster in Moskau. Sonnenberg schlug sich den Schädel ein. Kleist erschoß sich ebenso wie Raimund. Charlotte Stieglitz brachte sich mit einem Dolch um. Lenau kam ins Irrenhaus.«
Dostojewskij war von dieser Geschichte des Selbstmordes, Wahnsinns und der Armut zutiefst betroffen, um so mehr, als er kurz zuvor – bei der Entlassung (siehe Brief vom 30. 9. 1844) – nicht gewußt hatte, wie er sich ernähren sollte, und im Falle eines Mißerfolgs der ›Armen Leute‹ einen Selbstmord nicht ausschloß.

An M. M. Dostojewskij, 4. Mai 1845

1 Das erste Werk Chateaubriands, 1768–1848, hieß ›Essai historique, politique et moral sur les révolutions‹. Es erschien 1797. Die Erzählung ›Atala‹ erschien 1801.
2 Pljuschkin ist der personifizierte Geiz in Gogols ›Toten Seelen‹. Um Papier zu sparen, schreibt er klein.
3 ›Mannering‹ ist der zweite Roman Walter Scotts. Scott war damals nicht 40, sondern 44 Jahre alt und produzierte etwa 12 Bände im Jahr. Man sagt, er habe vor dem Frühstück 14 Druckseiten schreiben können.

4 ›Emelja‹ war der Titel eines der meistgelesenen Romane von Alexander Fomitsch Weltman.

5 ›Tarantas‹ ist eine Geschichte von Graf Wladimir Alexandrowitsch Sollogub.

6 ›Der ewige Jude‹ von Eugène Sue wurde damals in einzelnen Feuilletons gedruckt. Dostojewskijs Lob darüber stützt sich unmittelbar auf Belinskijs Meinung.

An M. M. Dostojewskij, 8. Oktober 1845

1 Jakow Petrowitsch Goljadkin ist der Held in Dostojewskijs Erzählung ›Der Doppelgänger‹.

2 Nekrasows Almanach war der ›Petersburger Sammelband‹, in dem die ›Armen Leute‹ gedruckt wurden. Er erschien am 15. Januar 1846.

3 Iwan Jakowlewitsch Kronenberg.

4 ›Der Spötter‹ (Suboskal) konnte nicht erscheinen. Der Almanach wurde von der Zensur verboten. Dennoch verwendete Nekrasow einzelnes Material daraus für seinen Almanach ›Zum 1. April‹ im Jahr 1846.

5 ›Guèpes‹, eine von Alphonse Carré im Jahr 1839 gegründete satirische Zeitschrift.

6 Ausspruch Nosdrjews in den ›Toten Seelen‹.

7 Dostojewskijs Urteil über George Sands ›Teverino‹ steht in völliger Übereinstimmung mit dem von Belinskij.

An M. M. Dostojewskij, 16. November 1845

1 ›Andrej Kolosow‹, eine der frühen Novellen Turgenjews, erschien 1844 in den ›Vaterländischen Annalen‹.

2 ›Der Roman in neun Briefen‹ erschien in der ersten Nummer des Jahres 1847 von Nekrasows ›Der Zeitgenosse‹.

3 Die Frau Panajews, Jewdokija Jakowlewna Golowatschewa-Panajewa, 1820–1893, war Schriftstellerin und schrieb unter dem Pseudonym N. Stanizkij in Nekrasows Zeitschrift ›Der Zeitgenosse‹.

4 Mit »unserem Kreis« meint Dostojewskij Turgenjew, Nekrasow, Gontscharow, Panajew, Grigorowitsch u. a.

An M. M. Dostojewskij, 1. Februar 1846

1 Es handelt sich um den ›Petersburger Sammelband‹, siehe Brief vom 8. 10. 1845, Anm. 2.

2 Die Kritik in der ›Illustration‹ erschien am 26. 1. 1846 und warf dem Autor vor, daß der Roman keine Form habe, aus ermüdenden Einzelheiten bestünde, die »an ein Mittagessen erinnern, bei dem es statt Suppe Platterbsen aus Zucker, statt Fleisch wiederum Platterbsen aus Zucker gebe«. Besonders unangenehm, meinte der Rezensent, seien die »zahllosen Diminutiva«. Der Roman sei »eine Auskunftei für Diminutiva«.

3 Dem Rezensenten in der ›Nordischen Biene‹ erschien Dostojewskijs

Roman als »ungewöhnlich langweilig«. Der Autor habe versucht, »den Humor Gogols mit naiver Einfalt zu verbinden«.

4 Nikitenkos Kritik in der ›Lesebibliothek‹ fiel eher negativ als positiv aus. Nikitenko verwies auf Dostojewskijs »überflüssige Sentimentalität«, die u. a. in den vielen Diminutiva zum Ausdruck komme.

5 Belinskijs Glockenläuten war nicht so stark, wie es hier von Dostojewskij erwartet wurde. Belinskijs ›Bibliographische Notiz‹ war in Band 44 (Nr. 2) der ›Vaterländischen Annalen‹ für das Jahr 1846 erschienen, der Aufsatz unter dem Titel ›Petersburger Sammelband‹ in Band 45 (Nr. 3). Seine Begeisterung für Dostojewskij hat schon etwas nachgelassen. Er betont Dostojewskijs Abhängigkeit von Gogol, erwähnt einige Schwächen der ›Armen Leute‹ und weist auf die Mängel des ›Doppelgängers‹ hin, wie auf die »ermüdende Weitschweifigkeit« des Romans, die »Wiederholung ein und derselben Sätze«, die »monotone Sprache« und die »Gleichförmigkeit der Dialoge«. Jedenfalls sagte die Kritik kein Wort über das Originelle an dem Roman. Sie stellte nur fest, daß Dostojewskij »analytisch« und Gogol »synthetisch« vorgehe, Gogol »immer aufs Ganze ausgehe« und deshalb »nie so tief« sei wie Dostojewskij.

6 Weder Odojewskij noch Sollogub veröffentlichten Rezensionen.

7 Siehe Anm. 3 zum Brief vom 16. 11. 1845.

8 Die Schwester Wera heiratete im Januar 1846 A. P. Iwanow.

An M. M. Dostojewskij, 1. April 1846

1 Held der ›Aufzeichnungen eines Verrückten‹ von Gogol.

2 Belinskij erklärte in einem Brief vom 7. 2. 1846 Krajewskij seinen Austritt aus den ›Vaterländischen Annalen‹, einen Schritt, den er schon seit Mitte 1845 vorhatte.

3 Dieser Almanach kam nicht zustande. Das Material dazu wurde später im ›Zeitgenossen‹ veröffentlicht – mit Ausnahme der Erzählungen Dostojewskijs; sie blieben unvollendet.

4 ›Reineke Fuchs‹ in der Übersetzung des Bruders Michail wurde in den ›Vaterländischen Annalen‹ im Jahr 1849 veröffentlicht.

An M. M. Dostojewskij, 17. September 1846

1 ›Das Dorf‹, eine im sentimental-naturalistischen Stil geschriebene Erzählung von Dmitrij Wasiljewitsch Grigorowitsch, die auf der Linie der sozial engagierten Literatur der 40er Jahre lag.

2 Dostojewskij spielt offenbar auf den Weggang Belinskijs an (siehe Brief vom 1. 4. 1846, Anm. 2).

An M. M. Dostojewskij, Ende Oktober 1846

1 ›Die Wirtin‹, die 1847 in den ›Vaterländischen Annalen‹ erschien.

2 Wahrscheinlich meint er ›Netotschka Neswanowa‹.

3 Der Gedanke der Umarbeitung des ›Doppelgängers‹ ließ Dostojewskij

lange nicht los. Bezeichnenderweise kam der ›Doppelgänger‹ nicht in die erste Ausgabe der ›Gesammelten Werke‹ (1860), sondern erst in Stellow-skijs Ausgabe (1866).

An M. M. Dostojewskij, 26. November 1846

1 Der Buchillustrator und Kupferstecher Jewstafij Bernardskij hatte 1846 mit den Illustrationen (100) zu Gogols ›Toten Seelen‹ begonnen.
2 Dostojewskij spielt hier auf Belinskijs negative Kritik an ›Herr Prochartschin‹ an. Es mag auch sein, daß ihm Belinskij seine Ablehnung des ›Romans in neun Briefen‹ mitgeteilt hatte.

An M. M. Dostojewskij, Januar/Februar 1847

1 Entspricht der psychologischen Motivierung des Helden Ordynow in der ›Wirtin‹.
2 Der Bruder war in die bei Helsingfors gelegene Festung Sveaborg versetzt worden.
3 George Sands Roman ›Lucretia Floriani‹ war kurz zuvor erschienen (1846). Der Held des Romans, Karol, entsprach Dostojewskijs damaliger »träumerischer« Periode. ›Lucretia Floriani‹ war 1847 als Beilage zum ersten Heft des ›Zeitgenossen‹ erschienen, und zwar in der Übersetzung von Kronenberg.
4 ›Netotschka Neswanowa‹ erschien erst 1849.
5 Dostojewskij leidet an der ablehnenden Haltung der Kritik gegenüber ›Prochartschin‹. Er wird ihn aber bald selbst anders bewerten.

An M. M. Dostojewskij, April 1847

1 Dostojewskij meint natürlich »pro Monat«, nicht »pro Woche«.
2 ›Netotschka Neswanowa‹.

An M. M. Dostojewskij, 18. Juli 1849

1 Dieser Brief wurde drei Monate nach Dostojewskijs Festnahme wegen seiner Zugehörigkeit zu dem geheimen politischen Kreis der Petraschewzen – in der Nacht vom 22. auf den 23. April 1849 – geschrieben. Zwölf Tage später wurde Michail Michajlowitsch – vom 5. auf den 6. Mai – verhaftet und am 24. Juni wieder freigelassen. Er wurde verhaftet, als man den Bruder Andrej Michajlowitsch, der auf Grund eines Irrtums im Gefängnis saß, entließ. Der Bruder Michail erhielt später 200 Rubel Haftentschädigung.

An M. M. Dostojewskij, 27. August 1849

1 Mit den »Moskauern« meint Dostojewskij die Schwestern mit ihren Familien: Warwara, verheiratete Karepin, Wera, verheiratete Iwanow, und die Familie des Onkels Kumanin (siehe auch Brief vom 30. 9. 1844).
2 ›Die Eroberung Perus‹ und ›Die Eroberung Mexicos‹ waren die be-

kanntesten Werke des amerikanischen Historikers und Schriftstellers William Prescott, 1796–1859.
3 Es handelt sich um einen Aufsatz von Iwan Iwanowitsch Dawydow, der Wassilij Schukowskijs Homer-Übersetzung mit dem Original verglich.

An M. M. Dostojewskij, 14. September 1849

1 Es ist der Roman ›Jane Eyre‹ von Charlotte Brontë (Pseudonym: Currer Bell), der 1848 in England, 1849 in der russischen Übersetzung erschien. Brontë, 1816–1855, wurde dank diesem Roman und der Romane ›Shirley‹ und ›Villette‹ fast ebenso berühmt wie Thackeray und Dickens.
2 Turgenjews ›Der Junggeselle‹ (Cholostjak) erschien 1849. Dostojewskijs ablehnende Haltung ist insofern aufschlußreich, als Turgenjews ›Junggeselle‹ (Moschkin und Mascha) in der Grundlinie der Fabel seinen ›Armen Leuten‹ (Makar Djewuschkin und Warenka Dobroselowa) entspricht. Dostojewskij ärgerte sich vor allem über das Happy-End bei Turgenjew, im Gegensatz zum tragischen Ende seiner Fabel. Im übrigen hatte es den Anschein, als hätte Turgenjew damit eine Parodie auf Dostojewskijs berühmtes Frühwerk schreiben wollen.

An M. M. Dostojewskij, 22. Dezember 1849

1 Er verbrachte die Festungshaft nicht in Orenburg, sondern in Omsk.
2 Nach den Erinnerungen von A. P. Miljukow fand dennoch eine Begegnung mit dem Bruder statt, und zwar am Tag der Verschickung, nämlich am 24. Dezember 1849. Siehe auch Brief vom 22. Februar 1854: »Kaum warst Du von mir fortgegangen...«
3 Die Erzählung ›Der kleine Held‹, die erst 1857 gedruckt werden konnte, und zwar in den ›Vaterländischen Annalen‹.
4 Jewgenija Petrowna Majkowa, die Mutter der Majkows.
5 Siehe Anm. 1 zum Brief vom 18. 7. 1849.

An N. D. Fonwisina, zwischen 20. und 28. Februar 1854

1 S. O. D.: Sergej Durow, der gleichzeitig mit Dostojewskij aus dem Zuchthaus kam.
2 Christus und die Wahrheit – hier als Antithese formuliert – ist der Kern von Dostojewskijs Weltanschauung in der zweiten Schaffensperiode (›Der Idiot‹, ›Die Dämonen‹, ›Die Brüder Karamasow‹ usw.).

An M. M. Dostojewskij, 22. Februar 1854

1 Der offizielle Briefverkehr der Häftlinge stand natürlich unter polizeilicher Kontrolle. Daneben korrespondierte Dostojewskij über dritte Personen oder Deckadressen (Michail Petrowitsch). Die nachdrückliche Empfehlung an den Bruder, »offiziell« zu schreiben, war taktisch moti-

viert: die Behörden sollten nicht den Verdacht haben, daß auch über inoffizielle Kanäle Briefe ausgetauscht wurden.

2 Die Teilnehmer des Dekabristenaufstands vom 14. Dezember 1825.

3 Griwzow ist eine der Hauptfiguren in den ›Aufzeichnungen aus einem Totenhaus‹. Die Häftlinge nannten ihn »achtäugig«. Im übrigen stimmen viele Sätze des vorliegenden Briefes mit Stellen aus den ›Aufzeichnungen‹ überein.

4 Die damals noch gutgehende Tabak- und Zigarettenfabrik des Bruders.

5 Siehe Anm. 1.

6 Der junge Tscherkesse kommt in den ›Aufzeichnungen aus einem Totenhaus‹ als Tatar Alej vor.

7 Der »andere Zuchthäusler« kommt in den ›Aufzeichnungen aus einem Totenhaus‹ unter dem Namen Suschilow vor.

8 ›Der kleine Held‹, der 1857 in den ›Vaterländischen Annalen‹ erschien.

9 Wahrscheinlich handelt es sich um Alexander Tschernow, dessen Erzählung ›Der Doppelgänger‹ 1850 in den ›Vaterländischen Annalen‹ veröffentlicht wurde. Sie stand unter starkem Einfluß des Dostojewskijschen ›Doppelgängers‹, sowohl in der Wahl des Themas als auch in einer Reihe von Motiven.

An M. D. Isajewa, 4. Juni 1855

1 Alexander Iwanowitsch Isajew, der Ehemann von M. D. Isajewa.

2 Alexander Jegorowitsch Wrangel.

3 Ausflugsort bei Semipalatinsk.

An P. J. Annenkowa, 18. Oktober 1855

1 Olga Iwanowna und Konstantin Iwanowitsch Iwanow, Tochter und Schwiegersohn der Adressatin.

An A. N. Majkow, 18. Januar 1856

1 Siehe den Brief an den Bruder vom 22. Dezember 1849: Walerjan Majkows Kritiken, um deren Rückgabe sich der Bruder bemühen sollte.

2 Jewgenija Petrowna: Majkows Mutter.

3 Die ›Erinnerungen an den Aufenthalt im Zuchthaus‹ wurden die ›Aufzeichnungen aus einem Totenhaus‹; Dostojewskij hatte sie offenbar zunächst als Memoiren gedacht.

4 Dieser Hinweis steht im Zusammenhang mit Majkows patriotischem Gedicht über den Krim-Krieg ›Das Jahr 1854‹.

5 »Ich war immer durch und durch Russe«: Dostojewskij meint eben auch in den 40er Jahren, als er unter dem Einfluß des utopischen Sozialismus stand, im Kreise Petraschewskijs verkehrte und Anhänger Belinskijs war.

6 Majkows Gedicht ›Das Konzil von Clermont‹ schildert das Konzil,

auf dem der erste Kreuzzug beschlossen wurde. Ganz im slawophilen Sinne meint er, daß sich nun die Dinge verkehrt hätten: Westeuropa hätte die Predigt des Pierre von Amiens und die Idee von Clermont verraten und sich mit den Ungläubigen gegen Rußland verbündet, das nun die Sache des Christentums und der Christen verfechte.

7 Die Konzeption von der Bestimmung und Mission Rußlands bildet den zentralen Fragenkreis der Auseinandersetzungen zwischen den Westlern und den Slawophilen. An die Bestimmung Rußlands glaubten beide; sie unterschieden sich in der Begründung und dem Weg. Der Standpunkt der Westler war historisch realistisch, der der Slawophilen mythisch religiös. Was den Weg betraf, so propagierten die Westler die europäische Entwicklung, wobei politische Institutionen und der zivilisatorische Fortschritt der westeuropäischen Länder Vorbild waren. Die Slawophilen waren romantische Kulturkritiker und sahen das Ideal in der Renaissance altslawisch moskowitischer Gebräuche und Institutionen.

8 Dostojewskij bezieht sich hier auf die Aufgabe Rußlands in der Vergangenheit, als es den Tatareneinfall absorbierte und damit Europas Christentum bewahrte. Er sieht in der Vertreibung der Türken aus Europa die Fortsetzung dieser Vergangenheit.

9 Unter »französischen Ideen« versteht er Sozialismus und Fourierismus.

10 Er meint die Trennung von M. D. Isajewa, seiner späteren Frau.

11 ›Onkelchens Traum‹. Die Erzählung war ursprünglich als Komödie geplant.

12 Lew Nikolajewitsch Tolstoj.

13 Mit den ›schriftstellernden Damen‹ meint er Jelisaweta Wassiljewna Salias de Turnemir, die unter dem Pseudonym Jewgenija Tur schrieb; Nadjeschda Stepanowna Sachanskaja, die unter dem Pseudonym Kochanowskaja veröffentlichte; Nadjeschda Dmitrijewna Chwoschtschinskaja, die das Pseudonym W. Krestowskij verwendete.

14 Fjodor Iwanowitsch Tjutschew. Tjutschew war damals nur wenigen bekannt. Seine Gedichte, die zwischen 1836 und 1838 im ›Zeitgenossen‹ erschienen, waren mit F. T. (›Gedichte aus Deutschland‹) signiert. Erst mit Nekrasows Artikel (1850) über Tjutschew dringt der Name in das Bewußtsein des gebildeten Lesers. Dostojewskijs Frage: »Welcher Tjutschew ist es übrigens?« läßt vermuten, daß er nicht so recht wußte, ob der Verfasser der Gedichte vielleicht doch Nikolaj Nikolajewitsch Tjutschew, der Steuerbeamte, war, von dem man zwar wußte, daß er nichts mit Literatur zu tun hatte, aber mit Belinskij, Turgenjew, Annenkow und Panajew befreundet war.

An E. I. Totleben, 24. März 1856

1 Eduard Iwanowitsch Totleben bemühte sich um eine Verbesserung der Lage Dostojewskijs, wenn es auch einige Zeit dauerte (siehe spätere Briefe). Die Resolution auf Totlebens Gesuch lautete damals: »Seine

Majestät geruhte zu befehlen, dem Herrn Kriegsminister schriftlich vorzuschlagen, den Fjodor Dostojewskij zum Fähnrich bei irgendeinem Regiment der Zweiten Armee zu befördern. Sollte dies nicht tunlich sein, so ist er mit dem Range eines Beamten der vierzehnten Klasse in den Zivildienst zu versetzen; in beiden Fällen ist ihm die Beschäftigung mit Literatur zu erlauben und das Recht, seine Werke auf Grund der allgemeinen gesetzlichen Bestimmungen zu drucken, einzuräumen.«

An A. J. Wrangel, 13. April 1856

1 Großfürstin Maria Nikolajewna war die Tochter des Zaren Nikolaus I. In den letzten Jahren der Regierungszeit ihres Vaters nahm sie regen Anteil an Problemen der höheren Lehranstalten für Mädchen.
2 ›Die Erniedrigten und Beleidigten‹ (siehe Anm. 2 zum Brief vom 31. 5. 1858).
3 Wohl der junge Lehrer Nikolaj Borisowitsch Wergunow aus Tomsk, der Geliebte von Maria Dmitrijewna Isajewa.

An A. J. Wrangel, 14. Juli 1856

Im Original nicht zu entziffernde Stellen sind durch Punkte in eckigen Klammern gekennzeichnet.
1 Andrej Rodionowitsch Gerngroß.

An A. J. Wrangel, 9. November 1856

1 Über die mit X bezeichnete Dame, die im Leben Wrangels eine so große Rolle spielte, ist weiter nichts bekannt, als daß sie zur Familie des Generals Andrej Rodionowitsch Gerngroß gehörte. Ihr Rufname war Katerina. An anderer Stelle spricht Dostojewskij von Katerina Osipowna. Wrangel nennt ihre Initialen J. J., also Jekaterina Josipowna.
2 Maria Dmitrijewna Konstant, verheiratete Isajewa.

An M. M. Dostojewskij, 31. Mai 1858

1 ›Das Dorf Stepantschikowo und seine Bewohner‹. Dostojewskij hatte diese Erzählung Anfang 1858 Katkow angeboten.
2 Es handelt sich nicht, wie bisher angenommen wurde, um ›Schuld und Sühne‹, den Roman, den er erst 1865 konzipierte. Gemeint ist der Roman ›Die Erniedrigten und Beleidigten‹, der 1861 erschien. Rußland war damals von einem extrem altruistischen Ideal geprägt, das der vorbereiteten Bauernbefreiung verpflichtet war. Diese Stimmung herrscht in dem Roman ›Die Erniedrigten und Beleidigten‹ vor. Außerdem steht dieser Roman unter dem Eindruck des früheren und fortdauernden unglückseligen Verhältnisses zu Maria Dmitrijewna Isajewa. Das Thema des Nihilismus (Raskolnikow in ›Schuld und Sühne‹) kam erst später auf.
3 Miljukows Buch sind wahrscheinlich dessen ›Reiseskizzen aus Finnland‹.

1 Dostojewskij meint mit dem »Roman« die Erzählung ›Das Dorf Stepantschikowo und seine Bewohner‹. Er nimmt es mit der Gattungsbezeichnung nicht sehr genau: bisweilen bezeichnet er Novellen, Erzählungen, Verserzählungen, ja sogar einen Essay als »Roman«.

2 ›Die Erniedrigten und Beleidigten‹.

3 Der »abscheuliche Roman« Gontscharows ist dessen ›Oblomow‹. Dostojewskijs negative Meinung schlägt später in eine sehr positive um.

4 Sein Urteil über Turgenjews ›Adelsnest‹ änderte er auch nach der heftigen Auseinandersetzung mit Turgenjew nicht.

5 Dostojewskijs Hoffnungen in bezug auf ›Das Dorf Stepantschikowo‹ erfüllten sich keineswegs: er konnte die Erzählung kaum unterbringen, und die Kritik reagierte überhaupt nicht darauf.

6 Die Ausgabe der beiden Bände kam dank der Hilfe Pleschtschejews im Jahr 1860 zustande; im 1. Band kamen noch ›Ein ehrlicher Dieb‹, ›Die fremde Frau und der Ehemann unter dem Bett‹ dazu.

An Alexander II., 10.–18. Oktober 1859

Auf diesem Gesuch vermerkte Fürst Wasilij Andrejewitsch Dolgorukow, Chef der Gendarmerie, folgendes: »Allerhöchst wurde verfügt, sich wegen des Isajew mit den zuständigen Behörden in Verbindung zu setzen. Was Dostojewskij selbst betrifft, so ist seine Bitte auf Grund des Briefes, den er an mich gerichtet hat, bereits erfüllt. Am 27. November 1859.«

An Fürst W. A. Dolgorukow, 21. November 1859

Es ist nicht bekannt, ob Dostojewskij auf *diese* Bitte um einen vorübergehenden Aufenthalt in St. Petersburg hin die Genehmigung erhielt. Auf Grund des unveröffentlichten Briefes von Michail Michajlowitsch vom 16. Dezember 1859 hatte er die offizielle Genehmigung erhalten, sich ständig in der Hauptstadt aufzuhalten. Am 16. Dezember warteten Michail und der Bruder Nikolaj am Bahnhof auf Fjodor, der dann wegen einer Magenerkrankung doch nicht kam. Die Umsiedlung von Twer nach Petersburg dürfte wohl um den 20. Dezember stattgefunden haben.

An A. I. Schubert, 3. Mai 1860

1 Im Frühjahr treibt das Eis des Ladogasees durch die Newa.

2 Der Arzt Stepan Dmitrijewitsch Janowskij, mit dem die Schauspielerin A. I. Schubert verheiratet war. Sie hatten sich zu diesem Zeitpunkt schon getrennt.

3 ›Die Erniedrigten und Beleidigten‹.

4 A. I. Schuberts 12jähriger Sohn aus erster Ehe.

An M. W. Belinskaja, 5. Januar 1863

Maria Wasiljewna, Belinskijs Frau, hatte am 12. Dezember 1862 folgenden Brief an Dostojewskij geschrieben:

»Gnädiger Herr, Fjodor Michajlowitsch,

Fünfzehn Jahre sind vergangen, seit wir uns gesehen haben, und vielleicht haben Sie mich vergessen; doch ich hatte nie aufgehört, Ihnen auf das freundschaftlichste gesinnt zu sein, und habe an Ihrem Schicksal aufrichtigen Anteil genommen. Vor 10 Jahren hatte ich Gelegenheit, Ihren Verwandten Doktor Iwanow kennenzulernen, den ich darum bat, Ihnen meinen herzlichen Gruß zu übermitteln; aber vielleicht vergaß er wegen der damaligen Schwierigkeiten, sich zu verständigen, meine Bitte zu erfüllen.

Wie oft denken meine Schwester und ich an Sie und jene Zeit, als Sie meinen Mann kennenlernten; mit welcher Aufmerksamkeit läßt sich meine Tochter von Ihnen erzählen – *Sie hatten sie auf Armen getragen;* sie ist Ihre eifrigste Verehrerin. Sie werden sich fragen, weshalb ich Ihnen all dies schreibe? Wenn Sie in Moskau sind und mich besuchten, so würden Sie der Ihnen aufrichtig ergebenen Maria Belinskaja eine ganz große Freude machen. Und es ist gar nicht schwer, mich zu finden. Ich lebe dort, wo *Sie Ihre Kindheit verbrachten,* das heißt, neben dem Marienkrankenhaus im Alexandrow Institut. Meinen ergebenen Gruß an Michail Michajlowitsch.«

Dostojewskijs Briefwechsel mit Maria Belinskaja ist für die Lösung der alten Frage über Dostojewskijs und Belinskijs Beziehungen außerordentlich wertvoll. Aus den vom Herausgeber hervorgehobenen Stellen in Maria Belinskajas Brief ist zu sehen, daß Dostojewskij in den Jahren 1845–47 nicht nur Mitglied des literarischen Kreises um Belinskij war, sondern auch ein der Familie nahestehender Mensch, vielleicht sogar näherstehend als Turgenjew oder Nekrasow. Offenbar gilt dies auch in Dostojewskijs erster konservativer Periode: Seinem Brief nach zu schließen gedenkt er Belinskijs immer noch mit großer Liebe.

An W. D. Konstant, 1. September 1863

1 Wahrscheinlich meint er seine Beziehung zu Apollinaria Prokofjewna Suslowa.

2 Ausspruch Poprischtschins in Gogols ›Aufzeichnungen eines Verrückten‹.

An N. N. Strachow, 18./30. September 1863

1 ›Der Spieler‹.

2 Der ›Geizige Ritter‹ ist eine der Kleinen Tragödien von Alexander S. Puschkin.

3 Turgenjew hatte Dostojewskijs Schilderung des Dampfbads in den ›Aufzeichnungen aus einem Totenhaus‹ mit Dantes ›Inferno‹ verglichen.

4 In seiner Dostojewskij-Biographie teilt Strachow mit, daß Boborykin

auf Dostojewskijs Vorschlag willig einging – Strachow hatte in der Tat die Vermittlung übernommen. Als dann der Bruder Michail davon hörte, soll er gebeten haben, die Verhandlungen mit der ›Lesebibliothek‹ Boborykins abzubrechen, damit er die Erzählung in seiner eigenen Zeitschrift drucken könnte. Strachow drängte jedoch auf das Geld, um das ihn Fjodor Dostojewskij gebeten hatte. Schließlich verzichtete Michail auf die Geschichte und schickte den Vorschuß Boborykins nach Italien. Trotzdem erschien diese Erzählung nicht in Boborykins ›Lesebibliothek‹. Die späteren Verwicklungen gehen aus den Briefen an Boborykin vom 14. 4. 1864 und an den Bruder Michail vom 15. 4. 1864 hervor.

An M. M. Dostojewskij, 9. April 1864
Dieser Brief, der das Verhältnis Dostojewskijs zu der reichen Tante teilweise charakterisiert – nämlich als Geldquelle –, ist die Antwort auf den unveröffentlichten Brief des Bruders vom 6. 4. 1864. Michail hatte von seiner Absicht geschrieben, über die Schwester Warwara Michajlowna, die geliebte Nichte der Kumanins, 10 000 Rubel von der Tante zu borgen, und den Bruder Fjodor gebeten, die Absicht Alexander Pawlowitsch Iwanow, dem Mann der Schwester Warwara, vorzuenthalten, da jener ein Schwätzer sei. Dostojewskij wollte dagegen Alexander Pawlowitsch verwenden und Warwara aus dem Spiel lassen. Am 15. 4. 1864 läßt Fjodor den Bruder nochmals wissen, daß er es für unvorteilhaft halte, die Schwester Warwara vermitteln zu lassen.
1 Die »Konstantinowitschs« (die Söhne Konstantins) waren die Neffen der Kumanins, Alexej Konstantinowitsch und Konstantin Konstantinowitsch.
2 Die Goljanowskijs waren aus der Familie der Schwester Alexandra Michajlowna, verheiratete Goljanowskaja. Ihr Mann Nikolaj Iwanowitsch Goljanowskij hatte nach der Pensionierung die Tante des öfteren um finanzielle Unterstützung gebeten.
3 Alexander Alexejitsch Kumanin, der Ehemann der Tante, war vor seinem Tod sieben Jahre lang gelähmt (1856–1863).
4 Die »verstorbene Schwester« ist die Mutter der Dostojewskijs.
5 ›Aufzeichnungen aus einem Totenhaus‹.

An P. D. Boborykin, 14. April 1864
Bei dem vorliegenden Brief handelt es sich um das Briefkonzept. Es mag sein, daß es die Vorlage des ins Reine geschriebenen Briefes ist, von dem er in dem Brief an den Bruder vom 15. April 1864 spricht. Luther kommentierte zu diesen beiden Briefen, man könne es sich nicht erklären, warum Dostojewskij dem Bruder den Brief vom Vortag verschwiegen habe. Der Irrtum Luthers geht wohl darauf zurück, daß er sich auf die Textvorlage bei Strachow stützte, die nicht vermerkt, daß es sich um das Konzept eines Briefes handelte.
Boborykin war über Dostojewskij wohl deshalb verärgert, weil Dosto-

jewskijs ›Aufzeichnungen aus einem Totenhaus‹, entgegen den Versprechungen des Autors, nicht in der ›Lesebibliothek‹, sondern in der ›Epoche‹ erschienen waren.

An M. M. Dostojewskij, 15. April 1864
1 Das Konzept des Briefes an Boborykin hatte er schon am Vortag, am 14. April 1864, geschrieben (siehe Anm. dazu).
2 ›Die Epoche‹.

An M. M. Dostojewskij, 15. April 1864
1 Siehe Brief vom 9. 4. 1864 und Anmerkungen.

An P. A. Isajew, Anfang Juli 1864
Dostojewskijs Bruder starb am 10. Juli 1864.

An I. S. Turgenjew, 20. September 1864
1 Jegor Petrowitsch Kowalewskij, der Vorsitzende des Literarischen Fonds, verbrachte den Sommer 1864 in Baden-Baden, wo er mit Turgenjew zusammentraf.
2 Rasin, Alexej Jegorowitsch, bekannter Jugendbuchautor.
3 Die Hefte der Zeitschrift kamen sowohl vor als auch nach dem Tode des Bruders mit ein- bis eineinhalb Monaten Verspätung heraus.
4 Der Artikel lautete: ›Die Bedeutung Ostrowskijs in unserer Literatur‹. Der Autor war D. W. Awerkjew.

An A. J. Wrangel, 31. März 1865
1 Dostojewskij und Wrangel begleiteten die Familie Isajew – Maria Dmitrijewna, Alexander Iwanowitsch und den Sohn Pascha – auf ihrem Weg von Semipalatinsk nach Kusnezk.
2 Beispielsweise erzählt er nichts von seinem Verhältnis zu A. P. Suslowa.
3 Die Zeitschrift wurde nicht Ende Februar 1864, sondern am 27. Januar 1864 zugelassen.
4 Maria Dmitrijewna übersiedelte im November 1863 nach Moskau. Sie starb nicht am 16. April, sondern am 15. April 1864.
5 ›Schuld und Sühne‹.
6 Wrangel war von 1863 bis 1867 Sekretär der Russischen Gesandtschaft in Kopenhagen.

An N. P. Suslowa, 19. April 1865
1 Apollinaria Prokofjewna Suslowa war damals in Montpellier bei Frau Tutschkow-Ogarjowa zu Gast, die sie über die Schriftstellerin Salias de Turnemir in Paris kennengelernt hatte.
2 Siehe Brief an A. P. Suslowa vom 23. 4. 1867.

3 Am 19. August trug die Suslowa den vollen Wortlaut ihres Briefes an F. M. Dostojewskij in ihr Tagebuch ein: »Du kommst ein wenig spät... Noch vor ganz kurzer Zeit hatte ich davon geträumt, mit Dir nach Italien zu fahren, und sogar damit begonnen, die italienische Sprache zu erlernen: – in ein paar Tagen hat sich alles verändert. Du hattest mal gesagt, ich könnte mein Herz nicht rasch vergeben. Ich habe es binnen einer Woche vergeben, auf die erste Regung, ohne Kampf, ohne Überzeugung, fast ohne Hoffnung, ob man mich liebt. Ich hatte recht, auf Dich böse zu sein, als Du Dich an mir zu berauschen anfingst. Denke nicht, daß ich Dich tadle, doch ich will Dir nur sagen, daß Du mich nicht kanntest, ebensowenig wie ich mich selbst kannte. Leb wohl, Lieber! Ich hatte Dich sehen wollen, doch wohin würde das führen? Ich hätte mit Dir sehr gern über Rußland *gesprochen.*«

Der neue Geliebte der Apollinaria Suslowa war der junge spanische Medizinstudent Salvador, Prototyp des Franzosen des Grieux im ›Spieler‹. Es war eine unglückliche Liebe. Am 1. September notiert sie im Tagebuch eine Unterhaltung mit Fjodor Michajlowitsch, mit dem sie dann doch die Italienreise machte: »Töten möchte ich ihn [Salvador] nicht, aber ich möchte ihn sehr lange quälen.« Dostojewskij soll darauf gesagt haben: »Jetzt reicht es, das lohnt sich nicht, er wird es nicht begreifen, das ist eine Niederträchtigkeit, die pulverisiert werden muß, sich seinetwegen zu vernichten, wäre dumm.«

4 Die Auflösung der Zeitschrift ›Die Epoche‹.

5 Siehe Brief an A. J. Wrangel vom 31. 3. 1865.

An A. P. Suslowa, 10./22. August 1865

1 Alexander Herzen.

2 Nadjeschda Prokofjewna Suslowa.

An A. P. Suslowa, 12./24. August 1865

1 Chlestakow, der »falsche« Revisor in Gogols gleichnamiger Komödie, erhält vom Wirt kein Essen mehr, bevor er nicht die aufgestockten Rechnungen bezahlt hat.

2 Nadjeschda Prokofjewna Suslowa.

3 Alexander Herzen.

An A. J. Wrangel, 5. September 1865

1 Iwan Leontjewitsch Janyschew.

2 A. P. Suslowa (siehe Briefe an dieselbe Person).

3 Wrangel war tatsächlich aus Kopenhagen weggefahren und erhielt den Brief erst nach der Rückkehr aus dem Sommerurlaub. Dostojewskij schrieb ihm am 10. 9. 1865 nochmals einen ungeduldigen Brief mit der Bitte um Geld.

4 Nischnij Nowgorod.

An A. P. Miljukow, 10.–20. Juli 1866

1 Dussot war das bekannte Moskauer Hotel und Restaurant der vornehmen Gesellschaft.

2 Kwas ist ein Erfrischungsgetränk aus gesäuertem Schwarzbrotteig oder Schwarzbrot und Malz.

3 Großfürst Iwan I. Kalita von Moskau, 1328–1341.

4 ›Schuld und Sühne‹.

5 Bei der Umarbeitung handelt es sich um das 9. Kapitel des II. Teils von ›Schuld und Sühne‹. Es war ursprünglich viel umfangreicher angelegt. Die Verleger nahmen Anstoß an der Szene, in der Raskolnikow und Sonja gemeinsam das Evangelium lesen.

6 ›Der Spieler‹, den er dann unter extremem Zeitdruck und dem drohenden Verlust seiner Rechte an den Wucherer Stellowskij schreiben sollte, nämlich in 24 Tagen. Eine Zeitlang arbeitete er dann gleichzeitig am ›Spieler‹ und an ›Schuld und Sühne‹.

7 Ludmila Alexandrowna Miljukowa, Tochter Miljukows.

An M. N. Katkow, 19. Juli 1866

1 Es handelt sich um die Kapitel 7 bis 9 des II. Teils von ›Schuld und Sühne‹ im Text des ›Russischen Boten‹; im Text der Buchausgabe sind es die Kapitel 1 bis 4 des IV. Teils.

2 Auf die »Weitschweifigkeit« hatte Belinskij in seiner Kritik am ›Doppelgänger‹ hingewiesen.

An A. G. Snitkina, 2. Januar 1867

1 Die letzten Kapitel von ›Schuld und Sühne‹. Die russischen Literatur-Zeitschriften erschienen fast immer verspätet.

2 Stukolka war ein beliebtes Kartenspiel der russischen Gesellschaft.

3 Jelena Pawlowna, die Schwägerin von Dostojewskijs Schwester Wera Michajlowna, sollte Dostojewskij heiraten. Anna Grigorjewna schrieb darüber: »Wera Michajlowna, die ihren Bruder glücklich sehen wollte, träumte davon, daß er Jelena Pawlowna heiraten würde, wenn deren Gatte gestorben sein werde, denn dieser war seit Jahren krank, und sein Tod konnte jeden Tag eintreten. Fjodor Michajlowitsch, der sich schon lange nach einem stillen Familienglück sehnte, schien nicht abgeneigt. Als er im Sommer 1866 in Ljublino bei Moskau wohnte und öfter mit Jelena Pawlowna zusammenkam, fragte er sie einmal, ob sie ihn heiraten würde, wenn sie frei wäre. Sie gab ihm keine bestimmte Antwort, und F. M. hielt sich nicht für gebunden. Dennoch quälte ihn später der Gedanke, er könnte bei ihr Hoffnungen geweckt haben, die nun nicht in Erfüllung gehen sollten. Der Gatte Jelena Pawlownas starb 1869. Sie selbst unterhielt bis zu ihrem Tod die freundschaftlichsten Beziehungen sowohl zu F. M. als auch zu mir und meinen Kindern« (siehe dazu Briefwechsel mit S. A. Iwanowa).

An M. N. Katkow, 1. Februar 1867

1 Der Vorschuß für den Roman ›Der Idiot‹, der dann während des Jahres 1868 im ›Russischen Boten‹ erschien.

2 Dostojewskij wollte heiraten (A. G. Snitkina), und die Gläubiger drohten ihm mit dem Schuldgefängnis. Ihm entzog er sich durch die Flucht ins Ausland.

An A. P. Suslowa, 23. April / 5. Mai 1867

Auf den Brief der Suslowa hin, den Dostojewskij hier erwidert, schrieb Dostojewskijs Frau am 27. April in ihr Tagebuch: »Heute vormittag gingen wir zusammen aus; Fedja begab sich ins Café français, um Zeitungen zu lesen, und ich ging, mich nach der Adresse der Leihbibliothek zu erkundigen, in der man auch russische Bücher haben kann. Ich hatte schnell erfahren, was ich wissen wollte, und ging nach Hause, um den Brief zu lesen, den ich in Fedjas Schreibtisch gefunden hatte. (Es ist bestimmt nicht schön, die Briefe des Gatten heimlich zu lesen, doch ich konnte nicht anders!) Es war ein Brief von der S. Als ich ihn gelesen hatte, war ich so erregt, daß ich nicht wußte, was ich machen sollte. Mich fröstelte, ich zitterte und weinte sogar. Ich fürchtete, die alte Zuneigung könnte wieder erwachen und seine Liebe zu mir vergehen. Herr, mein Gott, erspare mir dieses Unglück! Ich war sehr traurig. Wenn ich nur daran denke, blutet mir das Herz! O Gott, nur nicht das, es wäre mir zu furchtbar, seine Liebe zu verlieren!« Die Suslowa beantwortete auch den Brief Dostojewskijs vom 23. April / 5. Mai. Er war gerade nach Homburg abgereist. Anna Grigorjewna nahm die Antwort auf dem Postamt entgegen: »Ich erkannte die Handschrift und ging nach Hause, ohne besonders erregt zu sein. Dann aber wurde mir schlecht. Ich eilte so schnell ich konnte nach Hause, in furchtbarer Erregung, nahm ein Messer und öffnete den Brief vorsichtig. Es war ein sehr dummer, grober Brief, der auf nicht allzuviel Verstand bei dieser Person schließen ließ. Ich bin überzeugt, daß sie sich über Fedjas Heirat sehr geärgert hat und daß der Ton ihres Briefes aus diesem Ärger zu erklären ist...«

So entschieden Dostojewskijs Brief vom 23. April / 5. Mai die gemeinsame Vergangenheit mit der Suslowa abzuschließen scheint, so überlegen und verständnisvoll seine Worte der Hochachtung für die ehemalige Geliebte sind, die Leidenschaft für »die ewige Freundin« war noch keineswegs zur Ruhe gekommen. Nach seiner Rückkehr aus Homburg gab ihm Anna Grigorjewna die Antwort, die sie bereits kannte, zu lesen, beobachtete ihn dabei und schrieb in ihr Tagebuch: »Entweder er wußte wirklich nicht, von wem der Brief kam, oder er simulierte den Unwissenden; doch kaum hatte er den Brief aufgeschlagen, die Unterschrift gelesen, begann er zu lesen. Ich verfolgte die ganze Zeit über seinen Gesichtsausdruck, während er diesen *bedeutsamen Brief* las. Lange, lange Zeit las er die erste Seite, als wäre er nicht imstande zu begreifen, was dort geschrieben war, dann las er endlich den ganzen Brief und *errötete durch und durch*. Mir schien es, als *zitterten* seine Hände. Ich tat so, als wüßte ich nichts, und fragte ihn, was denn Sonetschka schriebe. Er erwiderte, der Brief sei nicht von Sonetschka, und lächelte geradezu bitter. Ein solches Lächeln hatte ich bei ihm noch nie gesehen. Das war ein *Lächeln der Verachtung und des Mitleids, ich weiß es wahrhaftig nicht,* aber doch *ein gewisses jammervolles, verlorenes Lächeln.* Dann gab er sich, als wäre er schrecklich zerstreut, er verstand kaum, wovon ich sprach.« – Der Briefwechsel mit der Suslowa ging weiter, doch am 24. August 1867 enden die Tagebucheintragungen von Anna Grigorjewna, und da die Briefe nicht erhalten sind, gibt es so gut wie keinen Hinweis auf diesen Briefwechsel. An einer andern Stelle – im Mai 1867 – findet sich noch folgender Eintrag. Anna Grigorjewna war auf dem Weg zur Post: »Als ich wegging, fragte er mich, auf welches Postamt ich ginge, und ich antwortete ›zum anderen‹; damit er sich nicht beunruhige, würde ich nicht auf die große Post gehen und seinen Brief nicht mitnehmen, das würde nicht vorkommen. Er gab mir keine Antwort, aber als ich weggegangen war, kam er rasch hinter mir her und sprach zu mir mit zitterndem Kinn, jetzt habe er meine Worte begriffen, das sei doch eine bestimmte Andeutung, er habe sich doch aber das Recht bewahrt, mit wem auch immer zu korrespondieren, er habe Beziehungen, und ich sollte nicht wagen, ihn daran zu hindern.«

1 ›Schuld und Sühne‹. Obgleich er sich in früheren Briefen über die »schlechte« Bezahlung bei Katkow beklagt, sucht er hier eine Rechtfertigung in der »guten« Bezahlung: Er wollte sich offenbar bei der fortschrittlichen Suslowa so hinstellen, als hätte er bei dem reaktionären Katkow nur finanzielle Interessen.

2 Dostojewskij meint den 28. Oktober.

An A. G. Dostojewskaja, 17. Mai 1867

1 Anna Grigorjewna schrieb in ihr Tagebuch: »Zwei Monate nach unserer Hochzeit, am 14. April 1867, fuhren wir ins Ausland und ließen uns für einen Monat in Dresden nieder. Von hier fuhr F. M. nach Homburg, wo Roulette gespielt wurde. Ich blieb in Dresden zurück und lebte auf Fürsorge der Hauswirtin.«

2 Dostojewskij war buchstäblich vor dem Schuldgefängnis geflüchtet (siehe dazu den Brief an A. N. Majkow vom 16./28. 8. 1867). Der Gedanke, die Schulden mit einemmal durch einen großen Gewinn beim Glücksspiel loszuwerden, unter Umständen sich noch genug Reserven zu schaffen, um von den dringendsten Geldsorgen befreit zu sein und arbeiten zu können, verließ ihn nicht bis unmittelbar vor der Rückkehr nach Petersburg (siehe Brief an A. G. Dostojewskaja vom 28. 4. 1871).

1 Dostojewskij meint hier offensichtlich seine Teilnahme bei den Petraschewzen, die darauffolgende zehnjährige Verbannung und die damit zusammenhängende ideologische Veränderung. In dieser Hinsicht wurde ihm Majkow ein wichtiger Briefpartner während seines Aufenthalts im Ausland (1866–1871).

2 Latkin und Petschatkin waren die wichtigsten Gläubiger Dostojewskijs nach Auflösung der ›Epoche‹.

3 Tarasows Haus war ein Schuldgefängnis in Petersburg.

4 Anna Grigorjewna Dostojewskaja geb. Snitkina, Dostojewskijs zweite Frau.

5 Anna Iwanowna Majkowa, A. N. Majkows Frau.

6 Das »Ereignis in Paris« war das Attentat des polnischen Emigranten Anton Beresowskij auf den Zaren Alexander II. am 25. Mai 1867.

7 Einige Pariser Advokaten hatten damals für den Attentäter Beresowskij und Polen demonstriert. Die Sympathien der Öffentlichkeit waren so groß, daß der Versuch, die Advokaten aus dem offiziellen Verband der französischen Rechtsanwälte auszuschließen, mißlang.

8 Die »Einzelheiten der Gerichtsverhandlung«: Beresowskijs Verteidiger war der bekannte Rechtsanwalt Emanuel Aragon. Richter, Generalstaatsanwalt und Hauptkläger waren dem Angeklagten gegenüber äußerst zuvorkommend. Die Rede des Verteidigers schilderte die unglückliche Lage Polens, die Schreckensherrschaft Murawjews und das unglückliche Leben Beresowskijs. Beresowskij wurde nicht zum Tode verurteilt: Das Urteil lautete auf Lebenslängliches Zuchthaus.

9 Mit »ihrem Geschwätz« meint er die Angriffe auf die russische Politik und das autokratische Regime während des Prozesses.

10 Dostojewskij interessiert sich vor allem für die Institutionen der Semstwo und die Gerichtsstatuten, Maßnahmen zur Volksbildung und medizinischen Hilfe. Entscheidend für das Gerichtswesen war ihm die Unabhängigkeit der Gerichte von der Administration.

11 Die »Auspeitschung« geschah nicht im Orenburgschen, sondern im Ufimsker Gouvernement. Der Kaufmann Sewastjanow war von dem Polizeichef des Kreises blutig geschlagen worden, weil ihm jener 10 000 Rubel verweigert hatte. Nach der Auspeitschung sagte der Polizeichef zu dem zerschundenen Sewastjanow: »Wir sind uns nur im Prinzip nicht einig. Sie haben sich viel Kapital angehäuft und wollten mit uns nicht teilen. Jetzt sind wir mit Ihnen quitt, schweigen Sie, und wir werden auch nichts ausplaudern.« Sewastjanow wandte sich zunächst an den Gouverneur, der die Sache vertuschen wollte; erst das Innenministerium nahm sich des Falles an.

12 Der Bau der Eisenbahnen war damals eines der aktuellsten Probleme der Wirtschaft und Politik. Die erste Eisenbahnlinie war schon unter Nikolaus I. (von Petersburg nach Moskau) gebaut worden. Unter Ale-

xander II. bauten Staat und Privatunternehmen zahlreiche neue Linien.

13 »1867« ist offensichtlich ein Schreibfehler Dostojewskijs. Es handelt sich um das Jahr 1865.

14 Genau damit karikierte der Autor der ›Dämonen‹ Iwan Turgenjew in der Gestalt des »berühmten Schriftstellers Karmasinow«.

15 Dostojewskij übertreibt an dieser Stelle keineswegs. ›Rauch‹ (1867) war wegen seiner pessimistischen Tendenz von der ganzen russischen Presse angegriffen worden, u. a. auch von Strachow. Turgenjew hatte damals an den Dichter Fet geschrieben, er würde sich wundern, wenn ihm (Fet) das Buch gefiele: »... ich würde keinen Pfifferling für Ihre Anerkennung geben«.

16 Die Anhänger Tschernyschewskijs: die junge Generation der Revolutionäre. Dostojewskij meint vor allem die Genfer Emigration, die er persönlich kannte, und zwar über den Dichter Ogarjow, bei dem sie verkehrten.

17 Anna Grigorjewnas Tagebuchversion von der letzten Begegnung ihres Mannes mit Turgenjew unterscheidet sich in einigen wesentlichen Details von der Darstellung der Begegnung in dem Brief an Majkow. Sie ist auch weitaus versöhnlicher. Vermutlich hatte Dostojewskij ihr die Geschichte absichtlich gemäßigter wiedergegeben.

18 Er meint seinen Erfolg mit dem Roman ›Schuld und Sühne‹, den er im Herbst 1865 in Wiesbaden begonnen hatte.

19 ›Der Idiot‹. Den ersten Plan dazu hatte er zwischen dem 14. September und dem 1. Oktober 1867 entwickelt. ›Der Idiot‹ wurde während des Jahres 1868 im ›Russischen Boten‹ gedruckt (mit Ausnahme des Märzheftes in allen) und erschien erst 1874 als Buch (»2. Ausgabe«).

20 Majkow schickte das Geld sofort.

An S. A. Iwanowa, 29. September / 11. Oktober 1867

1 Anna Grigorjewnas Hieroglyphen sind die stenographischen Notizen, die die Grundlage zum ›Tagebuch von Anna Grigorjewna‹ wurden (erschienen 1923).

2 Dostojewskij war nur zweimal in Genf: im Juli 1862 mit Strachow und 1863, als er mit A. P. Suslowa seine erste Italienreise machte. Möglicherweise meinte er mit dem dritten Mal die Durchreise von Italien nach Homburg über Genf.

3 Sie blieben über ein Jahr in Genf.

4 ›Der Idiot‹ war in der Tat S. A. Iwanowa gewidmet, jedoch nur im ›Russischen Boten‹, in der Buchausgabe von 1874 war diese Widmung entfernt.

5 Die »mexikanische Frage«: der Sieg Benito Juarez' über Maximilian, der 1867 von Juarez gefangengenommen und erschossen wurde. Die »italienische Frage«: die von Garibaldi organisierten Angriffe der Freischärler auf die päpstlichen Besitztümer, zum Zweck der endgültigen

Einigung Italiens. Rom und Venedig gehörten damals noch nicht zu Italien. Die französischen Truppen, die schon 1849 Rom besetzt hatten, standen auf der Seite des Papstes. Die »deutsche Frage«: der Sieg Preußens im Preußisch-Österreichischen Krieg.

6 »In der Art einer Zeitung« verfaßte er das erst 1873 ausgeführte ›Tagebuch eines Schriftstellers‹. Dostojewskij hatte damals vielleicht an Tolstojs ›Jasnaja Poljana‹ gedacht, ein neues Genre der Literatur, das bei der damaligen Kritik außergewöhnliches Interesse hervorgerufen hatte.

7 Er rechnete damals mit fünf bis sechs Monaten. In Wirklichkeit zog sich dann die Arbeit am ›Idioten‹ über anderthalb Jahre hin. Dostojewskij pflegte sich fast immer zu verrechnen. Im ersten Stadium, als ihm ein Plan mehr oder weniger klar war, schien ihm die Ausführung relativ wenig Zeit zu beanspruchen. Während er daran arbeitete, wurden die Dinge immer komplizierter, und es wurden dann ein, zwei, drei Jahre daraus (zum Beispiel ›Die Dämonen‹); bisweilen dauerte es noch länger (›Die Brüder Karamasow‹).

An A. N. Majkow, 9./21. Oktober 1867

1 Majkow hatte über Wasilij Iwanowitsch Kelsijew (siehe W. I. Kelsijew) geschrieben: »Er kam bei Skuljany an die Grenze, erklärte sich für einen Staatsverbrecher... und übergab sich bedingungslos der Justiz.«

2 Dostojewskij ging in seiner Annahme fehl. Alexander Herzen schrieb später: »Es wäre überflüssig, auf Kelsijew mit Steinen zu werfen: er wurde ohnehin von einem ganzen Haufen Pflastersteine zugedeckt.« Der Unwille über Kelsijew wäre derselbe wie jene Intoleranz, die Puschkin »niemals die ein oder zwei Gedichte hat verzeihen« lassen (Gedichte auf Nikolaus I.) oder Gogol seine »Korrespondenz mit Freunden«.

3 Der »Fall der Umezkijs« geschah im Gouvernement von Tula: Die 14jährige Olga, Tochter reicher Kaufleute, hatte mehrmals das Haus ihrer Eltern angezündet. Sie wollte damit erreichen, daß die Eltern rascher nach Moskau umzögen, in der Hoffnung, daß das Leben dort leichter sei. Wie sich vor Gericht herausstellte, war Olga schon als 6jährige von den Eltern brutal behandelt worden. Aus Dostojewskijs Aufzeichnungen geht hervor, daß er diese Olga ursprünglich zur Hauptperson seines Romans ›Der Idiot‹ machen wollte.

4 »Die Rus« ist der Name des alten Rußland (Kiewer, Moskauer Rus), der später nur noch in der Poesie verwendet wurde, oder wenn es galt, das spezifisch Nationale zu betonen. Bei Dostojewskij hat es einen nationalistischen Beiklang.

An P. A. Isajew, 10./22. Oktober 1867

1 Imperial: russische Goldmünze im Wert von 10 Rubel.

2 Pratz, Basunow und Weidenstrauch waren Petersburger Verleger.

An A. G. Dostojewskaja, 18. November 1867

1 Der Roman ›Schuld und Sühne‹.

2 Anna Grigorjewna: »Ogarjow war sehr freundlich zu uns und besuchte uns häufig. Mich behandelte er mit einer besonderen Zärtlichkeit, nämlich so, als wäre ich ein Mädchen, was ich damals auch war. Das rührte F. M. sehr. Die Anleihe von 300 Franken bei Ogarjow kam nicht zustande, da wir etwas Geld von meiner Mutter aus Petersburg erhielten.«

3 Anna Grigorjewna: »F. M. spricht hier von meinen verpfändeten Kleidern und Brillanten. Diese Sachen haben wir mal verpfändet, mal ausgelöst, und auf diese Weise waren sie eine Hilfe in unserem an Geldsorgen so reichen Leben.«

4 Sonja, die dann nach der Geburt starb.

An A. P. und W. M. Iwanow, 1./13. Januar 1868

1 ›Der Idiot‹.

2 Mit der »zweiten Auflage« oder »Ausgabe« ist immer die erste Buchausgabe gemeint, da die Romane zunächst in Zeitschriften veröffentlicht wurden. Die zweite Ausgabe des ›Idioten‹, also die erste Auflage als Buch, kam erst 1874 zustande.

3 Garibaldis Truppen (siehe Anm. 5 zum Brief vom 29. 9. / 11. 10. 1867).

An S. A. Iwanowa, 1./13. Januar 1868

1 Sein ästhetisches und sittliches Ideal stand in Konflikt mit der Wirklichkeit, die er sah: Dostojewskij war überzeugt, daß Europa noch nie so zerrüttet und zerrissen war wie in seinem, dem 19. Jahrhundert.

2 Der Einfluß des ›Don Quichotte‹ von Cervantes ist ohne Zweifel im ›Idioten‹ spürbar. Besonders in den letzten Jahren seines Lebens wurde ›Don Quichotte‹ das Lieblingsbuch Dostojewskijs. Er verglich das russische Volk in seiner messianischen Rolle mit Don Quichotte, »der nie für sich selbst, sondern für andere und gemeinmenschliche Interessen lebte«. An andrer Stelle schreibt er darüber: »Es gibt kein tieferes und stärkeres Buch auf der Welt. Es ist bis heute das letzte und größte Wort des menschlichen Geistes.«

3 Jean Valjean ist die Hauptfigur in Victor Hugos ›Les Misérables‹.

4 Er meint den Plan zum ›Tagebuch eines Schriftstellers‹.

5 Garibaldis Niederlage gegen französische Truppen am 3. November bei Menton.

6 Kardinal Giacomo Antonelli, 1806–1876, engster Berater von Papst Pius IX. und Haupt des staatlichen Rates des unabhängigen päpstlichen Gebietes. Antonelli war einer der schärfsten Gegner der Einigung Italiens, der seine politischen Gegner unerbittlich verfolgte. Bei dem ›Generalleutnant bei der Armee des Papstes‹ handelt es sich offenbar um einen guten Bekannten der Familie Iwanow.

An P. A. Isajew, 19. Februar / 3. März 1868

1 Der Brief Dostojewskijs an Fedja, den ältesten Sohn des Bruders Michail, ist unbekannt.

2 Mit genau diesen Angaben schrieb Dostojewskij den Brief an Majkow. Anna Nikolajewna Snitkina war die Schwiegermutter Dostojewskijs.

3 Im November 1867 hatte Pascha eine Stelle beim Wohnungsamt der Stadt Petersburg angenommen, die er aber schon am 8. Februar 1868 wieder aufgab. Er bekam dann eine andere Stelle im Archiv eines Ministeriums, wo er aber auch nicht lange blieb.

4 Praskowja Petrowna Anikiewa, die Geliebte des verstorbenen Bruders Michail.

An A. G. Dostojewskaja, 4. April 1868

1 Die Pfandleiherin Madame Dubuque.

An A. N. Majkow, 18./30. Mai 1868

1 Auf die Bemerkung im Brief Majkows »ich befinde mich in ganz schlechten Verhältnissen« argwöhnte Dostojewskij, der Freund sei ihm wegen der noch nicht zurückerstatteten Schuld von 200 Rubel böse. Majkow war erst daraufhin empört: Ein derartiger Gedanke – Dostojewskij durch die Lupe an seine Schuld zu erinnern – hätte ihm niemals kommen können. Dostojewskij solle sich solchen Argwohn ein für allemal aus dem Kopf schlagen.

2 Gorskij (siehe ebenda).

3 Majkows Übersetzung der Apokalypse erschien im Aprilheft des ›Russischen Boten‹.

An A. N. Majkow, 22. Juni / 4. Juli 1868

1 Der ›Idiot‹ erschien tatsächlich stückchenweise (vom April bis November): zwei, zweieinhalb und drei Druckbogen.

2 Anna Grigorjewna schrieb darüber: »Die Härte und Herzlosigkeit, die viele Menschen unserem Schmerz gegenüber zeigten, steigerte die Abneigung Fjodor Michailowitschs gegen die Schweizer noch mehr. Als Beispiel dieser Herzlosigkeit will ich die Tatsache erwähnen, daß unsere Nachbarn, die von dem Verlust wußten, dennoch zu uns schickten und bitten ließen, ich möge nicht so laut weinen, denn das gehe ihnen auf die Nerven.« Anna Nikolajewna war kurz vor dem Tode Sonjas nach Genf gekommen.

3 In Kapitel 8 und 9 des Zweiten Teils verlangen die Nihilisten von Fürst Myschkin das Geld nicht im Namen von »Ehre und Gewissen«, sondern im Namen »des gesunden Menschenverstands«, was als eine Parodie auf Tschernyschewskijs Ideen verstanden werden muß.

An einen Unbekannten, zweite Hälfte September 1868

1 Der Brief liegt im Konzept vor. Der Titel des Buches lautete: ›Les mystères du Palais des Czars‹ (Sous l'Empereur Nicolas I.) par Paul Grimm, portrait de l'éditeur, Vurcburg. F. A. Julien libraire-éditeur, 1868. Die darin geschilderten Ereignisse sind auf das Jahr 1855 fixiert. Der Krim-Krieg hatte seinen Höhepunkt erreicht: Die mörderische Belagerung von Sewastopol (17. Oktober 1854 bis 9. September 1855) hatte mit der Kapitulation der Russen den Krieg entschieden. Dies zur Festlegung des Jahres, in dem das Buch von Paul Grimm erschien. Eine seiner Hauptpersonen war Dostojewskij: Nach der Rückkehr aus Sibirien nimmt der Dichter von neuem an einer revolutionären Verschwörung teil. Trotz der Folterungen durch Beamte der III. Abteilung (die Geheimpolizei) gibt er seine Kameraden nicht preis. Dostojewskij kommt in die Peter-Pauls-Festung. Die Ehefrau ist verzweifelt und fleht Zar Nikolaus I. um Gnade an, der sie schließlich gewährt. Voller Freude will sie ihrem Mann die Nachricht in die Festung überbringen. Doch das Schicksal ist dagegen: Der Dichter ist bereits auf dem Weg nach Sibirien und stirbt unterwegs bei Schlüsselburg. Frau Dostojewskij geht daraufhin ins Kloster. Nikolaus I. sieht seinen Thron erschüttert und begeht Selbstmord.

An A. N. Majkow, 26. Oktober / 7. November 1868

Im Original hatte Dostojewskij das Datum verwechselt: 26. November / 7. Oktober 1868.

1 Wegen der Geldsache (siehe Anm. 1 zum Brief vom 18./30. 5. 1868).

2 Die neue Zeitschrift war Kaschpirjews ›Morgenröte‹ (Sarja).

3 Nikolaj Nikolajewitsch Strachow.

4 Der Ausspruch Gogols in den ›Toten Seelen‹, wo von dicken und dünnen Beamten die Rede ist (Teil I, 1. Kap.).

5 Zu diesem Kongreß (1867) waren recht viele Vertreter des politischen und wissenschaftlichen Lebens süd- und westslawischer Länder anläßlich der Ethnographischen Ausstellung nach Moskau gekommen. Dadurch war das von den Slawophilen im Jahr 1858 gegründete Wohltätigkeitskomitee wiederbelebt worden, ein Komitee, das sich zum Ziel gesetzt hatte, den Einfluß Rußlands bei den übrigen Slawen zu verstärken. Man hofierte die Gäste in Petersburg und Moskau und verbreitete Ideen des Panslawismus.

6 ›Kosma Sacharitsch Minin, Suchoruk‹, Eine dramatische Chronik in fünf Akten mit Epilog von Alexander Nikolajewitsch Ostrowskij (1862). Dieses Stück in Versen spielt im 17. Jahrhundert und handelt von der Auswegslosigkeit der städtischen und ländlichen Wolgabevölkerung, die keine Freiheit der Ortswahl hatte und sich gegen die Unterdrückung auflehnt.

7 Kochanowskaja war das Pseudonym der slawophilen Schriftstellerin

Nadjeschda Stepanowna Sochanskaja (siehe N. S. Sochanskaja). ›Gajka‹ und ›Roja‹ sind die Titel ihrer bekanntesten Erzählungen.

8 Er meint Turgenjews Erzählung ›Die Geschichte des Leutnants Jergunow‹ (in: ›Russischer Bote‹, 1868).

9 Majkows Versübertragung des altrussischen ›Slovo o polku Igorewe‹ (1185–1187), des ›Igorlieds‹, ins Neurussische erschien 1870 in der ›Morgenröte‹.

10 ›Les mystères du Palais des Czars‹ (siehe Anm. zum Brief aus der zweiten Hälfte September 1868).

11 Samarins Buch ›Die Grenzgebiete Rußlands‹ erschien 1868 (1. und 2. Teil); 1871, 1874 und 1875 erschienen die übrigen drei Teile. In den beiden ersten Teilen des Buches entwickelt Samarin die Konzeption einer gemischt sozialen und nationalen russischen Politik: Man müsse alle gesellschaftlichen Kräfte, die der Herrschaft der deutschen Barone im Baltikum feindlich gesinnt wären, unterstützen, das heißt, die Masse der estnischen und lettischen Bauern und städtischen Kleinbürger. Ihre Befreiung von der Herrschaft der Barone würde sie Rußland geneigter machen. Samarins Ideen stammen aus dem slawophilen Kreis um Aksakow. Sein Buch muß als mutig bewertet werden, da zu jener Zeit die deutsch-baltischen Barone in der russischen Politik die führende Rolle spielten. Die Unterstützung unterdrückter Schichten im slawophilen Sinn entsprach durchaus Dostojewskijs Ansichten.

12 ›Was tun?‹ ist Tschernyschewskijs bekannter Roman, dem die Ideen des utopischen Sozialismus Fouriers zugrunde liegen. ›Was tun?‹ war eine Art Katechismus der radikalen Jugend der 60er Jahre.

An S. A. Iwanowa, 26. Oktober / 7. November 1868

1 Dostojewskijs verstorbene Tochter war zu Ehren Sonja Alexandrownas getauft worden.

2 Der vierte Teil des ›Idioten‹ wurde doch nicht der längste (1. Teil: 215 S., 2. Teil: 155 S., 3. Teil: 150 S., 4. Teil: 170 S.): ein weiterer Hinweis, daß ihm die Arbeit am ›Idioten‹ sehr schwergefallen ist. Im Unterschied zu den anderen Romanen wurde der ›Idiot‹ weniger umfangreich, als es der Plan vorgesehen hatte. Die anderen Werke überstiegen immer das geplante Maß.

3 Abgesehen davon, daß darin zum erstenmal der Komplex der religionsphilosophischen Idee der zweiten Schaffensperiode formuliert wird (worauf sich dann auch die ›Brüder Karamasow‹ stützen), nämlich die Antithese von Ost und West, Orthodoxie und Katholizismus, die Antithese von Glauben und Ratio, die Verbindung von Katholizismus und Sozialismus, entwickelt sich die Fabel hier recht spannend. Die weiteren Angaben des Dichters zum Schluß des Romans zeigen, daß dabei die eingearbeiteten »spannenden« Effekte weitgehend von der wirtschaftlichen Notlage ausgelöst waren (siehe Brief vom 11./23. 12. 1868).

4 Der Aufsatz ›Konferenz britischer Naturwissenschaftler‹ im Septemberheft 1868 des ›Russischen Boten‹ enthielt Informationen über die Jahresversammlung der ›British Association for the Advancement of Science‹. Dostojewskij interessierte sich vor allem für die Feststellung einiger westlicher Naturwissenschaftler, daß Erscheinungen des geistigen Lebens durch Kräfte der Materie nicht erklärt werden können. Er interessierte sich dafür vor allem deshalb, weil in den 60er Jahren Rußlands Intelligenzija dem Positivismus und Vulgärmaterialismus anhing, was Dostojewskij aufs schärfste bekämpfte.

An A. N. Majkow, 11./23. Dezember 1868
1 Er schaffte es aber doch nicht ganz: Im Dezemberheft erschienen nur drei Kapitel (5–7, Teil IV), die restlichen Kapitel erschienen als Beilage zu Heft II des ›Russischen Boten‹ für das Jahr 1869.
2 Der Mord an Nastasja Filippowna und die Krankheit Myschkins.
3 ›Rußland und Europa‹ von Nikolaj Jakowlewitsch Danilewskij (siehe N. J. Danilewskij).
4 Grigorjews Verhältnis zu Belinskij war sehr kompliziert. In den 50er Jahren wollte er sich in jeder Hinsicht von ihm abheben, in den 60er Jahren fand er bei ihm eine Reihe ähnlicher Auffassungen, so daß er sich schließlich im Kampf mit den »Ideen des Jahrhunderts« – dem Positivismus und Materialismus von Dobroljubow, Tschernyschewskij und Pisarew – Belinskij als Bundesgenossen erwählte. Dabei wies Grigorjew stets darauf hin, daß man den »ganzen« und nicht den »späten« Belinskij sehen müsse, das heißt, auch den frühen Anhänger Hegels und Schellings. Dazu käme auch der versöhnliche Ton in Belinskijs letzten Briefen gegenüber den Slawophilen.
5 Madame Hegg war die Frau eines bekannten deutschen Politikers: Republikaner und Mitglied des Genfer Weltkongresses. In Genf leitete sie damals ein vorbildliches Pensionat.
6 Der »Bauer« war Schüler von Pawel Prusskij (siehe Pawel Prusskij) und hieß Konstantin Jefimowitsch Golubjow. Golubjow hatte sich in einem Briefwechsel mit Ogarjow über ›Materialismus und sozialistischen Republikanismus‹ in Herzens ›Glocke‹ auseinandergesetzt. Dabei verteidigte er Autokratie und Orthodoxie. Golubjow nannte sich immer »Muschik« (Bauer). Über diesen Briefwechsel berichtete ein Aufsatz im Juliheft 1868 (also nicht Juniheft) des ›Russischen Boten‹. In Dostojewskijs ersten Notizen zu den ›Dämonen‹ begegnen sich Stawrogin und Golubjow, der ursprünglich die Rolle des Tichon Sadonskij übernehmen sollte.
7 Die Idee zu einem Roman ›Atheismus‹ entstand gleichzeitig mit der Idee des ›Idioten‹, vielleicht sogar etwas früher. Jedenfalls änderte er die Idee mehrmals: Sie wird später zum ›Leben eines großen Sünders‹, einer Konzeption, die ebensowenig wie der ›Atheismus‹ je verwirklicht

wurde. Die einzelnen Elemente beider Pläne fanden schließlich in den großen Romanen der 70er Jahre bis zu den ›Brüdern Karamasow‹ hin ihre Realisierung. Die zentralen Figuren (Stawrogin, Werchowjenskij, Wersilow) in den ›Dämonen‹ und dem ›Jüngling‹ ebenso wie Iwan in den ›Brüdern Karamasow‹ haben hier ihre Wurzeln.

8 Die Sekte der Chlysten, eine Kastraten- und Geißlersekte, die Anfang des 19. Jahrhunderts von dem Wanderprediger Seliwanow – er hatte sich kastriert und als Heiland ausgegeben – wiederbelebt wurde.

9 Seinen »Idealismus« sah er im Gegensatz zum »Realismus« der 60er Jahre.

10 Held eines Dramas von Ostrowskij.

11 Dostojewskij meinte damit den Fall des Studenten Danilow, der aus ähnlichen Motiven wie Raskolnikow einen Mord begangen hatte. Dabei war ›Schuld und Sühne‹ zwar schon geschrieben, aber noch nicht veröffentlicht. Danilow hatte den Kapitän der Reserve Popow und dessen Diener Nordmann, der allerlei Wertsachen bei sich aufbewahrte, umgebracht. Über diesen Mord wurde damals drei Jahre lang in den Zeitungen geschrieben. Man war von der Persönlichkeit des Mörders sehr verblüfft, von seiner hervorragenden Bildung und seinem festen Charakter. Sogar äußerlich war Danilow dem Raskolnikow Dostojewskijs ähnlich: »große schwarze und ausdrucksvolle Augen, lange, dichte und zurückgekämmte Haare«. Einen weiteren Widerhall in der Öffentlichkeit fand später der sechsfache Mord des Studenten Gorskij (siehe Gorskij).

12 Der Apostel Paulus in seinen Briefen an die Korinther.

13 Wahrscheinlich ›Die Dämonen‹.

14 Für den ›Kleinen Helden‹ von der Zeitschrift ›Vaterländische Annalen‹.

15 Dostojewskij übertreibt: Die Zeitschrift existierte zwei Jahre und drei Monate, sie war im Mai 1863 von der Zensur verboten worden. Im ersten Jahr hatte sie insgesamt 2300 Abonnenten. Die Fortsetzung der ›Zeit‹, nämlich die ›Epoche‹, brachte gar keinen Gewinn ein: 1864 verschickte die Redaktion kostenlos Hefte der ›Epoche‹ für die im Jahr 1863 nicht erschienenen Hefte der ›Zeit‹. 1865 hatte die ›Epoche‹ 1300 Abonnenten.

16 Raffaels ›Madonna im Sessel‹ im florentinischen Palast der Pitti.

17 Majkows Gedicht ist nicht unter dem Titel ›Bei der Kapelle‹ bekannt. Es beginnt mit : »Dorog mne pered ikonoj« (Teuer ist mir's vor der Ikone).

18 Er meint wahrscheinlich Kirejewskijs Worte über die wundertätige Ikone: »Einst stand ich in der Kapelle und blickte auf die *wundertätige* Ikone der Mutter Gottes...« Bei Dostojewskijs Vergeßlichkeit ist die Verwechslung der beiden Slawophilen Kirejewskij und Chomjakow durchaus möglich. Dazu kam, daß Kirejewskij schon fast vergessen war, während Chomjakows Werke ein Jahr zuvor in Prag erschienen waren,

so daß er ohne weiteres die Erinnerung an die Schilderung der wunder-
tätigen Ikone in der Kapelle mit Chomjakow – und dem Gedicht Majkows in Verbindung bringen konnte, in dem nichts von einer Kapelle
vorkommt.

An S. A. Iwanowa, 25. Januar / 6. Februar 1869

1 Es gab drei positive Kritiken über den ›Idioten‹, vor allem über den
ersten Teil des Romans. In der ›Stimme‹ (Nr. 47, 1868) hieß es beispielsweise, »er verspreche, ein noch interessanterer Roman als ›Schuld und
Sühne‹ zu werden«.
2 Siehe Anm. 7 zum Brief vom 11./23. 12. 1868.
3 Dostojewskijs Plan zum ›Tagebuch eines Schriftstellers‹.
4 Die spätere Tochter Ljubow, die am 14./26. September 1869 in
Dresden geboren wurde.
5 Der Vater Sonja Alexandrownas war inzwischen gestorben.

An N. N. Strachow, 26. Februar / 10. März 1869

1 Der Rezensent in der ›Stimme‹ kritisierte den Mangel an Aktualität
und lehnte insbesondere Pisemskijs Roman ›Menschen der vierziger
Jahre‹ ab.
2 Die ›Vaterländischen Annalen‹ wurden damals von den ehemaligen
Redakteuren des 1866 verbotenen ›Zeitgenossen‹, Nekrasow, Saltykow,
Jelisew, herausgegeben. Die ›Sache‹ war an die Stelle des 1866 verbotenen radikaldemokratischen ›Russischen Wortes‹ getreten.
3 Nur für die ›Zeit‹ kann er geltend machen, daß sie sich in der Mitte
hielt. Die ›Epoche‹ bekämpfte die radikaldemokratische Presse gleich
von Anfang an äußerst scharf.
4 Schon das erste Heft der ›Morgenröte‹ hatte mit Strachows Aufsatz
›Über ,Krieg und Frieden' von Tolstoj‹, Danilewskijs ›Rußland und
Europa‹ und Gradowskijs Aufsatz ›Die politischen Theorien des 19. Jahrhunderts‹ eine extrem antiwestlerische und antinihilistische Position eingenommen.
5 Unter der Überschrift ›Die Armut unserer Literatur‹ hatte Strachow
eine Reihe von Aufsätzen veröffentlicht, die 1867 in den ›Vaterländischen
Annalen‹ und 1868 als Einzelausgabe erschienen. Ihr Grundgedanke entsprach Dostojewskijs Meinung: Es gebe weder eine »westlerische« noch
eine »slawophile«, sondern nur eine »nationale«, eine »russische« Literatur.
6 Apollon Grigorjew widmete sich in den 50er Jahren fast ausschließlich
dem Werk Ostrowskijs.
7 Strachows zentraler Gedanke in dem Aufsatz über Tolstojs ›Krieg und
Frieden‹ ist der »Kampf mit dem Nihilismus«. Der Aufsatz beginnt mit
dem nationalistisch gedeuteten Satz von Pjotr Tschaadajew: »Wir wachsen, doch wir reifen nicht.«

8 Der Feuilletonist in der ›Stimme‹ hatte an Strachows Essay kritisiert, daß er »nichts Neues sage«, wenn er Tolstojs Größe beschreibe, nur daß er auch noch »die kindlich fatalistischen Ideen des Grafen« teile.

9 Strachow hatte an Tolstoj gelobt, er fasziniere den Leser nicht mit »verwirrten und geheimnisvollen Abenteuern«, ebensowenig durch eine »Beschreibung schmutziger und schrecklicher Szenen« und die »Darstellung furchtbarer seelischer Qualen«. Dieses Lob an Tolstoj nahm Dostojewskij als indirekte Kritik Strachows ihm gegenüber auf, weshalb er auch plötzlich von »seinem Verständnis des Realismus« spricht.

10 Der Aufsatz war von einem gewissen L. N. A-v unterzeichnet und hatte den Titel ›Theaternotizen‹. Der Rezensent kritisierte darin äußerst scharf die schablonenhaften Stücke Samarins, Djatschenkijs und Stachejews. In jedem Stück sei ein »Mädchen von wunderbarer seelischer Reinheit, die an einer unbefriedigten Liebe leide und sterbe«. Das dramatische Rezept fast aller Autoren würde folgendermaßen aussehen: »Man nehme ein reines Mädchen oder eine reine Frau (ein Mädchen ist besser), stelle sie unter eine starke Beleuchtung und lasse sie ein wenig trocknen; danach nehme man zwei Teile heimtückische Verwandte, ein Teil untreuen Liebhaber und 1/2 Teil (möglicherweise auch weniger) edlen Menschen (unbedingt arm). All das mixe man recht gut in einer allgemein liberalhumanen Flüssigkeit, lasse die Mixtur sich nicht ganz setzen, sondern gieße sie von Akt zu Akt aus, ehe das Mädchen ganz durchgedreht ist. Dann lasse man sie zum Kochen kommen und serviere das Ganze lauwarm auf dem Stuhl einer alexandrinischen Szene. Bei dieser Speise sind möglichst viele Schluckaufs und Heuler mitzureichen oder aber nur eine gewaltige und gute Hysterie.«

11 Strachow antwortete darauf: »Das wollen wir nicht. Wir überlassen das den ›Nihilisten‹.«

12 Es war Turgenjews Erzählung ›Die Unglückliche‹ (1869 im ›Russischen Boten‹), eine schwache Geschichte melodramatischen und sentimentalen Inhalts. Sie enthielt abgegriffene Schablonen in der Fabel: uneheliche Tochter als Frucht einer Leidenschaft zwischen einer jüdischen Musikantin und einem vornehmen Aristokraten; die Mutter wird zur Heirat mit einem russifizierten Tschechen gezwungen, der daraufhin die Stieftochter plagt; sie liebt ihrerseits den Cousin, der ebenfalls ein vornehmer Aristokrat ist; jener stirbt, und die Stieftochter begeht Selbstmord.

13 Der »große« Roman ist wahrscheinlich ›Der Atheismus‹ (siehe Anm. 7 zum Brief vom 11./23. 12. 1868).

14 Wie schon zuvor, hatte auch hier Dostojewskij den Verdacht, daß ihm Majkow böse sei. Als Majkow von diesem neuen Verdacht (durch Strachow) erfuhr, schrieb er: »Meine Leidenschaft zum Briefwechsel hat nachgelassen.« Es waren jedoch nicht die 200 Rubel, sondern das Mißtrauen Dostojewskijs und dessen Bewertung des Geldes.

15 Majkow hatte vom Tod Dolgomostjews geschrieben: »Er ist auf

schreckliche Weise gestorben; er ist bei mir verrückt geworden, und so wurde ich Zeuge eines fast unerträglichen Schauspiels.«

An S. A. Iwanowa, 8./20. März 1869

1 Dostojewskij hatte allerdings zehn Tage zuvor einen langen Brief an Strachow geschrieben.

2 Er konnte sich eigentlich nur auf Majkows und Strachows Interesse berufen, denn er hatte ja erfahren, daß der Roman durchgefallen war.

3 Das bezieht sich auf Dostojewskijs Argwohn, Strachow habe ihm mit dem Lob für Tolstoj indirekt Vorwürfe für die Darstellung »furchtbarer seelischer Qualen« usw. gemacht (siehe Anm. 9 zum Brief vom 26. 2. / 10. 3. 1869).

4 Siehe Anm. 7 zum Brief vom 11./23. 12. 1868.

5 Der Rezensent der ›Stimme‹ hatte Turgenjew anläßlich der Erzählung ›Die Unglückliche‹ (siehe Anm. 12 zum Brief vom 26. 2./ 10. 3. 1869) vorgeworfen: »Turgenjew hat sich von Rußland abgewandt und Rußland von Turgenjew.«

6 Die »unangenehme Schuld in Petersburg« sind die 200 Rubel für Majkow (siehe Anm. 14 zum Brief vom 26. 2. / 10. 3. 1869).

7 Ihre Schwangerschaft.

8 Dostojewskij übertreibt hier genauso wie in dem Brief an Majkow vom 11./23. 12. 1868 (siehe Anm. 15).

An N. N. Strachow, 18./30. März 1869

1 Die Schuld von 200 Rubel an Majkow. Strachow hatte Dostojewskij geschrieben, Majkow sei nicht böse (siehe Anm. 14 zum Brief vom 26. 2./ 10. 3. 1869).

2 Strachows Aufsatz über Tolstojs ›Krieg und Frieden‹, vor allem der letzte Teil, in dem er Tolstojs Roman eine ›Familienchronik‹ nennt und ihn neben Puschkins ›Hauptmannstochter‹ und ›Die Erzählungen Bjelkins‹ stellt.

3 Er meint hier den ›Ewigen Gatten‹, der 1870 in Heft 1–2 der ›Morgenröte‹ erschien.

An S. A. Iwanowa, 29. August / 10. September 1869

1 Er ist hier ungenau. Die Dostojewskijs haben Florenz spätestens am 1. August verlassen (siehe auch ›Erinnerungen‹ von Anna Grigorjewna).

2 ›Die Dämonen‹.

3 ›Der ewige Gatte‹.

4 ›Der Atheismus‹ (siehe Anm. 7 zum Brief vom 11./23. 12. 1868).

5 Weselowskij war nicht mit Nikolaj Michajlowitsch Vormund, sondern mit Andrej Michajlowitsch. Dostojewskij wiederholte einfach Majkows Worte, obgleich er den Irrtum hätte merken müssen, da er ja wußte, daß der untätige und schwache Nikolaj Petersburg nie verließ.

6 Anna Grigorjewna war in den letzten Tagen ihrer Schwangerschaft. – Die Tante war nicht gestorben. Majkow und Strachow waren einem Mißverständnis zum Opfer gefallen. Trotz seiner vorsichtigen Haltung in dieser Sache gab es (siehe Brief an S. A. Iwanowa vom 7./19. 5. 1870) Anlaß zu weiteren böswilligen Bemerkungen bei den Verwandten.

An A. N. Majkow, 16./28. Oktober 1869
1 Kaschpirjews Bereitwilligkeit, einen Vorschuß auf die Novelle ›Der ewige Gatte‹ zu bezahlen.
2 So wörtlich bei Dostojewskij.
Zu diesem Brief bemerkte Strachow in seiner biographischen Skizze: »Die Gereiztheit Dostojewskijs über die Verwirrung und Verzögerung in dieser Angelegenheit ist begreiflich. Es muß aber hinzugefügt werden, daß seine Verdächtigungen ganz unbegründet waren. Kaschpirjew war ein sehr gutherziger, rücksichtsvoller, edel denkender und empfindender Mensch, der gar nicht imstande war, jemanden bewußt zu kränken; aber seine Langsamkeit und Trägheit überstiegen jedes Maß und kamen unzweifelhaft aus einer gewissen krankhaften Anlage.« Majkow bemühte sich um die Sache, und in seinem Brief an Majkow vom 27. 10. / 8. 11. 1869 schreibt Dostojewskij: »Ihren Brief mit den 100 Rubeln und der Anweisung an Hirsch habe ich gestern erhalten. Aus alledem geht hervor, daß ich bis auf den heutigen Tag und auch in Zukunft nichts bekommen hätte, das heißt, nicht nur kein Geld, sondern auch keine Nachricht, wenn ich Ihnen nicht geschrieben hätte und Sie nicht so wären, wie Sie sind. Sie schreiben, ich soll Kaschpirjew nicht böse sein; gewiß bin ich ihm nicht böse, besonders da Sie behaupten, daß er selbst in einer schwierigen Lage ist und alles daher komme. Aber versetzen Sie sich auch in meine Lage und überlegen Sie: War es denn möglich, nicht wütend zu werden? Ich bin der Meinung, daß es auch bei dem allerchristlichsten Gefühl, wie Sie schreiben, unmöglich war, nicht in Zorn zu geraten.«
Hier scheint weniger aufschlußreich zu sein, ob Kaschpirjew persönlich, wie Dostojewskij zum Teil argwöhnte, die »Verachtung des großen Herrn« gegenüber »seinem Lakaien« zum Ausdruck bringen wollte, sondern daß der unterschwellige soziale Konflikt mit den Verlegern und im Vergleich mit den Turgenjews, Gontscharows und Tolstojs – den Vertretern der »Gutsbesitzerliteratur«, wie er selbst sagt – zu einer Eruption kommt, die selbst in den versöhnlichen Zeilen an Majkow noch nachwirkt. Nicht der Argwohn und auch nicht das Temperament sind hier interessant, sondern die Argumente.

An N. N. Strachow, 26. Februar / 10. März 1870
1 ›Der ewige Gatte‹.
2 Majkows Versübertragung des ›Igorlieds‹ ins Neurussische.
3 Dostojewskij meinte, Strachow habe Turgenjew zu hoch bewertet.

4 Dostojewskij meint wahrscheinlich die ›Lebensbeschreibung eines großen Sünders‹ (siehe Anm. 7 zum Brief vom 11./23. 12. 1868). Es ist aufschlußreich, daß Dostojewskij in diesem Brief an Strachow keine Silbe von dem für den ›Russischen Boten‹ bestimmten Roman – 30 bis 35 Bogen! – sagt (siehe Brief an Majkow vom 12./24. 2. 1870): »Ich habe jetzt eine großartige Idee in Angriff genommen; ich meine nicht die Ausführung, sondern die Idee als solche. Es ist etwas in der Art von ›Schuld und Sühne‹, doch der Wirklichkeit noch viel näher, und berührt die wichtigste Frage unserer Zeit. Ich werde im Herbst damit fertig sein; dabei übereile ich mich nicht. Ich werde mir Mühe geben, das Buch noch im Herbst herauszubringen; wenn es mir nicht gelingt, so macht es auch nichts. Ich hoffe, mir damit mindestens ebensoviel Geld zu verdienen wie mit ›Schuld und Sühne‹; folglich habe ich Aussicht, gegen Jahresschluß alle meine Angelegenheiten in Ordnung zu bringen und nach Rußland zurückzukehren. Nur ist das Thema gar zu glühend heiß. Ich habe noch nie so leicht und mit solchem Genuß gearbeitet. Doch genug!« Hätte die Redaktion der ›Morgenröte‹ von diesem Plan, von dem Projekt der ›Dämonen‹, gewußt, hätte sie niemals glauben können, Dostojewskij würde beide Romane zur gleichen Zeit schaffen können. Im übrigen erwähnt er auch in Majkows Brief nicht, für wen der Roman bestimmt sein sollte (nämlich für Katkow). In den folgenden Briefen ist zu beachten, wie er sich je nach Adressat zu den ›Dämonen‹ äußert, als es schließlich allgemein bekannt wurde, Dostojewskij arbeite daran.
5 Wasilij Wladimirowitsch Kaschpirjew.
6 ›Timofej Nikolajewitsch Granowskij‹. Bibliographische Skizze von A. Stankewitsch, Moskau 1869. In der ›Morgenröte‹ waren einige Skizzen über Granowskijs Leben veröffentlicht worden (siehe T. N. Granowskij). Granowskij bildete den Vorwurf für Dostojewskijs gutherzige Parodie des Stepan Trofimowitsch Werchowjenskij in den ›Dämonen‹. Aus den 1922 von N. Brodskij veröffentlichten Materialien geht jedoch hervor, daß Dostojewskijs Plan dazu schon fertig war, ehe er von der Skizze des Alexander Stankewitsch gehört hatte.

An N. N. Strachow, 24. März / 5. April 1870
1 Mit den »Herren« (»das heißt den Großen«) meint er Turgenjew, Gontscharow und vor allem Tolstoj, den Dostojewskij um den Ruhm nach dem Roman ›Krieg und Frieden‹ beneidete.
2 Die Arbeit für den ›Russischen Boten‹ ist der Roman ›Die Dämonen‹, von dem er hier etwas herablassend spricht, da er ja über Strachow partout mit der ›Morgenröte‹ ins Geschäft kommen will (siehe Anm. 4 zum Brief vom 26. 2. / 10. 3. 1870).
3 Siehe Anm. 7 zum Brief vom 11./23. 12. 1868. Vorläufig ist Dostojewskij noch fest überzeugt, daß er sich nach Abschluß der ›Dämonen‹ sofort an die ›Lebensbeschreibung eines großen Sünders‹ machen werde.

4 Es ist Strachows Aufsatz ›Die literarische Tätigkeit Herzens‹, der bald nach Herzens Tod geschrieben wurde. Herzen starb am 9. Januar 1870. Strachows Aufsatz erschien im April- und Novemberheft der ›Morgenröte‹ desselben Jahres (in der 2. Ausgabe als ›Der Kampf mit dem Westen‹, Petersburg 1882). Strachows Arbeit war damals originell und mutig, da Herzen ausschließlich als Sozialist und Revolutionär angesehen wurde. In dem Aufsatz fällt der zurückhaltende Ton des Autors auf, während er zugleich eine unverhohlene Sympathie für Herzens Persönlichkeit und Leistung zum Ausdruck bringt. Strachow hielt Herzen für einen der tiefsten und originellsten Denker, der einige wichtige, universale Probleme formuliert und dabei ihre eigentliche Substanz ausgeprägt habe. Herzen habe das Leben vornehmlich von seiner negativen Seite aus zu betrachten und zu kritisieren verstanden. Während jede Philosophie und Poesie auf ihre Weise eine Art Theodizee darstellten und dem Leben den »Charakter der Wohlgestalt« zu verleihen suchten, hätten sie bei Herzen ihre Antithese erhalten: »Die Dinge, scheinbar auch die einfachsten, erhielten bei ihm den Charakter der kläglichsten Mißgestalt und Scheußlichkeit.« Dostojewskij mußte von diesem Gedanken sehr beeindruckt sein, da doch Strachow hier etwas über Herzen aussprach, worin sich Dostojewskij in seinen eigenen Werken wiedererkennen konnte. Dazu kam vor allem, daß sich Herzen gegen Ende seines Lebens vom Westen enttäuscht sah, weil dort kein »lebendiger Geist« mehr herrsche, sondern ein »geistiges Aussterben«, und sich dann wieder Rußland zuwandte.

5 In diesem Aufsatz wollte Strachow beweisen, daß die Frauenfrage, wie sie von John Stuart Mill gestellt wurde, sich auf ein mechanisches und materialistisches Verhältnis des Lebens und der Geschichte stütze, andererseits auf die Traditionen der englischen Gesellschaft, wo der zentrale Anreiz der Menschen das Streben nach Macht und Rechten sei, nicht jedoch nach Pflichten. In Rußland würden die Dinge ganz anders liegen: Hier habe die Frau mehr Rechte als in England. Zum zweiten gebe es nicht diese »mechanische Gleichheit« und »Nivellierung der Besonderheiten«, sondern man würde mit den Pflichten rechnen, die der Frau von Natur aus auferlegt seien. Man müsse danach streben, daß diese Pflichten natürlicher und unter besseren Bedingungen als den eben herrschenden erfüllt werden könnten. Strachow machte Mill auch den Vorwurf, daß er die »Frage des Geschlechts« ignoriere, »diese Quelle des größten Glücks und der größten Leiden«.

6 Strachow stellte darin Tolstoj als hervorragendes Beispiel allen anderen Schriftstellern gegenüber und erwähnte Dostojewskij dabei mit keinem Wort, so daß jener vermuten mußte, Strachow rechne ihn zu den zweitrangigen Schriftstellern.

7 Strachows literaturkritische Briefe über den Stand der zeitgenössischen Literatur, die 1869 in Heft 9 der ›Morgenröte‹ erschienen waren.

8 Strachow hatte in seinem Brief an Dostojewskij den Ausspruch Miljukows zu. Majkow wiedergegeben: »Was für Dummheiten schreibt Strachow jetzt? Tolstoj in den Himmel loben! Ich wundere mich darüber, daß sich eine Zeitschrift fand, die derartige Dinge druckt.«
9 Tschajews ›Verborgene Kräfte‹ war 1870 in Heft 2–7 des ›Russischen Boten‹ erschienen. Später in Heft 4, 5 und 7 des Jahres 1897.
10 Tschajews ›Die Schwiegermutter‹, ›Ein Lied in Personen aus Feudalzeiten, in drei Akten‹, war 1870 in der ›Morgenröte‹ erschienen.

An A. N. Majkow, 25. März / 6. April 1870

1 Majkow hatte in seinem Brief folgendes über Pascha geschrieben: »Er ist ein Windbeutel. Ein Aufschneider mit Manieren eines seriösen Geschäftsmannes, durch die Jugend und Übermut hindurchscheinen. Aber ich denke nicht, daß er zu etwas Üblem geneigt wäre. Mit diesen Manieren schadet er sich selbst außerordentlich.«
2 Mister Mikawber ist eine der komischen Figuren aus Charles Dickens' ›David Copperfield‹: ein erfolgloser Phantast, in seiner Seele Dichter, der das Leben schlecht kennt und es nicht zu meistern versteht. Er befindet sich deshalb oft »in einem äußerst schrecklichen Zustand«.
3 Da Dostojewskij auf Majkows Vermittlung bei Kaschpirjews ›Morgenröte‹ spekuliert, muß er ihm, ebenso wie Strachow (siehe Brief vom 24. 3. / 5. 4. 1870) schreiben, daß die Arbeit an den ›Dämonen‹ rasch vonstatten gehe.
4 Siehe Anm. 7 zum Brief vom 11./23. 12. 1868.
5 Kostanschoglo ist der positive Held in Gogols zweitem Teil der ›Toten Seelen‹, der tugendhafte Gutsbesitzer. Der Deutsche in Gontscharows ›Oblomow‹ heißt Andrej Stolz, dessen Aktivität und Erfolg der Trägheit und Unentschlossenheit des Titelhelden entgegengesetzt sind. Bei Lawrowskij hat sich Dostojewskij offenbar verschrieben: Gemeint ist Lawrezkij aus Turgenjews ›Adelsnest‹. Tschtitschikow ist der Käufer der ›Toten Seelen‹. Lopuchow und Rachmetow sind die positiven Helden in Tschernyschewkijs Roman ›Was tun?‹.
6 Majkow hatte geschrieben, Anna Iwanowna habe von Anna Grigorjewna gesagt, sie sei »eine der besten Frauen, denen ich je begegnet bin«, und das habe viel zu bedeuten, da doch »seine Anna Iwanowna kaum fähig« sei, »Menschen in einem rosa Licht zu sehen«.

An S. A. Iwanowa, 7./19. Mai 1870

1 Darowoje ist der Besitz der Dostojewskijs, den Wera Michajlowna Iwanowa, Dostojewskijs Schwester und Sonja Alexandrownas Mutter, geerbt hatte.
2 Mit ›Schuld und Sühne‹.
3 ›Der Idiot‹.
4 Wahrscheinlich ›Die Lebensbeschreibung eines großen Sünders‹ (siehe

Anm. 7 zum Brief vom 11./23. 12. 1868). Wenn ja, so zeugt das davon, daß Dostojewskij den Roman nicht im Ausland schreiben wollte, ist also das Gegenteil von dem, was er Majkow und Strachow – zumindest für den Anfang des Romans – von langfristigen finanziellen Verbindungen zur ›Morgenröte‹ geschrieben hatte. Majkow und Strachow sollten für ihn beim Herausgeber der ›Morgenröte‹, Kaschpirjew, vermitteln.

5 Dostojewskij schreibt hier von der »schwierigen Arbeit« an den ›Dämonen‹. Kaum einen Monat zuvor hatte er Majkow und Strachow wissen lassen, wie »leicht ihm diese Arbeit von der Hand gehe« (siehe Briefe vom 24. 3. / 5. 4. 1870 und 25. 3. / 6. 4. 1870). Die unterschiedliche Mitteilung kommt nicht daher, daß die Arbeit inzwischen schwieriger geworden war, sondern daher, daß er Majkow und Strachow geschäftlich brauchte und es deshalb vorzog, nicht offen mit ihnen zu reden. Dieser Widerspruch über ein und dieselbe Sache ist nicht der einzige in Dostojewskijs Briefen. Er zeigt, wie vorsichtig der Leser die Mitteilungen des Autors über die laufende Arbeit aufzunehmen hat; vor allem sind sie im Zusammenhang mit seinen finanziellen Überlegungen zu sehen. Da er in dieser Hinsicht immer der Abhängige war und die Mitteilungen entsprechend dem materiellen Zweck dosierte, können derartige Sätze nicht bewertet werden, ohne daß man die Funktion des Adressaten berücksichtigt. In dem vorliegenden Fall kann man der Information an S. A. Iwanowa glauben, da bei ihr kein materielles Interesse vorlag.

6 Die »kleine Erzählung« war der ›Ewige Gatte‹. Die ›Stimme‹ lobte, daß Dostojewskij »eine gewöhnliche Geschichte mit den trivialsten Alltäglichkeiten« habe »geheimnisvoll« werden lassen. Der Kritiker in den ›Petersburger Nachrichten‹ stellte etwas lakonisch und überlegen fest, Dostojewskij habe wieder eine »seiner typischen krankhaft phantastischen Motive mit seiner bekannten künstlerischen Routine ausgearbeitet«. Dieser »begabte Autor« vermöge »ungewöhnliche psychische Erscheinungen recht gut zu analysieren«. Das war von zweifelhafter Doppelbödigkeit, und nur das Verlangen nach irgendeiner positiven Kritik – der Durchfall des ›Idioten‹ bedrückte ihn immer noch – konnte Dostojewskij veranlaßt haben, jene Kritik als positiv zu bewerten.

7 Im Brief vom 29. 8. / 10. 9. 1869.

An N. N. Strachow, 11./23. Juni 1870

1 Der sonst so zurückhaltende Strachow hatte von der »abscheulichen Unordnung« geschrieben, durch die man bei Kaschpirjew das Eigentum verschleudere. Man könne sich auch nicht auf die Redaktion verlassen, wann das Geld überwiesen werde (siehe Brief an Majkow vom 16./28. 10. 1869).

2 In seinem Haß gegen die Liberalen vergleicht er den ›Europäischen Boten‹ mit dieser prinzipienlosen Zeitschrift, die es tatsächlich fertiggebracht hatte, Leser aus den verschiedensten Kreisen und mit dem unterschiedlichsten Geschmack anzusprechen.

3 ›Die Hinrichtung Tropmanns‹ von Turgenjew war 1870 im Juniheft des ›Europäischen Boten‹ erschienen. Turgenjew plädiert darin für die Abschaffung der Todesstrafe, zumindest für die Abschaffung der *öffentlichen* Exekution. Dostojewskij war vor allem über den Ton empört: Turgenjew sprach fast ausschließlich von seinen privaten Empfindungen – wie unangenehm *ihm* eine Hinrichtung sei, so daß er sogar seinen Kopf abwenden müßte. Dostojewskij mochte hier wohl an einen Turgenjew gedacht haben, der der Hinrichtung der Petraschewzen beiwohnt und nur darum besorgt ist, daß ihn »die abgehauenen Köpfe seine Ganzheit und Ruhe verlieren lassen könnten«.

4 Er meint hier Strachows Briefe (Kosika) in der ›Morgenröte‹, Heft 9 und 12, 1869 (siehe Brief vom 26. 2./ 10. 3. 1870).

5 Strachow hatte ihm geschrieben: »Das eine weiß ich – ich wäre imstande, sie alle mit dem *Glauben* an meine Sache zu vernichten; aber der Glaube ohne Taten ... nein, lieber will ich schweigen.«

An S. A. Iwanowa, 2./14. Juli 1870

1 ›Die Dämonen‹.

2 Der 13. Juli 1870 war das Datum, an dem der Umschwung der diplomatischen Verhandlungen zwischen Preußen und Frankreich eingetreten war, auf die eine Woche später – am 19. Juli – die Kriegserklärung folgte.

An S. A. Iwanowa, 17./29. August 1870

1 Er schreibt hier das erstemal vom wirklichen Umfang der ›Dämonen‹, nämlich 35 Bogen. An Majkow und Strachow hatte er immer geschrieben, es wäre eine kleinere Sache, damit der Eindruck entstünde, die Arbeit würde bald abgeschlossen sein (siehe Anm. 4 zum Brief vom 26. 2./ 10. 3. 1870 und Anm. 5 zum Brief vom 7./19. 5. 1870).
Zu dieser Zeit beginnt auch eine Periode fruchtbarer Arbeit, und – hingerissen von seiner Idee – spricht er von der größten Sache, die er sich je ausgedacht hat und vor »der er sich verneige«.

2 Man muß darauf hinweisen, wie grundlegend die hier angegebene Disposition im Prozeß der Arbeit verändert wurde: Die endgültige Fassung hat drei Teile, und der Erste Teil umfaßt zirka 12 Bogen. Der Gesamtumfang bleibt derselbe: 35 Bogen. Im übrigen zeigen seine Hinweise auf die ›Umarbeitung‹ des Romans, daß er schon hier dabei ist, seinen Plan des großen Romans – von dem er zwar noch spricht – für die ›Morgenröte‹ aufzugeben, von dem dann einzelne Teile in die ›Dämonen‹ eingearbeitet werden (siehe Tichon Sadonskij und Brief an Katkow vom 8./20. 10. 1870).

3 Zu Dostojewskijs Äußerungen über den Krieg siehe ›Tagebuch eines Schriftstellers‹ für das Jahr 1876.

4 Es ging um die Frage, ob sich Mac Mahons Armee in Richtung Paris

bewegen sollte, dem sich die deutsche Armee näherte, oder aber zur Unterstützung Bazins nach Verdun. Mac Mahon wählte die zweite Lösung, was dann zur Katastrophe von Sedan führte.

An die Redaktion der Zeitschrift ›Der Russische Bote‹, 7./19. Oktober 1870

1 Im gedruckten Text schwankt die Numerierung: der Erste Teil hatte fünf Abschnitte, der Zweite sollte zehn enthalten, erhielt jedoch schließlich nur acht, da es die Redaktion abgelehnt hatte, die »Beichte Stawrogins« zu drucken; die übrigen beiden Abschnitte kamen dann in den Dritten Teil, der zehn Abschnitte aufwies.

2 Die französischen Sätze werden vor allem von Stepan Trofimowitsch Werchowjenskij gesprochen, dem Vertreter der Generation der 40er Jahre, die weitgehend unter dem Einfluß französischer Ideen stand.

3 Es ist die Stelle, die Stepan Trofimowitsch Werchowjenskij als den alten Westler charakterisieren soll, der im »Kosmopolitismus« der 40er Jahre erstarrte, eine Attitüde, aus der seine Verachtung des einfachen Volkes resultierte.

4 Michail Nikiforowitsch Katkow.

5 Wenn es sich nicht um einen Fehler in der Datierung handelt, so sind die hier von Dostojewskij erwähnten Briefe tatsächlich verloren gegangen: An M. N. Katkow und S. A. Iwanowa hatte er nicht einen Monat, sondern 19 Tage zuvor geschrieben.

An M. N. Katkow, 8./20. Oktober 1870

1 Die Ermordung des Studenten Iwanow durch Netschajew geschah am 21. November 1869. Außer Netschajew nahmen daran noch die Studenten Uspenskij und Kusnezow teil, ebenso der Literat Pryschow. Iwanow wurde von den Tätern in eine Grotte der Petrowschen Akademie gelockt, wo sie ihn erwürgten. Netschajew schoß dem Erwürgten daraufhin noch eine Kugel in den Kopf. Anschließend warfen sie den an Hals und Kopf mit Steinen beschwerten Leichnam in einen Teich. Wie sich vor Gericht herausstellte, war Iwanow keineswegs »ein Verräter der Revolution« gewesen. Er hatte sich Netschajews Befehlen nicht bedingungslos unterworfen und ihm angedroht, »er werde aus der Gesellschaft austreten und unter seiner eigenen Führung eine neue Gesellschaft gründen«.

2 Ausführungen zu der Gestalt des Revolutionärs Pjotr Werchowjenskij in den ›Dämonen‹ und dem Zusammenhang mit Sergej Gennadjewitsch Netschajew (siehe S. G. Netschajew).

3 Nikolaj Stawrogin ist die Hauptfigur der ›Dämonen‹, um die sich alle anderen zentralen Figuren des Romans (Schatow, Werchowjenskij und Kirillow) aufbauen, und zwar sowohl psychologisch als auch ideologisch. Bei Dostojewskij findet sich keine Angabe, ob Stawrogin *einer* bestimmten geschichtlichen Person nachgebildet war. Das Rätselraten darüber war deshalb eine weitverbreitete Mode geworden und förderte brillante

Entdeckungen ebenso wie präzise Widerlegungen der Entdeckungen zutage. Dazu gehörte vor allem Leonid Grossmans These: der Prototyp Stawrogins sei Bakunin. Ein sehr wichtiges biographisches Detail stimmte in diesem Bild: Bakunins persönliche und ideologische Beziehungen zu seinem fanatischen Verehrer Netschajew hatten ihre Entsprechung in dem Verhältnis zwischen Stawrogin und Werchowjenskij. Dennoch konnten W. Polonskij und A. Borow nachweisen, daß die Grundzüge des Charakters von Bakunin von denen Stawrogins völlig verschieden seien. Man könne allenfalls von einer Kontamination allgemeiner und besonderer Charakteristika sprechen. W. Lejkin versuchte es dann mit Speschnjow, was indessen von den wenigsten Forschern als Lösung akzeptiert werden konnte: Dostojewskij verehrte Speschnjow viel zu sehr, als daß er aus ihm eine finstere Gestalt hätte machen wollen.

4 Siehe Tichon Sadonskij. Diese Ausführungen zeigen, daß Dostojewskij von seinem großen Projekt eines fünfteiligen Romans ›Atheismus‹, dann ›Lebensbeschreibung eines großen Sünders‹ endgültig abgekommen war. Konzeption und Gestalt des Helden wurden teilweise auf die Figur Stawrogins übertragen, der dann in dem Kapitel ›Stawrogins Beichte‹ – das auf Verlangen von Katkow gestrichen werden mußte – Tichon Sadonskij begegnete (siehe dazu die Bemerkungen des Autors in dem Brief an Majkow vom 25. 3. / 6. 4. 1870).

An A. N. Majkow, 9./21. Oktober 1870
1 Die »Unglücklichen« war der im Volk gebräuchliche Ausdruck für Sträflinge.
2 Dies ist eine der gegen Belinskij gerichteten Verleumdungen. Dostojewskijs Haß gegen die Liberalen, gegen alles, was sich der europäischen Aufklärung verpflichtet fühlte, hatte gegen Ende seines Aufenthalts im Ausland (1866–1871) seinen Höhepunkt erreicht. Die Zielscheibe seiner Ressentiments war vor allem Belinskij. In Puschkins ›Jewgenij Onegin‹ antwortet Tatjana im 8. Kapitel auf Onegins Liebesbeteuerungen, daß sie ihn liebe, ihm aber dennoch nicht angehören dürfe, da sie nun einem andern Mann gehöre. Belinskij sah darin den Ausdruck der herrschenden gesellschaftlichen Vorurteile. Puschkin wolle nicht sagen, Tatjana und Onegin seien schuld am Scheitern ihrer Liebe, sondern die Normen der Gesellschaft: »Nur enthusiasmierte Idealisten ... können von einer ungewöhnlichen Frau verlangen, die Meinung der Gesellschaft zu verachten«, erläuterte Belinskij. Eine Frau würde sich hier unmoralisch benehmen, wenn sie zwei Männern zugleich gehören wollte, indem sie den einen liebe und den andern betrüge: »Gegen diese Wahrheit ist kein Kraut gewachsen.« Hier zeigt sich eines der vielen Beispiele, wo Dostojewskij sein beliebtes polemisches Mittel gebraucht, dem Ganzen einer Aussage eine falsche Intention und Emotion zu unterschieben. Ebenso falsch ist Dostojewskijs Behauptung, daß Belinskijs Werke in Schulen als Buch-

prämien verschenkt wurden: Belinskij stand auf dem Index für Schulbücher.

3 Unter der Kopfsteuer litt insbesondere die Bauernschaft. 1868 bemühte sich eine Kommission um eine Reform dieser Steuer. Die Hauptlasten wurden aber doch wieder auf die Bauern abgewälzt. Erst 1880 kam eine, wenn auch ungenügende Reform zustande. Die allgemeine Wehrpflicht, unter der insbesondere die unteren Klassen zu leiden hatten, wurde 1874 eingeführt.

4 N. J. Danilewskij.

An N. N. Strachow, 9./21. Oktober 1870

1 ›Die Dämonen‹.

2 Siehe Briefe vom 24. 3. / 5. 4. und 25. 3. / 6. 4. 1870. Es ging nicht um eine Veränderung der Rolle eines ersten und zweiten Helden. Stawrogin war schon von Anfang an im Detail charakterisiert. An die Konzeption eines zweiten Helden ist hier nicht zu denken, sondern an eine Verstärkung der Rolle Stawrogins infolge der neuen Anordnung des Sujets, was wohl mit der Aufgabe des großen Romanprojekts (›Atheismus‹ und ›Lebensbeschreibung eines großen Sünders‹) zusammenhängt, aus dem dann einzelne Elemente in die ›Dämonen‹ eingebaut wurden.

3 Siehe Briefe ab Frühjahr 1870 (März-April).

4 Strachows Rezension über Jakow Petrowitsch Polonskij in der ›Morgenröte‹, Heft 9, 1870, war eine etwas verspätete Reaktion auf Polonskijs Werk. Anlaß dazu war das Erscheinen des dritten Bandes der ›Gesammelten Werke‹ des Dichters (siehe J. P. Polonskij). Eine zuvor veröffentlichte Kritik in den ›Vaterländischen Annalen‹ (1869) hatte ihn als »unzeitgemäßen Dichter« verspottet. Strachow setzte dieser weitverbreiteten Ablehnung stark persönlicher Lyrik eine positive Bewertung entgegen. Die Geschichte werde das Urteil der »führenden Zeitgenossen« revidieren.

5 ›Am Scheideweg‹, Roman von Wasilij Grigorjewitsch Awsejenko (siehe W. G. Awsejenko). Der Roman erschien in der ›Morgenröte‹, 1890, Heft 9–12.

6 Der Krieg zwischen Frankreich und Preußen.

An A. N. Majkow, 15./27. Dezember 1870

1 Die Anzeige Stellowskijs lautete folgendermaßen: »Im Laden von F. Stellowskij auf der Großen Seestraße, im Haus von Lauffert, Nr. 27, Petersburg, liegt die ›Gesamtausgabe der Werke‹ von F. M. Dostojewskij zum Verkauf aus, und zwar in 4 Bänden. Sie enthält die Romane: ›Der Spieler‹, ›Schuld und Sühne‹, ›Arme Leute‹, ›Die Erniedrigten und Beleidigten‹ u. a. Der Preis für alle 4 Bände beträgt 12 Rubel zuzüglich Porto.«

An A. N. Majkow, 30. Dezember 1870

1 Majkow hatte auf Dostojewskijs ersten Brief in dieser Sache (15./27. 12. 1870) vorgeschlagen, man solle sich dumm stellen und fragen, wie es um die Ausgabe bestellt sei, auf welche Weise Stellowskij die Rechte erworben habe usw.

2 So wörtlich bei Dostojewskij.

An A. N. Majkow, 2./14. März 1871

1 Aus dem Brief an Majkow vom 1./13. April 1871 geht hervor, daß Majkow – er teilte das Dostojewskij in einem Telegramm mit – keine Verantwortung für den Prozeß mit Stellowskij übernehmen wollte und Dostojewskij aufforderte, selbst nach Petersburg zu kommen. Die für die Reise und den Umzug notwendigen Mittel glaubte er durch ein Darlehen beim ›Literaturfonds‹, einer 1858 gegründeten Unterstützungskasse für russische Schriftsteller und Wissenschaftler, sichern zu können.

2 Stepan Trofimowitsch Werchowjenskij, Vater von Pjotr Stepanowitsch Werchowjenskij, in den ›Dämonen‹. Mit dem »Benefiz« meint er die letzte Wanderung des alten Werchowjenskij, seine Flucht und Rückkehr zu Gott.

3 Bisher sind zwei Glückwunschbriefe bekannt: der eine von N. J. Solowjow, der andere von N. N. Strachow.

4 Er meint damit die Kritik, denn an Belletristik enthielt das ›Gespräch‹ ebensoviele Beiträge wie die ›Morgenröte‹, die ihn in dieser Hinsicht zufriedengestellt hatte.

An N. N. Strachow, 23. April / 5. Mai 1871

1 Strachow hatte geschrieben, daß er seine Arbeit als Kritiker an der ›Morgenröte‹ stark einschränken, wenn nicht ganz aufgeben wolle.

2 Strachows »prachtvoller Gedanke« war ein Nebensatz in einem leicht polemischen Artikel. Er richtete sich gegen Pypins und Spasowitschs russischen Abschnitt des ›Abrisses der Geschichte slawischer Literaturen‹ (1865).

Die Autoren hatten festgestellt, daß eine ganze Reihe russischer Schriftsteller sich zur Slawophilie hingezogen fühlten. Dazu schlug ihnen Strachow vor, sie sollten doch daraus die allgemeine Regel ableiten, jeder russische Schriftsteller, gleich wie er beginne, höre doch als Slawophiler auf, da sie nun wüßten, daß dies nicht nur bei Karamsin, Puschkin und Gogol, sondern auch bei Gribojedow, Lermontow und vielen anderen zuträfe. Wie so oft spitzte auch hier Dostojewskij einen ihm passenden Nebensatz zu einer allgemeingültigen These zu, »dem Gesetz des Nationalen«, mit dem man die ganze Literaturgeschichte messen könnte.

3 Der Chronist und Mönch Pimen in Puschkins ›Boris Godunow‹.

4 Was er über Herzen sagt, ist eine Wiederholung von Strachows Herzen-Interpretation (siehe Anm. 4 zum Brief vom 24. 3. / 5. 4. 1870).

5 Strachow hatte folgendes geschrieben: »Sie sind nach Inhalt, Fülle und Vielfalt der Ideen bei uns offensichtlich der erste Mann, und neben Ihnen ist selbst Tolstoj eintönig. Doch eines ist ebenso offenbar: Sie schreiben größtenteils für ein ausgewähltes Publikum, überladen und komplizieren ihre Werke allzusehr. Wäre das Gewebe Ihrer Erzählungen einfacher, hätten Sie eine stärkere Wirkung... Dieser Mangel hängt natürlich zugleich mit Ihren Vorzügen zusammen. Ein geschickter Franzose oder Deutscher, hätte er auch nur den zehnten Teil Ihres Inhalts, würde auf beiden Halbkugeln gefeiert werden und ginge als der strahlende Himmelskörper in die Geschichte der Weltliteratur ein. Und wollte man das Werk lockern und die Analyse vereinfachen, scheint mir das ganze Geheimnis darin zu bestehen, statt der zwanzig Bilder und hundert Szenen bei einem Bild und zehn Szenen zu bleiben. Mir scheint immer noch, daß Sie bis heute Ihr Talent nicht beherrschen und nicht imstande sind, es der größtmöglichen Wirkung aufs Publikum anzupassen.«

An A. G. Dostojewskaja, 28. April 1871

1 Anna Grigorjewna: »›Schreiben Sie mir‹ waren die Worte, die nach einer Vereinbarung zwischen F. M. und mir telegraphiert werden sollten und bedeuteten, daß F. M. alles verspielt hatte und ich ihm Geld zukommen lassen sollte. Die Summe war vorher ausgemacht worden. F. M. verehrte und liebte meine Mutter außerordentlich. Er sah voraus, daß sie sein Roulettespiel unter unseren Bedingungen mißbilligen würde, und sagte ihr, er müsse wegen einer literarischen Sache nach Frankfurt fahren. Möglicherweise hatte meine Mutter das Ziel seiner Reise erraten, tat jedoch so, als glaubte sie seinen Worten.«

2 Anna Grigorjewna: »F. M. glaubte Träumen. Er war immer erregt, wenn er im Traum seinen Bruder Michail und insbesondere seinen Vater sah. Seine Träume kündigten Unglück oder Kummer an, und mehrmals konnte ich Zeugin dafür sein, daß bald nach einem solchen Traum (2–3 Tage später) irgendeine Krankheit oder ein Todesfall über unsere Familie kam, über die Familie, die bis dahin gesund gewesen war, oder daß F. M. einen schweren Anfall hatte oder wir in materielle Not gerieten. Glücklicherweise ereignete sich diesmal nichts in unserer Familie.«

3 Anna Grigorjewna: »Ich kann nicht mehr sagen, wer damals Priester in Wiesbaden war (und ob dort eine Kirche war), doch aus irgendeinem Grund hatte ich nicht gewünscht, daß F. M. ihn besuche und vor allem Geld für die Abreise borge, und deshalb hatte ich F. M. gebeten, ihn nicht aufzusuchen, was er mir auch erfüllte.« Wahrscheinlich war es der Priester Tatschalow. Dostojewskij schreibt in dem Brief an seine Frau vom 28. Juni / 10. Juli 1874: »Montags kommt der Pope aus Wiesbaden, Tatschalow, hierher, ein anmaßendes Vieh, aber ich habe ihn geschnitten, und da war er sofort verschwunden. Ein Intrigant und Lump. Er ist jeden Augenblick imstande, Jesus Christus und alles zu verkaufen.«

4 Anna Grigorjewna: »Die Worte von F. M.: ›Verschwunden ist die lasterhafte Phantasie, die mich fast 10 Jahre geplagt hat‹, und daß ›der Verlust‹ ›wirklich das allerletzte Mal‹ gewesen sei, haben sich in der Tat als richtig erwiesen. Wenn F. M. auch später noch ins Ausland reiste, nach Ems, und zwar mehrere Male, so ist er doch nie mehr an den Roulettetisch zurückgekehrt.«

5 Anna Grigorjewna: »Stellowskij hatte in unserer Abwesenheit den 4. Band der ›Gesamten Werke‹ (den Roman: ›Schuld und Sühne‹) herausgegeben und war verpflichtet, uns etwa 1000 Rubel zu bezahlen. Aber da er ein erklärter Spitzbube war, konnten wir das Geld erst auf dem Gerichtswege erhalten, und zwar einige Jahre später, wohl 1875 oder 1876.«

An N. N. Strachow, 18./30. Mai 1871

1 Anspielung auf die Besetzung Roms durch die Truppen Viktor Emanuels am 20. September 1870, die dem selbständigen Kirchenstaat ein Ende machte.

2 Siehe Anm. 2 zum Brief vom 9./21. 10. 1870 an Majkow und Anm. 3 zu diesem Brief.

3 Unter dem Einfluß des Hasses auf Belinskij verzerrt er die Tatsachen. Belinskij hatte Puschkin niemals abgelehnt oder beschimpft, ebensowenig wie er »Christus mit Mutterflüchen belegte«. Die »Erzählung Bjelkins« hielt er lediglich für »reine Belletristik«, über den »Mohr Peters des Großen« schrieb er: »Dieser kleine Abriß geht über das Naturgemäße hinaus: in einem so engen Rahmen ein so breitangelegtes Sittenbild der Epoche Peters des Großen.« Den Schluß des ›Jewgenij Onegin‹ bezeichnete er als eine »unübertroffene Vollkommenheit«. Gogols ›Equipage‹ hielt er für eine »meisterhafte humoristische Skizze«, in der »mehr poetisches Leben und mehr Wahrheit enthalten ist als in vielen Pud Romanen vieler unserer Romanciers«.

4 Über Grigorjews Verhältnis zu Belinskij siehe Anm. 4 zum Brief vom 11./23. 12. 1868

An S. A. Iwanowa, 18. Juli 1871

Das ist der erste Brief nach Dostojewskijs Rückkehr.

1 Er erwähnt nichts von der Episode an der Grenze. Die russischen Behörden hielten immer noch ein Auge auf den Schriftsteller, selbst im Ausland. So schrieb er in einem Brief an Majkow vom 19. August / 2. September 1868 aus Vevey: »Ich habe gehört, daß verfügt worden ist, mich zu beobachten. Die Petersburger Polizei öffnet und liest alle meine Briefe, und da der russische Geistliche in Genf [Petrow – Anm. d. Hrsg.] allem Anschein nach (denken Sie: es handelt sich nicht um Vermutungen, sondern um Tatsachen) im Dienst der Geheimpolizei steht, so sind mehrere Briefe an mich auch vom hiesigen (Genfer) Postamt, mit dem er geheime

Verbindungen hat, was ich bestimmt weiß, zurückgehalten worden. Überdies erhielt ich einen anonymen Brief, in dem es heißt, man würde mich verdächtigen (weiß der Teufel wessen), und es sei befohlen worden, meine Briefe zu öffnen und mir, wenn ich nach Rußland zurückkehre, an der Grenze aufzulauern und mich einer plötzlichen strengen Visitation zu unterziehen.« Im gleichen Brief schreibt er ziemlich verzweifelt über diese Verdächtigungen: »Wie aber soll ein armer, unschuldiger Mensch, ein Patriot, der sich ihnen bis zum Verrat an seinen früheren Überzeugungen ergeben hat, der den Zaren vergöttert – wie soll der den Verdacht ertragen, in Verbindung mit allerlei Polackengesindel oder der ›Glocke‹ zu stehen.« Über die Episode an der Grenze schrieb Anna Grigorjewna: »Was wir erwartet hatten, geschah, an der Grenze wurden alle unsere Koffer und Taschen durchwühlt und die Papiere nebst einem Stoß Bücher beiseite gelegt. Alle Reisenden hatten den Revisionsraum schon verlassen, nur wir drei und eine Anzahl Beamte standen immer noch da. Die Beamten drängten sich um den Tisch und betrachteten die Bücher und das dünne Päckchen Manuskripte. Wir hatten schon Sorge, daß wir mit dem Petersburger Zug nicht mehr fortkommen würden, da rettete unsere Ljubotschka uns aus der Not: Das arme kleine Ding war hungrig geworden und fing mit so durchdringender Stimme an zu schreien: ›Mama, gib mir ein Brötchen!‹, daß die Beamten das Gebrüll bald nicht mehr ertragen konnten und uns in Frieden ziehen ließen, nachdem sie uns die Bücher und Manuskripte ohne jede Bemerkung zurückgegeben hatten.«

An P. A. Isajew, 5. November 1871
1 Leonid Nikolajewitsch Majkow.

An S. D. Janowskij, 4. Februar 1872
1 Alexander Ustinowitsch Porezkij.
2 Im Frühjahr 1867, unmittelbar vor Dostojewskijs Flucht ins Ausland.
3 ›Die Dämonen‹.
4 Er wollte offenbar den Sommer in der Nähe des väterlichen Gutes Darowoje verbringen, das die Schwester Wera geerbt hatte.
5 Er hatte von dieser Idee bereits in einem Brief an S. A. Iwanowa vom 2./14. 7. 1870 geschrieben. Die genannten Schauplätze sind mit einer seit den 40er Jahren den Autor bestimmenden Geschichtsphilosophie verbunden, die sich auf Ideen von Herzen und Belinskij stützte und die neuere Geschichte der europäischen Menschheit im hegelianischen Geist als Synthese zweier antagonistischer Kulturen auffaßte, nämlich der antiken und der christlichen Kultur. Dostojewskij verarbeitete diese Konzeption in den Romanen, an denen er damals arbeitete: in den ›Dämonen‹ (siehe ›Stawrogins Beichte‹) und dem ›Jüngling‹ (siehe ›Beichte Wersilows‹).
6 Dieser Hinweis wird häufig als Beweis dafür angesehen, Dostojewskij

habe schon vor der Verbannung nach Sibirien die Epilepsie gehabt. Dabei ist hier offensichtlich nicht die Epilepsie des Autors gemeint, sondern jene Nervenkrankheit, von der er in den Briefen an den Bruder Michail aus den Jahren 1846–47 berichtet.

7 Die Bitte Janowskijs um die Rückgabe von 25 Rubeln.

8 Eine Schuld aus dem Jahr 1867.

An A. G. Dostojewskaja, 12. Juni 1872

1 Anna Grigorjewna: »Die Wohnung von M. N. Snitkina befand sich in der Laternengasse, wo ich mich niedergelassen hatte.«

Inschrift in das Album der O. Koslowa, 31. Januar 1873

1 Im Album der Koslowa finden sich u. a. die Widmungen folgender Schriftsteller des In- und Auslandes: Victor Hugo, Alexander Dumas d. Jüng., Prosper Merimée, A. N. Ostrowskij, A. K. Tolstoj, A. A. Fet, I. A. Gontscharow, A. Pisemskij, I. Aksakow, I. Turgenjew, Saltykow-Schtschedrin, Nekrasow u. a.

An M. P. Pogodin, 26. Februar 1873

Der Brief ist Dostojewskijs Antwort auf Pogodins Schreiben vom 23. Februar, in dem Pogodin alle seine an die Redaktion des ›Staatsbürgers‹ gesandten Aufsätze aufzählt. Dazu kommen Hinweise auf laufende Arbeiten, u. a. auf Pogodins Buch über Peter I. und das Buch mit dem Titel ›Die einfache Rede‹.

1 ›Die Hafenszenen‹ von Gensler sind Milieubeschreibungen aus dem Leben der »kleinen Leute« im Hafen auf der Insel Wasilij.

2 Pogodin hatte Dostojewskij geschrieben, er wolle mit Majkow die im ›Gespräch‹ (Heft 3, 1872) veröffentlichte Erzählung Tolstojs lesen, ihm ihre Meinung darüber mitteilen und zugleich einige Korrekturbögen der ›Einfachen Rede‹ (siehe oben) schicken.

3 Iwan Sergejewitsch Aksakow.

4 Der Aufsatz ›Der Panslawismus und die Griechen‹ von Konstantinow war im Februarheft des ›Russischen Boten‹ erschienen. Konstantinow war in der Tat Konstantin Leontjew (siehe K. N. Leontjew). Der Grundgedanke dieses extrem reaktionären Aufsatzes lief darauf hinaus, daß Rußland keineswegs an der Vertreibung der Türkei aus Europa interessiert sei wie die nun miteinander in Streit liegenden Bulgaren und Griechen. Rußland wolle auch keine panslawistischen Projekte durchführen, im Sinne eines Protektorats über alle Donauslawen, was die Griechen so sehr befürchten würden. Die Balkanfrage müsse in einen größeren Raum gestellt werden. Sie müsse nicht von einem äußerlichen Standpunkt, dem Standpunkt der internationalen Politik, gesehen werden, sondern von einem inneren Standpunkt aus. Hier würde der ganze Orient, gleich ob Slawen, Griechen, Rumänen, Türken oder Ungarn, der

ganze großräumige Orient dem kleinräumigen Okzident, insbesondere Deutschland, gegenüberstehen. »Einerseits ist es der ganze Okzident, ein Gebiet mit wenig Raum, doch von Industrie und Handel geprägt und von der Arbeiterfrage erdrückt. Andererseits der ganze Orient, ein Gebiet mit viel Raum und wenig Industrie, das kein Arbeiterproblem kennt, wenigstens nicht in dem zerstörerischen Sinn, wie das im ganzen Okzident, der lateinischen und germanischen Welt, der Fall ist; der Orient wird mit seiner allgemeinen Großräumigkeit ... zugleich das Bollwerk gegen Gottlosigkeit, Anarchie und allgemeine Verrohung sein.«

5 Über eine Polemik in der Frage der Abstammung der russischen Fürsten, die sogenannte »Normannentheorie«, deren Richtigkeit von den Slawophilen bestritten wurde.

An K. P. Pobedonoszew, 23. Oktober 1873

1 Es handelt sich wohl um den Artikel ›Juristenkonferenz in Moskau‹ mit der Signatur XXX. Der Artikel erschien in Heft 44 des ›Staatsbürgers‹. Der Autor schmälerte von vornherein die Ergebnisse dieser Konferenz, während er im Unterton bemerkte, daß sowohl die Moskauer als auch die Petersburger Professorenschaft schlecht vorbereitet war und ihrer Bestimmung nicht entsprochen habe. Ebenso findet sich ein Angriff auf die Institution der Geschworenen, die er des Leichtsinns und der Käuflichkeit bezichtigt.

2 Warwara Wasiljewna Timofejewa. 1904 veröffentlichte sie im ›Historischen Boten‹ interessante Erinnerungen an Dostojewskij unter dem Titel: ›Ein Arbeitsjahr mit dem bedeutenden Schriftsteller‹. Über ihre Beziehungen zu den ›Vaterländischen Annalen‹, vor allem zu Gleb Uspenskij, berichtete sie ziemlich ausführlich.

An O. F. Miller, 4. Januar 1874

1 Es handelt sich um das Hungerjahr 1873–74, von dem etliche Gouvernements, besonders das Gouvernement von Samara, betroffen waren.

An I. S. Turgenjew, 5. Juni 1874

Der Brief liegt im Konzept vor.

1 Fürst Wladimir Petrowitsch Meschtscherskij.

2 Es handelt sich um die 50 Taler, die er 1865 geliehen hatte und sogleich am Roulettetisch verlor. Dennoch gab er diese 50 Rubel nun nicht zurück, offenbar aus Furcht, das Geld für die Reise nach Ems würde nicht reichen. Abends schrieb er an seine Frau, man müsse »im Herbst als erstes Turgenjew die 50 Rubel zurückbezahlen«. Aber auch im Herbst schienen ihm die Mittel nicht ausreichend. Erst im darauffolgenden Jahr klappte es: Er gab Annenkow das Geld (auf dem Weg von Bad Ems nach Petersburg) für Turgenjew mit.

Dostojewskij machte sich damals daran, den Roman ›Der Jüngling‹ zu schreiben. Alle Hinweise in den weiteren Briefen aus Ems, die während des Sommers 1874 geschrieben wurden, beziehen sich auf diesen Roman. Was er hier mitteilt, ist zum Studium der Entstehungsgeschichte des Romans sehr wertvoll. Kurze Versprecher in dem einen und andern Brief wie beispielsweise: »Ich habe etwas am Plan gearbeitet, weiß aber nicht, ob ich zufrieden bin«, deuten auf die Etappen in der Ausarbeitung des Romans hin. Dostojewskij hatte offenbar den Plan zum ›Jüngling‹ in Ems ganz ausgearbeitet; mit der Niederschrift begann er jedoch erst nach der Rückkehr.

1 Die Fresken von Wilhelm von Kaulbach im Treppenhaus des Neuen Museums.

2 Friedrich Theodor von Frerichs, 1819–1885, seit 1859 Professor für innere Medizin an der Universität Berlin.

3 Anna Gawrilowna Gribbe, Ehefrau des Obersten a. D. Gribbe, in dessen Haus die Dostojewskijs in Staraja Russa den Sommer 1874 verbrachten, da die Wohnung bei dem Priester Rumjanzew, wo sie sonst wohnten, vermietet war.

4 1 Saschen = 3 Arschin = 2,13 m.

An A. G. Dostojewskaja, 24. Juni / 6. Juli 1874

1 Das zeigt teilweise die Menge der Notizen zum Plan des ›Jünglings‹: Von Mai bis August füllte er nur 47 Seiten, während er im August und September 140 Seiten schaffte.

2 In der endgültigen Fassung des ›Jünglings‹ finden sich auch vier Sujets, die ungenügend untereinander verknüpft sind, fast so, als wären es vier verschiedene Romane: die Entwicklungslinie des Jünglings, die des Wersilow und die beiden Linien der Schwestern des Jünglings. Was die Komposition betrifft, ist der ›Jüngling‹ im übrigen Dostojewskijs schwächste Leistung.

3 Siehe Anm. 5 zum Brief vom 23. 4. / 5. 5. 1871. Strachows Kommentar zu den ›Dämonen‹.

4 Durch die Vermittlung der Korrektorin des ›Staatsbürgers‹, A. W. Timofejewa, hatte Dostojewskij den ›Jüngling‹ der Redaktion der ›Vaterländischen Annalen‹ angeboten, und zwar für den Fall, daß der ›Russische Bote‹ ablehnte. Im April 1874 suchte Nekrasow Dostojewskij zu Hause auf und bot ihm 250 Rubel pro Bogen an, während der ›Russische Bote‹ ganze 150 Rubel zu bezahlen bereit war. Anna Grigorjewna erzählt darüber: »Dostojewskij gab dazu seine Einwilligung mit dem Vorbehalt einer Rückfrage bei Katkow, da er bisher immer bei Katkow veröffentlicht hatte. Doch der ›Russische Bote‹ konnte Dostojewskij den Vorschuß von 2000 Rubel nicht geben, obwohl er es gern getan hätte; denn die Redaktion hatte schon zuviel Geld für den Aufkauf der Rechte

von Tolstojs ›Anna Karenina‹ ausgegeben. Nekrasow bezahlte den Vorschuß, und so blieb der ›Jüngling‹ bei den ›Vaterländischen Annalen‹.« Nekrasow galt, im Gegensatz zu vielen seiner literarischen Zeitgenossen, als einer der geschäftstüchtigsten Literaten. Den Jaroslawlern sagte man praktischen und nüchternen Geschäftssinn nach, eine Eigenschaft, die auf Nekrasow zutraf, obgleich er nicht aus Jaroslawl stammte. Im übrigen war Katkow, was Dostojewskij betraf, in Geldangelegenheiten recht großzügig.
5 Ein Verwandter von Wladislawljew.

An N. A. Nekrasow, 20. Oktober 1874
1 Die ersten fünf Kapitel des ›Jünglings‹ erschienen im Januarheft der ›Vaterländischen Annalen‹, und zwar mit dem Untertitel ›Aufzeichnungen eines Jünglings‹, der in der Buchausgabe nicht mehr gebracht wurde!
2 Im Januarheft erschien dann auch eines der besten Gedichte von Nekrasow, nämlich ›Schwermut‹ (Unynie); daneben enthielt die Nummer die ›Unstete Rus‹ (Brodjatschaja Rus) von Maximow und ›Wohlwollende Reden‹ (Blagonamerennye retschi) von Saltykow-Schtschedrin.
Dazwischen, also in einer Gesellschaft, fand sich Dostojewskijs ›Jüngling‹, was auf seine »Freunde der Rechten« – darunter auch Majkow und Strachow – einen Eindruck des Befremdens machte, dessen Spuren in den Briefen von 1875 zu finden sind.

An A. G. Dostojewskaja, 7. Februar 1875
1 Ein Petersburger Arzt, bei dem er damals eine Kur machte.
2 Tolstojs Roman ›Anna Karenina‹, dessen erster Teil im Januarheft 1875 des ›Russischen Boten‹ erschienen war. In den weiteren Briefen an die Frau kommt dieselbe zurückhaltende und kühle Haltung gegenüber dem Roman Tolstojs zum Ausdruck. Der Roman sei »ziemlich langweilig« und umfasse nur den engen Kreis der »mittleren und oberen Gesellschaft«, den Kreis der »Gutsbesitzerklasse«. Im übrigen widerspricht das nicht seinem begeisterten Urteil im ›Tagebuch‹, da er der ethischen Philosophie, die Tolstoj in den letzten Teilen des Romans Lewin in den Mund legt, nahesteht.

An A. G. Dostojewskaja, 9. Februar 1875
1 Anna Grigorjewna hatte geschrieben, daß in der darüberliegenden Wohnung Handwerker gearbeitet hätten, deren Klopfen in ihrer Wohnstube Gesims und Tapeten gelöst hätte. »Die Kinder spielten am andern Ende des Raumes und waren sehr erschrocken, besonders Fedja, der sehr weinte und sich lange nicht beruhigen konnte. Ich ging gleich zur Wirtin und bat sie, die Arbeiten sofort einstellen zu lassen, andernfalls würde ich noch heute ausziehen; es wurde beschlossen, die Reparatur bis Anfang Mai aufzuschieben, bis zu unserer Abreise.«

2 Über den Teil des ›Jünglings‹, der im Februarheft 1875 der ›Vaterländischen Annalen‹ erschienen war. Es handelt sich um die Kapitel 6 bis 10.

3 Die Begegnung des Jünglings mit Lisa auf der Straße, wo sie über die Sonne, die Zukunft, Liebe und Freundschaft plaudern, während ihn zugleich der Gedanke nicht losläßt, daß er »die meiste Schuld am Selbstmord Oljas habe«.

4 Die »Selbstmordszene« ist das zentrale Moment im 9. Kapitel. Die Anfangskapitel dazu sind die Kapitel 6 und 7 mit der sentimental rührenden Geschichte von der traurigen Kindheit des Jünglings und Kapitel 8 mit dem Porträt von Makar Dolgorukow. Kapitel 8 ist in der Tat rein äußerlich effektvoll, im Stil französischer Romane à la Dumas. Innerhalb der ideologisch spannungsreichen russischen Literatur nahm sich das beinahe aus wie Boulevardliteratur.

5 Der Plan klappte mit Ausnahme des dritten Teils, der erst im September-, November- und Dezemberheft erschien.

6 Der Ton des Briefes läßt darauf schließen, daß Dostojewskijs Wandel in der Beziehung zu dem ideologischen Gegner sich nicht nur äußerlich vollzieht, das heißt geschäftlich, sondern auch *psychologisch*. Daß er diese Veränderung der Beziehungen zu Nekrasow und mit ihm der Beziehungen zu Saltykow-Schtschedrin und der ganzen Redaktion der ›Vaterländischen Annalen‹ sehr ernst nahm, bezeugt Anna Grigorjewna zweimal. So schreibt sie in einem Brief: »Die Beschreibung Deiner Begegnung mit Nekrasow hat mich am meisten gefreut ... ich meine, daß er das seinerseits unbedingt aufrichtig meint.« In ihren Erinnerungen schreibt sie: »Als wir nach Russa zurückgekehrt waren, teilte mir mein Mann viele Einzelheiten aus Unterhaltungen mit Nekrasow mit, und ich konnte mich davon überzeugen, wie teuer seinem Herzen die Erneuerung inniger Beziehungen mit dem Jugendfreund war.«

7 Er war Mitglied des ›Slawischen Komitees‹ und der ›Gesellschaft der Liebhaber geistlicher Aufklärung‹. Die 25 Rubel von dem »Unbekannten« beziehen sich auf den Sohn Alexej, der im August desselben Jahres geboren wurde. Dostojewskij hatte mit Anna Grigorjewna eine Wette darüber abgeschlossen, ob sie nun wohl schwanger war oder nicht, was sich dann in der zweiten Januarhälfte als zutreffend herausstellte.

An A. G. Dostojewskaja, 12. Februar 1875

1 Es handelt sich um eine Verstimmung nach der Auflösung der ›Epoche‹. Dostojewskij und Strachow, der noch als Kritiker mitgearbeitet hatte, sahen sich daraufhin länger als ein Jahr nicht mehr. Strachow berichtet davon auch in seiner Dostojewskij-Biographie, wobei er hinzufügt, daß er absichtlich keine Einzelheiten darüber erzählen will: »Wir hatten eine Auseinandersetzung, über die ich nichts erzählen will.« Ursache der Verstimmung waren jedoch nicht ideologische Unstimmigkeiten,

sondern private Angelegenheiten. Dazu kommt, daß sie sich gegenseitig des Egoismus bezichtigten. In seinem Brief an Tolstoj, der 1913 in der ›Modernen Welt‹ veröffentlicht wurde, bekennt Strachow, daß er die Biographie Dostojewskijs mit großem Widerwillen geschrieben habe, weil er allein die positiven Seiten des Dichters herausstellen wollte, während er doch »im Leben ein böser, verderbter und neiderfüllter Mensch war«. Anna Grigorjewna spielt an einer Stelle auch auf diese Verstimmung an und meint, Strachow habe sich in diesem Brief für eine Beleidigung Dostojewskijs rächen wollen, die »wohl auf seine Aufrichtigkeit und vielleicht auch Schroffheit« zurückzuführen sei. Dostojewskij bezeichnet hier Strachow als einen »garstigen Seminaristen«. In ihren Erinnerungen erklärt sie diese Bezeichnung mit den Worten eines »Gesprächspartners« (vielleicht Dmitrij Mereschkowskij?): »Wer war eigentlich Strachow? Das ist der in unserer Zeit verschwundene Typ des ›adligen Gnadenbrotempfängers‹, deren es in der guten alten Zeit viele gegeben hat. Erinnern Sie sich, monatelang war er Gast von Tolstoj, Fet und Danilewskij, und in den Wintertagen geht er an bestimmten Tagen zu Bekannten Mittag essen und trägt Gerüchte und Klatsch von einem Haus zum anderen.« »Adliger Gnadenbrotempfänger«, Philosoph und Skeptiker sind genau die Bezeichnungen, die der Teufel von Iwan Karamasow erhält.

2 Es handelt sich offenbar um die skandalöse Geschichte um den Großfürsten Nikolaj Konstantinowitsch, 1850–1919, einen Vetter von Zar Alexander II. Nikolaj Konstantinowitsch war für geistesgestört erklärt und einem Vormund unterstellt worden. Er litt an Kleptomanie und hatte von der im Zimmer seiner Mutter hängenden Ikone Brillanten und Krone gestohlen, die er dann im Pfandhaus für 3000 Rubel hinterlegte. Der Diebstahl wurde allgemein bekannt, und die ganze Geschichte nahm die Ausmaße einer handfesten Intrige an, woran der Zar selbst aktiven Anteil hatte: Er hatte nämlich allen Grund zur Furcht vor der Familie des Vetters, der auch Anwärter auf den Thron war. Der Großfürst wurde festgenommen, nach Samara verschickt, dann nach Orenburg und schließlich nach Taschkent, wo er sein restliches Leben verbrachte.

An P. E. Kechribardschi, 7. November 1875
1 Der Verleger war offenbar einverstanden. ›Der Jüngling‹, um den es hier geht, erschien in Kechribardschis Verlag 1874.

An J. P. Polonskij, 4. Februar 1876
1 Polonskij hatte nach der Lektüre des ersten Heftes von Dostojewskijs ›Tagebuch eines Schriftstellers‹ begeistert geschrieben, daß er von neuem »freundschaftliche Nähe« spüre, daß sie »Kinder ein und derselben Generation« seien, »unter einem Stern geboren«.

An Ch. D. Altschewskaja, 9. April 1876

1 Das Märzheft des ›Tagebuches eines Schriftstellers‹.

2 Ch. D. Altschewskaja hatte später ihr Tagebuch unter dem Titel ›Erlebtes und Gedachtes‹ herausgegeben. Es ist schwer festzustellen, welche Stelle Dostojewskij so sehr begeisterte, möglicherweise war es die Beschreibung des ›Waisenhauses bei Frau Tschertkowaja‹ in dem der Altschewskaja eigenen sentimental enthusiastischen Ton.

3 ›Das Waisenhaus der Frau Tschertkowaja‹ war 1871 am Stadtrand von Petersburg eröffnet worden. E. I. Tschertkowaja, eine wohlhabende, an karitativen Zwecken interessierte Dame, hatte es unter dem Namen »Schule der Verwahrlosten« aufgemacht. Etwa vierzig Kinder wurden dort kostenlos ernährt und erzogen. Sechs davon waren dort auch untergebracht, die übrigen kamen nur tagsüber.

4 Das war nicht die Meinung der Altschewskaja, sondern die Meinung eines ihrer Bekannten. Sie selbst war begeistert, und jedes weitere Heft schien ihr noch vollkommener zu sein (siehe ›Erlebtes und Gedachtes‹).

5 ›Die Brüder Karamasow‹, die sowohl thematisch als auch ideologisch in Zusammenhang mit der Arbeit am ›Tagebuch‹ stehen. Insofern ist auch der Hinweis auf die Einzelheiten der Gegenwart, Fragen der jungen Generation und der modernen russischen Familie zugleich ein Hinweis auf diesen Zusammenhang. An anderer Stelle weist er darauf hin, daß er nun an eine neue künstlerische Aufgabe herangehe, die im Laufe der zwei Jahre Arbeit am ›Tagebuch‹ heranreifte und weshalb er nun endlich das ›Tagebuch‹ unterbrechen wolle.

6 Hartnäckig irrt er sich über sein Alter. Er war damals nicht 53, sondern 54 Jahre alt (geboren am 30. Oktober 1821).

7 »Der Fall Kroneberg« füllt das ganze zweite Kapitel des Februarheftes des ›Tagebuchs‹ (etwa zwei Drittel des Ganzen). Es handelt sich dabei um einen Aufsehen erregenden Prozeß gegen einen Vater, der seine 7jährige Tochter jahrelang mißhandelte.

An A. G. Dostojewskaja, 9./21. Juli 1876

1 Daß er die Namen des russischen Hochadels alle französisch und in lateinischen Buchstaben schreibt, charakterisiert sein Ressentiment gegenüber der »höchsten Gesellschaft«, wie Dostojewskij zu sagen pflegte. Das war ideologisch und sozial bedingt: Zum einen hatte sie sich vom Volk gelöst, zum andern empfand er dem Adel gegenüber seine eigene Unsicherheit.

An W. S. Solowjow, 16./28. Juli 1876

1 Dieses »letzte Wort« füllt das ganze zweite Kapitel des Juniheftes. Der Grundgedanke ist, daß ein echter Russe wie Belinskij oder Herzen gar nicht anders könne, als sich der extremsten Linken in Europa anzuschließen. Er würde unbedingt Anhänger des Kommunismus und nicht

des Liberalismus werden, denn er müßte die europäische Zivilisation im Kern ablehnen, eine Zivilisation, die sich auf dem Prinzip des individuellen Eigentums aufbaue, gegenüber der Absage vom persönlichen Interesse im Namen der Menschheit und dem Dienst am Nächsten in Rußland. Die orientalische Frage, der Aufstand der Balkanslawen und die Rolle Rußlands in der Lösung dieser Frage seien bereits der Anfang zur Verwirklichung der historischen Mission des russischen Volkes, nämlich nach der Einigung aller Slawen, auf der Grundlage von Liebe und höchster Freiheit. Im übrigen schließe diese Mission auch ein, der ganzen Menschheit die Einigung zu bringen.

2 Zitat aus dem Gedicht ›Silentium‹ von Fjodor Iwanowitsch Tjutschew.

An A. A. Romanow, 15.–16. November 1876

1 Der Adressat, damals Thronfolger, wurde der spätere Alexander III., dessen Regierungszeit ebenso wie die Zeit seines Großvaters Nikolaus I. von grausamer Unterdrückung und extremer Reaktion geprägt war. Dostojewskij muß diesen Brief sehr sorgfältig abgefaßt haben, was daraus hervorgeht, daß ein erhaltenes Konzept – das noch unterwürfiger gehalten war als die endgültige Fassung – an all den Stellen, bei denen er sich noch nicht im klaren war, ob er sie verwenden sollte, mit Sternchen versehen ist.

An A. G. Kowner, 14. Februar 1877

1 Kowner hatte in seinem Brief Dostojewskijs Antisemitismus angeprangert: »Ich würde gern wissen, warum Sie sich gegen ›den Juden‹ erheben und nicht gegen den Ausbeuter schlechthin. Nicht weniger als Sie kann ich die Vorurteile meiner Nation ertragen – und habe selbst daran nicht wenig erleiden müssen –, aber ich werde niemals dem zustimmen, daß dieser Nation die gewissenlose Ausbeutung im Blut liege. Können Sie sich denn nicht zu dem grundlegenden Gesetz eines jeden sozialen Lebens aufschwingen, nach dem ausnahmslos alle Bürger eines jeden Staates, sofern sie alle gesellschaftlichen Pflichten, die zur Existenz des Staates notwendig sind, auf sich nehmen, auch alle Rechte und Vorteile dieser Existenz in Anspruch nehmen dürfen und für alle, die vom Gesetz abweichen und der Gesellschaft schaden, ein und dasselbe und für alle gültige Strafmaß bestehe? Warum sollten denn die Rechte aller Juden begrenzt sein, und warum sollten für die Juden besondere Strafgesetze gelten? Inwiefern ist die fremdländische Ausbeutung (die Juden sind doch trotz allem russische Untertanen) – der Deutschen, Engländer und Griechen, die es in Rußland haufenweise gibt, besser als die jüdische Ausbeutung? Wodurch ist der russische orthodoxe Kulake, Bauernschinder, Steuereintreiber und Blutsauger, der sich vielfältig durchs ganze Rußland vermehrt, worin ist er besser als dieselbe Art der Juden, die doch immerhin in einem begrenzten Kreis operieren? Wodurch ist Gu-

bonin besser als Poljakow? Owsjannikow als Malkiel? Lamanskij als Ginsburg? Derartige Fragen könnte ich Ihnen Tausende stellen.

Dabei schließen Sie, wenn Sie vom ›Juden‹ sprechen, in diesen Begriff die ganze fürchterlich verelendete Masse der drei Millionen jüdische Bevölkerung in Rußland mit ein, von denen wenigstens zwei Millionen 900 000 einen verzweifelten Kampf um eine klägliche Existenz führen, eine Bevölkerung, die in moralischer Hinsicht nicht nur sauberer als andere Nationalitäten lebt, sondern sauberer als das von Ihnen vergöttlichte Volk. In diese Bezeichnung ›Jude‹ beziehen Sie jene stattliche Zahl von Juden mit ein, die eine höhere Bildung erhalten haben und sich auf allen Gebieten des staatlichen Lebens auszeichnen – denken Sie nur an Portugalow, Kaufman, Schapiro, Orschanskij, Goldstein (der in heroischem Kampf für die slawische Idee in Sibirien starb), Wywodzew und hundert andere Namen, die zum Nutzen der Gesellschaft und der Menschheit arbeiten! Ihr Haß gegen den ›Juden‹ erstreckt sich sogar auf Disraeli, der wohl selbst nicht mehr weiß, daß seine Vorfahren einstmals spanische Juden gewesen sind und der natürlich schon längst nicht mehr eine vom Standpunkt des ›Juden‹ konservative politische Richtung anführt. Im übrigen will ich bemerken, daß Sie in einem Heft Ihres ›Tagebuches‹ so etwas in der Art, Disraeli hätte sich bei der Königin einen Lordtitel *herausgebettelt,* formulierten, während es doch eine allgemein bekannte Tatsache ist, daß ihm die Königin schon 1867 den Lord *angetragen* hat, er aber ablehnte, weil er als Abgeordneter des Unterhauses dienen wollte.

Nein, zu meinem Bedauern, Sie kennen weder das jüdische Volk noch sein Leben noch seinen Geist noch seine viertausend Jahre alte Geschichte. Leider – denn Sie sind in jedem Fall ein aufrichtiger Mensch, absolut ehrlich und fügen unbewußterweise einer riesigen Masse des verelendeten Volkes Schaden zu, und die starken ›Juden‹, die Minister empfangen, ›Mitglieder des Staatsrates‹, und zwar in ihrem Salon, fürchten natürlich weder die Presse noch gar den machtlosen Zorn der Ausgebeuteten. Doch genug davon. Meine Anschauungen werden Sie kaum überzeugen, doch wäre es mir äußerst wünschenswert, daß Sie mich überzeugten.«

Der kurze Briefwechsel zwischen Kowner und Dostojewskij ist charakteristisch für die ideologischen Auseinandersetzungen über Fragen der Lösungen der horrenden sozialen Probleme des Landes. Eine zentrale Rolle dabei spielte die Emanzipation der jüdischen Bevölkerung. Hatte sich auch unter Alexander II. der straf- und zivilrechtliche Status der bis dahin so gut wie ins Getto verbannten Juden durch geringfügige Reformen verbessert (die Aufhebung der Rekrutierung Jugendlicher war eine der wichtigsten davon; ab 1861 konnten akademisch gebildete Juden in den Staatsdienst eintreten), so hatte sich die wirtschaftliche Lage der Massen weiter verschlechtert. Durch die rechtlichen Reformen war die jüdische Bevölkerung teilweise den allgemein herrschenden Klassenverhältnissen angeschlossen worden. Die späte slawophile Bewegung mit ihren nationalistischen und christlich messianistischen Vorurteilen war zweifellos der ideologische Vorposten des extremen Antisemitismus unter den letzten beiden russischen Zaren Alexander III. und Nikolaus II. War es geradezu eine allgemein anerkannte Haltung, daß offizielle Kreise des Hofes und die Vertreter der nationalistischen Presse ihr Ressentiment gegen »Juden«, »Nihilisten« und »Sozialisten« praktizierten, so war es doch eine der großen Enttäuschungen für führende revolutionäre Vertreter der jüdischen Emanzipationsbewegung, wie beispielsweise Kowner, daß ein großer Teil der russischen Intelligenzler demselben Antisemitismus anhing wie ihre eigenen Gegner, die Vertreter nationalistischer Ideen. Dostojewskij war nur eine von diesen Enttäuschungen. Am schlimmsten sahen sie sich von den vormarxistischen Revolutionären enttäuscht. So hatte der Anarchist Bakunin die Juden für die schlimmen Feinde Rußlands und der slawischen Rassen gehalten (ein nicht unwesentlicher Faktor in Bakunins Rolle gegenüber Karl Marx). Die Narodniki sahen im russischen Bauern ihren natürlichen Bruder und bekämpften gemeinsam »den jüdischen Ausbeuter«. Der Kampf gegen den Ausbeuter schlechthin, ob Jude oder Christ, gegen das System der Ausbeutung, setzte erst mit den revolutionären Anhängern von Karl Marx ein.

2 Er schrieb nichts darüber.

3 Dostojewskijs Argumentation ist von derselben irrationalen Grundhaltung, von der die Geschichte des modernen Antisemitismus Europas gekennzeichnet ist. Wo Kowner konstatiert, wittert er Haß, weil es das Vorurteil so will, daß ein Jude als Jude die Nation haßt – als »Sozialist«, »Nihilist« und »Ausbeuter«. Wie kann man aber Antisemit sein, wenn man selbst jüdische Freunde hat, argumentiert er im gleichen Brief.

4 Trotz einiger (in Anm. 1 angedeuteter) Reformen, die aus Gründen sozialer und ökonomischer Zweckmäßigkeit durchgeführt wurden, war die jüdische Bevölkerung weitaus mehr der Willkür der Administration ausgesetzt als die russische Bevölkerung. Die Administration förderte zwar de jure die Integration im Fall der Konversion eines Juden zur Orthodoxen Kirche, was jedoch de facto ein Mittel zur Unterdrückung war – den bis zur Mitte des Jahrhunderts geringen Antisemitismus unter der Bevölkerung schürte, indem er soziale Spannungen absorbierte. Von hier war es nur ein kurzer Weg zu dem administrativ geduldeten und organisierten »Ausbruch des Volkszorns« gegen die Juden: zu den Pogromen unter Alexander III. und Nikolaus II.

5 Im Oktoberheft seines ›Tagebuchs‹ hatte Dostojewskij sehr ausführlich über den Fall der Handwerkerfrau Jekaterina Kornilowa geschrieben. Die Kornilowa war zu zweieinhalb Jahren Zwangsarbeit nach Sibirien verbannt worden, weil sie ihre sechsjährige Stieftochter aus dem Fenster gestoßen hatte, wobei das Kind aber doch am Leben geblieben war. Kowner spielte in seinem Brief auf die »großen psychologischen Roman-

ciers« an, die zwar das »Verbrechen künstlerisch bewältigen, für die Verbrecher ein moralisches Plädoyer einlegen«, doch »vor dem wirklichen Verbrecher in eine Sackgasse geraten«. Diese Romanciers, so meinte er, würden »die künstlerische Entlastung der Verbrecher und des Verbrechens doch nur aus Eigennutz betreiben«.

An A. F. Gerasimowa, 7. März 1877
1 Dieser Brief ist Dostojewskijs Antwort auf eine der zahllosen Anfragen junger Menschen, die sich in den 70er Jahren an den Autor des ›Tagebuchs eines Schriftstellers‹ wandten und ihn um Rat baten, wie sie der Gesellschaft und der Menschheit am sinnvollsten dienen könnten. A. F. Gerasimowa hatte ihm am 16. Februar unter anderem geschrieben: »Verzeihen Sie: ich habe überhaupt kein Recht, Ihnen zu schreiben, ich hoffe nur auf Ihre Milde und Großmut. In Ihren Werken allgemein und in Ihrem ›Tagebuch‹ im besonderen hat sich eine derart heilige, ehrliche und reine Seele ausgesprochen, daß man Ihnen unwillkürlich glaubt und Sympathie entgegenbringt. Ich flehe Sie an, hören Sie, und helfen Sie mir mit Ihrem Rat... Ich bin die Tochter eines reichen Kronstädter Kaufmanns, vor einem Jahr habe ich einen Lehrgang am hiesigen Gymnasium abgeschlossen, das heißt, mir stehen einige, wenn auch recht armselige Rechte zu. Das Leben im elterlichen Haus ist ganz schlimm: Der Vater ist der bösartigste Feind alles Neuen und Progressiven, meine Mutter ist nicht mehr, dafür habe ich eine Stiefmutter, eine riesige Familie und nicht die geringste Freiheit, ringsum keine einzige ›lebendige Seele‹, nur Gezänk, Gerüchte und die gespanntesten Familienverhältnisse, kurzum, überhaupt kein schönes Leben. Und in diesen hübschen Verhältnissen ist mir schon lange der Wunsch gekommen, ein anderes Leben zu führen, ein vernünftiges, menschliches Leben, ein Leben nicht nur für mich, sondern auch für andere. Ich wollte in die Akademie gehen, und mir scheint, daß ich auf medizinischem Gebiet meinen Teil zum Nutzen der Menschheit beitragen kann... Meinen Vater überkam der Schrecken, als er von meinem Wunsch hörte: So sehr ich ihn gebeten habe, nichts hilft. Mir bleibt entweder die Flucht oder... es gibt noch eine Möglichkeit. Sehen Sie, ein alter Bekannter hat mir einen Heiratsantrag gemacht, ein sehr guter, reifer junger Mann mit Universitätsbildung; er hat völliges Verständnis für meine Ideen, verspricht mir völlige Freiheit und seine Hilfe in all meinen Vorhaben. Aber die Sache ist die, ich liebe ihn nicht, ich kann mich mit seinem Kleinmut, seiner Charakterlosigkeit und Schwäche nicht abfinden... Er weiß das, hat jedoch seine Heiratsabsichten nicht aufgegeben. Sagen Sie mir, was soll ich tun? Helfen Sie mir, belehren Sie mich!...«
2 Aus dem Zusammenhang geht hervor, daß er nicht Wilhelm, sondern Alexander von Humboldt, 1769–1859, meint.
3 Die Wasilij-Insel war ein auf einer Newa-Insel gelegener Stadtteil

von Petersburg. Dort befanden sich Gebäude der Akademie der Wissenschaften, die Universität und andere wissenschaftliche Institute und Institutionen.

4 Die höheren Fortbildungskurse für Frauen waren in drei Abteilungen gegliedert: die philologisch-historische, physikalisch-mathematische und speziell mathematische Abteilung. Offiziell wurden sie 1878 eröffnet, obgleich die Arbeit schon einige Jahre früher aufgenommen worden war.

An A. P., 19. Mai 1877
Der Adressat des Briefes ist unbekannt.

An S. D. Janowskij, 17. Dezember 1877
1 Es ist der erste Band der Werke von Apollon Grigorjew, der 1876 von N. N. Strachow herausgegeben wurde.
2 ›Die Brüder Karamasow‹.
3 In der Einleitung zum Oktoberheft hatte er angekündigt, daß er das ›Tagebuch‹ für ein bis zwei Jahre unterbrechen wolle.

An N. L. Osmidow, Februar 1878
Dieser Brief ist die Antwort auf Osmidows Anfrage vom 2. Januar 1878, ob Dostojewskij das ›Tagebuch‹ wirklich nicht fortsetzen wolle. Unter anderem schrieb er: »Nur bei Ihnen allein sehe ich Hinweise auf Aufklärungen über solche menschlichen Eigenschaften, die sonst fast keiner sieht und die ... wesentlicher als alles andere in menschlichen Gesellschaften wirken. Schrecklich der Gedanke, daß Sie hier allein im ganzen Rußland stehen... Und nun wollen oder können Sie uns nicht mehr Ihre Gedanken mitteilen. Und inzwischen bricht die unaufschiebbare Notwendigkeit an, gerade darüber zu sprechen, was Sie in Ihren Forschungen berühren. Ich kenne nichts Wichtigeres, Komplizierteres, Begründeteres, Radikaleres und Vernünftigeres als die von Ihnen berührten Fragen.«

An eine unbekannte Mutter, 27. März 1878
Der Brief der unbekannten Mutter vom 20. Februar ist nicht erhalten, was sehr zu bedauern ist. Nach der Antwort Dostojewskijs zu schließen und den der Adressatin verliehenen Zügen, scheint sie als Prototyp für Frau Chochlakowa aus den ›Brüdern Karamasow‹ gedient zu haben.

An eine Gruppe Moskauer Studenten, 18. April 1878
Dieser Brief ist Dostojewskijs Antwort auf die Aufforderung von fünf Moskauer Studenten, sich öffentlich zum Verhältnis zwischen Volk und Intelligenz zu äußern, im einzelnen jedoch zu der brutalen Abrechnung der Händler und Metzger des Moskauer Gemüsemarktes am Ochotnyj Rjad mit den Teilnehmern einer Studentendemonstration. Diese Demon-

stration fand am 3. April 1878 statt. Um drei Uhr nachmittags hatten sich etwa 150 Studenten verschiedener Moskauer Lehranstalten am Kursker Bahnhof versammelt, wo sie eine Gruppe ihrer Kiewer Kollegen empfangen wollten, die in verschiedene Gouvernements verschickt wurden, um dort unter Polizeiaufsicht zu leben. Die Demonstranten begleiteten die streng bewachten Kiewer, während sich unterwegs immer mehr Menschen dem Zug anschlossen. Die ›Russische Zeitung‹ schrieb von »einer seltsamen Prozession«, die ungehindert die menschenbelebten Straßen entlangzog. Als sie sich dem Gemüsemarkt näherten, schrien Händler und Metzger: »Schlagt sie! Haut sie zusammen!«, und der Reporter der ›Russischen Zeitung‹ berichtet, daß »sie wahllos auf alle einschlugen, ohne Rücksicht auf Geschlecht, auf alle, die deutsch gekleidet waren. Auf dem ganzen Raum vom Ochotnyj Rjad bis zur Nikitskaja Straße fand man bewußtlos geschlagene Männer und Frauen auf der Straße liegen. Eine Dame wurde erst durchgeprügelt, dann warf man sie auf die Erde und trat sie mit Füßen. Man suchte sich vor den wütenden Metzgern in fremde Häuser zu flüchten, jene aber zerschlugen Fensterscheiben, brachen Türen ein und drängten hinterher... Am meisten litten darunter die Techniker, von denen acht verletzt wurden und einer getötet wurde.« Die tobende Meute jagte den Flüchtenden in die Seitenstraßen nach, wo sie die Schlägerei fortsetzten. »Die Universität war plötzlich belagert, die Metzger drohten in die Laboratorien einzubrechen, wo Studenten arbeiteten, die keineswegs an der Demonstration teilgenommen hatten; nur der zufälligen Anwesenheit des Generalgouverneurs war es zu verdanken, daß dieses Gemetzel des losgelassenen Pöbels abgebrochen wurde.«

»Der wilde, losgelassene Pöbel mit seinen blutrünstigen Instinkten wurde auf irgendeine geheimnisvolle Weise auf die Intelligenz und die teilnehmende Jugend gelenkt.« Dieser Hinweis der liberalen ›Russischen Zeitung‹ bedeutete indirekt, daß die Polizei entgegen der üblichen Praxis die Wagen mit den verhafteten Kiewer Studenten nicht in das nächste Revier brachte, sondern durch die ganze Stadt leitete, um möglichst viele auf die demonstrierenden Studenten aufmerksam zu machen. Dazu kam, daß sich während dieser Zeit – außer der Wachmannschaft – keine Polizei zeigte, niemand in die Schlägerei eingriff, eine Truppeneinheit in der Nähe der Universität dem Gemetzel untätig zuschaute. Katkow schrieb in seiner reaktionären ›Moskauer Zeitung‹: »Das ist die Antwort des einfachen russischen Volkes auf den Skandal des ›ausgewählten Publikums‹ am 31. März in Petersburg.« Damit meinte er die Demonstration zum Freispruch von Wera Sasulitsch. Die Beschreibung der ›Moskauer Zeitung‹ lautete wie folgt: »Eine Menge junger Leute der berüchtigten Kategorie schrie den Arrestanten zum Zeichen ihrer Sympathie zu: ›Hurra! Fort mit der Zarenkrone.‹ Das Volk vermutete zunächst, daß das ›Hurra‹ der Ehre der Verwundeten galt, als jedoch Leute aus dem

Volk auf ihre Fragen die Antwort erhielten, daß ›sie für die Gerechtigkeit gelitten haben und dafür verbannt werden, daß sie von der Regierung verfolgt seien‹, änderte sich das Bild plötzlich. Mit dem Ruf ›Schlagt die Verräter des weißen Zaren‹ stürzte sich das Volk auf den Haufen der Agitatoren und zerschmetterte ihn augenblicklich.« Jedenfalls folgte auf dieses Ereignis eine heftige Polemik in der Presse. Die reaktionären und revolutionären Gruppierungen nahmen schroffere Formen an. Die fünf Studenten, die Dostojewskij schrieben – unter ihnen befanden sich die später prominenten Kadetten N. Dolgorukow, F. Samarin und P. I. Miljukow – gehörten zu einer Gruppierung, die offenbar einen Weg der Mitte suchen wollte und in der Haltung der Händler und Metzger eine echte Reaktion des Volkes sah. Dabei formierte sich gerade aus diesem städtischen Kleinbürgertum das Fußvolk der späteren »Schwarzen Hundertschaften«, die bis zur Revolution mit Unterstützung des Hofes und einflußreicher kirchlicher Kreise den »Zorn des Volkes« gegen »Sozialisten und Juden« zu organisieren wußten. Die Unterzeichner des Briefes fanden sich isoliert zwischen dem radikalen Flügel ihrer Gruppe und dem Unverständnis der Öffentlichkeit. Unter anderem schrieben sie: »Von Ihrem Wort können wir auch einen Nutzen für den Teil gewinnen, der zur Hälfte nur schreit und auf den unser Einfluß zu gering ist. In unserer Gesellschaft ist kein starkes, vernünftiges Wort zu hören; unsere Lehrer schweigen und verlieren das Recht, Lehrer genannt zu werden.«

1 »Wegen von mir unabhängiger Umstände« ist ein Hinweis auf die Zensur.

2 Es handelt sich um die Demonstration auf dem Kasaner Platz in Petersburg am 6. Dezember 1876. Dostojewskij hatte wohl das Urteil des Gerichts zu dem darauffolgenden Prozeß gelesen, das im ›Regierungsboten‹ veröffentlicht worden war. Um so erstaunlicher sind seine Worte: »... drang die jugendliche Menge in die Kirche ein, rauchte Zigaretten, entweihte den Tempel und verübte einen Skandal«. Spitzel und Agenten der Polizei bemühten sich zwar darum, dies vor dem Gericht zu beweisen, verstrickten sich jedoch in Widersprüche. Jedenfalls enthielt der Anklageakt keinen Hinweis auf »Entweihung des Tempels« oder »Rauchen in der Kirche«. Im übrigen schloß auch der Charakter der Demonstration eine »Entweihung des Tempels« aus. Die Studenten hatten ursprünglich für die in der Verbannung und im Gefängnis Gestorbenen eine Totenmesse lesen lassen wollen, was an diesem Tag nicht möglich war, so daß sie sich mit dem Priester auf ein Gebet für die Gesundheit von Nikolaj Tschernyschewskij einigten. Das einzige, was den Ärger der »Betenden« hätte wecken können, war die Grimasse eines Mädchens, als man ihm eine Kerze reichen wollte: »Als man ihm die Kerze reichte, nahm es sie mit einer Grimasse und offensichtlichem Unwillen entgegen, als dann die Kerze nicht weitergereicht wurde, lachten dabei die Gefährten der

jungen Frau.« Dostojewskij war indessen so voreingenommen, daß er politische Demonstrationen der Linken nur in Verbindung mit »extremer Gotteslästerung« sehen konnte.

3 Dostojewskij hatte dem Prozeß gegen Wera Sasulitsch persönlich beigewohnt, verfolgte alle Zusammenhänge und war Zeuge einer tausendköpfigen Demonstrantenmenge, die den Freispruch der Angeklagten begrüßte. Sasulitsch hatte auf den Generalgouverneur geschossen, jedoch das Ziel verfehlt. Der Freispruch erfolgte 1877, und zwar vor einem Schwurgericht, was der Anlaß dafür sein sollte, daß die Regierung politische Prozesse nicht mehr den Schwurgerichten unterstellte.

4 Der Metzger Kosma Minin aus Nischnij Nowgorod trat in der Zeit der »Großen Wirren« (1612) an die Spitze der gegen die polnische Fremdherrschaft gerichteten nationalen Bewegung. Er ist die Hauptfigur in Ostrowskijs Versdrama ›Kosma Sacharitsch Minin‹.

5 Er meint wohl die Freiwilligenbewegung zur Hilfe der rebellierenden Südslawen. Dostojewskij hatte ab Juni 1876 von Nummer zu Nummer seines ›Tagebuchs‹ von der »Mission des russischen Volkes« geschrieben, das aufgerufen sei, seine slawischen Brüder gegen die Unterdrücker zu verteidigen.

An A. G. Dostojewskaja, 7. November 1878

1 Dostojewskij hatte diese Reise nach Moskau im Zusammenhang mit den ›Brüdern Karamasow‹ unternommen, die in Katkows ›Russischem Boten‹ erscheinen sollten. Aus weiteren Briefen an die Frau geht hervor, daß er bereits einen Teil des Romans fertiggestellt hatte. Er gibt jedoch keine genauen Hinweise, um welchen Teil es sich dabei handelte. Auf Grund des Vorschusses, den er schon im Juni 1878 von Katkow erhalten hatte – Katkow bezahlte ihm nun 300 Rubel pro Bogen, und zwar waren es 2000 Rubel für sieben Bogen –, dürfte er wohl die ersten beiden Bücher des ersten Teiles bei sich gehabt haben, als er nun zu Katkow fuhr, um einen neuen Vorschuß von 2000 Rubel zu fordern. Im übrigen läßt sich daraus auch Dostojewskijs Arbeitstempo in dieser Zeit ableiten: etwa zwei Bogen monatlich.

2 Solowjow, Rassochin, Kaschkin waren Moskauer Buchhändler, mit denen er noch Einnahmen aus dem Verkauf des ›Tagebuchs‹ und einiger Romane abzurechnen hatte.

3 Dostojewskij bezieht sich hier auf den polemischen Artikel von Pjotr Pawlowitsch Zitowitsch (siehe P. P. Zitowitsch) ›Antwort auf die Briefe an gelehrte Leute‹. Er attackierte darin N. K. Michajlowskij.

An A. G. Dostojewskaja, 13./25. August 1879

1 Das ist nicht ganz richtig: Fedja, den ältesten Sohn, und Maria, die älteste Tochter, kannte er schon eine Reihe von Jahren vor der Verbannung.

2 Es handelt sich um die von der Tante Kumanin geerbten 10 000 Rubel, die er in die Zeitschrift ›Epoche‹ gesteckt hatte, welche dann wegen der geringen Zahl von Abonnenten eingegangen war.

3 Um zu unterstreichen, daß der ›Russische Staatsbürger‹ die Fortsetzung des ›Staatsbürgers‹ sei, der in Rußland herauskam, war das Heft folgendermaßen bezeichnet worden: ›Nr. 5, am 31. Juli 1878, VIII. Jahrgang. Politische und literarische Zeitschrift.‹ Das ganze Heft war dem Kampf gegen den Nihilismus gewidmet. Dabei betonte es äußerst schroff die Unfähigkeit der höchsten Regierungsorgane, die die Hauptschuld daran trügen, daß die revolutionäre Bewegung nicht abflaue.

An K. F. Junge, 11. April 1880

Die Adressatin hatte von ihrer Mutter erfahren, wie begeistert und dankbar Dostojewskij von ihrer Kritik der ›Karamasows‹ – im Brief an die Mutter – gewesen sei; worauf sie sich entschloß, ihm selbst zu schreiben.

Sie schrieb unter anderem: »Ich kann Ihnen gar nicht sagen, wie sehr ich Sie als Schriftsteller und Denker schätze, das heißt nicht schätze – ›schätzen‹ ist nicht das richtige Wort dafür (diese Einschätzung wäre meinerseits viel zu dreist), doch wie stark das Gefühl der Dankbarkeit ist, ausgesprochen der Dankbarkeit Ihnen gegenüber... Und es überkommt mich, wenn ich etwas Gutes lese, der unüberwindliche Wunsch, hinzugehen und dem Schöpfer dessen, was mich so tief erschüttert, meinen Dank auszusprechen. War das nicht ein solches Gefühl, was Maria gezwungen hat, vor ihren göttlichen Lehrer hinzuknieen und ihm bis an den Fuß des Kreuzes nachzufolgen? Nun, das ist auch der Grund, weshalb ich im Jahr des Krieges so oft auf der Schwelle stand, um zu Ihnen zu gehen, aber mich niemals entscheiden konnte und einfach daran litt, besonders damals, als Sie das ›Tagebuch‹ abbrachen – so sehr hatte ich Sie damals anflehen wollen, diesen Trost für uns fortzusetzen... Mir scheint es auch jetzt, daß ich sehr einfältig bin, und nur der tiefe Glaube, Sie seien ein Mensch, in dessen Seele ein solcher Abgrund an Nachsicht und Allverzeihung ist, bringt mich dazu, mir meinen uralten Wunsch zu erfüllen, wenn nicht zu Ihnen zu gehen, so doch Ihnen zu schreiben – auf Papier ist das weniger peinlich. Einerseits bin ich jetzt froh, daß sich meine Mama dazu entschlossen hat, Ihnen meinen Brief zu zeigen. Sie haben daraus wohl ersehen, daß er nicht für Ihre Ohren bestimmt war, und das ist viel besser. Hätte ich Ihnen direkt geschrieben, hätte ich mich natürlich nicht so offen ausgedrückt, hätte nach Phrasen gesucht, und es wäre dabei nicht das Richtige herausgekommen.«

»Mir scheint, ich gehöre zu den Typen, die Sie analysieren, an denen Sie etwas erklären und die Sie sogar beschäftigen können, und zwar nicht wegen ihrer Vollkommenheit oder wegen hervorragender Züge, sondern eher wegen ihrer Unvollkommenheit und der darin beschlossenen psychologischen Aufgabe. Zunächst scheint mir nämlich, daß ich in mir, in

Miniaturform, alle Mängel des russischen Volkes trage: eine extrem ausgebildete Rezeptivität und einen Mangel an Durchhaltevermögen, ständiges Fasziniertsein in der einen oder anderen Richtung, eine Begabung, die nicht zu den gewünschten Resultaten führt, die höchsten Bestrebungen, die zu einem Fiasko führen. Zweitens habe ich einen bis zum äußersten entwickelten zwiespältigen Charakter. Der Zwiespalt zwingt mich dazu, immer das zu tun, was ich bei völliger Einsicht nicht tun sollte, und zwar auf eine sehr schicksalhafte Weise, als würden sich alle Umstände so gestalten, daß ich dies und nichts anderes tue. Das zeigt sich besonders interessant in Kleinigkeiten. All diese mannigfaltigen Gefühle, die diesem Zwiespalt entstammen, mich erregen und quälen, bauen ein derartiges Labyrinth um mich auf, daß nur die Hand eines erfahrenen Psychologen mich zu Gottes Licht herausführen könnte. Und so kommt mir der Wunsch, einem solchen Psychologen zu beichten. Ich wundere mich selbst über mich: Wie kann ich denn nur Ihnen, einem fast unbekannten Menschen, genau das offen aussprechen, was ich vor meinen Verwandten verberge? Woher dieses Vertrauen? Mit den Menschen, mit denen mich tausend Bande verknüpfen, schweige ich, und da, da erscheint plötzlich ein Außenstehender, der seine Seele aufs Papier ausströmen ließ. Dieses Papier kam mir zufällig unter die Augen, und wie ein Zauberschlüssel öffnete es das Innerste meines Herzens, und dieser wunderbare Mensch wurde mir zum Freund, an den ich glaube und vor dem ich mich nicht schäme...«

An K. P. Pobedonoszew, 19. Mai 1880

1 Pobedonoszew war gerade zum Oberprokuror des Hl. Synods ernannt worden. In diesem Zusammenhang zog er auch in ein »neues Gebäude« um.

2 Ein Korrespondent der ›Neuen Zeit‹ hatte durchsickern lassen, daß sich die Moskauer Duma durch den Priester Preobraschenskij gegen das Vergeben von Geldern stelle, die dazu dienen sollten, daß bei der Denkmalsenthüllung »tendenziöse Ziele« verfolgt würden. Der Korrespondent fügte hinzu, daß manche Leute nicht eingeladen werden sollen, nannte jedoch keinen Namen. Da als Teilnehmer nur die Namen Jurjew, Turgenjew, Dostojewskij, Polonskij, Ostrowskij und Pisemskij aufgeführt wurden, Katkows Name dabei nicht genannt wurde, da ihn einige der Veranstalter tatsächlich nicht einladen wollten, vermutete der krankhaft mißtrauische Dostojewskij, daß er ausgeladen werden sollte. Die ›Gesellschaft der Freunde der Russischen Literatur‹ wollte Katkow von den Feierlichkeiten ausschließen, weil er als Redakteur der reaktionären ›Moskauer Zeitung‹ abfällige Äußerungen über die Intelligenz mache (»Spitzbuben der Feder und Räuber der Presse«). Katkow nahm dann dennoch daran teil und wollte sich noch obendrein anbiedern (siehe Anm. 3 zum Brief vom 7. 6. 1880).

3 Es handelt sich um die Polemik zwischen der ›Neuen Zeit‹ und dem ›Europäischen Boten‹. Die Polemik hatte sich an einer Episode entzündet, die P. W. Annenkow (siehe ebenda) aus dem Leben Dostojewskijs der 40er Jahre berichtete. Im Aprilheft des ›Europäischen Boten‹ konnte man lesen: »Nachdem Belinskij die ›Armen Leute‹ gelesen hatte, einen Roman, der ihn in Begeisterung versetzte, und beschlossen war, sie in Nekrasows Almanach ›Petersburger Sammelband‹ (1846) zu veröffentlichen, forderte der Autor völlig gelassen und als eine ihm rechtmäßig zukommende Bedingung, daß sich der Roman von allen anderen Aufsätzen des Heftes durch ein besonderes typographisches Zeichen unterscheide, zum Beispiel durch eine Einfassung. Der Roman wurde in der Tat durch eine Einfassung im Almanach umrandet.« Gegner Dostojewskijs lasen dies mit großem Vergnügen. Diese Episode stellte ihn in ein komisches Licht. Der Herausgeber der ›Neuen Zeit‹, A. S. Suworin, entgegnete auf diese von Annenkow erzählte Episode: »So versichert Herr Annenkow, er habe ihn im Unterschied zu anderen beginnenden Autoren, die sich durch Bescheidenheit auszeichneten, mit einer besonderen Einfassung umhüllt, und will damit die Selbsteinschätzung des Herrn Dostojewskij möglichst plastisch herausstellen. Wir haben uns den ›Petersburger Sammelband‹ von 1846 angesehen und merkten, daß dieser Umstand von Herrn Annenkow erfunden war, und zwar wohl auf Grund der ihm eigenen Gutmütigkeit. Die ›Armen Leute‹ sind ohne jede Einfassung gedruckt, in derselben Schrift wie die anderen Aufsätze dieses Bandes. So müßte nun Herr P. W. Annenkow und mit ihm der ›Europäische Bote‹ Reue leisten. Für so hochgestellte Persönlichkeiten wäre das bedauerlich.« Der ›Europäische Bote‹ antwortete: »Zunächst teilt die Redaktion mit, daß sich der Autor der ›Erinnerungen‹ [Annenkow – Anm. d. Hrsg.] im Ausland aufhält. Doch wir hätten auf seine Erklärungen, daß die Möglichkeit einer Überprüfung in unmittelbarer Nähe lag, gar nicht zu warten brauchen.« »In unmittelbarer Nähe« bedeutete für jeden Eingeweihten, daß es sich nur um Turgenjew handeln konnte, der die Überprüfung des Vorwurfs hätte vornehmen sollen. Turgenjew verkehrte als einer der nächsten Mitarbeiter des ›Europäischen Boten‹ sehr oft mit Stasjulewitsch, dem Herausgeber dieser Zeitschrift. Die Redaktion fuhr dementsprechend fort: »Das Wesentliche an der Legende von der ›Einfassung‹ ist nicht zu bezweifeln; doch der Autor der ›Erinnerungen‹, die 25 Jahre nach den beschriebenen Ereignissen geschrieben und 35 Jahre danach gedruckt wurden, bezog die ihm aus jener Zeit bekannten Umstände auf die ›Armen Leute‹, während es sich in Wirklichkeit um ein anderes Werk Dostojewskijs handelte, nämlich um die ›Erzählung Plismylkows‹ oder etwas ähnliches, das für den von Belinskij geplanten Sammelband ›Leviathan‹ bestimmt war...« Der Autor der ›Armen Leute‹ verlangte nicht von Nekrasow, sondern von Belinskij, daß seine neue Arbeit nicht anders erscheine als zu Anfang oder am Ende des Sammelbandes, und keineswegs in der Mitte, zwischen den

anderen, und daß sie dazuhin noch mit einer Einfassung umrändert werde. Belinskij, der durch eine derartige Forderung verwirrt war, stellte den nahen Freunden seine schwierige Lage dar; um ihn zu trösten, dachten sich Nekrasow, Panajew und andere aus, im Namen Belinskijs dem Autor der ›Armen Leute‹ ein Sendschreiben in Versen zu schicken, das mit folgendem Vierzeiler schließt:

> Wirst Du mit mir zufrieden sein:
> Verhalt' ich mich wie ein Schurke,
> Umhülle Dich mit einem Rand,
> Und bring Dich endlich unter.

An dieser Stelle fügte die Redaktion eine Fußnote hinzu: »An diesen Vierzeiler erinnern sich viele Menschen jener Epoche; wir haben ihn noch mit einer kleinen Variante der ersten Zeile gehört: ›Ich werde Dich verhätscheln‹, in der vorliegenden Fassung wurde uns der Vierzeiler aus einem Notizheft der 50er Jahre mitgeteilt, ein Notizheft, das von einer Person geführt wurde, die der Redaktion des ›Zeitgenossen‹ damals sehr nahe stand.« Mit dieser Person war wiederum ein Hinweis auf Turgenjew gegeben, der jedoch durchsichtiger war als der Hinweis auf die »unmittelbare Nähe« zu der »Möglichkeit einer Überprüfung« (siehe oben). Der Artikel führt weiter aus: »Um die Geschichte dieses ›Randes‹ zu Ende zu bringen, möchten wir hinzufügen, daß der ›Leviathan‹ nicht zustande kam; 1847 kam der ›Zeitgenosse‹ heraus, und alle Aufsätze, die für den ›Leviathan‹ bestimmt waren, überließ Belinskij der Redaktion der neuen Zeitschrift, zusammen mit der Erzählung Dostojewskijs. Für diese Redaktion war der ›Rand‹ schon nicht mehr bindend, dabei wurde die Zeitschrift von den Autoren des oben erwähnten Vierzeilers geleitet.« In Wirklichkeit hat es gar keine Erzählung Dostojewskijs mit dem Titel ›Die Erzählung Plismylkows‹ gegeben. Für den ›Leviathan‹ hatte er sich zwei Dinge ausgedacht: ›Der abrasierte Backenbart‹ und ›Die Erzählung von den abgeschafften Kanzleien‹. Das zweite Projekt hatte er offenbar fallengelassen. Er erwähnt es nur einmal, und zwar in dem Brief an den Bruder vom 1. April 1846. In den weiteren Briefen erwähnt er nur das erste Projekt. Am 25. April desselben Jahres war Belinskij ins Ausland gefahren und kehrte erst in den letzten Tagen des Oktober zurück. Um diese Zeit hatte Dostojewskij schon den Plan zum ›Abrasierten Backenbart‹ fallengelassen und schrieb an der ›Wirtin‹, die dann kurz darauf in den ›Vaterländischen Annalen‹ erschien. Es scheint also klar zu sein, daß Dostojewskij für Belinskijs Sammelband nichts vorbereitet hatte, so daß letzterer weder eine Erzählung noch eine Novelle dem ›Zeitgenossen‹ hätte übergeben können. Es kann sich also nur um den ›Roman in neun Briefen‹ handeln, der »in einer Nacht geschrieben wurde« und den Nekrasow für 125 Papierrubel gekauft hatte. Der ›Roman in neun Briefen‹ erschien auch in der ersten Nummer des ›Zeitgenossen‹, und zwar unter der Rubrik ›Verschiedenes‹. Der ›Roman in neun Briefen‹ war aber schon 1845 geschrieben worden, also noch vor den ›Armen Leuten‹. Zudem war dieser »Roman« eine solche Bagatelle, daß man es sich schwerlich vorstellen kann, Dostojewskij hätte gerade ihn durch einen besonderen »Rand« hervorheben wollen. Die Polemik um den »Rand« schloß mit einer Erklärung im Namen Dostojewskijs in der ›Neuen Zeit‹: »F. M. Dostojewskij, der sich zur Heilung einer Krankheit in Staraja Russa befindet, bittet um die Erklärung in seinem Namen, daß nichts dergleichen, was hinsichtlich eines ›Randes‹ im ›Europäischen Boten‹ von P. W. Annenkow verbreitet wurde, jemals vorlag oder hätte vorliegen können, und daß er niemals ein Gedicht erhalten habe, das angeblich von Nekrasow und Panajew hinsichtlich dieses ›Randes‹ geschrieben worden sei.«

4 Mit »Werotschka« meint er wohl Wera Sasulitsch, eine der prominentesten Frauenfiguren der russischen revolutionären Bewegung. Es ist nicht einfach, diesen Satz Dostojewskijs richtig zu verstehen. Er hängt offenbar mit Turgenjews Gedicht ›Schwelle‹ zusammen, das er im Mai 1878 schrieb und das mit Wera Sasulitsch zu tun hat. Die Schwierigkeit besteht darin, woher Dostojewskij und sein Korrespondent Pobedonoszew von der Existenz dieses Gedichts wissen konnten, da es ja erst 1883 erschien, und zwar am Tag von Turgenjews Beerdigung. Es erschien zusammen mit einer von P. F. Jakubowitsch geschriebenen Proklamation. Wahrscheinlich war das Gedicht schon vor der Veröffentlichung in Abschriften illegal verbreitet worden. Es ist anzunehmen, daß Pobedonoszew eines dieser Exemplare über die III. Abteilung, die Geheimpolizei, erhalten hatte. Es wäre natürlich einzuwenden, daß bei illegal verbreiteten Abschriften eine davon zur Vorlage einer Veröffentlichung im Ausland verbreitet worden wäre, wenn auch ohne Signatur des Autors.

Der Zusammenhang mit »Werotschka« könnte auch noch auf folgende Weise gesehen werden. Nach Turgenjews eigenen Worten sah man in der Presse der Emigration eine Ähnlichkeit zwischen seiner Marianne in dem Roman ›Neuland‹ und der Sasulitsch. Dann hätte Dostojewskij sagen wollen, die Marianne sei nur eine Vorbereitung der Sasulitsch gewesen. Denn in dem reaktionären Kreis Dostojewskijs wurden Stimmung und Meinungsbildung der politischen Emigranten aufmerksam verfolgt.

An A. G. Dostojewskaja, 27.–28. Mai 1880
1 Die Enthüllung des Puschkindenkmals in Moskau.
2 Gräfin Mengden ist wohl Sinaida Nikolajewna Mengden, Ehefrau des Brigadekommandeurs der Ersten Kavalleriedivision der Garde Generalmajor Graf Georgij Fjodorowitsch Mengden. Die »hochgestellte Person« dürfte Maria Fjodorowna, die Frau Alexanders III., gewesen sein. K. K. war der Großfürst Konstantin Konstantinowitsch Romanow, 1858–1915, nebenbei Dichter, der seine Werke mit dem Pseudonym K. R. signierte und ab 1889 Präsident der Akademie der Wissenschaften war. Anna

Grigorjewna schrieb darüber: »Mit dem jungen Großfürsten kamen, ungeachtet des Altersunterschieds, völlig freundschaftliche Beziehungen zustande, und er lud meinen Mann oft ein, um mit ihm Auge in Auge zu speisen, oder aber er versammelte eine auserwählte Gesellschaft um sich und bat meinen Mann, er solle nach seiner Wahl etwas vorlesen, irgend etwas aus seinem neuen Werk.«

3 Er meint natürlich Anna Nikolajewna Snitkina, die Mutter Anna Grigorjewnas, die zusammen mit Dostojewskij Staraja Russa verlassen hatte.

An A. G. Dostojewskaja, 28.–29. Mai 1880

1 Er meint die Slawophilen und die Idee der messianischen Bestimmung des russischen Volkes für die Menschheit als Träger des echten Christentums. Es ist bemerkenswert, daß er hier Katkow nicht dazurechnet.

2 Wahrscheinlich Alexandra Ilina, von der die Broschüre ›Einige Bemerkungen zum Unterricht der Arithmetik in der Elementarschule der Ilins in Nikolajew‹ stammt.

3 Die Verurteilung Dostojewskijs im Jahr 1849 in der Sache der Petraschewzen.

4 Wohl Sofia Wasiljewna Awerkjewa, die Frau Awerkjews und ehemalige Schauspielerin. Er konnte sie nicht leiden. Der erregte Ton: »Gerade sie habe ich nötig!« findet seine Erklärung in einem Bericht der Stakenschneider über die Reaktion der Awerkjews auf Dostojewskijs Rezitation des ›Propheten‹ von Puschkin: »Er elektrisierte oder magnetisierte die ganze Gesellschaft. Dieser Mensch versteht das subtil und ohne jedes Hilfsmittel in der Art von Flüstern, Aufschreien und Verdrehen der Augen nur mit seiner schwachen Stimme, die – ich begreife nicht, durch welches Wunder – in den entferntesten Ecken eines riesigen Saales immer noch zu hören war; er dringt nicht in die Ohren der Hörer ein, sondern, wie es scheint, unmittelbar in ihr Herz... Alle, selbst die Gleichgültigsten, gerieten in einen Zustand der Begeisterung. Nur die Awerkjews griffen ihn wegen des ›Propheten‹ an: ›Sehen Sie, man darf das nicht so lesen... Bei Dostojewskij zeigten die Awerkjews immer Engstirnigkeit und Subjektivität‹ und ›seit einiger Zeit hatten sie irgend etwas gegen Dostojewskij ausgefressen‹.«

5 Anatolij Lwowitsch Puschkin, Neffe des Dichters, Sohn des Bruders Lew Sergejewitsch. Lew Nikolajewitsch Pawlischtschew war der Sohn von Puschkins Schwester.

6 ›Gesellschaft der Freunde der Russischen Literatur.‹

7 Tjutschews Gedicht ›Auf den Tod Puschkins‹. Aus diesem Gedicht werden besonders die letzten beiden Zeilen oft zitiert: »Dich wird, als erste Liebe, Rußlands Herz niemals vergessen.«

8 Alexander Fjodorowitsch Lawrow-Platonow, 1829–1890, Professor der Kirchendogmatik an der Moskauer Geistlichen Akademie.

An A. G. Dostojewskaja, 3.–4. Juni 1880

1 Das Manuskript der Rede für die Feierlichkeiten bei der Enthüllung des Denkmals.

An A. G. Dostojewskaja, 7. Juni 1880

1 Das Programm war wie folgt: Am 6. Juni gab die Moskauer Städtische Gesellschaft den zur Enthüllung des Denkmals gekommenen Deputierten im Saal der Adelsversammlung ein Diner. Am selben Tag fand ein Abend mit literarischen und musikalischen Rezitationen statt. Am 7. Juni war die erste feierliche Sitzung der ›Gesellschaft der Freunde der Russischen Literatur‹ mit anschließendem Festdiner. Turgenjew hatte am Abend des 6. Juni Puschkins Gedicht ›Die Wolke‹ vorgetragen.

2 Turgenjew hatte in seiner Rede gesagt, man »könne Puschkin nicht als Nationaldichter im Sinne eines Universaldichters bezeichnen so wie Shakespeare, Goethe und Homer«.

3 Krajewskijs ›Stimme‹ berichtete über diese Rede: »Katkow bat beim Diner in Anwesenheit aller alle um Verzeihung, flehte um Vergessen, streckte allen die Hand entgegen, doch keiner wollte diese Hand drükken ... Ein Mensch, der seine Hinrichtung erlebt und meint, er könne einen zwanzigjährigen Verrat mit einer Tischrede freikaufen, macht einen erdrückenden Eindruck.« Die progressive Presse der Zeit war vor allem darüber erfreut, daß sich Turgenjew »von dem versöhnlichen Ton der Rede Katkows nicht hatte verzaubern lassen und den entgegengestreckten Pokal (nach einer anderen Version war es die Hand) mit kalter Verachtung abwies«. Die Filosofowa hatte ihrem Mann geschrieben: »Ich berausche mich an der Fiaskolesung Katkows ... Dieser nächtliche Denunziant hat endlich seine Strafe angenommen ... Bulgarin wurde nach seinem Tod beschimpft, doch dieser da hat das, was ihm zukam, noch zu seinen Lebzeiten annehmen müssen ... Was für eine Taktlosigkeit seinerseits, gerade jetzt zu bereuen und die Hand entgegenzustrecken; das wäre allzu vorteilhaft ... Doch niemand wird an seine Aufrichtigkeit glauben; ich wiederhole, die Versöhnung wäre zu vorteilhaft für ihn.«

4 Er hatte diesmal keinen Anfall. Dostojewskijs Aufzeichnungen dazu: »Anfälle, 79–80: 10. Oktober 78, 28. April 79, 13. September 79, 9. Februar 80, 14. März 80, 7. September 80. Die stärksten waren morgens, Viertel vor neun, Abriß der Gedanken, Versetzung in frühere Jahre, Träumerei, Nachdenklichkeit, Schuldhaftigkeit, renkte dabei eine Bandscheibe im Rücken aus oder beschädigte einen Muskel. 6. November 80. Morgens um 7 Uhr, beim ersten Traum. Einer von den mittleren, doch der krankhafte Zustand war sehr schwer zu ertragen und hielt fast eine Woche an. Je weiter das geht, desto schwächer wird der Organismus im Durchstehen der Anfälle, und desto stärker ist ihre Wirkung.«

Dostojewskij hatte in seiner Rede Puschkins Tatjana in ›Jewgenij Onegin‹ als das Ideal der russischen Frau dargestellt, die ihre Neigung dem Gefühl der Pflicht unterordne. Belinskij hatte dasselbe Opfer der Liebe auf Grund unmenschlicher gesellschaftlicher Normen gesehen. Dostojewskijs »gutes Wort über Turgenjew« war der Vergleich zwischen Tatjana und Turgenjews Lisa im ›Adelsnest‹. Nur Lisa könne man allenfalls als eine Wiederholung dieses »positiven Typs der russischen Frau« bezeichnen. Über die Versöhnung Turgenjews mit Dostojewskij gibt es widersprüchliche Darstellungen. L. F. Nelidowa schrieb 1909 in Heft 9 des ›Europäischen Boten‹: »Alle werden sich an die Handbewegung erinnern, an den Kuß, den Turgenjew Dostojewskij in dem Augenblick zukommen ließ, nachdem jener in seiner Rede über Lisa aus dem ›Adelsnest‹ gesprochen hatte. Alle wußten von ihren feindseligen Beziehungen, und so wurde dies zu einer der besten Minuten dieses wunderbaren Festtages.« W. W. Stasow meinte dagegen, Turgenjew habe ihm gestanden, »wie widerwärtig ihm die Rede Dostojewskijs gewesen sei, die Tausende von Menschen verrückt werden ließ, beinahe gar die ganze Intelligenz, wie unerträglich ihm die ganze Lüge der Predigt Dostojewskijs gewesen sei, seine mystischen und hochtrabenden Töne vom russischen ›All-Menschen‹, von der russischen ›All-Frau Tatjana‹ und all dem übrigen transzendentalen und unsinnigen Wirrwarr Dostojewskijs, der damals bis zur letzten Maßlosigkeit seiner rußländischen Mystik gegangen war. Turgenjew war in mächtigem Zorn, in starkem Unwillen über den erstaunlichen Enthusiasmus, der nicht nur die russische Masse, sondern auch die ganze russische Intelligenz gepackt hatte.«

Stasow berichtet hier dennoch ungenau, entweder aus eigener Schuld oder weil ihn Turgenjew falsch unterrichtet hatte. Bis zum 15. Juli, an dem das von Stasow wiedergegebene Gespräch stattgefunden haben soll, hatte Turgenjew schon Zeit, den ersten Eindruck der Rede nüchtern zu untersuchen. Jedenfalls geht aus dem Brief vom 13. Juli an Stasow hervor, daß Turgenjew wirklich »dem Zauber der Rede Dostojewskijs verfallen war«. Weiter schreibt er darin: »In der Rede Iwan Aksakows und in allen Zeitungen heißt es: Ich hätte mich ganz und gar der Rede Dostojewskijs unterworfen und würde sie restlos billigen. Doch so ist dem nicht – und ich habe noch nicht ausgerufen: Galiläer, du hast gesiegt! Das war eine kluge, glänzende und bei aller Leidenschaft schlau verführerische Rede, und sie gründet sich durch und durch auf die Lüge, die für die russische Selbstliebe äußerst angenehm ist. Puschkins ›Aleko‹ ist eine rein byroneske Figur und keineswegs ein Typ des zeitgenössischen ruhelosen russischen Wanderers; die Charakteristik Tatjanas ist sehr subtil, doch pflegen etwa einzig und allein russische Frauen alten Männern treu zu sein? Und vor allem: ›Wir werden Europa das letzte Wort sagen, wir werden es ihm schenken, denn Puschkin hat auf geniale Weise Shakespeare, Goethe u. a. wiedergeschaffen‹ – also doch wiedergeschaffen und nicht geschaffen, und genausowenig werden wir ein neues Europa schaffen, so wie er keinen Shakespeare u. a. geschaffen hat. Wozu dient dann dieser All-Mensch, dem das Publikum so hysterisch zujubelte? Ja, es ist ihnen überhaupt nicht wünschenswert: besser ein origineller russischer Mensch zu sein als dieser unpersönliche All-Mensch. Das ist wiederum derselbe Hochmut unter der Maske der Versöhnung. Vielleicht ist den Europäern jene Assimilation, die sie zu einer solchen genialen Universalschöpfung emporheben, auch deshalb schwerer, weil sie origineller sind als wir. Aber es ist begreiflich, daß das Publikum sich von diesen Komplimenten einbalsamieren ließ; übrigens war die Rede ja auch nach Takt und Schönheit bemerkenswert. Mir scheint, es würde sich gehören, etwas derartiges zu formulieren. Die Herren Slawophilen haben uns noch nicht aufgesogen.«

1 Anna Grigorjewna schrieb darüber: »Unser ältester Sohn Fedja war von frühester Kindheit an ein leidenschaftlicher Pferdeliebhaber [er wurde später Besitzer eines bekannten Rennstalles – Anm. d. Hrsg.], und als er größer wurde, bat er immer wieder, wir sollten ihm ein Pferdchen kaufen. Fjodor Michajlowitsch versprach es ihm wohl, es kam aber immer nicht dazu. Erst im Mai 1880 kaufte ich ganz zufällig ein Füllen und mußte das später bitter bereuen. Das kam so: Eines Vormittags ging ich mit den Kindern in Staraja Russa auf den Markt. Da sahen wir ein paar Bauern vor einem Wagen, an den ein Füllen angebunden war, in lebhaftem Streit. Wir kamen näher und hörten, daß der betrunkene Besitzer des Füllens es »zum Schlachten« verkaufen wolle und vier Rubel dafür verlange. Es hatte sich schon ein Käufer gefunden, aber da Fedja mich flehentlich darum bat und das Tierchen mir auch leid tat, bot ich dem Mann sechs Rubel und gelangte so in den Besitz des Füllens. Ich berichtete noch an demselben Tag darüber an Fjodor Michajlowitsch, und mein Brief erreichte ihn gerade an dem Tag, da er seine berühmte Rede gehalten hatte. In seiner Begeisterung schrieb er mir damals: ›Ich küsse das Füllen!‹ ... In den ersten Tagen ging alles gut: das Pferdchen trank täglich fünf Kannen Milch aus, war lustig und lief wie ein Hündchen hinter den Kindern her. Dann aber verschlechterte sich sein Zustand, Fjodor Michajlowitsch, der mehr von Pferden verstand als ich, sagte, das Füllen blicke traurig drein, und schickte nach dem Tierarzt. Der traf seine Verordnungen, aber er war wohl zu spät geholt worden, denn nach drei Wochen war das Füllen tot. Die Kinder waren verzweifelt, ich aber konnte es mir nicht verzeihen, daß ich das Tier gekauft hatte. Gewiß wäre es von seinem ursprünglichen Besitzer auch getötet worden, aber dann hätte ich mich an seinem Tode nicht schuldig gefühlt, wie das jetzt der Fall war.«

An S. A. Tolstaja, 13. Juni 1880

1 Das von S. A. Tolstaja, Wladimir Solowjow und J. F. Abasa unterzeichnete Glückwunschtelegramm zum Erfolg der Puschkinrede.
2 Siehe P. W. Annenkow und Anm. 3 zum Brief vom 19. 5. 1880.
3 Die Rede erschien am 13: Juni 1880 in Nr. 162 der ›Moskauer Zeitung‹. Es ist unklar, warum er den 12. Juni nennt.
4 Siehe Anm. zum Brief vom 8. Juni 1880.
5 Dieser Hinweis ist insofern interessant, als Dostojewskij offenbar vorhatte, zunächst nur die Rede zu veröffentlichen. Als jedoch dann die Kritik in der Presse einsetzte, änderte er seinen Entschluß und brachte mit der Rede auch seine Erwiderungen auf die Kritik. Diese Nummer des ›Tagebuchs‹ erschien am 12. August 1880.
6 Offenbar als Witz gemeint, da Solowjow damals noch nicht einmal 30 Jahre alt war.

An J. A. Stakenschneider, 17. Juli 1880

1 Offenbar ein Schreibfehler: es muß heißen »nach Petersburg«.
2 Dostojewskij stellt den Fall hier so dar, als wäre die »Sache mit Katkow« ein persönlicher Zusammenstoß zwischen Katkow und Turgenjew gewesen; dabei zeigte die Reaktion der liberalen und radikalen Presse, daß es sich um einen Zusammenstoß gesellschaftspolitischer Natur gehandelt hat. Zur Beschreibung der Katkowschen Rede siehe Anm. 3 zum Brief vom 7. 6. 1880.
3 Andrej Andrejewitsch war der Bruder der Adressatin Jelena Andrejewna. Dostojewskij nennt ihn »lieben Mitarbeiter«, da ihm jener die Einzelheiten der russischen Prozeßführung für das 9. und 12. Buch der ›Brüder Karamasow‹ erklärt hatte.
4 Maria Fjodorowna: Mutter, Olga Andrejewna: Schwester der Adressatin Jelena Andrejewna. Sofia Iwanowna wohnte im Haus der Stakenschneiders.

An N. L. Osmidow, 18. August 1880

1 Kostomarow wurde von Dostojewskij schon seit Mitte der 60er Jahre abgelehnt: Er erinnert sich an die Diskussionen Kostomarows mit Pogodin.
2 Siehe dazu seine Begeisterung in dem Brief an den Bruder vom 27. 8. 1849.

An O. F. Miller, 26. August 1880

Dieser Brief ist die Antwort auf Millers Einladung zu einer feierlichen Tagung der ›Slawischen Wohltätigkeitsgesellschaft‹ zum Gedenken des russischen Sieges über die Tataren auf dem Schnepfenfeld. Dostojewskij war Mitglied dieser Gesellschaft.
1 Konstantin Nikolajewitsch Bestuschew-Rjumin war der Vorsitzende der ›Slawischen Wohltätigkeitsgesellschaft‹.

2 Er meint den Moskauer Großfürsten Dmitrij Iwanowitsch Donskoj, 1350–1389, der während der Kämpfe auf dem Schlachtfeld in bewußtlosem Zustand aufgefunden wurde. Die Anführungszeichen bei »schlafen gegangen war« beziehen sich auf Kostomarows Aufsatz ›Die Schlacht auf dem Schnepfenfeld‹, in dem der Autor den Moskauer Großfürsten, entgegen historischen Tatsachen, keineswegs als Helden darstellte.
3 Juchanzew war ein Bankspekulant, der kolossale Betrügereien begangen und viele Sparer um ihre Guthaben gebracht hatte.

An N. A. Ljubimow, 8. September 1880
1 Auch hier verrechnete er sich. Die Reden beanspruchten fast 6 Bogen (5 ³/₄), und der Epilog wurde auf das Novemberheft verschoben.
2 Michail Nikiforowitsch Katkow
3 Siehe Anm. 3 zum Brief vom 8. 11. 1880.

An N. A. Ljubimow, 8. November 1880
1 Er las das letzte Kapitel (›Die Beerdigung Iljuschetschkas‹) im Saal der ›Städtischen Kreditgesellschaft‹. Die Einnahmen des Abends waren für die ›Gesellschaft zur Unterstützung der Studenten St. Petersburgs‹ bestimmt.
2 Sie erschien Anfang Dezember 1880 mit einer Widmung für A. G. Dostojewskaja.
3 Es handelt sich um Ljubimows Artikel ›Gegen den Strom‹. Gespräche zweier Freunde über die Revolution‹. Der Artikel war mit dem Pseudonym Warfolomej Kontschew unterzeichnet. Unter diesem Titel erschienen dann eine ganze Serie Aufsätze bis 1884, die im ›Russischen Boten‹ veröffentlicht wurden. Es war die Aufgabe des Autors, »die bedrohliche Ähnlichkeit der Epoche, die dem Zusammenbruch der Monarchie in Frankreich vorausging«, darzustellen. Die Serie wurde ein ganzes Traktat und erschien 1893 als Broschüre unter dem Titel ›Der Zusammenbruch der Monarchie in Frankreich‹.
4 Michail Nikiforowitsch Katkow

An N. A. Ljubimow, 29. November 1880
1 Ljubimow war faktisch der Chefredakteur des ›Russischen Boten‹, während sich Katkow fast ausschließlich der Arbeit für die ›Moskauer Zeitung‹ widmete. Nur in schwierigen Fällen griff er in die Geschäfte des ›Russischen Boten‹ ein, vor allem dann, wenn Ljubimow nicht die alleinige Verantwortung auf sich nehmen wollte.

An N. A., 19. Dezember 1880
1 Es ist sehr aufschlußreich, daß er von den Kritikern nur Belinskij empfiehlt. Schließlich hatte er den Einfluß Belinskijs auf seine eigene Entwicklung für so schädlich gehalten, daß er zu jeder Verleumdung bereit

gewesen war. Offensichtlich ist die Wendung in der Bewertung Belinskijs seit dem Jahr 1876 unvermindert positiv geblieben.

2 Auf der dritten Briefseite schrieb Anna Grigorjewna eine Bücherliste für die Bibliothek des Jungen auf.

An N. A. Ljubimow, 26. Januar 1881

Das sind die letzten Zeilen Dostojewskijs, die er offenbar in der Nacht vom 25. auf den 26. Januar 1881 schrieb, und zwar noch vor dem ersten Blutsturz. Anna Grigorjewna, die in ihren ›Erinnerungen‹ die letzten Tage ihres Mannes bis ins kleinste Detail beschreibt, erwähnt jedoch diesen Brief an Ljubimow nicht.

KURZBIOGRAPHIEN

I. VERWANDTE DES DICHTERS
(nach Vornamen und Vatersnamen geordnet)

Alexander Pawlowitsch Iwanow
siehe Iwanow, Alexander Pawlowitsch

Alexandra Fjodorowna Netschajewa, verh. Kumanina, 1796–1871
Alexandra Fjodorowna, die Schwester der Mutter, war die reiche Tante Fjodors. Die Kumanins unterstützten die Geschwister nach dem Tode der Eltern, vor allem aber die Schwestern. In schwieriger finanzieller Lage wandten sich auch die Brüder an sie (siehe beispielsweise den Brief Dostojewskijs an den Bruder Michail vom 9. 4. 1864). Nach dem Tod der Tante wurde ihr reiches Erbe unter den Verwandten aufgeteilt. Alexandra Fjodorowna war das Vorbild für die Großfürstin im ›Spieler‹.

Alexandra Michajlowna Dostojewskaja, 1835–1889
Die jüngste Schwester Dostojewskijs. Fjodor hatte so gut wie keine Beziehungen zu ihr: Er hatte das Elternhaus bereits verlassen, und nach dem Tod des Vaters wuchs sie außerhalb der Familie auf. Nach dem Tod der Mutter und der Abreise der älteren Brüder nach Petersburg war die Familie völlig verstreut. Alexandra heiratete später Nikolaj Iwanowitsch Goljanowskij, Oberst im Pawlowsker Kadettenkorps.

Aljoscha Fjodorowitsch Dostojewskij, 1875 –1878
Das letzte Kind der Dostojewskijs, auch Ljescha genannt. Daß der jüngste Sohn an Epilepsie starb, quälte Dostojewskij besonders. Seine Frau Anna Grigorjewna berichtet, daß er Ljescha beinahe krankhaft geliebt habe, als hätte er eine Vorahnung, daß er ihn bald verlieren würde. Der Tod des Kindes fand auch in den ›Brüdern Karamasow‹ seinen Ausdruck. Anna Grigorjewna berichtet darüber: »Der Tod unseres guten Knaben machte einen erschütternden Eindruck auf mich, ich kam mir so verloren vor, ich war so traurig und weinte so sehr, daß mich niemand wiedererkannte.

Meine übliche Lebensfreude war verschwunden, ebenso wie die immer vorhandene Energie, an deren Stelle Apathie trat. Allem gegenüber erkaltete ich..., sogar gegenüber den eigenen Kindern, und alles gehörte den Erinnerungen der letzten Jahre. Viele meiner Zweifel, Gedanken, ja sogar Worte haben ihren Niederschlag in den ›Brüdern Karamasow‹ gefunden, in dem Kapitel ›Gläubige Weiber‹, in dem die Frau, die ihr Kind verloren hat, ihren Schmerz dem Starzen Sosima erzählt.« Anna Grigorjewna sieht auch im Tod des Kindes die Ursache für Dostojewskijs überhastete Reise nach Optina Pustyn zum Starzen Ambrosius, der seinerseits der Prototyp Sosimas ist. Aller Wahrscheinlichkeit nach hat auch für die Beschreibung der Zelle Sosimas das Kloster Optina Pustyn als Vorbild gedient. Dostojewskij habe dem Starzen Ambrosius seinen Verlust mitgeteilt, worauf ihm jener für sie, so Anna Grigorjewna, »dieselben Worte mitgab, die dann im Roman der Starze Sosima der trauernden Mutter sagt«.

Andrej Michajlowitsch Dostojewskij, 1825–1897
Auch Andrjuscha genannt. Zweiter Bruder Dostojewskijs, der eine Menge bisher unveröffentlichter Notizen über die Familie hinterließ. Andrej war von Beruf Ingenieur. Im Gegensatz zu Fjodor galt er als ausgeglichen. Er führte als einziger der Brüder ein geregeltes bürgerliches Leben. Im Leben des Schriftstellers Dostojewskij spielte er kaum eine Rolle, obgleich es noch unbekannte Briefe Fjodors an Andrej geben soll.

Anna Grigorjewna Snitkina, 1846–1919
Auch Anja, Anetschka, Anjuta, Njuta, Netotschka genannt. Die zweite Frau Dostojewskijs. Sie war am 4. Oktober 1866, von Miljukow empfohlen, als Stenographin des Professors Olchin zu Dostojewskij gekommen, der den Roman für Stellowskij noch nicht angefangen hatte, unter extremem Zeitdruck stand und im Begriff war, dem Wuchervertrag des Verlegers zum Opfer zu fallen. Dostojewskij diktierte der jungen Stenographin in 24 Tagen (Umfang: 10 Bogen) den ›Spieler‹. Am 8. November erklärt er ihr seine Liebe, am 15. Februar 1867 heiraten sie. Nach zwei Monaten – am 14. April 1867 – flüchtet er mit ihr vor den Gläubigern ins Ausland, wo sie etwa fünf Jahre verbringen. Sie kehren am 8. Juli 1871 aus Dresden zurück. Dieser Lebensabschnitt mit Anna Grigorjewna, die dritte Schriftstellerperiode Dostojewskijs, war die fruchtbarste seines Lebens. Anna Grigorjewna sorgte für alle Aufgaben des täglichen Lebens, brachte eine unendliche Geduld auf, wenn Fjodor von der Spielleidenschaft ergriffen war, und verstand es, ihm die Ruhe und Sicherheit eines Familienlebens zu geben, das sie mit geradezu buchhalterischer Pedanterie zu organisieren gezwungen war. Ihr praktischer Sinn, ihre Widerstandskraft und ihre Aktivität waren ihm unentbehrlich geworden. Sie half ihm, Verhandlungen mit Gläubigern und Verlegern vorzuberei-

ten, unterstützte ihn bei der schriftstellerischen Arbeit, wodurch sich, wie Leonid Grossman nachwies, sein ganzer Arbeits- und Lebensstil veränderte. Mehr als die Hälfte seiner Romane gingen durch ihre Hände: ›Schuld und Sühne‹, ›Der Spieler‹, ›Die Brüder Karamasow‹, das ›Tagebuch eines Schriftstellers‹ u. a. Nicht selten übernahm sie die Rolle des ersten Kritikers, dessen Meinung er zur Veränderung ganzer Seiten und Episoden zugrunde legte. Er legte den größten Wert auf ihre spontane Auffassungsgabe und schlichte Klugheit. Nach seinem Tod gab sie einige Ausgaben der ›Gesammelten Werke‹ heraus, von denen insbesondere die Jubiläumsausgabe von 1906 hervorzuheben ist. Sie organisierte eine Schule in Staraja Russa, die nach ihm benannt wurde. Im Moskauer Historischen Museum richtete sie ein Zimmer mit Handschriften, Erstausgaben, Rezensionen und Büchern des In- und Auslandes über Dostojewskij ein. 1906 veröffentlichte sie den ›Bibliographischen Index der Werke Dostojewskijs‹. Er hat 5000 Titel. 1925 erschienen ihre Erinnerungen (hrsg. von Leonid Grossman).

Emilia Fjodorowna Dostojewskaja, geb. von Dittmar, 1822–1879
Ehefrau des Bruders Michail. Dostojewskijs Beziehungen zu ihr waren offenbar nie herzlich; nach dem Tod des Bruders verschlechterten sie sich zusehends. Er unterstützte sie in finanzieller Hinsicht, so gut es ging, während sie ihm ständig vorwarf, er habe nur Unglück über die Familie gebracht.

Fedja
siehe Fjodor Michajlowitsch Dostojewskij

Fjodor Michajlowitsch Dostojewskij, 1842–1906
Fedja genannt. Lieblingsneffe Dostojewskijs: ältester Sohn des Bruders Michail. Fedja war Schüler Rubinsteins und unterstützte nach dem Tod des Vaters die Familie, indem er Klavierstunden gab. Der Briefwechsel zwischen Dostojewskij und seinem Neffen ist noch nicht aufgefunden worden.

Jekaterina Michajlowna Dostojewskaja, 1855–?
Dostojewskijs Nichte. Tochter des Bruders Michail, die mit dem berühmten Therapeuten und Publizisten – Herausgeber der Fachzeitschrift ›Der Arzt‹ – Wjatscheslaw Awksentjewitsch Manasein (1841–1901) verheiratet war.

Jelena Pawlowna Iwanowa
Tante Sofia Alexandrownas, Schwägerin der Schwester Wera Michajlowna. 1866 hatte Dostojewskij Jelena Pawlowna gefragt, ob sie ihn heiraten würde, wenn sie frei wäre (ihr Mann war todkrank), worauf

sie keine bestimmte Antwort gab. Ein Jahr später heiratete er die Stenotypistin Anna Grigorjewna Snitkina und hatte deswegen eine Zeitlang ein schlechtes Gewissen.

Julenka und Witja
Kinder von Dostojewskijs Schwester Wera Michajlowna.

Katja
siehe Jekaterina Michajlowna Dostojewskaja

Kolja
siehe Nikolaj Michajlowitsch Dostojewskij

Ljescha
siehe Aljoscha Fjodorowitsch Dostojewskij

Ljubow Fjodorowna Dostojewskaja, 1869–1926
Auch Ljubotschka, Ljuba, Lilja, Liletschka, Lelja genannt. Dostojewskijs Tochter und zweites Kind Ljubow ist Verfasserin eines Erzählbandes ›Kranke Mädchen‹. 1921 erschien in München ihr Buch ›Dostojewskij geschildert von seiner Tochter‹. Sie starb 1926 in Deutschland. Ihre Erinnerungen an den Vater sind nur mit allergrößter Vorsicht zu benutzen.

Maria Alexandrowna Iwanowa
Schwester Sofia Alexandrowna Iwanowas. Mascha war eine gute Pianistin, deren Klavierspiel Dostojewskij sehr schätzte. Besonders gerne hörte er sie den »Hochzeitsmarsch« von Mendelssohn-Bartholdy spielen.

Maria Fjodorowna Dostojewskaja, geb. Netschajewa, 1800–1837
Die Mutter Dostojewskijs. Die Netschajews waren eine alte Kaufmannsfamilie. Der Bruder Andrej schilderte sie als eine Frau von außerordentlicher Güte, klugem Verstand und künstlerischer, besonders musikalischer Begabung. Im Haus des strengen und jähzornigen Vaters war sie für die Kinder Trost und Zuflucht. Sie starb an der Schwindsucht. In den ›Brüdern Karamasow‹ ist sie künstlerisch nachgezeichnet (Aljoschas Mutter). Einige ihrer Züge finden sich auch in der Mutter des ›Jünglings‹ wieder.

Maria Grigorjewna Snitkina, verheiratete Swatkowskaja
Die Schwester von Dostojewskijs Frau Anna Grigorjewna.

Maria Michajlowna Dostojewskaja, 1844–1888
Dostojewskijs Nichte: die Tochter des Bruders Michail. Sie wurde Pianistin und war mit dem Philosophen Michail Iwanowitsch Wladislawljew verheiratet.

Maria Sergejewna Iwantschina-Pisarewa
siehe Iwantschina-Pisarewa, Maria Sergejewna

Mascha, Maschenka, Masenka
siehe Maria Alexandrowna Iwanowa

Michail Andrejewitsch Dostojewskij, 1788–1839
Michail Andrejewitsch, Dostojewskijs Vater, entstammte der Familie
eines Geistlichen, lernte in einem Priester-Seminar und studierte dann
an der Medizinischen Akademie in Moskau. 1812 wurde er ins Militär-
Hospital abberufen und binnen eines Jahres zum Arzt ernannt. Er blieb
bis 1820 Militärarzt. Der Vater war ein strenger und jähzorniger Mann.
Die Kinder fürchteten ihn. Mit den Jahren wurde der Arzt im Moskauer
Krankenhaus für Arme (seit 1821) immer unberechenbarer. Er war geizig
und ein exzessiver Trinker. Die Leibeigenen seines Gutes Darowoje bei
Moskau erschlugen 1839 den verhaßten adligen Herrn. Über die schweren
Jahre seiner Kindheit erfahren wir aus den späteren Briefen des Dichters.
Künstlerisch fand das Vaterbild seinen Niederschlag im ›Jüngling‹ und
den ›Brüdern Karamasow‹.

Michail Michajlowitsch Dostojewskij, 1820–1864
Dostojewskijs Lieblingsbruder. Das herzliche Verhältnis festigte sich vor
allem durch die gleichen literarischen Interessen. Michail schrieb in seinen
Jugendjahren sentimental romantische Gedichte, er übersetzte u. a. Dramen von Schiller und träumte von einer Karriere als Dramatiker.
Im Frühjahr 1837 hatte der Vater die Brüder zusammen nach Petersburg gebracht, wo sie in die Militärschule für Ingenieure eintreten sollten. Sie bestanden beide die Aufnahmeprüfung. Indessen wurde nur
Fjodor aufgenommen. Michail war bei der ärztlichen Untersuchung für
zu schwächlich erklärt worden und wurde 1838 an die Zweiganstalt der
Akademie nach Reval versetzt. Fjodor litt schwer unter dieser Trennung. 1848–1851 veröffentlichte Michail einige Erzählungen. Später versuchte er sein Glück mit einer Zigaretten-Fabrik, die er aber bald verkaufen mußte. Dann wurde er Verleger und Redakteur von Zeitschriften,
an denen Fjodor Michajlowitsch mitarbeitete (›Die Zeit‹ und ›Die
Epoche‹). Fjodor Michajlowitsch konnte sie nach dem Tod Michails noch
kurze Zeit fortführen.

Michail Michajlowitsch Dostojewskij
Mischa genannt. Dostojewskijs Neffe: ältester Sohn des Bruders Michail.
Von allen Kindern des Bruders hatte Mischa am wenigsten Erfolg. Er
verbrachte die letzten Lebensjahre im Armenhaus, nach anderen Quellen
in einer Anstalt für Geisteskranke.

Mischa
siehe Michail Michajlowitsch Dostojewskij

Natalja Alexandrowna Iwanowa, 1867–1923
Natascha genannt. Dostojewskijs Nichte. Augenärztin.

Nikolaj Michajlowitsch Dostojewskij, 1831–1883
Auch Nikolinka und Kolja genannt. Der jüngste Bruder Dostojewskijs.
Von Beruf Zivilingenieur, hatte er wenig Erfolg im Leben und endete
als Alkoholiker. Dostojewskij half ihm ständig und hatte sehr viel Mitleid mit ihm.

Nina Alexandrowna Iwanowa, 1857–1914
Ninotschka genannt. Dostojewskijs Nichte, Tochter der Schwester Wera
Michajlowna, Verfasserin einer Reihe von interessanten Briefen an Do-
stojewskij, die noch nicht veröffentlicht sind.

Pascha
siehe Isajew, Pawel Alexandrowitsch

Sascha, Saschurka
siehe Alexandra Michajlowna Dostojewskaja

Sofia Alexandrowna Iwanowa
siehe Iwanowa, Sofia Alexandrowna

Warwara Michajlowna Dostojewskaja, 1822–1893
Auch Warinka genannt. Die ältere der Schwestern Dostojewskijs. Warwara heiratete im Alter von 17 Jahren den 44jährigen Leiter einer Moskauer Militärkanzlei und Witwer Pjotr Andrejewitsch Karepin, der nach
dem Tod des Vaters Vormund der Dostojewskijs wurde. D. mochte Karepin nicht und hatte kaum Kontakt zur Schwester. Warwara wurde
1893 von Räubern erschlagen.

Wera Michajlowna Dostojewskaja, 1829 – ca. 1895
Auch Werotschka genannt. Dostojewskijs zweite Schwester. Wera war
seine Lieblingsschwester; mit ihrer Tochter Sofia Alexandrowna korrespondierte er ausführlich. Wera war mit dem Arzt Alexander Pawlowitsch Iwanow verheiratet, der am Moskauer Vermessungsinstitut arbeitete.

(nach Familiennamen geordnet)

Aksakow, Iwan Sergejewitsch, 1823–1886
Slawophiler und einer der brillantesten Publizisten seiner Zeit. Aksakow redigierte folgende Zeitungen und Zeitschriften: ›Die Moskauer Sammlung‹ (1852), ›Das Russische Gespräch‹ (1859), ›Das Segel‹ (1859), den ›Tag‹ (1862–65), ›Moskau‹ (1867–68). Seine Tätigkeit stand unter strenger Zensur, die ihn öfter bestrafen und von der Polizei überwachen ließ. Aksakow spielte vor allem in den 70er Jahren eine große Rolle, während der Zeit des »Russisch-Türkischen Krieges«. Anfang der 60er Jahre polemisierte der noch progressive Dostojewskij mit dem konservativen Aksakow; doch schon in Zusammenhang mit der ›Epoche‹ und mit Dostojewskijs zunehmender Slawophilie kamen sich die beiden näher.

Alonkin, Iwan Maximowitsch
Dostojewskijs Vermieter in Petersburg, bevor Dostojewskij seinen langen Auslandsaufenthalt antrat. Während seiner Abwesenheit hatte er die Wohnung für die Witwe (Emilia Fjodorowna) und die Familie des Bruders gemietet.

Altschewskaja, Christina Danilowna, 1843–1918
In den 60er Jahren Leiterin der Sonntagsschule von Charkow, wurde sie im ganzen Land berühmt durch ihre Tätigkeit in Fragen der Volksbildung. Auf ihre Initiative wurde das System der pädagogischen Räte und Tagebücher der Lehrer eingeführt. Besonders populär war der von ihr angeregte und mitherausgegebene Katalog für Volks- und Kinderlektüre. Neu an dem Buch war auch, daß es zum erstenmal Rezensionen und Reaktionen der Leser aus dem Volk aufführte. Zu ihren Verehrern gehörten außer Dostojewskij auch Tolstoj und Uspenskij. Zum 50jährigen Jubiläum ihrer pädagogischen und aufklärerischen Tätigkeit wurde 1912 der Sammelband ihrer Aufsätze (›Erdachtes und Erlebtes‹) herausgegeben. Er ist eines der schönsten Denkmäler der Generation der 60er Jahre, die mit großer Leidenschaft und Naivität an die Kraft der Aufklärung glaubte und sie als Mittel zur Lösung aller sozialen Fragen ansah.

Anikiewa, Praskowja Petrowna
Die Geliebte des Bruders Michail Michajlowitsch, deren Sohn Iwan lange Zeit von Dostojewskij unterstützt wurde.

Annenkow, Iwan Alexandrowitsch, 1802–1874
Einer der führenden Dekabristen. Mitglied der ›Gesellschaft des Nordens‹. Wurde zu 20 Jahren Verbannung nach Sibirien verurteilt.

Annenkow, Pawel Wasiljewitsch, 1813–1887

Bekannter Kritiker und Puschkinforscher. Verfasser von Memoiren, die für die Literaturgeschichte des 19. Jahrhunderts von Bedeutung sind. Annenkow war mit Gogol, Belinskij und vor allem mit Turgenjew befreundet. Er verkehrte im Kreis von Herzen, Granowskij, Ogarjow und anderen bedeutenden Persönlichkeiten der »älteren Generation« (40er Jahre).

Er galt als passiv und sensibel, war hochgebildet, doch war seine schöpferische Kraft gering. Er war ein Mensch, von dem jeder seiner bedeutenden Freunde und Bekannten dachte, er stünde auf seiner Seite. Sie brauchten ihn und vertrauten ihm ihre Gedanken an, insbesondere Turgenjew, wobei sie den künstlerischen Geschmack Annenkows häufig überschätzten. Dem anpassungsfähigen Prominentensammler war es auch gelungen, sich in die 60er und 70er Jahre hinüberzuretten, ohne daß er mit der jungen Generation in Streit geriet, wenn auch nicht behauptet werden kann, er sei einer der ihren geworden. Jedenfalls konnte der militante Intellekt der jungen Generation den nebelhaften Eklektiker nicht treffen. Aus seinem Nachlaß sind am wertvollsten die in Baden-Baden geschriebenen Erinnerungen an Gogol, Belinskij, Herzen, Bakunin usw. (Neuauflage: P. W. Annenkow, ›Literarische Erinnerungen‹, Moskau 1960).

Für Dostojewskij war Annenkow eine der widerlichsten Erscheinungen seiner Zeit: Es war ihm einfach unbegreiflich, wie man zugleich Belinskijs und Gogols Freund sein konnte. Dazu kam die herzliche Verbindung Annenkows zu Turgenjew. Außerdem spielte Annenkow bei der Verbreitung literarischen Klatsches über Dostojewskij eine große Rolle (siehe Anm. 3 im Brief an K. P. Pobedonoszew vom 19. Mai 1880). Schon in den 40er Jahren hatte sich Annenkow mündlich und schriftlich daran beteiligt, Dostojewskijs Ruhm zu schmälern. Das gleiche tat er auch in den 60er und 70er Jahren. Vor allem war Dostojewskij über Annenkows verschwommenen Liberalismus empört.

Annenkowa, Praskowja Jegorowna, die gebürtige Französin Pauline Taible, 1800–1876

Frau des Dekabristen Iwan Alexandrowitsch Annenkow. Sie hatte durch die Napoleonischen Kriege eine schwere Kindheit. Als Angestellte eines Modegeschäftes kam sie nach Petersburg, wo sie 1825 Annenkow kennenlernte. Es war für sie besonders schwierig, die Erlaubnis zu erhalten, ihrem Mann nach Sibirien zu folgen. Mit großer Energie und Hartnäckigkeit konnte sie das schließlich durchsetzen und ging 1828 nach Sibirien, wo sie 18 Jahre mit ihrem Mann verbrachte. Dostojewskij hatte sie in Tobolsk kennengelernt.

Awerkjew, Dmitrij Wasiljewitsch, 1836–1905
Bekannter Dramatiker slawophiler Richtung, der mit Dostojewskij schon
in den 6oer Jahren zusammenarbeitete. Zur Zeit von Dostojewskijs Mitarbeit an der ›Epoche‹ erschien dort 1864 (Nr. 1) Awerkjews Stück ›Die
Schlacht mit Mamaj‹. Besonders populär war sein Stück ›Kaschirskaja
starina‹ (1872). Awerkjew beschäftigte sich auch mit Kunsttheorie, wozu
seine wertvolle Arbeit ›Über das Drama‹ gehört. Als Publizist konservativer Richtung war er von zweitrangiger Bedeutung. Allenfalls bleibt
sein Aufsatz ›Väter und Söhne der Universität‹, in dem der Zustand der
russischen Universität Anfang der 5oer Jahre geschildert wird.

Awsejenko, Wasilij Grigorjewitsch, 1842–1913
Schriftsteller und Kritiker, der seine literarische Karriere bei der Zeitschrift ›Das russische Wort‹ begann, wo er zunächst historische Artikel
schrieb. 1863–66 Privatdozent an der Kiewer Universität. Seit 1865
publizierte er im ›Russischen Boten‹. Trotz rührseliger Metaphysik und
seichter Geschichten aus der oberen Gesellschaft hielt ihn Dostojewskij
lange Zeit für einen begabten Schriftsteller, und zwar in jener Zeit, als
er ideologisch so verhärtet war, daß er die künstlerische Seite des engagierten Mitarbeiters am ›Russischen Boten‹ nachsichtig behandelte. Später,
im ›Tagebuch eines Schriftstellers‹, als sich Dostojewskijs ideologischer
Extremismus etwas ausgependelt hatte, schrieb er, »Awsejenko sei ein
oberflächlicher und dummer aristokratischer Schreiber, der unaufhörlich
von Handschuhen, Karetten, Pomaden und seidenen Kleidern schreibt,
und zwar besonders in dem Augenblick, in dem sich die Dame in den
Armstuhl setzt und das Kleid um Figur und Füße raschelt«.

Bachirjew, Alexej Iwanowitsch
Bruder des Kommandeurs der 1. Kompanie Dostojewskijs, Andrej Iwanowitsch Bachirjew. Bachirjew war einer jener gebildeten Offiziere in Semipalatinsk, mit denen Dostojewskij befreundet war.

Balzac, Honoré de, 1799–1850
Balzac erfreute sich schon in den 3oer Jahren großer Popularität. Dostojewskij hielt Balzac für den größten Romanschreiber des 19. Jahrhunderts. In dem Essay ›Einiges über ‹Schiller‹ (›Die Zeit‹, März 1862) tritt
Dostojewskij u. a. für alle von der damaligen russischen Kritik ungenügend beachteten Schriftsteller Westeuropas ein – insbesondere für Balzac.
Die Einflüsse Balzacs auf das Werk Dostojewskijs sind noch nicht untersucht. Leonid Grossman war der erste, der einen Zusammenhang zu skizzieren versuchte.

Baranow, Graf Pawel Trofimowitsch, 1814–1894
Gouverneur von Twer. Baranow unterstützte Dostojewskijs Gesuch um Übersiedlung von Twer nach Petersburg.

Barbier, Henri-Auguste, 1805–1882
Französischer Satiriker, der den Zustand der französischen Gesellschaft der 30er Jahre verspottete. Unter seinen Verssatiren (›Jambes‹, 1831) ist die Satire ›L'idole‹, die sich gegen die übertriebene Verherrlichung Napoleons richtete.

Bart, Iwan Martynowitsch
Bei Dostojewskij: Bartsch genannt. Nach dem Tagebuch von A. G. Dostojewskaja war Bart ein alter Bekannter des Autors. In den 60er und 70er Jahren war er Chefarzt des Maximilian-Krankenhauses in Petersburg und galt als einer der besten Chirurgen der Hauptstadt.

Bartenjew, Pjotr Iwanowitsch, 1829–1912
Historiker und Herausgeber der Zeitschrift ›Das russische Archiv‹. Bartenjew war einer der ersten Biographen Puschkins (›Puschkin in Südrußland. Materialien zur Biographie‹, Moskau 1862).

Basunow, Alexander Fjodorowitsch
Bekannter Verleger und Buchhändler, Kommissionär des Ministeriums für Justiz und Finanzen und der Akademie der Wissenschaften. Bei Basunow erschienen die ›Aufzeichnungen aus einem Totenhaus‹, die erste Buchausgabe von ›Schuld und Sühne‹ (1867) und ›Der ewige Gatte‹ (1871).

Beketows, die
Eine Petersburger Familie, aus der mehrere berühmte Persönlichkeiten hervorgingen, so der Chemiker Nikolaj Nikolajewitsch Beketow und der Botaniker Andrej Nikolajewitsch Beketow. Sie waren beide Professoren der Petersburger Universität und Akademie.

Belichow
Kommandeur des Bataillons, in dem Dostojewskij als einfacher Soldat diente. Im Haus Belichows lernte er die Isajews kennen. Nach Wrangel war Belichow ein gutmütiger Mensch, der mit allen auf »Du« stand. Er vertrank Staatsgelder und erschoß sich.

Belinskij, Wissarion Grigorjewitsch, 1811–1848
Der Literaturkritiker und Publizist Belinskij spielte in der ästhetischen und ideologischen Entwicklung Dostojewskijs wohl die entscheidendste Rolle. Er war für ihn Leitbild und Fanal. Dostojewskij hatte Belinskij »einige Jahre mit Hingabe gelesen«, bevor er ihn persönlich kennen-

lernte. Belinskij »brachte ihn zum Glauben an den Sozialismus«. Durch Belinskij lernte er Gogol verstehen, das Wesen der »Natürlichen Schule«; durch ihn lernte er die wichtigsten literarischen Erscheinungen der 40er Jahre und ihre ästhetischen Ideale einschätzen, die im wesentlichen unverändert blieben – die Literatur müsse dem gesellschaftlichen Fortschritt dienen. Sie sollten in den späteren Jahren nur komplexer und komplizierter werden.

Ihre erste Begegnung fand im Zusammenhang mit Dostojewskijs Erstlingswerk ›Arme Leute‹ statt. Die Begeisterung des Lehrmeisters und führenden Kritikers für das Debut bedeutete für Dostojewskij viele Jahre lang, auch noch während der Verbannung, Orientierung und Selbstbestätigung seiner Leistung: »Verstehen Sie denn selbst, was Sie da geschrieben haben? ... Sie haben den Kern der Dinge berührt, Sie haben mit einemmall die Hauptsache gezeigt. Sie haben die Wahrheit erschlossen, und Sie haben sie als Künstler erhöht, sie ist Ihnen als Gabe zugekommen; halten Sie ihre Gabe hoch und bleiben Sie ihr treu, und Sie werden ein großer Schriftsteller sein.« Der junge Autor sollte diese Worte nie vergessen. Um so größer mußte Dostojewskijs Enttäuschung sein, als der Ältere den ›Doppelgänger‹ ablehnte und, veranlaßt durch die ›Wirtin‹, seine Prophetie zu bereuen schien. Enttäuschung und eine leichte Entfremdung stellten sich ein. Die Beziehungen wurden schwieriger, blieben aber weiterhin herzlich (siehe Brief an M. A. Belinskaja vom 5. Januar 1863). So war Dostojewskij nach der Rückkehr aus Sibirien immer noch leidenschaftlicher Anhänger Belinskijs und polemisierte zu Gunsten der Kunstauffassung Belinskijs gegen Krajewskij. – Erst als die »offene Wiedergeburt seiner Überzeugungen« (in der zweiten Hälfte der 60er Jahre) vollzogen ist – sie hängen mit dem wachsenden Nationalismus des Autors zusammen –, sieht Dostojewskij in Belinskij die Personifizierung alles Negativen, alles »Nihilistischen« der Gegenwart. Er ist nun für Dostojewskij die Verkörperung des »atheistischen Sozialismus«, in dem er den Erzfeind der Menschheit sieht. Und weil er sich damit – zur Zeit, als er die ›Dämonen‹ verfaßt – gegen das Engagement der eigenen Jugend wendet, wird Belinskij zum verhaßten Doppelgänger der Vergangenheit; er reduziert ihn zu einer jämmerlichen Spießerfigur und schreckt vor keiner Verfälschung der Tatsachen zurück. In Dostojewskijs letzter Schaffensperiode (ab 1876), als er den russischen Radikalismus in einer Art »Panrussizismus« aufheben will, sieht er wieder den »höchst reinen und edlen Belinskij«, in dessen revolutionärer und »sozialistischer« Haltung eine originär russische, fast slawophile, radikale Ablehnung der europäischen Zivilisation zu erkennen sei. Ohne Zweifel war Belinskij die komplizierteste Erscheinung in der geistigen Entwicklung F. M. Dostojewskijs: Sie veränderte sich in den Augen des Dichters entsprechend seinem sich wandelnden politischen, philosophischen und religiösen Engagement.

Béranger, Pierre Jean de, 1780–1857
Bedeutender französischer Liederdichter. In Rußland wurde er schon zu
Beginn des 19. Jahrhunderts bekannt, und zwar durch die Über-
setzungen von I. I. Dmitrijew, W. L. Puschkin und dann Kurotschkin.
Belinskij urteilte über ihn: »Ein großer universaler Dichter, der fran-
zösische Schiller.« Dieses Urteil lag auf der Linie der französischen Uto-
pisten, für die sich Dostojewskij damals sehr interessierte. Er bewertete
Béranger ähnlich wie George Sand, nämlich als bestes Beispiel für einen
Volksdichter.

Beresowskij, Anton, 1847–?
Polnischer Emigrant, der in Paris am 25. Mai 1867 ein Attentat auf den
russischen Zaren Alexander II. verübte. Beresowskij stammte aus dem
Wolynsker Gouvernement und nahm 1863 am polnischen Aufstand teil.
Über Deutschland kam er nach Paris, wo er als Arbeiter lebte. Die fran-
zösische Meinung pries ihn damals als einen Mann hoher moralischer
Eigenschaften und rechtfertigte sein Attentat auf den Zaren als gerechte
Rache für die Unterdrückung der Heimat Beresowskijs.

Bergmanns, die
Bekannte des Bruders Michail in Reval.

Bernardskij, Jewstafij Jefimowitsch, 1819–1889
Beliebter Kupferstecher und Buchillustrator, der 1846 mit der Illustration zu Gogols ›Toten Seelen‹ begann (100 Blatt).

Bernard, Claude, 1813–1878
Berühmter französischer Physiologe, dessen Schriften von großer Bedeutung für die Philosophie waren und die ganze weitere Entwicklung
der Physiologie und ihrer wissenschaftlichen Grenzgebiete beeinflußten.
Er war der Begründer der experimentellen Physiologie und Medizin und
verwarf endgültig die Lehre von der besonderen »Lebenskraft«, die die
idealistischen Physiologen zur Erklärung verschiedener Phänomene in
der organischen im Unterschied zur anorganischen Welt heranzogen. Als
strenger Determinist sah er in allem nur Ursachen der Materie. Bernard
wurde in Rußland in den 60er und 70er Jahren sehr bekannt. In den
›Brüdern Karamasow‹ wird er einige Male als der Gelehrte erwähnt, der
alle psychischen Erscheinungen mittels der Bewegung nervlicher Einheiten
erkläre.

Bjelow, Jewgenij Alexandrowitsch, 1826–1895
Historiker slawophiler Richtung. Als Student hatte er sich für den
utopischen Sozialismus Fouriers begeistert (wie Dostojewskij in den 40er
Jahren). Bis Mitte der 60er Jahre war er Lehrer für Geographie und

Geschichte. Über seine Bekanntschaft mit Kostomarow und Tschernyschewskij hinterließ er interessante Memoiren. Offenbar war es dann der Fall Tschernyschewskij, der den Überzeugungen seiner Jugend eine neue Wendung gab: Ähnlich wie bei Dostojewskij und vielen anderen ihrer Generation vollzieht sich die ideologische Evolution bei Bjelow vom utopischen Sozialismus zur Slawophilie. In dieser Hinsicht ist Bjelows Neubewertung der Rolle Iwans des Schrecklichen interessant, den er als einer der ersten Historiker zum Kämpfer im Namen der staatlichen und religiösen Interessen gegen die partikularen Interessen der Aristokratie macht, deren oligarchische Tendenzen gegen das Volk gerichtet gewesen seien.

Blagonrawow, Alexander Fjodorowitsch
Arzt aus der Provinz, der Dostojewskij in einem Brief mitgeteilt hatte, wie meisterhaft, vom medizinischen Standpunkt aus betrachtet, die Schilderung der Halluzination Iwan Karamasows gelungen sei.

Boborykin, Pjotr Dmitrijewitsch, 1836–1921
Schriftsteller und Publizist. Von 1863 bis 1865 Herausgeber der ›Lesebibliothek‹. Er schrieb eine Menge von Erzählungen, Romanen und Essays über Philosophie, Ästhetik und Literaturtheorie. Eine Gesamtausgabe seiner Werke würde etwa 70 dicke Bände umfassen. Boborykin verbrachte einen großen Teil seines Lebens in Europa und war konsequenter Anhänger der Schule Zolas. Seine Absicht war die Darstellung selbst kleinster Veränderungen in der russischen Wirklichkeit, die er »als kalter Beobachter und Registrator« festhalten wollte. Zu seinen bekannten Werken gehören die ›Händler‹ (1872) und ›Wasilij Tjorkin‹ (1892), Romane, die den Aufstieg des Kapitalismus in Rußland schildern. Außerdem war er Verfasser einer umfangreichen Arbeit über den europäischen Roman (1900).

Bolotow, Alexej Pawlowitsch, 1803–1853
Topograph und Geodätiker.

Botkin, Sergej Petrowitsch, 1832–1889
Berühmter Arzt und Professor der Medizin an der Militärakademie in Petersburg.

Braschmann, Nikolaj Dmitrijewitsch, 1796–1866
Bekannter Mathematiker.

Bulgarin, Faddej Benediktowitsch, 1789–1859
Sohn eines polnischen Revolutionärs, der 1794 nach Sibirien verbannt wurde. Von 1805–1807 nahm Bulgarin an den Kämpfen gegen Napoleon

teil. 1810–1814 kämpfte er für Napoleon. In Rußland geriet er in Gefangenschaft. Er wurde jedoch nicht wegen Verrats verurteilt, sondern durfte sich weiter als Journalist betätigen. Seine ersten Erzählungen erschienen seit 1816. Er verkehrte dann in den besten liberalen Kreisen, wo ihm zunächst selbst Puschkin, Rylejew und Bestuschew-Marlinskij zugetan waren. Seit 1825 gab er zusammen mit N. Gretsch die berühmte Zeitschrift ›Die Nordische Biene‹ heraus. ›Die Nordische Biene‹ propagierte Ansichten, die der Polizei nützten. Einflußreiche Kreise um den verhaßten Chef der III. Abteilung Benckendorff protegierten ihn. Er wurde Agent und Denunziant der Geheimpolizei und scheute kein Mittel, um seine Ziele zu erreichen. Geschickt auf den Geschmack des Publikums zugeschnittene und innerhalb der Grenzen der Zensur lavierende Romane abenteuerlichen und satirischen Charakters (›Iwan Wyschigan‹, 1829, und ›Pjotr Wyschigan‹, 1831) machten ihn berühmt; sie wurden in sechs Sprachen übersetzt. Er zog sich immer mehr die Verachtung und den Haß seiner literarischen Zeitgenossen zu. Bulgarin intrigierte, lobte und tadelte, wie es ihm gelegen kam, um seine Monopolstellung bei der Presse aufrechtzuerhalten. In der Polemik gegen Bulgarin und bei der Entlarvung seiner Rolle tat sich vor allem Belinskij hervor.

Burenin, Viktor Petrowitsch, 1841–1926
Kritiker, Publizist, Dichter, Dramatiker und Übersetzer. 1862–63 begann er seine Karriere bei dem radikalen ›Funken‹. Er publizierte auch in den ›Vaterländischen Annalen‹. 1875 wurde er Mitarbeiter von Suworins ›Neuer Zeit‹ und rückte immer weiter nach rechts, bis er schon zu Beginn der 80er Jahre eine der zentralen Figuren der reaktionären Presse wurde. Vor keiner Intrige schreckte er zurück. Sein Name ist von da an, wie der Name Menschikows, ein Synonym für literarische und politische Skrupellosigkeit. Über Dostojewskij hatte Burenin schon seit der zweiten Hälfte der 60er Jahre geschrieben.

Butaschewitsch-Petraschewskij, Michail Wasiljewitsch, 1821–1866
Beamter im russischen Außenministerium, der 1845 die Gesellschaft der Petraschewzen gründete. Seinen Anschauungen nach war er Rationalist, Positivist und Kosmopolit, der die nationalen Ursprünge einer Gesellschaft bis zur letzten Konsequenz leugnete, was Dostojewskij besonders störte. Als Anhänger Fouriers und Feuerbachs machte er sich an eine Neuauflage des Kirillowschen ›Taschenwörterbuchs‹, wofür er dann die wichtigsten Artikel selbst verfaßte. Das ›Taschenwörterbuch‹ erschien 1846 und wurde sofort von der Polizei konfisziert. Im September 1846 beschloß das Zensurkomitee, das Wörterbuch zu vernichten. Während der 1848 stattfindenden Adelswahlen verbreitete Petraschewskij ein Pamphlet über die Bauernfrage mit dem Titel ›Über Mittel zur Wertsteigerung der Landgüter‹. Die III. Abteilung der zaristischen Polizei

wurde daraufhin auf die »Freitagabende« bei Petraschewskij aufmerksam, und als nach einjähriger Beobachtung die Liste der Besucher vollständig war, wurden am frühen Morgen des 23. April 1849 die 34 »Verschwörer« dieser Gruppe verhaftet. Petraschewskij wurde zum Tode durch Erschießen verurteilt, begnadigt und zu lebenslänglicher sibirischer Verbannung verurteilt. Nach seiner Amnestierung wurde er 1856 nach Irkutsk versetzt, wo er eine Anwaltskanzlei betreiben durfte. 1860 gab er dort die Zeitung ›Amur‹ heraus, wurde aber bald wegen ständiger Zusammenstöße mit der Obrigkeit nach Minusinskij verbannt. Trotz ideologischer Gemeinsamkeit in den 40er Jahren sind sich Dostojewskij und Petraschewskij nie nahegekommen, wohl vor allem wegen der Verschiedenheit ihrer Charaktere. Dostojewskij hielt ihn für einen »merkwürdigen, exzentrischen Menschen mit mehr Verstand als Vernunft«. Zudem fühlte er sich von Petraschewskijs radikalem Rationalismus und Kosmopolitismus abgestoßen.

Butkow, Jakow Petrowitsch, ?–1856
Schriftsteller der »Natürlichen Schule«. Autor des Romans ›Petersburger Gipfel‹, der in zwei Teilen erschien (1845–46). Butkow stammte aus ärmlichen Verhältnissen. Als Kleinbürger und Autodidakt war er ein scheuer Mensch. Von seinem Verleger (Krajewskij) vom Rekrutendienst freigekauft, verhielt er sich zu seinem Wohltäter wie gegenüber der Obrigkeit – ängstlich und ehrerbietig und war überglücklich, als es ihm gelang, auf einmal eine so große Summe wie 10 Silberrubel zu erhalten. Selbst Untermieter in Mansarden und auf Dachböden, beschrieb er das Milieu des »dunklen Menschen auf dem Newskij Prospekt« und wählte für seine ›Petersburger Gipfel‹ einen kleinen vergessenen Beamten als Helden. Belinskij bescheinigte ihm »Verstand, Beobachtungsgabe, stellenweise Scharfsinn und Komik und ein Herz, das zum Mitleid mit dem Nächsten fähig ist«.

Byron, Lord George, 1788–1824
Für Dostojewskijs Generation war Byron schon eine Stimme aus der Vergangenheit. Man begeisterte sich für andere Namen und Ideen (G. Sand, H. Balzac, Dickens, Hugo). Im Zusammenhang mit Puschkin charakterisierte er Byron später auf folgende Weise: »Der Byronismus trat im Augenblick einer schrecklichen Schwermut der Menschen auf, einer Enttäuschung, ja, fast einer Verzweiflung. Wohl noch nie zuvor hatte die Geschichte Westeuropas einen derart traurigen Augenblick erlebt... Alles war im Begriff, unter dem schrecklich gefallenen und über der Menschheit herabgebrochenen alten Horizont zu ersticken. Und in diesem Augenblick erschien der große und mächtige Genius, der leidenschaftliche Poet. In seinem Lied tönte die damalige Schwermut der Menschheit und das finstere Irrewerden an ihrer Bestimmung und ihren enttäuschten Idea-

len. Das war eine neue und noch nie gehörte Muse der Rache und des Leids, der Verfluchung und Verzweiflung. Der Geist des Byronismus schien plötzlich die ganze Menschheit zu durchdringen, alles fand in ihm seinen Widerhall... Dies war der mächtige Schrei, in dem alle Schreie und das Stöhnen der Menschheit sich vereinigten.«

Chomjakow, Alexej Stepanowitsch, 1804–1860

Eine der markantesten Figuren der Slawophilie: Dichter, Publizist, Historiker und Philosoph. Seine Arbeiten über Universalgeschichte – stark geprägt von der deutschen Romantik – sind sehr umfangreich, desgleichen seine theologischen Traktate. Sie enthalten die ausführlichste Darstellung der slawophilen Konzeption über Geschichtsphilosophie und Gnoseologie. Die Geschichte der Menschheit ist eine Geschichte innerer widerstrebender Kräfte (die Religionen). Hierbei stehen sich Osten und Westen gegenüber, der Osten mit seiner Fülle des Geistes und Identität von Einheit und Freiheit, der Westen mit seiner Stofflichkeit und seinem Rationalismus. Für Dostojewskij waren Chomjakows Ideen sehr wichtig. Mit ihnen konnte er seine Ablehnung des Katholizismus und Protestantismus theologisch untermauern, ebenso wie er mit ihrer Hilfe die Orthodoxie als die wahrhaftige Kirche Christi erhöhen konnte. Trotz ihrer Aktualität ist die Frage nach dem Einfluß Chomjakows auf Dostojewskij noch nicht untersucht worden.

Chwoschtschinskaja, Nadjeschda Dmitrijewna, 1825–1889

Schriftstellerin, die unter dem Pseudonym W. Krestowskij schrieb. Ihre Erzählungen erschienen seit 1850 in den ›Vaterländischen Annalen‹.

Danilewskij, Grigorij Petrowitsch, 1829–1890

Verfasser »ethnographischer« Romane. Er hatte ebensoviel Erfolg beim Publikum, wie er Mißerfolg bei der Kritik hatte. 1901 erschienen seine ›Gesammelten Werke‹ in der 9. Auflage.

Danilewskij, Nikolaj Jakowlewitsch, 1822–1885

Naturwissenschaftler und slawophiler Philosoph, der ursprünglich den Petraschewzen nahestand, wo er als begeisterter Vertreter des utopischen Sozialismus Fouriers galt. Nach seiner Verhaftung zusammen mit den anderen Petraschewzen saß er hundert Tage in der Peter-Pauls-Festung und erklärte beim Prozeß, ihn habe der Sozialismus nur als ökonomische Theorie interessiert. Er wurde daraufhin nur aus Petersburg ausgewiesen, während die übrigen nach Sibirien verbannt wurden. Der vielseitig gebildete Mann machte sich 1865 an sein Hauptwerk ›Rußland und Europa‹, das 1869 in der ›Morgenröte‹, 1871, 1888 und 1889 als Buch erschien. ›Rußland und Europa‹ war lange – ähnlich wie später Oswald Spenglers ›Untergang des Abendlandes‹ in Deutschland – eines der meistgelesenen Bücher in Rußland. Hatten die Slawophilen Rußland eine universale historische Bedeutung und eine führende Rolle bei der »wahren, allgemeinmenschlichen Aufklärung« zugewiesen, so lehnte Danilewskij jede Art »allgemeinmenschlicher« Aufgaben in der Geschichte ab. Für ihn ist »Menschheit« ein abstrakter Begriff, dem jede reale Bedeutung fehlt. Er verwirft die üblichen historischen Einteilungen (Antike, Mittelalter und Neuzeit), weil sie die Idee einer »einheitlichen« historischen Entwicklung voraussetzen. An ihre Stelle setzt er »natürliche Gruppen«, die er »kulturhistorische Typen« nennt. Einer dieser Typen sind Rußland und die Slawen. Er unterscheidet sich in der Art vom romano-germanischen Kulturtypus. Mit den Slawophilen teilt Danilewskij die Auffassung von der »größeren Fülle« des slawischen Kulturtypus. Die verschiedenen Kulturtypen durchlaufen drei natürliche Stadien: 1. Kindheit und Jugend, 2. Reife, 3. Alter. Auf Grund dieses zyklischen Verlaufs der Geschichte in Kulturtypen könne es keinen Fortschritt der Menschheit geben. Jeder Typus habe eine besondere Bestimmung. So sei beispielsweise die Bestimmung der Juden die Religion, die der Griechen die Kultur (Wissenschaft, Kunst, Industrie), die der Römer die Politik, die des romano-germanischen Typus die sozialökonomische Aufgabe. Der slawische Typus allein besitzt nach Danilewskij die Eigenschaft, diese vier Grundsphären der menschlichen Tätigkeit zu betreiben, um damit die neue Kultur zu begründen.

Bei Dostojewskij, der als Nationalist und Vertreter der kulturellen Bodenständigkeit den »kosmopolitischen Sozialismus« erbittert bekämpfte, fielen diese Ideen auf fruchtbaren Boden, wenn er sich auch mit seinem antirömischen Weltbild und dem Gedanken an ein universales Christentum doch nicht ganz dem Schema Danilewskijs anpassen konnte.

Dawydow, Iwan Iwanowitsch, 1794–1863
Pädagoge und Schriftsteller. Hielt Vorlesungen über Philosophie an der Moskauer Universität, und nach Mersljakows Tod (nach 1831) hielt er Vorlesungen über russische Literatur, wo ihn auch D. im Pensionat von Tschermah als Lehrer hatte. Er war einer der ersten russischen Schellingianer.

Demtschinskij
Adjutant des Militärgouverneurs von Semipalatinsk.

Derschawin, Gawriil Romanowitsch, 1743–1816
Gouverneur, Senator und Justizminister. Er ist der größte russische Dichter des 18. Jahrhunderts. Er verfaßte zumeist Oden, Elegien und anakreontische Gedichte. In einigen Versen verherrlichte er Katharina II. und verspottete zugleich die Mächtigen der Gesellschaft am Hof. Dostojewskij kannte ihn schon von der Lektüre im elterlichen Haus her, wo man vor allem Derschawins berühmte Ode ›Gott‹ las.

Dickens, Charles, 1812–1870
Dickens gehörte zu Dostojewskijs Lieblingsschriftstellern. Ihre Werke hatten ähnliche Grundtendenzen: als Thema die Stadt und ihre ärmsten Bevölkerungsschichten, als Lieblingshelden schwache und von der Gesellschaft unterdrückte Menschen, die Liebe zu Kindern und die subtil psychologische Führung der Handlung. Abgesehen davon lassen sich auch Einflüsse von Dickens im Werk Dostojewskijs nachweisen (zum Beispiel in den ›Erniedrigten und Beleidigten‹, ›Schuld und Sühne‹ und dem Roman ›Antiquitätenladen‹). In literarischer Hinsicht steht für Dostojewskij Dickens neben Shakespeare, Byron, Walter Scott, Balzac, Victor Hugo und George Sand.

Djadin, Alexej Wasiljewitsch, 1791–1864
Bekannter Artilleriespezialist und Dostojewskijs Lehrer an der Petersburger Militärakademie.

Dmitrij Rostowskij, Metropolit von Rostow, 1651–1709
Der Kirchenfürst von Rostow – bürgerlicher Name: Dmitrij Tuptalo – verfaßte mehrere Dramen über biblische Sujets, die sich an den Jesuitendramen orientierten. Er war bekannt als hervorragender Prediger; sein Hauptwerk sind die Menäen: die auf die zwölf Monate des Jahres verteilten Heiligenviten. Dmitrij Rostowskij wurde 1757 von der russischen Kirche heiliggesprochen.

Dobroljubow, Nikolaj Alexandrowitsch, 1836–1861
Einer der brillantesten Vertreter der Kritik und Publizistik der 50er Jahre. Dobroljubow lehnte Nutzen und Bedeutung der ästhetischen Kritik ab und widmete seine Aufsätze der Analyse des gesellschaftlichen Lebens. Dostojewskij hielt Dobroljubow für den bedeutendsten Kritiker nach Belinskij: »Ein tief überzeugter, von einer heiligen, gerechten Idee durchdrungener Mensch und großer Kämpfer für die Wahrheit«. Sie polemisierten in ideologischen und ästhetischen Fragen.

Dolgomostjew, Iwan Grigorjewitsch, ?–1867
Mitarbeiter und Übersetzer bei Dostojewskijs Zeitschriften ›Die Zeit‹ und ›Die Epoche‹. Einer der leidenschaftlichsten Vertreter der Ideologie des »Volksbodens«; er verfiel dem Wahnsinn.

Dolgorukij, Fürst Wladimir Andrejewitsch, 1810–1891
Seit 1856 Generalgouverneur von Moskau.

Dolgorukow, Fürst Wasilij Andrejewitsch, 1803–1868
Von 1852–56 Kriegsminister. 1856–66 Chef der Gendarmerie und der III. Abteilung (Geheimpolizei).

Druschinin, Alexander Wasiljewitsch, 1824–1864
Kritiker und Schriftsteller. Seine erste Erzählung ›Polinka Saks‹ (1847),
die unter dem Einfluß von George Sand stand, hatte riesigen Erfolg.
Von 1849 bis 1855 schrieb er regelmäßig Rezensionen, später mit Unter-
brechungen, und zwar unter der Rubrik ›Briefe eines ausländischen
Abonnenten‹ in Nekrasows ›Zeitgenossen‹. Seit 1855 hatte er in der ›Petersburger Zeitung‹ die Spalte ›Notizen eines Petersburger Touristen‹,
die er 1856 in die ›Lesebibliothek‹ überführte. Von Belinskijs Tod bis
zum Auftreten Tschernyschewskijs und Dobroljubows galt Druschinin
als der führende Kritiker der 50er Jahre. Der subtile Ästhet und erlesene
Stilist und Skeptiker vertrat die Position der »reinen Kunst« und bekämpfte den »Didaktismus« der engagierten Kunst – die Forderung
Belinskijs, die Kunst müsse dem Fortschritt der Gesellschaft dienen.
Druschinins eigentümlicher ästhetischer Nihilismus und die Prinzipien-
losigkeit gegenüber den »Ideen des Jahrhunderts« forderten Dostojewskijs Empörung in noch viel größerem Maße heraus als »Atheismus und
Sozialismus«.

Durow, Sergej Fjodorowitsch, 1816–1869
Schriftsteller, der ausschließlich von den Einkünften seiner literarischen
Tätigkeit lebte. Er gehörte der »Natürlichen Schule« an. Berühmt wurde
er durch seine Übersetzungen von Horaz, Dante, Béranger, Byron,
Mickiewicz. Seit 1847 war Durow einer der regelmäßigsten Besucher der
Freitagabende bei Petraschewskij und gründete einen noch radikaleren
Zirkel. Dostojewskij war nie besonders eng mit ihm befreundet. Er hielt
ihn für »religiös bis zur Lächerlichkeit und gescheit, aber einseitig«. Ob-
wohl sie ein fast gleiches Schicksal teilten, korrespondierten sie nie miteinander.

Filippow, Pawel Nikolajewitsch, 1825–1855
Gehörte zum ultrarevolutionären Flügel der Petraschewzen und schloß
sich später Durow an. Filippow drängte immer darauf, Artikel über gesellschaftliche Fragen zu schreiben, sie zu lithographieren und dann zu
verbreiten. Offenbar kam der Vorschlag, eine »geheime Druckerei« auf-
zumachen, den Dostojewskij mit Begeisterung begrüßte, von ihm. Dostojewskij war mit Filippow befreundet, hielt ihn aber für unbesonnen,
leidenschaftlich und zu jedem sinnlosen Risiko bereit. Aus späteren Briefen Filippows geht hervor, daß er seinen revolutionären Ideen auch
während der schrecklichen Jahre der Verbannung treu geblieben war.

Filippow, Tretij Iwanowitsch, 1825–1899
Politiker, Publizist und Mitglied des aristokratischen Kreises um
Meschtscherskij. In den 50er Jahren stand er dem slawophilen Kreis
der Zeitschrift ›Der Moskauer‹ nahe und übte einen starken Einfluß auf

Ostrowskij, Pisemskij und Apollon Grigorjew aus. In seinen Aufsätzen propagierte er die Rückkehr zur vorpetrinischen Rus mit ihrer patriarchalischen Struktur, die den »Besonderheiten des russischen Volkes mehr entspreche« als die Ordnung des nachpetrinischen Rußland. Wie die meisten slawophilen Epigonen rückte er mit den Jahren immer weiter nach rechts. Mit seinen späteren Aufsätzen über die »Orientalische Frage« und Fragen der Orthodoxie gehörte er zu den Ideologen der herrschenden sozialpolitischen Verhältnisse. Diese Aufsätze beeinflußten Dostojewskij.

Filosofowa, Anna Pawlowna, 1837–1912
Frauenrechtlerin und Philanthropin, die sich insbesondere um die Förderung der Hochschulkurse für Frauen verdient machte. Aus diesen Kursen entwickelte sich später die Petersburger Frauenuniversität. Die Behörden verhielten sich ihr gegenüber in den 70er Jahren recht mißtrauisch; einmal wurde sie sogar als »politisch unzuverlässig« aus Petersburg ausgewiesen. Dostojewskij unterhielt zu ihr eine herzliche Freundschaft und bezeichnete sie einmal als »kluges Herz«. Sie war auch mit Turgenjew befreundet, dem sie das Material für den Roman ›Neuland‹ beschaffte.

Fonwisina, Natalja Dmitrijewna, geb. Apraksina
Frau des Dekabristen Iwan Alexandrowitsch Fonwisin. Sie verbrachte sämtliche Jahre der Verbannung mit ihrem Mann in Sibirien und verlor während dieser fünf Jahre alle ihre Kinder. Dostojewskij schätzte sie als eine Frau von außergewöhnlichem Verstand und großer Herzensbildung. Sie war »für die höchste sittliche Pflicht, die freieste Pflicht, die es nur geben konnte, bereit, alles zu opfern«. Dostojewskij war auch von ihrer tiefen Religiosität beeindruckt. Der bedrückte Ton ihrer Briefe, von denen Dostojewskij spricht (Brief vom 20. 2. 1854), hat seinen Grund in der tödlichen Krankheit ihres Mannes.

Furman, Pjotr Romanwitsch, 1809–1856
Mitarbeiter verschiedener Zeitschriften und Zeitungen (›Sohn des Vaterlands‹, Kukolniks ›Illustrationen‹, ›Literaturzeitung‹), Autor historischer Romane und Erzählungen und einer ganzen Reihe von Kinder-Büchern. Belinskijs Kreis verachtete ihn. Belinskij sagte einmal: »Was für ein Lump ist da nun in die ›Vaterländischen Annalen‹ hereingekrochen.«

Gajewskij, Viktor Pawlowitsch, 1826–1888
Beamter im Ministerium für Volksaufklärung, das er wegen seiner Verbindungen zu Alexander Herzen verlassen mußte. In den Jahren 1849 bis 1851 war er Mitarbeiter der literaturkritischen Spalte bei der Zeitschrift des Ministeriums, 1860 freier Mitarbeiter der ›Petersburger Zei-

tung‹. Besonders wertvoll sind Gajewskijs Aufsätze über Puschkin und die Lyriker der Puschkinzeit. Er war einer der Begründer des ›Literaturfonds‹ (einer Unterstützungskasse für Schriftsteller und Wissenschaftler) und viele Jahre dessen Vorsitzender.

Gerngross, Andrej Rodionowitsch
Oberkommandierender des Altaier Militärbezirks, der nach Wrangel Dostojewskij unterstützte, wo er nur konnte.

Giljarow-Platonow, Nikita Petrowitsch, 1824–1887
Publizist und Freund der frühen Slawophilen: Chomjakows, Samarins und der Brüder Aksakow. Herausgeber der slawophilen Zeitung ›Zeitgenössische Nachrichten‹. Dostojewskij kannte ihn wohl persönlich, und zwar durch Iwan Aksakow. Welche Schriften von Giljarow-Platonow er gelesen hatte, ist nicht bekannt; dennoch darf man annehmen, daß sich ihre Ansichten im persönlichen Gespräch über viele gemeinsame Themen begegneten.

Goethe, Johann Wolfgang von, 1749–1832
Obgleich Dostojewskij den Namen Goethes nicht weniger häufig als die Namen der anderen Großen der Weltliteratur erwähnte, blieb ihm der Geist des ›Olympiers‹ dennoch fremd. Vielleicht schien dem leidenschaftlich engagierten Dostojewskij die kontemplative Kühle Goethes unmenschlich zu sein (siehe dagegen Schiller). Versuche, Parallelen zwischen den ›Brüdern Karamasow‹ und dem ›Faust‹ zu ziehen (Lunatscharskij, W. Rosanow, S. Bulgakow), blieben jedenfalls, ohne zu überzeugen, bisher in der ideologisch-weltanschaulichen Sphäre der Kritik stecken.

Gogol, Nikolaj Wasiljewitsch, 1809–1852
Gogol war für Dostojewskij lebenslang ein Zentrum, von dem er sich zugleich angezogen und abgestoßen fühlte. Seine Rezeption Gogols war bestimmt von der Belinskijs. Gogols ›Tote Seelen‹ lagen bei ihm auf dem Nachttisch. Bei den Petraschewzen las er Belinskijs leidenschaftlichen Brief an Gogol vor, in dem der todkranke Kritiker den Verfasser der ›Toten Seelen‹ reaktionärer Ansichten bezichtigte, die derselbe Autor in dem Bekenntnisbuch ›Stücke aus dem Briefwechsel mit Freunden‹ verbreitet hatte. In den 40er Jahren mißt sich Dostojewskij stets an Gogol, sucht jedoch vor allem nach einer Grundlage des Unterschieds, die er dann in Belinskijs Formel findet: »Gogol erfaßt alles durch die Synthese, aber er, Dostojewskij, durch die Tiefe der Analyse.«

Golochwastowa, Olga Andrejewna, ?–1894
Autorin einiger Erzählungen und Dramen. Sie stand wie ihr Mann Pawel Dmitrijewitsch Golochwastow slawophilen Kreisen nahe.

Golowinskij, Wasilij Andrejewitsch, 1829–1870
Sohn eines Freimaurers und von Beruf Jurist. Er besuchte regelmäßig
Durows Zirkel und trat vor allem für die Befreiung der Bauern ein.
Seine Kameraden aus dem Kreis der Petraschewzen schätzten an ihm
den logischen Verstand und die Festigkeit der Überzeugungen. Das Todesurteil beim Prozeß wurde in eine Degradierung zum einfachen Soldaten im Orenburger Linienbataillon verwandelt. 1851 kam er zum
Kaukasischen Korps. Nach der Rehabilitierung (1857) trat er in den
Zivildienst ein, und zwar in Simbirsk. Während der Bauernreformen, an
denen er sich rege beteiligte, zog er sich den Haß vieler Großgrund-
besitzer zu und wurde von ihnen denunziert, so daß die Polizeiaufsicht
verschärft und erst 1874 endgültig aufgehoben wurde. In den 6oer und
7oer Jahren betätigte er sich als Rechtsanwalt.

Gontscharow, Iwan Alexandrowitsch, 1812–1891
Einer der großen russischen Romanciers des 19. Jahrhunderts. Seinen
größten Ruhm erlangte er mit dem Roman ›Oblomow‹. Dostojewskij
lernte ihn in den 4oer Jahren entweder bei den Majkows oder bei den
Belinskijs kennen. Trotz der unterschiedlichen sozialen Herkunft – Gontscharow war der Sohn eines reichen Simbirsker Kaufmanns –, trotz der
verschiedenen Temperamente, verschiedener ideologischer und ästhetischer Auffassungen kollidierten die beiden weder persönlich noch literarisch. Wenn er auch Gontscharows ›Oblomow‹ vorübergehend für einen
»abscheulichen Roman« hielt und dessen Autor ironisierte, so bewunderte
er doch den Künstler und mißbilligte dabei ein wenig »Gontscharows
deutsche Sorgfalt und Leidenschaftslosigkeit«.

Gorskij
Der 18jährige Gymnasiast Gorskij war Hauslehrer beim Kaufmann
Schemanin in Tambow. Er tötete sechs Menschen (die Frau Schemanins,
dessen Mutter, den 11jährigen Sohn, eine Verwandte, den Hausknecht
und die Köchin), und zwar in der Absicht, sich dadurch von seiner Armut
zu befreien. Es handelte sich jedoch nicht um gewöhnlichen Raubmord,
sondern er mordete um der Idee willen. Dem Typ nach entsprach er
Dostojewskijs Raskolnikow. Belesen und von scharfem Intellekt, hatte er
die Morde äußerst kaltblütig vorbereitet und ausgeführt. Der Fall
Gorskij beeindruckte Dostojewskij stark; er verwendete ihn im ›Idioten‹,
um die ideologische Seite des Romans zu entwickeln.

Gradowskij, Alexander Dmitrijewitsch, 1841–1889
Professor für Staatsrecht an der Petersburger Universität. Verfasser des
dreibändigen Werkes ›Die Ursprünge des russischen Staatsrechts‹. Trotz
seiner Affinität zu slawophilen Ideen war Gradowskij ein Liberaler, der
an die Weiterentwicklung der Reformen der 6oer Jahre glaubte. Er hing

dem sogenannten »nationalen Liberalismus« an, einer Richtung, die auch von der Zeitschrift ›Die Morgenröte‹ gefördert wurde.

Granowskij, Timofej Nikolajewitsch, 1813–1855
Historiker, Hegelianer und Vertreter der Idee der »reinen Schönheit«. Eine »schöne Seele« im Sinne von Schiller, gütig und human, unterhielt er sich ununterbrochen »mit den lieben Freunden«, ohne viel für seine Wissenschaft zu tun. Dennoch hatte dieser »reinste Westler« als Persönlichkeit und Dozent großen Einfluß auf die Generation der 40er Jahre, u. a. auf den jungen Herzen und auf Belinskij. Mit seinen abstrakten Idealen und seiner Untüchtigkeit im praktischen Leben war er für den jungen Dostojewskij der »Träumerei« das »reinste Symbol der damaligen Menschen«. So sah er den Professor der Moskauer Universität, als er ihn kennenlernte, hörte sich seine Vorlesungen an und las keine einzige Zeile von ihm. Im Grunde bewahrte sich Dostojewskij dieses Bild von Granowskij sein ganzes Leben lang. 1862 druckte er in der ›Zeit‹ Granowskijs Vorlesungen. In den Aufzeichnungen zu den ›Dämonen‹ spricht er ganz offen davon, daß Granowskij das Vorbild für Stepan Werchowjenskij sei, »der Typ des Idealisten der 40er Jahre...‚ doch ich liebe Stepan Trofimowitsch und verehre ihn zutiefst«.

Grigorjew, Apollon Alexandrowitsch, 1822–1864
Brillanter Kritiker und Publizist, der vor allem in den Zeitschriften ›Der Moskauer‹, ›Das russische Wort‹ und ›Die Epoche‹ veröffentlichte. Grigorjew ist der Begründer der »organischen Theorie« in der russischen Literaturgeschichte. Ab 1850 steht er an der Spitze »der jungen Redaktion des ›Moskauers‹«, an dem Ostrowskij, Pisemskij, Potechin, Gorbunow, Mej, Almasow und Edelson mitarbeiten. Grigorjew gehörte auch zu den Begründern der gesellschaftlichen Strömung, die unter der Bezeichnung »Volksbodentum« (*potschwennitschestwo*) bekannt wurde und die Dostojewskijs ideologische Entwicklung entscheidend mitbestimmte.

Grigorjew, Nikolaj Petrowitsch, 1822–1886
Oberleutnant der Grenadiergarde und Verfasser der agitatorischen Broschüre ›Das Soldatengespräch‹. War erst bei Petraschewskijs, dann bei Durows Kreis. Wie die anderen zum Tode und nach der Begnadigung zu 15 Jahren Zwangsarbeit in Sibirien verurteilt. Ab 1856 geistesgestört.

Grigorowitsch, Dmitrij Wasiljewitsch, 1822–1899
Schriftsteller und Dostojewskijs Kommilitone in der Petersburger Ingenieurschule. Grigorowitsch hatte auf der Ingenieurschule eineinhalb Jahre früher als Dostojewskij begonnen, blieb dort vier Jahre und ließ sich 1840 vom Dienst suspendieren. Er war einer der wenigen Studieren-

den, die das Leben eines »wackeren Junkers« führten und Einladungen zu Bällen am Hof erhielten. 1846 veröffentlichte er die Erzählung ›Das Dorf‹, die im Geist der »Natürlichen Schule« geschrieben war und ihm sogleich einen Namen unter den jungen Schriftstellern verschaffte. Sehr wertvoll sind die ›Erinnerungen‹ von Grigorowitsch, die trotz ihrer verwirrten Chronologie zu den wenigen Quellen gehören, die das Leben des jungen Dostojewskij in Petersburg, seine ersten literarischen Schritte, seinen Platz im Kreis Belinskijs schildern, wie auch die öffentliche Reaktion auf jene Werke, die Dostojewskij vor der Verbannung verfaßte. Die ›Erinnerungen‹ beschreiben auch die Beziehungen zwischen den beiden, die zwar freundschaftlich waren, aber nie intim wurden. Dostojewskij erwähnt den Namen Grigorowitsch einige Male, und zwar stets mit einer Spur von Ironie.

Grot, Jakow Karlowitsch, 1812–1893
Mitglied des Komitees für das Puschkindenkmal und Verfasser einer Biographie über den jungen Puschkin (›Puschkin, seine Kameraden und Lehrer im Lyceum‹). Grot war Mitglied der Petersburger Akademie der Wissenschaften und Vorsitzender der Sektion für russische Sprache und Literatur.

Guizot, Pierre François Guillaume, 1787–1874
Bedeutender französischer Historiker und Politiker. Seine Hauptwerke: ›Geschichte der Zivilisation in Europa‹, ›Geschichte der Zivilisation in Frankreich‹.

Hasfort, Gustav Christianowitsch, 1794–1874
General im Krieg gegen Napoleon, dann bei der Niederwerfung des ungarischen Aufstands und der kaukasischen Stämme. Seit 1851 Generalgouverneur von Sibirien.

Hegel, Georg Wilhelm Friedrich, 1770–1831
Neben Schelling war es vor allem Hegel, der die philosophische Diskussion in Rußland in Gang brachte. Hegels Philosophie war für die Generation der 30er und der beginnenden 40er Jahre von entscheidender Wirkung, während Kant in Rußland so gut wie unbekannt blieb. Dostojewskij empfing von ihr die wichtigsten Impulse für sein Verständnis der Geschichte und Philosophie, wobei er sie zumeist durch Belinskij kennengelernt hatte.

Herzen, Alexander Iwanowitsch, 1812–1870
Bedeutendster russischer Publizist des 19. Jahrhunderts. In ihm trafen sich die verschiedensten Einflüsse der Gesellschaft und der Epoche, die zwischen der Leibeigenschaft der russischen Bauern und dem westeuropä-

ischen Sozialismus lagen. Seine Publizistik ist farbig, hat sogar belletristischen Einschlag, die Sprache ist präzis und geistreich, mit einer Nuance von Ironie. Er befaßte sich in seinen Schriften mit Fragen der Philosophie, Ästhetik und Kritik und untersuchte soziale Probleme.

Dostojewskij lernte ihn offenbar schon 1846 persönlich kennen. Für seine geistige Entwicklung ist Herzen fast ebenso wichtig wie Belinskij. Die Ideologie der »Potschwa«, des »Volksbodentums«, die aus Herzens Synthese des Westlertums und des Slawophilentums entstanden war, bestimmte Dostojewskij als Romancier und politischen Schriftsteller bis zu seinem Lebensende. Sie war an die Stelle des utopischen Sozialismus der 40er Jahre getreten. Doch in den 40er Jahren bereits hatte sich die geistige Freundschaft abgezeichnet: als Dostojewskij einige Feuilletons schrieb, die unter dem Einfluß von Herzens Aufsätzen ›Moskau und Petersburg‹ und ›Stanzija Jedrowo‹ standen. Dostojewskijs spätere Beziehungen zu Herzen sind gekennzeichnet durch ungebrochene Freundschaft und großes gegenseitiges Vertrauen. Gegen Herzen ist auch keiner jener scharfen Ausfälle gerichtet, wie sie Dostojewskij während der Arbeit an den ›Dämonen‹ gegen Belinskij formulierte. Dabei war Herzen das Fanal für jene Erscheinungen, die Dostojewskij aufs schärfste bekämpfte, das Fanal für den Sozialismus. Aber Herzen war für Dostojewskij der Gentilhomme russe und »der innere Emigrant«, dem er allenfalls vorwarf, daß sein Wort nicht der Tat entspreche.

Hoffmann, E. Th. A., 1776–1822

Hoffmanns Einfluß auf Dostojewskij zeichnete sich vor allem in der ersten Periode seiner literarischen Tätigkeit ab: Hoffmanns zentrales Thema, das des ›Doppelgängers‹, verwendet Dostojewskij ganz bewußt als Titel eines Romans. Aber auch später ist sein Interesse an Hoffmann unvermindert groß. In einem Aufsatz der 60er Jahre schreibt er anläßlich einer Rezension über Edgar Allan Poe, der deutsche Romantiker habe das »Ideal der Reinheit« verwirklicht. Hoffmann schildere die »wirkliche, echte, dem Menschen innewohnende Schönheit, zusammen mit einem wahrhaftig reifen Humor und ungewöhnlicher Kraft der Realität«.

Huber, Eduard Iwanowitsch, 1814–1847

Dichter und Kritiker. Seine bedeutendste Leistung war die Übersetzung von Goethes ›Faust‹, 1. Teil. Huber hatte in der ›Petersburger Zeitung‹ (vom 5. Januar 1847) Dostojewskijs Erstlingswerke abgelehnt. Nach Hubers Tod wurde Dostojewskij von der Redaktion der ›Petersburger Zeitung‹ aufgefordert, Hubers Stelle zu übernehmen.

Hugo, Victor, 1802–1885

Für Dostojewskij war Hugo der Künstler, der die entscheidende literarische Idee der Kunst des 19. Jahrhunderts hatte: »die Idee der Wiederherstellung des Menschen, der durch das Joch der Umstände, den Stillstand der Jahrhunderte und die gesellschaftlichen Vorurteile umgekommen war«.

Ilowajskij, Dmitrij Iwanowitsch, 1832–1920
Historiker und Publizist, Verfasser von Lehrbüchern über allgemeine und russische Geschichte, die Dutzende von Auflagen erzielten. Ilowajskij war sehr konservativ und extrem nationalistisch, besonders in seinen Lehrbüchern, so daß er sogar von gemäßigten Konservativen abgelehnt wurde. Dostojewskij lernte Ilowajskijs Tochter bei den Feierlichkeiten anläßlich der Enthüllung des Puschkindenkmals kennen.

Isajew, Alexander Iwanowitsch
Erster Ehemann von Maria Dmitrijewna Konstant. Er diente zuerst in Semipalatinsk, dann in Kusnezk, wo er an der Schwindsucht starb.

Isajew, Pawel Alexandrowitsch, 1848–1900
Auch Pascha genannt. Dostojewskijs Stiefsohn, den er sehr liebte und um den er sich in jeder Hinsicht kümmerte. Dank seiner Beziehungen verhalf er ihm zu verschiedenen Anstellungen, die Pascha indessen stets bald wieder aufgab. Er war unausgeglichen, ohne Vorbildung und Disziplin. In den 70er Jahren verschlechterten sich die Beziehungen zwischen ihnen: Anna Grigorjewna konnte Pascha nicht leiden. Sie sahen sich dann so gut wie nicht mehr.

Isajewa, Maria Dmitrijewna
siehe Konstant, Maria Dmitrijewna

Iwanow, Alexander Pawlowitsch, 1803–1868
Arzt und Lehrer am Moskauer Konstantinschen Vermessungsinstitut. Er war mit Dostojewskijs Lieblingsschwester Wera Michajlowna verheiratet.

Iwanow, Konstantin Iwanowitsch, ?–1887
Ingenieur und Schwiegersohn des Dekabristen Annenkow. 1865 wurde er Adjutant im Stab des Generalinspekteurs für Ingenieurwesen und genoß großes Ansehen bei Eduard von Totleben, der Dostojewskijs Gesuche um militärische Beförderung und Druckerlaubnis durchzusetzen verstand.

Iwanowa, Sofia Alexandrowna, verheiratete Chmyrowa, 1847–1907
Tochter Wera Michajlownas, der Schwester Dostojewskijs. Sofia Alexandrowna war Dostojewskijs Lieblingsnichte. Seine Briefe an sie zeigen, daß er ihr äußerst zugetan war. Er vertraute ihr seine Arbeitspläne an, erzählte ihr ausführlich über seine materiellen und familiären Ange-

legenheiten. Unter seinen Korrespondenten, mit denen er während seines erzwungenen Aufenthalts im Ausland Briefe wechselte, war sie die treueste und aufrichtigste. Diese Freundschaft hielt bis zu seiner Rückkehr nach Rußland an. Danach gingen ihre Wege auseinander.

Iwantschina-Pisarewa, Maria Sergejewna
Nach Anna Grigorjewna ein sehr geistreiches Mädchen – die Freundin der Töchter von A. P. Iwanow.

Janowskij, Stepan Dmitrjewitsch, 1817–1897
Bis zum Jahr 1871 Arzt in staatlichen Diensten. Von 1877 bis zu seinem Tod lebte er in der Schweiz. Dostojewskij lernte ihn 1842 kennen. Sie unterhielten eine ungebrochene herzliche Freundschaft: Dostojewskij hielt auch dann noch zu Janowskij, als ihm mehr als einmal Nachteiliges über den Freund berichtet wurde. Janowskij behandelte nicht nur Dostojewskijs Nervenleiden in den 40er Jahren, er war ihm auch ein »Gleichgesinnter«. Als progressive Westler und utopische Sozialisten polemisierten sie in Petersburg gegen die Slawophilen und die Stadt Moskau. Nach der Rückkehr aus der Verbannung spielte Dostojewskij eine Vermittlerrolle in dem Ehekonflikt zwischen Janowskij und der Schauspielerin Schubert, wobei er für die Schubert Partei ergriff. Janowskijs Erinnerungen an den jungen Dostojewskij müssen mit Vorsicht gelesen werden, besonders die Stellen, wo er über das Innenleben und über die Überzeugungen des Dichters spricht, die ihm Dostojewskij keineswegs in ihrer Widersprüchlichkeit anvertraut hatte.

Janyschew, Ioann Leontjewitsch, 1826–?
Bekannter Theologe und Priester. Neben seiner theologischen Ausbildung hatte er auch Physik und Mathematik studiert. Seit 1851 war er orthodoxer Priester in Wiesbaden, seit 1856 Professor der Theologie und Philosophie an der Petersburger Universität. Seit 1858 war er nochmals als Priester im Ausland, und zwar in Berlin, Wiesbaden und Kopenhagen. Nach seiner Rückkehr (1864) wurde er Beichtvater der Zarin und des Zaren Alexanders III. (er blieb auch Beichtvater Nikolaus' II.). Von 1866–1883 war er Rektor der Geistlichen Akademie in Petersburg. Der Einfluß der Schriften Janyschews auf Dostojewskijs religiöse Entwicklung ist noch nicht untersucht worden. Janyschew verdient Beachtung, weil er sich von der traditionellen scholastischen Methode der Theologie lossagte und seine Morallehre auf der Basis der psychologischen Analyse des Individuums aufbauen wollte.

Jastrschembskij, Iwan Ferdinand Lwowitsch, 1840 bis 80er Jahre
Dozent für Nationalökonomie am Technischen Institut in Petersburg und am Institut für Verkehrswege. Er war eines der aktivsten Mitglieder

des Petraschewzen-Kreises, deren Freitagabend-Séancen er seit 1848 besuchte. Wie Dostojewskij, Durow, Speschnjow und Pleschtschejew wurde auch Jastrschembskij zunächst zum Tod durch Erschießen verurteilt und dann zu 6 Jahren Zwangsarbeit in Sibirien begnadigt.

Jasykow, Michail Alexandrowitsch, ?–1885
Bekannter Buchhändler in Petersburg, der mit den Literaten der 40er und 50er Jahre, unter anderem mit Belinskij, freundschaftliche Beziehungen pflegte. Aus dem Briefwechsel in den ausgehenden 70er Jahren zwischen Jasykow und Dostojewskij geht hervor, daß sie ebenfalls nahe Bekannte waren.

Jelisejew, Grigorij Sacharowitsch, 1821–1891
Berühmter Journalist, der als Kirchenhistoriker begann und später beim ›Zeitgenossen‹ in Petersburg eine Kolumne für innenpolitische Beobachtungen schrieb, die für die russische Journalistik richtungweisend wurde. Nach Dobroljubows Tod und Tschernyschewskijs Inhaftierung wurde er zur Stütze der Zeitschrift. Als Mitarbeiter des ›Funkens‹ führte er 1859–1863 eine Spalte mit der Überschrift ›Chronik des Fortschritts‹. Seit 1868 war er Redakteur an Nekrasows ›Vaterländischen Annalen‹.

Jodelle, Etienne, 1532–1573
Französischer Dramatiker, gehört zur Literatur der »Vorklassik«.

Junge, Katerina Fjodorowna, 1843–1913
Tochter des Vizepräsidenten der Akademie der Künste F. P. Tolstoj. Malerin und Philantropin. Dostojewskij kannte sie persönlich. In den 70er Jahren verkehrte sie in dem Kreis von S. A. Tolstoj, stand Schewtschenko, Setschonow, Sewerzew, Kostomarow u. a. nahe. Der Briefwechsel zwischen K. F. Junge und Dostojewskij wurde durch ihre begeisterten Briefe an ihre Mutter ausgelöst, und zwar nach der Lektüre der ›Brüder Karamasow‹.

Jurjew, Sergej Andrejewitsch, 1821–1888
Bekannter Literat. Redakteur der Zeitschrift ›Das Gespräch‹, von 1880 bis 1885 der Zeitschrift ›Die russische Idee‹. Der Ausbildung nach war Jurjew Mathematiker und hatte eine Arbeit mit dem Titel ›Über das Sonnensystem‹ geschrieben. Auf Grund einer Augenkrankheit mußte er seine Tätigkeit als Astronom aufgeben und widmete sich ganz der Literatur. Er übersetzte Lope de Vega und Calderon de la Barca, hielt nach dem Verbot des ›Gesprächs‹ (1872) Vorlesungen über die Geschichte des Dramas und die deutsche Literatur. 1878 wurde er zum Vorsitzenden der ›Gesellschaft der Freunde der Russischen Literatur‹ gewählt, nach dem Tod Ostrowskijs zum Vorsitzenden der ›Gesellschaft der Dramatiker‹. Er

machte sich besonders um die Puschkintage verdient. Nach 1874, zu Beginn seiner sogenannten Synthetischen Periode, als sein Haß gegen Belinskij und die Liberalen nachließ, mag Dostojewskij wohl mit dem Liberalen Jurjew besser zurande gekommen sein als während der reaktionären Periode.

Kalatschow, Nikolaj Wasiljewitsch, 1819–1885
Historiker und Jurist, seit 1883 Mitglied der Akademie der Wissenschaften. Kalatschow war der erste Direktor des 1877 gegründeten Archäologischen Instituts in Petersburg.

Kant, Immanuel, 1724–1804
In dem Brief an den Bruder Michail vom 22. 2. 1854 bittet er u. a. um Kants ›Kritik der reinen Vernunft‹; bezeichnenderweise gibt er den Titel in französischer Sprache an. Offenbar reichten seine deutschen Sprachkenntnisse nicht aus, um das Buch im Original lesen zu können.

Karepin, Pjotr Andrejewitsch
Vormund der Dostojewskijs und Schwager des Dichters. Karepin hatte die Schwester Warwara Michajlowna geheiratet. Dostojewskijs Verhältnis zu den Karepins war kühl, bisweilen voller Haß. Karepin war Leiter einer Moskauer Militärkanzlei.

Kaschpirjew, Wasilij Wladimirowitsch, 1836–1875
Verleger der Zeitschrift ›Die Morgenröte‹. Literat slawophiler Richtung und Autor des Bandes ›Denkmäler der neueren russischen Geschichte‹.

Katkow, Michail Nikiforowitsch, 1818–1887
Publizist und Politiker. Chefredakteur der einflußreichen und reaktionären Organe ›Moskauer Zeitung‹ und ›Russischer Bote‹. Zu Beginn seiner Karriere gehörte er der fortschrittlichen Intelligenz der 30er und 40er Jahre an und war mit Bakunin und Belinskij befreundet. In den 50er Jahren war er Anglomane und Konstitutionalist. Der von ihm 1856 gegründete ›Russische Bote‹ war zunächst fortschrittlich, als dort Saltykow-Schtschedrin, Ostrowskij, Ogarjow und Granowskij publizierten. 1863 – anläßlich des polnischen Aufstandes – schwenkte Katkow auf den extrem rechten Flügel der Publizistik um und schrieb seine nationalistischen Artikel, deren Grundtendenz weiterhin die Redaktionspolitik des ›Russischen Boten‹ bestimmten. Katkow attackierte die radikale Intelligenz, insbesondere die Emigration (Herzen). »Gegen den Nihilismus« war sein Schlachtruf, wobei er weiter ging als die Regierung. Diese Position sollte er nicht mehr aufgeben. Noch Anfang der 60er Jahre polemisierte Dostojewskij gegen Katkow. Nach 1865 kamen sie einander näher. Dostojewskij publizierte nun seine größten Romane im ›Russischen Boten‹.

Kelsijew, Wasilij Iwanowitsch, 1835–1875

Kelsijew war 1858 als Buchhalter der Russisch-Amerikanischen Gesellschaft unterwegs nach Amerika. Das Schiff wurde an der englischen Küste von einem Sturm überrascht und ging in London vor Anker. Kelsijew suchte während des erzwungenen Aufenthaltes Herzen und Ogarjow auf und beschloß, politischer Emigrant zu werden. Ein Kenner des russischen Raskols (die Altgläubigen), den er als politische Erscheinung ansah, wurde er Mitarbeiter von Herzens Zeitschrift ›Die Glocke‹. 1862 hielt er sich illegal in Moskau auf, um bei den Altgläubigen eine revolutionäre Partei zu gründen. Der Versuch mißlang. Nach London zurückgekehrt, verkrachte er sich mit Herzen und Ogarjow und reiste nach Konstantinopel, wo er regierungsfeindliche Gruppen sammeln wollte. 1863 kam er nach Tultscha an der Donau und ließ sich bei einer Kastratensekte der Kosaken nieder, die ihn zum »Ataman der russischen Auswanderer« wählten. Seine revolutionäre Propaganda unter den Kosaken blieb ohne Erfolg. Kelsijew hielt sich noch eine Weile in Österreich und Galizien auf, um sich dann freiwillig der Justiz des Zaren zu stellen. Kelsijew wurde begnadigt und arbeitete dann für den regierungstreuen ›Russischen Boten‹. Dostojewskij nahm an Kelsijews Lebensschicksal großen Anteil – er hatte ihn wohl 1862 bei Herzen kennengelernt. Alexander Herzen rechnete ihn zu den »späten Petraschewzen«. Er sei einer jener Revolutionäre gewesen, die »nach langem Umherirren im Dickicht der westlichen Kultur und der russischen Allnegation in den Schoß der Slawophilie zurückkehrten«. Er habe zu den Menschen gehört, die sich »gleichermaßen mißtrauisch und ablehnend gegenüber Glauben und Unglauben, gegenüber der russischen wie der westlichen Ordnung verhielten«. Man darf vermuten, daß Dostojewskij bei der Figur des Schatow in den ›Dämonen‹ an diese komplizierte Figur des verzweifelnden Emigranten gedacht hat.

Kirejewskij, Iwan Wasiljewitsch, 1806–1856, und
Pjotr Wasiljewitsch, 1808–1856

Die Gebrüder Kirejewskij waren Slawophile der ersten Formation, die eher mit ihren Reden und Gesprächen als mit ihren Schriften die weitere Entwicklung der Slawophilie beeinflußten. Das gilt vor allem für den jüngeren Bruder Pjotr, der 1845 mit seiner ersten und letzten publizistischen Arbeit, einer Schrift über die patriarchalische Lebensweise, an die Öffentlichkeit trat. Wirklichen Ruhm erlangte er mit seiner Sammlung russischer Volkslieder, die jedoch erst nach seinem Tod veröffentlicht wurde.

Iwan, der ältere Bruder, schrieb ebenfalls wenig, obgleich sein Einfluß auf die Geschichte der Ideen in den 30er und 40er Jahren recht bedeutend war. Als Herausgeber der Zeitschrift ›Der Europäer‹ veröffentlichte er seinen bekannten Artikel ›Das 19. Jahrhundert‹, worin er der westeuropäischen Aufklärung das Ideal des auf irrationalen Ursprüngen beruhenden »ganzheitlichen« Denkens des orthodoxen Christentums gegenüberstellte. Der ›Europäer‹ wurde nach der zweiten Nummer verboten, worauf sich Iwan Kirejewskijs weiterer Weg im kleinen Kreis gleichgesinnter Menschen vollzog. In dem Aufsatz ›Über die Notwendigkeit und Möglichkeit neuer Ursprünge für die Philosophie‹ im ›Russischen Gespräch‹ (1856) konnte er seine religionsphilosophischen Gedanken voll entwickeln.

Der Einfluß von Iwan Kirejewskij auf Dostojewskijs geistige Entwicklung ist noch nicht untersucht worden, obgleich zwischen dem frühen Slawophilen und dem späten Dostojewskij viel Gemeinsames besteht. Dostojewskij hat sich jedoch nie über Kirejewskij geäußert, wobei beachtet werden muß, daß er bei Erscheinen des ›Europäers‹ elf Jahre alt war, Kirejewskij in den 40er Jahren schwieg und der verbannte Dostojewskij der 50er Jahre dessen Aufsätze nicht verfolgen konnte.

Klein
Petersburger Buchhändler, bei dem Dostojewskij offenbar Schulden machte und dem er dafür eine Anzahl Verkaufsexemplare der ›Dämonen‹ überließ.

Kobjakowa
Pseudonym der Schriftstellerin A. P. Studsinskaja, die sich trotz ihrer schwachen literarischen Begabung fast bei allen renommierten Zeitschriften der 60er Jahre gut verkaufte.

Kochanowskaja
siehe Sachanskaja, Nadjeschda Stepanowa

Konradi, Jewgenija Iwanowna, 1838–1898
Schriftstellerin und aktive Frauenrechtlerin. Sie redigierte ab 1868 die radikaldemokratische Zeitschrift ›Die Woche‹.

Konstant, Dmitrij Stepanowitsch
Vater von Maria Dmitrijewna Konstant. Direktor des Quarantänehauses in Astrachan.

Konstant, Maria Dmitrijewna, verheiratete Isajewa, 1825 oder 1826–1864
Dostojewskijs erste Ehefrau. Sie war vorher mit dem schwindsüchtigen Beamten Alexander Iwanowitsch Isajew verheiratet, der 1855 nach seiner Versetzung von Semipalatinsk nach Kusnezk starb. Nach A. J. Wrangel war sie »eine recht hübsche blonde Frau, mittelgroß, sehr mager, leidenschaftlich und überspannt«. Wrangel schilderte sie auch als »recht

gut gebildet, belesen, wißbegierig, gutmütig, außerordentlich lebhaft und empfänglich für äußere Eindrücke«, was natürlich vor dem kleinbürgerlichen Hintergrund von Semipalatinsk besonders auffiel. Wrangel: »An Fjodor Michajlowitsch nahm sie warmen Anteil, obgleich ich nicht glaube, daß sie ihm ganz gerecht geworden ist; sie empfand wohl nur Mitleid mit dem unglücklichen, vom Schicksal verfolgten Mann. Sie hat ihn wohl auch gern gehabt, aber verliebt war sie in ihn ganz und gar nicht.« Die mütterlichen Gefühle und das Mitleid auf seiten von Maria Dmitrijewna erwiderte er mit starker Leidenschaft und, wie Wrangel schreibt, »verliebte sich in sie mit der ganzen Glut der Jugend«. Die Korrespondenz mit ihr, von der uns wenig Briefe erhalten sind, beginnt mit dem Umzug der Isajews nach Kusnezk. Ihr Mann war für den Schriftsteller einer der »edlen, ambitionierten Trinker«, die in allen seinen späteren Romanen vorkommen. Mit dem Tod des ersten Mannes von Maria Dmitrijewna beginnt einer der tragischsten und kaum erforschten Abschnitte im Leben Dostojewskijs. Künstlerisch schlägt sich jene Zeit in dem Roman ›Die Erniedrigten und Beleidigten‹ nieder. Isajew hatte seine Frau und den halbwüchsigen Sohn Pascha völlig mittellos zurückgelassen. Dostojewskij quälte sich mit ihren Sorgen ab, machte Schulden über Schulden, nur um zu ihr zu reisen, und dabei hatte er panische Angst, daß sie von einem andern geheiratet werde. Die einzelnen Umstände der Heirat sind noch keineswegs erforscht. Eines ist sicher: Kurz nach der Heirat – Anfang 1857 – war es schon deutlich, daß es eine Fehlentscheidung war. Das Familienleben wurde zu einer einzigen Qual. Erst nach der Heirat wurde ihm klar, daß sie ihn nie geliebt hatte. Seit 1859 ist die schwindsüchtige Maria Dmitrijewna für den Ehemann nur noch ein Objekt der Fürsorge. Der Familie des Bruders war sie unsympathisch, von den Freunden wurde sie nicht bemerkt. Ihr letztes Lebensjahr verbrachte sie in Wladimir, von wo sie einige Monate vor ihrem Tode nach Moskau umsiedelte.

Konstant, Warwara Dmitrijewna
Schwester von Maria Dmitrijewna Konstant.

Kornilow, Iwan Petrowitsch, 1811–1901
Schulrat und Sammler altrussischer und kirchenslawischer Manuskripte und Bücher. Begründer der »Materialiensammlung für die Geschichte der Aufklärung«, einer Sammlung von reichhaltigem Material zur Geschichte der Volksbildung Rußlands in der zweiten Hälfte des 18. und zu Beginn des 19. Jahrhunderts. Anna Grigorjewna berichtet in ihren ›Erinnerungen‹ von den häufigen Zusammenkünften Dostojewskijs mit Kornilow in den Jahren 1879–80: »...*an Samstagen* war er bei dem hochgeschätzten Iwan Petrowitsch Kornilow..., bei dem er viele gelehrte Personen traf, die eine hohe offizielle Stellung innehatten.«

Korsch, Fjodor Adamowitsch, 1852–?
Zuerst Rechtsanwalt, später Theaterunternehmer und Begründer des
›Korschtheaters‹ in Moskau. Autor der Komödie ›Die Brautwerberin‹.

Korsch, Valentin Fjodorowitsch, 1828–1883
Journalist und Literaturhistoriker, der 1863 die ›St. Petersburger Zeitung‹ pachtete und die besten Publizisten seiner Zeit dafür gewinnen
konnte. 1875 ließ ihn die Regierung aus der Redaktion entfernen. Unter
der Redaktion von Korsch waren die ersten Hefte der bedeutsamen ›Allgemeinen Geschichte der Literatur‹ (1880–1883) erschienen, für die er
selbst eine umfangreiche Einführung in die griechische Literatur geschrieben hatte. Dostojewskijs Beziehungen zu Korsch waren freundschaftlich,
er hatte ihn viermal um finanzielle Unterstützung gebeten.

Koslowa, Olga
Ehefrau des Dichters und Byronübersetzers Pawel Alexejewitsch Koslow.

Kostomarow, Nikolaj Iwanowitsch, 1817–1885
Russischer Historiker liberaler Richtung, der auch eine politische Rolle
spielte. Die Geschichte der Völker sieht er vorwiegend als eine geistige
und nicht äußerlich staatliche an. In der politischen Praxis propagierte
er die Gleichheit aller slawischen Nationen, die sich zukünftig in einem
föderativen Staatswesen zusammenschließen sollten. In der zweiten
Hälfte der 40er Jahre gründete er zusammen mit den ukrainischen
Schriftstellern Schewtschenko und Kulisch die sogenannte Gesellschaft
Kyrills und Methods, deren Mitglieder bald darauf verhaftet und bestraft
wurden. Kostomarow selbst verbrachte ein Jahr in Festungshaft, wurde
sodann nach Saratow geschickt, wo er unter Polizeiaufsicht leben mußte.
Später erhielt er sowohl Druck- als auch Vorlesungsverbot. Erst gegen
Ende der 50er Jahre wurden die Mitglieder dieser Gesellschaft wieder in
ihre Rechte eingesetzt. 1859 erhielt Kostomarow einen Ruf an die Petersburger Universität. 1861 wurde die Universität wegen studentischer
Unruhen geschlossen, und Kostomarow durfte nie mehr Vorlesungen
halten. Bekannt wurde er vor allem durch seine Polemik mit Pogodin
über die ›Schlacht auf dem Schnepfenfeld‹, einen Aufsatz, in dem er den
Heroismus Dmitrij Donskojs entmythologisierte. Für den späten Dostojewskij gehörte er zu denen, die die Geschichte Rußlands in den Schmutz
zogen.

Kowalewskij, Maxim Maximowitsch, 1851–1916
Rechtshistoriker und Soziologe. Er gehörte zu den bedeutendsten Persönlichkeiten des russischen Liberalismus.

Kowner, Arkadij Grigorjewitsch (Abraham Urija), 1842–1909
Schriftsteller: Kowner gilt als der »jüdische Pisarew«. Er war einer der typischen Vertreter des jüdischen Kleinbürgertums, der zugleich für die Emanzipation in der russischen Gesellschaft und gegen die orthodox-jüdische Tradition kämpfte. Auf seine ersten beiden Bücher (›Pamphlete‹, 1865, und ›Der Blumenstrauß‹, 1868) hin, in denen er sich gegen die veralteten jüdischen Traditionen wendet, warf man ihm Verrat vor. Als Mitarbeiter radikaler Petersburger Zeitschriften wurde er revolutionärer Umtriebe und der Verbreitung »gefährlicher sozialistischer Ideen« bezichtigt. Er bekämpfte vor allem den reaktionären ›Staatsbürger‹ und dessen Redakteur Dostojewskij. 1875 raubte er aus einer Moskauer Bank 168 000 Rubel, »die 3 % vom jährlichen *Reingewinn* der Aktionäre der reichsten Bank Rußlands«, um damit seine verarmten Eltern, die eigene Familie, die Kinder aus der ersten Ehe und viele andere »Erniedrigten und Beleidigten« zu versorgen. Er wurde daraufhin zu vier Jahren Strafkompanie verurteilt, was später in vier Jahre Gefängnis und dann in vier Jahre Verbannung nach Sibirien umgewandelt wurde. In den 90er Jahren kehrte er nach Rußland zurück. Zuletzt arbeitete er in Polen – in der Lomschinsker Kontrollkammer. Mit Dostojewskij trat er im Januar 1877 in Briefwechsel. Kowner schrieb ihm zwei Briefe aus dem Gefängnis, die, zusammen mit Dostojewskijs Antwort, exemplarisch sind für das Verhältnis der jüdischen zur russischen Intelligenz jener Jahre, und zwar exemplarisch für die Zeit vor der Etablierung und Verbreitung marxistischer Gruppierungen in Rußland: denn mit Ausnahme der Marxisten sahen auch viele Revolutionäre – siehe Bakunin –, von den Konservativen ganz zu schweigen, in den Juden die Ausbeuter des Volkes, ohne wahrhaben zu wollen, daß es unter ihnen, wie unter den anderen Nationalitäten, Ausbeuter und Ausgebeutete gab. Zu diesem Problem ist der Briefwechsel zwischen Kowner und Dostojewskij höchst aufschlußreich.

Krajewskij, Andrej Alexandrowitsch, 1810–1889
Herausgeber und Redakteur (ab 1839) der ›Vaterländischen Annalen‹, wo Belinskij den glänzendsten Abschnitt seiner Karriere begonnen hatte. Mit Ausnahme der ›Armen Leute‹, des ›Romans in neun Briefen‹ und der Erzählung ›Polsunkow‹ waren alle Werke Dostojewskijs vor der Verbannung in den ›Vaterländischen Annalen‹ erschienen. Krajewskij war damals Dostojewskijs Geldgeber; D. war bei ihm ständig verschuldet und erhielt von ihm das Honorar in kleinen Summen. Er erinnerte sich sein Leben lang an die »Zwangsarbeit« der 40er Jahre bei den ›Vaterländischen Annalen‹.

Krestowskij, Wsewolod Wladimirowitsch, 1840–1895
Zweitrangiger Schriftsteller, der seine literarische Karriere mit einem
Gedicht begann, das Dostojewskij sehr gefiel. Er wurde allgemein bekannt durch seinen Roman ›Petersburger Dickichte‹, der 1864–67 in den
›Vaterländischen Annalen‹ erschien. Krestowskij war zuerst Partei-
gänger der liberalen Bewegung und trat dann später zur reaktionären
über.

Krestowskij, W.
siehe Chwoschtschinskaja, Nadjeschda Dmitrijewna

Kronenberg, Andrej Iwanowitsch, ?–1885
Bekannter Übersetzer und Kritiker. Seinen Ruhm als Übersetzer begründete er mit Shakespeare-Übertragungen.

Kronenberg, Iwan Jakowlewitsch, 1788–1838
›Der alte Kronenberg‹, Philologe, Philosoph und Literaturhistoriker.
Professor und Rektor an der Universität Charkow.

Kudrjawzew
Gemeinsamer Freund der Brüder Dostojewskij während ihrer Schulzeit
im Pensionat von Leontij Iwanowitsch Tschermak.

Kukolnik, Nestor Wasiljewitsch, 1809–1868
Bekannter Schriftsteller und Verfasser romantischer Stücke. Am Gymnasium hatte er zusammen mit Gogol bei den Theateraufführungen der
Schüler mitgemacht. 1833 gab er seinen ›Torquato Tasso‹ heraus, »eine
dramatische Phantasie in Versen«. Es ist sein bestes Werk und wurde
von Publikum und Kritik begeistert gefeiert. Kukolnik verstand sich als
»Nestor der russischen Romantik« und ließ nur noch zwei Russen neben
sich gelten, nämlich den Maler Brjullow und den Komponisten Glinka.
Die besten Vertreter der russischen Literatur verhielten sich jedoch
äußerst reserviert gegenüber Kukolnik; Belinskij und Gogol lehnten ihn
völlig ab. Der junge Dostojewskij verhöhnte ihn.

Kulikow, Nikolaj Iwanowitsch, 1815–1891
Bekannter Vaudevillespieler und Regisseur des Alexandrinischen Theaters.

Kumanin, Alexander Alexejewitsch, 1792–1863
A. A. Kumanin war mit Dostojewskijs Tante Alexandra Fjodorowna
Netschajewa, 1796–1871, verheiratet. Die Kumanins waren recht wohl-
habend und unterstützten insbesondere Dostojewskijs Schwestern, in
extremer Notlage aber auch die Brüder. Dennoch war Dostojewskijs Ver-

hältnis zu ihnen – er spricht meistens von den »Kumanins«, der »Tante« oder »den Moskauern« – nicht herzlich. Er schien die reichen »Moskauer« manchmal als Geldquelle betrachtet zu haben, die es möglichst geschickt auszubeuten galt (siehe Brief an M. M. Dostojewskij vom 9. April 1864). Von der Tante erhielt er später 10 000 Rubel als Erbteil und wollte damit die Zeitschrift ›Epoche‹ retten. Wie Dostojewskijs Tochter Ljuba mitteilte, war diese »Erbtante« das Vorbild für die Großtante im Roman ›Der Spieler‹ (siehe auch A. F. Netschajewa).

Kuscheljow-Besborodko, Grigorij Alexandrowitsch, 1832–1870
Mäzenat und zweitrangiger Schriftsteller slawophiler Richtung. Er war Herausgeber der Zeitschrift ›Das russische Wort‹ und publizierte unter dem Pseudonym Grizko-Grigorenko.

Lamanskij, Wladimir Iwanowitsch, 1833–1914
Slawist und Historiker. Dostojewskij interessierte sich sehr für Lamanskijs Ideen, der als gemäßigter Slawophiler eine Synthese zwischen Westlern und Slawophilen anstrebte. Dabei entwickelte er eine etwas weniger starre Kulturmorphologie als Danilewskij. Lamanskij ging von »drei Welten der zivilisierten Menschheit« aus, der asiatischen, romano-germanischen und graeco-slawischen Welt, die sich in ihren geographischen, ethnographischen und kulturellen Grundlagen unterscheiden. Seine erste Aufgabe sah Lamanskij in der damals unter deutschen Kulturphilosophen herrschenden Auffassung von der Überlegenheit der germanischen über die slawische Welt. Das war auch das Thema seiner Dissertation: ›Über die Geschichte des Studiums der griechisch-slawischen Welt in Europa‹ (1871).

Lamotte
Militärarzt aus Polen, der an der Universität von Wilnus studierte. Wegen einer politischen Sache war er nach Semipalatinsk dienstverpflichtet worden.

Lawrow, Pjotr Lawrowitsch, 1823–1900
Naturwissenschaftlich und philosophisch interessierter Generalstabsoffizier, dem es gelang, aus der Verbannung ins Ausland zu flüchten. Der spätere Politiker und Ideologe der Narodnitschestwo (der Bewegung des »Ins-Volk-Gehens«) erlebte das Paris der Kommune und entwickelte 1873–76 seine Thesen in der eigenen Zeitschrift ›Vorwärts‹. Es war die Zusammenfassung seiner Konzeptionen, die er in den ›Skizzen über Fragen der praktischen Philosophie‹ (1860) und den ›Drei Gesprächen über die gegenwärtige Bedeutung der Philosophie‹ (1861) niedergelegt hatte. Was er Ende der 60er Jahre in den ›Historischen Briefen‹ theoretisch formulierte, erhielt nun in Zürich seine praktische Forderung: Kampf der

realen gegen die theologische Weltanschauung, der Wissenschaft gegen
die Religion, der Arbeit gegen Wohlstand aus Privilegien, der Gleichberechtigung gegen jede Art von Monopolisierung, der Arbeiter gegen
ihre Ausbeuter, wobei er unter »Arbeiter« die Bauern verstand. Er bestimmte damit die Bewegung der »Narodniki«. Lawrow setzte die Traditionen von Tschernyschewskij und Dobroljubow fort und überwand
zugleich den Vulgärmaterialismus und Nihilismus Pisarews, wenn auch
auf der Grundlage einer subjektiven historischen Methode und eines
elitären Individualismus. N. K. Michajlowskij setzte dann in den 70er
Jahren Lawrows Erbe fort.
Dostojewskijs Verhältnis zu Lawrow ist, wie auch sein Verhältnis zu
den Narodniki, noch nicht untersucht worden.

Leontjew, Konstantin Nikolajewitsch, 1831–1891
Publizist extrem konservativer Richtung. Verfasser von Erzählungen und
Romanen. Leontjew war ursprünglich Arzt und verbrachte dann als
russischer Konsul zehn Jahre in der Türkei. Von 1870–71 lebte er auf
dem Berg Athos, danach war er Mitarbeiter der russischen Regierungs-
presse in Warschau, dann Zensor in Moskau. 1887 zog er sich von allen
dienstlichen Verpflichtungen zurück, ließ sich im Kloster von Optina
Pustyn nieder. Er wurde Mönch unter dem Einfluß des Starzen Ambrosius und zog ins Trojtzko-Sergiewsche Kloster bei Moskau. Leontjew galt
als einer der schärfsten Gegner des bürgerlich-demokratischen Europas,
in dem für ihn die Revolution ihre Wurzel hatte. Jeglicher Fortschritts-
philosophie feindlich gesinnt, steigerte er seinen religiösen Aristokratis-
mus ins Unerbittliche. Um Rußland vor der Revolution zu retten, sollte
es »auf Eis gelegt« werden. »O wie wir dich hassen, zeitgenössisches
Europa, weil du in dir alles Große, Schöne und Heilige zerstörtest und
mit deinem ansteckenden Hauch auch bei uns Unseligen so viel Kostbares
vernichtest!« In seinem Aufsatz ›Unsere neuen Christen‹ stellt Leontjew
Tolstojs und Dostojewskijs ethische und religiöse Ideen einander gegenüber und kommt zu dem Ergebnis, daß sie koinzidieren.

Leontjew, Pawel Nikolajewitsch, 1822–1874
Bedeutender Altphilologe und Professor an der Moskauer Universität.
Er engagierte sich sehr für die humanistische Bildung. Leontjew war mit
Katkow befreundet und Mitherausgeber des ›Russischen Boten‹. Dosto-
jewskij schrieb es Leontjews Einfluß zu, daß die Erzählung ›Das Dorf
Stepantschikowo‹ 1859 nicht veröffentlicht wurde.

Leskow, Nikolaj Semjonowitsch, 1831–1895
Leskow, der aus einer verarmten adligen Familie stammte, mußte nach
dem Tod des Vaters selber Geld verdienen. Seine Tätigkeit ermöglichte
ihm viele Dienstreisen durch Rußland, auf denen er Milieu und Ge-

pflogenheiten verschiedener sozialer Schichten kennenlernte, die er dann später in seiner originellen und koloritreichen Sprache lebendig werden ließ. Er schrieb ursprünglich unter dem Pseudonym Stebnickij und galt in den 60er Jahren als einer der heftigsten Gegner des Nihilismus. Sein Schlüsselroman ›Kein Ausweg‹ (1864 in der ›Lesebibliothek‹), der den Nihilismus entlarven sollte, stieß auf so radikale Ablehnung, daß Pisarew in seiner Rezension zum Boykott gegen Leskow aufrief: »... wird es jedoch eine Zeitschrift geben, die es wagte, auf ihren Seiten etwas aus der Feder von Stebnickij... abzudrucken? Wird sich in Rußland noch ein ehrlicher Schriftsteller finden, der seinem Ruf gegenüber so unvorsichtig und gleichgültig wäre, in einer Zeitschrift mitzuarbeiten, die sich mit Erzählungen und Romanen Stebnickijs schmückte?«

Leskow hatte 1864 an Dostojewskijs ›Epoche‹ mitgearbeitet. Sie waren einander recht zugetan, und so kam es, daß sich sowohl biographische als auch literarische Fakten, die sie betrafen, vermengten. Charakteristisch für ihre Beziehungen ist folgender Brief Leskows an Dostojewskij: »Das, was sie zum ›Taugenichts Stiwa‹ und zum ›Reinen Herzen von Chewin‹ geschrieben haben, ist so gut, einfach, edel, klug und klarsichtig, daß ich mein Bedürfnis nicht zurückhalten möchte, Ihnen ein heißes Dankeschön zu sagen und einen herzlichen Gruß zu übermitteln. Ihr Geist ist schön, sonst hätten sie das nicht auf *diese Weise* analysieren können. Das ist eine Analyse der *Vernunft* ... und der Seele und nicht des Kopfes.

Ihr Sie immer verehrender N. Leskow
In der Nacht auf den 7. März 1877, St. Petersburg.«

Gorkij schrieb später: »[Leskow] brachte es fertig, allen zu mißfallen. Die Jugend suchte bei ihm vergeblich die üblichen Mahnungen, ›ins Volk zu gehen‹, die reiferen Menschen vermißten bei ihm klar formulierte ›soziale Ideen‹, die revolutionäre Intelligenz konnte ihm seine zwei ersten Romane nicht verzeihen.« – Dostojewskij war einer der wenigen, die Leskow verstanden und schätzten.

Ljubimow, Nikolaj Alexejewitsch, 1830–1897
Bekannter Professor der Physik. Seit Mai 1863 war er ausführender Redakteur des ›Russischen Boten‹, weil sich Katkow und Leontjew inzwischen ganz der von ihnen gepachteten ›Moskauer Zeitung‹ widmeten. Ljubimows publizistische Aufsätze sind in dem 1881 und 1887 erschienenen Sammelband ›Mein Beitrag‹ erschienen. Er ist auch Verfasser des Buches ›M. N. Katkow und sein historisches Verdienst‹ (1889).

Lomonosow, Michail Wasiljewitsch, 1711–1765
Dichter, Historiker, Naturwissenschaftler – der »russische Pindar«. Dostojewskij erwähnt ihn einige Male als »großen Dichter und Gelehrten«, als eine Figur, die Puschkin, Peter dem Großen, Galilei und Kopernikus ebenbürtig sei.

Lwow, Fjodor Nikolajewitsch, 1823–1885
Wie Mombelli Offizier der Leibgarde. Der Ausbildung nach Chemiker,
wurde er 1847 Dozent beim Paulschen Kadettenkorps. 1848 stieß er mit
seinem Freund Mombelli auf Petraschewskijs, dann auf Durows Kreis,
wo er Dostojewskij kennenlernte. Er wurde mit den anderen zum Tode
verurteilt, begnadigt und erhielt 12 Jahre Zwangsarbeit. 1865 kam er
nach Irkutsk, wo er an Speschnjows Zeitung mitarbeitete. 1860 betrieb
er mit dem Dekabristen Rajewskij eine Seifensiederei. 1863 kehrte er in
staatliche Dienste nach Petersburg zurück und war seit 1870 Sekretär der
Russischen Gesellschaft für Technik. 1876 war er russischer Kommissar
bei der Internationalen Ausstellung für Hygiene in Brüssel.

Majkow, Apollon Nikolajewitsch, 1821–1897
Dichter, der zusammen mit Polonskij und Fet zu den Vertretern der
reinen Kunst gehörte und selten Themen der Gegenwart zum Gegenstand seiner Verse machte. Die meisten seiner Themen sind im Altertum, Mittelalter und in einem romantisierten Gutsbesitzermilieu angesiedelt. Dostojewskijs Beziehungen zu Apollon waren herzlicher als die
Beziehungen zu den anderen Majkows. Dazu kam dann auch eine Verwandtschaft der Ideen: Es war Apollon Majkow, dem er das Geheimnis
von dem revolutionären Unternehmen anvertraute, an dem Speschnjow,
Filippow und andere teilnehmen sollten. Nach der sibirischen Verbannung Dostojewskijs trafen sie sich von neuem auf einer gemeinsamen
ideologischen Basis: In ideologischer Hinsicht hatte Majkow dieselbe
Entwicklung durchgemacht wie Dostojewskij, eine Entwicklung, die vom
utopischen Sozialismus der Petraschewzen bis zur christlichen Idee der
Slawophilen ging. Als Dostojewskij vor seinen Gläubigern ins Ausland
flüchtete, stimmten sie in ihren Ansichten ganz und gar überein; ein ausführlicher Briefwechsel entwickelte sich zwischen beiden (1867–1871):
Dostojewskij berichtete ihm von seinen literarischen und persönlichen
Angelegenheiten, bat ihn um moralische und materielle Unterstützung.
Erst in der zweiten Hälfte der 70er Jahre, als sich bei Dostojewskij eine
Umwertung der »Alten Generation« (zum Beispiel Belinskijs) vollzog,
erkalteten ihre Beziehungen ein wenig. – Majkow war als Beamter im
Finanzministerium, als Bibliothekar und schließlich als Zensor tätig.

Majkow, Leonid Nikolajewitsch, 1839–1900
Bekannter Literaturhistoriker und Bruder von Apollon Nikolajewitsch
Majkow.

Majkow, Nikolaj Apollonowitsch, 1794–1873
Vater von Walerjan und Apollon Majkow. Der alte Majkow war Historienmaler. Er hatte am Feldzug gegen Napoleon teilgenommen: in Paris
begann er mit der Ölmalerei.

Majkow, Walerjan Nikolajewitsch, 1823–1847
Philosoph und Kritiker. Stammte aus einer adligen Familie, war Sohn
des Malers und Bruder des Dichters Apollon Majkow. Er war vor Petraschewskij Herausgeber des ›Taschenwörterbuchs für Fremdwörter‹ (1845
bis 1846), das später die Rolle eines russischen ›Dictionnaire philosophique‹
spielen sollte. Nach der 2. Auflage wurde es wegen des Petraschewskij-
Falles aus dem Verkehr gezogen, mit der Begründung, es sei »voller
Frechheiten«. W. N. Majkow war einer der frühen Anhänger der positi-
vistischen Schule Auguste Comtes. Er war einer der ersten, der das
soziale Moment bei der Beurteilung literarischer Erscheinungen mit-
berücksichtigte. In Majkows Polemik gegen Belinskij (der übrigens einen
Nachfolger in seinem Kritiker sah), erkannte Dostojewskij Anhaltspunkte
seiner eigenen Kritik gegenüber dem großen literarischen Mentor der
40er Jahre.

Malherbe, François de, 1555–1628
Bekannter französischer Odendichter und einer der Theoretiker des
Klassizismus.

Markewitsch, Boleslaw Michajlowitsch, 1822–1884
Belletrist und Mitarbeiter an der ›Moskauer Zeitung‹. Er schrieb unter
dem Pseudonym ›Fremdstädtischer Spießer‹. In der Plejade der Schriftsteller des ›Russischen Boten‹ war Markewitsch der reaktionärste, der
buchstäblich alles angriff, was nach Veränderung und Fortschritt drängte.

Martynow, Alexander Jefstasiewitsch, 1816–1860
Bekannter Schauspieler.

Merkurow oder die Merkurows
Eine Petersburger Familie, die Dostojewskij durch I. N. Schidlowskij
kennengelernt hatte. Eine Zeitlang verkehrte er dort recht häufig.

Meschewitsch, Wasilij Stepanowitsch, 1813–1889
Übersetzer, Schriftsteller und Kritiker der ›Vaterländischen Annalen‹,
Redakteur der Zeitschrift ›Répertoire et Panthéon‹.

Meschtscherskij, Fürst Wladimir Petrowitsch, 1839–1914
Belletrist und Journalist, der zu seiner Zeit mit der Komödie ›Die Million‹, ebenso wie mit seinen satirischen Romanen aus der oberen Gesellschaft, beträchtlichen Erfolg hatte. Unter Alexander III. nahm er
als Publizist eine reaktionäre Position ein. Er war persönlich mit
Alexander III. und dessen Ratgeber K. P. Pobedonoszew befreundet.
Als Autor der ›Dämonen‹ hatte Dostojewskij Zugang zu dem aristokratischen Kreis um Meschtscherskij, der seine Feder ganz bewußt in dem

ideologischen Kampf gegen die revolutionäre Bewegung einsetzte, gegen »Nihilismus« und »Sozialismus«. So übernahm Dostojewskij 1873 Meschtscherskijs Wochenzeitung ›Der Staatsbürger‹, in der Dostojewskij mit der Veröffentlichung seines ›Tagebuch eines Schriftstellers‹ begann. Doch schon ein Jahr später schied er aus der Redaktion des ›Staatsbürgers‹ aus.

Miller, Orest Fjodorowitsch, 1833–1889
Bekannter Literaturhistoriker und Professor an der Petersburger Universität, Autor des ›Versuchs eines historischen Überblicks über die russische Literatur‹ (1866) und einer umfangreichen Arbeit über das Bylinenepos (›Ilja Muromjez i bogatyrstwo Kiewskoje‹, 1870). Es ist wenig wahrscheinlich, daß ihn Dostojewskij als Gelehrten kennenlernte. In den 60er Jahren ist er eine kaum bemerkbare Figur für ihn, in den 70er Jahren tritt Miller als Kritiker und Lektor populärwissenschaftlicher Vorträge in Erscheinung, und es war wohl dieser Miller, den er im Auge hatte, wenn er auf ihn zu sprechen kam. Miller war Anhänger der Slawophilie, wenn auch, im Gegensatz zu Dostojewskij, jener der ersten Periode. Die Konzeptionen dieser Periode unterschieden sich von den Auffassungen des Dichters der ›Dämonen‹, also des Dostojewskij der ersten Hälfte der 70er Jahre. In jener Zeit beschimpfte er Miller als Liberalen, was letzten Endes auf eine zu oberflächliche Kenntnis der Reden Millers zurückzuführen war. In der zweiten Hälfte der 70er Jahre findet eine Annäherung zwischen den beiden statt, und für die Erforschung von Dostojewskijs letzter Periode sind die Reden und Aufsätze Millers über die slawische Frage (1877) besonders wichtig.

Miljukow, Alexander Petrowitsch, 1817–1897
Pädagoge, Literaturhistoriker und Kritiker. Durch die indirekten Verbindungen Miljukows zu den Petraschewzen lernte ihn Dostojewskij in den 40er Jahren kennen und pflegte mit ihm freundschaftliche Beziehungen, die noch in der ersten Zeit nach der Verbannung aufrechterhalten wurden. Dank Miljukows Rat hatte Dostojewskij eine Stenographin genommen, der er im Wettlauf mit der Vertragsfrist, deren Nichteinhaltung ihm eine hohe Konventionalstrafe und den Verlust der Rechte an seinen Werken eingebracht hätte, den ›Spieler‹ diktierte. Diese Stenographin war A. G. Snitkina, seine zweite Ehefrau. – Später verschlechterten sich die Beziehungen zwischen Miljukow und Dostojewskij.

Minajew, Dmitrij Dmitrijewitsch, 1835–1889
Einer der fruchtbarsten Satiriker, dessen Verse sich durch einen großen Reichtum an Rhythmen auszeichneten. Er war auch als Übersetzer Byrons und Goethes bekannt.

Mombelli, Nikolaj Alexandrowitsch, 1823–1902

Aktives Mitglied der Petraschewzen. Als Oberleutnant der Leibgarde beim Moskauer Regiment veranstaltete er 1846–47 mit befreundeten Offizieren literarische Abende, bei denen er eigene Texte und Texte von Voltaire und Diderot las. Mombellis Essays trugen harmlose Titel wie ›Die Gründung Roms und die Herrschaft des Romulus‹; sie waren jedoch radikalen politischen Inhalts. So beschrieb er beispielsweise die entsetzliche Ernährungslage der Bauern im Witebsker Gouvernement und meinte sarkastisch, man müsse mit dem Brot dieser Bauern »die kinderliebenden Herrscher füttern«. Dazu kamen Darstellungen über den Kampf der europäischen Völker mit dem Despotismus. Dostojewskij war mit ihm befreundet. Mombelli wurde mit ihm zum Tode verurteilt, begnadigt und zu 15 Jahren Sibirien verurteilt. 1856 kam er in den Kaukasus. Mombelli blieb auch nach der Verbannungszeit seinen revolutionären Anschauungen treu.

Morosow
Moskauer Buchhändler

Motschalow, Pawel Stepanowitsch, 1800–1848
Berühmter russischer Schauspieler und Darsteller tragischer Rollen

Nabokow, Iwan Alexandrowitsch, 1787–1852
Teilnehmer am Krieg gegen Napoleon; zeichnete sich bei Borodino aus. Nabokow war Vorsitzender der Untersuchungskommission für den Fall der Petraschewzen. Die Verurteilten erinnerten sich an ihn als an einen »guten, mitfühlenden Menschen«.

Nekrasow, Nikolaj Alexejewitsch, 1821–1877
Nekrasow und Dostojewskij waren 30 Jahre lang Alters- und Zeitgenossen. Ihre Beziehungen waren kompliziert, sowohl was die literarischen als auch die persönlichen Dinge betraf. Aus dem gleichen Milieu stammend, standen sie sich einerseits persönlich sehr nahe, andererseits konnte man sie fast als Feinde bezeichnen. In der Nacht, als Nekrasow gestorben war, so erzählte Dostojewskij selbst, »las ich gute zwei Drittel alles dessen wieder durch, was er geschrieben hatte, und im Laufe der Lektüre (ich las es hintereinander weg) zog quasi mein ganzes Leben an mir vorbei, und es war mir zumute, als würde ich diese 30 Jahre von neuem durchleben«. Dostojewskij berichtet, daß in jener berühmten Mainacht von 1845, als Nekrasow mit Grigorowitsch, unmittelbar nach der Lektüre der ›Armen Leute‹, mit Tränen in den Augen zu Dostojewskij eilte (und zwar um vier Uhr früh, um ihn zu wecken, weil es »viel mehr war als Schlaf«), ihre Beziehungen den Charakter der Intimität erhielten. Er ging nie wieder verloren, auch später nicht, als sie sich

nur selten sahen und ideologisch verfeindet waren: Nekrasow gehörte
ins Lager der Progressiven. Ihre Beziehungen waren jedoch von äußeren
Umständen und Mißverständnissen bedroht, die vornehmlich auf die literarische Cliquenbildung zurückzuführen waren. So Dostojewskijs Bruch
mit dem ›Zeitgenossen‹ und seinem Herausgeber Nekrasow, der Austritt Belinskijs aus den ›Vaterländischen Annalen‹, in denen dann Dostojewskij weiterhin veröffentlichte. Nekrasow verfaßte auch sarkastische
Geschichten und Epigramme auf den äußerst ehrgeizigen Dostojewskij.
Nach der Rückkehr aus Sibirien fanden sie sich beide in miteinander
verfeindeten ideologischen Gruppen, wobei Nekrasow mit seiner Kritik
an Dostojewskijs reaktionären Tendenzen nicht sparte (im Zusammenhang mit dem ›Dorf Stepanschtinkowo‹, einer Erzählung, die vom
›Zeitgenossen‹ abgelehnt worden war). Die ideologische Feindschaft ließ
vorübergehend nach: Nekrasow publizierte in Dostojewskijs Zeitschrift
›Die Zeit‹. Als die ›Epoche‹ herauskam, die einen eindeutigen promon-
archistischen und in jeder Hinsicht reaktionären Kurs einschlug, schien
der ideologische Konflikt zementiert zu sein. Erst 1875, als Dostojewskij
seinen ›Jüngling‹ in der nun von Nekrasow und Saltykow redigierten
Zeitschrift ›Die Vaterländischen Annalen‹ herausbrachte – er war damals
auch von seinem extrem konservativen Standpunkt und vor allem der
offenen Liaison mit Meschtscherskij abgekommen –, kamen sie einander
wieder näher. Die schwankenden dreißigjährigen Beziehungen zwischen
Dostojewskij und Nekrasow waren auch durch das Urteil des Romanciers über den Lyriker bedingt. Das eine Mal akzeptierte er ihn als
»großen Poeten«, das andere Mal – als Autor der ›Dämonen‹ – sah er
ihn als »Liberalen in Uniform«. Seine Einstellung zu Nekrasow hat
ähnliche Markierungspunkte wie die zu Belinskij; sie ist jedoch im Urteil
nicht so scharf wie jene.

Netschajew, Sergej Gennadjewitsch, 1847–1882
Sohn eines Kellners aus dem Textilzentrum Iwanowo-Wosnesensk. Er
war einer der wenigen Revolutionäre proletarischer Abstammung in
jener Zeit. 1861 arbeitete er als Laufbursche im Kontor einer Fabrik,
1865 übersiedelte er nach Moskau, wo er bei M. Pogodin wohnte, 1866
nach Petersburg, wo er das Lehrerexamen bestand und eine Stelle als
Lehrer antrat. 1868 besuchte er Vorlesungen an der Petersburger Universität und nahm aktiv an den studentischen Unruhen der Jahre 1868
bis 1869 teil. 1869 zog er nach Genf, wo er mit Bakunin zusammentraf.
Er gab eine Reihe revolutionärer Proklamationen heraus sowie zwei
Hefte der Zeitschrift ›Volksgericht‹. Er wollte Bakunin von der Existenz
eines zentralen Exekutionskomitees in Rußland überzeugen, dem er
selbst angehörte. Bakunin verhalf ihm dann zur Bekanntschaft mit den
führenden Repräsentanten der russischen Emigration, vor allem mit Herzen und Ogarjow. Er verschaffte ihm auch Mittel für seine Publikationen

und eine Mitgliedsbestätigung der ›Russischen Abteilung des Revolutionären Weltbundes‹. Mit diesem Ausweis kehrte Netschajew nach Moskau zurück, wo er sich als Mitglied des ›Komitees des Volksgerichts‹ ausgab und einige revolutionäre Gruppen organisierte, die hauptsächlich aus Netschajew, Uspenskij, Kusnezow, Pryschow und dem Studenten der Petrowschen Akademie, Iwanow, bestanden. Nach dem Mord an Iwanow wegen Verrates der Idee durch die übrigen Mitglieder des ›Revolutionskomitees‹ versteckte sich Netschajew im Ausland, wo er von neuem Bakunin aufsuchte. Nach Herzens Tod gaben sie gemeinsam die ›Glocke‹ heraus, die ›Obschtschina‹ und das ›Volksgericht‹ (Narodnaja rasprawa). 1872 wurde Netschajew von der Schweizer Gendarmerie verhaftet und der Russischen Gesandtschaft übergeben, 1873 verurteilte ihn ein russisches Gericht zu 20 Jahren Zwangsarbeit und lebenslänglicher Verbannung. Obgleich Dostojewskij selbst genaue Hinweise auf Netschajew als Prototyp für Pjotr Werchowjenskij gegeben hat, ist die Frage dieses Zusammenhangs noch nicht genau untersucht. Es ist zu fragen: Hatte Dostojewskij seine Informationen tatsächlich nur aus den Zeitungen, oder gar nur aus russischen Zeitungen? Hatte er Netschajews Proklamationen gelesen, die Hefte des ›Volksgerichts‹, der ›Glocke‹ usw? Man darf annehmen, daß Dostojewskij von Netschajew selbst wenig wußte, aber seinem Werchowjenskij dieselben konsequenten Argumente in den Mund gab, wie sie in dem ›Revolutionären Katechismus‹ des Anarchisten Netschajew entwickelt waren. Dabei war Netschajew keineswegs eine komische Figur, und es fiel Dostojewskij außerordentlich schwer, künstlerisch einen überzeugenden Werchowjenskij zu schaffen, »der zur Hälfte komisch wirkte«.

Nikitenko, Alexander Wasiljewitsch, 1804–1877
Professor der russischen Literatur an der Petersburger Universität und bekannter Literaturkritiker. Aus seinem Nachlaß ist sein Tagebuch von großem literaturgeschichtlichem Wert (›Meine Erzählung über mich selbst und wessen ich im Leben Zeuge war‹, Bd. I–II, 1905). Es enthält viele Details über die Epoche Puschkins und Gogols und über die Vorbereitungsphasen zu den Reformen der 60er Jahre. Seit 1833 war Nikitenko Mitglied des Zensurkomitees, wobei er des öfteren der Literatur »unsichtbare« Dienste erwies. In diesem Zusammenhang wurde er sogar mehrmals zu einem Arrest auf der Hauptwache verurteilt. Die Progressiven der 40er Jahre sahen in Nikitenko einen der ihren, was Dostojewskij wohl von Grigorowitsch erfahren hatte. Dazu kam, daß Belinskij eine der Reden Nikitenkos vom Ende des Jahres 1842 (›Rede über die Kritik‹) außerordentlich gelobt hatte.

Nikolaj Japonskij, 1836–1912
Iwan Dmitrijewitsch Kasatkin. Begründer der orthodoxen Mission in Japan. Dostojewskij war wohl mit seinen »Briefen aus Japan« vertraut,

die seit Mitte der 60er Jahre in der ›Moskauer Zeitung‹ erschienen waren, ebenso mit dem Aufsatz ›Japan vom Standpunkt der christlichen Mission‹ (im ›Russischen Boten‹, 1869).

Obodowskij, Platon Grigorjewitsch, 1805–1864
Schriftsteller, Dramatiker und Übersetzer

Odojewskij, Fürst Wladimir Fjodorowitsch, 1803–1869
Bekannter Dichter, Philosoph, Anhänger der Romantik, Musikhistoriker und -theoretiker. Er war einer der ersten russischen Schellingianer und hatte auf die Generation der 30er Jahre einen großen Einfluß (u. a. auf den frühen Belinskij).
Sein bedeutendstes Werk: ›Russische Nächte‹, eine Sammlung von Erzählungen im Sinne der Theosophie Schellings. Am besten ist er in seinen philosophisch-satirischen Erzählungen. Odojewskij war einer der Dekabristen und wurde 11 Jahre nach Sibirien verbannt. Fast alle seine Werke wurden erst nach seinem Tod veröffentlicht.

Ogarjow, Nikolaj Platonowitsch, 1813–1877
Dichter und Revolutionär. Er stammte aus einer reichen Gutsbesitzerfamilie. Schon in frühester Jugend war er mit Alexander Herzen befreundet. 1843 wurde er »wegen seiner besonderen Interessen für französische sozialistische Systeme« nach Pensa verbannt. 1856 verließ er Rußland für immer und war dann zusammen mit Herzen Anführer der russischen Emigration. Im Gegensatz zu seiner revolutionären Haltung, die noch extremer als die Herzens war, ist seine Lyrik weich, verträumt und idealisiert das Vergangene.
Dostojewskij mußte ihn sowohl in politischer als auch künstlerischer Hinsicht ablehnen. Dazu kam, daß Ogarjow eigentlich im Schatten von Figuren wie Herzen und Bakunin stand.

Olchin, Pawel Matwejewitsch
Einer der ersten Stenographielehrer in Rußland. Sein Lehrbuch ›Anleitung zur russischen Stenographie nach dem System von Gabelsberg‹ stand in Dostojewskijs Bibliothek: Anna Grigorjewna, Dostojewskijs Frau, war eine Schülerin Olchins.

von Oldenburg, Prinz Pjotr Georgewitsch, 1812–1881
Urenkel des unter Zar Peter III. nach Rußland eingewanderten Prinzen Georg Ludwig von Holstein-Oldenburg. Pjotr Georgewitsch von Oldenburg zeichnete sich durch rege Aktivität beim Aufbau von Schulen, Akademien und Krankenhäusern aus.

Ordynskij
Zahlmeister des Bataillons, dem Dostojewskij angehörte. Nach Wrangel eine unansehnliche und ewig betrunkene Figur.

Orlow, Alexander Anfimowitsch, ?–1840
Verfasser von Romanen in einem pseudovolkstümelnden Geist. Der Kritiker N. A. Polewoj bezeichnete ihn als einen »widerwärtigen Schreiberling«.

Osmidow, Nikolaj Lukitsch
Einer der Gelegenheitskorrespondenten Dostojewskijs, die er wegen ihrer »ernsthaften Suche nach Idealen« schätzte. Osmidow hatte in der Nähe von Moskau einen Hof, den er mit seiner Tochter bearbeitete. In seiner Freizeit las er viel, dachte über »die ewigen Fragen« nach und träumte von Erziehungssystemen »im Geiste der Wahrheit und des Guten«. Osmidow suchte nach unerschütterlichen Grundlagen in Religion und Wissenschaft und »schwankte dabei zwischen Glauben und Unglauben«.

Osnowjanenko, 1778–1843
Pseudonym des weißrussischen Schriftstellers Grigorij Fjodorowitsch Kwitki

Ostrowskij, Alexander Nikolajewitsch, 1823–1886
Dostojewskijs erstes Urteil über den russischen Stückeschreiber war das Ergebnis oberflächlicher Kenntnisse aus Rezensionen. Nach der Rückkehr aus der Verbannung las er die Originale und war begeistert. Vor allem schätzte er dann Ostrowskijs Milieustücke, während er die historischen weiterhin ablehnte. Genau wie der Kritiker und Dichter Apollon Grigorjew sah er in Ostrowskij den bedeutenden Gegenpol zur russischen Literatur der »dämonischen Ursprünge« und der ›Toten Seelen‹. Ostrowskij war für ihn der Schriftsteller eines »neuen Wortes«. In den 60er Jahren war Ostrowskij Mitarbeiter an Dostojewskijs Zeitschriften.

Palm, Alexander Iwanowitsch, 1822–1885
Schriftsteller, der seit 1847 bei Petraschewskij verkehrte. Palm war Durows engster Freund. Dostojewskij hatte wenig Kontakt mit ihm. Von den Petraschewzen war er der einzige, der nicht verbannt, sondern nach Odessa versetzt wurde, sogar seinen Offiziersrang behalten durfte.

Panajew, Iwan Iwanowitsch, 1812–1862
Literat. Er begann seine Karriere Anfang der 30er Jahre. Panajew schrieb geistreiche Feuilletons über Tagesereignisse und veröffentlichte sie fast ausschließlich in den ›Vaterländischen Annalen‹.

Parfenij, ?–1868.
Mönch. Er spielte im russischen Klosterleben des 19. Jahrhunderts eine
bedeutende Rolle. Er verfaßte eine Menge von Traktaten gegen die Altgläubigen. Weit verbreitet und beliebt war seine ›Pilgerfahrt durch Rußland, die Moldau, die Türkei und das Heilige Land‹, ein Buch, in dem
Dostojewskij immer wieder las. Strachow schreibt, Parfenijs ›Pilgerfahrt‹ gehöre zu den wenigen Büchern, die Dostojewskij 1867 mit ins
Ausland genommen habe.

Pawel Prusskij, 1821–1895
Zunächst Anhänger des Raskols. 1848 wurde er von reichen Moskauer
Altgläubigen nach Preußen gesandt, um dort ein neues Zentrum der
Altgläubigen zu gründen. Er gründete dann auch 1851 ein Altgläubigen-
kloster bei Gumbinnen, das er 15 Jahre lang leitete. 1868 trat er zur
Orthodoxen Kirche über, wurde Vorsteher eines Moskauer Klosters und
veröffentlichte zahllose Schriften gegen die Altgläubigen. Den Namen
»Prusskij« (der Preuße) erhielt er auf Grund seines langen Aufenthaltes
in Preußen.

Pawlischtschew, Lew Nikolajewitsch, 1834–1915
Puschkins Neffe. In der Literatur sind seine ›Erinnerungen an A. S.
Puschkin‹ (1890) bekannt.

Peschechonow, Pjotr Michajlowitsch
Richter in Semipalatinsk

Pesozkij, Iwan Petrowitsch, ?–1849
Herausgeber der Zeitschrift ›Repertoire des russischen Theaters‹ (1839
bis 1841) und der Zeitung ›Der Ökonom‹ (1841).

Petraschewskij
siehe Butaschewitsch-Petraschewskij

Pisarew, Dmitrij Iwanowitsch, 1840–1868
Führender Kritiker der 60er Jahre. Er wurde wegen einer Rezension
über Schedo-Ferotis Broschüre, die Herzens Brief an den russischen
Gesandten in London zum Inhalt hatte, zu fünf Jahren Haft in der Peter-
Pauls-Festung verurteilt. Während dieser Zeit verfaßte er seine berühmten Aufsätze ›Die Zerstörung der Ästhetik‹, ›Das denkende Prole-
tariat‹ und ›Die Realisten‹. In dem Aufsatz ›Puschkin und Belinskij‹
versuchte er, Belinskij zu entthronen. In seinem Kampf gegen die Ideen
der 60er Jahre hatte Dostojewskij offensichtlich Pisarew vor Augen,
dessen extremer Utilitarismus weit über das hinausging, was die Kritiker
des ›Zeitgenossen‹ betrieben hatten. Selbst Tschernyschewskij hatte sich

der Tradition der 40er Jahre noch verpflichtet gefühlt. Pisarew fühlte sich freier als »seine älteren Brüder« und führte ihre Ideen radikal und konsequent zu Ende.

Pisemskij, Alexej Feofilaktowitsch, 1820–1881
Sozialkritischer Romancier, der zum extremsten Flügel der »Natürlichen Schule« gehörte. Seinen realistischen Bildern und der Sprache, die an die sprachlichen Mittel Gogols erinnert, fehlt jedoch Gogols Humor. Als Dostojewskij mit seinem Bruder die ›Zeit‹ herausgab, stellte er Pisemskij noch neben Ostrowskij und Turgenjew. Zwei Jahre später hatte er seine Meinung völig revidiert: er lehnte Pisemskij nun ab. Im ›Tagebuch eines Schriftstellers‹ wird er nicht einmal erwähnt.

Plaksin, Wasilij Timofejewitsch, 1796–1869
Lehrer der russischen Sprache und Literatur an verschiedenen militärischen Lehranstalten in Petersburg. Die von Dostojewskij im Brief vom 1. Januar 1840 erwähnten Werke Plaksins (›Kurzer Lehrgang der Literatur‹, 1832; ›Geschichte der russischen Literatur‹, 1835; ›Geschichte oder Versuch der Geschichte der schönen Künste in Rußland‹, unvollendet, 1846) hatten keinen Einfluß auf Dostojewskijs Entwicklung. Plaksins Darstellungen waren recht scholastisch.

Pleschtschejew, Alexej Nikolajewitsch, 1825–1893
Dichter aus dem Petraschewzenkreis und Anhänger Fouriers. Pleschtschejew war einer der ersten Besucher der Freitagabende bei Petraschewskij, den er seit 1845 kannte. Er war auch einer der ersten, der an der Gemeinschaftsbibliothek für zeitgenössische Philosophie und sozialpolitische Literatur Westeuropas mitarbeitete. Dostojewskij wurde mit ihm 1846 entweder bei den Beketows oder den Majkows bekannt. Ihre Beziehungen waren freundschaftlich. Sie gehören in die Periode von Dostojewskijs »Träumerei«. So sind die ›Weißen Nächte‹ und das ›Schwache Herz‹ dem Freund Pleschtschejew gewidmet. Bei den Auseinandersetzungen im Kreis der Petraschewzen bildeten die beiden zusammen mit Durow den aktiveren, revolutionäreren Flügel. Mit Pleschtschejew stand er auf dem Semjonow-Platz. Sie wurden beide nach Omsk verbannt. Von 1856 bis 1860 pflegten sie einen intensiven Briefwechsel: Pleschtschejews Briefe sind unveröffentlicht, Dostojewskijs Briefe sind offenbar verlorengegangen. Ihre Beziehungen kühlten ab, als sie später verschiedenen politischen Lagern angehörten. Während Dostojewskij mit den monarchistischen und nationalistischen Reaktionären zusammenarbeitete, schrieb Pleschtschejew für Nekrasow und Saltykow-Schtschedrin. 1872 wurde er Sekretär der ›Vaterländischen Annalen‹.

Pobedonoszew, Konstantin Petrowitsch, 1827–1907

Der Publizist Katkow und der Jurist Pobedonoszew, Graue Eminenz des Hofes und Oberprokuror des Hl. Synods, überboten sich unter Alexander III. in einem »wirklichkeitsfremden, reaktionär-nationalistischen Dunkelmännertum« (Günther Stökl in: ›Russische Geschichte‹, Stuttgart 1962). Sein Name ist verknüpft mit einer brutal zentralistischen, militant orthodox-christlichen und großrussisch-nationalistischen Politik. Der Zweck war eine konsequente Eindämmung der revolutionären Bewegung. Es war eine Politik der Konservierung aller überkommenen Institutionen. Der Autor der ›Dämonen‹ war über Fürst Meschtscherskij (siehe ebenda) mit Pobedonoszew bekannt geworden. Während Dostojewskijs redaktioneller Tätigkeit am ›Staatsbürger‹ arbeitete er eng mit Pobedonoszew zusammen, der ihm seinerseits, wie aus einem nach der Revolution zum erstenmal veröffentlichten Brief hervorgeht, Hinweise und Informationen, vielleicht auch Informationen der III. Abteilung, zukommen ließ, die Dostojewskij für die Aufzeichnungen im ›Tagebuch eines Schriftstellers‹ verwendete.

Was ihn vor allem mit Pobedonoszew verband, war die radikale Ablehnung der westeuropäischen Kultur und ihrer staatlichen Ordnung, eine Ablehnung, die theoretisch im wesentlichen in den Konzeptionen der Slawophilen gründete. Es ist der Gedanke, daß der »orthodoxe Glaube« auf der Basis »intuitiver Erkenntnis« dem europäischen Rationalismus (Katholizismus und Sozialismus) diametral entgegengesetzt sei. »Die absolute Wahrheit ist nur dem Glauben zugänglich«, und nur das »einfache Volk« würde – dies im Gegensatz zur gesellschaftlichen Oberschicht – »spüren, daß man die Wahrheit nicht materiell, nicht sensuell, mit Zahl und Maß definieren könne, sondern daß man daran glauben kann und muß« (Pobedonoszew). Der »Glaube« wird bei Pobedonoszew zum Herrschaftsprinzip. Pobedonoszew und der späte Dostojewskij standen sich sehr nahe, so daß der Oberprokuror nach dem Tod des Schriftstellers an Iwan Aksakow schreiben konnte: »Ich kannte diesen Menschen recht gut, der Samstagabend war ausschließlich für ihn vorbehalten, und er kam nicht selten zu mir. Und seinen Sosima hat er sich auf meine Anleitungen hin ausgedacht: zwischen uns hat es viele herzliche Gespräche gegeben.« Die Sache mit Sosima ist übertrieben: schon vor der Bekanntschaft mit Pobedonoszew hatte sich Dostojewskij Materialien und Vorbilder zusammengestellt, die später die Figur des Sosima prägten. Doch »herzliche Gespräche« hat es tatsächlich nicht wenige gegeben. Das zeigen noch die Briefe aus den Jahren 1879–80, in denen er Pobedonoszew als »Arzt des Geistes« und sich selbst als den »Anhänger« bezeichnete, den »Arzt« nach Stellungnahme und Ratschlag zu diesem oder jenem Teil der ›Karamasows‹ und des ›Tagebuch‹ fragte, denn nur »für so wenige Leser, wie Sie [Pobedonoszew] einer sind, lohnt es sich zu schreiben«. Im übrigen ist die Frage noch keineswegs im Detail untersucht, wer auf wen den größeren Einfluß hatte. Ob sich Dostojewskij bewußt war, daß er sich politischer Maßnahmen objektiv bediente, die er subjektiv mißbilligte, ist hier irrelevant. Daß der Oberprokuror den Autor für seine Ideologie recht gut gebrauchen konnte, geht aus einem Brief an Alexander III. hervor: »Der Tod Dostojewskijs ist ein großer Verlust für Rußland. Im Milieu der Literaten war er wohl der einzige, der die grundlegenden Ursprünge des Glaubens, des Volkstums und der Liebe zum Vaterland leidenschaftlich verbreitete. Unsere unglückliche Jugend, die wie Schafe ohne Hirte umherirrt, brachte ihm Vertrauen entgegen, und sein Wirken war außerordentlich groß und wohltuend...«

Pogodin, Michail Petrowitsch, 1800–1875
Historiker, Archäologe und Journalist, der in der Geschichte der Moskauer Universität als Slawophiler und Vertreter der offiziellen Politik des Volkstums eine bedeutende Rolle spielte. Pogodin war 1827 bis 1830 Redakteur und Herausgeber des ›Moskauer Boten‹, Herausgeber der achtbändigen ›Russischen historischen Sammlung‹ (1837–44) und von 1841 bis 1856 Herausgeber der Zeitschrift ›Der Moskauer‹. Pogodin war mit Puschkin und Gogol befreundet und einer der ersten, der in seinen dramatischen Versuchen Szenen aus dem Milieu des Volkes aufschrieb. Er war vielseitig begabt, jedoch ohne tieferes Verständnis für die Dinge, und so genoß er zeit seines Lebens einen zweifelhaften Ruf, sowohl in politischer als auch in menschlicher Hinsicht. Dostojewskij beurteilte Pogodin immer etwas ironisch.

Polewoj, Nikolaj Alexejewitsch, 1796–1846
Bekannter Journalist, Kritiker und Schriftsteller. Leitete die beste Zeitung der 20er und der ersten Hälfte der 30er Jahre, den ›Moskauer Telegraphen‹ (1825–1834). Sein Einfluß auf die Entwicklung der russischen Literatur war recht groß. Hierin verglich ihn Belinskij mit Lomonosow und Karamsin. Beeinflußt von der französischen Romantik, suchte er die Karamsinsche Geschichtstheorie zu widerlegen. Unter Geschichte verstand er nicht die Schilderung von isolierten großen Gestalten, sondern von Zusammenhängen der Entwicklung der Völker.

Poliwanow, Lew Iwanowitsch, 1838–1898
Pädagoge und Direktor des Poliwanowschen Gymnasiums in Moskau. Von 1878–80 Sekretär der ›Gesellschaft der Freunde der Russischen Literatur‹, wie Turgenjew schreibt, der »Präsident« des Komitees, das mit der Enthüllung des Puschkindenkmals betraut war.

Poljakow, Boris Borisowitsch
Der Petersburger Rechtsanwalt, der Dostojewskij in Sachen des Erbes der Tante Kumanina half, die am 29. März 1871 gestorben war.

Polonskij, Jakow Petrowitsch, 1819–1898
Dichter. Ein Teil seiner Werke steht der sozialengagierten Lyrik Nekrasows und Nikitins nahe, der andere umfaßt stark aufs Emotionale ausgerichtete Liebes-, Natur- und Kinderlyrik. Eine Zeitlang war er Redakteur der Zeitschrift ›Das russische Wort‹, in der Dostojewskijs Erzählung
›Onkelchens Traum‹ erschien. Sie wurden daraufhin gute Bekannte. In
den 70er Jahren trafen sie sich im Haus von J. A. Stakenschneider, die
mit Polonskij befreundet war.

Porezkij, Alexander Ustinowitsch, 1819–1879
Forstbeamter, in dessen Kanzlei Dostojewskijs Stiefsohn Pawel Isajew
vorübergehend eine Stelle gefunden hatte. Porezkij war bekannt als
zweitrangiger Schriftsteller und Journalist, und Dostojewskij hatte ihn
schon in den Jahren 1846–47 bei den Majkows und Dr. Janowskij kennengelernt. Später war er sein Mitarbeiter an der ›Zeit‹ und der ›Epoche‹,
für die er als nomineller Schriftleiter zeichnete. 1873 war er Dostojewskijs
Mitarbeiter an Meschtscherskijs Zeitung ›Der Staatsbürger‹.

Priessnitz, Vincent, 1790–1851
Begründer der Hydrotherapie, der besonders in der zweiten Hälfte der
30er Jahre Berühmtheit erlangte.

Puschkin, Alexander Sergejewitsch, 1799–1837
Der Klassiker der russischen Literatur. Puschkin gab der russischen Li-
teratursprache die Form, die die wesentlichen Züge der weiteren literarischen Entwicklung bestimmte. Puschkin war der einzige Dichter, dem
Dostojewskij sein ganzes Leben uneingeschränkte Bewunderung und
Liebe entgegenbrachte (siehe dazu Briefe zur Puschkinrede Dostojewskijs von Ende Mai bis Anfang Juni 1880). Der Bruder Andrej Michajlowitsch berichtete später, Dostojewskij habe schon in jungen Jahren fast
den ganzen Puschkin auswendig gelernt. Als 16jähriger wollte er zu
Ehren des im Duell getöteten Dichters Trauerkleider tragen. Im Kreis
der Petraschewzen deklamierte er enthusiastisch die von der Zensur verbotenen Freiheitsgedichte Puschkins. In seiner Puschkinrede feierte er
»die universale Aufnahmefähigkeit Puschkins und die Fähigkeit seiner
völligen Reinkarnation im Genius fremder Nationen, eine Fähigkeit, die
vor ihm keiner der größten Universalpoeten besaß«.

Puzykowitsch, Victor Feofilowitsch, 1843–1909
Schriftsteller und Publizist konservativer Richtung. Nach 1874 war er
Dostojewskijs Nachfolger an der Zeitung ›Der Staatsbürger‹. 1879 hatte
er die Zeitung aufgekauft und gab von 1879 bis 1881 in Berlin den
›Russischen Staatsbürger‹ heraus, 1903 das ›Berliner Wochenblatt‹. Do-
stojewskij verhielt sich ihm gegenüber zugleich freundschaftlich und

herablassend. Er hielt ihn für einen Menschen, »der kein schlechtes Herz habe und gar nicht dumm sei«, aber »ohne inneren Verstand und Übersicht«. Die Erinnerungen von Puzykowitsch sind wohl die unzuverlässigsten der ganzen Memoirenliteratur. Er steht in vorderster Linie der Autoren, die Dostojewskij vor allem als Autorität ihrer eigenen reaktionären Schwätzerei gegen »Liberale und Revolutionäre« mißbrauchten.

Pyat, Felix, 1810–1889
Linksradikaler französischer Publizist. Stand nach der Februarrevolution von 1848 als Mitglied der Konstitutionellen Versammlung der Sozialistischen Partei nahe. Pyat wurde des öfteren inhaftiert und entzog sich weiterer Verfolgungen durch die Emigration. Bei der Pariser Kommune war er Mitglied der Finanzkommission. Auf seine Initiative hin wurde am 19. Mai ein Dekret herausgegeben, das alle der Kommune feindlichen Schriften verbot. Er forderte auch die Zerstörung des Palais de Vendôme und anderer Gebäude. Am 22. Mai erschien die letzte Nummer seiner Zeitung ›Vengeur‹ mit dem Aufruf, Widerstand bis zum letzten Blutstropfen zu leisten. Nach der Niederlage der Kommune konnte er entfliehen. In Abwesenheit wurde er zum Tode verurteilt. Erst 1880 kehrte er auf Grund einer Amnestie nach Paris zurück und wurde später Deputierter in der Nationalkammer. Für Dostojewskij war Pyat der Inbegriff des »Nihilisten«.

Ranke, Leopold von, 1795–1886
Bedeutender deutscher Historiker. Im Gegensatz zu dem Franzosen Thierry ist bei Ranke das *primus agens* der Geschichte die Persönlichkeit. Zugleich sieht er aber – unter Hegels Einfluß – auch die historische Verbindung der Ereignisse, die Einheit des universalen historischen Prozesses, in dem jedes Ereignis seinen Platz und seine Bedeutung hat, als Entwicklungsmoment des absoluten Geistes. Von Ranke waren damals ›Die deutsche Geschichte im Zeitalter der Reformation‹, die ›Französische Geschichte‹ und die ›Geschichte der Päpste‹ erschienen. Für den Dostojewskij-Forscher ist vor allem Rankes ›Geschichte der Päpste‹ wichtig.

Reinhardt, Nikolaj Iwanowitsch
Guter Bekannter des Bruders Michail.

Reschetnikow, Fjodor Michajlowitsch, 1841–1871
Sohn eines Briefträgers, der von Onkel und Tante unter brutalsten Bedingungen großgezogen wurde, nachdem der Vater die Mutter so weit gebracht hatte, daß sie den Sohn zurückließ. Reschetnikow war einige Zeit Schreiber in Jekaterinburg mit 3 Rubeln Monatsgehalt. In Perm verdiente er später als Kanzleibeamter 5 Rubel und in Petersburg beim Finanzamt 9 Rubel monatlich. Zur Literatur kam er als völlig »neuer

Mensch«, ohne formale Bildung, mit unmittelbarem Engagement, der in jeder Hinsicht von der »Gutsbesitzerliteratur«, wie Dostojewskij Tolstoj, Gontscharow und Turgenjew klassifizierte, abstach. Die Erfahrung einer brutalen Umgebung war für Reschetnikow zu unmittelbar, als daß er sie ästhetisch hätte bewältigen können. Sein Roman ›Podlipowzy‹ schildert das Leben einfacher Permjaken, die nur einmal im Jahr das Hemd wechseln können, richtiges Brot nur einen Monat des Jahres haben, die übrige Zeit aber sich von Spreu und Borken ernähren, woran sie dann alle sterben. Dostojewskij würdigte das »neue Wort« Reschetnikows, lehnte es aber wegen »seines Mangels an schöpferischer Phantasie« ab.

Rodewitsch, Michail Wasiljewitsch
Der Lehrer von Dostojewskijs Stiefsohn Pascha, den Dostojewskij von seiner Mitarbeit an der ›Zeit‹ her kannte. 1862 (Nr. 8) erschien dort Rodewitschs Aufsatz ›Unsere gesellschaftliche Moral‹. Seit 1863 war er ein enger Freund der Familie und sollte Pascha für das Gymnasium vorbereiten. Rodewitsch machte später rasche Karriere in der Verwaltung. Es ist indessen zu wenig über ihn bekannt, um die Vermutung stützen zu können, daß sich einige Züge von ihm im Seminaristen Rakitin in den ›Brüdern Karamasow‹ wiederfinden.

Ronsard, Pierre, 1524–1585
Französischer Dichter, der die Bereicherung der französischen Literatur durch das Studium der römischen und griechischen Literatur empfahl; er gehört zur Literatur der »Vorklassik«.

Rostowzew, Jakow Iwanowitsch, 1803–1860
Bekannter Bauernreformer und Gardeoffizier. Er war es, der Nikolaus I. über den Aufstand der Dekabristen informierte, ohne jedoch die Namen der Verschwörer zu nennen. Rostowzew gehörte zum Untersuchungsausschuß beim Prozeß gegen die Petraschewzen.

Rousseau, Jean Jacques, 1712–1778
Obgleich Dostojewskij wenig über den französischen Philosophen geschrieben hat, war Rousseau für seine intellektuelle Entwicklung von entscheidender Bedeutung. Im übrigen gilt das auch für Tolstoj. Wie für den Franzosen, so war auch für die beiden Russen Ausgangspunkt ihres Kampfes gegen den cartesianischen Rationalismus die Gegenüberstellung der »menschlichen Seele in ihrer Ganzheit« gegen den »menschlichen Verstand«. Für sie galt nicht der Satz: »Cogito, ergo sum«, sondern der Satz: »Exister, pour nous c'est sentir«. Das Ziel der Menschheit ist nicht Aufklärung, sondern die Fähigkeit, zu leiden und mitzufühlen. Sie identifizieren die Herrschaft der Ratio mit der den Menschen tötenden

Zivilisation. Ähnlich ist ihr Verhältnis zum einfachen Volk. Was bei Rousseau »le peuple de la campagne« ist, wird bei Dostojewskij zum »Volksboden« (potschwa) – als letzter Grundlage der Nation.

Trotz der vielen gedanklichen Bezüge gibt es noch keine Untersuchungen über die Zusammenhänge zwischen Rousseau und Dostojewskij. Leonid Grossman machte den Anfang, als er die Beichte Stawrogins auf Ton, Motive und Thema hin untersuchte und sie mit Rousseaus ›Confessions‹ in Zusammenhang brachte. Er erwähnt auch die Parallelität der Erzählform, nämlich die Ich-Erzählung. Dazu kommt die Heirat Stawrogins mit Lebjadkina und Rousseaus Heirat mit Thérèse, die in beiden Erzählungen mit dem Gefühl des Mitleids – und des damit verbundenen Spottes über das Mitleid – motiviert werden. Die Form der ›Armen Leute‹ scheint mit Rousseaus ›Nouvelle Heloïse‹ in Beziehung zu stehen; zudem verwenden beide das Paradoxon und das deklamatorische Pathos als Kunstmittel.

Sachanskaja, Nadjeschda Stepanowna, 1825–1884
Schriftstellerin, die unter dem Pseudonym Kochanowskaja veröffentlichte. Sie veröffentlichte noch vor Dostojewskijs Verbannung ihre erste Erzählung (›Gräfin D.‹), die 1848 in den ›Vaterländischen Annalen‹ erschien. Ihren literarischen Ruhm begründete sie mit der Erzählung ›Gajka‹. Der Erzählung liegt die slawophile Konzeption des orthodoxen Christentums zugrunde (die Idee der Demut und Versöhnung). Dostojewskij schätzte sie sehr.

Salias de Turnemir, Jelisawjeta Wasiljewna, 1815–1892
Schriftstellerin, die 1849 im ›Zeitgenossen‹ unter dem Pseudonym Jewgenija Tur zu schreiben begann. Ihre Erzählungen und Romane (zum Beispiel ›Der Irrtum‹ und ›Die Nichte‹) hatten beim Publikum großen Erfolg. Schon zu Beginn der 60er Jahre war sie eine der ersten, die von Dostojewskij als einem »großen Schriftsteller« sprachen. Etwas später lernten sie sich persönlich kennen: Salias de Turnemir war mit A. P. Suslowa, der Geliebten des Autors, eng befreundet.

Saltykow-Schtschedrin, Michail Jefgrafowitsch, 1826–1889
Sozialkritischer Romancier. Er stand dem Flügel der Westler nahe, die sich an Saint-Simon, Fourier und Louis Blanc orientierten. Saltykow war einige Male Gast bei den Freitagabend-Sitzungen der Petraschewzen (1845–1847). 1848 wurde er für acht Jahre in die Verbannung geschickt, weil er zwei Erzählungen ohne die Erlaubnis der Zensur in den ›Vaterländischen Annalen‹ hatte veröffentlichen lassen. Nach der Rückkehr aus der Verbannung widmete er sich ausschließlich der literarischen Arbeit – er hatte sich vom Kanzleidienst im Kriegsministerium beurlauben lassen. Zusammen mit Nekrasow redigierte er die ›Vaterländischen Annalen‹;

nach Nekrasows Tod wurde er verantwortlicher Redakteur und blieb es, bis die Zeitschrift verboten wurde. Dostojewskijs Beziehungen zu Saltykow waren recht kompliziert. Schon zu Beginn der 60er Jahre nahmen sie diametral entgegengesetzte Positionen ein: Saltykow propagierte den Fortschritt im radikalen ›Zeitgenossen‹, Dostojewskij engagierte sich für den ›Volksboden‹. Doch die offene Auseinandersetzung stand noch bevor: Saltykow publizierte auch in Dostojewskijs Zeitschrift ›Die Zeit‹, Dostojewskij lobt ihn als Künstler aus der Schule Gogols. Seit 1863 verschärfte sich die Polemik zwischen dem ›Zeitgenossen‹ und der ›Zeit‹. Von da an bekämpften sich Saltykow und Dostojewskij aufs schärfste. Als Dostojewskij seinen ›Jüngling‹ in den ›Vaterländischen Annalen‹ veröffentlichte, wurde die Polemik schwächer. Zu einer Versöhnung kam es nie: Nach der Puschkinrede war es Saltykow, der den nationalistischen und reaktionären Gehalt dieser Rede bloßlegte.

Samarin, Iwan Wasiljewitsch, 1817–1885
Bekannter Schauspieler des Moskauer Dramatischen Theaters und Verfasser einiger Theaterstücke (zum Beispiel ›Der Morgen ist weiser als der Abend‹).

Samarin, Jurij Fjodorowitsch, 1819–1876
Schriftsteller und Slawophiler. 1859 nahm er an den Arbeiten der Kommission zur Bauernbefreiung teil, wo er als Slawophiler die Erhaltung der bäuerlichen Gemeinde (Obschtschina) forderte. Für Dostojewskijs Verständnis des römischen Katholizismus ist Samarins Buch ›Die Jesuiten und ihr Verhältnis zu Rußland‹ (1865) wichtig. Samarins Untersuchung ist in Form von Briefen geschrieben und wird von manchen Forschern mit Pascals ›Briefen aus der Provinz‹ verglichen.

Samojlow, Sergej Wasiljewitsch
Oberstleutnant der Gebirgstruppen und Leiter der Kupferfabrik von Susinskij, die in der Nähe von Semipalatinsk lag.

Sand, George, 1804–1876
Die französische Schriftstellerin spielte sowohl für die Entwicklung der Belletristik als auch für die Geistesgeschichte eine wichtige Rolle im Rußland des 19. Jahrhunderts. Schon in der zweiten Hälfte der 30er Jahre waren fast alle ihre Romane ins Russische übersetzt, erschienen als Bücher oder in Zeitschriften. Jeder Roman war ein Ereignis und wurde leidenschaftlich diskutiert. Ihr Einfluß wurde besonders stark, als sich Belinskij in den 40er Jahren für sie begeisterte; bis an sein Lebensende berauschte er sich an ihren Ideen und Bildern. Das galt sogar noch für die Zeit, als Belinskijs Interesse am utopischen Sozialismus, den George Sand in ihren Romanen propagierte, nachgelassen hatte. Noch begeister-

ter waren Belinskijs Beschreibungen über die Sand in seinen Briefen. Man kann daraus auf die Intensität des Enthusiasmus schließen, wie ihn Belinskij in seinen Gesprächen über die gefeierte Autorin äußerte, im persönlichen Gespräch, das keine Zensur zu fürchten hatte, also beispielsweise im Gespräch mit Dostojewskij. Belinskijs Vorstellung von der höchsten literarischen Form formulierte sich in der Idee des »Sozialen Romans«, einer Idee, die unter dem Eindruck der Werke von George Sand und der russischen »Natürlichen Schule« (Turgenjew, Grigorowitsch, Dostojewskij u. a.) zustande gekommen war. 1861 kommt Dostojewskij auf diese Zeit kurz zu sprechen (›Die Zeit‹, Januar 1861): »Wir stürzten einzig und allein auf George Sand – und mein Gott, wir haben damals alles über dem Lesen vergessen.« Im ›Tagebuch eines Schriftstellers‹ beschreibt er George Sand und die 40er Jahre ausführlicher: »G. Sand nahm bei uns sofort so gut wie den ersten Platz in der ganzen Plejade der neuen Schriftsteller ein, deren Ruhm damals ganz Europa erfüllte. Sogar Dickens, der bei uns fast gleichzeitig erschien, mußte in der Aufmerksamkeit des Publikums hinter sie zurücktreten, von Balzac ganz zu schweigen... G. Sand ist eine der klarsichtigsten Persönlichkeiten, die eine die Menschheit erwartende glücklichere Zukunft vorherahnte, und sie glaubte ihr ganzes Leben froh und großmütig daran, daß die Ideale verwirklicht würden.«

Schewyrjow, Stepan Petrowitsch, 1806–1864
Professor an der Moskauer Universität, Literaturhistoriker, bekannter Kritiker, Dichter und einer der führenden Köpfe der frühen russischen Schellingianer. Nach I. Kirejewskij gehörte er zur sogenannten »Deutschen Schule« der russischen Dichter der 30er Jahre. Er war Mitarbeiter des ›Moskauer Beobachters‹, 1827–1831, und der slawophilen Zeitschrift ›Der Moskauer‹, von 1841–1856. Beeinflußt von Belinskij, der Schewyrjow ablehnte, verhielt sich Dostojewskij gegenüber Schewyrjow recht spöttisch.

Schidlowskij, Iwan Nikolajewitsch, 1816–1872
Zweitrangiger sentimental-romantischer Dichter. Fjodor und sein Bruder Michail lernten ihn 1837 in Petersburg kennen. Während des Studiums an der Ingenieurschule (1838–40) war Dostojewskij stark von ihm beeinflußt. Schidlowskij war leidenschaftlich, exaltiert und widersprüchlich. Stets auf der Suche nach Ruhe, die er nie fand, trat er in den 50er Jahren ins Kloster ein, begab sich später auf Pilgerfahrten und behielt bis an sein Lebensende das »Gewand des Büßers« an. Er übte einen faszinierenden Einfluß auf seine Umgebung aus und wurde mit W. S. Petscherin verglichen.

Schiller, Friedrich von, 1759–1805
Schiller galt für Dostojewskij ohne Einschränkung als der größte Humanist, als die unerschöpfliche Quelle der Liebe zur Menschheit und zur Welt als Ganzem. Unabhängig von Dostojewskijs Hinweisen auf Schiller und sein Werk in Briefen und Essays muß auch auf das Dritte Buch der ›Brüder Karamasow‹ verwiesen werden, das auf Schillers Lied ›An die Freude‹ aufgebaut ist. Die Schillersche Ekstase der Liebe wird hier offen als eines der grundlegenden Elemente der gesamten ideologischen Konzeption des Romans ausgewiesen. In seinem Essay ›Einiges über Schiller‹ (›Die Zeit‹, März 1862) schrieb er: »Wir müssen Schiller besonders deshalb schätzen, weil es ihm nicht nur gegeben war, ein großer Dichter zu sein, sondern dazu unser Dichter; seine Poesie ist dem Herzen zugänglicher als die Poesie Goethes und Byrons.«

Schlosser, Friedrich Christoph, 1776–1861
Berühmter Historiker, dessen Werke von Tschernyschewskij, Serno-Solowjowitsch und Sajzew ins Russische übertragen wurden (beispielsweise die ›Weltgeschichte‹).

Schubert, Alexandra Iwanowna, geb. Kulikowa, 1827–1909
Bekannte Schauspielerin an Theatern Petersburgs und der Provinz (Odessa, Wilna, Orjol, Twer). Ihr Vater war Leibeigener des Dekabristen Annenkow, die Mutter Leibeigene des Fürsten Wjasemskij. In erster Ehe war sie mit dem Schauspieler M. Schubert verheiratet, der 1854 starb. Danach lernte sie den Arzt S. D. Janowskij kennen, der sie ein Jahr später heiratete. Sie unterbrach darauf ihre Bühnentätigkeit bis 1858. Als sie ihren Beruf wieder aufnehmen wollte, machte ihr Janowskij Schwierigkeiten; er war gegen ihre Kontakte mit Schauspielern und Schriftstellern. Darauf trennten sie sich, und sie fuhr nach Moskau. Dostojewskij lernte sie nach ihrer Rückkehr in Petersburg kennen und »fühlte sich zu ihr sehr hingezogen«.

Schukowskij, Wasilij Andrejewitsch, 1783–1852
Dichter und Erzieher am Petersburger Hof (1815–1840). 1841 verließ er Rußland, um nicht mehr zurückzukehren. 1852 starb er in Baden-Baden. Seine literarische Tätigkeit bestand vor allem in Übersetzungen der deutschen Klassiker und Romantiker. 1849 publizierte er seine Übersetzung der ›Odyssee‹.
Nach dem Zeugnis des Bruders Andrej war Schukowskij im Hause der Dostojewskijs für die Lyrik eine ebensogroße Autorität wie Karamsin für die Prosa. Es ist anzunehmen, daß Schukowskij Dostojewskijs literarischen Geschmack im Geist sentimentaler Romantik mitbeeinflußte. Dieser sentimentale Zug durchzieht das ganze Leben des Dichters, wenn er auch in dem frühen Briefwechsel mit dem Bruder Michail unvergleich-

lich stärker hervortritt als später. Schukowskij prägte auch Dostojewskijs Bild von Schiller, den er bekanntlich sein Leben lang verehrte.

Scott, Sir Walter, 1771–1832
Der schottische Romancier wurde schon im Rußland der 20er Jahre berühmt. Unter Scotts Einfluß entwickelte sich der russische historische Roman der 30er Jahre. Dostojewskij rühmte Scott, war aber nicht von ihm beeinflußt.

Setschonow, Iwan Michajlowitsch, 1829–1905
Berühmter russischer Physiologe. Neben fachwissenschaftlichen Publikationen veröffentlichte Setschonow eine ganze Reihe von Schriften philosophischen Inhalts. Setschonow absolvierte dieselbe Petersburger Ingenieurschule wie Dostojewskij.` Dostojewskij interessierte sich für ihn und bezeichnete ihn in einem Brief als einen »beschränkten Gelehrten«, dessen Wissen über sein Fachgebiet nicht hinausginge. Er bezog sich dabei auf die öffentliche Polemik Kawelins gegen Setschonows Schrift ›Aufgaben der Psychologie‹.

Sévigné, Madame de, 1626–1696
Verfasserin stilistisch höchst erlesener Briefe an ihre Tochter über Fragen der Literatur, Philosophie und des Lebens in der damaligen Gesellschaft.

Shakespeare, William, 1564–1616
Schon der junge Dostojewskij sah in Shakespeare den Lehrmeister für die Entwicklung der tragischen Problematik in seinen Romanen. Seine Verehrung für Shakespeare ist ähnlich wie die für Puschkin bis ins hohe Alter ungebrochen.

Sluzkij
Dostojewskij meinte wohl einen gewissen Alexander Iwanowitsch Sulozkij, der im Omsker Kadettenkorps diente. Er dürfte ihn beim Inspekteur des Kadettenkorps Iwan Wikentjewitsch Schdan-Puschkin kennengelernt haben. Für letzteren hatte er Empfehlungsbriefe aus Tobolsk, den Stiefsohn Pawel Isajew betreffend, für den er im Kadettenkorps eine gesicherte Existenz finden wollte.

Smirdin, Alexander Filippowitsch, 1795–1857
Bekannter Verleger der ersten Hälfte des 19. Jahrhunderts. Er gab Sammelbände, Almanache und Anthologien russischer Schriftsteller heraus.

Snitkin, Alexander und Michail Nikolajewitsch
Die Vettern von Anna Grigorjewna Dostojewskaja geb. Snitkina.

Snitkin, Alexej Pawlowitsch, 1829–1860
Verfasser kleiner satirischer Gedichte und Erzählungen. Nach seinem Tod fanden sich zwei umfangreiche Romane, die er nicht mehr veröffentlichen konnte.

Snitkin, Iwan Grigorjewitsch, 1849–1887
Der Bruder Anna Grigorjewnas, der an der Landwirtschaftlichen Akademie in Moskau studiert hatte. Dostojewskij verkehrte freundschaftlich mit Iwan Grigorjewitsch. Es war der Schwager Iwan, der ihm 1869 in Dresden ausführlich die Geschichte des von Netschajew ermordeten Studenten erzählt hatte, die dann das zentrale Thema der ›Dämonen‹ wurde.

Sollogub, Graf Wladimir Alexandrowitsch, 1814–1882
Bekannter Schriftsteller der jungen Generation der ausgehenden 30er und der 40er Jahre. Gehörte zunächst der romantischen Schule an und ging später zur realistischen Darstellung des aristokratischen Milieus über. Den größten Erfolg hatte seine Erzählung ›Tarantas‹ (1845).

Solowjow, Philipp Gawrilowitsch, 1834–1888
Deputierter des Rates der vereidigten Rechtsanwälte bei den Puschkin-Tagen.

Solowjow, Wsewolod Sergejewitsch, 1849–1903
Sohn des bekannten Historikers S. M. Solowjow und Bruder des Philosophen W. S. Solowjow. Wsewolod Sergejewitsch schrieb historische Romane, die zu seiner Zeit beim Leser leichter, anspruchsloser Lektüre sehr populär waren. Solowjow war einer der enthusiastischsten Anhänger Dostojewskijs. Dostojewskij war für ihn Richtschnur in einer Krise, wie sie für die junge Generation Ende der 70er Jahre charakteristisch war.

Solowjow, Wladimir Sergejewitsch, 1853–1900
Dostojewskij lernte den jungen Philosophen 1873 kennen: Solowjow hatte ihm seine Magisterdissertation zugeschickt, die Arbeit, die in der weiteren Entwicklung der russischen Philosophie einen Einschnitt bedeutete. Solowjow hatte in dieser Arbeit (›Die Krise der westlichen Philosophie‹) den Positivismus vom Standpunkt des Idealismus kritisiert. Dem jungen Solowjow stand eine brillante akademische Karriere bevor, die jedoch jäh unterbrochen wurde, als er 1881 in einem öffentlichen Vortrag für die Begnadigung der Attentäter eintrat, die den tödlichen Anschlag auf Alexander II. verübt hatten. Dostojewskij schätzte den jungen Solowjow, der der Prototyp für Aljoscha Karamasow sein soll. Im Juni 1878 reisten sie gemeinsam ins Kloster Optina Pustyn zum Starzen Ambrosius (dem Prototyp für Sosima). Auf dieser Reise weihte

Dostojewskij seinen Begleiter in seine »Hauptgedanken« ein, skizzierte ihm eine Reihe von Romanprojekten, von denen dann nur das erste (›Die Brüder Karamasow‹) ausgeführt wurde.

Sotow, Rafail Michajlowitsch, 1795–1871
Schriftsteller und Übersetzer. Autor zahlloser pseudohistorischer Romane mit Boulevardeinschlag. Als Leiter des Spielplans fürs Kaiserliche Theater in Petersburg – von der Mitte der 20er bis zu den 50er Jahren – ließ er eine große Anzahl eigener und von ihm übersetzter Stücke inszenieren. Seine ›Aufzeichnungen‹, die 1896 erschienen, enthalten interessante Details übers russische Theater unter Nikolaus I. Belinskij empörte sich mehr als einmal über die Romane des recht bekannten Societyschreibers.

Spasowitsch, Wladimir Danilowitsch, 1829–1906
Hervorragender Jurist und Gelehrter, der sich zugleich mit Literatur und Literaturkritik befaßte. Spasowitsch war ein brillanter Stilist und Redner und war im öffentlichen Leben der 60er und 70er Jahre sehr prominent. Dostojewskij schätzte ihn sehr hoch ein. Obgleich man nicht nachweisen kann, daß er sich mit Spasowitsch beschäftigt hat, setzt das Urteil, das der Schriftsteller Dostojewskij über den Gelehrten Spasowitsch abgab, doch ein sorgfältiges Studium der Person und der Sache voraus.

Speschnjow, Nikolaj Alexandrowitsch, 1821–1882
Einer der führenden Revolutionäre aus dem Kreis Petraschewskijs. Er wurde zum Tode verurteilt und dann zu 10 Jahren Sibirien begnadigt. Nach der Amnestie, die der neue Zar im Jahr 1856 erließ, blieb er noch eine Weile dort und redigierte die ›Irkutsker Gouvernementszeitung‹, um erst 1860 nach Petersburg zurückzukehren. Aus dem Kreis der Petraschewzen übte wohl Speschnjow auf Dostojewskij den stärksten Einfluß aus. Speschnjow war Atheist und Kommunist. Er hatte das ›Elend der Philosophie‹ von Karl Marx gelesen und war wohl auch mit dem ›Kommunistischen Manifest‹ vertraut. Er lebte eine Zeitlang in der Schweiz und nahm dort aktiv am politischen Leben teil. Nach Mombellis Aussagen kämpfte er auf der Seite der Liberalen gegen die Jesuiten. Es gibt eine Auffassung, wonach Speschnjow der Prototyp für Nikolaj Stawrogin in den ›Dämonen‹ wurde, was indessen mit dem Argument bestritten wird, Dostojewskij habe Speschnjow viel zu sehr geliebt – er äußerte sich später auch nie polemisch gegen Speschnjow. Speschnjow wurde von allen Petraschewzen verehrt, vor allem »wegen einer Eigenschaft, die uns allen fehlte« (Pleschtschejew an Dostojewskij): »Sein Wort entsprach immer der Tat.« Das war bei Stawrogin nicht der Fall.

Spiridonow, W. M.
Militärgouverneur von Semipalatinsk. Nach Wrangel war Spiridonow Dostojewskij wohlgesonnen.

St. François Xavier, Franciscus Xaverius, 1506–1552
Katholischer Heiliger und Mitarbeiter des Ignatius von Loyola. Unternahm Missionsreisen nach Goa und Japan.

Stakenschneider, Jelena Andrejewna, 1836–1897
Autorin des Bandes ›Tagebuch und Aufzeichnungen‹, der wertvolle Materialien zur Geschichte der gesellschaftlichen und literarischen Strömungen in der zweiten Hälfte des 19. Jahrhunderts enthält. Ihr subtiler Intellekt, ihre literarische Begabung, ihre außerordentliche Güte und ihr Verständnis bestimmten den Kreis ihrer Bekannten und Freunde: Polonskij, Majkow, M. I. Michajlow, die Brüder Schelgunow, P. L. Lawrow, Turgenjew, Gontscharow, Dostojewskij u. a. waren ständige Besucher ihrer literarischen Abende. Sie besaß die Fähigkeit, in jedem einzelnen die individuellen Züge und sozialen Besonderheiten zu erkennen. In den 60er Jahren war sie mit Lawrow befreundet, unter dessen Einfluß sich ihre sozialen und politischen Ansichten kristallisierten. In den 70er Jahren – Lawrow war schon längst in der Emigration – übte vor allem Dostojewskij einen großen Einfluß auf sie aus: Sie wurde den revolutionären Idealen der 60er Jahre untreu und ergab sich dem slawophilen Nationalismus Dostojewskijs.

Stankewitsch, Alexander Wladimirowitsch
Zweitrangiger Schriftsteller. Bruder des bekannten Nikolaj Stankewitsch.

Stasjulewitsch, Michail Matwejewitsch, 1826–1911
Bekannter Historiker und Journalist, der 1866 die Zeitschrift ›Der Europäische Bote‹ gründete, eine Zeitschrift, die einen gemäßigten Westlerstandpunkt vertrat. Stasjulewitsch unterstützte liberaldemokratische Strömungen. In den 70er Jahren trat er zu den Slawophilen über und bekämpfte die Mitarbeiter des ›Europäischen Boten‹.

Sterne, Lawrence, 1713–1768
Sterne beeinflußte nicht nur die literarische Entwicklung Westeuropas. Seine Literatur stand Patenschaft bei Radischtschew und Karamsin. Sein Einfluß zeichnete sich noch bei einer Reihe von Schriftstellern der 30er Jahre ab, insbesondere bei Gogol.

Strachow, Nikolaj Nikolajewitsch, 1828–1896
Der Ausbildung nach Zoologe, betätigte sich Strachow als Publizist, Kritiker und Philosoph. Er war einer der engsten Mitarbeiter an Dosto-

jewskijs Zeitschriften ›Die Zeit‹ und ›Die Epoche‹, in denen er Aufsätze publizierte, die gegen den Nihilismus und Materialismus der Generation der 6oer Jahre gerichtet waren. Strachow war Anhänger des deutschen Idealismus. Er galt als Rechtshegelianer. Als Kritiker zeichnete er sich vor allem durch seine Essays über Lew Tolstoj aus. Mit Dostojewskij verband ihn die gemeinsame ideologische Position, insbesondere die des »Volksbodens«. Trotz der ideologischen Nähe blieben sie sich im Grunde fremd. Nach der herzlichen Freundschaft in den 6oer Jahren erkalteten ihre Beziehungen in den 7oer Jahren. Sie trafen sich immer seltener und kamen durch Mißverständnisse auseinander. Strachow war der erste Biograph Dostojewskijs und veröffentlichte zusammen mit der biographischen Skizze die ersten Briefe des Autors, die lange als Grundlage für die Dostojewskij-Briefausgaben dienten.

Struwe, Genrich Jegorowitsch, 1840–1912

Philosoph, dessen zentrale Ideen in der Dissertation ›Zur Entstehung der Seelen‹ (1862) und dem Buch ›Die moderne Anarchie des Geistes und ihr Philosoph Nietzsche‹ (1900) fixiert sind. Struwes idealistisches System der Versöhnung des Menschen mit seiner Umgebung, seine Auffassung, die Störung zwischen Mensch und Umgebung sei nur vorübergehend und könne durch die Aufhebung des Gegensatzes zwischen spekulativer Philosophie und Naturwissenschaft beseitigt werden, war für Dostojewskij recht verführerisch.

Suslowa, Apollinaria Prokofjewna, 1840–1916

Die Geliebte Dostojewskijs. Er hatte sie nach der Rückkehr aus Sibirien kennengelernt (1861/62), als er unter den Studenten als Vorbild für den Kampf um die Freiheit gefeiert wurde. Genaueres über die Beziehungen zwischen der 21jährigen Suslowa und dem 4ojährigen Dostojewskij ist nicht bekannt. Jedenfalls waren sie von Anfang an recht widersprüchlich und aufreibend, wobei Dostojewskijs unglückliche Erfahrungen mit seiner Frau Maria Dmitrijewna und die daraus resultierenden Schuldgefühle eine nicht geringe Rolle spielten. Dazu kamen politische Differenzen.
Für die Suslowa war das Leitbild der »Mensch der 6oer Jahre«, der Mensch, der keinen Widerspruch zwischen Wort und Tat hinnehmen wollte. Diesen Menschen sah sie in Dostojewskij, der ihr seinerseits »unerschütterliche Geradlinigkeit« und »moralische Stärke« zugestand. Aus dem Tagebuch der Suslowa (›Jahre der Nähe zu Dostojewskij‹) geht hervor, daß die gegenseitige Idealisierung mit einer gegenseitigen Quälerei einherging; die »hohen Ideale« verwandelten sich in eine extreme Haßliebe. Der Publizist Wasilij W. Rosanow, der sie – um Dostojewskij näherzukommen – später als 24jähriger Student heiratete, sie war inzwischen 40 Jahre alt geworden, zeichnet von der Suslowa folgendes Porträt: »Sie war ganz Katherina von Medici ... gleichmütig hätte sie

Verbrechen begangen ... sie war wirklich großartig, ich weiß, daß die Menschen völlig von ihr erobert, gefangen waren... Im Stil der Seele war sie ganz Russin, und wenn eine Russin, dann eine Altgläubige des altpomerianischen Bekenntnisses ... eine chlystische Gottesmutter...«
Für Dostojewskij wurde Polja der Prototyp vieler seiner Frauengestalten: Raskolnikows Schwester Dunja, Aglaja und Natalja Filippowna im ›Idioten‹, Polina im ›Spieler‹, Jekaterina Iwanowna in den ›Karamasows‹, Lisa in den ›Dämonen‹, Natalja Wasiljewna im ›Ewigen Gatten‹ und die Achmachowaja im ›Jüngling‹.

Suslowa, Nadjeschda Prokofjewna, 1843–1918
Die jüngere Schwester von Apollinaria Prokofjewna Suslowa (siehe ebenda). Sie studierte in Zürich Medizin und genoß als erste Ärztin Rußlands große Popularität.

Suworin, Alexej Sergejewitsch, 1834–1912
Bekannter Journalist, Verleger und Herausgeber der Zeitschriften ›Altes und Neues Rußland‹, ›Der historische Bote‹, Redakteur und Herausgeber der mächtigen Tageszeitung ›Die neue Zeit‹. Suworin, Presse-Caesar der letzten Vierteljahrhundertphase des zaristischen Rußlands, hatte mit der ›Neuen Zeit‹ ein Organ geschaffen, das sprichwörtlich war für Käuflichkeit und politische Reaktion.

Thierry, Augustin, 1795–1856
Bedeutender französischer Historiker und einer der ersten Vertreter der »Neuen wissenschaftlichen Schule« in der französischen Geschichtswissenschaft. Er wollte statt der »Biographie der Macht« eine »Biographie des Volkes« schreiben. Er wollte nicht die Geschichte staatlicher Institutionen, sondern die Geschichte der Bildung und Wechselbeziehungen von Gruppen und Schichten beschreiben. Thierry war Anhänger Saint-Simons und befürwortete eine Veränderung der ganzen Gesellschaftsstruktur. In Dostojewskijs geschichtsphilosophischen Anschauungen spielte Thierry eine große Rolle, vor allem dessen Konzeption, wonach sich die europäischen Völker schon zu Beginn ihrer Entstehung in zwei feindliche Lager gespalten hätten: in Sieger und Besiegte. Die »Rasse der Sieger« und die »Rasse der Besiegten« würde sich in den Kampf der Klassen verwandeln. Von Thierry hatte Dostojewskij wohl das erstemal durch Herzens Vorwort zu den von ihm übersetzten Auszügen aus den ›Erzählungen über die Merowinger‹ (›Vaterländische Annalen‹, Heft 2, 1842) gehört.

Thiers, Louis Adolphe, 1797–1877
Französischer Historiker und Politiker. Seine Arbeiten sind vorwiegend der Geschichte der Französischen Revolution gewidmet.

Tiblen, Jewgenija Karlowna, Ehefrau von N. L. Tiblen
Tiblen, Nikolaj Lwowitsch
Bekannter Verleger der 6oer Jahre. Sein Programm galt als aktuell und
fundiert, die Bücher verkauften sich gut. An ausländischen Autoren ver-
legte er Macaulay, Boccle, Spencer und Kuno Fischer.

Tichon Sadonskij – Timofej Saweljewitsch Kirillow, 1724–1783
Sohn eines verarmten Diakons aus dem Bezirk von Waldaj im Gouvernement von Nowgorod. Bis 1767 Bischof von Woronesch, gab er zunächst
aus Gesundheitsgründen seinen Sprengel auf und ließ sich im Kloster von
Tolschewsk nieder. Ab 1769 war er im Kloster von Sadonsk, wo er sich
dem kontemplativen Leben widmete und religiöse Schriften verfaßte.
Außerdem bemühte er sich als Seelsorger um Menschen aus allen Stän-
den. Viele Beschreibungen schildern ihn als einen Mann, »der zu sich
selbst außerordentlich streng und für die Schwächen anderer nachsichtig
war. Seine versöhnliche und verzeihende Art war um so bemerkenswerter,
als er von Natur aus ein leidenschaftlicher und nervöser Mensch war«.
Während der Arbeit an den ›Dämonen‹ hatte sich Dostojewskij folgendes
Ereignis aus dem Leben Tichons notiert: »Bei Bekannten zu Gast, kam
er mit einem Adligen und Anhänger Voltaires ins Gespräch, dessen Ansichten er sanft und doch bestimmt widersprach: Der Gesprächspartner
geriet außer sich und gab ihm eine Ohrfeige; Tichon fiel ihm darauf sogleich zu Füßen und bat ihn um Verzeihung.« (Vgl. dazu die Szene, in
der Stawrogin Schatow ohrfeigt.)
Vielleicht verdient auch folgender Umstand beachtet zu werden: Dostojewskij hat einer seiner Figuren, die auf der letzten Stufe des Unglaubens verharren, den bürgerlichen Namen Tichons gegeben, nämlich
Kirillow.
Die Einflüsse der Schriften Tichons auf das Spätwerk Dostojewskijs –
zum Beispiel in der Beichte Stawrogins, auf Makar Dolgorukow im
›Jüngling‹ und insbesondere auf den Starzen Sosima sind noch kaum
erforscht. In seinem ›Tagebuch‹ schreibt er: »Wie viele kennen im übrigen
Tichon Sadonskij? ... Glauben Sie, meine Herren, Sie würden zu Ihrer
großen Verwunderung herrliche Dinge entdecken!«

Tjutschew, Fjodor Iwanowitsch, 1803–1873
Neben Puschkin und Lermontow der größte russische Lyriker. Tjutschew
verbrachte 22 Jahre seines Lebens im Ausland, davon die meiste Zeit in
München (2oer bis 4oer Jahre), wo er als Diplomat tätig war. Er schrieb
Gelegenheitsgedichte – das Gesamtwerk umfaßt etwa 300 Gedichte – philosophischen Inhalts, manche seiner frühen Verse gehören zum Schönsten
in der Weltliteratur. Er war jedoch lange Zeit eher als geistreicher Ge-
sellschafter bekannt, dessen gescheite Aperçus die Gesellschaft faszinierten.
Bekannt wurde er eigentlich erst durch die Symbolisten, die in Tjutschew

ihren großen Vorläufer sahen. Dostojewskij sah in ihm nicht den großen Dichter, der mit einem »neuen Wort« in die Literatur eintrat, sondern ein schönes Denkmal des Vergangenen.

Tjutschew, Nikolaj Nikolajewitsch, 1815–1878
Steuerbeamter, der mit Literatur wenig zu tun hatte, aber mit Literaten: Er war mit Belinskij, Turgenjew, Annenkow und Panajew befreundet.

Toll, Felix Gustawowitsch, 1823–1867
Dozent für russische Literatur bei der ›Ersten Ingenieurhochschule‹ und für Geschichte bei der Kantonistenschule. Toll war ein vielseitig gebildeter Atheist. Als hervorragender Pädagoge war er einer der ersten Kritiker für Kinderliteratur. Er verfaßte mehrere Erzählungen. Besonders wertvoll ist sein umfangreiches, dreibändiges ›Nachschlagewörterbuch‹. Die Idee dazu war ihm während der sibirischen Verbannung gekommen, wo er die Arbeit ohne jegliches Kapital anfing, die nur dank seiner unermüdlichen Energie abgeschlossen werden konnte. Toll war einer der aktivsten Revolutionäre der Petraschewzen, in deren Kreis er, ein unermüdlicher Aufklärer, Vorlesungen über »Geschichte der Religion« hielt. Das Todesurteil gegen ihn wurde aufgehoben, und er wurde wie Dostojewskij nach Sibirien verbannt, wo er 1855 in Tomsk Bakunin kennenlernte, der von ihm recht beeindruckt war.

Tolstaja, Sofia Adrejewna, 1844–1892
Ehefrau des Dichters Alexej Konstantinowitsch Tolstoj. Diese hochgebildete und belesene Frau – sie beherrschte 14 Sprachen – war mit den bedeutendsten Persönlichkeiten ihrer Zeit befreundet: mit Gontscharow, Turgenjew, Wladimir Solowjow, Dostojewskij u. a. A. G. Dostojewskaja charakterisierte sie in ihren ›Erinnerungen‹ folgendermaßen: »Sie war eine Frau von kolossaler Geisteskraft... Gespräche mit ihr waren für Fjodor Michajlowitsch äußerst angenehm. Er wunderte sich immer über ihre Fähigkeiten, viele Subtilitäten des philosophischen Denkens zu durchdringen, die den wenigsten Frauen zugänglich waren.«

Tolstoj, Lew Nikolajewitsch, 1828–1910
Tolstoj als Autor und Tolstojs Werk – von Dostojewskij einmal als »Gutsbesitzerliteratur« bezeichnet – waren für Dostojewskij immer wieder Thema geistiger Auseinandersetzungen, besonders in der zweiten Hälfte seines Schaffens (etwa ab 1865). Zwar waren sie verschieden im Gebrauch ihrer künstlerischen Mittel, aber ähnlich in ihren Anschauungen. Sie standen sich in der Idealisierung des »Volksbodens« (potschwa) und der Kritik an der davon losgerissenen Intelligenz nahe (Raskolnikow und Fürst Andrej). Gleich bewerteten sie die Rolle des Muschik, den sie als Retter der Intelligenz betrachteten. Trotz wiederholter und unverhohle-

ner Kritik an Tolstoj hielt Dostojewskij den Autor von ›Krieg und Frieden‹ für den größten Schriftsteller seiner Zeit. Strachow schrieb dazu an Tolstoj: »Dostojewskij läßt die Hände sinken und nennt Sie einen Gott der Kunst, ungeachtet dessen, daß er sich so hartnäckig gegen Sie erhoben hat.« Obwohl sie gemeinsame Bekannte hatten (Strachow und Alexej Tolstoj), sind sich Dostojewskij und Tolstoj niemals begegnet. Selbst dann kam es nicht zu einer Begegnung, als sie beide im Frühjahr 1878 einer Vorlesung von Wladimir Solowjow beiwohnten. Strachow, der damals in einem kühlen Verhältnis zu Dostojewskij stand, schrieb dazu an Tolstoj: »Dostojewskij liebt nur sich selbst.« Strachow, der Begleiter Tolstojs, hatte die beiden absichtlich nicht vorgestellt. Er rechtfertigte dies später damit, daß »Tolstoj ihn darum gebeten habe, er solle ihn mit niemandem bekanntmachen«. Dostojewskij war damals sehr darüber verärgert, daß er »ihn nicht einmal anschauen durfte«.

Anläßlich des Todes von Dostojewskij schrieb Tolstoj: »Ich habe begriffen, daß er mir der nächste, teuerste und notwendigste Mensch war... und hielt ihn auch so für meinen Freund... Ein Halt ist von mir gegangen... Ich war verloren, und dann wurde mir klar, wie teuer er mir gewesen ist.«

Tolstoj hielt die ›Erniedrigten und Beleidigten‹ ebenso wie die ›Aufzeichnungen aus einem Totenhaus‹ für Dostojewskijs beste Werke.

Totleben, Eduard Iwanowitsch, 1818–1884

Militäringenieur. Totleben war Absolvent derselben Militärakademie, die Dostojewskij besucht hatte. Verfasser wichtiger militärtechnischer Arbeiten, verantwortlich für den Umbau der Kronstädter Festung und Erbauer der Festungswerke von Sewastopol. Totleben vermittelte Dostojewskijs Gesuche um Erleichterung seines Lebens in Sibirien an den Zaren.

Tredjakowskij, Wasilij Kirillowitsch, 1703–1769

Er war der erste nichtadlige Russe, der eine humanistische Erziehung im Ausland (Paris) erhielt. Später wurde er Sekretär bei der Petersburger Akademie, wo es u. a. zu seinen Aufgaben gehörte, panegyrische Verse zu festlichen Anlässen am Hof zu verfassen. Es gibt zahllose Anekdoten über seine Beziehungen zu den arroganten Aristokraten am Hof, die den professionellen Dichter als eine niedere Art des Hausdomestiken betrachteten. Seine Leistung liegt weniger in seinen eigenen Versen und Übersetzungen als in seiner Theorie über eine neue verstechnische Grundlage: Er entwickelte den sogenannten wägenden Vers. Wenn er auch in den theoretischen Leistungen Lomonosow unterlegen war, so gilt er doch als einer der ersten wichtigen Theoretiker der russischen Dichtersprache.

Tretjakow, Pawel Michajlowitsch, 1832–1898
Berühmter Gemäldesammler. Seine Gemäldegalerie – die heute noch seinen Namen trägt – vermachte er 1892 der Stadt Moskau. Zur Zeit der Feierlichkeiten zu Ehren Puschkins war Tretjakow Bürgermeister Moskaus. Seine Frau, Wera Nikolajewna Tretjakowa, machte damals einen großen Eindruck auf Dostojewskij.

Tschaadajew, Pjotr Jakowlewitsch, 1793–1856
Einer der bedeutendsten russischen Denker der ersten Hälfte des 19. Jahrhunderts, der auf die geistige Entwicklung der 30er und 40er Jahre einen großen Einfluß hatte. Er wurde zwar als der »erste Westler« bezeichnet, seine Wirkung zeigt sich indessen sowohl bei den Slawophilen als auch bei den Westlern. Er war mit Puschkin befreundet und verkehrte während seiner Reisen in Westeuropa (1821–1826) mit Lamennais und Schelling. Tschaadajews ›Erster Philosophischer Brief‹ erschien 1836 im ›Teleskop‹ (Bd. 34). Der Eindruck auf die Zeitgenossen war ungeheuer, er erschütterte, wie Herzen schrieb, das ganze denkende Rußland. Der Brief war eine leidenschaftliche Kritik an der Gegenwart und Vergangenheit Rußlands, das keine Geschichte habe und dem die von Europa ausgearbeiteten Ideen immer fremd bleiben müßten. Rußland habe an dem durch die katholische Einheit garantierten historischen Wachstum nicht teilgehabt. Mit der Orthodoxie sei es vom Weg der allgemeinmenschlichen Entwicklung abgewichen. Die Folgen dieses ersten Briefes waren fatal: Die Zeitschrift ›Das Teleskop‹ wurde für immer verboten, ihr Herausgeber Nadjeschdin nach Ust-Sysolsk verbannt und Tschaadajew für wahnsinnig erklärt.
Dostojewskij hat sich niemals über Pjotr Tschaadajew geäußert, weder öffentlich noch brieflich. Zweifellos muß seine Haltung gegenüber Tschaadajew ablehnend gewesen sein, zumindest in seiner zweiten Schaffensperiode, als Dostojewskij genau die entgegengesetzte Position zur »katholischen Geschichtsphilosophie« Tschaadajews vertrat. Der Satz, Tschaadajew hätte sich auch nicht enthalten können, »einen zweiten Artikel, sagen wir französisch, irgendwo im Ausland, zu veröffentlichen« (siehe Brief vom 25. März / 6. April 1870), ist jedenfalls als Sarkasmus gegenüber dem »Westler« zu verstehen.

Tschajew, Nikolaj Alexandrowitsch, 1824–1911
Slawophiler Stückeschreiber und Verfasser zahlreicher Dramen aus der russischen Geschichte. Von 1878–1884 war er Vorsitzender der ›Gesellschaft der Freunde der Russischen Literatur‹.

Tschermak, Leontij Iwanowitsch
Leiter des angesehenen Moskauer Pensionats, das die Brüder Fjodor und Michail ab 1834 besuchten. Während der Woche wohnten sie in Tscher-

maks Pensionat, an Sonn- und Feiertagen kamen sie nach Hause. Die ersten Briefe an die Mutter stammen wohl aus jener Zeit.

Tschernyschewskij, Nikolaj Gawrilowitsch, 1828–1889
Publizist und Kritiker revolutionär demokratischer Richtung. In seiner Dissertation ›Die ästhetischen Beziehungen der Kunst zur Wirklichkeit‹ begründete er die dienende Rolle der Kunst als Widerspiegelung der Wirklichkeit. Tschernyschewskij, der brillanteste Vertreter der progressiven Ideen der 60er Jahre, spielte in der geistigen Entwicklung Dostojewskijs eine große Rolle, und zwar als der Gegner seiner eigenen Konzeptionen (siehe Tschernyschewskijs Roman ›Was tun?‹ mit seinem rationalen Utilitarismus und Dostojewskijs ›Aufzeichnungen aus dem Untergrund‹ mit seinem irrationalen Existentialismus). Trotz der verschiedenen ideologischen Positionen waren sie in Fragen der Gemeindegenossenschaft (Obschtschina), in der Beurteilung der realistischen Schule der Literatur und der Menschen der 40er Jahre gleicher Meinung.

Tur, Jewgenija
siehe *Salias de Turnemir*

Turgenjew, Iwan Sergejewitsch, 1818–1883
Turgenjew war einer der wichtigsten Menschen im Leben Dostojewskijs. Dostojewskij maß sich ständig an ihm sowohl im künstlerischen Bereich als auch im Bereich der Ideen. So sehr ihn Dostojewskij vor der Verbannung gefeiert hatte, so scharf und haßerfüllt bekämpfte er ihn in der zweiten Schaffensperiode. Das hatte persönliche und weltanschauliche Gründe. Turgenjew und Dostojewskij waren sowohl in sozialer als auch in psychologischer Hinsicht entgegengesetzte Persönlichkeiten: hier der reiche Herr, dort der faktische Rasnotschinez (russische Bezeichnung für den nichtadligen Intellektuellen des 19. Jahrhunderts), der »ausgeglichene« und der »rasende« Mensch, der melancholische, von europäischer Kultur geprägte Skeptiker und der beharrliche Verfechter eines mystischen Idealismus. Die Kluft zwischen beiden brach bald nach ihrem ersten persönlichen Kennenlernen auf und konnte nie wieder überwunden werden. In den ›Dämonen‹ ist Turgenjew in der Gestalt des Karmasinow parodiert. Trotz des Hasses gegen Turgenjew – oder gerade deswegen – verfolgte Dostojewskij einen jeden literarischen Schritt des etwa gleichaltrigen »Rivalen«.

Utin, Nikolaj Isaakowitsch, 1845–1883
Revolutionär, der in der Gesellschaft ›Land und Freiheit‹ eine führende Rolle spielte. Er wurde in Abwesenheit zum Tode verurteilt. Utin lebte zuerst in London, dann in der Schweiz, wo er Mitglied der slawischen Sektion bei der I. Internationale wurde. Er setzte sich sehr scharf mit Bakunin auseinander.

Vernet, Horace, 1789–1863
Französischer Maler, der vor allem durch seine riesigen Historien-gemälde bekannt wurde.

Vico, Giambattista, 1668–1744
Italienischer Philosoph. Sein Hauptwerk: ›Principi di una scienza nuova intorno alla comune natura delle nazioni‹, 1726. Hier wurde zum ersten-mal der Gedanke formuliert, daß alle Völker sich in gleicher Weise ent-wickeln, weil die allgemeine Geschichte ein ewiger Zyklus der immer gleichen Erscheinungen sei.

Weltman, Alexander Fomitsch, 1800–1870
Galt als einer der besten Belletristen der 30er und 40er Jahre. Er ge-hörte keiner literarischen Gruppe an. In seinen Romanen vermischte er Phantastisches mit Realem. In der Grundtendenz war er Romantiker, in der Schärfe der Typisierung reicht er bisweilen an Gogol heran.

Wergunow, Nikolaj Borisowitsch
Lehrer in Tomsk und Liebhaber von Maria Dmitrijewna Konstant vor ihrer Heirat mit Dostojewskij. In Maria Dmitrijewna löste der Kontrast zwischen Wergunow, der Mitte 20 war, und dem Epileptiker Dostojew-skij, der Ende 30 war, einen Konflikt aus, der ihre spätere unglückliche Ehe bestimmte.

Wiskowatow, Pawel Alexandrowitsch, 1842–1905
Von 1873–1895 Professor der russischen Literatur an der Universität von Dorpat, die er bei den Feierlichkeiten zu Ehren Puschkins als Delegier-ter vertrat. Wiskowatow machte sich als Lermontow-Forscher einen Na-men. Er war der erste Herausgeber der Werke Lermontows. Dostojewskij kannte ihn wohl persönlich, was aus einem Brief des Gelehrten an den Autor der ›Dämonen‹ hervorgeht (der Brief ist noch unveröffentlicht). Dostojewskij hatte ihn wohl bei A. N. Majkow kennengelernt, mit dem Wiskowatow seit 1871 regelmäßig korrespondierte.

Wladislawljew, Michail Iwanowitsch, 1840–1890
Professor der Philosophie, der mit Dostojewskijs Nichte Maria Alexan-drowna Iwanowa (Mascha) verheiratet war.

Wolff, Friedrich August, 1759–1824
Deutscher Philologe. 1790 erschienen Wolffs berühmte ›Prolegomena in Homerum‹, in denen zum erstenmal die These formuliert wurde, daß die ›Ilias‹ und die ›Odyssee‹ nicht das Werk eines einzigen Dichters, Homers, seien, sondern das Werk mehrerer unbekannter Rhapsoden. Wolffs Arbeit eröffnete neue Perspektiven für die literarische Forschung.

Woskobojnikow, Nikolaj Nikolajewitsch, 1838–1882
Nach seiner Ausbildung zum Straßenbauingenieur betätigte sich Woskobojnikow als ein der Katkowschen Richtung nahestehender Publizist. In den 70er Jahren wurde er einer der aktivsten Mitarbeiter der reaktionären ›Moskauer Zeitung‹.

Wrangel, Baron Alexander Jegorowitsch, 1833–1912
Justizbeamter und Archäologe. Dostojewskij lernte ihn 1854 in Semipalatinsk kennen, wo Wrangel als Staatsanwalt arbeitete. 1857 nahm Wrangel an einer wissenschaftlichen Expedition nach Asien und China teil, 1859 an einer Expedition nach Ostsibirien. Später war er Mitarbeiter im Außenministerium, sodann Gesandtschaftssekretär in Bukarest, Kopenhagen, Generalkonsul in Danzig, außerordentlicher Gesandter und bevollmächtigter Minister in Dresden. 1906 ließ er sich pensionieren und schrieb seine Memoiren über Dostojewskij, die 1908/1909 in der Zeitung ›Die Neue Zeit‹, 1912 als Buch erschienen.
In Sibirien war Wrangel für Dostojewskij eine wichtige Stütze, sowohl geistig als auch materiell. Ihm war es zu verdanken, daß man an höchster Stelle der Regierung Vorbereitungen traf, um Dostojewskijs Lage zu erleichtern. Wrangel teilte er sowohl seine intimen Privatangelegenheiten als auch Pläne und Überzeugungen mit. Nach Dostojewskijs sibirischer Verbannung brachen jedoch ihre Beziehungen ab. Anfang der 60er Jahre hörte der Briefwechsel zwischen den beiden auf. Nur einmal noch wandte sich Dostojewskij an Wrangel: In großer finanzieller Not bat er ihn – es ist nach dem Tod des Bruders, dem Bankrott der Zeitschrift und unter der Bedrohung durch Betreiben der Schuldner, ins Gefängnis zu kommen – um eine kurzfristige Unterstützung. Auf der Rückreise – Dostojewskij hatte den Brief aus Deutschland geschrieben – besuchte er ihn in Kopenhagen, wo Wrangel als Sekretär der Russischen Gesandtschaft arbeitete. Damit waren ihre Beziehungen so gut wie zu Ende.

Zeidler, Pjotr Michajlowitsch, 1821–1873
Pädagoge und Literat, den Dostojewskij in den 40er Jahren bei den Majkows kennengelernt hatte und mit dem er bis in die 70er Jahre lose freundschaftliche Beziehungen pflegte. Zeidler zeichnete sich in den 50er Jahren durch pädagogische Reformpläne aus: So konnte er als Aufseher des Waiseninstituts Gatschinskij die Aufhebung der Körperstrafen durchsetzen. 1860 wurde er Leiter des Synodalarchivs, 1864 Direktor der Erziehungsanstalt für bedürftige Kinder. In jenen Jahren redigierte er auch die Zeitschriften ›Die Illustration‹ und ›Die Sonntagsmuse‹.

Zitowitsch, Pjotr Pawlowitsch, 1842–1912
Professor für Zivilrecht an der Universität von Odessa, der 1880 nach Petersburg umzog, wo er eine Zeitlang die oppositionelle Zeitung ›Das

Ufer‹ herausgab. Später erhielt er den Lehrstuhl für Zivilrecht an der Universität von Petersburg und Kiew. Außerdem war er Mitglied des Ministerrats für Finanzen. 1878 veröffentlichte N. K. Michajlowskij im Juniheft der ›Vaterländischen Annalen‹ seinen ›Brief an Professor Zitowitsch‹ (aus der Serie ›Briefe an Gelehrte‹), in dem er die Frage nach der Beziehung zwischen der russischen Journalistik und der offiziellen Wissenschaft stellt, der er vor allem vorwirft, daß sie nichts mit dem Leben zu schaffen habe und keinerlei Einfluß auf die Wirklichkeit ausübe. Zitowitsch antwortete auf diese Polemik äußerst verärgert in seiner ›Antwort auf die Briefe an Gelehrte‹. Die Polemik zog sich bis ins Jahr 1879 hin. Das letzte Wort von Zitowitsch waren ressentimentgeladene Broschüren gegen die »nihilistische Presse«. Dostojewskij stand prinzipiell auf der Seite von Zitowitsch, hielt ihn aber für einen »Dummkopf«, weil er die ganze Sache schlecht vertrete.

Der Anker (Jakor)

Politische und literarische Monatszeitschrift, die zwischen 1863 und 1865 in St. Petersburg erschien. Herausgeber war Apollon Grigorjew, der dann von N. I. Schulgin und P. P. Suchonin abgelöst wurde. ›Der Anker‹ war besonders durch die Theaterrezensionen von A. Grigorjew erfolgreich. Ende 1864 erhielt die Zeitschrift die satirische Beilage ›Osa‹, die seit 1863 als satirisches Wochenblatt erschienen war, von O. Stellowskij verlegt und von A. Grigorjew redigiert wurde.

Die Epoche (Epocha)

Monatszeitschrift für Literatur und Politik, die von 1864 bis 1865 in Petersburg erschien. Nomineller Redakteur war Porezkij, wirklicher Redakteur F. M. Dostojewskij, dem es nicht erlaubt war, offiziell als Herausgeber zu fungieren. ›Die Epoche‹ war die Fortsetzung der 1864 verbotenen Monatszeitschrift ›Die Zeit‹, deren Programm im wesentlichen beibehalten wurde. Während aber die ›Zeit‹ noch eine gemäßigte Polemik gegen die radikaldemokratische Presse führte und zwischen der reaktionären Presse Katkows und den fortschrittlichen Gruppen vermitteln wollte, war die ›Epoche‹ zunehmend härter in der Verurteilung der Radikaldemokraten geworden. De facto war sie schon ein Teil des konservativen Lagers geworden. Die ›Epoche‹ polemisierte vor allem gegen Nekrasows ›Zeitgenossen‹. 1865 mußte sie auf Grund finanzieller Schwierigkeiten ihr Erscheinen einstellen. Außer F. M. Dostojewskij waren N. N. Strachow und A. Grigorjew die wichtigsten Mitarbeiter.

Der Europäische Bote (Wjestnik Jewropy)

Der alte ›Europäische Bote‹, eine Zeitschrift für Literatur und Politik, erschien zwischen 1802 und 1830 in St. Petersburg. Er war von Karamsin gegründet worden, der damit beabsichtigte, »einem so starken und großen Volke wie dem russischen in seiner sittlichen Erziehung zu helfen, Ideen zu entwickeln, auf die neuen Schönheiten im Leben hinzuweisen, die Seele mit moralischen Genüssen zu speisen und sie in den süßen Gefühlen mit dem Wohl anderer Menschen zusammenfließen zu lassen«. Der ›Europäische Bote‹ der »neuesten Zeit« – auf ihn bezieht sich Dostojewskij in den Briefen – war eine Zeitschrift für Literatur, Politik und Geisteswissenschaften. Der genaue Titel lautete: ›Der Europäische Bote. Zeitschrift für historisch-politische Wissenschaften‹. Er wurde 1866 von M. M. Stasjulewitsch gegründet und erschien bis 1868 mit vier Heften im Jahr. Enger Mitarbeiter von Stasjulewitsch war N. J. Kostomarow. Ursprünglich war der ›Europäische Bote‹ als Gegengewicht zu den radikaldemokratischen Zeitschriften, wie beispielsweise dem ›Zeitgenossen‹, gedacht, die den philosophischen Materialismus und vorwiegend die Naturwissenschaften propagierten. Der ›Europäische Bote‹ hatte sich die Verbreitung der humanistischen Wissenschaften zum Ziel gesetzt, wobei er mit dem alten ›Europäischen Boten‹ Karamsins ein intensives Interesse für Geschichte teilte. Ab 1868 erschien die Zeitschrift monatlich. Sie wurde um einen belletristischen und innenpolitischen Teil erweitert und bestand als literarische, politische, historische und populärwissenschaftliche Zeitschrift bis 1917. Ihre Auflage war von Anfang an relativ hoch (ca. 4000 Exemplare). Der ›Europäische Bote‹ spielte im kulturellen Leben Rußlands eine bedeutende Rolle und gehörte dem gemäßigten Flügel des russischen Liberalismus an. Er unterstützte die verschiedenen Reformbewegungen, wie beispielsweise die Rechtsreformen der 60er Jahre, wobei sich führende Juristen wie K. D. Kawelin, W. D. Spasowitsch, B. J. Utin und A. F. Koni beteiligten. Der gemäßigte Ton der Zeitschrift sicherte den Herausgebern eine lange Existenz: Sie war verhältnismäßig selten den Repressionen der Zensur und der III. Abteilung (der politischen Polizei des Zaren) ausgesetzt (nämlich 1871, 1873, 1889 und 1899). Die Kritik an den Verhältnissen beschränkte sich im allgemeinen darauf, auf Auswüchse veralteter gesellschaftlicher Institutionen hinzuweisen, das heißt, auf Symptomkritik. Sie behielt einen optimistischen Fortschrittsglauben, dahingehend, daß sich trotz aller Schwierigkeiten eine allmähliche Europäisierung und Normalisierung des Landes ohne revolutionäre Veränderung durchsetzen ließe. Im Gegensatz zu der vorherrschenden Publizistik vermied der ›Europäische Bote‹ die radikale Polemik und fühlte sich einem akademischen Ton verpflichtet. Unter den Mitarbeitern, die über literaturhistorische Themen schrieben, waren A. N. Pypin, Alexander und Alexej Weselowskij, O. Miller, S. A. Wengerow, D. N. Owsjaniko-Kulikowskij, A. D. Galachow. Ständiger Mitarbeiter des philosophischen Teils war W. S. Solowjow, der einen großen Teil seiner Aufsätze im ›Europäischen Boten‹ publizierte. Zu den Mitarbeitern des historischen Teils gehörten M. P. Pogodin, S. M. Solowjow, W. J. Semewskij, N. J. Kostomarow, J. E. Sabelin. Im naturwissenschaftlichen Teil schrieben J. J. Metschnikow und N. N. Setschonow, im belletristischen Teil: I. S. Turgenjew, I. A. Gontscharow, A. N. Ostrowskij, M. J. Saltykow-Schtschedrin, P. D. Boborykin, A. M. Schemtschuschnikow, J. P. Polonskij, A. K. Tolstoj, D. S. Mereschkowskij u. a.

Das Gespräch (Besjeda)

Monatszeitschrift für Wissenschaft, Literatur und Politik, die von 1871 bis 1872 von S. A. Jurjew in Moskau herausgegeben wurde. Der Herausgeber bemühte sich um die Propagierung einer Art von aufgeklärtem Nationalismus slawophiler Prägung. Sie war zunächst ohne Vorzensur zum Verkauf freigegeben worden, geriet jedoch später mit den Zensurbehörden in Konflikt. Zu den Mitarbeitern gehörten Autoren verschiedener Richtungen, wie beispielsweise die Slawophilen N. P. Aksakow, W. A. Jelagin, A. J. Koscheljew, T. I. Filippow und die Westler N. I. Kostomarow, A. D. Gradowskij, A. S. Tratschewskij. Dazu kamen Wissenschaftler wie O. F. Miller, S. M. Solowjow u. a. Im belletristischen Teil wurden u. a. Romane von A. F. Pisemskij und N. A. Tschajew abgedruckt. Von A. N. Pleschtschejew und F. B. Miller erschien Lyrik.

Die Illustration (Illjustrazija)

Wochenzeitung in St. Petersburg, die von Anfang 1845 bis Ende 1848 erschien. Ein großer Teil der Artikel war der Beschreibung Rußlands gewidmet. Die Redakteure N. W. Kukolnik und A. Baschuzkij — letzterer leistete den größten Teil der Arbeit — beteiligten sich rege mit eigenen Beiträgen. Unter den Mitarbeitern waren u. a.: E. Wederewskij, Graf Sollogub, N. Chwoschtschinskaja, Strugowschtschikow, Grebenka, W. Dal, P. Furman. Der künstlerische Teil brachte eine Menge Zeichnungen, vor allem Beiträge russischer Künstler. Beim Publikum hatte die Zeitung keinen großen Erfolg, und die Abonnements konnten die Kosten nicht decken. 1858 erschien eine neue ›Illustration. Blick durch die Welt‹ (Illjustrazija. Wsemirnoje obosrenije), die, verlegt von A. Bauman und redigiert von W. P. Sotow, bis 1863 wöchentlich erschien. Jene ›Illustration‹ schloß sich dann mit dem seit 1859 erschienenen, billigeren ›Illustrierten Familienblatt‹, St. Petersburg, zusammen. Der neue Name der fusionierten Blätter lautete: ›Illustrierte Zeitung‹. Die ›Illustrierte Zeitung‹ erschien von 1863 bis 1873 und wurde dann in Form anderer Publikationen fortgesetzt.

Der Invalide. Abkürzung für: Der russische Invalide (Russkij Invalid)

Zeitung in St. Petersburg, die 1813 von P. P. Pesarowius zum Zweck der Unterstützung von »Invaliden, Soldaten, Witwen und Waisen« gegründet wurde. Die Zeitung hatte großen Erfolg, weil sie mehr als alle anderen Publikationen jener Zeit Nachrichten über den Vaterländischen Krieg brachte. Der ›Invalide‹ erschien 1813 einmal, 1814 zweimal wöchentlich, ab 1816 täglich. 1821 trat Pesarowius aus der Redaktion aus. Die Zeitung wurde nicht mehr vom Hof unterstützt und mußte kommerziell vertrieben werden. Die Unterstützung kam von einflußreichen Kreisen der Gesellschaft, und Redakteur wurde A. F. Wojeikow. Wojeikow entpolitisierte das Blatt und machte es zu einem Organ für gesellschaftlichen Klatsch. Die Zeitung verlor ihre Leser und drohte bankrott zu machen. Pesarowius wollte sie daraufhin wieder übernehmen, was er jedoch erst nach dem Tod Wojeikows realisieren konnte, am 29. Juni 1839. Auf Anweisung des Zaren wurde ihm A. A. Krajewskij als Mitherausgeber zur Seite gestellt. Pesarowius fügte von neuem einen politischen Teil hinzu und vergrößerte das Format des Blattes. Trotz der Veränderungen konnte der ›Invalide‹ seine frühere Verbreitung nicht mehr erreichen. Pesarowius redigierte ihn bis 1847. Seine Nachfolger waren Fürst N. S. Golizyn und P. S. Lebedew. Ab Mitte 1861 – I. N. Turinow hatte die Zeitung während der ersten Hälfte des Jahres als Redakteur übernommen – erschien der ›Invalide‹ als Zeitung für politische, militärische, literarische und wissenschaftliche Fragen. Ihr Format war erheblich vergrößert worden. Herausgeber wurde N. Pisarewskij, der sie 1862 aufgekauft hatte und sie sodann in zwei Teilen erscheinen ließ: ›Russischer Invalide – Militärische Nachrichten‹, der den Charakter eines offiziösen Mitteilungsorgans des Kriegsministeriums hatte, und das ›Zeitgenössische Wort‹, das die Tradition des alten ›Invaliden‹ fortsetzte. Die Zeitung entwickelte sich zu einem einflußreichen Organ der russischen Presse.

Lesebibliothek (Biblioteka dlja tschtenija)

Die erste russische Kulturzeitschrift, die den Typus der großen Zeitschriften des 19. Jahrhunderts vorprägte. Sie wurde 1834 von O. I. Senkowskij und dem Buchhändler A. F. Smirdin gegründet. Senkowskij hatte die in Paris erscheinende ›Bibliothèque universelle‹ zum Vorbild genommen. Er wollte die zersplitterte russische Presse in einem enzyklopädischen Journal zusammenfassen. Die ›Lesebibliothek‹ bestand aus folgenden Teilen: Russische und ausländische Literatur, Wissenschaft, Kunst, Kritik, Literaturwissenschaft und Varia (wie Nachrichten über Politik und Mode). Ein besonderer politischer Teil erschien erst ab 1850. Senkowskij war lange Zeit alleiniger Herausgeber, er hatte sich lediglich F. W. Bulgarin und N. I. Gretsch zur Mitarbeit herangezogen. Senkowskij, Bulgarin und Gretsch sollten dann das berüchtigte »Triumvirat« der Kultur jener Jahre werden. Die ›Lesebibliothek‹ paßte sich nämlich mehr oder weniger der offiziellen Politik an und entwickelte keine profilierte publizistische Physiognomie. Sie wechselte oft die Richtung und den Geschmack, wobei sie sich an der wachsenden Mittelschicht der Städte, dem Beamtentum und der Intelligenz in der Provinz orientierte. Gegen Ende der 30er Jahre hatte die Zeitschrift dank der Feuilletons des Barons Brambeus (Pseudonym Senkowskijs) 7000 Abonnenten. Mit Beginn der 40er Jahre, als die ›Vaterländischen Annalen‹ und der ›Zeitgenosse‹ auf den Markt kamen, ging der Einfluß der ›Lesebibliothek‹ erheblich zurück. Nachdem Senkowskij die Redaktion verlassen hatte, folgte ein häufiger Wechsel der Herausgeber, und die ›Lesebibliothek‹ fristete ein immer kümmerlicheres Dasein. 1863 wurde sie von dem Redakteur und Verleger Boborykin übernommen. 1865 stellte sie ihr Erscheinen ein.

Die Morgenröte (Sarja)

Zeitschrift für Literatur, Wissenschaft und Politik, die von 1869 bis 1872 in Petersburg erschien. Herausgeber und Verleger der ›Morgenröte‹ war W. Kaschpirjew. Ihrer Richtung nach gehörte die Zeitschrift dem späten Slawophilentum an. Sie bezog Stellung gegen die Westler, »jene Vertreter ›der fortschrittlichen Idee‹, die eine große Verantwortung auf sich nehmen, wenn sie unbewußt gegen den Patriotismus und die nationale Politik zu Felde ziehen«. Das Ideal der Sittlichkeit und Gerechtigkeit sah die Zeitschrift in Katkow, dem »ersten Verkünder des freien Wortes und dem ehrlichsten Patrioten«. In der ›Morgenröte‹ erschien das bekannte Werk Danilewskijs ›Rußland und Europa‹. Zu den Mitarbeitern der ›Morgenröte‹ gehörten W. J. Lamanskij, K. N. Bestuschew-Rjumin, M. P. Pogodin, W. Schtschebalskij, A. D. Gradowskij, N. N. Strachow, W. Bogischitsch, D. J. Ilowajskij u. a. Belletristische Beiträge kamen von F. M. Dostojewskij (›Der ewige Gatte‹), A. F. Pisemskij (›Menschen der 40er Jahre‹), W. Krestowskij, F. I. Tjutschew, A. N. Majkow, A. Fet, B. Almasow u. a. Trotz der bekannten Mitarbeiter, wie Dostojewskij, Pisemskij, Majkow, Fet und Tjutschew, hatte die ›Morgenröte‹ gegen Ende ihres Erscheinens nur eine Auflage von 700 Exemplaren.

Moskau (Moskwa)

Wochenzeitung für Politik, Wirtschaft und Literatur, die vom 1. 1. 1867 bis zum 21. 10. 1868 in Moskau erschien. Verleger und Herausgeber der Zeitung war I. S. Aksakow. Im Verlauf ihres Erscheinens wurde die oppositionelle Zeitung slawophiler Richtung neunmal von der Zensur verwarnt und dreimal vorübergehend verboten. Das war vor allem auf die heftigen Angriffe gegen die Auswüchse der Bürokratie zurückzuführen, gegen ihren Formalismus und ihre Heuchelei wie auch gegen die Germanisierung des Baltikums. ›Moskau‹ nannte die Angegriffenen bei Namen und geißelte auch das Totschweigen bestimmter Nachrichten. So attackierte sie 1868 das Innenministerium, das die Hungersnot, die im Norden des Landes gewütet hatte, der Öffentlichkeit vorenthielt. Nach Veröffentlichung dieser Meldung mußte ›Moskau‹ sein Erscheinen für sechs Monate einstellen. Der Innenminister Timaschew setzte daraufhin ein generelles Verbot der »gefährlichen und schädlichen« Zeitung durch, gegen das auch alle Beteuerungen Aksakows nichts ausrichteten, er habe ja nicht die Grundlage der Autokratie anfechten, sondern durch Kritik stärken wollen.

Der Moskauer (Moskwitjanin)

Literarische Monatszeitschrift konservativer Richtung, die zwischen 1841 und 1856 in Moskau erschien. (Die letzten Jahre ihres Erscheinens wurde sie alle zwei Wochen herausgegeben.) Verleger und Herausgeber war M. P. Pogodin. Der ›Moskauer‹ war in enger Zusammenarbeit mit W. A.

Schukowskij und unter der Protektion des Ministers für Volksaufklärung S. S. Uwarow gegründet worden, um den ›Zerfall des Denkens‹ zu bekämpfen, der vom Westen über Rußland hereinbrach und dem die Zeitschriften der Westler (›Vaterländische Annalen‹, ›Zeitgenosse‹) angeblich huldigten. Der ›Moskauer‹ wollte dagegen die »alten Überlieferungen« bewahren, das »echt Russische« gegen das fortschrittliche Westlertum. Die Autoren und der Herausgeber des ›Moskauer‹ hielten alle Petersburger Journalisten, insbesondere Belinskij, für Verräter der vaterländischen Überlieferungen. Wenn der ›Moskauer‹ im Prinzip den Slawophilen auch nahestand, so war diese Zeitschrift jedoch nicht das ideologische Organ der Slawophilen. Sie vertrat vielmehr die offizielle autokratische Formel Nikolaus' I. – die Formel von »Rechtgläubigkeit, Autokratie, Volkstum«. S. Schewyrjew, ihr führender Literaturkritiker, verspottete die »Natürliche Schule« der Literatur, setzte Lermontow herab, verurteilte Gogol wegen der »einseitigen Darstellung des russischen Lebens« und beschimpfte Belinskij. Der ›Moskauer‹ scheute sich auch nicht vor politischen Denunziationen der progressiven Autoren. Die Zeitschrift beharrte auch auf der »Reinheit der russischen Sprache«. In den 50er Jahren wurde sie von Apollon Grigorjew, Edelson und Filippow übernommen. Dadurch schien sie etwas von ihrer konservativen Unbeweglichkeit zu verlieren. Dazu trugen vor allem die neuen belletristischen Beiträge bei: die ersten Dramen Ostrowskijs und Romane Pisemskijs, also Texte von Vertretern eben jener »Natürlichen Schule«, die in ihren Spalten einst verspottet worden waren. Die Polemik gegen die Westler in Petersburg ging weiter, hatte jedoch nicht den reaktionären und denunziatorischen Anstrich der 40er Jahre.

Moskauer Zeitung (Moskowskie wjedomosti)

Eine Zeitung, die 1756 gegründet und 1917 aufgelöst wurde. Ursprünglich gehörte sie der Moskauer Universität, die jedoch ab Mitte des 19. Jahrhunderts nur noch dem Namen nach Eigentümerin war. 1909 wurde der Status offiziell geändert. Die ›Moskauer Zeitung‹ erschien bis 1812 zweimal wöchentlich, von 1842 bis 1859 dreimal wöchentlich, ab 1859 täglich. Sie war mehr oder weniger das offizielle Regierungsorgan. Ab 1863 wurde sie von P. M. Leontjew und M. N. Katkow herausgegeben. Katkow führte sie ab 1875 allein weiter. Seit jener Zeit hatte die Zeitung jenes ultrareaktionäre Renommée, das sie in der Geschichte der russischen Publizistik auszeichnet. Die ›Moskauer Zeitung‹ forderte harte Gewaltmaßnahmen gegen Reformbestrebungen aus den Kreisen des Hofes, plädierte eindeutig für die Interessen des Adels und stellte sich sogar gegen die Reformen Alexanders II. In den oberen Schichten der herrschenden Bürokratie, der Gutsbesitzer und Adligen hatte sie großen Einfluß. Unter Alexander III. förderte sie die Interessen des einheimischen Großkapitals und kritisierte die an Deutschland orientierte Außenpolitik des Zaren aufs heftigste. Die ›Moskauer Zeitung‹ propagierte einen unverhüllten russischen Chauvinismus und Imperialismus. Auch nach Katkows Tod (1887) veränderte die Zeitung nicht ihr reaktionäres Profil.

Die Nordische Biene (Sewernaja ptschela)

Politische und literarische Zeitung in St. Petersburg, die von 1825 bis 1864 erschien, zunächst dreimal wöchentlich, ab 1831 täglich. Verleger und Herausgeber waren: F. W. Bulgarin, ab 1831 Bulgarin und N. J. Gretsch, ab 1860 P. S. Usow. Das Profil der Zeitung prägten Bulgarin und Gretsch. Die ›Nordische Biene‹ war inhaltlich dürftig, und politische Nachrichten wurden entweder verkürzt oder verzerrt wiedergegeben. Das innenpolitische Leben des Landes wurde hier so gut wie ignoriert, bzw. die Nachrichten der Regierung wurden ohne Erklärung und Kommentar abgedruckt. Wichtig war das bunte Allerlei über die Provinz, triviale Einzelheiten und Kuriositäten aus dem gesellschaftlichen Leben. Das Feuilleton war Fragen des Theaters, der Musik und Biographie bekannter Persönlichkeiten gewidmet, der Reklame für verschiedene Erfindungen und Unternehmen. Die ›Nordische Biene‹ war zugleich das Organ für die Öffentlichkeitsarbeit der III. Abteilung (politische Polizei des Zaren). Bulgarin fragte einmal den Chef der Abteilung Dubelt: »Worüber soll ich schreiben?« Dubelt antwortete: »Übers Theater, über Ausstellungen, den Kaufhof und Trödelmarkt, über Kneipen und Konditoreien – das ist Dein Bereich, und weiter sollst Du keinen Schritt machen.«

Der Ökonom (Ekonom)

Wirtschaftliches Bücherverzeichnis, das zwischen 1841 und 1853 in St. Petersburg wöchentlich erschien. Verleger war I. P. Pesozkij, ab 1849 J. A. Jungmeister, Herausgeber: W. Burnaschew.

Repertoire des russischen Theaters (Repertuar russkowo teatra)

Theaterzeitschrift, die in den Jahren 1839, 1840 und 1841 in St. Petersburg einmal im Monat erschien. Ihr Verleger war I. P. Pesozkij. Ursprünglich handelte es sich um einen Sammelband von Theaterstücken. Ab 1839 wurden kurze Künstlerbiographien und Rezensionen veröffentlicht, 1840 die Aufsätze des Fürsten Schachowskij, Sotows, Polewojs und Bulgarins, außerdem Mitteilungen über die Provinztheater und Vaudevilles und Episoden aus dem Künstlerleben. Beilagen der Zeitschrift waren Porträts und Musikstücke. 1842 fusionierte sie mit der Zeitschrift ›Panthéon‹. Der neue Name lautete dann: ›Repertoire des russischen und Panthéon aller europäischen Theater‹.

Der Russe (Russkij)
Politische und literarische Zeitung in Moskau, die 1867–68 erschien, zuerst wöchentlich, ab Juli 1868 täglich. Herausgeber und Verleger war M. P. Pogodin, der die Zeitung aber nachlässig führte. Sie hatte auch keinerlei Erfolg.

Der Russische Bote (Russkij Wjestnik)
Zeitschrift für Literatur und Politik, die 1856 von M. N. Katkow in enger Zusammenarbeit mit P. M. Leontjew in Moskau gegründet wurde. Zunächst erschien sie zweimal monatlich, ab 1861 monatlich. Nach Katkows Tod wurde der ›Russische Bote‹ von Frau Katkowa fortgeführt, mit Fürst D. N. Zertelew als Redakteur. 1887 erwarb F. N. Berg zusammen mit der Gesellschaft ›Öffentliche Dienste‹ die Zeitschrift und brachte sie nach Petersburg, wo sie 1896 von D. J. Stachejew und kurz danach von M. M. Katkow zurückgekauft wurde, der die Redaktion und die Zeitschrift nach Moskau zurückbrachte. Sie wurde 1917 aufgelöst.
Der ›Russische Bote‹ ist aufs engste mit der Tätigkeit M. N. Katkows verbunden. Bis zum Beginn der 60er Jahre verfolgte die Zeitschrift einen gemäßigt liberalen Kurs, kritisierte Mißstände der alten Ordnung und unterstützte die Reformbestrebungen in der Justiz, der Bauernfrage und den Fragen der lokalen Selbstverwaltung. Es erschienen sogar die äußerst sozialkritischen ›Gouvernementsskizzen‹ von Saltykow-Schtschedrin in Katkows ›Russischem Boten‹. Dazu kam die »Entlarvungsliteratur«: publizistische Beiträge, die gesellschaftliche Skandale aufdeckten. Katkow, der eine Reihe von Aufsätzen selbst veröffentlichte, ist hier noch dem englischen Konstitutionalismus zugetan, den er als Vorbild für eine russische Entwicklung betrachtet. Ende der 50er Jahre erscheinen Turgenjews ›Väter und Söhne‹ und ›Am Vorabend‹, Tolstojs ›Familienglück‹, ›Polikuschka‹ und der Anfang von ›Krieg und Frieden‹. Weitere Mitarbeiter sind Jewgenija Tur, die Kochanowskaja, Pleschtschejew, A. Potechin, Fet, Majkow, J. Polonskij, Ostrowskij, A. Tolstoj, Grigorowitsch, Schemtschuschnikow, Solowjow, Kudrjawzew, Druschinin, Buslajew, Grot, Afanasjew, Ratschinskij, Stasow, Annenkow u. a. 1862, als Herzens Aufsatz über den polnischen Aufstand erschien, in dem sich der russische Emigrant auf die Seite der Aufständischen stellte, änderte sich der Kurs der Zeitschrift auf radikalste Weise. Der ›Russische Bote‹ wurde ein Synonym für die schlimmste Reaktion. Manchmal schienen ihm sogar Maßnahmen der autokratischen Regierung zu gemäßigt. Katkow schreckte im Kampf gegen »Nihilismus«, »Materialismus«, »Sozialismus« und die »verseuchte« Intelligenz vor nichts zurück, um eine uneingeschränkte Festigung der Autokratie zu fordern. Ab 1866 wurde Dostojewskij ständiger Mitarbeiter des ›Russischen Boten‹, für den er jahrelang auf Vorschuß arbeitete. Ab Mitte der 70er Jahre traten hier die Literaten Boleslaw Markewitsch, D. W. Awerkjew, W. G. Awsejenko auf, die ihren Kampf gegen die »nihilistischen Intelligenzler« und die »Petersburger

Journalisten« mit positiven Helden aus dem altrussischen Leben führten. Um die Entlarvung der zersetzenden »Petersburger journalistischen Denkweise« bekümmerten sich auch N. A. Ljubimow, Stadlin, Schtscherbin, Blank u. a. Als Tolstojs ›Anna Karenina‹ Mitte der 70er Jahre in dieser literarischen Umgebung des ›Russischen Boten‹ erschien, dachte man, Tolstoj habe nicht mehr als einen pikanten Roman über die obere Gesellschaft geschrieben. Die Leser waren sehr verwirrt, und der Roman wurde falsch verstanden. Gegen Ende der 70er Jahre sank das literarische Niveau der Zeitschrift zunehmend. Sie erlebte auch keinen Aufschwung mehr.

Die russische Welt (Russkij Mir)

Zeitung für Politik, Gesellschaft und Literatur, die in St. Petersburg erschien, und zwar ab 1859 wöchentlich, ab Mitte 1859 zweimal wöchentlich, ab 1862 wiederum wöchentlich. Zuerst wurde sie von I. W. Pisarew und W. J Stojunin herausgegeben. Ab September 1860 übernahm sie der Verleger F. T. Stellowskij mit dem Herausgeber A. S. Gieroglifow. Die Zeitung hatte eine ›Musikalische Beilage‹ und ab 1862 das satirische Beiblatt ›Gudok‹. Sie stellte ihr Erscheinen wegen der Auseinandersetzungen zwischen Stellowskij und Gieroglifow ein.

Das russische Wort (Russkoje slowo)

Literarische Monatszeitschrift, die von 1859 bis 1866 in St. Petersburg erschien. Sie wurde von Graf G. A. Kuscheljew-Besborodko gegründet. Zur Mitarbeit waren zunächst auch I. P. Polonskij und A. Grigorjew gebeten worden, die aber bald von A. Chmelnizkij ersetzt wurden. Chmelnizkij verstand wenig von Literatur, und so zeigte das Publikum geringes Interesse für seine Veröffentlichungen. 1860 trat G. E. Blasgoswetlow in die Redaktion ein, der eine Reihe junger Literaten zur Mitarbeit heranzog, wie D. I. Pisarew, N. W. Sokolow, W. Sajzew, N. W. Schelgunow, A. P. Schtschapow u. a. Auf Pisarews berühmten Artikel ›Armselige russische Idee‹ wurde das ›Russische Wort‹ für ein halbes Jahr verboten. (Gleichzeitig war der ›Zeitgenosse‹ verboten worden.) Die Zensurbehörde ließ den Besitzer der Zeitschrift wissen, daß er sich mit derartigen Publikationen kompromittiere. Der Besitzer vermachte daraufhin die Zeitschrift dem Herausgeber G. E. Blagoswetlow, der von diesem Tag an keine Polemik führen konnte, ohne dem Vorwurf ausgesetzt zu sein, er sei vom Grafen bestochen worden. Nach dem Karakosow-Attentat auf den Zaren wurde das ›Russische Wort‹ 1866, zusammen mit dem ›Zeitgenossen‹, »auf allerhöchstes Geheiß« verboten.

Die Sache (Djelo)

Monatszeitschrift für Literatur und Wissenschaft in St. Petersburg. Ihr Verleger G. E. Blagoswetlow wollte in der Öffentlichkeit als solcher nicht bekannt sein. Die ›Sache‹ erschien zwischen 1866 und 1888 als Organ der radikaldemokratischen Intelligenz. Sie unterlag der Vorzensur. Von 1866 bis 1879 wurde sie von N. I. Schulgin herausgegeben, 1880 von P. W. Bykow, 1881 von N. W. Schelgunow, 1883 von K. M. Stanjukowitsch, 1884 von W. P. Ostrogorskij. 1886, das Jahr, in dem nur ein Heft erschien, versuchte I. S. Durnowo, sie zu erneuern. Der Versuch mißlang. 1888 stellte sie ihr Erscheinen ein. Der Einfluß der ›Sache‹ war groß. Unter ihren Mitarbeitern waren auch ausländische Radikaldemokraten. Die Zensur überwachte die ›Sache‹ so scharf, daß sich der Verleger ständig gezwungen sah, seine Redakteure zu mäßigen. Auf diese Weise verlor die Zeitschrift schließlich ihr Profil und entwickelte in ihrer allerletzten Phase (Durnowo) eine farblose liberale Tendenz.

Sohn des Vaterlands (Syn otjetschestwa)
Zeitschrift für Politik, Wissenschaft und Literatur in St. Petersburg. Verleger von 1856 bis 1861 war A. W. Startschewskij. Sie hatte mit der gleichnamigen historischen Zeitschrift nichts gemein. Der ›Sohn des Vaterlands‹ erschien wöchentlich und widmete sich vor allem Fragen der Pädagogik, der Bauernfrage und der Entwicklung der Eisenbahn. Er hatte als Beilage Karikaturen und seine Auflage betrug bis zu 16 Tausend Exemplaren.

Sohn des Vaterlands (Syn otjetschestwa)
Historische und politische Zeitschrift in St. Petersburg, die zwischen 1812 und 1852 zunächst wöchentlich, sodann monatlich und später zweimal im Monat erschien. Sie wechselte des öfteren die Herausgeber. Zu ihnen gehörten u. a. N. I. Gretsch, A. F. Wojeikow, A. W. Nikitenko, O. I. Senkowskij. In dieser Zeitschrift erschien eine ganze Reihe wissenschaftlicher Beiträge.

Die Stimme (Golos)
Politische und literarische Tageszeitung in St. Petersburg. Verleger und Herausgeber war A. A. Krajewskij. Die ›Stimme‹ hatte eine große Verbreitung. Sie fing mit 4000 Abonnenten an und konnte bis 1877 den Verkauf auf 22 632 steigern. Ihre Hauptaufgabe sah die Zeitung in der praktischen Darlegung neuer Reformen. Sie propagierte auch die Interessen der Industrie und des Handels. Während der ersten Jahre ihres Erscheinens wurde sie elfmal verwarnt und dreimal verboten. Das Erscheinungsverbot galt im Durchschnitt für sechs Monate. 1881 wurde sie wieder für ein halbes Jahr verboten. Die Herausgeber versuchten danach, dasselbe publizistische Programm unter einem neuen Namen zu firmieren – ›Die Neue Zeitung‹. Der Versuch mißlang. Nach Einführung der generellen Vorzensur stellte sie 1883 ihr Erscheinen ein.

Der Staatsbürger (Graschdanin)

Zeitung für Politik und Literatur, die von 1872 bis 1914 in Petersburg erschien. Sie wurde von Fürst W. P. Meschtscherskij gegründet und herausgegeben. Bis 1887 erschien der ›Staatsbürger‹ wöchentlich, danach täglich, dann zweimal wöchentlich, zuletzt wiederum wöchentlich. Die ersten Redakteure waren G. K. Gradowskij, F. M. Dostojewskij, der hier sein ›Tagebuch eines Schriftstellers‹ veröffentlichte, und W. F. Puzykowitsch. Nahestehende Mitarbeiter des ›Staatsbürgers‹ waren K. Pobedonoszew, Ap. Majkow, N. Strachow, A. Porezkij u. a. Politisch orientierte sich die Zeitung an dem Konzept Pobedonoszews und Mereschkowskijs, was darauf hinauslief, die Autokratie bewußt als eine über den Klassen stehende Macht zu propagieren. Man stützte sich auf die Zurückgebliebenheit der Bauernmassen, die glauben sollten, der autokratische Zar und seine höhere Bürokratie würden die Bauern vor den Übergriffen der Gutsbesitzer schützen und ihnen in unparteilicher Weise helfen. Zu Beginn der 70er Jahre war Dostojewskij von geradezu fanatischer Entschlossenheit, seinen in den ›Dämonen‹ begonnenen Kampf gegen den Sozialismus und für das Christentum fortzusetzen. Der ›Staatsbürger‹ hatte zunächst einen scheinbar gemäßigt konservativen Charakter, nahm jedoch mit Beginn der 80er Jahre, als Fürst Meschtscherskij die Redaktion selbst übernahm, einen offenen reaktionären Kurs an: Ungeschminkt vertrat er nun die Interessen der Aristokratie und der reformfeindlichsten Kreise unter der hohen Bürokratie. Die Zeitung plädierte für die Auspeitschung ungehorsamer Bauern, führte eine Kampagne gegen die Volksbildung, hetzte gegen die Semstwo (lokale Selbstverwaltung) und die Geschworenengerichte. Der Leserkreis des ›Staatsbürgers‹ war klein; der ›Staatsbürger‹ mußte deshalb vom Hof subsidiert werden (bis zu 80 000 Rubel im Jahr).

Die Vaterländischen Annalen (Otjetschestwennye sapiski)

Monatszeitschrift für Literatur in St. Petersburg, die zwischen 1818 und 1884 erschien. Sie war eine der einflußreichsten und, was Programm und Tendenz betraf, eine der relativ beständigsten russischen Zeitschriften. 1818 von dem Beamten P. P. Swinjin in der Form von Sammelbänden gegründet (ab 1820 erschienen die ›Vaterländischen Annalen‹ monatlich), fristete sie bis 1830 ein kümmerliches und kaum beachtetes Dasein. Dann wurde sie von A. A. Krajewskij übernommen. Mit Belinskij als Herausgeber wurden die ›Vaterländischen Annalen‹ die beste Zeitschrift des Jahrzehnts. Als Kritiker zog er die Westler Herzen, Granowskij, Botkin, Ogarjow u. a. heran. Im belletristischen Teil publizierten Lermontow, Odojewskij, Nekrasow, Turgenjew, Kolzow, Pisemskij u. a. Die ›Vaterländischen Annalen‹ polemisierten gegen die rechtsgerichteten Periodika, gegen den ›Moskauer‹, der den Slawophilen nahestand, die prinzipien- und standpunktlose ›Lesebibliothek‹ und die reaktionäre Presse von Bulgarin und Gretsch. Die Zeitschrift erregte nicht nur den Unwillen der

Zensur, sondern auch der III. Abteilung (politische Polizei des Zaren), von der sie der Propagierung des »Atheismus und Kommunismus« bezichtigt wurde. Belinskij, der von Krajewskij schonungslos ausgenützt wurde, verließ 1846 die Redaktion der ›Vaterländischen Annalen‹. Durch seinen Wechsel zu Nekrasows und Panajews Zeitschrift ›Der Zeitgenosse‹ verloren die ›Vaterländischen Annalen‹ eine Reihe ihrer prominenten Mitarbeiter. Außerdem starb Belinskijs Nachfolger W. N. Majkow 1847. Dazu verstärkte sich die Reaktion der Regierung auf die revolutionären Ereignisse in Westeuropa, was sich alles zusammengenommen auf die Zeitschrift negativ auswirkte. Während der 50er Jahre hatte sie ihre Autorität gänzlich verloren. 1860 wurde sie von S. S. Dudyschkin übernommen. Sie erholte sich und verfolgte eine gemäßigte liberale Linie. Sie unterstützte Reformers und polemisierte gegen Dobroljubow, Tschernyschewskij und Pisarew. Die Belletristik war von zweitrangiger Qualität. 1867 wurde sie von Nekrasow aufgekauft, dem nach dem Verbot des ›Zeitgenossen‹ seine Wirkungsmöglichkeit genommen war. Damit setzte die zweite Blüte der ›Vaterländischen Annalen‹ ein. Zu ihren Mitarbeitern gehörten nun Saltykow-Schtschedrin und Jelisejew, Ostrowskij, Gleb Uspenskij und Dostojewskij. In ideologischer Hinsicht waren die Autoren nicht homogen, was sogar für die Narodniki galt, die in jener Periode das Gesicht der Zeitschrift bestimmten. Lawrow leugnete zum Beispiel die Möglichkeit einer friedlichen Lösung politischer Fragen. Jelisejew plädierte dagegen für legale Formen des Kampfes. Mit dem Zerfall der Narodniki wuchs der Opportunismus in den Reihen der Mitarbeiter. Die Verfolgungen durch die Zensur nahmen unter Nekrasow besonders krasse Formen an. 1884 stellte die Zeitschrift für immer ihr Erscheinen ein.

Die Zeit (Wremja)

Monatszeitschrift für Literatur und Politik, die zwischen 1861 und 1863 in Petersburg erschien. Als Herausgeber zeichnete M. M. Dostojewskij, der wirkliche, nicht genannte Redakteur war aber F. M. Dostojewskij. F. M. Dostojewskij hatte schon im September 1860 in anderen Zeitungen Ziele und Aufgaben der ›Zeit‹ dargelegt: Die neue Zeitschrift sollte sich darum bemühen, die Vertreter der Intelligenz mit dem Volk zusammenzuführen. Dadurch sollte der durch die petrinischen Reformen entstandene Fehler korrigiert werden. Die Reformen haben »uns vom Volk getrennt«. Peters Orientierung habe sich in der Erkenntnis erschöpft, »daß auch wir eine besondere Nationalität sind, eine im höchsten Grade ursprüngliche, und es ist unsere Aufgabe, uns eine neue, eigene Form zu geben, eine uns gemäße, die aus unserem Boden stammen muß, aus dem Geist und den Ursprüngen des Volkes«. Anders als die Slawophilen wollte Dostojewskij jedoch nicht, daß man zu den vorpetrinischen Institutionen zurückkehre. Seine Vorstellungen gingen dahin, daß »die russische Idee vielleicht die Synthese aller jener Ideen werde, die Europa heute mit solcher Hartnäckigkeit und mit solchem Mut entwickelt – Europa in seinen verschiedenen Nationalitäten; daß möglicherweise all der Haß, der diesen Ideen innewohnt, seine Versöhnung und Weiterentwicklung in der russischen Nationalität finde«. Dostojewskij entwickelte diese historische Konzeption zusammen mit A. Grigorjew, die darauf hinauslief, die »Zivilisation mit dem Volksursprung zu versöhnen«. Zugleich war das ein Versuch Dostojewskijs, zwischen den verhärteten Fronten der reaktionären und fortschrittlichen Parteien zu vermitteln. Die Richtung dieser Idee erhielt den Namen »Potschwennitschewstwo« (die Ideologie vom Volksboden). Wichtige Mitarbeiter der ›Zeit‹ waren außer F. M. Dostojewskij N. N. Strachow und A. Grigorjew. Im belletristischen Teil waren Beiträge von F. M. Dostojewskij, A. N. Majkow, I. Schadowskaja, A. Ostrowskij, M. Woronow, N. Nekrasow, I. Polonskij, Saltykow-Schtschedrin, N. B. Pomjalowskij, A. S. Tschuschbinskij (Afanasjew), I. Salow, W. W. Krestowskij, A. N. Pleschtschejew, L. A. Mej, A. Grigorjew, W. Kostomarow, A. Apuchtin u. a. abgedruckt. Die kritischen Aufsätze stammten zumeist aus der Feder von F. M. Dostojewskij, N. N. Strachow und A. Grigorjew. 1863 wurde die ›Zeit‹ verboten, und zwar wegen eines Artikels – ›Die Russische Frage‹ – von N. N. Strachow, der unter dem Pseudonym »Russkij« veröffentlicht worden war. Der Artikel bezog sich auf den polnischen Aufstand. Strachow hatte zwar in streng nationalistischem Sinn Stellung bezogen, sah jedoch die Ursache des Aufstandes nicht im Bereich politischer Konflikte, sondern meinte darin den »Aufschwung der Zivilisation auf Kosten der russischen Nationalität« zu sehen. Der Streit im eigenen Lager war heftig: Die ›Moskauer Zeitung‹ Katkows fiel über Strachow her und nannte ihn geradewegs einen »Banditen«.

Der Zeitgenosse (Sowremjennik)
Literarische Zeitschrift, die von A. S. Puschkin in St. Petersburg gegründet wurde und zwischen 1836 und 1866 erschien, und zwar vierteljährlich bis 1838, danach monatlich. Nach Puschkins Tod wurde der ›Zeitgenosse‹ von einer Gruppe ihm nahestehender Personen herausgegeben, ab 1838 von P. A. Pletnjew. Während Pletnjews Zeit hatte sie in literarischen Kreisen kaum Bedeutung. 1847 wurde sie von Nekrasow und Panajew übernommen. Nekrasow gelang es, die besten Literaten seiner Zeit zu engagieren wie Belinskij, Herzen, Turgenjew, Gontscharow, Dostojewskij, Grigorowitsch, Panajew, Ogarjow, Botkin u. a. Von 1847 bis 1848 war der ›Zeitgenosse‹ das wichtigste Organ der Westler. Nach Belinskijs Ausscheiden sank sein Niveau um ein Beträchtliches. Sein Profil prägten nun Liberale wie A. W. Druschinin. Die Belletristik konnte ihr Niveau halten: sie enthielt Texte von Turgenjew, Pisemskij und Tolstoj. Ab 1854 erschienen die Artikel N. G. Tschernyschewskijs, später die von

N. A. Dobroljubow, die den Ton in der Kritik angaben. Der ›Zeitgenosse‹ wurde das führende Organ der radikalen Demokraten. Interne Auseinandersetzungen führten zum Bruch der liberalen Gruppe mit der Redaktion. Nach Tschernyschewskijs Verhaftung stießen M. A. Antonowitsch und M. E. Saltykow-Schtschedrin zum Kreis der Mitarbeiter. 1865 wurde A. N. Pypin Mitherausgeber. Zwischen 1863 und 1866 trat an die Stelle der früheren radikaldemokratischen Linie eine Tendenz zu den Narodniki hin. Dazu kam eine erbitterte Polemik gegen die andere radikale Zeitschrift ›Das russische Wort‹. Nach dem Karakosow-Attentat auf den Zaren wurde sie im Zuge der Regierungsmaßnahmen gegen »Unruhestifter« verboten.

Die mit einem Stern versehenen Briefe sind zuerst in der von A. Eliasberg besorgten Ausgabe erschienen, die mit zwei Sternen versehenen
Briefe in den Ausgaben von Luther und Lettenbauer-Noetzel bzw. in
allen drei Ausgaben. Briefe ohne Stern sind zum erstenmal übersetzt.

REGISTER

Personen

Kursivdruck bedeutet: Namen der Briefempfänger sowie Seitenzahlen der Briefe.

Abasa, J. F. 495, 630
Achenbach 507
Afanasjew 711
Aksakow (Familie) 201
Aksakow, Iwan Sergejewitsch
  206, *277*, *318*, *417*, *494*, *498*,
  503–504, *606*, *628*, *639*, *653*,
  681, *708*
Aksakow, N. P. 706
Alexander II., Zar (s. a. Romanow, Alexander N.) 116, 121 f.,
  130, 132, 136, *150–152*, 219,
  543, 551, 573, 581 f., 605, 611,
  614, 644, 691, 698, 709, 712,
  717
Alexander III., Zar (s. a. Romanow, Alexander A.) 613, 615,
  625, 659, 681 f., 709 f.
Alexandra Fjodorowna, Zarin
  430
Alexandrow 564
Almasow, B. 655, 708
Alonkin, Iwan Maximowitsch
  237, 242, 258, 278, 289, 315,
  639
Altschewskaja, Christina Dani-
  lowna *441–445*, 612, 639

Ambrosius (Starze) 634, 669,
  691
Amiens, Pierre von 571
Anikiew, Iwan 639
Anikiewa, Praskowja Petrowna
  258, 585, 639
Annenkow (Familie) 106
Annenkow, Iwan Alexandro-
  witsch 98, 106 f., 639
Annenkow, Pawel Wasiljewitsch
  373, 492, 494, 496, 498 f., 532,
  539, 571, 607, 623, 625, 640,
  658, 689, 697, 711
Annenkowa, Praskowja Jegor-
  owna (geb. Pauline Taible)
  106–108, 570, 640
Antonelli, Giacomo 254, 584
Antonowitsch, M. A. 717
A. P. (Alexander Pawlowitsch,
  unbekannter Adressat) *459–460*
Apuchtin, A. 716
Aragon, Emanuel 581
Archangelskaja (Vermieterin)
  410, 413
Archangelskij (Rechtsanwalt)
  388
Aschamurow 535

Gajewskij, Viktor Pawlowitsch 499, 652 f.

Galachow, A. D. 705

Galilei, Galileo 670

Garibaldi, Guiseppe 233, 254, 582, 584

Gartong (Hauptmann) 33, 564

Gatschinskij 702

Gawrilow 267–269, 290, 382

Gensler 606

Gerasimowa, A. F. 456–459, 616

Gerbel 510

Gerngross, Andrej Rodiono-witsch 126, 129–131, 572, 653

Gieroglifow, A. S. 712

Giljarow-Platonow, Nikita Petrowitsch 496, 653

Ginsburg 614

Glinka 667

Goethe, Johann Wolfgang von 16, 30, 37, 56, 501, 510, 627, 629, 653, 657, 673, 689

Gogol, Nikolaj Wasiljewitsch 41, 44, 52–54, 62, 144, 276, 278, 298, 403, 501, 510, 531, 537, 564 f., 567 f., 574, 577, 583, 586, 596, 602, 604, 640, 643 f., 653, 667, 676, 680, 682, 687, 693, 701, 709

Goldstein 614

Golizyn, N. S. 707

Goljanowskij (Familie) 170

Goljanowskij, Nikolaj Iwano-witsch 326, 575, 633

Golochwastow, Pawel Dmitrije-witsch 635

Golochwastowa, Olga Andre-jewna 491, 653

Golowatschew 269

Golowatschewa-Panajewa, Jew-dokija Jakowlewna (Pseudonym N. Stanizkij) 51, 566

Golowinskij, Wasilij Andreje-witsch 99, 654

Golubjow, Konstantin Jefimo-witsch (gen. Muschik) 284, 349, 588

Gontscharow, Iwan Alexandro-witsch 56, 137, 147, 223, 302, 335, 340, 363, 442 f., 483, 501, 530, 566, 573, 593 f., 596, 606, 654, 685, 693, 697, 705, 716

Gorbunow 655

Gorkij, Maxim 670

Gorlow 355

Gornyj (Familie) 131

Gorodezkij (Hausbesitzer) 328

Gorskij (Student) 585, 589, 654

Grabbe, Christian Dietrich 529, 565

Gradowskij, Alexander Dmitrije-witsch 303, 310, 318, 320, 498 f., 590, 654 f., 706, 708

Gradowskij, G. K. 714

Granowskij, Timofej Nikolaje-witsch 340, 343, 349, 402, 594, 640, 655, 661, 714

Grebenka 706

Gretsch, N. J. 646, 707, 710, 713 f.

Gribbe (Oberst) 608

Gribbe, Anna Gawrilowna 425, 608

Gribojedow, Alexander Sergeje-witsch 602

Grigorjew, Apollon Alexandro-witsch 168 f., 284, 298, 301, 318 f., 403, 460, 588, 590, 604, 617, 651, 655, 678, 704, 709, 712, 716

Grigorjew, Nikolaj Petrowitsch 99, 655

Grigorowitsch, Dmitrij Wasilje-witsch 47 f., 58, 486, 488 f., 526, 530, 566 f., 655 f., 674, 676, 688, 711, 716

Grimm, Paul 272, 586

Grischin 104

Pischko 131

Pisemskij, Alexej Feofilaktowitsch 99, 113, 144, 158, 181,
300–302, 488, 590, 606, 622,
651, 655, 680, 706, 708 f., 714,
716

Pitti 589

Pius IX. (Papst) 584

Plaksin, Wasilij Timofejewitsch
27, 680

Pleschtschejew (Familie) 157

Pleschtschejew, Alexej Nikolajewitsch 77, 145, 150, 201, 373,
573, 660, 680, 692, 706, 711,
716

Pleschtschejewa 99, 145

Pletnjew, P. A. 716

*Pobedonoszew, Konstantin Petro-
witsch* 422, 480–482, 522, 556,
558, 560, 607, 622, 625, 640,
672, 681 f., 714

Poe, Edgar Allan 657

Pogodin, Michail Petrowitsch
415–419, 523, 606, 630, 665,
675, 682, 705, 708, 711

Polewoj, Nikolaj Alexejewitsch
16, 563 f., 678, 682, 710

Poliwanow, Lew Iwanowitsch
488, 682

Poljakow, Boris Borisowitsch
438, 614, 682

Polonskij, Jakow Petrowitsch
377, 440–441, 489, 601, 611,
622, 671, 683, 693, 705, 711 f.,
716

Polonskij, W. 600

Pomjalowskij, N. B. 716

Popow 589

Porezkij, Alexander Ustinowitsch
181, 287, 411, 462, 605, 683,
704, 714

Portugalow 614

Potechin, A. 655, 711

Pratz 239, 583

Preobraschenskij (Priester) 622

Prescott, William 501, 510, 569

Priessnitz, Vincent 683

Prjanischnikow (Hausbesitzer)
40

Prochorowna 421

Prokofjew, Kusma Prokofjewitsch 91

Protopopow 355

Prusskij, Pawel 284, 349, 588,
679

Pryschow 599, 676

Puschkin, Alexander Sergejewitsch 19, 30 f., 41, 43, 48, 52,
122, 144, 166, 278, 298, 344,
349, 368, 393, 395, 402 f., 481–
483, 487–489, 491–493, 496, 498,
501, 507, 510, 519, 525, 560,
563 f., 574, 583, 592, 600, 602,
604, 625–628, 630, 640, 642,
646 f., 652 f., 656, 658, 661, 670,
676, 679, 682 f., 687, 691, 696,
699, 701, 716

Puschkin, Anatolij Lwowitsch
486, 626

Puschkin, Lew Sergejewitsch 626

Puschkin, W. L. 644

Puzykowitsch, Victor Feofilowitsch 434 f., 477, 683 f., 714

Pyat, Félix, 402, 684

Pypin, A. N. 602, 705, 717

Racine, Jean Baptiste 31

Radischtschew, Alexander Nikolajewitsch 693

Raffael 42, 589

Raimund, Ferdinand 529, 565

Rajewskij 671

Rajskij 301

Ranke, Leopold von 96, 684

Rasin, Alexej Jegorowitsch 181,
576

Rassochin (Buchhändler) 473,
620

Werke

Zeitungen, Zeitschriften, Almanache

BIOGRAPHISCHE DATEN

1821   Fjodor Michailowitsch Dostojewski als Sohn des Militärarztes und Sozialmediziners Michail Andrejewitsch Dostojewski (* 1789) in Moskau geboren (30. Oktober alten Stils, 11. November neuen Stils); Mutter: Maria Fjodorowna, geb. Netschajewa (* 1800); älterer Bruder: Michail Michailowitsch Dostojewski (* 1820).

1837   Tod der Mutter, F. M. und M. M. Dostojewski übersiedeln nach St. Petersburg, um sich auf das Bauingenieurstudium vorzubereiten; Jugendfreundschaft mit den Literaten Dmitri Grigorowitsch und Iwan Schidlowski.

1838   Neben seinen technischen Studien an der Ingenieurschule der Militärakademie in St. Petersburg widmet sich Dostojewski während mehrerer Jahre ausgedehnten Lektüren (Homer, Shakespeare, Racine, Corneille, Pascal, Schiller, Hoffmann, Hugo, Balzac, George Sand u. a.).

1839   Ermordung des Vaters durch leibeigene Bauern auf seinem Landgut.

1843   Studienabschluß und Brevetierung als Offizier; Übersetzung von Honoré de Balzacs *Eugénie Grandet*.

1844   Dostojewski nimmt seinen Abschied, um freier Schriftsteller zu werden; Beginn der Arbeit am Roman *Arme Leute*; Übersetzungen und Übersetzungsprojekte (Sand, Sue).

1845   Bekanntschaft mit Iwan Turgenjew, Nikolai Nekrassow und dem Literaturkritiker Wissarion Belinski.

1846   *Arme Leute, Der Doppelgänger*. Bekanntschaft mit Michail Petraschewski und Alexander Herzen, Beginn der Freundschaft mit Apollon Maikow.

1847   *Roman in neun Briefen*. Dostojewski wird Mitglied des revolutionären Petraschewski-Kreises, liest Fourier, Cabet, Helvétius, Saint-Simon, schreibt und veröffentlicht *Die Wirtin*.

1848   Mehrere Erzählungen sowie der Kurzroman *Helle Nächte* im Druck. Enger Kontakt mit Petraschewski und Nikolai Speschnjow.

1849   Dostojewski wegen angeblich staatsfeindlicher Aktivitäten im Petraschewski-Kreis (Vorlesung eines »kriminellen Schreibens« von Belinski) aufgrund einer Denunziation verhaftet, zum Tode verurteilt, schließlich durch Zar Niko-

laus I. begnadigt zu vier Jahren Verbannung (mit Zwangsarbeit) und anschließender Militärdienstpflicht als »gemeiner Soldat«. Deportation nach Tobolsk (24. Dezember).

1850 Ab 23. Januar (bis Mitte Februar 1854) Festungshaft in
Omsk; private Aufzeichnungen im *Sibirischen Heft*; Dostojewskis epileptische Erkrankung erstmals ärztlich dia-
gnostiziert und offiziell registriert.

1856 Dostojewski arbeitet in Semipalatinsk, wohin er Anfang
1854 als Soldat des 7. Grenzbataillons abkommandiert
wurde, an den *Aufzeichnungen aus einem Totenhaus*; dank
obrigkeitlicher und privater Protektion sowie aufgrund
einiger von ihm verfaßter patriotischer Verse wird Dostojewski zum Offizier befördert (1856).

1857 Heirat mit Maria Dmitrijewna Issajewa (6. Februar);
schwere epileptische Krisen. Aus gesundheitlichen Gründen beantragt Dostojewski seine Entlassung aus der Armee
und eine Aufenthaltsbewilligung für Moskau.

1859 Dostojewski wird als Unteroffizier aus der Armee entlassen; er kehrt über Twer nach St. Petersburg zurück und
steht von nun an bis zu seinem Lebensende fast permanent
unter geheimpolizeilicher Aufsicht; *Onkelchens Traum*,
Das Gut Stepantschikowo und seine Bewohner erscheinen
im Druck.

1860 Werkausgabe in zwei Bänden; die *Aufzeichnungen aus
einem Totenhaus* beginnen zu erscheinen (1860–62).

1861 Erste Lieferung der von F. M. und M. M. Dostojewski gemeinsam redigierten Zeitschrift »Die Zeit«; hier beginnt der
Roman *Die Erniedrigten und Beleidigten* im Druck zu erscheinen; Bekanntschaft mit Alexander Ostrowski, Iwan
Gontscharow, Michail Saltykow-Schtschedrin und Apollon Grigorjew. Bekanntschaft mit Apollinaria (Polina) Suslowa, einer Mitarbeiterin der »Zeit« und typischen Vertre-
terin der Frauenemanzipation der sechziger Jahre.

1862 Erste Auslandsreise: Berlin, Dresden, Köln, Paris, von dort
aus Besuch der Weltausstellung in London, Zusammentreffen mit Herzen, zurück nach Paris, dann nach Genf (Treffen
mit Nikolai Strachow), von dort nach Italien (Florenz) und
über Wien zurück nach Rußland (Juni–September).

1863 In der »Zeit« erscheinen die *Winteraufzeichnungen über
Sommereindrücke*, ein sarkastischer Reisebericht, der al-

lerdings nicht Westeuropa, sondern den westeuropäischen Spießer – den »Kapitalisten« ebenso wie den »Sozialisten« – zum Gegenstand hat. »Die Zeit« wird wegen eines »antipatriotischen« Beitrags von Strachow verboten. Ab August (bis Ende Oktober) zweite Auslandsreise, teilweise in Begleitung Apollinaria Suslowas: Frankreich, Deutschland, Italien; Beginn von Dostojewskis Spielleidenschaft (Baden-Baden, Bad Homburg).

1864 Erstes Heft der von F. M. und M. M. Dostojewski neu gegründeten Zeitschrift »Die Epoche« ausgeliefert (enthält u. a. den 1. Teil der *Aufzeichnungen aus dem Untergrund*, deren 2. Teil in Heft IV erscheint). In Moskau stirbt Dostojewskis erste Frau (14. April); in kurzer Folge verliert Dostojewski auch seinen Bruder Michail (10. Juli) sowie seinen Mitarbeiter und Freund Apollon Grigorjew (22. Juli).

1865 Aus finanziellen Gründen muß Dostojewski auf die weitere Herausgabe der »Epoche« verzichten; dreibändige Werkausgabe bei Stellowski (1866 abgeschlossen); erste Entwürfe zu *Schuld und Sühne*. Zwei Heiratsanträge Dostojewskis (an Apollinaria Suslowa und die Nihilistin Anna Korwin-Krukowskaja) werden abgewiesen. Dritte Auslandsreise (Juli–Oktober): Wiesbaden (wo sich Dostojewski beim Roulettespiel ruiniert), Rückkehr über Kopenhagen.

1866 *Schuld und Sühne*. Dostojewski diktiert einer jungen Stenographin, Anna Grigorjewna Snitkina, in sechsundzwanzig Tagen den Kurzroman *Der Spieler* (Oktober).

1867 Heirat mit Anna Snitkina (Dostojewskaja) am 15. Februar; wegen hoher Verschuldung fluchtartige Abreise ins Ausland (14. April). Dresden, Bad Homburg, Baden-Baden. Besuch bei Turgenjew (endet mit Zerwürfnis). Basel (Ende August), wo Hans Holbeins Gemälde »Der tote Christus« im Kunstmuseum einen großen Eindruck bei ihm hinterläßt. Am 25. August Ankunft in Genf. Anfang Oktober erste Entwürfe zum Roman *Der Idiot*; vom 18. Dezember bis 5. Januar (1868) Niederschrift der Kapitel I–VII.

1868 Beginn der Drucklegung des Romans *Der Idiot* in Michail Katkows konservativer Zeitschrift »Der russische Bote« (Januar). Reger Briefwechsel mit Maikow; Invektiven gegen die westlichen Sozialisten und gegen die ganze »neue, progressive, liberale« Richtung innerhalb der russischen Intelligenz (Saltykow-Schtschedrin, Turgenjew, Nikolai Tschernyschewski). Geburt und Tod der Tochter Sofija (Sonja) in Genf (22. Februar – 12. Mai). Anfang April dritter und letzter Ausflug nach Saxon-les-Bains, wo Dostojewski im Spielkasino alles verspielt. Anfang Juni Übersiedlung von Genf nach Vevey. Weiterarbeit am Roman *Der Idiot*. Im September Ausreise nach Italien (Mailand, dann Florenz).

1869 *Der Idiot* abgeschlossen (Januar) und erschienen (Februar). Abreise der Dostojewskis aus Italien (über Prag nach Dresden); in Dresden Geburt der Tochter Ljubow (14. September). Entwurf eines fünfteiligen Romanzyklus (»Das Leben eines großen Sünders«).

1870 *Der ewige Gatte*; Entwürfe zu dem Roman *Die Dämonen* und »Das Leben eines großen Sünders«.

1871 Vor seiner Rückkehr nach Rußland verbrennt Dostojewski aus Furcht vor Zollkalamitäten mehrere seiner Manuskripte, darunter jenes zum Roman *Der Idiot* (Juli). Ankunft der Dostojewskis in St. Petersburg (8. Juli) und Geburt des Sohnes Fjodor (16. Juli). *Die Dämonen* (Teile I–II) als Vorabdruck im »Russischen Boten«.

1872 Kontaktnahme mit konservativen Regierungskreisen. Arbeit an Teil III der *Dämonen* in Staraja Russa. Bekanntschaft mit Nikolai Lesskow.

1873 *Die Dämonen* als Einzelausgabe in drei Bänden; Dostojewski nimmt seine Tätigkeit als Redakteur des konservativen »Staatsbürgers« auf; erste Lieferungen des *Tagebuchs eines Schriftstellers* (als Beiträge zum »Staatsbürger«).

1874 Dostojewski gibt seine Stellung als Redakteur beim »Staatsbürger« auf, um sich wieder vermehrt seinen eigenen literarischen Projekten widmen zu können. Aufenthalt in Staraja Russa (Mai), Reise nach Bad Ems (Juni). Kurzbesuch in Genf (August), um das Grab Sonjas zu sehen.

1875 *Der Jüngling* (Publikationsbeginn). Kuraufenthalt in Bad Ems (Mai–Juli). Staraja Russa. *Der Jüngling* abgeschlossen. Geburt des zweiten Sohnes, Aljoscha (10. August).

1876 Das *Tagebuch eines Schriftstellers* erscheint fortan im Selbstverlag; in der Juni-Ausgabe Nekrolog auf George Sand. Kur in Bad Ems (Juli). *Die Sanfte* (November, als Reaktion auf den Selbstmord von Herzens Tochter Lisa).

1877 Fortsetzung des *Tagebuchs eines Schriftstellers*; zunehmen-
des politisches Engagement (Panslawismus, Orientfrage,
Imperialismusgedanke).

1878 Arbeit am *Tagebuch eines Schriftstellers* vorübergehend eingestellt. Arbeit am Roman *Die Brüder Karamasow* (bis
1880). Bekanntschaft mit dem Philosophen Wladimir
Solowjow, mit dem Dostojewski nach dem Tod seines Sohnes Aljoscha (16. Mai) in das Kloster Optina Pustyn fährt.

1879 Fortsetzung der Arbeit an den *Brüdern Karamasow*. Vor-
tragstätigkeit, Lesungen. Kur in Bad Ems (Juli–September). Drucklegung der *Brüder Karamasow* (bis 1880).

1880 *Die Brüder Karamasow* (Einzelausgabe). Lesungen. Rede
zur Puschkin-Feier (8. Juni); Sonderheft des *Tagebuchs
eines Schriftstellers* (Puschkin-Rede, mit Einleitung, Ergän-
zungen und gegenkritischen Erwiderungen).

1881 Vorbereitung des *Tagebuchs eines Schriftstellers* für das laufende Jahr. Erkrankung Dostojewskis (25./26. Januar,
Blutsturz infolge eines Lungenemphysems); Tod (28. Ja-
nuar/9. Februar); öffentliche Trauerfeier unter Teilnahme
von 50000 bis 60000 Trauergästen (31. Januar); Grabreden
von Alexander Palm, Maikow, Solowjow (1. Februar).

Fjodor M. Dostojewski

Aufzeichnungen aus einem Totenhaus und drei Erzählungen

Übertragen von E. K. Rahsin. 4. Aufl., 12. Tsd. 1976.
863 Seiten. Leinen und Leder

Die Brüder Karamasoff

Roman in vier Teilen mit einem Epilog. Übertragen von E. K. Rahsin.
8. Aufl., 108. Tsd. 1977. 1303 Seiten. Leinen und Leder
(Auch in der Serie Piper 402 lieferbar)

Die Dämonen

Roman. Übertragen von E. K. Rahsin. 15. Aufl., 93. Tsd. 1985.
1031 Seiten. Leinen (Auch in der Serie Piper 403 lieferbar)

Der Doppelgänger

Frühe Romane und Erzählungen. Übertragen von E. K. Rahsin.
3. Aufl., 9. Tsd. 1976. 918 Seiten. Leinen und Leder

Der Idiot

Roman. Aus dem Russischen übertragen von E. K. Rahsin.
Mit einem Nachwort und einer Zeittafel von Ilma Rakusa.
16., im Anhang veränderte Aufl., 106. Tsd. 1983. 983 Seiten. Leinen
(Auch in der Serie Piper 400 lieferbar)

Onkelchens Traum

Drei Romane. Übertragen von E. K. Rahsin. 2. Aufl., 7. Tsd. 1970.
1002 Seiten. Leinen

PIPER

Fjodor M. Dostojewski

Rodion Raskolnikoff
Schuld und Sühne. Roman. Übertragen von E. K. Rahsin.
11. Aufl., 71. Tsd. 1975. 763 Seiten. Leinen
(Auch in der Serie Piper 401 lieferbar)

Sämtliche Erzählungen
Übertragen von E. K. Rahsin. 6. Aufl., 49. Tsd. 1984. 528 Seiten. Geb.
(Auch in der Serie Piper 338 lieferbar)

Sämtliche Werke in zehn Bänden
Übertragen von E. K. Rahsin. 1980. 9223 Seiten.
(Leinen und Leder in Kassette)

Der Spieler
Späte Romane und Novellen. Übertragen von E. K. Rahsin.
3. Aufl., 12. Tsd. 1974. 783 Seiten. Leinen

Tagebuch eines Schriftstellers
Übertragen von E. K. Rahsin. 3. Aufl., 9. Tsd. 1977. 666 Seiten. Leinen

Anna Grigorjewna Dostojewski
Erinnerungen
Das Leben Dostojewskis in den Aufzeichnungen seiner Frau.
Herausgegeben von René Fülöp-Miller und Friedrich Eckstein.
Aus dem Russischen übersetzt von Dmitri Umanski.
3. Aufl., 21. Tsd. 1980. 426 Seiten; 26 Fotos. Leinen

PIPER

Jewgenia Ginsburg

Marschroute eines Lebens

Aus dem Russischen von Swetlana Geier. 1986.
383 Seiten. Serie Piper 462

»›Die Marschroute‹ – das ist der Anfang eines neuen Kapitels unseres
gesellschaftlichen Denkens und unserer Literatur«, schrieb Lew Kopelew
über dieses erschütternde Dokument, den ersten Bericht, in dem eine
russische Frau – »ein weiblicher Hiob« (Heinrich Böll) – Zeugnis über ihren
Leidensweg während der Stalinzeit ablegt. Jewgenia Ginsburg schildert
die zwei Jahre dauernde sadistische Tortur des Parteiverfahrens, den
Ausschluß aus der Partei, die Verurteilung zu zehn Jahren Haft (insgesamt
wird sie 18 Jahre im Gefängnis und im Lager verbringen). Nach langer
Einzelhaft wird sie 1940 in die Eiswüste von Kolyma verschickt.
Hier schließt »Gratwanderung« an.

Gratwanderung

Aus dem Russischen von Nena Schawina. Vorwort von Heinrich Böll.
Nachwort von Lew Kopelew und Raissa Orlowa. 3. Aufl., 21. Tsd. 1984.
512 Seiten. Serie Piper 293

»Ich tauche auf aus einer Lektüre, die mich für Tage in einen weit
entfernten Archipel entführt hat, in den Archipel Gulag von Kolyma, am
Ochotskischen Meer im nordöstlichen Sibirien gelegen, eine Strafkolonie,
furchtbarer noch als sie ein Kafka beschreiben konnte, in der zeitweilig
mehrere hunderttausend politische Häftlinge gelebt, geschuftet, gelitten
haben und Zehntausende umgekommen sind, hauptsächlich bei der Arbeit
in Goldbergwerken. Tauche auf aus dem Kreis der Hölle, der hier in Prosa
und in seiner ganzen Furchtbarkeit beschworen wird, begleitet von den
Bildern des Schreckens, aber auch angerührt von den Gesten der
Menschlichkeit, des Trostes, des Überlebens. Das ist kein Buch, das man
einfach liest, sondern ein Stück Geschichte, in die man
hineingezogen wird.«   Horst Bienek, Die Zeit

PIPER